UNIX-Grundlagen

In der Reihe **UNIX und seine Werkzeuge** sind bisher folgende Titel erschienen:

Helmut Herold	UNIX-Shells / Bourne-Shell, Korn-Shell, C-Shell
Helmut Herold	awk und sed, 2. Aufl.
Helmut Herold	lex und yacc
Helmut Herold	make und nmake / Software-Management unter Unix und MS-DOS

Helmut Herold

UNIX und seine Werkzeuge

UNIX-Grundlagen

Kommandos und Konzepte
3. überarbeitete Auflage

ADDISON-WESLEY PUBLISHING COMPANY

Bonn · Paris · Reading, Massachusetts · Menlo Park, California · New York
Don Mills, Ontario · Wokingham, England · Amsterdam · Milan · Sydney
Tokyo · Singapore · Madrid · San Juan · Seoul · Mexico City · Taipei, Taiwan

CIP-Titelaufnahme der Deutschen Bibliothek

Herold, Helmut:
UNIX-Grundlagen: UNIX und seine Werkzeuge; Kommandos und Konzepte / Helmut Herold. – 3. Aufl. –
Bonn ; Paris ; München ; Reading [u.a.] : Addison-Wesley, 1994
  (UNIX und seine Werkzeuge)
  ISBN 3-89319-734-6

© 1994 Addison-Wesley (Deutschland) GmbH
3. überarbeitete Auflage 1994

Satz: Isolde Gassner für Schäpers Datec, München. Gesetzt aus der Palatino
Belichtung: Printshop Schimann, Brautlach
Druck und Bindearbeiten: Bercker Graphischer Betrieb, Kevelaer
Produktion: Claudia Lucht, Bonn
Umschlaggestaltung: Justo Garcia Pulido AGD, Bonn

Das verwendete Papier ist aus chlorfrei gebleichten Rohstoffen hergestellt und alterungsbeständig.
Die Produktion erfolgt mit Hilfe von umweltschonender Technologie und strengsten Umweltauflagen in einem geschlossenen Wasserkreislauf unter Weiterverwendung unbedruckter zurückgeführter Papiere aus eigener Produktion.

Text, Abbildungen und Programme wurden mit größter Sorgfalt erarbeitet. Verlag, Übersetzer und Autoren können jedoch für eventuell verbliebene fehlerhafte Angaben und deren Folgen weder eine juristische Verantwortung noch irgendeine Haftung übernehmen.
Die vorliegende Publikation ist urheberrechtlich geschützt. Alle Rechte vorbehalten. Kein Teil dieses Buches darf ohne schriftliche Genehmigung des Verlages in irgendeiner Form durch Fotokopie, Mikrofilm oder andere Verfahren reproduziert oder in eine für Maschinen, insbesondere Datenverarbeitungsanlagen, verwendbare Sprache übertragen werden. Auch die Rechte der Wiedergabe durch Vortrag, Funk und Fernsehen sind vorbehalten.
Die in diesem Buch erwähnten Software- und Hardware-Bezeichnungen sind in den meisten Fällen auch eingetragene Warenzeichen und unterliegen als solche den gesetzlichen Bestimmungen.

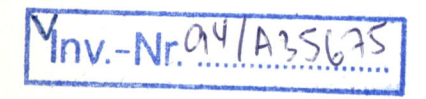

Inhaltsübersicht

1	Einleitung	3
2	An- und Abmelden am UNIX-System	23
3	Allgemeines zu UNIX-Kommandos	29
4	Das UNIX-Dateisystem	53
5	Ein- und Ausgabeumlenkung	193
6	Expandierung von Dateinamen auf der Kommandozeile	199
7	Pipes und Filter	209
8	Das UNIX-Help-System	229
9	UNIX-Editoren	241
10	Benutzerkommunikation	369
11	Das UNIX-Prozeß-Konzept	475
12	Weitere nützliche UNIX-Kommandos	569
	Anhang: Die UNIX-Befehlsreferenz	575
	Index	

Inhaltsverzeichnis

		Inhaltsübersicht	V
		Inhaltsverzeichnis	VII
1		**Einleitung**	3
	1.1	Leitgedanken zu diesem Buch	3
	1.2	Übersicht zu diesem Buch	5
	1.3	Der Begriff Betriebssystem	8
		1.3.1 Schichtenmodell eines typischen Computersystems	8
		1.3.2 Aufgaben eines Betriebssystems	10
		1.3.3 Die Geschichte von Betriebssystemen	11
	1.4	Geschichte des Betriebssystems UNIX	15
	1.5	Eigenschaften von UNIX	19
2		**An- und Abmelden am UNIX-System**	23
	2.1	Anmelden	24
	2.2	Abmelden	25
3		**Allgemeines zu UNIX-Kommandos**	29
	3.1	Einfache Kommandos	29
	3.2	Kommandos und ihre Argumente	33
	3.3	Grundsätzliches zur Bedienung des Terminals	39
4		**Das UNIX-Dateisystem**	53
	4.1	Struktur und Größe von UNIX-Dateien	53
	4.2	Dateiarten	54
	4.3	Die UNIX-Dateihierarchie	56

		4.3.1 Die Directory-Hierarchie von System V.3	57
		4.3.2 Die Directory-Hierarchie von System V.4	58
	4.4	Begriffe zum Dateisystem	61
	4.5	Erstellen und Editieren von Dateien	69
		4.5.1 Aufruf von ed	70
		4.5.2. Arbeitszustände von ed	70
		4.5.3 Eingabemodus	71
		4.5.4 Kommandomodus	72
	4.6	Wichtige Kommandos zum Dateisystem	76
	4.7	Die Knotennummer einer Datei	164
		4.7.1 Der Inhalt eines i-node	164
		4.7.2 Directories und inode-Nummern	169
	4.8	Gerätedateien	177
	4.9	Montierte Dateisysteme	182
5	**Ein- und Ausgabeumlenkung**		**193**
6	**Expandierung von Dateinamen auf der Kommandozeile**		**199**
7	**Pipes und Filter**		**209**
8	**Das UNIX-Help-System**		**229**
9	**UNIX-Editoren**		**241**
	9.1	Der zeilenorientierte Editor ed	242
		9.1.1 Aufruf von ed	243
		9.1.2 Arbeitszustände von ed	244
		9.1.3 Eingabemodus	245
		9.1.4 Kommandomodus	246
		Adressen	246
		ed-Kommandos	262
		9.1.5 ed-Skripts	293
		9.1.6 Abschließende Bemerkungen zum Editor ed	298
	9.2	Der Bildschirmeditor vi	299
		9.2.1 Allgemeines zum Editor vi	300
		9.2.2 Aufruf von vi	304
		9.2.3 Arbeitszustände des vi	305
		9.2.4 Wichtige vi-Tasten	309
		9.2.5 Die wichtigsten vi-Kommandos	309
		Die meistbenutzten vi-Kommandos	309
		Weitere nützliche Kommandos	318
		9.2.6 Definitionen zu vi-Textobjekten	328

		9.2.7 Zusammenfassung der vi-Kommandos	335
		9.2.8 Alphabetische Übersicht der vi-"Buchstaben-Kommandos"	360
		9.2.9 Weitere Aufrufmöglichkeiten des Editors vi	365
	9.3	Der Editor ex	365
10	**Benutzerkommunikation**		**369**
	10.1	Nachrichten des Superusers	370
	10.2	Nachrichten an andere Benutzer senden (write oder talk)	370
	10.3	Senden und Empfangen elektronischer Post	376
		10.3.1 Das Kommando mail	377
		10.3.2 Das Kommando mailx	387
		10.3.3 Weitere nützliche Kommandos zum Mail-System	417
	10.4	Datenaustausch in einem Netz von UNIX-Systemen	421
		10.4.1 Senden von elektronischer Post an andere UNIX-Systeme	421
		10.4.2 Das UUCP-System	425
		10.4.3 Arbeiten in lokalen oder weltweiten Netzen	443
11	**Das UNIX-Prozeß-Konzept**		**475**
	11.1	Der Begriff "Prozeß"	476
		11.1.1 Definition von "Prozeß"	476
		11.1.2 Prozeßzustände	476
		11.1.3 Der Prozeßkontrollblock	478
		11.1.4 Die Prozeßhierarchie	479
		11.1.5 Operationen auf Prozesse	480
		11.1.6 Suspendieren und Wiederbeleben	481
	11.2	Prozesse unter UNIX	483
		11.2.1 Die UNIX-Prozeßhierarchie	483
		Starten eines UNIX-Systems und Anmelden eines Benutzers	483
		Das Kommando /bin/sh	486
		11.2.2 Prozeßkenndaten	487
		11.2.3 Prozeßkommunikation	489
		11.2.4 Kommandos und Systemfunktionen zur Prozeßverwaltung	492
12	**Weitere nützliche UNIX-Kommandos**		**569**
Anhang	**Die UNIX-Befehlsreferenz**		**575**
Index			**887**

1 Einleitung

1. Einleitung

*Non quia difficilia sunt non audemus,
sed quia non audemus difficilia sunt.*

Seneca

*(Nicht weil es schwer ist, wagen wir es nicht,
sondern weil wir es nicht wagen, ist es schwer)*

1.1 Leitgedanken zu diesem Buch

UNIX wird wohl das Betriebssystem der 90er Jahre werden. Mit der steigenden Zahl von UNIX-Anwendern wird natürlich auch der Bedarf an geeigneten Lern- und Lehrunterlagen zunehmen.

Problem der Stoffmenge

Als ich mit der Konzeption dieses Buches begann, stellte sich mir die Frage "Wie kann man UNIX schulen ?". Um diese Frage zu beantworten, muß man sich zunächst den gewaltigen Befehlsumfang von UNIX vor Augen führen. Die Devise der UNIX-Entwickler war "Small is beautiful". So konzipierten sie ein Betriebssystem, welches über mehrere Hunderte von Dienstprogrammen und Befehlen verfügt. Jedes einzelne

Betriebssystem-Kommando erledigt eine kleine und klar umgrenzte Aufgabe. Diese Kommandos können allerdings miteinander kombiniert werden, so daß sie auch zur Lösung größerer und komplexerer Aufgaben herangezogen werden können. Da nun zusätzlich noch jedes einzelne Kommando über sogenannte Optionen verfügt, die eine Feineinstellung dieses Kommandos auf die speziellen Anwendungsbedürfnisse erlauben, lassen sich aus dieser Grundmenge von Befehlen Tausende und aber Tausende von Befehlsvariationen ableiten.

Auswahl des Wesentlichen und trotzdem vollständig bleiben

Es war nun nicht meine Intention, alle UNIX-Befehle mit ihren Optionen nur alphabetisch aufzulisten. Ein solches Buch würde wenig Lesefreude bereiten, da es dem Lernen aus einem Lexikon gleichkommt. Diese Forderung vor Augen kam ich zu dem Schluß, bei der Vorstellung der UNIX-Konzepte die zugehörigen Kommandos systematisch mit einfließen zu lassen. Dabei sollte dem Leser das Wesentliche der UNIX-Kommandos vermittelt werden, so daß er bei später anfallenden Problemstellungen befähigt ist, sich der dafür erforderlichen UNIX-Konstrukte und -Kommandos zu erinnern. Dazu durfte ich ihn aber bei der erstmaligen Vorstellung eines UNIX-Kommandos nicht mit allen zu diesem Kommando gehörigen Optionen und Varianten erschlagen, da dies sehr schnell zu einer Resignation des Lernenden führen würde.

Allerdings war ich mir bewußt, daß ein solches Buch dann kein breites, sondern eher ein selektiertes UNIX-Wissen vermitteln würde. Dies war mir zu wenig und so kamen mir zwei Ideen:

1. Zu allen im Buch vorgestellten (und einigen auch nicht erwähnten) UNIX-Kommandos eine alphabetisch geordnete Liste im Anhang zu geben, die es dem Leser ermöglicht, alle Optionen und Besonderheiten dieser Kommandos beim täglichen Arbeiten mit UNIX nachzuschlagen.

2. In den Beispielen der nachfolgenden Bücher dieser Buchreihe möglichst oft auf die hier vorgestellten UNIX-Kommandos zurückzugreifen, um den Leser dabei ständig wieder mit diese Kommandos zu konfrontieren und v.a.D. ihm auch ihre Notwendigkeit durch eine Einbettung in eine praktische Anwendung auf zu zeigen.

Bei einer solchen Vorgehensweise würde ich - so meine Vorstellung - zwei Fliegen mit einer Klappe schlagen: Dem Leser das Wesentliche als wesentliches klarmachen und ihm zugleich ein breites und auch bleibendes UNIX-Grundwissen vermitteln, indem ich ihn vom "Problem zum Befehl" führe.

1.1 Leitgedanken zu diesem Buch

Der Leserkreis dieser Buchreihe

Aus der Vielzahl der UNIX-Benutzerprofile wählte ich aus zwei Gründen die Entwickler von Software aus. Zum einen gehöre ich selbst zu dieser Gruppe und möchte mit dieser Buchreihe meine langjährigen in den USA gemachten Erfahrungen mit Software-Entwicklung auf UNIX an den Leser weitergeben. Zum anderen wurde UNIX von Entwicklern für Entwickler entworfen. Hierin liegt eine seiner wesentlichen Stärken und dies ist sicher auch der Grund, daß UNIX auf diesem Gebiet andere Betriebssystem-Konkurrenten kaum zu fürchten braucht.

Dieses Buch im speziellen eignet sich sowohl für UNIX-Anfänger als auch für Fortgeschrittene, die ihr Wissen über UNIX-Kommandos vertiefen möchten. Zudem eignet sich der Anhang dieses Buches als Nachschlagewerk, da dort eine äußerst umfangreiche Beschreibung fast aller grundlegenden UNIX-Kommandos gegeben wird.

Dieses Buch beschreibt den heutigen UNIX-Standard: UNIX System V.4. Alle heute auf dem Markt befindlichen UNIX-Derivate wie .i.SOLARIS;, .i.HP-UX;, .i.SINIX;, .i.IRIX;, .i.LINUX; etc. entsprechen .i.System V.4; bzw. dem neuesten .i.System V.4.2;.

Voraussetzungen, die der Leser erfüllen sollte

In diesem Buch wird keine Einführung in die Programmiersprache C gegeben. Da UNIX und C wie Bruder und Schwester zu einander sind, sollte der Leser der Programmiersprache C mächtig sein. Auch setzt dieses Buch die Kenntnis der Grundbegriffe der Datenverarbeitung wie z. B. Dualsystem, Compiler, usw. voraus.

1.2 Übersicht zu diesem Buch

In dieser Einleitung wird noch auf den Begriff "Betriebssystem" und auf die Geschichte und die Eigenschaften des Betriebssystems UNIX eingegangen.

Kapitel 2   zeigt dem UNIX-Erstanwender die erforderliche Vorgehensweise beim An- und Abmelden an einem UNIX-System.

Kapitel 3   Hier wird der Leser zunächst mit dem grundsätzlichen Aufbau von UNIX-Kommandos vertraut gemacht, bevor er Grundsätzliches zur Bedienung des Terminals erfährt.

Kapitel 4   ist recht umfangreich und stellt das UNIX-Dateisystem vor, wobei es sich im einzelnen mit der Dateistruktur, den Dateiarten und der Dateihierarchie unter UNIX beschäftigt. Auch wird hier eine kurze Einführung in den Editor ed gegeben, um dem Leser das Erstellen einfacher Dateien - wie sie für die folgenden Beispiele benötigt werden - zu ermöglichen. In diesem Kapitel wird auch eine Vielzahl von UNIX-Kommandos vorgestellt, die zum Arbeiten mit Dateien gebraucht werden.

Kapitel 5 bis 7 stellen dann die UNIX-Konzepte vor: Ein-/Ausgabeumlenkung, Dateinamen-Expandierung, Pipes und Filter.

Kapitel 8   beschreibt das UNIX Help-System.

Kapitel 9   ist ebenfalls sehr umfangreich und gibt eine ausführliche Beschreibung der Editoren **ed**, **vi** und **ex**. Dabei wird der Leser mit Hilfe von Übungsbeispielen schrittweise mit diesen Editoren vertraut gemacht.

Kapitel 10   stellt dann die Kommunikations-Möglichkeiten von UNIX-Benutzern vor; dazu gehört das Senden von Nachrichten an andere Benutzer, Senden/Empfangen von elektronischer Post und Datenaustausch in einem Netz von UNIX- sowie Nicht-UNIX-Systemen.

Kapitel 11   beschäftigt sich mit dem UNIX-Prozeßkonzept. Dabei wird zuerst der Begriff "Prozeß" im allgemeinen geklärt, bevor auf UNIX-Prozesse im speziellen eingegangen wird. Hier werden dann auch zu den einzelnen Systemfunktionen anschauliche C-Programmbeispiele gegeben, die das Arbeiten mit Prozessen verdeutlichen sollen.

Kapitel 12   ist dann noch eine Nachlese von nicht behandelten UNIX-Kommandos.

Im Anhang   wird dann eine detaillierte alphabetische Zusammenfassung der grundlegenden UNIX-Kommandos gegeben. Nach dem Durcharbeiten dieses Buches sollte diese Zusammenfassung ausreichen, um beim täglichen Arbeiten mit UNIX die Arbeitsweise und die Optionen der einzelnen UNIX-Kommandos nachzuschlagen.

Am Ende des Anhangs befinden sich noch mehrere Referenzkarten, die eine Übersicht zu den wichtigsten UNIX-Kommandos mit ihren essentiellen Optionen enthalten. Diese Karten sind für das tagtägliche Arbeiten mit UNIX gedacht und dürften in vielen Fällen ausreichen, wenn der Benutzer bestimmte Konstrukte oder Kommandos benötigt. Findet der Benutzer die erforderlichen Informationen nicht auf diesen Karten, dann kann er immer noch im Anhang dieses Buches nachschlagen, der eine vollständige Beschreibung enthält.

1.2 Übersicht zu diesem Buch

Typografie und Hinweise

Verschiedene Schriftformate erleichtern die Unterscheidung zwischen laufendem Text, Dateinamen, Kommandos usw.:

`Schreibmaschine` Ausgaben von UNIX - **fette** Schreibmaschinenschrift kennzeichnet Eingaben des Benutzers.

Fettschrift alle UNIX-Kommandos sind im laufenden Text und den entsprechenden Tabellen in diesem Schrifttyp gehalten.

Kursiv sind alle Dateinamen und variable Befehlsteile ausgezeichnet.

Zwei Symbole sollen Ihnen den Umgang mit dem Lehrmaterial weiter erleichtern:

Dieses Logo finden Sie immer dann, wenn auf einen besonders wichtigen Punkt hingewiesen werden soll, der sich thematisch vom laufenden Text abhebt.

finden Sie immer bei den Beispielen zu den einzelnen Kommandos mit ihren jeweiligen Verwendungsformen.

Zur Buchreihe: UNIX-und seine Werkzeuge

Nach dem Durcharbeiten dieses Buches verfügt der Leser über ein gesundes UNIX-Basiswissen, und ist nun in der Lage, in höhere UNIX-Sphären aufzusteigen. Dies soll ihm mit dieser Buchreihe möglich gemacht werden.

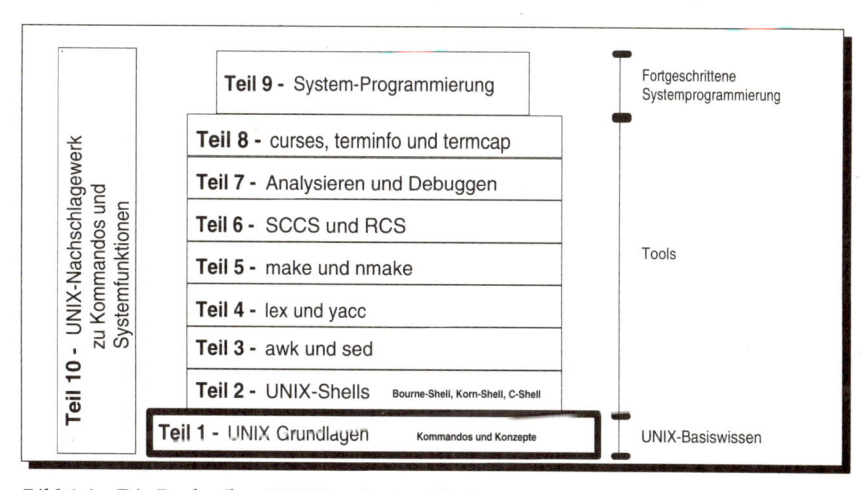

Teil 10 - UNIX-Nachschlagewerk zu Kommandos und Systemfunktionen		
	Teil 9 - System-Programmierung	Fortgeschrittene Systemprogrammierung
	Teil 8 - curses, terminfo und termcap	Tools
	Teil 7 - Analysieren und Debuggen	
	Teil 6 - SCCS und RCS	
	Teil 5 - make und nmake	
	Teil 4 - lex und yacc	
	Teil 3 - awk und sed	
	Teil 2 - UNIX-Shells Bourne-Shell, Korn-Shell, C-Shell	
	Teil 1 - UNIX Grundlagen Kommandos und Konzepte	UNIX-Basiswissen

Bild 1.1 - Die Buchreihe »UNIX und seine Werkzeuge«

Die Intention dieser Buchreihe ist

- den UNIX-Anfänger systematisch vom UNIX-Basiswissen, über die mächtigen UNIX-Werkzeuge bis hin zu den fortgeschrittenen Techniken der Systemprogrammierung zu führen.
- den bereits erfahrenen UNIX-Anwender - aufgrund ihres modularen Aufbaus - eine Vertiefung bzw. Ergänzung seines UNIX-Wissens zu ermöglichen.

1.3 Der Begriff Betriebssystem

UNIX ist ein Betriebssystem. Dieser Absatz soll klären, was unter einem Betriebssystem zu verstehen ist und welche Aufgaben es zu erfüllen hat.

1.3.1 Schichtenmodell eines typischen Computersystems

Ein typisches Computersystem läßt sich als ein Modell von verschiedenen Schichten beschreiben:

Schicht	Inhalt	Kategorie
S5	Buchhaltung, Lohnabrechnung, ...	Anwenderprogramme
S4	Compiler, Editoren, Kommandointerpreter, ...	Systemprogramme
S3	**Betriebssystem**	
S2	Maschinensprache (Assembler)	Hardware
S1	Mikrocode	
S0	Physikalische Einheiten (integrierte Chips, Busse, Stromversorgung, ...)	

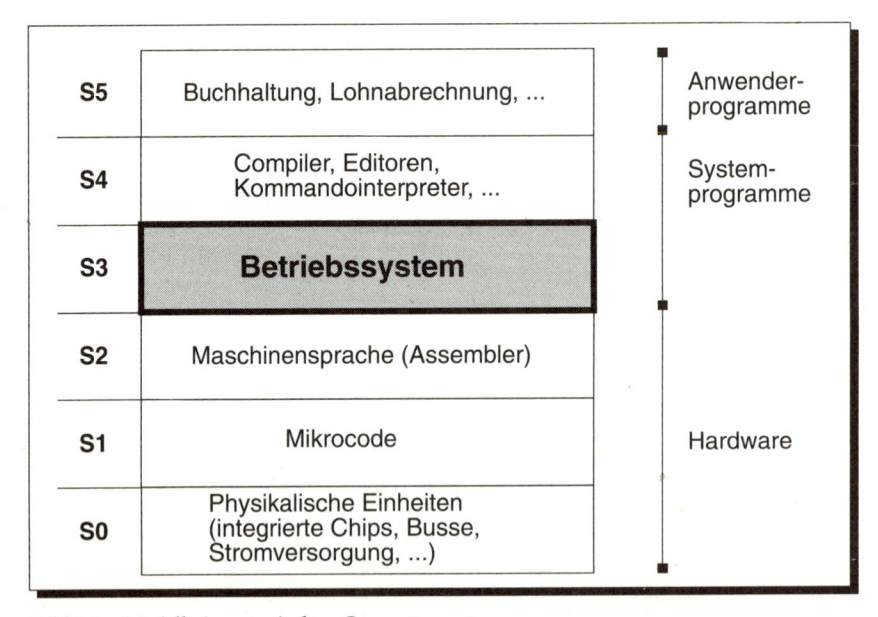

Bild 1.2 - Modell eines typischen Computersystems

S0 - Physikalische Einheiten

Auf der niedrigsten Ebene befinden sich die physikalischen Einheiten. Typische Komponenten dieser Ebene sind die CPU, Speicherchips, Busse oder die Stromversorgung. Der Fortschritt in der Herstellung von Chips läßt diese Elemente immer kleiner werden und bringt zugleich auch eine schnellere Verarbeitung der anfallenden Daten mit sich.

S1 - Mikrocode

Diese Schicht ist einer primitiven Programmiersprache ähnlich, welche die direkte Steuerung der physikalischen Einheiten ermöglicht. Mikroprogramme sind vom Systemarchitekt entworfene Programme, die in Mikrocode geschrieben sind; diese werden von einem Interpreter, der sich ebenfalls auf dieser Ebene befindet, in die entsprechenden Steueranweisungen für die physikalischen Einheiten übersetzt. Mikroprogramme sind üblicherweise im ROM (*read-only-memory*) gespeichert; auf manchen Maschinen sind sie auch in der Hardware selbst untergebracht und damit nicht als eine eigene Schicht realisiert.

S2 - Maschinensprache (Assembler)

Dieser Schicht sind alle Maschinenbefehle zugeordnet, wobei die meisten dieser Befehle dazu dienen, Daten umzuspeichern, arithmetische Berechnungen durchzuführen und Werte zu vergleichen. Ein Assembler ist nun für die Übersetzung von Maschinenbefehlen in die entsprechenden Mikroprogramme zuständig. So muß z. B. bei Angabe des Maschinenbefehls **mov** das zugehörige Mikroprogramm (eine Folge von direkten Befehlen an die physikalischen Einheiten) die Adresse der umzuspeichernden Zahl bestimmen, diese Zahl dann von dort "holen" und an die angegebene neue Stelle bringen.

Auf dieser Ebene können dann auch Dinge wie Stacks, Interrupt-Vektoren, usw. definiert werden.

S3 - Betriebssystem

wird nachfolgend beschrieben

S4 - Compiler, Editoren, Kommandointerpreter, Linker, ...

Diese Schicht ist zwar der System-Software zugeordnet, aber nicht Teil des Betriebssystems, obwohl diese Software-Pakete üblicherweise vom Computerhersteller mitgeliefert werden. Dieser Teil der System-Software ist austauschbar: Wenn z. B. ein Systemverwalter mit einem mitgelieferten Editor (wie **vi** unter UNIX) nicht zufrieden ist, so steht es ihm frei, einen weiteren Editor (wie z. B. **emacs**) zu installieren. Ein Austausch von echten Betriebssystem-Teilen (wie z. B. eines Schedulers) wird dagegen nicht so leicht möglich sein.

S5 - Anwenderprogramme

In dieser Schicht sind die Programme angesiedelt, welche von den Benutzern geschrieben werden, um ihre speziellen Probleme zu lösen, wie z. B. Programm zur Buchführung, Programm zum automatischen Erstellen von Stundenplänen, usw.

1.3.2 Aufgaben eines Betriebssystems

Erst ein Betriebssystem "haucht" einem Computer das Leben ein.

Ein Betriebssystem hat 2 wesentliche Aufgaben:

Schnittstelle zwischen Mensch und Hardware

Eine der wichtigsten Aufgaben eines Betriebssystems ist es, die Komplexität der darunterliegenden Maschine zu verstecken, und dem Computeranwender eine leicht verständliche und gut handhabbare Schnittstelle zur eigentlichen Maschine anzubieten.

Der Ansprechpartner für den Programmierer ist also nicht mehr die wirkliche Maschine, sondern eine virtuelle Maschine (Betriebssystem), welche wesentlich einfacher zu verstehen und zu programmieren ist.

Der folgende Systemaufruf aus der C-Bibliothek ist sicher einfacher zu handhaben, als wenn der Programmierer sich zunächst um die Positionierung und Synchronisierung der Lese-/Schreibköpfe, Setzen der entsprechenden *device register*, usw... kümmern müßte:

```
write(dateinummer, text_adresse, bytezahl);
```

wobei *dateinummer* eine Nummer ist, die eine bestimmte Datei identifiziert und *text_adresse* eine Speicheradresse, an der sich der zu schreibende Text befindet. *bytezahl* schließlich bezeichnet die Anzahl der zu schreibenden Zeichen.

Mit dem Angebot eines solchen Aufrufs kann der Programmierer sich auf seine eigentliche Aufgabe konzentrieren, wie z. B. alle Kunden in eine Datei schreiben, ohne daß er sich um die darunterliegende Hardware kümmern muß, was ihn bei der Lösung seiner eigentlichen Aufgabe erheblich behindern würde.

1.3 Der Begriff Betriebssystem

Verwalter von Ressourcen

Eine weitere Aufgabe eines Betriebssystems ist es, alle Einzelteile eines komplexen Systems (Prozessoren, Speicher, Disks, Terminals, Drucker, usw.) zu verwalten: Ein Betriebssystem muß eine geordnete und kontrollierte Zuteilung von Prozessoren, Speichereinheiten und E/A-Geräten unter den verschiedenen Programmen, welche darum konkurrieren, sicherstellen.

Wäre dies Aufgabe des Benutzers, so würde er nicht nur wieder von seiner eigentlichen Aufgabe ablenkt werden, sondern er wäre auch in hohem Maße damit überfordert. Zudem sollte eine solche Ordnungsfunktion von einem neutralen, objektiven und schnellreagierenden Medium übernommen werden; d. h. ein Operator oder Systembenutzer wäre für diese Funktion nicht geeignet, da er nicht nur subjektiv, sondern auch viel zu langsam handeln würde.[1]

Fünf Programme, welche auf demselben Computer laufen, möchten gleichzeitig drucken. Ohne Steuerung durch das Betriebssystem würde dies einen gemischten Ausdruck (zusammengesetzt aus allen 5 Programmausgaben) ergeben, kurzum ohne Betriebssystemsteuerung würde Chaos herrschen.

1.3.3 Die Geschichte von Betriebssystemen

Die Geschichte von Betriebssystemen ist eng mit der Entwicklung der Computerarchitekturen verwandt, für die sie entworfen wurden.

Die hier gegebene Zeitabgrenzung für die einzelnen Generationen ist der Einfachheit halber recht grob vorgenommen wurden:

0. Generation (1940-1950): Röhren und Steckbretter

Die ersten Rechner hatten überhaupt kein Betriebssystem. Auf diesen Rechnern wurden die Programme in Maschinensprache geschrieben. Um die Grundfunktionen der Maschinen zu kontrollieren, wurden nicht selten Kabel umgesteckt. Programmiersprachen waren zu diesem Zeitpunkt unbekannt.

1. Generation (1950-1960): Transistoren und Stapelsysteme [2]

Die Einführung der Lochkarte im Jahre 1950 verbesserte zwar die Situation etwas: Es war nun möglich, Programme auf Lochkarten zu schreiben und diese einzulesen; größere "Stöpselaktionen" waren nicht mehr notwendig.

---

[1] Hier sind Reaktionen im Bereich von Mikro- bzw. Nanosekunden gefordert.
[2] engl. *batch systems*

Eine revolutionäre Veränderung allerdings brachte erst die Erfindung des Transistors mit sich: Erstmals wurde klar zwischen einem Designer, Computerarchitekten, Operator, Programmierer und Wartungspersonal unterschieden.

Die Programmentwicklung erfolgte damals in folgenden Schritten:

1. Der Programmierer entwarf das Programm (in Assembler oder FORTRAN) und stanzte es auf Lochkarte.
2. Der Lochkartenstapel wurde dem Operator im Eingaberaum übergeben. Dieser brachte es zum Rechner, ließ die Lochkarten dort einlesen und den entsprechenden Job ablaufen
3. Wenn der Job (Programm oder eine Menge von Programmen) fertig war, holte der Operator die Ausgabe vom Drucker ab und brachte sie zum Ausgaberaum, wo sie der Programmierer später abholen konnte.

Es wurde natürlich viel Computerzeit vergeudet, während die Operator zwischen dem Maschinen- und Ein-/Ausgaberaum hin und herliefen.

Das Bestreben, diese Zeit zu verringern, führte zur Einführung von sogenannten Stapelsystemen, wo sich folgende Abfolge bei der Programmentwicklung ergab:

1. Mehrere Jobs wurden im Eingabe-Raum gesammelt: Die Jobs wurden gestapelt.
2. Dieser Stapel von Jobs wurde von einem billigeren Computer auf Magnetband gelesen.
3. Der Operator brachte dann das Magnetband in den Maschinenraum zum Hauptcomputer.
4. Das Programm wurde dort dann von Magnetband gelesen, ausgeführt und die Ergebnisse wurden auf das Ausgabe-Magnetband geschrieben. Es wurde immer nur ein Programm ausgeführt. Erst wenn dessen Ausführung beendet war, wurde das nächste Programm aus dem Stapel ausgeführt.
5. Operator bringt das Ausgabe-Magnetband zurück zum billigeren Computer, welcher die Ergebnisse einliest, und am Drucker ausgibt.

Zu dieser Zeit lagen die Anwendungen hauptsächlich im wissenschaftlichen Bereich, wie z. B. Berechnung partieller Differentialgleichungen;

1.3 Der Begriff Betriebssystem

geschrieben waren die entsprechenden Programme hauptsachlich in FORTRAN und Assembler. Bekannte Stapel-Betriebssysteme sind FMS (Fortran Monitor System) und IBSYS (IBM-Betriebssystem).

2. und 3. Generation (1960 - 1975):
Integrierte Schaltkreise, Multiprogramming,
Spooling und Timesharing

Integrierte Schalt-kreise

IBM führt System/360 ein: 360 war die erste größere Computerlinie, welche integrierte Schaltkreise verwendete. In den nachfolgenden Jahren wurden Nachfolgemodelle der 360er-Linie gebaut: 370, 4300, 3080 und 3090. Als Kind für alles (kommerzielle und wissenschaftliche Datenverarbeitung) sollte es für das ganze damalige Computerspektrum einsetzbar sein, von kleinen Systemen bis zu ganzen Rechenzentren. Das Ergebnis war ein äußerst komplexes Betriebssystem: OS/360, welches aus Millionen von Assemblerzeilen bestand.

Multipro-gramming

Diese neue Technik wurde von OS/360 eingeführt. Der Grund hierfür war, daß auf der älteren Maschine IBM 7094, welche im Stapelbetrieb arbeitete, sich folgendes Problem ergab: Wenn der momentane Job pausierte, weil er auf ein Magnetband oder andere E/A-Operationen wartete, dann saß die CPU untätig herum, v.a.D: bei kommerziellen Datenverarbeitung konnte diese Wartezeit für E/A-Operationen 80 bis 90 Prozent der Gesamtzeit ausmachen.

Dagegen mußte etwas unternommen werden. Die Lösung war Multiprogramming: Man unterteilte den Speicher in mehrere Teile, wobei unterschiedliche Jobs in diese unterschiedlichen Teile untergebracht wurden. Während ein Job auf die Beendigung einer E/A-Operation wartet, benutzt ein anderer Job die CPU. Wenn genug Jobs gleichzeitig im Hauptspeicher gehalten werden können, dann kann die CPU fast zu 100 Prozent ausgenutzt werden.

Spooling

Eine andere neue Fähigkeit der Computer der 3. Generation war, Jobs - sobald diese in den Computerraum gebracht wurden - direkt von Lochkarten auf die Disk (in eine Warteschlange) zu lesen. Immer wenn ein Job beendet war, konnte dann das Betriebssystem einen neuen Job von der Disk in den nun leeren Speicherbereich laden und starten. Diese Technik heißt *spooling* (simultaneous peripheral operation on line) und wurde auch für die Ausgabe verwendet.

**Time-
sharing**

Trotz all dieser Vorzüge waren die Computer der 2.Generation eigentlich noch Stapelsysteme: Das Vertippen bei Angabe eines Variablennamens in einem FORTRAN-Programm konnte immer noch einen halben Tag kosten[3]. Dies war nicht zufriedenstellend und es wurde eine neue Variante des Multiprogramming eingeführt: *Timesharing*. Hier hat jeder Anwender seinen eigenen Terminal, der direkt mit dem Computer verbunden ist.

Die Grundidee hierbei ist folgende: Gewöhnlich arbeiten z. B. von 20 Computerbenutzer höchstens 5 gleichzeitig und diese wiederum lassen meist nur kurze Programme ablaufen. Wenn man nun abwechselnd jedem Benutzer die CPU für eine kurze Zeitspanne zur Verfügung stellt, bekommt jeder der Benutzer das Gefühl, daß der Computer nur für ihn arbeitet. Kurze Jobs (wie z. B. Auflisten aller Dateien) werden meist in dieser Zeitspanne (oft auch Zeitscheibe genannt) erledigt, während zeitaufwendigere Jobs (wie Kompilierung größerer Dateien) mehrere solche Zeitscheiben benötigen; wenn deren Zeitscheibe abgelaufen ist, werden diese aus der CPU entfernt und wieder in die Warteschlange eingereiht, wo in der Zwischenzeit möglicherweise neue Jobs angekommen sind. Bei der nächsten Zuteilung der CPU wird die Ausführung an der Stelle fortgesetzt, an der die Unterbrechung stattfand.

4. Generation (1975 - heute): Computernetze und Personal Computer

Eine große Neuheit dieser Generation sind die Computernetze, die sich über die gesamte Welt erstrecken.

Eine andere revolutionäre Erscheinung dieser Epoche sind unzweifelhaft die Personal Computer. Nun kann sich jeder für ein paar 1000 DM oder sogar weniger einen eigenen Computer zulegen, dessen Rechenleistung den Computern der frühen 60er Jahre entspricht; diese allerdings kosteten noch Hunderttausende von Marks.

2 Betriebssysteme dominierten und dominieren immer noch dieses Zeitalter:

1. **MS-DOS** als Betriebssystem für Personal Computer:

   Dieses *single-user* Betriebssystem wurde von Microsoft entwickelt. Während die ursprüngliche Version relativ primitiv war, haben nachfolgende Versionen immer mehr Funktionen von UNIX angenommen. Sein Erfolg ist sicherlich durch die Einfachheit seiner Be-

---

[3] Man mußte auf Beendigung des Jobs warten (was v.a.D. bei vielgenutzten Rechnern mehrere Stunden dauern konnte), um dann nur eine Compiler-Fehlermeldung anstelle des erhofften Ergebnisses zu lesen. Der Fehler wurde dann behoben und der (hoffentlich nun fehlerfreie) Job wieder ganz hinten in der Warteschlange eingereiht.

dienung erklärbar. Ohne MS-DOS weh tun zu wollen, dürfte es allerdings auch einen Großteil seines Erfolgs dem Höhenflug des IBM-PCs verdanken, wofür es das Betriebssystem ist.

2. **UNIX** als Betriebssystem für Workstations und Großrechner:

   Bei UNIX handelt es sich um ein *multi-user*[4] und *multi-tasking*[5] Betriebssystem. In den letzten Jahren wurde das Betriebssystem UNIX von immer mehr Firmen auf deren Maschine portiert. In der jüngsten Zeit ist der Trend zu erkennen, UNIX auch immer mehr als Betriebssystem für Personal Computers einzusetzen. UNIX selbst ist allerdings kein so standardisiertes Betriebssystem wie MS-DOS. Zur Zeit befinden sich mehrere Varianten des ursprünglichen Systems auf dem Markt. Schon seit längerem wird nun an der Standardisierung des UNIX-Systems gearbeitet; allerdings treffen hier viele Eigeninteressen der einzelnen UNIX-Hersteller aufeinander, so daß sich dies als eine sehr schwierige Aufgabe erweist.

1.4 Geschichte des Betriebssystems UNIX

1965   Bell Telephone Laboratories, General Electric Company und Massachusetts Institute of Technology taten sich zusammen, um ein neues Betriebssystem: **MULTICS** (*multiplexed information and computing service*) zu entwickeln. Die Ziele waren, gleichzeitigen Computerzugriff einer grossen Benutzergemeinde zur Verfügung zu stellen, genügend Rechenleistung und Datenspeicher bereitzustellen, und den Benutzern untereinander einen leichten Zugriff auf ihre gegenseitige Daten zu erlauben, wenn dies erwünscht war.

1969   Eine primitive Version des Betriebssystems MULTICS läuft auf der Maschine GE 645, aber doch war man zu diesem Zeitpunkt noch sehr weit von den hochgesteckten Erwartungen entfernt und ein Ende der Entwicklung des angekündigten Betriebssystems mit voller Funktionsfähigkeit war nicht abzusehen. Die Folge war, daß Bell Laboratories seine Teilnahme an diesem Projekt beendete.

Ken Thompson von den Bell Laboratories, welcher an MULTICS mitgearbeitet hatte, entwickelt eine abgemagerte, single-user Version von MULTICS auf einer PDP-7. Brian Kernighan nannte dieses System et-

---

[4] Mehrere Benutzer arbeiten über verschiedene Terminals am gleichen Rechnersystem.
[5] Ein Benutzer kann mehrere Programme gleichzeitig ablaufen lassen, wie z.B ein Programm vom Compiler übersetzen lassen, während er eine andere Datei editiert.

was spassig: UNICS (*uniplexed information and computing service*). Die Schreibweise wurde später nach UNIX geändert.[6]

1971 UNIX wird auf eine PDP-11 portiert.

1973 *Dennis Ritchie* schreibt das System in einer höheren Programmiersprache, genannt C, welche ebenfalls von Ritchie mit entworfen und implementiert wurde. UNIX wird damit leicht für andere Maschinen[7] portierbar. Zu diesem Zeitpunkt wurde UNIX nur intern von Bell Labs verwendet.

Zahl der UNIX-Installationen: 25

1974 Thompson und Ritchie veröffentlichen ein Papier in *Communications von ACM*, welches das UNIX-System beschreibt.

1977 UNIX wird das erstemal auf eine Nicht-PDP-Maschine portiert: Interdata 8/32. Dies war der Startschuß für eine Vielzahl von UNIX-Portierungen durch andere Firmen wie IBM, Cray, HP, usw.

Zahl der UNIX-Installationen: 500 [8]

Bell Laboratories vergab UNIX-Lizensen an Universitäten fast für umsonst. Der Grund hierfür war, daß AT&T wegen eines 1956 eingegangenen Vertrags keine Computer vermarkten durfte. Dieser Vertrag schloß allerdings nicht-gewerbliche Interessenten (wie Universitäten, welche es für Ausbildungszwecke verwendeten) aus. Dieses vertragsbedingte "Hindernis" sollte sich jedoch als Sprungbrett für den UNIX-Höhenflug erweisen: Die Studenten wurden die besten Werber für das UNIX-System und blieben ihrem Hochschul-System auch im späteren Berufsleben treu und sorgten so für den rational kaum faßbaren UNIX-Boom, welcher in den 80er Jahren einsetzte.

1981 Bell Laboratories kombinieren einige AT&T Varianten in einem einzigen System: UNIX-System III.

1983 Bell Laboratories kündigt offiziellen Support für das Nachfolgemodell System V[9] an. Eine andere starke UNIX-Linie, welche weitverbreitet ist, ist eine UNIX-Variante, die an der University of California in Berkeley entwickelt wurde: Die letzte Version war UNIX BSD 4.3 (BSD steht für *Berkeley System Distribution*) für VAX-Maschinen.

---

[6] *single-user* Betriebssysteme unterstützen nur jeweils einen Anwender; dessen Aufgaben werden sequentiell abgearbeitet.
[7] Heute sind 90 bis 95 Prozent des UNIX-Systems in C geschrieben.
[8] davon 125 an Universitäten
[9] System IV war eine interne Version, welche nie der übrigen Welt freigegeben wurde.

1.4 Geschichte des Betriebssystems UNIX

1984 AT&T kündigt System V Release 2.0 an: Dieser Release lief bis zu 10 Prozent schneller als der vorherige Release und führte einige neue Kommandos ein.

Zahl der UNIX-Installationen: 100000

1986 UNIX System V Release 3.0 wird freigegeben.

1987 Zahl der UNIX-Installationen: mehr als 300000

(ungefähr 1 Million Benutzer)

Ende 1989 UNIX System V Release 4 wird freigegeben: gilt als heutiger "UNIX-Standard".

Zahl der UNIX-Installationen: mehr als 1,5 Millionen (20 % des *multi-user* Markts; ca. 10 Millionen Benutzer). Heute hat UNIX die Tür zur PC-Welt aufgeschlagen. Sein Siegeszug ist nicht mehr aufhaltbar.

Die Abbildung auf der folgenden Seite zeigt nochmals alle wichtigen Stationen der UNIX-Geschichte, wobei die beiden starken UNIX-Linien BSD-UNIX und XENIX mit einbezogen wurden.

Legende zu Bild 1.3 auf der folgenden Seite:

FuE: Forschung und Entwicklung

PWB: Programmers Work Bench

Hierbei handelt es sich um die UNIX-Version 6 und folgende Zusätze:

- neue Kommandos
- Textverarbeitung (nroff, troff)
- SCCS = Source Code Control System:
- Organisationsform für größere Programme und Software-Projekte mit ihrer Vielzahl von Versionen und Freigaben.

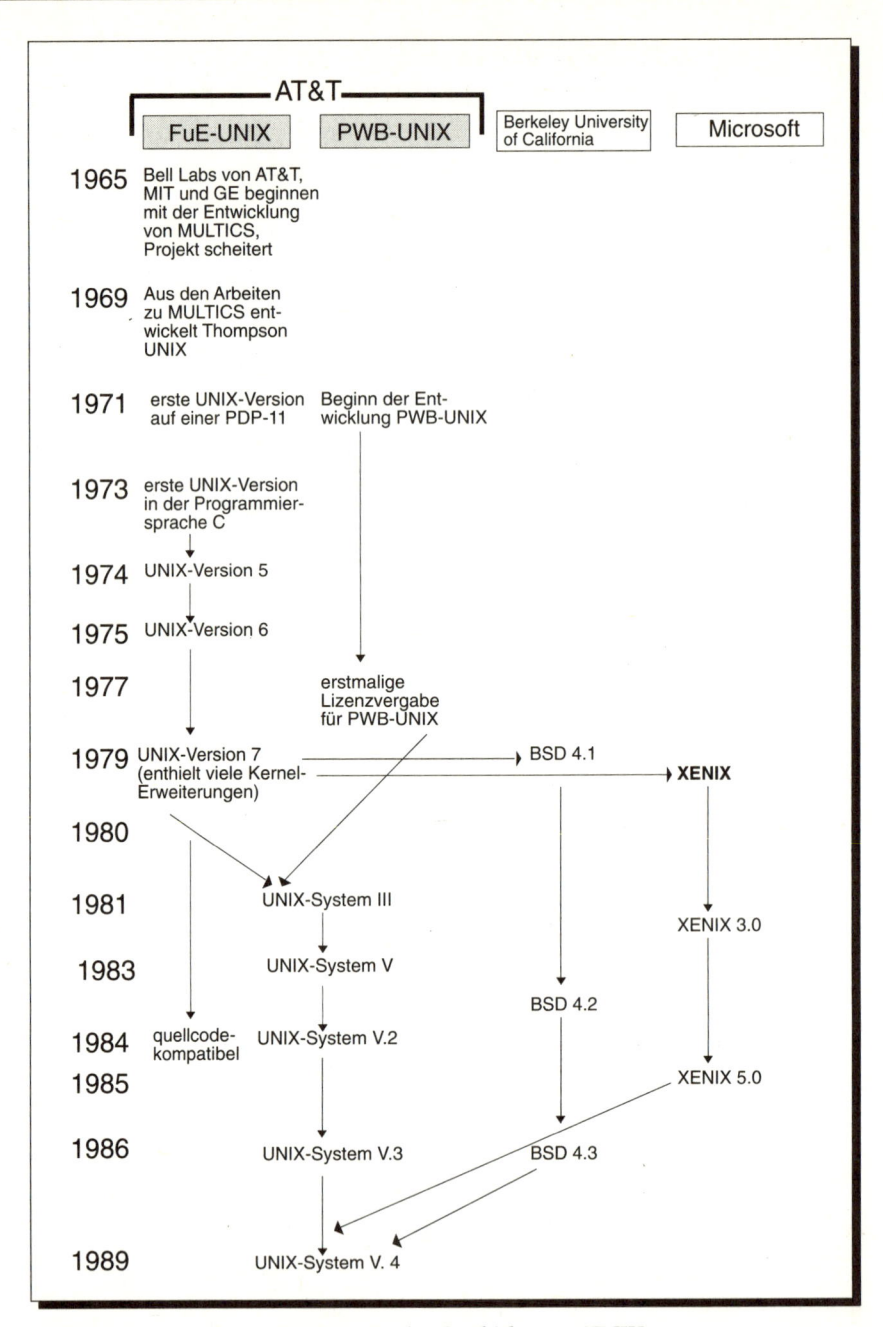

AT&T		Berkeley University of California	Microsoft
FuE-UNIX	PWB-UNIX		

- **1965** Bell Labs von AT&T, MIT und GE beginnen mit der Entwicklung von MULTICS, Projekt scheitert
- **1969** Aus den Arbeiten zu MULTICS entwickelt Thompson UNIX
- **1971** erste UNIX-Version auf einer PDP-11 | Beginn der Entwicklung PWB-UNIX
- **1973** erste UNIX-Version in der Programmiersprache C
- **1974** UNIX-Version 5
- **1975** UNIX-Version 6
- **1977** erstmalige Lizenzvergabe für PWB-UNIX
- **1979** UNIX-Version 7 (enthielt viele Kernel-Erweiterungen) → BSD 4.1 → **XENIX**
- **1980**
- **1981** UNIX-System III | XENIX 3.0
- **1983** UNIX-System V
- **1984** quellcode-kompatibel UNIX-System V.2 | BSD 4.2
- **1985** XENIX 5.0
- **1986** UNIX-System V.3 | BSD 4.3
- **1989** UNIX-System V. 4

Bild 1.3 - Die wichtigsten Stationen in der Geschichte von UNIX

An diesem Bild ist sehr gut zu erkennen, daß sich die 3 starken UNIX-Linien: System V, BSD und XENIX nach einem 10jährigen Alleingang im System V.4 wieder zusammenfinden.

1.5 Eigenschaften von UNIX

Das *Design von UNIX* wurde von Beginn an durch 3 wesentliche Punkte geprägt:

- **Seine Schöpfer waren Softwareentwickler und Systemprogrammierer**

    UNIX sollte die Entwicklung von Software so leicht wie möglich machen. Deshalb wurden sehr viele Werkzeuge und Mechanismen entwickelt, die dem Software-Entwickler bei der täglichen Arbeit größtmögliche Unterstützung bieten.

    UNIX ist ein System aus der Praxis für die Praxis

- **Die UNIX-Entwicklung war von Beginn an sehr starken Speicherplatz-Beschränkungen unterworfen.**

    Zu der Zeit, als die Entwicklung von UNIX stattfand, war Hauptspeicher noch ein knappes und wertvolles Gut (64 KByte [10]). Diese Einschränkung prägte das Design von UNIX ganz erheblich. Es wurden viele kleine Dienstprogramme und Kommandos entwickelt, von denen jedes eine kleine klar umgrenzte Aufgabe erfüllt. Mit Konstruktionen wie Pipes wurde es dann ermöglicht, Kommandos zu kombinieren, um auch Lösungen für komplexere Aufgaben zu erreichen.

    Small is beautiful   (Klein, aber fein)
    Salvation through suffering   (Genesung durch Fasten)

- **Die Entwickler haben von Beginn an selbst mit ihrem UNIX gearbeitet**

    Da das Projekt MULTICS scheiterte, standen die Entwickler von Bell Labs Ende der 60er Jahre ohne Betriebssystem da. So entwarfen und entwickelten sie ein Betriebssystem für sich selbst. Ursprünglich war UNIX nur als internes "Haus-System" für die eigenen Belange gedacht. Da nun die UNIX-Entwickler von Anfang an mit ihrem eigenen System arbeiteten, konnten sie sehr früh Fehler und Schwächen erkennen und beseitigen.

    Was du nicht willst, das man dir antut, das füge auch keinem anderem zu

    Theorie ist gut, Praxis ist besser

---

[10] Als Vergleich: Heute sind Hauptspeicher mit mehreren MByte und bald schon im GByte-Bereich üblich.

Folgende *wesentlichen Eigenschaften* charakterisieren das UNIX-System:

- *General Purpose System* (Allzweck-System), geeignet für die Entwicklung von System- und Anwendersoftware
- *Multi-user* und *multi-tasking* System
- *Timesharing*-Betriebssystem
- Dialogorientiert
- Geräteunabhängiges und hierarchisches Dateisystem
- Verkettung von Programmen über *Pipes* (Fließbandtechnik): Die Ausgabe des vorhergehenden Kommandos wird dabei direkt zur Eingabe des nachfolgenden Programms geleitet
- Hoher Grad an Portabilität: 90-95% des Systems ist C-Code
- Als Betriebssystem für die gesamte Rechnerpalette vom PC bis zum *mainframe* (Großrechner) geeignet

Allerdings lassen sich auch *Schwächen des UNIX-Systems* finden:

- Kein Realzeitsystem; allerdings existieren bereits Realzeit-Versionen
- Kein sehr sicheres System; Datensicherheit bei Systemzusammenbrüchen und Datenschutz muß noch verbessert werden
- Nur sequentieller Dateizugriff möglich; es fehlen andere Dateizugriffsverfahren wie z. B. indexsequentiell
- Keine Rückfragen bei gefährlichen Kommandos; wie z. B. Löschen aller Dateien
- Zu wenig Rückmeldungen bei vielen Kommandos und Dienstprogrammen;
  UNIX-Devise: *No news is good news*
- Oft wenig aussagekräftige Namen für Kommandos und Dienstprogramme

2

An- und Abmelden am UNIX-System

- ▶ Login-Name
- ▶ Paßwort
- ▶ Case-Sensivität von UNIX

Kapitel 2
An- und Abmelden am UNIX-System

... ach wie gut, daß niemand weiß,
daß ich Rumpelstilzchen heiß!

aus »*Rumpelstilzchen*«
(*Grimm's Märchen*)

Die beste Methode, ein System kennenzulernen, ist damit zu arbeiten. Um im nachfolgenden die Benutzereingaben und die Antworten des Systems unterscheiden zu können, sind die Eingaben des Benutzers in den Beispielen fett gedruckt. Die aktuelle Position des Cursors nach allen Ein- und Ausgaben wird in den ersten Beispielen durch das Zeichen ▮ angezeigt. Die Dialoge mit dem Rechner stehen dabei jeweils auf der linken Seite - die Erklärungen dazu finden Sie rechts daneben:

Dialogtext	Erklärungen - bei längeren Ein- und Ausgaben finden Sie diese Erläuterungen rechts unter den entsprechenden Zeilen.

2.1 Anmelden

Um einen unkontrollierten Zugang zum UNIX-System und seinen Resourcen zu verhindern, wird an jeden berechtigten Systembenutzer eine Benutzerkennung (auch Login-Kennung oder Login-Name genannt) vergeben. Anhand dieser Kennung kann das System den jeweiligen Benutzer identifizieren. Diese Kennung allein reicht natürlich nicht aus, um unberechtigten Zugriff zu verhindern, denn solche Kennungen - oft die Vornamen, Nachnamen oder Initialen der Benutzer - sind öffentlich bekannt. Deshalb wird jeder login-Kennung noch ein geheimes Paßwort zugeordnet, das der Benutzer festlegt und nur er allein kennen sollte.

Nachdem einem Benutzer vom Systemverwalter eine login-Kennung zugeteilt worden ist, kann er mit dem System arbeiten. Dazu muß er sich allerdings zuerst anmelden, wobei er wie folgt vorgehen sollte:

1. Terminal einschalten

2. Das System meldet sich mit

   ```
   Welcome to UNIX System V Release 4.0
   System name: enterprise

   login:
   ```

   und erwartet nun die Eingabe der login-Kennung. Sollte diese (oder eine ähnliche Meldung) nicht erscheinen, so muß zuerst die ⏎-Taste gedrückt werden.[1]

3. Ist die eingegebene login-Kennung dem System bekannt, so erscheint als nächstes die Meldung

   ```
   Password:
   ```

   Das hier einzugebende Paßwort wird bei der Eingabe - zwecks Geheimhaltung - nicht angezeigt.

4. Danach werden, wenn login-Kennung und Paßwort korrekt waren, zunächst einige Meldungen wie z. B.

   ```
   Copyright (C) 1984, 1987, 1990, 1991 AT&T
   All Rights Reserved
   Last login: Thu Jul 29 07:46:55 on term/02
   ```

   und schließlich das Promptzeichen $ ausgegeben, welches anzeigt, daß das System bereit ist, Kommandos entgegen zu nehmen.

---

[1] Im folgenden wird für *Carriage Return* die Tastenbezeichnung ⏎ verwendet.

Wenn die login-Kennung *franz* und das Paßwort *secret2* wäre, so könnte der Anmeldevorgang wie folgt ablaufen:

```
login: franz  ⏎                          Eingabe der login-Kennung franz
Password: secret2  ⏎           secret2 wird dabei nicht am Bildschirm angezeigt
Copyright (C) 1984, 1987, 1990, 1991 AT&T
All Rights Reserved
Last login: Thu Jul 29 07:46:55 on term/02              Meldungen des Systems
Systemboot um 12 Uhr
(Bitte um 11.45 Uhr abmelden)
You have mail
$ ▮
```

Bei der Meldung *Systemboot um 12 Uhr (Bitte um 11.45 Uhr abmelden)* handelt es sich um eine Meldung des Systemverwalters.

Die Meldung *You have mail* teilt dem Benutzer mit, daß elektronische Post (engl. *mail*) für ihn angekommen ist; dazu aber später mehr.

Falls der Benutzer sich beim Anmelden vertippt hat oder die login-Kennung oder das Paßwort falsch waren, so erscheinen die Meldungen

```
Login incorrect
login:
```

und der ganze Anmeldevorgang - außer Terminal einschalten - muß wiederholt werden. Eine Wiederholung macht natürlich nur Sinn, wenn der betreffende Benutzer über eine login-Kennung (vom Systemverwalter zugeteilt) verfügt.

2.2 Abmelden

Will ein Benutzer seine UNIX-Sitzung wieder beenden, so muß er sich beim System abmelden. Dazu gibt es zwei Möglichkeiten:

1. Eingabe von [Ctrl]-[D] ([Ctrl]-Taste festhalten und Taste [D] drücken) oder

2. Eingabe von **exit**[⏎]

   Danach meldet sich das Terminal mit

   ```
   login:
   ```

   und kann nun abgeschaltet werden.

UNIX ist *case-sensitive*, d. h. zwischen Groß- und Kleinschreibung wird unterschieden. Die meisten Namen von UNIX-Kommandos oder Dienstprogrammen werden klein geschrieben. Deswegen sollte nach dem Anschalten des Terminals darauf geachtet werden, daß die Taste, welche Großschreibung fest einstellt [2], nicht gedrückt ist. Falls nämlich der erste Buchstabe der login-Kennung ein Großbuchstabe ist, so nimmt UNIX an, daß das Terminal nur Großbuchstaben versteht und wandelt alle Kleinbuchstaben in Großbuchstaben um.

---

[2] Name ist: *Caps Lock* oder *Shift Lock* oder *Alpha Lock*

Allgemeines zu UNIX-Kommandos

▶ Einfache Kommandos

▶ Kommandos und ihre Argumente

▶ Grundsätzliches zur Bedienung des Terminals

Kapitel 3
Allgemeines zu UNIX-Kommandos

Sic volo, sic iubeo.
(So will ich es, so befehle ich es.)

Latein. Sprichwort

Eine Kommandozeile besteht aus einem oder mehreren Wörtern und wird dem System zur Verarbeitung durch Eingabe von ⏎ (*Carriage Return*) übergeben. Ein Wort ist dabei eine Zeichenkette, in der keine Zwischenraum-Zeichen (Leer- oder Tabulator-Zeichen) vorkommen. Die einzelnen Wörter einer Kommandozeile werden durch Zwischenräume (Leer- oder Tabulator-Zeichen) voneinander getrennt. Das erste Wort wird als der Name des Kommandos bzw. Programms aufgefaßt, das auszuführen ist.

3.1 Einfache Kommandos

Bei einfachen Kommandos genügt zum Aufruf die alleinige Angabe des Kommandonamens gefolgt von ⏎.

Auflisten aller momentan angemeldeten Benutzer

UNIX ist ein *multi-user* System, d. h. es können mehrere Benutzer zur gleichen Zeit am System arbeiten. Um nun alle Benutzer aufzulisten, die gerade im System angemeldet sind, steht das Kommando **who** zur Verfügung:

```
$ who  ⏎
alf      ttyib          Mar 19 08:14
egon     ttyid          Mar 19 08:23
mixi     ttyie          Mar 19 09:06
jim      ttyif          Mar 19 10:49
$ ▊
```

In der ersten Spalte steht der login-Name. In der zweiten Spalte die Kennung des Terminals, an dem der jeweilige Benutzer sich anmeldete (tty steht dabei für teletype).[1] Der Rest der Zeile zeigt, wann der Benutzer sich angemeldet hat.

Anzeigen des aktuellen Datums und der aktuellen Uhrzeit

Das Kommando **date** dient dazu, sich das aktuelle Datum und die Uhrzeit ausdrucken zu lassen:

```
$ date  ⏎
Mon Mar 19 13:05:36 GMT 1990
$ ▊
```

Die Datumsangabe ist dabei üblicherweise in Englisch und wie folgt angeordnet:

wochentag   monat   tag   stunden:minuten:sekunden   GMT   jahr

---

[1] In sehr vielen Fällen ist die nach tty angegebene Kennung numerisch (tty00, tty01,...).

3.1 Einfache Kommandos

GMT steht dabei für **G**reenwich **M**ean **T**ime; hierfür kann natürlich auch eine andere Zeit, wie z. B. MET für die mitteleuropäische Zeit eingetragen sein.

Einige UNIX-Kommandos sind interaktiv, d. h. sie fragen den Benutzer nach weiteren Daten.

Paßwort ändern

Mit dem Kommando **passwd** kann sich jeder Benutzer selbst ein Paßwort geben[2] oder ein bestehendes ändern. Im nachfolgenden Dialog wird angenommen, daß *secret2* das alte Paßwort war und *geheim3* das neue Paßwort werden soll:

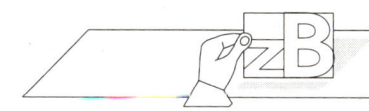

```
$ passwd ↵
Changing password for franz
Old password: secret2 ↵
New password: geheim3 ↵
Re-enter new password: geheim3 ↵
$ ▮
```

Die Eingabe der Paßwörter (secret2 und geheim3) wird dabei - zwecks Geheimhaltung - nicht angezeigt. Da die Paßwörter nicht angezeigt werden, können Tippfehler eventuell nicht erkannt werden. Deshalb fragt das System zur Sicherheit zweimal nach dem neuen Paßwort.

Das Kommando **passwd** von System V.4 akzeptiert nur Paßwörter, die folgende Bedingungen erfüllen:

- sechs oder mehr Zeichen lang sind; signifikant sind jedoch nur die ersten acht Zeichen.

- mindestens zwei Klein- oder Großbuchstaben und eine Ziffer bzw. ein Sonderzeichen enthalten.

- keine Abwandlung des login-Namens sind, wie z. B. rückwärts geschriebene login-Namen oder sonstige zirkulare Verschiebungen des login-Namens.

- sich in mindestens drei Zeichen vom alten Paßwort unterscheiden; Klein- und Großschreibung wird dabei nicht unterschieden.

---

[2] Vom Systemverwalter wird nur eine login-Kennung zugeteilt. Das Paßwort wird vom Benutzer oft nicht bei der Zuteilung, sondern nach der ersten Anmeldung mit dem Kommando **passwd** festgelegt.

Nur der Systemverwalter (auch *Super-User* genannt) kann Paßwörter anderer Benutzer ändern; dazu braucht er das alte Paßwort nicht zu kennen.

Sie sollten bei der Wahl von Paßwörtern folgendes berücksichtigen:

- Keine zusammenhängenden Wörter wie *computer*, *herold*, *susanne*, *spueli* usw. Sie sollten immer ein Sonderzeichen wie eine Zahl in das Paßwort einmischen, wie z. B. *2fast4me, an2tom, wal3her* usw. Dies erschwert das "Knacken eines Paßworts" ganz erheblich. Allerdings sollten sie auch keine Geburtsdaten als Paßwort verwenden, da dies das Auffinden eines Paßworts durch einen Fremden ganz erheblich erleichtert.

- Keine Paßwörter verwenden, die Sie sich sowieso nicht merken können und deshalb irgendwo aufschreiben und dann unter die Tastatur kleben. Ein Auffinden eines solchen Paßworts ist für einen "Bösewicht" natürlich ein Leichtes. Gute Paßwörter sind kompliziert und man kann sie sich trotzdem merken, wie z. B. *imseh123g* (in **m**ünchen **s**teht **e**in **h**ofbräuhaus, **1 2 3 g**suffa).

Vergessen des Paßworts

Wenn Sie Ihr Paßwort einmal vergessen sollten, so kann es Ihnen niemand mehr mitteilen, auch nicht der Systemadministrator. Allerdings kann er Ihr altes Paßwort löschen, so daß Sie sich ein neues einrichten können.

Sollte der Systemadministrator sein Paßwort vergessen, so kann dies im schlimmsten Fall eine erneute Systeminstallation mit allen damit verbundenen Unannehmlichkeiten bedeuten. Deswegen sollte der Systemadministrator unbedingt Vorkehrungen treffen, um niemals in eine solche Situation zu geraten, wie z. B. Hinterlegen des Paßworts in einem verschlossenen Briefumschlag an einem sicheren Platz.

Paßwort-Aging

Seit System V.3 ist das sogenannte Paßwort-Aging vorhanden. Bei diesem Verfahren werden die Paßwörter nach Ablauf einer vorgegebenen Zeitspanne ungültig. Nach Ablauf dieser Zeitspanne wird der Benutzer bei seiner nächsten Anmeldung automatisch dazu aufgefordert, ein neues Paßwort wählen.

Neu in System V.4 Bei System V.4 liefert das Kommando **passwd -s** Informationen über den Zustand und die Gültigkeit des Paßworts, wie z. B.

3.1 Einfache Kommandos

```
$ passwd -s ⏎
egon    PS   07/23/93  0   168   7
$
```

Die Ausgabe der Informationen erfolgt im Format

name status date min max warn

Dabei bedeutet:

name	Login-Name
status	Zustand des Paßworts:
	PS steht für *Paßwort vorhanden* (*PaSsworded*)
	LK steht für *Zugang gesperrt* (*LocKed*)
	NP steht für *kein Paßwort vorhanden* (*No Password*)
date	Datum der letzten Änderung des Paßworts im Format Monat/Tag/Jahr
min	der Zeitraum, nach dem ein Paßwort frühestens wieder geändert werden darf, in Tagen (Bezugspunkt ist *date*); die Voreinstellung 0 bedeutet, daß es jederzeit geändert werden kann.
max	der Zeitraum, nach dem das Paßwort unbedingt geändert werden muß, in Tagen (Bezugspunkt ist *date*); die Voreinstellung 168 entspricht in etwa 5,5 Monate.
warn	legt die Tage vor dem Ablaufdatum des Paßworts fest, an dem der Benutzer gewarnt wird, daß sein Paßwort bald veraltet ist; Voreinstellung ist 7 Tage.

3.2 Kommandos und ihre Argumente

Folgen einem Kommandonamen in einer Kommandozeile noch weitere Wörter, so werden diese dem entsprechenden Kommando als sogenannte *Argumente* (auch *Parameter* genannt) übergeben.

Dabei unterscheidet man zwei Arten von Argumenten:

normale beispielsweise Dateinamen, Zeichenketten oder sonstige Angaben, die
Argumente vom entsprechenden Kommando zu verarbeiten sind.

Optionen sind eine Art Schalter für die Kommandos und ermöglichen eine "Feineinstellung" der UNIX-Kommandos. Üblicherweise hat jedes UNIX-Kommando eine Voreinstellung. Ist der Benutzer mit dieser Voreinstellung nicht einverstanden, so kann er mit der Angabe von Optionen die Kommandos seinen speziellen Bedürfnissen anpassen. Optionen werden meist durch ein vorangestelltes Minuszeichen gekennzeichnet und sind fast immer vor den normalen Argumenten anzugeben.

Beispiele für normale Argumente

Ausgabe des Inhalts einer Datei am Bildschirm

Um sich einen Dateiinhalt am Bildschirm anzeigen zu lassen, steht das Kommando **cat** zur Verfügung:

```
$ cat  .profile  ⏎
#ident   "@(#)sadmin:etc/stdprofile        1.2"
#        This is the default standard profile provided to a user.
#        They are expected to edit it to meet their own needs.
MAIL=/usr/mail/${LOGNAME:?}
$ ▌
```

Als Argument ist der Dateiname .profile angegeben. Ausgabe des Inhalts der Datei .profile am Bildschirm (Inhalt ist zum jetzigen Zeitpunkt nicht von Interesse).

Ausgabe von Zeichenketten (Strings) in Spruchbandform

Dazu existiert ein Kommando **banner**, dem die in Spruchband-Form zu schreibenden Strings als Argumente auf der Kommandozeile übergeben werden. Enthält ein solcher String ein Leerzeichen oder sonstige Sonderzeichen (wie z. B. >), so muß der entsprechende String mit " .. " geklammert werden:

3.2 Kommandos und ihre Argumente

```
$ banner  Hallo ⏎
XX  XX            XXX       XXX
XX  XX             XX        XX
XX  XX    XXXXX    XX        XX       XXXX
XXXXXX         X   XX        XX      XX  XX
XX  XX    XXXXXX   XX        XX      XX  XX
XX  XX    X   XX   XX        XX      XX  XX
XX  XX    XXXXX X  XXXX      XXXX     XXXX
```

Aufruf von **banner** mit dem Argument *Hallo*

Ausgabe von Hallo in Spruchband-Form; es sei angemerkt, daß oft die Kleinbuchstaben in Großbuchstaben bei der Ausgabe in Spruchband-Form umgewandelt werden.

```
$ banner  Guten   "Tag   ,"   Franz ⏎
   XXXX              X
   XX  X             XX
   XX         XX XXX    XXXXX   XXXXX   XX XXX
   XX         XX  XX      XX    XX   X  XXX XX
   XX XXX     XX  XX      XX    XXXXXXX  XX XX
   XX  XX     XX  XX    XX XX   XX        XX XX
    XXX X     XXX XX     XXX    XXXXX     XX XX

  XXXXXX
  X XX X
    XX      XXXXX    XXXX XX
    XX          X    XX   XX
    XX      XXXXXX   XX   XX
    XX     X   XX    XXXXXX                 XX
   XXXX    XXXXX X      X                    X
                       XXXXX                 X

 XXXXXXX
 XX   X
 XX X    XX XXX    XXXXX    XX XXX   XXXXXX
 XXXX    XXX XX        X    XXX XX   X   XX
 XX X    XX        XXXXXX   XX  XX       XX
 XX      XX       X    XX   XX  XX    XX X
 XXXX    XXXX     XXXXX X   XX  XX   XXXXXX
```

Aufruf von **banner** mit den Argumenten "Guten", "Tag ," und "Franz"

Ausgabe von
"Guten"
"Tag ,"
"Franz"
in Spruchband-Form

```
$ ▊
```

Ausgabe eines Datums bzw. einer Uhrzeit in bestimmtem Format

Dazu müssen dem Kommando **date** Formatangaben als Argument(e) übergeben werden, wie z. B.:

```
$ date  ⏎
Mon Mar 19 14:24:36 GMT 1990
$ date +%a%j  ⏎
Mon078
$ ▮
```

Aufruf des Kommandos date
Ausgabe des aktuellen Datums und der aktuellen Uhrzeit
+ leitet beim Aufruf von date eine Formatangabe ein.
Die beiden Formatangaben bedeuten dabei
%j Tag im Jahr (001-366) für heutiges Datum ausgeben
%a Name des Tages (Sun, Mon, Tue, Wed, Thu, Fri, Sat) für heutiges Datum ausgeben

Es stehen eine Vielzahl solcher Formatangaben für das Kommando **date** zur Verfügung.[3] Obwohl diese Formatangaben der Wirkung von Optionen sehr ähnlich sind, werden sie als normale Argumente klassifiziert, da Optionen fast immer mit einem Minuszeichen eingeleitet werden.

Beispiele für Optionen

Zählen der Zeilen, Wörter und Zeichen eines Textes

Mit dem Kommando **wc** (**w**ord **c**ount) können Zeilen, Wörter und Zeichen eines Textes gezählt werden. Die Syntax für dieses Kommando sieht wie folgt aus:

wc [*optionen*]   [*dateiname(n)*][4]

Als Optionen können bei diesem Kommando angegeben werden:

Option	Beschreibung
-l	es werden nur die Zeilen (engl.: **l**ines) gezählt
-w	es werden nur die Wörter (engl.: **w**ords) gezählt
-c	es werden nur die Zeichen (engl.: **c**haracters) gezählt

Diese Optionen können beliebig kombiniert werden.

---

[3] siehe Befehlsreferenz im Anhang
[4] Klammerung mit [..] bedeutet bei solchen Syntaxbeschreibungen immer, daß der geklammerte Teil optional ist: er kann, muß aber nicht beim Aufruf dieses Kommandos angegeben sein.

3.2 Kommandos und ihre Argumente

Voreinstellung für das Kommando **wc** ist:

- Keine Optionen angegeben
  es wird alles (Zeilen, Wörter und Zeichen) gezählt.

- Keine Dateinamen angegeben
  Es wird die anschließende Eingabe am Terminal (bis zur Eingabe von [Ctrl]-[D]) ausgewertet.

Wenn mehrere Dateinamen angegeben sind, so werden alle einzeln ausgewertet und abschließend wird ein Gesamtergebnis über die Anzahl aller Zeilen, Wörter und Zeichen ausgegeben.

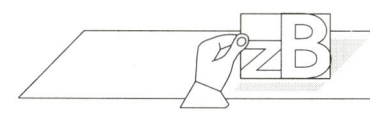

```
$ wc  ↵                                  Aufruf von wc ohne Angabe von Argumente
Das ist ein  ↵                           Eingabe des zu analysierenden Textes
einfacher Text.  ↵
[Ctrl]-[D]                               Texteingabe mit [Ctrl]-[D] abgeschlossen[5]
        2       5      28                Text enthält 2 Zeilen, 5 Wörter und 28 Zeichen
$ wc  -lw  .profile  ↵                   Aufruf von wc mit Optionen -l und -w;
        5      27  .profile              Datei .profile enhält 5 Zeilen und 27 Wörter
$ wc  -wl  .profile  ↵                   Aufruf von wc mit Optionen -w und -l;
       27       5  .profile              .profile enthält 27 Wörter und 5 Zeilen
$ wc  -cwl  .profile  ↵                  Aufruf von wc mit Optionen -c,-w und -l;
      183      27       5  .profile      .profile enthält 183 Zeichen, 27 Wörter und 5 Zeilen
$ wc  .profile  ↵                        Aufruf von wc ohne Optionen;
        5      27     183  .profile      .profile enthält 5 Zeilen, 27 Wörter und 183 Zeichen
$ wc  -lwc  .profile  ↵                  Aufruf von wc mit Optionen -l,-w und -c
        5      27     183  .profile      .profile enthält 5 Zeilen, 27 Wörter und 183 Zeichen
$ wc  .profile  /etc/passwd  ↵           Aufruf wc mit 2 Dateien: .profile und /etc/passwd
        5      27     183  .profile
       37      92    2116  /etc/passwd
       42     119    2299  total
$ ■
```

.profile enthält 5 Zeilen, 27 Wörter und 183 Zeichen
/etc/passwd/ mit 37 Zeilen, 92 Wörtern und 2116 Zeichen
Die Dateien enthalten zusammen 42 Zeilen, 119 Wörter
und 2299 Zeichen

---

[5] [Ctrl]-[D] muß eventuell zweimal gedrückt werden

Sortieren eines Eingabetextes

Zum Sortieren steht das Kommando **sort** zur Verfügung. **sort** sortiert die Bildschirmeingabe, wenn keine Dateinamen bei seinem Aufruf angegeben werden. Von der Vielzahl von Optionen, die bei **sort** möglich sind, wird im folgenden Dialog nur eine verwendet:

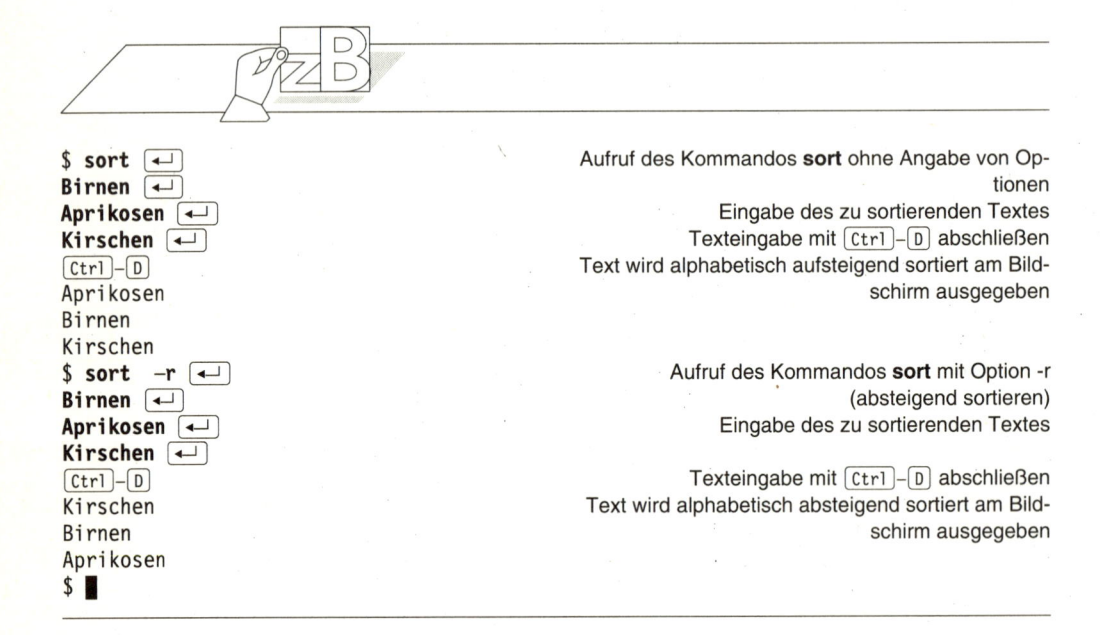

```
$ sort ⏎                          Aufruf des Kommandos sort ohne Angabe von Op-
Birnen ⏎                                                                tionen
Aprikosen ⏎                               Eingabe des zu sortierenden Textes
Kirschen ⏎                          Texteingabe mit Ctrl-D abschließen
Ctrl-D                          Text wird alphabetisch aufsteigend sortiert am Bild-
Aprikosen                                            schirm ausgegeben
Birnen
Kirschen
$ sort -r ⏎                     Aufruf des Kommandos sort mit Option -r
Birnen ⏎                                             (absteigend sortieren)
Aprikosen ⏎                               Eingabe des zu sortierenden Textes
Kirschen ⏎
Ctrl-D                              Texteingabe mit Ctrl-D abschließen
Kirschen                        Text wird alphabetisch absteigend sortiert am Bild-
Birnen                                               schirm ausgegeben
Aprikosen
$ ■
```

Die Eingabe von Kommandos kann sich auch über mehrere Zeilen erstrecken; dazu muß das Fortsetzungszeichen \ als letztes Zeichen vor ⏎ angegeben sein.

Herausschneiden bestimmter Spalten aus einem Eingabetext

Dazu kann das Kommando **cut** verwendet werden:

3.2 Kommandos und ihre Argumente

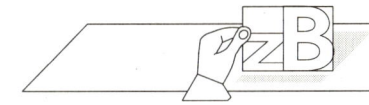

```
$ cut  -c2-30  .profile  ⏎
ident    "@(#)sadmin:etc/stdprof
         This is the default standard
         They are expected to edit it
AIL=/usr/mail/${LOGNAME:?}
$ cut  -c2-\ ⏎
> 30  .pro\ ⏎
> file ⏎
ident    "@(#)sadmin:etc/stdprof
         This is the default standard
         They are expected to edit it
AIL=/usr/mail/${LOGNAME:?}
$ ▮
```

Die Optionsangabe -c2-30 bedeutet: aus jeder Zeile nur den Inhalt der Spalten 2 bis 30 ausschneiden und am Bildschirm ausgeben. Als Eingabetext wird der Inhalt der Datei .profile verwendet.

Etwas exotische Kommandoeingabe, aber richtig. Die Angabe von \ als letztes Zeichen einer Kommandozeile - vor dem ⏎ - bewirkt, daß ⏎ aufgehoben wird und die nächste Zeile an diese Zeile "angeklebt" wird, so daß die hier angegebene Kommandozeile vollständig der zuerst angegebenen entspricht.

Wenn die Eingabe für ein Kommando noch nicht vollständig abgeschlossen ist, so wird dies durch das sogenannte Sekundär-Promptzeichen > angezeigt.

3.3 Grundsätzliches zur Bedienung des Terminals

Hier werden eine Reihe von wichtigen Tasten bzw. Tasten-Kombinationen vorgestellt, die Korrekturen in Kommandozeilen, Programmabbrüche und sonstiges ermöglichen. Zudem wird ein Kommando vorgestellt, welches es dem Benutzer erlaubt, diese Tasten(-Kombinationen) umzudefinieren. Dazu muß der Benutzer allerdings die Namen kennen, die von UNIX an diese Tasten vergeben sind; deswegen werden diese am Rand fett gedruckt zu den einzelnen Tasten angegeben.

Löschen des jeweils letzten Zeichens in der Kommandozeile

erase   # oder [Ctrl]-[H] oder Backspace-Taste [⟵]

Während # das entsprechende Zeichen nicht auf der Anzeige am Bildschirm entfernt, bewirken die beiden anderen Möglichkeiten ([Ctrl]-[H] und [⟵]-Taste) auch ein Löschen auf dem Bildschirm.

```
$ cut   -z2-2####c2-28   .profile ⏎
ident    "@(#)sadmin:etc/stdpr
         This is the default standa
         They are expected to edit
AIL=/usr/mail/${LOGNAME:?}
$ ▮
```

Solange eine Kommandozeile nicht mit ⏎ abgeschlossen ist, können an ihr Änderungen vorgenommen werden: die Optionsangabe **-z2-2** ist falsch. Die viermalige Eingabe von **#** bewirkt, daß die letzten 4 Zeichen (**z2-2**) als gelöscht markiert werden; danach wird mit der richtigen Eingabe fortgefahren. Obwohl das Löschen nicht auf dem Bildschirm angezeigt wird, wird von UNIX die Kommandozeile
cut -c2-28 .profile
ausgeführt.

Wenn vorhanden, dann sollte natürlich die ⌫-Taste bzw. Ctrl-H verwendet werden, da in diesem Fall der Löschvorgang auch auf dem Bildschirm angezeigt wird.

Löschen der gesamten eingegebenen Kommandozeile

kill   @ oder Ctrl-X oder Ctrl-U

Während @ nicht die Kommandozeile auf der Bildschirmanzeige entfernt, wird dies durch Ctrl-X bzw. Ctrl-U erreicht.[6]

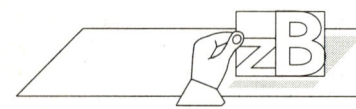

```
$ dote@date ⏎
Mon Mar 19 16:12:34 GMT 1990
$ ▮
```

Die Eingabe von **@** bewirkt, daß alle zuvor eingegebenen Zeichen (**dote**) als gelöscht markiert werden; danach wird mit der Eingabe (von Beginn an) fortgefahren. Obwohl das Löschen nicht auf dem Bildschirm angezeigt wird, wird von UNIX das Kommando **date** ausgeführt.

---

[6] Diese Aussage ist nicht allgemeingültig: Manche Terminals reagieren auf die Eingabe von @ mit einer neuen Zeile, in der mit der vollständigen neuen Eingabe des Kommandos fortgefahren werden kann.

3.3 Grundsätzliches zur Bedienung des Terminals   41

Kommandoeingabe abschließen / neue Zeile erzeugen

⌈Ctrl⌉-⌈M⌉ oder Taste ⌈↵⌉

Die Taste ⌈↵⌉ kann auch durch die Tastenkombination ⌈Ctrl⌉-⌈M⌉ nachgebildet werden.

Dateiende-Zeichen (EOF-Zeichen)

eof   ⌈Ctrl⌉-⌈D⌉

Viele UNIX-Kommandos erkennen das Ende eines Textes am EOF-Zeichen.[7] Wenn sie von Dateien lesen, so bereitet das Erkennen des Dateiendes diesen keine Schwierigkeit. Beim Lesen von der Dialogstation allerdings muß der Benutzer eine Möglichkeit besitzen, dem entsprechenden Kommando mitzuteilen, daß sein Eingabetext zu Ende ist; dies kann er mit der Eingabe von ⌈Ctrl⌉-⌈D⌉ (als erstes Zeichen einer neuen Zeile) erreichen.

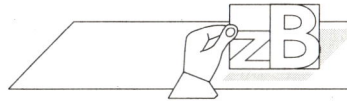

```
$ sort ↵                  Aufruf des Kommandos sort ohne An-
4244 ↵                    gabe von Optionen
123 ↵                     Eingabe des zu sortierenden Textes
23 ↵
Ctrl-D                    Texteingabe mit Ctrl-D abschließen
123                       Text wird alphabetisch aufsteigend sor-
23                        tiert (nach ASCII-Werte) am Bildschirm
4244                      ausgegeben
$ sort -n ↵               Aufruf von sort mit Option -n
4244 ↵                    (numerisch aufsteigend sortieren)
123 ↵                     Eingabe des zu sortierenden Textes
23 ↵
Ctrl-D                    Texteingabe mit Ctrl-D abschließen
23                        Text wird numerisch aufsteigend sortiert
123                       am Bildschirm ausgegeben
4244
```

---

[7] EOF aus dem englischen: **e**nd **o**f **f**ile

```
$ sort  -rn  ⏎
123  ⏎
4244  ⏎
23  ⏎
Ctrl-D
4244
123
23
$ bc  ⏎
20 ^ 4  ⏎
160000
123456789 * 0.123456789  ⏎
15241578.750190521
123456 * 111222333444555666777  ⏎
13731064397731064397621312
2 ^ 1024  ⏎
179769313486231590772930519078902473361797697894230657273430081157732\
6758055009631327084773224075360211201138798713933576587897688144166224\
9284743063947412437776789342486548527630221960124609411945308295208500\
57688381506823424628814739131105408272371633550510684586298239947245938\
4797163048353563296242241371216
Ctrl-D
$
```

Aufruf von **sort** mit Optionen **-r** und **-n**
(numerisch absteigend sortieren)
Eingabe des zu sortierenden Textes

Texteingabe mit Ctrl-D abschließen
Text wird numerisch absteigend sortiert
am Bildschirm ausgegeben

Aufruf von **bc** (Rechner mit unbegr. Genauigkeit)[8]
Eingabe von 20^4 (20 hoch 4)
Ausgabe des Ergebnisses von 20^4
Eingabe eines Multiplikation-Ausdrucks
Ausgabe des Multiplikation-Ergebnisses
Eingabe eines Multiplikation-Ausdrucks
Ausgabe des Multiplikation-Ergebnisses

Eingabe von 2^{1024} (2 hoch 1024)
Ausgabe des Ergebnisses von 2^{1024}
(erstreckt sich über mehrere Zeilen)
Eingabeende mit Ctrl-D, um bc zu verlassen

Tabulator-Zeichen

Ctrl-I oder Taste →|

Sollte eine Tastatur nicht über eine eigene →|-Taste verfügen, so kann diese mit der Eingabe von Ctrl-I nachgebildet werden. Standardmäßig nimmt UNIX als Tabulatorpositionen

8i+1, für i=1, 2, 3, 4, ...

an, d. h. daß auf die Spalten 9, 17, 25, 33, ... gesprungen wird.

---

[8] **bc** wird im 2. Band dieser Reihe "UNIX-Shells" ausführlich besprochen.

3.3 Grundsätzliches zur Bedienung des Terminals 43

Bildschirmausgabe anhalten und wieder fortsetzen

stop und   [Ctrl]-[S] (Anhalten) und [Ctrl]-[Q] (Fortsetzen)
start

Manche Bildschirmausgaben umfassen mehr Zeilen, als auf dem Bildschirm dargestellt werden können. Wenn nun die Bildschirmausgabe angehalten werden soll, um sie in Ruhe lesen zu können, so ist [Ctrl]-[S] einzugeben. Das Fortsetzen der Ausgabe kann mit [Ctrl]-[Q] erreicht werden. Mehrmaliges Anhalten und Fortsetzen ist dabei möglich.

Mit dem Kommando **cal** kann ein Kalender am Bildschirm ausgegeben werden; die Syntax für dieses Kommandos sieht wie folgt aus:

```
cal [[monat] jahr]
```

Somit sind folgende Aufrufe möglich:

- ohne jede Argumente: Kalender für den laufenden Monat wird ausgegeben

- mit einem Argument: Kalender für das angegebene *jahr* (1-9999 möglich) wird ausgegeben

- mit 2 Argumenten: Kalender für den angegebenen *monat* (1.Argument;1-12 möglich) des angegebenen *jahr*es (2.Argument; 1-9999 möglich) wird ausgegeben.

Auf manchen UNIX-Systemen verhält sich **cal** geringfügig anders:

- ohne jede Argumente: Es wird zunächst Datum und Uhrzeit ausgegeben, bevor dann 3 Monate (letztes, dieses und nächstes Monat) ausgegeben werden.

- statt einer Monatszahl kann auch ein Monatsname oder dessen eindeutigen Anfangsbuchstaben angegeben werden, wie z. B.

    ```
    cal may
    cal ja   (für Januar)
    cal jun 1956
    cal april
    ```

    Nicht erlaubt, da nicht eindeutig, wäre z. B.

    ```
    cal ju (jun oder jul?)
    cal ma (mar oder may?)
    ```

- mit einem oder mit 2 Argumenten: **cal** verhält sich hier wie oben beschrieben.

```
$ cal ⏎
      March 1990
 S  M Tu  W Th  F  S
              1  2  3
 4  5  6  7  8  9 10
11 12 13 14 15 16 17
18 19 20 21 22 23 24
25 26 27 28 29 30 31
```
                                                                  Aufruf von **cal** ohne Angabe von Argumenten

                                                                               Ausgabe des Kalenders zum laufenden Monat
                                                                                               (z. B. März 1990)

```
$ cal 56 ⏎
```
                                                                                Aufruf von **cal** mit dem Argument (Jahr) 56
                                                                Ausgabe des Kalenders zum Jahr 56 (nicht 1956)

```
                              56
      Jan                    Feb                    Mar
 S  M Tu  W Th  F  S    S  M Tu  W Th  F  S    S  M Tu  W Th  F  S
              1  2  3             1  2  3  4  5  6  7          1  2  3  4  5  6
 4  5  6  7  8  9 10    8  9 10 11 12 13 14    7  8  9 10 11 12 13
11 12 13 14 15 16 17   15 16 17 18 19 20 21   14 15 16 17 18 19 20
18 19 20 21 22 23 24   22 23 24 25 26 27 28   21 22 23 24 25 26 27
25 26 27 28 29 30 31   29                     28 29 30 31
      Apr                    May                    Jun
 S  M Tu  W Th  F  S    S  M Tu  W Th  F  S    S  M Tu  W Th  F  S
              1  2  3                      1       1  2  3  4  5
 4  5  6  7  8  9 10    2  3  4  5  6  7  8    6  7  8  9 10 11 12
11 12 13 14 15 16 17    9 10 11 12 13 14 15   13 14 15 16 17 18 19
18 19 20 21 22 23 24   16 17 18 19 20 21 22   20 21 22 23 24 25 26
25 26 27 28 29 30      23 24 25 26 27 28 29   27 28 29 30
                       30 31
      Jul                    Aug                    Sep
 S  M Tu  W Th  F  S    S  M Tu  W Th  F  S    S  M Tu  W Th  F  S
              1  2  3    1  2  3  4  5  6  7             1  2  3  4
 4  5  6  7  8  9 10    8  9 10 11 12 13 14    5  6  7  8  9 10 11
```

                                                                  Da dieser Kalender nicht auf den Bildschirm paßt,
                                                     würden die ersten Monate dieses Jahres zu schnell
                                                             - zum Lesen - ausgegeben und am oberen Bild-
                                                                  schirmrand wieder verschwinden.

3.3 Grundsätzliches zur Bedienung des Terminals

`Ctrl`-`S`
`Ctrl`-`Q`

Um eine Ausgabe wie auf der vorherigen Seiten anzuhalten, wird `Ctrl`-`S` eingegeben. Nun können die ersten Monate gelesen werden. Die Ausgabe des Kalenders wird mit `Ctrl`-`Q` dann wieder fortgesetzt.

```
11 12 13 14 15 16 17      15 16 17 18 19 20 21      12 13 14 15 16 17 18
18 19 20 21 22 23 24      22 23 24 25 26 27 28      19 20 21 22 23 24 25
25 26 27 28 29 30 31      29 30 31                  26 27 28 29 30

        Oct                       Nov                       Dec
 S  M Tu  W Th  F  S       S  M Tu  W Th  F  S       S  M Tu  W Th  F  S
                1  2          1  2  3  4  5  6                   1  2  3  4
 3  4  5  6  7  8  9       7  8  9 10 11 12 13       5  6  7  8  9 10 11
10 11 12 13 14 15 16      14 15 16 17 18 19 20      12 13 14 15 16 17 18
17 18 19 20 21 22 23      21 22 23 24 25 26 27      19 20 21 22 23 24 25
24 25 26 27 28 29 30      28 29 30                  26 27 28 29 30 31
31
```

```
$ cal  6  1956 ⏎
     June 1956
 S  M Tu  W Th  F  S
                1  2
 3  4  5  6  7  8  9
10 11 12 13 14 15 16
17 18 19 20 21 22 23
24 25 26 27 28 29 30
```

Aufruf von cal mit 2 Argumenten: 6 (Monat) und 1956 (Jahr)
Ausgabe des Kalenders zum Monat Juni des Jahres 1956

```
$ cal  9  1752 ⏎
   September 1752
 S  M Tu  W Th  F  S
       1  2 14 15 16
17 18 19 20 21 22 23
24 25 26 27 28 29 30
```

Aufruf von **cal** mit 2 Argumenten: 9 (Monat) und 1752 (Jahr)
Ausgabe des Kalenders zum Monat September des Jahres 1752:
Dieser Aufruf gibt einen etwas seltsamen Kalender aus, da im September 1752 11 Tage übersprungen wurden, um die damalige (etwas fehlerhafte) Zeitrechnung wieder der Wirklichkeit anzupassen.

$ ▌

Abbruch eines Kommandos oder eines Programms

intr und   [Ctrl]-[C] **oder Taste** [Del] **oder Taste** [BREAK]
quit   [Ctrl]-[\]

Die Ausführung eines fehlerhaft gestarteten oder zu zeitaufwendigen Kommandos bzw. Programms kann durch unterschiedliche Eingaben abgebrochen werden. Während die Eingabe von [Ctrl]-[C] bzw. das Drücken der Tasten [BREAK] oder [Del] ein Kommando bzw. Programm nur abbricht, bewirkt die Eingabe von [Ctrl]-[\] nicht nur den sofortigen Abbruch, sondern zusätzlich noch einen Speicherabzug (in einer Datei mit Namen *core*) des abgebrochenen Programms bzw. Kommandos. Dieser Speicherabzug wird eventuell für Debugging-Zwecke benötigt.

Auflisten und Setzen der Terminaleinstellungen mit dem Kommando stty

Das Kommando **stty** ermöglicht sowohl das Anzeigen der momentanen Terminaleinstellungen als auch neue Einstellungen für das Terminal.

Der Aufruf

stty -a

gibt alle aktuellen Einstellungen für einen Terminal aus.

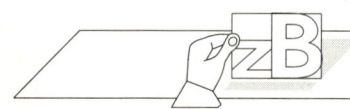

```
$ stty -a ⏎
speed 9600 baud;
eucw 1:0:0:0, scrw 1:0:0:0
intr = ^c; quit = ^|; erase = ^h; kill = ^u;
eof = ^d; eol = <undef>; eol2 = <undef>; swtch = <undef>;
start = ^q; stop = ^s; susp = ^z; dsusp = ^y;
rprnt = ^r; flush = ^o; werase = ^w; lnext = ^v;
-parenb -parodd cs8 -cstopb hupcl cread -clocal -loblk -crtscts -parext
-ignbrk brkint -ignpar -parmrk -inpck -istrip -inlcr -igncr icrnl -iuclc
ixon -ixany -ixoff imaxbel
isig icanon -xcase echo echoe echok -echonl -noflsh
-tostop echoctl -echoprt echoke -defecho -flusho -pendin iexten
opost -olcuc onlcr -ocrnl -onocr -onlret -ofill -ofdel tab3
$ ▮
```

Aufruf des Kommandos **stty** mit der Option **-a**
Bei der Ausgabe dieses Kommandos finden sich die von UNIX an die einzelnen Tastenkombinationen vergebenen Namen - wie z. B. **erase** oder **kill** - wieder. Die Vielzahl der anderen Begriffe ist hier nicht von Interesse.

3.3 Grundsätzliches zur Bedienung des Terminals

Mit dem **stty**-Kommando können diese Einstellungen auch verändert werden:

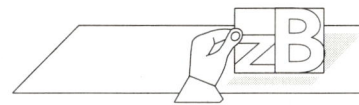

```
$ stty    erase   "%"  ⏎
$ stty    kill    "~"  ⏎
$ dote%%%ate  ⏎
Mon Mar 19 17:35:41 GMT 1990
$ wer~who  ⏎
alf     ttyib           Mar 19 08:14
egon    ttyid           Mar 19 08:23
jim     ttyif           Mar 19 10:49
$ stty  ⏎
speed 9600 baud; -parity
line = 3; erase = %; kill = ~; swtch = ^';
brkint -inpck icrnl onlcr tab3
echo echoe echok
$ ▮
```

Neues Zeichen **%** für **erase** setzen
Neues Zeichen **~** für **kill** setzen
Löschen einzelner Zeichen mit **%**
Ausgabe von Datum und Uhrzeit
Löschen einer ganzen Zeile mit dem neuen **kill**-Zeichen **~**
Ausgabe aller momentan im System angemeldeter Benutzer
Aufruf des Kommandos **stty** ohne Argumente
Nun ist zu sehen, daß die neuen Zeichen (% und ~) für **erase** und **kill** eingesetzt wurden.

Will man *Control*-Sequenzen als Zeichen bei der Einstellung des Terminals vergeben, so ist für Ctrl das Zeichen ^ anzugeben und die ganze Sequenz mit ' .. ' zu klammern:

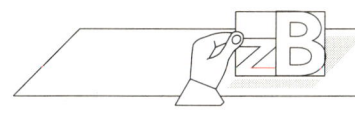

```
$ stty    erase   Ctrl-R  ⏎  [oder: stty erase '^R']
$ stty    kill    Ctrl-G  ⏎  [oder: stty kill '^G']
$ stty  ⏎
speed 9600 baud; -parity hupcl
erase = ^l; kill = ^g; swtch = <undef>;
brkint -inpck -istrip icrnl -ixany imaxbel onlcr tab3
echo echoe echok echoctl echoke iexten
$ ▮
```

Ctrl-R für **erase** setzen
Ctrl-G für **kill** setzen

Nun könnte das letzte Zeichen mit Ctrl-R und die ganze zuvor eingegebene Zeile mit Ctrl-G gelöscht werden, wie auch aus der Ausgabe des **stty**-Kommandos zu erkennen ist.

Mit dem Kommando **stty** kann noch eine Vielzahl weiterer Terminal-Eigenschaften gesetzt werden; so sorgt z. B. die Eingabe des Kommandos

```
stty -tabs
```

dafür, daß Tabulatorzeichen bei der Ausgabe am Terminal durch Leerzeichen ersetzt werden. Diese weiteren Terminal-Eigenschaften sind ausführlich im Anhang dieses Buchs bei der Vorstellung des Kommandos **stty** beschrieben.

An dieser Stelle ist es empfehlenswert, wieder die voreingestellten Werte für **erase** und **kill** zu setzen, wie z. B.

```
$ stty erase [Ctrl]-H [↵]   [auch möglich: stty erase '^h']
$ stty kill  [Ctrl]-U [↵]   [auch möglich: stty kill '^u']
$ ▮
```

Noch einige Hinweise: Wenn ein **erase**- oder **kill**-Zeichen als Eingabetext benötigt wird, wie z. B. in

```
banner #hallo#
```

dann muß die Sonderbedeutung dieses Zeichens ausgeschaltet werden: dies kann durch Voranstellen des Fluchtsymbols \ (engl.: *backslash*) erreicht werden; z. B. müßte richtig

```
banner \#hallo\#
```

angegeben werden, um # als "echtes" Zeichen und nicht als **erase**-Zeichen zu kennzeichnen.

Um einen versehentlich eingegebenen Backslash \ zu löschen, müßte man \## angeben, da mit \# das "echte" Zeichen # vereinbart wurde und mit dem folgenden # dieses wieder gelöscht wird.

Vorsicht ist auch bei der Eingabe eines Backslashes \ gefolgt von der [←]-Taste geboten, da das Betriebssystem in diesem Fall annimmt, daß das [←]-Zeichen (ASCII-Wert 8) im Eingabetext erwünscht ist. Um dieses Zeichen dann wirklich in der Kommandozeile zu löschen, ist ein weiteres mal die [←]-Taste zu drücken.

3.3 Grundsätzliches zur Bedienung des Terminals   49

Zusammenfassung der Steuerzeichen

Die Tabelle auf der folgenden Seite faßt die wichtigsten Steuerzeichen nochmals zusammen. Dabei sind die erst seit System V.4 neu hinzugekommenen Steuerzeichen mit * gekennzeichnet.

Name	übliche Voreinst.	Alternativen	Bedeutung
Newline	"	Ctrl-M, Ctrl-J	Kommandoeingabe abschließen, Neue Zeile erzeugen
EOF	Ctrl-D		Dateiende
erase	Backspace	#, Ctrl-H	Letztes Zeichen löschen
kill	@	Ctrl-U, Ctrl-X	Gesamte Eingabe-Zeile löschen
stop	Ctrl-S		Ausgabe anhalten
start	Ctrl-Q		Ausgabe fortsetzen
intr	DEL	Ctrl-C, BREAK	Abbruch eines Programms
quit	Ctrl-\		Programmabbruch mit Speicherabzug in *core*
werase*	Ctrl-W		Letztes Wort löschen
reprint*	Ctrl-R		Aktuelle Zeile nochmals neu aufbauen (sinnvoll bei Eingabe von Sonderzeichen wie \)
discard*	Ctrl-O		Ausgabe wegwerfen
lnext*	Ctrl-V		Sonderbedeutung des folgenden Steuerzeichens ausschalten
suspend*	Ctrl-Z		Job-Control
dsuspend*	Ctrl-Y		Job-Control

Wenn an einem System V.4 die mit * gekennzeichneten Steuerzeichen nicht funktionieren sollten, dann muß dort das Kommando

`stty iexten`

eingegeben werden, um so die erweiterte Steuerzeichenbehandlung einzuschalten.

Das UNIX-Dateisystem

4

- ► Struktur und Größe von UNIX-Dateien
- ► Dateiarten
- ► UNIX-Dateihierarchie
- ► Erstellen und Editieren von Dateien
- ► Wichtige Kommandos zum Dateisystem
- ► Knotennummer einer Datei

Kapitel 4
Das UNIX-Dateisystem

Numquam parum est quod satis est.

Seneca

(Nie ist zu wenig, was genügt.)

Das UNIX Dateisystem ist sehr gut strukturiert und sicher mit ein Grund für den Erfolg von UNIX.

4.1. Struktur und Größe von UNIX-Dateien

UNIX kennt keine Dateistruktur
Unter UNIX gibt es eigentlich keine Struktur für Dateien. Eine Datei ist lediglich eine Folge von Bytes (engl.: *featureless byte stream*) und ihrem Inhalt wird vom System keine Bedeutung beigemessen. Die Interpretation des Inhalts hängt ausschließlich von den Programmen ab, die eine Datei bearbeiten. So wird z. B. ein Linker einer zu bearbeitenden Objektdatei eine bestimmte Struktur (Objekt-Modul-Format) geben oder das Kommando **sort** interpretiert alle Zwischenraum-Zeichen als Trennzeichen für seine zu sortierenden Daten.

Aus UNIX-Sicht wird jedenfalls keine Interpretation des Dateiinhalts vorgenommen. Die einzigen Ausnahmen sind die später vorgestellten Dateiarten, die für die Dateihierarchie und Geräteidentifizierung benötigt werden.

UNIX kennt also nur sequentielle Dateien und keine sonstigen Datei-Organisationen, welche in anderen Betriebssystemen üblich sind, wie z. B. indexsequentielle Dateien.

Länge von Dateien   Dateien sind stets in Blöcken von Bytes (Größe eines Blocks: 512 oder 1024 Bytes oder auch mehr, wie z. B. im UNIX Fast File System) gespeichert. Damit ergeben sich 2 mögliche Größen für Dateien:

- Länge in Bytes
- Länge in Blöcken

UNIX legt keine Begrenzung bezüglich einer maximalen Dateigröße fest. Somit können zumindest theoretisch Dateien beliebig lang sein.

4.2 Dateiarten

Unix unterscheidet 4 Arten von Dateien:

Ordinary Files (Reguläre Dateien, einfache Dateien, gewöhnliche Dateien)

Eine solche Datei ist eine Sammlung gespeicherter Zeichen. Diese Dateien können beliebigen Text, Programmtexte oder aber auch den Binärcode eines Programms enthalten. Struktur und Inhalt von Dateien werden ausschließlich durch die darauf zugreifenden Programme interpretiert.

Special Files (spezielle Dateien, Gerätedateien)

Gerätedateien repräsentieren die logische Beschreibung von physikalischen Geräten wie z. B. Bildschirmen, Drucker oder Disks. Das Besondere am UNIX-System ist nun, daß es von solchen Gerätedateien in der gleichen Weise liest oder auf sie schreibt wie es dies bei gewöhnlichen Dateien tut. Jedoch wird hierbei nicht der normale Dateizugriff aktiviert, sondern der entsprechende Gerätetreiber (engl.: *device driver*).

4.2 Dateiarten

UNIX unterscheidet zwei Klassen von Geräten:

1. zeichenorientierte Geräte Datentransfer erfolgt zeichenweise, wie z. B. bei Terminals.

2. blockorientierte Geräte Datentransfer erfolgt in Blöcken (von 512 oder 1024 Zeichen oder ...), wie z. B. bei Disketten und Festplatten

Gerätedateien können - anders als einfache Dateien, welche vom Benutzer z. B. durch Editieren verändert werden können - nur durch Kommandos modifiziert werden. Dazu gibt es zwei Kommandos:

mknod zum Einrichten einer Gerätedatei und
rm zum Löschen einer Gerätedatei.

Directory (Dateiverzeichnis, Dateikatalog)

Innerhalb eines Directorys werden logisch zusammengehörige Dateien zusammengefaßt. Ein Directory kann neben regulären Dateien oder Gerätedateien wiederum weitere Directories (sogenannte *Subdirectories*) enthalten. In einem vom Benutzer angelegten Directory sollten Dateien nach einem vom Benutzer gewählten Kriterium gruppiert, wie z. B.:

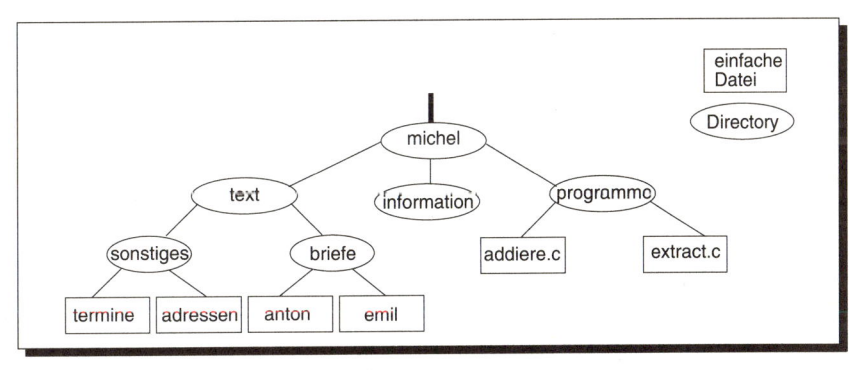

Bild 4.1 - Typische UNIX-Baumstruktur

Dieses Beispiel zeigt bereits eine typische Baumstruktur, wie sie als Organisationsform für UNIX-Dateien verwendet wird.

Directories können nur mit Kommandos modifiziert werden, wie z. B. Dateien aus Directories löschen (Kommando **rm**) oder Dateien in ein Directory kopieren (Kommando **cp**).

Named Pipes (benamte Datenröhren)

Named Pipes sind für den UNIX-Anfänger zunächst nicht von Wichtigkeit. Named Pipes dienen zur Kommunikation und Synchronisation verschiedener Programme. Prinzipiell können sie wie einfache Dateien benutzt werden, mit dem wesentlichen Unterschied, daß Daten nur einmal gelesen werden können. Zudem können sie nur in derselben Reihenfolge gelesen werden, wie sie beschrieben wurden.

Noch einige Regeln, die es bei der Wahl von Datei- oder Directory-Namen zu beachten gibt:

1. Alle Zeichen (außer *Slash* /) sind erlaubt[1].

2. Groß- und Kleinbuchstaben werden unterschieden (z. B. ist *briefe* ein andere Name als *Briefe*).

4.3 Die UNIX-Dateihierarchie

Das UNIX-Dateisystem ist so organisiert, daß es eine hierachische Struktur (Baumstruktur) ergibt. Die Wurzel dieses (umgedrehten) Baums wird *root-Directory* genannt und kann mit / angesprochen werden.

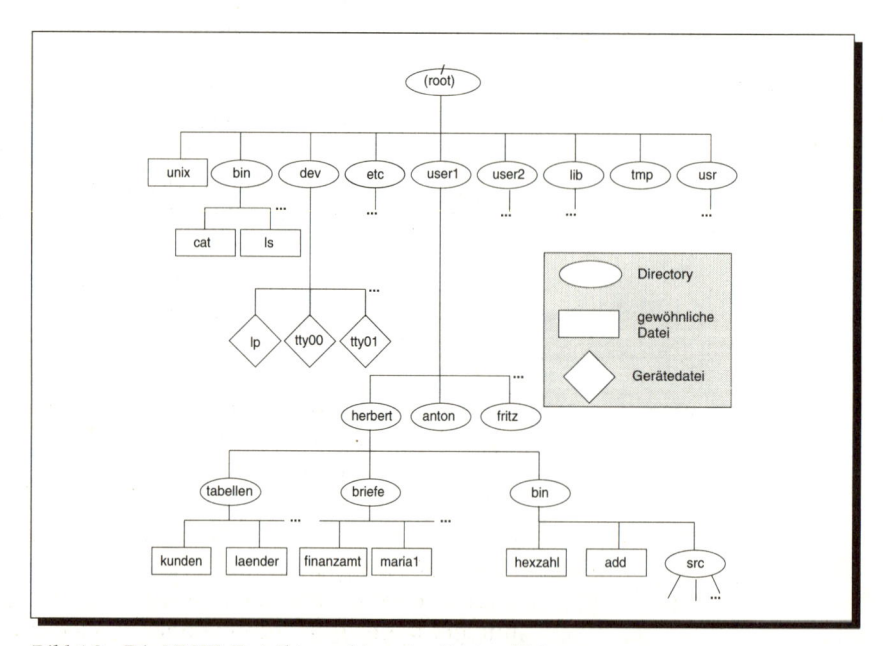

Bild 4.2 - Die UNIX-Dateihierarchie unter System V.3

---

[1] Trotzdem macht man sich das UNIX-Leben leichter, wenn man folgende Zeichen nicht in Dateinamen verwendet:
? @ # $ ^ & * ( ) ` [ ] \ | ' " < > *Leerzeichen Tabulatorzeichen*.
Als erstes Zeichen sollte +, - oder . bei der Wahl eines Dateinamens vermieden werden.

4.3.1 Die Directory-Hierarchie von System V.3

Bis auf die 2 Directories *user1* und *user2* wird die in Bild 4.2 angegebene Directory-Struktur (oder zumindest eine sehr ähnliche) beim Installieren eines jeden UNIX-Systems V.3 eingerichtet. Die historisch gewachsene Directory-Hierarchie von System V.3 ist teilweise auch in System V.4 enthalten. Deshalb werden die wichtigsten systemspezifischen Directories und Dateien hier in einer kurzen Beschreibung vorgestellt.

Directory/ Datei	Beschreibung	
/	root-Directory	
/bin	enthält die meisten UNIX-Kommandos (**wc**, **sort**, ...); weitere UNIX-Kommandos liegen in **/usr/bin** (**cal**, ...), da sonst **/bin** zuviele Dateien enthalten würde.	
/dev	enthält die Gerätedateien, z. B. ist	
	/dev/console	Systemconsole: ist die Haupt-Dialogstation, an der Systemmeldungen ausgegeben werden, wie etwa, daß keine freien Blöcke auf der Speicherplatte mehr vorhanden sind.
	/dev/ttyn	einzelne Bildschirme (**tele**type); n ist dabei die Bildschirmnummer.
	/dev/tty	aktueller Bildschirm, an dem gerade gearbeitet wird.
	/dev/null	Null-Gerät (Eine Art von Abfalleimer); jede Ausgabe dorthin wird weggeworfen.
	/dev/lp	Drucker (**l**ine **p**rinter).
/etc	enthält Programme und Datdateien für den Systemadministrator; hier befindet sich z. B. eine Datei *passwd*, in der Information zu jedem Benutzer eingetragen ist.	
/lib	enthält Bibliotheken für die einzelnen Programme und Programmiersprachen.	
/tmp	enthält temporäre Dateien, welche von beliebigen Benutzern angelegt werden können; üblicherweise legen Programme dort Dateien zum Zwischenspeichern von Daten an. Der Inhalt dieser Directory wird periodisch oder bei jeden neuem Systemstart gelöscht; es ist also nicht empfehlenswert, längerfristig benötigte Daten permanent dort zu speichern.	

Directory/ Datei	Beschreibung
/usr	enthält weitere Subdirectories, wie z. B.:
	/usr/mail enthält Dateien, welche die elektronische Post (engl. *mail*) der einzelnen Benutzer beinhalten.
	/usr/news enthält Dateien, welche Neuigkeiten (engl. *news*) enthalten.
	/usr/include enthält Header-Dateien für die C-Programmierung (wie z. B. *stdio.h*)
	/usr/adm Login-Directory für Login-Namen, die für administrative Tätigkeiten vorgesehen sind. Unter anderem befinden sich hier auch einige Protokolldateien.
	/usr/bin enthält weitere UNIX-Kommandos. Die Aufteilung nach **/bin** und **/usr/bin** ist historisch gewachsen.
	/usr/tmp wie **/tmp** für das Ablegen von temporären Dateien vorgesehen. Wie bei **/tmp** werden alle Dateien dieses Directories beim Systemstart gelöscht.
	/usr/man enthält sogenannte Manpages (Manual-Seiten) des eingebauten Help-Systems. Mit dem Kommando **man**, das auf dieses Directory zugreift, kann während des Arbeitens am System Help-Information zu UNIX-Kommandos abgefragt werden.
	/usr/lib enthält Programme, Konfigurationsdateien und Funktionsbibliotheken für die Softwareentwicklung unter UNIX.
	/usr/spool enthält die Warteschlangen für das Drucksystem und für andere Programme.
/unix	ist eine gewöhnliche Datei, welche den vollständigen Kern des UNIX-Betriebssystems enthält; wird zum Start des Betriebssystems UNIX benötigt.

4.3.2 Die Directory-Hierarchie von System V.4

Die alte Directory-Hierarchie wurde bei System V.4 durch die Hierarchie von SunOS ersetzt. Man wollte damit Dateiklassen in bestimmten Directories zusammenfassen. System V.4 klassifiziert die Dateien in *machine-private files* (z. B. lokale Konfigurationsdateien), die nur vom lo-

4.3 Die UNIX-Dateihierarchie

kalen System benutzt werden, *architecture-dependent files*, die vom Prozessor-Typ abhängig sind (z. B. ausführbare Kommandos), und *architecture-independent files*, die vom Prozessor-Typ unabhängig sind (z. B. Manpages). Für die neue Directory-Hierarchie gelten folgende Konventionen:

- Alle Dateien, die für den Systemstart gebraucht werden, befinden sich im Directory **/stand** (*standalone*).

- Systemdateien, die sich während des Betriebs ändern (wie z. B. Dateien, in denen Aktivitäten bestimmter Benutzer oder Programme mitprotokolliert werden), befinden sich im Directory **/var**.

- Die Login-Directories der einzelnen Benutzer, die früher in **/usr** oder eigenen Directories (wie **/user1** oder **/user2**) untergebracht wurden, befinden sich nun alle im Directory **/home**.

- Dateien, die von anderen über ein Netz angeschlossenen Systemen gemeinsam benutzt werden können (die *shareable files*), befinden sich unterhalb **/usr**. Hier sind alle Dateien untergebracht, die sich während der Betriebszeit des Systems nicht ändern. Die *architecture-independent files* befinden sich unterhalb von **/usr/share** und die *architecture-dependent files* direkt unterhalb von **/usr**.

Das folgende Bild zeigt die neue Directory-Hierarchie von System V.4:

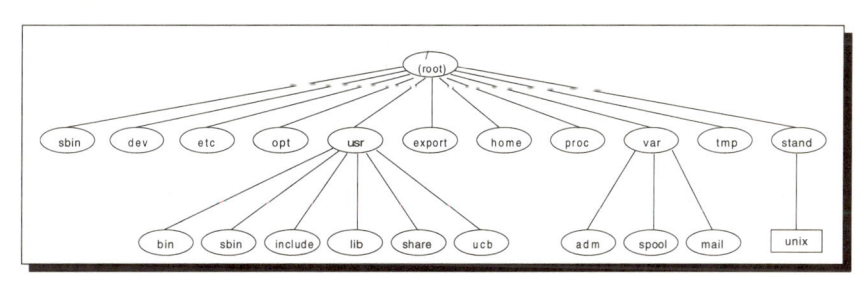

Bild 4.3 - Die UNIX-Dateihierarchie unter System V.4

Kurze Beschreibung dieser Directories:

Directory	Beschreibung
/sbin	(*system binaries*) Hier sind Systemprogramme für die Systeminitialisierung und Kommandos für den Systemverwalter hinterlegt, wie z. B. für das Einrichten neuer Benutzer oder die Installation eines Druckers.
/dev	(*devices*) enthält die Gerätedateien, die zum Teil in eigenen Subdirectories zusammengefaßt sind.

Directory	Beschreibung
/etc	enthält Konfigurationsdateien wie z. B. */etc/passwd*, aber keine ausführbare Programme mehr wie unter System V.3. Kommandos, die früher in */etc* untergebracht waren (wie z. B. **wall**) befinden sich jetzt in */usr/sbin*.
/opt	für eigene Anwendersoftware vorgesehen.
/usr	enthält weitere Subdirectories, wie z. B.:
/usr/bin	enthält weitere Kommandos.
/usr/sbin	enthält Kommandos für Systemverwaltung.
/usr/include	enthält C-Header-Dateien.
/usr/lib	enthält Konfigurationsdateien und Bibliotheken für die Programmentwicklung.
/usr/share	enthält z. B. das Online-Manual in */usr/share/man*.
/usr/ucb	enthält die Kommandos des BSD Compatibility Package.
/export	Dieser Directory-Teilbaum wird über ein Netz anderen Systemen zur Verfügung gestellt.
/home	enthält die Home-Directories der einzelnen Benutzer.
/proc	enthält das spezielle Prozeß-Dateisystem.
/var	enthält alle veränderlichen Systemdateien, wie z. B.
/var/adm	enthält Dateien, in denen die Aktivitäten am System mitprotokolliert werden.
/var/spool	enthält die Warteschlangen für das Druckersystem.
/var/mail	enthält die Mailboxen (Briefkästen) der einzelnen Benutzer.
/tmp	Hier hinterlegen Systemprogramme ihre temporären Dateien.
/stand	enthält das spezielle Boot-Dateisystem.

Gerade dem UNIX-Neuling ist es zu empfehlen, sich auf eine Entdeckungsreise durch das Dateisystem zu begeben. Dies ist zwar etwas zeitaufwendig, aber nur so lernt man als UNIX-Anfänger das UNIX-System wirklich kennen.

4.4 Begriffe zum Dateisystem

Bei jedem Arbeiten unter UNIX befindet man sich an einem bestimmten Aufenthaltsort im Dateibaum. Jeder Benutzer wird nach dem Anmelden an einer ganz bestimmten Stelle innerhalb des Dateibaums "positioniert". Von dieser Ausgangsposition kann er sich nun durch den Dateibaum "hangeln", solange er nicht durch Zugriffsrechte vom "Betreten" bestimmter Äste abgehalten wird.

Die gebräuchlichsten Begriffe aus dem Dateisystem-Vokabular sind:

root-directory (Wurzel des Dateisystems, Stammverzeichnis)

ist die Spitze des Dateisystems und enthält kein übergeordnetes Directory. Es wird mit einem Schrägstrich (/) bezeichnet.

working directory oder current directory

ist der momentane Aufenthaltsort im Dateibaum (aktueller Katalog, Arbeitskatalog, aktuelles Verzeichnis). Mit dem Kommando **pwd** (**p**rint **w**orking **d**irectory) kann der aktuelle Aufenthaltsort (*working directory*) am Bildschirm ausgegeben werden. Man kann sich unter Verwendung des Kommandos **cd** (**c**hange working **d**irectory) in ein neues *working directory* begeben.

login directory (Anmeldekatalog, Anmeldeverzeichnis)

ist das Directory innerhalb des Dateibaums, in welchem der entsprechende Anwender nach dem Anmelden "positioniert" wird. Das *login-Directory* wird also das erste *working directory* nach dem Anmelden.

home directory (benutzereigener Startkatalog)

Jeder eingetragene Systembenutzer hat einen eindeutigen und ihm allein zugeteilten Platz im Dateisystem: sein *home directory*. Der Pfadname des *home directory* steht in einer System-Variablen mit Namen **HOME**. Wird das Kommando **cd** ohne Angabe eines Directory-Namens abgegeben, so wird immer zum *home directory* gewechselt.

Mit der Eingabe des Kommandos

```
echo $HOME
```

kann man sich den Pfadnamen des *home directory* (Inhalt der Variablen **HOME**) am Bildschirm ausgeben lassen.

Das *home directory* stellt die Privatsphäre des einzelnen Benutzers im ansonsten doch weitgehend öffentlichen Dateisystem dar. In seinem *home directory* kann der jeweilige Benutzer nach Belieben eigene Dateien und Subdirectories anlegen und diese auch gegen fremden Zugriff schützen.

parent directory (übergeordneter Katalog, übergeordnetes Verzeichnis)

ist das Directory, das in der Dateihierarchie unmittelbar über einem anderen Directory steht (*parent* auf deutsch: Vater, Mutter, Elternteil); z. B. wäre **/home** das *parent directory* zum Directory **/home/fritz**. Eine Ausnahme gibt es dabei: Das *parent directory* zum root-Directory ist das root-Directory selbst.

Pfadnamen

Jede Datei und jedes Directory im UNIX-System ist durch einen eindeutigen Pfadnamen gekennzeichnet.

In den nachfolgenden Beispielen wird der folgende Dateibaum verwendet:

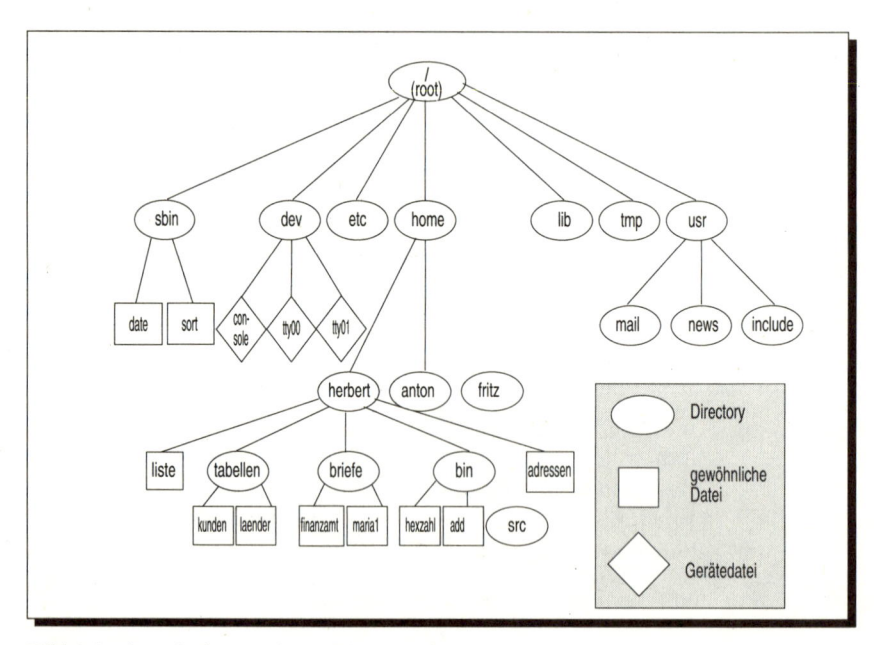

Bild 4.4 - Ausschnitt aus einem Directory-Baum

4.4 Begriffe zum Dateisystem

Man unterscheidet zwei Arten von Pfadnamen:

Absoluter Pfadname (oder voller Pfadname)

Hierbei wird beginnend mit der Angabe des root-Directorys ein Pfad durch den Dateibaum zum entsprechenden Directory oder Datei angegeben. Ein absoluter Pfadname ist also dadurch gekennzeichnet, daß er mit einem *Slash* / beginnt.

1. Wenn man sich z. B. im Directory *herbert* befindet, welches Subdirectory zu *home* ist, dann würde der absolute Pfadname, der diese Stelle im Dateibaum kennzeichnet, folgender sein:

   /home/herbert

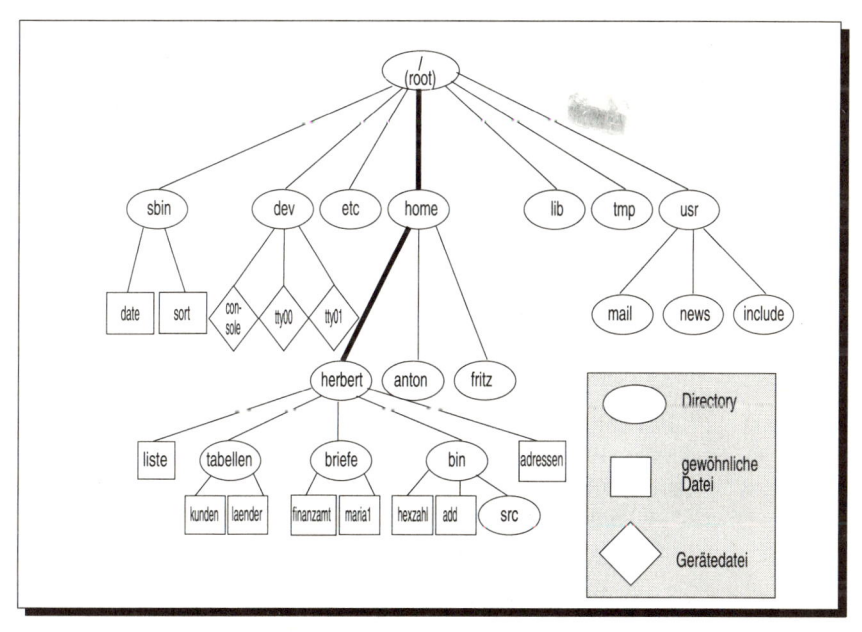

Bild 4.5 - Der Pfad /home/herbert

2. Der absolute Pfadname zur Datei **laender** im Directory **tabellen**, das Subdirectory von **herbert** ist, welches wiederum Subdirectory von **home** ist, könnte wie folgt angegeben werden:

   /home/herbert/tabellen/laender

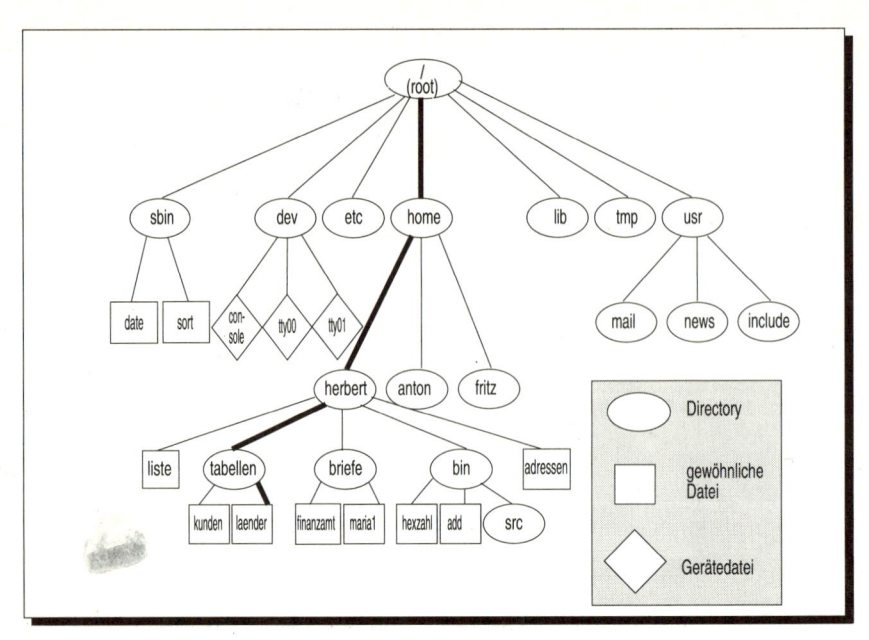

Bild 4.6 - Der Pfad /home/herbert/tabellen/laender

Der erste *Slash* / ist die Wurzel des Dateibaums und alle weiteren stellen die Trennzeichen bei jedem "Abstieg um eine Ebene im Dateibaum" dar.

Relativer Pfadname

Die Angabe eines solchen Pfadnamens beginnt nicht in der Wurzel des Dateibaums, sondern bereits auf einer tieferliegenden Ebene (im *working directory*). Im Unterschied zum absoluten Pfadnamen ist das erste Zeichen hier kein *Slash*: Hier wird also vom momentanen Aufenthaltsort (*working directory*) ausgegangen.

Ein relativer Pfadname beginnt immer mit einer der folgenden Angaben:

- einem Directory- oder Datei-Namen
- einem Punkt (.): Kurzform für das *working directory*
- einem doppelten Punkt (..): Kurzform für das *parent directory*; .. ist also das *parent directory* zu .

1. Angenommen, das working directory sei **/home/herbert**, dann würde der relative Pfadname **briefe/finanzamt** dem absoluten Pfadnamen **/home/herbert/briefe/finanzamt** entsprechen:

4.4 Begriffe zum Dateisystem

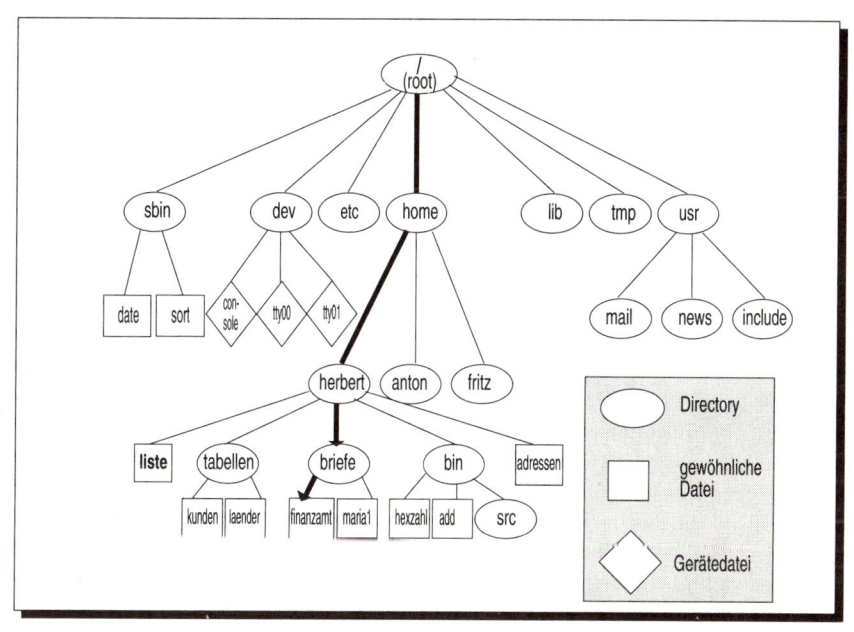

Bild 4.7 - Der relative Pfadname briefe/finanzamt

2. Angenommen, das working directory sei **/home/herbert**, dann würde der relative Pfadname **../../sbin/sort** dem absoluten Pfadnamen **/sbin/sort** entsprechen:

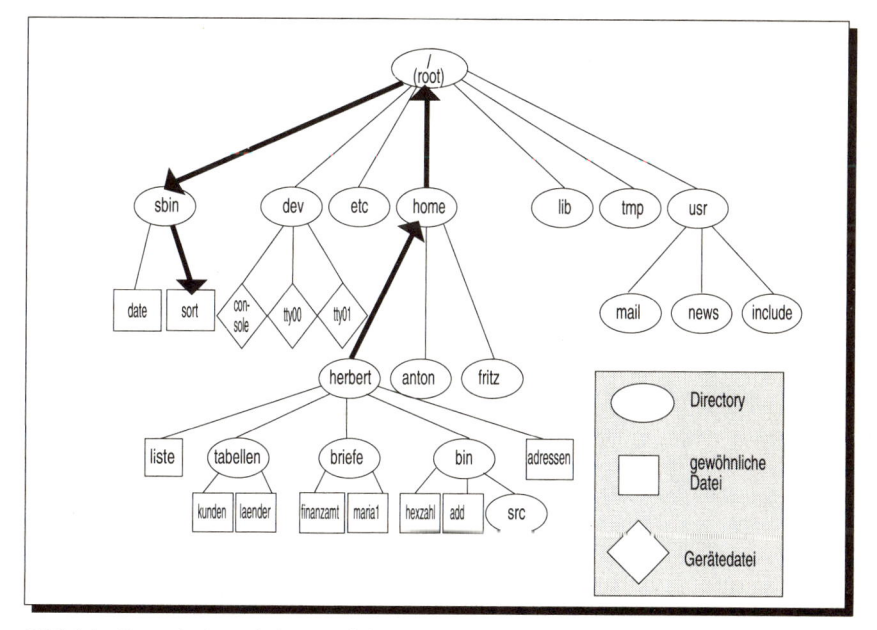

Bild 4.8 - Der relative Pfadname ../../sbin/sort

Dateiname Unter einem Dateinamen versteht man den eigentlichen Namen einer Datei ohne den vorangestellten Pfad. Dieser Dateiname (nicht der Pfadname) wird im entsprechenden Directory eingetragen.

Angenommen, das working directory sei **/home/herbert**; dort befindet sich die Datei **liste**. Der absolute Pfadname dieser Datei ist dann **/home/herbert/liste** und der Dateiname ist **liste**. Im Directory **home** (unter UNIX als Datei besonderen Typs realisiert) ist dann der Dateiname **liste** und ein Verweis auf den Dateikopf (nicht den Dateiinhalt) von **liste** eingetragen. Ein Dateikopf wird auch als *i-node* (dazu später mehr) bezeichnet.

Zugriffs- Ein Paßwort für einen Benutzer macht eigentlich nur dann einen Sinn,
rechte wenn er seine Dateien vor anderen Benutzern, die sich ja auch im gleichen Dateibaum bewegen können, schützen kann. Um dies zu ermöglichen, sind jeder UNIX-Datei bestimmte Zugriffsrechte zugeteilt.

Für jede Datei[2] gibt es drei Benutzerklassen:

User Eigentümer

Benutzer, der diese Datei einrichtete oder welcher nachträglich als Eigentümer eingetragen wurde.

Group Gruppe

Jeder Benutzer gehört einer Gruppe an. Der Systemverwalter legt den Namen und die Zugehörigkeit fest. Eine Gruppe könnte z. B. eine Gruppe von Entwicklern eines bestimmten Projekts oder einer bestimmten Abteilung sein.

Others alle anderen Benutzer

die "restliche Welt" (ohne Eigentümer und Gruppe)
Die drei Benutzerklassen zusammen bezeichnet man als *alle* (**all**).

Für jede Benutzerklasse gibt es nun die folgenden Zugriffsrechte:

- Lesen (**read**)
- Schreiben (**write**)
- Ausführen (**Execute**)

---

[2] Directories und Gerätedateien eingeschlossen

4.4 Begriffe zum Dateisystem

Für einfache Dateien oder Gerätedateien sind diese Rechte einleuchtend, aber wie werden sie bei Directories interpretiert?

read Ein Directory wird in UNIX wie eine Datei mit einer besonderen Kennzeichnung behandelt. Wenn nun ein Directory gelesen werden darf, so bedeutet dies, daß der Inhalt dieses Directorys am Bildschirm aufgelistet werden kann.

write Das entsprechende Directory darf modifiziert werden, d. h., daß darin enthaltene Dateien gelöscht und überschrieben werden dürfen, oder neue in diesem Directory angelegt werden dürfen; um allerdings überhaupt auf Dateien in diesem Directory zugreifen zu können, was beim Neuanlegen bzw. Löschen notwendig ist, muß zusätzlich auch noch das *execute*-Recht gegeben sein.

execute Auf Dateien in einem Directory mit *execute*-Recht darf zugegriffen werden und es ist erlaubt, ein solches Directory unter Verwendung des Kommandos **cd** zum working directory zu machen.

Das Recht, eine Datei zu löschen, ist von den Zugriffsrechten der Datei selbst unabhängig. Wenn ein Benutzer in einem Directory eines anderen Benutzers Schreibrechte besitzt, so kann er dort Dateien löschen, auch wenn diese schreibgeschützt sind.

Es ist üblich, ganze Directories und nicht nur einfache Dateien zu schützen. Dies hat den Vorteil, daß man für Dateien mit sensiblen und privaten Daten eine "doppelte" Sicherung einbaut, indem man sie in einem solchen sicheren Directory unterbringt, denn zu leicht kann das Setzen der entsprechenden Zugriffsrechte vergessen werden.

Trotz aller Zugriffsrechte für Dateien gibt es einen besonderen Benutzer: den *Super-User*. Dieser kann auf alle Daten zugreifen, auch wenn ihm vom einzelnen Benutzer dazu keine Zugriffsrechte gewährt wurden. Dateien, die für alle anderen Benutzer unlesbar sein sollen, können mit dem Kommando **crypt** verschlüsselt werden.

Ein Benutzer kann auch Dateien in Directories anlegen, die nicht von ihm eingerichtet wurden; dazu muß er allerdings in den entsprechenden Directories Schreibrecht besitzen. Er ist dann Eigentümer dieser Datei, obwohl ihm das übergeordnete Directory selbst nicht gehört.

An einem größeren Projekt sind meist mehrere Entwickler beteiligt, und es wird eine Organisationsform benötigt, die eine möglichst effiziente Verwaltung der Vielzahl von Modulen und Daten erlaubt. Die einem solchen Projekt zugrundeliegende Struktur läßt sich meist sehr gut innerhalb des UNIX-Dateibaums abbilden. So könnte z. B. für ein kleineres Projekt folgende Organisationsform gewählt werden:

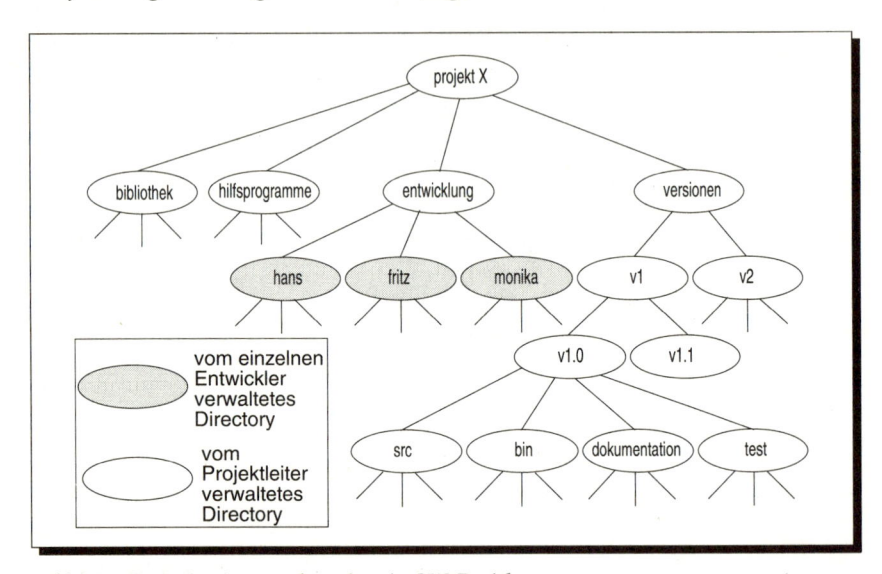

Bild 4.9 - Organisationsstruktur für ein SW-Projekt

Im Directory *bibliothek* werden alle projektweit verwendbaren Routinen in eigenen Programm-Bibliotheken archiviert.

Das Directory *hilfsprogramme* enthält Entwicklungswerkzeuge, wie z. B. ein Programm zur Erstellung einer *Cross-Reference*-Liste.

Im Directory *entwicklung* würden sich die Arbeitsumgebungen der einzelnen Entwickler befinden.

Alle zu einer freigegebenen Version gehörigen Komponenten werden in Subdirectories zum Directory *versionen* untergebracht. Zu einer freigegebenen Version könnte gehören:

- Quellprogramme (*src*[3])

- Objektdateien und ablauffähige Programme (*bin*[4])

- Dokumentation wie z. B. Programmbeschreibungen oder Handbücher (*dokumentation*)

---

[3] Abkürzung zu *source* (Quelle)
[4] Abkürzung zu *binary*

4.4 Begriffe zum Dateisystem

- Testdaten und Testprogramme zu dieser Version (*test*)

Neben der Organisation der Projektdaten ist noch eine vernünftige Aufteilung der Verantwortungsbereiche und der Zugriffskontrolle von größter Wichtigkeit. Dies kann mit der Zuteilung entsprechender Zugriffsrechte an die einzelnen Directories erreicht werden: Jeder einzelne Entwickler kann innerhalb seiner Arbeitsumgebung über die Zugriffsrechte auf seine Daten selbst entscheiden. Die Entwicklerin *monika* habe z. B. eine Programm geschrieben, das sie selbst lesen (**read**), ändern (**write**) und ausführen (**execute**) möchte. Mitglieder ihrer Entwicklungsgruppe sollten es allerdings nur lesen und ausführen, und alle übrigen Benutzer nur ausführen können. In diesem Fall würde sie dann folgende Zugriffsrechte an diese Datei vergeben:

Besitzer	Gruppe	Andere
rwx	**r-x**	**--x**[5]

4.5 Erstellen und Editieren von Dateien

Unter UNIX existieren eine Vielzahl von Editoren. So werden vom UNIX-System V bereits standardmäßig drei Editoren angeboten:

- der zeilenorientierte Editor **ed**[6]
- der Bildschirmeditor **vi**
- der Editor **ex**

Neben diesen drei in jedem UNIX System V vorhandenen Editoren werden meist noch andere Editoren angeboten, die jedoch nicht zum UNIX-Grundpaket gehören. Ein Beispiel für einen solchen Editor ist **emacs**, der über eine eigene Makrosprache verfügt und so dem Benutzer die Programmierung eigener Editor-Funktionen ermöglicht.

Auf die Vielzahl der auf UNIX portierten Editoren und Textverarbeitungs-Systeme (wie z. B. WORD von Microsoft) wird hier und auch später nicht eingegangen. Hier wird lediglich eine kurze Einführung in den Editor **ed** gegeben, um das Erstellen einfacher Textdateien zu ermöglichen. Eine ausführlichere Beschreibung der Editoren **ed**, **vi** und **ex** wird in einem späteren Kapitel gegeben.

---

[5] - bedeutet dabei, daß entsprechende Benutzergruppe dieses Recht nicht besitzt.
[6] Hierzu existiert auch eine nicht-interaktive Version mit Namen **sed** (*stream ed*itor), welcher im dritten Buch dieser Reihe ausführlich beschrieben wird.

4.5.1 Aufruf von ed

Diese **ed**-Einführung beschränkt sich auf folgende Form des Aufrufs:

ed [–p*promptzeichen*]   *dateiname*[7]

Die Angabe von -p*promptzeichen* bewirkt, daß **ed** während des Editierens immer das angegebene *promptzeichen* ausgibt, um dem Benutzer mitzuteilen, daß er für die Eingabe weiterer Editier-Kommandos bereit ist. Fehlt diese Angabe beim Aufruf, so gibt **ed** kein Promptzeichen an.

Als *dateiname* ist der Name der Datei anzugeben, die editiert werden soll.

```
$ ed  –p*  add.c  ⏎                      Aufruf von ed
?add.c                    Warnung von ed, daß die Datei add.c nicht existiert
*q ⏎                       ed-Promptzeichen * und Eingabe von q (quit), um
$ ▮                                              ed wieder zu verlassen
```

4.5.2. Arbeitszustände von ed

ed kennt zwei Arbeitszustände:

- Kommandomodus
- Eingabemodus

Nach dem Aufruf befindet sich **ed** immer im Kommandomodus, was durch ein entsprechendes Promptzeichen angezeigt wird. Vom Kommandomodus in den Eingabemodus kann mit einem der folgenden Kommandos umgeschaltet werden:

i   Einfügen (**i**nsert)

a   Anfügen (**a**ppend)

c   Ändern (**c**hange)

Vom Eingabemodus kann mit der Eingabe eines **.** (Punkt; muß das einzige und erste Zeichen dieser Eingabezeile sein) in den Kommandomodus umgeschaltet werden.

---

[7] der mit [..] geklammerte Teil ist optional.

4.5.3 Eingabemodus

Im Eingabemodus kann beliebiger Text eingegeben werden. **ed** liest dabei immer zeilenweise vom Terminal. Dies bedeutet, daß während einer Eingabe nur Eingabefehler in einer noch nicht mit ⏎ abgeschlossenen Zeile korrigiert werden können.

Als Korrekturen sind dabei

- Zeile löschen (**kill**) und
- Zeichen löschen (**erase**)[8]

möglich.

Der Eingabemodus wird beendet, wenn **ed** eine Zeile übergeben wird, die als einziges und erstes Zeichen einen . (Punkt) enthält.

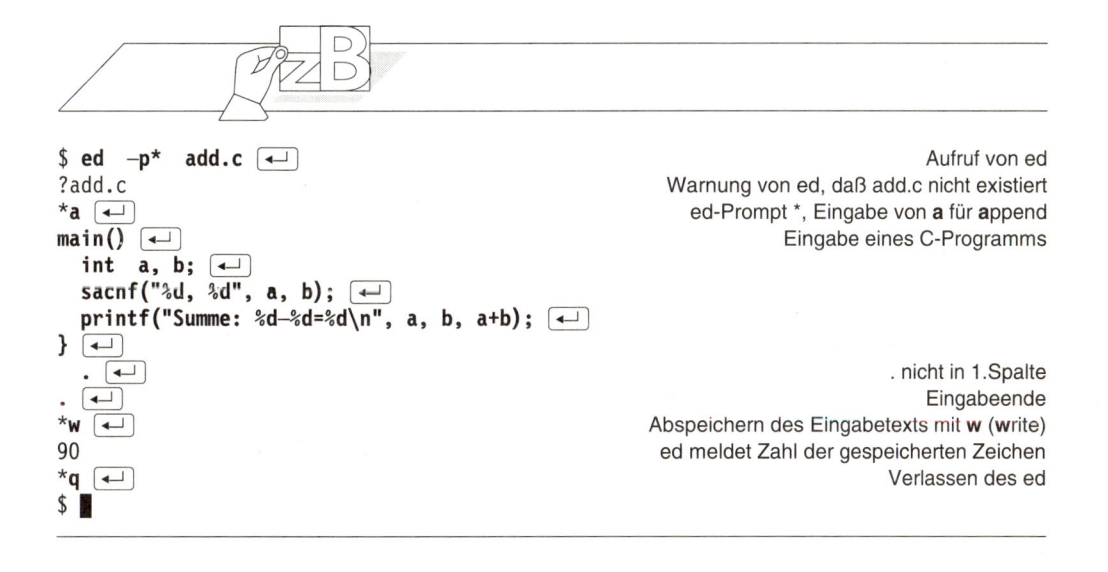

```
$ ed -p* add.c ⏎                                        Aufruf von ed
?add.c                             Warnung von ed, daß add.c nicht existiert
*a ⏎                               ed-Prompt *, Eingabe von a für append
main() ⏎                                        Eingabe eines C-Programms
  int  a, b; ⏎
  sacnf("%d, %d", a, b); ⏎
  printf("Summe: %d-%d=%d\n", a, b, a+b); ⏎
} ⏎
  . ⏎                                                    . nicht in 1.Spalte
. ⏎                                                              Eingabeende
*w ⏎                               Abspeichern des Eingabetexts mit w (write)
90                                 ed meldet Zahl der gespeicherten Zeichen
*q ⏎                                                        Verlassen des ed
$
```

Dieses C-Programm enthält noch 5 Fehler:

- Es fehlt die beginnende { nach **main()**
- Statt **sacnf** müßte **scanf** angegeben werden
- Bei **scanf** sind die Adressen der Variablen (**&a, &b**) anzugeben
- Bei der Ausgabe muß statt - das Zeichen + angegeben werden
- Letzte Zeile ist unerlaubt (enthält Leerzeichen und Punkt)

---

[8] siehe vorheriges Kapitel "Grundsätzliches zur Bedienung des Terminals"

4.5.4 Kommandomodus

ed besitzt einen Zeilenzeiger, der auf die zuletzt bearbeitete Zeile des Textes zeigt. Cursorfunktionen sind unbekannt. Durch Eingabe einer Zeilennummer kann dieser Zeilenzeiger auf eine neue Zeile positioniert werden. Nach einer solchen Positionierung wird die entsprechende Zeile am Bildschirm angezeigt. Die Eingabe eines ⏎ (ohne eine sonstige Angabe) schaltet im Kommandomodus den Zeilenzeiger immer eine Zeile weiter, wobei auch diese nächste Zeile ausgegeben wird.

Neben dem Versetzen des Zeilenzeigers werden hier noch folgende **ed**-Kommandos vorgestellt:

Kommando	Beschreibung
d	Zeile löschen (**d**elete)
w	Puffer auf Datei schreiben (**w**rite)
	ed arbeitet nämlich nicht direkt auf eine Datei, sondern hält den editierten Text in einem Arbeitspuffer.
p	Zeile am Bildschirm ausgeben (**p**rint)
n	Zeile mit Zeilennummer am Bildschirm ausgeben (**n**umber)
q	Editor verlassen (**q**uit)
s/alt/neu/	erstes Vorkommen von *alt* durch *neu* ersetzen (**s**ubstitute)
s/alt/neu/p	erstes Vorkommen von *alt* durch *neu* ersetzen und geänderte Zeile ausgeben (**p**rint)
s/alt/neu/g	alle Vorkommen von *alt* in einer Zeile durch *neu* ersetzen (**g**lobal)
s/alt/neu/gp	alle Vorkommen von *alt* durch *neu* ersetzen und geänderte Zeile ausgeben

Außer beim **q**-Kommando sind vor allen diesen Kommandos zwei Angaben zulässig:

- eine Zahl: *zahl* legt dabei die Nummer der Zeile fest, auf die sich das entsprechende Kommando beziehen soll

  oder

- zwei durch Komma getrennte Zahlen: *zahl1,zahl2* legt dabei einen ganzen Bereich von Zeilen (von Zeilennnummer *zahl1* bis Zeilennummer *zahl2*) fest, auf die das entsprechende Kommando anzuwenden ist.

4.5 Erstellen und Editieren von Dateien

Bereits erwähnt wurden die Kommandos **a**ppend, **i**nsert und **c**hange. Auch vor diesen Kommandos kann eine Zeilennummer angegeben werden. **i**nsert bewirkt dann das Einfügen vor und **a**ppend das Einfügen nach der entsprechenden Zeile. Ist keine Zeilennummer angegeben, so wird vor bzw. nach der aktuellen Zeile, auf der der Zeilenzeiger momentan zeigt, eingefügt.

Mit **c**hange kann eine ganze Zeile bzw. ein ganzer Zeilenbereich (mit *nr1,nr2* anzugeben) überschrieben werden. Die Eingabe des neuen Textes ist wiederum mit einer Zeile abzuschließen, die als einziges Zeichen einen . (Punkt) enthält.

Bei der Angabe von Zeilennummern kann das Zeichen **$**, welches immer für die Zeilennummer der letzten Zeile steht, verwendet werden.

Nun soll das C-Programm, das im vorherigen Beispiel eingegeben wurde, korrigiert werden.

`$ ed -p* add.c` ⏎	Aufruf von ed
`90`	ed meldet die Anzahl der Zeichen in der Datei add.c
`*$` ⏎	Eingabe von **$**, um auf letzte Zeile zu positionieren
`.`	Letzte Zeile wird am Bildschirm angezeigt
`*1` ⏎	Eingabe von **1**, um auf 1.Zeile zu positionieren
`main()`	1.Zeile wird am Bildschirm angezeigt
`*` ⏎	Auf die nächste Zeile (2.Zeile) positionieren
`    int   a, b;`	nächste Zeile (2.Zeile) wird angezeigt
`*i` ⏎	Eingabe von **i** (insert): Einfügen vor aktueller Zeile
`{` ⏎	Eingabe von **{**
`.` ⏎	Eingabeende
`*n` ⏎	**n** (*number*): Aktuelle Zeile mit Zeilennr. anzeigen
`2     {`	aktuelle Zeile wird mit Zeilennummer ausgegeben
`*` ⏎	Auf die nächste Zeile positionieren
`    int   a, b;`	nächste Zeile wird am Bildschirm angezeigt
`*` ⏎	Auf die nächste Zeile positionieren
`    sacnf("%d, %d", a, b);`	nächste Zeile wird am Bildschirm angezeigt
`*c` ⏎	Eingabe von **c**: aktuelle Zeile überschreiben
`    scanf("%d, %d", &a, &b);` ⏎	Eingabe der neuen verbesserten Zeile
`.` ⏎	Eingabeende

```
*1,$n  [↵]                                       Zeige gesamten Text mit Zeilennumerierung an
1      main()                                    Ausgabe des gesamten Textes (Pufferinhalt)
2      {                                                   mit Zeilennummern am Bildschirm
3        int  a, b;
4        scanf("%d, %d", &a, &b);
5        printf("Summe: %d-%d=%d\n", a, b, a+b);
6      }
7        .
*5s/-/+/p  [↵]                                   Ersetze in 5.Zeile - durch + und zeige diese Zeile
 printf("Summe: %d+%d=%d\n", a, b, a+b);                  5.Zeile wird nach Änderung angezeigt
*7d  [↵]                                                              Lösche die 7.Zeile
*w   [↵]                                                       Schreibe Pufferinhalt auf Datei
91                                               ed meldet die Anzahl der abgespeicherten Zeichen
*q   [↵]                                                               Verlassen des ed
$ ▮
```

Diese **ed**-Kenntnisse sollten ausreichen, um einfache Dateien zu erstellen, wie sie in den Beispielen der nächsten Seiten benötigt werden. So wird im nächsten Teilkapitel angenommen, daß der Benutzer sich in seinem home directory[9] zwei Subdirectories *uebung1* und *uebung2* anlegt. Dies erreicht er mit dem Kommando **mkdir** (**m**a**k**e **dir**ectory):

```
$ mkdir uebung1  [↵]                             Anlegen des Subdirectorys uebung1
$ mkdir uebung2  [↵]                             Anlegen des Subdirectorys uebung2
$ ▮
```

Unter Zuhilfenahme des Kommandos **cd** (**c**hange working **d**irectory) kann der Benutzer dann in eines dieser Subdirectories wechseln. Um sich den momentanen Aufenthaltsort innerhalb des Dateibaums anzeigen zu lassen, steht das Kommando **pwd** (**p**rint **w**orking **d**irectory) zur Verfügung.

---

[9] Hier wird als home directory **/home/egon** angenommen

4.5 Erstellen und Editieren von Dateien

```
$ pwd  ⏎
/home/egon
$ cd uebung1  ⏎
$ pwd  ⏎
/home/egon/uebung1
$ ▮
```

Befehl, um working directory anzuzeigen
Ausgabe des working directorys
Wechseln in das Subdirectory uebung1
Zeige working directory an
Ausgabe des neuen working directorys

Im Subdirectory uebung1 sollten nun - mit dem Editor **ed** - die zwei Dateien **laender** und **obst** mit folgendem Inhalt erstellt werden:

laender:[10]
Grossbritannien:London:56 Mio:244000
Schweiz:Bern:6,5 Mio:41000
Italien:Rom:57,3 Mio:294000
Frankreich:Paris:53,6 Mio:547000
Indien:Neu Delhi:644 Mio:3288000
USA:Washington:220,7 Mio:9363000
Oesterreich:Wien:7,5 Mio:83000

obst:
Birnen
Kiwis
Avocados
Bananen
Orangen
Aepfel
Stachelbeeren
Kirschen
Brombeeren

Es sei nochmals ausdrücklich darauf hingewiesen, daß die Cursortasten im **ed** tabu sind, da **ed** ein zeilen- und nicht bildschirmorientierter Editor ist. Werden die Cursortasten trotzdem benutzt, so scheint es zwar, als ob der Cursor an die entsprechende Stelle positioniert wird, aber in Wirklichkeit wird nur der Code dieser Taste in die aktuelle Zeile geschrieben. Dies kann zu seltsamen Ergebnissen führen. In solchen Fällen empfiehlt es sich, sich den wirklichen Inhalt des ed-Puffers mit

1,$l

anzeigen zu lassen.

---

[10] ungefährer Stand 1980

4.6 Wichtige Kommandos zum Dateisystem

Als Ausgangspunkt wird hier folgender Ausschnitt aus dem UNIX-Dateibaum angenommen:

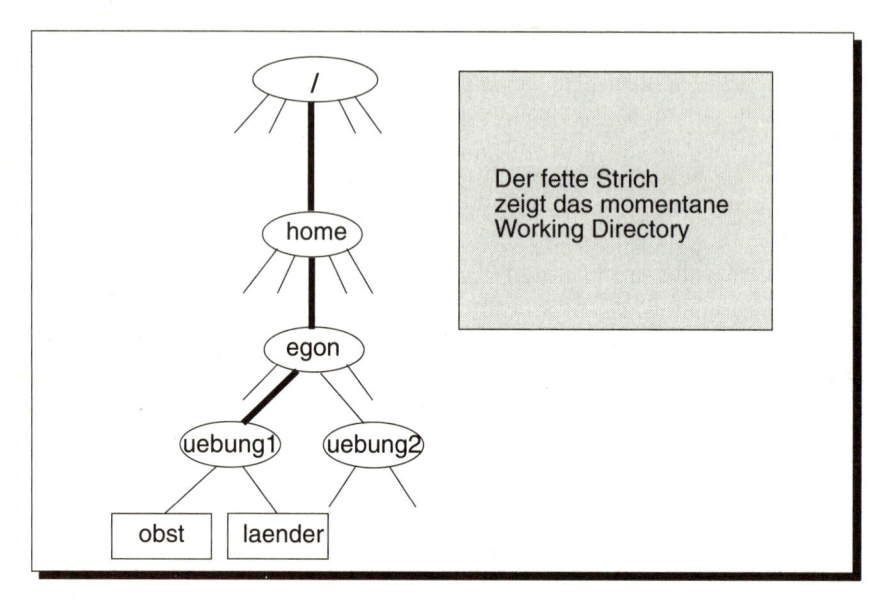

Der fette Strich zeigt das momentane Working Directory

Dateinamen auflisten

ls (list contents of directory)

Das Kommando **ls** gibt die Namen (nicht die Inhalte) von Dateien alphabetisch sortiert aus:

zB

```
$ pwd  ⏎
/home/egon/uebung1
```
Befehl, um working directory anzuzeigen
Ausgabe des working directorys

4.6 Wichtige Kommandos zum Dateisystem

```
$ ls ⏎
laender  obst
$ ▋11
```
Befehl, um Namen der Dateien im
working directory aufzulisten
Ausgabe der Namen von den Dateien, die sich im
working directory (home/egon/uebung1) befinden

ls verfügt wie die meisten Kommandos über Optionen, mit denen der normale Ablauf eines Kommandos geändert werden kann. Um sich z. B. die Dateinamen nicht alphabetisch, sondern in der Reihenfolge ihrer zeitlichen Erstellung (neueste Datei zuerst) anzeigen zu lassen, steht die Option **-t** (time) zur Verfügung:

```
$ pwd ⏎
/home/egon/uebung1
$ ls  -t ⏎
obst   laender
$ ▋
```
Befehl, um working directory anzuzeigen
Ausgabe des working directorys
Dateinamen nach Zeitpunkt ihrer Erstellung bzw.
letzten Änderung auflisten.
obst ist neuer als laender

Eine der am häufigsten verwendeten Optionen ist **-l** (long format), welche bewirkt, daß neben dem Namen einer Datei noch eine Vielzahl weiterer Informationen zu jeder einzelnen Datei angegeben werden:

```
$ pwd ⏎
/home/egon/uebung1
$ ls  -l ⏎
total 2
-rw-r--r--   1 egon    graph      222 Mar 21 11:19  laender
-rw-r--r--   1 egon    graph       79 Mar 21 11:23  obst
$ ▋
```

Die Ausgabe hierbei bedeutet im einzelnen:

total 2   gibt an, daß die hier angezeigten Dateien 2 Blöcke auf der Platte belegen; ein Block enthält normalerweise 512 oder 1024 Bytes.

---

[11] Neu in System V.4 ist, daß die Dateinmaen nicht untereinander wie bei System V.3, sondern nebeneinander aufgelistet werden.

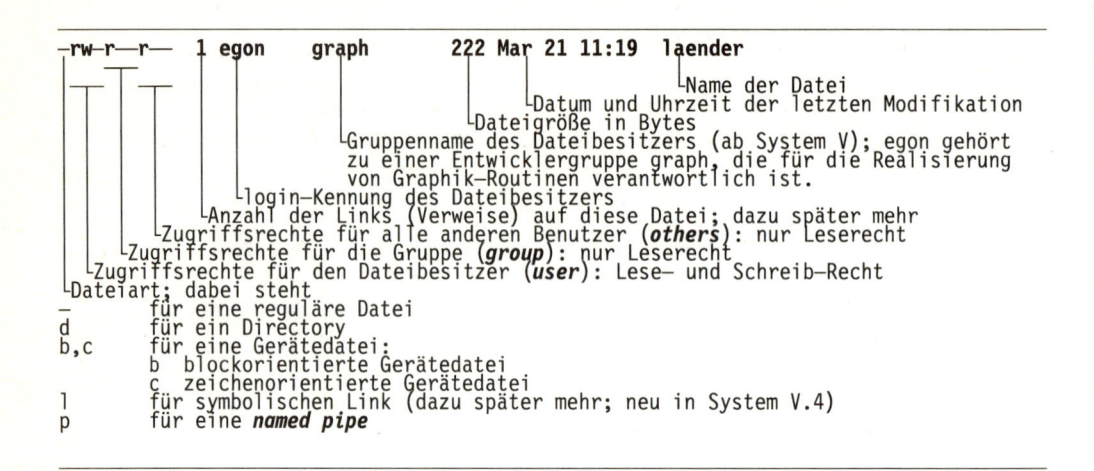

```
-rw-r--r--   1 egon    graph      222 Mar 21 11:19  laender
                                                    └Name der Datei
                                       └Datum und Uhrzeit der letzten Modifikation
                               └Dateigröße in Bytes
                     └Gruppenname des Dateibesitzers (ab System V); egon gehört
                      zu einer Entwicklergruppe graph, die für die Realisierung
                      von Graphik-Routinen verantwortlich ist.
             └login-Kennung des Dateibesitzers
         └Anzahl der Links (Verweise) auf diese Datei; dazu später mehr
    └Zugriffsrechte für alle anderen Benutzer (others): nur Leserecht
   └Zugriffsrechte für die Gruppe (group): nur Leserecht
  └Zugriffsrechte für den Dateibesitzer (user): Lese- und Schreib-Recht
 └Dateiart; dabei steht
   -       für eine reguläre Datei
   d       für ein Directory
   b,c     für eine Gerätedatei:
              b  blockorientierte Gerätedatei
              c  zeichenorientierte Gerätedatei
   l       für symbolischen Link (dazu später mehr; neu in System V.4)
   p       für eine named pipe
```

Die einzelnen Optionen können auch wieder miteinander kombiniert werden:

```
$ ls  -lt  ↵
total 2
-rw-r--r--   1 egon    graph       79 Mar 21 11:23  obst
-rw-r--r--   1 egon    graph      222 Mar 21 11:19  laender
$ ls  -t  -l  ↵
total 2
-rw-r--r--   1 egon    graph       79 Mar 21 11:23  obst
-rw-r--r--   1 egon    graph      222 Mar 21 11:19  laender
$ ■
```

Auch in diesem Beispiel werden die Namen der Dateien im working directory im Langformat aufgelistet. Die Ausgaben werden dabei nach dem Datum der letzten Modifikation sortiert. Die Wirkung des ersten Aufrufs entspricht der des zweiten.

4.6 Wichtige Kommandos zum Dateisystem

Von der Vielzahl der bei **ls** möglichen Optionen sollen hier nur die am häufigsten verwendeten vorgestellt werden:

Option	Beschreibung
-a	Liste alle Einträge eines Directorys, auch Namen, die mit . (Punkt) beginnen.
-d	Nur die Namen von Directories und nicht deren Inhalt listen (meist mit -l kombiniert).
-l	Information in "Langform" (siehe Beispiel vorher)
-r	Reihenfolge der Ausgabe umkehren
-t	Sortieren nach Zeitpunkt der letzten Änderung und nicht alphabetisch
-u	Datum des letzten Zugriffs anstelle der letzten Änderung (bei Kombination mit -l) ausgeben bzw. dieses Datum zum Sortieren verwenden (bei Kombination mit -t).
-C	Dateinamen nicht untereinander, sondern nebeneinander ausgeben (Voreinstellung in System V.4)
-1	Dateinamen nicht nebeneinander, sondern untereinander ausgeben (Voreinstellung in System V.3)
-F	Hinter jedem Directorynamen einen Slash (/), hinter jeder ausführbaren Datei einen Stern (*) und hinter jedem symbolischen Link einen Klammeraffen (@) angeben
-R	Alle Subdirectories und Dateien ab angegebener Directory-Ebene auflisten

Beim Anlegen eines neuen Directorys werden vom System immer zwei Subdirectories automatisch angelegt:

.   Kurzbezeichnung für working directory
..   Kurzbezeichnung für parent directory

Somit ist es möglich, Dateien mit gleichen Namen wie das aktuelle Directory bzw. das parent directory anzulegen, da für diese nicht deren Namen, sondern eben die Kurzformen eingetragen wurden.

Die Voreinstellung von **ls** ist, daß nur Namen von Dateien aufgelistet werden, die nicht mit einem . (Punkt) beginnen; um sich auch solche Namen ausgeben zu lassen, steht die Option **-a** (siehe oben) zur Verfügung.

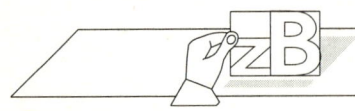

```
$ pwd  ↵                                                    Zeige working directory an
/home/egon/uebung1                                       Ausgabe des working directorys
$ ls  -la  ↵                                   Liste alle Dateinamen (alphabetisch sortiert) auf,
.                                                     auch die, welche mit . beginnen.
..                                                    Ausgabe aller Dateinamen (auch . und ..)
laender
obst
$ ls  -lat  ↵                                  Liste alle Dateinamen (nach Zeitpunkt ihrer letzten
.                                              Modifikation sortiert) auf, auch die, welche mit .
obst                                                                               beginnen.
laender                                               Ausgabe aller Dateinamen (auch . und ..)
..                                            Das Directory . ist neuer als die einfachen Dateien,
$ ▮                                             da der Eintrag der beiden Dateien obst und laender
                                                im Directory später erfolgt ist als deren Erstellung.
```

Neben den Optionen können beim Aufruf von **ls** auch noch Dateinamen angegeben werden, wenn nicht der gesamte Inhalt des working directorys, sondern nur bestimmte Dateien aus dem working directory oder aus anderen Directories aufgelistet werden sollen. Somit ist die vollständige Aufrufsyntax des **ls**-Kommandos:

ls [*optionen*] [*dateiname(n)*]

```
$ pwd  ↵                                                    Zeige working directory an
/home/egon/uebung1                                       Ausgabe des working directorys
$ ls  obst  ↵                                                Liste Name der Datei obst
obst                                                        Ausgabe des Dateinamens obst
$ ls  fruechte  ↵                               Liste Name von fruechte, wenn vorhanden
fruechte: No such file or directory  12         Meldung, daß keine Datei fruechte vorhanden
$ ls  obst  laender  ↵                                     Liste Namen von obst und
laender  obst                                                   laender, wenn vorhanden
$ ls  -al  ↵
total 4                                                      Ausgabe der Dateinamen
drwxr-xr-x   2 egon    graph    512 Mar 21 11:23  .              obst und laender
drwxr-xr-x   4 egon    graph    512 Mar 21 11:18  ..                Liste alle Datei-
-rw-r--r--   1 egon    graph    222 Mar 21 11:19  laender            namen des working
-rw-r--r--   1 egon    graph     79 Mar 21 11:23  obst           directory im Langformat
```

---

[12] eventuell erscheint hier auch eine andere Meldung, wie z. B. "fruechte not found"

4.6 Wichtige Kommandos zum Dateisystem

```
$ ls  -ald  [↵]  13                          Liste alle Directories (nicht Inhalt) im Langformat
drwxr-xr-x   2 egon    graph  512 Mar 21 11:23  .
$ ls  -R  ..  [↵]                            Liste alle Subdirectories des parent directory und
add.c                                            der darin enthaltenen Dateien
uebung1                                      Ausgabe aller Subdirectories des parent directory
uebung2                                          und der darin enthaltenen Dateien

../uebung1:
laender  obst

../uebung2:
$ ls  -R  /home/egon  [↵]                    Liste alle Subdirectories und Dateien des Directorys
add.c                                                  /home/egon
uebung1                                      Ausgabe aller Subdirectories der Directory
uebung2                                      /home/egon und der darin enthaltenen Dateien

/home/egon/uebung1:
laender  obst

/home/egon/uebung2:
$ ls  -al  ..  [↵]                           Liste alle Dateien im parent directory im Langformat
total 6
drwxr-xr-x   4 egon    graph  512 Mar 21 11:18  .
drwxrwxrwx   7 root    root   512 Mar 20 10:12  ..
-rw-r--r--   1 egon    graph  183 Mar 20 11:09  .profile
-rw-r--r--   1 egon    graph   89 Mar 21 11:01  add.c
drwxr-xr-x   2 egon    graph  512 Mar 21 11:18  uebung1
drwxr-xr-x   2 egon    graph  512 Mar 21 11:19  uebung2
$ ls  -CF  /  [↵]                            Liste Dateien im root
                                                 directory mit -C und -F
bin@        export/     lib@          net/        shlib/      usr/
dev/        home/       lost+found/   opt/        tmp/        var/
devices/    kadb        mbox          proc/       tmp_mnt/
etc/        kernel/     mnt/          sbin/       ufsboot
$ ▮
```

---

[13] entspricht dem Aufruf **ls -ald** . (nur das Directory (-d) . und nicht dessen Inhalt auflisten)

Working directory anzeigen:

pwd (print **w**orking **d**irectory)

Der Aufruf des Kommandos **pwd** bewirkt die Ausgabe des absoluten Pfadnamens des working directorys.

In anderes Directory wechseln

cd (**c**hange working **d**irectory)

Mit dem Kommando **cd** kann im Dateibaum "herumgeklettert" werden, indem der gewünschte neue Aufenthaltsort entweder als absoluter oder relativer Pfadname angegeben wird.

Die vollständige Aufrufsyntax des **cd**-Kommandos ist:

cd [*directory*]

Wird **cd** ohne Angabe eines Directorys aufgerufen, so wird zum home directory gewechselt.

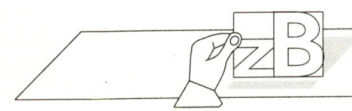

```
$ pwd  ⏎                                    Zeige working directory an
/home/egon/uebung1                          Ausgabe des working directorys
$ cd  ..  ⏎                                 Zum parent directory wechseln
$ pwd  ⏎                                    Zeige working directory an
/home/egon                                  Ausgabe des working directory (nun /home/egon)
$ cd  uebung2  ⏎                            Wechsle zum Subdirectory uebung2
$ pwd  ⏎                                    Zeige working directory an
/home/egon/uebung2                          Ausgabe des working directory
$ cd  ../uebung1  ⏎                         Zum Subdir uebung1 des parent directory wechseln
$ pwd  ⏎                                    Zeige working directory an
/home/egon/uebung1                          Ausgabe des working directorys
                                                            (/home/egon/uebung1)
```

4.6 Wichtige Kommandos zum Dateisystem

```
$ cd /usr ⏎                              Zum directory /usr wechseln
$ pwd ⏎                                  Zeige working directory an
/usr                                     Ausgabe des working directory (/usr)
$ cd ⏎                                   Zum home directory wechseln
$ pwd ⏎                                  Zeige working directory an
/home/egon                               Ausgabe des working directorys (nun /home/egon)
$ ls -al ⏎                               Liste alle Dateinamen des working directory
.                                        Ausgabe aller Dateinamen (auch der, die mit Punkt
..                                         beginnen)
.profile
add.c
uebung1
uebung2
$ cd uebung1 ⏎                           Zum Subdirectory uebung1 wechseln
$ pwd ⏎                                  Zeige working directory an
/home/egon/uebung1                       Ausgabe des working directorys
$ ls ⏎                                   Liste Dateinamen im working directory
laender   obst                           Ausgabe der Dateinamen im working directory
$ ▌
```

Einrichten von Directories/Löschen von Directories

mkdir   (**m**ake **dir**ectory)
rmdir   (**r**e**m**ove **dir**ectory)

Die vollständige Aufrufsyntax für das **mkdir**-Kommando ist:

mkdir [*optionen*] *directory1* ...

Mit dem Kommando **mkdir** werden die als Argumente angegebenen Directories (*directory1* ...) neu eingerichtet[14]. Beim Anlegen eines neuen Directorys werden immer automatisch die zwei Subdirectories . und .. dort eingerichtet. Auf die Optionen, welche die Vergabe von Zugriffsrechten für die neu anzulegenden Directories (Option **-m**) und das Anlegen ganzer Directory-Bäume (Option **-p**) ermöglichen, soll hier nicht weiter eingegangen werden.

Die vollständige Aufrufsyntax für das **rmdir**-Kommando ist:

rmdir [*optionen*] *directory1* ...

Das Kommando **rmdir** löscht die als Argumente angegebenen Directories (*directory1* ...), falls diese leer sind. Wenn eines der angegebenen Di-

---

[14] Um ein neues Directory einrichten zu können, muß man Schreibrechte im parent directory besitzen.

rectories noch Dateien oder Sub-Directories (. und .. ausgenommen) enthält, dann wird dies gemeldet und das entsprechende Directory wird nicht entfernt.

Möchte man aber ein solches Directory und damit auch die darin enthaltenen Dateien und Subdirectories auf jeden Fall löschen, dann empfiehlt es sich, das Kommando

```
rm -r directory1 ...
```

anzugeben. Auf die Vorstellung von weiteren Optionen wird an dieser Stelle verzichtet.

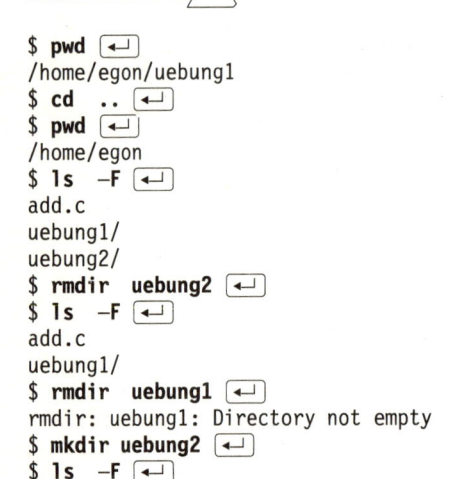

```
$ pwd  ↵                              Zeige working directory an
/home/egon/uebung1                    Ausgabe des working directorys
$ cd  ..  ↵                           Zum parent directory wechseln
$ pwd  ↵                              Zeige working directory an
/home/egon                            Ausgabe des working directorys (nun /home/egon)
$ ls  -F  ↵                           Liste Dateien und Directories des working directo-
add.c                                                                       rys mit -F
uebung1/                              Ausgabe der Dateien und Subdirectories im wor-
uebung2/                                           king directory mit der Option -F
$ rmdir  uebung2  ↵                   Lösche das Subdirectory uebung2
$ ls  -F  ↵                           Liste Dateien und Directories mit -F
add.c                                 Dateien/Subdirectories im working directory
uebung1/
$ rmdir  uebung1  ↵                   Lösche das Subdirectory uebung1
rmdir: uebung1: Directory not empty   uebung1 ist nicht leer (wird nicht gelöscht)
$ mkdir uebung2  ↵                    Richte neues Directory uebung2 ein
$ ls  -F  ↵                           Liste Inhalt des working directory mit -F
add.c
uebung1/                              Ausgabe der Dateien/Directories (mit uebung2)
uebung2/
$ cd   uebung1  ↵                     Gehe zum Subdirectory uebung1 zurück
$ ▮
```

4.6 Wichtige Kommandos zum Dateisystem 85

Inhalt von Dateien am Bildschirm ausgeben

cat (con**cat**enate)

Die vollständige Aufrufsyntax für das **cat**-Kommando ist:

cat [*optionen*] [*datei(en)*]

Das Kommando **cat** gibt den Inhalt der angegebenen *datei(en)* nacheinander (konkateniert) am Bildschirm aus. Dieses Kommando ermöglicht es, den Inhalt von Dateien anzusehen, ohne daß ein Editor aufgerufen werden muß.[15]

Falls die angegebenen *datei(en)* mehr Zeilen haben als auf dem Bildschirm angezeigt werden können, dann kann mit

[Ctrl]-[S] die Bildschirmausgabe angehalten und mit

[Ctrl]-[Q] wieder fortgesetzt.[16]

Werden keine *datei(en)* beim Aufruf von **cat** angegeben, so liest **cat** vom Terminal (besser: Tastatur; von nun ab mit Standardeingabe bezeichnet); das Ende des Eingabetexts wird dabei mit der Eingabe des EOF-Zeichens [Ctrl]-[D] angezeigt.

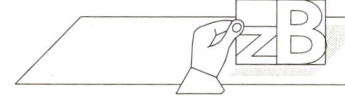

```
$ pwd  ⏎                          Zeige working directory an
/home/egon/uebung1                Ausgabe des working directorys
$ cat  obst  ⏎                    Gib Inhalt der Datei obst aus
Birnen                            Ausgabe des Inhalts der Datei obst
Kiwis
Avocados
Bananen
Orangen
Aepfel
Stachelbeeren
Kirschen
Brombeeren
```

---

[15] Ein **cat**-Aufruf ist schneller und bequemer als ein Editor-Aufruf
[16] Bei umfangreicheren Dateien empfiehlt es sich, das nachfolgend vorgestellte Kommando **pg** zu verwenden, bei dem Bildschirmseite für Bildschirmseite einer Datei ausgegeben wird.

```
$ cat   laender  ⏎                          Gib Inhalt der Datei laender aus
Grossbritannien:London:56 Mio:244000
Schweiz:Bern:6,5 Mio:41000
Italien:Rom:57,3 Mio:294000                 Ausgabe des Inhalts der Datei laender
Frankreich:Paris:53,6 Mio:547000
Indien:Neu Delhi:644 Mio:3288000
USA:Washington:220,7 Mio:9363000
Oesterreich:Wien:7,5 Mio:83000
$ cat   laender   obst  ⏎                   Gib Inhalt der Dateien laender und obst nacheinan-
Grossbritannien:London:56 Mio:244000                                            der aus
Schweiz:Bern:6,5 Mio:41000
Italien:Rom:57,3 Mio:294000
Frankreich:Paris:53,6 Mio:547000            Ausgabe des Inhalts der Dateien laender und obst
Indien:Neu Delhi:644 Mio:3288000            erfolgt nacheinander (ohne irgendwelche Trennung)
USA:Washington:220,7 Mio:9363000
Oesterreich:Wien:7,5 Mio:83000
Birnen
Kiwis
Avocados
Bananen
Orangen
Aepfel
Stachelbeeren
Kirschen
Brombeeren
$ cat  ⏎                                    Gib den nachfolgenden Eingabetext wieder aus
Das ist nur ein bisschen  ⏎                 Nach jeder Eingabe einer Zeile wird diese wieder
Das ist nur ein bisschen                                auf den Bildschirm ausgegeben
Text, der wieder ausgegeben  ⏎
Text, der wieder ausgegeben
wird  ⏎
wird
Ctrl-D                                      Abschluß der Eingabe mit Ctrl-D
$ ▮
```

Kopieren von Dateien

cp   (copy files)

Das Kommando **cp** kann auf 2 verschiedene Arten aufgerufen werden:

cp   *datei1*   *datei2*

Dieser Aufruf kopiert den Inhalt von Datei *datei1* in eine Datei *datei2*. Falls die Datei *datei2* bereits existiert, so wird sie überschrieben, wenn dies die Zugriffsrechte dieser Datei zulassen. Eigentümer dieser neuen Datei wird der Benutzer, der dieses Kommando angab. Zwar werden

4.6 Wichtige Kommandos zum Dateisystem

die Zugriffsrechte mitkopiert, aber wenn sich der Eigentümer und vielleicht sogar die Gruppe dieser Datei ändert, dann sind diese Zugriffsrechte auf den neuen Eigentümer und Gruppe anzuwenden; wenn z. B. die *datei1* die Zugriffsrechte **rwxr--r--** besitzt, dann kann der Eigentümer von Datei *datei1* - nach dem Kopieren - die neue *datei2* nicht beschreiben.

cp *datei(en) directory*

Dieser Aufruf kopiert die *datei(en)* in das Directory *directory*, wobei die dort neu angelegten Dateien die Namen der ursprünglichen Dateien erhalten[17].

```
$ pwd                                    Zeige working directory an
/home/cgon/uebung1                       Ausgabe des working directorys
$ cp  obst  obst2                        Kopiere Datei obst nach obst2
$ ls  -1                                 Liste Dateien des working directorys
laender                                  Ausgabe der Dateinamen des working directorys
obst
obst2
$ cat  obst2                             Zeige Inhalt der Datei obst2
Birnen                                   Ausgabe des Inhalts der Datei obst2
Kiwis
Avocados
Bananen
Orangen
Aepfel
Stachelbeeren
Kirschen
Brombeeren
```

---

[17] Als Name wird in das neue Directory die letzte Komponente des Pfadnamens der alten Dateien eingetragen; wenn z. B. */home/egon/uebung1/***obst** nach */home/egon/uebung2* kopiert wird, so würde in */home/egon/uebung2* der Name *obst* (letzte Komponente des Pfadnamens der ursprünglichen Datei) eingetragen.

```
$ cp  obst  laender  ../uebung2 ⏎         Kopiere obst und laender ins Directory ../uebung2
$ cd  ../uebung2 ⏎                                   Wechsle zum Directory ../uebung2
$ pwd ⏎                                              Zeige working directory an
/home/egon/uebung2                                   Ausgabe des working directorys
$ ls -C ⏎                                Liste Dateien des working directorys nebeneinander
laender  obst                                Ausgabe der Dateien des working directorys
$ cat  laender ⏎                                     Gib Inhalt der Datei laender aus
Grossbritannien:London:56 Mio:244000                 Ausgabe des Inhalts der Datei laender
Schweiz:Bern:6,5 Mio:41000
Italien:Rom:57,3 Mio:294000
Frankreich:Paris:53,6 Mio:547000
Indien:Neu Delhi:644 Mio:3288000
USA:Washington:220,7 Mio:9363000
Oesterreich:Wien:7,5 Mio:83000
$ cd  ../uebung1 ⏎                                   Wechsle zum Directory ../uebung1
$ ▮
```

In UNIX werden - wie schon früher erwähnt - Geräte wie Dateien behandelt. Der Zugriff auf die Geräte könnte somit auch direkt über die Gerätedateien erfolgen:

```
$ cp  obst  /dev/tty ⏎                               Kopiere Datei obst auf den
Birnen                                               Bildschirm (Datei /dev/tty)
Kiwis
Avocados
Bananen                                              Ausgabe des Inhalts der Datei
Orangen                                              obst auf dem Bildschirm
Aepfel
Stachelbeeren
Kirschen
Brombeeren
$ ▮
```

cp überschreibt - ohne Meldung - bereits vorhandene Dateien, die einen gleichen Namen besitzen, wenn es nicht durch die Zugriffsrechte für solche Dateien daran gehindert wird.

Neu in System V.4

1. **Option -i (Rückfrage bei bereits existierenden Zieldateien)**

   Wird bei **cp** die Option **-i** angegeben, dann fragt **cp**, wenn eine Zieldatei bereits existiert, erst nach, ob diese Zieldatei zu überschreiben ist, wie z. B.

```
$ cp -i obst laender ⏎
cp: overwrite laender? n ⏎      [n für no, y für yes eingeben]
$
```

2. Option -r (Kopieren ganzer Directorybäume)

Die Syntaxform

cp -r *dir1* *dir2*

war in System V.3 nicht erlaubt und wurde erst mit System V.4 eingeführt. Die Option **-r** ermöglicht das Kopieren ganzer Directorybäume, wie z. B.

cp -r /home/egon/uebung   /home/egon/uebung4

Bei diesem Aufruf würde der vollständige Directorybaum */home/egon/uebung* mit allen seinen Subdirectories, Sub-Subdirectories, ... und den darin enthaltenen Dateien dupliziert und unter dem Namen */home/egon/uebung4* angelegt.

Zu beachten ist dabei die unterschiedliche Wirkung dieses Kommandos in Abhängigkeit von der Existenz des Zieldirectorys: Wenn *dir2* nicht existiert, wird es angelegt. Wenn es aber bereits existiert, wird in *dir2* ein Subdirectory *dir1* angelegt und die Dateien werden dorthin kopiert. Das Kommando

cp -r /home/egon/uebung   /home/egon/uebung4

kopiert also alle Dateien und Subdirectories aus */home/egon/uebung* entweder nach */home/egon/uebung4* (wenn */home/egon/uebung4* nicht existiert) oder aber nach */home/egon/uebung4/uebung* (wenn */home/egon/uebung4* bereits existiert).

Das zu kopierende Directory und das Zieldirectory können sich an beliebigen Positionen im Directorybaum befinden, mit folgender Ausnahme: Wenn ein Directory *dir1* in ein Subdirectory von *dir1* kopiert wird, dann gerät **cp** in eine Endlosschleife, die früher oder später zum Überlaufen des Dateisystems führt. So würde z. B. bei

cp -r uebung   uebung/alte_uebung

das Directory *alte_uebung* als Subdirectory von *uebung* angelegt und alle Subdirectories und Dateien von *uebung* dorthin kopiert. Da auch das neue Subdirectory *alte_uebung* kopiert wird, entstehen ständig neue Subdirectories mit dem Namen *alte_uebung*. **cp** würde also erst gestoppt, wenn im Dateisystem keine neue Dateien/Directories mehr angelegt werden können. Wenn Sie sich Ärger mit Ihrem Systemadministrator ersparen möchten, sollten Sie solche rekursiven Kopier-Kommandos nicht ausprobieren.

Umbenennen von Dateien

mv (**m**ove files)

Das Kommando **mv** kopiert wie **cp** Dateien; allerdings wird bei diesem Kopiervorgang die Originaldatei gelöscht. **mv** kann auf 3 verschiedene Arten aufgerufen werden:

mv *datei1 datei2*

Dieser Aufruf kopiert den Inhalt der Datei *datei1* in eine Datei mit Namen *datei2* und löscht dann die Datei *datei1*. Wenn *datei2* bereits existiert, so wird sie überschrieben, wenn dies die Zugriffsrechte dieser Datei zulassen. Eigentümer dieser neuen Datei wird - wie bei **cp** - der Benutzer, der dieses Kommando angab. Zwar werden die Zugriffsrechte mitkopiert, aber wenn sich der Eigentümer und vielleicht sogar die Gruppe dieser Datei ändert, dann sind diese Zugriffsrechte auf den neuen Eigentümer und die neue Gruppe anzuwenden.

mv *datei(en) directory*

Dieser Aufruf kopiert die *datei(en)* in das Directory *directory*, wobei die dort neu angelegten Dateien die Namen der ursprünglichen Dateien erhalten.[18] Nach dem Kopiervorgang werden die Originaldateien *datei(en)* gelöscht.

mv *directory directory*

Dieser Aufruf ermöglicht das Umbenennen eines ganzen Directorys. Dies ist allerdings nur dann möglich, wenn die beiden hier als Argumente angegebenen Directories das gleiche parent directory besitzen.

Wenn **mv** feststellt, daß die Zugriffsrechte des entsprechenden Benutzers (*user*-Rechte) ein Beschreiben der Zieldatei verbieten, so meldet es den Namen der Zieldatei mit den entsprechenden Zugriffsrechten und fragt nach, ob diese Datei wirklich zu überschreiben ist. In allen anderen Fällen überschreibt **mv** bereits vorhandene Dateien ohne Rückfrage.

Aus didaktischen Gründen wird hier bei

mv a b

---

[18] Als Name wird in das neue Directory die letzte Komponente des Pfadnamens der alten Dateien eingetragen; wenn z. B. */home/egon/uebung1/***obst** mit **mv** nach */home/egon/uebung2* kopiert wird, so würde in */home/egon/uebung2* der Name *obst* (letzte Komponente des Pfadnamens der ursprünglichen Datei) eingetragen.

4.6 Wichtige Kommandos zum Dateisystem

von einem Kopieren der Datei a nach Datei b mit nachträglichem Löschen der Originaldatei a gesprochen. In Wirklichkeit findet jedoch kein Kopiervorgang statt, sondern wird lediglich der Dateiname von a nach b umgeändert. Die Daten der Datei a werden durch **mv** also nicht "bewegt".

```
$ pwd  ⏎                              Zeige working directory an
/home/egon/uebung1                    Ausgabe des working directorys
$ mv   obst2   obst3  ⏎    Kopiere Datei obst2 nach obst3 und lösche obst2
$ ls  -1  ⏎                      Liste Dateien des working directorys
laender                      Ausgabe der Dateinamen des working directorys
obst                        (Datei obst2 ist verschwunden, dafür ist die Datei
obst3                                                  obst3 vorhanden)
$ cat   obst3  ⏎                       Zeige Inhalt der Datei obst3
Birnen
Kiwis
Avocados
Bananen                            Ausgabe des Inhalts der Datei obst3
Orangen
Aepfel
Stachelbeeren
Kirschen
Brombeeren
$ mv   obst3   laender   ../uebung2  ⏎  obst3 und laender nach ../uebung2 verlagern
$ ls  ⏎                         Liste Dateien des working directorys auf
obst                       working directory (obst3 und laender sind weg)
$ cp   ../uebung2/laender   .  ⏎   Kopiere laender aus ../uebung2 in working directory
$ ls  ⏎                         Liste Dateien der working directory auf
laender    obst                               laender wieder vorhanden
$ mv   ../uebung2   ../uebung3  ⏎     Benenne Directory ../uebung2 in ../uebung3 um
$ cd  ..  ⏎                               Wechsle zum parent directory
$ pwd  ⏎                              Zeige working directory an
/home/egon                            Ausgabe des working directorys
$ ls  -F  ⏎              Liste Dateien (Bei Directories / anhängen)
add.c                       Ausgabe der Dateien des working directorys:
uebung1/                    Einfache Datei add.c und 2 Directories uebung1
uebung3/                    und uebung3 (uebung2 nicht mehr vorhanden)
$ ls   uebung3  ⏎                  Liste Dateien des directorys uebung3 auf
laender    obst    obst3            Ausgabe der Dateien im directory uebung3
$ cd   uebung1  ⏎                     Wechsle zum Subdirectory uebung1
$ ▮
```

Neu in System V.4

1. Option -i (Rückfrage bei bereits existierenden Zieldateien)

Wie bei **cp** gilt: Wird bei **mv** die Option **-i** angegeben, dann fragt **mv**, wenn eine Zieldatei bereits existiert, erst nach, ob diese Zieldatei zu überschreiben ist.

2. Verschieben von Directorybäumen an andere Positionen im Directorybaum

In System V.3 ist die Aufrufform

mv   *dir1   dir2*

nur erlaubt, wenn sich *dir1* und *dir2* im gleichen Directory befinden, d. h. es ist nur eine Änderung des Namens, nicht aber der Position möglich.

In System V.4 kann dagegen auch die Position eines Directorys geändert werden, wie z. B.

mv   /home/egon/uebung   /tmp

Dieser Aufruf wäre in System V.3 nicht möglich.

3. Existierendes Zieldirectory wird nicht überschrieben

Wenn beim Aufruf

mv   *dir1   dir2*

das Zieldirectory *dir2* bereits existiert, so gibt System V.3 eine Fehlermeldung aus. Bei System V.4 verhält sich **mv** dagegen wie **cp** und legt *dir1* als Subdirectory von *dir2* an.

Erzeugen neuer Verweise (Links) auf Dateien

ln   (link files)

Manchmal ist es notwendig, ein und dieselbe Datei unter verschiedene Namen ansprechen zu können. Als Beispiel möge eine Datei *kaffeekasse* dienen, in welcher der Verwalter einer Kaffeekasse immer die zu zahlenden Beträge der einzelnen Kaffeetrinker hineinschreibt. Diese Datei befinde sich nun im home directory des Kassenverwalters (z. B. */home/manfred*) und kann von jedem Benutzer gelesen werden. Allerdings müßte zum Lesen immer der volle Pfadnamen (*/home/manfred/ kaffeekasse*) angegeben werden. Um dies zu vermeiden, ist es möglich einen sogenannten Link auf diese Datei zu legen, d. h. an diese Datei einen zusätzlichen Namen zu vergeben. So könnte z. B. jeder Kaffeetrinker in seinem home directory einen Link auf die Datei *kaffeekasse* des

4.6 Wichtige Kommandos zum Dateisystem

Verwalters erzeugen und diesem Link einen eigenen Dateinamen geben.

Links haben natürlich weitere Vorteile: So erlauben sie Zugriff auf eine gemeinsame Datei, ohne diese kopieren zu müssen und tragen so dazu bei, Platz zu sparen, da ja nicht der Inhalt dieser gemeinsamen Datei kopiert wird, sondern eben nur ein neuer Name für diese angelegt wird. Zudem ist bei einer solchen Vorgehensweise sichergestellt, daß immer nur eine aktuelle Version einer Datei vorhanden ist; dies würde bei einem Kopieren nicht der Fall sein.

Das Kommando **ln** kann auf zwei verschiedene Arten aufgerufen werden:

ln   *datei1 datei2*

Dieser Aufruf erzeugt einen Link zur Datei *datei1*. Als Name für diesen Link wird *datei2* verwendet.

ln   *datei(en) directory*

Dieser Aufruf erzeugt im Directory *directory* mehrere Links zu den angegebenen *datei(en)*. Für diese Links werden die Namen der *datei(en)*[19] in das Directory *directory* eingetragen.

Wenn **ln** feststellt, daß die Zugriffsrechte des entsprechenden Benutzers (*user*-Rechte) das Überschreiben einer bereits vorhandenen Datei dieses Namens verbieten, so meldet es den Namen der zu überschreibenden Zieldatei mit den entsprechenden Zugriffsrechten und fragt nach, ob diese Datei wirklich zu überschreiben ist. In allen anderen Fällen überschreibt **ln** bereits vorhandene Dateien ohne Rückfrage.

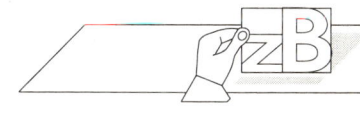

```
$ pwd ⏎                                     Zeige working directory an
/home/egon/uebung1                        Ausgabe des working directorys
$ ln   laender   staaten ⏎
$ ls   -l ⏎
total 3
-rw-r--r--   2 egon      graph    222 Mar 21 11:19  laender
-rw-r--r--   1 egon      graph     79 Mar 21 11:23  obst
-rw-r--r--   2 egon      graph    222 Mar 21 11:19  staaten
```

---

[19] die letzten Komponenten der Pfadnamen zu den *datei(en)*

```
$ cat   staaten  ⏎                          Gib Inhalt von staaten (Link) am Bildschirm aus
Grossbritannien:London:56 Mio:244000
Schweiz:Bern:6,5 Mio:41000
Italien:Rom:57,3 Mio:294000
Frankreich:Paris:53,6 Mio:547000            Ausgabe der Datei (Link) staaten; da dieser Link
Indien:Neu Delhi:644 Mio:3288000            auf die Datei laender zeigt, wird deren Inhalt hier
USA:Washington:220,7 Mio:9363000                                                 ausgegeben
Oesterreich:Wien:7,5 Mio:83000
$ cd   ..  ⏎                                         Wechsle zum parent directory
$ mkdir   uebung4  ⏎                             Lege ein neues Directory uebung4 an
$ cd   uebung4  ⏎                                Wechsle zum Subdirectory uebung4
$ ln   ../uebung1/obst   ../uebung1/staaten   .  ⏎   Links zu obst und staaten (in ../uebung1)
$ ls   -l  ⏎
total 2
-rw-r--r--    2 egon     graph   79 Mar 21 11:23  obst
-rw-r--r--    3 egon     graph  222 Mar 21 11:19  staaten
$ cat   obst  ⏎
Birnen
Kiwis
Avocados
Bananen
Orangen
Aepfel
Stachelbeeren
Kirschen
Brombeeren
                                            Liste Dateien im working directory mit Option -l
                                            Ausgabe der Dateinamen des working directory
                                            im "Langformat" (obst hat 2 Links und staaten hat 3
                                                                                       Links)
                                            Gib Inhalt der Datei obst (Link) aus
                                            Ausgabe der Datei (Link) obst; da dieser Link auf
                                            die Datei obst in ../uebung1 zeigt, wird deren Inhalt
                                                                              hier ausgegeben

$ cd ../uebung1  ⏎                                   Gehe zurück ins Directory uebung1
$ ▮
```

Wichtig ist, daß das Kommando **ln** lediglich neue Verweise (Links) auf eine Datei erzeugt und deren Inhalt nicht dupliziert.

4.6 Wichtige Kommandos zum Dateisystem

Links werden z. B. vom **mv**-Kommando in System V.3 verwendet, das beim Umbenennen von Dateien zunächst einen Link unter dem neuen Namen einrichtet und anschließend den alten entfernt.

Neu in System V.4

1. Option -n (Rückfrage bei bereits existierenden Zieldateien)

Wird bei **ln** die Option **-n** angegeben, dann fragt **ln**, wenn eine Zieldatei bereits existiert, erst nach, ob diese Zieldatei zu überschreiben ist.

2. Symbolische Links

In System V.4 wurden sogenannte *symbolische Links* eingeführt, mit denen sich ebenfalls zusätzliche Namen an Dateien vergeben lassen. Anders als bei den oben beschriebenen normalen Links (*Hard-Links*) wird bei den symbolischen Links (*Soft-Links*) eine Spezialdatei erzeugt, die den Namen der Zieldatei enthält. Im Gegensatz zu den normalen Links erlauben symbolische Links auch Verweise auf Directories und Verweise über Dateisystemgrenzen hinweg.

Zum Anlegen von symbolischen Links (Soft-Links) steht die Option **-s** zur Verfügung:

(1) **ln -s** *datei1 datei2*
(2) **ln -s** *datei(en) directory*
(3) **ln -s** *dir1 dir2*

Die einzelnen Aufrufe bewirken im einzelnen das folgende:

(1) *datei2* wird als zusätzlicher Name für *datei1* angelegt, mit folgenden Ausnahmen:
Wenn die Zieldatei *datei2* bereits existiert, gibt **ln** immer einen Fehler aus; die Option **-n** ist hier nicht erforderlich.
Wenn beide Dateien nicht existieren, wird eine *datei2* angelegt, deren Inhalt der Name *datei1* ist. Bei Zugriffen auf *datei2* erscheint dann solange eine Fehlermeldung, bis *datei1* angelegt ist.

(2) verhält sich weitgehend wie (1) mit dem Unterschied, daß im *directory* die Basisnamen der *datei(en)* als symbolische Links eingetragen werden.

(3) verhält sich ebenfalls weitgehend wie (1), nur daß hier ein symbolischer Link *dir2* auf ein Directory *dir1* angelegt wird.

Löscht man die Zieldatei, auf die ein Soft-Link verweist, führt ein Zugriff auf die Datei über den Soft-Link zu einer Fehlermeldung. Richtet man später wieder eine Datei mit entsprechendem Namen ein, funktioniert alles wie zuvor.

```
$ ls ⏎
laender  obst     staaten
$ ln -s laender staaten ⏎
ln: cannot create staaten
ln: File exists
$ ln -s obst fruechte ⏎
$ cat fruechte ⏎
Birnen
Kiwis
Avocados
Bananen
Orangen
Aepfel
Stachelbeeren
Kirschen
Brombeeren
$ ls -l fruechte ⏎
lrwxrwxrwx   1 egon      graph        4 Mar 25 16:08 fruechte -> obst
$
```

Symbolische Links werden bei der Ausgabe mit **ls -l** durch die Angabe von **l** als erstes Zeichen gekennzeichnet. Zusätzlich wird dabei noch

-> name

ausgegeben. *name* ist dabei die Datei, auf die dieser symbolische Link verweist.

Nun legen wir einen symbolischen Link *fruits* auf eine nicht existierende Datei *obst2* und greifen dann mit **cat** auf *fruits* zu:

```
$ ln -s obst2 fruits ⏎
$ ls -l fruits ⏎
lrwxrwxrwx   1 egon      graph        5 Mar 25 17:11 fruits -> obst2
$ cat fruits ⏎
ln: cannot open fruits
$
```

Kopieren wir nun aber z. B. *obst* nach *obst2*, so können wir über *fruits* auf den Inhalt von *obst2* zugreifen.

4.6 Wichtige Kommandos zum Dateisystem

```
$ cp obst obst2 ⏎
$ cat fruits ⏎
Birnen
Kiwis
Avocado
Bananen
Orangen
Aepfel
Stachelbeeren
Kirschen
Brombeeren
$
```

Eine Hauptanwendung von symbolischen Links sind Verweise über Dateisystemgrenzen hinweg oder Verweise auf Directories, welche mit Hard-Links nicht möglich sind.

Ebenso werden symbolische Links in System V.4 verwendet, um eine zu System V.3 kompatible Directory-Struktur zu erhalten. So existieren z. B. Links für die Directories */bin* auf */usr/bin* und */lib* auf */usr/lib*.

```
$ ls -l /bin ⏎
lrwxrwxrwx   1 root     root            9 Sep 23 10:58 /bin -> ./usr/bin
$ cd /bin ⏎
$ pwd ⏎
/usr/bin
$ cd ⏎
$ cd uebung1 ⏎
$
```

Symbolische Links sind eine wichtige und nützliche Neuerung in System V.4. Trotzdem ist von einem übermäßigen Gebrauch dieser Soft-Links abzuraten, da die Gefahr besteht, daß man sehr schnell den Überblick verliert. Deswegen sollten Sie, wenn möglich, bevorzugt mit Hard-Links arbeiten.

Löschen von Dateien

rm   (remove files)

Die vollständige Aufrufsyntax für **rm** ist:

rm   [*optionen*]   *datei(en)*

Das Kommando **rm** löscht die angegebenen *datei(en)*, wobei für *datei(en)* einfache Dateien oder auch Directories angegeben werden können.

Eine Datei kann mehrere Namen (Links) besitzen. Wenn eine angegebene *datei* ein Link ist, so löscht **rm** nur den Link und nicht die wirkliche Datei. Wenn der letzte Link auf eine Datei gelöscht wird, dann wird zugleich auch die Datei selbst gelöscht.

Man muß Schreibrechte im entsprechenden Directory besitzen, um eine Datei darin löschen zu können; für die Datei selbst werden weder Lese- noch Schreibrechte benötigt. Wenn allerdings die Schreibrechte für diese Datei fehlen, dann wird der Benutzer gefragt, ob er diese Datei wirklich löschen möchte.

Um eine Datei ohne Rückfrage zu löschen, sogar wenn die entsprechenden Schreibrechte fehlen, muß die Option **-f** angegeben werden.

```
$ pwd  ⏎                                    Zeige working directory an
/home/egon/uebung1                          Ausgabe des working directorys
$ rm  fruechte   fruits   obst2  ⏎
$ ls  ⏎                                     Liste Dateien des working directorys nebeneinander
laender    obst     staaten                 Ausgabe der Dateien des working directorys
$ rm   staaten   ⏎                          Lösche die Datei staaten (nur Link wird gelöscht)
$ ls  ⏎                                     Liste Dateien des working directorys nebeneinander
laender    obst                             Ausgabe des working directorys (staaten ist weg)
$ rm  -i   laender  ⏎                       Lösche die Datei laender (mit Rückfrage)
laender: ?  n  ⏎                            Rückfrage wird mit n(ein) beantwortet
$ ls  ⏎                                     Liste Dateien des working directorys nebeneinander
laender    obst                             Ausgabe der Dateien des working directorys
$ cd   ..   ⏎                               Wechsle zum parent directory
$ ls  -CF  ⏎                                Liste Dateien im working directory mit Optionen -CF
add.c      uebung1/    uebung3/    uebung4/ Ausgabe der Dateinamen des working directorys
$ rmdir   uebung4  ⏎                        Lösche Directory uebung4
rmdir: uebung4: directory not empty         Directory ist nicht leer (uebung4 wird nicht gelöscht)
$ rm   -r   uebung4  ⏎                      Lösche uebung4 mit allen Dateien/Subdirectories
$ ls   -CF  ⏎                               Dateien des working directorys mit -CF listen
add.c      uebung1/    uebung3/             uebung4 ist weg
$ cd   uebung1  ⏎                           Gehe zurück ins Directory uebung1
$ ▊
```

4.6 Wichtige Kommandos zum Dateisystem

Directories können nur gelöscht werden, wenn die Option **-r**[20] angegeben ist. Vielen Benutzern scheint dieses Kommando zu mächtig, so daß sie es in etwas abgeschwächter Form (mit der Option **-i**) aufrufen: In diesem Fall wird dann für jede zu löschende Datei nachgefragt, ob sie wirklich gelöscht werden soll. Nur wenn auf diese Frage mit der Eingabe **y** geantwortet wird, wird diese Datei dann gelöscht.

Zugriffsrechte von Dateien ändern

chmod (**ch**ange **mod**e)

Mit dem Kommando **chmod** können die Zugriffsrechte von Dateien oder Directories geändert werden. Allerdings kann nur der Super-User oder der Besitzer die Zugriffsrechte für eine Datei bzw. für ein Directory ändern. Das Kommando **chmod** kann auf zwei verschiedene Arten aufgerufen werden:

1. **chmod** *absolut-modus datei(en)*

   und

2. **chmod** *symbolischer-modus datei(en)*

Die erste Aufrufform

chmod *absolut-modus datei(en)*

Für *datei(en)* können dabei einfache Dateien oder auch Directories angegeben werden.

Für *absolut-modus* muß ein Oktalwert angegeben werden, der festlegt, welche der 12 Bits des Dateimodus für die angegebenen *datei(en)* zu setzen bzw. zu löschen sind.

Dabei hat jedes einzelne der 12 Bits folgende Bedeutung:

Modus	Bedeutung
0400	Lese-Recht (**r**ead) für den Eigentümer (*user*)
0200	Schreib-Recht (**w**rite) für den Eigentümer (*user*)
0100	Ausführ-Recht (e**x**ecute) für den Eigentümer (*user*)
0040	Lese-Recht (**r**ead) für die Gruppe (*group*)
0020	Schreib-Recht (**w**rite) für die Gruppe (*group*)

---

[20] Diese Option bewirkt, daß zuerst alle Inhalte eines Directorys und dann das Directory selbst gelöscht werden. Diese Option arbeitet dabei rekursiv, was bedeutet, daß alle Subdirectories, Sub-Subdirectories, usw... ebenso zuerst geleert und dann gelöscht werden.

Modus	Bedeutung
0010	Ausführ-Recht (**execute**) für die Gruppe (*group*)
0004	Lese-Recht (**read**) für die Anderen (*others*)
0002	Schreib-Recht (**write**) für die Anderen (*others*)
0001	Ausführ-Recht (**execute**) für die Anderen (*others*)
4000	set-user-id: Dieses Bit wird nur für ausführbare Dateien (Programme) ausgewertet. Wenn dieses Bit gesetzt ist, dann hat jeder Benutzer, der dieses Programm ausführt, für die Dauer der Programmausführung die gleichen Rechte wie der Besitzer dieses Programms
20#0	set-group-id: Wenn das *execute*-Recht für die Gruppe gesetzt ist (# ist gleich 7, 5, 3 oder 1), dann werden dem Aufrufer dieses Programms für die Zeit der Programmausführung die gleichen Rechte gewährt, wie wenn er Mitglied der Gruppe wäre, der diese Datei gehört. Wenn das *execute*-Recht für die Gruppe *nicht* gesetzt ist (# ist gleich 6, 4, 2 oder 0), dann wird diese Datei für alleinigen Lese- und/oder Schreibzugriff zur Verfügung gestellt, d. h. daß diese Datei für Lese- und/oder Schreibzugriffe durch andere Programme gesperrt wird, solange ein Programm auf diese Datei zugreift.
1000	sticky bit: Nach Ausführung des in dieser Datei enthaltenen Programms wird dieses nicht - wie sonst üblich - aus dem Hauptspeicher entfernt; dieses Bit kann nur vom Super-User eingeschaltet werden.

Die zweite Aufrufform

chmod *symbolischer-modus datei(en)*

Für *datei(en)* können auch hier einfache Dateien oder Directories angegeben werden.

Für *symbolischer-modus* gilt die folgende Syntax:

[ugoa]*operator*[rwxslt]

Dabei bedeuten die einzelnen Zeichen:

Zeichen	Bedeutung
u	für den Eigentümer (*user*)
g	für die Gruppe (**group**)
o	für die anderen Benutzer (**others**)

4.6 Wichtige Kommandos zum Dateisystem

Zeichen	Bedeutung
a	für alle 3 Benutzerklassen (**all**); entspricht der Angabe **ugo**. Keine Angabe entspricht auch der Angabe **a**. Z. B. würde **chmod +x** ... allen Benutzerklassen Ausführrecht geben

Für *operator* kann eines folgenden Zeichen angegeben werden:

+	Rechte hinzufügen (relativ)
-	Rechte entziehen (relativ)
=	Rechte als neue Zugriffsrechte vergeben (absolut)

Bei dem angegebenen Zugriffsrechte-Muster steht dabei:

Zeichen	Bedeutung
r	für Lese-Recht (**read**)
w	für Schreib-Recht (**write**)
x	für Ausführ-Recht (**execute**)
s	für set-user-id (in Zusammenhang mit **u**) oder für set-group-id (in Zusammenhang mit **g**)
t	für sticky bit; nur im Zusammenhang mit **u** wirkungsvoll
l	für exklusiven Lese- und/oder Schreibzugriff

Wenn = verwendet wird, dann muß kein Zugriffsrechte-Muster angegeben sein; fehlendes Zugriffsmuster bedeutet dabei: Entfernen aller entsprechenden Zugriffsrechte.

Um einer Datei *datei* die Zugriffsrechte **s--rwxr-xr--** zu geben, könnte einer der folgenden Aufrufe abgegeben werden:

chmod   u=rwxs,g=rx,o=r   *datei*

oder

chmod   4754   *datei*

Erklärung dazu:

			user			group			others			symbolischer-modus
s	–	–	r	w	x	r	–	x	r	–	–	
1	0	0	1	1	1	1	0	1	1	0	0	(dual) absolut-modus
4			7			5			4			(oktal)

Bild 4.10 - Beispiel für Symbolischer und Absolut-Modus bei chmod

Bei der Ausgabe eines Dateinamens mit dem Kommando **ls -l** werden immer nur 9 Bits angezeigt.

Wenn das s-Bit, t-Bit oder l-Bit gesetzt ist, so wird in diesem Fall das jeweilige x-Bit bei der Ausgabe mit **ls** überschrieben.

Dabei bedeutet:

s (kleines s)   *set-user-id*-Bit gesetzt und Ausführ-Recht
S (großes s)   *set-user-id*-Bit gesetzt und kein Ausführ-Recht[21]
t (kleines t)   sticky-Bit gesetzt und Ausführ-Recht
T (großes t)   sticky-Bit gesetzt und kein Ausführ-Recht

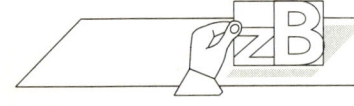

```
$ pwd  ⏎                                       Zeige working directory an
/home/egon/uebung1                          Ausgabe des working directorys
$ ls  -l  obst  ⏎                       Liste Datei obst im "Langformat" auf
-rw-r--r-- 1 egon   graph   79 Mar 21 11:23 obst   Datei obst wird im "Langformat" aufgelistet
$ chmod  4754  obst  ⏎                  Ändere Rechte von obst mit absolut-modus
$ ls  -l  obst  ⏎                       Liste Datei obst im "Langformat" auf
-rwsr-xr-- 1 egon   graph   79 Mar 21 11:23 obst   Datei obst wird im "Langformat"
$ ▌                                     aufgelistet; statt x-Bit wird beim user
                                        das s-Bit angezeigt (set-user-id-Bit gesetzt)
```

Zunächst soll hier der Zweck des *setuid*-Bits (*set-user-id*-Bit) erläutert werden. Das *setuid*-Bit ist eine Erfindung von Dennis Ritchie und dient zur Lösung einer ganzen Reihe von Zugriffsproblemen.

Ein Beispiel dazu: Angenommen ein Benutzer **emil** habe ein Programm *wahl* geschrieben, das Abstimmungen zu gewissen Themenkomplexen erlaubt, wie z. B. gemeinsames Abteilungsessen, Ziel des Betriebsausflugs, usw. Dieses Programm sei so ausgelegt, daß es in einem Subdi-

---

[21] Diese Möglichkeit ist in System V.4 ausgeschlossen, da das set-user-id-Bit nur bei den Dateien einen Sinn ergibt, die auch ausführbar sind.

4.6 Wichtige Kommandos zum Dateisystem

rectory (z. B. *abstimm*) von **emil**s home directory Subdirectories zu den einzelnen Themenkomplexen erwartet, wie z. B. in Abbildung 4.10.

Die in diesen Subdirectories enthaltenen Dateien *wahlstand* und *waehlernamen* beinhalten den aktuellen Wahlstand und eine Liste der Benutzer, denen die Abgabe einer Stimme zum entsprechenden Thema gestattet ist; zudem wird in *waehlernamen* festgehalten, ob ein Benutzer bereits seine Stimme abgab, um so ein zweimaliges Wählen durch den gleichen Benutzer zu verhindern.

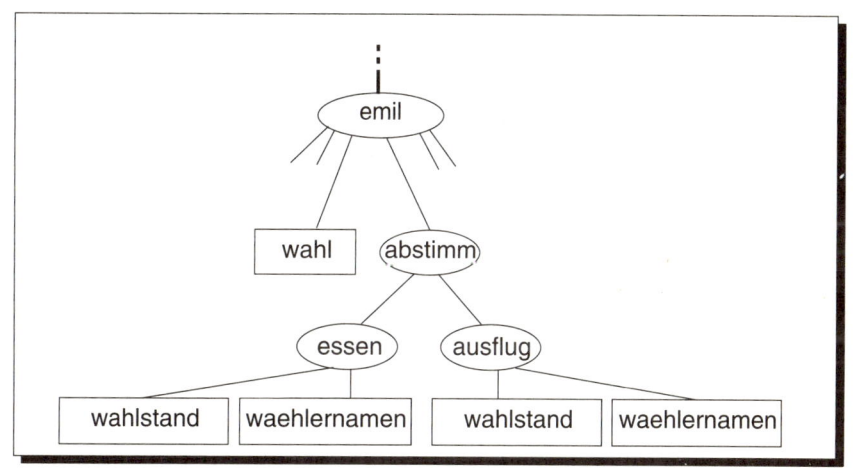

Bild 4.11 - Das Programm Wahl und das Subdirectory abstimm

Das direkte Beschreiben dieser beiden Dateien muß natürlich anderen Benutzern untersagt sein, um Manipulationen des Wahlergebnisses auszuschließen. Somit wird - über die Zugriffrechte - anderen Benutzern der Zugang zu diesen Dateien verwehrt. Eine Änderung in diesen beiden Dateien sollte nur über das Aufrufen des "neutralen" Programms *wahl* möglich sein. Wenn nun aber ein anderer Benutzer das Programm *wahl* startet, so würde dieses Programm unter dessen login-Kennung (reale login-Kennung) ablaufen und somit würde dem Programm der Zugang zu diesen beiden Dateien verwehrt.

Die Lösung für dieses Dilemma ist das *setuid*-Bit: Der Besitzer des Programms (**emil**) würde dieses Bit für die Datei *wahl* setzen. Das hätte zur Folge, daß dieses Programm, wenn es von einem anderen Benutzer gestartet wird, für die Dauer der Ausführung unter der login-Kennung des Eigentümers von *wahl* (effektive login-Kennung ist die von **emil**) läuft und dem Programm somit der Zugriff auf diese beiden Dateien erlaubt ist.

Mit dem setuid-Konzept ist es also möglich, Dateien vor dem normalen Zugriff durch andere Benutzer zu schützen, diesen aber zugleich einen kontrollierten Zugriff zu ermöglichen, wenn sie die zur Manipulation der Dateien angebotenen Programme benutzen.

Weitere Beispiele zu chmod

Das Kommando **passwd**, welches sich im Directory /usr/bin befindet, ermöglicht das Ändern eines Paßwortes. Dieses Kommando muß dazu einen Eintrag in die Datei /etc/shadow machen. Der Besitzer des Kommandos **passwd** und der Datei /etc/shadow ist *root*. Damit ein Benutzer nun aber unter Verwendung des Kommandos **passwd** sein Paßwort ändern (in der Datei /etc/shadow schreiben) kann, ist das *setuid*-Bit für das Kommando **passwd** gesetzt.

Im nachfolgenden Beispiel wird /etc/shadow und /usr/bin/passwd im "Langformat" aufgelistet. Dabei ist zu erkennen, daß bei /usr/bin/passwd das setuid-Bit für user und group gesetzt ist.[22]

```
$ ls -l /etc/shadow  ⏎                    Liste Datei /etc/shadow im "Langformat" auf
-r--------   1 root     sys      2205 Mar 19 14:05  /etc/shadow
$ ls -l /usr/bin/passwd  ⏎
-r-sr-sr-x   1 root     sys     14206 Jun  2  1988  /usr/bin/passwd
$ ▮
$ pwd  ⏎                                   Zeige working directory an
/home/egon/uebung1                         Ausgabe des working directorys
$ chmod 644 obst  ⏎                        Ändere Rechte von Obst (absolut-modus)
$ ls -l obst  ⏎                            Liste Datei obst im "Langformat" auf
-rw-r--r--   1 egon     graph       79 Mar 21 11:23  obst
$ chmod a+rwx obst  ⏎
$ ls -l obst  ⏎
-rwxrwxrwx   1 egon     graph       79 Mar 21 11:23  obst
$ chmod o-wx obst  ⏎
$ ls -l obst  ⏎
-rwxrwxr--   1 egon     graph       79 Mar 21 11:23  obst
```

Datei obst wird im "Langformat" aufgelistet
Ändere Rechte von obst (symbolischer-modus)
Liste Datei obst im "Langformat" auf
Nun haben alle Benutzer alle Rechte
Ändere Rechte von obst (symbolischer-modus)
Liste Datei obst im "Langformat" auf
Nun hat others nur noch Leserecht

---

[22] Während der Ausführung setzt **passwd** kurzzeitig die Schreiberlaubnis für **root**, um das neue Paßwort (verschlüsselt) in die Datei /etc/shadow einzutragen. Danach wird diese Schreiberlaubnis wieder weggenommen.

4.6 Wichtige Kommandos zum Dateisystem

```
$ chmod  ug-wx  obst  ⏎
$ ls  -l  obst  ⏎
-r--r--r--   1 egon     graph    79 Mar 21 11:23  obst
$ chmod  +x  obst  ⏎
$ ls  -l  obst  ⏎
-r-xr-xr-x   1 egon     graph    79 Mar 21 11:23  obst
```

　　　　　　　　　　　　　　Ändere Rechte von obst (symbolischer-modus)
　　　　　　　　　　　　　　　　　Liste Datei obst im "Langformat" auf
　　　　　　　　　　　　　　　Nun haben alle Benutzer nur noch Leserecht
　　　　　　　　　　　　　　Ändere Rechte von obst (symbolischer-modus)
　　　　　　　　　　　　　　　　　Liste Datei obst im "Langformat" auf
　　　　　　　　　　　　　　Nun haben alle Benutzer Lese- u. Ausführrecht

```
$ chmod  755  .  ⏎
$ ls  -ld  .  ⏎
drwxr-xr-x   2 egon     graph   144 Mar 22 14:13  .
$ chmod  711  .  ⏎
$ ls  -ld  .  ⏎
drwx--x--x   2 egon     graph   144 Mar 22 14:13  .
$ chmod  ugo+w  .  ⏎
$ ls  -ld  .  ⏎
drwx-wx-wx   2 egon     graph   144 Mar 22 14:13  .
$ ▋
```

　　　　　　　　　　　　　　　Ändere Rechte für work. dir. (absolut-modus)
　　　　　　　　　　　　　　　　Liste Zugriffsrechte für working directory
　　　　　　　　　　　　　　user: alle Rechte; Rest: Lese- u. Ausführ-Recht
　　　　　　　　　　　　　　　Ändere Rechte für work. dir. (absolut-modus)
　　　　　　　　　　　　　　　　Liste Zugriffsrechte für working directory
　　　　　　　　　　　　　　　　user: alle Rechte; Rest: nur Ausführ-Recht
　　　　　　　　　　　　　　　Ändere Rechte für work. dir. (symbol.-modus)
　　　　　　　　　　　　　　　　Liste Zugriffsrechte für working directory
　　　　　　　　　　　　　　user: alle Rechte; Rest: Lese- u. Schreib-Recht

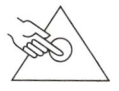

Es ist wichtig zu wissen, daß das Recht, eine Datei anzulegen oder zu löschen, ausschließlich von den Zugriffsrechten des Directorys abhängt. Die Kommandos **ln**, **rm** und **mv** geben deswegen zur Absicherung eine Warnung in Form einer Rückfrage aus, wenn man mit ihnen eine Datei überschreiben oder löschen will, die keine Schreibrechte hat. Antwortet man auf diese Rückfrage mit **y** (yes), so wird die Datei überschrieben bzw. gelöscht. Bei jeder anderen Eingabe bleibt die Datei unberührt. Ist man sich absolut sicher, daß man die entsprechenden Dateien überschreiben bzw. löschen möchte, und man deshalb die Rückfrage als lästig empfindet, so muß man beim Aufruf dieser Kommandos nur die Option **-f** (*force*) angeben.

Dateien, die sich in Directories befinden, die keine Schreibrechte haben, können niemals gelöscht oder überschrieben werden.

Neu in System V.4

1. Option -R (Rechte aller Dateien eines Directorybaums ändern)

In System V.4 können die Rechte aller Dateien eines ganzen Directorybaums mit einem einzigen **chmod**-Kommando geändert werden. Bei einem Aufruf wie

```
chmod -R modus directory
```

werden die Zugriffsrechte aller Dateien, Subdirectories, Sub-Subdirectories, usw., die sich im Dateibaum von *directory* befinden, entsprechend *modus* gesetzt.

2. Directories haben keinen set-user-id-Mechanismus

Bei Directories darf seit System V.4 das setuid-Bit nicht mehr gesetzt werden, da sie nicht ausgeführt werden können. Dagegen darf aber in System V.4 das set-group-id-Bit gesetzt werden, um Dateien, die in diesem Directory erstellt werden, der gleichen Gruppe zuzuordnen, der auch das Directory selbst zugeordnet ist. Ist das set-group-id-Bit nicht gesetzt, erhalten Dateien die effektive group-id des sie erstellenden Prozesses.

Inhalt einer Datei seitenweise ausgeben

pg   (page)

Die vollständige Aufrufsyntax für **pg** ist:

pg   [*optionen*]   [*datei(en)*]

Das Kommando **pg** gibt -wie das **cat**-Kommando- den Inhalt der angegebenen *datei(en)* nacheinander am Bildschirm aus. Im Unterschied zu **cat** wird hier allerdings nach jeder Ausgabe einer Bildschirmseite angehalten, um dem Benutzer das "ruhige" Lesen dieser Seite zu erlauben. Bei einem solchen Ausgabestop begibt sich das **pg**-Kommando allerdings auch in einen interaktiven Modus, d. h. es erwartet nach jeder neuen Bildschirm-Seite eine Eingabe des Benutzers.

Einige der möglichen "Zwischenbefehle", welche üblicherweise am unteren Bildschirmrand einzugeben und mit ⏎ abzuschließen sind, werden hier angegeben:[23]

---

[23] Für *n* ist dabei eine ganze Zahl anzugeben

4.6 Wichtige Kommandos zum Dateisystem

Kommando	Beschreibung
`⏎`[24]	Eine Bildschirmseite weiterblättern
d	Halbe Bildschirmseite weiterblättern
`Ctrl`-`D`	Halbe Bildschirmseite weiterblättern
-1**d**	Halbe Bildschirmseite zurückblättern
-1 `Ctrl`-`D`	Halbe Bildschirmseite zurückblättern
+*n*`⏎`	*n* Bildschirmseiten weiterblättern
-*n*`⏎`	*n* Bildschirmseiten zurückblättern
l	Eine Zeile weiterblättern
+*n***l**	*n* Zeilen weiterblättern
-*n***l**	*n* Zeilen zurückblättern
h	Help-Information (Liste der verfügbaren "Zwischenbefehle") einblenden
. oder `Ctrl`-`L`	Gleiche Bildschirmseite nochmals neu einblenden (um z. B. Help-Information wieder auszublenden)
$	Zur letzten Bildschirmseite blättern
/*text*	Bildschirmseite einblenden, in der *text* gefunden wird (*Vorwärts*-Suche zum Dateiende hin)
?*text*	Bildschirmseite einblenden, in der *text* gefunden wird(*Rückwärts*-Suche zum Dateianfang hin)
q	**pg** verlassen

Wenn keine *datei(en)* angegeben sind, so liest **pg** von der Standardeingabe.

Einige der möglichen Optionen sind nachfolgend beschrieben:

Option	Beschreibung
-*n*	Für *n* ist eine ganze Zahl anzugeben, welche die Größe einer auszugebenden Bildschirmseite festlegt. An einem Terminal mit 24 Zeilen ist die Voreinstellung 23 (letzte Zeile ist für die Eingabe der "Zwischenbefehle" reserviert).
-**p**"*string*"	Der hier angegebene *string* wird anstelle des voreingestellten **:** (Doppelpunkt) als Promptzeichen verwendet, um den Benutzer zu einer Eingabe aufzufordern. Kommt in diesem *string* ein %**d** vor, so wird hierfür jeweils die aktuelle Seitennummer ausgegeben.

---

[24] Ist natürlich nicht mit `⏎` abzuschließen

Option	Beschreibung
-e	bewirkt, daß beim Erreichen des Dateiendes nicht auf eine Benutzereingabe gewartet wird, sondern **pg** unmittelbar verlassen wird.
-n	Normalerweise müssen "Zwischenbefehle" immer mit ⏎ abgeschlossen werden. Wenn diese Option gesetzt ist, so führt **pg** einen "Zwischenbefehl" sofort aus, wenn der den Befehl kennzeichnende Buchstabe eingegeben wird.
+*n*	Für *n* ist eine ganze Zahl einzugeben, welche die Nummer der Zeile festlegt, ab der die Ausgabe der entsprechenden *datei(en)* am Bildschirm erfolgen soll.

Das später vorgestellte Kommando **file** klassifiziert Dateien nach ihrem Inhalt. Dazu verwendet es die Datei */etc/magic*, in der angegeben ist, welche Bytes einer Datei zu untersuchen sind, und welche Bytemuster dann auf den Inhalt dieser Datei (wie z. B. ASCII-Text oder C-Programm) schließen lassen.

Der Inhalt der Datei */etc/magic*, der auf den unterschiedlichen UNIX-Systemen verschieden ist, soll an dieser Stelle nicht weiter analysiert werden; diese Datei dient nur zur Demonstration des Kommandos **pg**:

```
$ pg -p"Seite %d; Gib ein>" /etc/magic  ⏎           Aufruf von pg mit Option -p
#ident  "@(#)magic 1.3"
#
#       file cmd's magic file                       Ausgabe der 1. Bildschirmseite der Datei /etc/magic
#
#
# Basically, the fields of this file are as follows:
# byte offset, value type, optional operator (= by default), value
# to match (numeric or string), and string to be printed.  Numeric
# values may be decimal, octal, or hex.  Also note that the last
# string may have 1 printf format spec.
# The '>' in occasional column 1's is magic: it forces file to
# continue scanning and matching additional lines.  The first line
# afterwards not so marked terminates the search.
#
0   short    070707       cpio archive
0   string   070707       ASCII cpio archive
0   long     0177555      obsolete ar archive
0   short    0177545      pdp11/pre System V ar archive
0   long     0100554      apl workspace
```

4.6 Wichtige Kommandos zum Dateisystem

```
0    short      017037        packed data
0    string     <ar>          System V Release 1 ar archive
0    string     !<arch>       current ar archive
0    short      0407          pdp11/pre System V vax executable
Seite 1; Gib ein>+2 ⏎
```

Promptanzeige links unten am Bildschirm und Eingabe des Befehls q: Blättere 2 Seiten weiter !

```
...skipping forward
>22  short      >0            - version %ld
0    short      0503          basic-16 executable (TV)
>12  long       >0            not stripped
>22  short      >0            - version %ld
0    short      0510          x86 executable
>12  long       >0            not stripped
0    short      0511          x86 executable (TV)
>12  long       >0            not stripped
0    short      0550          3b20 executable
>12  long       >0            not stripped
>22  short      >0            - version %ld
0    short      0551          3b20 executable (TV)
>12  long       >0            not stripped
>22  short      >0            - version %ld
0    short      0560          WE32000 executable
>12  long       >0            not stripped
>18  short      ^00010000     - N/A on 3b2/300 w/paging
>18  short      &00020000     - 32100 required
>18  short      &00040000     and mau hardware required
>20  short      0443          (target shared library)
>20  short      0410          (swapped)
>20  short      0413          (paged)
>22  short      >0            - version %ld
Seite 3; Gib ein>$ ⏎
```

Ausgabe der 3.Bildschirmseite der Datei /etc/magic

Promptanzeige links unten am Bildschirm und Befehl: Blättere auf die letzte Bildschirmseite weiter !

```
...skipping forward
>31  byte       <0x040        small model
>31  byte       =0x048        large model
>31  byte       =0x049        huge model
>16  long       >0            not stripped
0    string     MZ            DOS executable (EXE)
0    string     LZ            DOS built-in
0    byte       0xe9          DOS executable (COM)
0    byte       0xeb          DOS executable (COM)
0    short      =0512         iAPX 286 executable small model (COFF)
>12  long       >0            not stripped
>22  short      >0            - version %ld
0    short      =0522         iAPX 286 executable large model (COFF)
>12  long       >0            not stripped
```

```
>22     short   >0      - version %ld
0       short   0520    mc68k executable                    Ausgabe der letzten Bildschirmseite
>12     long    >0      not stripped                                       der Datei /etc/magic
0       short   0521    mc68k executable (shared)
>12     long    >0      not stripped
0       short   0522    mc68k executable (shared demand paged)
>12     long    >0      not stripped
0       short   =0514   iAPX 386 executable
>12     long    >0      not stripped
>22     short   >0      - version %ld
(EOF)Seite 5; Gib ein>q  [↵]
$ ▌
```

Promptanzeige links unten am Bildschirm und Eingabe des Befehls **q**: Verlasse das Kommando **pg**

Soll eine Datei seitenweise ausgegeben werden, steht seit System V.4 ein weiteres Kommando zur Verfügung: **more** (siehe Anhang).

Inhalt einer Datei formatiert ausgeben

pr (**print files**)

Die vollständige Aufrufsyntax für **pr** ist:

pr [*optionen*] [*datei(en)*]

Ähnlich dem Kommando **cat** gibt das Kommando **pr** den Inhalt von Dateien auf dem Bildschirm aus, aber so aufbereitet, daß sich die Ausgabe für einen Drucker eignet: Für eine Seite werden dabei 66 Zeilen (amerikan. Format) angenommen und für jede einzelne Seite wird oben das Datum und die Uhrzeit der letzten an dieser Datei vorgenommenen Änderung sowie eine Seitennummer und der Dateiname ausgegeben. Wenn die letzte Seite keine 66 Zeilen umfaßt, so wird sie bei der Ausgabe mit Leerzeilen aufgefüllt.

Wenn keine *datei(en)* angegeben sind, so liest **pr** von der Standardeingabe.

Von der Vielzahl der möglichen Optionen seien auf der nächsten Seite nur einige erwähnt:

4.6 Wichtige Kommandos zum Dateisystem

Option	Beschreibung
-l*n*	Bei der in Deutschland üblichen Seitenlänge von 30,5 cm ergeben sich in der Regel 72 Zeilen pro Seite. Dies kann **pr** über die Option **-l** (*-l72*) mitgeteilt werden.
-n	bewirkt eine Zeilennumerierung bei der Ausgabe.
-m	bewirkt, daß die angegebenen *datei(en)* nebeneinander ausgegeben werden.
-t	bewirkt, daß keine Seitenformatierung stattfindet und keine Seitenüberschrift ausgegeben wird.
-e	bewirkt, daß bei der Ausgabe alle Tabulatorzeichen in Leerzeichen umgewandelt werden.
-i	bewirkt, daß bei der Ausgabe Leerzeichen in Tabulatorzeichen umgewandelt werden.
-*n*	bewirkt, daß die Ausgabe der angegebenen *datei(en)* in *n* Spalten erfolgt.

Trotz der Optionen **-m** und *-n* ist **pr** kein Textformatierer, der Texte wesentlich intelligenter aufbereiten würde. Dazu bietet UNIX eigene Programme wie **nroff** und **troff** an.

Um Dateien wirklich auf einen Drucker auszugeben, steht das nachfolgend vorgestellte Kommando **lp** zur Verfügung. Für die Druckaufbereitung wie z. B. Seiten- und Zeilennumerierung kann dagegen **pr** verwendet werden.

`$ pr -l72 -n obst laender ⏎`[25]   Aufruf von **pr** mit Optionen **-l72** und **-n** für die Dateien *obst* und *laender*

```
Mar 21 11:23 1990   obst Page 1


  1  Birnen
  2  Kiwis
  3  Avocados
  4  Bananen
  5  Orangen
  6  Aepfel
  7  Stachelbeeren
```

Ausgabe der Dateien obst und laender (aufgefüllt auf 72 Zeilen) mit Seiten-, Zeilennumerierung, Dateiname und Datum/Uhrzeit der letzten Änderung

---

[25] Da diese Ausgabe nicht auf eine Bildschirmseite paßt, ist es ratsam, hier
`pr -l72 -n obst laender |pg ⏎`
einzugeben. Dann kann die Ausgabe seitenweise durchblättert werden.

```
     8   Kirschen
     9   Brombeeren
 ......  (57 Leerzeilen)
Mar 21 11:19 1990   laender Page 1

     1   Grossbritannien:London:56 Mio:244000
     2   Schweiz:Bern:6,5 Mio:41000
     3   Italien:Rom:57,3 Mio:294000
     4   Frankreich:Paris:53,6 Mio:547000
     5   Indien:Neu Delhi:644 Mio:3288000
     6   USA:Washington:220,7 Mio:9363000
     7   Oesterreich:Wien:7,5 Mio:83000

 ......  (59 Leerzeilen)

$ pr  -l20  -m  obst  laender  ⏎
```
Aufruf von **pr** mit Optionen **-l20** und **-m** für die Dateien *obst* und *laender*

```
Mar 22 12:55 1990    Page 1

Birnen          Grossbritannien:London:56 Mio:24400
Kiwis           Schweiz:Bern:6,5 Mio:41000
Avocados        Italien:Rom:57,3 Mio:294000
Bananen         Frankreich:Paris:53,6 Mio:547000
Orangen         Indien:Neu Delhi:644 Mio:3288000
Aepfel          USA:Washington:220,7 Mio:9363000
Stachelbeeren   Oesterreich:Wien:7,5 Mio:83000
Kirschen
Brombeeren

 ......  (3 Leerzeilen)

$ pr  -3  -l10  obst  ⏎
Birnen     Bananen   Stachelbeeren
Kiwis      Orangen   Kirschen
Avocados   Aepfel    Brombeeren
$ ▌
```
Ausgabe der Dateien obst und laender (aufgefüllt auf 20 Zeilen) mit Seitennumerierung; die beiden Dateien werden in diesem Fall (Option -m) nebeneinander ausgegeben.

Aufruf von **pr** mit Optionen **-3** und **-l10** [26] für die Datei *obst* Ausgabe der Datei obst; Pro Zeile werden (bedingt durch die Option -3) 3 Spalten ausgegeben.

Inhalt einer Datei am Drucker ausgeben

lp   (line printer)

---

[26] Wenn bei Option -l eine Zahl ≤ 10 angegeben ist, so findet keine Ausgabe eines Seitenkopfes statt.

4.6 Wichtige Kommandos zum Dateisystem

Die vollständige Aufrufsyntax für **lp** ist:

lp [*optionen*] *datei(en)*

Das Kommando **lp** veranlaßt die Ausgabe der angegebenen *datei(en)* am Drucker; dazu reicht **lp** den entsprechenden Druckauftrag an den Druckerspooler weiter, welcher alle Druckaufträge entgegen nimmt und die einzelnen Druckaufträge koordiniert.

Die wichtigsten Optionen hier sind:

Option	Beschreibung
−n*n*	Es werden *n* Kopien ausgedruckt; normalerweise wird nur eine Kopie ausgegeben.
−c	Es werden temporäre Kopien der angegebenen Dateien erstellt und dann die Kopien am Drucker ausgegeben. Normalerweise wird von der zu druckenden Datei keine Kopie erstellt, sondern die wirkliche Datei gedruckt, was zur Folge hat, daß eventuelle Änderungen, welche nach dem Druckauftrag an einer Datei vorgenommen werden, mit ausgedruckt würden.
−w	Die Beendigung des abgegebenen Druckauftrags wird am Bildschirm gemeldet, an dem der **lp**-Auftrag abgegeben wurde. Hat der Auftraggeber sich zwischenzeitlich vom System abgemeldet, so wird ihm elektronische Post (*mail*) geschickt.
−m	Die Beendigung des Druckauftrags wird per mail (elektronische Post) gemeldet.
−d *drucker*	Ausgabe erfolgt an dem Drucker mit der Kennung *drucker*.
−t *titel*	Bei der Ausgabe wird auf einer eigenen Titelseite der Text *titel* ausgegeben.
−q *pri*	Teilt dem Druckauftrag die Priorität *pri* zu (0 höchste, 39 niedrigste).
−o *optionen*	erlaubt die Angabe von druckerspezifischen *optionen*.

Neu in System V.4

Die druckerspezifischen Optionen, die man mit **-o** *optionen* angeben kann, werden vom Systemadministrator definiert. Bei System V.4 sollten mindestens die auf der folgenden Seite beschriebenen Optionen vorhanden sind:

Option	Beschreibung
nobanner	unterdrückt den Ausdruck einer Titelseite
length=n	legt Seitenlänge fest. Ohne Suffix hinter n wird die Anzahl der Zeilen pro Seite, mit Suffix **i** hinter n kann die Seitenlänge in Zoll (*inches*) und mit Suffix **c** in Zentimetern festgelegt werden
width=n	legt Zeilenlänge fest. Suffix-Angabe wie bei **length** möglich
lpi=n	Anzahl der Zeilen pro Zoll (ohne Suffix oder mit **i**), bzw. pro Zentimeter (Suffix **c**)
cpi=n	Zeichenbreite pro Zoll (ohne Suffix oder mit **i**), bzw. pro Zentimeter (Suffix **c**)

Wenn man mit **-o** mehrere druckerspezifische Optionen angeben möchte, dann muß man diese in Anführungszeichen angeben, wie z. B.

```
lp -o "nobanner lpi=8 cpi=12" laender
```

```
$ lp -n2 laender ⏎
request id is dru-1175
$ ▊
```

Aufruf von **lp** mit Option **-n2** für die Datei *obst*
Ausgabe der Druckauftrag-Kennung

Bei jedem Aufruf von **lp** wird diesem Druckauftrag eine eindeutige Kennung (eine Art Auftragsnummer) zugeteilt, welche unmittelbar nach der Abgabe des Kommandos **lp** am Bildschirm mitgeteilt (*request id is kennung*) wird. Wenn an späterer Stelle ein solcher Druckauftrag annulliert werden soll, dann kann dies unter Angabe dieser *kennung* mit dem Kommando **cancel** erreicht werden. Wurde die entsprechende *kennung* in der Zwischenzeit vergessen, so kann sie mit dem Kommando **lpstat** wieder erfragt werden.

Die Syntax der beiden hier zusätzlich erwähnten Kommandos sehen Sie auf der nächsten Seite:

4.6 Wichtige Kommandos zum Dateisystem   115

Kommandosyntax	Beschreibung
cancel *kennung(en)*	Die Druckaufträge mit den *kennung(en)* werden entweder aus der Drucker-Warteschlange entfernt oder ihre Ausgabe am Drucker wird unverzüglich beendet, wenn sie sich bereits beim Drucken befinden.
cancel *druckername(n)*	Die Ausgabe aller Aufträge, welche sich momentan bei den angegebenen Druckern *druckername(n)* im Druck befinden, wird sofort beendet.
lpstat [*optionen*] [*kennung(en)*]	Wenn dieses Kommando ohne eine Angabe von *kennung(en)* aufgerufen wird, dann wird der Status aller Druckaufträge angezeigt, welche sich in der Warteschlange befinden, ansonsten wird nur Information über die Druckaufträge mit den angegebenen *kennung(en)* ausgegeben. Auf die Vorstellung von Optionen wird hier verzichtet.

Zählen der Zeichen, Wörter und Zeilen einer Datei

wc (word count)

Die vollständige Aufrufsyntax für **wc** ist:

wc [*optionen*]   [*datei(en)*]

Wenn keine *datei(en)* angegeben sind, so wertet **wc** die Bildschirmeingabe aus.

Als Wort wird dabei beim Zählen ein String aufgefaßt, der keine Leer-, Tabulator- oder Neuezeile-Zeichen enthält.

Die Optionen hier sind:

Option	Beschreibung
-l	Zeilen zählen (**l**ine)
-w	Wörter zählen (**w**ord)
-c	Zeichen zählen (**c**haracter)

Sind keine Optionen angegeben, so wird alles gezählt.

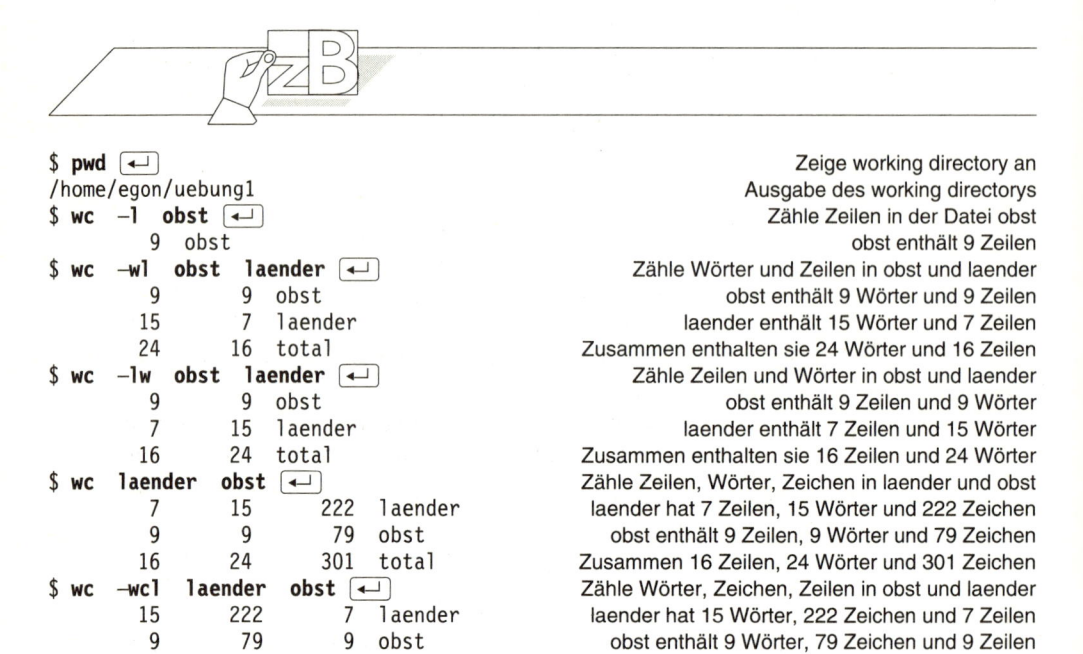

```
$ pwd ⏎                                    Zeige working directory an
/home/egon/uebung1                         Ausgabe des working directorys
$ wc  -l  obst ⏎                           Zähle Zeilen in der Datei obst
       9  obst                             obst enthält 9 Zeilen
$ wc  -wl  obst  laender ⏎                 Zähle Wörter und Zeilen in obst und laender
       9       9  obst                     obst enthält 9 Wörter und 9 Zeilen
      15       7  laender                  laender enthält 15 Wörter und 7 Zeilen
      24      16  total                    Zusammen enthalten sie 24 Wörter und 16 Zeilen
$ wc  -lw  obst  laender ⏎                 Zähle Zeilen und Wörter in obst und laender
       9       9  obst                     obst enthält 9 Zeilen und 9 Wörter
       7      15  laender                  laender enthält 7 Zeilen und 15 Wörter
      16      24  total                    Zusammen enthalten sie 16 Zeilen und 24 Wörter
$ wc  laender  obst ⏎                      Zähle Zeilen, Wörter, Zeichen in laender und obst
       7      15     222  laender          laender hat 7 Zeilen, 15 Wörter und 222 Zeichen
       9       9      79  obst             obst enthält 9 Zeilen, 9 Wörter und 79 Zeichen
      16      24     301  total            Zusammen 16 Zeilen, 24 Wörter und 301 Zeichen
$ wc  -wcl  laender  obst ⏎                Zähle Wörter, Zeichen, Zeilen in obst und laender
      15     222       7  laender          laender hat 15 Wörter, 222 Zeichen und 7 Zeilen
       9      79       9  obst             obst enthält 9 Wörter, 79 Zeichen und 9 Zeilen
      24     301      16  total            Zusammen 24 Wörter, 301 Zeichen und 16 Zeilen
$ ▮
```

Sortieren von Dateien

sort   (**sort** and/or merge files)

Die vollständige Aufrufsyntax für **sort** ist:

sort   [*optionen*]   [*sortierschluessel*...]   [*datei(en)*]

Das Kommando **sort** gibt die Zeilen der angegebenen *datei(en)* sortiert am Bildschirm aus. Werden mehrere *datei(en)* angegeben, so werden diese als Ganzes sortiert und dabei die Zeilen aus unterschiedlichen Dateien gemischt.

Wenn keine *datei(en)* angegeben sind, dann liest **sort** von der Standardeingabe.

Die Ausgabe der sortierten Daten erfolgt auf die Standardausgabe.

4.6 Wichtige Kommandos zum Dateisystem

Es wird also nur die Ausgabe und nicht, wie oft fälschlicherweise angenommen, der Inhalt der Dateien sortiert. Der Dateiinhalt wird vom **sort**-Kommando nicht verändert.

Von der Vielzahl der Optionen werden hier nur einige vorgestellt:

Option	Beschreibung
−b	Führende Leer- und Tabulatorzeichen beim Festlegen des Starts und Ende eines Sortierschlüssels nicht berücksichtigen
−d	Lexikographisch sortieren: nur Buchstaben, Ziffern und Leer-/Tabulator-Zeichen werden beim Sortieren berücksichtigt; Voreinstellung ist: nach allen ASCII-Werten sortieren
−f	Groß- und Kleinschreibung nicht berücksichtigen: alle Buchstaben in Großschreibung vergleichen; Voreinstellung ist: Groß- und Kleinschreibung wird unterschieden
−i	Nicht druckbare Zeichen ignorieren; Voreinstellung ist: nach allen ASCII-Werten (auch nicht druckbaren Zeichen) sortieren
−n	Numerisch sortieren; Voreinstellung ist: nach ASCII-Werten sortieren
−r	Absteigend sortieren; Voreinstellung ist: aufsteigend sortieren
−tz	Verwende Zeichen z als Trennzeichen für die einzelnen Felder; Voreinstellung für das Feld-Trennzeichen sind: Leer- und Tabulatorzeichen

Beim Aufruf von **sort** können sogenannte *Sortierschlüssel* angegeben werden. Sortierschlüssel legen fest, welches Feld in den angegebenen *datei(en)* als Sortierkriterium zu verwenden ist. Dabei ist es möglich, mehrere Sortierschlüssel anzugeben. Wenn die entsprechenden mit dem 1.Sortierschlüssel ausgewählten Felder gleich sind, so werden die über den 2.Sortierschlüssel festgelegten Felder verglichen; sollten auch die gleich sein, so wird der 3.Sortierschlüssel verwendet, usw. Die Voreinstellung ist ein Schlüssel, nämlich die ganze Zeile. *Sortierschlüssel* legen die Sortierfelder fest und werden in der folgenden Form angegeben:

Syntax	Beschreibung
+*m*[.*n*]	Beginn des Sortierfelds: *n*+1.Zeichen im *m*+1.Feld (*m* Felder und *n* Zeichen im *m*+1.Feld überspringen) Voreinstellung für .*n* ist .0: 1.Zeichen im *m*+1.Feld.
-*k*[.*l*]	Ende des Sortierfelds: *l*.Zeichen (einschließlich Trennzeichen) nach Ende des *k*.Feld (Dieses letzte Zeichen gehört nicht mehr zum Sortierfeld) Voreinstellung für .*l* ist .0: Letztes Zeichen im *k*.Feld.

Falls kein Ende für einen Sortierschlüssel angegeben ist, so wird das Zeilenende dafür angenommen.

Hinter jedem Sortierschlüssel können die Optionen **bdfinr** (oben vorgestellt) angegeben werden; in diesem Fall würde sich die Option nur auf das entsprechende Sortierfeld und nicht auf alle Sortierfelder beziehen; eine solche lokale Option schaltet dann für dieses Feld eine eventuell anders lautende globale Option aus.

Für die hier vorgestellten Beispiele muß eine weitere Datei mit Namen **alter** und folgenden Inhalt erstellt werden:

```
Fritz     Meier    25
Erika     Silber   42
Toni      Meier    53
Angelika  Gold     25
Franz     Gold     13
Toni      Meier    45
Emil      Gold     66
Manfred   Silber   29
```

4.6 Wichtige Kommandos zum Dateisystem

```
$ pwd ⏎
/home/egon/uebung1
$ sort alter ⏎
Angelika Gold    25
Emil     Gold    66
Erika    Silber  42
Franz    Gold    13
Fritz    Meier   25
Manfred  Silber  29
Toni     Meier   45
Toni     Meier   53
```

Zeige working directory an
Ausgabe des working directorys
Gib den Inhalt von alter sortiert aus
Als Sortierschlüssel wird die ganze Zeile verwendet: d. h. die einzelnen Zeilen werden als ganze Strings miteinander verglichen und entsprechend sortiert.

```
$ sort alter obst ⏎
Aepfel
Angelika Gold    25
Avocados
Bananen
Birnen
Brombeeren
Emil     Gold    66
Erika    Silber  42
Franz    Gold    13
Fritz    Meier   25
Kirschen
Kiwis
Manfred  Silber  29
Orangen
Stachelbeeren
Toni     Meier   45
Toni     Meier   53
```

Gib die Inhalte von alter und obst als ganzes sortiert aus
Als Sortierschlüssel wird die ganze Zeile verwendet: d. h. die einzelnen Zeilen werden als ganze Strings miteinander verglichen und entsprechend sortiert.

Es ist zu sehen, daß die Inhalte beider Dateien bei der sortierten Ausgabe gemischt wurden.

```
$ sort -b +2 alter ⏎
Franz    Gold    13
Angelika Gold    25
Fritz    Meier   25
Manfred  Silber  29
Erika    Silber  42
Toni     Meier   45
Toni     Meier   53
Emil     Gold    66
```

Gib den Inhalt der Datei alter nach dem 3.Feld (+2) sortiert aus; Leer- und Tabulatorzeichen sollen bei der Sortierung unberücksichtigt bleiben (-b). Als Sortierschlüssel wird das 3.Feld (das Alter) verwendet; die Sortierung erfolgt dabei nach ASCII-Werten aufsteigend. Diese Ausgabe listet also die jüngsten Personen zuerst. Kämen auch einstellige oder dreistellige Altersangaben vor, so müsste numerisch sortiert werden (statt **+2** wäre dann **+2n** anzugeben)

`$ sort -b +1 -2 +0 -1 +2rn alter ⏎`
`Angelika Gold    25`
`Emil     Gold    66`
`Franz    Gold    13`
`Fritz    Meier   25`
`Toni     Meier   53`
`Toni     Meier   45`
`Erika    Silber  42`
`Manfred  Silber  29`
	Gib den Inhalt der Datei alter nach folgenden Kriterien sortiert aus: Nachname (+1 -2), Vorname (+0 -1), Alter numerisch und absteigend (+2rn); Leer- und Tabulatorzeichen sollen bei dieser Sortierung unberücksichtigt bleiben.

`$ sort  laender ⏎`
`Frankreich:Paris:53,6 Mio:547000`
`Grossbritannien:London:56 Mio:244000`
`Indien:Neu Delhi:644 Mio:3288000`
`Italien:Rom:57,3 Mio:294000`
`Oesterreich:Wien:7,5 Mio:83000`
`Schweiz:Bern:6,5 Mio:41000`
`USA:Washington:220,7 Mio:9363000`
	Gib den Inhalt von laender sortiert aus Als Sortierschlüssel wird die ganze Zeile verwendet: d. h. die einzelnen Zeilen werden als ganze Strings miteinander verglichen und entsprechend sortiert.

`$ sort  -t:  +1  -2  laender ⏎`
`Schweiz:Bern:6,5 Mio:41000`
`Grossbritannien:London:56 Mio:244000`
`Indien:Neu Delhi:644 Mio:3288000`
`Frankreich:Paris:53,6 Mio:547000`
`Italien:Rom:57,3 Mio:294000`
`USA:Washington:220,7 Mio:9363000`
`Oesterreich:Wien:7,5 Mio:83000`
	Gib den Inhalt der Datei laender nach dem 2.Feld sortiert (+1 -2) aus; als Feld-Trennzeichen soll der Doppelpunkt verwendet werden Als Sortierschlüssel wird das 2.Feld (die Hauptstadt) verwendet; die Sortierung erfolgt dabei nach ASCII-Werten aufsteigend.

`$ sort  -t:  +3  laender ⏎`
`Grossbritannien:London:56 Mio:244000`
`Italien:Rom:57,3 Mio:294000`
`Indien:Neu Delhi:644 Mio:3288000`
`Schweiz:Bern:6,5 Mio:41000`
`Frankreich:Paris:53,6 Mio:547000`
`Oesterreich:Wien:7,5 Mio:83000`
`USA:Washington:220,7 Mio:9363000`
	Gib den Inhalt der Datei laender nach dem 4.Feld sortiert (+3) aus; als Feld-Trennzeichen ist der Doppelpunkt zu verwenden Als Sortierschlüssel wird das 4.Feld (die Landesfläche) verwendet. Die Sortierung erfolgt dabei nach ASCII-Werten aufsteigend, was dazu führt, daß keine (richtige) numerische Ordnung der Landesgröße erfolgt.

4.6 Wichtige Kommandos zum Dateisystem

```
$ sort  -t:  +3n   laender  ⏎
Schweiz:Bern:6,5 Mio:41000
Oesterreich:Wien:7,5 Mio:83000
Grossbritannien:London:56 Mio:244000
Italien:Rom:57,3 Mio:294000
Frankreich:Paris:53,6 Mio:547000
Indien:Neu Delhi:644 Mio:3288000
USA:Washington:220,7 Mio:9363000
```

Gib den Inhalt der Datei laender nach dem 4.Feld numerisch sortiert (+3n) aus; als Feld-Trennzeichen ist der Doppelpunkt zu verwenden
Als Sortierschlüssel wird das 4.Feld (die Landesfläche) verwendet, diesmal allerdings numerisch. Die Sortierung erfolgt dabei numerisch aufsteigend, was dazu führt, daß das kleinste Land zuerst und das größte Land zuletzt ausgegeben wird.

```
$ sort  -t:  -n  +2.0  -2.6  laender  ⏎
Schweiz:Bern:6,5 Mio:41000
Oesterreich:Wien:7,5 Mio:83000
Frankreich:Paris:53,6 Mio:547000
Grossbritannien:London:56 Mio:244000
Italien:Rom:57,3 Mio:294000
USA:Washington:220,7 Mio:9363000
Indien:Neu Delhi:644 Mio:3288000
```

Gib den Inhalt der Datei laender nach dem 3.Feld numerisch sortiert (+2.0) aus; dabei sollen nur 5 Zeichen vom 3.Feld als Sortierschlüssel (-2.6) verwendet werden. Als Feld-Trennzeichen ist der Doppelpunkt zu verwenden
Die Sortierung erfolgt dabei numerisch aufsteigend, was dazu führt, daß das Land mit der geringsten Bevölkerung zuerst und das Land mit der größten zuletzt ausgegeben wird; vom 3.Feld werden zum Vergleich nur Zahlen verwendet; Nicht-Zahlen werden ignoriert.

```
$ sort  -t:  +3rn   laender  ⏎
USA:Washington:220,7 Mio:9363000
Indien:Neu Delhi:644 Mio:3288000
Frankreich:Paris:53,6 Mio:547000
Italien:Rom:57,3 Mio:294000
Grossbritannien:London:56 Mio:244000
Oesterreich:Wien:7,5 Mio:83000
Schweiz:Bern:6,5 Mio:41000
$ ▮
```

Gib den Inhalt der Datei laender nach dem 4.Feld numerisch absteigend sortiert (+3rn) aus; als Feld-Trennzeichen soll der Doppelpunkt verwendet werden
Als Sortierschlüssel wird das 4.Feld (die Landesfläche) verwendet, diesmal allerdings numerisch absteigend, so daß das größte Land zuerst und das kleinste Land zuletzt ausgegeben wird.

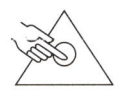

Soll nicht nur die Ausgabe, sondern der Inhalt einer Datei selbst sortiert werden, so darf auf keinen Fall eine Konstruktion wie z. B.

    sort obst >obst

angegeben werden. Die Umlenkung der Ausgabe mit *>obst* in die Datei *obst* würde dabei bewirken, daß zunächst die Datei *obst* geleert wird, um ein Überschreiben dieser Datei einzuleiten. Danach erst wird **sort** zum Sortieren der Datei *obst* aufgerufen. Dies ist aber zu spät, da diese Datei nun leer ist. Will man den Inhalt einer Datei sortieren, muß man unbedingt die Option **-o** *datei* verwenden, wie z. B.

    sort -o obst obst

In diesem Fall legt **sort** intern eine Hilfsdatei an, schreibt den sortierten Inhalt von *obst* zunächst in diese Hilfsdatei und kopiert erst nach einem fehlerfreiem Sortiervorgang diese Hilfsdatei in die Datei *obst*.

Da oft bei komplexen Sortieraufgaben die Angabe einer Vielzahl von Sortierschlüsseln notwendig ist, und dann das Finden des korrekten **sort**-Aufrufs ein doch recht mühsames Unterfangen ist, wird im vierten Band dieser Buchreihe (lex und yacc) ein Programm gegeben, welchem man über eine deutsche Beschreibung die geforderten Sortierkriterien mitteilt und das dann den dazugehörigen **sort**-Aufruf ausgibt.

Vergleich zweier (un)sortierter Textdateien

diff   (**dif**ferential **f**ile compare)

Die vollständige Aufrufsyntax für **diff** ist:

`diff [optionen]   datei1   datei2`

Dieses Kommando erlaubt den Vergleich von 2 Textdateien, welche nicht unbedingt sortiert sein müssen, und gibt die Änderungen am Bildschirm aus, welche mit dem UNIX-Editor **ed** vorgenommen werden müssten, um *datei1* identisch zu *datei2* zu machen. Es ist zu beachten, daß dieses Kommando nur auf Textdateien erfolgreich angewendet werden kann.

Hier werden drei Optionen vorgestellt:

Option	Beschreibung
-e	Die erforderlichen Änderungen, die an *datei1* vorzunehmen sind, um sie mit *datei2* identisch zu machen, werden in einer dem Editor **ed** verständlichen Form (ed-Skript genannt) ausgegeben.

-b	Führende Leerzeichen werden ignoriert und mehrere direkt aufeinanderfolgende Leerzeichen werden zusammengezogen, so daß sich zwei Zeilen nicht unterscheiden, wenn ihr Text bis auf zusätzliche Leerzeichen zwischen den Worten identisch ist, wie z. B. bei
	`Hallo Egon`
	`Hallo     Egon`

4.6 Wichtige Kommandos zum Dateisystem

Option	Beschreibung

-w	(neu in System V.4) Alle Leerzeichen werden ignoriert. Dadurch sind alle Wörter identisch, selbst wenn in ihnen Leerzeichen enthalten sind, wie z. B. bei
	`Hallo Egon`
	`H a l l o    E g o n`

Die Existenz dieses Kommandos hat den Vorteil, daß bei unterschiedlichen Textdateien nicht die vollständigen Dateien zu speichern sind, sondern es ausreicht, nur die Unterschiede (auch *deltas* genannt) einer Datei zu einer anderen zu sichern. Eine Anwendung hiervon liegt v.a.D. bei unterschiedlichen Versionen von Programmen: z. B. wird nur die 1.Version eines Programms vollständig gespeichert und von allen späteren Versionen werden lediglich die *deltas* zu dieser 1.Version gespeichert. Eine solche Vorgehensweise bringt erhebliche Speicherplatzeinsparungen mit sich. Genauso geht auch das in einem späteren Buch vorgestellte Werkzeug **SCCS** (**s**ource **c**ode **c**ontrol **s**ystems) vor, welches zur Versions-Verwaltung bei größeren Software-Projekten eingesetzt wird.

In dem nachfolgenden Beispiel wird auch das erstemal von einer weiteren UNIX-Konstruktion Gebrauch gemacht: Der *Umlenkung* (engl. *redirection*) der Standardeingabe und Standardausgabe.

Viele UNIX-Kommandos lesen von der Standardeingabe und schreiben auf die Standardausgabe, wobei diese beide auf die Dialogstation voreingestellt sind[27]:

```
┌─────────────┐              ┌──────────┐              ┌─────────────┐
│ Dialog-     │ Standard-    │          │ Standard-    │ Dialog-     │
│ station     │ eingabe  ▶   │ Kommando │ ausgabe  ▶   │ station     │
└─────────────┘              └──────────┘              └─────────────┘
```

Bild 4.12 - Voreingestellte Standardeingabe und Standardausgabe

Durch die Angabe

kommando >datei

in der Kommandozeile wird die Ausgabe des entsprechenden Kommandos nicht auf das Terminal ausgegeben, sondern in die angegebene *datei* umgelenkt, d. h. also in diese *datei* geschrieben:

---

[27] In den Abbildungen werden für die Standardeingabe und die Standardausgabe zwei Dialogstationen angegeben; dabei handelt es sich aber immer um die gleiche Dialogstation.

Bild 4.13 - Umlenken der Standardausgabe in eine Datei

Existiert diese *datei* bereits, so wird ihr alter Inhalt überschrieben. Soll dies nicht geschehen und der neue Text am Ende der angegebenen *datei* angehängt werden, so wäre

kommando   >>datei

anzugeben:

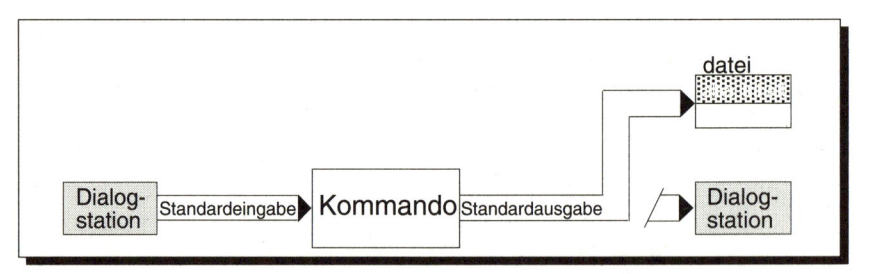

Bild 4.14 - Umlenken der Standardausgabe an das Ende einer Datei

Genauso wie die Ausgabe kann auch die Eingabe umgelenkt werden:

kommando   <datei

Bei dieser Angabe liest das entsprechende Kommando nicht mehr von der Tastatur (Terminal), sondern von der Datei *datei*:

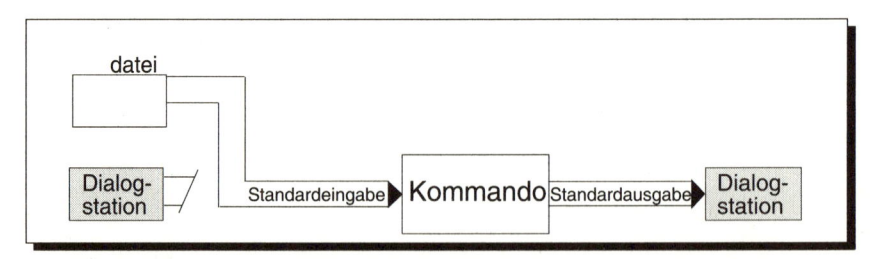

Bild 4.15 - Umlenken der Standardeingabe in eine Datei

Es können auch gleichzeitig Standardeingabe und Standardausgabe umgelenkt werden:

kommando   <eindatei   >ausdatei

4.6 Wichtige Kommandos zum Dateisystem

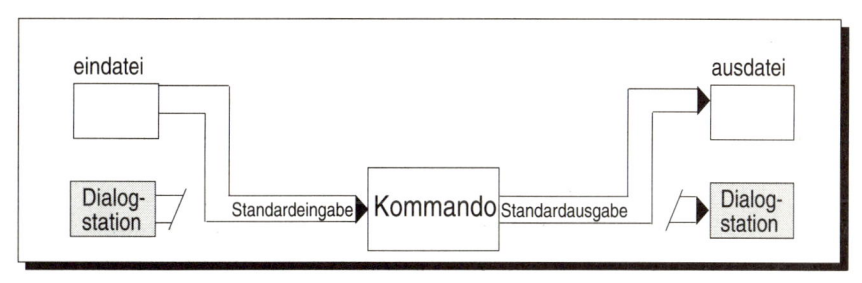

Bild 4.16 - Umlenken der Standardeingabe und der Standardausgabe

Für dieses Beispiel müssen 2 weitere Dateien (mit **ed**) erstellt werden:

Eine 1.Version eines C-Programms *add1.c*:

```
main()
{
    float a, b;
    scanf("%f %f", &a, &b);
    printf("%f + %f = %f\n", a, b, a+b);
}
```

Eine 2.Version eines C-Programms *add2.c*[28]:

```
/* Dieses Programm liest 2 Zahlen ein und gibt die */
/* Summe dieser beiden Zahlen wieder aus           */
main()
{
    float a, b, c;

    printf("Gib 2 Zahlen ein: ");
    scanf("%f %f", &a, &b);
    c = a+b;
    printf("Summe: %f + %f = %f\n", a, b, c);
}
```

---

[28] Es wird empfohlen, *add1.c* mit **cp add1.c add2.c** zu kopieren und dann *add2.c* mit **ed** zu editieren.

```
$ pwd  ⏎                                              Zeige working directory an
/home/egon/uebung1                                  Ausgabe des working directorys
$ diff   add1.c   add2.c  ⏎           Vergleiche die Inhalte der Dateien add1.c und
0a1,2                                                                       add2.c
> /* Dieses Programm liest 2 Zahlen ein und gibt die */
> /* Summe dieser beiden Zahlen wieder aus           */
3c5,7
< float a, b;
---
> float a, b, c;
>                                      Ausgabe der Unterschiede (Erklärung: siehe unten)
> printf("Gib 2 Zahlen ein: ");
5c9,10
< printf("%f + %f = %f\n", a, b, a+b);
---
> c = a+b;
> printf("Summe: %f + %f = %f\n", a, b, c);
$ ▮
```

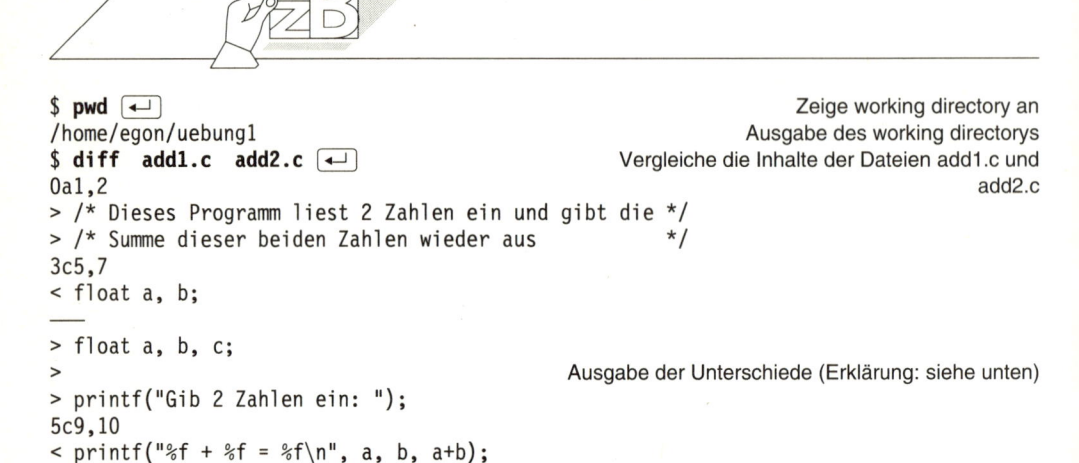

Erklärung zum Beispiel

Zeilen, die nur in *add1.c* vorkommen, werden durch ein vorangestelltes < gekennzeichnet, diejenigen, die nur *add2.c* vorhanden sind, durch ein vorangestelltes >.

Wenn man die Datei *add1.c* in die Datei *add2.c* umändern möchte, so sind zunächst am Anfang von *add1.c* 2 Zeilen einzufügen (**0a1,2**); zusätzlich ist die 3.Zeile aus *add1.c* gegen die Zeilen 5 bis 7 aus *add2.c* auszutauschen (**3c5,7**). Weiterhin ist die 5.Zeile aus *add1.c* gegen die Zeilen 9 und 10 aus *add2.c* auszutauschen (**5c9,10**).

Auf einen *c(hange)*-Befehl folgen dabei immer zuerst die betroffenen Zeilen aus *add1.c*, dann die Trennzeile --- und danach die betroffenen Zeilen aus *add2.c*.

Neben Informationen über ein notwendiges Austauschen (**c**) oder Einfügen (**a**) von Zeilen werden gegebenenfalls auch Angaben über zu löschende Zeilen (**d**) gemacht.

Die Zeilennummern vor den Befehlsbuchstaben **a**, **c** und **d** beziehen sich hierbei stets auf die erste Datei, diejenigen danach auf die zweite Datei.

4.6 Wichtige Kommandos zum Dateisystem

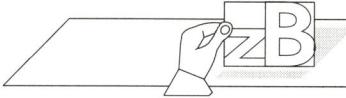

```
$ pwd  ⏎                                      Zeige working directory an
/home/egon/uebung1                            Ausgabe des working directorys
$ diff -eb add1.c add2.c  ⏎                   Vergleiche die beiden Dateien add1.c und add2.c,
5c                                            wobei führende Leerzeichen zu ignorieren sind. Die
  c = a+b;                                    an Datei add1.c vorzunehmenden Änderungen, um
  printf("Summe: %f + %f = %f\n", a, b, c);   sie in add2.c umzuwandeln, sind in Form eines ed-
.                                             Skripts auszugeben.
3c                                            Ausgabe der Unterschiede von add1.c zu add2.c in
  float a, b, c;                              Form eines ed-Skripts.

  printf("Gib 2 Zahlen ein: ");
.
0a
/* Dieses Programm liest 2 Zahlen ein und gibt die */
/* Summe dieser beiden Zahlen wieder aus           */
.
$ diff -eb add1.c add2.c >delta  ⏎            diff-Ergeb.: in Datei delta abspeichern
$ rm  add2.c  ⏎                               Lösche Datei add2.c
$ ls  -l  ⏎                                   Liste Dateien des working directorys
add1.c                                        Ausgabe der Dateien im working directory (add2.c
alter                                         ist nun verschwunden)
delta
laender
obst
$ ed  -p% delta  ⏎                            Editiere Datei delta
221                                           Ausgabe der in delta enthaltenen Zeichenzahl[29]
%a  ⏎                                         Eingabe des Editor-Befehls a
w add2.c  ⏎                                   Eingabe der Zeile "w add2.c"
.  ⏎                                          Eingabeende mit Punkt
%w  ⏎                                         Sichern des Pufferinhalts delta mit ed-Befehl w
230                                           Ausgabe, daß 230 Zeichen gesichert wurden.
%q  ⏎                                         Verlassen von ed
$ ed  add1.c  <delta  ⏎                       Editiere add1.c; Befehle von Datei delta lesen
90                                            Ausgabe der Zeichenzahl von add1.c[30]
243                                           Zeichenzahl von add2.c (beim Sichern)
```

---

[29] nach Aufruf steht **ed** am Dateiende
[30] Diese und die nachfolgende Ausgabe könnte mit dem Aufruf **ed -s add1.c <delta** unterdrückt werden.

```
$ ls  -1 [↵]                                    Liste Dateien des working directorys
add1.c                               Ausgabe der Dateien im working directory (nun ist
add2.c                                add2.c wieder vorhanden; wurde mit vorherigen ed-
alter                                      Aufruf unter Zuhilfenahme von add1.c und delta
delta                                                                    wieder erstellt)
laender
obst
$ cat  add2.c [↵]                                           Gib Inhalt der Datei add2.c
/* Dieses Programm liest 2 Zahlen ein und gibt die */             auf Bildschirm aus
/* Summe dieser beiden Zahlen wieder aus           */
main()
{
  float a, b, c;

  printf("Gib 2 Zahlen ein: ");          Ausgabe des Inhalts von add2.c (enthält wieder ih-
  scanf("%f %f", &a, &b);                              ren ursprünglichen Inhalt)
  c = a+b;
  printf("Summe: %f + %f = %f\n", a, b, c);
}
$ ▮
```

Zu **diff** existieren noch 3 weitere verwandte Kommandos:

Kommando	Beschreibung
bdiff	(**big diff**) arbeitet ähnlich wie **diff**, allerdings kann dieses Kommando wesentlich größere Dateien vergleichen als **diff**.
diff3	(3-way **diff**erential file comparison) ermöglicht den Vergleich von 3 Dateien.
sdiff	(side-by-side **diff**erence program) gibt die Inhalte der beiden zu vergleichenden Dateien nebeneinander aus[31]; dabei zeigen die den jeweiligen Zeilen vorangestellten Zeichen folgendes an: < ist nur in *datei1* vorhanden > ist nur in *datei2* vorhanden | Zeilen sind verschieden *kein Zeichen* Zeilen sind identisch

---

[31] Diese Ausgabe bewirkt allerdings bei einem 80-Zeichen breiten Terminal einen Bruch der Zeilen aus der 2.Datei. Mit der Option **-w**n kann festgelegt werden, daß pro Zeile maximal n Zeichen auszugeben sind.

4.6 Wichtige Kommandos zum Dateisystem

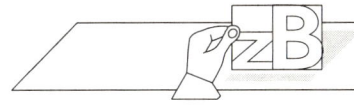

```
$ pwd  ↵
/home/egon/uebung1
$ sdiff  add1.c  add2.c  ↵
                                    > /* Dieses Programm liest 2
Zahlen ein und gibt die */
                                    > /* Summe dieser beiden Zahlen
wieder aus              */
main()                                main()
{                                     {
  float a, b;                       |   float a, b, c;
                                    >
                                    >   printf("Gib 2 Zahlen ein: ");
  scanf("%f %f", &a, &b);               scanf("%f %f", &a, &b);
  printf("%f + %f = %f\n", a, b, a+b); |   c = a+b;
                                    >   printf("Summe: %f5 +5 %f5 =5 %f\n", a, b, c);
}                                     }
$ ▮
```

Zeilenweiser Vergleich zweier sortierter Textdateien

comm   (lines **comm**on to two sorted files)

Die vollständige Aufrufsyntax für **comm** ist:

comm [-123] *datei1* *datei2*

Dieses Kommando vergleicht die beiden Dateien *datei1* und *datei2*; beide Dateien müssen sortiert sein. **comm** gibt eine 3-spaltige Liste aus:

Zeilen, die nur in *datei1* vorkommen	Zeilen, die nur in *datei2* vorkommen	Zeilen, die in beiden Dateien (*datei1*/*datei2*) vorkommen

Durch Angabe der Optionen **-1**, **-2** oder **-3** kann die Ausgabe der entsprechenden Spalte unterdrückt werden.

1. Der Aufruf

   ```
   comm -23 datei1 datei2
   ```

   würde Zeilen ausgeben, welche nur in *datei1*, aber nicht in *datei2* vorkommen.

2. Der Aufruf

   ```
   comm -123 datei1 datei2
   ```

   würde überhaupt keine Ausgabe erzeugen.

Für dieses Beispiel muß noch eine Datei *fruechte* mit folgenden Inhalt erstellt werden:

```
Avocados
Bananen
Birnen
Datteln
Kirschen
Melonen
Stachelbeeren
```

```
$ pwd  ⏎                                            Zeige working directory an
/home/egon/uebung1                                  Ausgabe des working directorys
$ sort obst >obst.sort  ⏎
$ comm obst.sort fruechte  ⏎               Vergleiche die Inhalte von obst.sort und fruechte
Aepfel                                                                   Ausgabe:
                       Avocados            1.Spalte: Zeilen, die nur in obst.sort vorkommen
                       Bananen             2.Spalte: Zeilen, die nur in fruechte vorkommen
                       Birnen              3.Spalte: Zeilen, die in obst.sort und in fruechte
Brombeeren                                                             vorkommen
            Datteln
                       Kirschen
Kiwis
            Melonen
Orangen
                       Stachelbeeren
$ comm -2 obst.sort fruechte  ⏎            Vergleiche Inhalte der Dateien obst.sort und
Aepfel                                     fruechte, wobei allerdings die Zeilen, die nur in
            Avocados                       fruechte vorkommen, nicht auszugeben sind
            Bananen                                                      Ausgabe:
            Birnen                  1.Spalte: Zeilen, die nur in obst.sort vorkommen
Brombeeren                          2.Spalte: Zeilen, die in obst.sort und in fruechte
            Kirschen                                                    vorkommen
Kiwis
Orangen
            Stachelbeeren
```

4.6 Wichtige Kommandos zum Dateisystem

```
$ comm -13 obst.sort fruechte ⏎
Datteln
Melonen

$ comm -12 obst.sort fruechte ⏎
Avocados
Bananen
Birnen
Kirschen
Stachelbeeren
$ ▌
```

Vergleiche Inhalte der Dateien obst.sort und fruechte, wobei allerdings nur die Zeilen auszugeben sind, die nur in fruechte vorkommen.
Ausgabe: Zeilen, die nur in fruechte vorkommen

Vergleiche Inhalte der Dateien obst.sort und fruechte, wobei allerdings nur die Zeilen auszugeben sind, die in beiden Dateien vorkommen
Ausgabe: Zeilen, die in obst.sort und in fruechte vorkommen

Vergleich zweier Dateien (auch Nicht-Textdateien):

cmp (compare two files)

Die vollständige Aufrufsyntax für **cmp** ist:

cmp [*optionen*] *datei1* *datei2*

Dieses Kommando vergleicht die beiden Dateien *datei1* und *datei2* Byte für Byte. Wenn die beiden Dateien identisch sind, dann erfolgt keine Mitteilung am Bildschirm. Sind die beiden Dateien *datei1* und *datei2* unterschiedlich, so wird die Zeilen- und Bytenummer des zuerst festgestellten Unterschieds der beiden Dateien ausgegeben. Dies ist das einzige Vergleichskommando, welches auch auf Nicht-Textdateien (binäre Dateien) angewendet werden kann.

Die Angabe folgender Optionen ist beim Kommando **cmp** möglich:

-l   *Alle* Unterschiede der beiden Dateien werden in folgender Form ausgegeben:

Byte-Nummer	Byte-Inhalt (oktal) von *datei1*	Byte-Inhalt (oktal) von *datei2*

-s Es erfolgt keine Ausgabe der Unterschiede, sondern es wird lediglich über den sogenannten *exit*-Status dieses Kommandos mitgeteilt, ob Unterschiede vorliegen; dabei bedeutet der *exit*-Status:

0 Dateien sind identisch
1 Dateien sind verschieden
2 Auf eine der angegebenen Dateien kann nicht zugegriffen werden

Der *exit*-Status eines Kommandos ist von Wichtigkeit, wenn abhängig vom Ergebnis eines solchen Kommandos unterschiedliche Aktionen durchzuführen sind.

In den hier vorgestellten Beispielen werden 3 weitere Dateien mit folgenden Namen und Inhalt benötigt:

```
abc1:
  abcdef

abc2:
  abcdef

abc3:
  abxdex
```

Ebenso wird in diesen Beispielen eine **if**-Konstruktion verwendet, ähnlich, wie sie von Programmiersprachen her bekannt ist; bei UNIX wird eine solche Programmiersprache-Konstruktion auch auf Kommandoebene angeboten:

```
if kommando
then
    ...
else
    ...
fi
```

Dies bedeutet: Wenn das *kommando* einen *exit*-Status 0 liefert, dann werden die nach **then** angegebenen Kommandos ausgeführt und ansonsten die nach **else**. Eine **if**-Konstruktion muß immer mit **fi** abgeschlossen werden.

Als weitere Neuheit wird in diesem Beispiel das Kommando

echo "*string*"

verwendet. **echo** gibt den angegebenen *string* auf die Standardausgabe aus.

4.6 Wichtige Kommandos zum Dateisystem

```
$ pwd [↵]                                          Zeige working directory an
/home/egon/uebung1                                 Ausgabe des working directorys
$ cmp  obst.sort  fruechte [↵]                     Vergleiche die Dateien obst.sort und fruechte
obst.sort fruechte differ: char2, line1            unterscheiden sich im 2.Zeichen der 1.Zeile
$ cmp  abc1  abc2 [↵]                              Vergl. abc1 und abc2 (keine Meldung, da gleich)
$ cmp  abc2  abc3 [↵]                              Vergleiche Dateien abc2 und abc3
abc2 abc3 differ: char 3, line 1                   unterscheiden sich im 3.Zeichen der 1.Zeile
$ cmp  -l  abc2  abc3 [↵]                          Vergleiche Dateien abc2 und abc3 mit Option -l
       3  143  170                                 Ausgabe aller Unterschiede zwischen den Dateien
       6  146  170                                             abc2 und abc3
$ if cmp  -s  abc2  abc3 [↵]                       Vergleiche abc2 und abc3 mit Option -s (als if-Be-
> then [↵]                                                             dingung)
>    cat  abc3 [↵]                                 Da die if-Konstruktion noch nicht abgeschlossen ist,
> else [↵]                                         wird der Sekundärprompt (in den nächsten Zeile)
>    echo "exit-Status ungleich 0" [↵]                                 ausgegeben.
> fi [↵]                                           Wenn das cmp-Kommando einen exit-Status 0 lie-
exit-Status ungleich 0                             fert, dann ist der Inhalt der Datei abc3 auszugeben;
                                                   bei einem anderen exit-Status soll Meldung "exit-
                                                   Status ungleich 0" ausgegeben werden.
                                                   Ausgabe der Meldung "exit-Status...", da abc2 u.
                                                                 abc3 verschieden
$ if cmp  -s  abc1  abc2 [↵]                       Vergleiche abc1 und abc2 mit Option -s (als if-Be-
> then [↵]                                                             dingung)
>    cat  abc1 [↵]                                 Da die if-Konstruktion noch nicht abgeschlossen ist,
> else [↵]                                         wird der Sekundärprompt (in den nächsten Zeile)
>    echo "exit-Status ungleich 0" [↵]                                 ausgegeben.
> fi [↵]                                           Wenn das cmp-Kommando einen exit-Status 0 lie-
abcdef                                             fert, dann ist der Inhalt der Datei abc1 auszugeben;
$ ▮                                                bei einem anderen exit-Status soll Meldung "exit-
                                                   Status ungleich 0" ausgegeben werden.
                                                   Ausgabe des Inhalts der Datei abc1
```

Im allgemeinen verwendet man **cmp**, wenn festzustellen ist, ob 2 Dateien wirklich den gleichen Inhalt haben. **cmp** ist sehr schnell und erlaubt auch den Vergleich zweier Nicht-Textdateien; so wird **cmp** z. B. sehr oft verwendet, um zu prüfen, ob 2 Objektdateien den gleichen Inhalt besitzen: wenn ja, so könnte eventuell eine davon gelöscht werden.

diff wird verwendet, wenn man vermutet, daß 2 Dateien nur geringfügige Unterschiede aufweisen, und wenn man wissen möchte, welche Zeilen sich und wie sie sich unterscheiden.

Der Einsatz von **comm** ist auf sortierte Dateien begrenzt; somit wird es häufig beim Vergleich von Dateien verwendet, die Namen, Bezeichnungen, usw. in sortierter Form enthalten, um z. B. festzustellen, welche Daten in einer Datei noch aufzunehmen bzw. zu entfernen sind.

Suchen in Dateien

grep (**g**/**r**egular expression/**p**) [32] oder **g**et **r**egular **e**xpression

Die vollständige Aufrufsyntax für **grep** ist:

grep [*optionen*] *regulärer-ausdruck* [*datei(en)*]

Das Kommando **grep** durchsucht die angegebenen *datei(en)* nach Strings, die durch den angegebenen *regulärer-ausdruck* abgedeckt sind. An späterer Stelle werden reguläre Ausdrücke und was darunter zu verstehen ist, sehr ausführlich beschrieben. Für den jetzigen Zeitpunkt reicht es aus, wenn für *regulärer-ausdruck* einfach ein String angegeben wird, nach dem zu suchen ist; somit ergibt sich vorläufig folgende Aufrufsyntax für **grep**:

grep [*optionen*] *string* [*datei(en)*]

Werden bei einem **grep**-Aufruf keine *datei(en)* angegeben, so wird von der Standardeingabe gelesen.

Durch die Optionen kann gesteuert werden, was mit den Zeilen geschehen soll, in denen der angegebene *string* gefunden wird. Einige der möglichen Optionen sind:

Option	Beschreibung
-c	Nur die Anzahl der Zeilen ausgeben, die den *string* enthalten (bzw. bei zusätzlicher Angabe von -v nicht enthalten).
-i	Groß- und Kleinschreibung für den *string*-Vergleich innerhalb der angegebenen *datei(en)* ist nicht relevant
-l	Nur die Namen der Dateien ausgeben, die den *string* enthalten
-n	Zu jeder Zeile, in der *string* gefunden wird (bzw. bei zusätzlicher Angabe von -v nicht gefunden wird), auch noch deren Zeilennummer mit ausgeben
-v	Ausgabe der Zeilen, die den *string* nicht enthalten

Sind keine Optionen angegeben, so werden die Zeilen ausgegeben, welche den gesuchten *string* enthalten.

---

[32] Der Name von **grep** ist von diesem Editor-Kommando hergeleitet.

4.6 Wichtige Kommandos zum Dateisystem

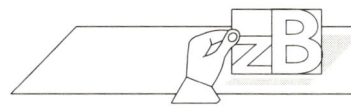

```
$ pwd  ↵                                        Zeige working directory an
/home/egon/uebung1                              Ausgabe des working directorys
$ grep Gr laender  ↵                            Suche den String Gr in der Datei laender
Grossbritannien:London:56 Mio:244000            die Zeile, in der Gr gefunden wurde
$ grep -n Bir obst fruechte  ↵                  Suche Bir in den Dateien obst und fruechte
obst:1:Birnen                                   Zeilen (mit Nr.), in denen Bir vorkommt
fruechte:3:Birnen
$ grep -v en obst  ↵                            Gib alle Zeilen aus obst aus, die den String
Kiwis                                           en nicht enthalten
Avocados                                        Ausgabe dieser Zeilen
Aepfel
$ grep %f add1.c add2.c  ↵                      Suche String %f in add1.c und add2.c
add1.c:   scanf("%f %f", &a, &b);               Zeilen, in denen String %f vorkommt
add1.c:   printf("%f + %f = %f\n", a, b, a+b);
add2.c:   scanf("%f %f", &a, &b);
add2.c:   printf("Summe: %f + %f = %f\n", a, b, c);
$ grep -c en laender  ↵                         Zähle in laender die Zeilen, mit String en
4                                               Ausgabe der Zeilenzahl, für die dies zutrifft
$ grep -cv en laender  ↵                        Zähle in laender Zeilen ohne den String en
3                                               Ausgabe der Zeilenzahl, für die dies zutrifft
$ grep -il bi laender obst  ↵                   Suche String bi in laender und obst
obst                                            Nur in obst ist der String bi vorhanden
$ ▊
```

Jedem Benutzer ist neben der login-Kennung noch eine eindeutige Benutzernummer - auch **UID** (**u**ser **id**entification) genannt - zugeordnet[33]. Welche **UID** einem einzelnen Benutzer zugeordnet ist, kann in der Datei */etc/passwd* [34] nachgeschlagen werden. Eine Zeile in der Paßwortdatei */etc/passwd* bezieht sich jeweils auf einen Benutzer. Innerhalb jeder Zeile sind die einzelnen Felder durch Doppelpunkte getrennt und in der auf der folgenden Seite gezeigten Reihenfolge angeordnet:

---

[33] Dasselbe gilt für alle existierenden Gruppen: Jeder Gruppe ist neben der Gruppen-Kennung noch eine eindeutige Gruppennummer - auch **GID** (**g**roup **id**entification) genannt - zugeordnet.
[34] Welche **GID** einer Gruppe zugeordnet ist, kann in der Datei */etc/group* nachgeschlagen werden.

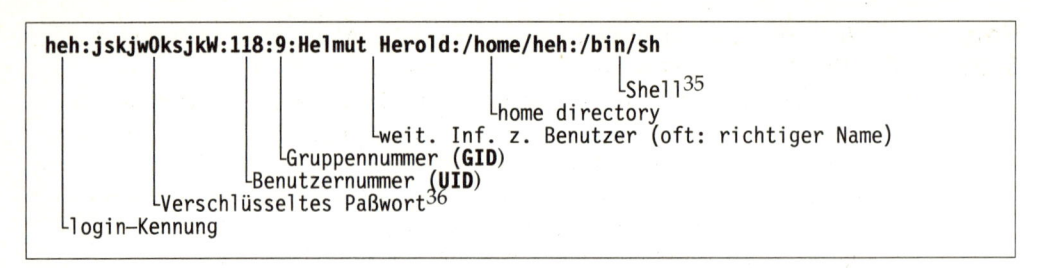

```
heh:jskjwOksjkW:118:9:Helmut Herold:/home/heh:/bin/sh
```
```
                                              └Shell³⁵
                                    └home directory
                          └weit. Inf. z. Benutzer (oft: richtiger Name)
                  └Gruppennummer (GID)
             └Benutzernummer (UID)
    └Verschlüsseltes Paßwort³⁶
└login-Kennung
```

Jeder Benutzer kann diese Paßwort-Datei lesen, aber natürlich nicht ändern. Da das Paßwort hier in verschlüsselter Form vorliegt, kann niemand aus dieser Information auf das richtige Paßwort schließen. In diesem Beispiel soll nun nach bestimmten Benutzern in der Paßwort-Datei */etc/passwd* gesucht werden:

```
$ pwd ⏎
/home/egon/uebung1
$ grep heh /etc/passwd ⏎
heh:x:118:9:Helmut Herold:/home/heh:
$ grep :112: /etc/passwd ⏎
digo:x:112:9:Dieter Golzer:/home/digo:
$ grep /home /etc/passwd ⏎
lotti:x:108:1:Lotte Golbert:/home/lotti:
cha:x:109:1:Christa Aller:/home/cha:
valter:x:110:1:Viktor Alter:/home/valter:
                  :
egon:x:120:1:Egon Lernschnell:/home/egon:
                  :
                  :
$ ▉
```

Zeige working directory an
Ausgabe des working directorys

Suche den String heh in /etc/passwd
Ausgabe der Zeile zur login-Kennung heh
Suche Benutzer mit der UID 112 in /etc/passwd
Ausgabe der zu UID 112 gehörigen Zeile aus /etc/passwd
Suche alle Benutzer mit home directory unter /home
Ausgabe aller Zeilen aus /etc/passwd, in denen /home vorkommt.

---

[35] Dazu später mehr (kann auch leeres Feld sein)
[36] Auf neueren UNIX-Versionen wird das verschlüsselte Paßwort in einer eigenen, nicht jedermann zugänglichen Datei gespeichert. Auf diesen Systemen steht dann anstelle des verschlüsselten Paßworts ein Stern (*).

4.6 Wichtige Kommandos zum Dateisystem 137

Neu in System V.4 Aus Sicherheitsgründen wurde das Paßwort bei System V.4 in die für die Allgemeinheit nicht lesbare Datei */etc/shadow* ausgelagert. Im *paßwort*-Feld der Datei */etc/passwd* steht dafür der Buchstabe **x** als Platzhalter. Die Paßwörter sind in */etc/shadow* ebenfalls in verschlüsselter Form abgelegt. Das Paßwort wird dabei ebenso wie in System V.3 nirgends im Klartext abgespeichert. Das ist auch der Grund, warum der Systemadministrator keines der Paßwörter kennt und Ihnen nicht helfen kann, wenn Sie einmal Ihr Paßwort vergessen haben sollten. Die einzige Möglichkeit, die der Systemadministrator in diesem Fall hat, ist das Löschen Ihres vergessenen Paßworts, so daß Sie sich ohne Paßwort anmelden können. Sie sollten sich dann sofort mit **passwd** ein neues Paßwort einzurichten.

Unter UNIX existieren noch 2 weitere dem **grep**-Kommando sehr ähnliche Kommandos:

fgrep [*optionen*]   *string*   [*datei(en)*]

Beim Kommando **fgrep** (**f**ast **grep** oder **f**ixed **grep**) handelt es sich um eine schnellere Suchvariante, bei der allerdings nur Strings und keine regulären Ausdrücke angegeben werden können.

egrep [*optionen*]   *regulärer-ausdruck*   [*datei(en)*]

Während **fgrep** eine Vereinfachung zu **grep** ist, handelt es sich bei **egrep** (**e**xtended **grep**) um eine Erweiterung zu **grep**, welche noch kompliziertere reguläre Ausdrücke zuläßt.

Analysieren des Inhalts von Dateien

file   (determine file type)

Die vollständige Aufrufsyntax für **file** ist:

file [*optionen*]   *datei(en)*

Das Kommando **file** kann dazu verwendet werden, um die angegebenen *datei(en)* auf ihren Inhalt hin überprüfen zu lassen. So gibt dieses Kommando an, ob die einzelnen *datei(en)* z. B. ein C-Programm, einen ASCII-Text, ein ausführbares Programm, usw. enthalten. Um den Inhalt einer Datei zu identifizieren, benutzt **file** die Datei */etc/magic*, die angibt, welche Bytes einer Datei zu untersuchen sind, und welche Bytemuster dann auf den Inhalt dieser Datei schließen lassen.

Die von **file** getroffene Klassifikation stimmt nicht immer. So kann es beispielsweise ASCII-Texte für C-Programme halten, wenn im Text zufällig entsprechende Zeichen vorkommen, die programmiersprachlichen Konstrukten ähneln. Meistens stimmen die Angaben von **file** aber.

Von den drei möglichen Optionen wird hier nur eine vorgestellt:

-f *datei*   Die nach **-f** angegebene *datei* enthält in diesem Fall die Namen der zu untersuchenden Dateien.

Neu in System V.4

Mit der neuen Option **-h** gibt **file** bei symbolischen Links eine Information über den Link selbst, nicht über die Zieldatei aus. Ohne die Option **-h** wird ein symbolischer Link "verfolgt", d. h. es erscheint die Information über den Inhalt der Zieldatei.

Für dieses Beispiel muß eine weitere Datei *dateiliste* mit folgendem Inhalt erstellt werden:

```
/usr/bin/cat
alter
/usr/bin/calendar
```

```
$ pwd                                              Zeige working directory an
/home/egon/uebung1                              Ausgabe des working directorys
$ file alter laender                      Analysiere den Inhalt von alter und laender
alter:          English text                   Ausgabe des Analyse-Ergebnisses
laender:        ascii text
$ file /usr/bin/cat /usr/bin/sort         Analysiere den Inhalt von /bin/cat und /bin/sort
/bin/cat:       executable ...                 Ausgabe des Analyse-Ergebnisses
/bin/sort:      executable ...
$ file -f dateiliste                      Analysiere die Dateien, deren Namen in der Datei
/usr/bin/cat:           executable ...            dateiliste stehen
alter:                  English text           Ausgabe des Analyse-Ergebnisses
/usr/bin/calendar:      commands text
$
```

Inhalt einer Datei ab einer bestimmten Stelle ausgeben

tail   (deliver the last part of a file)

Die vollständige Aufrufsyntax für **tail** ist:

tail [*optionen*] [*datei*]

Das Kommando **tail** ermöglicht die Ausgabe einer *datei* ab einer bestimmten Stelle.

4.6 Wichtige Kommandos zum Dateisystem

Ist keine *datei* angegeben, so liest **tail** den Eingabetext von der Standardeingabe.

Als Optionen werden hier vorgestellt:

Option	Beschreibung
+*n* oder +*n*l	Ab der *n*.Zeile ausgeben
-*n* oder -*n*l	Die letzten *n* Zeilen ausgeben
+*n***b**	Ab dem *n*.Block ausgeben
-*n***b**	Die letzten *n* Blöcke ausgeben
+*n***c**	Ab dem *n*.Zeichen ausgeben
-*n***c**	Die letzten *n* Zeichen ausgeben

Wenn keine Optionen angegeben sind, so gibt **tail** die letzten 10 Zeilen[37] der angegebenen *datei* aus.

```
$ pwd  ⏎                                        Zeige working directory an
/home/egon/uebung1                              Ausgabe des working directorys
$ tail  -3  add1.c  ⏎                           Gib die letzten 3 Zeilen von add1.c am Bildschirm
  scanf("%f %f", &a, &b);                                                   aus
  printf("%f + %f = %f\n", a, b, a+b);          Ausgabe der letzten 3 Zeilen von add1.c
}
$ tail +50c  laender  ⏎                         Gib Inhalt der Datei laender ab dem 50.Zeichen am
:6,5 Mio:41000                                                      Bildschirm aus
Italien:Rom:57,3 Mio:294000                     Ausgabe der Datei laender ab dem 50.Zeichen
Frankreich:Paris:53,6 Mio:547000
Indien:Neu Delhi:644 Mio:3288000
USA:Washington:220,7 Mio:9363000
Oesterreich:Wien:7,5 Mio:83000
$ tail   add2.c  ⏎                              Gib die letzten 10 Zeilen der Datei add2.c aus
/* Summe dieser zwei Zahlen wieder ausgeben */  Ausgabe der letzten 10 Zeilen der Datei add2.c
main()
{
  float a, b, c;

  printf("Gib 2 Zahlen ein: ");
  scanf("%f %f", &a, &b);
  c = a+b;
```

---

[37] wenn soviele Zeilen vorhanden sind, ansonsten eben die ganze Datei

```
    printf("Summe: %f + %f = %f\n", a, b, c);
}
$ ▮
```

Neu in System V.4

In System V.4 wurde ein neues Kommando **head** eingeführt, das die ersten Zeilen einer Datei ausgibt. Per Voreinstellung werden die ersten 10 Zeilen ausgegeben.

Bei Angabe von *-n* werden nur die ersten *n* Zeilen ausgegeben.

```
$ head -5 add2.c  ↵
/* Dieses Programm liest zwei Zahlen ein und gibt die   */
/* Summe dieser beiden Zahlen wieder aus                */
main()
{
    float a, b, c;
$
```

Nur bestimmte Spalten oder Felder einer Datei ausgeben

cut   (**cut** out selected fields of each line of a file)

Das Kommando **cut** gibt nur bestimmte Felder bzw. Spalten jeder Zeile einer Datei aus. Es existieren zwei mögliche Aufrufformen:

cut   –c*spalten*   [*datei(en)*]

cut   –f*felder*   [–d*zeichen*]   [–s]   [*datei(en)*]

Wenn keine *datei(en)* angegeben sind, so wird der Eingabetext von der Standardeingabe gelesen.

Die Optionen bedeuten dabei im einzelnen:

Option	Beschreibung
-c*spalten*	Die dabei angegebenen *spalten* legen die herauszuschneidenden Spalten fest. Für *spalten* können dabei mit Komma getrennte ganze Zahlen oder Zahlenbereiche angegeben werden (z. B. würde **-c3,7,10-25** festle

4.6 Wichtige Kommandos zum Dateisystem

Option	Beschreibung
	gen, daß die 3.Spalte, die 7.Spalte und die Spalten von 10 bis 25 herauszuschneiden sind)
-f_felder_	Die dabei angegebenen _felder_ geben die Nummern der herauszuschneidenden Felder an. Für _felder_ können dabei mit Komma getrennte ganze Zahlen oder Zahlenbereiche angegeben werden (z. B. würde **-f1,3,5-7** festlegen, daß das 1.Feld, das 3.Feld und die Felder 5 bis 7 herauszuschneiden sind). Als Trennzeichen für die einzelnen Felder wird dabei - wenn nicht anders mit der Option mit **-d**_zeichen_ angegeben - das Tabulatorzeichen verwendet.
-d_zeichen_	Das hier angegebene _zeichen_ wird als Trennzeichen für die einzelnen Felder verwendet. Ist diese Option nicht angegeben, so wird als Trennzeichen das Tabulatorzeichen verwendet.
-s	Wenn mit **-f** Felder extrahiert werden, dann erscheinen Zeilen, die kein Feldtrennzeichen enthalten, unverändert in der Ausgabe. Diese Zeilen können mit **-s** unterdrückt werden.

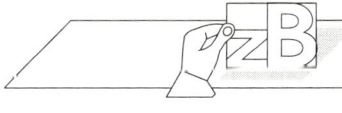

```
$ pwd  ↵                                      Zeige working directory an
/home/egon/uebung1                        Ausgabe des working directorys
$ cut -c2,7-20  add1.c  ↵      Gib 2.Spalte und die Spalten 7 bis 20 aus der Datei
a                                                                    add1.c aus
                                        Ausgabe der entsprechenden Spalten aus der Datei
t a, b;                                                              add1.c
f("%f %f", &a,
tf("%f + %f =

$ cut  -c10-15  alter  >nachnamen  ↵   Schreibe Spalten 10 bis 15 aus alter in nachnamen
$ cat   nachnamen  ↵                    Gib nun den Inhalt der Datei nachnamen aus
Meier                                   Ausgabe der Datei nachnamen am Bildschirm
Silber
Meier
Gold
Gold
```

```
Meier
Gold
Silber
$ cut  -f2,3  -d:  laender  ⏎          Gib 2. und 3.Feld aus Datei laender aus; Feld-
London:56 Mio                           Trennzeichen ist der Doppelpunkt (:)
Bern:6,5 Mio                            Ausgabe des 2. und 3.Felds aus der Datei laender
Rom:57,3 Mio                            (Hauptstadt und Einwohnerzahl)
Paris:53,6 Mio
Neu Delhi:644 Mio
Washington:220,7 Mio
Wien:7,5 Mio
$ cut  -f1,3,5  -d:  /etc/passwd  ⏎    Gib 1., 3. und 5.Feld aus /etc/passwd aus; Feld-
lotti:108:Lotte Golbert                 Trennz. ist :
cha:109:Christa Aller                   Ausgabe des 1., 3. und 5.Felds aus der Datei
valter:110:Viktor Alter                 /etc/passwd (login-Kennung, UID und weitere Be-
          :                             nutzerinformation)
egon:120:Egon Lernschnell
          :
          :
$ ■
```

Mehrere Dateien nebeneinander ausgeben

paste (**paste** lines of files)

Während das Kommando **cat** Dateien untereinander ausgibt, ermöglicht **paste** die parallele Ausgabe von Dateien.

paste kann in 3 verschiedenen Formen aufgerufen werden:

paste *datei(en)*[38]

Die angegebenen *datei(en)* werden dabei nebeneinander ausgegeben. Bei dieser parallelen Ausgabe werden die Zeilen der einzelnen Dateien durch ein Tabulatorzeichen voneinander getrennt. Ist ein anderes Trennzeichen für die einzelnen Zeilen erwünscht, so müßte die folgende Aufrufform verwendet werden:

paste -d"*string*" *datei(en)*

In diesem Fall werden die nebeneinander ausgegebenen Zeilen der einzelnen Dateien mit den in *string* angegebenen Zeichen voneinander getrennt. Als 1.Trennzeichen wird das 1.Zeichen in *string* verwendet, als

---

[38] Ist nur eine *datei* angegeben, so wird deren Inhalt - wie bei **cat** - am Bildschirm ausgegeben

4.6 Wichtige Kommandos zum Dateisystem

2.Trennzeichen das zweite, usw. Wenn alle Zeichen aus *string* als Trennzeichen verwendet wurden, wird wieder mit dem 1.Zeichen angefangen und danach wieder alle Zeichen in *string* durchlaufen. Als Zeichen können dabei auch folgende Konstrukte angegeben werden:

Angabe	Beschreibung
\n	für Neuezeile-Zeichen
\t	für Tabulatorzeichen
\0	für leeres Zeichen
\\	für das Zeichen \

Die letzte mögliche Aufrufform ist:

paste −s [−d"*string*"]   *datei(en)*

In diesem Fall werden nicht die einzelnen Zeilen der angegebenen *datei(en)* nebeneinander ausgegeben, sondern der Inhalt jeder Datei parallel ausgegeben. Wenn die Option **-d** nicht angegeben ist, so wird als Trennzeichen für die einzelnen Zeilen das Tabulatorzeichen verwendet.

Ist die Option **-d** angegeben, so werden wie bei der vorherigen Aufrufform die im *string* angegebenen Zeichen zum Trennen der parallel auszugebenden Zeilen verwendet.

Für dieses Beispiel muß eine weitere Datei *telnr* mit folgenden Inhalt erstellt werden:

```
09238/6736734
01252/783722
089/12934737
04355/8423
09722/7342
08237/83747
09131/783467
0911/8347834
```

$ **pwd** ↵				Zeige working directory an
/home/egon/uebung1				Ausgabe des working directorys
$ **paste alter telnr** ↵				Gib alter und telnr nebeneinander
Fritz	Meier	25	09238/6736734	aus
Erika	Silber	42	01252/783722	Ausgabe der beiden Dateien alter
Toni	Meier	53	089/12934737	und telnr nebeneinander

```
Angelika Gold    25        04355/8423
Franz    Gold    13        09722/7342
Toni     Meier   45        08237/83747
Emil     Gold    66        09131/783467
Manfred  Silber  29        0911/8347834
$ paste -d"-\t\t"  obst  alter  telnr ⏎
Birnen-Fritz    Meier   25        09238/6736734
Kiwis-Erika     Silber  42        01252/783722
Avocados-Toni           Meier 53  089/12934737
Bananen-Angelika Gold    25       04355/8423
Orangen-Franz    Gold    13       09722/7342
Aepfel-Toni      Meier   45       08237/83747
Stachelbeeren-Emil Gold    66     09131/783467
Kirschen-Manfred  Silber 29       0911/8347834
Brombeeren-
$ paste -s -d"\t\n"  add1.c ⏎
main() {
    float a, b;      scanf("%f %f", &a, &b);
    printf("%f + %f = %f\n", a, b, a+b); }
$ paste -s -d":::\n"  obst.sort ⏎
Aepfel:Avocados:Bananen:Birnen
Brombeeren:Kirschen:Kiwis:Orangen
Stachelbeeren
$ ▮
```

obst, alter und telnr nebeneinander. Verwende als 1.Trennzeichen - und dann zwei Tabs.

Parallele Ausgabe von obst, alter und telnr, wobei als 1.Trennz. - und als 2. das Tab-zeichen verwendet wird. Das 3.Trennz. (\t) kommt nicht zur Anwendung, da auf parallele Ausgabe von 3 Zeilen automatisch ein Zeilenvorschub erfolgt.

Gib die Datei add1.c so aus, daß jeweils immer 2 Zeilen in einer zusammengezogen werden.

Gib die Datei obst.sort so aus, daß jeweils immer 4 Zeilen in einer zusammengezogen werden, wobei : als Trennzeichen für die ursprgl. Zeilen verwendet wird.

Aufeinanderfolgende identische Zeilen nur einmal ausgeben

uniq (unique [39])

Die vollständige Aufrufsyntax von **uniq** ist:

uniq [-udc [+n] [-m]] [*eingabedatei* [*ausgabedatei*]]

Wenn keine *ausgabedatei* angegeben ist, so erfolgt die Ausgabe auf die Standardausgabe; ist weder eine *ausgabedatei* noch eine *eingabedatei* angegeben, so wird der Eingabetext von der Standardeingabe gelesen und das Ergebnis auf die Standardausgabe geschrieben.

uniq liest den Eingabetext und vergleicht aufeinanderfolgende Zeilen miteinander. Wenn zwei oder mehrere aufeinanderfolgende Zeilen identisch sind, so wird von diesen Zeilen nur eine ausgegeben; alle anderen Zeilen, auf die das nicht zutrifft, werden unverändert ausgegeben. Für *eingabedatei* und *ausgabedatei* sollten 2 verschiedene Dateien angegeben werden.

---

[39] zu deutsch: einmalig, einzigartig

4.6 Wichtige Kommandos zum Dateisystem

Die einzelnen Optionen haben dabei folgende Auswirkungen:

Option	Beschreibung
-u	Nur die Zeilen ausgeben, die nicht mehrfach hintereinander vorkommen.
-d	Nur von den mehrfach hintereinander vorkommenden Zeilen je eine ausgeben.
-c	Zu jeder Zeile angeben, wie oft sie hintereinander vorkommt
+n	Die ersten n Zeichen werden beim Vergleich aufeinanderfolgender Zeilen ignoriert
-m	Die ersten m Felder werden beim Vergleich aufeinanderfolgender Zeilen ignoriert; als Trennzeichen für die Felder werden Leer- und Tabulatorzeichen verwendet.

Wird auf die Angabe von Optionen verzichtet, so entspricht dies der Angabe **-ud**.

Um von allen mehrfach vorkommenden Zeilen wirklich nur eine ausgeben zu lassen, ist eventuell eine vorherige Sortierung einer Datei notwendig, da **uniq** ja nur aufeinanderfolgende Zeilen auf Gleichheit hin überprüft.

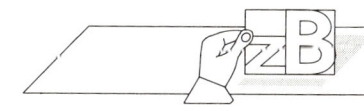

```
$ pwd  ⏎                                    Zeige working directory an
/home/egon/uebung1                       Ausgabe des working directorys
$ uniq   nachnamen  ⏎             Gib Inhalt der Datei nachnamen so aus, daß sich
Meier                             wiederholende Zeilen nur einmal ausgegeben wer-
Silber                                                                      den.
Meier                             Ausgabe von nachnamen, wobei sich wiederho-
Gold                              lende Zeilen nur einmal ausgegeben werden
Meier
Gold
Silber
```

```
$ sort     nachnamen  >nachnamen.sort  ⏎      Sortiere nachnamen nach nachnamen.sort
$ uniq     nachnamen.sort  ⏎                  Gib nachnamen.sort aus (Wiederholungs-Zeilen nur
Gold                                                                                 einmal)
Meier                                          Ausgabe von nachnamen.sort, wobei Dubletten nur
Silber                                                              einmal ausgegeben werden
$ uniq  -d  nachnamen  ⏎                       nur wiederholende Zeilen aus nachnamen zeigen
Gold                                           Nur eine Zeile wiederholt sich in nachnamen
$ uniq  -u  nachnamen.sort  ⏎                  nur nichtwiederhol. Zeilen von nachnamen.sort
$ uniq  -u  nachnamen  ⏎                       nachnamen - nur nichtwiederhol. Zeilen ausgeben
Meier                                          Ausgabe der entsprechenden einmalig vorhan-
Silber                                                                         denen Zeilen
Meier
Meier
Gold
Silber
$ uniq  -c  nachnamen  ⏎                       wieviele Wiederholungen hat jede Zeile?
   1 Meier                                     Ausgabe der Zeilen von nachnamen
   1 Silber                                                    mit Wiederholungsfaktor
   1 Meier
   2 Gold
   1 Meier
   1 Gold
   1 Silber
$ uniq  -c  nachnamen.sort  ⏎                  Gib zu jeder Zeile aus nachnamen.sort an, wieoft
   3 Gold                                                               sie sich wiederholt
   3 Meier                                     Ausgabe der Zeilen von nachnamen.sort mit Wie-
   2 Silber                                                              derholungsfaktor
$ ▮
```

Bestimmte Zeichen eines Textes durch andere ersetzen

tr   (**tr**anslate characters)

Die vollständige Aufrufsyntax von **tr** ist:

tr [–cds] [*string1* [*string2*]]

Das Kommando **tr** kopiert den Eingabetext, den es von der Standardeingabe liest, auf die Standardausgabe. Dabei können die gelesenen Zeichen durch andere - auch nicht druckbare - Zeichen ersetzt werden.

Wird im Eingabetext ein Zeichen gefunden, das in *string1* vorkommt, so wird es durch das entsprechende Zeichen aus *string2* ersetzt.

4.6 Wichtige Kommandos zum Dateisystem

Die einzelnen Optionen haben dabei folgende Auswirkungen:

Option	Beschreibung
-c	Die Zeichen, die in *string1* vorkommen, werden bezüglich des ASCII-Codes (oktal: 001 bis 377) komplementiert.
-d	Eingabezeichen, die in *string1* vorkommen, werden gelöscht.
-s	Für gleiche hintereinander stehende Ausgabezeichen, die in *string2* vorkommen, wird nur ein Zeichen ausgegeben.

Innerhalb der *strings* können auch Abkürzungen verwendet werden, um ganze Bereiche von ASCII-Zeichen festzulegen, wie z. B.

[A-Z]   (alle Großbuchstaben)
[0-9]   (alle Ziffern)
[a*n]   (steht für *n* Wiederholungen von a. Fehlt die Angabe von *n* oder ist dafür der Wert 0 angegeben, so wird dafür ein riesengroßer Wert angenommen.)

Auch kann der ASCII-Wert eines Zeichens innerhalb von *strings* oktal angegeben werden:

\012   (für Neuezeile-Zeichen)
[\001-\014]   (alle Zeichen mit den oktalen ASCII-Codes von 1 bis 14; dezimal: von 1 bis 12)

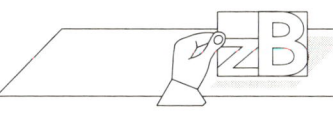

```
$ pwd ⏎                                       Zeige working directory an
/home/egon/uebung1                            Ausgabe des working directorys
$ tr "abcdefg" "ABCDEFG" <laender ⏎           Ersetze bei der Ausgabe von laender die Buchsta-
GrossBritAnniEn:LonDon:56 Mio:244000          ben abcdefg durch ihre Großbuchstaben
SChwEiz:BErn:6,5 Mio:41000                    Ausgabe des Inhalts von laender mit den entspre-
ItAliEn:Rom:57,3 Mio:294000                   chenden Textersetzungen
FrAnkrEiCh:PAris:53,6 Mio:547000
InDiEn:NEu DElhi:644 Mio:3288000
USA:WAshinGton:220,7 Mio:9363000
OEstErrEiCh:WiEn:7,5 Mio:83000
```

```
$ tr  <laender  ⏎                         Gib Inhalt von laender ohne Textersetzungen aus
Grossbritannien:London:56 Mio:244000                 Ausgabe des Inhalts von laender
Schweiz:Bern:6,5 Mio:41000
Italien:Rom:57,3 Mio:294000
Frankreich:Paris:53,6 Mio:547000
Indien:Neu Delhi:644 Mio:3288000
USA:Washington:220,7 Mio:9363000
Oesterreich:Wien:7,5 Mio:83000
$ tr  -d  "[0-9]"  <laender  ⏎            Gib Inhalt von laender aus, wobei alle Ziffern aus
Grossbritannien:London: Mio:                              dem Text zu entfernen sind.
Schweiz:Bern:, Mio:                          Ausgabe des Inhalts von laender ohne jegliche Zif-
Italien:Rom:, Mio:                                                                      fern
Frankreich:Paris:, Mio:
Indien:Neu Delhi: Mio:
USA:Washington:, Mio:
Oesterreich:Wien:, Mio:
$ tr  "[a-z]"  "[A-Z]"  <laender  ⏎       Gib Inhalt von laender aus, wobei alle Kleinbuch-
GROSSBRITANNIEN:LONDON:56 MIO:244000         staben durch Großbuchstaben zu ersetzen sind
SCHWEIZ:BERN:6,5 MIO:41000                  Ausgabe der Datei laender in Großschreibung
ITALIEN:ROM:57,3 MIO:294000
FRANKREICH:PARIS:53,6 MIO:547000
INDIEN:NEU DELHI:644 MIO:3288000
USA:WASHINGTON:220,7 MIO:9363000
OESTERREICH:WIEN:7,5 MIO:83000
$ tr  -dc  "[A-Z]"  <laender  ⏎           Gib von Datei laender nur die Großbuchstaben aus
GLMSBMIRMFPMINDMUSAWMOWM$ ⏎                Ausgabe aller in laender enthalt. Großbuchstaben
$ tr  -cs  "[a-z][A-Z][0-9]"  "[\012*]"  <laender  ⏎   Gib Datei laender aus, wobei alle Nicht-
Grossbritannien                                            Buchstaben und Nicht-Ziffern durch ein
London                                                       Neuezeile-Zeichen zu ersetzen sind.
56                                                        Datei laender wird so ausgegeben, daß pro
Mio                                                        Zeile eine Wort steht. Ein Wort bedeutet
244000                                                      dabei eine Zeichenfolge aus Ziffern und
Schweiz                                                                                Buchstaben
Bern
6
5
Mio
41000
Italien
Rom
57
3
Mio
```

```
294000                              Gib Datei laender aus, wobei die Buchstaben abc
Frankreich                          durch AB+ zu ersetzen sind.
Paris
53
6                                   Ausgabe der Datei laender, wobei jedes a durch A,
Mio                                 jedes b durch B und jedes c durch + ersetzt wurde
547000
Indien
Neu
Delhi
644
Mio
3288000
USA
Washington
220
7
Mio
9363000
Oesterreich
Wien
7
5
Mio
83000
$ tr  "abcdef"  "AB+"  <laender  ⏎
GrossBritAnnien:London:56 Mio:244000
S+hweiz:Bern:6,5 Mio:41000
ItAlien:Rom:57,3 Mio:294000
FrAnkrei+h:PAris:53,6 Mio:547000
Indien:Neu Delhi:644 Mio:3288000
USA:WAshington:220,7 Mio:9363000
Oesterrei+h:Wien:7,5 Mio:83000
$ ▮
```

Mischen von zwei Dateien

join   (relational database operator)

Die vollständige Aufrufsyntax von **join** ist:

join [*optionen*] *datei1* *datei2*

Das Kommando **join** faßt diejenigen Zeilen aus den Dateien *datei1* und *datei2* zusammen, deren Schlüsselfelder identisch sind. Die beiden Dateien müssen dabei bezüglich des Schlüsselfelds sortiert sein. Als Schlüsselfeld kann dabei jedes Feld innerhalb der Zeilen verwendet werden. Wenn durch die Optionen nicht anders festgelegt, so wird das 1.Feld in beiden Dateien als Schlüsselfeld verwendet.

Als Feld-Trennzeichen werden - wenn nicht anders durch die Optionen festgelegt - Leer- und Tabulatorzeichen verwendet.

Die gemischten Zeilen aus den beiden Dateien werden auf die Standardausgabe ausgegeben.

Folgende Optionen können angegeben werden:

Option	Beschreibung
-j *m*	Das *m*.Feld wird in beiden Dateien als Schlüsselfeld verwendet
-j1 *m*	Das *m*.Feld wird in *datei1* als Schlüsselfeld verwendet
-j2 *m*	Das *m*.Feld wird in *datei2* als Schlüsselfeld verwendet
-a1	Zeilen aus *datei1* ausgeben, für die keine Zeile mit gleichem Schlüsselfeld-Inhalt in *datei2* existiert.
-a2	Zeilen aus *datei2* ausgeben, für die keine Zeile mit gleichem Schlüsselfeld-Inhalt in *datei1* existiert.
-o *n.m* ..	Legt die Felder fest, welche auszugeben sind: Aus *n*.Datei das *m*.Feld; wobei für *n* entweder 1 (*datei1*) oder 2 (*datei2*) angegeben werden kann. So würde z. B. die Angabe **-o 1.2 2.4** festlegen, daß immer das 2.Feld aus *datei1* und das 4.Feld aus *datei2* auszugeben sind
-t*c*	Legt das Zeichen *c* als Trennzeichen für die Felder fest; gilt dann sowohl für die Eingabe- wie auch für die Ausgabefelder.
-e *string*	Legt fest, daß leere Ausgabefelder durch *string* zu ersetzen sind.

Die Syntax von **join** ist etwas eigenwillig: Bei **-o** und **-e** müssen die Optionenargumente durch genau ein Leerzeichen von der Option getrennt werden, während bei **-t**, **-j** und **-a** keine Leerzeichen dazwischen erlaubt sind.

4.6 Wichtige Kommandos zum Dateisystem 151

In den Beispielen werden 2 weitere Dateien mit folgenden Namen und Inhalt benötigt:

obstpreise:
Avocados   3,80
Bananen   2,60
Kirschen   2,40
Kiwis   4,20
Trauben   2,10
Pfirsiche 2,30

sprache:[40]
englisch:Grossbritannien::
hindi:Indien:englisch:
italienisch:Italien:deutsch:
deutsch:Schweiz:franzoesisch:italienisch
englisch:USA:franzoesisch:deutsch

`$ pwd` ⏎	Zeige working directory an
/home/egon/uebung1	Ausgabe des working directorys
`$ sort  obst  >obst2` ⏎	Sortiere Inhalt von obst nach obst2
`$ sort  laender  >laender2` ⏎	Sortiere laender nach laender2
`$ join  obst2  obstpreise` ⏎	Mische die beiden Dateien obst2 und obstpreise
Avocados 3,80	
Bananen 2,60	Ausgabe des Mischungsresultats
Kirschen 2,40	
Kiwis 4,20	
`$ join  -a1  obst2  obstpreise` ⏎	Mische die beiden Dateien obst2 und obstpreise; dabei sind auch die Zeilen aus
Aepfel	obst2 auszugeben, die kein gemeinsames
Avocados 3,80	Schlüsselfeld mit obstpreise haben.
Bananen 2,60	Ausgabe des Mischungsresultats
Birnen	
Brombeeren	
Kirschen 2,40	
Kiwis 4,20	
Orangen	
Stachelbeeren	

---

[40] Zu jedem Land ist die dort am meisten gesprochene Sprache im ersten Feld angegeben; nach dem Namen des Landes sind weitere Sprachen angegeben, die auch noch in diesem Land gesprochen werden.

```
$ join -t: -j1 1 -j2 2 laender2 sprache ⏎
Grossbritannien:London:56 Mio:244000:englisch::
Indien:Neu Delhi:644 Mio:3288000:hindi:englisch:
Italien:Rom:57,3 Mio:294000:italienisch:deutsch:
Schweiz:Bern:6,5 Mio:41000:deutsch:franzoesisch:italienisch
USA:Washington:220,7 Mio:9363000:englisch:franzoesisch:deutsch
```
                            Mische die beiden Dateien laender2
                            (1.Feld=Schlüsselfeld) und
                            sprache(2.Feld=Schlüsselfeld)
                            Ausgabe des Mischungsresultats

```
$ join -t: -j1 1 -j2 2 -e "---" laender2 sprache ⏎
Grossbritannien:London:56 Mio:244000:englisch:---:---
Indien:Neu Delhi:644 Mio:3288000:hindi:englisch:---
Italien:Rom:57,3 Mio:294000:italienisch:deutsch:---
Schweiz:Bern:6,5 Mio:41000:deutsch:franzoesisch:italienisch
USA:Washington:220,7 Mio:9363000:englisch:franzoesisch:deutsch
```
                            Mische die beiden Dateien laender2
                          (1.Feld=Schlüsselfeld) und sprache
                (2.Feld=Schlüsselfeld); leere Felder sind mit ---
                                          anzugeben
                            Ausgabe des Mischungsresultats

```
$ join -t: -j1 2 -j2 1 -o 1.2 1.1 2.2 sprache laender2 ⏎
Grossbritannien:englisch:London
Indien:hindi:Neu Delhi
Italien:italienisch:Rom
Schweiz:deutsch:Bern
USA:englisch:Washington
$ ▮
```
                            Mische die beiden Dateien sprache
                      (2.Feld=Schlüsselfeld) und laender2
                (1.Feld=Schlüsselfeld); bei der Ausgabe des
                Mischergebnisses ist zuerst das 2.Feld und dann
                das 1.Feld von sprache auszugeben und dann das
                                      2.Feld von laender2

Directories nach bestimmten Dateien durchsuchen

find   (**find** files)

        Die vollständige Aufrufsyntax für **find** ist:

            find *pfadname(n)* *bedingung(en)*

4.6 Wichtige Kommandos zum Dateisystem

Das Kommando **find** durchsucht alle angegebenen *pfadname(n)* nach Dateien, für die die angegebenen *bedingung(en)* erfüllt sind. Dabei wird für jeden der angegebenen *pfadname(n)* das vollständige Directory durchsucht, d. h. es werden alle zugehörigen Subdirectories, Sub-Subdirectories, usw. zu diesen *pfadname(n)* nach Dateien durchsucht, auf die die angegebenen *bedingung(en)* zutreffen.

Bei den nachfolgend vorgestellten *bedingung(en)* steht *n* für eine ganze Zahl; für *n* kann dabei

n	(bedeutet: *genau n*) oder
+*n*	(bedeutet: *mehr als n*) oder
-*n*	(bedeutet: *weniger als n*)

angegeben werden. Von der Vielzahl der möglichen *bedingung(en)* sind hier die am häufigsten benötigten ausgewählt wurden:

Bedingung	Beschreibung
-print	immer erfüllt; gibt zu allen gefundenen Dateien die Namen auf die Standardausgabe aus.
-name *dateiname*	erfüllt, wenn eine Datei mit dem Namen *dateiname* gefunden wird.
[-perm] *[-]oktalzahl*	erfüllt, wenn eine Datei gefunden wird, deren Zugriffsrechte der angegebenen *oktalzahl* entsprechen; wenn vor *oktalzahl* ein - (Minuszeichen) angegeben ist, so werden nur die mit *oktalzahl* spezifizierten Zugriffsrechte überprüft und die restlichen sind bedeutungslos.
-type *c*	erfüllt, wenn eine Datei gefunden wird, deren Dateiart *c* ist; für *c* kann dabei **b** (blockorientierte Gerätedatei), **c** (zeichenorientierte Gerätedatei), **d** (directory), **l** (symbolische Links), **p** (named pipe) oder **f** (einfache Datei) angegeben werden.
-links *n*	erfüllt, wenn eine Datei mit *n* Links gefunden wird.
-user *login-kennung*	erfüllt, wenn eine Datei gefunden wird, die dem Benutzer mit der angebenen *login-kennung* gehört; für *login-kennung* kann dabei entweder die login-Kennung oder die **UID** eines Benutzers angegeben werden.
-group *gruppen-kennung*	erfüllt, wenn eine Datei gefunden wird, die der Gruppe mit der angebenen *gruppen-kennung* gehört; für *gruppen-kennung* kann dabei entweder die login-Kennung oder die **GID** einer Gruppe angegeben werden.
-size *n[c]*	erfüllt, wenn eine Datei gefunden wird, deren Größe *n* Blöcke bzw. *n* Bytes (bei der Angabe *n***c**) ist.

Bedingung	Beschreibung
-atime *n*	erfüllt, wenn eine Datei gefunden wird, auf die vor *n* Tagen das letztemal zugegriffen wurde; ein Durchsuchen mit **find** wird auch als Zugriff gewertet, allerdings erst nach Auswertung der vorherigen Zugriffszeit.
-mtime *n*	erfüllt, wenn eine Datei gefunden wird, die vor *n* Tagen das letztemal modifiziert wurde.
-newer *dateiname*	erfüllt, wenn eine Datei gefunden wird, deren Modifikationsdatum jünger als das von *dateiname* ist.
-depth	immer erfüllt; bewirkt, daß im Dateibaum immer zuerst zu den Blättern "abgestiegen" wird. Dies hat zur Folge, daß alle Einträge in einem Directory behandelt werden, bevor auf die Directory selbst zugegriffen wird. Dies kann nützlich bei der Kombination mit dem nachfolgend vorgestellten Kommando **cpio** eingesetzt werden, wenn es erforderlich ist, Dateien zu übertragen, die sich in Directories ohne Schreiberlaubnis befinden.

Ein Aufruf von **find** kann auf Rechnern mit sehr großen Plattenkapazitäten sehr lange brauchen und das System nicht unerheblich belasten. Um die Suche im gesamten Dateisystem zu vermeiden, sollten Sie deshalb von den beiden folgenden Bedingungen Gebrauch machen:

Bedingung	Beschreibung
-mount	beschränkt die Suche auf ein Dateisystem
-local	beschränkt die Suche bei vernetzten Systemen auf das lokale System

Neu in System V.4

Bedingung	Beschreibung
-follow	verfolgt symbolische Links
-prune	Hiermit lassen sich Subdirectories von der Suche ausschließen, die durch einen dem **-prune** vorangehenden Ausdruck näher bestimmt werden. So würde z. B. mit folgendem Aufruf nach allen Dateien im Directorybaum

4.6 Wichtige Kommandos zum Dateisystem 155

Bedingung	Beschreibung
	/home/egon gesucht, die größer als 100000 Bytes sind, außer im Subdirectory *uebung1*: `find /home/egon -size +100000b -print -name uebung1 -prune`

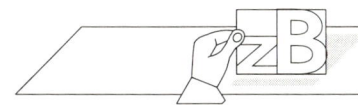

```
$ pwd  ⏎                                  Zeige working directory an
/home/egon/uebung1                        Ausgabe des working directory
$ find /usr -name dir.h -print ⏎ 41       Suche im Dateibaum /usr Datei dir.h
/usr/include/sys/dir.h                    Pfadname der gefund. Datei dir.h
$ find / -user egon -print ⏎
/dev/ttyic                                Suche im Dateibaum unter / alle Dateien, die egon
/home/egon                                gehören.
/home/egon/.profile
/home/egon/add.c                          Ausgabe aller absoluten Pfadnamen der Dateien,
/home/egon/uebung1                        die sich unter root directory befinden und egon ge-
/home/egon/uebung1/obst                   hören.
/home/egon/uebung1/laender
/home/egon/uebung1/add1.c
/home/egon/uebung1/add2.c
/home/egon/uebung1/abc1
/home/egon/uebung1/abc2
/home/egon/uebung1/abc3
/home/egon/uebung1/delta
/home/egon/uebung1/obst.sort
/home/egon/uebung1/fruechte
/home/egon/uebung1/alter
/home/egon/uebung1/obst2
/home/egon/uebung1/nachnamen
/home/egon/uebung1/dateiliste
/home/egon/uebung1/laender2
/home/egon/uebung1/telnr
```

---

[41] Manche Directories gestatten keinen Zugriff von *find*. Dies führt dann zu einer entsprechenden Fehlermeldung.

```
/home/egon/uebung1/sprache                         Fortsetzung der Ausgabe auf
/home/egon/uebung1/obstpreise                      der vorhergehenden Seite
/home/egon/uebung1/nachnamen.sort
/home/egon/uebung3
/home/egon/uebung3/obst
/home/egon/uebung3/laender
/home/egon/uebung3/obst3
$ find .. -type d -print [↵]                       Suche alle Subdirectories zum parent directory
..                                                 Ausgabe dieser Sub-Directories
../uebung1
../uebung3
$ find . -print -name add1.c [↵]                   Gib alle Namen von Dateien aus, die sich im Da-
.                                                  teibaum unter dem working directory befinden
./obst                                             Druckt alle Dateien des working directorys und des-
./laender                                          sen Subdirectories, da die bedingungen von links
./add1.c                                           nach rechts ausgewertet werden, und
./add2.c                                           -print ist immer erfüllt.
./abc1
./abc2
./abc3
./delta
./obst.sort
./fruechte                                         Möchte man nur wissen, ob eine Datei mit Namen
./alter                                            add1.c im Dateibaum des working directorys exi-
./obst2                                            stiert, so müßten die beiden Bedingungen ver-
./nachnamen                                        tauscht angegeben werden
./dateiliste                                       (siehe nächstes Kommando)
./laender2
./telnr
./sprache
./obstpreise
./nachnamen.sort
$ find . -name add1.c -print [↵]                   Suche add1.c im Dateibaum zu .
./add1.c                                           Ausgabe des Pfadnames von add1.c
$ find /usr -links +10 -type d -print [↵]          Suche im Dateibaum zu /usr alle Directories mit
/usr                                               mehr als 10 Links.
/usr/lib                                           Ausgabe der entspr. Directories
/usr/lib/terminfo
$ find / -size +200000c -print [↵]                 Suche im Dateibaum zum root directory alle Da-
/unix                                              teien, die mehr als 200000 Bytes enthalten.
/etc/wtmp
/etc/atconf/bin/.lib/kerncomp
/etc/atconf/kernels/unix.std.1
/etc/atconf/modules/kernel/os.o
/usr/lib/cron/log
/usr/lib/libcurses.a
/usr/lib/libp/libc.a
/usr/lib/libtermcap.a
/usr/lib/libtermlib.a
```

4.6 Wichtige Kommandos zum Dateisystem 157

```
/usr/adm/pacct2                                    Ausgabe aller Directories im Dateibaum
/usr/adm/pacct3                                    des root directorys, die mehr als 200000
/usr/adm/pacct4                                    Bytes enthalten
/usr/adm/pacct5
/usr/adm/pacct6
/usr/adm/pacct7
/usr/adm/pacct8
/usr/adm/pacct9
/usr/adm/pacct10
/usr/adm/pacct11
/lib/comp
/lib/libc.a
/lib/libc_s.a
$ find /usr -type f -newer add2.c -print ⏎         Suche im Dateibaum zu /usr alle einfachen
/usr/spool/lp/pstatus                              Dateien, deren Modifikationsdatum jünger
/usr/spool/lp/outputq                              als das von Datei add2.c ist
/usr/spool/lp/seqfile                              Ausgabe aller jüngeren Dateien
/usr/spool/lp/oldlog
/usr/spool/lp/SCHEDLOCK
/usr/spool/lp/log
/usr/lib/cron/log
/usr/adm/sa/sa30
/usr/adm/sa/sa02
/usr/adm/sa/sa03
/usr/adm/pacct
/usr/adm/sulog
$ ▮
```

Dateien in mehrere kleinere zerteilen

split (**split** *a file into pieces*)

Die vollständige Aufrufsyntax für **split** ist:

split [-n]   [*datei*   [*name*]]

Das Kommando **split** liest die angegebene *datei* und zerteilt sie in einzelne Stücke mit je *n* Zeilen.

Ist **-n** nicht angegeben, so werden Einzelstücke mit 1000 Zeilen gebildet.

Ist *datei* nicht angegeben, so liest **split** von der Standardeingabe.

name legt dabei ein Präfix fest, aus dem dann die Namen der Dateien gebildet werden, in welche die einzelnen Stücke abgelegt werden; die Namensgebung für diese einzelnen Dateien erfolgt durch Anhängen von **aa**, **ab**, **ac**, ..., **zz** an das Präfix *name*. Ist *name* nicht angegeben, so wird als Präfix **x** verwendet und die Namen für die "Stück-Dateien" wären dann *xaa*, *xab*, *xac*, usw. Mit dieser Art der Namensgebung ist es möglich, maximal 676 "Stück-Dateien" zu erzeugen.

Die "Stück-Dateien" werden immer im working directory angelegt.

Allerdings ist es möglich, über die Präfixausgabe zu erreichen, daß die Stückdateien auch in anderen Directories abgelegt werden. So teilt z. B. das folgende Kommando die Datei *gross* in Teile zu je 500 Zeilen auf:

```
split -500 gross /var/tmp/klein
```

Die Stückdateien heißen **kleinaa**, **kleinab**, **kleinac** usw. und liegen im Directory **/var/tmp**.

Das Zerteilen einer Datei kann z. B. dann erforderlich sein, wenn diese für die Bearbeitung mit einem Editor zu groß ist oder wenn sie größer als die Kapazität einer Diskette ist, auf die sie kopiert werden soll.

In diesen Beispielen wird von einer weiteren UNIX-Konstruktion Gebrauch gemacht: der Expandierung von Dateinamen. Dazu wird hier das Zeichen * vorgestellt, welches bei der Angabe innerhalb von Dateinamen soviel bedeutet wie: *Hierfür können beliebige Zeichen stehen.*

So bedeutet etwa der Aufruf

ls add2*

Liste alle Dateinamen, die mit *add2* beginnen und darüberhinaus beliebige Zeichen (auch eventuell keine weitere Zeichen) enthalten. So würden beispielsweise Dateinamen wie add2.c, add234, add2, add2.0 usw. aufgelistet. Dateinamen wie ladd2.c, add32.c, madd2 usw. würden dagegen nicht aufgelistet.

```
$ pwd  ⏎
/home/egon/uebung1
$ split  -4   add2.c   add2.c  ⏎
$ ls  -1   add2*  ⏎
add2.c
add2.caa
add2.cab
add2.cac
$ cat   add2.cab  ⏎
  float a, b, c;

  printf("Gib 2 Zahlen ein: ");
  scanf("%f %f", &a, &b);
```

Zeige working directory an
Ausgabe des working directorys
Zerteile add2.c in 4-Zeilen Teilstücke
Liste alle vorhand. Dateinamen, die mit add2 beginnen.
Nun neben add2.c noch 3 "Stückdateien" vorhanden: add2.caa, add2.cab und add2.cac
Gib Inhalt der "Stückdatei" add2.cab am Bildschirm aus.

Ausgabe von add2.cab: enthält den zweiten 4-Zeiler der Ausgangsdatei add2.c

4.6 Wichtige Kommandos zum Dateisystem

```
$ rm  add2.c ⏎
$ cat add2.ca* ⏎
/* Dieses Programm liest 2 Zahlen ein und gibt die */
/* Summe dieser beiden Zahlen wieder aus            */
main()
{
  float a, b, c;

  printf("Gib 2 Zahlen ein: ");
  scanf("%f %f", &a, &b);
  c = a+b;
  printf("Summe: %f + %f = %f\n", a, b, c);
}
$ cat  add2.ca* >add2.c ⏎
$ ▮
```

Lösche Datei add2.c
Gib alle Dateien, deren Namen mit add2.ca
beginnen, hintereinander auf die Standardausgabe
aus.
Diese Ausgabe bewirkt, daß der vollständige Inhalt
der Ausgangsdatei add2.c aus den "Stückdateien"
zusammengesetzt wird.
Mit Umlenkung kann also die ursprüngliche Datei
add2.c wieder hergestellt werden.

Neben **split** existiert noch ein ihm verwandtes, jedoch weitaus umfassenderes Kommando mit Namen **csplit** (*context* **split**). Dieses Kommando ist nicht nur auf das Zerschneiden einer Datei in Teilstücke mit fester Länge begrenzt, sondern ermöglicht ein Zerteilen auch in variabel lange Teilstücke. Zudem können mit diesem Kommando die Schnittstellen auch vom Inhalt der Datei abhängig gemacht werden. Dies kann z. B. nützlich sein, wenn es gilt, eine große C-Programmdatei in einzelne Dateien aufzuteilen, die jeweils nur eine C-Funktion dieses umfangreichen Programms enthalten.

Eigentümer oder Gruppe einer Datei oder eines Directory ändern

chown   (ch*ange* own*er*)
chgrp   (ch*ange* *grou*p)

Der Besitzer oder die Gruppenzugehörigkeit einer Datei können geändert werden. Dazu stehen die Kommandos **chown** und **chgrp** zur Verfügung. Sowohl die Gruppenzugehörigkeit als auch der Eigentümer einer Datei können nur dann erfolgreich geändert werden, wenn der Aufrufer dieser Kommandos Super-User oder aber der Besitzer der entsprechenden Datei oder Directory ist. Wenn der Eigentümer der Datei (nicht der Super-User) diese Kommandos aufruft, dann werden die *setuid*- und *setgid*-Bits gelöscht.

Die vollständige Aufrufsyntax für diese beiden Kommandos ist:

chown *neuer_eigentümer datei(en)*

Dieses Kommando erlaubt es dem Besitzer der *datei(en)*[42] diese an andere Benutzer zu "verkaufen". Für *neuer_eigentümer* muß dabei entweder die login-Kennung oder die **UID** des neuen Besitzers angegeben werden.

chgrp *neue_gruppe datei(en)*

Dieses Kommando verändert die Gruppenzugehörigkeit der *datei(en)*[43]. Für *neue_gruppe* muß entweder die entsprechende Gruppen-Kennung oder die **GID** der neuen Gruppe angegeben werden.

Wenn sowohl die Gruppenzugehörigkeit als auch der Besitzer einer Datei geändert werden sollen, muß zuerst das **chgrp**- und dann erst das **chown**-Kommando aufgerufen werden. Würde zuerst das **chown**-Kommando aufgerufen, dann ist die Datei bereits verkauft und der ursprüngliche Besitzer hat keinerlei Besitzrechte mehr auf diese Datei. Um **chgrp** auszuführen, muß ihm aber die entsprechende Datei noch gehören.

Neu in System V.4
In System V.4 kennen **chown** und **chgrp** die Optionen **-R** und **-h**. Bei Angabe von **-R** ändern die Kommandos die Besitzverhältnisse aller Dateien der angegebenen Directories und bei **-h** werden die Besitzverhältnisse bei einem symbolischen Link nicht bei der Zieldatei, sondern dem Link selbst geändert.

Setzen der Dateikreierungsmaske

umask   *(set **u**ser file-creation mode **mask**)*

Um die Sicherheit unter UNIX etwas zu verbessern, wurde die sogenannte Dateikreierungsmaske eingeführt: dies ist ein 9-Bit-Wert, welcher die Rechte festlegt, die beim Anlegen neuer Dateien auf keinem

---

[42] Das können einfache Dateien und/oder Directories sein
[43] Das können einfache Dateien und/oder Directories sein

4.6 Wichtige Kommandos zum Dateisystem

Fall gewährt werden dürfen. Diese Dateikreierungsmaske gibt also mittels ihres Bitmusters an, welche Zugriffsrechte beim Anlegen neuer Dateien oder Directories immer zu entziehen sind.

Der Wert der Dateikreierungsmaske kann mit dem Kommando **umask** gesetzt werden, dessen vollständige Aufrufsyntax folgende ist:

umask   [*3-stellige-oktalzahl*]

Dieses Kommando setzt die Dateikreierungsmaske mit dem Wert der *3-stellige-oktalzahl*; wenn **umask** ohne Angabe eines Arguments aufgerufen wird, dann gibt es lediglich den Wert der momentanen Kreierungsmaske aus.

Die Dateikreierungsmaske hat allerdings nur Auswirkungen auf die Zugriffsrechte neu anzulegender Dateien; die Zugriffsrechte bereits bestehender Dateien bleiben vom Verändern der Dateikreierungsmaske unbeeinflußt. Ebenso hat die Dateikreierungsmaske keine Auswirkung auf Kommandos wie **cp** oder **mv**, welche immer die Zugriffsrechte der Originaldatei mitkopieren.

umask 022

häufig vergebene Dateikreierungsmaske: der Gruppe und der Welt werden für alle neuen Dateien Schreibrechte verweigert

umask 077

Für Benutzer, welche mit sehr geheimen Daten umgehen; der Gruppe und der Welt werden beim Neuanlegen von Dateien überhaupt keine Zugriffsrechte gewährt.

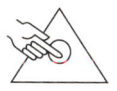

Üblicherweise wird dieses Kommando **umask** in der Datei *.profile* aufgerufen. Die Datei *.profile*[44] wird bei jedem Anmeldevorgang gelesen und die darin angebenen Kommandos ausgeführt. Somit legt man bereits vom Beginn einer UNIX-Sitzung an fest, welche Zugriffsrechte niemals beim Neuanlegen einer Datei zu vergeben sind. Auf die Datei *.profile* wird an späterer Stelle dieses Kapitels noch eingegangen.

---

[44] befindet sich im home directory

Komprimieren und Dekomprimieren von Dateien, Ausgabe komprimierter Daten

pack   *(compress files)*
unpack *(expand files)*
pcat

Mit der Komprimierung von Dateien können große Speicherplatzeinsparungen erreicht werden. Zur Komprimierung wird ein Huffman-Code verwendet. Die resultierende Einsparung hängt von der Größe der Dateien und den Zeichenhäufigkeiten im Text ab. Typische Platzeinsparungen für Textdateien sind 60-75%; für binäre Dateien können Einsparungen bis zu 90% erreicht werden. Für Dateien, die kleiner als 3 Blöcke sind, wird meist keine nennenswerte Einsparung erreicht. Wenn die Dateien zu klein sind, komprimiert **pack** von vornherein nicht.

Die Aufrufsyntax für diese 3 Kommandos ist:

pack   *dateiname(n)*

Der Inhalt der *dateiname(n)* wird komprimiert; dabei werden die ursprünglichen *dateiname(n)* gelöscht und der komprimierte Inhalt jeder Datei wird in eine Datei mit Namen *dateiname*.z geschrieben.

unpack *dateiname(n)*

oder

unpack *dateiname(n)*.z

Der Inhalt der *dateiname(n)*.z wird dekomprimiert, wenn es sich dabei um komprimierte Dateien handelt; dabei werden die *dateiname(n)*.z mit ihrem komprimierten Inhalt gelöscht und der dekomprimierte Inhalt wird in eine Datei mit Namen *dateiname* geschrieben.

pcat   *dateiname(n)*

oder

pcat   *dateiname(n)*.z

Der Inhalt der *dateiname(n)*.z wird zum Zwecke der Ausgabe auf dem Bildschirm kurzzeitig dekomprimiert; **pcat** verhält sich bei komprimierten Dateien, welche ja nicht mehr in lesbarer Form vorliegen, wie **cat** bei einfachen Dateien.

Eine komprimierte Datei könnte somit auf zwei verschiedene Arten wieder dekomprimiert werden:

unpack   *dateiname*.z

oder

4.6 Wichtige Kommandos zum Dateisystem

      `pcat` *dateiname.z* *>dateiname*

      `rm` *dateiname.z*   (Löschen der komprimierten Datei)

Eine Komprimierung findet *nicht* statt, wenn

- die angegebene Datei schon komprimiert ist
- der angegebene Dateiname mehr als 12 Zeichen hat
- auf die angegebene Datei Links eingetragen sind
- die angegebene Datei eine Directory ist
- die angegebene Datei nicht eröffnet werden kann
- durch das Komprimieren keine Platzeinsparung erzielt wird
- eine entsprechende Datei mit der Endung .z bereits existiert oder nicht kreiert werden kann.
- ein Fehler beim Komprimieren auftritt.

Neu in System V.4

In System V.4 wurde ein neues Komprimierungskommando **compress** eingeführt, das einen anderen Algorithmus als **pack** verwendet und im allgemeinen eine größere Kompression erreicht. Bei Textdateien liegt der Kompressionsfaktor gewöhnlich bei 50 bis 60 Prozent, in günstigen Fällen kann eine Komprimierung bis zu 90 Prozent erreicht werden. Wie bei **pack** stehen auch hier mehrere Kommandos zur Verfügung:

compress [*optionen*] [*datei(en)*]   (Komprimieren)
uncompress [*optionen*] [*datei(en)*]   (Dekomprimieren)
zcat [*optionen*] [*datei(en)*]   (Ausgabe von komprimierten Dateien)

Wenn **compress** die Dateien erfolgreich komprimieren konnte, werden die Dateien umbenannt und das Suffix .Z an den Namen angehängt.

Wie bei **pack** bleiben auch hier die Besitzverhältnisse, die Zugriffsrechte und die Zeitstempel der Originaldatei erhalten. Anders als **pack** kann **compress** Daten komprimieren, die es von der Standardeingabe liest und gibt dann die komprimierten Daten auf die Standardausgabe wieder aus.

Verschlüsseln und Entschlüsseln von Texten

crypt

Das Kommando **crypt** liest den zu ver-/entschlüsselnden Text von der Standardeingabe und gibt den ent-/verschlüsselten Text wieder auf die Standardausgabe aus. Die Aufrufsyntax für **crypt** ist:

    `crypt` [*paßwort*]

Ist *paßwort* beim Aufruf nicht angegeben, so verlangt **crypt** interaktiv vom Benutzer die Eingabe eines Paßworts; bei dieser interaktiven Eingabe werden die eingegebenen Zeichen nicht am Bildschirm angezeigt.

Das *paßwort* dient als Schlüssel beim Ver- und Entschlüsseln.

crypt geheim <obst >obst.cr

Der zu verschlüsselnde Text wird aus der Datei *obst* gelesen. Zum Verschlüsseln wird das Paßwort *geheim* verwendet. Der verschlüsselte Text wird in die Datei *obst.cr* geschrieben. Die Datei *obst* könnte nun mit

rm obst

gelöscht werden und somit würde ihr ursprünglicher Inhalt nur noch in verschlüsselter Form (in Datei *obst.cr*) vorliegen. Entschlüsselt könnte dann wieder mit

crypt geheim <obst.cr >obst

werden.

Aus Sicherheitsgründen wird ab UNIX System V.3 dieses Kommando außerhalb der USA nicht mehr zur Verfügung gestellt. So möchte die National Security Administration verhindern, daß außerhalb der USA dieser Verschlüsselungsalgorithmus verwendet werden kann.

4.7 Die Knotennummer einer Datei (*i-node number*)

Jede in einem UNIX-Dateisystem vorhandene Datei ist in einem zu diesem Dateisystem gehörigen Inhaltsverzeichnis vermerkt. Ein solches Inhaltsverzeichnis wird auch i-node-Liste (aus dem engl.: *i-node list*)[45] genannt.

4.7.1 Der Inhalt eines i-node

Ein Element dieser i-node-Liste wird als *i-node* (oder auch einfach als *inode*) bezeichnet.[46] Ein solcher inode enthält unter anderem die auf der folgenden Seite stehenden Informationen:[47]

---

[45] *i* steht dabei für *indirection*
[46] Im Deutschen wird ein *inode* auch oft Dateikopf genannt
[47] Dieser Inhalt ist nicht vollständig und kann von System zu System variieren.

4.7 Die Knotennummer einer Datei (i-node number)

```
i-node-Liste:
                    :
                    :
```

Dateiart + Zugriffsrechte	-l
Anzahl der Links	-l
Benutzer- und Gruppennummer	-n
Länge in Bytes	-l
Datum der letzten inode-Änderung	-lc
Datum der letzten Änderung des Dateiinhalts	-l
Datum des letzten Zugriffs	-lu
Verweis auf Datenblock 0	
:::	
Verweis auf Datenblock 9	
Verweis auf 1.Indirektionsblock	
Verweis auf Zweifach-Indirektionsblock	Bei Gerätedateien ohne Bedeutung
Verweis auf Dreifach-Indirektionsblock	

```
                    :
                    :
```

Viele dieser Informationen können mit dem Kommando **ls** abgefragt werden; die dafür erforderlichen Optionen sind rechts neben dem Bild angegeben.

Erklärungen zum Bild

Die Begriffe:

Dateiart + Zugriffsrechte
Anzahl der Links
Benutzer- und Gruppennummer
Länge in Bytes

wurden bereits früher besprochen

Datum der letzten inode-Änderung

Dies ist der Zeitpunkt, zu dem der inode selbst zuletzt geändert wurde (z. B. beim Anlegen der Datei, beim Ändern der Zugriffsrechte mit **chmod** oder beim Ändern der Besitzverhältnisse mit **chown** oder **chgrp**).

Datum der letzten Änderung des Dateiinhalts

Dies ist der Zeitpunkt, zu dem der Inhalt der Datei zuletzt geändert wurde (z. B. mit einem Editor).

Eine Änderung des Dateiinhalts bewirkt eine Änderung dieses Datums, das sich im inode befindet; folglich zieht das auch eine Änderung des "Datums der letzten inode-Änderung" nach sich.

Datum des letzten Zugriffs

Dies ist der Zeitpunkt, zu dem die Datei zuletzt gelesen bzw. ausgeführt (nicht beschrieben) wurde. Wenn also der Inhalt einer Datei geändert wird, so impliziert dies nicht die Änderung des Zugriffs-Zeitstempels. Ebenso bewirkt die Änderung eines inodes keine Änderung des Zugriffs-Zeitstempels.

Verweis auf Datenblock 0
:::
Verweis auf Datenblock 9

Diese 10 Verweise enthalten die direkten Adressen der ersten 10 Blöcke einer Datei. Benötigt die Speicherung einer Datei weniger Blöcke, so wird dies in den entsprechenden Verweis-Feldern durch eine NULL-Adresse angezeigt.

Verweis auf 1.Indirektionsblock

Ist der Inhalt einer Datei größer als 10 Blöcke, so enthält dieses Feld eine Adresse eines Blocks, in welchem bis zu 128 weitere Verweise[48] auf echte Datenblöcke (1.Indirektionsstufe) zu finden sind.

Verweis auf Zweifach-Indirektionsblock

Reichen 10+128 Verweise nicht aus, so enthält dieses Feld die Adresse eines Blocks, der auf bis zu 128 Blöcke mit jeweils 128 Verweise auf echte Datenblöcke zeigt (2.Indirektionsstufe).

Verweis auf Dreifach-Indirektionsblock

Reichen 10+128+128*128 Verweise nicht aus, so enthält dieses Feld die Adresse eines Blocks, welcher bis 128 Verweise auf zweifach indirekte Blöcke enthält.

Somit sind Dateigrößen bis zu

10 + 128 + 128*128 + 128*128*128 Blöcken

zu jeweils 512 oder 1024 Bytes (ungefähr 1 bzw. 2 Gigabyte) möglich. Das nachfolgende Bild soll diese Indirektionsstufen nochmals verdeutlichen.

---

[48] Diese Zahl ist implementationsabhängig. Im folgenden wird 128 angenommen, wobei jedoch auch Realisierungen mit 256 oder 1024 vorstellbar sind.

4.7 Die Knotennummer einer Datei (i-node number)

Die Verweisstruktur für eine Datei:

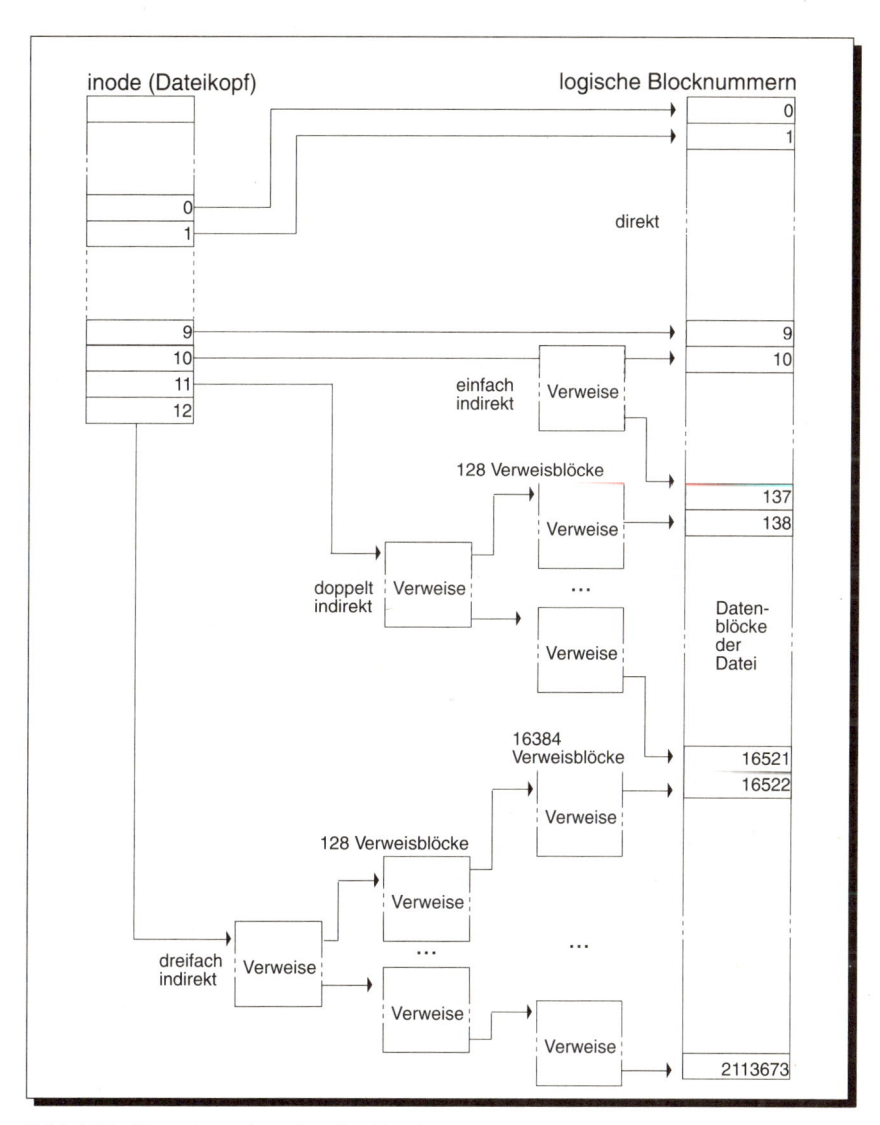

Bild 4.17 - Verweisstruktur für eine Datei

Es sollte einsichtig sein, daß dabei der Zugriff auf die ersten 10 Blöcke einer Datei am schnellsten möglich ist, da hierbei keine weitere Indirektionsstufe dazwischen geschaltet ist.

Bei Gerätedateien (*special files*) haben die letzten 12 Einträge eines inode keine Bedeutung. Anstelle des Datums der letzten inode-Änderung wird eine Gerätenummer für den entsprechenden *device driver* (zu deutsch: Gerätetreiber) eingetragen. Eine Gerätenummer setzt sich immer aus 2 Teilen zusammen:

- *major device number* (Nummer des Gerätetyps; z. B. für Terminal, Drucker, usw.)
- *minor device number* (Nummer des speziellen Geräts)

Wenn mit **ls -l** Namen von Gerätedateien aufgelistet werden, so wird anstelle der Dateilänge die *major device number* und *minor device number* des entsprechenden Geräts, das durch diese Datei beschrieben wird, ausgegeben.

Die inode-Nummer einer Datei kann mit

ls -i

ermittelt werden. Ein Link auf eine Datei hat immer die gleiche inode-Nummer wie die Originaldatei.

```
$ pwd  ↵                                    Zeige working directory an
/home/egon/uebung1                          Ausgabe des working directorys
$ ls  -i  alter*  ↵                         Zeige zu den Dateien, deren Name mit alter be-
2115 alter                                  ginnt, die inode-Nummern
$ ln  alter  alter2  ↵                      Lege einen Link auf Datei alter mit Namen alter2
$ ls  -il  alter*  ↵                        Zeige zu Dateien, deren Name mit alter beginnt, die
2115 alter                                  inode-Nummern
2115 alter2                                 Ausgabe der inode-Nummern zu den Dateien alter
$ ▊                                         und alter2; da alter2 ein Link auf alter ist, haben
                                            beide die gleiche inode-Nummer
```

Mit dem Kommando **touch** können die im inode eingetragenen Zugriffs- und Modifikations-Zeitstempel für Dateien direkt geändert werden. Die vollständige Aufrufsyntax dazu ist:

touch [-amc] [*mmtthhmm*[*jj*]] *datei(en)*

Wenn eine der angegebenen *datei(en)* nicht existiert, so wird sie von **touch** angelegt, allerdings nur, wenn nicht die Option **-c** angegeben ist. Mit der Angabe der Optionen **-a** und **-m** kann festgelegt werden, welcher Zeitstempel zu verändern ist.

4.7 Die Knotennummer einer Datei (i-node number)

-a   Zugriffs-Zeitstempel
-m   Modifikations-Zeitstempel

Ist keine Option angegeben, so werden beide Zeitstempel geändert.

Die Zeitangabe [*mmtthhmm*[*jj*]] legt die einzutragende Zeit fest: zuerst Monatszahl (*mm*), dann Tag (*tt*), dann Stunde (*hh*) und schließlich Minute (*mm*); Jahresangabe (*jj*) ist auch noch möglich, allerdings nicht gefordert. Fehlt die Zeitangabe, so wird die momentane Uhrzeit und das heutige Datum verwendet.

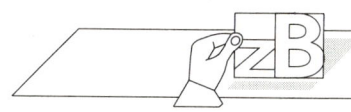

```
$ pwd  ⏎                                          Zeige working directory an
/home/egon/uebung1                                Ausgabe des working directorys
$ ls  -l  sprache  ⏎                              Auflisten der Datei sprache im Langformat:
-rw-r--r--  1 egon  graph  154 Apr  2 14:23 sprache   zuerst mit -l (letzte Modifikation), dann mit
$ ls  -lu sprache  ⏎                              -lu (letzte Zugriffszeit) und -lc (letzte Ände-
-rw-r--r--  1 egon  graph  154 Apr  2 14:29 sprache   rung des inode)
$ ls  -lc sprache  ⏎
-rw-r--r--  1 egon  graph  154 Apr  2 14:23 sprache
$ touch  sprache  ⏎                               Moment. Zeit im sprache-inode eintragen.
$ ls  -l  sprache  ⏎                              Auflisten der Datei sprache im Langformat:
-rw-r--r--  1 egon  graph  154 Apr  3 12:38 sprache   zuerst -l (letzte Änderung), dann -lu (letzter
$ ls  -lu sprache  ⏎                              Zugriff) -lc (letzte Änderung des inode)
-rw-r--r--  1 egon  graph  154 Apr  3 12:38 sprache
$ ls  -lc sprache  ⏎
-rw-r--r--  1 egon  graph  154 Apr  3 12:38 sprache
$ touch  -a  sprache  ⏎                           Moment. Zeit als Zugriffszeit für sprache
$ ls  -lu sprache  ⏎                              Auflisten der Datei sprache mit -lu (letzte
-rw-r--r--  1 egon  graph  154 Apr  3 12:40 sprache   Zugriffszeit)
$ touch  -m 02120840  sprache  ⏎                  12.Feb(8.40Uhr): Modif.Zeit für sprache
$ ls  -l  sprache  ⏎                              Auflisten der Datei sprache im Langformat:
-rw-r--r--  1 egon  graph  154 Feb 12 08:40 sprache   zuerst mit -l (letzte Modifikation), dann mit
$ ls  -lu sprache  ⏎                              -lu (letzte Zugriffszeit) und -lc (letzte Ände-
-rw-r--r--  1 egon  graph  154 Apr  3 12:40 sprache   rung des inode)
$ ls  -lc sprache  ⏎
-rw-r--r--  1 egon  graph  154 Apr  3 12:42 sprache
$ ▮
```

4.7.2 Directories und inode-Nummern

Wenn eine neue Datei in einem Directory angelegt wird, so wird zunächst ein inode für diese Datei in der inode-Liste erzeugt und dann die inode-Nummer mit dem Namen der neuen Datei im entsprechenden Directory eingetragen. Ein neuer inode wird allerdings nur dann erzeugt, wenn es sich bei der neu angelegten Datei nicht um einen Link handelt, denn im Falle eines Links würde bereits ein inode für die Originaldatei existieren und es müßte nur deren inode-Nummer und der Name des Links in das Directory eingetragen werden.

Wenn z. B. die im folgenden Bild gezeigte Konstellation vorliegt

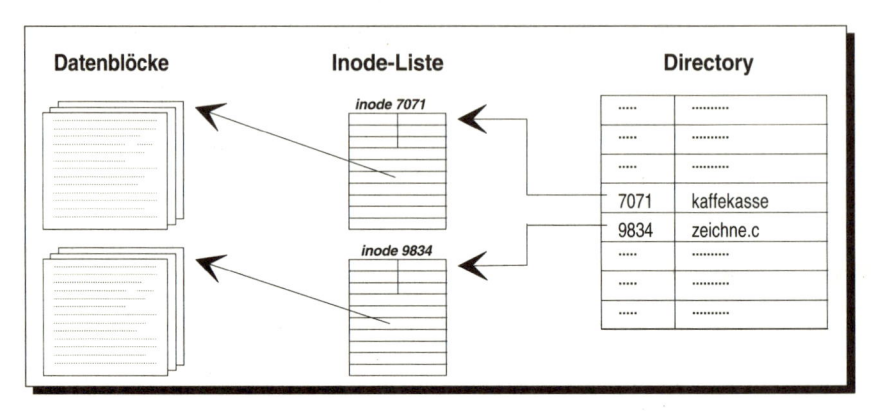

Bild 4.18 - Vorher...

und man würde im Directory mit

```
ln kaffeekasse cafe
```

einen Hard-Link *cafe* (auf *kaffeekasse*) erzeugen, dann würde keine neue Datei im Directory angelegt, sondern es würde im Directory lediglich ein neuer Eintrag *cafe* eingetragen, der die gleiche inode-Nummer erhält wie *kaffeekasse* (7071).

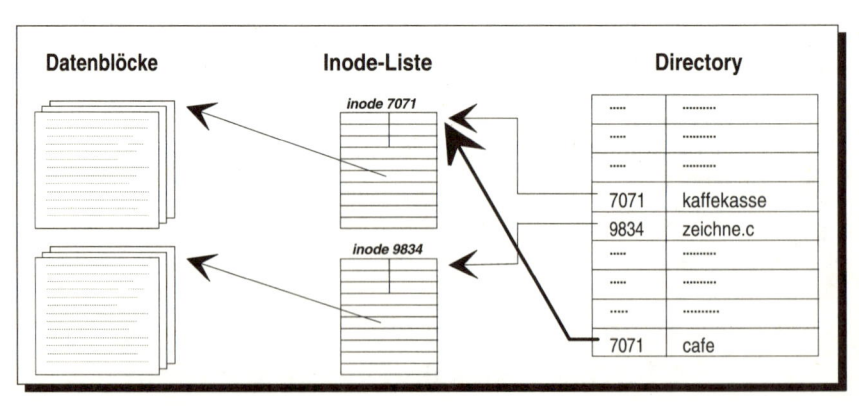

Bild 4.19 - Nachher...

4.7 Die Knotennummer einer Datei (i-node number)

Ein Zugriff auf *cafe* liefert somit immer das Gleiche wie ein Zugriff auf die Datei *kaffeekasse*. So würde z. B. sowohl

```
cat kaffeekasse
```

als auch

```
cat cafe
```

das Gleiche am Bildschirm ausgeben.

Es wird nochmals darauf hingewiesen, daß unter UNIX Directories auch nur als Dateien realisiert sind. Für jede Datei in einem Directory existieren somit 2 Einträge in der "Directory-Datei":

2 Bytes	14 Bytes
inode-Nummer	Dateiname

Da für die inode-Nummer 16 Bits (2 Bytes) zur Verfügung stehen, kann es maximal 65535 Dateien in einem Dateisystem geben[49].

Wenn eine Datei gelöscht wird, dann wird nur die zugehörige inode-Nummer in der "Directory-Datei" auf 0 gesetzt. Der Dateiname bleibt weiterhin in der "Directory-Datei" stehen und der Eintrag belegt weiterhin 16 Bytes. Eine "Directory-Datei" kann daher durch Löschen von Dateien nicht kleiner werden.

Beim Anlegen einer neuen Datei in einer Directory wird der erste Eintrag mit der inode-Nummer 0 gesucht und an dieser Stelle wird die inode-Nummer und der Name der neuen Datei eingetragen. Falls keine inode-Nummer 0 existiert, erfolgt der Eintrag am Ende der "Directory-Datei".

Da ein Directory unter UNIX als Datei realisiert wird, läßt sich ihr Inhalt genauso lesen wie der einer einfachen Datei[50]. Da es sich aber bei einer Directory nicht um eine Textdatei, sondern um eine Binärdatei handelt, würde eine Ausgabe des Inhalts mit **cat** keinen lesbaren Text liefern. Um auch den Inhalt einer Binärdatei betrachten zu können, steht das Kommando **od** (*o*ctal *d*ump) zur Verfügung, welches die Bytes einer Datei nicht als ASCII-Zeichen, sondern - abhängig von den Optionen - als Oktal-, Dezimal- oder Hexadezimalwerte ausgibt.

---

[49] Es gibt auch Dateisysteme, bei denen 4 Bytes für die inode-Nummer und mehr als 14 Bytes (z. B. 255 Bytes) für Dateinamen reserviert sind, um die Einschränkungen für die Anzahl von Dateien innerhalb eines Dateisystems und für die Länge von Dateinamen nicht so eng definieren zu müssen.

[50] Das Schreiben in eine "Directory-Datei" ist allerdings nur über den Aufruf der dazu angebotenen Kommandos (z. B. **cp, ed, mkdir,** usw.) möglich. Dadurch wird sichergestellt, daß das System immer die Kontrolle über das gesamte Dateisystem besitzt.

Die vollständige Aufrufsyntax für **od** ist:

od [*optionen*] [*datei*] [[+]] [. | b | x]

Einige mögliche Optionen sind dabei:

Option	Beschreibung	
-b	(**b**ytes)	Ausgabe der Bytes als Oktalzahlen
-c	(**c**haracter)	Ausgabe der Bytes als ASCII-Zeichen, allerdings werden nicht druckbare Zeichen als 3-stellige Oktalzahlen oder in einer C-Notation:
	\0	für 0
	\b	für Backspace
	\f	für Seitenvorschub (form feed)
	\n	für Neuezeile-Zeichen
	\r	für Return
	\t	für Tabulatorzeichen ausgegeben.
-d	(**d**ecimal)	Ausgabe der Worte (nicht Bytes) als vorzeichenlose Dezimalzahlen
-o	(**o**ctal)	Ausgabe der Worte als Oktalzahlen
-s	(**s**igned)	Ausgabe der Worte (hier immer 16-Bit) als vorzeichenbehaftete Dezimalzahlen.
-x	(**h**e**x**adecimal)	Ausgabe der Worte als Hexadezimalzahlen

Sind keine Optionen angegeben, so ist **-o** die Voreinstellung. Wenn keine *datei* angegeben ist, so liest **od** von der Standardeingabe.

Ein eventuell angegebenes *offset* legt das Byte-Offset fest, ab dem **od** mit der Ausgabe beginnen soll. Die für *offset* angegebene Zahl wird nur dann als Dezimalzahl interpretiert, wenn danach ein Punkt angegeben ist, andernfalls wird sie als Oktalzahl gewertet. Wenn nach *offset* **b** angegeben ist, so legt die als *offset* angegebene Zahl ein Offset von 512-Byte bzw. 1024-Byte langen Blöcken fest.[51]

Wenn nach *offset* ein **x** angegeben ist, so wird *offset* als hexadezimale Zahl interpretiert.

Das Zeichen **+** ist nur dann vor *offset* anzugeben, wenn keine *datei* angegeben wurde.

---

[51] Hinweis: Auf manchen Dateisystemen sind Blöcke auch länger als 1024 Byte.

4.7 Die Knotennummer einer Datei (i-node number)

Die bei der Ausgabe von **od** am linken Rand stehenden siebenstelligen Zahlen zeigen die Bytenummer in der Datei und sind als Oktalzahlen zu werten. Bei den Ausgaben in den Beispielen ist zu erkennen, daß am Ende jeder Zeile in der Textdatei *obst* der Oktalwert **012** (ASCII-Wert für Neuezeile-Zeichen \n) steht. Dies ist typisch für Textdateien.

```
$ pwd  ⏎
/home/egon/uebung1
$ od  obst  ⏎
0000000  064502  067162  067145  045412  073551  071551  040412  067566
0000020  060543  067544  005163  060502  060556  062556  005156  071117
0000040  067141  062547  005156  062501  063160  066145  051412  060564
0000060  064143  066145  062542  071145  067145  045412  071151  061563
0000100  062550  005156  071102  066557  062542  071145  067145  000012
0000117
```

Zeige working directory an
Ausgabe des working directorys
Gib Inh. von obst im Oktal-Format aus
Ausgabe des Inhalts der Datei im Oktalformat:
Jedes Wort wird als Oktalzahl bei der Ausgabe
dargestellt.

```
$ od  –c  obst  ⏎
0000000    B    i    r    n    e    n   \n    K    i    w    i    s   \n    A    v    o
0000020    c    a    d    o    s   \n    B    a    n    a    n    e    n   \n    O    r
0000040    a    n    g    e    n   \n    A    e    p    f    e    l   \n    S    t    a
0000060    c    h    e    l    b    e    e    r    e    n   \n    K    i    r    s    c
0000100    h    e    n   \n    B    r    o    m    b    e    e    r    e    n   \n   \0
0000117
```

Gib Inh. von obst als ASCII-Zeichen (nicht druckbare Zeichen als 3-stellige
Oktalzahl oder in C-Notation) aus !
Ausgabe der Datei obst im ASCII-Format: Für nicht druckbare Zeichen
wurde C-Notation (wie \0 oder \n) verwendet

```
$ od  –d  obst  ⏎
0000000  26946  28274  28261  19210  30569  29545  16650  28534
0000020  24931  28516  02675  24898  24942  25966  02670  29263
0000040  28257  25959  02670  25921  26224  27749  21258  24948
0000060  26723  27749  25954  29285  28261  19210  29289  25459
0000100  25960  02670  29250  28015  25954  29285  28261  00010
0000117
```

Gib Inh. von obst als Dezimalzahlen aus
Ausgabe des Inhalts der Datei obst als
Dezimalzahlen: Jedes Wort wird als Dezimalzahl
dargestellt.

```
$ od -cb obst ⏎
0000000    B    i    r    n    e    n   \n    K    i    w    i    s   \n    A    v    o
          102  151  162  156  145  156  012  113  151  167  151  163  012  101  166  157
0000020    c    a    d    o    s   \n    B    a    n    a    n    e   \n   \0    r
          143  141  144  157  163  012  102  141  156  141  156  145  156  012  117  162
0000040    a    n    g    e    n   \n    A    e    p    f    e    l   \n    S    t    a
          141  156  147  145  156  012  101  145  160  146  145  154  012  123  164  141
0000060    c    h    e    l    b    e    e    r    e    n   \n    K    i    r    s    c
          143  150  145  154  142  145  145  162  145  156  012  113  151  162  163  143
0000100    h    e    n   \n    B    r    o    m    b    e    e    r    e    n   \n   \0
          150  145  156  012  102  162  157  155  142  145  145  162  145  156  012  000
0000117
```

Gib Inh. von obst als ASCII-Zeichen (nicht druckb.
Zeichen als 3-stellige Oktalzahl oder in C-Notation)
und zusätzl. noch als Oktalwerte aus
Ausgabe der Datei obst im Oktal- und ASCII-
Format (Für nicht druckbare Zeichen wurde C-
Notation verwendet).
Die Oktalzahl repräsentieren hier immer ein Byte
(nicht Wort)

```
$ od -x obst ⏎
0000000 6942 6e72 6e65 4b0a 7769 7369 410a 6f76
0000020 6163 6f64 0a73 6142 616e 656e 0a6e 724f
0000040 6e61 6567 0a6e 6541 6670 6c65 530a 6174
0000060 6863 6c65 6562 7265 6e65 4b0a 7269 6373
0000100 6568 0a6e 7242 6d6f 6562 7265 6e65 000a
0000117
$ ▮
```

Gib Inh. von obst als Hexa-Zahlen aus
Ausgabe des Inhalts der Datei obst als Hexadezimalzahlen: Jedes Wort wird als
Hexadezimalzahl dargestellt.

Bei einem Eintrag in einer "Directory-Datei" enthalten die ersten beiden Bytes die inode-Nummer und die folgenden 14 Bytes den Namen der entsprechenden Datei.[52] Dies ist im übrigen die einzige Verbindung zwischen einem Namen einer Datei und ihrem Inhalt.

Nun soll das Kommando **od** benutzt werden, um den Inhalt einer "Directory-Datei" auszugeben.

---

[52] Auf manchen Dateisystemen gilt diese Einschränkung nicht (siehe auch Abschnitt 4.9).

4.7 Die Knotennummer einer Datei (i-node number)

```
$ pwd  ⏎                                     Zeige working directory an
/home/egon/uebung1                           Ausgabe des working directorys
$ cd   ../uebung3  ⏎                         Wechsle zum Directory ../uebung3
$ pwd  ⏎                                     Zeige working directory an
/home/egon/uebung3                           Ausgabe des working directorys
$ ls   -ail  ⏎                               Liste alle Dateien mit inode-Nummern
  2082 .                                     Ausgabe aller im working directory vorhan-
  2042 ..                                    denen Dateinamen mit inode-Nummern
  2050 laender
  2081 obst
  2080 obst3
$ od   -cd  .  ⏎   53
0000000   02082   00046   00000   00000   00000   00000   00000   00000
            "  \b     .  \0    \0  \0    \0  \0    \0  \0    \0  \0    \0  \0    \0  \0
0000020   02042   11822   00000   00000   00000   00000   00000   00000
          372 007    .   .     \0  \0    \0  \0    \0  \0    \0  \0    \0  \0    \0  \0
0000040   02081   25199   29811   00000   00000   00000   00000   00000
            !  \b     o   b       s   t   \0  \0    \0  \0    \0  \0    \0  \0    \0  \0
0000060   02050   24940   28261   25956   00114   00000   00000   00000
          002  \b     l   a       e   n       d   e       r  \0    \0  \0    \0  \0    \0  \0
0000100   02080   25199   29811   00051   00000   00000   00000   00000
               \b     o   b       s   t       3  \0    \0  \0    \0  \0    \0  \0    \0  \0
0000120
$ ▮
```

        Gib Inh. der working directory-Datei als Dezimalwerte und zusätzl. noch als ASCII-Zeichen (nicht druckb. Zeichen als 3-stellige Oktalzahl oder in C-Notation) aus
        Ausgabe der einzelnen Worte der working directory-Datei als Dezimalzahlen und zusätzl. noch der einzelnen Bytes als ASCII-Zeichen (Für nicht druckbare Zeichen wurde C-Notation oder 3-stellige Oktalzahl verwendet)

An diesem Beispiel ist der Aufbau einer "Directory-Datei" sehr gut zu erkennen. Man findet in ihr die inode-Nummern und die Namen der in diesem Directory enthaltenen Dateien wieder.

Da es sich bei den Namen . und .. um Links auf das current directory **/home/egon/uebung3** und auf das parent directory **/home/egon** handelt, sollten sie die gleichen inode-Nummern wie diese Original-Directories besitzen.

---

[53] Hinweis:
    inode-Nummern sind fett gedruckt
    Namen sind unterstrichen

```
$ pwd  ⏎                                          Zeige working directory an
/home/egon/uebung3                             Ausgabe des working directorys
$ ls  -di   /home/egon  ⏎                 Liste /home/egon mit inode-Nummern
2042 /home/egon                                 gleiche inode-Nummer wie ..
$ ls  -di   /home/egon/uebung3  ⏎    Liste /home/egon/uebung3 mit inode-Nr
2082 /home/egon/uebung3                           gleiche inode-Nummer wie .
$ ▮
```

Wird eine Datei gelöscht, so wird nur deren inode-Nummer in der zugehörigen "Directory-Datei" auf 0 gesetzt. Der Dateiname bleibt in der "Directory-Datei" stehen. Wird eine neue Datei in einem Directory angelegt, so wird zunächst nach dem Platz eines als gelöscht markierten Eintrags (inode-Nummer gleich 0) gesucht. Nur wenn keiner existiert, wird der neue Eintrag am Ende der "Directory-Datei" vorgenommen.

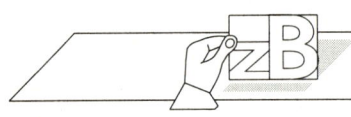

```
$ pwd  ⏎
/home/egon/uebung3
$ rm   laender  ⏎
$ od   -cd   .  ⏎
0000000     02082   00046   00000   00000   00000   00000   00000   00000
            "  \b   .  \0   \0 \0   \0 \0   \0 \0   \0 \0   \0 \0   \0 \0
0000020     02042   11822   00000   00000   00000   00000   00000   00000
            372 007 .  .    \0 \0   \0 \0   \0 \0   \0 \0   \0 \0   \0 \0
0000040     02081   25199   29811   00000   00000   00000   00000   00000
            !  \b   o  b    s  t    \0 \0   \0 \0   \0 \0   \0 \0   \0 \0
0000060     00000   24940   28261   25956   00114   00000   00000   00000
            \0 \0   l  a    e  n    d  e    r  \0   \0 \0   \0 \0   \0 \0
0000100     02080   25199   29811   00051   00000   00000   00000   00000
            \b     o  b    s  t    3  \0   \0 \0   \0 \0   \0 \0   \0 \0
0000120
```

                                                 Zeige working directory an
                                              Ausgabe des working directorys
                                                  Lösche die Datei laender
                    Gib Inh. der working directory-Datei als Dezimalwerte und zusätzl.
                                                 noch als ASCII-Zeichen aus
                    Ausgabe der einzelnen Worte der working directory-Datei als
                    Dezimalzahlen und zusätzl. noch der einzelnen Bytes als ASCII-
                    Zeichen. Erkennbar ist: inode für laender ist nun 0.

4.7 Die Knotennummer einer Datei (i-node number)   177

```
$ cp   ../uebung1/sprache  .  ⏎
$ ls  -il  ⏎
 2081 obst
 2080 obst3
  947 sprache
$ od  -cd  .  ⏎
0000000      02082    00046   00000   00000   00000   00000   00000   00000
              "  \b    .  \0   \0 \0   \0 \0   \0 \0   \0 \0   \0 \0   \0 \0
0000020      02042    11822   00000   00000   00000   00000   00000   00000
              372 007   .  .   \0 \0   \0 \0   \0 \0   \0 \0   \0 \0   \0 \0
0000040      02081    25199   29811   00000   00000   00000   00000   00000
              !  \b    o  b    s  t   \0 \0   \0 \0   \0 \0   \0 \0   \0 \0
0000060      00947    28787   24946   26723   00101   00000   00000   00000
              263 003   s  p    r  a    c  h    e  \0   \0 \0   \0 \0   \0 \0
0000100      02080    25199   29811   00051   00000   00000   00000   00000
              \b       o  b    s  t    3  \0   \0 \0   \0 \0   \0 \0   \0 \0
0000120
$ cd   ../uebung1  ⏎
$ ▮
```

Kopiere sprache aus ../uebung1
Liste Dateinamen mit inode-Nummern
Ausgabe der Dateinamen des working directorys mit inode-Nummern
Gib Inh. der working directory-Datei als Dezimalwerte und zusätzl. noch als ASCII-Zeichen (nicht druckb. Zeichen als 3-stellige Oktalzahl oder in C-Notation) aus
Ausgabe der einzelnen Worte der working directory-Datei als Dezimalzahlen und zusätzl. noch der einzelnen Bytes als ASCII-Zeichen.
Erkennbar ist: sprache besetzt nun den Platz, den zuvor laender einnahm
Wechsle zum Directory ../uebung1

Im XENIX Compatibility Package ist noch ein zusätzliches Kommando **hd** (h*ex* d*ump*) enthalten, das eine Darstellung der Datenbytes in hexadezimaler und in ASCII-Darstellung gleichzeitig ausgibt. Darüber hinaus sind wie bei **od** eine Reihe von Optionen vorhanden, mit denen ein anderes Zahlensystem bei der Ausgabe eingestellt werden kann.

4.8 Gerätedateien

Eine typische Eigenschaft des UNIX-Systems ist, daß es Peripheriegeräte als Dateien repräsentiert. Für jedes Peripheriegerät existiert mindestens eine Gerätedatei (*device file*) im Directory /dev. Bei einem Zugriff auf eine solche Gerätedatei wird allerdings nicht wie bei regulären Dateien einfach gelesen oder geschrieben, sondern es wird der entsprechende Gerätetreiber (*device driver*) aktiviert, der diesen Zugriff dann in Ein- oder Ausgabe-Aktionen auf dem entsprechenden physikalischen Gerät umwandelt.

So ist es z. B. möglich den gesamten Inhalt der Floppy-Disk mit **ls -R** aufzulisten, denn für die Kommandos ist es nicht von Bedeutung, ob der angegebene Dateiname eine reguläre Datei oder ein Gerät spezifiziert.

Üblicherweise existiert ein Directory */dev/term*, in dem die Gerätedateien für Terminals hinterlegt sind.

```
$ ls -l /dev/term ⏎        [Auflisten der Gerätedateien für
Terminals]
crw--w----  1 egon    tty     3,   0 Nov 15 13:24 00
c---------  1 root    root    3, 128 Feb 25 16:09 00h
crw--w----  1 micha   root    3,   1 Feb 24 09:17 01
c---------  1 root    root    3, 129 Feb 23 12:03 01h
crw--w----  1 root    root    3,   2 Feb 23 12:03 02
c---------  1 root    root    3, 129 Feb 23 12:03 02h
.........
$
```

Bei dieser Ausgabe fallen die folgenden Punkte auf:

1. Gerätedateien werden in *zeichenorientierte* und *blockorientierte Geräte* unterteilt. Zeichenorientierte Geräte - wie z. B. Terminals - werden mit einem **c**, blockorientierte Geräte - wie Festplatten oder Floppy-Disks - werden mit einem **b** bei der Ausgabe mit **ls -l** gekennzeichnet.

2. Gerätedateien haben keinen Inhalt, weswegen anstelle einer Größenangabe zwei mit Komma getrennte Zahlen bei **ls -l** ausgegeben werden. Die erste Zahl (*major device number*) identifiziert den Gerätetyp, und die zweite Zahl (*minor device number*) wird dem Gerätetreiber übergeben, der sie nach Belieben interpretieren kann, z. B. zur Unterscheidung von verschiedenen Geräten des gleichen Typs. Beispielsweise haben **term/01** und **term/02** die gleiche *major device number*, da alle Terminals von demselben Controller (Steuereinheit) bedient werden, aber unterschiedliche *minor device numbers*, die den entsprechenden Anschluß auswählen.

Zum Anlegen einer Gerätedatei steht das Kommando **mknod** zur Verfügung, das allerdings nur ein privilegierter Benutzer wie der Superuser oder der Systemadministrator aufrufen darf.

4.8 Gerätedateien

Zum Anlegen einer blockorientierten Gerätedatei:

mknod *name* **b** *major-number minor-number*

Zum Anlegen einer zeichenorientierten Gerätedatei:

mknod *name* **c** *major-number minor-number*

Zum Anlegen einer Named Pipe:

mknod *name* **p**

Die *major-number* und *minor-number* dürfen dabei als Dezimal- oder Oktalzahl (muß mit 0 beginnen) angegeben werden und sind systemspezifisch.

Hinsichtlich der Zugriffsrechte gelten bei Gerätedateien die gleichen Regeln wie bei regulären Dateien mit der Ausnahme, daß das Ausführrecht keine Bedeutung hat. Sehen Sie sich zum Beispiel einmal die Rechte Ihrer Terminaldatei an. Den Namen können Sie mit dem Kommando **tty** erfragen.

```
$ tty ⏎
/dev/term/00
$ ls -l /dev/term/00 ⏎
crw--w----   1 egon     tty        3,   0 Nov 15 13:24 00
$
```

Sie sind als Dateibesitzer eingetragen und nur Sie haben Schreib- und Leserecht. Die Gruppe **tty** hat Schreibrecht, allen anderen Benutzer ist der Zugriff auf Ihr Terminal untersagt.

Wenn Sie z. B. die Datei *obst* auf Ihr Terminal ausgeben wollen, dann könnten Sie anstelle von

```
cat obst
```

auch

```
cp obst /dev/term/00
```

aufrufen.

Da die Gruppe *tty* Schreibrechte auf Ihrem Terminal hat, ist es auch anderen Benutzern möglich, unter Verwendung des Kommandos **write** (siehe auch Kapitel 10.2) auf Ihr Terminal zu schreiben. Beim Kommando **write** ist das *setgid*-Bit gesetzt ist, was bedeutet, daß jeder Aufrufer für die Dauer der Ausführung von **write** unter Gruppenkennung *tty* arbeitet.

```
$ ls -l /usr/bin/write ⏎
-r-xr-sr-x  1 bin     tty        13688 Feb 12  1992 /usr/bin/write
$
```

Ein solcher fremder Schreib-Zugriff auf das eigene Terminal kann sehr lästig werden, da ein anderer Benutzer damit Sie ganz erheblich in Ihrer Terminalarbeit stören kann. Möchte man ein solches Schreiben durch Fremde unterbinden, hat man zwei Möglichkeiten:

1. Man entzieht mit dem Kommando **chmod** allen anderen Benutzern das Schreibrecht auf der eigenen Terminaldatei, wie z. B.

   ```
   chmod  go-w  /dev/term/00
   ```

2. Man verwendet das eigens hierfür konzipierte Kommando **mesg**:

   ```
   mesg  [-n]  [-y]
   ```

-n	Schreiben durch "fremde" Benutzer (außer Superuser) am eigenen Terminal verbieten
-y	Schreiben durch "fremde" Benutzer am eigenen Terminal wieder zulassen

Bei den Optionen darf der führende Bindestrich auch weggelassen werden.

Wird **mesg** ohne Option aufgerufen, so meldet es das momentane Zugriffsrecht für "fremde" Benutzer.

```
$ ls -l /dev/term/00 ⏎
crw--w----  1 egon     tty        3,  0 Nov 15 13:24 00
$ mesg ⏎
is y                 [Zugriff durch fremde Benutzer möglich]
$ mesg -n ⏎
$ ls -l /dev/term/00 ⏎
crw-------  1 egon     tty        3,  0 Nov 15 13:24 00
$ mesg ⏎
is n                 [Zugriff durch fremde Benutzer nicht mehr möglich]
$ mesg -y ⏎
$ ls -l /dev/term/00 ⏎
crw--w----  1 egon     tty        3,  0 Nov 15 13:24 00
$ mesg ⏎
is y                 [Zugriff durch fremde Benutzer wieder möglich]
$
```

4.8 Gerätedateien

Neben Gerätedateien enthält das Directory **/dev** auch noch andere Spezialdateien, die besondere Zwecke erfüllen:

/dev/tty	ist immer das aktuelle Terminal, an dem man gerade arbeitet. So kann man z. B. direkte Ausgaben auf seinem Terminal vornehmen, ohne dessen genauen Namen zu kennen, wie z. B. `echo "Hallo Egon" >/dev/tty` oder `cp  obst  /dev/tty`
/dev/null	ist eine Art Mülleimer. Alle Daten, die nach **/dev/null** kopiert werden, werden einfach weggeworfen. Wenn Programme aus dieser Datei lesen, erhalten sie sofort das Dateiende-Zeichen (EOF).

Gebraucht werden diese beiden Dateien vor allen Dingen bei der Shell-Programmierung (siehe zweites Buch dieser Reihe "UNIX-Shells").

Die folgende Tabelle enthält eine Übersicht über einige Gerätedateien in System V.4:

/dev/cdrom	CD-ROM-Laufwerk
/dev/console	Systemkonsole
/dev/cram	RAM-Disk (montierbares Dateisystem)
/dev/dsk/c0t0d0s0	erste Festplatte
/dev/dsk/c0t1d0s0	zweite Festplatte
/dev/dsk/f05d9t	5 1/4" Floppy-Disk (360 KB)
/dev/dsk/f05qt	5 1/4" Floppy-Disk (720 KB)
/dev/dsk/f05ht	5 1/4" Floppy-Disk (1,2 MB)
/dev/dsk/f03dt	3 1/2" Floppy-Disk (720 KB)
/dev/dsk/f03ht	3 1/2" Floppy-Disk (1,4 MB)
/dev/lp	Parallelschnittstelle für Drucker
/dev/mem	Hauptspeicher des Systems
/dev/tape	Magnetbandgerät (mit Rewind)
/dev/tapen	Magnetbandgerät (ohne Rewind)
/dev/term/00	Terminal-Schnittstelle 1
/dev/term/01	Terminal-Schnittstelle 2

Für die wichtigsten Geräte (Festplatten, Floppy-Disks und Magnetbandgeräte) sind in System V.4 Dateinamen gemäß den Konventionen von XENIX und System V.3 vorhanden. Diese Namen sind in folgender Tabelle aufgeführt:

System V.4	System V.3	XENIX
/dev/dsk/c0t0d0s0	/dev/dsk/0s0	/dev/hd00
/dev/dsk/c0t1d0s0	/dev/dsk/1s0	/dev/hd10
/dev/dsk/f05d9t	/dev/dsk/f0d9dt	/dev/fd048ds9
/dev/dsk/f05qt	-	/dev/fd096ds9
/dev/dsk/f05ht	/dev/dsk/f0q15dt	/dev/fd096ds15
/dev/dsk/f03dt	/dev/dsk/f0q9dt	/dev/fd0135ds9
/dev/dsk/f03ht	/dev/dsk/f0q18dt	/dev/fd0135ds18
/dev/dsk/tape	/dev/rct0	/dev/rct0
/dev/dsk/ntape	/dev/nrct0	/dev/nrct0

4.9 Montierte Dateisysteme

Das Dateisystem von UNIX ist nicht eine Einheit, sondern setzt sich aus mehreren Teilen zusammen, die sich auf verschiedenen Speichermedien - wie z. B. Festplatten, CD-ROMs, Floppy-Disks oder über ein Netz erreichbaren Systemen - befinden können.

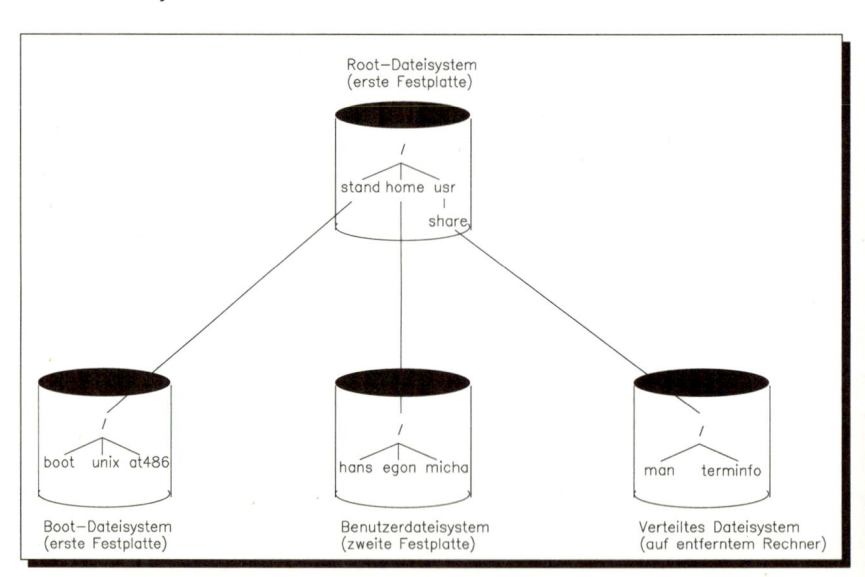

Bild 4.20 - Das Dateisystem von UNIX

4.9 Montierte Dateisysteme

Die Dateien im Directory **/stand**, die zum Booten des Systems benötigt werden, können sich z. B., wie das obige Bild zeigt, auf einer anderen Festplatte befinden als die Benutzerdateien unter dem Directory **/home**. Des weiteren könnten sich z. B. die Dateien im Directory **/usr/share** auf einem verteilten Dateisystem, d. h. auf einer Festplatte eines anderen Rechners befinden, der mit dem lokalen System vernetzt ist.

Alle anderen Dateien und Directories sind im Root-Dateisystem untergebracht. Das Root-Dateisystem ist bereits beim Start des Systems vorhanden, denn es befinden sich Dateien darauf, die für die Initialisierung des Betriebszustandes benötigt werden. Alle anderen Dateisysteme werden erst nach dem Systemstart "montiert". Dabei werden die einzelnen Dateisysteme in den sogenannten Montierpunkten, welche Directories auf dem Root-Dateisystem sind, eingehängt. Nach dem Montieren präsentiert sich das Dateisystem als eine homogene Einheit. Wenn wir z. B. die in obigen Bild gezeigte Konstellation annehmen, kann der Benutzer *egon* ganz einfach mit

cd /usr/share/man

in das Directory */usr/share/man* wechseln, ohne sich darum zu kümmern, daß er sich nun auf einer Festplatte eines anderen Rechners befindet.

Die Möglichkeit, Dateisysteme in den vorhandenen Directorybaum einzuhängen, ermöglicht bei Bedarf einen Ausbau der vorhandenen Speicherkapazität. Wenn z. B. auf einer Festplatte Platzprobleme auftreten, könnte der Systemadministrator eine weitere Festplatte installieren, darauf ein Dateisystem einrichten und es mühelos in den schon vorhandenen Directorybaum integrieren. Dazu muß er nur ein leeres Directory erstellen (z. B. **/home2**) und das neue Dateisystem unter diesem Montierpunkt einhängen.

Neu in System V.4 Das traditionelle Dateisystem wurde in System V.4 durch das **Virtual File System** (VFS) ersetzt. Das VFS ist dabei die übergeordnete Schnittstelle im Systemkern zwischen den einzelnen Dateisystemen und dem Rest des Systemkerns.

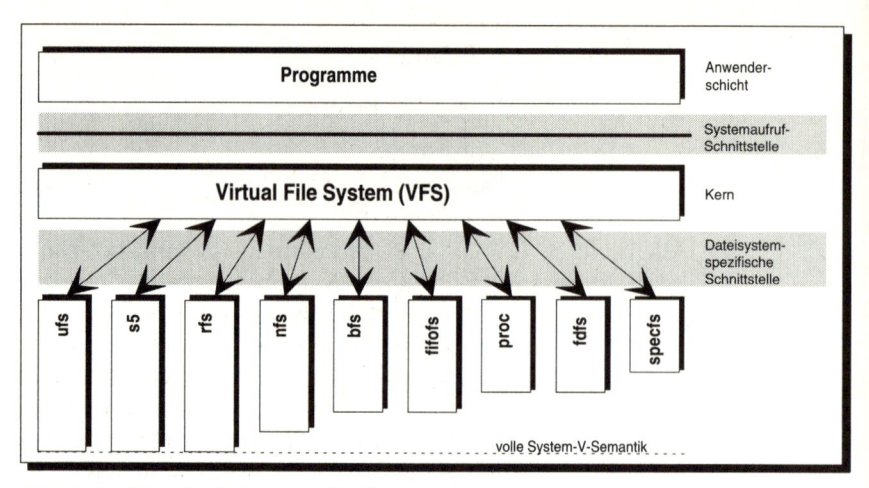

Bild 4.21 - Virtual File System (VFS)

Das VFS verwaltet die folgenden Dateisysteme:

Dateisystem	Erläuterung
s5	ist das traditionelle Dateisystem von System V.3, bei dem die Namen von Dateien nur 14 Zeichen lang sein dürfen. Intern ist das Dateisystem in Blöcken strukturiert. Die Blockgröße ist dabei einstellbar: 512 Byte, 1 oder 2 KByte. Das **s5**-Dateisystem ist aus Kompatibilitätsgründen noch in System V.4 enthalten, da manche Anwendungen (z. B. Datenbanken) diese interne Struktur voraussetzen. Bei anderen Programmen, die nicht diese Struktur voraussetzen, wird meist schon das neuere **ufs**-Dateisystem verwendet.
ufs	ist eine Implementation des *Fast Filesystem* aus BSD UNIX. Bei diesem Dateisystem dürfen die Namen bis zu 255 Zeichen lang sein. Intern ist das Dateisystem in Blöcken strukturiert. Die Blockgröße ist dabei einstellbar auf 4 oder 8 KByte. Damit bei kleineren Dateien nicht zuviel Platz verschwendet wird, verwendet das **ufs**-Dateisystem fragmentierte Blöcke, so daß sich auf einem Block mehrere kleine Blöcke befinden können.
rfs	ist eine Implementation des *Remote File Sharing* (RFS) von AT&T. RFS eignet sich hervorragend für homogene Netze, in denen ausschließlich System V-Rechner miteinander vernetzt sind, da es hierbei einen netzweiten Zugriff auf die gemeinsamen Ressourcen der Systeme ermöglicht.

4.9 Montierte Dateisysteme

Dateisystem	Erläuterung
nfs	ist eine Implementation des *Network File* Systems (NFS) von SunOS. Mit NFS können heterogene Netze aufgebaut werden, da NFS nicht nur für UNIX-Systeme angeboten wird.
proc	ist ein ganzes neues Dateisystem in System V.4, über das auf Datenstrukturen von Prozessen zugegriffen werden kann. Ein aktiver Prozeß wird in diesem Dateisystem als Datei abgebildet und ein anderes Programm kann mit gewöhnlichen Systemaufrufen auf Daten dieses Prozesses zugreifen. Dieses Dateisystem wird hauptsächlich von Programmen benutzt, die den Prozeßverlauf verfolgen und darstellen.
bfs	enthält alle für den Systemboot notwendigen Dateien, den Kernel und den *Bootloader*, der beim Systemstart den Kernel in den Hauptspeicher lädt. In System V.3 setzte der Bootloader eine bestimmte Struktur des Root-Dateisystems voraus, da der Kernel **unix** dort im Root-Directory untergebracht war. Durch die Einführung des **bfs**-Dateisystems, das nach dem Boot an das Directory **/stand** montiert wird, und die Verlagerung des Kernels in dieses Directory kann z. B. das Root-Dateisystem in einem Dateisystem beliebigen Typs (**s5** oder **ufs**) oder der Kernel in einem EEPROM untergebracht sein.
fdfs	erlaubt Zugriffe auf Dateikanäle eines Prozesses.
fifofs	bietet eine Schnittstelle zu Named Pipes.
specfs	ist eine Schnittstelle zu den Gerätedateien.

Während das **s5**-, das **ufs**- und das **rfs**-Dateisystem "echte" Dateisysteme sind, stehen auf den anderen Dateisystemen nicht unbedingt alle zur Dateibearbeitung notwendigen Operationen zur Verfügung.

Das Kommando mount

Um sich alle montierte Dateisysteme anzeigen zu lassen, muß man **mount** (bzw. **/etc/mount**) ohne jegliche Argumente aufrufen.

```
$ /etc/mount ⏎
/ on /dev/dsk/c0t0d0s0 read/write on Tue Oct 26 17:59:28 1993
/usr on /dev/dsk/c0t0d0s6 read/write on Tue Oct 26 17:59:28 1993
/proc on /proc read/write on Tue Oct 26 17:59:28 1993
/dev/fd on fd read/write on Tue Oct 26 17:59:28 1993
/var on /dev/dsk/c0t0d0s7 read/write on Tue Oct 26 17:59:28 1993
/tmp on swap read/write on Tue Oct 26 17:59:32 1993
/opt on /dev/dsk/c0t0d0s5 setuid on Tue Oct 26 17:59:33 1993
/pcfs/a on /dev/fd0 read/write on Tue Oct 26 18:22:00 1993
$
```

Bei dieser Ausgabe wird immer die folgende Reihenfolge eingehalten. Als erstes erscheint der Montierpunkt (z. B. **/usr**) gefolgt voem Gerätenamen des Speichermediums (**/dev/dsk/c0t0d0s6**), dann den Attributen des Dateisystems (**read/write/setuid/remote**) und abschließend dem Datum, an dem das Dateisystem montiert wurde.

Dieses Kommando dient auch dem Systemadministrator dazu, Dateisysteme zu montieren, wie z. B.:

```
mount  /dev/dsk/f03ht  /home/egon/a
```

Montiert das Diskettenlaufwerk (3 1/2" Floppy-Disk; 1,4 MB) auf das Directory */home/egon/a*. Alle Zugriffe (Kopieren, Listen, usw.) auf das Directory */home/egon/a* würden sich dann auf diese Diskette beziehen.

```
mount  -F pcfs  /dev/fd0  /pcfs/a  (in SOLARIS)
```

Montiert das Diskettenlaufwerk als MS-DOS-Dateisystem an das Directory */pcfs/a*. Ein Aufruf wie **ls /pcfs/a** würde dann alle Dateien des Disketten-Laufwerk *a* (MS-DOS-Dateien) auflisten. Genauso würde **cp *.c /pcfs/a** alle C-Dateien des working directory auf die unter MS-DOS formatierte Diskette in Laufwerk *a* kopieren. Diese Diskette könnte dann unter MS-DOS wieder eingelesen werden.

Freien Speicherplatz anzeigen mit dem Kommando df

Mit dem Kommando **df** (*disk free*) kann man sich den freien Speicherplatz auf allen montierten Dateisystemen oder - wenn ein Directory angegeben ist - von einem bestimmten Dateisystem anzeigen lassen. **df** gibt die Anzahl der freien Blöcke und der Dateien (inodes) aus, die in einem Dateisystem noch angelegt werden können.

4.9 Montierte Dateisysteme

```
$ df ↵
/              (/dev/dsk/c0t0d0s0 ):    29006 blocks    14227 files
/usr           (/dev/dsk/c0t0d0s6 ):    95258 blocks    80122 files
/proc          (/proc             ):        0 blocks      117 files
/dev/fd        (fd                ):        0 blocks        0 files
/var           (/dev/dsk/c0t0d0s7 ):    30012 blocks    14797 files
/tmp           (swap              ):    64320 blocks     3088 files
/opt           (/dev/dsk/c0t0d0s5 ):    16332 blocks    15208 files
/pcfs/a        (/dev/fd0          ):     1933 blocks        0 files
$ df /export ↵
Filesystem            kbytes    used   avail capacity  Mounted on
/dev/dsk/c0t0d0s0     23631     9128   12143    43%    /
$
```

Bei der Ausgabe von **df** steht in der ersten Spalte der Name des Montierpunktes, zwischen den runden Klammern der Gerätename des Dateisystems und in den folgenden Spalten die Anzahl der freien Blöcke (in Einheiten zu je 512 Byte) und die Anzahl der noch freien Dateien (inodes).

Die Anzahl der freien Dateien ist nur für das lokale Dateisystem korrekt; bei verteilten Dateisystemen steht hier immer der Wert -1. Die Angaben für die Dateisysteme /dev/fd, /stand und /proc sind bedeutungslos, da es sich hierbei nicht um "echte" Dateisysteme handelt.

Neu in System V.4

In System V.4 sind bei **df** einige neue Optionen hinzugekommen:

-e	nur die Anzahl der freien Dateien (inodes) ausgeben
-v	Ausgabe erfolgt im Stil von **dfspace** aus System V.3
-k	den gesamten, den belegten und den freien Speicherplatz in Kilobyte sowie den belegten Platz in Prozent ausgeben
-n	nur Dateisystemtypen ausgeben

```
$ df -k ⏎
Filesystem            kbytes      used   avail capacity  Mounted on
/dev/dsk/c0t0d0s0      23631      9128   12143    43%    /
/dev/dsk/c0t0d0s6     184879    137250   29149    82%    /usr
/proc                      0         0       0     0%    /proc
fd                         0         0       0     0%    /dev/fd
/dev/dsk/c0t0d0s7      18511      3505   13156    21%    /var
swap                   32168         8   32160     0%    /tmp
/dev/dsk/c0t0d0s5      30799     22633    5096    82%    /opt
/dev/fd0                1423       458     965    32%    /pcfs/a
$ df -n ⏎
/              : ufs
/usr           : ufs
/proc          : proc
/dev/fd        : fd
/var           : ufs
/tmp           : tmpfs
/opt           : ufs
/pcfs/a        : pcfs
$
```

Eine weitere nützliche Option ist **-g**, bei der alle Informationen über ein Dateisystem ausgegeben werden.

```
$ df -g /export ⏎
/              (/dev/dsk/c0t0d0s0):    8192 block size       1024 frag size
  47262 total blocks   29006 free blocks  24286 available    15360 total files
  14227 free files     26738688 filesys id
    ufs fstype    0x00000004 flag            255 filename length

$
```

Daneben ist im BSD Compatibility Package im Directory */usr/ucb* das Kommando **df** aus BSD UNIX enthalten, das eine ähnliche Ausgabe wie **df -k** produziert.

Es ist noch wichtig zu wissen, daß **df** bei **ufs**-Dateisystemen gewöhnlich 10% weniger freien Platz anzeigt als tatsächlich vorhanden. **ufs**-Dateisysteme sind so angelegt, daß sie über eine Reserve verfügen müssen, die gegebenenfalls nur vom Systemadministrator voll ausgenutzt werden kann. Normale Benutzer erhalten eine Fehlermeldung, wenn sie versuchen, Dateien auf einem zu 90% vollen Dateisystem anzulegen.

Speicherplatzbelegung anzeigen mit dem Kommando du

Das Kommando **du** (*disk usage*) ermittelt den Platz, den ein Directory-Teilbaum auf der Festplatte belegt. Wenn kein Argument angegeben ist, gibt **du** den belegten Platz für das working directory und alle darin enthaltenen Subdirectories und Dateien aus. Die Ausgabe erfolgt in Blöcken. Einige mögliche Optionen sind:

- **-a**   (*all*) für jede einzelne Datei die von ihr belegte Blockanzahl ausgeben.
- **-s**   (*sum*) nur die Gesamtzahl der belegten Speicherblöcke ausgeben.

```
$ du ⏎
46         ./uebung1
8 ./uebung3
68         .
$ du -a ⏎
2 ./add.c
2 ./uebung1/laender
2 ./uebung1/obst
2 ./uebung1/alter
2 ./uebung1/add1.c
2 ./uebung1/add2.c
........
........
2 ./uebung1/add2.cac
46        ./uebung1
2 ./uebung3/obst
2 ./uebung3/sprache
2 ./uebung3/obst3
8 ./uebung3
62        .
$ du -s / ⏎
378437
$
```

5

Ein- und Ausgabeumlenkung

▶ Begriffe: Standardeingabe, Standardausgabe, Standardfehlerausgabe

▶ Umlenken von Datenströmen

▶ Umlenken an das Dateiende

Kapitel 5
Ein- und Ausgabeumlenkung

O quam bene cum quibusdam
ageretur si a se aberrarent.

Seneca

(Oh wie gut erginge es manchen
Menschen, wenn sie einmal aus ihrem
Geleise herauskämen.)

Wie in den vorherigen Teilkapiteln zu erkennen war, lesen viele UNIX-Kommandos von der Standardeingabe und schreiben auf die Standardausgabe. Sowohl Standardeingabe als auch Standardausgabe lassen sich in Dateien umlenken. Unerwähnt blieb bisher, daß noch eine weitere Möglichkeit der Ausgabe existiert: die Standardfehlerausgabe. Treten während der Ausführung eines Kommandos Fehler auf oder sind sonstige Diagnosemeldungen (wie z. B. "Diskette 2 in Laufwerk einlegen!") erforderlich, so werden diese Meldungen auf die Standardfehlerausgabe geschrieben. Dies ist notwendig, um "echte" Daten, welche auf die Standardausgabe gegeben werden, von Meldungen unterscheiden zu können. Die Voreinstellung für die Standardfehlerausgabe ist die Dialogstation. Somit ergibt sich folgendes Bild für viele UNIX-Kommandos:[1]

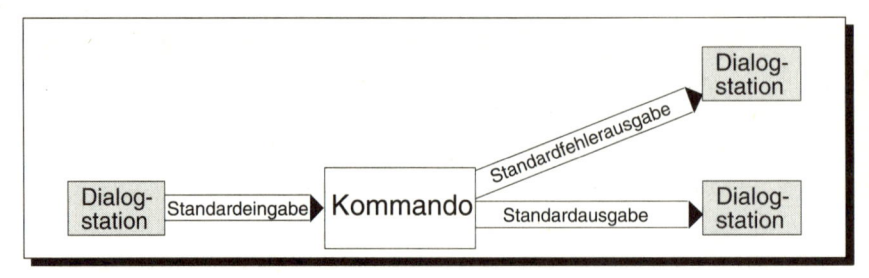

Bild 5.1 - Standardeingabe, Standardausgabe und Standardfehlerausgabe

Wie aus dem Bild zu sehen ist, sind diese drei Standarddateien normalerweise der Dialogstation zugeordnet. Mit den folgenden Angaben auf der Kommandozeile können sie jedoch in andere Dateien umgelenkt werden[2]:

kommando <datei

lenkt die Standardeingabe von der Dialogstation in die Datei *datei* um, d. h. es wird nicht mehr von der Dialogstation, sondern aus der Datei *datei* gelesen.

kommando >datei

lenkt die Standardausgabe von der Dialogstation in die Datei *datei* um, d. h. es wird nicht mehr auf die Dialogstation, sondern in die Datei *datei* geschrieben.

Vorsicht: Wenn die Datei *datei* bereits existiert, so wird ihr alter Inhalt überschrieben. Existiert *datei* noch nicht, so wird sie neu angelegt.

kommando >>datei

lenkt ebenfalls die Standardausgabe von der Dialogstation in die Datei *datei* um, allerdings wird hierbei der alte Inhalt einer eventuell schon existierenden Datei *datei* nicht überschrieben. Die neuen Ausgabedaten werden an das Ende von *datei* geschrieben. Sollte die Datei *datei* noch nicht existieren, so wird sie wie bei der Konstruktion *kommando >datei* neu angelegt.

---

[1] In der Abbildung werden für Standardeingabe, Standardausgabe und Standardfehlerausgabe drei Dialogstationen angegeben; dabei handelt es sich aber um die gleiche Dialogstation.
[2] diese Konstruktionen wurden teilweise bereits beim Kommando **diff** vorgestellt.

kommando 2>datei

lenkt die Standardfehlerausgabe von der Dialogstation in die Datei *datei* um. Existiert die Datei *datei* bereits, so wird sie überschrieben, andernfalls wird sie neu angelegt.

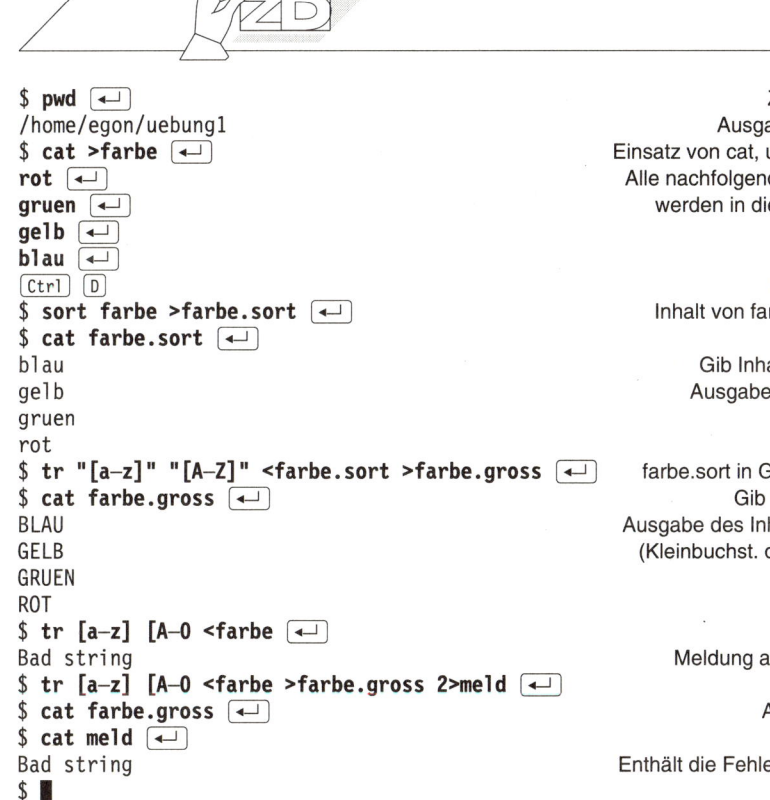

```
$ pwd  ⏎                                           Zeige working directory an
/home/egon/uebung1                                 Ausgabe des working directorys
$ cat >farbe  ⏎                           Einsatz von cat, um eine Datei zu erstellen:
rot  ⏎                                    Alle nachfolgenden Eingaben bis Ctrl-D
gruen  ⏎                                        werden in die Datei farbe geschrieben.
gelb  ⏎
blau  ⏎
Ctrl  D                                                     Eingabeende mit Ctrl-D
$ sort farbe >farbe.sort  ⏎              Inhalt von farbe sortiert nach farbe.sort
$ cat farbe.sort  ⏎                                                    schreiben
blau                                                Gib Inhalt der Datei farbe.sort aus
gelb                                                 Ausgabe des Inhalts von farbe.sort
gruen
rot
$ tr "[a-z]" "[A-Z]" <farbe.sort >farbe.gross  ⏎    farbe.sort in Großschr. nach farbe.gross
$ cat farbe.gross  ⏎                                        Gib Inhalt von farbe.gross aus
BLAU                                              Ausgabe des Inhalts der Datei farbe.gross
GELB                                              (Kleinbuchst. durch Großbuchst. im Text
GRUEN                                                     von farbe.sort ersetzt)
ROT
$ tr [a-z] [A-O <farbe  ⏎                                    Falscher Aufruf von tr
Bad string                                        Meldung auf Standardfehlerausgabe
$ tr [a-z] [A-O <farbe >farbe.gross 2>meld  ⏎              Falscher Aufruf von tr[3]
$ cat farbe.gross  ⏎                                       Ausgabe von farbe.gross[4]
$ cat meld  ⏎                                                      Ausgabe von meld
Bad string                                      Enthält die Fehlermeldung vom vorherigen
$ ▮                                                                     tr-Aufruf
```

---

[3] Standardfehlerausgabe nach meld
[4] alter Inhalt wurde von tr gelöscht. Die angegebenen Umlenkungen werden immer zuerst ausgewertet. Erst danach wird das entsprechende Kommando (hier **tr**) aufgerufen. Da der alte Inhalt von farbe.gross bereits gelöscht ist und **tr** nicht erfolgreich war, ist farbe.gross nun leer.

```
$ pwd  ⏎                                    Zeige working directory an
/home/egon/uebung1                          Ausgabe des working directorys
$ ls   ..  >inh.verz  ⏎                     Liste parent dir. (nach inh.verz)
$ ls   -C  >>inh.verz  ⏎                    Liste work.dir.(an inh.verz anhängen)
$ cat  inh.verz  ⏎                          Gib Inhalt der Datei inh.verz aus
add.c                                       Ausgabe des Inhalts von inh.verz
uebung1
uebung3
abc1      add2.cab      farbe         laender2       obst2
abc2      add2.cac      farbe.gross   meld           obstpreise
abc3      alter         farbe.sort    nachnamen      sprache
add1.c    alter2        fruechte      nachnamen.sort telnr
add2.c    dateiliste    inh.verz      obst
add2.caa  delta         laender       obst.sort
$ ▮
```

```
$ banner "   1993" >kal1993  ⏎              1993 in Spruchbandform nach kal1993
$ cal 1993 >> kal1993  ⏎                    Kalender für 1993 an kal1993 anhängen
$ cat kal1993  ⏎                            Inhalt von kal1993 am Bildschirm ausgeben

               #      #####  #####  #####
              ##      #      #   #  #   #        #
              # #     #      #   #      #        #
               #      #####  #####  #####
               #          #      #      #
               #      #   #  #   #      #
              #####   #####  #####  #####

                              1993
             Jan              Feb              Mar
      S  M Tu  W Th  F  S  S  M Tu  W Th  F  S  S  M Tu  W Th  F  S
                     1  2     1  2  3  4  5  6     1  2  3  4  5  6
      3  4  5  6  7  8  9  7  8  9 10 11 12 13  7  8  9 10 11 12 13
     10 11 12 13 14 15 16 14 15 16 17 18 19 20 14 15 16 17 18 19 20
     17 18 19 20 21 22 23 21 22 23 24 25 26 27 21 22 23 24 25 26 27
     .........
     .........
     .........

$ lp kal1993  ⏎                             kal1993 am Drucker ausgeben
request id is dru-2084
$ rm kal1993  ⏎                             kal1993 wieder löschen
$ ▮
```

6

Expandierung von Dateinamen auf der Kommandozeile

- Metazeichen zur Dateinamenexpandierung
- Ausschalten von Metazeichen

Kapitel 6
Expandierung von Dateinamen auf der Kommandozeile

*Wer Großes will, muß sich zusammenraffen.
In der Beschränkung zeigt sich erst der Meister,
Und das Gesetz nur kann uns Freiheit geben.*

Goethe

Bei der Angabe von Dateinamen können auch Zeichen mit besonderer Bedeutung, sogenannte Metazeichen, angegeben werden:

Metazeichen	Bedeutung
*	beliebige Zeichenfolgen (auch kein Zeichen möglich) **ab*** würde alle Namen abdecken, die mit ab beginnen und dann beliebige weitere Zeichen oder aber auch kein weiteres Zeichen enthalten: **ab, abc, ab13emil.c, abBc4sz**, usw. **x*.c** würde alle Namen abdecken, die mit x beginnen und mit .c enden: **xyz.c, xalt.c, xvers123.c**, usw.

Metazeichen	Bedeutung
?	beliebiges einzelnes Zeichen **ab?** würde alle Namen abdecken, die mit ab beginnen und dann genau ein weiteres Zeichen enthalten: **abc, abx, ab0,** usw. (nicht abgedeckt würden Namen wie **abcd, ab34, abxx,** usw.) **add?.c** würde alle Namen abdecken, die mit add beginnen, dann ein beliebiges Zeichen enthalten und mit .c enden: **add1.c, add9.c, addb.c,** usw. (nicht abgedeckt würden Namen wie add10.c, add.c, addiere.c, usw.)
[..]	eines der in [..] vorkommenden Zeichen ***.[ch]** würde alle Namen abdecken, die mit .c oder .h enden: **add.c, stdio.h, mul453.h,** usw **obst[0123]** würde die Namen obst0, obst1, obst2 und obst3 abdecken
[!..]	ein Zeichen, welches nicht in [!..] vorkommt ***[!abc]** würde alle Namen abdecken, die nicht mit a, b oder c enden
\	Ausschalten des danach angegebenen Sonderzeichens Wenn z. B. der Inhalt einer Datei mit Namen obst* auszugeben ist, so würde die Angabe **cat obst*** ja alle Dateien ausgeben, deren Name mit obst beginnt. Um nun nur die Datei obst* auszugeben, müßte **cat obst*** angegeben werden, um die Sonderbedeutung von * auszuschalten.

Das Metazeichen *

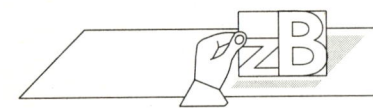

```
$ pwd  ⏎                                   Zeige working directory an
/home/egon/uebung1                      Ausgabe des working directorys
$ ls  -1  *.c  ⏎                       Liste alle Dateinam., die mit .c enden
add1.c                              Ausgabe der Dateinamen, die .c enden
add2.c
```

Metazeichen

```
$ ls  -1  a*  [↵]
abc1
abc2
abc3
add1.c
add2.c
add2.caa
add2.cab
add2.cac
alter
alter2
```
Liste alle Dateinamen, die mit a beginnen

Ausgabe der Dateinamen, die mit a beginnen

```
$ ls  -1  a*2*  [↵]
abc2
add2.c
add2.caa
add2.cab
add2.cac
alter2
```
Liste alle Dateinamen, die mit a beginnen und eine 2 enthalten

Ausgabe aller Dateinamen des working directorys, die mit a beginnen und zusätzlich noch eine 2 enthalten.

```
$ ls  b*  [↵]
b* not found¹
```
Liste alle Dateinamen, die mit b beginnen
Meldung, daß keine solchen Dateinamen existieren

```
$ cp  *  ../uebung3  [↵]
$ ls  -C  ../uebung3  [↵]
abc1       add2.cab    farbe         laender2       obst2
abc2       add2.cac    farbe.gross   meld           obst3
abc3       alter       farbe.sort    nachnamen      obstpreise
add1.c     alter2      fruechte      nachnamen.sort sprache
add2.c     dateiliste  inh.verz      obst           telnr
add2.caa   delta       laender       obst.sort
$ ls  -1  ../uebung3/*.c  [↵]
../uebung3/add1.c
../uebung3/add2.c
```

Kopiere alle Dateien des work. dir. nach uebung3
Liste alle Dateien von ../uebung3
Ausgabe aller im Directory ../uebung3 vorhandenen Dateinamen mit Option -C
Liste Dateinamen aus ../uebung3, die mit .c enden; dies sind 2 Dateien

---

¹ eventuell erscheint hier die Meldung
b*: No such file or directory

```
$ ls  -1  ob*  ⏎                    Liste Dateinam., die mit ob beginnen
obst                         Ausgabe der Dateinamen des working directorys,
obst.sort                                            die mit ob beginnen
obst2
obstpreise
$ ls  -1  *e  ⏎                      Liste Dateinamen, die mit e enden
dateiliste                   Ausgabe der Dateinamen des working directorys,
farbe                                                 die mit e enden
fruechte
obstpreise
sprache
$ ls  -1  f*e  ⏎              Liste Dateinamen, die mit f beginnen und mit e en-
farbe                        den: Ausgabe der entspr. Dateinamen des working
fruechte                                                       directorys
$ ls -1 /usr/bin/w*  ⏎       Liste Dateinamen aus /usr/bin, die mit w beginnen:
/usr/bin/w                      Ausgabe der entspr. Dateinamen des directory /bin
/usr/bin/wc
/usr/bin/wchrtbl
/usr/bin/whatis
/usr/bin/which
/usr/bin/who
/usr/bin/whois
/usr/bin/write
$ ls  *.txt  ⏎
*.txt: No such file or directory[2]         Liste Dateinamen, die mit .txt enden
$ ▮                                       Meldung: keine solche Dateien vorh.
```

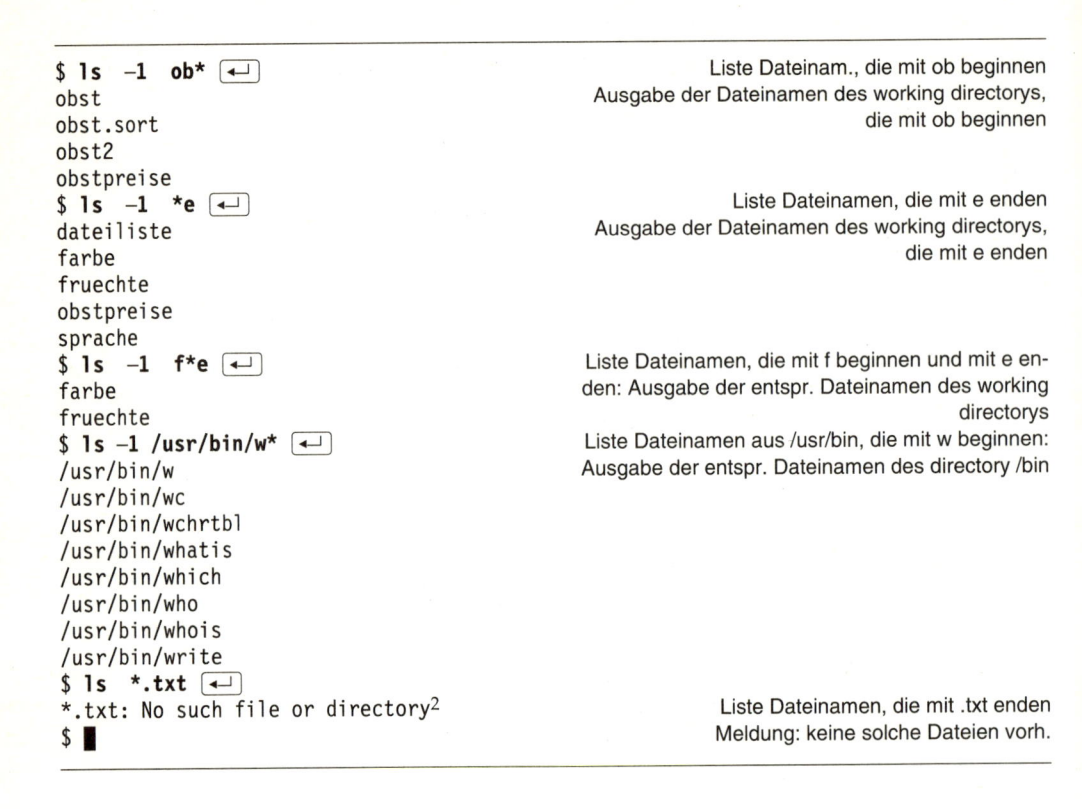

> Wenn * an erster Stelle oder alleine für Dateinamen angegeben ist, so deckt es keine Dateinamen ab, die mit . (Punkt) beginnen.

---

[2] eventuell erscheint hier die Meldung
*.txt not found

Metazeichen

```
$ ls  ..  ⏎
add.c
uebung1
uebung3
$ ls  -C  ../*  ⏎
../add.c

../uebung1:
abc1       add2.cab    farbe        laender2        obst2
abc2       add2.cac    farbe.gross  meld            obstpreise
abc3       alter       farbe.sort   nachnamen       sprache
add1.c     alter2      fruechte     nachnamen.sort  telnr
add2.c     dateiliste  inh.verz     obst
add2.caa   delta       laender      obst.sort
```

Liste Dateinamen des parent dir.
Ausgabe der Dateinamen des parent dir.
(nicht Namen, die mit Punkt beginnen)

Liste alle Dateinamen des parent dir.
Ausgabe der Dateinamen des parent dir. (nicht Namen, die mit Punkt beginnen); wenn es sich bei einem Dateinamen um ein Directory handelt, so wird auch dessen Inhalt mit angezeigt

```
../uebung3:
abc1       add2.cab    farbe        laender2        obst2
abc2       add2.cac    farbe.gross  meld            obst3
abc3       alter       farbe.sort   nachnamen       obstpreise
add1.c     alter2      fruechte     nachnamen.sort  sprache
add2.c     dateiliste  inh.verz     obst            telnr
add2.caa   delta       laender      obst.sort
$ ls  -C  ../.*  ⏎
../.profile

../.:
add.c  uebung1  uebung3

../..:
alfred  egon  inge  lothar
dora    hada  jojo  ralli
$ ▮
```

Liste Dateinamen des parent dir., die mit . beginnen.
Ausgabe der Dateinamen des parent dir., die mit Punkt beginnen; wenn es sich bei einem Dateinamen um ein Directory handelt, so wird auch dessen Inhalt mit angezeigt

Das Metazeichen ?

```
$ pwd  ⏎
/home/egon/uebung1
$ ls  -1  add?.c  ⏎
add1.c
add2.c
$ ls  obst?  ⏎
obst2
$ ls  -1  a?c?  ⏎
abc1
abc2
abc3
$ rm  -i  ../uebung3/add*.c??  ⏎
../uebung3/add2.caa: ? y ⏎
../uebung3/add2.cab: ? y ⏎
../uebung3/add2.cac: ? y ⏎
$ ▮
```

Zeige working directory an
Ausgabe des working directorys
Liste Dateinamen, die mit add beginnen, dann ein
beliebiges Zeichen enthalten und mit .c enden:
2 Dateinamen erfüllen diese Forderung
Liste Dateinamen, die mit obst beginnen und dann
noch ein Zeichen enthalten: für eine Datei gilt das
Liste Namen der Dateien, deren Name mit a beginnt, dann ein beliebiges Zeichen hat, dann ein c
und ein weiteres beliebiges Zeichen: gilt für die
Dateien abc1, abc2 und abc3 im working directory
Lösche mit Rückfrage die Dateien in ../uebung3, die
mit add beginnen und mit .c gefolgt von 2 beliebigen Zeichen enden: Vor dem Löschen wird für all
diese Dateien nachgefragt, ob sie wirklich zu löschen sind; in diesem Fall wird diese Frage jedesmal bejaht.

Die Metazeichen [..] und [!..]

Bei der Angabe der Zeichen innerhalb von **[..]** und **[!..]** sind auch Bereichsangaben wie *[a-z]* oder *[0-9]* oder *[!A-F]* erlaubt.

```
$ pwd  ⏎
/home/egon/uebung1
$ ls  -1  add[0-9].?  ⏎
add1.c
add2.c
$ ls  -1  o*[!0-9]  ⏎
obst
obst.sort
obstpreise
$ ls  -1  o*[!A-Zf-z]  ⏎
obst2
obstpreise
```

Zeige working directory an
Ausgabe des working directorys
Liste Dateinamen, die mit add beginnen, dann eine
Ziffer enthalten und mit . gefolgt von beliebigem
Zeichen enden: Das gilt für 2 Dateinamen
Liste Dateinamen, die mit o beginnen und mit einem Zeichen, das keine Ziffer ist, enden:
gilt für 3 Dateien

Liste Dateinamen, die mit o beginnen und nicht mit
einem Großbuchstaben oder einem Kleinbuchstaben von f bis z enden: gilt für 2 Dateien

Metazeichen

```
$ rm -i ../uebung3/[ti-n]* ⏎
../uebung3/inh.verz: ? y ⏎
../uebung3/laender: ? y ⏎
../uebung3/laender2: ? y ⏎
../uebung3/meld: ? y ⏎
../uebung3/nachnamen: ? y ⏎
../uebung3/nachnamen.sort: ? y ⏎
../uebung3/telnr: ? y ⏎
$ ▮
```

Lösche mit Rückfrage die Dateien in ../uebung3, die mit t oder einem Kleinbuchstaben i bis n beginnen: Vor dem Löschen wird für all diese Dateien nachgefragt, ob sie wirklich zu löschen sind; in diesem Fall wird diese Frage jedesmal bejaht.

Das Metazeichen \

In manchen Situationen ist es notwendig, die Sonderbedeutung der Metazeichen * ? [ ] auszuschalten; dazu existiert das Metazeichen \, welches diesen dann voranzustellen ist. Daneben existieren noch weitere Sonderzeichen, die teilweise auch schon vorgestellt wurden: < > " ' | \ ` ( ) & ^ $ # @ *Leerzeichen Tabulatorzeichen* [3]. Auch diese Zeichen können durch Voranstellen des Metazeichens \ ausgeschaltet werden.

```
$ pwd ⏎
/home/egon/uebung1
$ cat >obst\? ⏎
melone ⏎
gurke ⏎
tomate ⏎
Ctrl-D
$ ls -1 obst? ⏎
obst2
obst?
```

Zeige working directory an
Ausgabe des working directorys
Einsatz von cat, um eine Datei zu erstellen:
Alle nachfolgenden Eingaben bis Ctrl-D werden in Datei mit dem etwas eigenartigen Namen obst? geschrieben.
Eingabeende mit Ctrl-D
Liste alle Dateinamen, die mit obst beginnen und dann noch ein beliebiges Zeichen enthalten: gilt für 2 Dateien im working directory

---

[3] Es wurde bereits früher darauf hingewiesen, daß man sich das UNIX-Leben leichter macht, wenn man keine Dateinamen wählt, die solche Sonderzeichen enthalten.

```
$ cat obst? ⏎
Aepfel
Avocados
Bananen
Birnen
Brombeeren
Kirschen
Kiwis
Orangen
Stachelbeeren
melone
gurke
tomate
$ ls obst\? ⏎
obst?
$ cat obst\? ⏎
melone
gurke
tomate
$ ▮
```

Gib Inhalt aller Dateien aus, deren Name mit obst beginnt und dann noch ein beliebiges Zeichen enthält:

Diese Forderung gilt für die beiden Dateinamen obst2 und obst?

Liste den Dateinamen obst? (Sonderbedeutung von ? wurde hier mit \ ausgeschaltet)
Gib Inhalt der Datei obst? (Sonderbedeutung von ? wurde hier mit \ ausgeschaltet)
Ausgabe des Inhalts der Datei obst?

Auch wenn es unter Verwendung des Metazeichens \ möglich ist, Dateinamen zu wählen, die Sonderzeichen enthalten, so sollte doch darauf verzichtet werden, um sich das Arbeiten mit solchen Dateien nicht zu erschweren. Als Beispiel möge dienen, daß man die Datei **obst?** löschen möchte. Zu augenscheinlich ist dabei die Angabe des Kommandos

rm obst?

Unglücklicherweise wird aber mit diesem Kommandoaufruf nicht nur die Datei **obst?**, sondern auch die mit dem Namen **obst2** gelöscht.

Noch katastrophaler könnte der Versuch enden, eine Datei mit dem Namen * zu löschen. Mit

rm *

würde nämlich nicht nur die Datei mit dem gefährlichen Namen *, sondern alle Dateien des working directorys gelöscht.

7

Pipes und Filter

- Kommunikation von Kommandos über Pipes
- Filter-Kommandos

Kapitel 7
Pipes und Filter

Das Walroß ist zum einen Mal,
wie schon sein Name sagt ein Wal.
Doch wie man hintennach erfährt,
ist es als Roß wohl auch ein Pferd.

aus »Ein Zusammensetz-Tier«

Günther Leopold

Ein Benutzer habe in einem Directory eine Vielzahl von Dateien. Um mit den bisherigen Kenntnissen feststellen zu können, wieviele Dateien in diesem Directory vorhanden sind, müßte er folgende Kommandos abgeben:

ls >temp Umlenken der **ls**-Ausgabe in eine Datei mit Namen *temp*
wc -w temp Zählen, wieviele Dateinamen in *temp* vorhanden sind
rm temp Löschen der temporär benötigten Datei *temp*

Es sind also 3 Kommandos erforderlich, um sich die vorhandenen Dateien zählen zu lassen. In solchen Situationen wäre es angenehm, wenn UNIX über eine Konstruktion verfügen würde, die es erlaubt, mehrere

Kommandos in einer Aufrufzeile so zu kombinieren, daß die Daten, welche von einem Kommando (**ls**) ausgegeben werden, direkt an das nächste Kommando (**wc**) zur weiteren Verarbeitung weitergeleitet werden. Man bräuchte also eine Art Datenröhre, welche eine Fließbandverarbeitung durch unterschiedliche Kommandos ermöglicht.

Pipes

Nun, UNIX bietet tatsächlich die Möglichkeit einer solchen Fließbandverarbeitung an. Die zugehörige Konstruktion wird *Pipe* (zu deutsch: Röhre) genannt. Eine Pipe wird durch Angabe des Zeichens | zwischen zwei Kommandos eingerichtet und bedeutet dann:

Lenke die Standardausgabe des links vom Pipe-Symbol | stehenden Kommandos direkt in die Standardeingabe des rechts vom Pipe-Symbol | angegebenen Kommandos.

Unter Verwendung dieses Pipe-Mechanismus könnte die obige Aufgabenstellung unter Angabe einer Kommandozeile gelöst werden:

ls | wc -w

Bei dieser Kommandozeile würde die Standardausgabe des **ls**-Kommandos direkt in die Standardeingabe des **wc**-Kommandos geleitet:

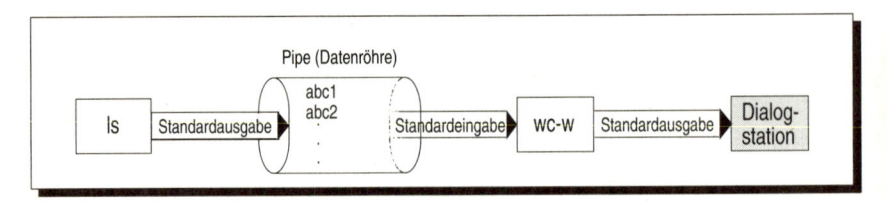

Bild 7.1 - Verwendung einer Pipe bei ls | wc-w

Unter Verwendung einer Pipe kommt man also ohne eine Zwischendatei aus. Eine Pipe wird vom System über einen Puffer realisiert. Das linke Kommando schreibt in den Puffer, bis dieser gefüllt ist. Während das rechte Kommando den Puffer leert (d. h. aus dem Puffer liest), kann das linke Kommando den Puffer wieder mit neuen Daten füllen. Kommandos, die über eine Pipe verknüpft sind, laufen also quasiparallel ab.

In den nachfolgenden Beispielen wird **paste** mit Minuszeichen (-) als Argument aufgerufen; dies bedeutet, daß **paste** hierfür eine Zeile von Standardeingabe lesen soll.

```
$ pwd  ⏎                                                  Zeige working directory an
/home/egon/uebung1                                        Ausgabe des working directorys
$ who  |  wc  -l  ⏎                                       Zähle die Benutzer, die momentan am System ar-
        11                                                beiten; Ausgabe: 11
$ ls  |  sort  -r  >inhalt_verz  ⏎                        Sortiere Datein. absteigend nach inhalt_verz
$ cat  inhalt_verz  ⏎                                     Gib Inhalt der Datei inhalt_verz aus
telnr
sprache
obstpreise
obst?
obst2
obst.sort
obst
nachnamen.sort
nachnamen                                                 Ausgabe des Inhalts der Datei inhalt_verz
meld
laender2
laender
inhalt_verz
inh.verz
fruechte
farbe.sort
farbe.gross
farbe
delta
dateiliste
alter2
alter
add2.cac
add2.cab
add2.caa
add2.c
add1.c
abc3
abc2
abc1
$ ls  |  paste  -d"-"  -  -  -  -  -  -  ⏎               Gib Dateinamen des working directorys
abc1-abc2-abc3-add1.c-add2.c-add2.caa                     in 6 Spalten mit - getrennt aus.
add2.cab-add2.cac-alter-alter2-dateiliste-delta           Ausgabe der Dateinamen des
farbe-farbe.gross-farbe.sort-fruechte-inh.verz-inhalt_verz   working directorys in 6 Spalten
laender-laender2-meld-nachnamen-nachnamen.sort-obst
obst.sort-obst2-obst?-obstpreise-sprache-telnr
```

```
$ ls  -l  |  pg ⏎
total 29
-rw-r—r—  1 egon     graph      7 Mar 30 12:15 abc1
-rw-r—r—  1 egon     graph      7 Mar 30 12:15 abc2
-rw-r—r—  1 egon     graph      7 Mar 30 12:16 abc3
-rw-r—r—  1 egon     graph     90 Mar 29 12:20 add1.c
-rw-r—r—  1 egon     graph    243 Apr  3 07:45 add2.c
-rw-r—r—  1 egon     graph    134 Apr  3 07:33 add2.caa
-rw-r—r—  1 egon     graph    107 Apr  3 07:33 add2.cab
-rw-r—r—  1 egon     graph      2 Apr  3 07:33 add2.cac
-rw-r—r—  2 egon     graph     52 Mar 29 12:59 alter
-rw-r—r—  2 egon     graph    152 Mar 29 12:59 alter2
-rw-r—r—  1 egon     graph     33 Mar 30 12:49 dateiliste
-rw-r—r—  1 egon     graph    230 Mar 29 12:28 delta
-rw-r—r—  1 egon     graph     20 Apr 10 08:52 farbe
-rw-r—r—  1 egon     graph      0 Apr 10 08:57 farbe.gross
-rw-r—r—  1 egon     graph     20 Apr 10 08:52 farbe.sort
-rw-r—r—  1 egon     graph     63 Mar 30 06:57 fruechte
-rw-r—r—  1 egon     graph    244 Apr 10 12:21 inhalt_verz
-rw-r—r—  1 egon     graph    222 Mar 21 15:54 laender
-rw-r—r—  1 egon     graph    222 Apr  2 14:16 laender2
-rw-r—r—  1 egon     graph     11 Apr 10 08:57 meld
-rw-r—r—  1 egon     graph     56 Apr  2 09:23 nachnamen
: ⏎
-rw-r—r—  1 egon     graph     56 Apr  2 09:43 nachnamen.sort
-r-xr-xr-x 1 egon    graph     79 Mar 21 12:00 obst
-rw-r—r—  1 egon     graph     79 Mar 30 06:52 obst.sort
-rw-r—r—  1 egon     graph     79 Apr  2 14:15 obst2
-rw-r—r—  1 egon     graph     20 Apr 10 09:38 obst?
-rw-r—r—  1 egon     graph    108 Apr  2 14:13 obstpreise
-rw-r—r—  1 egon     graph    154 Feb 12 08:40 sprache
-rw-r—r—  1 egon     graph    100 Apr  2 09:27 telnr
(EOF):q ⏎
```

> Liste die Dateinamen des working directorys im Langformat und leite die Ausgabe
> über eine Pipe an das pg-Kommando weiter
> Seitenweise Ausgabe der Dateinamen des working directorys im Langformat
> Eingabe von ⏎ um weiterzublättern
> Eingabe von q, um pg zu verlassen

```
$ grep  Meier  nachnamen  |  wc -l ⏎           Zähle das Vorkommen von Meier in der Datei
        3                                      nachnamen: kommt 3 mal vor
$ ▮
```

Eine Pipe ist allerdings nicht nur auf 2 Kommandos beschränkt, sondern ermöglicht es, eine Pipeline über eine ganze Kommando-Kette zu legen. Bei der Angabe der Kommandozeile

ls | sort -r | pg

würde z. B. die Standardausgabe von **ls** in die Standardeingabe von **sort** weitergeleitet. Das von **sort** auf die Standardausgabe geschriebene Ergebnis wird dann direkt in die Standardeingabe von **pg** weitergeleitet:

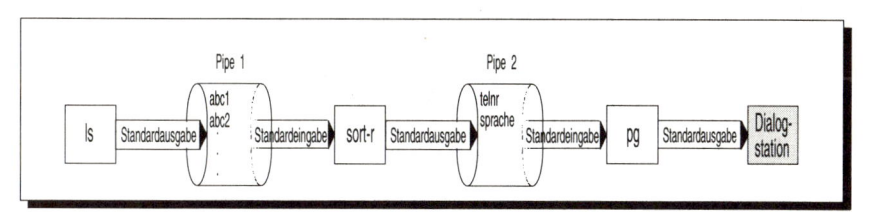

Bild 7.2 - Pipeline bei ls | sort -r | pg

Ein kleines Beispiel soll hier die Mächtigkeit von Pipes und UNIX-Kommandos zeigen. Von einer Datei soll eine Wortstatistik erstellt werden, die angibt, wieoft die einzelnen Wörter vorkommen. Für eine Aufgabenstellung dieser Komplexität müßte nun eigentlich ein C-Programm geschrieben werden. Jedoch kann diese Aufgabe auch durch eine entsprechende Pipe-Verknüpfung von bisher kennengelernten UNIX-Kommandos gelöst werden:

1. Text einer Datei in Wörter (eins pro Zeile) aufteilen:
   cat *dateiname(n)* **| tr -cs "[a-z][A-Z][0-9]" "[\012*]"**
   Hier wird angenommen, daß sich ein Wort aus Buchstaben und Ziffern zusammensetzt.

2. Sortieren der von Schritt 1 gelieferten Wörtern (Groß- und Kleinschreibung dabei ignorieren): **sort -f**

3. Alle sich direkt wiederholenden Zeilen (aus Schritt 2) nur einmal, aber dafür mit Wiederholungsfaktor ausgeben: **uniq -c**

Die entsprechende Aufrufzeile, um z. B. eine Wortstatistik zu einer Datei *bibel* zu erstellen, wäre dann z. B.:

cat bibel | tr -cs "[a-z][A-Z][0-9]" "[\012*]" | sort -f | uniq -c >bibstat

Die Datei *bibstat* hätte dann vielleicht einen Inhalt wie z. B.:

```
  124 Aaron
  452 Adam
12834 Als
    :
    :
```

Wie schon erwähnt, hielten sich die UNIX-Entwickler an die Devise: *Small is beautiful*.

Dies führte dazu, daß sie keine überladenen Kommandos konzipierten, die eine Vielzahl von Aufgaben lösen, sondern eben kleine Kommandos, die eine überschaubare und klar umgrenzte Funktion erfüllen. Mit dem Pipe-Mechanimus wird es nun dem Benutzer ermöglicht, sich aus diesen einfachen Kommandos eigene, mächtigere Kommandos zu bauen, die auch komplexere und seinen Bedürfnissen angepassten Aufgaben erfüllen.

tee

Ein kleiner Nachteil von Pipes ist, daß die Zwischenergebnisse verloren gehen. So wird z. B. bei

ls | wc -w

nur die Anzahl der Dateien ausgegeben, aber nicht die Dateinamen selbst, da die Ausgabe von **ls** vom **wc**-Kommando "geschluckt" wird. Doch auch hierzu bietet UNIX eine Lösung: das Kommando **tee**. Dieses Kommando stellt eine Art T-Stück für eine Pipe zur Verfügung und ermöglicht somit das Sichern eines Zwischenergebnisses, das durch eine Pipe geleitet wird, in einer Datei. So würde z. B. der Aufruf

ls | tee dliste | wc -w

die Ausgabe des **ls**-Kommandos in die Datei *dliste* schreiben:

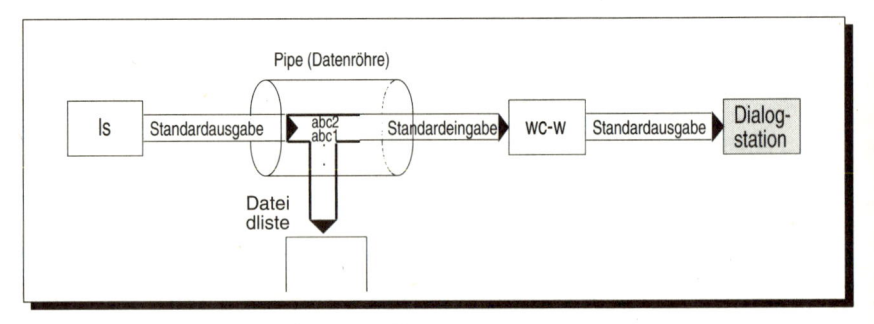

Bild 7.3 Einbau eines T-Stücks in eine Pipe

Die Ausgabe von **ls** könnte dann mit

cat dliste

auf dem Bildschirm angezeigt werden:

```
abc1
abc2
abc3
add1.c
add2.c
add2.caa
 .
 .
 .
 .
 .
```

Um sich z. B. alle Dateien auflisten und am Ende die Anzahl der aufgelisteten Dateien ausgeben zu lassen, könnte folgende Kommandozeile ausgegeben werden:

ls | tee /dev/tty | wc-w

Die vollständige Aufrufsyntax für **tee** ist:

tee [*optionen*] [*datei(en)*]

Wenn *datei(en)* angegeben sind, so wird das Zwischenergebnis aus der Pipe in diese *datei(en)* kopiert. Sind keine *datei(en)* angegeben, so hat **tee** keine Auswirkung.

Folgende Optionen sind dabei möglich:

Option	Beschreibung
-i	Interrupts (wie z. B. Unterbrechungs-Tasten) ignorieren
-a	Zwischenergebnisse an den alten Inhalt der *datei(en)* anhängen; die Voreinstellung ist: alten Inhalt überschreiben.

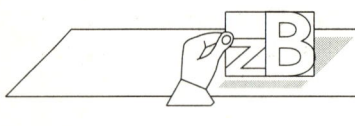

```
$ pwd  ⏎                                         Zeige working directory an
/home/egon/uebung1                               Ausgabe des working directorys
$ grep Meier * | tee meier.nachn | wc -l  ⏎      Zähle das Vorkommen von Meier, schreibe
      12                                         alle gefund. Zeilen nach meier.nachn.
$ cat   meier.nachn  ⏎                           Gib Inhalt der Datei meier.nachn aus
alter:Fritz      Meier   25
alter:Toni       Meier   53
alter:Toni       Meier   45
alter2:Fritz     Meier   25
alter2:Toni      Meier   53
alter2:Toni      Meier   45                      Ausgabe des Inhalts der Datei meier.nachn
nachnamen:Meier
nachnamen:Meier
nachnamen:Meier
nachnamen.sort:Meier
nachnamen.sort:Meier
nachnamen.sort:Meier
$ sort laender | tee laender.sort  ⏎             Schreibe den sortierten Inhalt der Datei
Frankreich:Paris:53,6 Mio:547000                 laender in die Datei Datei laender.sort; da
Grossbritannien:London:56 Mio:244000             nach dem tee-Kommando keine weitere
Indien:Neu Delhi:644 Mio:3288000                 Pipe angegeben ist, werden die sortierten
Italien:Rom:57,3 Mio:294000                      Daten über die Pipe auf die Dialogstation
Oesterreich:Wien:7,5 Mio:83000                   (Voreinstellung für die Standardausgabe)
Schweiz:Bern:6,5 Mio:41000                       ausgegeben.
USA:Washington:220,7 Mio:9363000
$ cat   laender.sort  ⏎                          Gib Inhalt der Datei laender.sort aus
Frankreich:Paris:53,6 Mio:547000                 Ausgabe des Inhalts der Datei laender.sort
Grossbritannien:London:56 Mio:244000
Indien:Neu Delhi:644 Mio:3288000
Italien:Rom:57,3 Mio:294000
Oesterreich:Wien:7,5 Mio:83000
Schweiz:Bern:6,5 Mio:41000
USA:Washington:220,7 Mio:9363000
$ ▮
```

Filter   Kommandos, welche sich mit dem Pipe-Mechanismus verknüpfen lassen, werden auch *Filter* genannt. Typisch für Filter ist, daß sie von der Standardeingabe lesen und auf die Standardausgabe schreiben, wie z. B. **pr**, **tr**, usw.

Es sollen hier noch 3 weitere nützliche Kommandos vorgestellt werden, die auch eine Filter-Funktion haben.

line (*read one* **line**)

Dieses Kommando liest von der Standardeingabe nur eine Zeile und gibt diese auf die Standardausgabe aus. **line** besitzt weder Optionen noch andere Argumente.

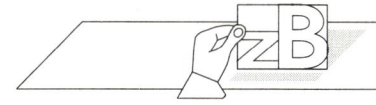

```
$ pwd  ⏎                                              Zeige working directory an
/home/egon/uebung1                                  Ausgabe des working directorys
$ cat  laender  |  line  ⏎                            Gib 1.Zeile von laender aus
Grossbritannien:London:56 Mio:244000           Ausgabe der 1.Zeile aus der Datei laender
$ paste  obst  fruechte  |  line  ⏎      Gib 1.Zeilen der beiden Dateien obst und fruechte
Birnen     Avocados                                              nebeneinander aus
$ ▌                                       Ausgabe der 1.Zeilen der Dateien obst und fruechte
                                                                    nebeneinander
```

Bessere Anwendungen für **line** werden sich im nächsten Buch bei der Beschreibung der UNIX-Shells ergeben.

nl   (**n***umbering* **l***ine filter*)

Das Filter-Kommando **nl** eignet sich zur Zeilennumerierung eines Eingabetextes.

Die vollständige Aufrufsyntax für **nl** ist:

nl [*optionen*] [*datei*]

nl liest Zeilen von der angegebenen *datei* oder von der Standardeingabe, falls keine *datei* angegeben ist, und gibt diese Zeilen mit einer Zeilennumerierung (am linken Rand) wieder auf die Standardausgabe aus.

nl teilt den Eingabetext in sogenannte logische Seiten ein, wobei die Zeilennumerierung am Anfang jeder logischen Seite wieder neu beginnt. Eine logische Seite setzt sich dabei aus einem Seitenkopf (*header*), einem Seiteninhalt (*body*) und einem Seitenfuß (*footer*) zusammen, wobei diese einzelnen Seiten-Teile auch leer sein, d. h. weggelassen werden können. Für diese 3 Seiten-Teile sind unterschiedliche Zeilennumerierungen möglich, wie z. B. keine Zeilennumerierung für Kopf- und Fußzeilen, aber eine Zeilennumerierung für den Seiteninhalt.

Der Beginn der einzelnen Teile einer logischen Seite kann dabei mit folgenden Angaben im Eingabetext angezeigt werden:

\:\:\: für Seitenkopf
\:\:   für Seiteninhalt
\:   für Seitenfuß

Fehlen solche Angaben im Eingabetext, so betrachtet **nl** den Eingabetext immer als Seiteninhalt einer logischen Seite (kein Seitenkopf und kein Seitenfuß).

Von den möglichen Optionen werden die meisten hier vorgestellt:

Option	Beschreibung
-btyp	(**b**ody) legt fest, welche Zeilen des Seiteninhalts einer logischen Seite zu numerieren sind. Für typ kann dabei angegeben werden: a alle Zeilen numerieren t nur die Zeilen numerieren, die einen druckbaren Text enthalten n keine Zeilen numerieren pstring nur die Zeilen numerieren, die den angegebenen string enthalten Voreinstellung ist: **-bt**
-htyp	(**h**eader) legt fest, welche Zeilen des Seitenkopfs einer logischen Seite zu numerieren sind. Die möglichen Angaben für typ sind bei **-b**typ bereits beschrieben. Voreinstellung ist: **-hn**
-ftyp	(**f**ooter) legt fest, welche Zeilen des Seitenfusses einer logischen Seite zu numerieren sind. Die möglichen Angaben für typ sind bei **-b**typ bereits beschrieben. Voreinstellung ist: **-fn**
-vstartnr	startnr legt den Startwert der Zeilennumerierung für eine logische Seite fest. Voreinstellung ist: **-v1**
-ischrittweite	schrittweite legt die Schrittweite für die Zeilennumerierung für eine logische Seite fest. Voreinstellung ist: **-i1**
-p	bewirkt, daß die Zeilennumerierung nicht auf jeder logischen Seite neu gestartet, sondern weitergezählt wird.

Option	Beschreibung
-s*string*	Der hier angegebene *string* wird verwendet, um die Zeilennummern von der eigentlichen Textzeile zu trennen. Voreinstellung ist: Tabulatorzeichen
-w*weite*	Die hier für *weite* angegebene Zahl legt die Anzahl der Stellen fest, die für die Zeilennummern bei der Ausgabe zu verwenden sind. Voreinstellung ist: **-w6**
-n*format*	*format* legt hierbei das Format für die Ausgabe der Zeilennummern fest. Für *format* kann dabei folgendes angegeben werden: **ln** links justieren (führende Nullen nicht ausgeben) **rn** rechts justieren (führende Nullen nicht ausgeben) **rz** rechts justieren (führende Nullen ausgeben) Voreinstellung ist: **-nrn**

Für dieses Beispiel ist eine Datei *jungennamen* mit folgenden Inhalt zu erstellen:

```
\:\:\:
   A–F
\:\:
Aaron
Anton
Bastian
Christian
Dieter
Egon
Emil
Franz
Fritz
\:
   Jungen–Namen

\:\:\:
   G–M
\:\:
Gunther
```

```
        Hans
        Isidor
        Karl
        Klaus
        Lothar
        Martin
        Michel
        \:
```

Jungen-Namen

Im folgenden Beispiel werden die Dateien des Directorys **/bin** in fünf Spalten pro Zeile und mit Zeilennumerierung (in 5er-Schritten) ausgegeben.

```
$ pwd  ⏎                                          Zeige working directory an
/home/egon/uebung1                                Ausgabe des working directorys
$ ls /bin | paste  - - - - - | nl -w3 -nln -i5 -s"—> "  ⏎
 1 ——> acctcom   ar        as        basename  cat
 6 ——> cc        chgrp     chmod     chown     cmp
11 ——> conv      convert   cp        cpio      cprs
16 ——> csh       date      dd        df        diff
21 ——> dirname   dis       du        dump      echo
26 ——> ed        expr      false     file      find
31 ——> format    gencc     grep      i286      i286emul
36 ——> i386      ipcrm     ipcs      kill      ld
41 ——> line      list      lmail     ln        login
46 ——> lorder    ls        mail      mail.new  mail.old
51 ——> make      mesg      mkdir     mkshlib   mv
56 ——> newgrp    nice      nm        nohup     od
61 ——> passwd    pdp11     pr        ps        pwd
66 ——> red       rm        rmail     rmdir     rsh
71 ——> sed       setpgrp   sh        size      sleep
76 ——> smail     sort      strip     stty      su
81 ——> sum       sync      tail      tee       telinit
86 ——> time      touch     true      tty       u370
91 ——> u3b       u3b15     u3b2      u3b5      uname
96 ——> unixsyms  vax       wc        who       write
$ nl    jungennamen  ⏎         Gib Inhalt der Datei jungennamen mit Zeilennume-
                                rierung für den Seiteninhalt aus
                                Bei der Ausgabe wird keine Seitennumerierung für
          _____                Seitenkopf und Seitenfuß vorgenommen; auch be-
           A-F                  ginnt die Zeilennumerierung auf jeder Seite neu.

          1  Aaron
          2  Anton
          3  Bastian
          4  Christian
```

```
      5  Dieter
      6  Egon
      7  Emil
      8  Franz
      9  Fritz


         Jungen-Namen


         ────────
          G-M
         ────────


      1  Gunther
      2  Hans
      3  Isidor
      4  Karl
      5  Klaus
      6  Lothar
      7  Martin
      8  Michel


         Jungen-Namen
```

$ nl -ba -ht -ft **jungennamen** ⏎

```
      1  ────────
      2      A-F
      3  ────────

      4  Aaron
      5  Anton
      6  Bastian
      7  Christian
      8  Dieter
      9  Egon
     10  Emil
     11  Franz
     12  Fritz

     13     Jungen-Namen

      1  ────────
      2      G-M
      3  ────────

      4  Gunther
```

Gib Inhalt der Datei jungennamen mit Zeilennumerierung für Seitenkopf (nur Textzeilen), Seiteninhalt (alle Zeilen) und Seitenfuß (nur Textzeilen) aus Bei der Ausgabe beginnt die Zeilennumerierung auf jeder Seite neu.

```
         5  Hans
         6  Isidor
         7  Karl
         8  Klaus
         9  Lothar
        10  Martin
        11  Michel

        12      Jungen-Namen
```

$ nl -s" -|- " -w2 -p **jungennamen** ⏎

Gib Inhalt der Datei jungennamen mit Zeilennumerierung für den Seiteninhalt aus
Bei der Ausgabe wird keine Seitennumerierung für Seitenkopf und Seitenfuß vorgenommen; auch beginnt die Zeilennumerierung nicht auf jeder Seite neu.

```
             ─────
              A-F
             ─────

         1 -|- Aaron
         2 -|- Anton
         3 -|- Bastian
         4 -|- Christian
         5 -|- Dieter
         6 -|- Egon
         7 -|- Emil
         8 -|- Franz
         9 -|- Fritz

                Jungen-Namen


             ─────
              G-M
             ─────

        10 -|- Gunther
        11 -|- Hans
        12 -|- Isidor
        13 -|- Karl
        14 -|- Klaus
        15 -|- Lothar
        16 -|- Martin
        17 -|- Michel

                Jungen-Namen
```

$ ■

Filter 223

cpio (**c**opy *file archives* **in** and **o**ut)

cpio eignet sich sehr gut dazu, ganze Dateibäume umzukopieren. Auch wird dieses Kommando verwendet, um ganze Dateibäume zu sichern und später eventuell wieder einzukopieren; in diesem Fall wird direkt auf die entsprechende Gerätedatei, wie z. B. die für das Disketten-Laufwerk (*/dev/rdsk/...*) kopiert.

cpio kann auf 3 verschiedene Arten aufgerufen werden:

cpio -o[*optionen*] (*copy* **o***ut*)

liest die Pfadnamen der zu kopierenden Dateien von der Standardeingabe und kopiert deren Inhalt auf die Standardausgabe, wobei die zugehörigen Pfadnamen und Status-Information über die Dateien (Zugriffsrechte, Modifikationsdatum, usw.) mit ausgegeben werden.

Es ist darauf hinzuweisen, daß die Ausgabe dieses Kommandos im allgemeinen nicht lesbar ist, da sie in einem eigenen Format dargestellt wird, welches es erlaubt, solche Dateien dann wieder mit der nachfolgenden Aufrufform (**cpio -i**) einzukopieren.

Auf die Angabe möglicher Optionen wird hier verzichtet.

cpio -i[*optionen*] [*dateiname(n)*] (*copy* **i***n*)

liest ein mit **cpio -o** produziertes Ergebnis von der Standardeingabe und kopiert es in das working directory. Sind *dateiname(n)* angegeben, so werden nur diese Dateien aus der Standardeingabe extrahiert und in das working directory kopiert.

Von den vielen möglichen Optionen werden hier nur zwei erwähnt:

d Directories werden angelegt, wenn dies beim Kopieren notwendig wird.

v die Namen der Dateien werden beim Kopieren ausgegeben

cpio -p[*optionen*] *directory* (*copy* **p***ass*)

liest die Pfadnamen der zu kopierenden Dateien von der Standardeingabe und kopiert deren Inhalt in das entsprechende *directory*.

Von den vielen möglichen Optionen werden hier nur 3 erwähnt:

d Directories werden angelegt, wenn dies beim Kopieren notwendig wird.

l wenn immer es möglich ist, werden die Dateien nicht kopiert, sondern ein Link auf diese kreiert.

v die Namen der Dateien werden beim Kopieren ausgegeben

```
$ pwd  ⏎                                              Zeige working directory an
/home/egon/uebung1                                    Ausgabe des working directorys
$ ls  a*  o*  |  cpio -o  >../xx  ⏎      Kopiere alle Dateien, deren Name mit a oder o be-
4 blocks                                                               ginnt nach ../xx
$ cd  ..  ⏎                                           Wechsle zum parent directory
$ cat  xx  |  cpio  -iv  "a*"  ⏎        Kopiere aus xx alle Dateien, deren Name
abc1                                                 mit a beginnt ins working directory,
abc2                                              und gibt entsprechende Dateinamen aus.
abc3
add1.c
add2.c
add2.caa
add2.cab
add2.cac
alter     linked to alter2                   Ausgabe der Namen der kopierten Dateien
alter2
4 blocks
$ ls  -1  ⏎                            Liste die Namen der Dateien im working directory
abc1
abc2                                        Ausgabe der Dateinamen des working directorys
abc3
add.c
add1.c
add2.c
add2.caa
add2.cab
add2.cac
alter
alter2
uebung1
uebung3
xx
$ rm  a*  ⏎                              Lösche Dateien, deren Name mit a beginnt und liste
$ ls  -1  ⏎                                danach die Dateien des working directory
uebung1
uebung3
xx
```

```
$ find . -depth -print | cpio -pdv /tmp ⏎
/tmp/.profile
/tmp/uebung1/obst
/tmp/uebung1/laender
/tmp/uebung1/add1.c
/tmp/uebung1/add2.c
/tmp/uebung1/abc1
/tmp/uebung1/abc2
/tmp/uebung1/abc3
/tmp/uebung1/delta
/tmp/uebung1/obst.sort
/tmp/uebung1/fruechte
/tmp/uebung1/alter
/tmp/uebung1/obst2
/tmp/uebung1/nachnamen
/tmp/uebung1/dateiliste
/tmp/uebung1/laender2
/tmp/uebung1/alter2
/tmp/uebung1/telnr
/tmp/uebung1/farbe
/tmp/uebung1/farbe.sort
/tmp/uebung1/sprache
/tmp/uebung1/obstpreise
/tmp/uebung1/farbe.gross
/tmp/uebung1/meld
/tmp/uebung1/nachnamen.sort
/tmp/uebung1/add2.caa
/tmp/uebung1/add2.cab
/tmp/uebung1/add2.cac
/tmp/uebung1/inh.verz
/tmp/uebung1/obst?
/tmp/uebung1/inhalt_verz
/tmp/uebung1/dliste
/tmp/uebung1/meier.nachn
/tmp/uebung1/laender.sort
/tmp/uebung1/jungennamen
/tmp/uebung3/obst
/tmp/uebung3/sprache
/tmp/uebung3/obst3
/tmp/uebung3/abc1
/tmp/uebung3/abc2
```

Kopiere den zum working directory gehörigen Dateibaum nach /tmp; die Namen der kopierten Dateien sind dabei auszugeben

Ausgabe der Namen der kopierten Dateien

```
/tmp/uebung3/abc3
/tmp/uebung3/add1.c
/tmp/uebung3/add2.c
/tmp/uebung3/alter
/tmp/uebung3/alter2
/tmp/uebung3/dateiliste
/tmp/uebung3/delta
/tmp/uebung3/farbe
/tmp/uebung3/farbe.gross
/tmp/uebung3/farbe.sort
/tmp/uebung3/fruechte
/tmp/uebung3/obst.sort
/tmp/uebung3/obst2
/tmp/uebung3/obstpreise
/tmp/xx
57 blocks
$ ls  -CF  [↵]                              Liste Dateien des working directorys mit -CF
uebung1/    uebung3/    xx
$ ls  -CF  /tmp  [↵]                        Liste die Dateien von /tmp mit Optionen -CF
uebung1/    uebung3/    xx
$ ls  -C  /tmp/uebung1  [↵]                 Liste die Dateien von /tmp/uebung1 mit -C
abc1        add2.cac     farbe.gross    laender.sort      obst.sort
abc2        alter        farbe.sort     laender2          obst2
abc3        alter2       fruechte       meier.nachn       obst?
add1.c      dateiliste   inh.verz       meld              obstpreise
add2.c      delta        inhalt_verz    nachnamen         sprache
add2.caa    dliste       jungennamen    nachnamen.sort    telnr
add2.cab    farbe        laender        obst
```
                                          Ausgabe der Dateinamen von /tmp/uebung1 (Hier sind nun dieselben Dateien vorhanden, wie in uebung1 des home directory)

```
$ cd  uebung1  [↵]                          Wechsle zum Subdirectory uebung1
$ ▮
```

Das UNIX-Help-System

- Das Online-Manual
- Das Kommando man

Kapitel 8
Das UNIX-Help-System

Wer fragt, der lernt.

Sprichwort

Die UNIX *Reference Manuals* sind auf den meisten Systemen auch in Form von Dateien, dem sogenannten *Online-Manual* vorhanden. Das bedeutet, daß Sie jederzeit während des Arbeitens mit dem System Beschreibungen von Kommandos ansehen können, ohne erst mühevoll im entsprechenden Handbuch nachschlagen zu müssen. Die Online-Dokumentation basiert auf den Textquellen der gedruckten Handbücher.

Mit dem Kommando **man** können während des Arbeitens mit dem System Informationen[1] aus dem Online-Manual abgerufen werden:

man [*optionen*] [*kapitel*] *titel*

Mit dem Kommando **man** kann der Benutzer Hilfsinformationen zum angegebenen *titel* (meist Kommando) abfragen. Wird noch *kapitel* angegeben, so wird nur in dem entsprechenden *kapitel* nach dem *titel* gesucht. Für *kapitel* ist dabei die Kapitelnummer oder eines der Schlüsselwörter **new**, **old**, **local** oder **public** anzugeben.

---

[1] meist nur in Englisch

Das Kommando **man** gibt die Informationen seitenweise am Bildschirm aus. Mit Return kann man zeilenweise und mit dem Leerzeichen seitenweise vorwärts blättern. Mit der Eingabe von **q** oder durch das Blättern bis zum Ende der Beschreibung wird **man** beendet.

Die Beschreibung eines Kommandos im gedruckten Handbuch oder im Online-Manual nennt man *Manpage*.

Die Manpages sind wie folgt gegliedert.

NAME	Name und Kurzbeschreibung des Kommandos
SYNOPSIS	Syntaxbeschreibung des Kommandos
DESCRIPTION	ausführliche Beschreibung des Kommandos
OPTIONS	Bedeutung der Optionen und Argumente
FILES	Dateien, die das Kommando benutzt
EXAMPLES	Anwendungsbeispiele zum Kommando
NOTES	allgemeine Hinweise
EXIT CODES	Rückgabewerte des Kommandos
SEE ALSO	Hinweise auf verwandte Kommandos
DIAGNOSTICS	Fehlermeldungen des Kommandos
WARNINGS	Einschränkungen oder andere Hinweise
AUTHOR	Autor des Programms
BUGS	bekannte Fehler

Die Syntax von **man** können Sie leicht erfragen, indem Sie nur **man** aufrufen.

```
$ man ⏎
Usage:    man [-altdrF] [-M path] [-T man] [ -s section ] name ...
  man -k keyword ...
  man -f file ...
$
```

Wollten Sie sich die Manualpage zu **man** selbst ausgeben lassen, so müßten Sie nur **man man** aufrufen.

```
$ man man ⏎

man(1)                    User Commands                    man(1)


NAME
     man - find and display reference manual pages
```

SYNOPSIS

man [-] [-adFlrt] [-M path] [-T macro-package]
[[-s section] title ...] ...
man [-M path] -k keyword ...
man [-M path] -f filename ...

DESCRIPTION

man displays information from the reference manuals. It displays complete manual pages that you select by title, or one-line summaries selected either by keyword (- k), or by the name of an associated file (-f).

A section, when given, applies to the titles that follow it on the command line (up to the next section, if any). man looks in the indicated section of the manual (or in all sections, if none is specified) for those titles; see Search Paths below for an explanation of how man conducts its search. If no manual page is located, man prints an error message.

The reference page sources are typically located in the /usr/share/man/man* or /usr/man/man* directories, with each directory corresponding to a section of the manual. Since these directories are optionally installed, they may not reside on your host; you may have to mount /usr/share/man from a host on which they do reside. If there are preformatted, up-to-date versions in the corresponding cat* or fmt* directories, man simply displays or prints those versions. If the preformatted version of interest is out of date or missing, man reformats it prior to display. If directories for the preformatted versions are not provided, man reformats a page whenever it is requested; it uses a temporary file to store the formatted text during display.

If the standard output is not a terminal, or if the '-' flag is given, man pipes its output through cat(1); otherwise, man pipes its output through more(1) to handle paging and underlining on the screen.

OPTIONS

-a   Show all manual pages matching title within the MANPATH search path. Manual pages are displayed in the order found.

-d Debug. Displays what a section-specifier evaluates to, method used for searching, and paths searched by man.

-F Force man to search all directories specified by MANPATH or the man.cf file, rather than using the windex lookup database. This is useful if the database is not up to date. If the windex database does not exist, this option is assumed.

-l List all manual pages found matching title within the search path.

-r Reformat the manual page, but do not display it. This replaces the man - -t title combination.

-t man arranges for the specified manual pages to be troffed to a suitable raster output device (see troff(1). If both the - and -t flags are given, man updates the troffed versions of each named title (if necessary), but does not display them.

-M path
  Specify an alternate search path for manual pages. path is a colon-separated list of directories that contain manual page directory subtrees. For example, if path is /usr/share/man:/usr/local/man, man searches for title in the standard location, and then /usr/local/man. When used with the -k or -f options, the -M option must appear first. Each directory in the path is assumed to contain subdirectories of the form man*, one for each section. This option overrides the MANPATH environment variable.

-s section ...
  Specify sections of the manual for man to search. The directories searched for title is limited to those specified by section. section can be a digit (perhaps followed by one or more letters), a word (for example: local, new, old, public), or a letter. To specify multiple sections, separate each section with a comma. This option overrides the MANPATH environment variable and the man.cf file. See Search Path under USAGE for a complete explanation of the default search path order.

−T macro−package
: Format manual pages using macro−package rather than the standard −man macros defined in /usr/share/lib/tmac/an.

−k keyword ...
: Print out one−line summaries from the windex database (table of contents) that contain any of the given keywords. The windex database is created using catman(1M).

−f filename ...
: man attempts to locate manual pages related to any of the given filenames. It strips the leading pathname components from each filename, and then prints one−line summaries containing the resulting basename or names. This option also uses the windex database.

USAGE

Sections

Entries in the reference manuals are organized into sections. A section name consists of a major section name, typically a single digit, optionally followed by a subsection name, typically one or more letters. An unadorned major section name acts as an abbreviation for the section of the same name along with all of its subsections. Each section contains descriptions apropos to a particular reference category, with subsections refining these distinctions. See the intro manual pages for an explanation of the classification used in this release.

Search Path

Before searching for a given title, man constructs a list of candidate directories and sections. man searches for title in the directories specified by the MANPATH environment variable. If this variable is not set, /usr/share/man is searched by default.

....
....

ENVIRONMENT
    MANPATH   A colon-separated list of directories; each
                directory can be followed by a comma-
                separated list of sections. If set, its
                value overrides /usr/share/man as the default
                directory search path, and the man.cf file as
                the default section search path. The -M and
                -s flags, in turn, override these values.)

    PAGER   A program to use for interactively delivering
                man's output to the screen. If not set,
                'more -s' (see more(1)) is used.

    TCAT   The name of the program to use to display
                troffed manual pages.

    TROFF   The name of the formatter to use when the - t
                flag is given. If not set, troff(1) is used.

FILES
    /usr/share/man   root of the standard manual
                                page directory subtree
    /usr/share/man/man?/*   unformatted manual entries
    /usr/share/man/cat?/*   nroffed manual entries
    /usr/share/man/fmt?/*   troffed manual entries
    /usr/share/man/windex   table of contents and keyword
                                database
    /usr/share/lib/tmac/an   standard -man macro package
    /usr/share/lib/pub/eqnchar standard definitions for eqn
                                and neqn
    man.cf   default search order by sec-
                                tion

SEE ALSO
    apropos(1), cat(1), col(1), eqn(1), more(1), nroff(1),
    refer(1), tbl(1), troff(1), vgrind(1), whatis(1),
    catman(1M), eqnchar(5), man(5)

NOTES
    Because troff is not 8-bit clean, man has not been made 8-
    bit clean.

    The -f and -k options use the /usr/share/man/windex data-
    base, which is created by catman(1M).

BUGS

> The manual is supposed to be reproducible either on a phototypesetter or on an ASCII terminal. However, on a terminal some information (indicated by font changes, for instance) is lost.
>
> Some dumb terminals cannot process the vertical motions produced by the e (see eqn(1)) preprocessing flag. To prevent garbled output on these terminals, when you use e also use t, to invoke col(1) implicitly. This workaround has the disadvantage of eliminating superscripts and subscripts – even on those terminals that can display them. CTRL-Q will clear a terminal that gets confused by eqn(1) output.

$

Will man eine Beschreibung zum Kommando **wc**, so muß man lediglich **man wc** aufrufen.

$ **man wc** ⏎

wc(1)   User Commands   wc(1)

NAME
> wc – display a count of lines, words and characters in a file

SYNOPSIS
> wc [-lwc] [names]

DESCRIPTION
> wc counts lines, words, and characters in the named files, or in the standard input if no names appear. It also keeps a total count for all named files. A word is a string of characters delimited by a SPACE , TAB , or by any other character in the library function iswspace() (see wctype(3I)).

OPTIONS
> When names are specified on the command line, the names are printed along with the counts.
>
> The default is -lwc (count lines, words, and bytes).

```
    -l      Count lines.

    -w      Count words delimited by white space characters or new
            line  characters.   Delimiting  characters are Extended
            Unix Code (EUC) characters from any code set  defined by
            iswspace().

    -c      Count bytes.

ENVIRONMENT
    .........
    .........

SEE ALSO
    setlocale(3C), wctype(3I), environ(5)

$
```

Nachfolgend werden noch Informationen zu dem hier noch nicht behandelten Kommando **dircmp**, mit dem Directories verglichen werden können, erfragt.

```
$ man dircmp [⏎]

dircmp(1)                    User Commands                    dircmp(1)


NAME
     dircmp - directory comparison

SYNOPSIS
     dircmp [ -d ] [ -s ] [ -wn ] dir1 dir2

DESCRIPTION
         dircmp examines dir1 and dir2 and  generates  various  tabu-
         lated  information  about  the  contents of the directories.
         Listings of files that are unique to each directory are gen-
         erated for all the options.  If no option is entered, a list
         is output indicating whether the file names common  to  both
         directories have the same contents.
```

OPTIONS
>   -d   Compare the contents of files with the same name
>   in both directories and output a list telling what
>   must be changed in the two files to bring them
>   into agreement.   The list format is described in
>   diff(1).
>
>   -s   Suppress messages about identical files.
>
>   -wn   Change the width of the output line to n charac-
>   ters. The default width is 72.
>
> SEE ALSO
>   cmp(1), diff(1)

$

Neu in System V.4

Es kommt des öfteren vor, daß man sich nicht mehr man an den genauen Kommandonamen erinnern kann. In diesem Fall kann man sich von **man** eine einzeilige Kurzbeschreibung der zu einem bestimmten Schlüsselwort passenden Beschreibungen ausgeben lassen. Die Syntax dazu ist:

man –k *schlüsselwort* ....

Möchte man Informationen zu einer bestimmten Datei abfragen, so muß man folgende Aufrufform verwenden.

man –f *datei* ....

Statt **man** kann man im übrigen auch das Kommando **apropos** verwenden, das die gleiche Wirkungsweise wie **man -k** hat.

9

UNIX-Editoren

- ► Der zeilenorientierte Editor ed
- ► Der Bildschirmeditor vi
- ► Der Editor ex

Kapitel 9
UNIX-Editoren

*Die Schriftstellerei ist, je nachdem wie man sie betreibt,
eine Infamie, eine Aussschweifung, eine Tagelöhnerei,
ein Handwerk, eine Kunst, eine Tugend.*

Friedrich von Schlegel

Eine der häufigsten Tätigkeiten eines Software-Entwicklers ist vermutlich das Editieren von Textdateien; dazu gehört das Erstellen von Quellprogrammen, Programmbeschreibungen, Design-Papieren, Dateien mit Testdaten, Fehler-Reports, usw.

Das UNIX-System bietet nun eine Reihe von Editoren für unterschiedliche Zwecke und Anforderungen an. Die hier vorgestellten Editoren sind allgemeine Editoren, die auf fast jedem UNIX-System zur Grundausstattung gehören.

ed ist der Standard-Editor von UNIX. Er arbeitet zeilenorientiert und ist vom jeweiligen Terminal unabhängig, da er keine spezifischen Terminalfunktionen benutzt. Weitere Vorteile von **ed** sind seine sehr flexiblen und mächtigen Such- und Ersetzungskommandos und auch seine Schnelligkeit. Ein Nachteil von **ed** liegt in seiner mangelnden Benutzerfreundlichkeit, da er eben zeilenorientiert ist und somit keinen größeren Ausschnitt aus der gerade bearbeiteten Datei zeigt; zudem ist nicht immer ersichtlich, an welchem Punkt in einer Datei gerade gearbeitet wird.

vi ist ein bildschirmorientierter Editor mit einer Vielzahl von Editierfunktionen. **vi** wurde auf BSD-UNIX entwickelt und gehört seit System V zum Standardlieferumfang von UNIX. Für die normale Erstellung und Änderung von Textdateien wird meist **vi** verwendet, da er doch benutzerfreundlicher als **ed** ist. Es soll allerdings nicht verschwiegen werden, daß **vi** im Vergleich zu anderen heute üblichen Editoren wie z. B. **emacs** usw. nicht gerade gut abschneidet und dem UNIX-Anfänger zunächst als unbequem und schwer bedienbar erscheint. Jedoch stellt er unter der Vielzahl der auf den unterschiedlichen UNIX-Systemen eingesetzten Editoren den "größten gemeinsamen Nenner" dar und sollte von jedem UNIX-Benutzer beherrscht werden.

ex ist eine Erweiterung von **ed** und arbeitet ebenfalls zeilenorientiert. Allerdings kann er in den **vi**-Modus umgeschaltet werden, so daß er dann bildschirmorientiert arbeitet. Historisch gesehen ist **ex** eine verbesserte Version von **ed** und **vi** eine **ex**-Version mit bildschirmorientierter Oberfläche.

Alle drei Editoren arbeiten interaktiv. UNIX bietet allerdings auch einen nicht-interaktiven Editor, den Stream-Editor **sed** an, der in einem späteren Buch (awk und sed) vorgestellt wird.

9.1 Der zeilenorientierte Editor ed

ed ist ein UNIX-Standard-Editor und auf jedem UNIX-System verfügbar. Er ist terminalunabhängig und kann somit an jeder Dialogstation eingesetzt werden, die zur Ein- und Ausgabe von ASCII-Zeichen fähig ist.

Obwohl **ed** nicht sehr häufig verwendet wird, wird er hier doch aus 2 Gründen sehr ausführlich beschrieben.

9.1 Der zeilenorientierte Editor ed

1. Der UNIX-Anfänger soll bereits hier mit dem Konzept der regulären Ausdrücke, die sich bei vielen UNIX-Tools wiederfinden, vertraut gemacht werden

2. Das Kennen von **ed** erleichtert das Erlernen des häufiger eingesetzten nicht-interaktiven Editors **sed**, der im 3. Buch dieser Buchreihe (awk und sed) behandelt wird.

ed arbeitet grundsätzlich im Hauptspeicher. Dazu kopiert er die zu ändernde Datei in einen Arbeitspuffer, dessen Inhalt erst mit dem Editier-Kommando **w** (*write*) auf das externe Speichermedium (Festplatte, Diskette, usw.) zurückgeschrieben wird. Wird eine neue Datei erstellt, so wird der eingegebene Text ebenfalls im Arbeitspuffer gehalten und anschließend über **w** auf das externe Speichermedium zurückgeschrieben. Wird **ed** mit einem Signal beendet (z. B. quit), wird der Inhalt des Textspeichers in der Datei **ed.hup** gerettet.

Da **ed** zeilenorientiert ist, muß während des Editierens immer eine Zeile die aktuelle Zeile sein. Das heißt, daß ein **ed**-interner Zeilenzeiger auf diese Zeile gesetzt ist und Editier-Kommandos, die nicht explizit andere Zeilen adressieren, immer auf die gerade aktuelle Zeile angewendet werden.

9.1.1 Aufruf von ed

Die vollständige Aufrufsyntax für **ed** ist:

ed   [–s]   [–p*promptzeichen*]   [–x]   [*datei*]

Falls die angegebene *datei* bereits existiert, so kopiert **ed** diese in seinen Arbeitspuffer. Existiert *datei* noch nicht, so wird beim späteren Zurückschreiben des Arbeitspuffers mit **w** eine Datei mit den Namen *datei* auf dem externen Speichermedium angelegt.

Wird **ed** ohne Angabe einer *datei* aufgerufen, so wird ein leerer Arbeitspuffer angelegt, der noch keiner Datei zugeordnet ist. In diesen Puffer kann nun Text eingegeben und editiert werden. Erst mit dem Editier-Kommando

w *datei*

wird dann eine Datei mit Namen *datei* auf dem externen Speichermedium mit dem Pufferinhalt beschrieben.

Die einzelnen Optionen haben dabei folgende Wirkung:

Option	Beschreibung
-s	unterdrückt das Melden der Anzahl der mit den Editier-Kommandos **e**, **r** und **w** in den Arbeitspuffer gelesenen bzw. aus ihm zurückgeschriebenen Zeichen.
-p*promptzeichen*	bewirkt, daß **ed** während des Editierens immer das angegebene *promptzeichen* angibt, wenn er dem Benutzer mitteilen möchte, daß er für die Eingabe eines weiteren Editier-Kommandos bereit ist. Ist diese Option nicht angegeben, so gibt **ed** kein Promptzeichen aus.
-x	bewirkt, daß der Pufferinhalt beim Zurückschreiben auf eine Datei verschlüsselt wird (siehe Kommando **crypt**); seit System V Release 3 ist diese Option nur innerhalb der USA verfügbar.

Nach dem Aufruf gibt **ed** eine der folgenden Meldungen aus:

`eine Zahl`

ist die Anzahl der Zeichen, die in Arbeitspuffer gelesen wurden und gibt somit die Größe der eingelesenen Datei in Bytes an.

`?datei`

falls die Datei *datei* noch nicht existiert. In diesem Fall wurde von **ed** ein leerer Arbeitspuffer angelegt. In diesen Puffer kann nun Text eingegeben werden und editiert werden. Mit dem Editor-Kommando **w** wird dann die Datei *datei* angelegt und in ihr der Pufferinhalt gespeichert.

9.1.2 Arbeitszustände von ed

ed kennt zwei Arbeitszustände:

- Kommandomodus
- Eingabemodus

Nach dem Aufruf befindet sich **ed** immer im Kommandomodus, was eventuell durch ein entsprechendes Promptzeichen angezeigt wird. Im Kommandomodus erwartet **ed** die Eingabe von Editor-Kommandos.

Befindet **ed** sich im Eingabemodus, so werden alle Eingaben als einfacher Text aufgefaßt, der im Arbeitspuffer zu speichern ist.

Vom Kommandomodus in den Eingabemodus kann mit einem der folgenden Editier-Kommandos umgeschaltet werden.

Kommando	Beschreibung
i	Einfügen (**i**nsert)
a	Anfügen (**a**ppend)
c	Ändern (**c**hange)

Wird **ed** ein falsches Kommando gegeben, welches er nicht ausführen kann, so meldet er dies mit der Ausgabe eines Fragezeichens ?.

Vom Eingabemodus kann mit der Eingabe eines . (Punkt) als erstes und einziges Zeichen einer Zeile zum Kommandomodus zurückgeschaltet werden.

9.1.3 Eingabemodus

Im Eingabemodus kann beliebiger Text eingegeben werden. **ed** liest dabei immer zeilenweise vom Terminal. Dies bedeutet, daß während einer Eingabe nur Eingabefehler in einer noch nicht mit ⏎ abgeschlossenen Zeile korrigiert werden können.

Als Korrekturen sind dabei

- Zeile löschen (**kill**) und
- Zeichen löschen (**erase**)[1]

möglich.

Der Eingabemodus wird beendet, wenn **ed** eine Zeile übergeben wird, die als einziges und erstes Zeichen einen . (Punkt) enthält.

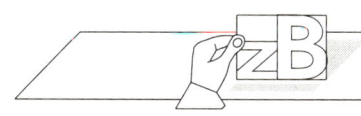

```
$ pwd  ⏎                                           Zeige working directory
/home/egon/uebung1                             Ausgabe des working directorys
$ ed -p% lernen.ed  ⏎                                        Aufruf von ed
?lernen.ed                             ed-Warnung, daß lernen.ed nicht existiert[2]
%a  ⏎                                  Promptz. % und Eing. von a für append
```

---

[1] siehe früheres Kapitel 3.3 "Grundsätzliches zur Bedienung des Terminals"
[2] Eventuell wird diese Warnung auch nicht ausgegeben.

a	append	Text anfuegen; bis zur Eingabe von . ⏎	Text-Eingabe[3]
c	change	Zeilen durch neue Zeilen ersetzen; Ende wie a ⏎	
i	insert	Text vor Zeile einfuegen; Ende wie a ⏎	
. ⏎			Eingabeende
%w ⏎			Speichern des Eingabetexts mit w (write)
165			ed meldet Zahl der abgespeicherten Zeichen
%q ⏎			Verlassen von ed
$ ▮			

9.1.4 Kommandomodus

ed kann nur dann Editier-Kommandos ausführen, wenn er sich im Kommandomodus befindet. Die allgemeine Form eines **ed**-Kommandos ist:

[*adresse1*[,*adresse2*]]   [*editier-kommando*   [*parameter*]]

Durch die Adressen *adresse1* und *adresse2* wird ein bestimmter Bereich hintereinander stehender Zeilen ausgewählt. Auf diese so ausgewählten Zeilen wird dann das *editier-kommando*, welches immer aus einem Zeichen besteht, angewendet. Diesem können eventuell weitere *parameter* folgen. *parameter* zu einem Editier-Kommando können z. B. der zu ändernde Text oder ein Dateiname oder eine weitere Adresse sein.

Wird weder eine Adresse noch ein *editier-kommando* angegeben (nur ⏎ alleine), so wird die nächste Zeile die aktuelle Zeile. Wird nur eine Adresse und kein *editier-kommando* angegeben, so wird die adressierte Zeile die aktuelle Zeile.

Die nachfolgende Tabelle zeigt alle Adressierungs-Möglichkeiten und die dadurch ausgewählten Zeilen:

keine Adresse angegeben:	aktuelle Zeile[4]
eine Adresse angegeben:	Zeile, die diese Adresse besitzt
beide Adressen angegeben:	Bereich (von,bis)[5] von Zeilen

Adressen   Die Adreßangaben *adresse1* und *adresse2* wählen bestimmte Zeilen aus. Die Angaben für *adresse1* und *adresse2* können dabei auf unterschiedliche Weise erfolgen.

---

[3] Zwischen erster und zweiter Spalte sind zwei Leerzeichen und zwischen zweiter und dritter Spalte sind sechs Leerzeichen einzugeben.
[4] Nach dem Aufruf von **ed** ist immer die letzte Zeile des Puffers die aktuelle Zeile.
[5] erste Zeile (adresse1) und letzte Zeile (adresse2) sind Bestandteil dieses Bereichs

9.1 Der zeilenorientierte Editor ed

Angabe	Beschreibung
.	adressiert die aktuelle Zeile
$	adressiert die letzte Zeile
n	adressiert die n.te Zeile [6]
'x	adressiert die Zeile, die mit der Marke x markiert wurde [7]
/regulärer Ausdruck/	adressiert die erste Zeile (von *aktueller Zeile zum Dateiende hin* [8]), welche einen String beinhaltet, der durch den vorgegebenen *regulären Ausdruck* abgedeckt ist (dazu gleich mehr). Wird bis zum Dateiende keine solche Zeile gefunden, so wird vom Dateianfang bis einschließlich der aktuellen Zeile nach einer solche Zeile gesucht.
?regulärer Ausdruck?	adressiert die erste Zeile (von *aktueller Zeile zum Dateianfang hin* [9]), welche einen String beinhaltet, der durch den vorgegebenen *regulären Ausdruck* abgedeckt ist (dazu gleich mehr). Wird zum Dateianfang hin keine solche Zeile gefunden, so wird vom Dateiende rückwärts bis einschließlich der aktuellen Zeile nach einer solche Zeile gesucht.

Weitere Regeln sind:

1. Wenn eine Adresse mit +n oder -n (für n ist eine Zahl anzugeben) endet, so adressiert dies die Zeile *adresse* ± n

2. Wenn eine Adresse mit +n oder -n (für n ist eine Zahl anzugeben) beginnt, so adressiert dies die Zeile *aktuelle-zeile* ± n; z. B. wird +6 als .+6 interpretiert.

3. Wenn eine Adresse mit + oder - endet, so adressiert dies die Zeile *adresse* ± 1; die alleinige Adreßangabe + bzw. - adressiert die der aktuellen Zeile unmittelbar folgende bzw. voranstehende Zeile. Wenn eine Adresse mit mehr als einem + oder - endet, so adressiert dies die Zeile *aktuelle-zeile* ± *anzahl-von*±; z. B. adressiert --- die Zeile *aktuelle-zeile* - 3

4. Wird als gesamte Adreßangabe nur ein Komma gegeben, so entspricht dies der Angabe 1,$ (alle Zeilen). Wird als gesamte Adreßangabe nur ein Semikolon gegeben, so entspricht dies der Angabe .,$ (von aktueller Zeile bis Dateiende).

---

[6] n steht dabei für eine Zahl
[7] x muß dabei ein Kleinbuchstabe sein
[8] aktuelle Zeile zählt nicht dazu
[9] aktuelle Zeile zählt nicht dazu

5. Werden 2 Adressen durch Semikolon getrennt (z. B. 5;7), so legt die 1.Adresse die aktuelle Zeile fest (z. B. 5), was bei Angabe von Komma als Adressen-Trennungszeichen nicht der Fall ist.

Bei der ausführlichen Beschreibung dieser Konstrukte soll bereits eines der später beschriebenen Editier-Kommandos verwendet werden:

n (für **n**umber) bewirkt die Ausgabe der adressierten Zeilen mit Zeilennummern und läßt die zuletzt ausgegebene Zeile die aktuelle Zeile werden.

Hier wird zunächst folgender Text in den Arbeitspuffer eingegeben, der dann später in die Datei *zahlen* geschrieben wird:

```
eins
zwei
drei
vier
fuenf
sechs
sieben
acht
neun
zehn
elf
zwoelf
```

An diesem Pufferinhalt werden im folgenden verschiedene Adressierungs-Möglichkeiten vorgeführt.

`$ pwd` ⏎	Zeige working directory
`/home/egon/uebung1`	Ausgabe des working directorys
`$ ed -p* zahlen` ⏎	Aufruf von ed
`?zahlen`	ed-Warnung, daß Datei zahlen nicht existiert
`*a` ⏎	Promptzeichen * und Eingabe von a für append
`eins` ⏎	
`zwei` ⏎	
`drei` ⏎	
`vier` ⏎	
`fuenf` ⏎	Text-Eingabe
`sechs` ⏎	
`sieben` ⏎	

9.1 Der zeilenorientierte Editor ed

```
acht  ⏎
neun  ⏎
zehn  ⏎
elf   ⏎
zwoelf ⏎
.     ⏎                                                         Eingabeende
```

```
*1,$n  ⏎                                    Gib alle Zeilen mit Zeilennummern aus
1    eins
2    zwei
3    drei
4    vier                                  Ausgabe aller Zeilen mit Zeilennummern
5    fuenf
6    sechs
7    sieben
8    acht
9    neun
10   zehn
11   elf
12   zwoelf
*1,4n  ⏎                                   Gib Zeilen 1 bis 4 mit Zeilennummern aus
1    eins
2    zwei
3    drei                                  Ausgabe der Zeilen 1 bis 4 mit Zeilennummern
4    vier
*;n    ⏎                                   Gib alle Zeilen ab aktueller Zeile mit Zeilennum-
4    vier                                                                      mern aus
5    fuenf
6    sechs
7    sieben
8    acht                                  Ausgabe der Zeilen ab der aktuellen Zeile (Zeile 4)
9    neun                                  bis zum Dateiende mit Zeilennummern
10   zehn
11   elf
12   zwoelf
```

`*/fue/` ⏎	Mache Zeile mit String "fue" zur aktuellen Zeile
fuenf	Ausgabe der neuen aktuellen Zeile (Zeile 5)
`*10;12n` ⏎	Gib Zeilen 10 bis 12 mit Zeilennummern aus
10 zehn	
11 elf	Ausgabe der Zeilen 10 bis 12 mit Zeilennummern
12 zwoelf	
`*n` ⏎	Gib aktuelle Zeile mit Zeilennummer aus
12 zwoelf	Ausgabe der aktuellen Zeile (12) mit Zeilennummer
`*5;6n` ⏎	Gib Zeilen 5 bis 6 mit Zeilennummern aus
5 fuenf	Ausgabe der Zeilen 5 bis 6 mit Zeilennummern
6 sechs	
`*n` ⏎	Gib aktuelle Zeile mit Zeilennummer aus
6 sechs	Ausgabe der aktuellen Zeile (6) mit Zeilennummer
`*5` ⏎	Mache 5.Zeile zur aktuellen Zeile
fuenf	Ausgabe der neuen aktuellen Zeile (Zeile 5)
`*-1;+2n` ⏎	Gib von vorhergeh. Zeile (neue akt. Zeile wegen ;)
4 vier	ab noch 2 weitere Zeilen aus.
5 fuenf	Ausgabe der Zeilen 4 bis 6 mit Zeilennummern
6 sechs	
`*-1,+3n` ⏎	Gib von vorhergeh. Zeile bis 3 Zeilen nach akt.
5 fuenf	Zeile aus
6 sechs	aktuelle Zeile: 6
7 sieben	Ausgabe der Zeilen 5 (6-1) bis 9 (6+3) mit Zeilen-
8 acht	nummern
9 neun	
`*-5,-2n` ⏎	Gib von 5 Zeilen vor bis 2 Zeilen vor akt. Zeile aus
4 vier	aktuelle Zeile: 9
5 fuenf	Ausgabe der Zeilen 4 (9-5) bis 7 (9-2) mit Zeilen-
6 sechs	nummern
7 sieben	
`*/eins/,4n` ⏎	Gib von Zeile mit String "eins" bis 4.Zeile aus
1 eins	Ausgabe von Zeile 1 (enthält String "eins") bis
2 zwei	4.Zeile mit Zeilennumerierung
3 drei	
4 vier	
`*/eins/+2,6n` ⏎	Gib von Zeile mit String "eins" + 2 bis zur 6.Zeile
3 drei	aus
4 vier	Ausgabe von Zeile 3 (Zeile 1 enthält String "eins":
5 fuenf	1+2) bis 6.Zeile mit Zeilennumerierung
6 sechs	
`*/eins/,/vier/n` ⏎	Gib von Zeile mit String "eins" bis Zeile mit String
1 eins	"vier" aus
2 zwei	Ausgabe von 1.Zeile (enthält String "eins") bis
3 drei	4.Zeile (enthält String "vier") mit Zeilennumerierung
4 vier	
`*/eins/+,?vier?-2n` ⏎	Gib von Zeile mit "eins"+1 bis Zeile mit "vier"-2 aus
2 zwei	Ausgabe von Zeile 2 (1+1 bis 4-2) mit Numerierung

9.1 Der zeilenorientierte Editor ed

```
*?zwei?-,/vier/+n  ⏎           Gib von Zeile mit Str. "zwei"-1 bis Zeile mit Str.
1    eins                                                          "vier"+1 aus
2    zwei                         Ausgabe von Zeile 1 (Zeile 2 enthält String "zwei":
3    drei                        2-1) bis Zeile 5 (Zeile 4 enthält String "vier": 4+1)
4    vier                                                    mit Zeilennumerierung
5    fuenf
*?vier?——,?fuenf?—n  ⏎       Gib von Zeile mit "vier"-3 bis Zeile mit "fuenf"-2 aus
1    eins                         Ausgabe von Zeile 1 (Zeile 4 enthält String "vier": 4-
2    zwei                        3) bis Zeile 3 (Zeile 5 enthält String "fuenf": 5-2) mit
3    drei                                                           Zeilennumerierung
*,n  ⏎                                    Gib alle Zeilen mit Zeilennummern aus
1    eins
2    zwei
3    drei
4    vier
5    fuenf                            Ausgabe aller Zeilen mit Zeilennummern
6    sechs
7    sieben
8    acht
9    neun
10   zehn
11   elf
12   zwoelf
*3n  ⏎                                          Gib 3.Zeile mit Zeilennummer aus
3    drei                                    Ausgabe der 3.Zeilen mit Zeilennummer
*/fuenf/n  ⏎                          Gib Zeile aus, die den String "fuenf" enthält
5    fuenf                                   Ausgabe der 5.Zeile mit Zeilennummer
*-n  ⏎                          Gib vor akt. Zeile stehende Zeile mit Nummer aus
4    vier                                    Ausgabe der 4.Zeile mit Zeilennummer
*w  ⏎                        Pufferinhalt mit w (write) in der Datei zahlen sichern
65                                    ed meldet Anzahl der abgespeicherten Zeichen
*q  ⏎                                                              Verlassen von ed
$ ▋
```

Regulärer Ausdruck

Ein *regulärer Ausdruck* ist ein Ausdruck, welcher Strings spezifiziert und/oder über Vorschriften beschreibt, welche Strings durch ihn abgedeckt sind.

Bei **ed** gelten die folgenden Regeln für reguläre Ausdrücke:

1. Die Metazeichen von regulären Ausdrücken sind: . * [ ] \ ^ $
   Metazeichen haben eine Sonderbedeutung.

2. Ein einfacher regulärer Ausdruck ist einer der folgenden:
   - *Einfaches Zeichen*, aber kein Metazeichen
   - Das *Metazeichen* \, um Sonderbedeutung eines Metazeichens auszuschalten (z.B *)

- ^ steht für Anfang einer Zeile, wenn es als erstes Zeichen angegeben ist.
- $ steht für Ende einer Zeile, wenn es als letztes Zeichen angegeben ist.
- . steht für jedes beliebige Zeichen, außer Neuezeile-Zeichen
- Eine *Klasse von Zeichen*: z. B. [ABC] deckt eines der Zeichen A, B oder C ab
- Eine *Klasse von Zeichen mit Abkürzungen*: z. B. deckt [a-zA-Z] alle Buchstaben ab (nicht Umlaute)
- Eine *Komplement-Klasse von Zeichen*: z. B. deckt [^0-9] alle Zeichen außer die Ziffern und das Neuezeile-Zeichen ab

3. Operatoren, um reguläre Ausdrücke zu größeren zusammenzufassen
    - *Konkatenation*: AB: AB deckt A unmittelbar gefolgt von B ab.
    - *null-oder-beliebig-viele*: A* deckt kein, ein oder mehr A ab
    - *runde Klammern*: \(r\) deckt gleiche Strings wie der ungeklammerte reguläre Ausdruck r ab
    - *Wiederholungen*[10]:
      (=m): z\{m\} deckt genau *m* Vorkommen von *z* ab
      (>=m): z\{m,\} deckt mindestens *m* Vorkommen von *z* ab
      (>=m und <=n): z\{m,n\} deckt eine beliebige Anzahl zwischen *m* und *n* Vorkommen von *z* ab
    - *n-ter Teilausdruck*: \n deckt den gleichen String ab, wie ein im selben regulären Ausdruck zuvor angegebener \(Ausdruck\). *n* muß eine Ziffer sein und spezifiziert den *n*.ten \(Ausdruck\); z. B. deckt ^\(.*\)\1$ eine Zeile ab, welche sich aus zwei gleichen Strings zusammensetzt.

Ein regulärer Ausdruck deckt einen String nach der *longest leftmost*-Regel ab.

"**leftmost**" (am weitesten links stehend):

Zeileninhalt: XXXXX

regulärer Ausdruck /**X**/ deckt dann den unterstrichenen Teil ab:
X̲XXXX

z. B. würde s/**X**/**A**/ folgenden neuen Zeileninhalt ergeben: AXXXX[11]

---

[10] Im folgenden steht:
   z für reguläre Ausdrücke, welche ein Zeichen abdecken
   m und *n* für nichtnegative ganze Zahlen kleiner als 256
[11] Hier wird bereits das **ed**-Kommando **s** verwendet, um eine Textersetzung in einem String vorzunehmen.

9.1 Der zeilenorientierte Editor ed

"**longest**" (längster):

1. Zeileninhalt: XXXXYZ
   regulärer Ausdruck **/X*/** deckt dann den unterstrichenen Teil ab:
   XXXXYZ
   z. B. würde **s/X*/A/** folgenden neuen Zeileninhalt ergeben: AYZ
2. Zeileninhalt: ABCABCD
   regulärer Ausdruck **/.*C/** deckt dann den unterstrichenen Teil ab:
   ABCABCD
   z. B. würde **s/.*C/R/** folgenden neuen Zeileninhalt ergeben: RD

"**leftmost**" hat dabei immer höhere Priorität als "**longest**":

Zeileninhalt: X-YYYYX
regulärer Ausdruck **/Y*X/** [12] deckt dann den unterstrichenen Teil ab:
X-YYYYX
z. B. würde **s/Y*X/A/** folgenden neuen Zeileninhalt ergeben:A-YYYYX

Im folgenden werden nun die einzelne Konstrukte nochmals genauer beschrieben.

Einfache Zeichen und Metazeichen

Ein regulärer Ausdruck, in welchem nur Nicht-Metazeichen angegeben sind, deckt genau dieses eine Zeichen ab. Wenn die Sonderbedeutung eines Metazeichens auszuschalten ist, damit der reguläre Ausdruck das Zeichen selbst abdeckt, so muß diesem Metazeichen ein Backslash \ vorangestellt werden; z. B. repräsentiert * das Zeichen *.

```
$ pwd  ⏎                          Zeige working directory
/home/egon/uebung1                Ausgabe des working directorys
$ ed -p* zahlen  ⏎                Aufruf von ed
65                                Ausgabe der Anzahl der gelesenen Bytes
*5  ⏎                             Mache 5.Zeile zur aktuellen Zeile
fuenf                             Ausgabe der aktuellen Zeile (5)
*/o/  ⏎                           Mache Zeile, die Zeichen "o" enthält, zur akt. Zeile
zwoelf                            Ausgabe der aktuellen Zeile (12)
*$a  ⏎                            Prompt * und Eingabe von $a für Eingabe am Dateiende
.*  ⏎                             Text-Eingabe: Eingabe des Textes ".*"
.  ⏎                              Eingabeende
*5  ⏎                             Mache 5.Zeile zur aktuellen Zeile
fuenf                             Ausgabe der aktuellen Zeile (5)
*/.*/n  ⏎                         Mache Zeile, die kein, ein oder mehr Zeichen enth., zur akt. Zeile
```

---

[12] **Y*** bedeutet dabei: kein Y oder ein Y oder mehr Y

```
6       sechs                       Ausgabe der neuen akt. Zeile (nächste Zeile zur 5.Zeile)
*/\.\*/n  ⏎                Drucke Z., die ".*" enth.(Metazeichen . und * mit \ ausgeschaltet)
13      .*                           Ausgabe der Zeile, die String ".*" enthält (13.Zeile)
*5 ⏎                                             Mache 5.Zeile zur aktuellen Zeile
fuenf                                               Ausgabe der aktuellen Zeile (5)
*/a/,/l/n ⏎                   Drucke von Zeile, die "a" enthält, bis Zeile, die "l" enthält
8       acht           Ausgabe der entsprechenden Zeilen: von 8.Zeile (acht) bis 11.Zeile (elf)
9       neun
10      zehn
11      elf
*w ⏎                           Sichern des Pufferinhalts mit w (write) in die Datei zahlen
68                                          ed meldet Anzahl der abgespeicherten Zeichen
*q ⏎                                                              Verlassen von ed
$ ▮
```

^, $ und .   Die Zeichen ^ und $ stehen für Anfang und Ende einer Zeile. Der Punkt . steht für jedes beliebige einzelne Zeichen.

^D	deckt eine Zeile ab, die mit D beginnt
D$	deckt eine Zeile ab, die mit D endet
^D$	deckt eine Zeile ab, die nur das Zeichen D enthält
^.$	deckt eine Zeile ab, die genau ein Zeichen enthält
^$	deckt eine Leerzeile ab
^...$	deckt eine Zeile ab, die genau 3 Zeichen enthält
...	deckt beliebige 3 aufeinanderfolgende Zeichen ab
^e..	deckt eine Zeile ab, die mit e beginnt und mindestens noch 2 weitere Zeichen enthält
^\.	deckt einen Punkt am Anfang einer Zeile ab

```
$ pwd ⏎                                                     Zeige working directory
/home/egon/uebung1                                     Ausgabe des working directorys
$ ed -p* zahlen ⏎                                                    Aufruf von ed
68                                             Ausgabe der Anzahl der gelesenen Bytes
*5 ⏎                                             Mache 5.Zeile zur aktuellen Zeile
fuenf                                               Ausgabe der aktuellen Zeile (5)
*/s$/,/^e/n ⏎                      Drucke von Zeile, die mit "s" endet, bis Zeile, die
6       sechs                                                        mit "e" beginnt
7       sieben                       Ausgabe von 6.Zeile (endet mit "s") bis 11.Zeile
8       acht                                                      (beginnt mit "e")
9       neun
10      zehn
11      elf
```

9.1 Der zeilenorientierte Editor ed

```
*5 ⏎                                       Mache 5.Zeile zur aktuellen Zeile
fuenf                                        Ausgabe der aktuellen Zeile (5)
*/^......$/,/^e.f$/n ⏎           Drucke von Zeile, die genau 6 Zeichen hat, bis
7    sieben                       Zeile, die mit "e" beginnt, dann beliebiges Zeichen
8    acht                                             hat und mit "f" endet
9    neun                            Ausgabe von 7.Zeile (hat genau 6 Zeichen) bis
10   zehn                      11.Zeile (beginnt mit "e", gefolgt von weiterem Zei-
11   elf                                             chen und endet mit "f")
*?....?,/^z/n ⏎                    Drucke von Zeile (rückwärts), die mindestens 4
10   zehn                       Zeichen hat, bis Zeile (vorwärts), die mit "z" beginnt
11   elf                            Ausgabe von 10.Zeile (hat genau 4 Zeichen) bis
12   zwoelf                                      12.Zeile (beginnt mit "z")
*q ⏎                                                     Verlassen von ed
$ ▮
```

Klasse von Zeichen (mit und ohne Abkürzungen)

Zeichen können zu einer Zeichenklasse zusammengefasst werden, indem sie mit [..] geklammert werden.

Die [..] angegebenen Zeichen decken genau ein Zeichen ab, wenn dieses in [..] angegeben ist.

[AFrG] deckt eines der Zeichen A, F, r oder G ab.

```
$ pwd ⏎                                              Zeige working directory
/home/egon/uebung1                               Ausgabe des working directorys
$ ed -p* zahlen ⏎                                         Aufruf von ed
68                                         Ausgabe der Anzahl der gelesenen Bytes
*5 ⏎                                       Mache 5.Zeile zur aktuellen Zeile
fuenf                                        Ausgabe der aktuellen Zeile (5)
*/^[ots]/,/^[mn]/n ⏎            Drucke von der Zeile, die mit "o","t" oder "s" be-
6    sechs                     ginnt, bis zu der Zeile, die mit "m" oder "n" beginnt
7    sieben                        Ausgabe von 5.Zeile (beginnt mit "s") bis 9.Zeile
8    acht                                              (beginnt mit "n")
9    neun                                             Verlassen von ed
*q ⏎
$ ▮
```

Wenn ein ganzer Zeichenbereich abzudecken ist, so kann der Bindestrich verwendet werden, wobei das links davon stehende Zeichen die untere Grenze und das rechts davon stehende die obere Grenze festlegt (gemäß ASCII-Tabelle).

[0-9] deckt eine Ziffer ab.

[a-zA-Z][0-9] deckt einen beliebigen Buchstaben[13] gefolgt von einer Ziffer ab.

```
$ pwd ⏎                                    Zeige working directory
/home/egon/uebung1                         Ausgabe des working directorys
$ ed -p* zahlen ⏎                          Aufruf von ed
68                                         Ausgabe der Anzahl der gelesenen Bytes
*5 ⏎                                       Mache 5.Zeile zur aktuellen Zeile
fuenf                                      Ausgabe der aktuellen Zeile (5)
*/[r-z]$/,/^.[s-w]/n ⏎                     Drucke von Zeile, die mit einem Buchstaben aus r
6    sechs                                 bis z endet, bis zur Zeile, die als 2.Zeichen einen
7    sieben                                Buchstaben aus s bis w hat
8    acht
9    neun                                  Ausgabe von 6.Zeile (endet mit "s") bis 12.Zeile
10   zehn                                  (hat als 2.Zeichen den Buchstaben "w")
11   elf
12   zwoelf
*q ⏎                                       Verlassen von ed
$
```

Fehlt der linke oder rechte Operand zu einem Bindestrich, so deckt er sich selbst (Bindestrich) ab und es handelt sich um keine Bereichsangabe.

[+-] deckt ein + oder - ab.

[-+] deckt ein + oder - ab.

[-A-Za-z_] deckt alle Buchstaben[14] einschließlich Bindestrich und Unterstrich ab.

Erscheint ein] direkt nach [, so handelt es sich hierbei nicht um die schließende eckige Klammer, sondern um die Angabe des Zeichens] innerhalb von [..].

Beispiel:

[]A-Z] deckt das Zeichen] und alle Großbuchstaben[15] ab.

[[A-Z] deckt das Zeichen [und alle Großbuchstaben ab.

---

[13] keine Umlaute oder ß
[14] keine Umlaute oder ß
[15] keine Umlaute oder ß

Komplement-Klasse von Zeichen (Negation)

Eine Komplement-Klasse von Zeichen ist eine Zeichenklasse, in der als 1.Zeichen ^ angegeben ist. Eine solche Klasse deckt genau ein Zeichen ab, wenn dieses nicht in [^ ..] vorkommt.

[^a-z]	deckt ein Zeichen ab, wenn dies kein Kleinbuchstabe ist.
[^AEIOUaeiou]	deckt ein Zeichen ab, wenn dies kein Vokal ist.
^[AEIOUaeiou]	deckt jede Zeile ab, die mit einem Vokal beginnt.
^[^AEIOUaeiou]$	deckt jede Zeile ab, die nur aus einem Zeichen besteht, welches kein Vokal ist.

```
$ pwd  ⏎                          Zeige working directory
/home/egon/uebung1             Ausgabe des working directorys
$ ed -p+ zahlen  ⏎                         Aufruf von ed
68                     Ausgabe der Anzahl der gelesenen Bytes
+5  ⏎                   Mache 5.Zeile zur aktuellen Zeile
fuenf                      Ausgabe der aktuellen Zeile (5)
+/^[^s-z]/,/[^n-x]$/n  ⏎   Drucke von Zeile, die mit einem Zeichen außerhalb
8     acht              des Bereichs s - z beginnt, bis zur Zeile, die mit ei-
9     neun              nem Zeichen außerhalb des Bereichs n - x endet
10    zehn              Ausgabe von 8.Zeile (beginnt mit "a") bis 11.Zeile
11    elf                                           (endet mit "f")
+q  ⏎                                       Verlassen von ed
$
```

Außer den Zeichen \, ^ (am Anfang) und - (zwischen 2 Zeichen) repräsentieren alle Zeichen innerhalb einer Zeichenklasse sich selbst.

[$]	deckt das Zeichen $ ab.
^[^^]	deckt außer ^ alle Zeichen am Anfang einer Zeile ab.

Erscheint ein] direkt nach [^, so handelt es sich hierbei nicht um die schließende eckige Klammer, sondern um die Angabe des Zeichens] innerhalb von [^ ..].

[^]x]	deckt ein Zeichen ab, das kein] und kein x ist.
^[\^]	deckt eine Zeile ab, die als erstes Zeichen ein ^ enthält.

Konkatenation

Für Konkatenation ist kein eigener Operator vorgesehen. Wenn r_1 und r_2 reguläre Ausdrücke sind, dann deckt r_1r_2[16] einen String der Form s_1s_2 ab, wobei r_1 den Teilstring s_1 und r_2 den Teilstring s_2 abdecken muß.

`$ pwd ⏎`	Zeige working directory
`/home/egon/uebung1`	Ausgabe des working directorys
`$ ed -p+ zahlen ⏎`	Aufruf von ed
`68`	Ausgabe der Anzahl der gelesenen Bytes
`+5 ⏎`	Mache 5.Zeile zur aktuellen Zeile
`fuenf`	Ausgabe der aktuellen Zeile (5)
`+/^s[f-m]/,/acht/n ⏎`	Drucke von Zeile, die mit "s" beginnt und danach
`7     sieben`	einen Buchst. aus f bis m hat, bis zur Zeile, die
`8     acht`	String "acht" enthält.
`+?^[a-f][a-z]?,/sieben/n ⏎`	Drucke von Zeile (rückwärts), die mit Buchst. a-f
`5     fuenf`	beginnt und als 2.Zeichen einen Kleinbuchst. hat,
`6     sechs`	bis zur Zeile, die String "sieben" enthält.
`7     sieben`	Ausgabe von 5.Zeile (beginnt mit "fu") bis 7.Zeile
`+q ⏎`	Verlassen von ed
`$ `	

null-oder-beliebig-viele

Wenn r ein regulärer Ausdruck ist, dann deckt r* jeden String ab, welcher sich aus null-oder-beliebig-viele aufeinanderfolgende Teil-Strings zusammensetzt, die jeweils durch r abgedeckt sind.

B*	deckt den Null-String, "B", "BB", "BBB", usw. ab.
AB*C	deckt die Strings "AC", "ABC", "ABBC", "ABBBC", usw. ab.
ABB*C	deckt die Strings "ABC", "ABBC", "ABBBC", usw. ab.

---

[16] kein Leerzeichen zwischen r_1 und r_2

9.1 Der zeilenorientierte Editor ed

```
$ pwd  ⏎                                           Zeige working directory
/home/egon/uebung1                              Ausgabe des working directorys
$ ed  -p+  zahlen  ⏎                                        Aufruf von ed
68                                      Ausgabe der Anzahl der gelesenen Bytes
+5 ⏎                                          Mache 5.Zeile zur aktuellen Zeile
fuenf                                         Ausgabe der aktuellen Zeile (5)
+?^.[sa-o][sa-o]*$?,/^.[a-n][a-n]*$/n  ⏎   Drucke von Zeile (rückwärts), die mindestens 2 Zei-
1    eins                                  chen und ab 2.Zeichen nur Buchst. "s" oder a bis o
2    zwei                                  enthält, bis zur Zeile (vorwärts), die mindestens 2
3    drei                                  Zeichen und ab 2.Zeichen nur Buchst. aus a bis n
4    vier                                                                        enthält.
5    fuenf                                Ausgabe von 1.Zeile (enthält "eins") bis 7.Zeile
6    sechs                                                         (enthält "sieben")
7    sieben
+q ⏎                                                         Verlassen von ed
$ ▮
```

\runde Klammern

Die runden Klammern mit vorangestelltem \ werden in regulären Ausdrücken verwendet, um Teilausdrücke innerhalb eines regulären Ausdrucks zu kennzeichnen. Dabei sind mehrere solche Klammerungen in einem regulären Ausdruck möglich. Später kann dann mit \n auf den durch den n-ten Teilausdruck abgedeckten String (nur innerhalb desselben regulären Ausdrucks) verwiesen werden.

```
$ pwd  ⏎                                           Zeige working directory
/home/egon/uebung1                              Ausgabe des working directorys
$ ed  -p+  zahlen  ⏎                                        Aufruf von ed
68                                      Ausgabe der Anzahl der gelesenen Bytes
+5 ⏎                                          Mache 5.Zeile zur aktuellen Zeile
fuenf                                         Ausgabe der aktuellen Zeile (5)
+/^\(.\).*\1$/n  ⏎                         Drucke nächste Zeile, deren erstes und letztes Zei-
6    sechs                                 chen gleich ist - 6.Zeile (enthält "sechs")
+q ⏎                                                         Verlassen von ed
$ ▮
```

Wiederholungen mit \{..\}

Im folgenden steht

z   für reguläre Ausdrücke, welche ein Zeichen abdecken
m und n   für nichtnegative ganze Zahlen kleiner als 256:

- genau *m* Wiederholungen: $z\backslash\{m\backslash\}$
- mindestens *m* Wiederholungen: $z\backslash\{m,\backslash\}$
- zwischen *m* und *n* Wiederholungen: $z\backslash\{m,n\backslash\}$

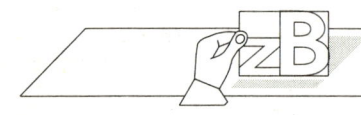

```
$ pwd                                              Zeige working directory
/home/egon/uebung1                         Ausgabe des working directorys
$ ed -p+ zahlen                                              Aufruf von ed
68                                    Ausgabe der Anzahl der gelesenen Bytes
+5                                         Mache 5.Zeile zur aktuellen Zeile
fuenf                                          Ausgabe der aktuellen Zeile (5)
+/^.\{4\}$/,/^.\{3\}$/n         Drucke von Zeile, die genau 4 Zeichen enthält, bis
8       acht                               zur Zeile, die genau 3 Zeichen enthält
9       neun                   Ausgabe von 8.Zeile (enthält genau 4 Zeichen) bis
10      zehn                             11.Zeile (enthält genau 3 Zeichen)
11      elf
+5                                         Mache 5.Zeile zur aktuellen Zeile
fuenf                                         Ausgabe der aktuellen Zeile (5)
+/^.\{6\}$/,/^.\{3\}$/n         Drucke von Zeile, die genau 6 Zeichen enthält, bis
7       sieben                             zur Zeile, die genau 3 Zeichen enthält
8       acht                   Ausgabe von 7.Zeile (enthält genau 6 Zeichen) bis
9       neun                             11.Zeile (enthält genau 3 Zeichen)
10      zehn
11      elf
+5                                         Mache 5.Zeile zur aktuellen Zeile
fuenf                                         Ausgabe der aktuellen Zeile (5)
+/^[a-m]\{3,\}/,/[e-o]\{3,4\}$/n     Drucke von Zeile, deren erste 3 Zeichen nur
8       acht                      Buchst. aus a bis m sind, bis zur Zeile, deren
9       neun               letzten 3 oder 4 Zeichen nur Buchst. aus e bis o sind.
10      zehn                                        Ausgabe von 8.Zeile
+q                                                         Verlassen von ed
$
```

n-ter Teilausdruck

\\n deckt den gleichen String ab, wie ein im selben regulären Ausdruck zuvor angegebener \\(Teilausdruck\\). n muß eine Ziffer sein und spezifiziert (von links gezählt) den n.ten \\(Teilausdruck\\).

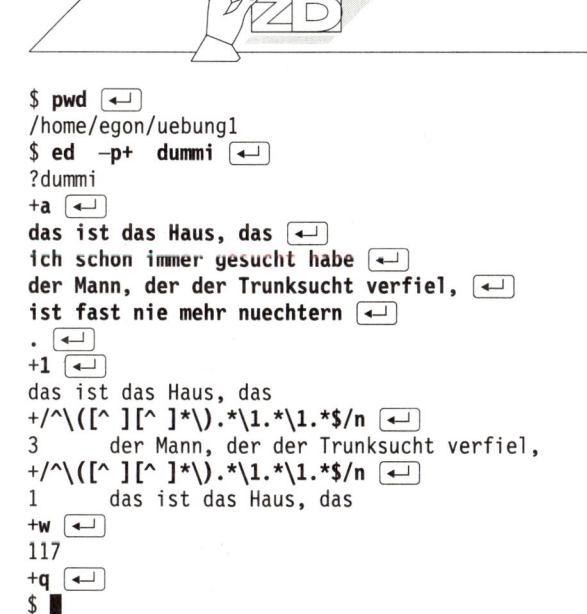

```
$ pwd  ⏎                                                Zeige working directory
/home/egon/uebung1                               Ausgabe des working directorys
$ ed -p+ dummi  ⏎                                              Aufruf von ed
?dummi                                    ed meldet, daß dummi noch nicht existiert
+a  ⏎                                            ed-Befehl a, um Text einzugeben
das ist das Haus, das  ⏎                                         Texteingabe
ich schon immer gesucht habe  ⏎
der Mann, der der Trunksucht verfiel,  ⏎
ist fast nie mehr nuechtern  ⏎
.  ⏎                                                              Eingabeende
+1  ⏎                                        Mache 1.Zeile zur aktuellen Zeile
das ist das Haus, das                        Ausgabe der aktuellen Zeile (1)
+/^\([^ ][^ ]*\).*\1.*\1.*$/n  ⏎             Drucke Zeile, in der 1.Wort 3 mal vorkommt
3       der Mann, der der Trunksucht verfiel,     Ausgabe der entsprechenden Zeile
+/^\([^ ][^ ]*\).*\1.*\1.*$/n  ⏎             Drucke nächste Zeile, in der 1.Wort insge-
1       das ist das Haus, das                                  samt 3 mal vorkommt
+w  ⏎                                                         Sichere Datei dummi
117                                          Anzahl der gespeicherten Zeichen
+q  ⏎                                                           Verlassen von ed
$
```

Um auszudrücken, daß ein Zeichen z mindestens einmal durch einen regulären Ausdruck abgedeckt wird, sollte nicht **z*** verwendet werden, da dies auch den Leerstring abdeckt. Statt dessen sollte **zz*** angegeben werden.

Beispiele:

1. Folgende Zeichenkette ist gegeben: BAAAB
   A*B würde nur B (B̲A̲A̲A̲B̲) abdecken.
   AA*B dagegen würde AAAB (BA̲A̲A̲B̲) abdecken.

2. Folgende Zeile ist gegeben: das ist ein Test
   [^A-Z]*. würde nur "d" (d̲as ist ein Test) abdecken
   [^A-Z][^A-Z]*. dagegen würde "das ist ein T" (d̲a̲s̲ ̲i̲s̲t̲ ̲e̲i̲n̲ ̲T̲est) abdecken.

Die Angabe von // (Vorwärts-Adressierung) bzw. ?? (Rückwärts-Adressierung) ist äquivalent zum zuletzt angegebenen /*regulärer Ausdruck*/ bzw. ?*regulärer Ausdruck*?, je nachdem, welche dieser beiden Angaben als letzte erfolgte.

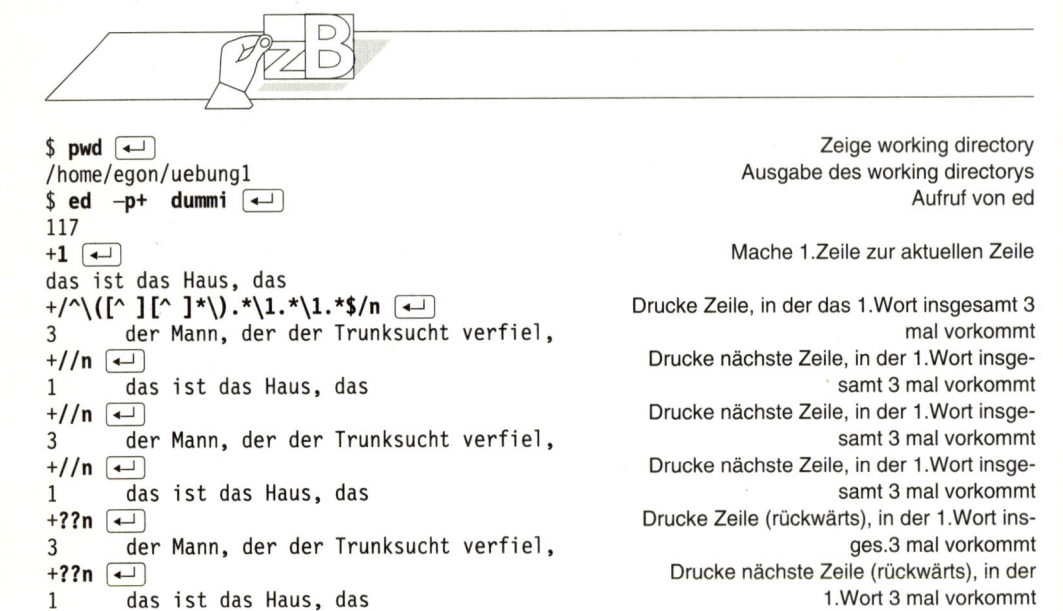

```
$ pwd  ⏎                                          Zeige working directory
/home/egon/uebung1                                Ausgabe des working directorys
$ ed -p+ dummi  ⏎                                 Aufruf von ed
117
+1  ⏎                                             Mache 1.Zeile zur aktuellen Zeile
das ist das Haus, das
+/^\([^ ][^ ]*\).*\1.*\1.*$/n  ⏎                  Drucke Zeile, in der das 1.Wort insgesamt 3
3       der Mann, der der Trunksucht verfiel,                  mal vorkommt
+//n  ⏎                                           Drucke nächste Zeile, in der 1.Wort insge-
1       das ist das Haus, das                                  samt 3 mal vorkommt
+//n  ⏎                                           Drucke nächste Zeile, in der 1.Wort insge-
3       der Mann, der der Trunksucht verfiel,                  samt 3 mal vorkommt
+//n  ⏎                                           Drucke nächste Zeile, in der 1.Wort insge-
1       das ist das Haus, das                                  samt 3 mal vorkommt
+??n  ⏎                                           Drucke Zeile (rückwärts), in der 1.Wort ins-
3       der Mann, der der Trunksucht verfiel,                  ges.3 mal vorkommt
+??n  ⏎                                           Drucke nächste Zeile (rückwärts), in der
1       das ist das Haus, das                                  1.Wort 3 mal vorkommt
+q  ⏎                                             Verlassen von ed
$ ▮
```

ed-Kommandos

Die einzelnen Editier-Kommandos können keine, eine oder zwei Adressen erfordern. Wird bei Kommandos, die keine Adreßangabe erlauben, eine Adresse angegeben, so wertet **ed** dies als Fehler und führt das Kommando nicht aus. Wenn Kommandos, die eine oder 2 Adressen erlauben, ohne Angabe von Adressen aufgerufen werden, so werden dafür sogenannte *default*-Adressen (voreingestellte Adressen) verwendet. Werden bei Kommandos, die eine Adresse erlauben, 2 Adressen angegeben, so wird die zuletzt angegebene Adresse verwendet.

9.1 Der zeilenorientierte Editor ed

In einer Zeile darf immer nur ein Editier-Kommando angegeben werden, allerdings darf am Ende fast aller Kommandos (außer **e**, **f**, **r** und **w**) eines der folgenden Kommandos angehängt werden.

Kommando	Wirkung
l	(**l**ist) Listen der adressierten Zeilen
n	(**n**umber) Ausgabe der adressierten Zeilen mit Zeilennummern
p	(**p**rint) Ausgabe der adressierten Zeilen ohne Zeilennummern

In der folgenden Liste der **ed**-Kommandos werden die *default*-Adressen in eckigen Klammern[17] davor angegeben. Aus dieser Angabe ist zugleich auch erkennbar, wie viele Adressen die einzelnen Kommandos erlauben. Zudem werden folgende Abkürzungen dort verwendet:

Abkürzung	Beschreibung
RA	für Regulärer Ausdruck
kdos	für **ed**-Kommandos
ers	für Ersetzungstext

In runden Klammern wird danach der englische Name angegeben, von dem dieses Kommando seinen Namen erhielt. In geschweiften Klammern wird zusätzlich noch die aktuelle Zeile nach Ausführung dieses Kommandos angegeben.

[.]a *text* .	(**a**ppend)	{zuletzt eingegebene Zeile}

fügt den eingegebenen *text* nach der adressierten Zeile ein. Der Abschluß der *text*-Eingabe erfolgt mit . (Punkt) als einzigem Zeichen einer Zeile. **0a** ist für dieses Kommando erlaubt und bedeutet: Einfügen ganz am Anfang des Arbeitspuffers

---

[17] die eckigen Klammern sind nicht Bestandteil der Adreßangabe

[.,.]c *text* .	(**c**hange)	{zuletzt eingegebene Zeile}

ersetzt den adressierten Zeilenbereich durch den eingegebenen *text*. Der Abschluß der text-Eingabe erfolgt mit . (Punkt) als einziges Zeichen einer Zeile

[.,.]**d**	(**d**elete)	{den gelöschten Zeilen folgende Zeile; wenn danach keine mehr existiert, dann die neue letzte Zeile}

löscht den adressierten Zeilenbereich

e *dateiname*	(**e**dit)	{letzte Zeile}

liest den Inhalt der Datei *dateiname* in den Arbeitspuffer. Der alte Inhalt des Arbeitspuffers wird dabei überschrieben. Wenn der Pufferinhalt seit der letzten Änderung nicht gesichert wurde, so wird eine Warnung ausgegeben und das e-Kommando nicht ausgeführt. Möchte man diese Änderungen auf keinen Fall sichern, so kann **e** unmittelbar noch einmal aufgerufen werden; dann wird es auf jeden Fall ausgeführt.

Für *dateiname* kann auch **!unix-kommando** angegeben werden; es wird dann die Ausgabe des **unix-kommando** in den Arbeitspuffer geschrieben; z. B. würde **e !pwd** den Pfadnamen des working directorys in den Puffer schreiben

E *dateiname*	(**E**dit)	{letzte Zeile}

arbeitet wie **e**, wobei allerdings die Warnung unterdrückt wird, wenn seit der letzten Änderung des Pufferinhalts keine Sicherung auf Datei (mit **w**) vorgenommen wurde.

9.1 Der zeilenorientierte Editor ed

f *dateiname*	(**f**ile)	{unverändert}

ed merkt sich den angegebenen *dateiname*. Wird nur **f** ohne Angabe eines *dateiname* aufgerufen, so wird der momentan gemerkte Dateiname ausgegeben.

[1,$]**g**/*RA*/*kdos*	(**g**lobal)	{wird immer die Zeile, die der reguläre Ausdruck *RA* gerade abdeckt}

führt die angegebenen *kdos* für alle Zeilen aus, die der reguläre Ausdruck *RA* adressiert. Wird mehr als ein *kdo* angegeben, so muß jedes einzelne *kdo* in einer eigenen Zeile stehen, die mit dem Fortsetzungszeichen \ (außer letzte *kdo*-Zeile) abzuschließen ist. Die Kommandos **g**, **G**, **v** und **V** sind hierbei nicht erlaubt. Werden überhaupt keine *kdos* angegeben, so wird das **ed**-Kommando **p** angenommen.

[1,$]**G**/*RA*/	(**G**lobal)	{wird immer die Zeile, die der reguläre Ausdruck *RA* gerade abdeckt}

ist die interaktive Version des **g**-Kommandos. Hierbei werden nacheinander die Zeilen angezeigt, die der reguläre Ausdruck *RA* adressiert. Nun kann für jede einzelne dieser Zeilen ein Kommando (nicht: **a**, **c**, **i**, **g**, **G**, **v**, **V**) eingegeben werden. Dieses wird dann für diese Zeile ausgeführt und dann die nächste durch *RA* adressierte Zeile angezeigt. Die Eingabe von **&** führt das zuletzt eingegebene Kommando nochmals aus.

Soll für eine Zeile kein Kommando eingegeben werden, so ist dies durch die alleinige Eingabe von ⏎ möglich. **G** kann mit **intr** (DEL- oder BREAK-Taste) abgebrochen werden.

h	(**h**elp)	{unverändert}

gibt eine kurze Erklärung zur letzten ? Warnung

| H | (**H**e*lp*) | {unverändert} |

schaltet **ed** in einen Modus um, in dem statt der wenig aussagekräftigen Fehlermeldung ? immer ein Fehlertext ausgegeben wird

[.]**i**		
text		
.	(**i**n*sert*)	{zuletzt eingegebene Zeile}

fügt den eingegebenen *text* vor der adressierten Zeile ein. Der Abschluß der *text*-Eingabe erfolgt mit . (Punkt) als einziges Zeichen einer Zeile. Die Adresse **0** ist für dieses Kommando nicht erlaubt.

| [.,.+1]**j** | (**j**o*in*) | {zusammengefügte Zeile} |

macht aus den adressierten Zeilen eine Zeile, indem es die abschließenden Neuezeile-Zeichen in allen adressierten Zeilen (außer der letzten) entfernt. Wenn nur eine Adresse angegeben ist, hat **j** keinerlei Wirkung

| [.]**k***x* | (*ma*r**k**) | {unverändert} |

markiert die adressierte Zeile mit *x* (muß ein Kleinbuchstabe sein). '*x* als Adreßangabe adressiert dann diese Zeile.

| [.,.]**l** | (**l***ist*) | {zuletzt ausgegebene Zeile} |

gibt die adressierten Zeilen aus; dabei werden einige nicht druckbare Zeichen (wie *Backspace*, Tabulatorzeichen) in mnemotechnischer Darstellung und alle anderen nicht druckbaren Zeichen als Oktalwerte ausgegeben. Zusätzlich werden überlange Zeilen in mehreren Zeilen ausgegeben.

l kann an fast alle **ed**-Kommandos (außer **e**, **f**, **r**, **w**) angehängt werden.

9.1 Der zeilenorientierte Editor ed

[.,.]m*adresse*	(**m***ove*)	{letzte der verlagerten Zeilen}

kopiert die adressierten Zeilen hinter die Zeile, die mit *adresse* adressiert wird; ist keine *adresse* angegeben, so werden die adressierten Zeilen hinter die aktuelle Zeile kopiert. Immer werden die ursprünglichen Zeilen gelöscht. Die Angabe von **0** für *adresse* ist möglich und bewirkt, daß die adressierten Zeilen an den Pufferanfang verlagert werden.

[.,.]**n**	(**n***umber*)	{zuletzt ausgegebene Zeile}

gibt die adressierten Zeilen mit Zeilennummern (am linken Rand gefolgt von einem Tabulatorzeichen) aus. **n** kann an fast alle **ed**-Kommandos (außer **e**, **f**, **r**, **w**) angehängt werden.

[.,.]**p**	(**p***rint*)	{zuletzt ausgegebene Zeile}

gibt die adressierten Zeilen aus.

Eingabe von ⏎ ist äquivalent zu **.+1p**⏎.

p kann an fast alle **ed**-Kommandos (außer **e**, **f**, **r**, **w**) angehängt werden (**dp** z. B. löscht die aktuelle Zeile und gibt die neue aktuelle Zeile aus).

P	(**P***rompt*)	{unverändert}

nach der Eingabe dieses Kommandos ist das **ed**-Promptzeichen *; eine erneute Eingabe von **P** schaltet dieses Promptzeichen wieder aus.

q	(**q***uit*)	{unverändert}

bewirkt das Verlassen von **ed**. Zuvor wird allerdings geprüft, ob der Pufferinhalt seit der letzten Änderung in eine Datei geschrieben wurde. Ist dies nicht der Fall, so wird eine Warnung ausgegeben und **ed** nicht verlassen. Eine unmittelbare erneute Eingabe von **q** würde dann trotzdem - ohne Warnung (mit Verlust der Änderungen) - das Verlassen von **ed** bewirken, wenn **ed** nicht mit der Option **-s** aufgerufen wurde.

Q	(**Q**uit)	{unverändert}

beendet **ed**, ohne nachzuprüfen, ob der Puffer seit seiner letzten Änderung auf Datei geschrieben wurde. Eventuelle Änderungen seit dem letzten Zurückschreiben des Puffers gehen dabei verloren.

[$]**r** *dateiname*	(**r**ead)	{zuletzt kopierte Zeile}

liest die Datei *dateiname* und schreibt deren Inhalt hinter die adressierte Zeile. Wenn kein *dateiname* angegeben ist, so wird hierfür der momentan gemerkte Dateiname (siehe Kommando **f**) verwendet. Die Angabe von **0r** *dateiname* ist erlaubt und bewirkt, daß die Datei *dateiname* an den Pufferanfang kopiert wird.

Für *dateiname* kann auch **!unix-kommando** angegeben werden; es wird dann die Ausgabe des **unix-kommando** hinter die adressierte Zeile kopiert; z. B. würde **r !ls** alle Dateinamen des working directorys hinter die letzte Zeile kopieren.

[.,.]**s**/*RA*/*ers*/ oder		
[.,.]**s**/*RA*/*ers*/**g** oder		{letzte Zeile, in der eine Ersetzung
[.,.]**s**/*RA*/*ers*/*n* (*n*=1,2,..,512)	(**s**ubstitute)	stattfand}

ersetzt in den adressierten Zeilen die Texte, die durch den regulären Ausdruck *RA* abgedeckt werden, durch den Ersetzungstext *ers*.

Normalerweise wird dabei nur der erste durch den *RA* abgedeckte Text in jeder Zeile ersetzt. Sollen in den Zeilen alle Text-Vorkommen ersetzt werden, die durch *RA* abgedeckt werden, so ist am Kommandoende **g** (**g**lobal) anzugeben.

Wird am Ende des Kommandos eine Zahl *n* angegeben, so wird nur das *n*.te durch *RA* abgedeckte Text-Vorkommen in der Zeile ersetzt.

Wird in den adressierten Zeilen kein Text gefunden, der durch *RA* abgedeckt ist, so meldet **ed** einen Fehler. Für das Begrenzungs-Zeichen / kann jedes beliebige Zeichen (außer Leer- oder Neuezeile-Zeichen) verwendet werden, solange es nicht in *RA* oder *ers* vorkommt.

Wird in *ers* das Zeichen **&** angegeben, so wird beim Ersetzungsvorgang hierfür der Text eingesetzt, der durch *RA* abgedeckt wurde; z. B. würde 1,$s/^.*$/| & |/ alle Zeilen im Arbeitspuffer mit | .. | einrahmen. Soll

9.1 Der zeilenorientierte Editor ed

diese Sonderbedeutung von **&** in *ers* ausgeschaltet werden, so ist **&** das Zeichen \ voranzustellen (\&).

Wenn in *ers* \n (*n* steht für eine Ziffer) angegeben ist, so wird beim Ersetzungsvorgang hierfür der Text eingesetzt, der durch den *n*.ten mit \(.. \) geklammerten Teilausdruck im *RA* abgedeckt wurde; z. B. würde

1,$s/\([^][^]*\)\([ ][ ]*\)\([^][^]*\)/\3\2\1/

in allen Zeilen die ersten beiden Wörter[18] vertauschen.

Wenn als einziges Zeichen in *ers* **%** angegeben ist, so wird hierfür der Ersetzungstext *ers* aus dem zuletzt angegebenen **s**-Kommando eingesetzt. Die Sonderbedeutung von **%** wird ausgeschaltet, wenn entweder noch weitere Zeichen in *ers* angegeben sind oder aber ihm ein \ vorangestellt wird.

Ein **s**-Kommando darf sich auch über mehrerere Zeilen erstrecken; in diesem Fall ist dem abschließenden ⏎ ein \ voranzustellen. Eine solche Aufteilung über mehrere Zeilen ist jedoch nicht in den "angehängten" Kommandolisten der Kommandos **g** oder **v** erlaubt.

[.,.]**t***adresse*   (**t***ransfer*)   {letzte der kopierten Zeilen}

---

kopiert die adressierten Zeilen hinter die Zeile, die mit *adresse* adressiert wird; ist keine *adresse* angegeben, so werden die adressierten Zeilen hinter die aktuelle Zeile kopiert. Anders als beim **m**-Kommando werden hier die ursprünglichen Zeilen nicht gelöscht.

Die Angabe von **0** für *adresse* ist möglich und bewirkt, daß die adressierten Zeilen an den Pufferanfang kopiert werden.

---

u   (**u***ndo*)   {vorherige aktuelle Zeile}

---

macht die letzte Änderung (durch eines der Kommandos **a**, **c**, **d**, **g**, **i**, **j**, **m**, **r**, **s**, **t**, **v**, **G**, **V** verursacht) im Puffer wieder rückgängig.

---

[18] Wort ist hier als String definiert, der kein Leerzeichen enthält

[1,$]**v**/*RA*/*kdos*	(**v**eto)	{wird immer die Zeile, die der reguläre Ausdruck *RA* gerade nicht abdeckt}

ist die Umkehrung zum **g**-Kommando: **v** führt die angegebenen *kdos* für alle Zeilen aus, die der reguläre Ausdruck *RA* nicht adressiert. Wird mehr als ein *kdo* angegeben, so muß jedes einzelne *kdo* in einer eigenen Zeile stehen, die mit dem Fortsetzungszeichen \ (außer letzte *kdo*-Zeile) abzuschließen ist. Die Kommandos **g**, **G**, **v** und **V** sind hierbei nicht erlaubt. Werden überhaupt keine *kdos* angegeben, so wird das **ed**-Kommando **p** angenommen.

[1,$]**V**/*RA*/	(**V**eto)	{wird immer die Zeile, die der reguläre Ausdruck *RA* gerade nicht abdeckt}

ist die interaktive Version des **v**-Kommandos. Hierbei werden nacheinander die Zeilen angezeigt, die der reguläre Ausdruck *RA* nicht adressiert. Nun kann für jede einzelne dieser Zeilen ein Kommando (nicht: **a**, **c**, **i**, **g**, **G**, **v**, **V**) eingegeben werden. Dieses wird dann für diese Zeile ausgeführt und dann die nächste nicht durch *RA* adressierte Zeile angezeigt. Die Eingabe von **&** führt das zuletzt eingegebene Kommando nochmals aus.

[1,$]**w** *dateiname*	(**w**rite)	{unverändert}

schreibt die adressierten Zeilen aus dem Puffer in die Datei *dateiname*. Falls die Datei *dateiname* noch nicht existiert, so wird sie mit den Zugriffsrechten 666 (oktal) angelegt, wenn die Dateikreierungsmaske (siehe **umask**) dies zuläßt.

Wenn *dateiname* nicht angegeben ist, so wird der momentan gemerkte Dateiname hierfür eingesetzt (entweder beim **ed**-Aufruf angegeben oder mit den Kommandos **e** oder **f** gesetzt).

Wenn für *dateiname* **!unix-kommando** angegeben wird, so wird dieses **unix-kommando** gestartet und an die Standardeingabe dieses Kommandos werden die adressierten Zeilen übergeben.

Konnte das **w**-Kommando erfolgreich ausgeführt werden, so wird die Anzahl der zurückgeschriebenen Zeichen gemeldet.

9.1 Der zeilenorientierte Editor ed

X	{unverändert}

verlangt ein Paßwort, um bei einem nachfolgenden **e**-, **r**- oder **w**-Kommando den zu lesenden bzw. zu schreibenden Text zu ent- bzw. zu verschlüsseln. Seit System V.3 nur innerhalb der USA verfügbar.

[$]=	{unverändert}

gibt die Zeilennummer der adressierten Zeile aus. Um die Nummer der aktuellen Zeile zu erhalten, wäre **.=** anzugeben.

!unix-kdo	{unverändert}

bewirkt die Ausführung des angegebenen Unix-Kommandos (**unix-kdo**). Wird innerhalb von **unix-kdo** das Zeichen % angegeben, so wird hierfür der gerade gemerkte Dateiname eingesetzt.

Die Angabe von **!!** bewirkt die Ausführung des zuletzt gegebenen **unix-kdo**.

Nur wenn Dateinamen-Expandierung innerhalb von **unix-kdo** verwendet wurde, wird die expandierte Kommandozeile vor der Ausführung nochmals angezeigt.

[.+1]⏎	{adressierte Zeile}

Die alleinige Eingabe einer Adresse (ohne ein **ed**-Kommando) bewirkt die Ausgabe der adressierten Zeile.

Die Eingabe von ⏎ ohne Adreßangabe entspricht dem Kommando **.+1p**.

Hier soll in der Datei *lernen.ed* eine Kurzfassung zu den **ed**-Kommandos und **ed**-Adreßangaben erstellt werden, welche dann am Drucker ausgegeben und als tägliche Arbeitsunterlage verwendet werden kann:

```
$ pwd  ⏎
/home/egon/uebung1
$ ed  -p+  lernen.ed  ⏎
165
+,n  ⏎
1    a    append        Text anfuegen; bis zur Eingabe von .
2    c    change        Zeilen durch neue Zeilen ersetzen; Ende wie a
3    i    insert        Text vor Zeile einfuegen; Ende wie a
```

Zeige working directory
Ausgabe des working directorys
Aufruf von ed
Ausgabe der gelesenen Zeichenzahl
Gib alle Zeilen (mit Nummern) aus

```
+1,$s/\(...\)\([a-z]*\)\(.*\)/\1\3 (\2)/  ⏎
+,n  ⏎
1    a       Text anfuegen; bis zur Eingabe von . (append)
2    c       Zeilen durch neue Zeilen ersetzen; Ende wie a (change)
3    i       Text vor Zeile einfuegen; Ende wie a (insert)
```

Verlagere engl. Wort ans Ende
Gib alle Zeilen (mit Nummern) aus

```
+3i  ⏎
d         Zeilen loeschen (delete)  ⏎
.  ⏎
+1,$s/.*/(.,.)&/  ⏎
+,n  ⏎
1    (.,.)a    Text anfuegen; bis zur Eingabe von . (append)
2    (.,.)c    Zeilen durch neue Zeilen ersetzen; Ende wie a (change)
3    (.,.)d    Zeilen loeschen (delete)
4    (.,.)i    Text vor Zeile einfuegen; Ende wie a (insert)
```

Füge vor 3.Zeile ein
Text-Eingabe
Eingabeende

Füge am Anfang aller Zeilen (.,.) ein
Gib alle Zeilen (mit Nummern) aus
Ausgabe aller Zeilen (mit Zeilennumerierung)

9.1 Der zeilenorientierte Editor ed

```
+g/,\.)[ai]/s/,\.//  ⏎
+,n  ⏎
1  (.)a          Text anfuegen; bis zur Eingabe von . (append)
2  (.,.)c        Zeilen durch neue Zeilen ersetzen; Ende wie a (change)
3  (.,.)d        Zeilen loeschen (delete)
4  (.)i          Text vor Zeile einfuegen; Ende wie a (insert)
```

Streiche in a- und i-Kdo. eine Adresse
Gib alle Zeilen (mit Nummern) aus
Ausgabe aller Zeilen (mit Zeilennumerierung)

```
+w  ⏎
224
+e lern2.ed  ⏎
?lern2.ed
+a  ⏎
e dateiname    Puffer mit Inhalt von dateiname laden (edit) ⏎
E dateiname    wie e ohne Warnung ueber Aenderungen (Edit) ⏎
f  ⏎
g/ra/edkdos    edkdos fuer alle Zeilen mit ra ausführen (global) ⏎
               mehrere Kommandos sind mit \CR voneinander ⏎
               zu trennen.
.  ⏎
```

Speichern des Eingabetexts mit w (write)
ed meldet Zahl der abgespeich. Zeichen

Editiere nun Datei lern2.ed
ed-Warnung, daß lern2.ed nicht existiert
Eingabe von a für append
Text-Eingabe
Eingabeende

```
+/^f/c  ⏎
f dateiname    dateiname merken; kein dateiname —> Ausgabe  ⏎
               des momentan gemerkten Dateinamens (file)  ⏎
g              (global)  ⏎
.  ⏎
```

Ändere Zeile, die mit f beginnt durch den
nachfolgend eingegebenen Text
Text-Eingabe
Eingabeende

```
+/^g /d ⏎                                             Lösche Zeile die mit "g " beginnt
+f ⏎                                                  Zeige gerade gemerkten Dateinamen
lern2.ed                                              Ausgabe: gerade gemerkter Dateiname
+$a ⏎
G/ra/       interaktive Version zum g-Kommando (Global) ⏎
h           zur letzten ?-Warnung Erklaerung ausgeben (help) ⏎
H           statt ? richtige Fehlermeldung ausgeben (Help) ⏎
. ⏎
                                            Füge den nachfolgenden Text am Pufferende an!
                                                                              Text-Eingabe
                                                                              Eingabeende

+,1 ⏎
e dateiname      Puffer mit Inhalt von dateiname laden (edit)
E dateiname      wie e ohne Warnung ueber Aenderungen (Edit)
f dateiname      dateiname merken; kein dateiname --> Ausgabe
                 des momentan gemerkten Dateinamens (file)
g/ra/edkdos     edkdos fuer alle Zeilen mit ra ausführen (global)
                mehrere Kommandos sind mit \CR voneinander
                zu trennen
G/ra/           interaktive Version zum g-Kommando (Global)
h               zur letzten ?-Warnung Erklaerung ausgeben (help)
H               statt ? richtige Fehlermeldung ausgeben (Help)
                                                     Gib alle Zeilen des Puffers aus
                                                  Nachfolgend die Ausgabe aller Zeilen

+ls ⏎                                                Eingabe eines unerlaubten ed-Kdos
?                                                               ed meldet mit ? Fehler
+h ⏎                                                    Gib Fehlertext zum letzten ? aus
illegal suffix                                                    Ausgabe des Fehlertexts
+H ⏎                                                  Schalte von ? auf Fehlermeldung um
illegal suffix                                    Ausgabe des Fehlertexts zum letzten ?
+200i ⏎                                              Eingabe eines unerlaubten ed-Kdos
?                                                 Ausgabe eines Fehlertexts (nicht nur ?)
line out of range
```

9.1 Der zeilenorientierte Editor ed

+1,$G/.*/ ⏎
e dateiname Puffer mit Inhalt von dateiname laden (edit)
⏎
E dateiname wie e ohne Warnung ueber Aenderungen (Edit)
⏎
f dateiname dateiname merken; kein dateiname ⟶ Ausgabe
⏎
           des momentan gemerkten Dateinamens (file)
⏎
g/ra/edkdos edkdos fuer alle Zeilen mit ra ausführen (global)

                                    Nimm für alle Z. interakt. Kdo. entgegen!
                                                Ausgabe der 1.Zeile
                          Eingabe von ⏎ (kein ed-Kdo ausführen)
                                                Ausgabe der 2.Zeile
                          Eingabe von ⏎ (kein ed-Kdo ausführen)
                                                Ausgabe der 3.Zeile
                          Eingabe von ⏎ (kein ed-Kdo ausführen)
                                                Ausgabe der 4.Zeile
                          Eingabe von ⏎ (kein ed-Kdo ausführen)
                                                Ausgabe der 5.Zeile

s/\\(.*\\)/(1,$)\\1/ ⏎
           mehrere Kommandos sind mit \CR voneinander
⏎
           zu trennen
⏎
G/ra/   interaktive Version zum g-Kommando (Global)
& ⏎
h   zur letzten ?-Warnung Erklaerung ausgeben (help)
⏎
H   statt ? richtige Fehlermeldung ausgeben (Help)
⏎

                                                Füge am Anfang (1,$) ein
                                                Ausgabe der 6.Zeile
                          Eingabe von ⏎ (kein ed-Kdo ausführen)
                                                Ausgabe der 7.Zeile
                          Eingabe von ⏎ (kein ed-Kdo ausführen)
                                                Ausgabe der 8.Zeile
                                    Wiederhole zuletzt gegebene ed-Kdo.
                                                Ausgabe der 9.Zeile
                          Eingabe von ⏎ (kein ed-Kdo ausführen)
                                              Ausgabe der 10.Zeile
                          Eingabe von ⏎ (kein ed-Kdo ausführen)

```
+,p ⏎
e dateiname    Puffer mit Inhalt von dateiname laden (edit)
E dateiname    wie e ohne Warnung ueber Aenderungen (Edit)
f dateiname    dateiname merken; kein dateiname ―> Ausgabe
               des momentan gemerkten Dateinamens (file)
(1,$)g/ra/edkdos  edkdos fuer alle Zeilen mit ra ausführen (global)
               mehrere Kommandos sind mit \CR voneinander
               zu trennen
(1,$)G/ra/     interaktive Version zum g-Kommando (Global)
h              zur letzten ?-Warnung Erklaerung ausgeben (help)
H              statt ? richtige Fehlermeldung ausgeben (Help)
```
                                                            Gib alle Zeilen aus
                                                  Ausgabe aller Zeilen des Puffers

```
+w ⏎                                          Schreibe Pufferinhalt auf Datei
557                                          Anzahl der geschriebenen Zeichen
+e lernen.ed ⏎                                    Editiere nun wieder lernen.ed
224                                          Anzahl in Puffer gelesener Zeichen
+$r lern2.ed ⏎                                    Kopiere lern2.ed ans Pufferende
557                                                 Anzahl der kopierten Zeichen
+,n ⏎
1    (.)a        Text anfuegen; bis zur Eingabe von . (append)
2    (.,.)c      Zeilen durch neue Zeilen ersetzen; Ende wie a (change)
3    (.,.)d      Zeilen loeschen (delete)
4    (.)i        Text vor Zeile einfuegen; Ende wie a (insert)
5    e dateiname Puffer mit Inhalt von dateiname laden (edit)
6    E dateiname wie e ohne Warnung ueber Aenderungen (Edit)
7    f dateiname dateiname merken; kein dateiname ―> Ausgabe
8                des momentan gemerkten Dateinamens (file)
9    (1,$)g/ra/edkdos  edkdos fuer alle Zeilen mit ra ausführen (global)
10                mehrere Kommandos sind mit \CR voneinander
11                zu trennen
12   (1,$)G/ra/  interaktive Version zum g-Kommando (Global)
13   h           zur letzten ?-Warnung Erklaerung ausgeben (help)
14   H           statt ? richtige Fehlermeldung ausgeben (Help)
```
                                                Gib alle Pufferzeilen mit Zeilennr. aus
                                 es folgt die Ausgabe aller Pufferzeilen mit Zeilennumerierung

```
+/insert/m$ ⏎                                 Verlagere i-Kommando ans Pufferende
+a ⏎                                          Schreibe folgenden Text ans Pufferende
j       Zeilen aneinander ⏎
haengen (join) ⏎
l       Zeilen ausgeben; alle Zeichen sichtbar machen ⏎
        und ueberlange Zeilen in mehrere teilen (list) ⏎       Text-Eingabe
kx      Zeile mit Kleinbuchstaben x markieren (mark) ⏎
.  ⏎                                                                Eingabeende
```

9.1 Der zeilenorientierte Editor ed

+/^j/ ⏎		Positioniere auf Zeile, die mit j beginnt
j	Zeilen aneinander	Ausgabe der entsprechenden Zeile
+j ⏎		Hänge folg. Zeile an diese an
+/^l/ ⏎		Positioniere auf Zeile, die mit l beginnt
l	Zeilen ausgeben; alle Zeichen sichtbar machen	Ausgabe der entsprechenden Zeile
+ko ⏎		Markiere diese Zeile mit Marke "o"
+'o,'o+1m/^k/ ⏎		
+,p ⏎		

```
(.)a         Text anfuegen; bis zur Eingabe von . (append)
(.,.)c       Zeilen durch neue Zeilen ersetzen; Ende wie a (change)
(.,.)d       Zeilen loeschen (delete)
e dateiname  Puffer mit Inhalt von dateiname laden (edit)
E dateiname  wie e ohne Warnung ueber Aenderungen (Edit)
f dateiname  dateiname merken; kein dateiname —> Ausgabe
             des momentan gemerkten Dateinamens (file)
(1,$)g/ra/edkdos  edkdos fuer alle Zeilen mit ra ausführen (global)
             mehrere Kommandos sind mit \CR voneinander
             zu trennen
(1,$)G/ra/   interaktive Version zum g-Kommando (Global)
h            zur letzten ?-Warnung Erklaerung ausgeben (help)
H            statt ? richtige Fehlermeldung ausgeben (Help)
(.)i         Text vor Zeile einfuegen; Ende wie a (insert)
j            Zeilen aneinander haengen (join)
kx           Zeile mit Kleinbuchstaben x markieren (mark)
l            Zeilen ausgeben; alle Zeichen sichtbar machen
             und ueberlange Zeilen in mehrere teilen (list)
```

Verlagere "o"-Zeile (und folg.) hinter Zeile, die mit k
beginnt und gib dann alle Zeilen aus.
Ausgabe aller Pufferzeilen

+V/^(/ ↵
e dateiname   Puffer mit Inhalt von dateiname laden (edit)
↵
E dateiname   wie e ohne Warnung ueber Aenderungen (Edit)
↵
f dateiname   dateiname merken; kein dateiname —> Ausgabe
↵
               des momentan gemerkten Dateinamens (file)
↵
               mehrere Kommandos sind mit \CR voneinander
↵
               zu trennen
↵
h   zur letzten ?–Warnung Erklaerung ausgeben (help)
↵
H   statt ? richtige Fehlermeldung ausgeben (Help)
↵
j   Zeilen aneinander haengen (join)
s/^/(.,.+1)/ ↵
kx   Zeile mit Kleinbuchstaben x markieren (mark)
s/^/(.)/ ↵
l   Zeilen ausgeben; alle Zeichen sichtbar machen
s/^/(.,.)/ ↵
               und ueberlange Zeilen in mehrere teilen (list)
↵

                        Nimm für alle Z., die nicht mit (beginnen, interaktive Kommandos entgegen !
                        achtmal hintereinander Eingabe von ↵ (kein ed-Kommando)
                        Am Anfang (.,.+1) einfügen
                        Am Anfang (.) einfügen
                        Am Anfang (.,.) einfügen

+a ↵
(.,.)madr   Zeilen hinter Zeile adr verlagern (move) ↵
(.,.)n   Zeilen mit Zeilennummer ausgeben (number) ↵
(.,.)p   Zeilen ausgeben (print) ↵
P   ed–Promptzeichen ein–/ausschalten (Prompt) ↵
q   ed verlassen (quit) ↵
Q   wie q ohne Warnung ueber Aenderungen (Quit) ↵
. ↵

                        Hänge den folgenden Text am Pufferende an
                        Text-Eingabe
                        Eingabeende

9.1 Der zeilenorientierte Editor ed

```
+w ⏎                                        Schreibe Pufferinhalt auf Datei
1296                                      Anzahl der geschriebenen Zeichen
+r !ls .. ⏎                         Kopiere Ausgabe von ls ans Pufferende
19                                          Anzahl der kopierten Zeichen
+,n ⏎                                 Gib alle Pufferzeilen (mit Zeilennr.) aus
1    (.)a           Text anfuegen; bis zur Eingabe von . (append)
2    (.,.)c         Zeilen durch neue Zeilen ersetzen; Ende wie a (change)
3    (.,.)d         Zeilen loeschen (delete)
4    e dateiname    Puffer mit Inhalt von dateiname laden (edit)
5    E dateiname    wie e ohne Warnung ueber Aenderungen (Edit)
6    f dateiname    dateiname merken; kein dateiname —> Ausgabe
7                   des momentan gemerkten Dateinamens (file)
8    (1,$)g/ra/edkdos  edkdos fuer alle Zeilen mit ra ausführen (global)
9                   mehrere Kommandos sind mit \CR voneinander
10                  zu trennen
11   (1,$)G/ra/     interaktive Version zum g-Kommando (Global)
12   h              zur letzten ?-Warnung Erklaerung ausgeben (help)
13   H              statt ? richtige Fehlermeldung ausgeben (Help)
14   (.)i           Text vor Zeile einfuegen; Ende wie a (insert)
15   (.,.+1)j       Zeilen aneinander haengen (join)
16   (.)kx          Zeile mit Kleinbuchstaben x markieren (mark)
17   (.,.)l         Zeilen ausgeben; alle Zeichen sichtbar machen
18                  und ueberlange Zeilen in mehrere teilen (list)
19   (.,.)madr      Zeilen hinter Zeile adr. verlagern (move)
20   (.,.)n         Zeilen mit Zeilennummer ausgeben (number)
21   (.,.)p         Zeilen ausgeben (print)
22   P              ed-Promptzeichen ein-/ausschalten (Prompt)
23   q              ed verlassen (quit)
24   Q              wie q ohne Warnung ueber Aenderungen (Quit)
25   uebung1
26   uebung3
27   xx
```

Ausgabe aller Pufferzeilen (mit Zeilennumerierung)

+Q ⏎   Verlassen von ed
$ ▮

```
$ pwd  ⏎                                                        Zeige working directory
/home/egon/uebung1                                           Ausgabe der working directory
$ ed   lernen.ed ⏎                                                        Aufruf von ed
1296                                                     Ausgabe der gelesenen Zeichenzahl
P ⏎                                                  ed-internes Promptzeichen einschalten
*a ⏎                                                  Folg. Text am Pufferende anhängen
($)r dateiname       Inhalt der Datei dateiname hinter ⏎
                     adressierte Zeile kopieren (read) ⏎
(.,.)s/ra/ers/       Von ra abgedeckten Text durch ers ⏎
                     ersetzen (substitute) ⏎                              Text-Eingabe
(.,.)tadr            Zeilen hinter Zeile adr kopieren (transfer) ⏎
u                    letzte Aenderung rueckgaengig machen (undo) ⏎
. ⏎                                                                        Eingabeende


*/r dateiname/c ⏎                       Ändere Zeile für r-Kommando durch folgenden Text
r datei              Inhalt lesen ⏎
. ⏎                                                                        Eingabeende
*u ⏎                                                  Mache letzte Änderung rückgängig
*$a ⏎                                                 Hänge nachfolg. Text ans Pufferende
(1,$)v/ra/edkdos     wie g-Kommando, aber nicht für ⏎
                     Zeilen mit ra (veto) ⏎
(1,$)V/ra/           interaktive Version zum v-Kommando (Veto) ⏎
(1,$)w dateiname     Zeilen in Datei dateiname⏎
                     schreiben (write) ⏎                                  Text-Eingabe
X                    Verschluesselung einschalten; nur in USA moeglich ⏎  Eingabeende
($)=                 Zeilennummer ausgeben ⏎
. ⏎
*= ⏎                                                Nummer der letzten Zeile ausgeben
37                                                  Ausgabe der Nummer für letzte Zeile
```

9.1 Der zeilenorientierte Editor ed

```
*$a  ⏎                                              Hänge nachfolg. Text ans Pufferende
!unix-kdo          unix-kdo ausfuehren  ⏎                                 Text-Eingabe
(.+1)CR            Zeile .+1 ausgeben   ⏎
.  ⏎                                                                      Eingabeende

*!ls  -l  lern*  ⏎
-rw-r--r--   1 egon      graph       557 Apr 23 09:54 lern2.ed
-rw-r--r--   1 egon      graph      1296 Apr 23 13:39 lernen.ed
*w  ⏎
1976
*!!  ⏎
ls -l lern*
-rw-r--r--   1 egon      graph       557 Apr 23 09:54 lern2.ed
-rw-r--r--   1 egon      graph      1976 Apr 23 14:08 lernen.ed
```
                                      Liste Dateien, die mit lern beginnen, mit -l
                                                Entsprechende Ausgabe
                                  Schreibe Pufferinhalt auf Datei zurück
                                          Anzahl der geschriebenen Zeichen
                       Wiederhole letztes UNIX-Kommando. (ls -l lern*)
                                                Entsprechende Ausgabe

```
*q  ⏎                                                                   Verlassen von ed
$ ■
```

```
$ pwd ⏎                                                        Zeige working directory
/home/egon/uebung1                                          Ausgabe der working directory
$ ed   lernen.ed ⏎                                                       Aufruf von ed
1976                                                    Ausgabe der gelesenen Zeichenzahl
P ⏎                                                          ed-Promptzeichen einschalten
*a ⏎                                                     Folg. Text am Pufferende anhängen
⏎
⏎
.                   adressiert die aktuelle Zei ⏎
$                   adressiert die letzte Zei ⏎
n                   adressiert die n.te Zei (n=0,1,2,...) ⏎
'x                  adressiert die Zei, die mit Marke x markiert wurde ⏎
/ra/                adressiert die erste Zei (von aktueller Zei zum ⏎
                    Dateiende hin), die ra enthaelt; ⏎
                    springt von $ zu 1 ⏎
?ra?                adressiert die erste Zei (von aktueller Zei zum ⏎      Texteingabe
                    Dateianfang hin), die ra enthaelt; ⏎
                    springt von 1 zu $ ⏎
⏎
adr1+n              adressiert Zei adr1+n (n=0,1,2,...) ⏎
adr1-n              adressiert Zei adr1-n (n=0,1,2,...) ⏎
adr1,adr2           adressiert Zein von adr1 bis adr2 ⏎
adr1;adr2           adressiert Zein von adr1 bis adr2; ⏎
                    adr1 wird zuvor die aktuelle Zei ⏎
adr1 und adr2       eine der obigen Angabe außer den beiden letzten ⏎
. ⏎                                                          Eingabeende mit Punkt (.)
*40,$g/Zei/s//Zeile/gp ⏎
.                   adressiert die aktuelle Zeile
$                   adressiert die letzte Zeile
n                   adressiert die n.te Zeile (n=0,1,2,...)
'x                  adressiert die Zeile, die mit Marke x markiert wurde
/ra/                adressiert die erste Zeile (von aktueller Zeile zum
?ra?                adressiert die erste Zeile (von aktueller Zeile zum
adr1+n              adressiert Zeile adr1+n (n=0,1,2,...)
adr1-n              adressiert Zeile adr1-n (n=0,1,2,...)
adr1,adr2           adressiert Zeilen von adr1 bis adr2
adr1;adr2           adressiert Zeilen von adr1 bis adr2;
                    adr1 wird zuvor die aktuelle Zeile
```

                                  erste Zeile entspricht: 40,$g/Zei/s/Zei/Zeile/gp
                                  Ersetze im Puffer (ab 40.Zeile) alle "Zei" durch
                                  "Zeile" und gib geänderte Zeilen aus. Hier wird von
                                  der Möglichkeit Gebrauch gemacht, den regulären
                                  Ausdruck für die Adreßangabe - durch ein leeres // -
                                  zugleich auch als regulären Ausdruck für das s-
                                  Kommando zu verwenden
                                  Ausgabe der geänderten Zeilen

9.1 Der zeilenorientierte Editor ed

```
*g/^(/.w  !cat  >>edkdo_mit_adr  ⏎           Schreibe alle ed-Kommandos mit Adressen in die
58                                                          Datei "edkdo_mit_adr" [19]
69                                           Ausgabe der pro Zeile geschriebenen Zeichenzahl
:
:
33
*1,40v/^(/.w  !cat  >>edkdo_ohn_adr  ⏎        Schreibe alle ed-Kdos ohne Adressen in Datei
58                                                                  "edkdo_ohn_adr"
57                                           Ausgabe der pro Zeile geschriebenen Zeichenzahl
:
:
1
*g/^$/d  ⏎                                              Lösche alle Leerzeilen im Puffer
*w  ⏎                                              Schreibe Pufferinhalt auf Datei zurück
2704                                                Anzahl der geschriebenen Zeichen
*q  ⏎                                                              Verlassen von ed
$ cat edkdo_mit_adr  ⏎ [20]
(.)a              Text anfuegen; bis zur Eingabe von . (append)
(.,.)c            Zeilen durch neue Zeilen ersetzen; Ende wie a (change)
(.,.)d            Zeilen loeschen (delete)
(1,$)g/ra/edkdos  edkdos fuer alle Zeilen mit ra ausfuehren (global)
(1,$)G/ra/        interaktive Version zum g-Kommando (Global)
(.)i              Text vor Zeile einfuegen; Ende wie a (insert)
(.,.+1)j          Zeilen aneinanderhaengen (join)                     Gib Inhalt der Datei
(.)kx             Zeile mit Kleinbuchstaben x markieren (mark)        edkdo_mit_adr aus
(.,.)l            Zeilen ausgeben; alle Zeichen sichtbar machen       Es folgt die
(.,.)madr         Zeilen hinter Zeile adr. verlagern (move)           Ausgabe des
(.,.)n            Zeilen mit Zeilennummer ausgeben (number)           Inhalts der Datei
(.,.)p            Zeilen ausgeben (print)                             edkdo_mit_adr
($)r dateiname    Inhalt der Datei dateiname hinter
(.,.)s/ra/ers/    Von ra abgedeckten Text durch ers
(.,.)tadr         Zeilen hinter Zeile adr kopieren (transfer)
(1,$)v/ra/edkdos  wie g-Kommando, aber nicht fuer
(1,$)V/ra/        interaktive Version zum v-Kommando (Veto)
(1,$)w dateiname  Zeilen in Datei dateiname
($)=              Zeilennummer ausgeben
(.+1)CR           Zeile .+1 ausgeben
```

---

[19] .w ist notwendig, da sonst für jede Zeile, die mit (beginnt die ganze Datei geschrieben würde; Kommando **w** besitzt nämlich als default-Adresse (1,$)

[20] Die Ausrichtung der zweiten Spalte kann natürlich bei dieser Ausgabe (abhängig von der vorherigen Eingabe) auch anders aussehen.

```
$ cat edkdo_ohn_adr  ⏎                                         Gib Inhalt der Datei
e dateiname        Puffer mit Inhalt von dateiname laden (edit)     edkdo_ohn_adr aus
E dateiname        wie e ohne Warnung ueber Aenderungen (Edit)
f dateiname        dateiname merken; kein dateiname —> Ausgabe
                   des momentan gemerkten Dateinamens (file)
                   mehrere Kommandos sind mit \CR voneinander
                   zu trennen
h                  zur letzten ?-Warnung Erklaerung ausgeben (help)
H                  statt ? richtige Fehlermeldung ausgeben (Help)       Ausgabe des
                   und ueberlange Zeilen in mehrere teilen (list)    Inhalts der Datei
P                  ed-Promptzeichen ein-/ausschalten (Prompt)          edkdo_ohn_adr
q                  ed verlassen (quit)
Q                  wie q ohne Warnung ueber Aenderungen (Quit)
                   adressierte Zeile kopieren (read)
                   ersetzen (substitute)
u                  letzte Aenderung rueckgaengig machen (undo)
                   Zeilen mit ra (veto)
                   schreiben (write)
X                  Verschluesselung einschalten; nur in USA moeglich
!unix-kdo          unix-kdo ausfuehren
$ ▮
```

Formatierung

Nachfolgend wird der Inhalt von *lernen.ed* noch formatiert[21]:

```
$ pwd  ⏎                                             Zeige working directory
/home/egon/uebung1                                Ausgabe der working directory
$ ed lernen.ed  ⏎                                            Aufruf von ed
2704                                       Ausgabe der gelesenen Zeichenzahl
P  ⏎                                            ed-Promptzeichen einschalten
*g/.*/s/\(.*\)    */\1\⏎ [22]     Zerteile jede Zeile in 2 Zeilen: Schnittstelle ist dabei
/  ⏎                                                  2 oder mehr Leerzeichen
*w  ⏎                                         Schreibe Pufferinhalt auf Datei
2649                                    Ausgabe der geschriebenen Zeichenzahl
*q  ⏎                                                        Verlassen von ed
```

---

[21] Vor den nachfolgenden Editierkommandos ist es empfehlenswert, sich mit **cp lernen.ed lernen.tmp** eine Sicherungskopie anzulegen. Sollte nämlich ein fehlerhaftes Kommando eingegeben werden, kannn hier dann wieder neu begonnen werden, wenn mit
`cp lernen.tmp lernen.ed`
die Ausgangsbasis dafür geschaffen wurde.

[22] Beim angegebenen Zwischenraum handelt es sich um 3 Leerzeichen.

9.1 Der zeilenorientierte Editor ed

```
$ cat   lernen.ed  ⏎                                     Gib Inhalt der Datei lernen.ed aus
(.)a                                           Es folgt Ausgabe des Inhalts der Datei lernen.ed
Text anfuegen; bis zur Eingabe von . (append)
(.,.)c
Zeilen durch neue Zeilen ersetzen; Ende wie a (change)
(.,.)d
Zeilen loeschen (delete)
e dateiname
Puffer mit Inhalt von dateiname laden (edit)
E dateiname
wie e ohne Warnung ueber Aenderungen (Edit)
f dateiname
dateiname merken; kein dateiname —> Ausgabe

des momentan gemerkten Dateinamens (file)
(1,$)g/ra/edkdos
edkdos fuer alle Zeilen mit ra ausfuehren (global)

mehrere Kommandos sind mit \CR voneinander

zu trennen
(1,$)G/ra/
interaktive Version zum g-Kommando (Global)
h
zur letzten ?-Warnung Erklaerung ausgeben (help)
H
statt ? richtige Fehlermeldung ausgeben (Help)
(.)i
Text vor Zeile einfuegen; Ende wie a (insert)
(.,.+1)j
Zeilen aneinanderhaengen (join)
(.)kx
Zeile mit Kleinbuchstaben x markieren (mark)
(.,.)l
Zeilen ausgeben; alle Zeichen sichtbar machen

und ueberlange Zeilen in mehrere teilen (list)
(.,.)madr
```

Zeilen hinter Zeile adr. verlagern (move)
(.,.)n
Zeilen mit Zeilennummer ausgeben (number)
(.,.)p
Zeilen ausgeben (print)
P
ed-Promptzeichen ein-/ausschalten (Prompt)
q
ed verlassen (quit)
Q
wie q ohne Warnung ueber Aenderungen (Quit)
($)r dateiname
Inhalt der Datei dateiname hinter

adressierte Zeile kopieren (read)
(.,.)s/ra/ers/
Von ra abgedeckten Text durch ers

ersetzen (substitute)
(.,.)tadr
Zeilen hinter Zeile adr kopieren (transfer)
u
letzte Aenderung rueckgaengig machen (undo)
(1,$)v/ra/edkdos
wie g-Kommando, aber nicht fuer

Zeilen mit ra (veto)
(1,$)V/ra/
interaktive Version zum v-Kommando (Veto)
(1,$)w dateiname
Zeilen in Datei dateiname

schreiben (write)
X
Verschluesselung einschalten; nur in USA moeglich
($)=
Zeilennummer ausgeben
!unix-kdo
unix-kdo ausfuehren
(.+1)CR
Zeile .+1 ausgeben
.
adressiert die aktuelle Zeile
$
adressiert die letzte Zeile
n
adressiert die n.te Zeile (n=0,1,2,...)

9.1 Der zeilenorientierte Editor ed

```
'x
adressiert die Zeile, die mit Marke x markiert wurde
/ra/
adressiert die erste Zeile (von aktueller Zeile

zum Dateiende hin), die ra enthaelt;

springt von $ zu 1
?ra?
adressiert die erste Zeile (von aktueller Zeile zum

Dateianfang hin), die ra enthaelt;

springt von 1 zu $
adr1+n
adressiert Zeile adr1+n (n=0,1,2,...)
adr1-n
adressiert Zeile adr1-n (n=0,1,2,...)
adr1,adr2
adressiert Zeilen von adr1 bis adr2
adr1;adr2
adressiert Zeilen von adr1 bis adr2;

adr1 wird zuvor die aktuelle Zeile
adr1 und adr2
eine der obigen Angaben außer den beiden letzten
$
$ cat   lernen.ed   |   paste  -  -  |   pr  -e25  >lernen2.ed⏎      Füge 2 aufeinanderfolgende
$ cat   lernen2.ed⏎                                                   Zeilen immer zu einer
                                                                      zusammen. Das von paste
                                                                      gelieferte Tab-Zeichen bewirkt
Apr 24 11:30 1990    Page 1                                           Positionierung auf Spalte 25
                                                                      (Option -e25); ab hier wird
                                                                      nachfolg. Zeile angehängt
```

(.)a	Text anfuegen; bis zur Eingabe von . (append)	
(.,.)c	Zeilen durch neue Zeilen ersetzen; Ende wie a(change)	Ausgabe des
(.,.)d	Zeilen loeschen (delete)	Inhaltes von
e dateiname	Puffer mit Inhalt von dateiname laden (edit)	lernen2.ed
E dateiname	wie e ohne Warnung ueber Aenderungen (Edit)	
f dateiname	dateiname merken; kein dateiname —> Ausgabe	
	des momentan gemerkten Dateinamens (file)	
(1,$)g/ra/edkdos	edkdos fuer alle Zeilen mit ra ausfuehren (global)	
	mehrere Kommandos sind mit \CR voneinander	
	zu trennen	
(1,$)G/ra/	interaktive Version zum g-Kommando (Global)	
h	zur letzten ?-Warnung Erklaerung ausgeben (help)	
H	statt ? richtige Fehlermeldung ausgeben (Help)	
(.)i	Text vor Zeile einfuegen; Ende wie a (insert)	

(.,.+1)j	Zeilen aneinanderhaengen (join)
(.)kx	Zeile mit Kleinbuchstaben x markieren (mark)
(.,.)l	Zeilen ausgeben; alle Zeichen sichtbar machen und ueberlange Zeilen in mehrere teilen (list)
(.,.)madr	Zeilen hinter Zeile adr. verlagern (move)
(.,.)n	Zeilen mit Zeilennummer ausgeben (number)
(.,.)p	Zeilen ausgeben (print)
P	ed-Promptzeichen ein-/ausschalten (Prompt)
q	ed verlassen (quit)
Q	wie q ohne Warnung ueber Aenderungen (Quit)
($)r dateiname	Inhalt der Datei dateiname hinter adressierte Zeile kopieren (read)
(.,.)s/ra/ers/	Von ra abgedeckten Text durch ers ersetzen (substitute)
(.,.)tadr	Zeilen hinter Zeile adr kopieren (transfer)
u	letzte Aenderung rueckgaengig machen (undo)
(1,$)v/ra/edkdos	wie g-Kommando, aber nicht fuer Zeilen mit ra (veto)
(1,$)V/ra/	interaktive Version zum v-Kommando (Veto)
(1,$)w dateiname	Zeilen in Datei dateiname schreiben (write)
X	Verschluesselung einschalten; nur in USA moeglich
($)=	Zeilennummer ausgeben
!unix-kdo	unix-kdo ausfuehren
(.+1)CR	Zeile .+1 ausgeben
.	adressiert die aktuelle Zeile
$	adressiert die letzte Zeile
n	adressiert die n.te Zeile (n=0,1,2,...)
'x	adressiert die Zeile, die mit Marke x markiert wurde
/ra/	adressiert die erste Zeile (von aktueller Zeile zum Dateiende hin), die ra enthaelt; springt von $ zu 1
?ra?	adressiert die erste Zeile (von aktueller Zeile zum Dateianfang hin), die ra enthaelt; springt von 1 zu $
adr1+n	adressiert Zeile adr1+n (n=0,1,2,...)
adr1-n	adressiert Zeile adr1-n (n=0,1,2,...)
adr1,adr2	adressiert Zeilen von adr1 bis adr2
adr1;adr2	adressiert Zeilen von adr1 bis adr2; adr1 wird zuvor die aktuelle Zeile
adr1 und adr2	eine der obigen Angaben außer den beiden letzten

9.1 Der zeilenorientierte Editor ed

```
$ ed    lernen2.ed⏎                                                      ed-Aufruf
3426                                              Ausgabe der gelesenen Zeichenzahl
P⏎                                                      ed-Promptzeichen einschalten
*=⏎                                                       Gib Nr. der letzten Zeile aus
66                                                    Ausgabe der letzten Zeilennr.
*60,66n⏎                                       Gib Zeilen 60 bis 66 mit Zeilennr. aus
60      adr1 und adr2     eine der obigen Angaben außer den beiden letzten
61
62
63                                         Ausgabe der Zeilen 60 bis 66 (mit Zeilennumerierung)
64
65
66
*61,66dp⏎                                                       Lösche Zeilen 61 bis 66
adr1 und adr2    eine der obigen Angaben außer den beiden letzten    gib aktuelle Zeile aus
*45⏎                                                           Zeile 45 wird akt. Zeile
.               adressiert die aktuelle Zeile                Ausgabe der neuen akt. Zeile
*i⏎                                                  Füge vor akt. Zeile folg. Text ein
⏎
⏎                                                                    Text-Eingabe
ed-Adressen:⏎
.⏎                                                                    Eingabeende
*0a⏎                                               Füge am Pufferanfang folg. Text ein
ed-Kommandos:⏎
⏎                                                                    Text-Eingabe
.⏎                                                                    Eingabeende
*1,8n⏎                                          Gib Zeilen 1 bis 8 mit Zeilennummern aus
1       ed-Kommandos:
2
3                                          Ausgabe der Zeilen 1 bis 8 (mit Zeilennumerierung)
4
5       Apr 24 11:30 1990    Page 1
6
7
8       (.)a     Text anfuegen; bis zur Eingabe von . (append)
*2,6d⏎                                                        Lösche die Zeilen 2 bis 6
*w⏎                                                    Schreibe Pufferinhalt auf Datei
3418                                                  Anzahl der geschrieb. Zeichen
*q⏎                                                                  Verlassen von ed
$ ▮
```

Die Datei *lernen2.ed* enthält nun eine Kurzfassung zum Editor **ed** und kann nun mit

    lp lernen2.ed

ausgedruckt werden. Der Ausdruck kann als Arbeitsblatt beim Editieren mit **ed** verwendet werden. Das endgültige Aussehen von *lernen2.ed* ist nun:

---

ed-Kommandos:

(.)a	Text anfuegen; bis zur Eingabe von . (append)
(.,.)c	Zeilen durch neue Zeilen ersetzen; Ende wie a (change)
(.,.)d	Zeilen loeschen (delete)
e dateiname	Puffer mit Inhalt von dateiname laden (edit)
E dateiname	wie e ohne Warnung ueber Aenderungen (Edit)
f dateiname	dateiname merken; kein dateiname —> Ausgabe des momentan gemerkten Dateinamens (file)
(1,$)g/ra/edkdos	fuer alle Zeilen mit ra ausfuehren (global) mehrere Kommandos sind mit \CR voneinander zu trennen
(1,$)G/ra/	interaktive Version zum g-Kommando (Global)
h	zur letzten ?-Warnung Erklaerung ausgeben (help)
H	statt ? richtige Fehlermeldung ausgeben (Help)
(.)i	Text vor Zeile einfuegen; Ende wie a (insert)
(.,.+1)j	Zeilen aneinanderhaengen (join)
(.)kx	Zeile mit Kleinbuchstaben x markieren (mark)
(.,.)l	Zeilen ausgeben; alle Zeichen sichtbar machen und überlange Zeilen in mehrere teilen (list)
(.,.)madr	Zeilen hinter Zeile adr. verlagern (move)
(.,.)n	Zeilen mit Zeilennummer ausgeben (number)
(.,.)p	Zeilen ausgeben (print)
P	ed-Promptzeichen ein-/ausschalten (Prompt)
q	ed verlassen (quit)
Q	wie q ohne Warnung ueber Aenderungen (Quit)
($)r dateiname	Inhalt der Datei dateiname hinter adressierte Zeile kopieren (read)
(.,.)s/ra/ers/	Von ra abgedeckten Text durch ers ersetzen (substitute)
(.,.)tadr	Zeilen hinter Zeile adr kopieren (transfer)
u	letzte Aenderung rueckgaengig machen (undo)
(1,$)v/ra/edkdos	wie g-Kommando, aber nicht fuer Zeilen mit ra (veto)
(1,$)V/ra/	interaktive Version zum v-Kommando (Veto)

9.1 Der zeilenorientierte Editor ed

```
(1,$)w dateiname        Zeilen in Datei dateiname
                        schreiben (write)
X                       Verschluesselung einschalten; nur in USA moeglich
($)=                    Zeilennummer ausgeben
!unix-kdo               unix-kdo ausfuehren
(.+1)CR                 Zeile . ausgeben
```

```
ed-Adressen:
.               adressiert die aktuelle Zeile
$               adressiert die letzte Zeile
n               adressiert die n.te Zeile (n=0,1,2,...)
'x              adressiert die Zeile, die mit Marke x markiert wurde
/ra/            adressiert die erste Zeile (von aktueller Zeile zum
                Dateiende hin), die ra enthaelt;
                springt von $ zu 1
?ra?            adressiert die erste Zeile (von aktueller Zeile zum
                Dateianfang hin), die ra enthaelt;
                springt von 1 zu $
adr1+n          adressiert Zeile adr1+n (n=0,1,2,...)
adr1-n          adressiert Zeile adr1-n (n=0,1,2,...)
adr1,adr2       adressiert Zeilen von adr1 bis adr2
adr1;adr2       adressiert Zeilen von adr1 bis adr2;
                adr1 wird zuvor die aktuelle Zeile
adr1 und adr2   eine der obigen Angaben außer den beiden letzten
```

Nützliche Kommandoangaben zum Kopieren

Angabe	Beschreibung
*n1,n2*m*adr*	Zeilen *n1* bis *n2* hinter Zeile *adr* verlagern
*n1,n2*t*adr*	Zeilen *n1* bis *n2* hinter Zeile *adr* kopieren
/*ra1*/k*x*	Zeile, die *ra1* abdeckt, mit *x* markieren
/*ra2*/k*y*	Zeile, die *ra2* abdeckt, mit *y* markieren

Angabe	Beschreibung
'x,'y**p**	Zeilenbereich (zur Überprüfung) ausgeben
/ra3/	Zeile, die *ra3* abdeckt, zur aktuellen Zeile machen
'x,'y**m.**	Zeilenbereich hinter aktuelle Zeile verlagern oder
'x,'y**t.**	Zeilenbereich hinter aktuelle Zeile kopieren
m+	aktuelle Zeile mit nachfolgender Zeile vertauschen
m$	aktuelle Zeile ans Dateiende verlagern
m0	aktuelle Zeile an Dateianfang verlagern
t.	aktuelle Zeile duplizieren
1,t	kompletten Pufferinhalt duplizieren
m--	aktuelle Zeile vor die vorhergehende Zeile verlagern
g/^/m0	Reihenfolge der Pufferzeilen umdrehen[23] (1.Zeile wird letzte Zeile, 2. Zeile wird vorletzte Zeile, usw.)

ed-Limits

ed kennt einige Beschränkungen, welche besonders bei sehr großen Dateien oder Dateien mit überlangen Zeilen wichtig sein können:

- Maximale Zeilenlänge: 512 Zeichen

- Maximale Zeichenzahl für die Kommandolisten beim g- oder v-Kommando: 256 Zeichen

- Maximale Länge von Dateinamen: 64 Zeichen

- Maximale Zeichenzahl im Arbeitspuffer: von jeweiliger Hauptspeichergröße abhängig

---

[23] Der reguläre Ausdruck /^/ deckt jede Zeile des Puffers ab

ed kann nur Textdateien editieren, die Zeichen aus dem ASCII-Code enthalten (8.Bit darf dabei nicht verwendet werden)

Wenn eine Datei nicht mit Carriage Return abgeschlossen ist, so fügt **ed** ein Neuezeile-Zeichen an und meldet dies.

Wenn das Begrenzungszeichen eines regulären Ausdrucks oder Ersetzungstextes das letzte Zeichen einer Zeile ist, so kann dies auch weggelassen werden; z. B.

s/abc/ABC	entspricht	s/abc/ABC/p
g/[0-9]$	entspricht	g/[0-9]$/p
?anton	entspricht	?anton?

9.1.5 ed-Skripts

ed liest normalerweise die Editier-Kommandos und die einzufügenden Texte von der Standardeingabe. Deswegen ist es möglich, die Eingabe an **ed** umzulenken. Mit der Kommandozeile

```
ed dateiname <edscript
```

würde die Datei `dateiname` editiert. Die **ed**-Kommandos werden hierbei allerdings nicht von der Dialogstation, sondern aus der Datei `edscript` gelesen. Solche Kommandodateien, die **ed**-Kommandos enthalten, werden auch *ed-Skripts* genannt.

Das Arbeiten mit **ed**-Skripts hat den Vorteil, daß die darin enthaltenen **ed**-Kommandos mehrfach verwendet werden können. Dies ist immer dann nützlich, wenn entweder mehrere Dateien in gleicher Weise zu editieren sind oder bestimmte immer wiederkehrende Umformungen (wie z. B. alle Leerzeilen entfernen) an Dateien vorzunehmen sind. Im letzteren Fall würde man sich für jede der gewünschten Umformungen ein ed-Skript schreiben, dessen Kommandos dann dem **ed** für die jeweilig zu ändernde Datei über Eingabeumlenkung vorgelegt werden können.

1. Es ist eine Datei *zahlen.ed* mit folgendem Inhalt zu erstellen:

   ```
   1,$g/^/s/.*/& * eins = &/
   w
   q
   ```

   Die Eingabe der Kommandozeile

   ```
   ed -s zahlen <zahlen.ed
   ```

   würde dann den auf der nächsten Seite gezeigten, neuen Inhalt für *zahlen* bewirken.

```
eins * eins = eins
zwei * eins = zwei
drei * eins = drei
vier * eins = vier
fuenf * eins = fuenf
sechs * eins = sechs
sieben * eins = sieben
acht * eins = acht
neun * eins = neun
zehn * eins = zehn
elf * eins = elf
zwoelf * eins = zwoelf
.* * eins = .*
```

2. Ein Software-Entwickler erkennt, daß sich des öfteren folgende Aufgabenstellungen für Dateien ergeben:

- Entfernen aller Leerzeilen

- Extrahieren aller Funktionsnamen (Deklarationen und Aufrufe) aus einem C-Programm mit Angabe der Zeilennummer

- Extrahieren aller **#include**-Zeilen aus einem C-Programm

- Inhalt einer Datei in Tabellenform bringen, wobei nach allen Zeilen, die als erstes Zeichen kein Leerzeichen besitzen, eine Strich-Zeile "-----.." einzufügen ist und nach zwei oder mehr aufeinanderfolgende Leerzeichen ein | anzuhängen ist; zudem soll noch jede Zeile mit | ... | geklammert werden.

Für diese Aufgabenstellungen könnte er sich nun folgende ed-Skripts schreiben:

```
(1) entf_leerz.ed:
    g/^$/d
    w
    q

(2) extr_cfunk.ed:
    g/[a-zA-Z_][a-zA-Z_0-9]*[ ]*(/n        24
    q

(3) extr_header.ed:
    g/#include/p
    q
```

---

[24] Dieses Skript wurde möglichst einfach gehalten und würde die Aufgabe nur begrenzt lösen. So würde es z. B. auch Funktionsnamen ausdrucken, die in Kommentaren oder String-Konstanten angegeben sind; auch würden Konstruktionen wie **while** (..) oder **if** (..) ausgegeben.

(4) tabelle.ed:
```
g/^/s/\(    *\)\([^ ]\)/\1| \2/g\25
s/.$/&                                      /\
s/^\(.\{78\}\).*/\1/\
s/.*/|&|/\
t.\
s/[^|]/-/g
g/^| /.-1d
w
q
```

Immer wenn dann eine dieser Aufgaben anfällt, kann er auf diese ed-Skripts zurückgreifen und folgende Aufrufe angeben:

(1) **ed -s dateiname <entf_leerz.ed**

(2) **ed -s dateiname <extr_cfunk.ed**

(3) **ed -s dateiname <extr_header.ed**

(4) **ed -s dateiname <tabelle.ed**

So würde z. B. der Aufruf

```
ed -s add2.c <extr_cfunk.ed
```

zu folgender Bildschirmausgabe führen:

```
3       main()
7         printf("Gib 2 Zahlen ein: ");
8         scanf("%f %f", &a, &b);
10        printf("Summe: %f + %f = %f\n", a, b, c);
```

Und die Eingabe der Kommandozeilen

```
cp lernen2.ed lernen3.ed
ed -s lernen3.ed <tabelle.ed
```

würde zu folgenden Inhalt von *lernen3.ed* führen:

```
|ed-Kommandos:                    |
|---------------------------------|
||
||
|(.)a               | Text anfuegen; bis zur Eingabe von . (append)        |
|-------------------|--------------------------------------------------------|
|(.,.)c             | Zeilen durch neue Zeilen ersetzen; Ende wie a (chan|
|-------------------|--------------------------------------------------------|
|(.,.)d             | Zeilen loeschen (delete)                             |
```

---

[25] Bei ...\(*\)... sind vor * mindestens drei Leerzeichen angegeben.

e dateiname	Puffer mit Inhalt von dateiname laden (edit)
E dateiname	wie e ohne Warnung ueber Aenderungen (Edit)
f dateiname	dateiname merken; kein dateiname --> Ausgabe des momentan gemerkten Dateinamens (file)
(1,$)g/ra/edkdos	edkdos fuer alle Zeilen mit ra ausfuehren (global) mehrere Kommandos sind mit \CR voneinander zu trennen
(1,$)G/ra/	interaktive Version g-Kommando (Global)
h	zur letzten ?-Warnung Erklaerung ausgeben (help)
H	statt ? richtige Fehlermeldung ausgeben (Help)
(.)i	Text vor Zeile einfuegen; Ende wie a (insert)
(.,.+1)j	Zeilen aneinanderhaengen (join)
(.)kx	Zeile mit Kleinbuchstaben x markieren (mark)
(.,.)l	Zeilen ausgeben; alle Zeilen sichtbar machen und ueberlange Zeilen in mehrere teilen (list)
(.,.)madr	Zeilen hinter Zeile adr. verlagern (move)
(.,.)n	Zeilen mit Zeilennummer ausgeben (number)
(.,.)p	Zeilen ausgeben (print)
P	ed-Promptzeichen ein-/ausschalten (Prompt)
q	ed verlassen (quit)

9.1 Der zeilenorientierte Editor ed

Q	wie q ohne Warnung ueber Aenderungen (Quit)
($)r dateiname	Inhalt der Datei dateiname hinter adressierte Zeile kopieren (read)
(.,.)s/ra/ers/	Von ra abgedeckten Text durch ers ersetzen (substitute)
(.,.)tadr	Zeilen hinter Zeile adr kopieren (transfer)
u	letzte Aenderung rueckgaengig machen (undo)
(1,$)v/ra/edkdos	wie g-Kommando, aber nicht fuer Zeilen mit ra (veto)
(1,$)V/ra/	interaktive Version zum v-Kommando (Veto)
(1,$)w dateiname	Zeilen in Datei dateiname schreiben (write)
X	Verschluesselung einschalten; nur in USA moeglich
($)=	Zeilennummer ausgeben
!unix-kdo	unix-kdo ausfuehren
(.+1)CR	Zeile .+1 ausgeben

ed-Adressen:

.	adressiert die aktuelle Zeile

$	adressiert die letzte Zeile
n	adressiert die n.te Zeile (n=0,1,2,...)
'x	adressiert die Zeile, die mit Marke x markiert wurd
/ra/	adressiert die erste Zeile (von aktueller Zeile zum Dateiende hin), die ra enthaelt; springt von $ zu 1
?ra?	adressiert die erste Zeile (von aktueller Zeile zum Dateianfang hin), die ra enthaelt; springt von 1 zu $
adr1+n	adressiert Zeile adr1+n (n=0,1,2,...)
adr1-n	adressiert Zeile adr1-n (n=0,1,2,...)
adr1,adr2	adressiert Zeilen von adr1 bis adr2
adr1;adr2	adressiert Zeilen von adr1 bis adr2; adr1 wird zuvor die aktuelle Zeile
adr1 und adr2	eine der obigen Angabe außer den beiden letzten

Für solche nicht-interaktiven Editieraufgaben existiert jedoch auch ein eigenes, mit dem **ed** verwandtes UNIX-Tool **sed** (stream **e**ditor). **sed** wird im 3. Buch (awk und sed) dieser Reihe ausführlich beschrieben.

9.1.6 Abschließende Bemerkungen zum Editor ed

ed wurde Anfang der siebziger Jahre zum Arbeiten auf kleineren Rechnern entwickelt. Zur damaligen Zeit waren Terminals mit sehr langsamen Übertragungsgeschwindigkeiten (ca. 15 Zeichen pro Sekunde) üblich. Die seit dieser Zeit stattgefundene rasante Weiterentwicklung der gesamten Computertechnologie ging fast spurlos an **ed** vorbei. **ed** ist bis auf wenige Änderungen gleich geblieben.

9.1 Der zeilenorientierte Editor ed

Warum konnte aber gerade **ed** in der sonst so kurzlebigen Computerwelt überleben?

Die Antworten auf diese Frage sind:

Trotz seines Alters hat ed einige Vorzüge aufzuweisen:

- Hohe Flexibilität bei Such- und Ersetzungsaufgaben (bedingt durch die regulären Ausdrücke)

- Terminalunabhängigkeit

- Nicht interaktives Arbeiten (über ed-Skripts) möglich

- Hohe Verarbeitungsgeschwindigkeit

- **ed** ist an jedem UNIX-System verfügbar, da er zur Grundausstattung gehört.

- Bei langsamen und störanfälligen Modemverbindungen bietet ein zeilenorientierter Editor wie **ed** Vorteile, weil der Bildschirm - oder Teile davon - nicht jedes Mal neu aktualisiert werden müssen.

- Wenn ein druckendes Terminal (wie z. B. ein Hardcopy-Gerät) als Konsole verwendet wird, können Eingriffe nur mit einem zeilenorientierten Editor vorgenommen werden.

9.2 Der Bildschirmeditor vi

Der Texteditor **vi** (*visual editor*) ist ein bildschirmorientierter, interaktiver Editor für das Erstellen und Ändern von Textdateien. Der Benutzer gibt im Dialog Editier-Kommandos ein und sieht das Ergebnis sofort auf dem Bildschirm. Die Vielzahl von Editor-Kommandos macht **vi** zu einem mächtigen Editier-Werkzeug. Da **vi** inzwischen auf beinahe allen UNIX-Systemen angeboten wird, kann man ihm schon fast - wie **ed** - das Etikett "UNIX-Standardeditor" anheften.

Es soll hier nicht verschwiegen werden, daß die Vielzahl von Editor-Kommandos dem **vi**-Neuling zunächst als überwältigend erscheint und das anfängliche Arbeiten mit **vi** nicht gerade erleichtert. Um dieses erdrückende Gefühl etwas abzubauen, werden in diesem Kapitel zunächst die am häufigsten benötigten Editor-Kommandos vorgestellt, um einen schnellen **vi**-Einstieg zu ermöglichen.

Auch ist zu erwahnen, daß sich **vi** - anders als heute übliche Editoren - immer im Kommandomodus befindet und somit erst das Umschalten in den Eingabemodus erfordert, wenn Text einzugeben ist. Heute arbeiten die Editoren meist umgekehrt: Sie befinden sich grundsätzlich im Eingabemodus und erst durch die Eingabe spezieller Tasten können Editier-Kommandos übermittelt werden. Vor allen Dingen diese Umstellung bereitet Umsteigern von anderen Editoren häufig Schwierigkeiten.

vi basiert auf den im nächsten Teilkapitel vorgestellten Editor **ex**, welcher eine verbesserte und erweiterte Version des Editors **ed** ist.

9.2.1 Allgemeines zum Editor vi

vi arbeitet in einem Puffer

vi legt - wie **ed** - eine Kopie der zu editierenden Datei in einem Arbeitspuffer ab. Auf dem Bildschirm wird ein Ausschnitt (Fenster) des Puffers angezeigt. Dieses Fenster kann beliebig verschoben werden:

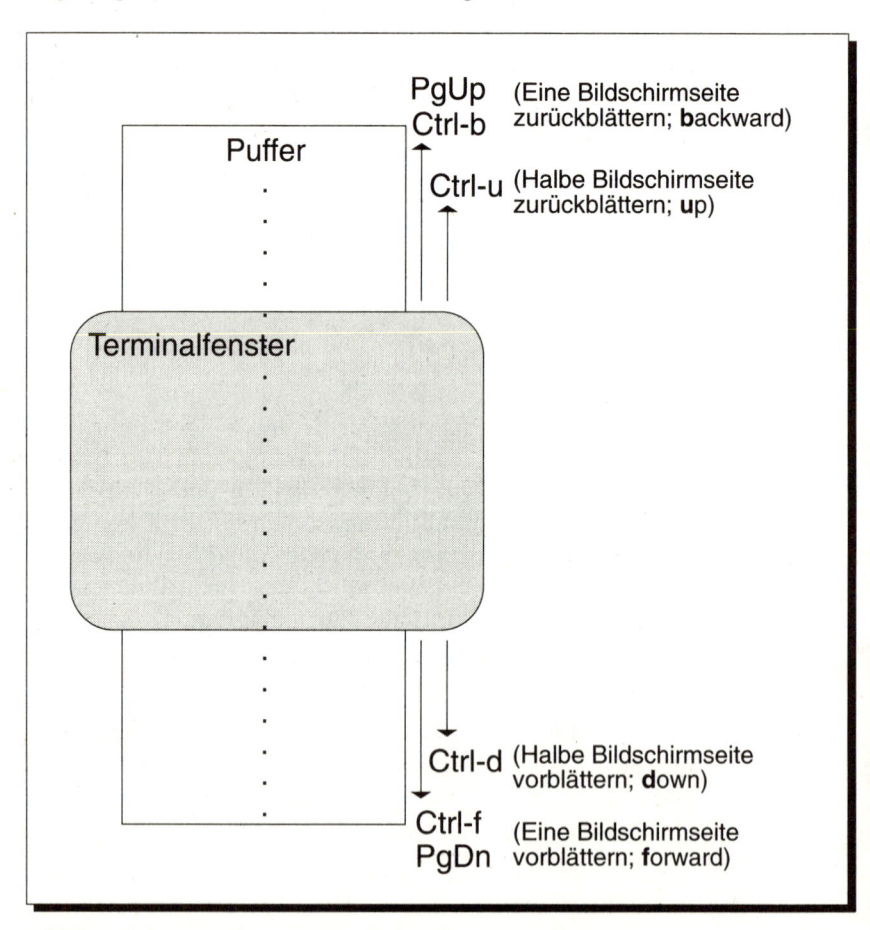

Bild 9.1 - vi-Kommandos zum Verschieben des Terminalfensters

Alle Editor-Kommandos werden - wie bei **ed** - nur auf den Pufferinhalt und nicht auf die Originaldatei angewendet. Die Originaldatei wird erst beim Zurückschreiben des Puffers überschrieben; dies kann entweder beim Verlassen des Editors oder durch explizites Sichern auf das externe Speichermedium erfolgen. Natürlich kann der Editor auch ohne Zurückschreiben des Puffers verlassen werden. Dies hat zur Folge, daß die Originaldatei nicht überschrieben wird und der editierte Pufferinhalt verloren geht.

vi ist terminalabhängig

Wie alle bildschirmorientierten Editoren ist **vi** vom Terminaltyp und dessen Fähigkeiten abhängig. **vi** benutzt eine interne Datenbank[26], in der eine Beschreibung zu allen verfügbaren Terminals am System existieren sollte. Über die System-Variable **TERM** (enthält den Namen des Terminaltyps) greift **vi** auf diese Datenbank zu. Vor dem Aufruf von **vi** muß also sichergestellt sein, daß zum einen der benutzte Terminaltyp in der Datenbank *terminfo* (bzw. *.COREterm*) vorhanden ist und zum anderen die Variable **TERM** den Namen des gerade benutzten Terminaltyps enthält. Die Variable **TERM** wird normalerweise vom System mit dem Namen eines voreingestellten Terminaltyps besetzt.

Welcher Name in der Variable **TERM** gespeichert ist, kann mit der Eingabe der Kommandozeile

echo $TERM

erfragt werden.

Um zu erfragen, ob ein Eintrag für den gerade benutzten Terminaltyp in der Datenbank vorhanden ist und was die volle Bezeichnung des Systems für diesen Terminaltyp ist, steht der Kommandoaufruf

tput -T*terminal_name* **longname**

zur Verfügung.

Wenn das jeweilige System den angegebenen *terminal_name* kennt, so antwortet es mit dem vollständigen Namen für diesen Terminal, ansonsten mit einer Fehlermeldung.

Eine andere Möglichkeit, den vom System verwendeten Namen für einen Terminaltyp zu finden, ist, zu einer der Directories */usr/lib/terminfo* oder */usr/lib/.COREterm* (systemabhängig) zu wechseln. Die dort enthaltenen Subdirectories haben als Namen den Anfangsbuchstaben bzw. die Anfangsziffer der darin enthaltenen Terminalnamen.

---

[26] Diese Datenbank befindet sich - abhängig vom jeweiligen System - im Directory */usr/lib/terminfo* oder */usr/lib/.COREterm*

```
$ cd /usr/lib/terminfo  [↵]                              bzw. cd /usr/lib/.coreTERM
$ ls -CF  [↵]                                            Liste Dateien des work. directorys
1/ 3/ 5/ 7/ 9/ B/ P/ b/ d/ f/ h/ j/ l/ n/ p/ r/ t/ v/ x/ z/
2/ 4/ 6/ 8/ A/ M/ a/ c/ e/ g/ i/ k/ m/ o/ q/ s/ u/ w/ y/
                                                         Ausgabe der Directories (Anfangs-buchst./-ziffer
                                                                                    d.Terminalnamen)
```

```
$ ls -C w  [↵]                                           Liste Dateien des Directorys w
wy-50       wy100        wy60          wyse-50      wyse50     Ausgabe der Namen, die
wy-60       wy50         wyse          wyse-60      wyse60        mit w beginnen
.....
$ tput -Tvt100 longname  [↵]                             Gib volle Bezeichnung zum Terminalnamen vt100
dec vt100 (w/advanced video)
$ ls -C v  [↵]                                           Liste Dateien des Directorys v
v5410       venix        vic20         vt100-nam-w  vt100nam
v90         vi200        viewpoint     vt100-nav    vt100s
vanilla     vi200-f      viewpoint-90  vt100-nav-w  vt100w
vc103       vi200-ic     virtual       vt100-np     vt125
vc203       vi200-rv     visual        vt100-s      vt132
vc303       vi200-rv-ic  visual50      vt100-s-bot  vt50        Ausgabe der Terminal-
vc303-a     vi300        vitty         vt100-s-top  vt50h       namen, die mit v beginnen
vc403a      vi300-aw     vk100         vt100-top-s  vt52
vc404       vi300-rv     vt-61         vt100-w      vt61
vc404-na    vi300-ss     vt100         vt100-w-am   vt61.5
vc404-s     vi50         vt100-am      vt100-w-nam
vc404-s-na  vi550        vt100-bot-s   vt100-w-nav
vc415       vic          vt100-nam     vt100am
$ ▮
```

Wenn der gerade benutzte Terminal ein *VT100* wäre, so wäre also der vom System für diesen Terminaltyp vergebene Name **vt100**.

Nachdem der Name des Terminaltyps bekannt ist, kann dieser Name in der Systemvariablen **TERM** eingetragen werden. Dazu müßten die folgenden 3 Kommandozeilen eingegeben werden:

TERM=vt100
export TERM
tput init

Nun ist die **TERM**-Variable richtig gesetzt und **vi** kann aufgerufen werden. Da allerdings nach dem Abmelden vom System dieser Variablenwert wieder verloren geht, müßte man bei einem erneuten Anmelden diese 3 Kommandozeilen wieder eingeben, bevor man **vi** aufrufen könnte. Dies ist sehr hinderlich. Deswegen wäre es besser, wenn man diese 3 Kommandozeilen bei jedem Anmeldevorgang automatisch ausführen lassen könnte. Um dies zu erreichen, können diese 3 Zeilen in der Datei **.profile**[27], die sich im home directory befindet, eingetragen werden. Die in **.profile** vorhandenen Kommandos werden nämlich bei jedem Anmelden automatisch ausgeführt:

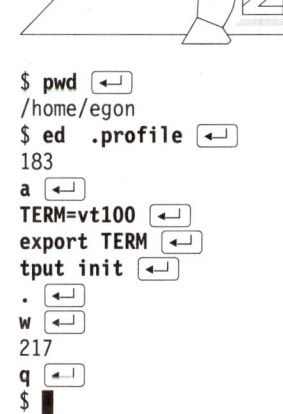

```
$ pwd  ⏎                                      Gib working directory aus
/home/egon                               Ausgabe des working directorys
$ ed  .profile  ⏎                                              ed-Aufruf
183                                      In Puffer gelesene Zeichenzahl
a  ⏎                           Füge nachfolgenden Text am Pufferende ein
TERM=vt100  ⏎                                               Text-Eingabe
export TERM  ⏎
tput init  ⏎
.  ⏎                                                         Eingabeende
w  ⏎                                  Schreibe Pufferinhalt auf Datei
217                                         geschriebene Zeichenzahl
q  ⏎                                                   Verlassen von ed
$ ▮
```

vi verfügt über unterschiedliche Darstellungs-Modi

vi kann in zwei unterschiedlichen Darstellungs-Modi arbeiten:

- **vi**-Modus (bildschirmorientiert)
- **ex**-Modus[28] (zeilenorientiert)

Das Umschalten vom **vi**-Modus in den **ex**-Modus kann durch das **vi**-Kommando **Q** erreicht werden. Vom **ex**-Modus in den **vi**-Modus kann mit der Eingabe von **vi** wieder zurückgeschaltet werden.

Soll nur ein **ex**-Kommando ausgeführt werden, ohne daß der **vi**-Modus verlassen wird, so ist vor der Eingabe des eigentlichen **ex**-Kommandos

---

[27] Im Nachfolgeband "Die UNIX-Shell" wird genauer auf die Datei .profile eingegangen.
[28] Der **ex**-Modus stellt eine Obermenge der **ed**-Kommandos zur Verfügung

ein : (Doppelpunkt) einzugeben, um dem **vi** mitzuteilen, daß es sich hierbei um ein **ex**-Kommando handelt.

9.2.2 Aufruf von vi

Die vollständige Aufrufsyntax für **vi** ist:

vi [-t *marke*] [-r*datei*] [-w*n*] [-LR] [-x] [-c *kdo*] [*datei(en)*]

Falls die erste der angegebenen *datei(en)* bereits existiert, so wird diese in den Arbeitspuffer gelesen. Existiert diese noch nicht, so wird sie erst beim späteren Zurückschreiben des Arbeispuffers mit **:w** (ohne Verlassen von **vi**) bzw. **ZZ** (mit Verlassen des **vi**) auf dem externen Speichermedium angelegt.

Waren beim **vi**-Aufruf mehrere *dateien* angegeben, so kann mit der Eingabe des Kommandos **:n** die jeweils nächste der angegebenen *dateien* in den Arbeitspuffer gelesen werden. Da dies zum Überschreiben des alten Pufferinhalts führt, sollte dieser - wenn gewünscht - zuvor mit **:w** zurückgeschrieben werden.

Fehlte beim Aufruf die Angabe von *datei(en)*, so wird ein leerer Arbeitspuffer angelegt, der noch keiner Datei zugeordnet ist. In diesen Puffer kann nun Text eingegeben und editiert werden. Erst mit dem Editor-Kommando **:w** *datei* wird dann eine Datei mit Namen *datei* auf dem externen Speichermedium mit dem Pufferinhalt beschrieben. Die einzelnen Optionen haben dabei folgende Wirkung:

Option	Beschreibung
-t *marke*	(**t***ag*) bewirkt das Editieren der Datei, deren Name in der Datei *tags* mit der angegebenen *marke* gekennzeichnet ist und positioniert den Cursor sofort auf der in *tags* dazu eingetragenen Position. In diesem Fall entfällt die Angabe von *datei(en)*. Die Arbeit mit dieser Option wird an späterer Stelle dieses Kapitels noch näher erläutert.
-r*datei*	(**r***ecover*) bewirkt, daß nach einem Editor- oder Systemzusammenbruch das Editieren der angegebenen *datei* wieder ermöglicht wird. In der Regel sind dabei nur die letzten Änderungen verloren. Wenn keine *datei* angegeben ist, so wird eine Liste von geretteten Dateien ausgegeben, die sich mit **-r** angeben lassen.
-w*n*	(**w***indow size*) setzt die Größe des **vi**-Fensters auf *n* Zeilen

Option	Beschreibung
-R	(**R**ead only) bewirkt, daß die zu editierenden *datei(en)* nur zum Lesen eröffnet werden und ihr Inhalt bei dieser Editiersitzung nicht geändert werden kann.
-x	bewirkt, daß der Pufferinhalt beim Zurückschreiben auf eine Datei verschlüsselt wird (siehe Kommando **crypt**); seit System V.3 ist diese Option nur auf Systemen innerhalb der USA verfügbar.
-c *kdo*	bewirkt, daß das hier angegebene **ex**-Kommando *kdo* ausgeführt wird, bevor das eigentliche Editieren beginnt; z. B. würde die Angabe **-c 50** den Cursor sofort auf die 50. Zeile der zu editierenden Datei positionieren. Diese Option löst die alte Option +*kdo* ab.
-L	listet die Namen aller Dateien auf, die nach einem Editor- oder Systemabsturz gerettet wurden und mit der Option **-r** restauriert werden können. Die Option **-L** ersetzt **-r** ohne Argument aus älteren **vi**-Versionen.

9.2.3 Arbeitszustände des vi

Der Editor **vi** kennt drei Arbeitszustände[29]:

- direkter Kommandomodus
- Eingabemodus
- Zeilen-Kommandomodus

Nach dem Aufruf befindet sich **vi** im *direkten Kommandomodus.* In ihm werden eingegebene **vi**-Kommandos nicht angezeigt und sofort interpretiert, ohne daß sie mit ⏎ abzuschließen sind. Handelt es sich dabei um ein erlaubtes Kommando, so wird es ausgeführt und das Ergebnis sofort am Bildschirm sichtbar gemacht. Ist das Kommando nicht erlaubt, so ertönt bei einfacheren Fehlern ein akustisches Signal, bei schwereren Fehlern wird in der letzten Bildschirmzeile eine Fehlermeldung ausgegeben.

---

[29] gilt nur, wenn sich **vi** im **vi**-Modus (und nicht im **ex**-Modus) befindet

Durch eines der folgenden **vi**-Kommandos kann vom direkten Kommandomodus in den Eingabemodus umgeschaltet werden:

Kommando	Beschreibung
i	Einfügen vor dem Cursor (*insert*)
I	Einfügen am Zeilenanfang (*Insert*)
a	Einfügen nach dem Cursor (*append*)
A	Einfügen am Zeilenende (*Append*)
o	Einfügen nach aktueller Zeile (*open*)
O	Einfügen vor aktueller Zeile (*Open*)
c	Ersetzen eines bestimmten Textobjekts (*change*), z. B. **cw** für Ersetzen des nächsten Worts
C	Ersetzen des Rest der Zeile (*Change*)
s	Ersetzen des Zeichens, auf dem Cursor steht (*substitute*)
S	Ersetzen der ganzen Zeile (*Substitute*)
R	Überschreiben einschalten (*Replace*)

Nach Eingabe eines dieser Kommandos befindet sich **vi** im *Eingabemodus*. Im Eingabemodus kann beliebiger Text eingegeben werden und Korrekturen am eingegebenen Text können durch folgende Tasten vorgenommen werden:

Taste	Funktion
erase	zuletzt eingegebenes Zeichen löschen
kill	Zeile löschen
[Ctrl]-[W]	zuletzt eingegebenes Wort löschen

Mit [Esc] (Drücken der [Esc]-Taste) wird die Texteingabe beendet und vom Eingabemodus zurück in den direkten Kommandomodus geschaltet.

Vom direkten Kommandomodus in den *Zeilen-Kommandomodus* kann umgeschaltet werden, wenn eines der folgenden Zeichen eingegeben wird:

Kommando	Beschreibung
:	bewirkt, daß der nachfolgende Text (bis zum abschließenden ⏎)[30] im **ex**-Modus ausgeführt wird. Nach dem : können alle Kommandos des zeilenorientierten Editors **ex**, der dem **ed** ähnlich ist, aufgerufen werden. Somit verfügt **vi** also auch über das gesamte Kommandoangebot dieses Editors.
/	Vorwärtssuche
?	Rückwärtssuche

Bei Eingabe eines dieser Kommandos springt der Cursor in die unterste Bildschirmzeile (Kommunikationszeile) und zeigt den nachfolgend eingegebenen Text auch dort an. Korrekturen können dabei wie im Eingabemodus vorgenommen werden. Das vollständige Kommando muß dann - anders als im direkten Kommandomodus - immer mit ⏎ abgeschlossen werden.

Mit der Angabe **:!kdo** kann das UNIX-Kommando **kdo** ausgeführt werden, ohne daß **vi** verlassen werden muß.

Mit der Eingabe von **ZZ** (entspricht der Eingabe **:wq**) im direkten Kommandomodus ist es möglich, den Pufferinhalt auf Datei zurückzuschreiben und **vi** zu verlassen.

Das nachfolgende Bild zeigt nochmals im Überblick die Möglichkeiten des Hin- und Herschaltens zwischen den unterschiedlichen Darstellungs-Modi und Arbeitszuständen des **vi**.

---

[30] Die Eingabe von Esc bewirkt dabei den sofortigen Abbruch des Kommandos und Rückkehr in den **vi**-Modus

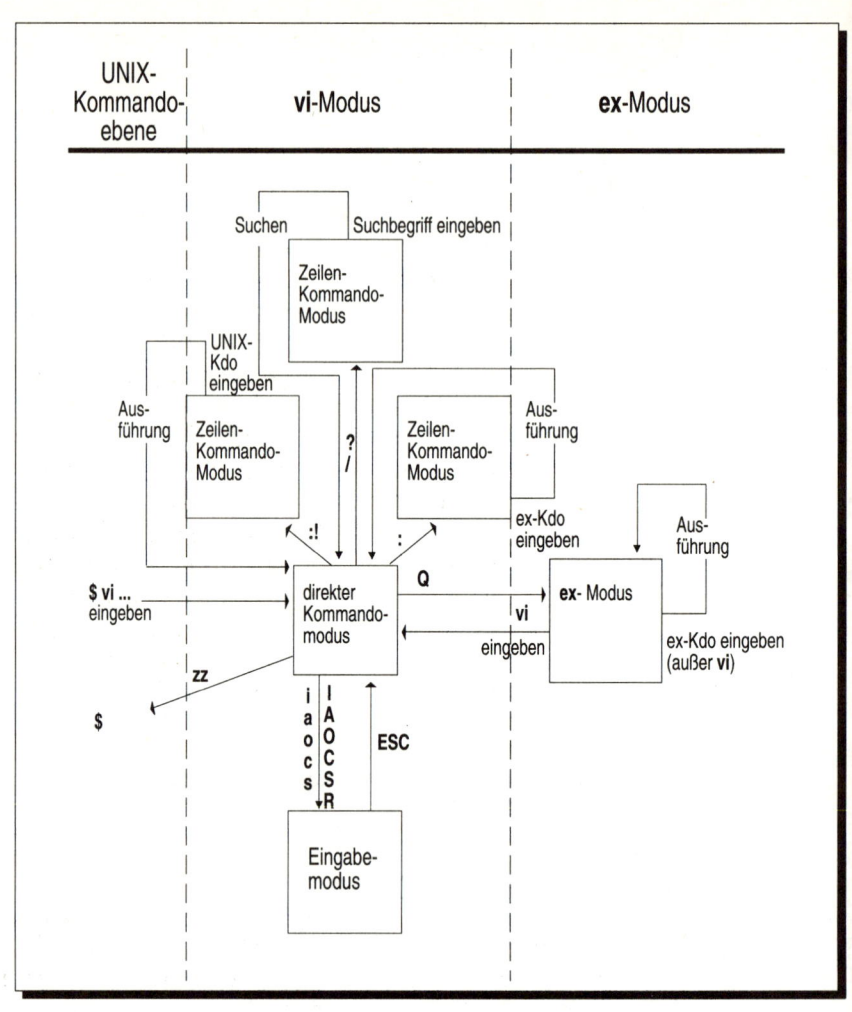

Bild 9.2 - Darstellungsmodi und Arbeitszustände des vi

9.2.4 Wichtige vi-Tasten

Bestimmte Tasten haben für den **vi** eine Sonderbedeutung:

Taste	Funktion
`Esc`	besitzt mehrere Funktionen: • beendet den Eingabemodus • bricht nicht vollständig eingegebene Kommandos ab. Wird diese Taste zu einem Zeitpunkt betätigt, wo dies nicht erlaubt ist, so erzeugt **vi** ein akustisches Signal.
`⏎`	hat ebenfalls mehrere Funktionen: • schließt die Kommandos des Zeilen-Kommandomodus (beginnen mit :, / oder ?) ab • schließt alle Kommandos des **ex**-Modus ab • erzeugt eine neue Zeile im Eingabemodus • positioniert im direkten Kommandomodus den Cursor auf den Anfang der nächsten Zeile
`Intr`	veranlaßt **vi** dazu, die gerade laufende Aktion "ohne Rücksicht auf Verluste" abzubrechen.

9.2.5 Die wichtigsten vi-Kommandos

Hier werden aus der Vielzahl der **vi**-Kommandos zunächst die am häufigsten benötigten Kommandos vorgestellt, um dem **vi**-Anfänger einen schnellen Einstieg zu ermöglichen. Auf diesem Grundwissen aufbauend werden dann später noch weitere nützliche Kommandos gezeigt. Eine Auflistung aller **vi**-Kommandos wird dann in einem späteren Teilkapitel gegeben.

Die meistbenutzten vi-Kommandos

Kommando	Funktion
h oder `←`	Cursor ein Zeichen nach links bewegen (n**h** oder n`←` Cursor n Zeichen nach links bewegen)
j oder `↓`	Cursor eine Zeile nach unten bewegen (n**j** oder n`↓` Cursor n Zeilen nach unten bewegen)
k oder `↑`	Cursor eine Zeile nach oben bewegen (n**k** oder n`↑` Cursor n Zeilen nach oben bewegen)

Kommando	Funktion
l oder →	Cursor ein Zeichen nach rechts bewegen (*n*l oder *n* → Cursor *n* Zeichen nach rechts bewegen)
w	Cursor nach rechts auf das nächste Wort positionieren (*n*w Cursor auf *n*.Wort rechts positionieren)
G	Cursor auf letzte Zeile positionieren (*n*G Cursor auf *n*.te Zeile positionieren)
0	Cursor auf Zeilenanfang positionieren
$	Cursor auf Zeilenende positionieren
x	Ein Zeichen unter Cursor löschen (*n*x *n* Zeichen ab Cursor löschen)
dw	Ein Wort löschen (*n*dw *n* Worte ab Cursor löschen)
dd	Eine Zeile löschen (*n*dd *n* Zeilen ab Cursor löschen)
rz	Zeichen unter Cursor durch *z* ersetzen
J	2 Zeilen zusammenfügen
u	Letztes Kommando rückgängig machen
a*text* Esc	*text* nach Cursor einfügen
A*text* Esc	*text* am Zeilenende einfügen
i*text* Esc	*text* vor Cursor einfügen
I*text* Esc	*text* am Zeilenanfang einfügen
o*text* Esc	*text* in neuer Zeile nach Cursorzeile einfügen
O*text* Esc	*text* in neuer Zeile vor Cursorzeile einfügen
cw*text* Esc	Wort ab Cursor durch *text* ersetzen
/*text* ↵	Vorwärtssuche nach *text* im Puffer
?*text* ↵	Rückwärtssuche nach *text* im Puffer
ZZ	Pufferinhalt auf Datei sichern und vi verlassen (entspricht :wq ↵)
:w ↵	Pufferinhalt auf Datei sichern (vi wird nicht verlassen)
:wq ↵	Pufferinhalt auf Datei sichern und vi verlassen (entspricht **ZZ**)
:q! ↵	vi ohne Sicherung des Pufferinhalts verlassen
:q ↵	vi ohne Sicherung des Pufferinhalts verlassen; wurde Pufferinhalt seit letzter Änderung nicht gesichert, so wird eine Fehlermeldung ausgegeben und vi nicht verlassen

Wenn die Übersicht darüber verlorenging, in welchem Modus man sich gerade befindet, so ist es ratsam, zweimal Esc zu drücken. Danach befindet man sich im direkten Kommandomodus.

9.2 Der Bildschirmeditor vi

Nach dem Aufruf

vi lern1.vi

erscheint folgender Bildschirminhalt:

```
~
~
~
~
~
~
~
~
~
~
~
~
~
~
~
~
~
~
~
~
~
"lern1.vi" [New file]
```

Die unterste Zeile des Bildschirms wird als Kommunikationszeile bezeichnet. Sie dient zur Ausgabe von Fehlermeldungen und Statusinformationen. Auch wird diese Zeile zur Eingabe im Zeilen-Kommandomodus verwendet.

Zeilen, die nur ~ (engl. *tilde*) enthalten, gehören noch nicht zum Pufferinhalt.

Nun kann der Puffer, der in diesem Fall noch leer ist, beschrieben und editiert werden. Zuerst soll dabei das Gedicht "Der alte Narr" von Wilhelm Busch mit Fehlern eingegeben werden:

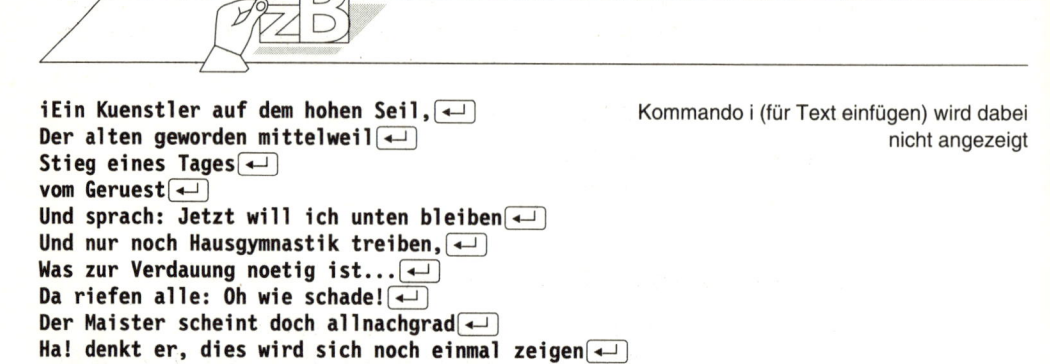

```
iEin Kuenstler auf dem hohen Seil,⏎     Kommando i (für Text einfügen) wird dabei
Der alten geworden mittelweil⏎                                 nicht angezeigt
Stieg eines Tages⏎
vom Geruest⏎
Und sprach: Jetzt will ich unten bleiben⏎
Und nur noch Hausgymnastik treiben,⏎
Was zur Verdauung noetig ist...⏎
Da riefen alle: Oh wie schade!⏎
Der Maister scheint doch allnachgrad⏎
Ha! denkt er, dies wird sich noch einmal zeigen⏎
Un richtig eh der Markt geschlossen,⏎
Treibt er aufs neue die allten Possen⏎
Hoch in der Luft, und zwar mit Glueck,⏎
Bis auf ein kleines Missgeschick.⏎
Er fiel herab in grosser Eile⏎
Und knickte sich die Wirbelsaeule.⏎
Der alte Narr! Nun bleibt er auf ewig krumm!⏎
So will⏎
So aeussert sich das Publikum.⏎
Esc                                     Esc -Taste drücken, um Eingabemodus
                                                       wieder zu beenden
```

Im nachfolgenden soll nun schrittweise der eingegebene Text ausgebessert werden; dabei wird nicht immer der eleganteste Weg gezeigt, sondern versucht, möglichst viele Editor-Kommandos mit einzubeziehen. Nach einem Ausbesserungsschritt wird aus Übersichtsgründen nicht der vollständige Bildschirm, sondern immer nur ein Ausschnitt des Bildschirminhalts gezeigt:

Verbessern der 2. Zeile

1G	Cursor auf 1.Zeile positionieren (E*in Kuenstler* ..)
⏎	Cursor auf 2.Zeile positionieren (D*er alten geworden* ..)
w	Cursor auf nächstes Wort positionieren (*Der* **a**lten *geworden* ..)
cwalt Esc	**alten** durch **alt** ersetzen (*Der* **alt** *geworden* ..)
2w	Cursor auf übernächstes Wort positionieren (*geworden* **m**ittelweil)
4 →	Cursor 4 Zeichen nach rechts bewegen (*geworden mittelweil*)

xx	2 Zeichen (unter Cursor) nacheinander löschen (*geworden mitt*w*eil*)
iler`Esc`	Den Text *ler* vor Cursor einfügen (*geworden mittlerweil*)
A,`Esc`	Ein Komma am Zeilenende einfügen (*geworden mittlerweil,*)

Neuer Zeileninhalt nach dieser Ausbesserung:

```
Ein Kuenstler auf dem hohen Seil,
Der alt geworden mittlerweil,
     .....
```

Zusammenfügen von 3. und 4. Zeile

`↵`	Cursor auf 3.Zeile positionieren (**S***tieg eines Tages*)
J	Nachfolgende Zeile anhängen (**S***tieg eines Tages vom Geruest*)

Neuer Zeileninhalt nach dieser Ausbesserung:

```
Ein Kuenstler auf dem hohen Seil,
Der alt geworden mittlerweil,
Stieg eines Tages vom Geruest
     .....
```

4.Zeile ausbessern

`↵`	Cursor auf 4.Zeile bewegen (**U***nd sprach: Jetzt ...*)
3w	Cursor 3 Wörter[31] weiter positionieren (*Und sprach:* **J***etzt will ..*)
cwNun`Esc`	*Jetzt* durch *Nun* ersetzen (*Und sprach: Nu***n** *will ich unten bleiben*)

Neuer Zeileninhalt nach dieser Ausbesserung:

```
Ein Kuenstler auf dem hohen Seil,
Der alt geworden mittlerweil,
Stieg eines Tages vom Geruest
Und sprach: Nun will ich unten bleiben
     .....
```

In 6.Zeile die letzten 2 Zeichen löschen

`↵`	Cursor auf 5.Zeile bewegen (**U***nd nur noch Hausgymnastik treiben,*)
`↵`	Cursor auf 6.Zeile bewegen (**W***as zur Verdauung noetig ist...*)

---

[31] Der Doppelpunkt wird dabei als ein Wort gezählt.

$	Cursor auf Zeilenende positionieren (*Was zur Verdauung noetig ist...*)
h	Cursor ein Zeichen links bewegen (*Was zur Verdauung noetig ist...*)
2x	2 Zeichen löschen (*Was zur Verdauung noetig ist.*)

Neuer Zeileninhalt nach dieser Ausbesserung:

```
Ein Kuenstler auf dem hohen Seil,
Der alt geworden mittlerweil,
Stieg eines Tages vom Geruest
Und sprach: Nun will ich unten bleiben
Und nur noch Hausgymnastik treiben,
Was zur Verdauung noetig ist.
     .....
```

7. Zeile ausbessern

/Oh ⏎	Suchen (vorwärts) von *Oh* (*Da riefen alle:* **O**h *wie schade!*)
→	Cursor ein Zeichen rechts bewegen (*Da riefen alle: O***h** *wie schade!*)
a, Esc	Komma einfügen (*Da riefen alle: Oh***,** *wie schade!*)
$	Cursor auf Zeilenende Wort positionieren (*Da riefen alle: Oh, wie schade***!**)
h	Cursor ein Zeichen links bewegen (*Da riefen alle: Oh, wie schad***e***!*)
x	1 Zeichen löschen (*Da riefen alle: Oh, wie scha***d***!*)

Neuer Zeileninhalt nach dieser Ausbesserung:

```
     .....
Und sprach: Nun will ich unten bleiben
Und nur noch Hausgymnastik treiben,
Was zur Verdauung noetig ist.
Da riefen alle: Oh, wie schad!
     .....
```

8. Zeile ausbessern

⏎	Cursor auf 8.Zeile bewegen (*Der Maister scheint doch allnachgrad*)
w	Cursor auf nächstes Wort bewegen (*Der **M**aister scheint doch allnachgrad*)
l	Cursor ein Zeichen rechts bewegen (*Der M**a**ister scheint doch allnachgrad*)
re	Zeichen *a* durch Zeichen *e* ersetzen (*Der M**e**ister scheint doch allnachgrad*)

Neuer Zeileninhalt nach dieser Ausbesserung:

```
.....
Und sprach: Nun will ich unten bleiben
Und nur noch Hausgymnastik treiben,
Was zur Verdauung noetig ist.
Da riefen alle: Oh, wie schad!
Der Meister scheint doch allnachgrad
.....
```

Nach 8.Zeile eine neue Zeile einfügen

oZu schwach und steif zum Seilbesteigen! Esc

(*Zu schwach und steif zum Seilbesteigen!*)

Neuer Zeileninhalt nach dieser Ausbesserung:

```
.....
Da riefen alle: Oh, wie schad!
Der Meister scheint doch allnachgrad
Zu schwach und steif zum Seilbesteigen!
.....
```

Neue 10.Zeile ausbessern

/dies ⏎	Suchen (vorwärts) von *dies* (*Ha!* denkt er, **d**ies wird sich ...)
cwdieses Esc	*dies* durch *dieses* ersetzen (*Ha!* denkt er, *diese*s wird sich ...)
3w	2 Wörter uberspringen (..., *dieses wird sich* **n***och einmal zeigen*)
2dw	Nächsten 2 Wörter löschen (..., *dieses wird sich* **z***eigen*)
A! Esc	Ausrufezeichen am Zeilenende anhängen (..., *dieses wird sich zeigen*!)

Neuer Zeileninhalt nach dieser Ausbesserung:

```
.....
Da riefen alle: Oh, wie schad!
Der Meister scheint doch allnachgrad
Zu schwach und steif zum Seilbesteigen!
Ha! denkt er, dieses wird sich zeigen!
.....
```

11. Zeile ausbessern und danach den bisherigen Pufferinhalt auf Datei sichern

↓	Cursor ein Zeichen nach unten bewegen (... *eh der Markt geschlossen,*)
IUnd Esc	Am Zeilenanfang *Und* einfügen (*UndUn richtig eh der ...*)

→	Cursor ein Zeichen nach rechts bewegen (*Und**U**n richtig eh der ...*)
dw	Wort ab Cursor löschen (*Und**r**ichtig eh der ...*)
i Esc	Vor Cursor ein Leerzeichen einfügen (*Und richtig eh der ...*)
2w	Ein Wort überspringen (*Und richtig eh der ...*)
i, Esc	Vor Cursor ein Komma einfügen (*Und richtig ,eh der ...*)
u	Letzte Änderung rückgängig machen (*Und richtig **e**h der ...*)
h	Cursor ein Zeichen nach links bewegen (*Und richtig eh der ...*)
i, Esc	Vor Cursor ein Komma einfügen (*Und richtig, eh der ...*)
:w ↵	Sichern des bisherigen Pufferinhalts in der Datei lern1.vi[32]

Neuer Zeileninhalt nach dieser Ausbesserung:

```
.....
Da riefen alle: Oh, wie schad!
Der Meister scheint doch allnachgrad
Zu schwach und steif zum Seilbesteigen!
Ha! denkt er, dieses wird sich zeigen!
Und richtig, eh der Markt geschlossen,
    .....
```

12. Zeile ausbessern

/neu ↵	Suchen (vorwärts) von *neu* (*Treibt er aufs **n**eue die allten Possen*)
3l	Cursor 3 Zeichen nach rechts bewegen (*Treibt er aufs neu**e** die allten Possen*)
x	Ein Zeichen löschen (*Treibt er aufs neu die allten Possen*)
/ll ↵	Suchen (vorwärts) von *ll* (*Treibt er aufs neue die a**ll**ten Possen*)
x	Ein Zeichen löschen (*Treibt er aufs neu die alten Possen*)

Neuer Zeileninhalt nach dieser Ausbesserung:

```
    .....
Da riefen alle: Oh, wie schad!
Der Meister scheint doch allnachgrad
Zu schwach und steif zum Seilbesteigen!
Ha! denkt er, dieses wird sich zeigen!
Und richtig, eh der Markt geschlossen,
```

---

[32] Hierbei erscheint in der untersten Bildschirmzeile eine Meldung, die neben dem Namen der editierten Datei noch die Anzahl der zurückgeschriebenen Zeilen und Zeichen enthält.

```
Treibt er aufs neu die alten Possen
    .....
```

Drittletzte Zeile ausbessern

/ewig⏎	Suchen (vorwärts) von *ewig* (*Der alte Narr! Nun bleibt er auf **e**wig krumm!*)
4h	Cursor 4 Zeichen nach links bewegen (*... Narr! Nun bleibt er **a**uf ewig krumm!*)
2dw	Nächsten 2 Wörter löschen (*Der alte Narr! Nun bleibt er krumm!*)

Neuer Zeileninhalt nach dieser Ausbesserung:

```
    .....
Und richtig, eh der Markt geschlossen,
Treibt er aufs neu die alten Possen
Hoch in der Luft, und zwar mit Glueck,
Bis auf ein kleines Missgeschick.
Er fiel herab in grosser Eile
Und knickte sich die Wirbelsaeule.
Der alte Narr! Nun bleibt er krumm!
    .....
```

Vorletzte Zeile löschen

G	Cursor auf letzte Zeile positionieren (ist hier eine Leerzeile)
2↑	Cursor 2 Zeichen nach oben bewegen (*So will*)
dd	Aktuelle Zeile löschen (*So aeussert sich das Publikum.*)
?Nun⏎	Suchen (rückwärts) von *Nun* (*Der alte Narr!* **N***un bleibt er krumm!*)
cwJetzt[Esc]	Nun durch Jetzt ersetzen (*Der alte Narr! Jetzt bleibt er krumm!*)

Neuer Zeileninhalt nach dieser Ausbesserung:

```
Ein Kuenstler auf dem hohen Seil,
Der alt geworden mittlerweil,
Stieg eines Tages vom Geruest
Und sprach: Nun will ich unten bleiben
Und nur noch Hausgymnastik treiben,
Was zur Verdauung noetig ist.
Da riefen alle: Oh, wie schad!
Der Meister scheint doch allnachgrad
Zu schwach und steif zum Seilbesteigen!
Ha! denkt er, dieses wird sich zeigen!
Und richtig, eh der Markt geschlossen,
Treibt er aufs neu die alten Possen
```

Hoch in der Luft, und zwar mit Glueck,
Bis auf ein kleines Missgeschick.
Er fiel herab in grosser Eile
Und knickte sich die Wirbelsaeule.
Der alte Narr! Jetzt bleibt er krumm!
So aeussert sich das Publikum.

Pufferinhalt auf Datei sichern und vi verlassen

ZZ Sichern des Pufferinhalts in der Datei *lern1.vi* und **vi** danach verlassen. Hierbei erscheint in der untersten Bildschirmzeile eine Meldung, die neben dem Namen der editierten Datei noch die Anzahl der zurückgeschriebenen Zeilen und Zeichen enthält:
"lern1.vi" 19 lines, 629 characters

Weitere nützliche Kommandos

Kommando	Funktion
s*text* [Esc]	Zeichen an Cursorposition durch *text* ersetzen
*n*s*text* [Esc]	*n* Zeichen ab Cursorposition durch *text* ersetzen
S*text* [Esc]	Ganze aktuelle Zeile, in der Cursor sich befindet, durch *text* ersetzen
:s/*alt*/*neu* [↵]	In der aktuellen Zeile den Text "*alt*" durch Text "*neu*" ersetzen; dabei wird nur eine Ersetzung (nicht mehrere) vorgenommen.
:1,$s/*alt*/*neu* [↵]	In allen Zeilen Text "*alt*" durch Text "*neu*" ersetzen, allerdings nur einmal je Zeile
:1,$s/*alt*/*neu*/g [↵]	Alle Vorkommen des Textes "*alt*" im gesamten Puffer durch Text "*neu*" ersetzen
n	Wiederholt das letzte Suchkommando (/ oder ?)
:r *dateiname* [↵]	Inhalt der Datei *dateiname* hinter die aktuelle Cursorzeile kopieren

9.2 Der Bildschirmeditor vi

Kommando	Funktion
:e *dateiname* ⏎	Inhalt der Datei *dateiname* in den Arbeitspuffer kopieren; der alte Pufferinhalt geht dabei verloren. Falls die letzten Änderungen im Puffer noch nicht gesichert sind, erfolgt eine Fehlermeldung und das Kommando wird nicht ausgeführt.
:n ⏎	Nächste Datei aus der **vi**-Aufrufzeile in den Arbeitspuffer kopieren; der alte Pufferinhalt geht dabei verloren. Wenn die letzten Änderungen im Puffer noch nicht gesichert sind, erfolgt Fehlermeldung und Kommando wird nicht ausgeführt
Ctrl-f oder Ctrl-F	Eine Bildschirmseite weiterblättern (**f**orward)
Ctrl-b oder Ctrl-B	Eine Bildschirmseite zurückblättern (**b**ackward)
Ctrl-d oder Ctrl-D	Eine halbe Bildschirmseite weiterblättern (**d**own)
Ctrl-u oder Ctrl-U	Eine halbe Bildschirmseite zurückblättern (**u**p)

vi stellt neben dem Arbeitspuffer noch 27 weitere interne Puffer zum Zwischenspeichern von Text zur Verfügung:

- 26 benamte Puffer (haben als Namen die Buchstaben **a**, **b**, **c**, .. , **z**). Wird anstelle eines Kleinbuchstabens ein Großbuchstabe als Puffername angegeben, dann wird der Pufferinhalt nicht überschrieben, sondern der entsprechende Text am bereits existierenden Pufferinhalt angehängt.

- einen allgemeinen Puffer ohne Namen, in dem immer die letzte Textänderung festgehalten wird.

Zusätzlich werden die 9 zuletzt gelöschten Texte in Puffern mit den Namen **1**, **2**, ..,**9** aufgehoben (in **1** steht dabei der zuletzt gelöschte Text, in **2** der davor gelöschte Text, usw.).

Die einzelnen Puffer (außer allgemeiner Puffer) können mit "x (für x ist entsprechender Kleinbuchstabe bzw. Ziffer anzugeben) angesprochen werden.

Die 26 Puffer **a**, **b**, **c**, .. , **z** behalten auch bei Dateiwechsel ihren Inhalt, wenn **vi** dabei nicht verlassen wird. Somit können sie zum Kopieren von Texten in andere Dateien verwendet werden. Der allgemeine Puffer und die 9 "Ziffern-Puffer" werden dagegen von manchen **vi**-Versionen bei einem Dateiwechsel gelöscht. Folgende Kommandos werden häufig benötigt, wenn ganze Textblöcke beim Editieren zu kopieren sind:

Kommando	Beschreibung
yy oder **Y**	(**y**ank); aktuelle Cursorzeile in allgemeinen Puffer kopieren
n**yy** oder n**Y**	n Zeilen ab aktueller Cursorzeile in allgemeinen Puffer kopieren
"x**yy**	Aktuelle Cursorzeile in Puffer x kopieren
"xn**yy**	Ab aktueller Cursorzeile n Zeilen in Puffer x kopieren
dd	aktuelle Cursorzeile löschen und in allgemeinen Puffer kopieren
n**dd**	n Zeilen ab aktueller Cursorzeile löschen und in allgemeinen Puffer kopieren
"x**dd**	Aktuelle Cursorzeile löschen und in Puffer x kopieren
"xn**dd**	Ab aktueller Cursorzeile n Zeilen löschen und in Puffer x kopieren
p	(**p**ut); Inhalt des allgemeinen Puffers hinter aktueller Cursorzeile kopieren
P	Inhalt des allgemeinen Puffers vor aktuelle Cursorzeile kopieren
"x**p**	Inhalt des Puffers x hinter aktuelle Cursorzeile kopieren
"x**P**	Inhalt des Puffers x vor aktuelle Cursorzeile kopieren

Nach dem Aufruf

vi raetsel1 raetsel2

erscheint folgender Bildschirminhalt:

```
█
~
~
......
......
~
~
"raetsel1" [New file]
```

9.2 Der Bildschirmeditor vi

Zunächst ist der leere Arbeitspuffer der Datei *raetsel1* zugeordnet, der nun beschrieben und editiert werden kann. Es soll nun ein Text aus "Alice im Rätselland" von Raymond Smullyan mit Fehlern eingegeben werden:

```
i"Weisst du, wie man teilt?" fragte die K. R.⏎
"Aber freilich!" antwortete Alice.⏎
"Nun gut. Nehmen wir an, du teilst⏎
elftausendelfhundertundelf durch drei. Was bleibt dir?⏎
Du kannst diesen Stift und das Papier nehmen,⏎
wenn du moechtest."⏎
Alice machte sich an die Aufgabe und rechnete.⏎
"Ich habe einen Rest von zwei", war ihre Antwort.⏎
"Ueberhaupt net!" stimmte die K. W zu.⏎
"Falsch!" rief die K. R triumphierend.⏎
"Siehst du, sie kann net teilen!"Esc
:w⏎
:n⏎
```

Kommando i in der ersten Zeile (für Text einfügen) wird dabei nicht angezeigt

[Esc], um Eingabemodus zu beenden
Sichern des Pufferinh. in Datei raetsel1[33]
Umschalten auf Datei raetsel2

Danach erscheint folgender Bildschirminhalt:

```
▮
~
~
......
......
~
~
"raetsel2" No such file or directory
```

Hier wird nun ein zweiter Text aus Raymond Smullyans "Alice im Rätselland" mit Fehlern eingegeben:

---

[33] Hierbei erscheint in der Kommunikationszeile eine Meldung, die neben dem Namen der editierten Datei noch die Anzahl der zurückgeschriebenen Zeilen und Zeichen enthält.

```
i─────────────────────────────────────⏎
"Wir wollen es mit einer anderen Teilaufgabe versuchen",⏎
sagte die Rote Koenigin.⏎
"Wieviel ist eine Million geteilt durch ein Viertel?"⏎
"Natuerlich ein Viertel von einer Million!" kam die Antwort.⏎
"Anders gesagt, zweihundertfuenfzigtausend."⏎
"Oh nein!" fiel Alice ploetzlich ein. "Ich wollte sagen..."⏎
"Zu spaet!" unterbrach die Rote Koenigin.⏎
Esc
:w⏎
```

Kommando i in der ersten Zeile (für Text einfügen) wird dabei nicht angezeigt

Esc, um Eingabemodus zu beenden
Sichern des Pufferinh. in Datei raetsel2[34]

Es wird nun der bei *raetsel2* eingegebene Text noch mit Strich-Zeilen "----..." eingerahmt, bevor gesichert wird:

1. Zeile duplizieren und dann die ersten beiden Zeilen ans Pufferende kopieren

1G	Cursor auf 1.Zeile positionieren (-----------...)
dd	1.Zeile löschen, um sie in den allgemeinen Puffer zu kopieren ("*Wir wollen ..*)
P	Inhalt des allgemeinen Puffers vor aktuelle Cursorzeile kopieren (-----------...)
P	Inhalt des allgemeinen Puffers vor aktuelle Cursorzeile kopieren (-----------...)
G	Cursor auf letzte Zeile positionieren (ist hier eine Leerzeile)
p	Inhalt des allgemeinen Puffers hinter aktuelle Cursorzeile kopieren (----------...)
p	Inhalt des allgemeinen Puffers hinter aktuelle Cursorzeile kopieren (----------...)

Neuer Pufferinhalt nach diesem Editiervorgang:

```
"Wir wollen es mit einer anderen Teilaufgabe versuchen",
sagte die Rote Koenigin.
"Wieviel ist eine Million geteilt durch ein Viertel?"
"Natuerlich ein Viertel von einer Million!" kam die Antwort.
"Anders gesagt, zweihundertfuenfzigtausend."
"Oh nein!" fiel Alice ploetzlich ein. "Ich wollte sagen..."
"Zu spaet!" unterbrach die Rote Koenigin.
```

---

[34] Hierbei erscheint in der Kommunikationszeile eine Meldung, die neben dem Namen der editierten Datei noch die Anzahl der zurückgeschriebenen Zeilen und Zeichen enthält.

Zurückschreiben des Pufferinhalts

:w⏎   Sichern des bisherigen Pufferinhalts in der Datei *raetsel2*[35]

Nun wird der Inhalt von *raetsel1* wieder in den Arbeitspuffer geladen, der schrittweise korrigiert werden soll:

Inhalt der Datei raetsel1 in den Arbeitspuffer laden

:e raetsel1⏎   Inhalt von *raetsel1* in Arbeitspuffer kopieren

Neuer Pufferinhalt nach diesem Editiervorgang:

```
"Weisst du, wie man teilt?" fragte die K. R.
"Aber freilich!" antwortete Alice.
"Nun gut. Nehmen wir an, du teilst
elftausendelfhundertundelf durch drei. Was bleibt dir?
Du kannst diesen Stift und das Papier nehmen,
wenn du moechtest."
Alice machte sich an die Aufgabe und rechnete.
"Ich habe einen Rest von zwei", war ihre Antwort.
"Ueberhaupt net!" stimmte die K. W zu.
"Falsch!" rief die K. R triumphierend.
"Siehst du, sie kann net teilen!"
~
......
......
~
"raetsel1" 11 lines, 445 characters
```

Im gesamten Arbeitspuffer "K. R" durch "Rote Koenigin" ersetzen

:1,$s/K. R/Rote Koenigin/g⏎

Im gesamten Arbeitspuffer "K. W" durch "Weisse Koenigin" ersetzen

:1,$s/K. W/Weisse Koenigin/g⏎

---

[35] Hierbei erscheint in der Kommunikationszeile eine Meldung, die neben dem Namen der editierten Datei noch die Anzahl der zurückgeschriebenen Zeilen und Zeichen enthält.

In 2.Zeile "freilich" in "natuerlich" umändern

2G	Cursor auf 2.Zeile positionieren (*"Aber freilich!" antwortete Alice.*)
2w	Cursor 2 Wörter weiter positionieren[36] (*"Aber freilich!" antwortete Alice.*)
4snatuer`Esc`	*frei* durch *natuer* ersetzen (*"Aber natuerlich!" antwortete Alice.*)

In 4.Zeile "Was" in "Welcher Rest" umändern

4G	Cursor auf 4.Zeile positionieren (*elftausendelfhundertundelf durch ...*)
:s/Was/Welcher Rest`↵`	*Was* durch *Welcher Rest* ersetzen (*elftausendelfhundertund...*)

Zweimal "net" in "nicht" umändern

/net`↵`	Suchen von *net* (*Alice machte sich an die Aufgabe und rechnete.*)
n	Nächstes *net* suchen (*"Ueberhaupt net!" stimmte die W...*)
`→`	Cursor ein Zeichen nach rechts (*"Ueberhaupt net!" stimmte die W...*)
sich`Esc`	Zeichen *e* durch *ich* ersetzen (*"Ueberhaupt nicht!" stimmte die W...*)
n	Nächstes Vorkommen von *net* suchen (*"Siehst du, sie kann net teilen!"*)
:s/net/nicht`↵`	In Cursorzeile *net* durch *nicht* ersetzen (*"Siehst du, sie kann nicht teilen!"*)

Letzten beiden Zeilen vor drittletzte Zeile verlagern

`↑`	Cursor ein Zeichen nach oben (*"Falsch!" rief die Rote Koenigin triumphierend.*)
"a2dd	2 Zeilen löschen und zugleich im Puffer **a** aufbewahren (*"Ueberhaupt nicht!"...*)
"aP	Inhalt des Puffers **a** vor aktuelle Zeile kopieren (*"Falsch!" rief die ...*)

Nach all diesen Änderungen ergibt sich folgender Pufferinhalt:

"Weisst du, wie man teilt?" fragte die Rote Koenigin.
"Aber natuerlich!" antwortete Alice.

---

[36] Anführungszeichen zählt als ein eigenes Wort

```
"Nun gut. Nehmen wir an, du teilst
elftausendelfhundertundelf durch drei. Welcher Rest bleibt dir?
Du kannst diesen Stift und das Papier nehmen,
wenn du moechtest."
Alice machte sich an die Aufgabe und rechnete.
"Ich habe einen Rest von zwei", war ihre Antwort.
"Falsch!" rief die Rote Koenigin triumphierend.
"Siehst du, sie kann nicht teilen!"
"Ueberhaupt nicht!" stimmte die Weisse Koenigin zu.
~
~
........
```

Pufferinhalt auf Datei sichern und vi verlassen

:wq ⏎   Sichern des Pufferinhalts in der Datei *raetsel1* und **vi** danach verlassen. Hierbei erscheint wieder in der Kommunikationszeile eine Meldung, die neben dem Namen der editierten Datei noch die Anzahl der zurückgeschriebenen Zeilen und Zeichen enthält:
"raetsel1" 11 lines, 489 characters

Nun wird noch ein 3.Rätsel in die Datei *raetsel3* geschrieben.

Nach dem Aufruf

vi raetsel3

erscheint wieder der typische Bildschirminhalt für eine leere Datei:

```
█
~
~
......
......
~
"raetsel3" [New file]
```

Der Text des Rätsels wird zunächst wieder fehlerhaft eingegeben und später dann ausgebessert:

```
i"Teilen kann sie ueberhaupt nicht!" sagte die Rote Koenigin ⏎      Kommando i in der
sofort. ⏎                                                           ersten Zeile (für
"Soll ich es jetzt mit Addition und Subtraktion versuchen?" ⏎       Text einfügen) wird
"Unbedingt!" antwortete die Weisse Koenigin. ⏎                      dabei nicht
"Also gut", sagte die Rote Koenigin. ⏎                              angezeigt
"Eine Flasche Wein kostet neun Mark. ⏎
Der Wein kostet acht Mark mehr als die Flasche. ⏎
Wie teuer ist die Flasche?" Esc                   Esc , um Eingabemodus zu beenden
:w ⏎                                              Sichern des Pufferinh. in Datei raetsel3[37]
```

Inhalt der 2.Zeile durch "*noch einmal.*" ersetzen

2G Cursor auf 2.Zeile positionieren (*sofort.*)

Snoch einmal. Esc Cursorzeilen-Inhalt durch "*noch einmal.*" ersetzen (*noch einmal.*)

Inhalt der Datei *raetsel2* ans Pufferende kopieren

G Cursor auf letzte Zeile positionieren (**W**ie *teuer ist die Flasche?"*)

:r raetsel2 ⏎ Inhalt der Datei *raetsel2* hinter Cursorzeile kopieren (--------....)

Der neue Pufferinhalt nach diesem Editiervorgang ist:

```
"Teilen kann sie ueberhaupt nicht!" sagte die Rote Koenigin
noch einmal.
"Soll ich es jetzt mit Addition und Subtraktion versuchen?
"Unbedingt!" antwortete die Weisse Koenigin
"Also gut", sagte die Rote Koenigin.
"Eine Flasche Wein kostet neun Mark.
Der Wein kostet acht Mark mehr als die Flasche.
Wie teuer ist die Flasche?"
```

```
"Wir wollen es mit einer anderen Teilaufgabe versuchen",
sagte die Rote Koenigin.
"Wieviel ist eine Million geteilt durch ein Viertel?"
"Natuerlich ein Viertel von einer Million!" kam die Antwort.
"Anders gesagt, zweihundertfuenfzigtausend."
"Oh nein!" fiel Alice ploetzlich ein. "Ich wollte sagen..."
"Zu spaet!" unterbrach die Rote Koenigin.
```

---

[37] Hierbei erscheint in der Kommunikationszeile eine Meldung, die neben dem Namen der editierten Datei noch die Anzahl der zurückgeschriebenen Zeilen und Zeichen enthält.

Letzten 10 Zeilen des Puffers löschen

2 ↓ Cursor 2 Zeichen nach unten bewegen (*"Wir wollen es mit einer anderen..."*)

10dd Nächsten 10 Zeilen löschen (--------....)

Die beiden letzten Zeilen an den Pufferanfang kopieren

↑ Cursor 1 Zeichen nach oben bewegen (--------....)

2yy Die beiden letzten Zeilen in den allgemeinen Puffer kopieren (--------....)

1G Cursor auf 1.Zeile positionieren (*"Teilen kann sie ueberhaupt nicht!" ...*)

P Inhalt des allgemeinen Puffer vor aktuelle Zeile kopieren (--------....)

Pufferinhalt auf Datei sichern

:w ↵ Sichern des Pufferinhalts in der Datei *raetsel3*. Hierbei erscheint wieder in der Kommunikationszeile eine Meldung, die neben dem Namen der editierten Datei noch die Anzahl der zurückgeschriebenen Zeilen und Zeichen enthält:

```
"Teilen kann sie ueberhaupt nicht!" sagte die Rote Koenigin
noch einmal.
"Soll ich es jetzt mit Addition und Subtraktion versuchen?
"Unbedingt!" antwortete die Weisse Koenigin
"Also gut", sagte die Rote Koenigin.
"Eine Flasche Wein kostet neun Mark.
Der Wein kostet acht Mark mehr als die Flasche.
Wie teuer ist die Flasche?"

~
~
.....
~
~
"raetsel3" 12 lines, 532 characters
```

vi verlassen

:q ↵

9.2.6 Definitionen zu vi-Textobjekten

Für **vi** sind die Begriffe *Wort*, *Satz*, *Absatz* und *Abschnitt* wie folgt definiert:[38]

Wort ist eine Folge von Buchstaben, Ziffern und Unterstrichen ohne Zwischenraum-Zeichen.[39]

Wird bei einer Wort-Operation ein Kleinbuchstabe verwendet, so werden nur Buchstaben, Ziffern und Unterstriche als zu einem Wort gehörig betrachtet. Interpunktionszeichen (wie z. B. . , oder !) werden dann als eigene Wörter interpretiert.[40]

Text:	Das ist das **H**aus, in dem ich geboren wurde.
Kommando:	**dw**
Neuer Text:	Das ist das **,** in dem ich geboren wurde.

Text:	Der **F**reund, den ich lange nicht sah.
Kommando:	**cwKumpel** ⎡Esc⎤
Neuer Text:	Der Kumpe**l**, den ich lange nicht sah.

Wird bei einer Wort-Operation ein Großbuchstabe als **vi**-Kommando verwendet, so werden Interpunktionszeichen nicht als eigene Wörter, sondern als Bestandteil eines Worts interpretiert.

Text:	Das ist das **H**aus, in dem ich wohnte.
Kommando:	**dW**
Neuer Text:	Das ist das **i**n dem ich wohnte.

Text:	Wo warst du **n**ur?
Kommando:	**cWdenn** ⎡Esc⎤
Neuer Text:	Wo warst du den**n**

---

[38] Die Begriffe *Satz*, *Absatz* und *Abschnitt* können mit der **:set**-Anweisung umdefiniert werden (dazu später mehr)
[39] Leer-, Tabulator- oder Neuezeile-Zeichen
[40] Cursorposition ist immer **fett** dargestellt

9.2 Der Bildschirmeditor vi

Folgende **vi**-Kommandos legen Wort-Positionen fest:

Kommando	Funktion
w	Wort ab Cursorposition nach rechts (Interpunktionszeichen ausgeschlossen)
W	Wort ab Cursorposition nach rechts (Interpunktionszeichen eingeschlossen)
b	Wort ab Cursorposition nach links (Interpunktionszeichen ausgeschlossen)
B	Wort ab Cursorposition nach links (Interpunktionszeichen eingeschlossen)
e	Ende eines Worts ab Cursorposition nach rechts hin (Interpunktionszeichen ausgeschlossen)
E	Ende eines Worts ab Cursorposition nach rechts hin (Interpunktionszeichen eingeschlossen)

Werden diese Kommandos alleine (ohne Kombination mit einem anderen **vi**-Kommando, wie z. B. nur **W**) gegeben, so bewirken sie die Positionierung des Cursors an die entsprechende Stelle.

Satz ist eine Folge von Wörtern, wobei das letzte Wort dieser Folge mit **.** **!** oder **?** endet; diesem Zeichen müssen entweder ein Neuezeile-Zeichen oder zwei Leerzeichen folgen.

Folgende **vi**-Kommandos legen Satz-Positionen fest.

Kommando	Funktion
(	Anfang des momentanen bzw. des vorhergehenden Satzes
)	Ende des momentanen bzw. Anfang des nachfolgenden Satzes

Werden diese Kommandos alleine (ohne Kombination mit einem anderen **vi**-Kommando, wie z. B. **()** gegeben, so bewirken sie die Positionierung des Cursors an die entsprechende Stelle.

Absatz Ein Absatz erstreckt sich bis zur nächsten Leerzeile oder bis zu einer Zeichenfolge, die mit **:set paragraphs=** definiert wurde[41].

---

[41] später dazu mehr

Folgende **vi**-Kommandos legen Absatz-Positionen fest:

Kommando	Funktion
{	Anfang des momentanen bzw. des vorhergehenden Absatzes
}	Ende des momentanen bzw. Anfang des nachfolgenden Absatzes

Werden diese Kommandos alleine (ohne Kombination mit einem anderen **vi**-Kommando, wie z. B. }) gegeben, so bewirken sie die Positionierung des Cursors an die entsprechende Stelle.

Abschnitt Ein Absatz erstreckt sich bis zur nächsten Zeichenfolge, die mit **:set sections=** definiert wurde[42].

Folgende **vi**-Kommandos legen Abschnitt-Positionen fest:

Kommando	Funktion
[[	vorhergehender Abschnitt
]]	nächster Abschnitt

Werden diese Kommandos alleine (ohne Kombination mit einem anderen **vi**-Kommando, wie z. B. [[) gegeben, so bewirken sie die Positionierung des Cursors an die entsprechende Stelle.

Es soll zunächst ein weiteres Rätsel von Raymond Smullyan eingegeben werden. An diesem Text wird dann Cursor-Positionierung mit den obigen Kommandos demonstriert.

Nach dem Aufruf

`vi raetsel4`

wird zunächst der Text eingegeben:

---

[42] später dazu mehr

9.2 Der Bildschirmeditor vi

```
i"Hier ist die naechste Aufgabe", sagte die Rote Koenigin.⏎
⏎
Ein Bauer besass einiges Ackerland.    Auf einem Drittel⏎
davon baute er Weizen an, auf einem Viertel Erbsen, auf⏎
einem Fuenftel des Landes Bohnen, und auf den restlichen⏎
26 Morgen baute er Mais an.⏎
⏎
Wieviel Morgen besass er insgesamt?⏎
Esc
:w⏎
```

Kommando i in der ersten Zeile (für Text einfügen) wird dabei nicht angezeigt

Esc, um Eingabemodus zu beenden
Sichern des Pufferinh. in Datei raetsel4[43]

Demonstration der verschiedenen Positionierungsmöglichkeiten

Kommando	Beschreibung
1G	Cursor auf 1.Zeile positionieren ("*Hier ist die naechste Aufgabe", sagte die Rote Koenigin.*)
4W	Cursor 4 Wörter (Interpunktionszeichen eingeschlossen) nach rechts bewegen "*Hier ist die naechste **A**ufgabe", sagte die Rote Koenigin.*)
E	Cursor auf Wortende (Interpunktionszeichen eingeschlossen) bewegen "*Hier ist die naechste Aufgabe", sagte die Rote Koenigin.*
B	Cursor auf Wortanfang (Interpunktionszeichen eingeschlossen) bewegen "*Hier ist die naechste **A**ufgabe", sagte die Rote Koenigin.*
e	Cursor auf Wortende (Interpunktionszeichen ausgeschlossen) bewegen "*Hier ist die naechste Aufgab**e**", sagte die Rote Koenigin.*
)	Cursor auf Anfang des nächsten Satzes positionieren "*Hier ist die naechste Aufgabe", sagte die Rote Koenigin.* *Ein Bauer besass einiges Ackerland. Auf einem Drittel*

---

[43] Hierbei erscheint in der Kommunikationszeile eine Meldung, die neben dem Namen der editierten Datei noch die Anzahl der zurückgeschriebenen Zeilen und Zeichen enthält.

Kommando	Beschreibung
)	Cursor auf Anfang des nächsten Satzes positionieren *"Hier ist die naechste Aufgabe", sagte die Rote Koenigin.* *Ein Bauer besass einiges Ackerland. **A**uf einem Drittel*
)	Cursor auf Anfang des nächsten Satzes positionieren *"Hier ist die naechste Aufgabe", sagte die Rote Koenigin.* *Ein Bauer besass einiges Ackerland. **A**uf einem Drittel*
b	Cursor auf Anfang des nächsten linksstehenden Worts (Interpunktionszeichen ausgeschlossen) bewegen *"Hier ist die naechste Aufgabe", sagte die Rote Koenigin.* *Ein Bauer besass einiges Ackerland**.** Auf einem Drittel*
(	Cursor auf Anfang des momentanen Satzes positionieren *"Hier ist die naechste Aufgabe", sagte die Rote Koenigin.* *Ein Bauer besass einiges Ackerland. Auf einem Drittel*
{	Cursor auf Anfang des momentanen Absatzes positionieren *"Hier ist die naechste Aufgabe", sagte die Rote Koenigin.* ■ *Ein Bauer besass einiges Ackerland. Auf einem Drittel*
}	Cursor auf Anfang des nächsten Absatzes positionieren *26 Morgen baute er Mais an.* ■ *Wieviel Morgen besass er insgesamt?*
}	Cursor auf Anfang des nächsten Absatzes positionieren *Wieviel Morgen besass er insgesamt?* ■
[[	Cursor auf Anfang des momentanen Abschnitts positionieren *"Hier ist die naechste Aufgabe", sagte die Rote Koenigin.* *Ein Bauer besass einiges Ackerland. Auf einem Drittel*
]]	Cursor auf Anfang des nächsten Abschnitts positionieren *Wieviel Morgen besass er insgesamt?* ■

vi verlassen :q⏎

Hinter den folgenden **vi**-Kommandos muß das Objekt angegeben werden, auf das sich das jeweilige Kommando bezieht:

Kommando	Beschreibung
c	Ändern
d	Löschen
y	Sichern
>	Nach rechts schieben (Voreinstellung sind 8 Zeichen)
<	Nach links schieben (Voreinstellung sind 8 Zeichen)

Als Objekt kann dabei z. B. angegeben werden:

Objekt	Beschreibung
w	für "*Wort ohne Interpunktionszeichen*"
W	für "*Wort einschließlich Interpunktionszeichen*"
b	für "*vorhergehendes Wort ohne Interpunktionszeichen*"
B	für "*vorhergehendes Wort einschließlich Interpunktionszeichen*"
e	für "*bis zum Ende eines Worts ohne Interpunktionszeichen*"
E	für "*bis zum Ende eines Worts einschließlich Interpunktionszeichen*"
^	für "*bis zum Anfang der aktuellen Cursorzeile*"
$	für "*bis zum Ende der aktuellen Cursorzeile*"
G	für "*bis zum Dateiende*"
nG	für "*bis zur n.ten Zeile*"
(	für "*bis zum Satzanfang*"
)	für "*bis zum Satzende*"
{	für "*bis zum Anfang des Absatzes*"
}	für "*bis zum Ende des Absatzes*"
[[	für "*bis zum Anfang des Abschnitts*"
]]	für "*bis zum Ende des Abschnitts*"
Leerzeichen	für "*einzelnes Zeichen*"
%	für entsprechende schließende bzw. öffnende Klammer

Da der Befehl % auf die korrespondierende öffnende bzw. schließende Klammer positioniert, wenn der Ausgangspunkt eine der drei Klammerarten ( ), [ ], { } ist, kann damit z. B. ein Funktionsblock in einem C-Programm gelöscht werden, in dem auf die öffnende bzw. schließende Klammer positioniert und dann das Kommando **d%** eingegeben wird.

Um z. B. eine ganze C-Funktion zu löschen und in dem Puffer *v* zu hinterlegen, müßte auf den Anfang der Funktion positioniert werden und zunächst der Funktionskopf mit **"vdd** oder **"v2dd** gelöscht werden. Dann müßte auf die öffnende Klammer { positioniert werden und das Kommando **"Vd%** eingegeben werden; Großbuchstabe bedeutet hierbei an den Puffer anhängen.

Um z. B. alle Zeilen eines mit {..} geklammerten C-Blocks von Anweisungen einzurücken, müßte zunächst auf die öffnende { positioniert werden, und dann das Kommando >/^}/-1 eingegeben werden.

Steht der Cursor bereits innerhalb eines Objekts (wie z. B. eines Worts), so wird die Editieraktion von der aktuellen Cursorposition bis zum Ende bzw. Anfang des jeweiligen Objekts durchgeführt. Werden die obigen **vi**-Kommandos zweimal hintereinander eingegeben, so beziehen sie sich immer auf die aktuelle Cursorzeile:

Kommando	Beschreibung
cc	ganze Zeile ändern
dd	ganze Zeile löschen
yy	ganze Zeile sichern
>>	ganze Zeile nach rechts schieben
<<	ganze Zeile nach links schieben
5c ist [Esc]	ersetzt die nächsten 5 Zeichen durch den Text "*ist*"
c2wdas [Esc]	ersetzt die nächsten 2 Wörter durch den Text "*das*"
c^ [Esc]	ersetzt den Text vom Zeilenanfang bis zum Cursor durch ein Leerzeichen
c$! [Esc]	ersetzt den Text vom Cursor bis zum Zeilenende durch ein Ausrufezeichen
3dw	löscht die nächsten 3 Wörter (ab Cursorposition)
d3w	löscht auch die nächsten 3 Wörter (ab Cursorposition)
2d)	löscht ab Cursorposition 2 Sätze
d2)	löscht auch ab Cursorposition 2 Sätze
d$	löscht ab Cursorposition den Rest einer Zeile
d^	löscht den Text vom Anfang einer Zeile bis zur Cursorposition
4yw	sichert die nächsten 4 Wörter im allgemeinen Puffer
y4w	sichert ebenso die nächsten 4 Wörter im allgemeinen Puffer

dG	löscht den vollständigen Text ab Cursorposition bis zum Pufferende
d2G	löscht den Text, der zwischen Cursorposition und 2.Zeile (inklusive) steht

Wird zweimal ein Wiederholungsfaktor, nämlich vor und nach einem der oben erwähnten Kommandos angegeben: *nkdom*, so entspricht dies *n*mkdo*, z. B. würde **3d4w** die nächsten 12 Wörter löschen.

9.2.7 Zusammenfassung der vi-Kommandos:

In der folgenden Beschreibung werden die folgenden Kürzel verwendet:

Abkürzung	Bedeutung
–	entsprechendes Kommando wirkt nur auf die aktuelle Cursorzeile und beläßt den Cursor auch in dieser Zeile.
■	entsprechendes Kommando wirkt nur auf die aktuelle Bildschirmseite.
n	entsprechendem Kommando kann eine Zahl vorangestellt werden, die angibt, wieoft dieses Kommando auszuführen ist.

9.2.7.1 Cursor-Positionierungen

Zeichen-Positionierung

^	–	zum Zeilenanfang (auf erstes sichtbares Zeichen)
0	–	zum Zeilenanfang (erstes Zeichen)
$	–	zum Zeilenende
1 → Leerz.	– n	eine Position nach rechts

h ← Ctrl-H	n	eine Position nach links
f*x*	n	Auf Zeichen *x* in der aktuellen Zeile vorrücken
F*x*	n	Cursor zurück auf das Zeichen *x* in der aktuellen Zeile bewegen
t*x*	n	Cursor vor das Zeichen *x* in der aktuellen Zeile bewegen.
T*x*	n	Cursor zurück hinter das Zeichen *x* in der aktuellen Zeile bewegen
;	n	letztes f-, F-, t- oder T-Kommando wiederholen
,	n	letztes f-, F-, t- oder T-Kommando wiederholen, allerdings mit umgekehrter Suchrichtung
n|	n	zur *n*.ten Spalte (| entspricht 0|)

Wort-Positionierung

b	n	Ein Wort oder Interpunktionszeichen zurück
B	n	Ein Wort zurück (Interpunktionszeichen gehören zu einem Wort)
e	n	zum Ende eines Worts oder zum nächsten Interpunktionszeichen
E	n	zum Ende eines Worts (Interpunktionszeichen gehören zu einem Wort)

w	n	zum Anfang des nächsten Worts bzw. zum nächsten Interpunktionszeichen
W	n	zum Anfang des nächsten Worts (Interpunktionszeichen gehören zu einem Wort)

Zeilen-Positionierung

j ↓ Ctrl–N	n	Eine Zeile nach unten (gleiche Spalte oder Zeilenende)
k ↑ Ctrl–P	n	Eine Zeile nach oben (gleiche Spalte oder Zeilenende)
+ ↵ Ctrl–M	n	Eine Zeile nach unten zum ersten sichtbaren Zeichen
–	n	Eine Zeile nach oben zum ersten sichtbaren Zeichen
H	■ n	(Home) Zur ersten Bildschirmzeile (nH positioniert auf die n.te Bildschirmzeile)
M	■	(Middle) Zur mittleren Bildschirmzeile
L	■ n	(Last) Zur letzten Bildschirmzeile (nL positioniert auf die n.te letzte Bildschirmzeile)
G	n	Zur letzten Pufferzeile (nG positioniert auf die n.te Pufferzeile)

Satz- und Absatz-Positionierung

)	n	zum Ende des momentanen bzw. zum Anfang des nächsten Satzes
(	n	zum Anfang des momentanen bzw. des vorhergehenden Satzes
}	n	zum Ende des momentanen bzw. zum Anfang des nächsten Absatzes
{	n	zum Anfang des momentanen bzw. des vorhergehenden Absatzes

Weitere Positionierungsmöglichkeiten

Ctrl-F PgDn↓	n	(forward) eine Bildschirmseite vorblättern
Ctrl-B PgUp↑	n	(backwards) eine Bildschirmseite zurückblättern
Ctrl-D	n	(down) eine halbe Bildschirmseite vorblättern. n Ctrl-D bedeutet n Zeilen weiterblättern
Ctrl-U	n	(up) eine halbe Bildschirmseite zurückblättern. n Ctrl-U bedeutet n Zeilen zurückblättern
Ctrl-E	n	eine Bildschirmzeile vorblättern
Ctrl-Y	n	eine Bildschirmzeile zurückblättern
[[	n	zum Anfang des momentanen bzw. des vorhergehenden Abschnitts
]]	n	zum Anfang des nächsten Abschnitts
``		Cursor zur vorherigen Position zurücksetzen
"		Cursor auf erstes sichtbares Zeichen der vorherigen Cursorzeile positionieren
%		Steht Cursor auf [, (, oder {, so wird vorwärts die entsprechende schließende Klammer gesucht und Cursor dort positioniert. Steht Cursor auf],), oder }, so wird rückwärts die entsprechende öffnende Klammer gesucht und Cursor dort positioniert.

Steht Cursor nicht auf [, (, {,],) oder },
so wird er auf die nächste schließende
Klammer positioniert, wenn er nicht innerhalb
eines Klammerpaares steht, ansonsten
auf die öffnende Klammer des
Klammerpaares.

9.2.7.2 Eingeben, Ändern und Löschen von Text

Umschalten in den Eingabemodus

a	n	(append) Nach dem Cursor einfügen
A	n	(Append) Am Ende der aktuellen Cursorzeile einfügen (entspricht $a)
i	n	(insert) Vor dem Cursor einfügen
I	n	(Insert) Am Anfang der aktuellen Cursorzeile (vor ersten sichtbaren Zeichen) einfügen
o		(open) In neuer Zeile nach der aktuellen Cursorzeile einfügen
O		(Open) In neuer Zeile vor der aktuellen Cursorzeile einfügen
s	– n	(substitute) Zeichen an Cursorposition ersetzen (entspricht cl); *n*s die nächsten *n* Zeichen ab Cursorposition ersetzen
S	n	(Substitute) Ganze Cursorzeile ersetzen (entspricht cc); *n*S die nächsten *n* Zeilen ab Cursorzeile ersetzen

R	n	(Replace) Überschreiben einschalten
c*o*	n	(change) nachfolgendes Textobjekt vom Typ *o* ersetzen; z.B: **cc** ganze Zeile ersetzen **cL** Text ab Cursorposition bis zur letzten Bildschirmzeile ersetzen
C	–	(Change) Rest der Zeile ab Cursorposition ersetzen (entspricht **c$**);

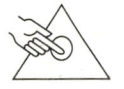

Die Angabe einer Zahl n vor einem der Kommandos **a**, **A**, **i I** oder **R** bewirkt, daß der danach eingegebene Text (bis ⏎) n mal dupliziert wird.

Korrekturmöglichkeiten im Eingabemodus

Ctrl-H	–	Letztes Zeichen löschen
erase		
⬅-Taste		
Ctrl-W	–	Letztes Wort löschen
kill	–	eingegebenen Text einer Zeile löschen
\	–	schaltet die Löschfunktion des nachfolgenden Ctrl-H-, Ctrl-W-, erase- oder kill-Zeichens aus
Esc-Taste		beendet den Eingabemodus und schaltet zurück in den direkten Kommandomodus

Tasten mit Sonderbedeutung im Eingabemodus

Ctrl-I	–	Tabulator-Zeichen einfügen
Ctrl-T	–	Cursor auf der nächsten Tabulator-Marke positionieren
Ctrl-V	–	Nächstes Zeichen nicht als Kommando interpretieren

9.2 Der Bildschirmeditor vi

Text ändern und löschen (kein Umschalten in den Eingabemodus)

r*z*	– n	(replace) Zeichen an Cursorposition durch *z* ersetzen. Mit *n*r*z* die nächsten *n* Zeichen durch *z* ersetzen (*n*-mal wird ersetzt)
~	– n	Zeichen an Cursorposition von Klein- in Großbuchstaben umwandeln bzw. umgekehrt. Mit *n*~ werden die nächsten *n* Zeichen von Klein- in Großbuchstaben umwandeln bzw. umgekehrt
J	n	(Join) Zeilen zusammenfügen: Nachfolgende Zeilen an aktuelle Zeile anhängen. *n*J *n* Zeilen zusammenfügen, d. h. nächsten n–1 Zeilen an aktuelle Zeile anhängen
d*o*	n	(delete) Nachfolgendes Textobjekt vom Typ *o* löschen **dd** ganze aktuelle Zeile löschen **d/was** Text ab Cursorposition bis zum nächsten Vorkommen von was löschen
D	–	(Delete) Text der aktuellen Zeile ab Cursorposition löschen (entspricht **d$**)
<*o*	n	Textobjekt vom Typ *o* nach links schieben (Voreinst.: 8 Zeichen) << aktuelle Zeile nach links schieben
>*o*	n	Textobjekt vom Typ *o* nach rechts schieben (Voreinst.: 8 Zeichen) >> aktuelle Zeile nach rechts schieben
x	– n	Zeichen an Cursorposition löschen (entspricht **dl**) *n*x die nächsten *n* Zeichen ab Cursorposition löschen

X 	– n	Zeichen vor Cursorposition löschen (entspricht **dh**) *n*X *n* Zeichen vor der Cursorposition löschen
.		Letztes Änderungskommando wiederholen

9.2.7.3 Suchen

Soll nicht nur ein Zeichen gesucht oder ein Suchvorgang nicht auf die aktuelle Zeile beschränkt werden, so reichen die **vi**-Kommandos **f, F, t** und **T** nicht aus. In der nachfolgenden Tabelle wird die Abkürzung *RA* für regulärer Ausdruck verwendet.

Einfache Suchkommandos

/*RA*⏎	*n*	Vorwärtssuche (zum Dateiende hin) nach einem Text, der durch *RA* abgedeckt wird. Cursor wird auf den Anfang des gefundenen Textes positioniert. Wird kein durch *RA* abgedeckter Text gefunden, so wird vom Dateianfang bis zur Cursorposition weiter nach einem solchen Text gesucht. Wird kein entsprechender Text gefunden, so verbleibt der Cursor an der Ausgangsposition[44].
/*RA*/*n*		sucht (vorwärts) *n*.te Vorkommen eines Textes, der durch *RA* abgedeckt ist
?*RA*⏎	*n*	Rückwärtssuche (zum Dateianfang hin) nach einem Text, der durch *RA* abgedeckt wird. Cursor wird auf den Anfang des gefundenen Textes positioniert. Wird kein durch *RA* abgedeckter Text gefunden, so wird vom Dateiende zur Cursorposition hin weiter nach einem solchen Text gesucht.

---

[44] *"Pattern not found"* wird in der Kommunikationszeile gemeldet

9.2 Der Bildschirmeditor vi

?RA?n		Wird kein entsprechender Text gefunden, so verbleibt der Cursor an der Ausgangsposition[45]. sucht (rückwärts) *n*.te Vorkommen eines Textes, der durch *RA* abgedeckt ist.
/RA/+n⏎	*n*	wie */RA*, außer, daß Cursor auf die *n*.te Zeile nach dem gefundenen Text positioniert wird, z. B. **/das/2+3** sucht ab der Cursorposition das 2.Vorkommen von *das* und positioniert den Cursor dann auf die 3.Zeile hinter dieser Zeile
/RA/-n		positioniert den Cursor auf *n*.te Zeile vor dem gefundenen Text
?RA?+n⏎	*n*	wie *?RA*, außer, daß Cursor auf die *n*.te Zeile nach dem gefundenen Text positioniert wird, z. B. **?ist?+4** sucht ab der Cursorposition rückwärts nach *ist* und positioniert den Cursor dann auf die 4.Zeile hinter dieser Zeile
?RA?-n		positioniert den Cursor auf *n*.te Zeile vor dem gefundenen Text
n		letzten Suchvorgang (entweder */RA* oder *?RA*) wiederholen
N		letzten Suchvorgang (entweder */RA* oder *?RA*) in umgekehrter Richtung wiederholen

---

[45] *"Pattern not found"* wird in der Kommunikationszeile gemeldet

%	Steht Cursor auf [, (oder {, so wird vorwärts die entsprechende schließende Klammer gesucht und Cursor dort positioniert. Steht Cursor auf],) oder }, so wird rückwärts die entsprechende öffnende Klammer gesucht und Cursor dort positioniert

Für *RA* (*regulärer Ausdruck*) gelten bei diesen Kommandos folgende Regeln:

1. Die Metazeichen von regulären Ausdrücken sind:
   . * [ ] \ ^ $
   Metazeichen haben eine Sonderbedeutung.

2. Ein einfacher regulärer Ausdruck ist einer der folgenden:
   - *Einfaches Zeichen*, aber kein Metazeichen
   - Das *Metazeichen* \, um Sonderbedeutung eines Metazeichens auszuschalten(z.B *)
   - ^ steht für Anfang einer Zeile, wenn es als erstes Zeichen angegeben ist.
   - $ steht für Ende einer Zeile, wenn es als letztes Zeichen angegeben ist.
   - . steht für jedes beliebige Zeichen, außer Neuezeile-Zeichen
   - \< steht für Anfang eines Worts
   - \> steht für Ende eines Worts
   - Eine *Klasse von Zeichen*: z. B. [ABC] deckt eines der Zeichen A, B oder C ab
   - Eine *Klasse von Zeichen mit Abkürzungen*: z. B. deckt [a-zA-Z] alle Buchstaben ab (nicht Umlaute)
   - Eine *Komplement-Klasse von Zeichen*: z. B. deckt [^0-9] alle Zeichen außer die Ziffern und das Neuezeile-Zeichen ab

3. Operatoren, um reguläre Ausdrücke zu größeren zusammenzufassen
   - *Konkatenation*: AB deckt A unmittelbar gefolgt von B ab
   - *null-oder-beliebig-viele*: A* deckt kein, ein oder mehr A ab
   - *runde Klammern*: \(r\) deckt gleiche Strings wie der ungeklammerte reguläre Ausdruck r ab
   - *n-ter Teilausdruck*: \n deckt den gleichen String ab, wie ein zuvor angegebener \(Ausdruck\). n muß eine Ziffer sein und spezifiziert den *n*.ten \(Ausdruck\); z. B. würde das ex-Kommando

:1,$s/^\(.*\) $/==\1/ ⏎ am Anfang aller Zeilen des Arbeitspuffers "==" einfügen.

Suchen und gleichzeitiges Editieren

Um die häufig benötigte Editierfunktion *"Suchen eines Textes mit gleichzeitigem Ersetzen"* zu erreichen, muß im Zeilen-Kommandomodus das **ex**-Kommando

:s/alt/neu/ ⏎

aufgerufen werden:

Kommando	Wirkung
:s/alt/neu/ ⏎	ersetzt in der aktuellen Zeile das erste Auftreten von *alt* durch *neu*.
:s/alt/neu/g ⏎	ersetzt in der aktuellen Zeile alle Vorkommen von *alt* durch *neu*.
:1,$s/alt/neu/g ⏎	ersetzt im gesamten Arbeitspuffer alle Vorkommen von *alt* durch *neu*.
:1,10s/alt/neu/gc ⏎	würde nacheinander alle Vorkommen von *alt* in den ersten 10 Zeilen anzeigen und nachfragen, ob das jeweilige *alt* wirklich durch *neu* zu ersetzen ist. Wenn ja, so ist **y** ⏎ einzugeben; bei jeder anderen Eingabe findet keine Ersetzung statt.

Suchen unter Verwendung einer Tag-Datei

vi und **ex** erlauben das Suchen bestimmter Texte über eine Tag-Datei *tags*. In dieser Datei werden je Zeile angegeben:

- eine Marke (ein Begriff)
- der Name einer Datei, auf die sich die angegebene Marke bezieht
- ein regulärer Ausdruck, nach dem zu suchen ist, oder die Nummer einer Zeile, in der Cursor zu positionieren ist.

Diese Angaben sind jeweils durch ein Tabulator-Zeichen voneinander getrennt anzugeben. Die einzelnen Zeilen müssen dabei nach dem Marken-Namen sortiert sein.

Wird nun **vi** bzw. **ex** mit der Option **-t** *marke* aufgerufen, so sucht der jeweilige Editor nach der angegebenen marke (1.Feld) in der Datei tags, welche sich entweder im working directory oder im Directory /usr/lib befinden muß, und positioniert den Cursor auf die entsprechende Position, die durch das dritte Feld (regulärer Ausdruck oder Zeilennummer) festgelegt ist.

Mit dem Editor-Kommandos

:tag *marke*⏎

kann dann auf eine neue *marke* positioniert werden.

Das Editor-Kommando

:set tag=*datei(en)*⏎

ermöglicht es die voreingestellten Pfadnamen für Tag-Dateien (./tags /usr/lib/tags) umzudefinieren.

Häufige Anwendung findet dieser Tag-Mechanismus beim Arbeiten mit mehreren Moduln: Es läßt sich hiermit sehr schnell in die Programmdatei umschalten, welche die Definition einer bestimmten Funktion enthält. Die Tag-Datei, in der zu jedem Funktionsnamen der Name des C-Moduls (mit regulären Ausdruck) angegeben ist, in dem diese Funktion definiert ist, läßt sich dabei mit dem BSD-UNIX-Kommando **ctags** automatisch erstellen; **ctags** wird inzwischen auf den meisten UNIX-Systemen angeboten:

ctags [*c–programmdateien*]

Im Directory */home/egon/uebung1* wird eine Datei *tags* mit folgenden Inhalt erstellt:[46]

```
ali         raetsel1        /Alice
avo         obst            /Avocad
drei        raetsel4        3
```

Wird nun folgender Editor-Aufruf angegeben:

vi -t avo⏎

so wird die Datei *obst* in den Arbeitspuffer geladen und der Cursor auf den Anfang der Zeile positioniert, in der *Avocad* vorkommt (3.Zeile).

Nach der Angabe des Editor-Kommandos

:tag ali⏎

wird die Datei *raetsel1* editiert und der Cursor sofort an den Anfang der 2.Zeile positioniert, da hier *Alice* vorkommt.

Wird hier dann

:tag drei⏎

---

[46] Die einzelnen Spalten müssen mit Tabulatorzeichen voneinander getrennt sein.

eingegeben, so wird die Datei *raetsel4* editiert und Cursor dort auf den Anfang der 3.Zeile positioniert.

Ein Aufruf

`:tag ali`⏎

würde wieder zum Editieren der Datei *raetsel1* führen; allerdings würde der Cursor nun auf die 7.Zeile (nächstes Vorkommen von *Alice*) positioniert.

9.2.7.4 Kopieren und Verschieben von Text

y*o*	*n*	(*y*ank) kopiert das angegebene Textobjekt vom Typ *o* in den allgemeinen Puffer; z. B.
	yy	kopiert die aktuelle Cursorzeile in den allgemeinen Puffer
	*n*y*o*	nächsten *n* Textobjekte vom Typ *o* in allgemeinen Puffer kopieren
Y	*n*	(Yank) kopiert aktuelle Zeile in den allgemeinen Puffer (wie **yy**)
"*x*y*o*	*n*	kopiert das angegebene Textobjekt vom Typ *o* in den Puffer *x*; z. B.
	"**ayy**	kopiert die aktuelle Cursorzeile in den Puffer a
	"**x***n*y*o*	die nächsten *n* Textobjekte vom Typ *o* in Puffer *x* kopieren
"*x*Y	*n*	kopiert aktuelle Zeile in den Puffer *x* (entspricht "**xyy**)
d*o*	*n*	(*d*elete) löscht das angegebene Textobjekt vom Typ *o* und kopiert dieses in den allgemeinen Puffer; z. B.
	dd	löscht die aktuelle Cursorzeile und kopiert diese in den allgemeinen Puffer
	*n***d***o*	nächsten *n* Textobjekte vom Typ *o* löschen und in allgemeinen Puffer kopieren

"xdo	n	löscht das angegebene Textobjekt vom Typ o und kopiert es in den Puffer x; z. B.
"add		löscht die aktuelle Cursorzeile und kopiert sie in den Puffer a
"xndo		die nächsten n Textobjekte vom Typ o löschen und in den Puffer x kopieren
p		(put) Inhalt des allgemeinen Puffers hinter aktuelle Cursorposition kopieren; z. B. xp vertauscht zwei Zeichen
P		(Put) Inhalt des allgemeinen Puffers vor aktuelle Cursorposition kopieren
"xp		Inhalt des Puffers x hinter aktuelle Cursorposition kopieren
"xP		Inhalt des Puffers x vor aktuelle Cursorposition kopieren
"np		n.te letzte Löschung hinter aktuelle Cursorposition kopieren (für n ist eine Ziffer 1 bis 9 anzugeben)
"nP		n.te letzte Löschung vor aktuelle Cursorposition kopieren (für n ist eine Ziffer 1 bis 9 anzugeben)

Bekanntlich werden in den Puffern 1 bis 9 die letzten Löschungen aufgehoben. Wird nun ein bestimmter gelöschter Text aus diesen Puffern benötigt, so kann der Inhalt dieser Puffer am einfachsten mit der Kommandosequenz

`"1pu.u.u. ...`

abgefragt werden:

Mit **"1p** wird zunächst der Inhalt des Puffers 1 hinter der aktuellen Cursorposition eingefügt. Handelt es sich dabei nicht um den gesuchten Text, so wird der eingefügte Text mit **u** (*undo*) wieder entfernt. Das Editier-Kommando . wiederholt das letzte Änderungskommando und erhöht somit zugleich die Puffernummer, so daß dies dem Kommando **"2p** entspricht. Dies führt zum Einkopieren des Puffers 2, usw. So kann nacheinander der Inhalt der Puffer 1 bis 9 durch Wiederholen der **vi**-Kommandos **.u** abgefragt werden, bis der gewünschte Puffer gefunden ist.

9.2.7.5 Markieren und Positionieren anhand von Markierungen

m*x*	-	aktuelle Cursorposition mit *x* markieren; *x* muß ein Kleinbuchstabe sein
`*x*		Cursor auf die mit *x* markierte Stelle positionieren
'*x*		Cursor auf erstes sichtbares Zeichen der Zeile positionieren, in der sich die mit *x* markierte Stelle befindet

Die mit **m** vorgenommenen Markierungen können auch in Editor-Kommandos verwendet werden, welche die Angabe eines Textobjekts erlauben, z. B.

d's	löscht den Text zwischen der aktuellen Cursorposition und der Marke **s**
"fy'l	kopiert den Text zwischen der aktuellen Cursorposition und der Marke **l** in den Puffer **f**

Ebenso können Marken im Zeilen-Kommandomodus benutzt werden, z. B.

:'x,'yd⏎

löscht den Text zwischen den Marken **x** und **y**.

9.2.7.6 Sichern und Beenden

ZZ	Inhalt des Arbeitspuffers sichern und **vi** beenden (entspricht **:wq**⏎)
:wq⏎	Inhalt des Arbeitspuffers sichern und **vi** beenden (entspricht **ZZ**)
:q⏎	**vi** ohne Sicherung des Arbeitspuffers verlassen; wurde der Arbeitspuffer seit der letzten Änderung nicht gesichert, so wird eine Fehlermeldung ausgegeben und **vi** nicht verlassen

Sichern und Beenden (Fortsetzung)

:q! ⏎   **vi** ohne Sicherung des Arbeitspuffers verlassen, auch wenn der Arbeitspuffer seit der letzten Änderung nicht gesichert wurde (diese Änderungen gehen verloren)

:w ⏎   Inhalt des Arbeitspuffers sichern (**vi** wird nicht verlassen)

:w *datei* ⏎   Inhalt des Arbeitspuffers in *datei* sichern. Falls *datei* bereits existiert, wird dieses Kommando nicht ausgeführt

:w! *datei* ⏎   Inhalt des Arbeitspuffers in *datei* sichern. Existiert *datei* bereits, so wird ihr alter Inhalt überschrieben

n,m:w *datei* ⏎   die Zeilen *n* bis *m* des Arbeitspuffers in *datei* sichern. Falls *datei* bereits existiert, so wird dieses Kommando nicht ausgeführt

n:w *datei* ⏎   die *n*.te Zeile des Arbeitspuffers in *datei* sichern. Falls *datei* bereits existiert, so wird dieses Kommando nicht ausgeführt

n,m:w! *datei* ⏎   die Zeilen *n* bis *m* des Arbeitspuffers in *datei* sichern. Existiert *datei* bereits, so wird ihr alter Inhalt überschrieben

n:w! *datei* ⏎   die *n*.te Zeile des Arbeitspuffers in *datei* sichern. Existiert *datei* bereits, so wird ihr alter Inhalt überschrieben

:f *datei* ⏎   den derzeitig gemerkten Dateinamen[47] in *datei* umändern. Wird der Name *datei* nicht angegeben, so wird der momentan gemerkte Dateiname und die Nummer der aktuellen Cursorzeile angezeigt (auch mit Ctrl - G möglich)

9.2.7.7 Gleichzeitiges Editieren mehrerer Dateien

:e *datei* ⏎   (*edit*) Inhalt der Datei *datei* in den Arbeitspuffer kopieren; der alte Pufferinhalt wird dabei überschrieben. Falls die letzten Änderungen noch nicht gesichert wurden, erfolgt eine Fehlermeldung und das Kommando wird nicht ausgeführt. Derzeitige Datei bleibt als sogenannte Sekundärdatei erhalten (siehe **:e#**)

---

[47] ist der Dateiname, der momentan mit dem Arbeitspuffer gekoppelt ist. Wird z. B. das Editier-Kommando **:w** ⏎ eingegeben, so wird der Arbeitspuffer in der Datei gesichert, deren Name sich **vi** momentan gemerkt hat.

Gleichzeitiges Editieren mehrerer Dateien (Fortsetzung)

:e! ⏎   (*edit*) Zuletzt gesicherte Version der gerade bearbeiteten Datei in den Arbeitspuffer kopieren; alle Änderungen, die seit dieser letzten Sicherung vorgenommen wurden, gehen dabei verloren.

:e +*datei* ⏎   (*edit*) Inhalt der Datei *datei* in den Arbeitspuffer kopieren und Cursor ans Pufferende positionieren; der alte Pufferinhalt wird dabei überschrieben. Falls die letzten Änderungen noch nicht gesichert wurden, erfolgt eine Fehlermeldung und das Kommando wird nicht ausgeführt. Derzeitige Datei bleibt als sogenannte Sekundärdatei erhalten (siehe **:e#**)

:e +n *datei* ⏎   (*edit*) Inhalt der Datei *datei* in den Arbeitspuffer kopieren und Cursor auf die *n*.te Zeile positionieren; der alte Pufferinhalt wird dabei überschrieben. Falls die letzten Änderungen noch nicht gesichert wurden, erfolgt eine Fehlermeldung und das Kommando wird nicht ausgeführt. Derzeitige Datei bleibt als sogenannte Sekundärdatei erhalten (siehe **:e#**)

:e# ⏎
Ctrl - ^   (*edit*) Inhalt der Sekundärdatei in den Arbeitspuffer kopieren; der alte Pufferinhalt wird dabei überschrieben. Falls die letzten Änderungen noch nicht gesichert wurden, erfolgt eine Fehlermeldung und das Kommando wird nicht ausgeführt.

:n ⏎   (*next*) Nächste Datei aus der **vi**-Aufrufzeile in den Arbeitspuffer kopieren; der alte Pufferinhalt wird dabei überschrieben. Wenn die letzten Änderungen noch nicht gesichert wurden, erfolgt eine Fehlermeldung und das Kommando wird nicht ausgeführt.

:n! ⏎   (*next*) Nächste Datei aus der **vi**-Aufrufzeile in den Arbeitspuffer kopieren; der alte Pufferinhalt wird dabei auf jeden Fall überschrieben, selbst wenn die letzten Änderungen noch nicht gesichert wurden.

:n *argument(e)*   ersetzt die ursprünglichen Argumente aus der **vi**-Aufrufzeile durch die hier angegebenen *argument(e)*.

9.2.7.8 Neuaufbauen einer Bildschirmseite

`Ctrl`-`L`	Bildschirm löschen und Bildschirmseite wieder neu anzeigen; nützlich, wenn z. B. Bildschirminhalt durch Meldungen (messages) von anderen Benutzern zerstört wurde.
`Ctrl`-`R`	ähnlich zu `Ctrl`-`L`: Bildschirminhalt aktualisieren. Auf älteren Dialogstationen werden z. B. gelöschte Zeilen mit @ markiert und nicht wirklich auf dem Bildschirm entfernt. Mit diesem Kommando würden sie dann wirklich aus der Anzeige entfernt.
z`↵`	Bildschirmseite (Fenster) so verschieben, daß aktuelle Cursorzeile die oberste Bildschirmzeile wird.
z-	Bildschirmseite (Fenster) so verschieben, daß aktuelle Cursorzeile die unterste Bildschirmzeile wird.
z.	Bildschirmseite (Fenster) so verschieben, daß aktuelle Cursorzeile die mittlere Bildschirmzeile wird.
/RA/z-`↵`	Zeile, in der ein Text gefunden wird, der durch RA abgedeckt ist, wird die unterste Bildschirmzeile.
z*n*.	legt die Größe einer Bildschirmseite (Fenster) auf *n* Zeilen fest

9.2.7.9 Vorgenommene Änderungen rückgängig machen

u	(*u*ndo) macht die zuletzt im Arbeitspuffer vorgenommene Änderung wieder ungeschehen
U	(*U*ndo) macht die zuletzt an der aktuellen Cursorzeile vorgenommenen Änderungen wieder rückgängig

9.2.7.10 Ausführen von UNIX-Kommandos ohne Verlassen des vi

:!unix_kdo⏎   bewirkt die Ausführung des angegebenen unix_kdo, ohne daß **vi** verlassen wird. Erscheint innerhalb von *unix_kdo* das Zeichen %, so wird hierfür der aktuelle Dateiname eingesetzt. So kann man z. B. mit **:!cc -c %** das gerade editierte C-Programm kompilieren lassen, ohne den **vi** verlassen zu müssen.

:!sh⏎   schaltet auf die UNIX-Kommandoebene durch[48]: dort können dann beliebig viele UNIX-Kommandos eingegeben werden; in den **vi** kann mit der Eingabe von Ctrl-D wieder zurückgekehrt werden

9.2.7.11 Makros

Makros dienen dazu, Sequenzen von Kommandos unter einem Namen abzuspeichern, die dann später zusammen unter diesem Namen wieder abgerufen und ausgeführt werden können. Wenn der Name einer solchen "Befehlssequenz" z. B. f wäre, dann könnte dieses Makro mit

@f

aufgerufen werden.

Um eine Kommandosequenz abzuspeichern, ist es üblich, die entsprechenden Kommandos als einzelne Zeilen im Arbeitspuffer einzufügen und diese dann durch Löschen in den entsprechenden Puffer zu kopieren, wie z. B.

"f3dd

Da Kommandos oft durch Steuerzeichen realisiert sind (z. B. Ctrl-M), muß man diese Zeichen während der Eingabe ausschalten; das geschieht durch Eingabe von Ctrl-V vor dem jeweiligen Steuerzeichen.

Weitere Kommandos, die das Definieren und Löschen von Makros ermöglichen, sind:

:ab abk text⏎

definiert für den angegebenen *text* ein Text-Makro mit Namen *abk*. Wird dann später im Eingabemodus oder Zeilen-Kommandomodus der

---

[48] Richtig müßte es heißen: **:sh** startet eine neue Shell. Was eine Shell ist, wird ausführlich im Nachfolgeband "UNIX-Shells" behandelt.

Name *abk* eingegeben, so setzt **vi** hierfür *text* ein; vor und nach dem Namen *abk* darf hierbei kein Buchstabe oder Ziffer angegeben sein

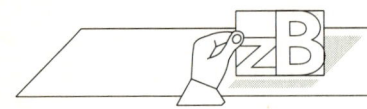

Nach der Makro-Definition

`:ab RK Rote Koenigin`⏎

würde mit der Eingabe

`odie RK ist krank`[Esc]

die Zeile

`die Rote Koenigin ist krank`

nach der aktuellen Cursorzeile eingefügt.

`:ab`⏎

zeigt alle definierten Text-Makros am Bildschirm an.

`:unab` abk⏎

löscht das Text-Makro *abk* wieder.

`:map` abk kdos⏎

definiert für die angegebenen Kommandos (kdos) ein Kommando-Makro mit Namen *abk*; *abk* muß dabei ein einzelnes Zeichen oder #n (für n ist eine Ziffer 0 bis 9 anzugeben) sein.

Wird dann später im direkten Kommandomodus der Name *abk* eingegeben, so werden die in kdos angegebenen Kommandos ausgeführt.

1. Mit der Makro-Definition[49]

   ```
   :map #9 i    <Ctrl-V><ESC><Ctrl-V>[↵][↵]
   ```

   wird die Funktions-Taste [F9][50] mit den folgenden **vi**-Kommandos belegt:

   i   [Esc]   (5 Leerzeichen vor Cursor einfügen)
   [↵]   (Cursor auf erstes sichtbares Zeichen der nächsten Zeile

   Nach dieser Definition würde jedes Drücken der Funktions-Taste [F10] diese beiden Kommandos ausführen.

2. Mit der Makro-Definition

   ```
   :map <Ctrl-V><Ctrl-A> A<Ctrl-V>[↵]————<Ctrl-V><ESC><Ctrl-V>[↵][↵]
   ```

   wird die Taste [Ctrl]-[A] mit den folgenden **vi**-Kommandos belegt:

   A[↵]————[Esc] (nach aktueller Cursorzeile "----" einfügen)
   [↵]   (Cursor auf erstes sichtbares Zeichen in nächster Zeile positionieren)

   Nach dieser Definition würde also jede Eingabe von [Ctrl]-[A] (im direkten Kommandomodus) hinter der aktuellen Cursorzeile "----" einfügen und den Cursor auf den Anfang der nächsten Zeile positionieren.

:**map**[↵]

zeigt alle definierten Kommando-Makros am Bildschirm an.

:**unmap** abk[↵]

löscht das Kommando-Makro *abk* wieder.

:**map!** abk text[↵]

definiert für den angegebenen *text* ein Text-Makro mit Namen *abk*; wie :**ab**). Wird dann später im Eingabemodus oder Zeilen-Kommandomodus der Name *abk* eingegeben, so setzt **vi** hierfür *text* ein; anders als bei :**ab** gilt hier nicht die Einschränkung, daß vor und nach dem Namen *abk* kein Buchstabe oder Ziffer angegeben sein darf.

---

[49] [Ctrl]- und [Esc]-Tasten sind hier mit < .. > geklammert, um sie von anderem Text unterscheiden zu können

[50] #i meist die i.te Funktions-Taste; z. B. steht #1 für F1
Bei manchen **vi**-Versionen steht #i jedoch auch für die i+1.te Funktions-Taste.

Um sich z. B. das Rahmengerüst für eine while-Schleife bei jedem Drücken von \w (im Eingabemodus) erzeugen zu lassen, könnte folgendes Makro definiert werden:

```
:!map \w  while (ausdr) {<Ctrl-V>⏎    ;<Ctrl-V>⏎}<Ctrl-V><ESC>%T(cw⏎
```

Wird nun im Eingabemodus \w eingegeben, so wird hierfür folgende Textpassage eingesetzt. Der Cursor wird anschließend auf das Wort *ausdr* positioniert und dieses Wort mit **cw** verändert.

```
while (ausd$) {
    ;
}
```

:**unmap**! abk⏎

löscht das Text-Makro *abk* wieder.

9.2.7.12 Optionen von vi und ex

Mit Hilfe der angebotenen Optionen können die Eigenschaften der Ein- und Ausgabeoperationen dieser beiden Editoren eingestellt werden. Wird eine gewisse Einstellung immer beim Arbeiten mit diesen Editoren gewünscht, so ist es ratsam, im home directory eine Datei mit Namen *.exrc*[51] zu erstellen, in der die entsprechenden Optionen angegeben sind. Wird eine gewisse Einstellung nur für eine **vi**- und **ex**-Sitzung benötigt, so können die gewünschten Optionen während der Sitzung mit dem **ex**-Kommando **set** festgelegt werden:

Aufruf	Beschreibung
:set *option*⏎	Einschalten einer *option*
:set **no***option*⏎	Ausschalten einer *option*
:set *option=wert*⏎	Zuweisen von *wert* an eine *option*
:set⏎	Anzeigen der Belegung aller geänderter Optionen
:set all⏎	Anzeigen der Belegung aller Optionen
:set *option*?⏎	Anzeigen der Belegung der *option*

Werden Optionen in der Datei *.exrc* angegeben, so darf vor **set** kein Doppelpunkt angegeben werden.

In der folgenden Liste sind die wichtigsten Optionen von **vi** und **ex** zusammengefaßt. Statt des ausgeschriebenen Namens können auch die in runden Klammern angegebenen Abkürzungen verwendet werden. Die Voreinstellung wird immer in geschweiften Klammern ({...}) angegeben.

---

[51] Abkürzung für *ex runtime commands*

autoindent (ai) {noai}

Automatisches Einrücken: Bei der Eingabe von ⏎ im Eingabemodus wird automatisch auf die Spalte der vorherigen Zeile eingerückt. Dies ist sehr nützlich bei der Eingabe von Programmen, in denen üblicherweise innerhalb von Programmblöcken eingerückt wird. Eine Einrückkung für eine Zeile kann während der Eingabe mit Ctrl-D rückgängig gemacht werden. Soll noch weiter eingerückt werden, so ist dies mit Ctrl-T möglich. Soll eine Einrückung für alle nachfolgenden Zeilen aufgehoben werden, so kann dies mit 0 Ctrl-D erreicht werden.

autowrite (aw) {noaw}

Der Arbeitspuffer wird vor dem Verlassen des Editors oder vor einem Wechsel in eine andere Datei (ex-Kommandos: **next**, **rewind** und **tag**) in der gerade bearbeiteten Datei gesichert. Wird hinter diesen drei ex-Kommandos ! angegeben, so findet keine automatische Sicherung des Pufferinhalts statt.

exrc (exrc) {noexrc}

(Neu in System V.) Die Datei .**exrc**, die sich im Directory befindet, in dem **vi** startet, wird vor dem eigentlichen Start von **vi** ausgewertet.

edcompatible (edcompatible) {noedcompatible}

alle **ed**-Funktionen werden bereitgestellt.

ignorecase (ic) {noic}

Groß- und Kleinschreibung wird bei Such-Vorgängen nicht unterschieden.

list	(list)	{nolist}

Tabulator-Zeichen werden als ^I und Neuezeile-Zeichen als $ am Bildschirm angezeigt.

magic	(**magic**)	{**magic**}

schaltet die Bedeutung von Metazeichen für reguläre Ausdrücke ein. Ist **nomagic** gesetzt, so werden nur noch ^ und $ als Metazeichen interpretiert. Die Sonderbedeutung der anderen Metazeichen kann hierbei durch Voranstellen eines \ (Backslash) kurzzeitig wieder eingeschaltet werden.

mesg	(mesg)	{mesg}

Während der Editor-Sitzung wird das Einblenden von Mitteilungen (messages) anderer Benutzer am Bildschirm zugelassen.

number	(nu)	{nonu}

Zeilen werden mit einer vorangestellten Zeilennummer am Bildschirm angezeigt.

novice	(novice)	{nonovice}

legt fest, daß der Benutzer ein **vi**-Anfänger ist; es wird zusätzliche Unterstützung während der Editor-Sitzung gegeben.

shell=	(sh=)	{sh=/bin/sh}

gibt den Pfadnamen des Kommandointerpreters an, der bei Eingabe von **:!unix_kdo**⏎ bzw. **:!sh**⏎ gestartet wird.

shiftwidth=	(sw=)	{sw=8}

legt den Abstand für Software-Tabulatoren fest: um wie viele Stellen bei <<, >> oder ⌈Ctrl⌉-⌈T⌉ im Eingabemodus und bei **autoindent** zu verschieben ist.

showmatch	(sm)	{nosm}

Wird im Eingabemodus eine der schließenden Klammern) bzw. } eingegeben, so wird der Cursor kurzzeitig (etwa 1 Sekunde) auf die zugehörige öffnende Klammer positioniert, wenn diese sich noch auf der momentanen Bildschirmseite befindet; kann sehr hilfreich beim Erstellen von C-Programmen sein.

showmode	(smd)	{nosmd}

Text "INSERT MODE" wird angezeigt, wenn der Eingabemodus aktiv ist.

terse	(terse)	{noterse}

Fehlermeldungen werden in einer Kurzform ausgegeben.

wrapmargin=	(wm=)	{wm=0}

legt eine rechte Randbegrenzung fest. Das Setzen dieser Option mit **wm**=n bedeutet, daß bei der Eingabe von Text n Zeichen vor Zeilenende automatisch an einer Wortgrenze zu trennen und eine neue Zeile zu beginnen ist; sehr hilfreich bei der Eingabe von Texten für den Textformatierer **nroff**.

Eine vollständige Liste aller **vi**- und **ex**-Optionen befindet sich im Anhang bei der Beschreibung des Kommandos **ex**.

Ist eine bestimmte Editor-Konfiguration immer erwünscht, so können - wie schon erwähnt - die entsprechenden Optionen mit **set** in der Datei **.exrc**, die sich im home directory befinden muß, angegeben werden.

Wenn z. B. die Datei **.exrc** (im home directory) folgenden Inhalt hätte:

```
set nu smd
map #1 :set nu [Ctrl]-[V][↵]
map #2 :set nonu [Ctrl]-[V][↵]
```

dann würden bei jedem **vi**- und **ex**-Aufruf automatisch die Optionen **number** und **showmode** gesetzt. Zusätzlich würden noch die Funktionstasten [F1] und [F2] mit Ein- und Ausschalten der Zeilennumerierung belegt.

Wenn **map**-Befehle für entsprechende Tastenbelegungen in **.exrc** angegeben sind, ist zu beachten, daß jedes <Ctrl-V> anstelle von einmal immer zweimal anzugeben ist.

Eine andere Möglichkeit, die Standardeinstellung der Editoren **vi** und **ex** zu verändern, ist, die entsprechenden Optionen in die Variable **EXINIT** einzutragen. Mit dem folgenden Eintrag in die Datei *.profile*:

```
EXINIT="set smd nu aw"
export EXINIT
```

würde dann die Variable **EXINIT** bei jedem neuen Anmelden entsprechend gesetzt. Wenn diese Variable gesetzt ist, so wird bei jedem **vi**- bzw. **ex**-Aufruf ihr Inhalt als erstes Editor-Kommando ausgeführt; in diesem Fall würden also bei jedem **vi**- bzw. **ex**-Aufruf folgende Optionen gesetzt: **showmode**, **number** und **autowrite**.

Sollen in **EXINIT** mehrere Befehle angegeben werden, so können sie durch einen vertikalen Strich (|) oder ein Neuzeile-Zeichen voneinander getrennt werden. Falls die Variable **EXINIT** gesetzt ist, wird der Inhalt von **.exrc** nicht ausgewertet.

9.2.8 Alphabetische Übersicht der vi-"Buchstaben-Kommandos"

Befehl	Wirkung
a	Nach Cursorposition einfügen
A	Am Ende der aktuellen Cursorzeile einfügen
[Ctrl]-[A]	Nicht belegt

Befehl	Wirkung
b	Cursor ein Wort oder Interpunktionszeichen zurückbewegen
B	Cursor ein Wort (einschließlich Interpunktionszeichen) zurückbewegen
Ctrl-B	Eine Bildschirmseite zurückblättern
c	Ändern
C	Text ab Cursorposition bis zum Zeilenende ändern
Ctrl-C	Nicht belegt
d	Löschen
D	Text ab Cursorposition bis zum Zeilenende löschen
Ctrl-D	Halbe Bildschirmseite vorblättern; im Eingabemodus: Einrückungen aufheben
e	Cursor zum Ende eines Worts oder zum nächsten Interpunktionszeichen bewegen
E	Cursor zum Ende eines Worts (einschließlich Interpunktionszeichen) bewegen
Ctrl-E	Eine Bildschirmzeile zurückblättern
f	Cursor auf das angegebene Zeichen in der aktuellen Cursorzeile vorbewegen
F	Cursor auf das angegebene Zeichen in der aktuellen Cursorzeile zurückbewegen
Ctrl-F	Eine Bildschirmseite weiterblättern
g	Nicht belegt
G	Cursor auf letzte Zeile positionieren
Ctrl-G	Statusinformationen in der Kommunikationszeile ausgeben
h	Cursor ein Zeichen nach links bewegen
H	Cursor auf Anfang der ersten Bildschirmzeile positionieren
Ctrl-H	letztes Zeichen löschen (im Eingabemodus)
i	Vor Cursorposition einfügen
I	Am Anfang der aktuellen Cursorzeile einfügen
Ctrl-I	im Kommandomodus nicht belegt; im Eingabemodus das Tabulatorzeichen

Befehl	Wirkung
j	Cursor eine Zeile nach unten bewegen (gleiche Spalte oder Zeilenende)
J	Zeilen zusammenfügen
Ctrl-J	Cursor eine Zeile nach unten bewegen (gleiche Spalte oder Zeilenende)
k	Cursor eine Zeile nach oben bewegen (gleiche Spalte oder Zeilenende)
K	Nicht belegt
Ctrl-K	Nicht belegt
l	Cursor ein Zeichen nach rechts bewegen
L	Cursor auf Anfang der letzten Bildschirmzeile positionieren
Ctrl-L	Bildschirm löschen und Bildschirmseite wieder neu anzeigen
m	Momentane Cursorposition mit a,b,c, ..oder z markieren
M	Cursor auf Anfang der mittleren Bildschirmzeile positionieren
Ctrl-M	Cursor eine Zeile nach unten auf das erste sichtbare Zeichen bewegen
n	Letztes Such-Kommando wiederholen
N	Letztes Such-Kommando in umgekehrter Richtung wiederholen
Ctrl-N	Cursor eine Zeile nach unten bewegen (gleiche Spalte oder Zeilenende)
o	Neue Zeile nach aktueller Cursorzeile einfügen
O	Neue Zeile vor aktueller Cursorzeile einfügen
Ctrl-O	Nicht belegt
p	Pufferinhalt hinter der aktuellen Cursorzeile einfügen
P	Pufferinhalt vor der aktuellen Cursorzeile einfügen
Ctrl-P	Cursor eine Zeile nach oben bewegen (gleiche Spalte oder Zeilenende)

Befehl	Wirkung
q	Nicht belegt
Q	Vom vi-Modus in den ex-Modus umschalten
Ctrl-Q	Im Kommandomodus nicht belegt; im Eingabemodus wird das folgende Zeichen nicht als Kommando interpretiert
r	Zeichen ab Cursorposition ersetzen
R	Schaltet Überschreiben ein
Ctrl-R	Bildschirm löschen und Bildschirmseite wieder neu anzeigen
s	Zeichen ab Cursorposition durch danach eingegebenen Text ersetzen
S	Gesamte aktuelle Cursorzeile ändern
Ctrl-S	Nicht belegt
t	Cursor vor das angegebene Zeichen in der aktuellen Cursorzeile vorbewegen
T	Cursor hinter das angegebene Zeichen in der aktuellen Cursorzeile zurückbewegen
Ctrl-T	Im Kommandomodus nicht belegt; im Eingabemodus: auf nächste Einrückposition vorrücken
u	Letzte Änderung rückgängig machen
U	Aktuelle Cursorzeile nach einer Änderung wieder in den vorherigen Zustand bringen
Ctrl-U	Halbe Bildschirmseite zurückblättern
v	Nicht belegt
V	Nicht belegt
Ctrl-V	Im Kommandomodus nicht belegt; im Eingabemodus wird das folgende Zeichen nicht als Kommando interpretiert
w	Cursor auf Anfang des nächsten Worts bzw. Interpunktionzeichen positionieren
W	Cursor auf Anfang des nächsten Worts (einschließlich Interpunktionszeichen) positionieren
Ctrl-W	Im Kommandomodus nicht belegt; im Eingabemodus das zuletzt eingegebene Wort löschen

Befehl	Wirkung
x	Zeichen an Cursorposition löschen
X	Zeichen vor Cursorposition löschen
[Ctrl]-[X]	Nicht belegt
y	In einen Puffer kopieren
Y	Aktuelle Cursorzeile in einen Puffer kopieren
[Ctrl]-[Y]	Eine Bildschirmzeile weiterblättern
z	Blättern: Ist das folgende Zeichen [↵], so wird die aktuelle Cursorzeile die oberste Bildschirmzeile. Ist das folgende Zeichen ein . (Punkt), so wird die aktuelle Cursorzeile die mittlere Bildschirmzeile. Ist das folgende Zeichen ein -, so wird die aktuelle Cursorzeile die unterste Bildschirmzeile
ZZ	Editor mit Sicherung der Änderungen beenden
[Ctrl]-[Z]	Nicht belegt

Zeichen, die im Kommandomodus nicht verwendet werden

Folgende Zeichen werden im Kommandomodus nicht verwendet und können vom Benutzer selbst definiert werden (siehe Teilkapitel über Makros):

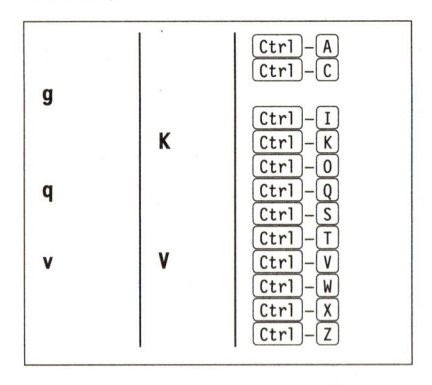

g		[Ctrl]-[A]
		[Ctrl]-[C]
	K	[Ctrl]-[I]
		[Ctrl]-[K]
		[Ctrl]-[O]
q		[Ctrl]-[Q]
		[Ctrl]-[S]
		[Ctrl]-[T]
v	V	[Ctrl]-[V]
		[Ctrl]-[W]
		[Ctrl]-[X]
		[Ctrl]-[Z]

9.2.9 Weitere Aufrufmöglichkeiten des Editors vi

vi kann auch noch mit einem der folgenden Kommandos aufgerufen werden:[52]

view .... Option **readonly** ist hier während der Editor-Sitzung gesetzt, was bedeutet, daß die entsprechende Datei nur zum Lesen geöffnet wird. Zurückschreiben einer geänderten Datei ist hierbei nicht möglich.

vedit .... Dieser Aufruf ist für **vi**-Anfänger gedacht: Von Beginn der Editor-Sitzung an sind folgende Optionen gesetzt:

report=1
showmode
novice

9.3 Der Editor ex

ex ist ein zeilenorientierter Editor, der die Basis zum Bildschirmeditor **vi** bildet. **ex** kann auch in den **vi**-Modus umgeschaltet werden, so daß er bildschirmorientiert arbeitet.

Bezüglich der Kommandomenge und den Such- und Ersetzungs-Möglichkeiten ist **ex** eine Erweiterung des Editors **ed**, dem er in vieler Hinsicht sehr ähnlich ist.

Da **ex** eine Art Zwischenstufe zwischen den beiden schon vorgestellten Editoren **ed** und **vi** darstellt, wird hier auf eine Beschreibung von **ex** verzichtet. Der an **ex** interessierte Leser sei auf die ausführliche Beschreibung von **ex** im Anhang verwiesen.

---

[52] dabei sind alle Optionen und Argumente des früher gezeigten **vi**-Aufrufs verfügbar

10

Benutzerkommunikation

- Nachrichten des Superusers
- Kommunikation mit anderen Benutzern
- Senden und Empfangen elektronischer Post
- Datenaustausch in einem UNIX-Netz

Kapitel 10
Benutzerkommunikation

*Ein Postknecht will ich werden
mit Stiefel und mit Sporn,
dann fahr' ich mit vier Pferden
und hab' ein gold'nes Horn.*

Kinderreim

UNIX bietet den Benutzern verschiedene Möglichkeiten der Kommunikation an:

- Nachrichten des Superusers unter Verwendung des Kommandos **wall** (engl.: *write all*) bzw. durch Eintragungen in die Datei /etc/motd.
- Nachrichten an andere Benutzer senden (Kommando **write**)
- Senden und Empfangen elektronischer Post mittels **mail** oder **mailx**
- Austausch von Daten und Informationen zwischen verschiedenen Rechnersystemen, die über ein Netzwerk miteinander verbunden sind.

10.1 Nachrichten des Superusers

Oft muß der Superuser Nachrichten an alle Benutzer des Systems übermitteln, wie z. B.

```
Freitag, ab 12.00 Uhr
wird Rechner wegen dringender Wartungsarbeiten nicht zugänglich sein.

Ich möchte bitten, sich darauf einzustellen.


Vielen Dank
— Euer Superuser
```

Für Nachrichten dieser Art, die er an alle Benutzer schicken möchte, stehen dem Superuser folgende Möglichkeiten zur Verfügung:

1. Der Superuser schreibt die für alle Benutzer bestimmte Nachricht in die Datei /etc/motd (engl.: *message of the day*). Der Inhalt dieser Datei wird dann jedem Benutzer beim Anmelden automatisch am jeweiligen Terminal ausgegeben.

2. Der Superuser ruft das Kommando /etc/wall (engl.: *write to all users*) auf. **wall** liest den zu übermittelnden Text von der Standardeingabe (bis zur Eingabe von **EOF**) und schreibt dann den gelesenen Text auf alle Terminals der momentan angemeldeten Benutzer. Hiermit informiert der Superuser üblicherweise alle angemeldeten Benutzer über bevorstehende Änderungen des Systemzustands (wie z. B. Abschalten des Systems oder Veränderung des Laufzeitverhaltens für Benutzerprogramme wegen notwendiger Tests).

wall kann allerdings nicht nur vom Superuser, sondern auch von jedem anderen Benutzer aufgerufen werden; jedoch ist nur der Superuser in der Lage, die Zugriffsrechte anderer Benutzer-Terminals zu durchbrechen, wenn diese mit dem Kommando **mesg -n** für das Schreiben durch "fremde" Benutzer gesperrt wurden. Ist ein Terminal für "fremdes" Schreiben gesperrt ist, so kann die entsprechende Botschaft dort nicht ausgegeben werden und **wall** meldet dies mit "*Cannot send to ...*".

10.2 Nachrichten an andere Benutzer senden (write/talk)

Mit dem Kommando **write** ist es möglich, daß ein Benutzer Mitteilungen an die Terminals anderer Benutzer sendet. **write** kann dabei benutzt

10.2 Nachrichten an andere Benutzer senden (write/talk)

werden, um entweder Informationen lediglich in einer Richtung zu verschicken (wie z. B. *Fehler in Beta-Version behoben. Bitte neu generieren !*) oder aber zwei Benutzern einen Dialog miteinander führen zu lassen.

Die vollständige Aufrufsyntax für **write** ist:

write   *login-name*   [*terminal-name*]

Nach diesem Aufruf wird die Meldung

Message from *absender* on *rechner-name* (tty..) [*datum*] ...

auf dem Terminal von *login-name* ausgegeben, falls dorthin eine Verbindung hergestellt werden konnte.

Dem Sender wird ein erfolgreicher Verbindungsaufbau mit dem zweimaligen Klingeln der Terminalglocke angezeigt. Nun kann der Sender beliebigen Text eingeben; jede mit ⏎ abgeschlossene Zeile wird am Empfängerterminal ausgegeben. Das Ende der Nachricht zeigt der Sender mit der Eingabe von Ctrl-D (**EOF**) an; dies wird am Empfänger-Terminal mit <*EOT*>[1] oder (*end of message*) angezeigt und danach wird die Verbindung abgebrochen.

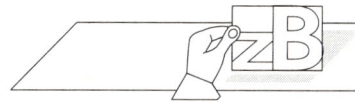

Terminal von egon:		**Terminal von toni:**
....		$
$ write toni ⏎	⇒	Message from egon on hamburg2 (ttyic) [Mon ..]
Ich komme 5 Minuten ⏎	⇒	Ich komme 5 Minuten
spaeter zur Besprechung. ⏎	⇒	spaeter zur Besprechung.
Habe noch ein Gespraech mit ⏎	⇒	Habe noch ein Gespraech mit
Kunden ⏎	⇒	einem Kunden
⏎	⇒	
Bis dann ⏎	⇒	Bis dann
— egon ⏎	⇒	— egon
Ctrl D	⇒	<EOT>
$		

---

[1] engl.: *end of transmission*

Der zu übermittelnde Text kann natürlich auch in eine Datei geschrieben werden und mit Eingabeumlenkung beim Aufruf

```
write toni <datei
```

gesendet werden.

Ist ein Dialog zwischen zwei Benutzern erwünscht, so müßte der Empfänger der Nachricht

```
Message from absender-login-name on rechner-name (tty..) [ datum ] ...
```

seinerseits den Befehl

write *absender-login-name*   (z. B.: `write egon`)

abgeben, um eine zusätzliche "Schreibleitung" zum Absender (z. B. **egon**) aufzubauen. Es ist dabei ratsam, die ersten übermittelten Zeilen des Senders abzuwarten. An diesen ist meist erkennbar, ob der Sender lediglich eine Information übermitteln möchte oder aber einen Dialog wünscht.

Bei einem Dialog zwischen zwei Benutzern sollte ein gewisses Protokoll eingehalten werden, um ein Durcheinander von gesendeten und empfangenen Daten zu vermeiden:

- Nach der Abgabe des **write**-Kommandos (eventuell mit einer Zeile zur Dialog-Aufforderung) sollte der Sender warten, bis der adressierte Empfänger ihm mit einem **write**-Befehl seine Dialogbereitschaft anzeigt.

- Der jeweils sendende Benutzer sollte seine Nachricht mit einer bestimmten Zeichenkombination (wie z. B. **-o** für *over*) abschließen, um dem anderen Benutzer so mitzuteilen, daß er nun seinerseits auf dessen Antwort wartet.

- Die endgültige Beendigung eines Dialogs sollte der jeweilige Sender ebenfalls mit einer bestimmten Zeichenkombination (wie z. B. **-oo** für *over and out*) anzeigen.

10.2 Nachrichten an andere Benutzer senden (write/talk)

Terminal von egon:		**Terminal von toni:**
....		$
$ write toni ⏎	⇒	Message from egon on hamburg2 (ttyic) [..]..
Ich moechte mit dir sprechen ⏎	⇒	Ich moechte mit dir sprechen
-o ⏎	⇒	-o
Message from toni on hamburg2 (ttyif) [..]	⇐	write egon ⏎
Was gibt es denn so dringendes ?	⇐	Was gibt es denn so dringendes ? ⏎
-o	⇐	-o ⏎
Wir arbeiten gerade an der ⏎	⇒	Wir arbeiten gerade an der
Verbesserung der Laufzeit ⏎	⇒	Verbesserung der Laufzeit
eines Programms. ⏎	⇒	eines Programms.
Soweit ich weiss, hast du ein ⏎	⇒	Soweit ich weiss, hast du ein
Papier ueber Performance- ⏎	⇒	Papier ueber Performance-
Verbesserung bei Verwendung ⏎	⇒	Verbesserung bei Verwendung
bestimmter Sprach-Konstrukte ⏎	⇒	bestimmter Sprach-Konstrukte
geschrieben. Leider konnte ich ⏎	⇒	geschrieben. Leider konnte ich
dieses Papier nicht in unserer ⏎	⇒	dieses Papier nicht in unserer
Memo-Datenbank finden. ⏎	⇒	Memo-Datenbank finden.
Koenntest du es uns vielleicht ⏎	⇒	Koenntest du es uns vielleicht
zukommen lassen ? ⏎	⇒	zukommen lassen ?
-o ⏎	⇒	-o
Ich ueberarbeite gerade zufaellig diesen	⇐	**Ich ueberarbeite gerade zufaellig diesen** ⏎
Artikel. Wahrscheinlich werde ich ihn	⇐	**Artikel. Wahrscheinlich werde ich ihn** ⏎
morgen fertig haben.	⇐	**morgen fertig haben.** ⏎
Selbstverstaendlich werde ich Euch	⇐	**Selbstverstaendlich werde ich Euch** ⏎
sofort eine Kopie zukommen lassen.	⇐	**sofort eine Kopie zukommen lassen.** ⏎
Tschuess	⇐	**Tschuess** ⏎
toni	⇐	** toni** ⏎
-oo	⇐	**-oo** ⏎
<EOT>	⇐	Ctrl-D
Vielen Dank ⏎	⇒	Vielen Dank
-oo ⏎	⇒	-oo
Ctrl-D	⇒	<EOT>

Wenn ein **write** an einen Benutzer abgegeben wird, der an mehr als an einem Terminal arbeitet, so muß zusätzlich zum *login-name* noch der *terminal-name* (z. B. ttyic) angegeben werden, zu dem eine "Schreibleitung" herzustellen ist. Ist in diesem Fall kein *terminal-name* angegeben, so wird eine "Schreibleitung" zum ersten in der Datei */etc/utmp* gefundenen Terminal-Namen aufgebaut, der vom entsprechenden Benutzer verwendet wird und der Schreiben erlaubt. Der Sender erhält dann die auf der folgenden Seite genannte Meldung:

login-name is logged on more than one place
You are connected to "*terminal-name*"
Other locations are:
terminal-name1
terminal-name2

...

Wird bei der Eingabe der zu übermittelnden Nachricht als erstes Zeichen ein ! in einer Zeile angegeben, so wird der Rest der Zeile als ein UNIX-Kommando interpretiert, das ausgeführt wird.

Terminal von egon:		Terminal von toni:
....		$
$ **write toni** ⏎	⇒	Message from egon on hamburg2 (ttyic) [..] ...
Was ist dein momentanes working ⏎	⇒	Was ist dein momentanes working
directory ? ⏎	⇒	directory ?
-oo ⏎	⇒	-oo
Ctrl-D	⇒	<EOT>
Message from toni on hamburg2(ttyif)[..]	⇐	**write egon** ⏎
Ich arbeite gerade in	⇐	**Ich arbeite gerade in** ⏎
/user2/sw/artikel/performance		**!pwd** ⏎
		/user2/sw/artikel/performance
	⇐	**/user2/sw/artikel/performance** ⏎
-oo	⇐	**-oo** ⏎
<EOT>	⇐	Ctrl-D

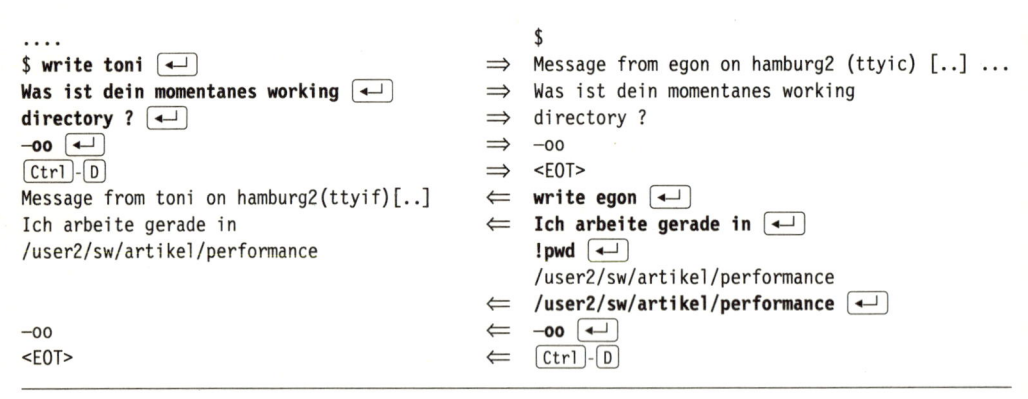

Ein Benutzer kann sein Terminal für das Schreiben durch einen **write**-Befehl eines anderen Benutzers sperren. Dazu steht das Kommando

mesg [-n] [-y]

zur Verfügung. Wird die Option **-n** angegeben, so wird das Terminal für das Schreiben durch "fremde" Benutzer (außer Superuser) gesperrt. Bei Angabe der Option **-y** wird das Schreiben durch "Fremde" wieder erlaubt. Wird **mesg** ohne Angabe einer Option aufgerufen, so meldet es lediglich das momentane Zugriffsrecht dieses Terminals für "fremde" Benutzer.

Die möglichen Fehlermeldungen des **write**-Kommandos sind auf der nächsten Seite aufgelistet:

10.2 Nachrichten an andere Benutzer senden (write/talk)

user is not logged on

adressierter Benutzer ist momentan nicht im System angemeldet.

Permission denied

adressierter Benutzer hat seinen Terminal mit **mesg -n** gesperrt.

Warning: cannot respond, set mesg -y

Terminal des Senders ist mit **mesg -n** für Antworten des adressierten Benutzers gesperrt.

Can no longer write to user

Empfänger einer Nachricht hat seinen Terminal während der Eingabe der zu übermittelnden Nachricht nachträglich mit

```
mesg -n
```

gesperrt.

Neu in System V.4

In System V.4 ist das unter BSD Unix entwickelte Kommando **talk** übernommen worden. Bei **talk** handelt es sich um ein wesentlich komfortableres Kommando als bei **write**. Die Aufrufsyntax von **talk** ist identisch zu **write**:

talk *login-name* [*terminal-name*]

Anders als bei **write** können mit **talk** auch Benutzer auf anderen Systemen in einem lokalen Netz erreicht werden. Dazu muß zusätzlich zum Benutzernamen noch der Systemname angegeben werden, wobei die beiden Namen mit @ voneinander zu trennen sind, wie z. B. **micha@rosenrot** für den Benutzer *micha* auf dem System *rosenrot*.

Falls @ die Voreinstellung für das *Kill*-Zeichen (siehe Kapitel 3.3) ist, dann müßte entweder mit **stty** ein anderes Zeichen für *Kill* eingestellt werden, oder es müßte die Sonderbedeutung von @ durch Voranstellen eines Backslashes \ ausgeschaltet werden (**micha\@rosenrot**).

talk meldet sich beim Gesprächspartner eventuell mehrmals mit

```
Message from Talk_Daemon@rosenrot at 15:52 .....
talk: connection requested by egon@wiesengruen.
talk: respond with:  talk egon@wiesengruen
```

und erwartet die Annahme des Gesprächs. Während des Verbindungsaufbaus erscheinen auf dem Terminal des Senders nacheinander die beiden auf der folgenden Seite genannten Meldungen:

[No connection yet]
[Waiting for your party to respond]

Meldet sich der Gesprächspartner nicht, erscheint immer wieder die Meldung

[Ringing your party again]

bis eine Verbindung aufgebaut werden konnte oder der Sender mit *Ctrl-C* **talk** abbricht.

Bei einem erfolgreichen Verbindungsaufbau teilt **talk** den Bildschirm in zwei Hälften, in denen unabhängig voneinander jeweils die Eingaben und die Antworten des Gesprächspartners angezeigt werden.

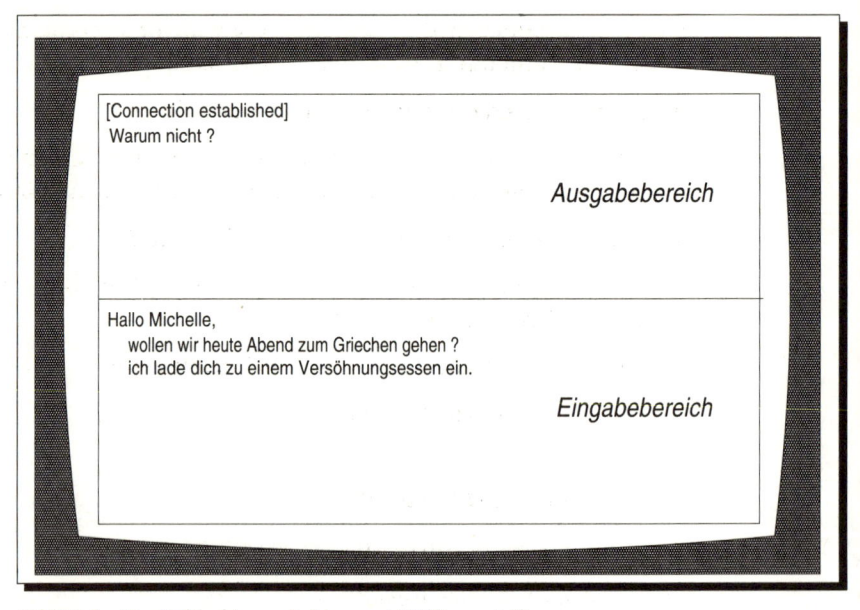

```
[Connection established]
Warum nicht ?

                                                  Ausgabebereich


Hallo Michelle,
    wollen wir heute Abend zum Griechen gehen ?
    ich lade dich zu einem Versöhnungsessen ein.

                                                  Eingabebereich
```

Bild 10.1 - Der Bildschirm wird in zwei Hälften geteilt

talk wird auf beiden Seiten beendet, wenn einer der beiden Gesprächspartner das Kommando **talk** mit *Ctrl-C* abbricht.

10.3 Senden und Empfangen elektronischer Post mit mail und mailx

Die hier vorgestellte Form des Nachrichtenaustauschs ähnelt dem Senden und Empfangen von Briefen mit der Post. Dazu existieren die beiden Kommandos **mail** und **mailx**. Diese Kommandos schreiben die gesendete Nachricht in eine Datei, die dem adressierten Empfänger gehört. Dem Empfänger wird die Ankunft eines "elektronischen Briefs" dann mit

```
you have mail
```

oder

```
you have new mail
```

gemeldet. Ist der Empfänger gerade nicht angemeldet, so wird ihm das Vorhandensein eines solchen Briefs beim nächsten Anmelden durch diese Meldung mitgeteilt.

Der Empfänger kann dann diesen Brief mithilfe der Kommandos **mail** oder **mailx** lesen.

Der Hauptunterschied zwischen diesen beiden Kommandos ist, daß **mailx** über folgende zusätzliche Möglichkeiten verfügt:

- Aufruf von **ed** oder **vi**, um Briefe zu editieren.
- Komfortableres Auflisten der Kopfzeilen vorhandener Briefe und bessere Auswahlmöglichkeiten der zu bearbeitenden Briefe.
- unterschiedliche Speichermöglichkeiten für Briefe
- Mehr Kommandos, um auf Nachrichten zu antworten oder diese an andere Benutzer weiterzuleiten.
- Möglichkeiten, um Adressaten zu klassifizieren
- Angabe einer *Betrifft:*-Zeile

10.3.1 Das Kommando mail[2]

Die vollständige Aufrufsyntax für **mail** ist:

```
mail [optionen] [login-name(n)]
```

Ist *login-name(n)* angegeben, so bedeutet dies "Senden eines Briefs". Für *login-name* ist der Login-Name des Brief-Empfängers anzugeben. Soll ein Brief an mehrere Empfänger versandt werden, so wird dies mit der Angabe mehrerer *login-namen* erreicht; die einzelnen Login-Namen sind dabei mit Leer- bzw. Tabulatorzeichen voneinander zu trennen.

Sind keine *login-name(n)* angegeben, so bedeutet dies "Lesen von angekommenen Briefen".

---

[2] Auf manchen Systemen wird dieses alte **mail**-System schon nicht mehr angeboten. Das **mail**-Kommando entspricht dort dann vollständig dem in Kapitel 10.3.2 vorgestellten neuen **mailx**. Benutzer solcher Systeme können dieses Teilkapitel folglich überspringen.

Schreiben und Senden von Briefen

Auf die Vorstellung möglicher *optionen* wird hier verzichtet.

Nach der Abgabe des Kommandos

mail *login-name(n)*

liest **mail** von der Standardeingabe den zu übermittelnden Brieftext. Der Brieftext gilt als beendet, wenn in einer neuen Zeile entweder .⏎ oder Ctrl-D eingegeben wird.

```
$ mail toni⏎
Hallo Toni,⏎
⏎
ich moechte mich fuer dein Performance-Papier bedanken.⏎
Es hat uns sehr weitergeholfen.⏎
Lass es uns wissen, wenn wir etwas fuer eure Gruppe tun koennen.⏎
⏎
Gruss⏎
  —egon⏎
.⏎
$
```

Danach wird der Brieftext am Ende der Datei */usr/mail/toni* oder */usr/spool/mail/toni* angehängt. Seit System V.4 wird der Brieftext am Ende der Datei */var/mail/toni* angehängt.

Dem Adressat **toni** wird die Ankunft des Briefes dann mit der Meldung

```
you have mail
```

oder

```
you have new mail
```

angezeigt.

Wenn ein beim **mail**-Aufruf angegebener *login-name* nicht existiert, so kann der Brief nicht zugestellt werden. Dies wird dem Sender mitgeteilt.

Angenommen, auf dem lokalen System würde kein Login-Name **tom** existieren. Somit könnte der nachfolgende Brief nicht zugestellt werden und **mail** würde dies dann melden:

```
$ mail tom⏎
Hallo Tom,⏎
⏎
soviel ich weiss, arbeitest du am Kommandoprozessor⏎
für den Bibliotheks-Verwalter.⏎
Da wir demnaechst auch einen Kommandoprozessor schreiben⏎
```

10.3 Senden und Empfangen elektronischer Post mit mail und mailx

```
        muessen, moechte ich bei dir vorsichtig anfragen, ob du⏎
        uns etwas ueber deine Erfahrungen mit den UNIX-Tools⏎
        LEX und YACC berichten koenntest ?⏎
        ⏎
        Koennten wir vielleicht einen Termin ausmachen ?⏎
        ⏎
        Gruss⏎
           —egon⏎
        .⏎
mail: Can't send to tom
mail: Return to egon
you have mail
$
```

Der nicht zustellbare Brief wird also dem Sender zurückgeschickt. Der zurückgekommene Brief enthält dabei nicht nur den Brieftext, sondern auch noch Zusatzinformation, warum er nicht zugestellt werden konnte. Will **egon** diesen zurückgeschickten Brief lesen, so muß er **mail** ohne Angabe weiterer Argumente aufrufen:

```
$ mail⏎
From egon Wed Jul  4 13:06 GMT 1990
Date: Wed, 4 Jul 90 13:06:04 GMT
From: egon (egon)
Message-Id: < ...... >
Apparently-To: egon

***** UNDELIVERABLE MAIL sent to tom, being returned by hamburg2!egon *****
mail: Error # 1 'Unknown system/user' encountered on system hamburg2


Hallo Tom,

soviel ich weiss, arbeitest du am Kommandoprozessor
für den Bibliotheks-Verwalter.
Da wir demnaechst auch einen Kommandoprozessor schreiben
muessen, moechte ich bei dir vorsichtig anfragen, ob du
uns etwas ueber deine Erfahrungen mit den UNIX-Tools
LEX und YACC berichten koenntest ?

Koennten wir vielleicht einen Termin ausmachen ?

Gruss

   —egon
? q⏎
$
```

Die Eingabe von **q** nach dem ? bewirkt, daß **mail** wieder verlassen wird.

mail wird häufig auch verwendet, um sich selbst an etwas zu erinnern, indem man einen Brief an sich selbst schickt.

Der Benutzer **egon** hat am nächsten Tag gewisse Termine. Dazu schickt er sich z. B. am Abend vorher selbst einen Brief, in dem diese Termine enthalten sind.

```
$ mail egon⏎
Heute zu erledigen:⏎
  - 10.15 Uhr: Besprechung (Code-Review, Raum 425)⏎
  - 14.00 Uhr: Brunhilde anrufen (Termin ausmachen)⏎
Ctrl-D
you have mail
$
```

Wenn sich **egon** dann am nächsten Morgen anmeldet, so erhält er wieder die Mitteilung

```
you have mail
```

Nun kann er den am Tag zuvor geschickten Brief lesen und wird daran erinnert, daß heute um 10.15 Uhr eine Besprechung stattfindet und er um 14.00 Uhr Brunhilde anrufen muß.

Ein Brief kann - wie zuvor erwähnt - zugleich an mehrere Benutzer verschickt werden; dazu müssen lediglich alle Empfänger in der Kommandozeile des **mail**-Aufrufs angegeben werden.

```
$ mail toni glocke anton maria lorelei walter⏎
Hallo Volleyballer,⏎
⏎
Heute startet unser Volleyball-Spiel bereits⏎
um 17.00 Uhr (nicht 17.30 Uhr) !!⏎
Ich hoffe, daß ihr rechtzeitig kommen könnt.⏎
⏎
  Bis spaeter⏎
    —egon⏎
Ctrl-D
$
```

Der hier geschriebene Brief wird allen beim **mail**-Aufruf angegebenen Benutzern übermittelt.

10.3 Senden und Empfangen elektronischer Post mit mail und mailx

Lesen von angekommenen Briefen

Wie bereits früher erwähnt, wird die Ankunft eines Briefs mit

```
you have mail
```

oder

```
you have new mail
```

gemeldet. Dies bedeutet, daß der Brief in einem Briefkasten (engl.: *mailbox*) hinterlegt wurde. Die mailbox[3] ist dabei eine Datei im Directory */usr/mail* oder */usr/spool/mail* oder */var/mail* (seit System V.4); der Dateiname ist der Login-Name des Briefempfängers.

Die in der mailbox hinterlegten Briefe können nun mit dem Aufruf

mail   (ohne Angabe von Login-Namen)

gelesen werden.

```
$ mail ⏎
From lorelei Wed Jul  4 13:32 GMT 1990
Date: Wed, 4 Jul 90 13:31:57 GMT
From: lorelei (lorelei)
Message-Id: <...>
Apparently-To: egon

Hallo Egon,
   ich muss dir leider einen Korb geben.
Ich bin heute abend verhindert.

das naechste mal ganz sicher
      —lore (login: lorelei)
?
```

Die ersten Zeilen eines Briefes sind die sogenannten Kopfzeilen; diese geben den Absender und das Absendedatum des Briefes an.

Die nachfolgenden Zeilen (bis zum abschließenden ?) sind der eigentliche Brieftext. Bei einem Brief, der mehr Zeilen als eine Bildschirmseite umfasst, kann die Ausgabe des Briefes mit [Ctrl]-[S] angehalten und mit [Ctrl]-[Q] wieder fortgesetzt werden.

Das ? ist das **mail**-Promptzeichen, d. h. daß an dieser Stelle die Eingabe eines **mail**-Kommandos erwartet wird. Wird hier z. B. nur ⏎ eingegeben, so wird der nächste Brief aus der mailbox am Bildschirm angezeigt.

---

[3] Im weiteren Text wird anstelle von Briefkasten immer der englische Begriff mailbox verwendet.

```
? ⏎
From anton Wed Jul  4 13:28 GMT 1990
Date: Wed, 4 Jul 90 13:27:54 GMT
From: anton (anton)
Message-Id: <...>
Apparently-To: egon

Hallo Egon,
  ich werde rechtzeitig da sein !

Bis heute abend
     —anton, der gefuerchtete Schmetterer
?
```

Die Eingabe des **mail**-Kommandos **d** bewirkt, daß der gerade gelesene Brief gelöscht wird, d. h. aus der mailbox entfernt wird, und sofort der Inhalt des nächsten Briefes aus der mailbox gezeigt wird.

```
? d⏎
From toni Wed Jul   4 13:26 GMT 1990
Date: Wed, 4 Jul 90 13:26:07 GMT
From: toni (toni)
Message-Id: <...>
Apparently-To: egon

Hallo Egon,

ich komme auf dein Angebot zurueck, fuer uns etwas Gutes
zu tun: Soviel ich weiss, habt ihr ein kleines C-Programm
geschrieben, das einen besseren Hexa-Dump liefert als
das Unix-Kommando od.
Koenntest du mir den Programmtext mittels mail schicken ?

Thanks a lot
    — toni
?
```

Mit dem **mail**-Kommando **r** ist es möglich, direkt auf einen gerade gelesenen Brief zu antworten; der Text der Antwort wird dem Sender dann als Antwortbrief zugeschickt.

10.3 Senden und Empfangen elektronischer Post mit mail und mailx

```
? r⏎
mail toni
Hallo Toni,⏎
⏎
   du kannst dir die Datei hexd.c (Hexa-Dump) selbst abholen.⏎
sie befindet sich im Directory⏎
   /home/egon_grp/src/hexd.c⏎
⏎
Viel Spass damit⏎
   — egon⏎
.⏎
?
```

Ein gelesener Brief wird in der mailbox belassen, und neu ankommende Briefe werden am Anfang der mailbox eingeordnet, so daß sie immer zuerst gelesen werden[4].

Das ständige Eintreffen neuer Briefe wird aber zu einem allmählichen Anschwellen der mailbox führen. Deshalb ist es übliche Praxis, bereits gelesene Briefe mit dem **mail**-Kommando **d** aus der mailbox zu entfernen.

Manche Briefe möchte man allerdings aufheben; dazu steht das **mail**-Kommando **s** zur Verfügung, welches den gerade gelesenen Brief in der Datei *mbox*, welche sich im home directory befindet, sichert. Nach der Sicherung kann dann der entsprechende Brief mit dem **mail**-Kommando **d** aus der mailbox entfernt werden.

Soll ein Brief nicht in der Datei *mbox*, sondern in einer anderen Datei hinterlegt werden, so ist der Name dieser Datei lediglich hinter dem **mail**-Kommando **s** (mit Leerzeichen getrennt) anzugeben.

Auch können UNIX-Kommandos aus **mail** heraus gestartet werden. Dazu ist folgender Befehl anzugeben:

```
!unix_kdo
```

---

[4] LIFO-Prinzip: *Last In First Out*

```
?⏎
From molly Wed Jul  4 13:24 GMT 1990
Date: Wed, 4 Jul 90 13:23:56 GMT
From: molly (molly)
Message-Id: <...>
Apparently-To: egon

Lieber Egon,

   ich habe beim Testen einen schweren Fehler im Modul
"symbol_tabelle.c" bemerkt:
Soweit ich es beurteilen kann, findet eine Speicherüberschreibung
statt, so daß die Daten in der zugehörigen Hashtabelle zerstört
werden. Da es sich um einen recht komplizierten Programmteil handelt,
wäre ich dir dankbar, wenn einer aus eurer Gruppe mich bei der
Lokalisierung dieses Fehlers unterstuetzen koennte.

   Ruehr dich bitte moeglichst bald
   — monika (login: molly)
? !mkdir fehler⏎
? s fehler/molly⏎
? d⏎
? q⏎
$
```

Mit dem **mail**-Kommando **q** kann **mail** wieder verlassen werden. Alle nicht explizit mit **d** gelöschten Briefe verbleiben in der mailbox und können beim nächsten **mail**-Aufruf wieder gelesen werden.

Die mail-Kommandos

Die möglichen **mail**-Kommandos sind:

Kommando	Beschreibung
#	Nummer des aktuellen Briefs ausgeben
-	vorherigen Brief nochmals lesen
⏎	
+	
n	(*next*) Nächsten Brief lesen; wenn kein weiterer Brief vorhanden ist, so wird **mail** verlassen.
d	

10.3 Senden und Empfangen elektronischer Post mit mail und mailx

Kommando	Beschreibung
dp	(**d**elete **p**rint) aktuellen Brief löschen und nächsten Brief lesen; wenn kein weiterer Brief vorhanden ist, so wird **mail** verlassen. Der aktuelle Brief wird dabei noch nicht wirklich gelöscht, sondern nur als "gelöscht" markiert; eine solche Markierung kann mit dem **mail**-Kommando **u** wieder rückgängig gemacht werden. Die als "gelöscht" markierten Briefe werden immer erst beim Verlassen von **mail** wirklich aus der mailbox entfernt.
dn	(**d**elete) Brief mit der Nummer n als "gelöscht" markieren; der nächste Brief wird in diesem Fall noch nicht gelesen. Die Nummern der einzelnen Briefe können mit dem **mail**-Kommando **h** abgefragt werden.
dq	(**d**elete **q**uit) aktuellen Brief als "gelöscht" markieren und danach **mail** verlassen.
h	(**h**eader) Kopfzeilen der Briefe anzeigen, die sich vor und nach dem aktuellen Brief in der mailbox befinden. Dabei wird der aktuelle Brief mit > und als "gelöscht" markierte Briefe werden mit **d** gekennzeichnet.
h a	(**h**eader **a**ll) Kopfzeilen aller in der mailbox vorhandender Briefe anzeigen. Dabei wird der aktuelle Brief mit > und als "gelöscht" markierte Briefe werden mit **d** gekennzeichnet.
h n	(**h**eader) Kopfzeile des Briefs mit der Nummer n anzeigen. Handelt es sich beim Brief mit der Nummer n um den aktuellen Brief, so wird dies mit > angezeigt. Ist der Brief n als "gelöscht" markiert, so wird dies mit **d** angezeigt.
h d	(**h**eader **d**eleted) Kopfzeilen aller Briefe anzeigen, die als "gelöscht" markiert sind.
p	(**p**rint) aktuellen Brief nochmals ausgeben.
-	vorherigen Brief nochmals ausgeben.
a	(**a**rrived) einen eventuell während der **mail**-Sitzung neu angekommenen Brief ausgeben und diesen zum aktuellen Brief machen.
n	Brief mit Nummer n ausgeben und diesen zum aktuellen Brief machen.

Kommando	Beschreibung
r [*login -name(n)*]	(**r**eply) auf aktuellen Brief antworten. Werden *login-name(n)* angegeben, so wird nicht nur dem Absender dieses Briefs, sondern auch den Benutzern mit *login-name(n)* der Antwortbrief zugeschickt. Der aktuelle Brief wird nach dem Absenden des Anwortbriefs als "gelöscht" markiert.
s [*dateiname(n)*]	(**s**ave) wenn keine *dateiname(n)* angegeben sind, so wird der aktuelle Brief in der Datei *mbox* gesichert; sind *dateiname(n)* angegeben, so wird der aktuelle Brief nicht in *mbox*, sondern in diesen Dateien gesichert. Danach wird der aktuelle Brief als gelöscht" markiert.
u	(**u**ndelete) falls aktueller Brief als "gelöscht" markiert ist, so wird diese Markierung wieder entfernt.
u *n*	(**u**ndelete) falls Brief mit Nummer *n* als "gelöscht" markiert ist, so wird diese Markierung wieder entfernt.
w [*dateiname(n)*]	(**w**rite) wenn keine *dateiname(n)* angegeben sind, so wird der aktuelle Brief in der Datei *mbox* gesichert; sind *dateiname(n)* angegeben, so wird der aktuelle Brief nicht in *mbox*, sondern in diesen Dateien gesichert. Danach wird der aktuelle Brief als "gelöscht" markiert. Anders als beim **mail**-Kommando **s** werden hier die Kopfzeilen nicht mitgesichert.
m *login-name(n)*	(**m**ail) aktuellen Brief an die Benutzer *login-name(n)* weiterleiten; danach wird der aktuelle Brief als "gelöscht" markiert.
q [Ctrl]-[D]	(**q**uit) **mail** verlassen, wobei alle als "gelöscht" markierten Briefe aus der mailbox entfernt werden.
x	(e**x**it) **mail** verlassen, wobei alle, auch die als "gelöscht" markierten Briefe in der mailbox verbleiben.
!*unix_kdo*	UNIX-Kommando *unix_kdo* ausführen.
?	Kurzbeschreibung (meist in englisch) zu allen möglichen **mail**-Kommandos ausgeben.

10.3.2 Das Kommando mailx

Das ab System V verfügbare Kommando **mailx** ist eine wesentlich verbesserte Version des Kommandos **mail**.

mailx arbeitet sehr ähnlich zu **mail**:

- Ankommende Briefe werden in der mailbox-Datei */var/mail/login-name* (seit System V.4) oder */usr/mail/login-name* oder */usr/spool/mail/login-name* hinterlegt; *login-name* ist dabei der Login-Name des Briefempfängers.

- Wird **mailx** ohne weitere Argumente aufgerufen, so ermöglicht es das Lesen der Briefe, die sich in der mailbox befinden.

Folgendes ist z. B. anders als bei **mail**:

- Jeder gelesene Brief wird automatisch aus der mailbox entfernt und in einer sogenannten Sekundär-mailbox (Datei *mbox*, die sich normalerweise im home directory befindet) aufgehoben.

- **mailx** kennt zwei Arbeitszustände:

Eingabemodus

Hier kann der Brieftext eingegeben werden. Im Eingabemodus können allerdings auch **mailx**-Kommandos eingegeben werden, wenn vor dem Kommando als erstes Zeichen der Zeile ~ (engl.: *tilde*) angegeben ist.

Kommandomodus

Hier können **mailx**-Kommandos eingegeben werden.

mailx bietet dem Benutzer eine Vielzahl von Möglichkeiten, um sein Postverwaltungs-System seinen Bedürfnissen anzupassen:

- die Angabe von entsprechenden Optionen

- Kommandos und Definitionen in der Datei *.mailrc*, die sich im home directory befinden muß; der Inhalt von *.mailrc* wird bei jedem **mailx**-Aufruf gelesen und ausgeführt.

- die Angabe von entsprechenden **mailx**-Kommandos im Eingabemodus; den **mailx**-Kommandos muß dabei das Zeichen ~ vorangestellt werden.

- die Angabe von entsprechenden Kommandos im Kommandomodus.

Aufruf von mailx

Die vollständige Aufrufsyntax für **mailx** ist:

`mailx [optionen] [login-name(n)`[5]`]`

Ist *login-name(n)* angegeben, so bedeutet dies "Senden eines Briefs". Für *login-name* ist der Login-Name des Brief-Empfängers anzugeben. Soll ein Brief an mehrere Empfänger versandt werden, so wird dies mit der Angabe mehrerer *login-namen* erreicht; die einzelnen Login-Namen sind dabei mit Leer- bzw. Tabulatorzeichen voneinander zu trennen.

Empfänger einer Mail kann nicht nur ein Benutzer, sondern auch eine Datei oder ein Programm sein. Dazu muß folgendes beachtet werden:

- Empfänger ist eine Datei, wenn *login-name* einen Slash / enthält, wie z. B.

  `mailx ../briefe/release3.2`

  In diesem Fall würde die Mail in der Datei *../briefe/release3.2* hinterlegt. Um eine Mail in einer Datei des working directorys zu hinterlegen, darf nicht nur der Basisname angegeben werden, da hierin ja kein Slash vorkommt. Wie man dies trotzdem erreicht, zeigt z. B. der nachfolgende Aufruf:

  `mailx ./heutemail`

  In diesem Fall würde die Mail in der Datei *heutemail* im working directory abgelegt.

- Empfänger ist ein Programm, wenn *login-name* mit einem Senkrechtstrich | beginnt, wie z. B.

  `mailx hans |lp`

  In diesem Fall würde der eingegebene Brieftext nicht nur an den Benutzer *hans* geschickt, sondern auch gleichzeitig am Drucker ausgegeben.

Sind keine *login-name(n)* angegeben, so bedeutet dies "Lesen von angekommenen Briefen".

Von der Vielzahl der möglichen *optionen* werden auf der nächsten Seite nur die wichtigsten angegeben.

---

[5] müssen nicht unbedingt *login-name(n)* sein, sondern können auch andere Namen sein, die als Überbegriff für spezielle Login-Name(n) stehen (dazu später mehr)

10.3 Senden und Empfangen elektronischer Post mit mail und mailx

Option	Beschreibung

-f [*dateiname*]	bewirkt, daß **mailx** Briefe aus der mailbox *dateiname* und nicht aus der voreingestellten mailbox */usr/mail/login-name* oder */usr/spool/mail/login-name* liest. Wird üblicherweise verwendet, um Briefe aus der Sekundär-Mailbox *mbox* (im home directory) zu lesen. Wird *dateiname* nicht angegeben, so wird die Datei *mbox* aus dem home directory als mailbox verwendet.
	
	Hier ein Beispiel für die Option **-f**
	`mailx -f /home/egon/fehler/testgruppe`
	Anstelle der voreingestellten mailbox wird die Datei */home/egon/fehler/testgruppe* als mailbox verwendet.
	`mailx -f`
	Anstelle der voreingestellten mailbox wird die Datei *mbox* im home directory als mailbox verwendet.

-n	Üblicherweise liest **mailx** zuerst die Definitionen und Kommandos aus der vom System bereitgestellten Datei *mailx.rc* und wertet diese aus. Soll **mailx** den Inhalt dieser Datei unberücksichtigt lassen und nur die vom Benutzer selbst erstellte Datei *.mailrc* in dessen home directory auswerten, so wird dies mit der Angabe dieser Option erreicht.
-s"*Thema des Briefes*"	Das hier angegebene *Thema des Briefes* entspricht der deutschen *Betrifft:*-Angabe und wird dem Empfänger als *Subject: Thema des Briefes* vor dem eigentlichen Brieftext übermittelt.
-F	bewirkt, daß ein abgeschickter Brief immer in einer Datei gesichert wird. Als Name für diese Datei wird dabei der zuerst angegebene Login-Name der Empfänger verwendet.

Schreiben und Senden von Briefen

Nach dem Aufruf

`mailx` *login-name(n)*

liest **mailx** den zu übermittelnden Brieftext von der Standardeingabe. Anders als **mail** fragt **mailx** mit der Ausgabe

`Subject:`[6]

---

[6] entspricht der deutschen *Betrifft:*-Zeile und wird nur dann erfragt, wenn diese nicht bereits beim Aufruf mit der Option **-s** angegeben wurde.

nach dem Thema des Briefes, das nun hier einzugeben ist. Möchte der Benutzer kein Thema angeben, so muß er hier nur ⏎ eingeben.

Nach Eingabe der *Subject*-Zeile (eventuell leer) befindet sich **mailx** im Eingabemodus und der eigentliche Brieftext kann eingegeben werden. Die Eingabe des Brieftextes kann mit ~. oder *Ctrl-D* als einzige Zeichen einer Zeile beendet werden. Diese Eingabe bewirkt auch zugleich das Abschicken des Briefes.

```
$ mailx toni⏎
Subject: Frage zu deinem Performance-Artikel⏎
⏎
Hallo toni,⏎
⏎
ich habe eine Frage zu deinem Artikel:⏎
   Warum sind bei unserem Code-Generator Endlosschleifen,⏎
   die mit einer break-Anweisung verlassen werden⏎
   um soviel schneller als sauber⏎
   strukturierte Schleifen mit der Angabe des Endekriteriums⏎
   in der Schleifenbedingung ?⏎
⏎
Um ehrlich zu sein: dies stimmt mich sehr bedenklich.⏎
⏎
Gruss⏎
   —egon⏎
~.⏎
$
```

Danach wird der Brieftext (einschließlich der *Subject*-Zeile) abgeschickt, d. h. er wird an das Ende der Datei */usr/mail/toni* oder */usr/spool/mail/toni* oder */var/mail/toni* kopiert. Dem Empfänger **toni** wird die Ankunft des Briefes dann mit der Meldung

```
you have mail
```

angezeigt.

Wenn ein beim **mailx**-Aufruf angegebener *login-name* nicht existiert, so kann der Brief nicht zugestellt werden. Dies wird dem Absender mitgeteilt (siehe Beschreibung zum Kommando **mail**).

Wenn man **mailx** während einer Briefeingabe abbrechen möchte, muß man zweimal direkt hintereinander die *intr*-Taste drücken. Falls die Unterbrechungssignale nicht ignoriert werden (Option **-i**), beendet sich **mailx** und speichert den bereits eingegebenen Text in der Datei *dead.letter* im Home-Directory.

Im Eingabemodus können - anders als bei **mail** - auch **mailx**-Kommandos aufgerufen werden. Jedes der **mailx**-Kommandos besteht aus einem

10.3 Senden und Empfangen elektronischer Post mit mail und mailx

Buchstaben. Diesem ist dabei eine Tilde (~) voranzustellen (gilt nur im Eingabemodus); zudem muß dieses Zeichenpaar (*~buchstabe*) am Anfang einer Zeile angegeben sein.

Editieren eines Brieftextes

Es ist möglich, einen eingegebenen Brieftext zu editieren; dazu muß im Eingabemodus **~e** (als einzige Zeichen einer Zeile) eingegeben werden. Normalerweise wird dann der Editor **ed** aufgerufen. Mit Einträgen in die Datei *.profile*, wie z. B.

EDITOR=/bin/ed

bzw.

EDITOR=/usr/bin/vi

oder in die Datei *.mailrc*

set EDITOR='/bin/ed'

bzw.

set EDITOR='/usr/bin/vi'

kann explizit festgelegt werden, welcher Editor bei Angabe des **mailx**-Kommandos **~e** zu verwenden ist.

Eine andere Möglichkeit, einen eingegebenen Brieftext zu editieren, bietet das **mailx**-Kommando **~v**, was den Aufruf eines anderen Editors (meist **vi**) bewirkt.

Nach dem Verlassen des jeweiligen Editors kehrt **mailx** in den Eingabemodus zurück, wo dann weiterer Brieftext eingegeben werden kann.

```
$ mailx molly⏎
Subject: Unterstuetzung bei der Fehlersuche⏎
⏎
Hallo Monika,⏎
⏎
ich habe deine mail ueber den Fehler erhalten.⏎
⏎
Kannst du dich vielleicht an Roland Lohmeier wenden.⏎
Er wird dich bei der Fehleranalyse unterstuetzen.⏎
⏎
Happy debugging⏎
   — egon⏎
~e⏎
194
1,$n⏎
```

```
       1
       2      Hallo Monika,
       3
       4      ich habe deine mail ueber den Fehler erhalten.
       5
       6      Kannst du dich an Roland Lohmeier wenden.
       7      Er wird dich bei der Fehleranalyse unterstuetzen.
       8
       9      Happy debugging
      10          — egon
```
6s/meier/meier (login: rollo)/n⏎
```
       6      Kannst du dich an Roland Lohmeier (login: rollo) wenden.
```
1,$n⏎
```
       1
       2      Hallo Monika,
       3
       4      ich habe deine mail ueber den Fehler erhalten.
       5
       6      Kannst du dich an Roland Lohmeier (login: rollo) wenden.
       7      Er wird dich bei der Fehleranalyse unterstuetzen.
       8
       9      Happy debugging
      10          — egon
```
w⏎
209
q⏎
(continue)

Nach der Sicherung des **ed**-Arbeitspuffers mit **w** und dem Verlassen von **ed** mit **q** wird zurück in den Eingabemodus von **mailx** geschaltet und es könnte nun weiterer Brieftext eingegeben werden.

Ausgeben des bisher eingegebenen Brieftextes

Ein bisher eingegebener Brieftext wird bei der Eingabe des **mailx**-Kommandos **~p** nochmals vollständig (von Anfang bis zu der Stelle, an der **~p** angegeben wurde) am Bildschirm ausgegeben.

(continue)
~p⏎

Message contains:
To: molly
Subject: Unterstuetzung bei der Fehlersuche

10.3 Senden und Empfangen elektronischer Post mit mail und mailx

```
Hallo Monika,

ich habe deine mail ueber den Fehler erhalten.

Kannst du dich an Roland Lohmeier (login: rollo) wenden.
Er wird dich bei der Fehleranalyse unterstuetzen.

Happy debugging
   — egon
(continue)
~.⏎
EOT
$
```

In diesem Beispiel wird kein weiterer Text eingegeben, sondern die Briefeingabe mit ~. beendet, was dazu führt, daß **mailx** verlassen und der geschriebene Brief an **molly** verschickt wird.

Einkopieren eines anderen Textes in einen Brief

mailx ermöglicht es, bereits existierenden Text aus einer Datei oder aus einem anderen empfangenen Brief in den Brief, der gerade geschrieben wird, einzukopieren. Es ist sogar möglich, im Eingabemodus ein UNIX-Kommando zu starten und dessen Ausgabe zum Bestandteil des Brieftextes zu machen.

Einkopieren einer Datei

Dies ist möglich mit dem **mailx**-Kommando

~r *dateiname*

oder

~<*dateiname*

Nach Ausführung dieses Kommandos wird der Dateiname und die Anzahl der einkopierten Zeilen und Zeichen ausgegeben; der Eingabemodus wird bei diesem Kommando nicht verlassen, so daß sofort nach Ausführung dieses Kommandos mit der Eingabe von weiterem Brieftext fortgefahren werden kann. Oft wird nach einem solchen Kopiervorgang ~**p** gegeben, um den gesamten neuen Brieftext nochmals zu begutachten.

```
$ pwd
/home/egon
$ mailx lossi ⏎
Subject: Laender-Daten ⏎
Hallo Lothar, ⏎
⏎
 du hast mich doch letzte Woche gefragt, ob ich irgendwelche ⏎
Daten ueber Einwohner und Hauptstaedte bestimmter ⏎
Laender besitze. Ich habe in einem meiner Directories folgendes ⏎
gefunden: ⏎
─────── ⏎
~r uebung1/laender ⏎
"uebung1/laender" 7/222
─────── ⏎
Ich hoffe, dass diese Daten dir weiterhelfen ⏎
⏎
Tschuess ⏎
   —egon ⏎
~p ⏎
───────

Message contains:
To: lossi
Subject: Laender-Daten

Hallo Lothar,
 du hast mich doch letzte Woche gefragt, ob ich irgendwelche
Daten ueber Einwohner und Hauptstaedte bestimmter
Laender besitze. Ich habe in einem meiner Directories folgendes
gefunden:
───────
Grossbritannien:London:56 Mio:244000
Schweiz:Bern:6,5 Mio:41000
Italien:Rom:57,3 Mio:294000
Frankreich:Paris:53,6 Mio:547000
Indien:Neu Delhi:644 Mio:3288000
USA:Washington:220,7 Mio:9363000
Oesterreich:Wien:7,5 Mio:83000
───────
Ich hoffe, dass diese Daten dir weiterhelfen

Tschuess
   —egon
(continue)
~. ⏎
EOT
$
```

10.3 Senden und Empfangen elektronischer Post mit mail und mailx

Einkopieren eines empfangenen Briefs

Dies ist mit dem **mailx**-Kommando

~f *briefnr*

möglich. Einen empfangenen Brief kann man allerdings nur dann einkopieren, wenn man die mailbox liest; deswegen sollte in diesem Fall **mailx** ohne Empfänger-Namen[7] aufgerufen und dann mit dem **mailx**-Kommando

m *login-name(n)*

auf Senden eines Briefes umgeschaltet werden. Danach befindet man sich im Eingabemodus. Hier können nun zunächst einleitende Worte zu dem einzukopierenden Brief eingegeben werden, bevor dieser mit ~f *briefnr* dann einkopiert wird. Nach dem Einkopieren befindet sich **mailx** wieder im Eingabemodus, wo noch weiterer Brieftext eingegeben werden kann. Nach dem Verlassen des Eingabemodus mit ~. befindet sich **mailx** im Kommandomodus (angezeigt durch das Promptzeichen ?). Hier können nun beliebige **mailx**-Kommandos eingegeben werden; mit dem **mailx**-Kommando **q** kann **mailx** dann z. B. verlassen werden.

```
$ mailx⏎
    1 miller      Fri Jul  6 09:10   9/247  Jubilaeum von Schorsch
    2 marketing   Fri Jul  6 09:14  11/437  Marketing-Termine
    3 molly       Fri Jul  6 09:18   7/137
? m micha⏎
Subject: Marketing Terminplan⏎
Hallo Michaela,⏎
ich schicke dir den Terminplan, wie ich ihn von unseren Marketing-⏎
Leuten erhalten habe:⏎
            ⏎
~f 2⏎
Interpolating: 2
(continue)
            ⏎
Vielleicht sollten wir uns nochmals zusammensetzen, um⏎
unsere Position abzustimmen.⏎
        Gruss    — egon⏎
~p⏎
            
Message contains:
To: micha
Subject: Marketing Terminplan
```

---

[7] Nach diesem **mailx**-Aufruf werden zu den ersten 20 Briefen die Kopfzeilen ausgegeben; in ihnen wird unter anderem auch die für das Kommando ~f benötigte Briefnummer angezeigt.

```
                Hallo Michaela,
                ich schicke dir den Terminplan, wie ich ihn von unseren Marketing-
                Leuten erhalten habe:


                Date: Fri, 6 ......
                From marketing (marketing)
                Message-Id: < .. >
                To: egon
                Subject: Marketing-Termine

                Hallo Egon,
                  anbei ich schicke dir den von uns zusammengestellten Terminplan:
                  14.7   Release 0.7.4
                  13.8   Vorfuehrung fuer unseren Hauptkunden "Tiger"
                   2.9   FCS (first customer shipment)
                Hoffentlich koennt ihr diese Termine halten.
                    MfG       — marketing-gruppe


                Vielleicht sollten wir uns nochmals zusammensetzen, um
                unsere Position abzustimmen.
                      Gruss    — egon
                (continue)
                ~.⏎
                EOT
                ? q⏎
                $
```

Einkopieren der Ausgabe eines UNIX-Kommandos

Dies ist möglich mit dem **mailx**-Kommando

```
~< !unix_kdo
```

Nach Ausführung dieses Kommandos wird die Anzahl der einkopierten Zeilen und Zeichen ausgegeben; der Eingabemodus wird bei diesem Kommando nicht verlassen, so daß sofort nach Ausführung dieses Kommandos mit der Eingabe von weiterem Brieftext fortgefahren werden kann. Oft wird nach einem solchen Kopiervorgang **~p** gegeben, um den gesamten neuen Brieftext nochmals zu begutachten.

10.3 Senden und Empfangen elektronischer Post mit mail und mailx

```
$ mailx martin⏎
Subject: Pfadnamen von C-Programmen⏎
Hallo Martin,⏎
⏎
 du hast mich doch gestern gefragt, ob ich dir eine Liste aller⏎
meiner C-Programme geben kann. Hier ist sie:⏎
    ⏎
~< !find /home/egon -name '*.[ch]' -print⏎
"find /home/egon -name '*.[ch]' -print", 4/108
    ⏎
Obwohl ich mich geehrt fuehle, moechte ich dich doch fragen:⏎
Was hast du eigentlich damit vor ?⏎
   —egon⏎
~p⏎

Message contains:
To: martin
Subject: Pfadnamen von C-Programmen

Hallo Martin,

 du hast mich doch gestern gefragt, ob ich dir eine Liste aller
meiner C-Programme geben kann. Hier ist sie:

/home/egon/uebung1/add1.c
/home/egon/uebung1/add2.c
/home/egon/uebung2/add1.c
/home/egon/uebung2/add2.c

Obwohl ich mich geehrt fuehle, moechte ich dich doch fragen:
Was hast du eigentlich damit vor ?
   —egon
(continue)
~.⏎
EOT
$
```

Kopfzeilen eines Briefes ändern

Die Kopfzeilen eines **mailx**-Briefes setzen sich aus vier Komponenten zusammen:

Komponente	Beschreibung
Subject:	Thema des Briefes
To:	Liste der Haupt-Adressaten
Cc:	Liste von Adressaten, denen eine Kopie des Briefes zuzustellen ist (*carbon copy*)
Bcc:	Liste von Adressaten, die zwar auch eine Kopie dieses Briefes erhalten sollen, aber nirgends im Briefkopf zu erwähnen sind (*blind carbon copy*)

Nach dem Aufruf

`mailx` *login-name(n)*

fragt **mailx** zuerst nach einer *Subject*-Zeile und schaltet dann sofort in den Eingabemodus um, wo der Brieftext nun einzugeben ist. Sollte nun im Eingabemodus der Wunsch bestehen, den Briefkopf oder Adressaten zu ändern, so ist dies mit einem der folgenden **mailx**-Kommandos möglich:

Kommando	Funktion

~h	zeigt nacheinander alle Komponenten eines Briefkopfes mit ihrem bisherigem Inhalt an:
	`To: ....`
	`Subject: ....`
	`Cc: ....`
	`Bcc: ....`
	Der Inhalt jeder einzelnen Komponente kann nun geändert oder ergänzt werden. Soll der bisherige Inhalt unverändert bleiben, so ist lediglich ⏎ einzugeben.

~s *string*	Subject durch den neuen Text *string* ersetzen. Fehlt ein String, wird das Subject gelöscht.
~t *login-name(n)*	ermöglicht es, neue Adressaten zur *To:*-Liste hinzuzufügen.
~c *login-name(n)*	ermöglicht es, neue Adressaten zur *Cc:*-Liste hinzuzufügen.
~b *login-name(n)*	ermöglicht es, neue Adressaten zur *Bcc:*-Liste hinzuzufügen.

Anhängen einer gespeicherten Unterschrift an den Brieftext

Unter der Vielzahl von **mailx**-Variablen existieren unter anderem die beiden Variablen **sign** und **Sign**.

10.3 Senden und Empfangen elektronischer Post mit mail und mailx

Werden diese Variablen in *.mailrc* z. B. mit

```
set sign='Gruss      —egon'
set Sign='MfG       — Egon Mueller, Dipl.-Inf., (login: egon)'
```

gesetzt, so würde die Eingabe der **mailx**-Kommandos **~a** bzw. **~A** den in den Variablen **sign** (~a) bzw. **Sign** (~A) abgelegten Text nach der aktuellen Briefzeile einfügen.

```
$ mailx kfd⏎
Subject: Benoetige Testdaten⏎
Hallo Klaus,⏎
⏎
  ich brauche unbedingt eure Testdaten fuer unseren⏎
Beta-Test⏎
⏎
~a⏎
Gruss      —egon
~p⏎
───────
Message contains:
To: kfd
Subject: Benoetige Testdaten

Hallo Klaus,

 ich brauche unbedingt eure Testdaten fuer unseren
Beta Test

Gruss      —egon
(continue)
~.⏎
EOT
$
```

Sichern eines geschickten Briefes in einer Datei

Dies ist auf zwei verschiedenen Arten möglich:

1. Durch die Eingabe des **mailx**-Kommandos
    ~w *dateiname*

2. Mit der Angabe der Option **-F** beim **mailx**-Aufruf

```
$ mailx kfd⏎
Subject: Ihr seid tolle Kerle⏎
Hallo Klaus,⏎
⏎
 Vielen vielen Dank fuer eure Testdaten.⏎
Ihr habt uns damit sehr weitergeholfen.⏎
⏎
~A⏎
MfG     — Egon Mueller, Dipl.-Inf., (login: egon)
~p⏎

Message contains:
To: kfd
Subject: Ihr seid tolle Kerle

Hallo Klaus,

 Vielen vielen Dank fuer eure Testdaten.
Ihr habt uns damit sehr weitergeholfen.

MfG     — Egon Mueller, Dipl.-Inf., (login: egon)
(continue)
~w dank⏎
"dank" 6/139
~.⏎
EOT
$ cat dank⏎
Hallo Klaus,

 Vielen vielen Dank fuer eure Testdaten.
Ihr habt uns damit sehr weitergeholfen.

MfG     — Egon Mueller, Dipl.-Inf., (login: egon)
$
```

Der Nachteil des **mailx**-Kommandos **~w** ist, daß der Briefkopf nicht mit gespeichert wird; somit ist es nachträglich nicht mehr möglich, den Empfänger dieses Dankschreibens festzustellen.

Bei der anderen Vorgehensweise (Option **-F**) wird nicht nur der Brieftext, sondern auch der Briefkopf in einer Datei abgespeichert. Als Name für diese Datei wird der erste der beim **mailx**-Aufruf angegebenen *login-name(n)* verwendet.

10.3 Senden und Empfangen elektronischer Post mit mail und mailx 401

```
$ mailx -F kfd⏎
Subject: Ihr seid tolle Kerle⏎
Hallo Klaus,⏎
⏎
 Vielen vielen Dank fuer eure Testdaten.⏎
Ihr habt uns damit sehr weitergeholfen.⏎
⏎
~A⏎
MfG     — Egon Mueller, Dipl.-Inf., (login: egon)
~.⏎
EOT
$ cat kfd⏎
From egon Fri Jul  6 13:26:08 1990
To: kfd
Subject: Ihr seid tolle Kerle

Hallo Klaus,

 Vielen vielen Dank fuer eure Testdaten.
Ihr habt uns damit sehr weitergeholfen.

MfG     — Egon Mueller, Dipl.-Inf., (login: egon)
$
```

Die Option **-F** bewirkt, daß der abgeschickte Brief (einschließlich Briefkopf) am Ende der jeweiligen Datei angehängt wird, so daß der alte Inhalt dieser Datei weiterhin verfügbar ist.

Verlassen von mailx

Nach der Eingabe eines Brieftextes kann auf verschiedene Weise (mit unterschiedlicher Wirkung) **mailx** verlassen werden:

Kommando	Beschreibung
~.	bewirkt das Verlassen des Eingabemodus und führt zum Abschicken des eingegebenen Briefes. Falls der Eingabemodus direkt mit dem **mailx**-Aufruf (**mailx** *login-name(n)*) eingeleitet wurde, wird nach der Eingabe von ~. zur UNIX-Kommandoebene zurückgekehrt. Wurde jedoch erst während der **mailx**-Sitzung (**mailx**-Aufruf ohne Angabe von *login-name(n)*) in den Eingabemodus umgeschaltet, so wird nach der Eingabe von ~. in den Kommandomodus von **mailx** zurückgeschaltet.

Kommando	Beschreibung
~q	bewirkt den sofortigen Abbruch von **mailx**. Ein bereits eingegebener Brieftext wird nicht verschickt, sondern lediglich in der Datei *dead.letter*[8] im home directory gesichert.
~x	bewirkt ebenfalls den sofortigen Abbruch von **mailx**. Ein bereits eingegebener Brieftext wird weder verschickt noch gesichert.

Lesen von angekommenen Briefen

Für den Umgang mit angekommenen Briefen bietet **mailx** eine Vielzahl von Kommandos an. Hier werden davon nur die meistbenutzten vorgestellt.

Die allgemeine Syntax der Kommandos im Kommandomodus ist:

[*kommando*] [*briefliste*]

Wird kein *kommando* angegeben, so wird hierfür das Kommando **print** angenommen. Bei den Kommandonamen ist der hier kursiv gedruckte Teil die kürzest mögliche Form der Angabe; allerdings kann dabei auch jede mögliche Zwischenform angegeben werden. So ist z. B. für das Kommando *p*rint die kürzest mögliche Form **p**; dieses Kommando kann also mit **p**, **pr**, **pri**, **prin** oder **print** aufgerufen werden.

Die *briefliste* legt dabei fest, für welche Briefe das angegebene Kommando auszuführen ist. Wenn ein Kommando eine *briefliste* zuläßt und es wird keine angegeben, so wird das Kommando für den aktuellen Brief ausgeführt. Bei der Ausgabe der Briefköpfe kennzeichnet **mailx** den aktuellen Brief immer mit >.

Eine *briefliste* ist eine Liste von einzelnen, mit Leerzeichen getrennten Angaben; jede einzelne Angabe spezifiziert dabei bestimmte Briefe. Als Angabe ist dabei möglich:

Angabe	Beschreibung
n	Brief mit der Nummer *n*
.	aktueller Brief
^	erster nicht als "gelöscht" markierter Brief
$	letzter Brief
*	alle Briefe
n-m	Briefe mit den Nummern *n* bis *m*

---

[8] ohne Briefkopf

10.3 Senden und Empfangen elektronischer Post mit mail und mailx

Angabe	Beschreibung
login-name	alle Briefe des Benutzers *login-name*
/*text*	alle Briefe, bei denen *text* in der *Subject:*-Zeile vorkommt[9]
:*c*	alle Briefe vom Typ *c*, wobei für *c* folgendes angegeben werden darf: **d** alle als "gelöscht" markierte Briefe (*deleted*) **n** alle neuen Briefe (*new*) **o** alle alten Briefe (*old*) **r** alle bereits gelesenen Briefe (*read*) **u** alle noch nicht gelesenen Briefe (*unread*)

Hier werden bereits die später noch genauer beschriebenen Kommandos *delete* (als "gelöscht" markieren) und *save* (auf Datei sichern) verwendet:

Befehl	Wirkung
`d 2-5`⏎	Briefe mit den Nummern 2, 3, 4 und 5 als "gelöscht" markieren
`s :u ungelesen`⏎	noch nicht gelesene Briefe in Datei *ungelesen* (mit Briefkopf) sichern
`p toni`⏎	alle Briefe von **toni** ausgeben
`2`⏎	Brief mit der Nummer 2 ausgeben
`d :r`⏎	alle bereits gelesenen Briefe als "gelöscht" markieren

Wenn neue Post ankommt, so wird dies dem entsprechenden Benutzer mit

```
you have mail
```

mitgeteilt; dieser Hinweis erfolgt entweder sofort, wenn der Benutzer gerade angemeldet ist, oder aber beim nächsten Anmelden.

Um die neu angekommene Post zu lesen, muß dieser Benutzer **mailx** ohne Angabe von *login-name(n)* aufrufen; die einfachste Form ist dabei

```
mailx
```

---

[9] bei *text* wird dabei keine Unterscheidung zwischen Klein- und Großbuchstaben vorgenommen

Nach diesem Aufruf wird eine Liste von Kopfzeilen[10] zu den in der mailbox vorhandenen Briefen ausgegeben, wie z. B.

```
$ mailx ⏎
mailx version 3.0  Type ? for help.
"/var/mail/egon":  3 messages  1 new  3 unread
 U  1 miller       Fri Jul  6 09:10    9/247  Jubilaeum von Schorsch
 U  2 marketing    Fri Jul  6 09:14   11/437  Marketing-Termine
>N  3 molly        Fri Jul  6 09:18    7/137
?
```

Die 1.Zeile zeigt dabei die Versionsnummer des **mailx**-Programms und gibt einen Hinweis, daß mit ? eine Kurzbeschreibung von **mailx**-Kommandos angefordert werden kann.

Die 2.Zeile zeigt den Pfadnamen der Datei, die als mailbox verwendet wird; zusätzlich wird in dieser Zeile angezeigt, wie viele Briefe in dieser mailbox vorhanden sind und wieviele davon neu und wieviele davon ungelesen sind.

Die restlichen Zeilen geben zu den in der mailbox vorhandenen Briefen die Überschriften an. Die einzelnen Briefe sind dabei nach **FIFO** (engl.: *first in first out*) numeriert: der zuerst angekommene Brief hat somit die Nummer 1 und ist zunächst der aktuelle Brief.

Links von den Nummern kann dabei Statusinformation angegeben sein:

N	(*new*)	ist seit dem letzten **mailx**-Aufruf neu eingetroffen
R	(*read*)	ist neu eingetroffen und bereits gelesen
U	(*unread*)	ist schon älter, aber noch nicht gelesen
O	(*old*)	ist schon älter und gelesen
S	(*saved*)	wurde in einer Datei gesichert
M	(*mbox*)	wird bei Verlassen von **mailx** in *mbox* aufgehoben
H	(*hold*)	verbleibt in der primären Mailbox

Das Zeichen > steht dabei immer vor dem aktuellen Brief. Desweiteren wird zu jedem einzelnen Brief der Login-Name des Absenders, das Datum und die Uhrzeit der Zustellung, die Anzahl der Zeilen und Zeichen des Briefes und die *Subject:*-Zeile angegeben.

Am Ende dieser Ausgabe erscheint dann das **mailx**-Promptzeichen ? oder &, um dem Benutzer anzuzeigen, daß er nun **mailx**-Kommandos eingeben kann.

---

[10] wenn mehr als 20 Briefe in der mailbox vorhanden sind, so werden nur die Kopfzeilen zu den ersten 20 Briefen ausgegeben.

Kommandos zum Lesen von Briefen

print [*briefliste*]
type [*briefliste*]

bewirkt die Ausgabe der mit *briefliste* ausgewählten Briefe.

Ist keine *briefliste* angegeben, so wird der aktuelle Brief ausgegeben.

Wird kein Kommando angegeben, so entspricht dies der Angabe von Kommando **print** bzw. **type**.

top [*briefliste*]

bewirkt die Ausgabe der 5 ersten Zeilen der mit *briefliste* ausgewählten Briefe.

Ist keine *briefliste* angegeben, so werden die ersten 5 Zeilen des aktuellen Briefs ausgegeben.

⏎	aktuellen Brief ausgeben
p⏎	aktuellen Brief ausgeben
t⏎	aktuellen Brief ausgeben
5⏎	Brief mit der Nummer 5 ausgeben
p 2 4⏎	Briefe mit den Nummern 2 und 4 ausgeben
to :n⏎	von allen neuen Briefen die ersten 5 Zeilen ausgeben
t :u⏎	alle ungelesenen Briefe ausgeben
:r⏎	alle bereits gelesenen Briefe ausgeben

Kommandos zum Löschen von Briefen

delete [*briefliste*]

bewirkt, daß die mit *briefliste* ausgewählten Briefe als "gelöscht" markiert werden. Ist keine *briefliste* angegeben, so wird der aktuelle Brief als "gelöscht" markiert.

Die als "gelöscht" markierten Briefe werden erst beim Verlassen von **mailx** (mit Kommando **q**) bzw. beim Wechseln in eine andere mailbox wirklich aus der mailbox entfernt.

undelete [*briefliste*]

bewirkt, daß bei den mit *briefliste* ausgewählten Briefen die Markierung "gelöscht" wieder aufgehoben wird.

Ist keine *briefliste* angegeben, so bezieht sich dieses Kommando auf den aktuellen Brief.

dp [*briefliste*]
dt [*briefliste*]

ist eine Kombination der Kommandos ***d**elete* und ***p**rint* bzw. ***t**ype* und bewirkt, daß die mit *briefliste* ausgewählten Briefen als "gelöscht" markiert werden und dann sofort der darauffolgende Brief ausgegeben wird.

Ist keine *briefliste* angegeben, so wird der aktuelle Brief als "gelöscht" markiert und dann der darauffolgende Brief ausgegeben.

d :r⏎	alle bereits gelesenen Briefe als "gelöscht" markieren
d *⏎	alle Briefe als "gelöscht" markieren
dt⏎	aktuellen Brief als "gelöscht" markieren und den nachfolgenden Brief ausgeben
d 2-4⏎	Brief mit den Nummern 2, 3 und 4 als "gelöscht" markieren
u *⏎	bei allen als "gelöscht" markierten Briefen diese Markierung wieder aufheben
d /volley⏎	alle Briefe, bei denen in der *Subject:*-Zeile der String *volley*[11] vorkommt, als "gelöscht" markieren

Kommandos zum Blättern in der Kopfzeilen-Liste

Nach dem Aufruf von **mailx** (ohne *login-name(n)*) werden die Anzahl der in der mailbox vorhandenen Briefe und danach zu den ersten 20 Briefen (falls soviel vorhanden sind) die Kopfzeilen ausgegeben. Wenn nun mehr als 20 Briefe in der mailbox vorhanden sind, kann mit dem Kommando **z** in dieser Kopfzeilen-Liste geblättert werden:

z	Vorwärtsblättern in der Kopfzeilen-Liste
z-	Zurückblättern in der Kopfzeilen-Liste

Sollen nur zu bestimmten Briefen die Kopfzeilen angezeigt werden, so kann dies mit den Kommandos **from** und **headers** erreicht werden:

from [*briefliste*]

bewirkt, daß zu den mit *briefliste* ausgewählten Briefen die Kopfzeilen ausgegeben werden.

Ist keine *briefliste* angegeben, so wird die Kopfzeile des aktuellen Briefs ausgegeben.

---

[11] Groß- und Kleinschreibung wird hier nicht unterschieden.

10.3 Senden und Empfangen elektronischer Post mit mail und mailx

*h*eaders [*briefliste*]

bewirkt, daß zu den mit *briefliste* ausgewählten Briefen die Kopfzeilen ausgegeben werden; anders als bei *from* wird hierbei die Ausgabe nach einer ganzen Bildschirmseite beendet.

Ist keine *briefliste* angegeben, so wird ab dem aktuellen Brief eine Bildschirmseite von Brief-Kopfzeilen ausgegeben.

z ⏎	in Kopfzeilen-Liste eine Bildschirmseite vorblättern
z- ⏎	in Kopfzeilen-Liste eine Bildschirmseite zurückblättern
f :u ⏎	Kopfzeilen aller ungelesenen Briefe ausgeben
f toni	Kopfzeilen aller Briefe ausgeben, die von toni geschrieben wurden
h :u ⏎	Eine Bildschirmseite von Kopfzeilen der ungelesenen Briefe ausgeben
f 25-40 ⏎	Kopfzeilen der Briefe mit den Nummern 25 bis 40 ausgeben
f $ ⏎	Kopfzeile des letzten Briefes ausgeben

Kommandos zum Umschalten in eine andere mailbox

Normalerweise bewirkt der Aufruf von **mailx** (ohne *login-name(n)*), daß die mailbox */usr/mail/eigener-login-name* oder */usr/spool/mail/eigener-login-name* gelesen wird. Während einer **mailx**-Sitzung ist es jedoch auch möglich, in eine andere mailbox umzuschalten (z. B. in die mailbox */usr/mail/toni* oder */usr/spool/mail/toni*), wenn die Zugriffsrechte dieser mailbox-Datei dies zulassen.

Dazu stehen die Kommandos **file** und **folder** zur Verfügung:

file [*dateiname*]
folder [*dateiname*]

bewirkt, daß die momentane mailbox verlassen und *dateiname* die neue mailbox wird.

Für *dateiname* kann dabei auch folgendes angegeben werden:

Angabe	Beschreibung
%	eigene voreingestellte mailbox
%*login-name*	mailbox des Benutzers *login-name*; ist nur möglich, wenn die Zugriffsrechte dieser mailbox dieses zulassen
#	vorhergehende mailbox, von der aus in die momentane umgeschaltet wurde
&	Datei *mbox* im home directory

Ist kein *dateiname* angegeben, so wird in die eigene voreingestellte mailbox umgeschaltet.

Kommandos zum Sichern von Briefen

Alle Briefe, die nicht explizit als "gelöscht" markiert sind, werden beim Verlassen von **mailx** automatisch gesichert:

- Gelesene Briefe in der Datei *mbox* im home directory
- Ungelesene Briefe verbleiben in der mailbox

Wünscht der Benutzer nun, während einer **mailx**-Sitzung bestimmte Briefe in eigenen Dateien zu sichern, so stehen ihm dazu folgende Kommandos zur Verfügung:

Save [*briefliste*]

sichert die mit *briefliste* ausgewählten Briefe in einer Datei[12], deren Name der Login-Name des Absenders des ersten Briefes (aus den mit *briefliste* ausgewählten Briefe) ist.

Ist keine *briefliste* angegeben, so wird der aktuelle Brief gesichert; als Dateiname wird dabei der Login-Name des Brief-Absenders genommen.

Die so gesicherten Briefe werden als "gesichert" markiert, d. h. daß sie beim Verlassen von **mailx** normalerweise[13] aus der mailbox entfernt und nicht in *mbox* gesichert werden.

save [*dateiname*]
save [*briefliste*] *dateiname*

sichert die mit *briefliste* ausgewählten Briefe in der Datei *dateiname*.

Ist keine *briefliste* angegeben, so wird der aktuelle Brief in der Datei *dateiname* gesichert.

Wird weder ein *dateiname* noch eine *briefliste* angegeben, so wird der aktuelle Brief in der Datei *mbox* im home directory gesichert.

Die so gesicherten Briefe werden als "gesichert" markiert, d. h. daß sie beim Verlassen von **mailx** normalerweise[14] aus der mailbox entfernt und nicht in *mbox* gesichert werden.

---

[12] im working directory
[13] über die **mailx**-Variable **keepsave** steuerbar
[14] über die **mailx**-Variable **keepsave** steuerbar

write [*dateiname*]
write [*briefliste*] *dateiname*

entspricht weitgehend dem **save**-Kommando; jedoch werden hierbei die Brief-Kopfzeilen nicht mit in die entsprechende Datei geschrieben.

copy [*dateiname*]
copy [*briefliste*] *dateiname*

entspricht weitgehend dem **save**-Kommando; allerdings werden hierbei die gesicherten Briefe nicht als "gesichert" markiert.

Copy [*briefliste*]

entspricht weitgehend dem **Save**-Kommando; allerdings werden hierbei die gesicherten Briefe nicht als "gesichert" markiert.

s :u ungel ⏎	alle noch nicht gelesenen Briefe in Datei *ungel* sichern und als "gesichert" markieren
s ⏎	aktuellen Brief in Datei *mbox* sichern und als "gesichert" markieren
s memo ⏎	aktuellen Brief in der Datei *memo* sichern und als "gesichert" markieren

Kommandos zum Antworten auf empfangene Briefe

Es ist möglich, direkt - ohne Verlassen von **mailx** - auf einen empfangenen Brief zu antworten. Dazu stehen folgende Kommandos zur Verfügung:

Reply [*briefliste*]
Respond [*briefliste*]

bewirkt, daß *nur* den Absendern der mit *briefliste* ausgewählten Briefe eine Antwort auf deren Brief geschickt wird. Nach der Abgabe dieses Kommandos werden die *To:*- und *Subject:*-Zeilen eingeblendet, bevor in den Eingabemodus umgeschaltet wird. Im Eingabemodus kann nun das Antwortschreiben eingegeben werden. Nach dem Verlassen des Eingabemodus mit **~.** wird der gerade geschriebene Antwortbrief dem Absender des ursprünglichen Briefes zugestellt.

Ist keine *briefliste* angegeben, so wird auf den aktuellen Brief geantwortet.

reply [*brief*]
respond [*brief*]

bewirkt, daß nicht nur dem Absender des mit *brief* ausgewählten Briefes, sondern auch allen anderen Adressaten eine Antwort geschickt wird. Nach der Abgabe dieses Kommandos werden die *To:-* und *Subject:-*Zeilen eingeblendet, bevor in den Eingabemodus umgeschaltet wird. Im Eingabemodus kann nun das Antwortschreiben eingegeben werden. Nach dem Verlassen des Eingabemodus mit ~. wird der gerade geschriebene Antwortbrief an alle Adressaten geschickt, die in der zuvor eingeblendeten *TO:-*Zeile erwähnt wurden.

Ist kein *brief* angegeben, so wird auf den aktuellen Brief geantwortet.

```
$ mailx⏎
mailx version 3.0   Type ? for help.
"/var/mail/egon":  3 messages  1 new  3 unread
    U  1 miller    Fri Jul  6 09:10    9/247  Jubilaeum von Schorsch
    U  2 marketing Fri Jul  6 09:14   11/437  Marketing-Termine
>   N  3 molly     Fri Jul  6 09:18    7/137
? R 1⏎
To: miller
Subject: Re: Jubilaeum von Schorsch
Hallo Mike,⏎
⏎
 bin zu dieser Zeit bei einer Besprechung in Berlin.⏎
Tut mir wirklich leid.⏎
    — egon⏎
~.⏎
EOT
? r 1⏎
To: miller vroni kfd hali kurt
Subject: Re: Jubilaeum von Schorsch
Hallo Kollegen,⏎
⏎
ich habe Mike bereits mitgeteilt, daß ich⏎
nicht am Jubilaeum teilnehmen kann. Allerdings moechte ich mich⏎
nicht um kleinere Arbeiten beim Vorbereiten druecken.⏎
Lasst es mich also wissen, wenn ich etwas tun kann.⏎
⏎
   —egon, das nicht feiernde Arbeitstier⏎
~.⏎
EOT
? q⏎
Saved 3 message in /usr/mail/egon
$
```

10.3 Senden und Empfangen elektronischer Post mit mail und mailx

Kommandos zum Verlassen von mailx

Zum Verlassen von **mailx** stehen folgende Kommandos zur Verfügung:

*q*uit

bewirkt, daß vor dem Verlassen von **mailx** alle gelesenen Briefe in *mbox* gesichert werden und nur die ungelesenen Briefe in der mailbox verbleiben. Briefe, die explizit in einer Datei gesichert oder als "gelöscht" markiert wurden, werden in keiner dieser beiden Dateien aufgehoben.

Wie viele Briefe in *mbox* gesichert wurden und wie viele in der mailbox verbleiben, wird dabei gemeldet.

*x*it
*ex*it

bewirkt, daß **mailx** unmittelbar verlassen wird und keine Briefe in *mbox* gesichert werden. Die Abgabe dieses Kommandos führt dazu, daß die mailbox wieder nahezu den gleichen Zustand einnimmt, der vor dem **mailx**-Aufruf vorlag; allerdings gibt es dabei eine Ausnahme: Briefe, die explizit während der **mailx**-Sitzung gesichert wurden, sind bereits entfernt und werden somit nicht mehr in der mailbox aufgehoben.

Kommandos zum Einblenden von Help-Information

Help-Information kann während einer **mailx**-Sitzung mit folgenden Kommandos angefordert werden:

*hel*p
?

gibt eine Zusammenfassung der **mailx**-Kommandos am Bildschirm aus.

*l*ist

gibt alle **mailx**-Kommandos ohne sonstige Erklärungen am Bildschirm aus.

Gleichheitszeichen (=)

gibt die Nummer des aktuellen Briefes aus.

Die mailx-Konfigurations-Datei .mailrc

Bei jedem Aufruf von **mailx** werden zuerst die in der Datei *.mailrc* (im home directory) angegebenen **mailx**-Kommandos ausgeführt. Diese Datei muß der jeweilige Benutzer selbst erstellen. Daneben gibt es meist noch eine systemweit benutzte Konfigurationsdatei */usr/lib/mailx/mailx.rc*, welche vom Systemadministrator erstellt wurde.

Die darin enthaltenen Kommandos werden noch vor denen aus *.mailrc* ausgeführt. Somit haben die in *.mailrc* angegebenen Kommandos höhere Priorität, da sie eventuell zuvor in *mailx.rc* gesetzte **mailx**-Variablen wieder neu setzen und damit überschreiben.

Nahezu alle **mailx**-Kommandos dürfen in der Datei *.mailrc* verwendet werden. Die nachfolgende Liste zeigt die Kommandos, die dort **nicht** angegeben werden dürfen:[15]

Kommando	Beschreibung
!*shell*	Durchschalten auf die UNIX-Kommandoebene[16]
Copy [*briefliste*]	siehe vorher
edit [*briefliste*]	bewirkt das Editieren der mit *briefliste* ausgewählten Briefe. Als Editor wird dabei der in der **mailx**-Variablen **EDITOR** angegebene Editor verwendet; Voreinstellung ist **ed**.
***v*isual** [*briefliste*]	bewirkt das Editieren der mit *briefliste* ausgewählten Briefe. Als Editor wird dabei der in der **mailx**-Variablen **VISUAL** angegebene Editor verwendet; Voreinstellung ist **vi**.
f*ollowup* [*brief*]	bewirkt, daß dem Absender eines mit *brief* ausgewählten Briefes ein Antwortschreiben geschickt wird, wobei dieses Schreiben in einer Datei mit dem Login-Namen des Absenders gesichert wird.
Followup [*briefliste*]	bewirkt, daß dem Absender des ersten Briefes aus der *briefliste* ein Antwortschreiben geschickt wird, wobei eine Kopie dieses Schreibens zusätzlich allen Absendern der mit *briefliste* ausgewählten Briefe zugestellt wird. Das Antwortschreiben wird dabei in einer Datei (Dateiname ist der Login-Name des Absenders des ersten Briefes aus der *briefliste*) gesichert.
hold [*briefliste*]	bewirkt, daß die mit *briefliste*
preserve [*briefliste*]	ausgewählten Briefe in der mailbox verbleiben, obwohl sie z. B. bereits gelesen wurden.

---

[15] Manche dieser **mailx**-Kommandos wurden zuvor nicht vorgestellt; allerdings sollte die hier gegebene Kurzbeschreibung ausreichen, um deren Funktionsweise zu verstehen.
[16] Richtig müßte es heißen: Starten einer Subshell. Der Begriff "Shell" wird im 2. Band dieser Buchreihe "UNIX-Shells" genau erläutert.

10.3 Senden und Empfangen elektronischer Post mit mail und mailx

Kommando	Beschreibung
mail login-name(n)	ermöglicht das Schreiben eines Briefes an die Benutzer *login-name(n)*; dazu wird hierbei in den Eingabemodus umgeschaltet, um die Eingabe des Brieftextes zuzulassen.
reply [*brief*] *respond* [*brief*] **Reply** [*briefliste*] **Respond** [*briefliste*]	siehe vorher

Hier wird nun ein Beispiel für das mögliche Aussehen einer *.mailrc*-Datei gegeben. Es ist übliche Praxis, daß ein neuer Benutzer sich die *.mailrc*-Datei eines schon länger am System arbeitenden Benutzers kopiert und diese dann seinen speziellen Bedürfnissen anpaßt. Falls dies nicht möglich ist, soll dieses Beispiel ihm bei der Erstellung seiner eigenen *.mailrc*-Datei helfen:

```
#————————————————————————————
# erstellt von: egon
#           am: 25.6.1990
#————————————————————————————
#
if r
    cd $HOME/post
endif
#
set append askcc hold keep keepsave outfolder
set folder='post'
set record='outbox'
set EDITOR='/bin/ex'
set VISUAL='/bin/emacs'
set prompt='Was nun ?'
set sign='Tschuess    — egon (login: egon)'
set Sign='MfG    — Egon Mueller, Abteilung ABC3 (login: egon)'
set toplines=3
#
alias fritz        fgm
alias tom          thaller
alias maria        mjkall
group graphik      toni fritz tom alfons mill
group compiler     sandra thf joe parsertom
```

Mit dem **set**-Kommando ist es möglich, **mailx**-Variablen zu setzen:

set

Ausgabe aller definierten Variablen und deren Werte

set *variable1* [[*variable2*] ...]

setzt die Variablen *variable1*, *variable2*, .. Wird vor dem Variablen-Namen **no** angegeben, so wird die entsprechende Variable ausgeschaltet;[17] sonst wird sie eingeschaltet.

unset *variable1* [[*variable2*] ...]

entspricht der Angabe **set no***variable1* [[**no***variable2*] ...]

set *variable=wert*

weist der Variablen *variable* den Wert *wert* zu. *wert* kann dabei - abhängig vom jeweiligen Variablentyp - entweder ein String (muß mit '..' geklammert sein) oder eine Zahl sein.

Von der Vielzahl der **mailx**-Variablen (fast 50) werden hier nur einige vorgestellt:

Variable	Beschreibung
append	bewirkt, daß nach Beendigung von **mailx** die gelesenen Briefe am Ende der *mbox*-Datei angehängt werden. Voreinstellung ist: **noappend** (Einfügen der gelesenen Briefe am Anfang der *mbox*-Datei)
askcc	bewirkt, daß nach einer *Cc:*-Verteilerliste gefragt wird, nachdem ein Brieftext eingegeben wurde. Voreinstellung ist: **noaskcc**
hold	bewirkt, daß die gelesenen Briefe in der mailbox verbleiben.
	Voreinstellung ist: **nohold** (Gelesene Briefe aus der mailbox entfernen und in der *mbox*-Datei sichern)
keep	bewirkt, daß eine leere mailbox-Datei nicht gelöscht wird, sondern als leere Datei erhalten bleibt. Voreinstellung ist: **nokeep** (Leere mailbox-Datei löschen)
keepsave	bewirkt, daß explizit gesicherte Briefe nicht gelöscht werden. Voreinstellung ist: **nokeepsave**

---

[17] Eine Variable kann allerdings nur dann mit einem vorangestellten **no** ausgeschaltet werden, wenn sie zu diesem Zeitpunkt eingeschaltet ist.

10.3 Senden und Empfangen elektronischer Post mit mail und mailx

Variable	Beschreibung
folder= *directory*	legt das Directory fest, in dem explizit gesicherte Briefe zu speichern sind. Wenn *directory* nicht als absoluter Pfadname angegeben ist, so wird es als relativ zum home directory interpretiert.
record= *dateiname*	alle abgeschickten Briefe werden in der Datei *dateiname* gesichert. Voreinstellung ist: abgeschickte Briefe nicht sichern
outfolder	bewirkt, daß die bei **record=** angegebene Datei im **folder**-Directory angenommen wird; dies gilt allerdings nur, wenn bei **record=** kein absoluter Pfadname angegeben ist. Voreinstellung ist: **nooutfolder** (bei **record=** angegebene Datei wird im working directory angenommen[18])
EDITOR= *pfadname*	legt den Pfadnamen des Editors fest, der bei Eingabe der Kommandos *edit* oder *~e* aufzurufen ist. Voreinstellung ist: **EDITOR='/bin/ed'**
prompt=*string*	legt den Prompt fest, der im Kommandomodus zu verwenden ist. Voreinstellung ist: **prompt='? '**
sign=*string*	der hier angegebene *string* wird bei der Angabe des Kommandos *~a* (im Eingabemodus) nach der aktuellen Briefzeile eingefügt.
Sign=*string*	der hier angegebene *string* wird bei der Angabe des Kommandos *~A* (im Eingabemodus) nach der aktuellen Briefzeile eingefügt.
toplines=*zahl*	legt die *zahl* der Zeilen fest, die bei Angabe des *top*-Kommandos vom Briefanfang auszugeben sind. Voreinstellung ist: **toplines=5**

Das Kommando **#** ermöglicht die Angabe von Kommentarzeilen in einer *.mailrc*-Datei; der Rest der Zeile nach diesem Kommando wird als Kommentar interpretiert.

---

[18] wenn diese nicht vorhanden ist, so wird sie neu angelegt, ansonsten wird der geschriebene Brief am Ende dieser Datei angehängt.

Mit den Kommandos **alias** und **group** ist es möglich, an wenig aussagekräftige Login-Namen neue Namen zu vergeben, die zum einen leichter zu merken sind und zum anderen eine bessere Identifizierung des entsprechenden Benutzers zulassen:

alias *alias-name name1* [[*name2*] ...]
group *alias-name name1* [[*name2*] ...]

Wird dann beim **mailx**-Aufruf als *login-name* ein *alias-name* angegeben, so setzt **mailx** hierfür die entsprechenden Login-Namen *name1 name2...* ein; z. B. würden mit obiger *.mailrc*-Datei die Aufrufe

mailx maria	zu	**mailx mjkall**
mailx graphik	zu	**mailx toni fritz tom alfons mill**

expandiert.

Bei den Kommandos **alias** und **group** kann für *name1 name2 ...* auch ein zuvor mit **alias** bzw. **group** definierter *alias-name* angegeben werden. Für diesen *alias-name* werden dann die im vorherigen **alias**- bzw. **group**-Kommando angegebenen *name1 name2 ...* eingesetzt.

Obwohl die beiden Kommandos **alias** und **group** die gleiche Funktionalität besitzen, verwendet man üblicherweise

- **alias**, um damit für einen Login-Namen einen neuen, leichter identifizierbaren Namen einzuführen

  und

- **group**, um an eine gesamte Gruppe von Login-Namen einen neuen Namen zu vergeben.

Eine bedingte Ausführung von **mailx**-Kommandos ist mit dem Kommando **if-endif** möglich:

```
if s | r                    (entweder s oder r)
   mailx-Kommandos
[else
   mailx-Kommandos]
endif
```

s steht dabei für *send* (Senden) und **r** für *receive* (Empfangen). Somit kann die Ausführung bestimmter Kommandos davon abhängig gemacht werden, ob **mailx** zum Senden oder zum Empfangen von Briefen aufgerufen wird.

In der obigen *.mailrc*-Datei wird z. B. zur Subdirectory *post* im home directory gewechselt (**cd $HOME/post**), wenn **mailx** zum Lesen von angekommenen Briefen aufgerufen wird. Dieses Subdirectory *post* muß natürlich bereits existieren.

10.3.3 Weitere nützliche Kommandos zum Mail-System

Ein Mail-System besteht aus mehreren Programmen. Zum Lesen und Senden von Mail stehen die beiden Programme **mail** oder **mailx** zur Verfügung. Diese *Mailer*-Programme sind die Benutzeroberfläche des Mail-Systems. und werden als *Mail-User-Agents* (*MUA*) bezeichnet. Die eigentliche Zustellung der Mail übernehmen die sogenannten *Mail-Transfer-Agents* (*MTA*), wie z. B. **sendmail** oder **rmail**. Normalerweise konfiguriert der Systemadministrator einen MTA für ein System, so daß sich der normale Benutzer nicht darum kümmern muß.

Bei System V.4 sind nun einige neue Kommandos in das Mail-System eingeflossen. Die Funktionsweise dieser Programme hängt davon ab, welchen MTA Ihr Systemadministrator auf Ihrem System eingerichtet hat. Nachfolgend sind die vom MTA abhängigen Kommandos mit *RMAIL* oder *SENDMAIL* markiert, je nachdem, ob sie das Mail-System von System V.4 (**rmail**) oder das aus dem BSD Compatibility Package (**sendmail**) voraussetzen.

Mail weiterleiten (forwarding)

Wenn man eine neue elektronische Adresse erhält (bei Rechner- oder Arbeitsplatz-Wechsel) oder von mehreren Rechnern elektronische Post verschickt, die Antworten darauf aber nur an einer bestimmten Adresse empfangen möchte, kann man die Weiterleitung der Mail (*forwarding*) veranlassen.

RMAIL Der MTA **rmail** leitet eingehende Mails um, wenn die erste Zeile in der Datei **/var/mail/:forward/***loginname* folgenden Text enthält:

Forward to *addr*

Für *addr* kann dabei als Empfänger eine Mail-Adresse, ein Dateiname oder ein Programm angegeben sein. Wenn das erste Zeichen eines Empfängernamens ein Slash / ist, so wird dies als Dateiname interpretiert. Beginnt ein Name mit einem Senkrechtstrich | (Pipe), so wird der Name als ein Kommandoname interpretiert.

Bei System V.4 wird diese **Forward**-Zeile über den Aufruf

mail −F *addr*

eingetragen. So richtet z. B. das folgende Kommando eine Weiterleitung der Mail an die Adresse *munich3!egon* ein. Beim Versuch, die lokale Mailbox mit **mail** oder **mailx** zu lesen, erscheint eine entsprechende Meldung.

```
$ mail -F munich3!egon ⏎
Forwarding to munich3!egon
$ mailx ⏎
Your mail is being forwarded to munich3!egon
$
```

Man kann auch mehrere Adressen als Ziel angeben, wie z. B.

mail -F munich3!egon,hh2!egon

In diesem Fall wird alle Mail an *egon* sowohl an die Adresse *munich3!egon* als auch an die Adresse *hh2!egon* weitergeleitet.

Die auf **-F** folgenden Angaben sollten dabei durch Komma (ohne Leerzeichen dazwischen) voneinander getrennt sein.

Um eine Weiterleitung einer Mail wieder aufzuheben, muß man nur **mail -F** mit einem leeren String als Adresse aufrufen. Eingehende Post wird dann wieder in der primären Mailbox hinterlegt.

```
$ mail -F "" ⏎
Forwarding removed
$
```

SENDMAIL Wenn bei einem System als MTA **sendmail** eingerichtet ist, kann man eine Weiterleitung der Mail auf zwei verschiedene Arten erreichen:

1. Man ruft, wie bei *RMAIL* beschrieben,

   mail -F *addr*

   Dadurch wird allerdings ein weiterer Prozeß zur Weiterleitung der Mail gestartet, was bei der Vorgehensweise, die unter 2. beschrieben ist, nicht der Fall ist.

2. Man schreibt die Adresse in eine Datei namens **.forward** im Home-Directory, wie z. B.

```
$ cat $HOME/.forward ⏎
\egon,munich3!egon,hh2!egon
$
```

In diesem Beispiel ist eine Weiterleitung der Mail an die beiden Adressen *munich3!egon* und *hh2!egon*, und zusätzlich noch in die lokale Mailbox eingerichtet. Der Backslash \ vor dem lokalen Empfängernamen

10.3 Senden und Empfangen elektronischer Post mit mail und mailx

verhindert eine erneute Weiterleitung, woraus ja eine Endlosschleife resultieren würde.

Wenn das erste Zeichen eines Empfängernamens ein Slash / ist, so wird dies als Dateiname interpretiert. Beginnt ein Name mit einem Senkrechtstrich | (Pipe), so wird der Name als ein Kommandoname interpretiert.

Die Weiterleitung kann durch Löschen der Datei *.forward* wieder aufgehoben werden.

Sofortige Meldung neu angekommener Post mit notify

Seit System V.4 wird das Kommando **notify** angeboten:

notify [–y] [–n]

Gib man die Option **-y** an, so wird jede neu angekommene Mail nicht nur sofort gemeldet, sondern es werden zusätzlich noch die ersten Zeilen dieser Mail am Bildschirm ausgegeben.

```
$ notify -y ⏎
notify: Asynchronous 'new mail' notification installed
..........
$
```

Trifft nach diesem Aufruf neue Mail ein, so wird dies dem betreffenden Benutzer sofort gemeldet, wenn er noch angemeldet ist und sein Terminal nicht mit **mesg -n** gesperrt wurde. Zusätzlich erscheinen die ersten Zeilen der Mail am Bildschirm, wie z. B.

```
$
New mail for egon has arrived:
____
Date: Wed, Dec 29 13:46:37 +0100
From: micha (Michaela Kerner)
To: egon
Subject: Silvesterparty

Koenntest Du Dich bitte um die Besorgung der alkoholischen
Getränke für unsere Silvesterparty bei Toni kümmern ?
...more...


$
```

Mit **notify -n** kann die sofortige Benachrichtigung wieder abgeschaltet werden.

Ruft man nur **notify** ohne Angabe von **-n** oder **-y** auf, so meldet es, ob momentan sofortige Benachrichtigung ein- oder ausgeschaltet ist.

Anrufbeantworter einrichten mit vacation

RMAIL

Seit System V.4 wird (für **rmail** als MTA) das Kommando **vacation** angeboten, mit dem sich eine Art Anrufbeantworter für elektronische Mail einrichten läßt. Neu eintreffende Mail wird dazu über den Forwarding-Mechanismus an ein Programm weitergeleitet, das den Eingang der Mail bestätigt und die Mail in der Mailbox des Benutzers ablegt. Zusätzlich schreibt das Programm den Namen des Absenders in die Datei **$HOME/.maillog**, so daß der gleiche Absender die automatische Antwort auf seine Mail nur einmal erhält. Über die Option **-l** *logfile* kann auch eine andere Datei als *$HOME/.maillog* zur Protokollierung der Namen angegeben werden.

Der Standardtext des Anrufbeantworters ist in der Datei */usr/share/lib/mail/std_vac_msg* enthalten. Mit der Option **-M** *antwortdatei* kann ein Name einer Datei (*antwortdatei*) festgelegt werden, in dem ein eigener Text steht.

Im nachfolgenden Beispiel wird der Text des Anrufbeantworters in der Datei *.urlaub* hinterlegt.

```
$ cat $HOME/.urlaub ⏎
Subject:   Wohlverdienter Urlaub

Ich bin bis zum 8. August im Urlaub.
Ihre Mail ist bei mir angekommen. Ich werde
Sie sofort nach Beendigung meines Urlaubs beantworten.

MFG    — egon

PS: Diese Meldung stammt von einem Anrufbeantworter und
    wird Ihnen nur einmal zugestellt.
$ vacation –M $HOME/.urlaub ⏎
Forwarding to ......
$
```

Die automatische Beantwortung läßt sich durch einen der beiden folgenden Aufrufe wieder aufheben:

```
mail –n
```

10.3 Senden und Empfangen elektronischer Post mit mail und mailx

oder

```
mail -F ""
```

SENDMAIL Bei Verwendung von **sendmail** als MTA kann eine automatische Beantwortung auch mit dem Programm **vacation** aus dem BSD Compatibility Package eingerichtet werden. Dazu erstellt man im Home-Directory eine Datei **.forward** z. B. mit folgenden Inhalt:

```
\egon,"|/usr/ucb/vacation egon"
```

Danach muß man noch mit dem Aufruf

```
/usr/ucb/vacation  -I
```

eine Protokolldatei initialisieren, in der **vacation** die Namen von bereits benachrichtigten Benutzern festhält. Der Antworttext kann in der Datei *$HOME/.vacation.msg* angegeben werden.

Die automatische Beantwortung läßt sich durch das Entfernen der Datei **.forward** (im Home-Directory) wieder aufheben.

10.4 Datenaustausch in einem Netz von UNIX-Systemen

Zum Austausch von Daten und Informationen zwischen unterschiedlichen UNIX-Systemen, die über ein Netzwerk miteinander gekoppelt sind, stehen folgende Möglichkeiten zur Verfügung:

- Senden von elektronischer Post an andere UNIX-Systeme
- Kopieren von Dateien auf andere UNIX-Systeme
- Arbeiten auf anderen, über ein Netz angeschlossenen Rechnersystemen
- Zugang zu internationalen Netzen

10.4.1 Senden von elektronischer Post an andere UNIX-Systeme

Jedes lokale UNIX-System eines Netzwerks hat einen eindeutigen Knotennamen in diesem Netzwerk von Systemen.

Der Name des eigenen UNIX-Systems läßt sich mit dem Kommando **uname** erfragen:

uname
```
uname [-snrvpma]
```

uname gibt den Namen des lokalen UNIX-Systems auf der Standardausgabe aus. Die einzelnen Optionen bewirken dabei folgende Ausgaben:

Option	Beschreibung
-s (*system name*)	Name des lokalen Systems; ist die Voreinstellung, wenn **uname** ohne Angabe von Optionen aufgerufen wird.
-n (*node name*)	Knotenname des lokalen Systems im Netzwerk.
-r (*release*)	Freigabe-Nummer des lokalen Systems (z. B. V 2)
-v (*version*)	Versions-Nummer des lokalen Systems
-m (*machine*)	Hardware des lokalen Systems
-p (*processor type*)	Prozessortyp des lokalen Systems
-a (*all*)	alle obigen Informationen

```
$ uname ⏎
hh2
$ uname -n ⏎
hamburg2
$ uname -a ⏎
hh2 hamburg2 V.4.2 1 80486
$
```

uuname   Die Namen aller Systeme, die mit dem lokalen System über ein Netzwerk gekoppelt sind, können mit dem Kommando **uuname** erfragt werden.

Der Aufruf

uuname

gibt eine Liste aller Knotennamen aus, die mit dem lokalen System über ein Netz verbunden sind.

mail an ein anderes System.   Wenn der Login-Name des Empfängers und der Knotenname des Systems, an dem er arbeitet, bekannt sind, so kann mail (elektronische Post) an diesen "entfernten" Benutzer geschickt werden. Wenn z. B. der Login-Name dieses Empfängers **xfei** und dessen System den Knotennamen **munich4** hätte, so könnte mit

```
mailx munich4!xfei
```

ein Brief an diesen verschickt werden.

Um elektronische Post an einen Benutzer auf einem anderen System zu verschicken, ist also folgende Adreßangabe notwendig.

10.4 Datenaustausch in einem Netz von UNIX-Systemen

knotenname!login-name

Um diesem Empfänger die Antwort auf den eigenen Brief zu erleichtern, ist es üblich, daß man diesem seine eigene Adresse mit übermittelt, z. B.

```
.....
MfG
   — egon (mail-Adresse: hamburg2!egon)
```

Falls man mit einem Benutzer, der auf einem anderem System arbeitet, regere Korrespondenz erwartet, so empfiehlt es sich, für dessen Adresse ein Synonym einzuführen. Dies wird durch einen Eintrag wie

```
alias xaver_mch   munich4!xfei
```

in der *.mailrc*-Datei erreicht.

Diese Form der Adressierung nennt man auch die UUCP-Adressierung; das **uucp**-System wird später in diesem Kapitel noch genauer vorgestellt. Da man bei der UUCP-Adressierung immer den genauen Weg zum Empfänger wissen und mit allen Zwischenstationen angeben muß, kann dies in großen Netzen zu äußerst komplexen und "ewig" langen Adreßangaben führen, wie z. B.

```
mailx   nessi!rio!snack!uni!ger!solar!munich3!hans
```

Wird nur ein Name in diesem Pfad falsch geschrieben oder vergessen, so wird die Mail als unzustellbar klassifiziert und an den Empfänger zurückgeschickt. Außerdem können sich die Verbindungswege oder die Knotennamen in einem Netz ändern. Damit ändert sich dann auch die Adresse des entfernten Benutzers.

Neu in System V.4 Alle diese Nachteile führten dazu, daß man in System V.4 das *Domain Name System* (*DNS*) des Internet übernommen hat. Im Deutschen spricht man auch von der Domain-Adressierung. Domain-Adressen sehen folgendermaßen aus:

empfänger@host.sub.domain

Der Teil vor dem Klammeraffen @ ist der sogenannte *local part*, der festlegt, an wen die Mail auf dem Zielrechner zu schicken ist. Dies kann ein Vor- und Nachname (wie z. B. **hans.meier**) oder nur der Login-Name (wie z. B. **hm**) sein.

Der Teil nach dem Klammeraffen @ gibt die absolute Adresse des Zielrechners an, wobei **host** der Rechnername und **sub** eine *Subdomain* von **domain** ist. Jede Subdomain ist selbständiger Namensbereich, in dem die Rechner eines Teilnetzes zusammengefaßt sind.

Domain-Adressen enthalten keine Informationen über den Zustellungsweg der Mails, wie dies bei einer UUCP-Adressierung der Fall ist. Stattdessen legen Domain-Adressen nur die Zieladresse fest, vergleichbar mit den postalischen Adressen (Name, Straße, PLZ und Ort).

domain (ganz rechts) ist der sogenannte *Top-Level-Domain* (*TLD*); hierfür wird üblicherweise der ISO-Ländercode verwendet, wie z. B.

be	Belgien	**fr**	Frankreich	**se**	Schweden
de	Deutschland	**it**	Italien	**su**	Sowjetunion (GUS)
dk	Dänemark	**nl**	Niederlande	**uk**	Großbritannien
fi	Finnland	**no**	Norwegen	**us**	USA

Damit Rechner, die über ein UUCP-Netz am Internet angeschlossen sind, über eine Domain-Adresse erreichbar sind, wurde zusätzlich noch die Pseudo-Domain **uucp** als TLD eingerichtet.

Weitere Top-Level-Domains sind z. B.:

- **com** (*commercial*) für kommerzielle Unternehmen.
- **edu** (*education*) für akademische Einrichtungen.
- **gov** (*government*) für Behörden.
- **mil** (*military*) für militärische Einrichtungen.
- **net** für administrative Autoritäten; Adresse des deutschen EUnet-Dienstanbieters ist z. B. *Germany.EU.net*.
- **org** (*organisation*) für private Organisationen, die in keine der anderen TLM passen.

Hier als Beispiel eine fiktive Adresse eines Benutzers *emil* auf einem Rechner *chemie* im lokalen Rechnernetz der Universität Klughausen, das mit dem Namen *klug* im deutschen Namensbereich des Internet eingetragen ist.

`emil@chemie.klug.de`

Zuständig für die Teilnehmer in einem Subdomain ist der Systemadministrator des jeweiligen Rechners. Man erreicht ihn unter der Adresse **Postmaster**, die in jedem Mail-System vorhanden sein muß. Wenn man z. B. Benutzer-Namen im lokalen Rechnernetz der Universität Klughausen nicht kennt, so sollte man über Mail ein Anfrage an die Adresse

`Postmaster@klug.de`

richten.

Falls man einen Rechner erreichen möchte, der keine eigene Domain-Adresse hat, aber an einem System mit gültiger Domain-Adresse angeschlossen und über einen UUCP-Pfad erreichbar ist, dann sollte man den UUCP-Namen dieses Rechners nach dem Benutzernamen mit % getrennt angeben:

empfänger%uucp-name@host.sub.domain

10.4.2 Das UUCP-System

In diesem Abschnitt werden die wichtigsten Kommandos des UUCP-Systems für die Übertragung von Dateien und die Ausführung von Kommandos auf anderen Systemen beschrieben. Das UUCP-System besteht aus mehreren Kommandos. Die wichtigsten sind:

- Kopieren von Dateien mit **uucp**, **uuto** und **uupick**
- Status-Abfrage mit **uustat**
- Remote-Job-Execution mit **uux**
- Remote-Login mit **cu**
- Remote-Callback eines Terminals mit **ct**
- Binärdateien verschicken mit **uuencode** und **uudecode**

Der Knotennamen des eigenen Rechner läßt sich mit dem zuvor vorgestellten Kommando **uname** erfragen. Möchte man die Namen aller Systeme wissen, zu denen eine direkte UUCP-Verbindung aufgebaut werden kann, muß man nur das ebenfalls früher vorgestellte Kommando **uuname** aufrufen.

```
$ uname -n ⏎
ahorn
$ uuname ⏎
birke
eiche
kiefer
$
```

Dies bedeutet aber nicht, daß UUCP-Aufträge nur mit diesen Systemen durchgeführt werden können, sondern nur, daß Ihr Rechner diese Systeme über eine direkte Leitung oder eine Wählverbindung erreichen kann. Ein mögliches Aussehen eines UUCP-Netzes zeigt das Bild auf der folgenden Seite.

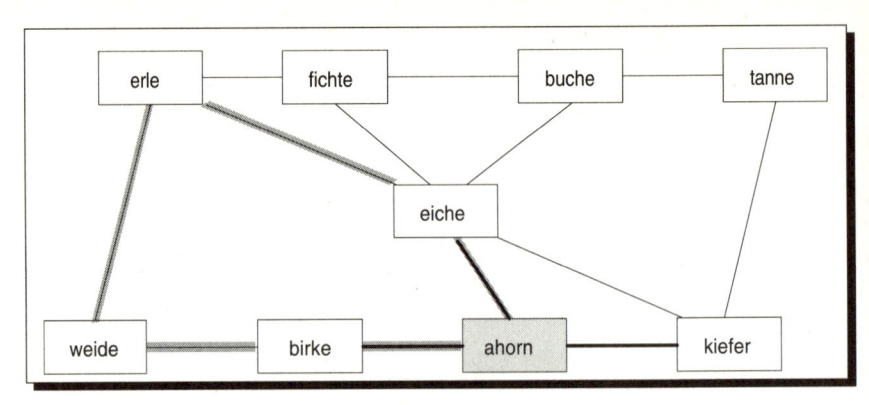

Bild 10.2 - So kann ein UUCP-Netz aussehen

Der Rechner *ahorn* hat z. B. direkte Verbindungen zu den Systemen *birke*, *eiche* und *kiefer*. Möchte ein Benutzer des Rechners *ahorn* nun Zugang zum Rechner *erle* haben, so muß er den entsprechenden Netzpfad angeben. Dies ist hier auf zwei verschiedene Arten möglich:

`eiche!erle`

oder

`birke!weide!erle`

Kopieren von Dateien mit uucp

Sehr oft wird **mail** bzw. **mailx** verwendet, um einem Benutzer auf einem anderem System kleine Textdateien zukommen zu lassen, z. B.

mail munich4!xfei <add2.c

bzw.

mailx munich4!xfei <add2.c

Ist bei **mailx** eine *Subject:*-Angabe erwünscht, so wird meist folgender Weg beschritten:

```
$ mailx xaver_mch↵
Subject: Programmtext zum Addieren zweier Zahlen↵
~r add2.c↵
~.↵
EOT
$
```

Der Empfänger könnte sich dann den übermittelten Programmtext am einfachsten mit folgender **mailx**-Sitzung sichern:

10.4 Datenaustausch in einem Netz von UNIX-Systemen

```
$ mailx ⏎
....
....
? w addiere.c ⏎
....
```

Bei größeren Dateien oder auch Nicht-Textdateien (wie Objektdateien) dagegen werden die Kommandos **uucp** und **uuto** benutzt, die ein direktes Kopieren von Dateien eines Systems auf ein anderes Systems ermöglichen:

Mit **uucp** kann eine Datei von einem System in ein Directory des Zielsystems kopiert werden; allerdings müssen in dem Directory des Zielsystems entsprechende Zugriffsrechte vorliegen, um die zu übertragende Datei dort einkopieren zu können. Da bei diesem Kommando der vollständige Pfadname des Directorys im Zielsystems[19] anzugeben ist, gilt **uucp** als nicht so benutzerfreundlich wie das Kommando **uuto**. Bei **uuto** ist nämlich lediglich der Login-Name des Empfängers anzugeben. Die zu übertragende Datei wird dabei immer in das Directory */var/spool/ uucppublic* des Zielsystems kopiert.

Um eine Datei auf ein anderes System kopieren zu können, müssen für die beiden Kommandos **uuto** und **uucp** folgende Zugriffsrechte vorliegen:

- Die zu kopierende Datei muß Leserecht für *others* gewähren.
- Das Directory, welches die zu kopierende Datei enthält, muß für *others* Lese- und Ausführrechte gewähren.

Liegen diese Zugriffsrechte nicht vor, so kann die entsprechende Datei nicht erfolgreich mit einem dieser Kommandos übertragen werden. Vor dem Aufruf eines dieser Kommandos sollte sich der Benutzer also vergewissern, daß die geforderten Zugriffsrechte vorliegen; ist dies nicht der Fall, so sind diese zuerst mit dem Kommando **chmod** entsprechend zu setzen.

Die vollständige Aufrufsyntax für **uucp** (*UNIX-to-UNIX system copy*) ist:

uucp [*optionen*]   *quell-datei(en)*   *ziel-datei*

uucp kopiert die angegebenen *quell-datei(en)* in die Datei bzw. in das Directory *ziel-datei*; falls *ziel-datei* ein Directory ist, so werden für die dort angelegten neuen Dateien die Namen der *quell-datei(en)*[20] verwendet.

Für eine *quell-datei* oder *ziel-datei* kann dabei folgendes angegeben werden:

---

[19] kann sehr lang sein
[20] als Name wird - wie bei **cp** - die letzte Komponente des Pfadnamens der *quell-datei(en)* in das Directory eingetragen.

- ein Pfadname auf dem lokalen System
- *knotenname!pfadname*[21] (*pfadname* auf dem System mit dem Namen *knotenname*)

Für *pfadname* kann dabei folgendes ausgegeben werden:

1. ein absoluter Pfadname
2. *~login-name*[*pfadname*]

    login-name muß dabei der Login-Name eines Benutzers auf dem entsprechenden System sein. Für *~login-name* setzt dann **uucp** das home directory des Benutzers *login-name* ein. Ein eventuell hier angegebener *pfadname* wird dann an dieses home directory angehängt.

3. *~/pfadname* (entspricht dem Pfad **/var/spool/uucppublic**/*pfadname*)

    Wenn mehr als eine Datei zu übertragen ist oder es sich bei der obigen Angabe um ein bereits vorhandenes Directory auf dem Zielsystem handelt, dann nimmt **uucp** die obige Angabe als Pfadnamen eines Directorys; in allen anderen Fällen interpretiert **uucp** die obige Angabe als Pfadname einer Datei.

    Um sicherzustellen, daß **uucp** auf jeden Fall ein Directory annimmt, ist es üblich, am Ende von *pfadname* einen *Slash /* anzugeben.

    Um Kollisionen mit anderen Benutzern des Netzwerks zu vermeiden, wird gewöhnlich der Login-Name des Empfängers als erste Komponente bei *pfadname* angegeben, wie z. B. die folgende Angabe für *ziel-datei*:

    ~/eric/ (entspricht der Angabe **/var/spool/uucppublic/eric/**)

    Falls das Subdirectory **eric** noch nicht existiert, wird dieses von **uucp** angelegt, und dann werden alle angegebenen *quell-datei(en)* dorthin übertragen.

4. jeder anderen Angabe wird der Pfadname des working directorys vorangestellt.

Bei der Angabe der Pfadnamen können die Metazeichen * ? \ [..] und [^..] zur Expandierung von Dateinamen[22] verwendet werden.

---

[21] bei der Angabe von *knotenname!knotenname!...!knotenname!pfadname* versucht **uucp** die zu kopierende Datei über den hierbei vorgegebenen Weg im Netz zu schicken.

[22] siehe Kapitel "2.6 Expandierung von Dateinamen auf der Kommandozeile"

10.4 Datenaustausch in einem Netz von UNIX-Systemen

Die bei den *quell-datei(en)* gewährten *execute*-Rechte bleiben beim Kopieren mit **uucp** erhalten; zusätzlich werden bei den Kopien alle Lese- und Schreib-Rechte vergeben.

Von den möglichen Optionen werden hier nur einige vorgestellt:

Option	Beschreibung
-j	(*job*) gibt eine Auftragskennung (*job identification*) auf der Standardausgabe aus. Diese Auftragskennung kann beim nachfolgend vorgestellten Kommando **uustat** verwendet werden, um den Status eines gegebenen Auftrags zu erfragen oder einen Auftrag zu beenden.
-m	(*mail*) sendet mail an den **uucp**-Aufrufer, in dem ihm mitgeteilt wird, ob der Kopierauftrag erfolgreich ausgeführt wurde oder nicht.
-n*login-name*	(*notify*) benachrichtigt den Empfänger *login-name*, daß eine Datei für ihn mit **uucp** übertragen wurde.
-s*dateiname*	(*status*) schreibt die Status-Information des Kopierauftrags in die Datei *dateiname*.

Der Benutzer mit dem Login-Namen **egon** habe folgende Daten:

home directory: */home/egon*
working directory: */home/egon/uebung1*
Knotenname: *hamburg2*

und der Benutzer mit dem Login-Namen **xfei** habe folgenden Daten:

home directory: */usr/xfei*
Knotenname: *munich4*

Wenn **egon** nun **xfei** die Datei */home/egon/uebung1/add2.c* schicken möchte, so kann er dies mit verschiedenen Kommandozeilen erreichen:

Aufruf	Wirkung
uucp add2.c munich4!/usr/xfei/add_egon.c	Angabe der Zieldatei als absoluter Pfadname
uucp add2.c munich4!~xfei/add_egon.c	entspricht dem vorherigen Aufruf

Aufruf	Wirkung
uucp add2.c munich4!~xfei	add2.c wird ins Directory /usr/xfei (auf System *munich4*) kopiert und behält dort seinen Namen *add2.c*
uucp add2.c munich4!~/xfei	add2.c wird ins Directory /var/spool/uucppublic/xfei (auf dem System *munich4*) kopiert und behält dort seinen Namen.

Und der Aufruf

    uucp -j -m -nxfei add2.c munich4!~xfei/von_egon/

schließlich bewirkt, daß zunächst eine Auftragskennung (z. B. *munich4m2f23*) ausgegeben wird. Nach der Ausführung des Kopierauftrags wird mail sowohl an den Sender **egon** (Information, ob Auftrag erfolgreich ausgeführt wurde) als auch an den Empfänger **xfei** (Information, daß eine Datei für ihn angekommen ist und wo sie sich befindet) geschickt. Die Datei *add2.c* wird dabei (bei erfolgreichem Kopiervorgang) nach */usr/xfei/von_egon/add2.c* (auf Rechner mit dem Knotennamen *munich4*) kopiert.

Neu in System V.4

Bei System V.4 wurden sogenannte *Grades* eingeführt, mit denen Kopierjobs eine Priorität zugeteilt werden kann. Ein Grade ist dabei entweder eine symbolische Bezeichnung (vom Systemadministrator festgelegt) oder ein Buchstabe (**A** bis **Z** und **a** bis **z**). Dabei steht der Buchstabe **A** für die höchste und **z** für die niedrigste Priorität.

Die Voreinstellung ist, daß alle Kopieraufträge die Priorität **Z** haben. Elektronische Mail, die mit UUCP übertragen wird, hat meist eine höhere Priorität (z. B. **D**).

Ein Grade kann beim **uucp**-Aufruf mit der Option **-g** *grade* festgelegt werden.

Mit dem Kommando **uuglist** kann man sich die am System verfügbaren Grades anzeigen lassen. Mit Option **-u** kann man sich alle Grades aus

10.4 Datenaustausch in einem Netz von UNIX-Systemen

geben lassen, die man selbst benutzen darf. Folgende Grades sind z. B. voreingestellt:

```
$ uuglist -u ⏎
high
low
medium
$
```

Sollten keine symbolischen Bezeichnungen existieren (wie **low**, **medium** und **high**), dann muß ein Buchstabe verwendet werden. In diesem Fall erscheint beim **uuglist**-Aufruf ein entsprechender Hinweis.

```
$ uuglist ⏎
No administrator defined service grades available on this machine,
use single letter/number only
$
```

Ebenfalls neu in System V.4 ist, daß gleichzeitig mehrere Verbindungen zum selben System aufgebaut werden können. Wenn z. B. ein Übertragungsweg durch einen nicht so eiligen und niederprioren Auftrag blockiert ist, können zeitkritische und wichtige Aufträge über eine weitere Verbindung übertragen werden und so den langsamen Auftrag überholen. Solche parallelen Verbindungen sind nur bei Aufträgen mit verschiedenen Prioritäten möglich.

Kopieren von Dateien mit uuto

Die vollständige Aufrufsyntax für das Kommando **uuto** ist:

uuto [-pm]   *quell-datei(en)*   *ziel*

uuto kopiert die *quell-datei(en)* an das angegebene *ziel*. Für *quell-datei(en)* ist dabei ein Pfadname auf dem lokalen System anzugeben. Das *ziel* muß dabei in der folgenden Form angegeben werden:

knotenname!login-name

login-name ist dabei der Login-Name des Empfängers am anderen System (*knotenname*).

Die Systemvariable **PUBDIR** legt dabei immer den ersten Teil des Pfad namens fest, wohin die *quell-datei(en)* zu kopieren sind:

$PUBDIR/receive/login-name/knotenname[23]

Die Voreinstellung für **PUBDIR** ist üblicherweise /var/spool/uucppublic.

Wenn diese Voreinstellung nicht geändert wurde, so werden also die *quell-datei(en)* ins Directory /var/spool/uucppublic/receive/loginname/knotenname auf dem Zielsystem kopiert.

Wenn eine der angegebenen *quell-datei(en)* ein Directory ist, so wird der vollständige darunterliegende Directory-Baum kopiert.

Die Ankunft der übertragenen Dateien wird dem Empfänger mit mail gemeldet.

Die Optionen haben folgende Wirkung:

-p   die zu kopierenden Dateien werden vor der Übertragung über das Netz in die Spool-Directory des lokalen Systems kopiert.

-m   dem Sender der Dateien wird mail geschickt, wenn der Kopiervorgang abgeschlossen ist.

Der Benutzer mit dem Login-Namen **egon** habe folgende Daten:

home directory: /home/egon
working directory: /home/egon
Knotenname: hamburg2

und der Benutzer mit dem Login-Namen **xfei** habe folgenden Daten:

home directory: /usr/xfei
Knotenname: munich4

Der Aufruf

uuto -m * munich4!xfei

würde alle Dateien[24] des working directorys einschließlich aller Bäume der enthaltenen Subdirectories auf den Rechner **munich4** in das Directory /var/spool/uucppublic/receive/xfei/hamburg2 kopieren. Danach würde der Empfänger **xfei** für jede kopierte Datei eine mail mit folgendem Inhalt erhalten:

```
/var/spool/uucppublic/receive/xfei/hamburg2/dateiname
from hamburg2!egon arrived
```

---

[23] **$PUBDIR** steht dabei für den Wert (Inhalt) der Variablen **PUBDIR** und für *knotenname* wird der Knotenname des Sender-Systems verwendet.

[24] außer Dateien, deren Name mit . beginnt.

10.4 Datenaustausch in einem Netz von UNIX-Systemen

Der Sender **egon** würde ebenso für jede kopierte Datei eine mail mit folgendem Inhalt erhalten:

```
REQUEST: hamburg2!/var/egon/dateiname -->
munich4!/var/spool/uucppublic/receive/xfei/hamburg2/dateiname (xfei)
copy succeeded
```

Nachdem der Empfänger mail erhalten hat, kann er sich die übertragenen Dateien mit dem Kommando **uupick** abholen:

uupick [-s *knotenname*]

uupick durchsucht die **PUBDIR**-Directory (**/var/spool/uucppublic**) nach Dateien, die für den jeweiligen Benutzer bestimmt sind. Für jeden gefundenen Eintrag (Datei oder Directory) gibt **uupick** eine der beiden folgenden Meldungen am Bildschirm aus, und zwar im Falle einer Datei:

```
from system knotenname: file dateiname ?
```

Im Falle eines Directorys sieht die Ausgabe so aus:

```
from system knotenname: dir dateiname ?
```

Nun erwartet **uupick** eine Antwort des Benutzers bezüglich weiterer Aktionen. Als Antworten sind dabei möglich:

Antwort	Wirkung
⏎	zum nächsten Eintrag weiterschalten
d	(*delete*) Eintrag löschen
m [*directory*]	(*move*) diesen Eintrag (Datei oder ganzen Directorybaum) in das angegebene *directory* verlagern; falls *directory* als relativer Pfadname angegeben ist, so wird diese Angabe als relativ zum working directory interpretiert. Wird kein *directory* angegeben, so wird die entsprechende Datei/Directory ins working directory verlagert.
a [*directory*]	(*all*) wie **m**, außer daß **alle** Einträge verlagert werden
p	(*print*) Inhalt der entsprechenden Datei ausgeben
q	(*quit*) **uupick** verlassen
Ctrl-D	
!*unix_kdo*	*unix_kdo* ausführen
*	Zusammenfassung aller möglichen Antworten
?	ausgeben

Wird **uupick** mit der Option **-s** *knotenname* aufgerufen, so sucht **uupick** im **PUBDIR**-Directory nur nach Einträgen, die vom System *knotenname* gesendet wurden.

Der Benutzer **egon** habe in seinem home directory folgenden Kopierauftrag gegeben:

```
uuto -m * munich4!xfei
```

Nach erfolgreicher Durchführung dieses Kopierauftrags wurde dem Benutzer **xfei** über mail mitgeteilt, daß entsprechende Dateien von **egon** für ihn angekommen sind. Diese kann er nun mit dem Kommando **uupick** "abholen":

```
$ pwd↵
/usr/xfei
$ uupick↵
from system hamburg2: dir uebung1
?
m↵
175 blocks
from system hamburg2: dir uebung3
?
d↵
from system hamburg2: file xx
?
*↵
usage: [d][m dir][a dir][p][q][cntl-d][!cmd][*][new-line]
?
m↵
4 blocks
$ ls↵
uebung1
xx
$ ls uebung1↵
...
alter
alter2
dateiliste
delta
....
$
```

Abfragen von Statusinformationen zu uucp- oder uuto-Aufträgen

Mit dem Kommando **uustat** ist es möglich, den Status von abgegebenen **uucp**- oder **uuto**-Aufträgen zu erfragen oder sogar solche Aufträge abzubrechen:

uustat [*optionen*]

Von den möglichen Optionen werden hier nur die meistbenutzten vorgestellt:

Option	Beschreibung
-a	Alle Aufträge (nicht nur eigene) ausgeben, die noch auf ihre Abarbeitung in einer Warteschlange (engl.: *queue*) warten
-m	Verfügbarkeit aller am Netz angeschlossenen Rechnern anzeigen
-k*auftragsnr*	Auftrag mit der Auftragsnummer *auftragsnr* abbrechen
-s*knotenname*	Statusinformationen zu allen Aufträgen ausgeben, die Dateien auf das System *knotenname* kopieren sollen.
-u*login-name*	Statusinformationen zu allen Aufträgen ausgeben, die der Benutzer *login-name* gab.

Wird nur **uustat** (ohne Optionen) aufgerufen, so gibt es Informationen über alle unerledigten Aufträge des aufrufenden Benutzers aus.

```
$ uustat ⏎
ahornN3407  11/14-13:15 S ahorn   egon 536 /home/egon/add2.c
            11/14-13:15 S ahorn   egon 6536 /home/egon/stunden.txt
ahornN3408  11/14-13:18 S ahorn   egon 34536 /home/egon/kosten.txt
            11/14-13:18 S ahorn   egon uucp add3.c munich5!~/
$
```

Im ersten Feld der Ausgabe steht die Auftragsnummer (*Job-ID*), mit der man sich auf diesen Auftrag beziehen kann, z. B. um ihn abzubrechen. Im zweiten Feld steht das Datum, an dem der Auftrag abgesetzt wurde, danach folgt ein **S** (Datei gesendet) oder **R** (Datei wird empfangen). Im nächsten Feld steht der Systemname, gefolgt vom Namen des Benutzers, der diesen Auftrag gegeben hat. Das folgende Feld enthält entweder den Namen eines auszuführenden Kommandos oder die Größe (in Bytes) und den Namen der zu kopierenden Datei.

Um einen Auftrag abzubrechen, steht die Option **-k** *job-id* zur Verfügung.

```
$ uustat -k ahornN3408 ⏎
Job: ahornN3408 successfully killed
$
```

Mehrfache Angabe der Option **-k** ist bei einem **uustat**-Aufruf nicht erlaubt, d. h. mehrere Aufträge müssen jeweils einzeln storniert werden. Falls ein aufzuhebender Auftrag schon beendet ist, gibt **uustat** eine Meldung aus, daß ein Abbruch nicht mehr möglich ist.

Bei Angabe der Option **-m** gibt **uustat** den Zustand aller erreichbaren Systeme aus.

```
$ uustat -m ⏎
birke      3C(4)         11/13-09-43 SUCCESSFUL
eiche                    11/12-17:05 SUCCESSFUL
feige      1C(2)         11/14-10:23 CALLER SCRIPT FAILED Retry: 0:20
kiefer     2C            11/14-15:36 WRONG TIME TO CALL
kirsche                  Locked TALKING
melone     4C            11/14-07:02 SUCCESSFUL
$
```

Die Angabe *x*C bedeutet dabei, daß *x* Aufträge (*Commands*) für dieses System anliegen. Eine Zahl in runden Klammern gibt an, seit wieviel Tagen sich der Auftrag in der Warteschlange befindet. Im dritten Feld steht entweder das Datum und das Ergebnis des letzten Verbindungsversuchs oder **Locked**, wenn zu diesem System momentan keine Verbindung besteht. Wenn der letzte Verbindungsaufbau fehlschlug, dann wird auch noch eine **Retry**-Zeit in Stunden und Minuten angezeigt, vor deren Ablauf kein erneuter Verbindungsversuch unternommen werden kann.

Wenn ein Auftrag sich als "Ladenhüter" in der Warteschlange entpuppt, d. h. längere Zeit (vom Systemadministrator einstellbar) in der Warteschlange unbearbeitet hängen bleibt, sendet das UUCP-System zunächst eine Warnung an den Auftraggeber, daß das Zielsystem nicht erreicht werden kann und der Auftrag bald gelöscht wird. Möchte der Auftraggeber dieses automatische Löschen des Auftrags durch das UUCP-System unterbinden, so kann er den entsprechenden Auftrag mit der Option **-r** *job-id* "verjüngen". In diesem Fall wird das Auftragsdatum auf

10.4 Datenaustausch in einem Netz von UNIX-Systemen

das aktuelle Datum gesetzt, so daß der Auftrag vorläufig noch nicht gelöscht wird.

Neu in System V.4
Durch die in System V.4 neu hinzugekommene Option -S*welch* können die aufzulistenden Aufträge weiter eingegrenzt werden. Für *welch* kann dabei einer der folgenden Buchstaben angegeben werden:

welch	nur Aufträge,
q	die sich noch in der Warteschlange befinden (Übertragung hat noch nicht begonnen)
r	die gerade bearbeitet werden (Übertragung läuft)
i	die abgebrochen wurden (Dateien wurden nicht vollständig übertragen)
c	die vollständig bearbeitet wurden.

Ebenfalls neu in System V.4 ist die Option **-t** *knotenname*. Die Angabe dieser Option bewirkt, daß **uustat** die durchschnittliche Übertragungsgeschwindigkeit ausgibt.

Remote-Job-Execution mit uux

Das Kommando **uux** (*UNIX-to-UNIX system command execution*) ermöglicht es, UNIX-Kommandos auf einem anderen, direkt erreichbaren System ausführen zu lassen. **uux** ist in der Lage, Dateien auf verschiedenen Systemen zu lesen, das entsprechende Kommando auf dem gewählten Fremdsystem auszuführen und die Standardausgabe dieses Kommandos wiederum in eine Datei auf einem Fremdsystem zu schreiben.

Die Aufrufsyntax für **uux** ist:

uux [*optionen*] "*kommandozeile*"

Für *kommandozeile* kann dabei eine übliche UNIX-Kommandozeile angegeben werden, wobei allerdings den entsprechenden Kommando- oder Dateinamen die Rechneradresse

knotenname!

vorangestellt werden darf. Alle Strings, vor denen kein Ausrufezeichen steht, werden als Argumente an das auszuführende Kommando übergeben. Bei Dateinamen muß immer angegeben sein, auf welchem System sie sich befinden. Ein Ausrufezeichen ohne Systemnamen bezeichnet dabei das lokale System. Die Angabe ~*login-name* wird dabei durch das Home Directory des Benutzer *login-name* auf dem entsprechenden System ersetzt.

Bevor das Kommando ausgeführt wird, überträgt das UUCP-System erst alle benötigten Dateien auf das Zielsystem. Zum Beispiel bewirkt der Aufruf

```
uux "munich3!diff hamburg1!~petersen/hexd.c !hdump.c >!vergl"
```

die Übertragung der Datei *hdump.c* (im working directory des lokalen Systems) auf den Rechner *munich3*; zusätzlich wird noch die Datei */home/petersen/hexd.c* vom Rechner *hamburg1* auf den Rechner *munich3* übertragen. Anschließend wird das Kommando **diff** auf dem Rechner *munich3* gestartet, um diese beiden so eben dorthin kopierten Dateien zu vergleichen. Die Ausgabe dieses Kommandos wird dann in die Datei *vergl* auf dem lokalen System geschrieben.

Während Pipes (|) und die beiden Umlenkungszeichen (> und <) bei **uux** erlaubt sind, sind die Umlenkungszeichen >> und << nicht zulässig.

Eine der vielen möglichen Optionen ist:

-p Die Standardeingabe von **uux** wird zugleich auch die Standardeingabe der angegebenen Kommandozeile; nützlich bei der Verwendung von **uux** auf der rechten Seite einer Pipe.

Der Aufruf

```
cat namliste | sort | nl | uux -p frankfurt2!lp
```

bewirkt, daß der Inhalt der Datei *namliste* sortiert und mit vorangestellten Zeilennummern auf einem Drucker des Systems *frankfurt2* ausgegeben wird.

Üblicherweise sind aus Sicherheitsgründen nicht alle Kommandos eines Systems für eine Ausführung durch **uux** freigegeben. Die Namen der für ein System freigegebenen Kommandos stehen alle in der Konfigurationsdatei */etc/uucp/Permissions*. Diese Datei ist für die Allgemeinheit nicht lesbar.

Wenn ein Kommando für die Ausführung mit **uux** nicht freigegeben oder bei der Ausführung ein Fehler aufgetreten ist, wird dem Aufrufer eine entsprechende Fehlermeldung über Mail zugestellt.

Remote-Login mit cu

Das Kommando **cu** (*call another UNIX system*) stellt eine Verbindung zwischen einem lokalen Rechner und einem "entfernten" Rechner her; es ermöglicht somit, daß ein Benutzer gleichzeitig an beiden Rechnersystemen angemeldet ist. Das bedeutet, daß er zwischen beiden Rechnersystemen hin- und herschalten kann und so auf beiden Rechnern Kommandos ausführen oder aber Dateien zwischen diesen beiden austauschen kann.

Von den möglichen Aufrufformen werden hier zwei vorgestellt:

cu [*optionen*]   *telefonnummer*

cu [*optionen*]   *knotenname*

cu stellt entweder über die angegebene *telefonnummer* oder über den *knotenname* eine Verbindung zum "entfernten" System her.

Für *telefonnummer* können neben Ziffern noch die Zeichen = und - angegeben werden:

= bedeutet "Warten auf einen zweiten Wählton (Amtsleitung)"

- bedeutet "4 Sekunden warten, bevor weiter zu wählen ist"

Ist *knotenname* angegeben, so stellt **cu** eine Verbindung zu diesem System her.

Nachdem eine Verbindung hergestellt wurde, wird dies gemeldet und die login-Aufforderung des "entfernten" Systems erscheint auf dem Bildschirm, wie z. B.

```
$ cu munich4⏎
Connected
login: egon⏎
Password: ....⏎
...
    login—Meldungen des anderen Systems
....
$
```

Nachdem der Benutzer seine Login-Kennung und sein Paßwort eingegeben hat, ist er am anderen System angemeldet; zugleich bleibt er auch am lokalen System angemeldet.

Eine der vielen möglichen Optionen von **cu** ist:

-*sbaudrate*   legt die zu verwendende Baudrate fest. Mögliche Angaben für *baudrate* sind: 300, 1200, 2400, 4800, 9600, 19200, 38400

Für **cu** ist eines der Systeme immer der Sender, der die Eingabe von der Standardeingabe liest und zum anderen System (Empfänger) schickt, das diese liest und auf die Standardausgabe schreibt. Ausnahmen dabei sind Zeilen, die mit ~ beginnen; diese werden nicht an das Fremdsystem weitergeleitet, sondern auf dem lokalen System ausgewertet.

Nach der Eingabe von ~ erscheint der Rechnername in eckigen Klammern als Anzeige dafür, von welchem System dieses Kommando ausgeführt wird.

Folgende mit ~ beginnende Kommandos kennt **cu**:

Kommando	Beschreibung
~.	Verbindung zum Fremdsystem abbrechen.
~!	Vorübergehend nur auf dem lokalen System arbeiten; in die Verbindung zum Fremdsystem kann mit [Ctrl]-[D] wieder zurückgekehrt werden.
~!*unix_kdo*	*unix_kdo* auf dem lokalen System ausführen.
~$*unix_kdo*	*unix_kdo* auf dem lokalen System ausführen, dessen Ausgabe aber an das andere System schicken.
~%cd ...	**cd**-Kommando auf dem lokalen System ausführen.
~%take *von* [*nach*]	kopiert die Datei *von* auf dem Fremdsystem in die Datei *nach* auf dem lokalen System. Fehlt die Angabe von *nach*, so wird für *nach* der Pfadname von *von* genommen.
~%**put** *von* [*nach*]	kopiert die Datei *von* des lokalen Systems in die Datei *nach* auf dem Fremdsystem. Fehlt die Angabe von *nach*, so wird für *nach* der Pfadname von *von* genommen.
~~*kdo_zeile*	sendet ~*kdo_zeile* an das Fremdsystem, so daß dort der Aufruf ~*kdo_zeile* ausgeführt wird.
~%break	
~%b	schickt ein BREAK-Signal an das Fremdsystem.
~%debug	
~%d	schaltet den debug-Modus für **cu** ein bzw. aus.
~t	gibt die Werte der Terminaleinstellung auf dem lokalen System aus.
~l	gibt die Werte der Terminaleinstellung auf dem Fremdsystem aus.

10.4 Datenaustausch in einem Netz von UNIX-Systemen

Neu in System V.4
In System V.4 wurde das Verfahren zur Dateiübertragung verändert. Wenn man mit einem älteren System verbunden ist, muß man zunächst ~%**old** das alte Protokoll einschalten, um mit ~%**take** und ~%**put** Dateien übertragen zu können.

Remote-Callback eines Terminals mit ct

Mit dem Kommando **ct** (*call terminal*) kann man sich zurückrufen lassen, z. B. um ein Terminal mit dem Rechner in der Firma zu verbinden, die die Telefonkosten für die Verbindung übernehmen soll.

Die Aufrufsyntax von **ct** ist:

ct [–s *speed*] [–w *minuten*] [–hv] [–x*n*] *telnr*....

Wenn mehrere Telefonnummern angegeben sind, probiert **ct** diese der Reihe nach durch, bis eine Verbindung zustandekommt.

Die Optionen bedeuten im einzelnen:

-s *speed*	*speed* legt die zu verwendende Baudrate fest; Voreinstellung ist 1200 Baud.
-w *minuten*	(*wait*) Wenn alle Leitungen belegt sind, fragt **ct**, ob es warten soll, bis eine frei ist, und wenn ja, wie lange maximal gewartet werden soll. Diese Abfrage wird mit **-w** *minuten* unterdrückt, und die maximale Wartezeit wird bereits beim Aufruf auf *minuten* festgelegt.
-h	kein sofortiger Verbindungsabbruch nach einem erfolgreichen Verbindungsaufbau. Voreinstellung ist, daß die Verbindung, über die **ct** gestartet wurde, wieder freigegeben wird, um einen Rückruf auf dieser Leitung zu ermöglichen.
-v	(*verbose*) ausführliche Informationen während des Verbindungsaufbaus ausgeben.
-x*n*	wird fürs Debuggen benötigt. *n* kann dabei ein Nummer zwischen 0 und 9 sein. Je größer die Nummer ist, umso mehr Debugging-Information wird ausgegeben.

Binärdateien verschicken mit uuencode und uudecode

Normalerweise dürfen über Mail keine Binärdateien verschickt werden, da sie auf manchen Übertragungsstrecken, wenn z. B. eine maximale

Zeilenlänge von 80 Zeichen festgelegt ist, nicht befördert werden können.

Zwar existiert im **mail**-Programm von System V.4 die Option **-m binary**, so daß die für die Mail-Zustellung zuständigen Programme erkennen, daß hier binäre Dateien verschickt werden, und sich somit auf die Verarbeitung binärer Dateien einstellen können; doch funktioniert das Ganze nur, wenn keine Übertragungswege über ältere Systeme benutzt werden.

Um aber auch auf älteren Systemen oder über ein externes Netz binäre Dateien verschicken zu können, stehen die beiden Kommandos **uuencode** und **uudecode** zur Verfügung.

uuencode [*quelldatei*] *zieldatei*

Dieses Kommando konvertiert den binären Inhalt der Datei *quelldatei* in ASCII-Zeichen und schreibt diese auf die Standardausgabe. Falls keine *quelldatei* angegeben ist, liest **uuencode** die umzuwandelnden Zeichen von der Standardeingabe. *zieldatei* muß immer angegeben sein. Dieses Argument und die Zugriffsrechte der Datei werden in einer Kopfzeile (**begin**) vor dem generierten ASCII-Text auf die Standardausgabe ausgegeben. Lenkt man die Ausgabe von **uuencode** in eine Datei um, wie z. B.

    uuencode add add >add.enc

dann kann man diese Datei (*add.enc*) problemlos mit **mail** verschicken.

Der Empfänger muß dann nur noch **uudecode** aufrufen:

uudecode [*ascii-datei*]

Bei der Rückumwandlung von ASCII- in Binärdaten entnimmt **uudecode** der *begin*-Kopfzeile die Zugriffsrechte und den Namen für die zu erzeugende Ausgabedatei. Falls *ascii-datei* nicht angegeben ist, liest **uudecode** von der Standardeingabe. So würde z. B. der Aufruf

    uudecode add.enc

eine Datei *add* im working directory erzeugen.

Durch die Konvertierung mit **uuencode** wird eine Datei um ca. 35% größer. Falls man große Textdateien zu übertragen hat, kann es eventuell angebracht sein, diese zunächst mit **compress** zu komprimieren und die so erhaltene Binärdatei dann mit **uuencode** für die Übertragung wieder in ASCII-Format umzuwandeln.

10.4.3 Arbeiten in lokalen oder weltweiten Netzen

Vor System V.4 wurde zur Vernetzung von UNIX-Systemen nur das UUCP-System mitgeliefert. Wenn auch ein UUCP-Netz nicht die Leistungsfähigkeit eines lokalen Hochgeschwindigkeitsnetzes bietet, so hat es aber doch den Vorteil, daß man ohne jegliche Spezialhardware Dateien zwischen UNIX-Systemen austauschen oder Ressourcen (wie Drucker) gemeinsam nutzen kann.

Neu in System V.4 In System V.4 nun ist die TCP/IP-Software standardmäßig im Lieferumfang enthalten. In diesem Kapitel werden die wichtigsten TCP/IP-Kommandos vorgestellt, die für den normalen Benutzer von Interesse sind.

Kurze Übersicht zu Netzen

Ein Netz ist eine Verbindung von Rechnersystemen, die miteinander kommunizieren können. Netze, die in sich abgeschlossen sind, wie z. B. in einer behördlichen Institution, einer Firma oder einer Universität, nennt man lokale Netze (**LAN**=*Local Area Network*). Werden mehrere lokale Netze miteinander verbunden, spricht man von einem Weitstreckennetz (**WAN**=*Wide Area Network*).

Über die Jahre entwickelten sich eine Vielzahl von WANs. Aus dem gemeinsamen Wunsch nach Informationsaustausch mit den Benutzern unterschiedlicher WANs entstanden durch den Zusammenschluß der Rechner dezentral verwaltete Netze.

Nachfolgend eine kurze Übersicht über die wichtigsten Netze:

Internet ist kein einzelnes Netz, sondern vielmehr ein "Netz von Netzen", das sich aus vielen regionalen und gruppenspezifischen Netzen zusammensetzt. Es basiert weitgehend auf dem früheren ARPANET des US-Verteidigungsministeriums. Zu den Diensten des Internet gehören hauptsächlich Remote-Login, File-Transfer und Beförderung von Elektronischer Mail.

UUCP ist ein Zusammenschluß von Rechnern, die Nachrichten über die UUCP-Software austauschen. Diese Software wurde ursprünglich zur Vernetzung von UNIX-Systemen geschrieben, ist heute aber auch für andere Betriebssysteme verfügbar. Das UUCP-Netz bietet File-Transfer- und Mail-Dienste an.

USENET entstand auf die Initiative der Benutzer von UNIX-Systemen und war ursprünglich ein reines UUCP-Netz. Heute ist ein Anschluß am USENET nicht mehr vom Betriebssystem abhängig. Auch ist kein Anschluß an ein bestimmtes Netz gefordert. So werden z. B. Nachrichten im USENET über das Internet transportiert. Der Dienst des USENET ist im wesentlichen die Übertragung von sogenannten "News" (Nachrichten).

BITNET ist ein amerikanisches Netz (*Because It's Time Network*) und besteht aus Rechnern, die zur Kommunikation ein Hersteller-spezifisches Protokoll benutzen. Als Teilnehmer sind nur akademische Institutionen zugelassen. Das deutsche Pendant zum BITNET ist das Forschungsnetz EARN.

Netzprotokolle

Damit die unterschiedlichen Rechnersysteme miteinander kommunizieren können, sind gewisse Regeln notwendig, die festlegen, wie diese Kommunikation abzuwickeln ist. Diese formalen Regeln nennt man *Netzprotokolle*.

Jedes Protokoll hat eine klar definierte Aufgabe und stellt jeweils bestimmte Funktionen zur Nutzung durch Protokolle aus den übergeordneten Schichten zur Verfügung. Die entsprechenden Netz-Applikationen müssen dann nur die Schnittstelle zu einem Protokoll aus den oberen Schichten kennen, und brauchen sich nicht um die physikalischen Übertragungseinheiten zu kümmern.

ISO-OSI Die *International Standardisation Organisation* (*ISO*) hat ein Referenzmodell mit Namen *Open System Interconnections* (*OSI*) entworfen, mit dem eine einheitliche Beschreibung des von den einzelnen Schichten zu leistenden Funktionsumfangs möglich ist. Dieses Referenzmodell umfaßt sieben Schichten:

Die unteren Schichten 1 und 2

Die Übertragungsschicht (*physical layer*) übernimmt den physikalischen Datenaustausch (wie z. B. Ansteuerung der entsprechenden Hardware).

Die Sicherungsschicht (*data link layer*) sorgt für eine gesicherte Übertragung von Nachrichten und die Adressierung der am Netz angeschlossenen Systeme.

Die mittleren Schichten 3 und 4

Die Vermittlungsschicht (*network layer*) vermittelt Datenpakete an den Empfänger weiter, indem z. B. virtuelle Verbindungswege (Routen) über Knotenrechner aufgebaut werden.

10.4 Datenaustausch in einem Netz von UNIX-Systemen

Die Transportschicht (*transport layer*) ist für den fehlerfreien Transport von Nachrichten und der Steuerung des Datenflusses verantwortlich.

Die oberen Schichten 5, 6 und 7

Die Kommunikationsschicht (*session layer*) ist für den Nachrichtenaustausch auf dem Übertragungsweg zuständig, wie z. B. das Umschalten der Sender-/Empfängerrichtung.

In der Darstellungsschicht (*presentation layer*) werden die Daten in eine einheitliche, vom Rechnersystem unabhängige Form gebracht.

Die Protokolle der Anwendungsschicht (*application layer*) werden von den Anwendungsprogrammen selbst definiert. Dazu gehören z. B. Datenübertragungen oder Systemanmeldungen über das Netz.

Internet Protocol Suite

Das folgende Bild stellt die beiden Referenzmodelle TCP/IP und ISO-OSI nebeneinander dar:

TCP/IP	ISO-OSI
	Application layer — Anwendungsschicht
Application level	Presentation layer — Darstellungsschicht
	Session layer — Kommunikationsschicht
Transmission level	Transport layer — Transportschicht
Internet level	Network layer — Vermittlungsschicht
Network level	Data link layer — Sicherungsschicht
	Physical layer — Übertragungsschicht

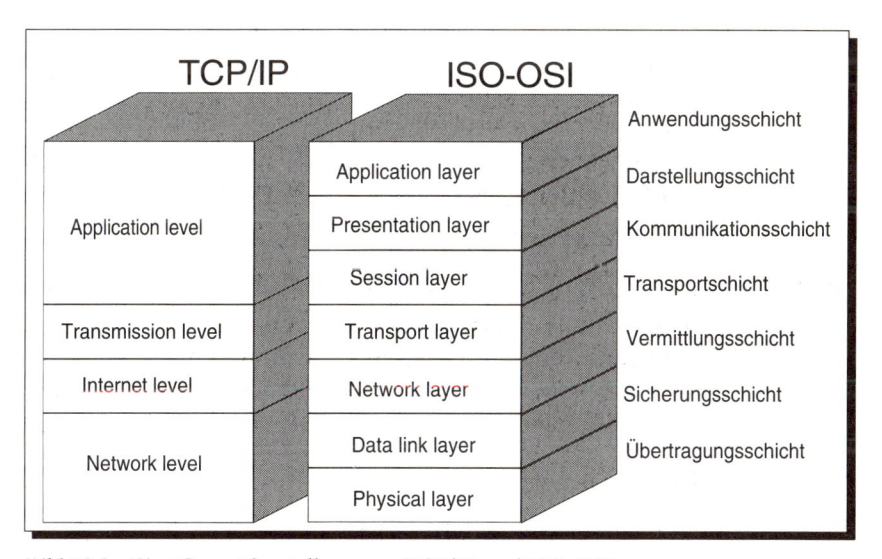

Bild 10.3 - Eine Gegenüberstellung von TCP/IP und ISO-OSI

Für UNIX-Systeme hat sich das herstellerunabhängige *Internet Protocol Suite* durchgesetzt. Das *Internet Protocol Suite* setzt sich aus mehreren Protokollen zusammen. Dazu gehören das *Internet Protocol* (*IP*), das *Transmission Control Protocol* (*TCP*), das *User Datagram Protocol* (*UDP*) und noch einige weitere Protokolle. Der Begriff **TCP/IP** stammt von den beiden Protokollen TCP und IP her. Es hat sich aber eingebürgert, daß man nur noch von TCP/IP spricht, und damit die gesamte Internet-Protokollfamilie meint. Wird der Begriff **Internet** verwendet, so ist damit immer das gleichnamige Weitstreckennetz (WAN) gemeint.

TCP/IP ermöglicht den Aufbau heterogener Netze, d. h. die Vernetzung unterschiedlichster Rechnersysteme, und ist sowohl für LANs als auch für WANs geeignet.

Die oberen drei Schichten von OSI sind bei TCP/IP in einer Schicht zusammengefaßt. Bei TCP/IP werden die Aufgaben "Kommunikationssteuerung" und "Darstellung" von den Anwendungsprogrammen selbst übernommen.

In der Transportschicht laufen bei TCP/IP Protokolle, die für die Übertragung zuständig sind, wie z. B. das *Transmission Control Protocol* (*TCP*).

Auf der Vermittlungsschicht (*network layer*) laufen bei TCP/IP Protokolle, die bestimmte Dienste für das *Internet Protocol* (*IP*) übernehmen. Bei Verwendung des IP-Protokolls müssen die Applikationsprogramme nicht wissen, welches physikalische Transportmedium für die Kommunikation zuständig ist.

Die beiden untersten OSI-Schichten sind bei TCP/IP zu einer Schicht zusammengefaßt, da oft diese Funktionen direkt durch die Hardware zur Verfügung gestellt werden.

In System V.4 sind als TCP/IP-Kommunikationsprogramme die *r-*Kommandos von Berkeley und *DARPA*-Kommandos[25] enthalten, welche nachfolgend beschrieben werden.

Die r-Kommandos von Berkeley

Die r-Kommandos von Berkeley beginnen alle mit dem Buchstaben "r" als Abkürzung für *remote*. Sie funktionieren nur bei Verbindungen von UNIX-Systemen untereinander und bei Systemen, für die es eine Portierung der r-Kommandos gibt (z. B. VMS).

Die Datei /etc/hosts

Die Datei */etc/hosts* ist Bestandteil der TCP/IP-Software. Sie enthält die Namen und Internet-Adressen der in einem Netz verbundenen Systeme. Die Einträge in dieser Datei sind in Felder unterteilt, die durch Leerzeichen voneinander getrennt sind.

Das erste Feld enthält dabei die numerische Internet-Adresse, die der Systemadministrator für den entsprechenden Rechner vergeben hat. Im zweiten Feld steht die Domain-Adresse des Rechners, und in den fol-

---

[25] *DARPA = Defense Advanced Research Projects Agency* (Behörde der US-Regierung). Diese Behörde entwickelte TCP/IP als Grundlage für das ARPANET, ein Weitstreckennetz, das in den siebziger Jahren in Betrieb genommen wurde.

genden Felder können Kurznamen (Aliasnamen) für die Internet-Adressen angegeben sein. Ein Kommentar wird in */etc/hosts* immer mit dem Nummernzeichen **#** eingeleitet. Nachfolgend ist ein möglicher Inhalt einer fiktiven */etc/hosts* gezeigt:

```
$ cat /etc/hosts ⏎
# ─────────────────────────────────────
#     Internet Host Tabelle
# ─────────────────────────────────────
125.0.0.1        localhost lb lo
152.11.144.4     eiche.klug.de      chemie     # Chemie-Rechner
152.11.144.5     birke.klug.de      physik     # Rechner im Physiklabor
152.11.144.6     weide.klug.de      informat   # Rechner der Informatiker
152.11.144.7     tanne.klug.de      mathe      # die Mathematiker-VAX
$
```

Remote Login mit rlogin

Möchte ein Benutzer sich auf einem entfernten Rechner im Netz anmelden, muß er **rlogin** aufrufen. Die Aufrufsyntax ist:

rlogin   [*option(en)*]   *hostname*

Beim Verbindungsaufbau zum Rechner *hostname* überträgt **rlogin** den für die Anmeldung zu verwendenden Login-Namen sowie den Inhalt der *TERM*-Variablen. Als Login-Name wird normalerweise der Login-Name des aufrufenden Benutzers verwendet, außer es wurde die Option **-l** *login-name* angegeben.

Als *hostname* sind dabei die in */etc/hosts* aufgezählten Rechner-Namen erlaubt.

Der Systemadministrator legt fest, auf welchen Rechnern im Netz er eine Login-Kennung für die einzelnen Benutzer einrichtet. Hat ein Benutzer auf einem anderem Rechner im Netz eine Kennung, so kann er sich dort anmelden (eventuell mit eigenem Paßwort).

Jeder lokale Rechner im Netz kann eine Datei */etc/hosts.equiv* enthalten, die eine Liste von Rechnernamen enthält. Die Benutzer auf diesen darin erwähnten Rechnern gelten als sogenannte "trusted" Benutzer (Vertrauenspersonen), die sich mit ihrem Login-Namen an diesem lokalen Rechner anmelden können, ohne daß von Ihnen ein Paßwort verlangt wird. Wenn in */etc/hosts.equiv* nur eine einzige Zeile mit einem Pluszeichen (+) beginnt, gelten alle Benutzer der im Netz vorhandenen Rechner als "Vertrauenspersonen", denen ohne Paßwort Zugang zum lokalen System gestattet ist.

Daneben kann aber auch noch jeder einzelne Benutzer festlegen, wer sich von entfernten Rechnern am lokalen Rechner unter seiner Login-Kennung anmelden darf. Dazu muß der entsprechende Benutzer in seinem Home Directory eine Datei *.rhosts* anlegen, in der er alle seine "Vertrauenspersonen" aufzählt. Eine Zeile in *.rhosts* muß zwei oder mehr mit Leerzeichen getrennte Einträge enthalten: den *hostname* und *login-name(n)*. Ein solcher Eintrag in *.rhosts* bedeutet dann, daß sich der Benutzer *login-name* vom entfernten Rechner *hostname* am lokalen Rechner ohne Eingabe eines Paßwortes anmelden darf. Wenn z. B. **egon** auf seinem System *ahorn* folgende Datei *.rhosts* in seinem home directory hat:

```
birke.klug.de egon
eiche.klug.de eg eh
kiefer.klug.de mueller
```

dann wird der Zugang unter der Kennung *egon* für das System *birke* gestattet. Anmeldungen vom Rechner *eiche* aus müssen unter *eg* oder *eh*, und Anmeldungen vom Rechner *kiefer* aus unter *mueller* erfolgen.

Die Datei *.rhosts* wird nur dann ausgewertet, wenn nicht bereits in */etc/hosts.equiv* ein passender Eintrag für den Rechner gefunden wurde. Der Eigentümer von *.rhosts* muß entweder der Benutzer selbst oder der Systemadministrator sein, andernfalls wird der Inhalt von *.rhosts* ignoriert.

Ist einem Benutzer kein Zugang als "Vertrauensperson" gestattet, so wird von ihm ein Paßwort verlangt, wie dies auch bei einer gewöhnlichen Benutzeranmeldung an einem System der Fall ist.

Die Sitzung mit **rlogin** wird beendet, wenn man sich auf dem entfernten System mit **exit** oder *Ctrl-D* abmeldet.

Falls eine solche normale Abmeldung aus irgendwelchen Gründen nicht mehr möglich sein sollte, kann man die Sitzung auch durch die Eingabe der Zeichenfolge ~. beenden. Ist man an einem System über mehrere Rechner hinweg angemeldet, werden bei der Eingabe von ~. alle **rlogin**-Prozesse beendet und man befindet sich anschließend wieder auf dem lokalen System. Soll nur die letzte Verbindung abgebrochen werden, muß man ~~. eingeben.

Remote Shell mit rsh

Möchte man nur ein Kommando auf einem entfernten System ausführen lassen, muß das Kommando **rsh** verwendet werden. Die Ausführung von **rsh** muß dabei jedoch auf dem entfernten Rechner entweder über */etc/hosts.equiv* oder *.hosts* (im home directory) gestattet sein.

10.4 Datenaustausch in einem Netz von UNIX-Systemen

Die Aufrufsyntax ist:

rsh   [*optionen*]   *hostname*   [*kommando*]   [26]

Bei Angabe eines *kommando* wird dieses auf dem System *hostname* ausgeführt. Wenn kein *kommando* angegeben ist, verhält sich **rsh** wie **rlogin**. Mit -l *login-name* kann ein anderer *login-name* gewählt werden, wenn nicht die eigene Kennung zur Anmeldung am entfernten System *hostname* verwendet werden soll.

Im folgenden Beispiel werden die Dateien des Directorys */home/egon/uebung1*, deren Name mit *a* beginnt, auf dem Rechner *kiefer* aufgelistet.

```
$ rsh kiefer ls -1 uebung1/a*  ⏎
abc1
abc2
abc3
add1.c
add2.c
....
....
alter
alter2
$
```

Das Kommando **rsh** wird ausgeführt, als ob man sich gerade am System angemeldet hätte und dort dann die entsprechende Kommandozeile aufgerufen hätte. Das working directory ist also das home directory.

Die Standard-Ein-/Ausgabekanäle von **rsh** bleiben bei dem auszuführenden Kommando erhalten. Das heißt, daß weiter vom aufrufenden Terminal gelesen und auf dieses geschrieben wird. Allerdings wird anders als bei **rlogin** der Inhalt der **TERM**-Variablen nicht übertragen, was bedeutet, daß bildschirmorientierte Kommandos wie **pg** oder **vi** nicht aufgerufen werden können.

Metazeichen der Shell müssen ausgeschaltet werden, wenn sie nicht durch das lokale System, sondern erst durch das entfernte System ausgewertet werden sollen. Dies ist auf zwei verschiedene Arten möglich, entweder man schließt das ganze *kommando* in Anführungszeichen ein ("*kommando*") oder man stellt den entsprechenden Metazeichen einen Backslash \ voran. Um z. B. auf dem System *kiefer* den Inhalt einer Datei *namen* sortiert und numeriert in eine Datei *namen.sort* zu schreiben,

---

[26] *hostname* darf dabei auch vor den Optionen angegeben sein.

könnte man einen der beiden folgenden Aufrufe am lokalen System abgeben:

```
rsh kiefer "sort namen | nl -ba >namen.sort"

rsh kiefer sort namen \| nl -ba \>namen.sort
```

Remote Copy mit rcp

Mit dem Kommando **rcp** (*remote copy*) kann man Dateien oder ganze Directory-Teilbäume über ein Netz kopieren. Für **rcp** existieren zwei Möglichkeiten des Aufrufs:

(1)   rcp [*optionen*] *datei1 datei2*
(2)   rcp [*optionen*] *datei(en) directory*

Bei der Aufrufform (1) wird *datei1* nach *datei2* kopiert. Bei der Aufrufform (2) werden entweder die *datei(en)* in das Zieldirectory *directory* kopiert. Sollten sich unter den *datei(en)* Directories befinden, so muß die Option **-r** (*recursive*) angegeben werden, damit die ganzen Directorybäume kopiert werden. Als Argumente können die Namen lokaler Dateien oder die Namen auf entfernten Systemen angegeben werden. Im letzten Fall steht vor dem Dateinamen noch der Systemname, abgetrennt durch einen Doppelpunkt (:). So kopiert z. B. der folgende Aufruf

```
rcp add.c weide:/home/egon/add.c
```

die Datei *add.c* vom lokalen Rechner in das Directory */home/egon* auf dem Rechner *weide*. Man braucht nicht unbedingt den absoluten Pfadnamen der Zieldatei anzugeben. Fehlt diese Angabe, so wird die Datei ins home directory des Aufrufers auf dem jeweiligen System kopiert. Falls auch noch der gleiche Dateiname bei der Kopie zu verwenden ist, so kann auch noch der Zieldateiname weggelassen werden. Für obigen Aufruf hätte man z. B. auch folgenden Aufruf angeben können:

```
rcp add.c weide:
```

Die Quell- und Zieldateien dürfen sich bei **rcp** auf unterschiedlichen Systemen befinden. So würde z. B. der folgende Aufruf

```
rcp eiche:add.c kiefer:add2.c
```

die Datei *add.c* auf dem System *eiche* in die Datei *add2.c* auf dem System *kiefer* kopieren.

Normalerweise benutzt **rcp** auf dem entfernten System die Benutzerkennung, unter der es am lokalen System aufgerufen wurde. Ist aber bei den Argumenten vor dem Rechnernamen mit @ abgetrennt ein Login-Name angegeben, so findet der Kopiervorgang unter der Kennung dieses Login-Namens statt. Voraussetzung dafür ist, daß die lokale Kennung in der Datei *.rhosts* des entsprechenden Benutzers enthalten ist.

So kopiert z. B. der nachfolgende Aufruf die Datei *add.c* vom home directory des Benutzers *egon* auf dem System *tanne* in das working directory auf dem lokalen System unter dem Namen *addiere.c*

```
rcp  egon@tanne:add.c  addiere.c
```

Um z. B. alle C-Programme des working directorys in das Directory */home/egon/src* auf den Rechner *buche* unter der Kennung *egon* zu kopieren, könnte man den folgenden Aufruf angeben:

```
rcp  egon@*.c  buche:src
```

Sollen ganze Directorybäume kopiert werden, so muß die Option **-r** beim Aufruf von **rcp** angegeben werden. So kopiert z. B. der folgende Aufruf

```
rcp  -r  uebung1/src  kiefer:sources
```

den ganzen Directorybaum *src* in das Directory *sources* (unter dem home directory des Aufrufers auf Rechner *kiefer*). Dabei wird das angegebene Zieldirectory *sources* automatisch erstellt, wenn es noch nicht existiert. Falls *sources* bereits existiert, so wird das zu kopierende Directory *src* dort als Subdirectory angelegt.

Alle momentan aktiven Benutzer im Netz mit rwho auflisten

Das Kommando **rwho** liefert Informationen über alle Benutzer, die an einem der im Netz verbundenen Systeme angemeldet sind. Namen von Benutzern, die seit mehr als einer Stunde keine Eingaben mehr getätigt haben, werden in der Ausgabe von **rwho** nicht angezeigt, außer es wurde die Option **-a** angegeben.

```
$ rwho ⏎
egon      ahorn:term/01   Dec  4 13:44
fritz     ahorn:term/04   Dec  4 09:34
micha     eiche:term/02   Dec  4 07:53
emil      kiefer:term/02  Dec  4 08:32
..........
..........
$
```

Alle momentan aktiven Systeme im Netz mit ruptime auflisten

Mit dem Kommando **ruptime** kann man feststellen, welche Systeme seit wann im Netz angeschlossen sind, wie z. B.

```
$ ruptime ⏎
kiefer      up   22+08:34,     5 users,    load 0.00, 0.05, 0.15
ahorn       up   22+07:59,     2 users,    load 0.35, 0.15, 0.08
buche       up   17+12:23,     3 users,    load 0.09, 0.04, 0.03
tanne       down 1+07:25
$
```

Die Informationen bedeuten z. B. für das System *ahorn*, daß es seit 22 Tagen, 7 Stunden und 59 Minuten am Netz ist und momentan 2 Benutzer angemeldet sind. Die mittlere Auslastung (*load average*) besagt, daß das System in der letzten Minute durchschnittlich mit 0,35 Prozessen, in den letzten fünf Minuten mit 0,15 Prozessen und in der letzten Viertelstunde mit 0,08 Prozessen belastet war.

Verbindung zu einem System mit ping testen

Mit dem Kommando **ping** kann man feststellen, ob ein System momentan erreichbar ist. Als Argument muß der Name des zu testenden Rechners angegeben werden.

```
$ ping kiefer ⏎
kiefer is alive
$ ping erle ⏎
no answer from erle
$
```

Bei Angabe der Option **-s** sendet **ping** ständig Datenpakete an das entfernte System und mißt die Zeit, bis diese wieder zurückgeschickt werden (*round-trip*). Wenn die Ausführung eines Kommandos auf einem anderen System unerwartet lange dauert, kann man mit **ping** testen, ob das betreffende System abgestürzt oder aber nur das Netz momentan stark belastet ist. In diesem Fall muß man **ping** mit der *intr*-Taste (*Ctrl-C* oder *Del*) abbrechen.

```
$ ping -s weide ⏎
PING weide: 56 data bytes
64 bytes from (152.11.144.6): icmp_seq=0. time=10. ms
64 bytes from (152.11.144.6): icmp_seq=0. time=10. ms
64 bytes from (152.11.144.6): icmp_seq=0. time=10. ms
64 bytes from (152.11.144.6): icmp_seq=0. time=10. ms
64 bytes from (152.11.144.6): icmp_seq=0. time=10. ms
Ctrl-C
```

```
------weide PING Statistics------
5 packets transmitted, 5 packets received, 0% packet loss
round-trip (ms)  min/avg/max = 10/10/10
$
```

Aus der abschließend ausgegebenen Statistik ist unter anderem ablesbar, daß die fünf gesendeten Pakete korrekt wieder empfangen wurden. Wenn der Rechner nicht erreichbar wäre, würde nach dem Abbruch von **ping** dies Ausgabe *100% packet loss* erscheinen.

Remote Login mit telnet

Mit dem Kommando **telnet** (*teletype network*) kann man sich ähnlich wie mit **rlogin** auf einem anderen System anmelden. **telnet** wird üblicherweise für Verbindungen zu Nicht-UNIX-Systemen benutzt. Die Aufrufsyntax ist:

telnet [*host* [*port*]]

host muß der Name des betreffenden Rechners oder seine Internet-Adresse aus */etc/hosts* sein. Die *port*-Angabe ermöglicht einen Verbindungsaufbau zu einem bestimmten Dienst, dessen Name oder Nummer hierbei anzugeben ist.

Nach einem erfolgreichen Verbindungsaufbau befindet sich **telnet** im Eingabemodus, was bedeutet, daß alle eingegebenen Zeichen an das entfernte System übertragen und von diesem verarbeitet werden. Ausgaben von Kommandos auf dem entfernten System erscheinen dagegen auf dem lokalen Bildschirm.

Wird **telnet** alleine (ohne ein Argument) aufgerufen, so befindet man sich im telnet-Kommandomodus, was durch die Ausgabe des Prompts *telnet>* angezeigt wird. Man kann jederzeit mit der Eingabe von *Ctrl-]* vom Eingabe- in den Kommandomodus wechseln. Um sich eine Kurzübersicht der möglichen **telnet**-Kommandos anzeigen zu lassen, muß man nur *?* eingeben.

```
$ telnet ⏎
telnet> ? ⏎
Commands may be abbreviated.  Commands are:

close         close current connection
display       display operating parameters
mode          try to enter line-by-line or character-at-a-time mode
```

```
open           connect to a site
quit           exit telnet
send           transmit special characters ('send ?' for more)
set            set operating parameters ('set ?' for more)
status         print status information
toggle         toggle operating parameters ('toggle ?' for more)
z              suspend telnet
?              print help information
telnet>
```

Aufbauen und Beenden einer Verbindung

Im Kommandomodus kann man mit dem telnet-Kommando

open *host*

eine Verbindung zu einem entfernten System aufbauen. *host* muß der Name des entfernten Rechners oder seine Internet-Adresse aus */etc/hosts* sein. Danach kann man sich dann an diesem System anmelden.

```
telnet> open birke ⏎
Trying 152.11.144.5 ....
Connected to birke.klug.de.
Escape character is '^]'.

UNIX System V Release 4.2 (birke)

login:
```

Nach einer erfolgreichen Anmeldung kann man auf dem entfernten System arbeiten. Mit der Abmeldung von diesem System wird normalerweise auch die Verbindung abgebrochen. Sollte dies nicht der Fall sein, so kann man die Verbindung durch die Eingabe der telnet-Kommandos **close** oder **quit** abbrechen. Dadurch werden alle telnet-Verbindungen abgebrochen, wenn man sich über mehrere Systeme hinweg mit einem bestimmten Rechner verbunden hatte. Man befindet sich danach wieder auf dem lokalen System.

Der Übertragungsmodus

Nach einem Verbindungsaufbau befindet sich **telnet** im Eingabemodus. Es arbeitet dabei entweder mit Einzelzeichen- (*character-at-a-time*) oder mit Zeilen-Übertragung (*line-by-line-modus*), je nachdem, welchen Mo-

10.4 Datenaustausch in einem Netz von UNIX-Systemen

dus das entfernte System beim Verbindungsaufbau angefordert hat. Mit dem telnet-Kommando

mode *typ*

läßt sich dieser Übertragungsmodus ändern. Für *typ* kann dabei entweder **character** oder **line** angegeben werden.

Bei der Einzelzeichen-Übertragung (**character**) wird jede gedrückte Taste sofort an das entfernte System gesendet. Bei der Zeilen-Übertragung (**line**) werden immer nur ganze Zeilen, nachdem sie mit RETURN abgeschlossen wurden, an das entfernte System gesendet. Für diesen Fall ist immer die Echo-Funktion am Terminal eingeschaltet, was bedeutet, daß jedes eingegebene Zeichen auch am Bildschirm angezeigt wird. Diese Echo-Funktion kann man mit *Ctrl-E* ausgeschaltet werden, um z. B. Paßwort-Eingaben zu tätigen.

Man sollte immer dann mit Zeilen-Übertragung arbeiten, wenn man über teure Leitungen arbeitet, bei welchen eine Einzelzeichen-Übertragung hohe Übertragungsgebühren verursacht. Es ist jedoch zu beachten, daß bei Zeilen-Übertragung keine bildschirmorientierten Programme (wie z. B. **vi**) mehr benutzt werden können.

Mit dem telnet-Kommando **status** kann man den momentan eingestellten Übertragungsmodus erfragen.

```
$ Ctrl-]
telnet> status  ⏎
Connected to birke.klug.de.
Operating in character-at-a-time mode.
Escape character is '^]'.
 ⏎
$
```

Steuerzeichen

Mit dem telnet-Kommando **display** kann man sich die aktuellen Einstellungen und die lokalen Steuerzeichen anzeigen lassen.

```
telnet> display  ⏎
will flush output when sending interrupt characters.
won't send interrupt characters in urgent mode.
 .......
 .......
[^E]    echo.
```

```
[^]]    escape.
[^H]    erase.
[^O]    flushoutput.
[^C]    interrupt.
[^U]    kill.
[^\]    quit.
[^D]    eof.
telnet>
```

Mit dem telnet-Kommando **set** lassen sich diese Steuerzeichen auch ändern, wie z. B.

```
set erase ^x
```

Um mehr über die Aufrufsyntax von **set** zu erfahren, muß man nur

```
set ?
```

aufrufen; man erhält dann eine Kurzbeschreibung.

Sollen TELNET-Sequenzen ausgesendet werden, so als seien sie durch Steuerzeichen veranlaßt wurden, muß das telnet-Kommando **send** benutzt werden:

```
send   name(n)
```

Die möglichen Angaben für *name(n)* sind in der folgenden Tabelle angegeben:

Name		Bedeutung
brk	(*break*)	Unterbrechungssignal senden
ec	(*erase character*)	letztes Zeichen löschen
el	(*erase line*)	ganze Zeile wieder löschen
ip	(*interrupt process*)	Prozeß abbrechen
escape		Escape-Zeichen senden
ao	(*abort output*)	Ausgabe beenden
synch	(*synch operation*)	Eingabe beenden
ayt	(*are you there*)	Verbindung prüfen
ga	(*go ahead*)	Fortsetzung
nop	(*no operation*)	Leeres Kommando
?		Kurzbeschreibung zu send ausgeben

telnet-Einstellungen mit toggle ändern

Sollen die Einstellungen von **telnet** geändert werden, was abhängig vom momentanen Zustand entweder ein- oder ausschalten bedeutet, so muß das telnet-Kommando **toggle** verwendet werden:

toggle *name(n)*

Die möglichen Angaben für *name(n)* sind im Anhang beim telnet-Kommando beschrieben.

Dateiübertragung mit ftp

Mit dem Kommando **ftp** (*file transfer program*) kann man sich auf einen anderen vernetzten Rechner begeben, dort im Directorybaum herumwandern und Dateien zwischen den beiden Systemen hin und her kopieren. Das Programm **ftp** kommuniziert mit dem Server über das auf dem TELNET-Protokoll basierenden FTP-Protokoll, welches von vielen verschiedenen Betriebssystemen unterstützt wird, so daß Datenübertragungen über **ftp** auch mit Nicht-UNIX-Systemen möglich sind. Die Aufrufsyntax von **ftp** ist:

ftp [*option(en)*] [*host*]

Wenn für *host* ein Rechnername oder eine Internet-Adresse angegeben ist, versucht **ftp** eine Verbindung zu diesem System aufzubauen. Anschließend meldet sich dann **ftp** im Kommandomodus mit dem Prompt *ftp>* und erwartet die Eingabe eines ftp-Kommandos.

Von der Vielzahl von ftp-Kommandos werden nachfolgend nur die wichtigsten beschrieben. Eine Kurzübersicht über alle ftp-Kommandos erhält man mit **help**.

Aufbau und Beenden von Verbindungen

Falls man beim Aufruf von **ftp** kein *host* angegeben hatte, so meldet sich **ftp** im Kommandomodus. Man kann nun mit dem ftp-Kommando **open** eine Verbindung zu einem entfernten System aufbauen.

```
$ ftp ⏎
ftp> open birke ⏎
Connected to birke.klug.de.
220 birke FTP server (UNIX System V Release 4.2) ready.
Name (birke:egon): ⏎
331 Password required for egon.
Password: tea4me ⏎      [Eingabe verdeckt]
230 User egon logged in.
ftp>
```

Nach einem erfolgreichen Verbindungsaufbau meldet sich noch der FTP-Server, bevor die Aufforderung zur Anmeldung erscheint. Dabei wird der Login-Name des Aufrufers als Voreinstellung angeboten. Nur wenn der Benutzer diesem System unter einem anderem Login-Namen bekannt ist, muß er diesen hier nun eintippen, ansonsten reicht die alleinige Eingabe eines RETURN-Zeichens.

Nachdem man sich angemeldet hat, arbeitet man dann nicht wie üblich mit einer Shell, sondern mit dem FTP-Server, der nun alle Kommandos entgegennimmt, interpretiert und zur Ausführung bringt.

Mit den ftp-Kommandos **quit** und **bye** oder auch mit *Ctrl-D* kann man eine ftp-Verbindung und das Kommando **ftp** selbst beenden. Soll nur eine ftp-Verbindung abgebaut werden, so erreicht man dies mit dem Kommando **close** oder **disconnect**.

ftp-Kommandos für einfache Datei- und Directory-Operationen

Mit **pwd** kann man sich das working directory auf dem entfernten System anzeigen lassen.

Wechseln in ein anderes Directory auf dem entfernten System ist mit **cd** möglich. Mit **cdup** kann man in das parent directory (entspricht cd .. auf UNIX-Systemen) wechseln. Um auf dem lokalen System in ein anderes Directory zu wechseln, muß man das ftp-Kommando **lcd** (*local cd*) verwenden.

Die Dateinamen in einem Directory lassen sich mit **ls** oder **dir** auflisten. **ls** erzeugt eine kurze und **dir** eine lange Ausgabe (ähnlich zu **ls -l**).

```
ftp> cd bericht ⏎
250 CWD command successful.
ftp> dir ⏎
200 PORT command successful.
150 Opening data connection for /bin/ls .....
total 17
-rw-r--r--   1 egon     graphik      2429 Dec 14 13:23 oregon_besuch
-rw-------   1 egon     graphik     23562 Nov 23 15:56 marketing
......
......
226 Transfer complete.
650 bytes received in 0.03 seconds (9.8 Kbytes/s)
ftp>
```

Um Directories auf einem entfernten System zu erstellen, steht das ftp-Kommando **mkdir** zur Verfügung. Leere Directories können mit **rmdir** gelöscht werden. Mit **delete** kann eine Datei auf dem entfernten System gelöscht und mit **rename** umbenannt werden. Das Kommando **mdelete** löscht ebenfalls Dateien auf dem entfernten System, erlaubt aber die Angabe mehrerer Dateinamen. Ebenso existieren **chmod** und **umask** als ftp-Kommandos, wobei diese beiden jedoch nur bei Verbindungen zwischen UNIX-Systemen funktionieren.

Kopieren von einzelnen Dateien zwischen Systemen

Mit dem ftp-Kommando **get** ist es möglich, eine Datei vom entfernten System auf das lokale System zu kopieren. Zum Kopieren einer Datei vom lokalen auf das entfernte System steht das ftp-Kommando **put** zur Verfügung. Sind keine absoluten Pfadnamen angegeben, so beziehen sich die relativen Pfadangaben immer auf das working directory am entsprechenden System.

Normalerweise ist beim Kopieren das ASCII-Format eingestellt. Will man binäre Dateien kopieren, so muß man zuvor mit einem der beiden ftp-Kommandos **binary** oder **image** auf das binäre Übertragungsformat umschalten. Mit **ascii** kann dann wieder in das ASCII-Format zurückgeschaltet werden. Das momentan eingestellte Übertragungsformat läßt sich mit dem ftp-Kommando **type** ermitteln. Im folgenden Beispiel wird die Datei *marketing* im ASCII-Format vom entfernten System auf das lokale System kopiert. **ftp** gibt dabei Kontrollmeldungen über die Durchführung des Kopiervorgangs sowie eine Auswertung der Übertragungsgeschwindigkeit aus.

```
ftp> get marketing ⏎
200 PORT command successful.
150 Opening data connection for marketing (152.11.144.5,1472) (23562
bytes).
226 Transfer complete.
local: marketing remote: marketing
23562 bytes received in 0.03 seconds (38 Kbytes/s)
ftp>
```

Möchte man die zu kopierende Datei *marketing* am lokalen System unter einem anderen Namen, wie z. B. *mai.mar*, ablegen, so hätte man folgende Kommandozeile angeben müssen:

```
get marketing mai.mar
```

Will man eine Datei vom lokalen System auf das entfernte System kopieren, so muß man das ftp-Kommando **put** benutzen. Dabei ist natürlich als erstes Argument die zu kopierende Datei auf dem lokalen System, und als optionales zweites Argument der Name anzugeben, unter dem diese Datei auf dem entfernten System abzulegen ist.

Kopieren von mehreren Dateien zwischen Systemen

Während mit **get** und **put** immer nur eine Datei zwischen zwei Systemen kopiert werden kann, ist es mit den ftp-Kommandos **mget** und **mput** möglich, mehrere Dateien gleichzeitig zu kopieren. Sind keine Dateinamen beim Aufruf dieser beiden Kommandos **mget** und **mput** angegeben, so fragen diese interaktiv nach, welche Dateien zu kopieren sind.

Bevor diese beiden Kommandos jedoch eine Datei kopieren, fragen sie immer nochmals nach, ob diese Datei wirklich zu kopieren ist. Wird auf diese Nachfrage *n* oder *N* eingegeben, so wird die betreffende Datei übersprungen, bei allen anderen Eingaben wird sie kopiert.

```
ftp> mget ⏎
[remote files] * ⏎
mget oregon_besuch? y ⏎
200 PORT command successful.
150 Opening data connection for oregon_besuch .....
226 Transfer complete.
local: oregon_besuch remote: oregon_besuch
2429 bytes received in 0.01 seconds (1e+02 Kbytes/s)
```

```
mget marketing? n ⏎
mget kosten.txt? y ⏎
200 PORT command successful.
.........
ftp>
```

Abbruch eines Kopiervorgangs

Mit dem Interrupt-Zeichen (*Ctrl-C*) kann man eine Datenübertragung abbrechen. Beim Senden von Dateien wird die Verbindung sofort abgebrochen, beim Empfang sendet **ftp** eine Abbruchsequenz an den Server, welcher daraufhin die Übertragung abbricht, was bei einer hohen Auslastung des Netzes einige Zeit dauern kann.

Automatische Umbenennung von Dateien beim Kopieren

Mit den ftp-Kommandos **case**, **nmap** und **ntrans** lassen sich die Namen von Dateien, die mit (**m**)**get** oder (**m**)**put** kopiert werden, automatisch entsprechend den für Dateinamen auf dem betreffenden System geltenden Regeln anpassen. Die Umbenennungen finden nur dann statt, wenn nicht explizit eine Zieldatei auf der Kommandozeile (nur bei **put** oder **get** möglich) angegeben ist.

Mit dem Aufruf des ftp-Kommandos **case** kann die Umwandlung von Groß- in Kleinbuchstaben ein bzw. wieder ausgeschaltet werden. Per Voreinstellung ist diese Umwandlung ausgeschaltet.

Mit **nmap** lassen sich Dateinamen nach vorgegebenen Regeln automatisch umbenennen. **nmap** muß mit zwei Argumenten oder aber ohne Argumente aufgerufen werden. Wenn zwei Argumente angegeben sind, so legt das erste Argument ein Muster für jeden zu kopierenden Dateinamen fest. In diesem Muster dürfen bis zu 9 Platzhalter (**$1, $2, ..., $9**) angegeben sein. Jeder zu kopierende Dateiname wird nun mit diesem Muster verglichen und entsprechend der Mustervorgabe in Einzelteile zerlegt, welche in den Platzhaltern **$1,...,$9** festgehalten werden. Das zweite Argument definiert dann über die Platzhalter **$1,...,$9** wie diese Einzelteile wieder zusammenzusetzen sind, und legt so eine Regel fest, wie die zu kopierenden Dateinamen auf dem Zielsystem umzubenennen sind. Nachfolgend dazu einige Beispiele:

```
nmap $1 $1.rem
```

Bei allen kopierten Dateien würden auf dem Zielsystem der Name um das Suffix *.rem* erweitert.

```
nmap $1.$2   $2.$1
```

Bei allen kopierten Dateien würden auf dem Zielsystem der Name dadurch gebildet, daß Suffix und Hauptname vertauscht würden, so würde z. B. aus *add.c* der Name *c.add*

Wenn bestimmte Teile eines Dateinamens nicht zu einem Muster passen, so sind die entsprechenden Platzhalter leer. Für diesen Fall kann im zweiten Argument die Konstruktion [*str1,str2*] angegeben werden. Diese Angabe bedeutet: Wenn *str1* nicht leer ist, wird für diese ganze Konstruktion *str1*, andernfalls *str2* eingesetzt. Der Aufruf

```
nmap $1.$2   $1.[$2,TXT]
```

bewirkt, daß bei Dateinamen ohne Suffix das Suffix *TXT* angehängt wird. Dateinamen, die bereits ein Suffix besitzen, werden unverändert übernommen.

Wird **nmap** ohne jegliche Argumente aufgerufen, so schaltet es die momentan eingestellten Umwandlungsregeln aus.

Mit dem ftp-Kommando **ntrans** kann eine Zeichen-Umformungstabelle aufgestellt werden. **ntrans** kann mit zwei Argumenten aufgerufen werden. Beim Kopieren werden dann in den Ziel-Dateinamen alle Zeichen des ersten Arguments in die entsprechenden Zeichen des zweiten Arguments umgeformt. Beispielsweise bewirkt

```
ntrans   \+-    /..
```

die Ersetzung eines Backslashes in Dateinamen durch einen Slash sowie eines Plus- oder Minuszeichens in Dateinamen durch Punkte. Wird **ntrans** ohne jegliche Argumente aufgerufen, so wird die zuvor mit **ntrans** aufgestellte Zeichen-Umformungstabelle wieder gelöscht.

Mit dem ftp-Kommando **runique** (*receive unique*) kann die Vergabe von eindeutigen Dateinamen auf dem lokalen System ein- bzw. bei erneutem Aufruf wieder ausgeschaltet werden. Das gleiche erreicht man für das entfernte System über das ftp-Kommando **sunique** (*send unique*). **ftp** geht in beiden Fällen nach folgendem Verfahren vor. Wenn der Name einer Zieldatei bereits existiert, hängt **ftp** eine fortlaufende Nummer von **1** bis **99** als Suffix an.

Umlenkung von Datenübertragungen

Soll der Inhalt einer zu kopierenden Datei von der Standardeingabe gelesen oder auf die Standardausgabe geschrieben werden, so muß anstelle eines Dateinamens ein Minuszeichen - angegeben werden. So bewirkt z. B. der Aufruf

```
get  marketing   -
```

10.4 Datenaustausch in einem Netz von UNIX-Systemen

die Ausgabe der Datei *marketing* auf dem Bildschirm. Ist das erste Zeichen eines Namens ein Pipe-Zeichen (Senkrechtstrich |), so muß der Rest ein UNIX-Kommando sein, an dessen Standardeingabe die Standardausgabe des ftp-Kommandos über die Pipe weitergeleitet wird. So könnte man z. B. mit folgenden Aufruf

```
dir . |pg
```

die Dateien des working directorys auf dem entfernten System seitenweise im Langformat auflisten. Falls in dem auszuführenden Kommando Leerzeichen vorkommen, so muß es mit Anführungszeichen geklammert werden, wie z. B.

```
ls -CF "| lp -n5 -c"
```

Noch einige ftp-Kommandos

Mit dem ftp-Kommando **hash** kann die automatische #-Anzeige bei einer Dateiübertragung ein- bzw. wieder ausgeschaltet werden. Ist diese Anzeige eingeschaltet, so wird für jeden übertragenen Datenblock (8192 Bytes) das Nummernzeichen # ausgegeben. Dies kann sehr hilfreich sein, wenn man die Übertragung mitverfolgen möchte.

Mit der Eingabe von **prompt** läßt sich die interaktive Abfrage von **mget** und **mput**, ob eine Datei zu kopieren ist, ein- bzw. wieder ausschalten.

Um mehr Informationen vom FTP-Server zu erhalten, wie z. B. Informationen über die Übertragungsgeschwindigkeit nach einem Dateitransfer, muß man das ftp-Kommando **verbose** aufrufen. Ein erneuter Aufruf schaltet diese zusätzlichen Informationen des FTP-Servers wieder aus.

Die momentane Einstellung des FTP-Servers kann man sich mit dem ftp-Kommando **status** anzeigen lassen.

```
ftp> status ⏎
Connected to birke.klug.de
No proxy connection.
Mode: stream; Type: ascii; Form: non-print; Structure: file
.............
.............
ftp>
```

Makrodefinitionen

ftp-Kommandoaufrufe, die man häufiger braucht, kann man mit **macdef** *makroname* als Makros definieren. Alle folgenden Zeilen bis zur ersten Leerzeile werden in diesem Makro hinterlegt. Ein Aufruf dieses

Makros kann dann mit $*makroname* erfolgen. Es können maximal 16 Makros definiert werden. Einmal definierte Makros bleiben bis zum Verbindungsabbau erhalten. Nachfolgend wird ein Makro *ll* definiert, das alle Dateien des working directorys auf dem entfernten System seitenweise im Langformat auflistet.

```
ftp> macdef ll  ⏎
Enter macro line by line, terminating it with a null line
dir . |pg  ⏎
 ⏎
ftp>
```

Dieses Makro kann dann durch den Aufruf **$ll** ausgeführt werden.

Innerhalb von Makros kann auf bis zu 9 Argumente zugegriffen werden (**$1**, **$2**, ..., **$9**). Der Platzhalter **$1** wird durch das erste, **$2** durch das zweite Argument, usw. beim Aufruf des Makros ersetzt. Der Platzhalter **$i** bewirkt eine wiederholte Ausführung des Makros für alle beim Aufruf angegebenen Argumente; bei der ersten Ausführung wird dabei **$i** mit **$1** besetzt, bei der zweiten Ausführung mit **$2**, usw.

Mit dem Voranstellen eines Backslash kann die Sonderbedeutung von $ ausgeschaltet werden.

Automatisches Konfigurieren des ftp

Über die Datei *.netrc* (im home directory) ist es möglich, **ftp** für die verschiedenen entfernten Systeme entsprechend zu konfigurieren.

Die auf ein bestimmtes System bezogenen Einträge in *.netrc* beginnen immer mit dem Schlüsselwort **machine** *host*. Mit dem Schlüsselwort **default** kann zusätzlich noch ein Eintrag für alle Systeme angegeben werden, für die kein eigener **machine**-Eintrag existiert. Die nach **machine** *host* oder **default** angegebenen Schlüsselwörter müssen immer mit Leer-, Tabulator- oder Neuezeile-Zeichen voneinander getrennt sein.

Dabei sind folgende Schlüsselwörter für die Einstellungen über *.netrc* erlaubt.

machine *host*

leitet einen Eintrag für das System *host* ein. *host* muß dabei der für den Verbindungsaufbau zu benutzende Name sein.

default

Voreinstellung für alle Systeme, für die kein eigener **machine**-Eintrag existiert. Dieser Eintrag muß als letzter in *.netrc* angegeben sein.

login *login-name*

definiert den für die Anmeldung zu verwendenden *login-name*.

password *string*

definiert *string* als das zugehörige Paßwort.

account *string*

definiert *string* als zusätzliches Paßwort. Dieses wird nur benötigt, wenn das entfernte System ein solches zusätzliches Paßwort für bestimmte Dienste voraussetzt.

macdef *makroname*

definiert das Makro *makroname*. Der Makroinhalt muß in der folgenden Zeile beginnen und wird durch eine Leerzeile beendet. Bei Beendigung einer Verbindung werden alle Makrodefinitionen gelöscht.

init

Falls ein Makro mit dem Namen *init* existiert, ruft **ftp** dieses Makro als erstes auf, nachdem es eine automatische Anmeldung durchgeführt hat.

So könnte eine Datei *.netrc* aussehen:

```
$ cat .netrc ⏎
machine chemie login egon
machine birke.klug.de
macdef ll
   dir |pg

macdef msdos
   nmap $1.$2 $1.[$2,TXT]
   ntrans /%!- \...

default
   login anonymous
   password egon@ahorn.de
$
```

Diese Einträge bewirken, daß bei Verbindungen zum System *chemie* der Loginname *egon* verwendet wird, wobei das Paßwort dann interaktiv einzugeben ist. Bei Verbindungen zum System *birke.klug.de* werden automatisch die beiden Makros *ll* und *msdos* definiert. Bei Verbindungen zu allen anderen Rechnern (**default**) wird der Loginname *anonymous* und die Mail-Adresse als Paßwort verwendet.

Taucht bei einem Eintrag das Schlüsselwort **password** auf, dann muß *.netrc* die Zugriffsrechte **600** besitzen, so daß also nur der Eigentümer Lese- und Schreibrechte für diese Datei hat, ansonsten wird *.netrc* von **ftp** ignoriert. Allerdings sollte man aus Sicherheitsgründen auf die Angabe von Paßwörtern in *.netrc* verzichten.

Bei dem **default**-Eintrag handelt es sich um einen öffentlichen Loginnamen (*anonymous*), weshalb die Paßwort-Angabe hier unbedenklich ist.

Der öffentliche Loginname anonymous

Auf den weltweiten Netzen wie Internet, an dem viele Universitäten, Behörden und Firmen angeschlossen sind, stellen viele Rechner freie Software in Archiven zur Verfügung. Jeder Benutzer, der Zugang zum Internet hat, kann per *anonymous FTP* auf diese Archive zugreifen. Der Systemadministrator richtet dabei auf dem Archiv-Rechner ein Login **anonymous** ein. Es ist Konvention, daß jeder Gastbenutzer dann als Paßwort seine Mail-Adresse eingibt.

Nach einer Anmeldung befindet man sich dann im home directory von *anonymous*, in dem üblicherweise weitere Subdirectories enthalten sind, die Kommandos, Protokolldateien und die frei verfügbare Software (meist im Subdirectory **pub**) enthalten. In diese Subdirectories kann man dann mit dem ftp-Kommando **cd** wechseln.

Meist ist im **pub**-Directory ein Inhaltsverzeichnis der verfügbaren Software enthalten, welches komprimiert ist. Um ein solches Inhaltsverzeichnis auf den lokalen Rechner zu kopieren, müßte man zunächst das ftp-Kommando **binary** aufrufen, dann mit **get** die entsprechende Datei auf den lokalen Rechner kopieren, wo diese Datei dann noch dekomprimiert werden muß (mit **unpack** bzw. **uncompress** oder mit **pcat** bzw. **zcat**).

Neuigkeiten (News) im USENET

Das USENET (*User's Network*) entstand 1979 aus einem UUCP-Netz von zwei amerikanischen Universitäten und ist heute ein weltweites Netz, das dem Austausch von Informationen unter UNIX-Benutzern dient. An dieses Netz sind neben Institutionen wie Universitäten und Forschungseinrichtungen auch Firmen und Privatleute angeschlossen. Das USENET ist eine Art Sammelstelle für *News* (Neuigkeiten) jeglicher Art. Jeder Teilnehmer kann Artikel in speziellen Interessengruppen, den *Newsgroups*, hinterlegen, und das News-System übernimmt dann die

Verteilung der Artikel auf allen Systemen, die diese Newsgroup beziehen.

Man schätzt, daß heute etwa 20000 Systeme am USENET angeschlossen sind. Da sich hinter jedem Anschluß wieder lokale Netze mit zahlreichen Benutzern befinden, ist das USENET heute wohl eines der größten Netze überhaupt. Täglich werden Zehntausende von Artikel mit einem Gesamtvolumen von ca. 40 MByte im USENET eingebracht.

Newsgroups

Die Newsgroups sind Fachgebiete, in denen Artikel zu einem bestimmten Thema hinterlegt werden. Derzeit gibt es über 2000 Newsgroups. Die Themengebiete erstrecken sich dabei von wissenschaftlichen über kulturelle Themen bis hin zu Sportereignissen und Freizeitbeschäftigungen. Besonders hervorzuheben sind die sogenannten Source-Gruppen, in denen frei verfügbare Software fast umsonst über das Netz bezogen werden kann.

Einige wichtige Kategorien sind nachfolgend aufgezählt.

Kategorie	Themengebiet
news	USENET News selbst
comp	Computertechnik
sci	Wissenschaften (*sciences*)
rec	Freizeitthemen (*recreations*)
soc	gesellschaftliche Themen (*social*)
misc	Sonstiges (*miscellaneous*)
de	Deutschsprachige Gruppen
eunet	Europäische Gruppen

Die Newsgroups können in weitere Untergruppen unterteilt werden. Um eine solche Unterkategorie zu benennen, muß man ähnlich zum Dateisystem den Pfadnamen angeben, wobei jedoch als Trennzeichen nicht ein Slash (/), sondern in diesem Fall ein Punkt (.) zu verwenden ist. Beispielsweise bezeichnet *comp.unix.sys5.r4* eine Diskussionsgruppe über Unix System V.4 und *comp.unix.questions* eine Gruppe für allgemeine Fragen zu Unix. In der Gruppe *rec.music* finden sich z. B. viele Unterkategorien zu allen möglichen Musikgruppen.

Wenn ein System News bezieht und ein Benutzer mehr über die Newsgroups erfahren möchte, kann er dies in der Datei */usr/lib/news/newsgroups* nachschlagen.

Während die meisten Gruppen nicht überwacht (moderiert) werden, so gibt es doch Gruppen, bei denen jeder neue Artikel zunächst an einen Moderator weitergeleitet wird, der dann entscheidet, ob dieser Artikel veröffentlicht wird oder nicht bzw. erst später veröffentlicht werden soll. Somit soll eine Überlastung des Netzes vermieden werden.

Wenn auch die Mehrzahl der Gruppen unmoderiert sind, was heißt, daß jeder Benutzer nach Belieben Artikel dort veröffentlichen kann, so sollte der einzelne Benutzer doch nicht gegen die *Netiquette* verstoßen, in der Verhaltensregeln festgeschrieben sind. Die momentan gültige Netiquette befindet sich in englischer Fassung in der Gruppe *news.announce.newusers* und in deutscher Fassung in der Gruppe *de.netusers*. Jeder neue USENET-Teilnehmer solle als erstes die Artikel in diesen Gruppen lesen. So gibt es z. B. die Regel, daß keine Artikel mit kommerziellen Inhalt im USENET eingebracht werden sollten. Es gibt zwar keine offizielle "Netzpolizei", doch wird ein Regelverstoß meist durch die USENET-Benutzergemeinde selbst geahndet, indem der "Sünder" mit einer Unzahl von Beschwerdebriefen überschwemmt wird.

Lesen von News aus dem USENET

Zum Lesen von News stehen mehrere Programme (Newsreader) zur Verfügung:

readnews	Bedienung ist ähnlich zum **mail**-Kommando
rn	(*read news*) Verbesserte **readnews**-Version. Dieser Newsreader wird bei allen News-Paketen mit ausgeliefert.
vnews	(*visual news*) bietet eine bildschirmorientierte Oberfläche.

Jeder einzelne Benutzer kann in der Datei *.newsrc* in seinem home directory festlegen, welche Newsgroups er beziehen möchte. Die Newsreader lesen zum einen diese Datei, zum anderen halten sie in dieser Datei aber auch fest, welche Artikel einer Newsgroup vom betreffenden Benutzer bereits gelesen wurden und welche noch nicht.

Um die Datei *.newsrc* zu erstellen, verwendet man normalerweise das Kommando **newsgroups**, das zunächst einfach den Inhalt der Datei */usr/lib/news/active* kopiert. Diese Datei */usr/lib/news/active* enthält eine Liste aller Newsgroups, die das lokale System bezieht. Mit einem Newsreader kann man dann alle Gruppen auswählen, die man abbestellen möchte. Nehmen wir z. B. einmal den Newsreader **rn**, der nach dem Aufruf zunächst einmal eine kurze Meldung über neue und noch nicht gelesene Artikel ausgibt:

```
$ rn ⏎
Unread news in comp.unix.questions          342 articles
Unread news in comp.unix.unix.sys5.r3       108 articles
..................

******  342 unread articles in comp.unix.questions—read now? [ynq]
```

Nach der Auflistung aller Gruppen bietet **rn** die erste Gruppe (hier *comp.unix.questions*) zum Lesen an.

In diesem Modus (**Newsgroup Selection Level**) ist es möglich, die Artikel dieser Gruppe zu lesen, zur nächsten Gruppe weiterzublättern, auf eine andere Gruppe umzuschalten, eine Gruppe abzubestellen oder neu zu abonnieren. Mit der Eingabe von **h** kann man sich eine Übersicht aller in diesem Modus erlaubten Eingaben (Befehle) anzeigen lassen.

Wird z. B. = eingegeben, so wird ein Inhaltsverzeichnis der aktuellen Newsgroup ausgegeben und **rn** schaltet in einen anderen Modus, den **Article Selection Level** um. Eine Kurzübersicht aller in diesem Modus erlaubten Befehle erhält man wieder durch die Eingabe von **h**. So kann man in diesem Modus z. B. einen bestimmten Artikel lesen, zum nächsten Artikel weiterblättern oder sich über Eingabe von /*string* (wie in **vi**) einen Artikel suchen lassen, in dessen Subject-Zeile der Begriff *string* vorkommt. Andere mögliche Aktivitäten in diesem Modus sind das Antworten auf Artikel oder das Abspeichern von Artikeln in Dateien.

Einbringen von eigenen News (Artikel) ins USENET

Neben dem Lesen von fremden Artikeln ist auch das Schreiben und Einbringen von eigenen Artikeln in das USENET möglich. Dazu existiert das Kommando **Pnews**, das interaktiv nach der Gruppe, dem Subject und einem Verteilungsgebiet (*distribution*) fragt. Gültige Distributions sind momentan **world**, **eunet**, **local** und bestimmte firmenweite oder regionale Distributions. Wird nicht explizit eine Distribution angegeben, so ist die Voreinstellung **world**. Da eine weltweite Verteilung dem USENET nicht ganz billig kommt, sollte man **world** also nur bei wirklich wichtigen Artikeln verwenden, die auch für den Rest der Welt von Interesse sind.

```
$ Pnews comp.unix.questions ⏎

Your local distribution prefixes are:
local           Local to this site
eunet           Everywhere on Usenet in Europe
world           Everywhere on Usenet in the world

Distribution (world): eunet ⏎
Title/Subject: COSE ⏎
```

Anschließend startet **Pnews** den Editor, damit man seinen Artikel eingeben kann. In diesem Artikel sind dabei bereits einige Kopfzeilen enthalten, andere werden erst beim Absenden automatisch hinzugefügt:

```
Newsgroups: comp.unix.questions
Subject: COSE
Summary:
Followup-To:
Distribution: eunet
Organization: .....
Keywords:

⏎
May anybody explain to me, what the abbreviation ⏎
    COSE ⏎
stands for? I would appreciate that and thanks a lot. ⏎
⏎
— ⏎
Egon Mueller (egon@hh2) ⏎
```

Neben der Eingabe des eigentlichen Textes, kann der Benutzer aber auch die Kopfzeilen weiter ausfüllen, wie z. B. in der *Summary:*-Zeile eine kurze Zusammenfassung und in der *Keywords:*-Zeile einige Stichworte angeben, die dem Leser später ein leichtes Auffinden des Artikels ermöglichen. In der *Followup-To:*-Zeile kann der Schreiber festlegen, daß eine Diskussion in einer anderen Gruppe weitergeführt werden soll. Follow-ups werden dann an diese angegebene Gruppe weitergeleitet.

Nachdem der vollständige Artikel-Text eingegeben wurde, kann der Editor beendet werden, und **Pnews** fragt dann mit

```
Send, abort, edit, or list?
```

nach, ob der Artikel abgeschickt (*send*), nochmals gelesen (*list*) bzw. editiert (*edit*) oder ob er aber vollständig weggeworfen (*abort*) werden soll.

11

Das UNIX-Prozeß-Konzept

- ▶ Der Begriff »Prozeß«
- ▶ Die UNIX-Prozeßhierarchie
- ▶ Prozeßkenndaten
- ▶ Prozeßkommunikation
- ▶ Kommandos und Systemfunktionen zur Prozeßverwaltung

Kapitel 11
Das UNIX-Prozeß-Konzept

Divide et impera!
(Teile und herrsche!)

Latein. Sprichwort

Hier wird zunächst versucht, den Begriff "Prozeß" allgemein zu klären, bevor auf die UNIX-Prozesse im speziellen und die Möglichkeiten der Kommunikation dieser Prozesse untereinander eingegangen wird. Anschließend werden dann Kommandos und C-Funktionen vorgestellt, mit denen ein Benutzer Einfluß auf das Ablaufgeschehen von Prozessen nehmen kann.

11.1 Der Begriff "Prozeß"

11.1.1 Definition von "Prozeß"

Von der Vielzahl von möglichen Prozeß-Definitionen[1] scheint die einfache Definition:

Prozeß = ein Programm während der Ausführung

die für den Anfänger verständlichste zu sein. Wird ein Programm (Benutzerprogramm oder UNIX-Kommando) aufgerufen, so wird der zugehörige Programmcode [2] in den Hauptspeicher geladen und dann gestartet. Das dann ablaufende Programm wird als Prozeß [3] bezeichnet. Wird das gleiche Programm (wie z. B. das Kommando ls) gleichzeitig von unterschiedlichen Benutzern gestartet, so handelt es sich dabei um zwei verschiedene Prozesse, obwohl beide das gleiche Programm ausführen.

11.1.2 Prozeßzustände

Während der Existenz eines Prozesses kann dieser unterschiedliche Zustände annehmen, wobei ein Zustandswechsel immer durch das Eintreten bestimmter Ereignisse (engl.: *events*) ausgelöst wird.

Zunächst werden nur drei mögliche Prozeßzustände[4] vorgestellt:

aktiv   Ein Prozeß ist aktiv (engl. *running*), wenn er gerade von der CPU bearbeitet wird.

bereit   Ein Prozeß ist bereit (engl. *ready*), wenn er die CPU benutzen könnte

blockiert   Ein Prozeß ist blockiert (engl. *blocked*), wenn er auf das Eintreten eines bestimmten Ereignisses wartet (wie z. B. auf eine Benutzereingabe), bevor er weiter ausgeführt werden kann.

Im nachfolgenden wird der Einfachheit halber ein Rechnersystem mit einer CPU angenommen[5], d. h., daß zu einem Zeitpunkt nur ein Prozeß *aktiv* sein kann, aber weitere Prozesse *bereit* oder *blockiert* sein können.

---

[1] Bei der hier gegebenen Beschreibung diente das hervorragende Buch von Harvey M. Deitel, "Introduction to Operating Systems", Addison-Wesley-Verlag, als Vorlage.
[2] in der Datei: statisch
[3] im Prozeß: dynamisch
[4] Neben diesen 3 Zuständen existieren noch weitere, die später vorgestellt werden.
[5] Die Erweiterung auf ein Mehrprozessor-System ist nicht allzu schwierig.

Die *bereiten* Prozesse werden dabei in einer *bereit-Warteliste* in der Reihenfolge ihrer Ankunft eingetragen.

Die *blockierten* Prozesse werden dabei ohne eine besondere Anordnung in einer *blockiert-Warteliste* eingetragen; hier eingetragene Prozesse verlassen immer dann diese Liste, wenn das entsprechende Ereignis eintritt, auf das sie warten.

Wird ein Programm gestartet, so wird der dafür kreierte Prozeß am Ende der *bereit-Liste* eingetragen. Wenn er sich dann am Anfang dieser Warteliste befindet und die CPU frei wird, so erhält er die CPU und macht einen sogenannten Zustandswechsel von *bereit* nach *aktiv*. Die Zuteilung der CPU an einen bereiten Prozeß wird im englischen *dispatch* genannt:

dispatch(*prozeßname*): **bereit --> aktiv**

Um ein endloses Besetzen der CPU durch einen Prozeß zu verhindern, wird nach Ablauf einer gewissen Zeit (Zeitscheibe) dem entsprechenden Prozeß mit:

timerrunout(*prozeßname*): **aktiv --> bereit**

die CPU wieder entzogen, um sie einem anderen *bereiten* Prozeß mit *dispatch* zur Verfügung zu stellen.

Wenn ein *aktiver* Prozeß eine Ein-/Ausgabeoperation anfordert (wie z. B. bei einer Benutzereingabe), bevor seine ihm zustehende Zeitscheibe abgelaufen ist, dann gibt er freiwillig mit

block(*prozeßname*): **aktiv --> blockiert**

die CPU wieder frei.

Der letzte mögliche Zustandswechsel ist, daß ein *blockierter* Prozeß durch Eintreten eines Ereignisses, auf das er wartete (wie z. B. Ende einer Ein-/Ausgabeoperation) aufgeweckt wird:

wakeup(*prozeßname*): **blockiert --> bereit**

Somit wurden hier 4 mögliche Zustandswechsel definiert:

dispatch(*prozeßname*):   **bereit --> aktiv**
timerrunout(*prozeßname*): **aktiv --> bereit**
block(*prozeßname*):   **aktiv --> blockiert**
wakeup(*prozeßname*):   **blockiert --> bereit**

Dabei ist **block** der einzige Zustandswechsel, der von einem Prozeß selbst veranlaßt wird. Alle drei anderen werden vom Betriebssystem initiiert. Das nachfolgende Bild veranschaulicht nochmals diese Zustandswechsel.

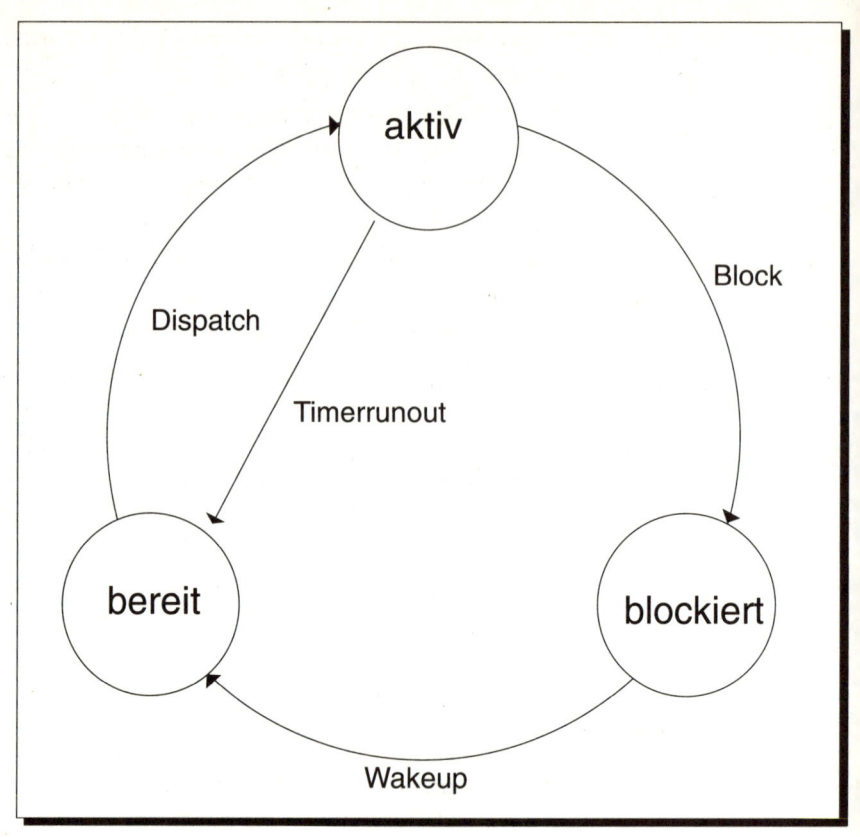

Bild 11.1 - Die Zustandswechsel eines Prozesses

11.1.3 Der Prozeßkontrollblock

Zu jedem kreierten Prozeß legt das System einen sogenannten Prozeßkontrollblock (engl. *process control block*, abgekürzt: **PCB**) an. Der PCB ist dabei eine Datenstruktur, in der die zur Verwaltung eines Prozesses erforderliche Information hinterlegt ist, wie z. B.

- momentaner Prozeßzustand
- eindeutige Prozeßkennung (engl. *process identification*, abgekürzt: **PID**)
- Priorität des Prozesses
- Hauptspeicheradresse des Prozesses
- vom Prozeß reservierte Resourcen (wie z. B. Drucker, Dateien, ..)

Wenn nun das Betriebssystem die CPU unter den einzelnen Prozessen zuteilt, so verwendet es die im **PCB** enthaltene Information, um einen Prozeß an seiner unterbrochener Stelle mit der Ausführung fortfahren zu lassen. Nimmt das Betriebssystem einem Prozess die CPU weg oder gibt er sie freiwillig ab, so schreibt das Betriebssystem die für die Fortsetzung dieses Prozesses notwendige Information in den zugehörigen PCB.

11.1.4 Die Prozeßhierarchie

Ein Prozeß kann von sich aus einen neuen Prozeß starten (engl. *spawn*; zu deutsch: laichen); ein so kreierter Prozeß wird mit **Sohnprozeß** (engl. *child process*) und der Erzeuger-Prozeß mit **Vaterprozeß** (engl. *parent process*) bezeichnet. Somit ergibt sich eine Prozeßhierarchie wie z. B.

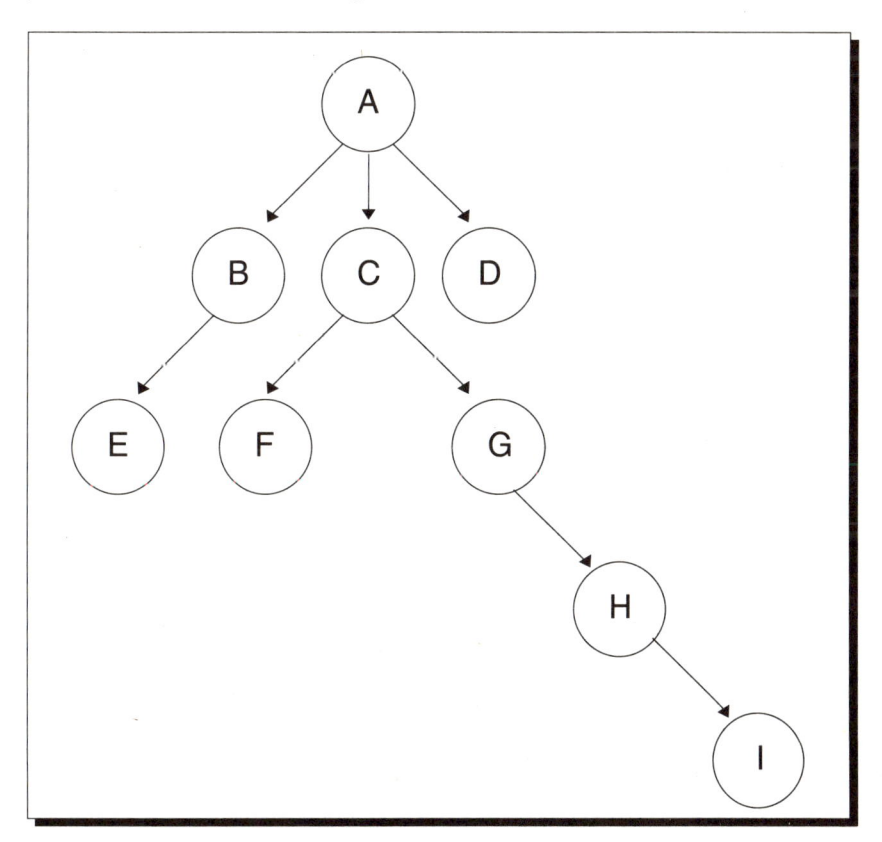

Bild 11.2   Beispiel für eine Prozeßhierarchie

In einer solchen Prozeßhierarchie gilt immer:

- Jeder Sohnprozeß hat nur einen Vaterprozeß

- Ein Vaterprozeß kann allerdings mehrere Sohnprozesse haben

11.1.5 Operationen auf Prozesse

Um die Prozesse verwalten zu können, muß ein Betriebssystem über Möglichkeiten verfügen, das Prozeßverhalten zu beeinflussen. Solche Eingriffsmöglichkeiten umfassen z. B. Operationen wie

- Kreieren eines Prozesses (*create*)
- Löschen eines Prozesses (*kill*)
- Suspendieren eines Prozesses (*suspend*)
- Wiederbeleben eines suspendierten Prozesses (*resume*)
- Ändern einer Prozeßpriorität (*change*)
- Blockieren eines Prozesses (*block*)
- Aufwecken eines blockierten Prozesses (*wakeup*)
- Zuteilen der CPU an einen bereiten Prozeß (*dispatch*)

Kreieren eines Prozesses (create)

Diese Operation erfordert eine Vielzahl von Aktivitäten, wie z. B.

- Vergabe einer eindeutigen Kennung (PID) an den neuen Prozeß
- Eintrag in die Prozeßtabelle des Systems
- Festlegen der Prozeßpriorität
- Anlegen eines PCB
- Reservieren der zunächst benötigten Betriebsmittel (wie z. B. Hauptspeicher, Dateien, ..)

Löschen eines Prozesses (kill)

Das Löschen eines Prozesses erfordert, daß nicht nur der Prozeß selbst entfernt wird, sondern auch

- alle zu diesem Prozeß vorgenommenen Einträge aus den systeminternen Tabellen gelöscht werden.
- alle von diesem Prozeß reservierten Betriebsmittel wieder freigegeben werden.
- der PCB dieses Prozesses gelöscht wird.

Zusätzlich müssen auf vielen Systemen diese Lösch-Aktionen auch für alle zu diesem Prozeß gehörigen Sohnprozesse, "Enkelprozesse",

11.1 Der Begriff "Prozeß"

"Urenkelprozesse", usw. durchgeführt werden, da das Löschen des Vaterprozesses dem Löschen aller seiner Abkömmlinge gleichkommt. Auf anderen Systemen wiederum leben die Nachkömmlinge weiter.

Suspendieren eines Prozesses (suspend)

Eine Suspendierung eines Prozesses wird üblicherweise nur für eine kurze Zeit vorgenommen, z. B. wenn das System überlastet ist oder benötigte Betriebsmittel zur Zeit nicht verfügbar sind. Der durch einen suspendierten Prozeß belegte Hauptspeicher wird fast immer sofort freigegeben. Ob die vom suspendierten Prozess reservierten Betriebsmittel freigegeben werden, hängt vom einzelnen System und oft auch von der Dauer der Suspendierung ab.

Wiederbeleben eines suspendierten Prozesses (resume)

Ein suspendierter Prozeß kann nur von einem anderen Prozeß wiederbelebt werden. Wird ein suspendierter Prozeß wiederbelebt, so muß seine Ausführung genau an dieser Stelle wieder aufgenommen werden, an der die Suspendierung vorgenommen wurde.

Ändern einer Prozeßpriorität (change)

An einem *multi-user*-System werden sehr oft mehrere Prozesse um die CPU konkurrieren. Nun ist es nicht immer so, daß alle Prozesse gleichwertig (nach FIFO) bedient werden, sondern vielmehr die einzelnen Prozesse unterschiedliche Prioritäten besitzen können. So haben zum Beispiel vom System kreierte Prozesse meist höhere Prioritäten als die von Benutzer kreierten Prozesse. Da sich nun die Priorität eines Prozesses während seiner Lebensdauer ändern kann, muß das System über eine Operation verfügen, die eine Änderung der Priorität eines Prozesses ermöglicht.

11.1.6 Suspendieren und Wiederbeleben

Diese beiden Operationen wurden mit dem Hinzukommen der beiden Zustände

- *suspendiert-bereit*
- *suspendiert-blockiert*

notwendig. Somit muß das zuvor vorgestellte Diagramm für Zustandswechsel wie folgt erweitert werden:

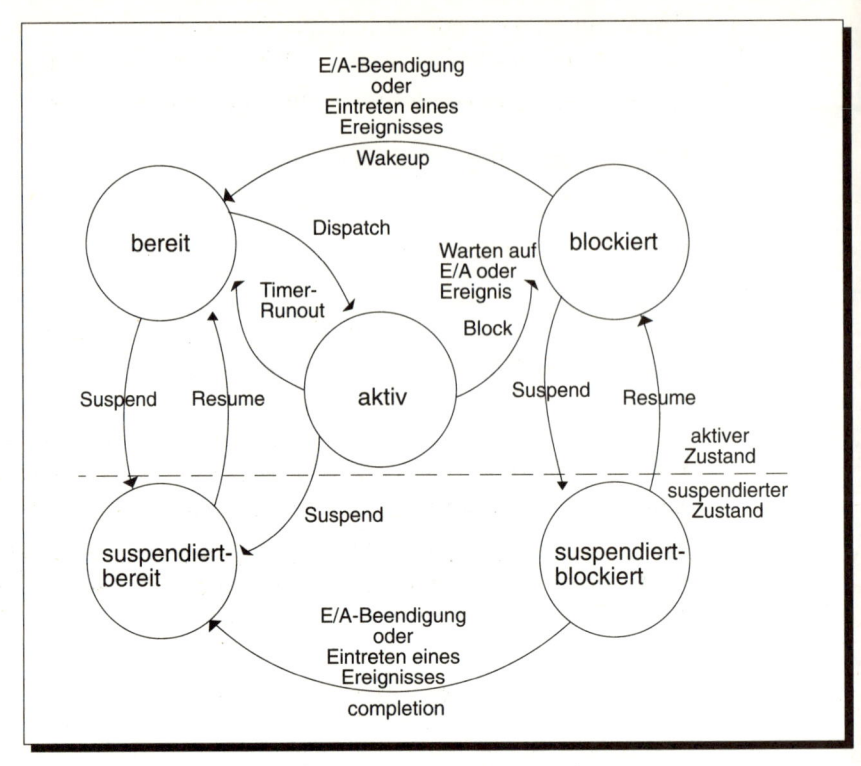

Bild 11.3 - Diagramm für die Zustandswechsel

Eine Suspendierung eines Prozesses kann durch einen Prozeß selbst oder aber durch einen anderen Prozeß veranlaßt werden:

Ein *bereit*-Prozeß kann nur von einem anderen Prozeß suspendiert werden:

suspend(*prozeßname***): bereit --> suspendiert-bereit**

Ein *suspendiert-bereit* Prozeß kann von einem anderen Prozeß in den *bereit*-Zustand versetzt werden

resume(*prozeßname***): suspendiert-bereit --> bereit**

Ein *blockierter* Prozeß kann von einem anderen Prozeß suspendiert werden:

suspend(*prozeßname***): blockiert --> suspendiert-blockiert**

Ein *suspendiert-blockierter* Prozeß kann von einem anderen Prozeß in den *blockiert*-Zustand versetzt werden:

resume(*prozeßname***): suspendiert-blockiert --> blockiert**

Wenn eine E/A-Operation beendet ist oder das Ereignis eintritt, auf das ein *suspendiert-blockierter* Prozeß wartete, so wird für diesen Prozeß mit

completion(*prozeßname*): **suspendiert-blockiert-->suspendiert-bereit**

der Zustandswechsel vollzogen.

11.2 Prozesse unter UNIX

Wird ein UNIX-Kommando oder ein vom Benutzer erstelltes Programm[6] aufgerufen, so wird - bis auf wenige Ausnahmen[7] - ein eigener Prozeß gestartet.

Im nachfolgenden wird zunächst auf die UNIX-Prozeßhierarchie und auf die Prozeßkenndaten eingegangen, bevor Möglichkeiten der Kommunikation zwischen verschiedenen Prozessen vorgestellt werden.

Abschließend werden UNIX-Kommandos und Systemroutinen beschrieben, die eine Verwaltung von benutzereigenen Prozessen ermöglichen.

11.2.1 Die UNIX-Prozeßhierarchie

Starten eines UNIX-Systems und Anmelden eines Benutzers

Beim Start wird der UNIX-Systemkern (engl. *system kernel*) **/unix** in den Hauptspeicher geladen und zur Ausführung gebracht. Der dadurch kreierte Prozeß erhält die Prozeßnummer 0. Dieser "Kernel-Prozeß" startet dann das Programm **/etc/init**.

/etc/init

Der für dieses Programm kreierte Prozeß erhält die Prozeßnummer 1 und ist der eigentliche "Urprozeß" (Wurzel der Prozeßhierarchie) für alle weiteren Benutzerprozesse. Nach seinem Start liest **/etc/init** unter anderem die Datei */etc/inittab*, in der alle angeschlossenen Terminals und sonstige Leitungen verzeichnet sind. Für alle als zu aktivierend markierten Anschlüsse startet **/etc/init** einen Sohnprozeß (mit eindeutigen Prozeßnummern). Jeder dieser Prozesse eröffnet zunächst die drei Dateien:

---

[6] Grundsätzlich gibt es in UNIX keinen Unterschied zwischen den Begriffen "Kommando" und "Programm". Es hat sich allerdings eingebürgert, die von UNIX zur Verfügung gestellten Dienstprogramme *Kommandos* und die vom Benutzer geschriebenen Programme *Programme* zu nennen.

[7] manche UNIX-Kommandos sind nicht als eigene Programme realisiert, sondern werden direkt vom UNIX-Kommandoprozessor (hat den Namen: *Shell*) ausgeführt.

stdin (Standardeingabe)
stdout (Standardausgabe)
stderr (Standardfehlerausgabe)

Danach startet **/etc/init** das Programm **/etc/getty**.

/etc/getty

gibt die Aufforderung zum Anmelden (*login:*) am entsprechenden Terminal aus und wartet auf die Eingabe der Login-Kennung durch den entsprechenden Benutzer. Danach ruft **/etc/getty** das Kommando **login** (**/bin/login**) mit der eingegebenen Login-Kennung als Argument auf.

/bin/login

Dieses Kommando fragt das Paßwort zu der angegebenen Login-Kennung ab und prüft es auf seine Richtigkeit. Wurde das richtige Paßwort eingegeben, so ruft **/etc/init** als nächstes das Programm **sh** (**/bin/sh**) auf.

/bin/sh

Dieses Programm ist kein neuer Prozeß, sondern läuft immer noch unter der gleichen Prozeßnummer wie der von **/etc/init** für das entsprechende Terminal erzeugte Sohnprozeß. **sh** ist der UNIX-Kommandointerpreter, auch die UNIX-Shell genannt. Auf den verschiedenen UNIX-Versionen wurden nun auch unterschiedliche UNIX-Shells entwickelt. Die drei wichtigsten werden im zweiten Band dieser Reihe (Die UNIX-Shell) vorgestellt. Da ab System V.4 alle drei Shells

- Bourne Shell (**/bin/sh**)
- Korn Shell (**/bin/ksh**)
- C-Shell (**/bin/csh**)

angeboten werden, kann über einen Eintrag (letzte Komponente) in der Datei */etc/passwd* festgelegt werden, welche Shell als Login-Shell zu verwenden ist. So würde beispielsweise der Eintrag **/bin/csh** dazu führen, daß hier nicht **/bin/sh**, sondern **bin/csh** gestartet wird.

Jedenfalls befindet sich der Benutzer nach Start dieses Programms auf der UNIX-Kommandoebene und kann Kommandos eingeben.

Beendet der jeweilige Benutzer seine Sitzung mit ⌈Ctrl⌉-⌈D⌉ oder **exit**, so "stirbt" dieser Sohnprozeß von **/etc/init** und **/etc/init** beginnt von neuem einen Sohnprozeß für dieses Terminal zu kreieren, der zunächst die drei Dateien **stdin**, **stdout** und **stderr** eröffnet. Danach wird wieder **/etc/getty** gestartet und der ganze Ablauf wiederholt sich, so daß wieder die Aufforderung zum Anmelden (*login:*) am entsprechenden Terminal erscheint.

11.2 Prozesse unter UNIX

Somit ergibt sich z. B. folgender Ausschnitt für eine UNIX-Prozeßhierarchie:

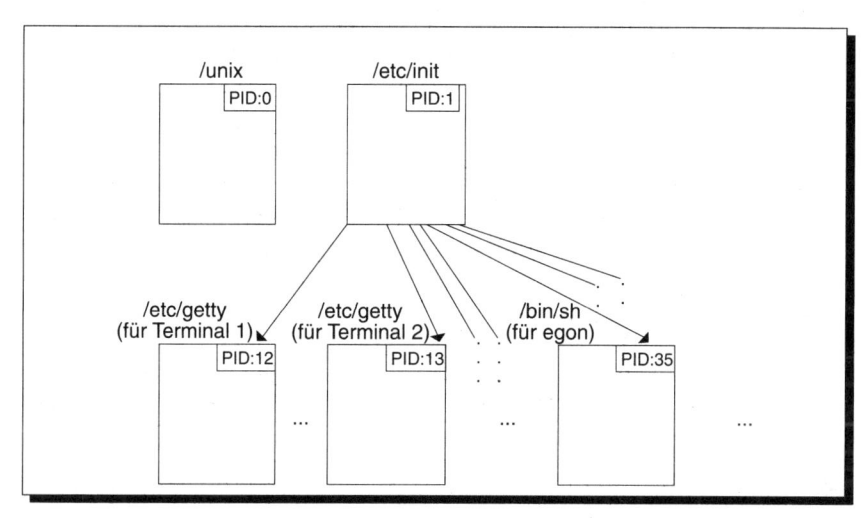

Bild 11.4 - Beispiel für eine UNIX-Prozeßhierarchie

Startet nun der Benutzer **egon** z. B. das Kommando **ls**, so wird hierfür von seinem Prozeß **/bin/sh** ein Sohnprozeß kreiert.

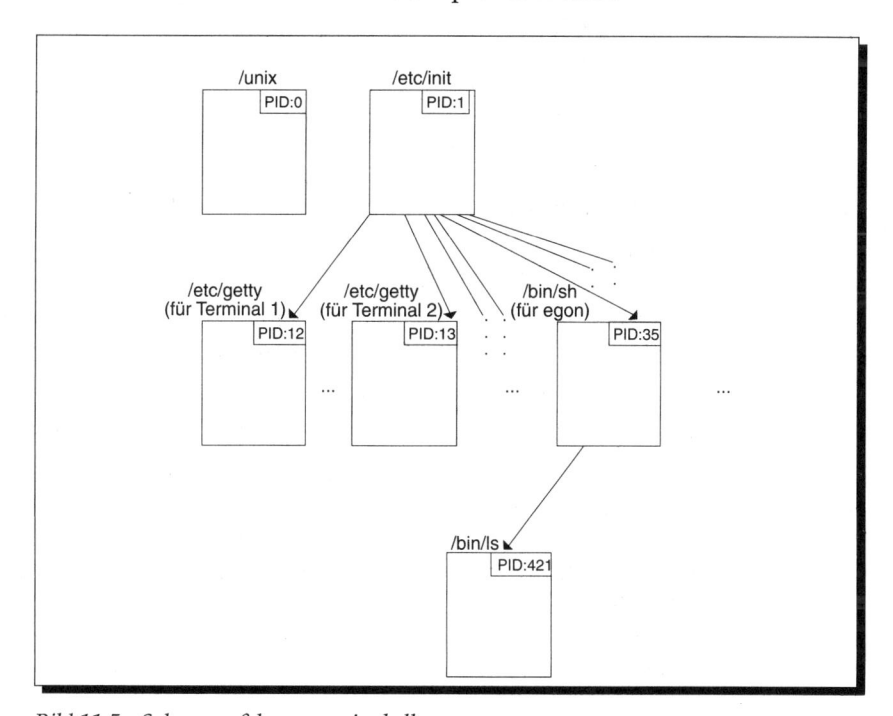

Bild 11.5 - Sohnprozeß ls zu egon's shell

Das Kommando /bin/sh

Das Kommando **sh** (**/bin/sh**) wird als *Shell* bezeichnet und ist der UNIX-Kommandointerpreter[8]. Bei jedem Anmelden wird dieses Programm - wie gesehen - automatisch gestartet. Dieses Programm ist dafür verantwortlich, daß alle vom Benutzer eingegebenen Kommandos entgegengenommen werden und hierfür - falls es sich dabei nicht um ein *builtin*-Kommando der Shell handelt - ein eigener Sohnprozeß gestartet wird. Ein *builtin*-Kommando wäre z. B. **cd**, welches direkt von der Shell selbst ausgeführt wird, ohne daß hierfür ein eigener Sohnprozeß gestartet wird. Beispiele für Kommandos, für die ein neuer Sohnprozeß kreiert wird, wären z. B. **sort** oder **ls**. Welche Kommandos die Kreierung eines Sohnprozesses nach sich ziehen und welche nicht, wird im nächsten Buch geklärt, das sich ausschließlich mit der UNIX-Shell beschäftigt.

Das nachfolgende Bild soll nochmals die Mittlerrolle der Shell zeigen:

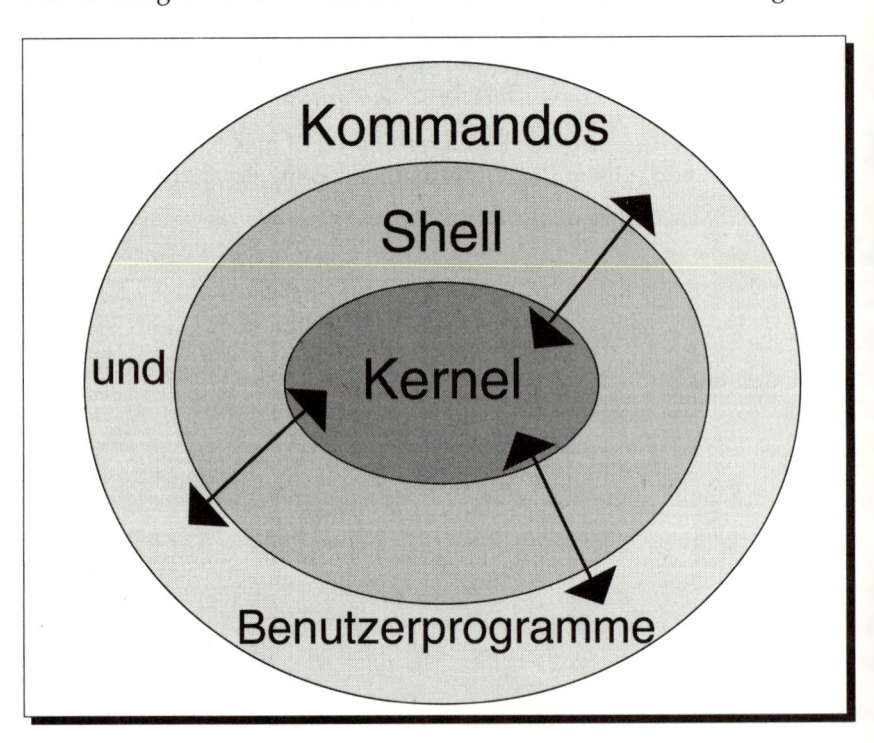

---

[8] Wenn bisher von der UNIX-Kommandoebene gesprochen wurde, so war damit die Shell-Ebene gemeint.

Hieraus ist zu ersehen, daß die Shell der UNIX-Kommandointerpreter ist, welcher die vom Benutzer aufgerufenen Kommandos und Programme durch den Kernel ausführen lässt und eventuelle Kernel-Meldungen wieder dem Benutzer mitteilt.

11.2.2 Prozeßkenndaten

Zu jedem Prozeß gibt es eine Reihe von Kenndaten, die vom Betriebssystem in verschiedenen internen Tabellen (wie z. B. PCB) verwaltet werden. Typische Prozeßkenndaten sind z. B.

- Prozeßnummer (engl. *process identification*; kurz: **PID**)
- Prozeßnummer des Vaterprozesses (engl. *parent process identification*; kurz: **PPID**)
- **UID** und **GID** des Prozeßeigentümers
- Prozeßpriorität
- Prozeßzustand
- Terminal, von dem der Prozeß gestartet wurde[9]
- vom Prozeß verbrauchte CPU-Zeit
- CPU-Status (Befehlszähler und Inhalt der Register)
- Hauptspeicheradresse
- vom Prozeß geöffnete Dateien
- working directory des Prozesses
- ...
- ...

Manche dieser Kenndaten (wie z. B. der momentane Inhalt des Befehlszählers) werden von einem Prozeß an einen kreierten Sohnprozeß weiter vererbt.

Neben diesen Kenndaten verfügt ein Prozeß noch über einen sogenannten **Adreßraum**. Dieser unterteilt sich in drei getrennte Bereiche, welche in UNIX auch *Segmente* genannt werden.

---

[9] Auch *Kontrollterminal* genannt.

Segment	Beschreibung
Textsegment	enthält den Programmcode und ist schreibgeschützt. Ein Textsegment kann von mehreren Prozessen gleichzeitig benutzt (engl. *shared*) werden, z. B. wenn zwei Benutzer gleichzeitig das Kommando **ls** aufrufen.
Datensegment	enthält die Benutzerdaten des Prozesses. Dieses Segment wird nochmals unterteilt in einen initialisierten und einen nicht-initialisierten Datenbereich.
Stacksegment	enthält den Benutzer-Stack und Verwaltungsdaten des Prozesses.

Die Prozeßnummer

Jeder gestarteter Prozeß erhält eine Prozeßnummer (kurz **PID**). Diese **PID** ist systemweit eindeutig, d. h. es ist sichergestellt, daß zwei gleichzeitig ablaufende Prozesse niemals die gleiche Prozeßnummer besitzen können.

Die Prozeßnummer des Vaterprozesses (kurz **PPID**) gibt an, welcher Prozeß diesen Prozeß kreiert hat.

UID und GID des Prozeßeigentümers

Ein Prozeß besitzt zwei Arten von **UID** und **GID**:

- die *effektive UID* und die *effektive GID*
- die *reale UID* und die *reale GID*

Ist das *set-user-id*-Bit bzw. *set-group-id*-Bit[10] für ein Programm *nicht* gesetzt, so sind die *effektiven UID/GID* und die *realen UID/GID* des dafür gestarteten Prozesses identisch: UID und GID des Aufrufers.

Ist dagegen das *set-user-id*-Bit für ein Programm gesetzt, so wird als *effektive UID* die UID des Eigentümers der Programmdatei und als *reale UID* die des Aufrufers für den hieraus erzeugten Prozeß verwendet.

Ist neben dem *set-user-id*-Bit auch noch das *set-group-id*-Bit für ein Programm gesetzt, so wird als *effektive GID* die GID des Programmbesitzers und als *reale GID* die GID des Aufrufers für den daraus resultierenden Prozeß genommen.

---

[10] siehe Beschreibung zum Kommando **chmod**

Auf die Paßwortdatei /etc/shadow hat nur der Superuser Schreibberechtigung. Trotzdem muß es jedem Benutzer möglich sein, sein Paßwort, das in dieser Datei abgelegt ist, zu ändern. Ein Paßwort kann mit dem Kommando **passwd** geändert werden. Der Eigentümer des Kommandos **passwd** ist der Superuser. Jeder Benutzer hat *execute*-Recht für die Programmdatei **passwd**. Außerdem ist für diese Programmdatei das *set-user-id*-Bit gesetzt.

Wird **passwd** nun gestartet, so läuft der hierfür kreierte Prozeß unter der *effektiven* UID des Superusers[11] und hat Superuser-Zugriffsrechte; somit ist es **passwd** möglich, die Datei /etc/shadow zu ändern.

Prozeßpriorität

Da es sich bei UNIX um ein *multi-user*- und *multi-tasking*-Betriebssystem handelt, werden sehr oft mehrere Prozesse um die Zuteilung der CPU konkurrieren. Ein sogenannter *Scheduling*-Algorithmus legt dabei fest, welcher *bereit*-Prozeß als nächster die CPU zugeteilt bekommt. Bei dieser Auswahl ist die einem Prozeß zugeteilte Priorität entscheidend. So haben z. B. Prozesse, die sich im System-Modus befinden, eine höhere Priorität als solche, die sich zur Zeit im Benutzer-Modus befinden. Ein Prozeß befindet sich dann im System-Modus, wenn er eine Systemroutine aufruft.

Da die Priorität für einen Prozeß abhängig von seiner verbrauchten Zeit, seiner Größe und seiner Wartezeit ständig neu vergeben wird, existieren zwei Arten von Prioritäten:

- aktuelle Priorität (momentane Priorität)
- *nice*-Priorität (die beim Start des Prozesses festgelegte Priorität) Eine große Prioritätszahl bedeutet dabei eine niedrige Priorität.

11.2.3 Prozeßkommunikation

UNIX System V bietet folgende Mechanismen zur Interprozeß-Kommunikation, kurz **IPC** (engl. *inter process communication*):

Dateien

Ein oder mehrere Prozesse schreiben Daten in Dateien, welche von anderen Prozessen wieder gelesen werden. Diese Form des Datenaustau-

---

[11] Hierin liegt im übrigen ein großes Sicherheitsrisiko. Wenn nämlich der Code eines solchen Programms durch einen anderen Benutzer geändert werden kann, weil die Zugriffs-Rechte für so eine Datei falsch gesetzt sind, so kann er hierin beliebig Kommandos und Programme ausführen lassen, die eigentlich nur dem Superuser vorbehalten sind.

sches zwischen Prozessen ist allerdings nicht sehr effizient, da hieraus zeitraubende Plattenzugriffe durch die Prozesse resultieren.

Pipes

Eine Pipe kann man sich als einen röhrenartigen Datenkanal vorstellen, über den Prozesse Daten austauschen können. Ein Prozeß schreibt in eine Pipe Daten und der andere Prozeß erhält diese Daten in der Reihenfolge, in der sie geschrieben wurden.

Pipes werden wie Dateien behandelt. Statt explizit Dateien für den Austausch von Daten einzurichten, wird im Hauptspeicher ein Puffer eingerichtet. Deswegen ist diese Kommunikationsform auch wesentlich schneller als die über Dateien, da hier zeitaufwendige Zugriffe auf externe Speichermedien vermieden werden. Der im Hauptspeicher eingerichtete Puffer wird dabei nach dem FIFO-Prinzip verwaltet.[12]

Jede Pipe hat eine Schreib- und eine Leseseite:

```
write  ----->   ----->  Daten  ----->   ----->  read
Schreiben                                        Lesen
```

Bild 11.6 - Eine Pipe

Eine Pipe ist einkanalig, d. h., daß ein Prozeß aus einer Pipe entweder nur lesen oder nur auf sie schreiben kann, aber niemals beides auf die gleiche Pipe durchführen kann. Sollen Daten in beide Richtungen ausgetauscht werden, so müssen hierfür 2 Pipes eingerichtet werden.

Signale

Ein Signal ist ein asynchrones Ereignis und bewirkt eine Unterbrechung auf Prozeßebene. Signale werden vorwiegend zur Kommunikation zwischen System- und Benutzerprozessen verwendet und treten asynchron auf; d. h. jeder Prozeß kann zu jedem beliebigen Zeitpunkt ein Signal erhalten.

Signale können

- von außen durch Aktionen des Benutzers am Terminal (wie z. B. durch Drücken von Programmabbruch-Tasten: **intr**/**quit** oder Abschalten des Terminals) oder

- durch Programmfehler (wie z. B. Division durch 0) oder

---

[12] engl. für *first in first out*, d. h. die zuerst geschriebenen Daten werden auch zuerst wieder gelesen.

- durch andere Prozesse (explizites Senden eines Signals) ausgelöst werden.

Fängt ein Programm ein Signal nicht explizit ab, so führt dies unweigerlich zum Programmabbruch.

Die später vorgestellte Systemfunktion **signal** ermöglicht es allerdings, festzulegen, wie ein Prozeß auf das Ankommen bestimmter Signale reagieren soll, wie z. B.

- Ignorieren oder
- Anspringen einer Funktion zur Signalbehandlung

Alle Programme, die nicht durch möglicherweise auftretende Signale unterbrochen werden sollen, müssen also eine entsprechende Signalbehandlung vorsehen.

Zu den nachfolgend vorgestellten Kommunikationsmöglichkeiten werden in den anschließenden Teilkapiteln keine Kommandos und Systemfunktionen angegeben[13], da sie für fortgeschrittene Systemprogrammierer vorgesehen sind und das hier gesetzte Ziel einer UNIX-Einführung sprengen würden.

Der Vollständigkeit halber werden sie hier allerdings kurz erwähnt:

Named Pipes

Bei einer einfachen Pipe gelten folgende Einschränkungen:

- die Lebensdauer einer einfachen Pipe hängt von der Lebensdauer jedes einzelnen mit dieser Pipe arbeitenden Prozesses ab.

- Kommunikation über eine einfache Pipe ist nur für Prozesse möglich, die entweder einen gemeinsamen Vater haben, der diese Pipe einrichtete, oder aber zwischen einem Vater- und Sohnprozeß, wobei auch hier der Vater die Pipe eingerichtet haben muß.

Bei *Named Pipes* fallen diese Restriktionen weg: Mit dem Anlegen einer *Named Pipe* wird eine Gerätedatei mit dem angegebenen Namen angelegt[14]. Unter Angabe dieses Namens können nun auch Prozesse, die nicht vom selben Vater abstammen, miteinander kommunizieren; zudem ist die Lebensdauer einer solchen Pipe nicht von der Lebensdauer einzelner Prozesse abhängig.

Named Pipes können fast wie einfache Dateien benutzt werden. Der wesentliche Unterschied liegt darin, daß Daten aus einer *Named Pipe* nur einmal gelesen werden können; zudem können die Daten nur in dersel-

---
[13] werden in einem späteren Buch genauer behandelt
[14] Beim Kommando **ls -l** wird diese Dateiart mit *p* angezeigt.

ben Reihenfolge gelesen werden, wie sie in die *Named Pipe* geschrieben wurden.

Message Queues

ermöglichen den Austausch von Nachrichten, die nach Typen klassifizierbar sind.

Semaphore

Semaphore sind sogenannte Zustandsvariablen und stellen einen elementaren Mechanismus zur Synchronisation von Prozessen dar.

Shared Memory

ermöglicht über gemeinsame Datenbereiche im Hauptspeicher einen Datenaustausch zwischen Prozessen und ist deshalb wesentlich effizienter als die Verwendung gemeinsamer Dateien zur Kommunikation verschiedener Prozesse.

Streams

wurden mit UNIX System V.3 eingeführt und ermöglichen die Kommunikation von Prozessen eines ganzen Rechnernetzes.

11.2.4 Kommandos und Systemfunktionen zur Prozeßverwaltung

Neben Kommandos zur Prozeßverwaltung werden hier auch C-Funktionen vorgestellt, die das System zur Verwaltung von Benutzerprozessen anbietet.

Kommandos zur Prozeßverwaltung

ps	Informationen über aktive Prozesse ausgeben

Die vollständige Aufrufsyntax für das Kommando **ps** (*report process status*) ist:

ps [*optionen*]

Werden keine Optionen angegeben, so gibt **ps** nur Informationen zu den vom jeweiligen Terminal aus gestarteten Prozessen und deren Sohnprozessen aus. Zu jedem entsprechenden Prozeß wird dabei eine Zeile ausgegeben, die folgende Informationen enthält:

11.2 Prozesse unter UNIX

- Prozeßnummer (PID)
- Terminalname (TTY)
- verbrauchte Rechenzeit (TIME)
- Kommandoname (COMMAND)

Mit der Angabe von *Optionen* läßt sich der Umfang der auszugebenden Prozeßinformationen steuern; die wichtigsten Optionen sind dabei:

Option	Beschreibung
-a	(*all*) Information über alle Prozesse ausgeben. Ausgenommen hiervon sind Prozesse, die keinem Terminal zugeordnet sind, und Vaterprozesse einer Prozeßgruppe. Unter einer Prozeßgruppe versteht man alle Prozesse, die einem bestimmten Terminal[15] zugeordnet sind.
-d	Information über alle Prozesse ausgeben. Ausgenommen hiervon sind die Vaterprozesse einer Prozeßgruppe.
-e	(*every*) Information über alle Prozesse ausgeben.
-f	(*full*) vollständige Informationen zu den entsprechenden Prozessen ausgeben; so wird z. B. nicht nur der Kommandoname, sondern die vollständige Aufrufzeile ausgegeben, die zur Kreierung eines Prozesses führte.
-l	(*long*) viele Informationen zu den einzelnen Prozessen ausgeben.
-p *prozeßnr(n)*	Information zu allen Prozessen mit den Prozeßnummern (PIDs) *prozeßnr(n)* ausgeben.
-t *terminalname(n)*	Information zu allen Prozessen ausgeben, die den Terminals *terminalname(n)* zugeordnet sind.
-u *benutzer(n)*	Information zu allen Prozessen der Benutzer *benutzer(n)* ausgeben. Für *benutzer(n)* kann dabei entweder die UID oder der Login-Name angegeben werden. Bei der Ausgabe der Prozeßinformationen wird normalerweise der numerische Wert UID ausgegeben; nur wenn die Option **-f** angegeben ist, wird stattdessen der Login-Name ausgegeben.

---

[15] auch Kontrollterminal genannt. Als Kontrollterminal eines Prozesses wird das Terminal bezeichnet, das als erstes von dem entsprechenden Prozeß zum Lesen und/oder Schreiben eröffnet wurde Nur von diesem Terminal aus kann der entsprechende Prozeß mit der **intr**- oder **quit**-Taste abgebrochen werden.

Nur die beiden Optionen **-f** und **-l** legen fest, wieviel Information zu den einzelnen Prozessen auszugeben ist. Alle anderen Optionen bestimmen, zu welchen Prozessen Informationen auszugeben sind.

```
$ ps ⏎
PID TTY    TIME COMMAND
 92 ttyic  0:02 sh
144 ttyic  0:03 ps
$ ps -efl ⏎ 16
F S   UID  PID PPID  C PRI NI  ADDR    SZ WCHAN    STIME TTY     TIME COMD
19 S  root   0    0  0   0 20 154061    2 c013d2b0 Jun 5 ?       0:00 sched
10 S  root   1    0  0  39 20  76065   15 e0000000 Jun 5 ?       0:01 /etc/init
19 S  root   2    0  0   0 20   7a065   0 c0031284 Jun 5 ?       0:00 vhand
19 S  root   3    0  0  20 20   7e065   0 c002c6a4 Jun 5 ?       0:00 bdflush
10 S  root  86    1  0  28 20  18d065  24 c01000e8 06:46:49 console 0:02 -sh
10 S  root  88    1  0  28 20  1ba065  14 c0100140 06:46:51 vt01    0:01 /etc/getty /dev/vt01 vt01
10 S  root  89    1  0  28 20  1df065  14 c0100198 06:46:51 vt02    0:01 /etc/getty /dev/vt02 vt02
10 S  root  74    1  0  26 20  1da065  19 c014c21a 06:46:43 ?       0:00 /etc/cron
10 S  root  77    1  0  39 20  22a065  12 e0000000 06:46:44 ?       0:00 /etc/icc/dload ....
10 S  lp    83    1  0  26 20  24c065  16 c014ada6 06:46:47 ?       0:00 /usr/lib/lpsched
10 S  root  90    1  0  28 20 251065   14 c01003a8 06:46:51 ttyia   0:00 /etc/getty ttyia 9600
10 S  root  91    1  0  28 20 252065   14 c0100400 06:46:51 ttyib   0:00 /etc/getty ttyib 9600
10 S  egon  92    1  1  30 20 263065   24 c013a6b0 06:46:51 ttyic   0:02 -sh
10 S  root  93    1  0  28 20 265065   14 c01004b0 06:46:52 ttyid   0:00 /etc/getty ttyid 9600
10 S  root  94    1  0  28 20 276065   14 c0100508 06:46:52 ttyie   0:00 /etc/getty ttyie 9600
10 S  root  95    1  0  28 20  25b065  14 c0100560 06:46:53 ttyif   0:00 /etc/getty ttyif 9600
18 0  egon 106   92 27  73 20 235065   19          06:47:33 ttyic   0:00 ps -efl
                                                                         └ expandierter
                                                                             Kommandoaufruf
                                                                 └ bisher verbrauchte CPU-Zeit
                                                       └ Name des zugeh. Kontrollterminals
                                              └ (-f) Startzeit des Prozesses
                                      └ (-l) Ereignis (event), auf das der Prozeß wartet
                               └ (-l) Größe des Prozesses in pages 17
                        └ (-l) Speicheradresse des Prozesses
                  └ (-l) Nice-Wert zur Bestimmung der Prozeßpriorität
             └ (-l) Priorität des Prozesses (große Zahl bedeutet dabei geringe Priorität)
         └ (-f,-l) Scheduling-Parameter
     └ (-f,-l) Prozeßnummer des Vaterprozesses
   └ Prozeßnummer (z. B. wichtig für das nachfolgende kill-Kommando)
 └ (-f,-l) effektive Login-Kennung bzw. Login-Name des Prozesses
└ (-l) Prozeßzustand:  O  aktiv; besitzt gerade die CPU
                       S  blockiert; wartet auf ein Ereignis (sleeping)
                       R  bereit (runnable)
                       I  wird gerade kreiert (idle)
                       Z  gerade beendet und Vaterprozess wartet nicht auf dessen Beendigung (zombie)
                       T  wurde durch ein Signal angehalten (traced)
                       X  wartet auf mehr Hauptspeicher
└ (-l) Prozeßzustand: 00  beendet
                      01  Systemprozeß; immer im Hauptspeicher
                             (auf VAX: im Hauptspeicher)
                      02  durch Vaterprozeß gesteuert
                             (auf VAX: Systemprozeß; immer im Hauptspeicher)
                      04  durch Signal des Vaterprozesses gestoppt; Vater wartet
                             (auf VAX: im Hauptspeicher; wartet auf Beendigung eines Ereignisses)
                      08  im Hauptspeicher (auf VAX: nicht vorhanden)
                      10  im Hauptspeicher; wartet auf Beendigung eines Ereignisses
                             (auf VAX: durch Vaterprozeß gesteuert)
                      20  nur auf VAX: durch Signal des Vaterprozesses gestoppt; Vater wartet
```

---

[16] Die zur Ausgabe der jeweiligen Information erforderliche Option wird vor der Beschreibung in Klammern angegeben.

[17] Die Größe einer *page* (zu deutsch: Seite) ist rechnerabhängig; z. B. 512 Bytes oder 4 Kbyte.

11.2 Prozesse unter UNIX

Die Bedeutung der F- und S-Spalten ist rechnerabhängig. Aus der Addition der möglichen hexadezimalen Bitmuster bei F ergibt sich der wirkliche Prozeßzustand; so bedeutet z. B. der Wert

`19 = 01 + 08 + 10,`

daß es sich um einen im Hauptspeicher befindlichen Systemprozeß handelt, der auf das Eintreten eines bestimmten Ereignisses wartet.

Wird in der TTY-Spalte ein ? ausgegeben, dann ist der entsprechende Prozeß keinem Kontrollterminal zugeordnet. Solche Prozesse heißen auch Dämon-Prozesse (engl.: daemons), die zu gewissen Zeitpunkten automatisch ablaufen.

&	Prozesse im Hintergrund ablaufen lassen

Wird ein Prozeß durch einen Aufruf auf der Kommandozeile gestartet, so läuft dieser im Vordergrund ab. Dies bedeutet, daß für die Dauer der Ausführung dieses Prozesses das entsprechende Terminal blockiert ist.

So könnte z. B. der Aufruf

`find / -name komplex.c -print`

einige Minuten für die Ausführung benötigen. Während dieser Zeit ist das Terminal blockiert[18] und es können keine weiteren Kommandos eingegeben werden.

Wird nun aber am Ende einer Kommandozeile das Zeichen & angegeben, so wird das angegebene Kommando als Hintergrundprozeß gestartet. Dies bedeutet, daß zunächst die PID des erzeugten Hintergrundprozesses ausgegeben wird und unmittelbar danach das Promptzeichen, so daß der Benutzer im Vordergrund weiterarbeiten kann, während der gestartete Prozeß parallel dazu im Hintergrund ausgeführt wird[19]. Da die Standardausgabe und die Standardfehlerausgabe eines Hintergrundprozesses weiterhin auf das Terminal erfolgt, ist es üblich, diese umzulenken, um beim weiteren Arbeiten am Terminal nicht durch Ausgaben des Hintergrundprozesses gestört zu werden.

---

[18] Das Promptzeichen $ erscheint erst nach Beendigung dieses Vordergrundprozesses.
[19] UNIX ist ein *multi-tasking*-Betriebssystem: Mehrere Jobs eines Benutzers können gleichzeitig ablaufen.

```
$ find / -name komplex.c -print >komplex.wo 2>komplex.err &⏎
734
$ ps⏎
  PID TTY      TIME COMMAND
   92 ttyic    0:02 sh
  734 ttyic    0:03 find
  844 ttyic    0:03 ps
$
```

kill — Beenden von Prozessen

Mit dem Kommando **kill** kann ein Benutzer eigenen Prozessen ein Signal schicken. Dieses geschickte Signal kann von den entsprechenden Prozessen entweder ignoriert oder aber mit einer Signal-Verarbeitungsroutine behandelt werden. Fängt der entsprechende Prozeß ein so gesendetes Signal nicht ab, so wird er beim Eintreffen dieses Signals beendet.

Die vollständige Aufrufsyntax für **kill** ist:

kill [*–signalnr*]   *prozeßnr(n)*

Beispiele für mögliche Signalnummern sind:

2	**SIGINT**	(*intr*)
3	**SIGQUIT**	(*quit*)
9	**SIGKILL**	(kann niemals abgefangen werden und beendet immer den Prozeß, an den es gesendet wird[20]).
15	**SIGTERM**	(voreingestellte Signalnummer: beendet den entsprechenden Prozeß, wenn dieser dieses Signal nicht explizit abfängt)

Über *prozeßnr(n)* werden die Prozeßnummern der zu beendenden Prozesse angegeben. Wird 0 für *prozeßnr* angegeben, so bedeutet dies, daß alle Prozesse des entsprechenden Benutzers zu beenden sind.

```
$ find / -name komplex.c -print >komplex.wo 2>komplex.err &⏎
947
$ ps⏎
  PID TTY      TIME COMMAND
   92 ttyic    0:02 sh
  947 ttyic    0:04 find
  988 ttyic    0:02 ps
```

---

[20] Dieser Prozeß wird natürlich nur dann beendet, wenn der Signal-Sender dazu die Berechtigung besitzt.

11.2 Prozesse unter UNIX

```
$ kill -9 947 ⏎
947 Killed
$ ps ⏎
   PID TTY        TIME COMMAND
    92 ttyic     0:03 sh
   765 ttyic     0:02 ps
$
```

sleep | Kurzzeitiges Stillegen von Prozessen

Die vollständige Aufrufsyntax für **sleep** ist:

sleep *zeit*

Die *zeit* ist dabei in Sekunden anzugeben.

Dieses Kommando bewirkt, daß *zeit* Sekunden vergehen müssen, bevor der entsprechende Prozeß fortgesetzt wird.

Der Benutzer **emil** hat **egon** versprochen, ihm eine Datei mit Namen *automake.c* in das Directory */tmp* zu kopieren, damit **egon** sie dort "abholen" kann. In diesem Fall wäre ein von **egon** gestarteter Hintergrundprozeß nützlich, der ständig "nachschaut", ob die versprochene Datei bereits in */tmp* angekommen ist. Da die Shell über eine **while**-Schleife und **if**-Anweisung[21] verfügt, könnte dies wie folgt realisiert werden[22]:

```
$ while true ⏎
> do ⏎
>    if [ -f /tmp/automake.c ] ⏎
>    then ⏎
>       echo "Datei /tmp/automake.c ist angekommen" ⏎
>       break ⏎
>    fi ⏎
>    sleep 20 ⏎
> done & ⏎
821
$
```

true bedeutet in diesem Fall, daß die **while**-Bedingung immer erfüllt ist; es handelt sich hier also um eine "Endlosschleife", die erst mit **break** verlassen wird, wenn die Datei */tmp/automake.c* existiert. Die Überprüfung, ob diese Datei vorhanden ist, erfolgt mit

---

[21] Diese Anweisungen werden im zweiten Band dieser Reihe "UNIX-Shells" ausführlich beschrieben.
[22] Das Einrücken der einzelnen Konstrukte ist dabei nicht notwendig, wurde hier aber der Lesbarkeit wegen vollzogen.

```
if [ -f /tmp/automake.c ]
```

Existiert */tmp/automake.c*, so wird

```
Datei /tmp/automake ist angekommen
```

am Bildschirm ausgegeben und mit **break** die **while**-Schleife verlassen. Da nach der **while**-Schleife keine weiteren Anweisungen angegeben sind, wird danach auch dieser Hintergrundprozeß beendet.

Existiert dagegen diese Datei */tmp/automake.c* (noch) nicht, so wird als nächstes Kommando **sleep 20** aufgerufen, was bewirkt, daß die Ausführung für 20 Sekunden angehalten wird, bevor sie mit der Überprüfung auf die Existenz der Datei */tmp/automake.c* (**if [..]**) wieder fortgesetzt wird. Ist diese Datei immer noch nicht vorhanden, so wird mit **sleep 20** die Ausführung wieder für 20 Sekunden angehalten, usw.

| nice | Prozesse mit einer niedrigeren Priorität ablaufen lassen |

Öfters fallen beim Arbeiten an einem System Aufgaben an, die nicht zeitkritisch sind. In solchen Fällen ist es ratsam, die Priorität des auszuführenden Kommandos (Prozesses) freiwillig herunterzusetzen, um dem System mitzuteilen, daß die Ausführung des gegebenen Auftrags nicht so dringlich ist.

Dazu steht das Kommando **nice** zur Verfügung:

nice *kommandoname* [*argumente*]

```
$ nice grep st_hole *.[ch] >st_hole.grep &↵
576
$
```

Der für diese Aufrufzeile kreierte Prozeß läuft dann mit einer niedrigeren Priorität; d. h. ihm wird nur dann die CPU zugeteilt, wenn keine anderen Prozesse mit höherer Priorität sie benötigen.

| nohup | Prozesse nach dem Abmelden vom System weiterlaufen lassen |

Soll ein Prozeß, wie z. B. eine umfangreiche Kompilierung, nach der Beendigung einer UNIX-Sitzung weiterlaufen, so ist dies mit dem Kommando **nohup** (*no hang up*) möglich:

nohup *kommandoname* [*argumente*]

Wenn bei **nohup** die Ausgabe nicht explizit umgelenkt wurde, so wird sowohl die Standardausgabe als auch die Standardfehlerausgabe in die

1.2 Prozesse unter UNIX

Datei *nohup.out* des working directorys geschrieben. Ist dies wegen der Zugriffsrechte nicht möglich, so werden die Ausgaben in die Datei *nohup.out* des home directorys geschrieben.

```
$ nohup find / -name komplex.c - print &⏎
657
Sending output to nohup.out
$ exit⏎
```

Nach einem erneutem Anmelden steht das Ergebnis dieses **find**-Aufrufs in der Datei *nohup.out* (im working directory, in dem **nohup** aufgerufen wurde). Ohne **nohup** würde beim Abmelden vom System der zu **find** kreierte Prozeß beendet und somit kein Ergebnis liefern.

Systemfunktionen zur Prozeßverwaltung

Da es sich hierbei um C-Funktionen handelt, die von einem C-Programm aufgerufen werden können, soll kurz das Kompilieren und Linken eines C-Programms unter UNIX vorgestellt werden:

cc [*optionen*] *c-programmdatei(en)*[23]

cc kompiliert nicht nur die angegebenen Dateien, sondern bindet (linkt) diese auch zugleich. Üblicherweise werden C-Programmdateien mit der Endung (engl.: *extension*) **.c** benannt.

Falls die angegebenen *c-programmdatei(en)* fehlerfrei waren, so schreibt **cc** das kompilierte und ablauffähige Programm in die Datei **a.out**. Möchte der Benutzer einen anderen Namen für das von **cc** erzeugte ablauffähige Programm, so kann er dies mit folgender Option erreichen:

  -o *programm_name*

```
$ pwd⏎
/home/egon/uebung1
$ ls add*.c⏎
add1.c
add2.c
$ cc add1.c⏎
$ a.out⏎
2 3⏎
2.000000 + 3.000000 = 5.000000
$ cc -o add add2.c⏎
$ add⏎
Gib 2 Zahlen ein: 2 3⏎
Summe: 2.000000 + 3.000000 = 5.000000
$
```

---

[23] Hier wird nur die Option **-o** vorgestellt.

Nun zu den Systemaufrufen der Prozeßverwaltung.

Aufruf von UNIX-Kommandos aus C-Programmen

Dazu steht die Systemfunktion **system** zur Verfügung. Die formale Deklaration für diese Funktion[24] ist:

```
#include <stdio.h>
int system(kdo_zeile)
    char *kdo_zeile
```

Diese Funktion übergibt die angegebene *kdo_zeile* als eine Kommandozeile an die Shell, um sie dort ausführen zu lassen[25]. Nach Ausführung der über *kdo_zeile* übergebenen Kommandozeile, wird mit der Ausführung des aufrufenden Programms (mit nächster Anweisung) fortgefahren.

Das nachfolgende C-Programm *cpbaum.c* kopiert einen ganzen Directorybaum, der als erstes Argument beim Aufruf anzugeben ist, in das als zweites Argument angegebene Directory:

```
#include <stdio.h>
#include <string.h>
main(argc, argv)
   int    argc;
   char *argv[];
{
   char kdo_zeile[255];
   if (argc != 3) {
      fprintf(stderr, "richtiger Aufruf: cpbaum quelldir zieldir\n");
      exit(1);  /* bewirkt das Verlassen dieses Programms */
   } else {
      sprintf(kdo_zeile, "find %s -depth -print | cpio -pdv %s",
                         argv[1], argv[2]);
      fprintf(stderr, "Folgender Aufruf findet nun statt:\n");
      fprintf(stderr, "    '%s'\n", kdo_zeile);
      system(kdo_zeile);

      fprintf(stderr, "————————————————\n");
   }
}
```

---

[24] in ANSI C:
```
#include <stdlib.h>
int system(const char *kdo_zeile)
```
[25] Die Shell kreiert dann hierfür einen Sohnprozeß, wenn es sich nicht um ein built-in Kommando der Shell handelt.

11.2 Prozesse unter UNIX

Nachdem dieses C-Programm kompiliert wurde, könnte dann z. B. der Directorybaum *uebung1* ins Directory *u1* kopiert werden:

```
$ cc -o cpbaum cpbaum.c⏎
$ pwd⏎
/home/egon
$ mkdir u1⏎
$ cpbaum uebung1 u1⏎
Folgender Aufruf findet nun statt:
   'find uebung1 -depth -print | cpio -pdv u1'
.......
u1/uebung1/laender
u1/uebung1/add1.c
u1/uebung1/add2.c
u1/uebung1/abc1
u1/uebung1/abc2
u1/uebung1/abc3
u1/uebung1/delta
.......
333 blocks
```
$

Programmwechsel mit exec-Systemaufrufen

Ein **exec**-Systemaufruf startet ein neues Programm. Das Code- und Datensegment des Prozesses, der **exec** aufruft, wird dabei durch das aufgerufene Programm ersetzt. Es wird also durch **exec**-Systemaufrufe kein neuer Prozeß kreiert, sondern lediglich der Inhalt des gerade arbeitenden Prozesses durch das angegebene Programm ersetzt.

Ist ein **exec**-Aufruf erfolgreich, so wird das neue Programm geladen, und es wird an dessen Startadresse mit der Verarbeitung fortgefahren. Es ist zu erwähnen, daß noch offene Dateien den mit **exec** geladenen Programm weiterhin zur Verfügung stehen. Da durch **exec** das alte Programm durch das neue überlagert wird, ist ein Rücksprung aus dem neuen Programm in das alte nicht möglich. Falls ein **exec**-Systemaufruf nicht erfolgreich druchgeführt werden konnte (z. B. weil falsche Optionen angegeben waren), so wird mit der auf **exec** folgenden Anweisung im alten Programm fortgefahren.

Es existieren 6 Varianten von **exec**-Systemaufrufen:

execl	**execv**
execlp	**execvp**
execle[26]	**execve**[27]

Diese einzelnen Funktionen unterscheiden sich

- in der Suche nach dem aufgerufenen Programm
- in der Argumentübergabe (feste und variable Anzahl)
- in der Art und Weise, in der Variablen der Prozeßumgebung übernommen oder neu festgelegt werden.

execl

```
int execl(pfadname, arg0, .. ,argn, (char *)0)
   char *pfadname, *arg0, .. , *argn;
```

Das nachfolgende C-Programm *vergl1.c* überlagert sich mit dem Kommando **diff -eb add1.c add2.c**

```
#include <stdio.h>

main()
{
   fprintf(stderr, "Folgender Kommandoaufruf findet nun statt:\n");
   fprintf(stderr, " diff -eb add1.c add2.c\n");

   execl("/bin/diff", "diff", "-eb", "add1.c", "add2.c", NULL);

   fprintf(stderr, "Aufruf war nicht erfolgreich\n");
}
```

Nach der Kompilierung dieses Programms z. B. mit

cc -o vergl1 vergl1.c

würde der Aufruf

vergl1

folgendem Kommandoaufruf entsprechen:

diff -eb add1.c add2.c

$ cc -o vergl1 vergl1.c ⏎
$ vergl1 ⏎

---

[26] wird hier nicht genauer beschrieben
[27] wird hier nicht genauer beschrieben

1.2 Prozesse unter UNIX

```
         Folgender Kommandoaufruf findet nun statt:
          diff -eb add1.c add2.c
         5c
           c = a+b;
           printf("Summe: %f + %f = %f\n", a, b, c);
         .
         3c
           float a, b, c;

           printf("Gib 2 Zahlen ein: ");
         .
         0a
         /* Dieses Programm liest 2 Zahlen ein und gibt die */
         /* Summe dieser beiden Zahlen wieder aus            */
         .
         $
```

Dem Systemaufruf **execl** muß als erstes Argument der Name der Datei übergeben werden, in der das auszuführende Programm gespeichert ist. Ist dieser Aufruf nicht erfolgreich (z. B. weil die Datei nicht vorhanden oder das entsprechende *execute*-Recht nicht gesetzt ist), so wird mit **fprintf** eine Fehlermeldung ausgegeben und der Prozeß danach beendet. Bei erfolgreichem Aufruf von **diff** wird dieses C-Programm durch das Kommando **diff** überlagert, so daß dieser letzte **fprintf**-Aufruf in diesem Fall nicht ausgeführt würde.

Abgesehen vom letzten Argument **NULL**, welches nur das Ende der Argumentliste kennzeichnet, werden die den Dateinamen (ersten beiden Argumente *pfadname* und *arg0*) folgenden Argumente an das auszuführende Programm übergeben. Es ist Konvention, daß das Argument *arg0* (hier: **diff**) immer angegeben sein muß und daß dieser Zeiger auf einen String zeigt, der dem als erstes Argument angegebenen Pfadnamen (oder dessen letzten Komponente) entspricht.

execv
```
         int execv(pfadname, argv)
            char *pfadname, *argv[];
```

execv ist dann anzuwenden, wenn die Zahl der Argumente für das aufrufende Programm zum Zeitpunkt der Programmerstellung nicht bekannt ist. *argv* ist hierbei ein Array von String-Adressen, wobei die letzte Adresse **NULL** sein muß.

Das nachfolgende C-Programm *ll1.c* ruft

    ls -CF ....

mit den bei seinem Aufruf auf der Kommandozeile übergebenen Argumenten auf:

```
#include <stdio.h>

char *kdo[2000] = { "ls",
                    "-CF" };

main(argc, argv)
   int   argc;
   char *argv[];
{
   int i;

   fprintf(stderr, "Nun findet folgender Kommandoaufruf statt:\n");
   fprintf(stderr, "     ls -CF ");
   for (i=1 ; i<argc ; i++) {
      kdo[i+1] = argv[i];
      fprintf(stderr, "%s ", kdo[i+1]);
   }
   kdo[i+1] = NULL;
   fprintf(stderr, "\n————————\n");

   execv("/bin/ls", kdo);

   fprintf(stderr, "—— Fehler beim Aufruf dieses Kommandos ——\n");
}
```

Nachfolgend wird ein möglicher Aufruf dieses Programms gezeigt:

```
$ cc -o ll1 ll1.c⏎
$ ll1 /bin/c* /bin/d*⏎
Nun findet folgender Kommandoaufruf statt:
     ls -CF /bin/cat /bin/cc /bin/chgrp /bin/chmod /bin/chown /bin/cmp
/bin/conv /bin/convert /bin/cp /bin/cpio /bin/cprs /bin/csh /bin/date
/bin/dd /bin/df /bin/diff /bin/dirname /bin/dis /bin/du /bin/dump
————————
/bin/cat*       /bin/chown*     /bin/cp*        /bin/date*      /bin/dirname*
/bin/cc*        /bin/cmp*       /bin/cpio*      /bin/dd*        /bin/dis*
/bin/chgrp*     /bin/conv*      /bin/cprs*      /bin/df*        /bin/du*
/bin/chmod*     /bin/convert*   /bin/csh*       /bin/diff*      /bin/dump*
$
```

11.2 Prozesse unter UNIX

execlp und exexvp

Bei **execl** und **execv** mußte der volle Pfad des aufzurufenden Programms angegeben werden. Möchte man aber nur den Programmnamen angeben und dem System die Suche des entsprechenden Programms (in den über die in der Systemvariablen **PATH** angegebenen Directories[28]) überlassen, so sind die Aufrufe **execlp** und **execvp** zu verwenden:

```
int execlp(programmname, arg0, .. ,argn, (char *)0)
  char *programmname, *arg0, .. , *argn;

int execvp(programmname, argv)
  char *programmname, *argv[];
```

Die zuvor vorgestellten Programme *vergl1.c* und *ll1.c* könnten somit wie folgt realisiert werden:

vergl2.c:

```
#include <stdio.h>

main()
{
    fprintf(stderr, "Folgender Kommandoaufruf findet nun statt:\n");
    fprintf(stderr, " diff -eb add1.c add2.c\n");

    execlp("diff","diff", "-eb", "add1.c", "add2.c", NULL);

    fprintf(stderr, "Aufruf war nicht erfolgreich\n");
}
```

ll2.c:

```
#include <stdio.h>

char *kdo[2000] = { "ls",
                    "-CF" };

main(argc, argv)
    int   argc;
    char *argv[];
{
    int i;

    fprintf(stderr, "Nun findet folgender Kommandoaufruf statt:\n");
    fprintf(stderr, "    ls -CF ");
    for (i=1 ; i<argc ; i++) {
        kdo[i+1] = argv[i];
```

---

[28] wird im nächsten Buch ("UNIX-Shells") genau beschrieben

```
            fprintf(stderr, "%s ", kdo[i+1]);
        }
        kdo[i+1] = NULL;
        fprintf(stderr, "\n————————\n");

        execvp("ls", kdo);

        fprintf(stderr, "—— Fehler beim Aufruf dieses Kommandos ——\n");
    }
```

Systemfunktionen zur Prozeßsteuerung

fork	Kreieren von neuen Prozessen

`int fork()`

fork kreiert einen neuen Prozeß. Der neue Prozeß (Sohnprozeß) ist eine exakte Kopie des aufrufenden Prozesses (Vaterprozeß).

Für den kreierten Sohnprozeß gilt:

- Codesegment und Datensegment des Vaterprozesses werden dupliziert
- der Befehlszähler zeigt im Sohnprozeß auf dieselbe Programmstelle wie im Vaterprozeß
- die Existenz des Sohnprozesses beginnt mit dem Rücksprung aus dem **fork**-Aufruf
- **fork** liefert für den neuen Sohnprozeß den Rückgabewert 0
- der Sohnprozeß erhält eine neue Prozeßnummer (PID)
- der Sohnprozeß konkurriert wie jeder andere Prozeß um die Betriebsmittel (z. B. CPU, Speicher, ..)

Für den Vaterprozeß gilt:

- seine Ausführung wird nach der Rückkehr aus dem **fork**-Aufruf wie nach jedem Funktionsaufruf fortgesetzt.
- er erhält als Rückgabewert von **fork** die Prozeßnummer (PID) des Sohnes, die eine ganze Zahl größer 0 oder, im Fehlerfalle, -1 ist.
- er kann das Ende des Sohnprozesses abwarten, kann aber auch mit der Programmausführung fortfahren (z. B. mit **fork** weitere Prozesse erzeugen)

Unmittelbar nach Durchführung von **fork** haben beide Prozesse dieselben offenen Dateien, dieselben Benutzer- und Gruppenkennungen, das-

11.2 Prozesse unter UNIX

selbe working directory usw. und arbeiten beide an derselben Stelle desselben Programms, allerdings in verschiedenen Code- und Datensegmenten.

Ein wichtiger Unterschied ist die durch **fork** zurückgelieferte ganze Zahl:

rueckgabe_fork = fork()

hier gilt:

im Sohnprozeß: **rueckgabe_fork = 0**

im Vaterprozeß: **rueckgabe_fork > 0** (PID des Sohnprozesses)

fork nicht erfolgreich: **rueckgabe_fork = -1**

Da ein Sohnprozeß in der Regel einen anderen Programmteil ausführen soll, kann über diesen Rückgabewert gesteuert werden, welcher Programmteil vom Sohn- und welcher Programmteil vom Vaterprozeß auszuführen ist.

Im nachfolgenden Programm *zaehlen.c* zählt parallel ein Vater- und ein Sohnprozeß um die Wette. Der Vater meldet dabei seinen Zwischenstand in 200000-er Schritten und der Sohn in 100000-er Schritten:

```
1  #include <stdio.h>
2
3  main()
4  {
5    long int z=1,
6             rueckgabe_fork;
7
8    printf("Vater und Sohn zaehlen um die Wette:\n\n");
9
10   if ((rueckgabe_fork=fork()) == 0) {                          /*- - - - -*/
11     printf("%75s\n", "Sohn: Ich beginne zu zaehlen");          /* Programm */
12     while (z<=1000000) {                                       /*         */
13       if ((z%100000) == 0)                                     /*         */
14         printf("%70s %d\n", "Sohn: Ich bin schon bei", z);     /*   des   */
15       z++;                                                     /*         */
16     }                                                          /*  Sohnes */
17     printf("%65s %d\n", "z(Sohn) = ", z);                      /*- - - - -*/
```

```
18    } else if (rueckgabe_fork > 0) {
19       printf("Vater: Ich beginne zu zaehlen\n");        /*- - - - -*/
20       while (z<=1200000) {                              /* Programm */
21          if ((z%200000) == 0)                           /*         */
22             printf("Vater: %d und rede nicht soviel!\n", z);  /*  des  */
23          z++;                                           /*         */
24       }                                                 /* Vaters  */
25       printf("z(Vater) = %d\n", z);                     /*- - - - -*/
26    }
27    printf("  ----> z = %d\n", z); /* wird von Vater und Sohn ausgefuehrt */
28 }
```

In der Programmzeile 10 wird ein Sohnprozeß gestartet, der eine Kopie des Code-, Daten- und Stacksegments des Vaterprozesses erhält; d. h. daß er z. B. den momentanen Wert der Variablen **z** erbt. Auch übernimmt dieser Sohnprozeß den Wert des Befehlszählers vom Vaterprozeß; somit fährt er zwar an der gleichen Programmstelle (nach dem **fork**-Aufruf) fort, an der er aufgerufen wurde, aber, und das ist wichtig, mit seinem eigenem Code-, Daten- und Stacksegment. Vereinfacht läßt sich diese Situation wie folgt darstellen:

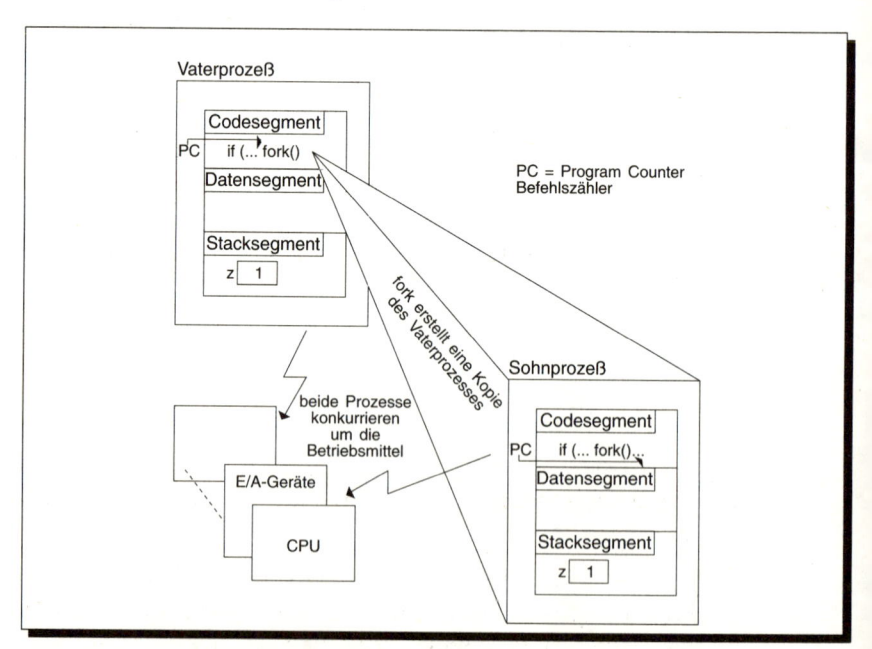

Bild 11.7 - Kreieren eines Sohnprozesses mit fork

11.2 Prozesse unter UNIX

Beide Prozesse konkurrieren nun um die Betriebsmittel (CPU, Hauptspeicher, ..). Um die Ausgabe des Sohnes von der des Vaters unterscheiden zu können, erfolgen die Ausgaben des Sohnes am rechten Bildschirmrand. Somit könnte sich z. B. folgende Ausgabe ergeben, wenn das obige Programm nach seiner Kompilierung gestartet würde:

```
$ cc -o zaehlen zaehlen.c⏎
$ zaehlen⏎
Vater und Sohn zaehlen um die Wette:

                                        Sohn: Ich beginne zu zaehlen
Vater: Ich beginne zu zaehlen
                                        Sohn: Ich bin schon bei 100000

                                        Sohn: Ich bin schon bei 200000
Vater: 200000 und rede nicht soviel!
                                        Sohn: Ich bin schon bei 300000
Vater: 400000 und rede nicht soviel!
                                        Sohn: Ich bin schon bei 400000
                                        Sohn: Ich bin schon bei 500000
                                        Sohn: Ich bin schon bei 600000
Vater: 600000 und rede nicht soviel!
                                        Sohn: Ich bin schon bei 700000
Vater: 800000 und rede nicht soviel!
                                        Sohn: Ich bin schon bci 800000
                                        Sohn: Ich bin schon bei 900000
Vater: 1000000 und rede nicht soviel!
                                        Sohn: Ich bin schon bei 1000000
                                             z(Sohn) =  1000001
 ———> z = 1000001
Vater: 1200000 und rede nicht soviel!
z(Vater) = 1200001
 ———> z = 1200001
$
```

Bei dieser Ausgabe ist zu erkennen, daß beiden Prozessen abwechselnd die Betriebsmittel (CPU, E/A-Geräte, usw.), um die sie konkurrieren, zugeteilt werden.

Auch ist an dieser Ausgabe zu erkennen, daß der Sohnprozeß bei seiner Erzeugung die Variable **z** (und ihren Wert) erbt. Da diese lokale Variable allerdings in sein eigenes Stacksegment kopiert wird, ist **z** ab diesem Zeitpunkt eine eigene Variable des Sohnprozesses, d. h., daß ein

Verändern von **z** durch den Sohnprozeß keinerlei Einfluß auf das **z** des Vaters hat.

Ein weiterer interessanter Aspekt, der an dieser Ausgabe zu erkennen ist, ist die Tatsache, daß beide Prozesse nach Beendigung ihres entsprechenden Programmteils in der **if**-Anweisung, mit dem Programm (nach der **if**-Abfrage: Zeilennummer 27) fortfahren. In diesem Programmteil wird nur noch der jeweilige Wert von **z** ausgegeben:

```
-----> z = 1000001    (Sohnprozeß)
-----> z = 1200001    (Vaterprozeß)
```

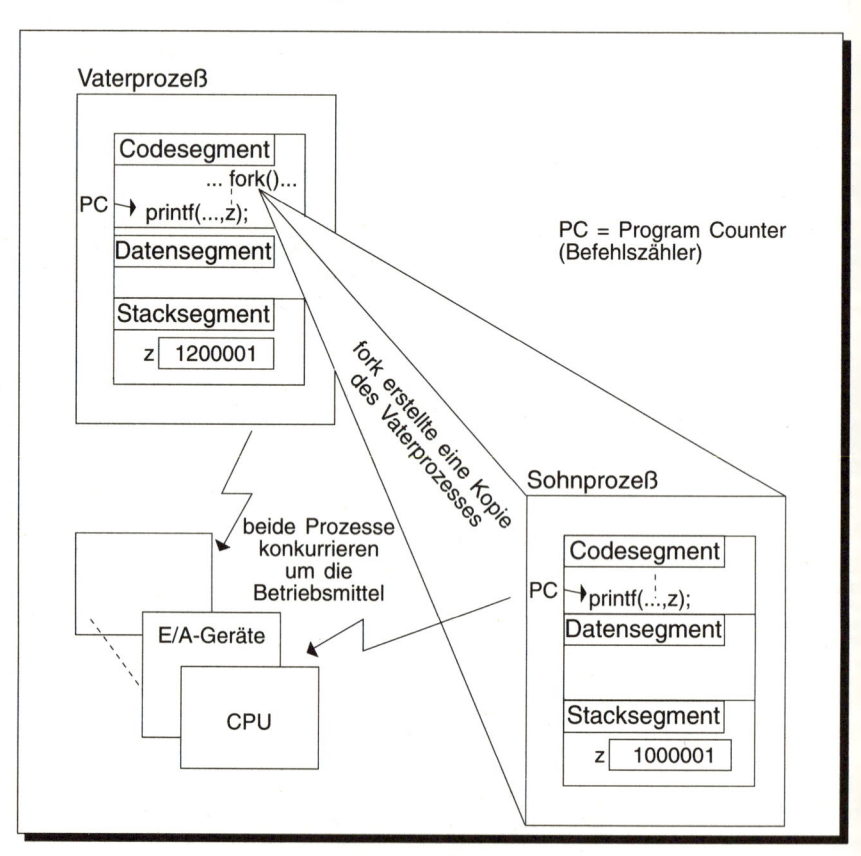

Bild 11.8 - Die Variable z im Sohn- und Vaterprozeß

11.2 Prozesse unter UNIX

Dieses Beispiel soll verdeutlichen, daß ein mit **fork** kreierter Sohnprozeß direkt nach dem **fork**-Aufruf an der gleichen Stelle wie der Vaterprozeß mit der Programmausführung fortfährt. So kann z. B. ein Sohnprozeß seinerseits wieder einen Sohnprozeß (Enkel zu seinem eigenen Vater) erzeugen:

```c
#include <stdio.h>

main()
{
    int  var=0;
```

```c
    if (fork() == -1) {
        fprintf(stderr, "Fehler beim ersten fork-Aufruf\n");
    } else {
        var++;                     /* wird von Sohn und Vater ausgefuehrt */
        printf("var = %d\n", var); /* ........................... */
        if (fork() == -1) {        /* Sohn und Vater erzeugen neuen Sohn  */
            fprintf(stderr, "Fehler beim zweiten fork-Aufruf\n");
        } else {
            var++;                     /* wird von Vater, dessen beiden     */
            printf("var = %d\n", var); /* Soehnen und dessen Enkel ausgefuehrt */
        }
    }
}
```

Erklärung zu diesem Programm

Mit dem ersten **fork**-Aufruf kreiert der Vater seinen ersten Sohn, der den momentanen Wert der Variablen *var* (0) erbt:

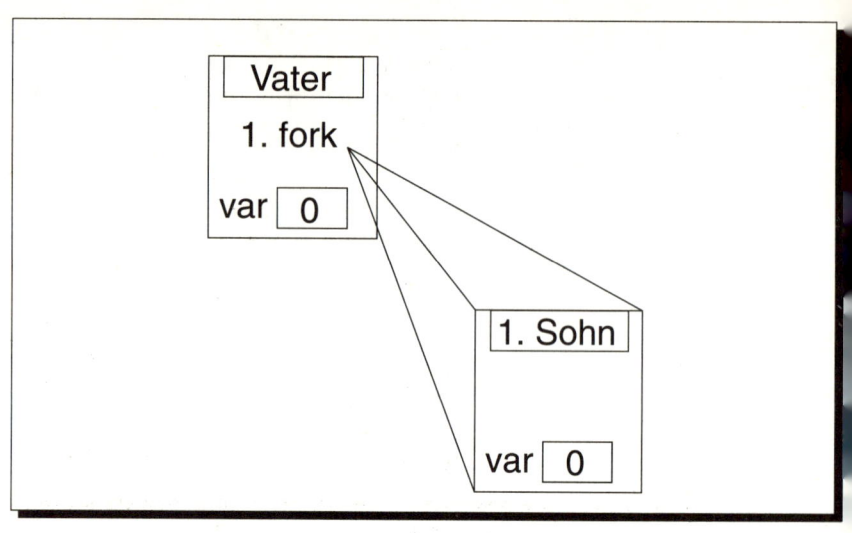

Bild 11.9 - Kreieren des ersten Sohnprozesses

Nachdem beide Prozesse, Vater und Sohn die Anweisung *var++* ausgeführt haben, ergibt sich folgendes Bild:

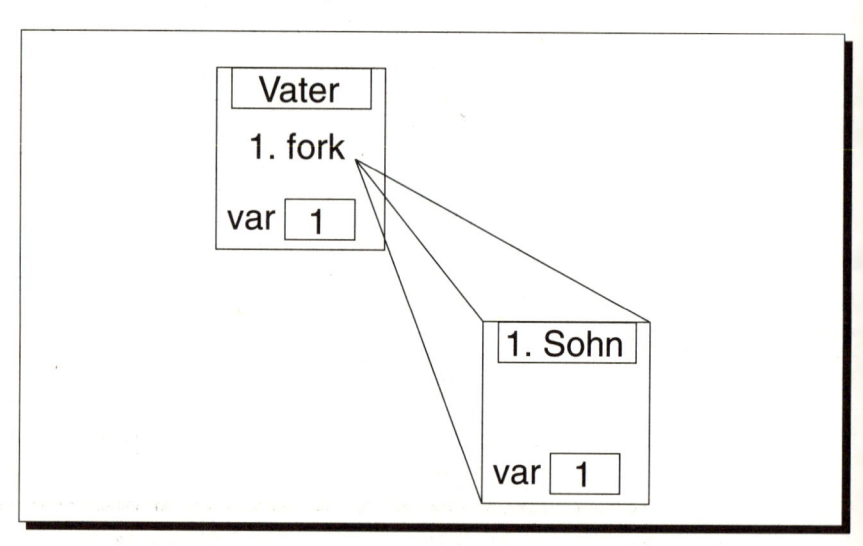

Bild 11.10 - Nach der Anweisung var++

Beide Prozesse geben dann Inhalt ihrer Variablen *var* (1) aus.

Mit dem zweiten **fork**-Aufruf erzeugen sowohl der Vater als auch der Sohn einen Sohnprozeß ihrerseits.

11.2 Prozesse unter UNIX

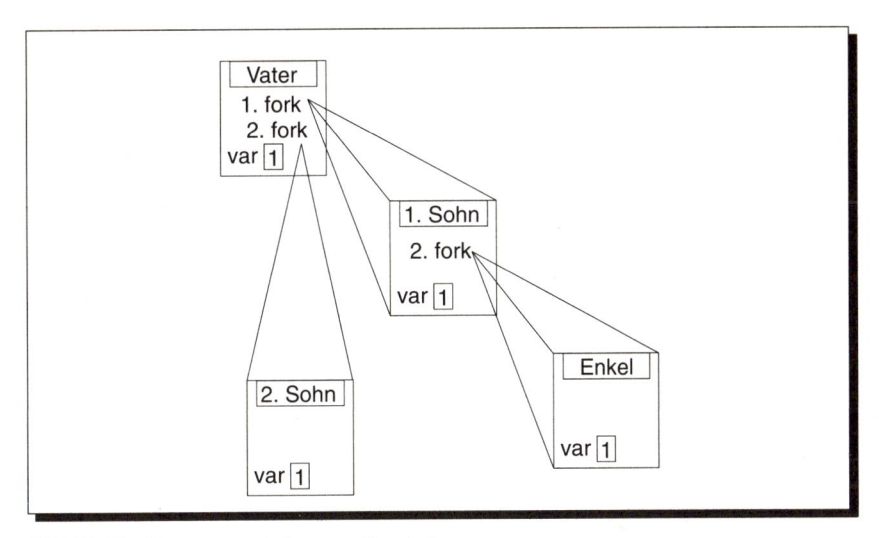

Bild 11.11 - Prozesse nach dem zweiten fork

Nachdem alle Prozesse: Vater, dessen beiden Söhne und dessen Enkel *var++* ausgeführt haben, ergibt sich folgendes Bild:

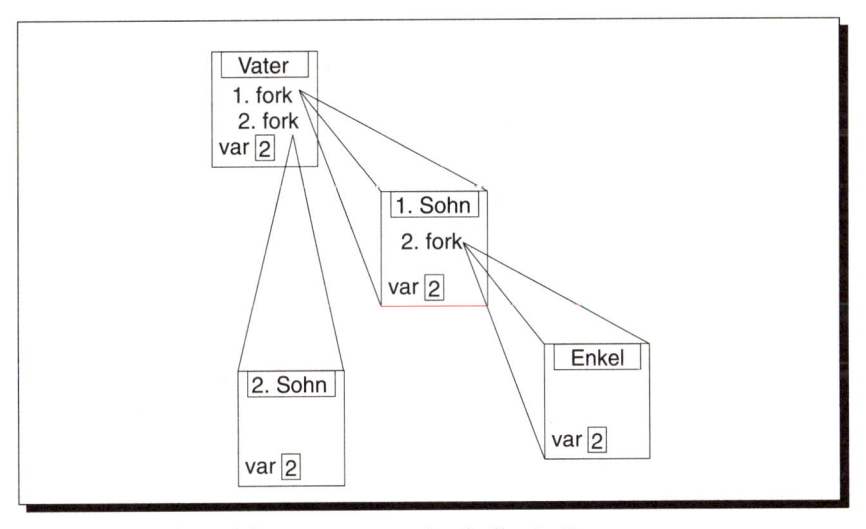

Bild 11.12 - Nach Ausführung von var++ durch alle vier Prozesse

Alle 4 Prozesse geben dann den Inhalt ihrer Variablen *var* aus.

Da diese 4 Prozesse gleichwertig um die CPU und die E/A-Geräte konkurrieren, kann die Reihenfolge der Ausgabe der Variablen *var* nicht allgemein festgelegt werden. Eine mögliche Ausgabe dieses Programms wäre z. B.

```
var = 1
var = 2
var = 2
var = 1
var = 2
var = 2
```

sleep	Prozeß für eine bestimmte Zeit (Sekunden) anhalten

unsigned sleep(sekunden)
  int sekunden

Der Aufruf von **sleep** bewirkt, daß der entsprechende (aufrufende) Prozeß für die angegebenen *sekunden* angehalten wird.

Im nachfolgenden Programm setzt der Aufruf der Funktion **srand** den Zufallszahlengenerator (für jeden Sohnprozeß) auf einen zufälligen Startwert. Die Funktion **rand** liefert eine Zufallszahl zwischen 0 und $2^{15}-1$. Mit **rand()%10+1** wird diese bereitgestellte Zufallszahl in den Bereich 1 bis 10 projeziert, d. h. daß **sleep** abhängig von der gelieferten Zufallszahl mit einem ganzzahligen Wert zwischen 1 und 10 aufgerufen wird.

```
#include <stdio.h>
#include <limits.h>      /* enthaelt Definition fuer INT_MAX */

void
   schlafen(nr)
      int nr;
{
   int    i, sek;
   char   einrueck[100];

   for (i=0 ; i<nr*25 ; i++)
      einrueck[i] = ' ';
   einrueck[nr*25] = '\0';
   printf("%sProzess %d:\n", einrueck, nr);
   printf("%s   Ich geh schlafen\n", einrueck);

   srand((unsigned)time(NULL) % INT_MAX/(nr+1));
   sek = rand()%10 + 1;
   sleep(sek);

   printf("%sProzess %d: Gaehn!\n", einrueck, nr);
   printf("%s   %d Sek. geschlafen\n", einrueck, sek);
}

main()
```

11.2 Prozesse unter UNIX

```
{
    int i;

    if (fork() == 0)
        schlafen(0);
    else if (fork() == 0)
        schlafen(1);
    else if (fork() == 0)
        schlafen(2);

    for (i=1 ; i<=3 ; i++)    /* Ende aller 3 Sohnprozesse abwarten */
        wait(NULL);
}
```

Der hier bereits verwendete Aufruf der Funktion **wait**[29] bewirkt, daß der Vaterprozeß auf die Beendigung der Söhne wartet, bevor er sich dann selbst beendet. Da 3 Sohnprozesse kreiert wurden, wird **wait** dreimal aufgerufen.

Das obige Programm könnte z. B. folgende Ausgabe liefern:

```
Prozess 0:
    Ich geh schlafen
                        Prozess 1:
                            Ich geh schlafen
                                                Prozess 2:
                                                    Ich geh schlafen
                                                Prozess 2: Gaehn!
                                                    4 Sek. geschlafen
Prozess 0: Gaehn!
    8 Sek. geschlafen
                        Prozess 1: Gaehn!
                            10 Sek. geschlafen
```

exit	Freiwilliges Beenden eines Prozesses

void exit(status_wert)
  int status_wert

Der Aufruf von **exit** bewirkt, daß der entsprechende Prozeß beendet[30] wird und ein sogenannter exit-Status an den Vaterprozeß zurückgegeben wird. Den exit-Status eines Sohnprozesses kann der Vaterprozeß über die Systemfunktion **wait**[31] erfahren. Wartet ein Vater nicht gerade mit **wait** auf die Beendigung eines Sohnprozesses, so wird der beendete

---

[29] wird später noch genauer vorgestellt
[30] **exit** gibt dabei zunächst den Speicherbereich des entsprechenden Prozesses frei und führt eventuell ein **fflush** für noch offene Dateien aus, bevor es diese schließt.
[31] wird danach vorgestellt.

Sohnprozeß in einen sogenannten "Zombie"-Zustand versetzt; d. h., daß nur noch ein Eintrag für den entsprechenden Prozeß in der Prozeßtabelle des Betriebssystems vorhanden ist, aber die von diesem Prozeß belegten Betriebsmittel (wie z. B. Hauptspeicher) bereits freigegeben sind.

Für verschwundene Väter übernimmt der Urprozeß **init** die ordnungsgemäße Beendigung der "Waisen"-Prozesse.

Beendet sich ein Prozeß ohne einen **exit**-Aufruf, so ist der exit-Status undefiniert.

| **wait** | Warten auf die Beendigung eines Sohnprozesses |

```
int wait(status)
  int *status
```

wait ermöglicht es, einen Vaterprozeß auf die Beendigung eines Sohnprozesses warten zu lassen. Warten bedeutet in diesem Fall, daß die Ausführung des Vaterprozesses an der Stelle des **wait**-Aufrufes gestoppt wird.

Da ein Prozeß mehrere Sohnprozesse erzeugen kann, gibt **wait** als Ergebnis die Prozeßnummer des beendeten Sohnprozesses zurück, um den Vaterprozeß darüber zu informieren, welcher der Sohnprozesse beendet wurde. Will der Vaterprozeß auf das Ende jedes einzelnen der von ihm erzeugten Prozesse warten, so sind entsprechend viele **wait**-Aufrufe abzusetzen. Sind keine Sohnprozesse mehr vorhanden, so liefert **wait** als Rückgabewert -1.

Falls für den Parameter *status* kein **NULL**-Zeiger angegeben ist, so schreibt **wait** in die Speicheradresse *status* Status-Information über den beendeten Sohnprozeß. Über diese Status-Information kann der Vaterprozeß dann z. B. feststellen, ob der entsprechende Sohnprozeß durch ein Signal beendet wurde oder sich selbst beendete und was der Grund für seine Beendigung war:

```
signalnr | 11111111
```

Wurde der Sohnprozeß gestoppt (noch nicht beendet),[32] so enthält das höherwertige Byte die Signalnummer des Signals, das diesen Stop bewirkte, und das niederwertige Byte hat das Bitmuster 0xff.

---

[32] Das trifft beispielsweise beim Debuggen eines Prozesses zu, wenn dieser auf einen Haltepunkt (engl. *break point*) gelaufen ist.

11.2 Prozesse unter UNIX

```
| exit-Wert | 00000000 |
```

Beendete der Sohnprozeß sich selbst mit einem **exit**-Aufruf, so enthält das höherwertige Byte den bei **exit** angegebenen Statuswert und das niederwertige Byte hat das Bitmuster 0x00.

```
| 00000000 | signalnr |
```

Wurde der Sohnprozeß durch ein Signal beendet, so enthält das niederwertige Byte die entsprechende Signalnummer und das höherwertige Byte hat das Bitmuster 0x00.

Beendet sich ein Vaterprozeß ohne auf das Ende seiner Sohnprozesse zu warten, so erhält jeder Sohnprozeß als PPID (Prozeßnummer des Vaters) die Prozeßnummer 1; d. h., daß der Urprozeß **init** der neue Vaterprozeß für diese Sohnprozesse wird.

Es werden hier 2 Programme angegeben, die jeweils einen 50 Meter Lauf zwischen 3 kreierten Sohnprozessen simulieren. Beim ersten Programm wartet dabei der Vaterprozeß nur auf das Ende eines Prozesses, den "Sieger-Prozeß", bevor er dann den Sieger ausgibt. Im zweiten Programm wird auf das Ende alle Sohnprozesse gewartet, bevor dann die Reihenfolge des Zieleinlaufs ausgegeben wird.

1.Programm (nur auf den "Sieger-Prozeß" warten)

```c
#include <stdio.h>
#include <limits.h>

char *bahn = "                                                    ";

void rennen(i)
  int i;
{ int meter=0;

    bahn[i*15-4] = '\0';
    srand((unsigned)time(NULL)%INT_MAX/i);
    while (meter<50) {
       sleep(rand()%3+1);
       meter += 5;
       printf("%s%3d\n", bahn, meter);
    }
    printf("%s——\n", bahn);
    exit(0);
}

main()
```

```
{   int pid[4], pid_ende, i;

    printf("%18s%15s%15s\n", "Laeufer 1", "Laeufer 2", "Laeufer 3");
    printf("———————————————————————————————————————————\n");
    if ((pid[1]=fork()) == 0)   rennen(1);
    else if ((pid[2]=fork()) == 0)   rennen(2);
    else if ((pid[3]=fork()) == 0)   rennen(3);
    else {
       pid_ende=wait(NULL);   /* auf Ende eines Sohnprozesses warten */
       for (i=1 ; i<=3 ; i++) {
          if (pid_ende==pid[i])
             break;
       }
       printf("Laeufer %d hat gewonnen !!!\n", i);
       sleep(10);
    }
}
```

ögliche Ausgabe dieses Programms wäre:

Laeufer 1	Laeufer 2	Laeufer 3
		5
	5	
5		
10		
		10
	10	
		15
15		
20		
		20
	15	
		25
25		
	20	
	25	
		30
	30	
30		
		35
35		
		40
	35	
	40	
40		
		45
45		
		50

11.2 Prozesse unter UNIX 519

```
Laeufer 3 hat gewonnen !!!
                                  45
                                  50
                 50
```

Programm (auf die Beendigung aller Sohnprozesse warten)

```c
#include <stdio.h>
#include <limits.h>

char *bahn = "                                                           ";
void rennen(i)
  int i;
{
   int meter=0;

   bahn[i*15-4] = '\0';
   srand((unsigned)time(NULL)%INT_MAX/i);
   while (meter<50) {
      sleep(rand()%3+1);
      meter += 5;
      printf("%s%3d\n", bahn, meter);
   }
   printf("%s—\n", bahn);
   exit(0);
}
main()
{
    int  pid[4],
         pid_ende[4],
         i, j;
    printf("%18s%15s%15s\n", "Laeufer 1", "Laeufer 2", "Laeufer 3");
    printf("——————————————————————————————————————\n");
    if ((pid[1]=fork()) == 0)
       rennen(1);
    else if ((pid[2]=fork()) == 0)
       rennen(2);
    else if ((pid[3]=fork()) == 0)
       rennen(3);
    else {
       for (i=1 ; i<=3 ; i++)   /* auf Ende aller Sohnprozesse warten */
          pid_ende[i]=wait(NULL);
       printf("Zieleinlauf:\n");
       for (i=1 ; i<=3 ; i++)
          for (j=1 ; j<=3 ; j++)
```

```
            if (pid_ende[i]==pid[j]) {
                printf("    Laeufer %d\n", j);
                break;
            }
        }
    }
}
```

Mögliche Ausgabe dieses Programms wäre:

Laeufer 1	Laeufer 2	Laeufer 3
		5
	5	
5		
10		
		10
	10	
	15	
		15
15		
20		
		20
		25
25		
	20	
	25	
		30
	30	
30		
		35
	35	
35		
		40
	40	
40		
		45
	45	
45		
	50	
	──	
50		
──		
		50
		──

Zieleinlauf:
    Laeufer 2
    Laeufer 1
    Laeufer 3

11.2 Prozesse unter UNIX

Ein Vaterprozeß (in *vater.c*) soll mit **execl** einen Sohnprozeß (in *sohn.c*) starten und dann auf das Ende dieses Sohnprozesses warten. Nach Beendigung des Sohnprozesses soll der Vater die erhaltene Statusinformation des Sohnprozesses ausgeben. Die beiden Dateien *vater.c* und *sohn.c* seien mit

cc -o vater vater.c

und

cc -o sohn sohn.c

kompiliert wurden.

vater.c:

```
#include <stdio.h>

main()
{
    int status;
    int fork_pid;

    if ((fork_pid=fork()) == 0) {
        execl("./sohn", "sohn", 0);
        printf("execl-Aufruf gescheitert\n");
        exit(3);
    } else if (fork_pid==-1) {
        printf("fork-Aufruf gescheitert\n");
        exit(2);
    }

    wait(&status);   /* warten auf Ende des Sohnes */
    printf("wait-Status: | %x | %x |\n",
           (status>>8) & 0xff, status & 0xff);
}
```

sohn.c:

```
#include <stdio.h>

main()
{
   printf("Ich bin der Sohn\n");
   exit(0);
}
```

Ein Aufruf

vater

würde dann zu folgender Ausgabe führen:

```
Ich bin der Sohn
wait-Status: | 0 | 0 |
```

Würde nun z. B. mit

```
rm sohn
```

die Datei *sohn* gelöscht, so könnte der **execl**-Aufruf nicht erfolgreich durchgeführt werden, so daß der Aufruf

```
vater
```

zu folgender Ausgabe führen würde:

```
execl-Aufruf gescheitert
wait-Status: | 3 | 0 |
```

Im nachfolgenden Programm erzeugt der Vaterprozeß wieder einen Sohnprozeß, der sich hier mit einem Aufruf des Kommandos **echo** überlagert. Der Vater wartet dann auf das Ende dieses Sohnprozesses und überlagert sich dann mit dem Aufruf des Kommandos **cat**, um die mit **echo** erzeugte Datei auszugeben.

```c
#include <stdio.h>

main()
{
   int fork_pid;
   if ((fork_pid=fork()) == 0) {
      printf("Hier ist der Sohnprozess, der echo ausfuehrt\n");
      freopen("sohnpapa.txt", "w", stdout);      /* stdout umlenken, um  */
      execl("/bin/echo", "echo", "Hallo Papi", 0); /* Text "Hallo Papi" in */
                                                 /* Datei "sohnpapa.txt" */
                                                 /* zu schreiben        */
   } else if (fork_pid > 0) {
      printf("Hier ist der Vaterprozess, der nun wartet\n");
      wait(NULL);
      printf("   Sohn ist nun fertig: Ich gebe jetzt die von ihm\n");
      printf("   beschriebene Datei 'sohnpapa.txt' mit cat aus:\n");
      execl("/bin/cat", "cat", "sohnpapa.txt", 0);
   } else {
      fprintf(stderr, "fork-Aufruf gescheitert\n");
      exit(1);
   }
}
```

11.2 Prozesse unter UNIX

Der Aufruf dieses Programms würde zu folgender Bildschirmausgabe führen:

```
Hier ist der Sohnprozess, der echo ausfuehrt
Hier ist der Vaterprozess, der nun wartet
  Sohn ist nun fertig: Ich gebe jetzt die von ihm
  beschriebene Datei 'sohnpapa.txt' mit cat aus:
Hallo Papi
```

Das nachfolgende Programm zeigt eine weitere typische Anwendung von **fork** und **wait**. Der Vaterprozeß kreiert einen Sohnprozeß, der ständig auf das Eintreten eines bestimmten Ereignisses prüft. Tritt dieses Ereignis ein, so beendet sich der Sohnprozeß und der wartende Vater führt die für dieses Ereignis notwendigen Aktionen durch.

In diesem Beispiel hat der Benutzer **emil** dem Benutzer **egon** versprochen, ihm die Datei *automake.c* in das Directory */tmp* zu kopieren. Das nachfolgende Programm *ankunft.c* kreiert einen Sohnprozeß, der alle 60 Sekunden prüft, ob die Datei, deren Name als erstes Argument (z. B. */tmp/automake.c*) beim Aufruf des Programms übergeben wurde, bereits existiert[33]. Nachdem diese Datei eingetroffen ist, beendet sich der Sohnprozeß und der Vater setzt seine Ausführung fort, indem er zunächst einen Warnton erzeugt und

```
Datei /tmp/automake.c ist angekommen:
  wird nun ins working directory kopiert (mit mv)
```

ausgibt, bevor er dann diese Datei in sein working directory[34] verlagert.

Wenn *ankunft.c* mit

cc -o ankunft ankunft.c

kompiliert wurde, so empfiehlt es sich für **egon**, dieses Programm mit

ankunft /tmp/automake.c &

---

[33] Die Überprüfung auf die Existenz dieser Datei erfolgt mit dem Systemaufruf:
   int access(pfadname, modus)
   char *pfadname;
   int   modus;
   Für **modus** können dabei folgende Bitmuster angegeben werden:
   00   Existiert die Datei *pfadname* ?
   01   Ist die Datei *pfadname* ausführbar ?
   02   Ist Schreiben auf die Datei *pfadname* erlaubt?
   04   Ist Lesen für die Datei *pfadname* erlaubt ?
   Diese Bitmuster können auch kombiniert werden, so müßte z. B. für **modus** der Wert 06 angegeben werden, wenn geprüft werden soll, ob für die Datei *pfadname* das Lese- und Schreibrecht gewährt ist. Falls das abgefragte Zugriffsrecht vorhanden ist, so liefert **access** den Rückgabewert 0 und ansonsten -1.

[34] working directory ist dabei das Directory, aus dem das Programm *ankunft* aufgerufen wurde.

im Hintergrund ablaufen zu lassen, damit er im Vordergrund weiterarbeiten kann, während diese Überprüfung abläuft.

ankunft.c:

```c
#include <stdio.h>

main(argc, argv)
   int    argc;
   char  *argv[];
{
   int   fork_pid;

   if (argc != 2) {
      fprintf(stderr, "richtiger Aufruf: ankunft pfadname\n");
      exit(1);
   }

   if ((fork_pid=fork()) == 0) {
      while(access(argv[1], 0) == -1)  /* Solange Datei argv[1] nicht  */
         sleep(60);                    /* existiert                    */
      sleep(50);   /* um sicherzustellen, dass entsprechende Datei */
                   /* vollstaendig uebertragen ist                 */
      exit(0);
   } else if (fork_pid > 0) {
      wait(NULL);       /* auf Ende des Sohnes warten */
      printf("\7Datei %s ist angekommen:\n", argv[1]);
      printf(" wird nun in die working directory kopiert (mit mv)\n");
      execl("/bin/mv", "mv", argv[1], ".", NULL);
      fprintf(stderr, "execl-Aufruf gescheitert\n");
      exit(1);
   } else {
      fprintf(stderr, "fork-Aufruf gescheitert\n");
      exit(1);
   }
}
```

getpid / getppid	Ermitteln der PID und PPID eines Prozesses	
	int getpid()	liefert die PID des aufrufenden Prozesses als Rückgabewert
	int getppid()	liefert die PPID des aufrufenden Prozesses als Rückgabewert

11.2 Prozesse unter UNIX

Nach dem Anmelden eines Benutzers am System ist die Shell der einzige benutzerspezifische Prozeß (auch Login-Shell genannt). Ruft nun der Benutzer z. B. das Kommando **ls** auf, so kreiert die Login-Shell mit **fork** einen Sohnprozeß[35], der mit dem **ls**-Kommando[36] überlagert wird. Die Original-Shell, der Vaterprozeß wartet nun auf die Beendigung des Sohnprozesses, bevor sie durch Ausgabe des Promptzeichens $ ihre Bereitschaft für die Entgegennahme weiterer Kommandos anzeigt:

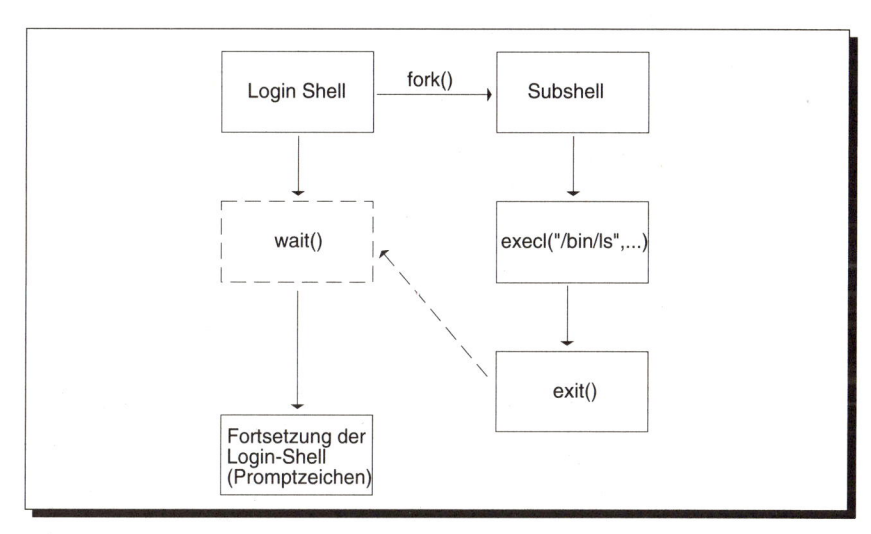

Bild 11.13 - Ausführung eines Kommandos in einer Subshell

Wesentlich vereinfacht soll diese Vorgehensweise der Shell am folgenden C-Programm *subsh.c* gezeigt werden, welches den Editor **ed** in einer Subshell (Sohnprozeß) aufruft:

```
#include <stdio.h>

main()
{
   int fork_pid;

   printf("Vater-Shell, (PID=%d,PPID=%d)\n", getpid(), getppid());

   if ((fork_pid=fork()) == 0) {
      printf("Subshell, (PID=%d,PPID=%d) : ed cpbaum.c\n",
             getpid(), getppid());
      execl("/bin/ed", "ed", "cpbaum.c", NULL);
      fprintf(stderr, "execl-Aufruf gescheitert\n");
      exit(1);
```

---
[35] Kopie der Original-Shell; wird auch Subshell genannt.
[36] bei **ls** handelt es sich nicht um ein built-in Kommando der Shell; d. h., daß **ls** ein eigenes Programm und kein Programmteil der Shell ist.

```
      } else if (fork_pid > 0) {
         wait(NULL);
         printf("Vater-Shell, (PID=%d,PPID=%d)\n", getpid(), getppid());
         exit(0);
      } else {
         fprintf(stderr, "fork-Aufruf gescheitert\n");
         exit(1);
      }
   }
```

Nach der Kompilierung dieses Programms mit

`cc -o subsh subsh.c`

könnte sich dann folgender Bildschirmdialog ergeben:

```
$ subsh⏎
Vater-Shell, (PID=1077,PPID=92)
Subshell, (PID=1156,PPID=1077) : ed cpbaum.c
592
,p⏎
#include <stdio.h>
#include <string.h>

main(argc, argv)
   int    argc;
   char  *argv[];
{
   char kdo_zeile[255];

   if (argc != 3) {
      fprintf(stderr, "richtiger Aufruf: cpbaum quelldir zieldir\n");
      exit(1);   /* bewirkt das Verlassen dieses Programms */
   } else {
      sprintf(kdo_zeile, "find %s -depth -print | cpio -pdv %s",
                          argv[1], argv[2]);
      fprintf(stderr, "Folgender Aufruf findet nun statt:\n");
      fprintf(stderr, "    '%s'\n", kdo_zeile);
      system(kdo_zeile);

      fprintf(stderr, "———————————————\n");
   }
}
q⏎
Vater-Shell, (PID=1077,PPID=92)
$
```

Falls die Login-Shell durch die Angabe von & aufgefordert wurde, das entsprechende Kommando im Hintergrund ablaufen zu lassen, so realisiert die Shell dies einfach dadurch, daß sie nicht auf die Beendigung des Sohnprozesses (Subshell) wartet, sondern sofort wieder ihr Prompt-

11.2 Prozesse unter UNIX

zeichen ausgibt. Die Standardeingabe der Subshell wird in diesem Fall auf die Datei */dev/null*[37] umgelenkt.

Prozeßkommunikation

Hier werden 4 Möglichkeiten der Kommunikation zwischen verschiedenen Prozessen vorgestellt, die sich im verwendeten Kommunikationsmittel unterscheiden:

- exit-Status
- Dateien
- Pipes
- Signale

Kommunikation über den exit-Status

Eine einfache Möglichkeit der Kommunikation unter verschiedenen Prozessen wurde bereits behandelt: Rückgabe eines Statuswerts eines Sohnprozesses an seinen Vater mittels des **exit**-Aufrufs.

Diese Möglichkeit des Datenaustauschs zwischen Vater und Sohn ist jedoch sehr eingeschränkt, da lediglich ein Byte zur Verfügung steht[38].

Kommunikation über Dateien

Eine andere Möglichkeit der Kommunikation besteht darin, Dateien als Datenaustausch-Medium zwischen verschiedenen Prozessen zu verwenden.

In diesem Beispiel wird eine Simulation eines Lottospiels realisiert. Dabei kann der Benutzer zuerst seine Tips abgeben, bevor ein eigener Prozeß (Sohnprozeß) zum Ziehen der Lottozahlen kreiert wird. Dieser Sohnprozeß schreibt die ermittelten Lottozahlen auf die Datei *lottozahlen*. Der Vaterprozeß wartet dabei, bis die Ziehung der Lottozahlen durch den Sohnprozeß beendet ist. Er liest dann die vom Sohnprozeß in die Datei *lottozahlen* geschriebenen Zahlen, um dann mit der Auswertung der Tips zu beginnen.

---

[37] keine Eingabe möglich
[38] das andere Byte des Rückgabewerts informiert über die Ursache der Prozeß-Beendigung.

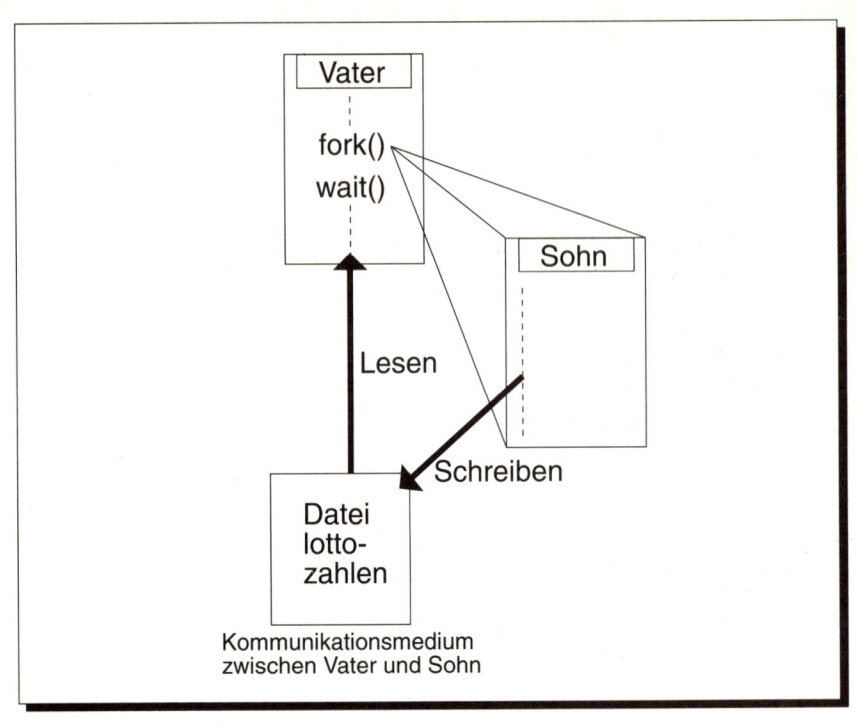

Bild 11.14 - Prozeßkommunikation über eine Datei

Das zugehörige C-Programm:

```
#include <stdio.h>
#include <limits.h>

#define ZUSATZ_ZAHL              7         /* Kennung fuer die Zusatzzahl   */
#define MAX_TIPS               100         /* maximal 100 Tips moeglich     */
#define KUGELN                  49         /* Anzahl der vorhandenen Kugeln */
#define ZU_ZIEHEN                7         /* zu ziehenden Kugeln           */
#define DATEINAME       "lottozahlen"      /* Name der Kommunikations-Datei */

int  tip_zahl;              /* enthaelt die Anzahl der abgegebenen Tips    */
int  tip[MAX_TIPS+1][7];    /* enthaelt die abgegebenen Tips               */
int  richtige[MAX_TIPS+1];  /* enthaelt zu jedem Tip die Zahl der Richtigen */
int  treffer[8]={0};        /* ... , treffer[2], treffer[3], .. enthalten  */
                            /* Zahl der ... , Zweier, Dreier, ..           */
```

```
void
   tips_einlesen()
        /* liest die Benutzer-Tips ein */
{
   int   i, j;
   printf("Wieviele Tips moechtest du abgeben (maximal 100) ?\n");
   scanf("%d", &tip_zahl);
   printf("\n");
   for (i=1 ; i<=tip_zahl ; i++) {
      printf("%3d.Tip:      ", i);
      for (j=1 ; j<=6 ; j++)
         scanf("%d", &tip[i][j]);
   }
}

void
   richtige_ausgabe(anzahl)
     int anzahl;
        /* gibt aus, welche Tips keine, eine, zwei, drei, .... Zahlen */
        /* richtig hatten                                             */
{
   int   i;
   if (treffer[anzahl] > 0)  {
      printf("%2d mal ---> Tip ", treffer[anzahl]);
      for (i=1 ; i<=tip_zahl ; i++)
         if (richtige[i] == anzahl)
            printf("-%d", i);
   }
}

void
   tips_auswerten()
        /* steuert die Auswertung der Tips; wird vom Vaterprozess */
        /* nach Beendigung des Sohnprozesses aufgerufen           */
{
   int    i, j, l, s,
          lotto_zahl[ZU_ZIEHEN+1];
   FILE *dz=fopen(DATEINAME, "r");
   if (dz==NULL) {
      fprintf(stderr,
              "Datei %s konnte nicht zum Lesen eroeffnet werden\n",
              DATEINAME);
      exit(1); /* Rueckgabewert 1 zeigt an, dass Fehler auftrat */
   }
```

```
    /*—— Gezogenen Lottozahlen von der Kommunikations-Datei lesen ——*/
i=1;
while (fscanf(dz,"%d", &lotto_zahl[i++]) == 1) ;
fclose(dz);

    /*—— Setzen der Arrays richtige und treffer ——*/
for (i=1 ; i<=tip_zahl ; i++) {
   s = 0;
   for (j=1 ; j<=6 ; j++)
      for (l=1 ; l<=6 ; l++)
         if (tip[i][j] == lotto_zahl[l])
            s++;
   if (s==5)
      for (j=1 ; j<=6 ; j++)
         if (tip[i][j] == lotto_zahl[7])
            s=ZUSATZ_ZAHL;
   richtige[i] = s;
   treffer[s]++;
}

    /*—— Ausgabe des Tip-Auswertung ——*/
printf("\nEs wurde folgendes Tipergebnis erzielt:\n");
for (j=0 ; j<=6 ; j++) {
   printf("%5d Richtige : ", j);
   richtige_ausgabe(j);
   printf("\n");
   if (j==5)  {
      printf("%5d Richtige(mit Zusatzzahl) : ", j);
      richtige_ausgabe(ZUSATZ_ZAHL);
      printf("\n");
   }
  }
}

void
   lottozahlen_ziehen()
        /* Dies ist der Programmcode fuer den Sohnprozess, der fuer die */
        /* die Ziehung der Lottozahlen zustaendig ist                   */
```

11.2 Prozesse unter UNIX

```
{
   int    i,
          zuf_zahl,
          zahlen[KUGELN+1];
   FILE *dz=fopen(DATEINAME, "w");

   if (dz==NULL) {
      fprintf(stderr,
             "Datei %s konnte nicht zum Schreiben eroeffnet werden\n",
             DATEINAME);
      exit(1); /* Rueckgabewert 1 zeigt an, dass Fehler auftrat */
   }
   for (i=1 ; i<=KUGELN ; i++)
      zahlen[i] = 0;
   printf("\nSohn-Prozess (PID=%d; PPID=%d): ", getpid(), getppid());
   printf("Ich ziehe jetzt die Lottozahlen !\n");
      srand((unsigned)time(NULL)%INT_MAX);
   for (i=1 ; i<=ZU_ZIEHEN ; i++) {
      do { } while (zahlen[zuf_zahl=rand()%49+1]);
      zahlen[zuf_zahl] = 1;
      fprintf(dz, "%d ", zuf_zahl);
      printf("%s%5d", i==ZU_ZIEHEN ? " | " : "", zuf_zahl);
   }
   fclose(dz);
   printf("\nSohn-Prozess (PID=%d; PPID=%d): Ich bin fertig !\n",
             getpid(), getppid());
   printf("    Gib CR ein, um die Auswertung anzustossen !\n");
   getchar(); getchar();
   exit(0);     /* erfolgreicher Abschluss des Sohnprozesses */
}

main()
{
   int fork_pid,
       status;

   tips_einlesen();

   fork_pid= fork();
```

```
   if (fork_pid==0)
      lottozahlen_ziehen();
   else if (fork_pid > 0) {
      printf("Vater-Prozess (PID=%d;PPID=%d):\n", getpid(), getppid());
      printf(" Ich warte nun auf Beendigung der Ziehung der Lottozahlen\n");
      wait(&status);

      if (status) {
         fprintf(stderr, "Fehler im Sohnprozess aufgetreten\n");
         exit(1);
      } else {
         tips_auswerten();
         exit(0);
      }
   } else {
      fprintf(stderr, "Fehler beim fork-Aufruf\n");
      exit(1);
   }
}
```

Ein Aufruf dieses Programms könnte z. B. zu folgendem Dialog führen:

```
Wieviele Tips moechtest du abgeben (maximal 100) ?
6⏎

      1ter Tip:      1 2 12 16 23 44⏎
      2ter Tip:      41 42 43 44 47 48⏎
      3ter Tip:      5 12 33 34 47 49⏎
      4ter Tip:      1 16 17 18 20 25⏎
      5ter Tip:      1 2 12 31 47 48⏎
      6ter Tip:      2 17 23 25 31 42⏎
Vater-Prozess (PID=1023;PPID=92):
   Ich warte nun auf die Beendigung der Ziehung der Lottozahlen

Sohn-Prozess (PID=1273; PPID=1023): Ich ziehe jetzt die Lottozahlen !
          1     48      31      47      2     16 |      12
Sohn-Prozess (PID=1273; PPID=1023): Ich bin fertig !
      Gib CR ein, um die Auswertung anzustossen !
      ⏎


Es wurde folgendes folgendes Tipergebnis erzielt:
    0 Richtige :
    1 Richtige :    1 mal  ——>  Tip -3
    2 Richtige :    3 mal  ——>  Tip -2-4-6
```

```
3 Richtige :    1 mal ——> Tip -1
4 Richtige :
5 Richtige :
5 Richtige(mit Zusatzzahl) :   1 mal ——> Tip -5
6 Richtige :
```

Kommunikation über einfache Pipes

Die Verwendung von Pipes auf der Kommandozeile wurde bereits früher vorgestellt,[39] wie z. B.

`ls | wc -w`

Hiermit wird die Shell veranlaßt, die Standardausgabe des **ls**-Kommandos direkt in die Standardeingabe des **wc**-Kommandos weiterzuleiten. In diesem Fall liest also **wc** die Eingabedaten nicht von der entsprechenden Dialogstation, sondern aus der Pipe, in die **ls** seine Daten schreibt.

Eine Pipe kann man sich wie einen röhrenartigen Datenkanal vorstellen, über den Prozesse Daten austauschen können. Ein Prozeß schreibt Daten in die Pipe und ein anderer liest diese Daten in der Reihenfolge aus der Pipe, in der sie hinein geschrieben wurden.

Die Prozesse können Pipes wie Dateien behandeln. Eine Pipe wird vom Betriebssystem allerdings dadurch realisiert, daß es nicht explizit Dateien für den Datenaustausch anlegt, sondern im Hauptspeicher einen Puffer einrichtet, in den die Daten nach dem FIFO-Prinzip geschrieben bzw. wieder aus ihm gelesen werden.

Jede Pipe hat eine Schreib- und eine Leseseite:

```
    write  ---->   ------>   Daten  ------>   ----->  read
    Schreiben _____  Lesen
```

Bild 11.15 - Schreib- und Leseseite einer Pipe

Eine Pipe ist einkanalig: Ein Prozeß kann aus einer Pipe entweder nur lesen oder nur in sie schreiben, aber niemals beide Aktionen auf die gleiche Pipe zugleich durchführen. Sollen Daten in beide Richtungen ausgetauscht werden, so müßten dazu zwei Pipes eingerichtet werden.

---

[39] siehe auch den Abschnitt über "Pipes und Filter" in Kapitel 7.

Es können folgende Arten von Pipes eingerichtet werden:

- zwischen einem Programm (wie z. B. einem UNIX-Kommando), das von der Shell auszuführen ist, und einem eigenen Prozeß (mit der Systemfunktion **popen**)

- zwischen 2 kooperierenden Prozessen (mit der Systemfunktion **pipe**)

popen und pclose

```
#include <stdio.h>

FILE *popen(kdo, typ)
  char *kdo, *typ

int pclose(fd)
  FILE *fd;
```

popen richtet zwischen dem aufrufenden Prozeß und dem Kommando *kdo*, das auszuführen ist, eine Pipe ein.

Für *kdo* ist dabei eine Shell-Kommandozeile anzugeben und für *typ* ist entweder "**r**" (für Lesen) oder "**w**" (für Schreiben) anzugeben. Der Rückgabewert ist ein Filedeskriptor (vom Datentyp **FILE ***); daraus ist zu ersehen, daß eine so eingerichtete Pipe wie eine Datei behandelt werden kann. Wurde für *typ* "**w**" angegeben, so kann auf diese Pipe geschrieben werden, wobei die geschriebenen Daten direkt an die Standardeingabe von *kdo* weitergeleitet werden. Wurde für *typ* "**r**" angegeben, so kann aus dieser Pipe gelesen werden, wobei die gelesenen Daten aus der Standardausgabe von *kdo* stammen.

Eine mit **popen** eingerichtete Pipe sollte mit **pclose** wieder geschlossen werden. **pclose** wartet auf das Ausführungsende von *kdo* und liefert als Rückgabewert den exit-Status von *kdo*.

Das nachfolgende Programm gibt den Inhalt einer Datei, deren Name als erstes Argument beim Aufruf anzugeben ist, mit Zeilennumerierung am Drucker aus:

```
#include <stdio.h>

main(argc, argv)
    int    argc;
    char *argv[];
{
    int    i=1;
    char   zeile[200];
    FILE *dz,
         *pz;
```

11.2 Prozesse unter UNIX

```
    if ((dz=fopen(argv[1],"r")) == NULL) { /* Datei argv[1] eroeffnen */
       fprintf(stderr,
               "Datei %s kann nicht zum Lesen geoeffnet werden\n",
               argv[1]);
       exit(1);
    }

    if ((pz=popen("lp","w")) == NULL) { /* Pipe zum lp-Kdo einrichten */
       fprintf(stderr,
               "Fehler beim Einrichten einer Pipe zum lp-Kommando\n");
       exit(1);
    }

       /* Zeile fuer Zeile aus der Datei argv[1] mit Zeilennummer in */
       /* in die zum lp-Kommando eingerichtete Pipe schreiben.       */
       /* Das lp-Kommando liest dann die numerierten Zeilen aus der  */
       /* Pipe und gibt sie entsprechend am Drucker aus              */
    while (fgets(zeile,200,dz))
       fprintf(pz, "%5d  %s", i++, zeile);

    if (pclose(pz) != 0) {
       fprintf(stderr, "lp-Kommando war nicht erfolgreich\n");
       exit(1);
    } else {
       exit(0);
    }
}
```

pipe Eine Pipe für zwei kooperierende Prozesse muß von einem Vater durch einen **pipe**-Systemaufruf eingerichtet werden. Über eine Pipe können somit nur Prozesse Daten austauschen, die

- entweder einen gemeinsamen Vater haben
- oder aber in einer Vater-Sohn-Beziehung stehen.

Die Systemfunktion **pipe** hat folgende Deklaration:

```
int pipe(fd)
  int fd[2];
```

fd[0] ist dabei der Filedeskriptor für die Leseseite der Pipe, **fd[1]** ist dabei der Filedeskriptor für die Schreibseite der Pipe

Der Rückgabewert 0 zeigt an, daß die Pipe erfolgreich eingerichtet werden konnte, ansonsten wird -1 zurückgegeben.

Auf die mit dem **pipe**-Aufruf gesetzten Filedeskriptoren **fd[0]** und **fd[1]** kann dann genauso mit den Systemfunktionen

- **read** (Lesen aus einer Pipe),
- **write** (Schreiben in eine Pipe) und
- **close** (Schliessen einer Pipe)

zugegriffen werden wie dies bei einem mit der Systemfunktion **open** (Eröffnen einer Datei) erhaltenen Filedeskriptor möglich ist. Die Verwendung der Systemfunktion **lseek** zur Positionierung macht allerdings wenig Sinn beim Arbeiten mit einer Pipe, da die Daten nur sequentiell in die Pipe geschrieben und aus ihr gelesen werden können.

Der Zugriff auf eine Pipe wird dabei so realisiert, daß ein Prozeß, der aus einer noch leeren Pipe lesen will, warten muß, bis Daten in den Puffer geschrieben wurden. Ein Prozeß, der in einem bereits vollen Puffer schreiben will, muß warten, bis durch einen Lesevorgang Daten aus dem Puffer entfernt wurden.

Nach einem **pipe**-Aufruf besitzt ein Prozeß zunächst nur eine Pipe zu sich selbst, in die er mit **fd[1]** schreiben und aus der er mit **fd[0]** lesen kann:

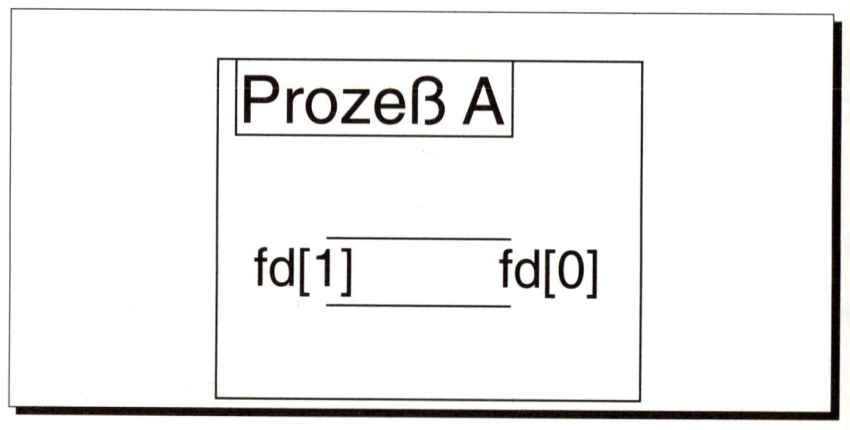

Bild 11.16 - Pipe im Prozeß A

Einen Sinn erhält eine Pipe aber erst dann, wenn sie an Sohnprozesse vererbt werden kann, was mit dem **fork**-Aufruf auch erfolgt:

11.2 Prozesse unter UNIX

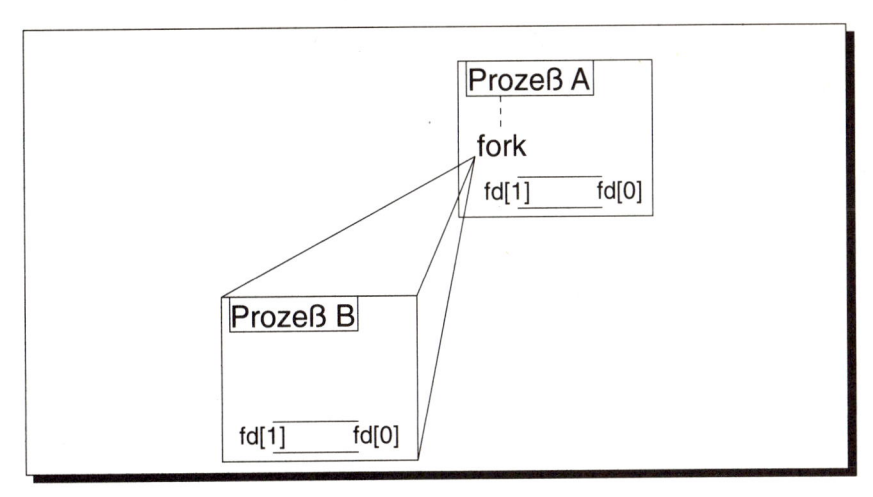

Bild 11.17 - Sohnprozeß B erbt die Pipe seines Vaterprozesses A

Der Schreiber auf die Pipe wird dann der Prozeß, der die Leseseite seiner Pipe schließt (**close(fd[0])**) und der Leser aus der Pipe wird der Prozeß, der die Schreibseite seiner Pipe schließt (**close(fd[1])**)[40]:

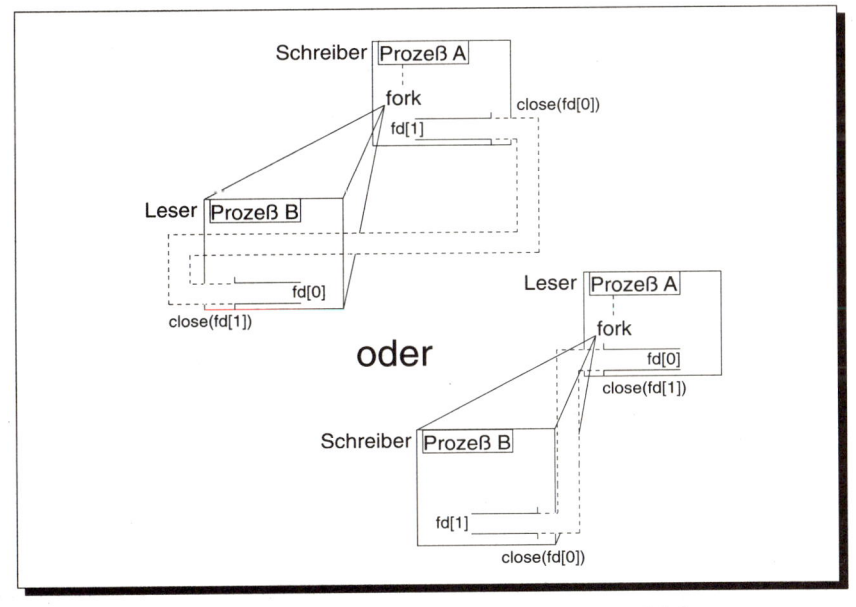

Bild 11.18 - Herstellen einer Pipe-Verbindung zwischen Vater und Sohn

---

[40] Man kann sich das so vorstellen, daß der jeweilige Prozeß die nicht benutzte Seite seiner Pipe mit der nicht benutzten Seite der Pipe des anderen Prozesses "zusammenschließt".

Das hier gegebene C-Programm *hexd.c* gibt den Inhalt einer Datei Byte für Byte in Hexa-Mustern aus[41]. Dabei ist der Vaterprozeß für das Lesen der Daten aus der entsprechenden Datei zuständig. Die so gelesenen Daten werden dann über eine Pipe an einen anderen Prozeß (Sohnprozeß) weitergeleitet; dieser Sohnprozeß besorgt dann die Ausgabe der Hexa-Muster.

```
#include <stdio.h>          /**********/
#include <ctype.h>          /* hexd.c */
                            /**********/

void
   hex_druck(dz, s)
      FILE *dz;
      char *s;
{
    int    fd[2];

    if (pipe(fd) != 0) {
       fprintf(stderr, "Fehler beim Einrichten einer Pipe\n");
       exit(1);
    } else {
       printf("Hexa-Ausgabe von %s\n\n",s);
       switch(fork()) {
          case -1 :  fprintf(stderr, "Fehler beim Fork-Aufruf\n");
                     exit(1);
          case 0  :     /*―― Sohn: Leser ――*/
                     { int i=1;
                       unsigned char gelesenes_zeichen;

                       close(fd[1]);  /* Schreibseite der Pipe schliessen */
                       while (read(fd[0], &gelesenes_zeichen, 1) > 0) {
                          printf(" %02x", gelesenes_zeichen);
                          if (++i > 16) {
                             printf("\n");
                             i=1;
                          }
                       }
                       printf("\n");
                       exit(0);
                     }
```

---

[41] ähnlich dem Kommando **od**

11.2 Prozesse unter UNIX

```
            default :    /*── Vater: Schreiber ──*/
                       { unsigned char zeichen;
                         int status;

                         close(fd[0]);  /* Leseseite der Pipe schliessen */
                         while (fread(&zeichen,1,1,dz) > 0)
                             write(fd[1], &zeichen, 1); /* gelesenes Zeichen */
                                                        /* in Pipe schreiben */
                         close(fd[1]); /* Schreibseite der Pipe schliessen, */
                                       /* um Ende der Uebertragung anzuzeigen*/
                         wait(&status);
                       }
       }
   }
}
main(argc, argv)
   int    argc;
   char *argv[];
{
    FILE *dz;
    int   i;

    for (i=1; i<argc; i++) {
       if ((dz=fopen(argv[i],"rb")) == NULL) {
          fprintf(stderr,"Kann Datei %s nicht eroeffnen\n", argv[i]);
          exit(1);
       } else {
          hex_druck(dz,argv[i]);
          fclose(dz);
       }
    }
}

/* Ausgabe (nur Anfang und Ende) dieses Programms, wenn es nach der
   Kompilierung mit    cc -o hexd hexd.c
   auf die Directory-Datei uebung3 angewendet wuerde, z. B.   hexd uebung3
```

Hexa-Ausgabe von uebung3

```
22 08 2e 00 00 00 00 00 00 00 00 00 00 00 00 00
fa 07 2e 2e 00 00 00 00 00 00 00 00 00 00 00 00
21 08 6f 62 73 74 00 00 00 00 00 00 00 00 00 00
b3 03 73 70 72 61 63 68 65 00 00 00 00 00 00 00
20 08 6f 62 73 74 33 00 00 00 00 00 00 00 00 00
3a 04 61 62 63 31 00 00 00 00 00 00 00 00 00 00
3e 08 61 62 63 32 00 00 00 00 00 00 00 00 00 00
60 08 61 62 63 33 00 00 00 00 00 00 00 00 00 00
b2 02 61 64 64 31 2e 63 00 00 00 00 00 00 00 00
63 00 61 64 64 32 2e 63 00 00 00 00 00 00 00 00
   ::::::::::::::::::::::::::::::::::::::::::::
   ::::::::::::::::::::::::::::::::::::::::::::
   ::::::::::::::::::::::::::::::::::::::::::::
   ::::::::::::::::::::::::::::::::::::::::::::
00 00 6e 61 63 68 6e 61 6d 65 6e 00 00 00 00 00
00 00 6e 61 63 68 6e 61 6d 65 6e 2e 73 6f 72 74
7d 00 6f 62 73 74 2e 73 6f 72 74 00 00 00 00 00
7e 00 6f 62 73 74 32 00 00 00 00 00 00 00 00 00
7f 00 6f 62 73 74 70 72 65 69 73 65 00 00 00 00
00 00 74 65 6c 6e 72 00 00 00 00 00 00 00 00 00
*/
```

Bisher wurde nur eine Pipe zwischen einem Vater- und einem Sohnprozeß eingerichtet.

Sollen nun aber 2 Söhne über eine Pipe kommunizieren, so schließt der Vater nach dem Kreieren des "Schreib-Sohns" die Schreibseite seiner Pipe und der "Schreib-Sohn" die Leseseite seiner Pipe:

11.2 Prozesse unter UNIX

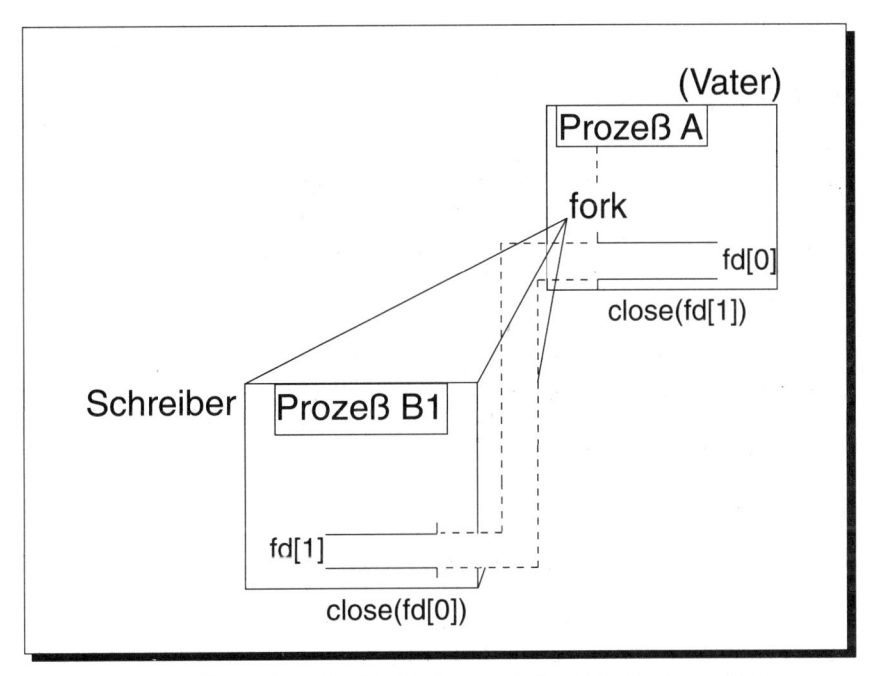

Bild 11.19 - Herstellung einer Pipe-Verbindung zwischen Schreibsohn und Vater

Nach dem Kreieren des "Lese-Sohns" schließt der Vater die Leseseite seiner Pipe und der "Lese-Sohn" die Schreibseite seiner Pipe:

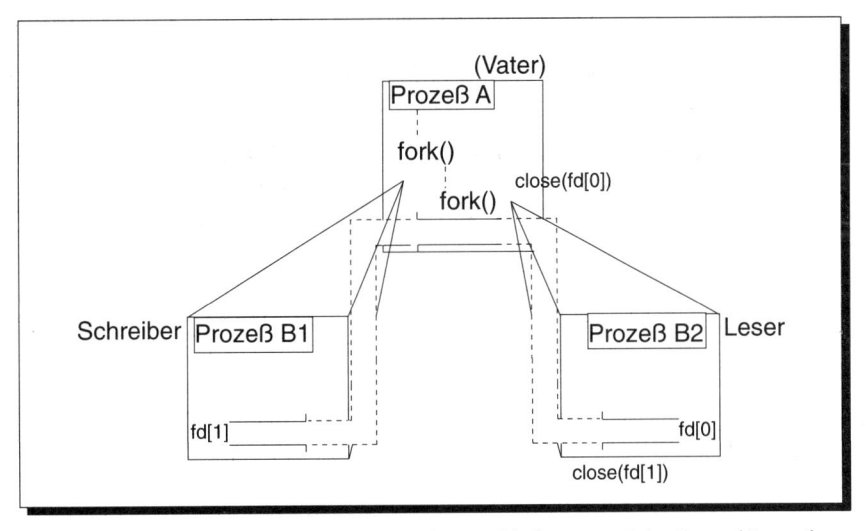

Bild 11.20 - Endgültiges Herstellen einer Pipe-Verbindung zw. Schreib- und Lesesohn

Das vorherige Hexadump-Programm soll nun mit dieser Methode (Pipe zwischen 2 Sohnprozessen) realisisiert werden:

```
#include <stdio.h>          /**********/
#include <ctype.h>          /* hexd2.c */
                            /**********/
void
  hex_druck(dz, s)
      FILE *dz;
      char *s;
{
   int    status, fd[2];

   if (pipe(fd) != 0) {
      fprintf(stderr, "Fehler beim Einrichten einer Pipe\n");
      exit(1);
   } else {
      printf("Hexa-Ausgabe von %s\n\n",s);
      switch (fork()) {          /*—— Erzeugen des Schreib-Sohns ——*/
         case -1 : fprintf(stderr, "Fehler beim Fork-Aufruf\n");
                   exit(1);
         case 0  :      /*—— Sohn: Schreiber ——*/
                   { unsigned char zeichen;

                     close(fd[0]);  /* Leseseite der Pipe schliessen */
                     while (fread(&zeichen,1,1,dz) > 0)
                        write(fd[1], &zeichen, 1); /* gelesenes Zeichen */
                                                   /* in Pipe schreiben */
                     close(fd[1]); /* Schreibseite der Pipe schliessen, */
                                   /* um Ende der Uebertragung anzuzeigen*/
                     exit(0);
                   }
         default : close(fd[1]); /* Vaterprozess schliesst Schreibseite */
                                 /* der Pipe                            */
      }
      switch (fork()) {               /*—— Erzeugen des Lese-Sohns ——*/
         case -1 : fprintf(stderr, "Fehler beim Fork-Aufruf\n");
                   exit(1);
         case 0  :      /*—— Sohn: Leser ——*/
                   { int i=1;
                     unsigned char gelesenes_zeichen;

                     close(fd[1]);  /* Schreibseite der Pipe schliessen */
                     while (read(fd[0], &gelesenes_zeichen, 1) > 0) {
                        printf(" %02x", gelesenes_zeichen);
```

11.2 Prozesse unter UNIX

```
                    if (++i > 16) {
                        printf("\n");
                        i=1;
                    }
                }
                printf("\n");
                exit(0);
            }
        default :  close(fd[0]); /* Vaterprozess schliesst Leseseite */
                                 /* der Pipe                         */
        }
        wait(&status); /* Auf Beendigung beider Sohnprozesse */
        wait(&status); /*   warten                           */
    }
}
main(argc, argv)
    int    argc;
    char *argv[];
{
    FILE *dz;
    int   i;

    for (i=1; i<argc; i++) {
        if ((dz=fopen(argv[i],"rb")) == NULL) {
            fprintf(stderr,"Kann Datei %s nicht eroeffnen\n", argv[i]);
            exit(1);
        } else {
            hex_druck(dz,argv[i]);
            fclose(dz);
        }
    }
}
```

Auf eine Pipe kann auch mit höheren Datei-Operationen (Funktionen) wie z. B. **fprintf**, **fscanf**, **putc**, **getc**, usw. zugegriffen werden. Dazu muß allerdings zuerst den mit dem **pipe**-Aufruf erhaltenen Filedeskriptoren unter Verwendung der Funktion **fdopen** ein **FILE**-Zeiger zugewiesen werden:

fdopen
```
#include <stdio.h>
FILE *fdopen(fd, modus)
    int fd;
    char *modus;
```

fdopen weist dem Filedeskriptor *fd* einen **FILE**-Zeiger zu, den diese Funktion als Rückgabewert liefert. Der Rückgabewert **NULL** zeigt an, daß **fdopen** nicht erfolgreich war.

Für *modus* kann dabei das gleiche wie bei **fopen** angegeben werden: "r", "w", "a", "r+", ...

dup   Bevor hierzu ein Beispiel angegeben wird, soll noch eine weitere Systemfunktion vorgestellt werden:

```
int dup(fd)
  int fd;
```

dup dupliziert einen bereits geöffneten Filedeskriptor. *fd* muß dabei ein Filedeskriptor sein, der durch eine der Systemfunktionen **creat**, **open**, **dup**, **fcntl** oder **pipe** bereitgestellt wurde. Der von **dup** gelieferte neue Filedeskriptor hat folgende Gemeinsamkeit mit dem Ur-Filedeskriptor:

- gleiche offene Datei oder Pipe
- gleicher **FILE**-Zeiger
- gleiche Zugriffsrechte

Entscheidend ist, daß der neue bereitgestellte Filedeskriptor - im Unterschied zum alten - für die Dauer eines **exec**-Systemaufrufs offen bleibt.

Wenn **dup** erfolgreich ablief, so liefert es als Rückgabewert den neuen Filedeskriptor und ansonsten -1.

Es ist ein C-Programm *kwic.c* zu erstellen, das aus einer Text-Datei, deren Name als erstes Argument beim Aufruf dieses Programms zu übergeben ist, ein sogenanntes *KWIC* (*keyword-in-context*) erstellt. Ein KWIC ist ein Stichwortverzeichnis, welches jedes Wort im Kontext der Zeile zeigt, in der es gefunden wurde.

Wenn z. B. Die Datei *sprichworte* folgenden Inhalt hätte:

```
Morgenstund hat Gold im Mund.
Ein Apfel faellt nicht weit vom Stamm.
Wer anderen eine Grube graebt, faellt selbst hinein.
```

dann sollte der Aufruf[42]

```
kwic sprichworte
```

---

[42] Es wird angenommen, daß *kwic.c* mit
  `cc -o kwic kwic.c`
  kompiliert wurde.

11.2 Prozesse unter UNIX

zu folgender Ausgabe führen:

────── KWIC fuer Datei sprichworte ──────

```
                               Wer    anderen eine Grube graebt, faellt selbst
                               Ein    Apfel faellt nicht weit vom Stamm.
                                      Ein Apfel faellt nicht weit vom Stamm.
                        Wer anderen   eine Grube graebt, faellt selbst hinein.
                          Ein Apfel   faellt nicht weit vom Stamm.
       Wer anderen eine Grube graebt, faellt selbst hinein.
                    Morgenstund hat   Gold im Mund.
             Wer anderen eine Grube   graebt, faellt selbst hinein.
                    Wer anderen eine  Grube graebt, faellt selbst hinein.
                        Morgenstund   hat Gold im Mund.
en eine Grube graebt, faellt selbst   hinein.
               Morgenstund hat Gold   im Mund.
                                      Morgenstund hat Gold im Mund.
            Morgenstund hat Gold im   Mund.
                    Ein Apfel faellt  nicht weit vom Stamm.
r anderen eine Grube graebt, faellt   selbst hinein.
       Ein Apfel faellt nicht weit vom Stamm.
          Ein Apfel faellt nicht weit vom Stamm.
               Ein Apfel faellt nicht weit vom Stamm.
                                      Wer anderen eine Grube graebt, faellt se
```

────── Ende KWIC fuer Datei sprichworte ──────

Das zugehörige Programm *kwic.c* könnte wie folgt aussehen:

```c
#include <stdio.h>          /*********/
#include <string.h>         /* kwic.c */
#include <errno.h>          /*********/

#define EIN    1
#define AUS    0

int    pipe1[2],
       pipe2[2];

void
   aufbereiten(dz)
     FILE *dz;
{         /*── Erzeugt einen Sohnprozess, der die Daten aus Datei ──*/
          /*── (dz) liest und entsprechend aufbereitet: Fuer jedes ──*/
          /*── Leerzeichen wird der davor stehende und der danach ──*/
```

```
            /*── stehende Text vertauscht und ueber die Pipe1      ──*/
            /*── an den Sortier-Prozess weitergegeben.             ──*/
   int   i, laenge;
   char  zeile[200], hilf[200];
   FILE *pdz1;

   switch(fork()) {
      case -1: fprintf(stderr, "Fehler beim fork-Aufruf\n");
               exit(1);
      case  0: pdz1=fdopen(pipe1[EIN],"w"); /* FILE-Zgr fuer pipe1[EIN] */
               close(pipe1[AUS]); /* Sohn schliesst Leseseite der Pipe */
               while (fgets(zeile, 200, dz)) {
                  zeile[laenge=strlen(zeile)-1]='\0';
                  for (i=laenge-1 ; i>=0 ; i—)
                     if (zeile[i] == ' ' || i==0) {
                        strcpy(hilf, &zeile[i>0?i+1:i]);
                        strcat(hilf, "\t");
                        strncat(hilf, zeile, i);
                        fprintf(pdz1, "%s\n", hilf); fflush(pdz1);
                     }
               }
               fclose(pdz1);
               exit(0);
      default: close(pipe1[EIN]);
   }
}

void
   sortieren()
{          /*── Erzeugt einen Sohnprozess, der die ueber Pipe1     ──*/
           /*── bereitgestellten Zeilen liest und sie sortiert     ──*/
           /*── ueber die Pipe2 an den Ausgabe-Prozess weiterleitet ──*/
   int i;

   switch(fork()) {
      case -1: fprintf(stderr, "Fehler beim fork-Aufruf\n");
               exit(1);
      case  0: close(0); /* Standardeingabe schliessen */
               dup(pipe1[AUS]); /* Schreibseite von Pipe1           */
                                /* als Standardeingabe verwenden */
               close(pipe1[AUS]);
               close(pipe1[EIN]);

               close(1); /* Standardausgabe schliessen */
               dup(pipe2[EIN]); /* Leseseite von Pipe2              */
                                /* als Standardausgabe verwenden */
               close(pipe2[AUS]);
               close(pipe2[EIN]);
               execl("/bin/sort", "sort", "-f", 0);
```

11.2 Prozesse unter UNIX 547

```
      default:  close(pipe1[AUS]);
                close(pipe2[EIN]);
   }
}

void
   ausgeben()
{        /*---- Erzeugt einen Sohnprozess, der die sortierten Zeilen ---*/
         /*---- aus der Pipe2 liest und dann die entspr. (mit \t    ---*/
         /*---- getrennten) Text-Teile vertauscht und ausgibt.      ---*/
   int   i, laenge;
   char  zeile[200], *tab;
   FILE  *pdz2;

   switch(fork()) {
      case -1:  fprintf(stderr, "Fehler beim fork-Aufruf\n");
                exit(1);
      case  0:  pdz2=fdopen(pipe2[AUS],"r"); /* FILE-Zgr fuer pipe2[AUS] */
                close(pipe2[EIN]); /* Sohn schliesst Pipe2-Schreibseite */
                while (fgets(zeile, 200, pdz2)) {
                   laenge=strlen(zeile);
                   zeile[laenge-1]='\0';
                   tab = strchr(zeile, '\t');
                   laenge = strlen(tab+1);
                   if (laenge>35) {
                      printf("%s   ", tab+1+laenge-35);
                   } else {
                      printf("%35.35s  ", tab+1);
                   }
                   *tab='\0';
                   printf("%-40.40s\n", zeile);
                }
                exit(0);
      default:  close(pipe2[AUS]);
   }
}

void
   generiere_kwic(dz, dateiname)
      FILE *dz;
      char *dateiname;
{
   int status;

   printf("\n\n-------- KWIC fuer Datei %s --------\n\n", dateiname);
```

```
            /*——— 2 Pipes einrichten ———*/
   if (pipe(pipe1) != 0) {
      fprintf(stderr, "Fehler beim Einrichten von Pipe1\n");
      exit(1);
   }
   if (pipe(pipe2) != 0) {
      fprintf(stderr, "Fehler beim Einrichten von Pipe2\n");
      exit(1);
   }

   aufbereiten(dz);
   sortieren();
   ausgeben();

   wait(&status); /* Auf die Beendigung aller 3 Sohnprozesse warten */
   wait(&status);
   wait(&status);

   printf("\n——— Ende KWIC fuer Datei %s ———\n\n", dateiname);
}


main(argc, argv)
   int   argc;
   char *argv[];
{
   FILE *dz;

   if ((dz=fopen(argv[1], "r")) == NULL) {
      fprintf(stderr, "Kann Datei %s nicht eroeffnen\n", argv[1]);
      exit(1);
   } else {
      generiere_kwic(dz, argv[1]);
      fclose(dz);
   }
}
```

Da es sich hier um ein komplexeres Programm handelt, sollen die von den drei wesentlichen Routinen *aufbereiten*, *sortieren* und *ausgeben* erzeugten Sohnprozesse und der zugehörige Vaterprozeß genauer beschrieben werden:

aufbereiten pdz1=fdopen(pipe1[EIN], "w")

stellt zum Filedeskriptor **pipe1[EIN]** einen **FILE**-Zeiger zur Verfügung, der **pdz1** zugewiesen wird. Dieser **FILE**-Zeiger ermöglicht dann das

11.2 Prozesse unter UNIX

Schreiben auf die Pipe1 mit höheren E/A-Operationen (wie z. B. **fprintf**).

Die beiden **close**-Aufrufe **close(pipe1[AUS])** (Sohnprozeß) und **close(pipe1[EIN])** (Vaterprozeß) bewirken dann folgende "Pipe-Verkettung":

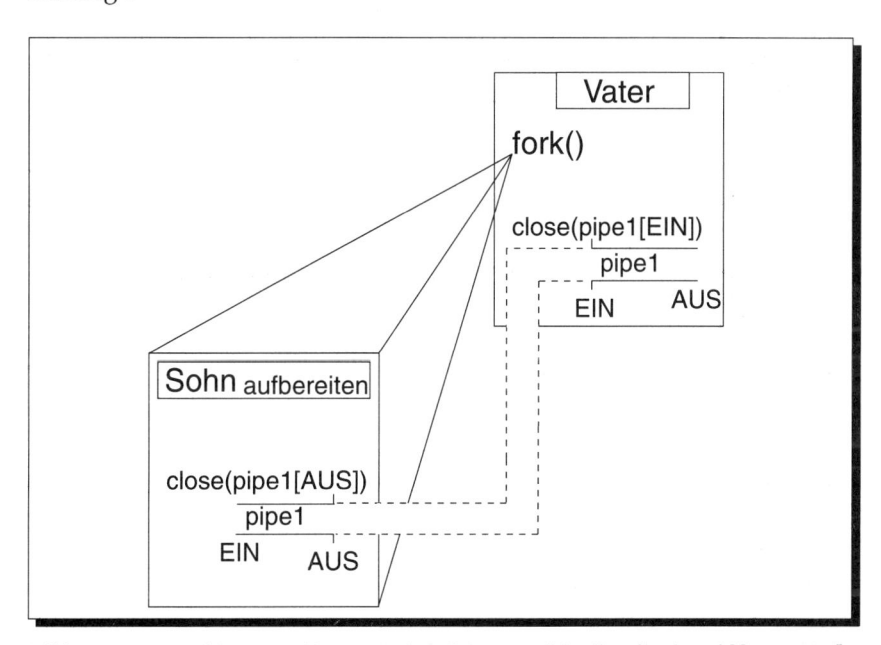

Bild 11.21 - Einrichten einer Pipe zwischen Sohnprozeß (aufbereiten) und Vaterprozeß

Nach dieser Verkettung liest der Sohnprozeß mit **fgets** Zeile für Zeile aus der entsprechenden Datei. Jede gelesene Zeile wird dann vom Ende an nach Leerzeichen (Trennzeichen für die einzelnen Wörter) durchsucht, wobei dann für jedes gefundene Leerzeichen der links und rechts davon stehende Text vertauscht wird und der daraus resultierende neue Text über die Pipe1 (mit **fprintf(pdz1, ...); fflush(pdz1);**) an den Sohnprozeß von *sortieren* weitergereicht wird.

sortieren Der von *sortieren* erzeugte Sohnprozeß ruft das UNIX-Kommando **sort** (unter Verwendung von **execl**) auf, um die über Pipe1 gelieferten Zeilen zu sortieren und dann die sortierten Zeilen über Pipe2 an den Sohnprozeß von *ausgeben* weiterzuleiten.

sort liest nun bekanntlich von der Standardeingabe[43] und schreibt auf die Standardausgabe. Es muß also hier erreicht werden, daß zum einen die am Ausgang von Pipe1 ankommenden Daten direkt in die Stan-

---

[43] wenn beim Aufruf kein Dateiname angegeben ist.

dardeingabe von **sort** und zum anderen die Standardausgabe von **sort** direkt in den Eingang von Pipe2 geleitet wird:

```
close(0)
```

schließt die Standardeingabe (Filedeskriptor 0) für den kreierten Sohnprozeß

```
dup(pipe1[AUS])
```

dieser direkt auf **close(0)** folgende **dup**-Aufruf dupliziert den Filedeskriptor **pipe1[AUS]**. Da **dup** hierbei als Filedeskriptor-Nummer die niedrigste freie Nummer verwendet, wird der gerade mit **close(0)** freigegebene Filedeskriptor 0 (Standardeingabe) für **pipe1[AUS]** eingesetzt und somit der Pipe1-Ausgang mit der Standardeingabe dieses Prozesses verbunden.

```
close(pipe1[AUS])
```

schließt den Pipe1-Ausgang mit der Standardeingabe dieses Sohnprozesses "zusammen".

```
close(pipe1[EIN])  (Sohnprozeß)
```

```
close(pipe1[AUS])  (Vaterprozeß)
```

schließt den Pipe1-Eingang des Sohnprozesses mit dem Pipe1-Ausgang des Vaters "zusammen", so daß sich nach Ausführung dieser Anweisungen folgendes Bild ergibt:.

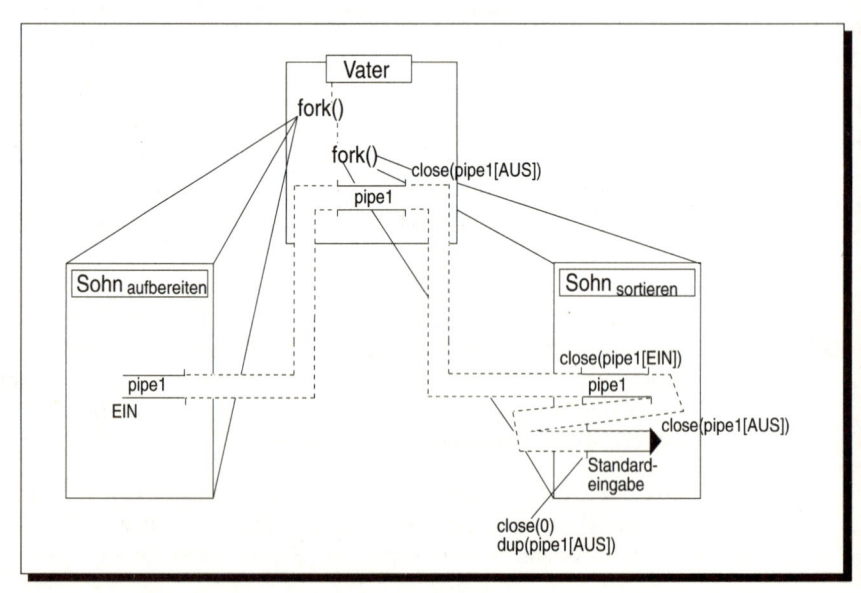

Bild 11.22 - Zusammenschl. des Pipe1-Ausgangs mit Standardeing. von Sohn sortieren

11.2 Prozesse unter UNIX

close(1)

schließt die Standardausgabe (Filedeskriptor 1) für den kreierten Sohnprozeß

dup(pipe2[EIN])

dieser direkt auf **close(1)** folgende **dup**-Aufruf dupliziert den Filedeskriptor **pipe2[EIN]**. Da **dup** hierbei wieder als Filedeskriptor-Nummer die kleinste freie Nummer verwendet, wird der gerade mit **close(1)** freigegebene Filedeskriptor 1 (Standardausgabe) für **pipe2[EIN]** eingesetzt und somit der Pipe2-Eingang mit der Standardausgabe dieses Prozesses verbunden.

close(pipe2[EIN])

schließt die Standardausgabe dieses Sohnprozesses mit den Pipe2-Eingang "zusammen".

close(pipe2[AUS]) (Sohnprozeß)

close(pipe2[EIN]) (Vaterprozeß)

schließt den Pipe2-Ausgang des Sohnprozesses mit dem Pipe2-Eingang des Vaters "zusammen".

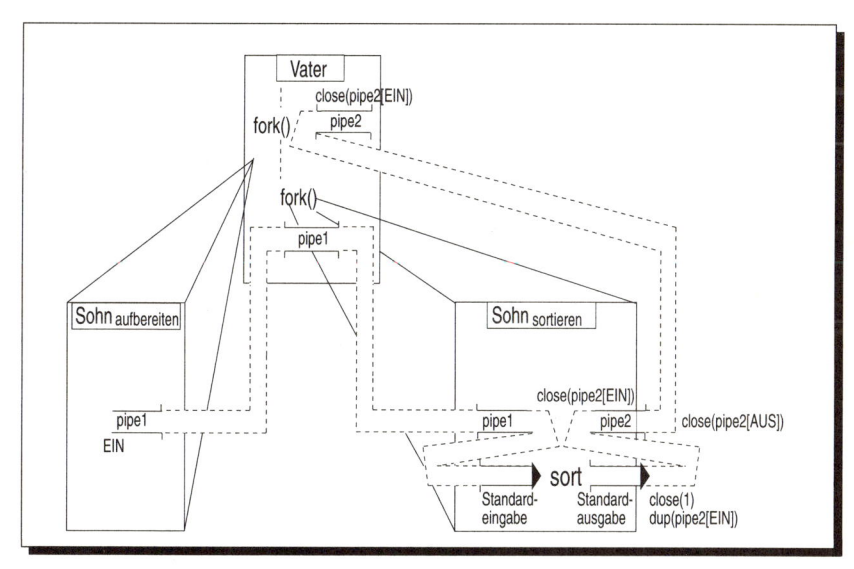

Bild 11.23 - Zusammenschluß des Pipe2-Ausgangs des Sohnprozesses mit Pipe2-Eingang des Vaters

Das UNIX-Kommando **sort**, das in dem von *sortieren* kreierten Sohnprozeß mit **execl** aufgerufen wird, liest somit die vom Sohn*aufbereiten* in die

Pipe1 geschriebenen Daten, sortiert diese und schreibt die sortierten Zeilen in die Pipe2.

ausgeben `pdz2=fdopen(pipe2[AUS], "r")`

stellt zum Filedeskriptor **pipe2[AUS]** einen **FILE**-Zeiger zur Verfügung, der **pdz2** zugewiesen wird. Dieser **FILE**-Zeiger ermöglicht dann das Lesen aus Pipe2 mit höheren E/A-Operationen (wie z. B. **fgets**).

Die beiden **close**-Aufrufe **close(pipe2[EIN])** (Sohnprozeß) und **close (pipe2[AUS])** (Vaterprozeß) bewirken dann folgende "Pipe-Verkettung":

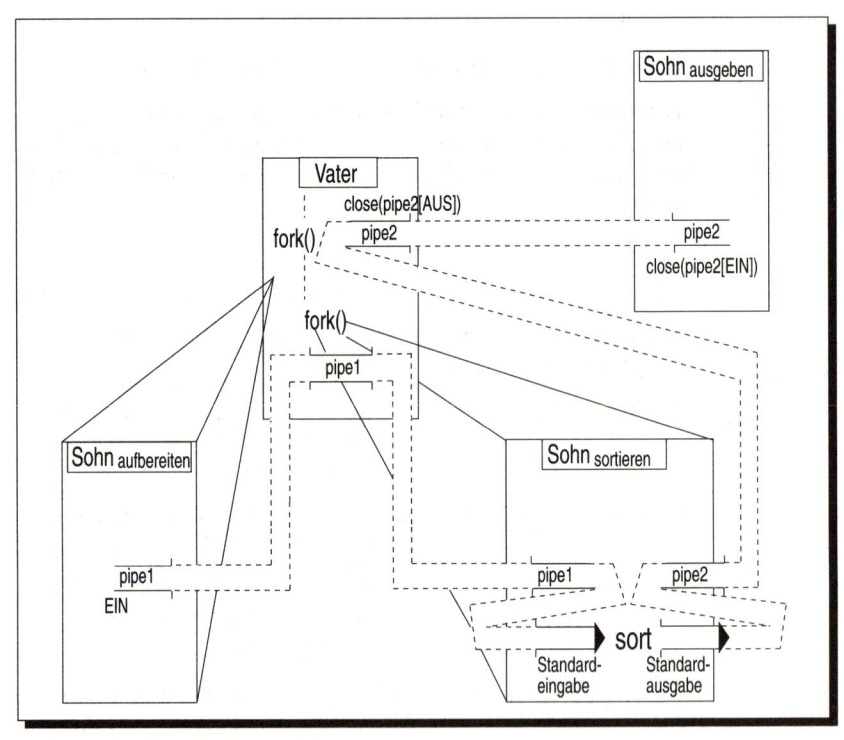

Bild 11.24 - Endgültige Pipe-Verbindung für das Programm kwic

ausgeben liest dann die vom Sohn$_{sortieren}$ über die Pipe2 geschickten Zeilen, macht die bei *aufbereiten* vorgenommenen Vertauschungen wieder rückgängig und gibt dann den KWIC aus.

Kommunikation über Signale

Über ein Signal kann einem Prozeß eine bestimmte Botschaft gesendet werden. Die Ursachen für das Auftreten von Signalen können interner oder externer Natur sein.

11.2 Prozesse unter UNIX

Interne Signale werden vom Betriebssystem einem Prozeß geschickt, wenn er z. B. versucht, etwas Unerlaubtes - wie etwa Division durch 0 oder Zugriff auf eine ungültige Adresse - zu tun.

Externe Signale werden einem Prozeß entweder vom Benutzer (wie z. B. beim Drücken der [Del]- oder [BREAK]-Taste) oder von anderen Benutzerprozessen (mit Aufruf der Systemfunktion **kill**) geschickt.

Die von einem Signal initiierte Unterbrechung bewirkt, daß der betreffende Prozeß beendet wird, wenn er nicht explizite Vorkehrungen getroffen hat, um ein eingetroffenes Signal abzufangen. Ein Prozeß kann dabei folgende Vorkehrungen zum Abfangen von Signalen[44] treffen:

- Signal ignorieren
- Aufruf einer Funktion zur Signal-Behandlung

Die möglichen Signale sind durch ganzzahlige Nummern gekennzeichnet. Diesen Nummern sind auch symbolische Namen zugeordnet, die in der Datei */usr/include/sys/signal.h* definiert sind und durch die Anweisung

```
#include <signal.h>
```
[45]

im jeweiligen Programm verfügbar gemacht werden. Die wichtigsten Signale sind bei der nachfolgenden Auflistung noch zusätzlich in deutsch kurz beschrieben:

```
#define  SIGHUP    1      /*hangup: Wird beim Beenden einer
                            Wählerverbindung (z. B. Auflegen des
                            Telefonhörers) erzeugt */

#define  SIGINT    2      /*interrupt (rubout): Interrupt-Signal,
                            welches durch Drücken der [Del]- oder
                            [BREAK]-Taste erzeugt wird */

#define  SIGQUIT*  3      /*quit (ASCII FS): wird durch Eingabe der
                            Tastenkombination [Ctrl]-[\] erzeugt */

#define  SIGILL*   4      /*illegal instruction (not reset when
                            caught): wird beim Versuch, einen
                            illegalen Befehl auszuführen, erzeugt */

#define  SIGTRAP*  5      /*trace trap (not reset when caught) */

#define  SIGIOT*   6      /*IOT instruction */

#define  SIGABRT*  6      /*used by abort, replace SIGIOT in the
                            future */
```

---

[44] Bis auf das Signal **SIGKILL** (Signalnummer 9) können alle Signale abgefangen werden
[45] Diese Header-Datei hat den Pfadnamen */usr/include/signal.h* und macht mit **#include <sys/signal.h>** diese Definitionen verfügbar.

```
#define  SIGEMT*   7    /* EMT instruction */
#define  SIGFPE*   8    /* floating point exception: wird bei
                           unerlaubten Gleitkomma-Operationen (wie
                           z. B. OVERFLOW) erzeugt */
#define  SIGKILL   9    /* kill (cannot be caught or ignored): bewirkt
                           die sofortige Beendigung eines Prozesses
                           und kann nicht abgefangen werden; wird
                           beim Aufruf 'kill -9 pid' gesendet*/
#define  SIGBUS*  10    /* bus error */
#define  SIGSEGV* 11    /* segmentation violation: wird beim Zugriff
                           auf unerlaubte Adressen erzeugt*/
#define  SIGSYS*  12    /* bad argument to system call */
#define  SIGPIPE  13    /* write on a pipe with no one to read it:
                           wird beim Versuch erzeugt, in eine
                           gebrochene Pipe (kein Prozess hat Pipe
                           zum Lesen eroeffnet) zu schreiben*/
#define  SIGALRM  14    /* alarm clock: wird durch den Systemaufruf
                           alarm erzeugt, um eine durch den
                           Systemaufruf pause bewirkte
                           Ausführungspause wieder zu
                           beenden */
#define  SIGTERM  15    /* software termination signal from kill */
#define  SIGUSR1  16    /* user defined signal 1 */
#define  SIGUSR2  17    /* user defined signal 2 */
#define  SIGCLD   18    /* death of a child */
#define  SIGPWR   19    /* power-fail restart */
```

Die mit einem Stern gekennzeichneten Signale bewirken - wenn entsprechendes Signal nicht abgefangen wird - nicht nur die Beendigung des jeweiligen Prozesses, sondern zusätzlich noch einen Speicherabzug; ein solcher Speicherabzug wird auch *core image* genannt und in die Datei *core* im working directory geschrieben. Dieser Speicherabzug in *core* kann dann mit dem Debugger bearbeitet werden, um die Ursache für ein aufgetretenes Signal nachträglich herauszufinden.

Signale abfangen
Das Abfangen von Signalen ist mit der Systemfunktion **signal** möglich:[46]

---

[46] in ANSI C:
```
#include <signal.h>
void (*signal(int signalnr, void (*funkz)(int)))(int)
```

11.2 Prozesse unter UNIX

```
#include <signal.h>
void (*signal(signalnr,funkz))()
    int signalnr;
    void (*funkz)();
```

Mit der Funktion **signal** kann aus drei verschiedenen Möglichkeiten ausgewählt werden, wie ein an späterer Stelle auftretendes Signal *signalnr* zu behandeln ist:

1. **signal**(*signalnr*, **SIG_DFL**)

    voreingestellte (*system-default*) Signal-Behandlung soll bei Ankunft eines Signals mit der Signalnummer *signalnr* ablaufen: meist Abbruch des Prozesses.

2. **signal**(*signalnr*, **SIG_IGN**)

    Bei Ankunft eines Signals mit der Signalnummer *signalnr* ist dieses zu ignorieren.

3. **signal**(*signalnr*, *funktions_name*)[47]

    Beim Eintreffen eines Signals mit der Signalnummer *signalnr* wird die Funktion *funktions_name* aufgerufen. Diese Funktion *funktions_name* ist der sogenannte *Signal-Handler*. Führt diese Funktion als letzte Anweisung ein **return** aus oder wird sie normal beendet,[48] so wird die Programmausführung dort fortgesetzt, wo sie unterbrochen wurde. Wenn allerdings bei Ausführung dieser Funktion ein **exit**-Aufruf stattfindet, dann wird der jeweilige Prozeß beendet.

signal gibt den Wert **SIG_ERR** zurück, wenn der **signal**-Aufruf nicht erfolgreich ablief, ansonsten liefert **signal** die Adresse von *funkz*.

Das nachfolgende Programm beinhaltet eine Endlosschleife: Somit kann es nur durch ein Signal (**intr** oder **quit**) abgebrochen werden. Bei Auftreten eines der Signale **SIGINT** oder **SIGQUIT** wird die Funktion *sig_behandeln* aufgerufen, die den Empfang des Signals bestätigt und nachfragt, ob der Prozeß abzubrechen ist. Nur bei der Antwort **j** wird **exit(1)** aufgerufen und der Prozeß beendet, ansonsten wird mit der Endlosschleife fortgefahren.

---

[47] eigentlich: **signal(signalnr, &funktions_name)**
[48] indem ihre Ausführung auf die schließende } trifft

```
#include <stdio.h>
#include <signal.h>

void
  sig_behandeln()
{
   printf("-----> Es wurde ein Abbruch verlangt\n");
   printf("       Soll ich wirklich abbrechen (j/n) ? ");

   if (getchar() == 'j')
      exit(1);
   getchar();
   printf("Ich mache jetzt weiter\n\n\n");
}

main()
{
   signal(SIGINT, sig_behandeln);   /* SIGINT ([Del]-Taste) wird von */
                                    /* sig_behandeln behandelt       */
   signal(SIGQUIT, sig_behandeln);  /* SIGQUIT ([Ctrl]-[\]) wird auch von */
                                    /* sig_behandeln behandelt       */
   while (1) /* Endlos-Schleife */
      ;
}
```

Auffallend beim Ablauf dieses Programms ist, daß nach dem erstmaligen Drücken einer Abbruchtaste und der Eingabe von **n** ein zweites Drücken einer Abbruchtaste zum Programmabbruch und nicht zum erneuten Aufruf der Routine *sig_behandeln* führt. Der Grund hierfür ist, daß beim Auftreten eines Signals das System automatisch die voreingestellte Signal-Behandlung (**SIG_DFL**) für dieses Signal wieder in Kraft setzt[49]. Ist dies nicht erwünscht, so muß in der Signalbehandlungs-Routine der entsprechende Signal-Handler explizit mit einem **signal**-Aufruf wieder neu installiert werden. Das nachfolgende Programm realisiert dies:

```
#include <stdio.h>
#include <signal.h>

void
  sig_behandeln()
```

---

[49] außer bei den Signalen mit den Nummern 4 und 5

```
{
    signal(SIGINT, sig_behandeln);    /* Signal-Handler fuer SIGINT   */
                                      /* neu installieren             */
    signal(SIGQUIT, sig_behandeln);   /* Signal-Handler fuer SIGQUIT  */
                                      /* neu installieren             */
    printf("----> Es wurde ein Abbruch verlangt\n");
    printf("      Soll ich wirklich abbrechen (j/n) ? ");
    if (getchar() == 'j')
        exit(1);
    getchar();
    printf("Ich mache jetzt weiter\n\n\n");
}

main()
{
    signal(SIGINT, sig_behandeln);    /* SIGINT ([Del]-Taste) wird von */
                                      /* sig_behandeln behandelt       */
    signal(SIGQUIT, sig_behandeln);   /* SIGQUIT ([Ctrl]-[\]) wird auch */
                                      /* von sig_behandeln behandelt   */
    while (1)                         /* Endlos-Schleife               */
        ;
}
```

Bei diesem Programm kann nun beliebig oft eine Abbruchtaste gedrückt werden. Es wird jedesmal wieder die Funktion *sig_behandeln* aufgerufen. Ein Verlassen dieses Programm ist nur möglich, wenn als Antwort auf die Frage nach dem Programmabbruch **j** eingegeben wird.

Es ist anzuraten, für die Dauer der Ausführung einer Signalbehandlungs-Routine das Eintreffen weiterer Signale dieses Typs mit

```
signal(signalnr, SIG_IGN)
```

zu ignorieren.

Das nachfolgende Programm berechnet die vergangene Zeit zwischen zwei [Del]-Tasteneingaben, indem es eine Routine *del_faenger* als Signal-Handler installiert. Zudem wird noch eine andere Abfang-Routine *null_division* für das Auftreten einer Division durch 0 eingerichtet; zum Test dieser Routine wird eine absichtliche Division durch 0 durchgeführt. Die in diesem Programm verwendete Systemfunktion **clock**:

```
long clock()
```

liefert die seit dem ersten **clock**-Aufruf verbrauchte CPU-Zeit (in Mikrosekunden).

```
#include <stdio.h>
#include <signal.h>

long     start, ende, differenz, rekord=10e6, clock();
int      druecken_moeglich=0,
         verlassen=0;

/*────── Signal-Handler-Routinen ──────────────────────*/
void
   del_faenger( )
{
     /* Fuer die Dauer dieser Funktionsausfuehrung muessen weitere */
     /* SIGINT-Signale ignoriert werden.                            */
     signal(SIGINT, SIG_IGN);

     if (druecken_moeglich) {
         /* Gebrauchte Zeit berechnen und ausgeben */
       ende=clock();
       differenz=ende-start;
       printf("Gebrauchte Zeit:  %10.2f\n", (float)differenz/1000000);
       if (differenz<rekord) {
          rekord=differenz;
          printf("   Neuer Rekord %10.2f Sek.\n", (float)rekord/1000000);
       }
     } else {
       printf("Bitte warten, bis das Startzeichen gegeben wird\n");
     }
       /* start-Wert neu setzen */
     start=clock();

       /* Signal-Handler del_faenger wieder fuer SIGINT installieren */
     if (signal(SIGINT, del_faenger) == SIG_ERR) {
        printf("Signal-Handler 'del_faenger' nicht erfolgreich installiert\n");
        exit(1);
     }
}

void
   quit_faenger( )
{
     /* Fuer die Dauer dieser Funktionsausfuehrung muessen weitere */
     /* SIGQUIT-Signale ignoriert werden.                           */
     signal(SIGQUIT, SIG_IGN);
```

11.2 Prozesse unter UNIX
559

```
      verlassen = 1;
}
void
   null_division( )
{
     /* Fuer die Dauer dieser Funktionsausfuehrung muessen weitere  */
     /* SIGFPE-Signale ignoriert werden.                            */
     signal(SIGFPE, SIG_IGN);

     /* Text "Division durch 0 aufgetreten" ausgeben */
     printf("Division durch 0 aufgetreten\n");

     /* Signal-Handler null_division wieder fuer SIGFPE installieren */
     if (signal(SIGFPE, null_division) == SIG_ERR) {
        printf("Signal Handler 'null_division' nicht installiert\n");
        exit(1);
     }
}

/*————— Routine zum Installieren der Signal-Handler ——————*/
void
   installiere_signal_handler( )
{
    if (signal(SIGINT, del_faenger) == SIG_ERR) {
       printf("Signal-Handler 'del_faenger' nicht erfolgreich installiert\n");
       exit(1);
    }
    printf("Signal-Handler  del_faenger  installiert....\n");
    if (signal(SIGQUIT, quit_faenger) == SIG_ERR) {
       printf("Signal-Handler 'quit_faenger' nicht installiert\n");
       exit(1);
    }
    printf("Signal-Handler  quit_faenger  installiert....\n");
    if (signal(SIGFPE, null_division) == SIG_ERR) {
       printf("Signal-Handler 'null_division' nicht installiert\n");
       exit(1);
    }
    printf("Signal-Handler  null_division  installiert....\n");
}
```

```
main()
{
    double    wert;
    int       n=0;
    installiere_signal_handler();
    printf("Abbruch dieses Programms mit quit ([Ctrl]-[\]\) moeglich\n\n");
    printf("Druecke so schnell wie moeglich [Del]-Taste.......\n");

    druecken_moeglich = 1;
    start=clock();
    while(1)        /* Schleife wird nur verlassen, wenn 'verlassen != 0' */
        if (verlassen)   /* tritt ein, wenn [Ctrl]-[\] gedrueckt wird      */
            break;

    printf("  Die schnellste [Del]-Tastenfolge dauerte %10.2f Sek\n",
            (float)rekord/1000000);

    /* Erzeugen einer Division durch 0 */
    wert = wert / n;

    printf("—— Programmende ——\n");
}
```

Ein möglicher Ablauf dieses Programm könnte wie folgt sein:

```
Signal-Handler  del_faenger    installiert....
Signal-Handler  quit_faenger   installiert....
Signal-Handler  null_division  installiert....
Abbruch dieses Programms mit quit (Ctrl-\) moeglich
Druecke so schnell wie moeglich Del-Taste.......
[Del]⁵⁰ Gebrauchte Zeit:        3.19
  Neuer Rekord        3.19 Sek.
[Del] Gebrauchte Zeit:          1.89
  Neuer Rekord        1.89 Sek.
[Del] Gebrauchte Zeit:          0.88
  Neuer Rekord        0.88 Sek.
[Del] Gebrauchte Zeit:          0.90
[Del] Gebrauchte Zeit:          0.53
  Neuer Rekord        0.53 Sek.
[Del] Gebrauchte Zeit:          0.24
  Neuer Rekord        0.24 Sek.
[Del] Gebrauchte Zeit:          0.53
[Del] Gebrauchte Zeit:          0.69
```

[50] eventuell [Ctrl]-[C] drücken anstelle von [Del]

11.2 Prozesse unter UNIX

```
Del  Gebrauchte Zeit:       0.59
Del  Gebrauchte Zeit:       0.39
Del  Gebrauchte Zeit:       0.31
Del  Gebrauchte Zeit:       0.60
Ctrl-\  Die schnellste Del-Tastenfolge dauerte      0.24 Sek
Division durch 0 aufgetreten
—— Programmende ——
```

Ein typisches Anwendungsgebiet für Signal-Handler ist ein sogenannter *Cleanup*: Wird ein Programm durch die Eingabe einer Abbruchtaste abgebrochen, so sorgt die entsprechende Signalbehandlungs-Routine für die noch zu erledigenden "Aufräumarbeiten", wie z. B. das Löschen von temporären Dateien, bevor das Programm wirklich verlassen wird.

```c
#include <stdio.h>

char *temp_datei = " .... "

void
   cleanup()
{
  unlink(temp_datei);
   exit(1);
}

main()
{
  signal(SIGINT, cleanup);
         :
      Programmcode
         :
   exit(0);
}
```

Es ist noch anzumerken, daß ein Sohnprozeß die Signalbehandlung seines Vaters erbt. Ein durch ein Signal abgebrochener Prozeß kommt in einen sogenannten "Zombie"-Zustand, falls der Vater nicht auf dessen Beendigung wartet. Erst, wenn der Vater **wait** aufruft oder aber selbst stirbt (und damit der Urprozeß **init** zum Vater des "Zombie"-Prozesses wird), wird dieser Sohnprozeß aus dem System entfernt und belastet es nicht mehr.

z.B. Im nachfolgendem Programm legt der Vaterprozeß mit einem **signal**-Aufruf fest, daß das Signal **SIGINT** (Signalnummer 2) zu ignorieren ist. Dies geschieht allerdings erst nach der Erzeugung eines Sohnprozesses, so daß dies nicht mehr für den Sohnprozeß gilt. Da der Sohnprozeß kein Ignorieren dieses Signals veranlaßt hat, bewirkt ein Drücken der [Del]-Taste, daß er abgebrochen wird, während der Vater das durch die [Del]-Taste erzeugte Signal (**SIGINT**) ignoriert und dadurch nicht abgebrochen wird.

```
#include <stdio.h>
#include <signal.h>

main()
{
   int status,
       fork_pid;

   if ((fork_pid=fork()) == 0) {
      while (1) {
         printf("  Sohn: Ich bin der Sohn mit PID %d\n", getpid());
         sleep(1);
      }
   } else if (fork_pid > 0) {
      signal(SIGINT, SIG_IGN); /* Vater ignoriert Signal SIGINT */
      printf("Vater: Endlich bist du ruhig, Sohn mit der PID %d\n",
             wait(&status));
      printf("       Grund fuer deine Ruhe ist das Signal %x\n", status);
      signal(SIGINT, SIG_DFL);
      exit(0);
   }
}
```

Der Start dieses Programms könnte zu folgendem Bildschirmdialog führen:

```
Sohn: Ich bin der Sohn mit PID 2045
Sohn: Ich bin der Sohn mit PID 2045
Sohn: Ich bin der Sohn mit PID 2045
Sohn: Ich bin der Sohn mit PID 2045
Sohn: Ich bin der Sohn mit PID 2045
Sohn: Ich bin der Sohn mit PID 2045
```

> [Del]Vater: Endlich bist du ruhig, Sohn mit der PID 2045[51]
> Grund fuer deine Ruhe ist das Signal 2

Signale senden

kill

Mit dem Aufruf der Systemfunktion **kill**:

```
int kill(pid, signalnr)
  int pid, signalnr;
```

kann ein Prozeß einem anderen Prozeß mit der Prozeßnummer *pid* ein Signal (*signalnr*) senden. Der Name dieses Systemaufrufes bedeutet nicht, daß der empfangende Prozeß immer beendet ("gekillt") wird.

Signale können allen Prozessen geschickt werden, deren Prozeßnummer bekannt ist, und die unter der gleichen Benutzerkennung (wie der Sender-Prozeß) laufen.

Ein Superuser-Prozeß kann allerdings an jeden Prozeß im System ein Signal senden.

Wenn für *pid* -1 angegeben wird, so wird das Signal *signalnr* an alle Prozesse geschickt, deren reale UID gleich der effektiven UID des Sender-Prozesses ist. So ist es einem Benutzer möglich, alle seine Prozesse mit einem **kill**-Aufruf zu beenden.

Wenn der Superuser **kill** mit der *pid* -1 aufruft, so werden alle Prozesse, außer den zwei speziellen Prozessen mit PID 0 und PID 1, beendet.

kill wird fast ausschließlich für folgende Zwecke benutzt:

- einen oder mehrere Prozesse mit **SIGTERM** oder mit **SIGQUIT** bzw. **SIGIOT** - falls ein *core image* (Speicherabzug der abzubrechenden Prozesse) erwünscht ist - zu beenden.

- um die Fehlerbehandlung (bei Auftreten von Signalen) eines neuen Programms zu testen, indem man Signale an dieses ablaufende Programm schickt.

alarm

Mit dem Aufruf der Systemfunktion **alarm**:

```
unsigned alarm(sek)
  unsigned sek;
```

kann ein Prozeß einen Auftrag an das Betriebssystem geben, ihm in *sek* Sekunden das Signal **SIGALRM** zu senden. So würde z. B. der Aufruf **alarm(7)** dazu führen, daß dem aufrufenden Prozeß nach 7 Sekunden das Signal **SIGALRM** geschickt würde. Fängt er dieses Signal nicht ab, so wird er dann beendet.

---

[51] Anstelle von [Del] muß eventuell [Ctrl]-[C] gedrückt werden.

Das nachfolgende Programm würde alle 20 Sekunden die Terminalglocke erklingen lassen[52]:

```
#include <stdio.h>
#include <signal.h>

void klingeln()
{
   signal(SIGALRM, SIG_IGN);
   printf("%c\n",'\7');
   alarm(20);
   if (signal(SIGALRM, klingeln) == SIG_ERR) {
      fprintf(stderr, "Signalhandler 'klingeln' nicht installierbar\n");
      exit(1);
   }
}

main()
{
   signal(SIGALRM, klingeln);
   alarm(20);
   while (1) ;   /* Endlosschleife */
}
```

pause   Mit dem Aufruf der Systemfunktion **pause**:

void pause()

kann ein Prozeß sich selbst anhalten, bis ein Signal eintrifft. Trifft dann ein Signal ein, das nicht mit **SIG_IGN** als "zu ignorieren" gekennzeichnet ist, wird der Prozeß wieder aufgeweckt und setzt seine Ausführung nach dem **pause**-Aufruf wieder fort.

Unter Verwendung der Systemfunktion **pause** und **alarm** soll die Systemfunktion **sleep**[53] einfach nachgebildet werden:

---

[52] Dieses Programm sollte im Hintergrund gestartet werden; der dafür kreierte Prozeß kann nach der Ermittlung der PID (mit **ps**) mit dem Kommandoaufruf **kill -9 pid** abgebrochen werden.
[53] hier **mein_sleep** genannt

```
#include <stdio.h>
#include <signal.h>

void leerfunk()
{
}

void mein_sleep(sek)
   int  sek;
{
   if (signal(SIGALRM,leerfunk) == SIG_ERR) {
      fprintf(stderr, "Signalhandler 'leerfunk' nicht installierbar\n");
      exit(1);
   }
   alarm(sek);
   pause();
}
```

Zum Abschluß von Signalen sei noch angemerkt, daß Signale nur eine sehr eingeschränkte Form der Kommunikation unter verschiedenen Prozessen sind, da

- zum einen nur wenige unterschiedliche Signalnummern zur Verfügung stehen und
- zum anderen die Kommunikation mit Signalen sehr unzuverlässig ist, da Signale verloren gehen können, z. B. wenn ein neues Signal eintrifft, während ein Prozeß gerade die zugehörige Signalbehandlungs-Routine bearbeitet.

Zusammenfassung

In diesem Kapitel wurden grundlegende Aspekte des UNIX-Prozeßkonzepts behandelt. In einem weiteren Buch dieser Reihe werden darauf aufbauend fortgeschrittene Techniken der Systemprogrammierung und der Interprozeß-Kommunikation mittels *named pipes, Semaphores, Shared memory* und *message queues* gezeigt.

12

Weitere nützliche UNIX-Kommandos

- ▶ Archive erstellen und unterhalten
- ▶ Kommandos später oder periodisch ausführen
- ▶ Automatisches Erinnern an Termine
- ▶ Bildschirm löschen
- ▶ Informationen zur Benutzerkennung
- ▶ Informationen zu anderen Benutzern
- ▶ Änderung der Benutzerkennung ohne Abmelden
- ▶ Kontextabhängiges Zerteilen von Dateien
- ▶ Dateiname oder Directory aus Pfad extrahieren
- ▶ Einfaches Formatieren von Dateien
- ▶ Formatieren von Floppy-Disks
- ▶ Neuigkeiten lesen
- ▶ Konvertieren von internationalen Zeichensätzen
- ▶ Dateien auf Magnetband oder Diskette sichern
- ▶ Zeitmessungen für Programme
- ▶ Prüfsumme zu Dateien beenden

Kapitel 12
Weitere nützliche UNIX-Kommandos

Istud quod tu summum putas, gratus est.
(Was Du für den Gipfel hältst, ist nur eine Stufe)

Seneca

Hier werden noch einige wichtige UNIX-Kommandos aufgezählt, die bisher unerwähnt blieben. Jedes Kommando wird dabei sehr kurz in ein oder zwei Sätzen beschrieben. Den vollen Funktionsumfang des betreffenden Kommandos können Sie in der alphabetisch geordneten UNIX-Befehlsreferenz im Anhang nachschlagen.

Kommando	Erläuterung
ar	Archiv-Bibliotheken erstellen und unterhalten.
at	Kommandos zu einem bestimmten Zeitpunkt später ablaufen lassen.
basename	Basisnamen zu einem Pfadnamen ausgeben. **basename /home/sascha/add.c** gibt z.B. *add.c* aus. Dieses Kommando wird insbesondere bei der Shell-Programmierung gebraucht (siehe nächstes Buch "UNIX-Shells").
batch	Kommandos zu einem späteren Zeitpunkt, wenn das System nicht so sehr belastet ist, ausführen lassen.

Kommando	Erläuterung
calendar	Automatische Erinnerung an Termine. **calendar** gibt aus der Datei *calendar* (im working directory) alle Zeilen aus, in der das heutige oder morgige Datum vorkommt.
clear	Bildschirm löschen.
col	Zeilenrückläufe aus drucker-formatierten Texten entfernen.
crontab	Kommandos in bestimmten Zeitintervallen immer wieder ablaufen lassen.
csplit	Kontextabhängiges Zerteilen einer Datei. Dabei wird eine Datei nicht wie bei **split** nach festen Zeilenzahlen zerteilt, sondern nach vorgegebenen Schnittstellen, die bestimmte Textinhalte (über reguläre Ausdrücke festgelegt) vorgeben.
dfspace	Freien Speicherplatz auf allen Dateisystemen ausgeben.
dirname	Directorypfad zu einem Pfadnamen ausgeben; ist das Gegenstück zu basename. **dirname /home/sascha/add.c** gibt z. B. */home/sascha* aus. Dieses Kommando wird insbesondere bei der Shell-Programmierung gebraucht (siehe nächstes Buch "UNIX-Shells").
factor	Primfaktorzerlegung für eine Zahl durchführen.
finger	Informationen zu anderen Benutzern abfragen. Dabei kann man sich z. B. das Projekt anzeigen lassen, an dem diese gerade arbeiten.
fmt	Einfaches Formatieren von Dateien.
format	Formatieren von Floppy-Disks.
groups	Gruppenzugehörigkeit eines Benutzers ausgeben.
iconv	Konvertieren von internationalen Zeichensätzen, wie z. B. von einem amerikanischen Zeichensatz in einen deutschen.
id	Eigene UID und GID mit Login-Namen ausgeben.
last	An- und Abmeldezeiten von anderen Benutzern und Terminals ausgeben.
logname	Eigenen Login-Namen ausgeben.
news	Neuigkeiten abfragen. In UNIX existiert ein spezielles Directory (*/var/news*), das die Funktion eines elektronischen "schwarzen Bretts" hat. In diesem Directory kann jeder beliebige Benutzer Dateien anlegen. Mit dem Kommando **news** kann sich nun jeder Benutzer alle Dateien aus diesem Directory ausgeben lassen, die er noch nicht gelesen hat.

Kommando	Erläuterung
su	Kurzzeitiges Anmelden unter einem anderen Login-Namen, ohne sich abzumelden.
sum	Prüfsumme für Dateien ausgeben. Merkt man sich diese Prüfsumme, so kann man später durch einen erneuten **sum**-Aufruf für dieselbe Datei feststellen, ob die betreffende Datei manipuliert wurde oder für den Fall, daß betreffende Datei (über ein Netz) kopiert wurde, feststellen, ob sie fehlerfrei übertragen wurde.
tar	Sichern von Dateien auf externen Speichermedien, wie Diskette oder Magnetband. Daneben ermöglicht **tar** auch das Umkopieren ganzer Directorybäume.
tftp	"Schmalspur-Version" des **ftp** (*trivial file transfer program*). **tftp** wird meist dann verwendet, wenn nur Dateien zu übertragen sind, wobei keine ständige Verbindung wie bei **ftp** aufrechterhalten werden muß.
time	Die von Programmen benötigte Zeit ausgeben.

Anhang
Die UNIX-Befehlsreferenz

▶ Die UNIX-Befehle in alphabetischer Reihenfolge

Die UNIX-Befehlsreferenz

Der umfangreiche Anhang A gibt eine vollständige Beschreibung aller in diesem Buch vorgestellten (und noch einiger weiterer) Kommandos. Zu jedem einzelnen Kommando wird dabei nicht nur eine vollständige Beschreibung seiner Funktionsweise und Optionen gegeben, sondern es werden meist auch Beispiele, typische Anwendungsfälle und Hinweise zu anderen Kommandos oder Besonderheiten des jeweiligen Kommandos gegeben. Die Kommandos sind dabei alphabetisch geordnet, um ein schnelleres Nachschlagen eines Kommandos zu ermöglichen.

ar	Erstellen und Pflegen von Archiv-Bibliotheken (archive and library maintainer)

Syntax ar [–V] *schlüssel* [*posname*] *archiv_datei* [*datei(en)*]

Beschreibung Das Kommando **ar** ermöglicht, mehrere Dateien in einer sogenannten Archiv-Bibliothek (*archiv_datei*) unterzubringen. Ebenso können mit **ar** neue Dateien in einer bereits erstellten Archiv-Bibliothek aufgenommen oder wieder aus ihr entfernt werden.

Eine Archiv-Datei enthält am Anfang eine sogenannte Symboltabelle, welche Informationen über die im Archiv enthaltenen Dateien bereitstellt, um einen möglichst effizienten Zugriff auf die jeweiligen Dateien durch den Linker **ld** zu ermöglichen. Eine Symboltabelle wird nur dann von **ar** erstellt, wenn sich wenigstens eine Objektdatei im Archiv befindet.

Was die Angaben auf der Kommandozeile im einzelnen bedeuten, erfahren Sie auf der nächsten Seite.

-V	bewirkt die Ausgabe der Versionsnummer von **ar** auf die Standardfehlerausgabe.
schlüssel	legt die in einem Archiv durchzuführende Operation fest.
posname	muß der Name einer Datei aus dem Archiv sein. Hiermit kann eine Position innerhalb eines Archivs festgelegt werden.
archiv_datei	ist der Name des entsprechenden Archivs.
datei(en)	legt die zu bearbeitenden Dateien fest.

Schlüssel-Angabe

Ein *schlüssel* setzt sich aus zwei Teilen zusammen:

funktion	legt die auszuführende Aktion fest. *funktion* muß immer angegeben sein, wobei davor ein **-** (Querstrich) stehen kann oder auch nicht.
zusatz	läßt Zusatzangaben zu der auszuführenden Aktion zu.

funktion

d	(**d**elete) löscht die angegebenen *datei(en)* aus dem Archiv *archiv_datei*.
r	(**r**eplace) ersetzt im Archiv die angegebenen *datei(en)*. Wenn nach **r** der *zusatz* **u** angegeben ist, so werden nur die Dateien im Archiv ersetzt, die seit ihrer letzten Archivierung verändert wurden. Ist nach **r** einer der *zusätze* **a** oder **b** oder **i** angegeben, so muß der *posname* angegeben sein; in diesem Fall werden neue Dateien nach (**a**) bzw. vor (**b**,**i**) *posname* eingefügt. In allen anderen Fällen werden neue Dateien am Ende des Archivs aufgenommen.
q	(**q**uickly) hängt die angegebenen *datei(en)* am Ende des Archivs an. Hierbei wird nicht geprüft, ob von den angegebenen *datei(en)* bereits welche im Archiv vorhanden sind.
t	(**t**able) gibt ein Inhaltsverzeichnis für das Archiv *archiv_datei* aus. Sind keine *datei(en)* angegeben, so wird ein Inhaltsverzeichnis für das gesamte Archiv ausgegeben. Sind *datei(en)* angegeben, so werden nur diese, falls im Archiv vorhanden, aufgelistet.
p	(**p**rint) gibt die angegebenen *datei(en)* aus dem Archiv *archiv_datei* aus.

funktion (Fortsetzung)

m	(**m**ove) verlagert die angegebenen *datei(en)* an das Ende des Archivs *archiv_datei*. Ist nach **m** einer der *zusätze* **a** oder **b** oder **i** angegeben, so muß der *posname* angegeben sein; in diesem Fall werden die Dateien nicht am Archivende, sondern nach (**a**) bzw. vor (**b**,**i**) *posname* eingefügt.
x	(e**x**tract) extrahiert die angegebenen *datei(en)* aus dem Archiv. Sind keine *datei(en)* angegeben, so werden alle Dateien aus dem Archiv extrahiert. Extrahieren bedeutet hier, daß die entsprechenden Dateien aus dem Archiv in das working directory kopiert werden. Der Inhalt des Archivs wird bei dieser Option niemals verändert.

zusatz

v	(**v**erbose) Normalerweise gibt **ar** keine speziellen Meldungen aus. Diese *zusatz*-Angabe bewirkt, daß beim Erzeugen eines neuen Archivs für jede betroffene Datei eine kurze Information ausgegeben wird. Wird **v** bei der *funktion* **t** angegeben, so wird eine umfangreichere Information zu den entsprechenden Dateien ausgegeben. Wird **v** bei der *funktion* **x** angegeben, so wird für jede extrahierte Datei deren Name gemeldet.
c	(**c**reate) unterdrückt die Meldung, die normalerweise beim Anlegen eines Archivs ausgegeben wird.
l	(**l**ocal) veranlaßt **ar** temporäre Dateien nicht in /*tmp*, sondern im working directory abzulegen. Diese Option ist veraltet, da das neue **ar** keine temporären Dateien mehr anlegt.
s	(**s**ymbol table) bewirkt, daß die Symboltabelle für ein Archiv neu erstellt wird, selbst wenn **ar** nicht mit einem Kommando aufgerufen wird, das den Inhalt des Archivs ändert. Diese Option ist nützlich zur Wiederherstellung der Symboltabelle, wenn diese zuvor mit **strip** entfernt wurde.
u	(**u**pdate) Wenn **u** mit der *funktion* **r** verwendet wird, so werden nur die Dateien ersetzt, die seit ihrer letzten Archivierung modifiziert wurden.

	zusatz (Fortsetzung)	
	a	(a*fter*) wenn **a** zusammen mit einer der *funktionen* **r** oder **m** angegeben wird, so werden die *datei(en)* nach der mit *posname* spezifizierten Datei im Archiv eingefügt.
	b	(b*efore*) wenn **b** zusammen mit einer der *funktionen* **r** oder **m** angegeben wird, so werden die *datei(en)* vor der mit *posname* spezifizierten Datei im Archiv eingefügt.
	i	(*insert*) wenn **i** zusammen mit einer der *funktionen* **r** oder **m** angegeben wird, so werden die *datei(en)* vor der mit *posname* spezifizierten Datei im Archiv eingefügt.

Typische Anwendungen

- Das Kommando **ar** wird verwendet, um eine Archiv-Bibliothek von kompilierten C-Funktionen anzulegen, die dem Linker **ld** zum Einbinden der benötigten Funktionen vorgelegt wird. **ld** wird zwar automatisch von **cc** aufgerufen, kann jedoch auch direkt aufgerufen werden.

- **ar** kann auch verwendet werden, um miteinander verwandte Text-Dateien (wie z.B. C-Quellprogramme oder Briefe) in einem Archiv unterzubringen. Dies führt zu einer erheblichen Reduzierung der Dateien in einem Directory und dient so der Übersichtlichkeit.

- **ar** wird häufig auch verwendet, wenn eine große Zahl von Dateien kopiert werden muß. In diesem Fall werden alle zu kopierenden Dateien zunächst in einem Archiv abgelegt, bevor das gesamte Archiv kopiert wird.

Wenn bei *datei(en)* dieselbe Datei zweimal angegeben ist, kann sie auch zweimal im Archiv aufgenommen werden.

Archiv-Dateien sollten immer das Suffix *.a* haben.

Das Kommando **ar** bewirkt keine nennenswerte Speicherplatzeinsparungen, da die entsprechenden Dateien nicht komprimiert werden.

Manche UNIX-Systeme (wie z.B. XENIX) fordern, daß eine Archiv-Datei zuerst dem Kommando **ranlib** vorgelegt werden muß, bevor sie von **ld** bearbeitet werden kann.

Zur Erstellung und Pflege von Archiven können auch die beiden Kommandos **tar** und **cpio** verwendet werden. Es ist aber wichtig zu wissen, daß alle drei Kommandos verschiedene Archiv-Formate benutzen, und somit ein einmal erstelltes Archiv auch nur wieder mit dem gleichen Kommando bearbeitet werden kann.

Beispiele

```
$ ar -qv libgraphik.a linie.o kreis.o bogen.o rahmen.o
ar: creating libgraphik.a
q - linie.o
q - kreis.o
q - bogen.o
q - rahmen.o
$
```

Mit obigen Kommando wird eine Archiv-Datei *libgraphik.a* erstellt, die vier Objektdateien enthält. Die Angabe von **q** bewirkt, daß die angegebenen Dateien am Ende des Archivs eingefügt werden. Der Zusatz **v** veranlaßt die Ausgabe aller Namen der Dateien, die im Archiv aufgenommen werden.

ar -q libgraphik.a punkt.o

Die Objektdatei *punkt.o* wird am Archivende eingefügt, ohne daß geprüft wird, ob diese Datei bereits im Archiv vorhanden ist oder nicht.

ar d libgraphik.a rahmen.o

Die Datei *rahmen.o* wird aus dem Archiv *libgraphik.a* entfernt.

ar -r libgraphik.a kreis.o

Die Datei *kreis.o* im Archiv wird durch eine neues *kreis.o* ersetzt.

```
$ ar -t libgraphik.a
linie.o
kreis.o
bogen.o
punkt.o
$
```

Es wird der Inhalt der Archiv-Datei *libgraphik.a* aufgelistet.

ar -x libgraphik.a linie.o

Die Datei *linie.o* wird aus der Archiv-Datei *libgraphik.a* in das working directory kopiert. Der Inhalt der Archiv-Datei bleibt bei diesem Aufruf unverändert.

ar -t /lib/libc.a | sort | pg

Mit diesem Aufruf kann man sich alle C-Bibliotheksfunktionen auflisten lassen.

| **at** | Kommandos zu einem späteren Zeitpunkt ausführen lassen |

Syntax   at [-f *skript*] [-m] *zeit* [*datum*] [+*increment*][1]   *zeit* und *datum* legen die Zeit und das Datum für den Start der entsprechenden Kommandos fest.
kommando1
kommando2
:
Ctrl-D

increment legt den Zeitpunkt für den Start der Kommandos relativ (nicht absolut) fest.

at -r *job(s)*
at -l [*job(s)*]

Für *job(s)* sind die entsprechenden Auftragsnummer(n) (engl.: *job number*) anzugeben.

at -d *job*

Beschreibung   Das Kommando **at** liest die auszuführenden Kommandos über die Standardeingabe ein und bewirkt, daß diese Kommandos zum angegebenen Zeitpunkt ausgeführt werden, selbst wenn der entsprechende Benutzer zu diesem Zeitpunkt nicht am System angemeldet ist.

Die zu einem späteren Zeitpunkt auszuführenden Kommandos müssen nach der Angabe des **at**-Kommandos in den folgenden Zeilen vom Benutzer eingegeben werden. Das Ende der Kommandoeingabe wird dabei **at** mit **EOF** (Ctrl-D als einziges Zeichen einer Zeile) mitgeteilt. Natürlich können die entsprechenden Kommandos auch in einer Datei angegeben sein und mit Eingabeumlenkung dem **at**-Kommando übermittelt werden.

Die Ausgabe der einzelnen an **at** übergebenen Kommandos wird, wenn keine Ausgabeumlenkung verwendet wurde, dem entsprechenden Benutzer über `mail` zugeschickt.

Die bei **at** angegebenen Kommandos laufen unter den gleichen Bedingungen ab, die vorlagen als sie angegeben wurden (wie z. B. gleiches working directory).

Optionen

-f *skript*   liest die auszuführenden Kommandos aus der Datei *skript*.

-m   Die Beendigung des Jobs wird dem Benutzer über mail mitgeteilt (`mail`).

-l   Auflisten der mit **at** eingerichteten Jobs (`list`)

-r   Löschen von Jobs, die mit **at** eingerichtet wurden (`remove`)

-d   listet den Inhalt des angegebenen *job* auf (`display`).

---

[1] Dieser Aufruf legt eine Auftragsnummer (engl.: *job number*) fest und meldet diese nach der Eingabe von Ctrl-D.

at

Zeitpunkt für Start der Kommandos festlegen:

zeit legt die Zeit für den Start der Kommandos in Stunden und Minuten fest:

- gibt man für *zeit* nur eine oder 2 Ziffern an, so wird damit eine Stunde festgelegt.
- Sind für *zeit* 4 Ziffern angegeben, so spezifizieren die ersten beiden Ziffern die Stunde und die letzten beiden die Minute, z. B. würde die Angabe 1316 der Uhrzeit 13:16 entsprechen.

UNIX arbeitet mit einer 24-Stunden-Uhr, es sei denn es wird explizit die amerikanische Schreibweise: 0617**am** (Morgens) oder 0853**pm** (Abends) verwendet. Die Stunden und Minuten dürfen auch durch Doppelpunkt getrennt (z. B. 14:53 oder 4:12) angegeben werden. Falls eine angegebene Zeit für den momentanen Tag schon vorüber ist und es wurde keine *datum*-Angabe gemacht, so wird der Zeitpunkt auf den nächsten Tag gleicher Zeit verschoben.

Bei der *zeit*-Angabe können auch folgende Wörter verwendet werden:

Angabe	Funktion
zulu	für *Greenwich Mean Time*; ist als Suffix anzugeben, z. B. 2:13zulu oder 2:13 zulu
noon	für Mittag
midnight	für Mitternacht
now	für jetzt; ist im Zusammenhang mit *increment* zu verwenden. at now liefert die Fehlermeldung too late.
next	zu deutsch: nächste(n); muß nach *zeit* und vor *datum* angegeben sein.

Für *datum* sind folgende Angaben möglich:

Angabe	Funktion
Monat Tag	(z. B. Feb 23); Als Monat-Angabe möglich: Jan Feb Mar Apr May Jun Jul Aug Sep Oct Nov Dec
Monat Tag, Jahr	(z. B. May 12,1990)
Wochentag	(z. B. Wednesday oder Wed), muß in englisch angegeben sein, wobei auch Abkürzungen erlaubt sind: Monday, Tuesday, Wednesday, Thursday, Friday, Saturday, Sunday

Angabe	Funktion
Heute oder Morgen	(today oder tomorrow)

Ist ein angegebenes *datum* (ohne Jahresangabe) bereits verstrichen, so wird es auf das nächste Jahr verschoben.

Für *increment* muß eine Zahl gefolgt von einem der folgenden Wörter angegeben werden: minutes, hours, days, weeks, months oder years; der Singular für diese Wörter (ohne das Plural-S) ist ebenso erlaubt.

Um z. B. einen Job in 3 Stunden ablaufen zu lassen, könnte

```
at now +3 hours
....
```

gegeben werden.

Erlaubte **at**-Aufrufe sind zum Beispiel:

```
at 1715am  Aug 12
at now +2 day
at now next day
at noon  Friday
```

Der Systemverwalter kann das Absetzen des **at**-Kommandos allen Benutzern, nur bestimmten Benutzern oder keinem Benutzer erlauben. Dies kann er über Einträge in eine der beiden Dateien

/etc/cron.d/at.allow (1)

und

/etc/cron.d/at.deny (2)

steuern. Wenn die Datei (1) existiert, so ist nur den dort eingetragenen Benutzern die Ausführung des **at**-Kommandos erlaubt; im anderen Fall überprüft das System den Inhalt von (2), in welchem alle Benutzer einzutragen sind, denen die Ausführung von **at** untersagt ist. Wenn (2) zwar existiert, aber leer ist, so darf jeder Benutzer **at** aufrufen. Wenn keine der beiden Dateien existiert, so darf keiner der normalen Benutzer **at** aufrufen; dieses Privileg ist dann nur dem Systemverwalter und dem Superuser vorbehalten.

Das **batch**-Kommando ist dem **at**-Kommando ähnlich, mit dem Unterschied, daß es die angegebenen Kommandos nicht zu einem bestimmten Zeitpunkt ausführen läßt, sondern dann, wenn das System Zeit dafür hat.

banner

| **banner** | Zeichenketten (Strings) in Spruchband-Form ausgeben |

Syntax   banner *string*(s)

Beschreibung   Das Kommando **banner** gibt die angegebenen *string*(s) in Spruchband-Form auf die Standardausgabe aus.

Jeder angegebene einzelne *string* wird dabei in einer (Groß-)Zeile ausgegeben. Die maximale Anzahl von Zeichen, die in eine solche (Groß-)Zeile passen, hängt vom Bildschirm ab; für einen 80 spaltigen Bildschirm ist dieses Maximum 10 Zeichen. Um mehrere Wörter in einer (Groß-)Zeile ausgeben zu lassen, sind diese mit " .. " zu klammern.

| **basename** | Eigentlichen Dateinamen (Basisnamen) aus einem Pfadnamen extrahieren |

Syntax   basename *string* [*suffix*]

Beschreibung   Jede Datei hat einen sogenannten Basisnamen und einen Pfadnamen. Der Basisname ist der Name, der im entsprechenden parent directory zu dieser Datei eingetragen ist. So ist z. B. beim Pfadnamen */home/egon/uebung1/laender* der Basisname *laender*[2]. Der Pfadname gibt dabei den Pfad vom root directory zu dieser Datei an.

Das Kommando **basename** entfernt nun aus dem angegebenen *string* (Pfadname) alles von Beginn bis einschließlich dem letzten / und gibt dann den Rest, also den Basisnamen aus; so würde z. B. der Aufruf

    basename /home/egon/uebung1/laender

die Ausgabe

    laender

liefern.

Falls ein *suffix* angegeben ist, so wird auch dieses - falls es am Ende des Basisnamens vorhanden ist - noch vor der Ausgabe vom Basisnamen entfernt; so würde z. B. der Aufruf

    basename /home/egon/uebung1/add1.c .c

schließlich folgende Ausgabe liefern:

    add1

---

[2] ist im parent directory *uebung1* eingetragen

| **batch** | Kommandos irgendwann später ausführen lassen |

Syntax

```
batch
kommando1
kommando2
    :
```
[Ctrl]-[D]

Beschreibung

Das Kommando **batch** liest die auszuführenden Kommandos über die Standardeingabe ein und bewirkt, daß diese Kommandos zu einem späterem Zeitpunkt ausgeführt werden, wenn das System dafür Zeit hat; wenn also die Systemlast dies zuläßt. Die angegebenen Kommandos werden dann ausgeführt, selbst wenn der entsprechende Benutzer zu diesem Zeitpunkt nicht am System angemeldet ist.

Die später auszuführenden Kommandos müssen vom Benutzer nach der Angabe des **batch**-Kommandos in den folgenden Zeilen eingegeben werden. Das Ende der Kommandoeingabe wird dabei **batch** mit **EOF** ([Ctrl]-[D] als einziges Zeichen einer Zeile) mitgeteilt. Natürlich können die entsprechenden Kommandos auch in einer Datei angegeben sein und mit Eingabeumlenkung dem **batch**-Kommando übermittelt werden.

Die Ausgabe der einzelnen an **batch** übergebenen Kommandos wird, wenn keine Ausgabeumlenkung verwendet wurde, dem entsprechenden Benutzer über `mail` zugeschickt.

Die bei **batch** angegebenen Kommandos laufen unter den gleichen Bedingungen ab, die vorlagen als sie angegeben wurden (wie z. B. gleiches working directory).

- Das **batch**-Kommando ist dem Kommando **at** sehr ähnlich. Der Unterschied ist dabei lediglich, daß bei **batch** keine Zeit vorgegeben wird, wann die entsprechenden Kommandos auszuführen sind.

- Ein **batch**-Aufruf ähnelt auch der Ausführung eines Kommandos im Hintergrund (&). Der Unterschied hier ist, daß ein mit **batch** gegebener Auftrag nicht abgebrochen wird, wenn der entsprechende Benutzer sich vom System abmeldet.

cal

| cal | Kalender zu einem Monat oder einem Jahr ausgeben lassen |

Syntax   cal [[*monat*] *jahr*]

Beschreibung

Das Kommando **cal** gibt einen Kalender zu einem bestimmten Monat oder Jahr auf die Standardausgabe aus.

Es sind folgende Aufrufe von **cal** möglich:

- ohne jede Argumente: Kalender für den laufenden Monat wird ausgegeben
- mit einem Argument: Kalender für das angegebene *jahr* (1-9999 möglich) wird ausgegeben
- mit 2 Argumenten: Kalender für den angegebenen *monat* (1. Argument; 1-12 möglich) des angegebenen *jahres* (2.Argument; 1-9999 möglich) wird ausgegeben.

Bitte beachten Sie folgende Hinweise:

- cal 9 1752 gibt den Kalender für September des Jahres 1752 aus. Das Besondere an dieser Ausgabe ist, daß in diesem Monat 11 Tage fehlen, um den bis dahin benutzten Kalender zu korrigieren.
- cal 56 gibt den Kalender für das Jahr 56 und nicht für das Jahr 1956 aus. Dies ist ein häufiger Fehler, den Benutzer begehen, wenn sie sich Kalender aus diesem Jahrhundert ausgeben lassen möchten.

Auf manchen UNIX-Systemen verhält sich **cal** geringfügig anders:

- ohne jede Argumente: Es wird zunächst Datum und Uhrzeit ausgegeben, bevor dann 3 Monate (letztes, dieses und nächstes Monat) ausgegeben werden.
- statt einer Monatszahl kann auch ein Monatsname oder dessen eindeutige Anfangsbuchstaben angegeben werden, wie z. B.

  ```
  cal may
  cal ja     (für Januar)
  cal jun    1956
  cal april
  ```
  Nicht erlaubt, da nicht eindeutig, wäre z. B.
  ```
  cal ju     (jun oder jul?)
  cal ma     (mar oder may?)
  ```

- mit einem oder mit 2 Argumenten: **cal** verhält sich hier wie oben beschrieben

| **calendar** | Automatisches Erinnern an Termine |

Syntax   calendar   [–]

Beschrei- Das Kommando **calendar** sucht im working directory nach einer Datei
bung   mit dem Namen *calendar*. Findet es diese Datei, so gibt es aus ihr alle
Zeilen aus, in denen das heutige oder morgige Datum vorkommt. An
einem Freitag oder an einem Wochenende werden nicht nur die Zeilen
ausgegeben, die das heutige und morgige Datum enthalten, sondern
auch alle Zeilen, die ein Datum für dieses Wochenende und den darauf-
folgenden Montag enthalten.

calendar erkennt jedes Datum, das im amerikanischen Format:

Monat Tag (wie z. B. Jan 25 oder January 25 oder 1/25)

angegeben ist.

Wenn die Datei *calendar* (im working directory) z. B. folgenden Inhalt
hätte:

```
Fruehlingsanfang am Mar 21
December 1 : Mit dem Weihnachtseinkauf anfangen
7/19 : Hochzeitstag
Besprechung am Jul 18 (14.30 Uhr, Raum 412)
```

Wenn nun am 18.Juli das Kommando **calendar** aufgerufen würde, so
würde es folgende Ausgabe liefern:

```
7/19 : Hochzeitstag
Besprechung am Jul 18 (14.30 Uhr, Raum 412)
```

Wenn calendar – aufgerufen wird, durchsucht das **calendar**-Programm
die login-Directories aller Benutzer und stellt gegebenenfalls eine Erin-
nerung daran den betreffenden Benutzern per mail zu. Diese Aufrufform wird nur vom Systemadministrator verwendet, wenn er das System so konfiguriert, daß **calendar** regelmäßig zentral gestartet wird.
Wenn ein System nicht Tag und Nach durchläuft und so **calendar** nicht
automatisch aufgerufen wird, sollten Sie **calendar** in Ihrem *.profile* aufrufen.

calendar wird üblicherweise in der Datei *.profile* angegeben, so daß es
bei jedem Anmelden automatisch aufgerufen wird. Es erinnert dann
den entsprechenden Benutzer an alle heutigen und morgigen Termine,
die in der Datei *calendar* (im home directory) eingetragen sind.

cancel

cancel | Abbrechen von Druckaufträgen, die mit dem lp-Kommando gegeben wurden

Syntax
```
cancel [kennung(en)]   [druckername(n)]
cancel -u login-name   [druckername(n)]   (neu in System V.4)
```

Beschreibung

Das Kommando **cancel** storniert abgegebene Druckaufträge. Welche Druckaufträge zu stornieren sind, kann **cancel** entweder über die von **lp** ausgegebenen Auftrags-*kennung(en)* oder über die Angabe der entsprechenden *druckername(n)* mitgeteilt werden.

Wird **cancel** mit der Angabe von *druckername(n)* aufgerufen, so wird der gerade am Drucker ausgegebene Auftrag beendet.

Neu in System V.4 ist, daß es möglich ist, alle Druckaufträge zu stornieren, die man abgesetzt hat. Dazu muß man die Option **-u** *login-name* verwenden. Das Argument *login-name* muß dabei Ihre Benutzerkennung sein. Sind noch *druckername(n)* angegeben, so werden nur dort die Druckaufträge storniert, andernfalls werden die Druckaufträge an allen Druckern storniert.

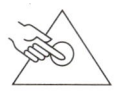

Die Kennungen und der Status von abgegebenen Druckaufträgen können mit dem Kommando **lpstat** erfragt werden.

cat | Inhalt von Dateien auf die Standardausgabe ausgeben (concatenate)

Syntax
```
cat [option(en)]   [datei(en)]
```

Beschreibung

Das Kommando **cat** gibt den Inhalt der angegebenen *datei(en)* nacheinander (konkateniert) auf die Standardausgabe (Voreinstellung ist der Bildschirm) aus. Dieses Kommando ermöglicht es, den Inhalt von Dateien anzusehen, ohne daß ein Editor aufgerufen werden muß.[3]

Falls die angegebenen *datei(en)* mehr Zeilen haben als auf dem Bildschirm angezeigt werden können, dann kann mit Ctrl-S die Bildschirmausgabe angehalten und mit Ctrl-Q eine angehaltene Bildschirmausgabe fortgesetzt werden.[4]

---

[3] Ein **cat**-Aufruf ist schneller und bequemer als ein Editor-Aufruf
[4] Bei umfangreicheren Dateien empfiehlt es sich, das Kommando **pg** zu verwenden, bei dem Bildschirmseite für Bildschirmseite einer Datei ausgegeben wird.

Werden keine *datei(en)* beim Aufruf von **cat** angegeben, so liest **cat** den auszugebenden Text von der Standardeingabe; das Ende des Eingabetexts wird dabei mit der Eingabe des EOF-Zeichens Ctrl-D angezeigt.

Optionen Bis System V Release 3 hatte das Kommando **cat** nur eine Option (–s); Release 3 brachte vier neue Optionen für **cat** mit sich:

Option	Beschreibung
–u	Die Ausgabe wird nicht gepuffert; Voreinstellung ist eine gepufferte Ausgabe in Blöcken (meist 512 Byte), wenn sie nicht auf den Bildschirm erfolgt.
–s	Falls eine auszugebende *datei* nicht existiert, so gibt **cat** normalerweise eine Fehlermeldung aus; mit der Angabe dieser Option können solche Fehlermeldungen unterdrückt werden.
–v	Nicht-druckbare Zeichen (außer Tabulator-, Neuezeile- und Seitenvorschub-Zeichen) werden bei der Ausgabe sichtbar gemacht. Steuerzeichen werden dabei mit ^x (Ctrl-x) und das Zeichen DEL mit ^? angezeigt. Nicht-ASCII-Zeichen (höchstwertige Bit gesetzt; Wertebereich von 128 bis 255) werden mit M–x ausgegeben, wobei *x* das Zeichen ist, das durch die 7 niederwertigen Bits dargestellt wird.
–t	nur mit Option –v erlaubt; Tabulatorzeichen werden mit ^I und Seitenvorschubzeichen (*formfeed*) mit ^L angezeigt.
–e	nur mit Option –v erlaubt; Am Ende jeder Zeile (vor dem Neuezeile-Zeichen) wird ein $ ausgegeben.

cc Kompilieren (und Linken) von C-Programmen   (C Compiler)

Syntax cc [*option(en)*] *datei(en)*

Beschreibung Das Kommando **cc** kompiliert die angegebenen *datei(en)*, welche C-Programmdateien sein müssen, deren Namen mit *.c* enden. Für jede kom

cc

piliertes C-Programmdatei wird eine Objektdatei erstellt, deren Name aus dem Namen der entsprechenden C-Programmdatei hergeleitet wird, indem statt der Endung *.c* die Endung *.o* genommen wird. Die *.o*-Datei wird normalerweise gelöscht, wenn mit einem **cc**-Aufruf ein einzelnes C-Programm kompiliert und dann sofort auch gebunden werden soll.

Optionen Von der Vielzahl von möglichen Optionen werden hier nur zwei vorgestellt.

Option	Funktion
−c	Die angegebenen *datei(en)* werden nur kompiliert; d. h. das Linken wird durch diese Optionen ausgeschaltet. In diesem Fall werden die von **cc** erzeugten Objektdateien nicht gelöscht.
−o *progname*	Normalerweise erzeugt **cc** eine Programmdatei mit den Namen *a.out*. Wird ein anderer Name für ein Programm, das mit **cc** erzeugt wird, gewünscht, so ist dies mit dieser Option möglich.

---

cd | In ein anderes working directory wechseln (change working directory)

Syntax cd [*directory*]

Beschreibung Mit dem Kommando **cd** kann im Dateibaum "herumgeklettert" werden, indem das neue gewünschte working directory entweder als absoluter oder relativer Pfadname angegeben wird.

Wird **cd** ohne Angabe eines *directory* aufgerufen, so wird zum home directory gewechselt.

Es ist einem Benutzer nur dann möglich, in das angegebene *directory* zu wechseln, wenn er für dieses Directory *execute*-Rechte besitzt.

chgrp	Ändern der Gruppenzugehörigkeit von Dateien oder Directories (change group)

Syntax chgrp [-R] [-h] *neue_gruppe datei(en)*

Beschreibung Die Benutzergemeinde eines Systems ist organisatorisch in verschiedene Gruppen aufgeteilt; die Datei */etc/passwd* gibt an, welcher Gruppe jeder einzelne Benutzer zugeordnet ist. Jede Gruppe hat eine Gruppennummer (GID) und einen Namen. Die Datei */etc/group* enthält die Gruppennummer und die Gruppenmitglieder für jede Gruppe. Jede Datei hat nun nicht nur einen Eigentümer, sondern auch eine Gruppenzugehörigkeit. Die Zugriffsmöglichkeiten von Mitgliedern der entsprechenden Gruppe auf eine Datei ist dabei über die group-Zugriffsrechte festgelegt.

Eine Datei kann nun ihre Gruppenzugehörigkeit wechseln. Dazu steht das Kommando **chgrp** zur Verfügung. Es verändert die Gruppenzugehörigkeit der angegebenen *datei(en)*[5]. Für *neue_gruppe* muß entweder der entsprechende Gruppen-Name oder die **GID** der neuen Gruppe angegeben werden.

In System V.4 ist die Angabe von Optionen möglich:

Option	Funktion
-R	Gruppenzugehörigkeit von allen Dateien und Subdirectories in einem Directory werden geändert.
-h	Gruppenzugehörigkeit eines symbolischen Links und nicht die der Zieldatei wird geändert.

Die Gruppenzugehörigkeit einer Datei kann nur dann erfolgreich geändert werden, wenn der Aufrufer dieses Kommandos Superuser oder aber der Besitzer der entsprechenden Datei oder des Directory ist. Wenn der Eigentümer der Datei (nicht der Super-User) dieses Kommando aufruft, dann werden die *setuid*- und *setgid*-Bits gelöscht.

---

[5] können einfache Dateien und/oder Directories sein

chmod

chmod	Ändern der Zugriffsrechte für Dateien oder Directories (change mode)

Syntax

chmod [–R] *absolut-modus datei(en)*

oder

chmod *symbolischer-modus datei(en)*

Beschreibung

Mit dem Kommando **chmod** können die Zugriffsrechte von Dateien oder Directories geändert werden. Allerdings kann nur der Superuser oder der Besitzer die Zugriffsrechte für eine Datei bzw. ein Directory ändern.

In System V.4 ist die Option –R neu eingeführt worden. Bei Angabe dieser Option durchsucht **chmod** ein Directory rekursiv, d. h. inklusive aller Subdirectories, und ändert die Rechte aller Dateien, die es dort findet.

absolut-modus

Für *datei(en)* können dabei einfache Dateien oder auch Directories angegeben werden.

Für *absolut-modus* muß ein Oktalwert angegeben werden, der festlegt, welche der 12 Bits des Dateimodus für die angegebenen *datei(en)* zu setzen bzw. zu löschen sind. Dabei hat jedes einzelne der 12 Bits folgende Bedeutung:

Modus	Bedeutung
0400	Lese-Recht (**r**ead) für den Eigentümer (*user*)
0200	Schreib-Recht (**w**rite) für den Eigentümer (*user*)
0100	Ausführ-Recht (**e**xecute) für den Eigentümer (*user*)
0040	Lese-Recht (**r**ead) für die Gruppe (*group*)
0020	Schreib-Recht (**w**rite) für die Gruppe (*group*)
0010	Ausführ-Recht (**e**xecute) für die Gruppe (*group*)
0004	Lese-Recht (**r**ead) für die Anderen (*others*)
0002	Schreib-Recht (**w**rite) für die Anderen (*others*)
0001	Ausführ-Recht (**e**xecute) für die Anderen (*others*)
4000	*set-user-id*: Dieses Bit wird nur für ausführbare Dateien (Programme) ausgewertet. Wenn dieses Bit gesetzt ist, dann hat jeder Benutzer, der dieses Programm ausführt, für die Dauer der Programmausführung die gleichen Rechte wie der Besitzer dieses Programms

Modus	Bedeutung
20#0	*set-group-id*: Wenn das *execute*-Recht für die Gruppe gesetzt ist (# ist gleich 7, 5, 3 oder 1), dann werden dem Aufrufer dieses Programms für die Zeit der Programmausführung die gleichen Rechte gewährt, wie wenn er Mitglied der Gruppe wäre, der diese Datei gehört. Wenn das *execute*-Recht für die Gruppe *nicht* gesetzt ist (# ist gleich 6, 4, 2 oder 0), dann wird diese Datei für alleinigen Lese- und/oder Schreibzugriff zur Verfügung gestellt, d. h. daß diese Datei für Lese- und/oder Schreibzugriffe durch andere Programme gesperrt wird, solange ein Programm auf diese Datei zugreift. Dieses Bit wird bei Directories ignoriert. Soll dieses Bit bei Directories gesetzt oder gelöscht werden, so muß der *symbolische-modus* verwendet werden.
1000	*sticky bit*: Nach Ausführung des in dieser Datei enthaltenen Programms wird dieses nicht - wie sonst üblich - aus dem Hauptspeicher entfernt; dieses Bit kann nur vom Super-User eingeschaltet werden.

symbolischer-modus

Für *datei(en)* können auch hier einfache Dateien oder Directories angegeben werden.

Für *symbolischer-modus* gilt die folgende Syntax:

`[ugoa]`*operator*`[rwxslt]`

Dabei bedeuten die einzelnen Zeichen:

Zeichen	Bedeutung
u	für den Eigentümer (**u**ser)
g	für die Gruppe (**g**roup)
o	für die anderen Benutzer (**o**thers)
a	für alle 3 Benutzerklassen (**a**ll); entspricht der Angabe **ugo**. Keine Angabe entspricht auch der Angabe **a**. Z. B. würde **chmod** +x ... allen Benutzerklassen Ausführrecht geben.

chmod

Für *operator* kann eines folgenden Zeichen angegeben werden:

Zeichen	Bedeutung
+	Rechte hinzufügen (relativ)
-	Rechte entziehen (relativ)
=	Rechte als neue Zugriffsrechte vergeben (absolut)

Bei dem angegebenen Zugriffsrechte-Muster steht dabei:

Zeichen	Bedeutung
r	für Lese-Recht (**read**)
w	für Schreib-Recht (**write**)
x	für Ausführ-Recht (**execute**)
s	für set-user-id (in Zusammenhang mit **u**) oder für set-group-id (in Zusammenhang mit **g**)
t	für sticky bit; nur im Zusammenhang mit **u** wirkungsvoll
l	für exklusiven Lese- und/oder Schreibzugriff

Wenn = verwendet wird, dann muß kein Zugriffsrechte-Muster angegeben sein; fehlendes Zugriffsmuster bedeutet dabei: Entfernen aller entsprechenden Zugriffsrechte.

Um einer Datei *datei* die Zugriffsrechte **s--rwxr-xr--** zu geben, könnte einer der folgenden Aufrufe abgegeben werden:

chmod u=rwxs,g=rx,o=r *datei*

oder

chmod 4754 *datei*

Erklärung dazu:

			user			group			others			
s	-	-	r	w	x	r	-	x	r	-	-	symbolischer-modus
1	0	0	1	1	1	1	0	1	1	0	0	(dual)
4			7			5			4			absolut-modus (oktal)

Bild A.1 - Symbolischer und absolut-Modus bei chmod

Bei der Ausgabe eines Dateinamens mit dem Kommando **ls -l** werden immer nur 9 Bits angezeigt.

Wenn das s-Bit, t-Bit oder l-Bit gesetzt ist, so wird in diesem Fall das jeweilige x-Bit bei der Ausgabe mit **ls** überschrieben.

Dabei bedeutet:

s (kleines s)	*set-user-id*-Bit gesetzt und Ausführ-Recht
t (kleines t)	sticky-Bit gesetzt und Ausführ-Recht
T (großes t)	sticky-Bit gesetzt und kein Ausführ-Recht

Es ist wichtig zu wissen, daß das Recht, eine Datei anzulegen oder zu löschen, ausschließlich von den Zugriffsrechten des Directorys abhängt. Die Kommandos **ln**, **rm** und **mv** geben deswegen zur Absicherung eine Warnung in Form einer Rückfrage aus, wenn man mit ihnen eine Datei überschreiben oder löschen will, die keine Schreibrechte hat. Antwortet man auf diese Rückfrage mit **y** (yes), so wird die Datei überschrieben bzw. gelöscht. Bei jeder anderen Eingabe bleibt die Datei unberührt. Ist man sich absolut sicher, daß man die entsprechenden Dateien überschreiben bzw. löschen möchte, und man deshalb die Rückfrage als lästig empfindet, so muß man beim Aufruf dieser Kommandos nur die Option **-f** (*force*) angeben.

Dateien, die sich in Directories befinden, die keine Schreibrechte haben, können niemals gelöscht oder überschrieben werden.

Bei Shell-Skripts (im 2. Band dieser Reihe "UNIX-Shells" beschrieben) wird der setuid- und setgid-Mechanismus nur dann angewendet, wenn die erste Zeile des Shell-Skripts folgendes Aussehen hat:

#! *shell-pfadname* [*argument(e)*]

chown	Ändern des Eigentümers von Dateien oder Directories (change owner)

Syntax chown [-R] [-h] *neuer_eigentümer datei(en)*

Beschreibung Jeder Datei ist ein Eigentümer zugeordnet; Eigentümer einer Datei ist zunächst der Benutzer, der diese neu angelegt hat.

chown

Das Kommando **chown** erlaubt es nun dem Besitzer der *datei(en)*[6], diese an andere Benutzer zu "verkaufen". Für *neuer_eigentümer* muß dabei entweder die Login-Name oder die UID des neuen Besitzers angegeben werden.

In System V.4 ist die Angabe von Optionen möglich:

Option	Funktion
-R	Eigentümer von allen Dateien und Subdirectories in einem Directory werden geändert.
-h	Eigentümer eines symbolischen Links und nicht der der Zieldatei wird geändert.

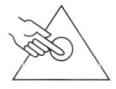

Der Eigentümer einer Datei kann nur dann erfolgreich geändert werden, wenn der Aufrufer dieses Kommandos Superuser oder aber der Besitzer der entsprechenden Datei oder des Directory ist. Wenn der Eigentümer der Datei (nicht der Super-User) dieses Kommando aufruft, dann werden eventuell gesetzte *setuid*- und *setgid*-Bits gelöscht.

---

clear — Ganzen Bildschirm löschen (clear)

Syntax clear

Beschreibung Das Kommando **clear** löscht den ganzen momentanen Bildschirminhalt. In System V.3 mußte dazu noch

tput clear

aufgerufen werden.

---

cmp — Vergleichen von zwei Dateien (auch Nicht-Textdateien) (compare two files)

Syntax cmp [-l] [-s] *datei1* *datei2* [*skip1* [*skip2*]]

Beschreibung Das Kommando **cmp** vergleicht die beiden Dateien *datei1* und *datei2* Byte für Byte. Wenn die beiden Dateien identisch sind, dann erfolgt

---

[6] können einfache Dateien und/oder Directories sein

keine Mitteilung am Bildschirm. Sind die beiden Dateien *datei1* und *datei2* unterschiedlich, so wird die Zeilen- und Bytenummer des zuerst festgestellten Unterschieds der beiden Dateien ausgegeben. Dies ist das einzige Vergleichskommando, welches auch auf Nicht-Textdateien (binäre Dateien) angewendet werden kann.

Mit *skip1* und *skip2* kann festgelegt werden, bei welcher Bytenummer in *datei1* (*skip1*) und in *datei2* (*skip2*) der Vergleich beginnen soll. Für *skip1* und *skip2* ist dazu eine Dezimal- oder eine Oktalzahl (muß mit 0 beginnen) anzugeben.

Optionen –l *Alle* Unterschiede der beiden Dateien werden in folgender Form ausgegeben:

Byte-Nummer	Byte-Inhalt (oktal) von *datei1*	Byte-Inhalt (oktal) von *datei2*

–s Es erfolgt keine Ausgabe der Unterschiede, sondern es wird lediglich über den sogenannten *exit*-Status dieses Kommandos mitgeteilt, ob Unterschiede vorliegen; dabei bedeutet der *exit*-Status:

0 Dateien sind identisch
1 Dateien sind verschieden
2 Auf eine der angegebenen Dateien kann nicht zugegriffen werden

Der *exit*-Status eines Kommandos ist von Wichtigkeit, wenn abhängig vom Ergebnis eines solchen Kommandos unterschiedliche Aktionen durchzuführen sind.

Im allgemeinen verwendet man **cmp**, wenn festzustellen ist, ob zwei Dateien wirklich den gleichen Inhalt haben. **cmp** ist sehr schnell und erlaubt auch den Vergleich zweier Nicht-Textdateien; so wird **cmp** z. B. sehr oft verwendet, um zu prüfen, ob zwei Objektdateien den gleichen Inhalt besitzen: wenn ja, so könnte eventuell eine davon gelöscht werden.

Es existieren zwei weitere Vergleichs-Kommandos: **diff** und **comm**. **diff** wird verwendet, wenn man vermutet, daß zwei Dateien nur geringfügige Unterschiede aufweisen, und wenn man wissen möchte, welche Zeilen sich und wie sie sich unterscheiden. Der Einsatz von **comm** ist auf sortierte Dateien begrenzt; somit wird es häufig beim Vergleich von Dateien verwendet, die Namen, Bezeichnungen, usw. in sortierter Form enthalten, um z. B. festzustellen, welche Daten in einer Datei noch aufzunehmen bzw. zu entfernen sind.

col

| col | Aufheben von Zeilen-Rückläufen (reverse line feeds) |

Syntax   col [–bfpx]

Beschreibung

Das Kommando **col** ist ein typisches Filter-Kommando, d. h. es liest von der Standardeingabe und schreibt auf die Standardausgabe. **col** entfernt aus dem ihm vorgelegten Text alle Zeilen-Rückläufe[7].

Solche Zeile-Rückläufe werden typischerweise von Text-Formatierungs-Programmen wie z. B. **nroff** erzeugt, wenn beispielsweise Hoch-, Tiefstellungen oder Tabellen verlangt sind. Würden so formatierte Texte dann am Bildschirm ausgegeben, so würde dies zu äußerst seltsamen Ausgaben führen. Das Kommando **col** entfernt nun solche Drucker-Steuerzeichen aus dem Text, bevor es diesen auf dem Bildschirm ausgibt. Das **col**-Kommando erkennt elf Steuerzeichen als solche und entfernt zusätzlich noch andere nicht-druckbare Zeichen. Sind keine Optionen angegeben, so wird der Text der einem Zeilenrücklauf folgt, in der vorhergehenden Zeile ausgegeben.

So würde z. B. der Text

       Stadt
       Duesseldorf <ESC–7>Einwohner

von **col** wie folgt ausgegeben:

       Stadt   Einwohner
       Duesseldorf

Text, welcher zwischen den Zeilen auszugeben ist, wird von **col** in der nächsten "ganzen" Zeile ausgegeben, z. B. würde der Text

       Stadt
       Duesseldorf <ESC–8>Einwohner

von **col** wie folgt ausgegeben:

       Stadt
       Duesseldorf Einwohner

Der Text

       Stadt
       Duesseldorf <ESC–9>Einwohner

---

[7] ASCII-Zeichen: *ESC*-7 (Zeilen-Rücklauf)
                           ESC-8 (halber Zeilen-Rücklauf)
                           ESC-9 (halber Zeilen-Vorschub)

würde von **col** wie folgt ausgegeben:

```
Stadt
Duesseldorf
            Einwohner
```

Optionen Die eben erwähnte Voreinstellung kann unter Verwendung einer der Optionen geändert werden:

Option	Beschreibung
-b	**col** nimmt an, daß das entsprechende Ausgabegerät kein *Backspace* (Zeichen zurück) kann. In diesem Fall werden die "übereinander liegenden" Zeichen durch das letzte Zeichen ersetzt; z. B. würde für Y\<backspace>-\<backspace>V nur das Zeichen V ausgegeben.
-f	Die Voreinstellung von **col** ist, daß Text, der durch Hoch- (*ESC*-8) oder Tiefstellung (*ESC*-9) zwischen zwei Zeilen erscheinen soll, in die nächste "ganze" Zeile geschoben wird. Bei Angabe der Option **-f** werden solche halbe Zeilenvorschübe nicht in ganze Zeilenvorschübe umgewandelt, allerdings werden alle halbe Zeilenvorschübe so umgewandelt, daß nur noch halbe Zeilenvorschübe vorwärts vorkommen.
-p	Normalerweise wirft **col** alle ihm unbekannten Escape-Sequenzen weg. Bei Angabe dieser Option werden solche Sequenzen unverändert ausgegeben. Diese Option sollte mit Vorsicht angewendet werden.
-x	Normalerweise gibt **col** anstelle von mehreren Leerzeichen - wenn möglich - Tabulatorzeichen aus, um so die Ausgabezeit zu verkürzen. Bei Angabe dieser Option werden Leerzeichen-Folgen, nicht in Tabulatorzeichen umgewandelt.

Steuer- **col** erkennt die folgenden Steuerzeichen:
zeichen

Zeichen	ASCII-Wert (oktal)	Bedeutung
BS oder [Ctrl]-[H]	010	Backspace (ein Zeichen zurück)
HT oder [Ctrl]-[I]	011	Tabulatorzeichen
LF oder [Ctrl]-[J]	012	Zeilenvorschub
VT oder [Ctrl]-[K]	013	vertikales Tabulatorzeichen

col

Zeichen	ASCII-Wert (oktal)	Bedeutung
CR oder `Ctrl`-`M`	015	Carriage-Return (Wagenrücklauf)
SO oder `Ctrl`-`N`	016	Start-Text (Anfang eines anderen Zeichensatzes)
SI oder `Ctrl`-`O`	017	End-Text (Ende eines anderen Zeichensatzes)

Typische Anwendung

col wird meist verwendet, um die von Text-Formatier-Programmen wie **nroff** zum Drucken aufbereitete Texte am Bildschirm auszugeben.

col kann sich immer nur die letzten 128 Zeilen merken.

col läßt maximal 800 Zeichen (Backspace-Zeichen mitgezählt) für eine Zeile zu.

Positionierungen vor die erste Zeile eines Textes werden von **col** ignoriert; somit werden Hochstellungen in der ersten Zeile eines Textes ignoriert.

comm

Zeilenweises Vergleichen zweier sortierter Textdateien
(lines common to two sorted files)

Syntax comm [–123] *datei1* *datei2*

Beschreibung Das Kommando **comm** vergleicht die beiden Dateien *datei1* und *datei2*; beide Dateien müssen sortiert sein. **comm** gibt eine 3-spaltige Liste aus:

Zeilen, die nur in *datei1* vorkommen	Zeilen, die nur in *datei2* vorkommen	Zeilen, die in beiden Dateien (*datei1*/*datei2*) vorkommen

Optionen Durch Angabe der Optionen **-1**, **-2** oder **-3** kann die Ausgabe der entsprechenden Spalte unterdrückt werden.

Der Aufruf

comm –23 *datei1* *datei2*

würde Zeilen ausgeben, welche nur in *datei1*, aber nicht in *datei2* vorkommen.

Der Aufruf

comm **–123** *datei1 datei2*

würde überhaupt keine Ausgabe erzeugen.

Der Einsatz von **comm** ist auf sortierte Dateien begrenzt; somit wird es häufig beim Vergleich von Dateien verwendet, die Namen, Bezeichnungen, usw. in sortierter Form enthalten, um z. B. festzustellen, welche Daten in einer Datei noch aufzunehmen bzw. zu entfernen sind.

Es existieren zwei weitere Vergleichs-Kommandos: **diff** und **cmp**. **diff** wird verwendet, wenn man vermutet, daß zwei Dateien nur geringfügige Unterschiede aufweisen, und wenn man wissen möchte, welche Zeilen sich und wie sie sich unterscheiden. **cmp** wird verwendet, wenn festzustellen ist, ob zwei Dateien wirklich den gleichen Inhalt haben. **cmp** ist sehr schnell und erlaubt auch den Vergleich zweier Nicht-Textdateien; so wird **cmp** z. B. sehr oft verwendet, um zu prüfen, ob zwei Objektdateien den gleichen Inhalt besitzen.

compress	Komprimieren und Dekomprimieren von Dateien

Syntax compress [–cfv] [–b *bits*] [*datei(en)*]   (Komprimieren)
uncompress [–cv] [*datei(en)*]   (Dekomprimieren)
zcat [–cfv] [*datei(en)*]   (Ausgabe von komprimierten Dateien)

Beschreibung In System V.4 wurde ein neues Komprimierungskommando **compress** eingeführt, das einen anderen Algorithmus als **pack** verwendet und im allgemeinen eine größere Kompression erreicht. Bei Textdateien liegt der Kompressionsfaktor gewöhnlich bei 50 bis 60 Prozent, in günstigen Fällen kann eine Komprimierung bis zu 90 Prozent erreicht werden. Wie bei **pack** stehen auch hier mehrere Kommandos zur Verfügung (**compress**, **uncompress** und **zcat**).

Wenn **compress** die Dateien erfolgreich komprimieren kann, werden die Dateien umbenannt und das Suffix **.Z** an den Namen angehängt. Die maximale Länge eines Dateinamens (einschließlich Suffix **.Z**) beträgt 14 Zeichen bei **s5**-Dateisystemen und 255 Zeichen bei **ufs**-Dateisystemen.

Wie bei **pack** bleiben auch hier die Besitzverhältnisse, die Zugriffsrechte und die Zeitstempel der Originaldatei erhalten. Anders als **pack** kann

compress

compress Daten komprimieren, die es von der Standardeingabe liest und gibt dann die komprimierten Daten auf die Standardausgabe wieder aus.

Falls bei einer Komprimierung keine Platzersparnis erreicht würde, so wird auch keine Komprimierung durchgeführt, außer es ist die Option -f angegeben.

Optionen Die Optionen bedeuten im einzelnen:

Option	Beschreibung
–b *bits*	Für die Übertragung komprimierter Daten auf ältere Rechner, bei denen wegen der Hardware-Architektur kein beliebig großer Speicherbereich zur Verfügung steht (z.B. beim 80286), muß gegebenenfalls die Anzahl der Bits für die Codierung der Daten mit dieser Option reduziert werden. Die Angabe für *bits* muß dabei ein Wert zwischen 9 und 16 sein. Die Voreinstellung ist 16 Bit. Bei älteren Systemen werden üblicherweise 12 Bits verwendet.
–c	Originaldatei bleibt erhalten und die komprimierten Daten werden auf die Standardausgabe geschrieben.
–f	Komprimierung findet in jedem Fall statt, selbst wenn keine Platzeinsparung erreicht wird oder bereits eine Ausgabedatei mit Suffix **.Z** existiert. Ohne diese Option fragt **compress** in letzterem Fall beim Benutzer nach, ob eine schon bestehende Datei wirklich überschrieben werden soll.
–v	Dateiname und Kompressionsfaktor wird für jede komprimierte/dekomprimierte Datei ausgegeben.

cp

Kopieren von Dateien   (copy files)

Syntax cp [*option(en)*] *datei1 datei2*

cp [*option(en)*] *datei(en) directory*

Beschreibung Das Kommando **cp** kann auf zwei verschiedene Arten aufgerufen werden:

Die erste Aufrufform kopiert den Inhalt von Datei *datei1* in eine Datei mit Namen *datei2*. Falls die Datei *datei2* bereits existiert, so wird sie überschrieben, wenn dies die Zugriffsrechte dieser Datei zulassen. Eigentümer dieser neuen Datei wird der Benutzer, der dieses Kommando angab. Zwar werden die Zugriffsrechte mitkopiert, aber wenn sich der Eigentümer und vielleicht sogar die Gruppe dieser Datei ändert, dann sind diese Zugriffsrechte auf den neuen Eigentümer und Gruppe anzuwenden; wenn z. B. die *datei1* die Zugriffsrechte **rwxr--r--** besitzt, dann kann der Eigentümer von Datei *datei1* - nach dem Kopieren - die neue *datei2* nicht beschreiben.

Die zweite Aufrufform kopiert die *datei(en)* in das Directory *directory*, wobei die dort neu angelegten Dateien die Namen der ursprünglichen Dateien erhalten.[8] Auch hier bleiben die Zugriffsrechte der Originaldateien erhalten und beziehen sich dann auf den neuen Eigentümer der Kopien.

Optionen Folgende Optionen sind erlaubt:

Option	Beschreibung
-i	Wenn eine Zieldatei bereits existiert, dann fragt **cp** erst nach, ob diese Zieldatei zu überschreiben ist, wie z.B. $ **cp -i obst laender**↵ cp: overwrite laender? **n**↵ [n für no, y für yes eingeben]
-r	Die Syntaxform **cp -r** *dir1 dir2* war in System V.3 nicht erlaubt und wurde erst mit System V.4 eingeführt. Die Option **-r** ermöglicht das Kopieren ganzer Directorybäume. Zu beachten ist dabei die unterschiedliche Wirkung dieses Kommandos in Abhängigkeit von der Existenz des Zieldirectorys: Wenn *dir2* nicht existiert, wird es angelegt. Wenn es aber bereits existiert, wird in *dir2* ein Subdirectory *dir1* angelegt und die Dateien werden dorthin kopiert. Wenn ein Directory *dir1* in ein Subdirectory von *dir1* kopiert wird, dann gerät **cp** in eine Endlosschleife.

---

[8] Als Name wird in das neue Directory die letzte Komponenente des Pfadnamens der alten Dateien eingetragen; wenn z. B. */home/egon/uebung1/obst* nach */home/egon/uebung2* kopiert wird, so würde in */home/egon/uebung2* der Name *obst* (letzte Komponente des Pfadnamens der ursprünglichen Datei) eingetragen.

cp

In UNIX werden Geräte wie Dateien behandelt. Der Zugriff auf die Geräte könnte somit auch direkt über die Gerätedateien erfolgen, wie z. B.

```
cp datei /dev/tty.
```

Das Kommando **cp** erlaubt es nicht, Dateien auf sich selbst zu kopieren.

Weitere Kopier-Kommandos sind **mv** und **ln**: Während **cp** eine neue Kopie der Originaldatei erstellt, ändert **mv** den Namen einer existierenden Datei und **ln** vergibt einen weiteren Namen an eine Datei.

Achtung **cp** überschreibt - ohne Meldung - bereits vorhandene Dateien, die einen gleichen Namen besitzen, wenn es nicht durch die Zugriffsrechte für solche Dateien daran gehindert wird.

cpio

Kopieren von Dateien und Directories in eine Archiv-Datei und Kopieren ganzer Directorybäume (copy file archives in and out)

Syntax

cpio −o[aABcLvV] [−C *größe*] [−K *dgröße*] [−O *datei* [−M *nachricht*]]   (*copy out*)

cpio −i[bBcdfkmrsSTuvV6] [−C *größe*] [−I *datei* [−M *nachricht*]] [−R *id*] [*dateiname(n)*]   (*copy in*)

cpio −p[adlLmuvV] [−R *id*]   *directory*   (*copy pass*)

Beschreibung **cpio** eignet sich sehr gut dazu, ganze Directorybäume umzukopieren. Auch wird dieses Kommando verwendet, um ganze Directorybäume auf einem externen Speichermedium (wie Diskette oder Magnetband) zu sichern und später eventuell wieder einzukopieren; in diesem Fall wird direkt auf die entsprechende Gerätedatei, wie z. B. die für das Disketten-Laufwerk (*/dev/rdsk/...*) kopiert. **cpio** kann auf drei verschiedene Arten aufgerufen werden:

cpio -o liest die Pfadnamen der zu kopierenden Dateien von der Standardeingabe und kopiert deren Inhalt auf die Standardausgabe, wobei die zugehörigen Pfadnamen und Status-Information über die Dateien (Zugriffsrechte, Modifikationsdatum, usw.) mit ausgegeben werden.

Wird meist auf der rechten Seite einer Pipe und mit Umlenkung angegeben:

ls ... | cpio −o...>*datei*

(wenn bestimmte Dateien eines Directory zu kopieren sind)

find ... | cpio −o...>*datei*

(wenn ein Directorybaum kopiert werden soll)

Es ist darauf hinzuweisen, daß die Ausgabe dieses Kommandos im allgemeinen nicht lesbar ist, da sie in einem eigenen Format dargestellt wird, welches es erlaubt, solche Dateien dann wieder mit der nachfolgenden Aufrufform (**cpio -i**) einzukopieren.

cpio -i   liest ein mit **cpio -o** erzeugtes Archiv von der Standardeingabe und kopiert dessen Inhalt in das working directory. Üblicherweise wird Eingabe-Umlenkung verwendet, um an **cpio -i** eine zuvor angelegte Archiv-Datei zu übergeben:

```
cpio -i <archiv-datei
```

Wohin die aus dem Archiv extrahierten Dateien kopiert werden, hängt davon ab, wie die Dateien archiviert wurden. Wenn die Dateinamen relativ zum damaligen working directory (bei **cpio -o**) ins Archiv eingetragen wurden, so werden sie bei **cpio -i** relativ zum nun gültigen working directory kopiert. Wenn z. B. das Archiv mit

```
ls .. | cpio -o >datei
```

angelegt wurde, dann würde cpio -i alle Dateien des Archivs ins parent directory zum (neuen) working directory kopieren.

Normalerweise werden bei cpio -i alle Dateien aus einem Archiv kopiert. Sind aber *dateiname(n)* angegeben, so werden nur diese Dateien aus der Standardeingabe extrahiert und in das working directory kopiert. So würde z. B. **cpio -i *.c** nur alle C-Programmdateien aus dem Archiv kopieren.

Bei den *dateiname(n)* sind die Metazeichen *, ?, [..] zur Dateinamenexpandierung erlaubt. Die Angabe des Metazeichens ! (Ausrufezeichen) bedeutet dabei NICHT. So deckt z. B. die Angabe "!*.txt" alle Dateien ab, die nicht mit dem Suffix .txt enden. Werden Metazeichen verwendet, so muß die Angabe mit Anführungszeichen "..." geklammert sein.

cpio -p   liest (wie **cpio -o**) die Pfadnamen der zu kopierenden Dateien von der Standardeingabe und kopiert deren Inhalt in das entsprechende *directory*. So würde z. B. der Aufruf

```
ls | cpio -p /home/emil
```

dem Aufruf

```
cp * /home/emil
```

entsprechen.

cpio

Optionen

Option	Beschreibung
a	setzt den Zugriffs-Zeitstempel der Dateien, die mit **cpio** kopiert wurden, zurück auf die Zeit, die vor dem Kopieren eingetragen war; Voreinstellung ist, daß dieser Zeitstempel durch **cpio** verändert wird
A	Dateien am Archiv anhängen; benötigt die Option **-O** und hat nur Auswirkungen auf Archive, die Dateien enthalten oder die auf einer Floppy oder Harddisk sind.
B	bewirkt, daß 5120-Byte Blöcke beim Kopieren verwendet werden; diese Option macht nur Sinn für Gerätedateien, die zeichenorientiert sind.
d	Directories werden angelegt, wenn dies beim Kopieren notwendig wird; wird verwendet, wenn ganzer Directorybaum kopiert wird.
c	schreibt Datei-Informationen in ASCII-Zeichen für Portabilität zwischen verschiedenen Systemen
–E *datei*	*datei* ist eine Datei, die eine Liste von Dateinamen enthält, die aus einem Archiv zu kopieren sind.
r	Benennt Dateien interaktiv um. Wenn der Benutzer eine leere Eingabe macht, so wird die entsprechende Datei übersprungen. Gibt der Benutzer . (Punkt) ein, so wird der Originalname verwendet
t	gibt ein Inhaltsverzeichnis zur entsprechenden Archiv-Datei aus; in diesem Fall werden keine Dateien kopiert.
T	Lange Namen werden auf 14 Zeichen gekürzt, darauffolgende Zeichen werden einfach abgeschnitten.
u	alle bereits vorhandenen gleichnamigen Dateien werden "blind" überschrieben; normalerweise wird eine bereits existierende Datei nicht durch eine ältere Version aus der Archiv-Datei überschrieben.
v	gibt die Namen der Dateien aus, die gerade bearbeitet werden. Wenn diese Option mit der Option t angegeben ist, so wird das Inhaltsverzeichnis ähnlich der Ausgabe des Kommandos **ls -l** angezeigt.
l	wann immer es möglich ist, werden die Dateien nicht kopiert, sondern ein Link auf diese kreiert, nur sinnvoll bei **-p**.
L	Symbolische Links beim Kopieren auflösen.
m	alte Modifikations-Zeit einer Datei bleibt erhalten; gilt nicht für Directories

Option	Beschreibung
f	Alle Dateien außer *dateiname(n)* kopieren.
s	die Bytes in jedem Halb-Wort vertauschen; für ein Wort werden 4 Bytes angenommen
S	die Halb-Worte in einem Wort vertauschen; für ein Wort werden 4 Bytes angenommen
b	die Byte-Reihenfolge in einem Wort umdrehen; für ein Wort werden 4 Bytes angenommen
6	bearbeitet eine Datei im alten UNIX-Format (UNIX Sixth Edition)

Weitere Optionen, die oft noch angeboten werden, sind:

Option	Beschreibung
C *größe*	bewirkt, daß *größe*-Byte Blöcke beim Kopieren verwendet werden; diese Option hat bei Option **-p** keine Auswirkung und ist nur für zeichenorientierte Gerätedateien sinnvoll. Wird zusätzlich zu dieser Option noch die Option **K** verwendet, so wird mit *größe* ein Vielfaches von 1 Kilobyte festgelegt.
I *datei*	bewirkt, daß der Inhalt von *datei* als Eingabe gelesen wird. Diese Option sollte nur bei **-i** verwendet werden.
k	Eventuell vorkommende korrumpierte Dateien oder auftretende Lesefehler werden übergangen. Diese Option wird verwendet, um von defekten Disketten wenigstens die noch nicht "kaputten" Dateien einzukopieren. Diese Option sollte nur bei **-i** verwendet werden.
K *dgröße*	legt die Größe des Datenträgers fest. *dgröße* legt dabei die Größe in Kilobytes fest. So muß z. B. bei einem 1,2 MB Diskettenlaufwerk für *dgröße* 1200 angegeben werden. Die Option -C sollte hier noch die Größe in Kilobytes angeben.

cpio

Option	Beschreibung
M *nachricht*	Beim Wechsel eines Mediums wird *nachricht* ausgegeben. Diese Option wird oft verwendet, wenn die Optionen **O** und **I** und eine zeichenorientierte Gerätedatei benutzt werden, um *nachricht* beim Erreichen des Mediums-Endes ausgeben zu lassen. Wird in *nachricht* %**d** angegeben, so wird hierfür bei der Ausgabe von *nachricht* die Nummer des nächsten benötigten Mediums eingesetzt.
O *datei*	bewirkt, daß die Ausgabe von **cpio** nach *datei* geschrieben wird. Falls *datei* eine zeichenorientierte Gerätedatei und das momentane Speichermedium voll ist, so muß es durch ein neues Medium mit freiem Speicherplatz ersetzt werden; außerdem muß die ⏎-Taste gedrückt werden. Diese Option sollte nur bei **-o** verwendet werden.
V	Es wird nicht wie bei Option **v** der Name jeder bearbeiteten Datei, sondern nur ein Punkt für jede bearbeitete Datei ausgegeben. Nützlich, wenn man ohne viel Information sehen möchte, ob **cpio** etwas kopiert.
R *id*	Eigentümer und Gruppenzugehörigkeit für jede Datei wird auf *id* gesetzt; für *id* muß eine gültige Benutzer-ID aus **/etc/passwd** angegeben sein.

Das **cpio**-Archivformat ist nicht mit dem Format kompatibel, welches das Kommando **tar** verwendet.

Um Archiv-Dateien auf externe Speichermedien (wie z. B. Magnetband, Diskette, ..) zu sichern ist das Kommando **tar** besser geeignet, da dieses blockorientiert ist, so daß jede neue Datei auf einen 1 Kbyte Block untergebracht wird. So würden z. B. drei Dateien, die jeweils nur 15 Bytes belegen, 3 Kbyte auf dem externen Speichermedium belegen. **cpio** dagegen speichert sequentiell (Byte für Byte) und ist damit nicht so platzverschwenderisch, dafür aber langsamer.

```
ls a* o*  | cpio -o >../xx ⏎
cat xx    | cpio -iv "a*"  ⏎
```

Kopiert zunächst alle Dateien des working directory, deren Name mit a oder o beginnen, nach ../xx

Der zweite Aufruf kopiert aus xx alle Dateien, deren Name mit a beginnt, in das working directory und gibt dabei alle Namen der kopierten Dateien aus.

find . -depth -print | cpio -pdv /tmp ⏎

Kopiert den zum working directory gehörigen Directorybaum nach /tmp; Namen der kopierten Dateien werden ausgegeben

cron crontab	Kommandos in bestimmten Zeitintervallen immer wieder ausführen lassen

Syntax

```
/usr/sbin/cron            (wird nur einmal vom Systemverwalter aufgerufen)
crontab  [datei]
crontab  -r  [-u login-name]
crontab  -l  [-u login-name]
crontab  -e  [-u login-name]
```

Beschreibung

cron (*/usr/bin/cron*) wird üblicherweise nur einmal beim Systemstart vom Systemverwalter aufgerufen. Da der dadurch erzeugte Prozeß niemals beendet wird, nennt man einen solchen Prozeß auch Dämonprozeß (engl.: *daemon*). Er prüft in bestimmten Zeitabständen (Voreinstellung ist: jede Minute) den Inhalt sogenannter "crontab"-Dateien. "crontab"-Dateien legen die Zeitpunkte fest, zu denen entsprechende Kommandos automatisch ablaufen sollen. Unter Verwendung des Kommandos **crontab** ist es den Benutzern nun möglich, eigene "crontab"-Dateien anzulegen.

Die erste Aufrufform von **crontab** (ohne Optionen) kopiert die angegebene "crontab"-*datei* in ein Directory, das von **cron** gelesen wird. Wurde keine *datei* angegeben, so liest **crontab** den zu kopierenden Text von der Standardeingabe (bis **EOF**[9]). Jede Zeile einer "crontab"-Datei besteht aus einer Zeitvorgabe (5 Felder) und dem Kommando, das dann auszuführen ist, wenn diese Zeitvorgabe zutrifft.

Jeder Benutzer kann nur eine "crontab"-Datei besitzen und jeder Aufruf von **crontab** überschreibt den vorherigen Inhalt der "crontab"-Datei.

Die Ausgabe der einzelnen an **crontab** übergebenen Kommandos wird, wenn keine Ausgabeumlenkung verwendet wurde, dem entsprechenden Benutzer über *mail* zugeschickt.

---

[9] Ctrl - D

cron/crontab

Optionen Das Kommando **crontab** bietet folgende Optionen:

Option	Beschreibung
-l	(list) Inhalt der momentanen "crontab"-Datei ausgeben
-r	(remove) Momentane "crontab"-Datei löschen
-e	(edit) ruft **vi** (oder einen anderen Editor, der in Variable *VISUAL* oder *EDITOR* angegeben ist) auf, um eine "crontab"-Datei zu editieren. Falls keine "crontab"-Datei existiert, dann wird eine neue Datei zum Editieren eröffnet. Nach dem Beenden des Editors wird die gerade editierte Datei als neue "crontab"-Datei installiert.
-u *login-name*	(user) legt fest, daß sich das **crontab**-Kommando auf den Benutzer *login-name* bezieht. Diese Option darf nur von privilegierten Benutzern wie z. B. dem Superuser verwendet werden.

Format einer "crontab"-Datei

Jede Zeile einer "crontab"-Datei muß sechs Felder enthalten, die mit Leer- oder Tabulatorzeichen voneinander getrennt sind. Die ersten fünf Felder sind dabei eine Zeitvorgabe und das sechste Feld ist ein String, der das auszuführende Kommando angibt.

Die fünf Zeit-Felder legen dabei in der angegebenen Reihenfolge folgendes fest:

Feldnummer	Bedeutung	möglicher Zahlenbereich
1.	Minute	0-59
2.	Stunde	0-23 (0 ist Mitternacht)
3.	Monatstag	1-31
4.	Monat	1-12
5.	Wochentag	0-6 (0 ist Sonntag)

Für jedes Feld kann nun angegeben werden:

- eine ganze Zahl aus dem angegebenen Zahlenbereich
- ein Teil Zahlenbereich[10] (wie z. B. 1-5)

---

[10] muß eine Untermenge zum erlaubten Zahlenbereich sein

- eine mit Komma getrennte Liste von ganzen Zahlen oder Teil-Zahlenbereichen (wie z. B. 2,4-6,8,10) oder

- ein Stern * (deckt gesamten erlaubten Bereich ab).

Zeit-Vorgabe	Bedeutung
0 0 * * *	Jeden Tag um 0.00 Uhr
0 6 * * 1	Jeden Montag um 6.00 Uhr
0 8 1 * *	Jeden Ersten eines Monats um 8.00 Uhr
0,15,30,45 8–17 * * *	Alle 15 Minuten von 8.00 Uhr bis 17.00 Uhr jeden Tag
30 10 15 * 3	Jeden 15.ten eines Monats und jeden Mittwoch um 10.30 Uhr

Die Festlegung eines Tages kann über zwei Felder (Monatstag und Wochentag) erfolgen. Beide Felder werden dabei getrennt interpretiert. So wird im letzten obigen Beispiel z. B. nicht nur an jeden 15. eines Monats, der auch ein Mittwoch ist, das entsprechende Kommando ausgeführt.

Um Tage nur über ein Feld festzulegen, muß für das andere Feld * ausgegeben werden. So legt z. B. **0 0 * * 2** nur den Dienstag fest.

Wird in einem Kommando (6. Feld) das %-Zeichen (ohne vorangestellten Backslash \) angegeben, so steht dies für ein Neuezeile-Zeichen.

Jede Zeile in der **crontab**-Datei, die mit **#** beginnt, wird als Kommentar interpretiert und somit ignoriert.

Der Systemverwalter kann die Verwendung des **crontab**-Kommandos (wie beim **at**-Kommando) allen Benutzern, nur bestimmten Benutzern oder keinem Benutzer erlauben. Dies kann er über Einträge in eine der beiden Dateien

/usr/cron.d/cron.allow (1) oder
/usr/cron.d/cron.deny (2)

steuern. Wenn die Datei (1) existiert, so ist nur den dort eingetragenen Benutzern die Ausführung des Kommandos **crontab** erlaubt; im anderen Fall wird der Inhalt von (2) überprüft. Dort sind alle Benutzer einzutragen, denen die Ausführung von **crontab** untersagt ist. Wenn (2) zwar existiert, aber leer ist, so darf jeder Benutzer **crontab** aufrufen. Wenn keine der beiden Dateien existiert, so darf keiner der normalen Benutzer **crontab** aufrufen; dieses Privileg ist dann nur dem Systemverwalter und dem Superuser vorbehalten.

cron/crontab 611

Es ist anzumerken, daß jeder neue **crontab**-Aufruf den Inhalt der alten "crontab"-Datei überschreibt. Deshalb ist es üblich, sich alle periodisch auszuführenden Aufträge in einer eigenen "crontab"-Datei zu halten, die bei Änderungen beliebig editiert werden kann und dann beim **crontab**-Aufruf angegeben wird; so kann man ein ständiges neues Eintippen aller crontab-Aufträge bei neuen **crontab**-Aufrufen umgehen.

---

crypt	Verschlüsseln und Entschlüsseln von Texten

Syntax crypt [*paßwort*]

Beschreibung Das Kommando **crypt** liest den zu ver-/entschlüsselnden Text von der Standardeingabe und gibt den ent-/verschlüsselten Text wieder auf die Standardausgabe aus.

Ist *paßwort* beim Aufruf nicht angegeben, so verlangt **crypt** interaktiv vom Benutzer die Eingabe eines Paßworts; bei dieser interaktiven Eingabe werden die eingegebenen Zeichen nicht am Bildschirm angezeigt.

Das *paßwort* dient als Schlüssel beim Ver- und Entschlüsseln.

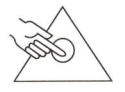

Aus Sicherheitsgründen wird ab UNIX System V.3 dieses Kommando außerhalb der USA nicht mehr zur Verfügung gestellt.

```
crypt geheim <obst >obst.cr
```

Der zu verschlüsselnde Text wird aus der Datei *obst* gelesen. Zum Verschlüsseln wird das Paßwort `geheim` verwendet. Der verschlüsselte Text wird in die Datei *obst.cr* geschrieben. Die Datei *obst* könnte nun mit

```
rm obst
```

gelöscht werden und somit würde ihr ursprünglicher Inhalt nur noch in verschlüsselter Form (in Datei *obst.cr*) vorliegen. Entschlüsselt kann man dann wieder mit

```
crypt geheim <obst.cr >obst
```

---

csplit	Intelligentes Zerteilen einer Datei in mehrere kleinere (context split)

Syntax csplit [–sk] [–t*präfix*] *datei schnittstelle(n)*

Argument	Erläuterung
präfix	legt dabei das Präfix für die Namen der neuen kleineren Dateien fest.
datei	ist der Name der Datei, die zu zerteilen ist. Wenn für *datei* ein Querstrich (-) angegeben ist, so liest **csplit** von der Standardeingabe; nützlich, um **csplit** auf der rechten Seite einer Pipe anzugeben.
schnittstelle(n)	sind Argumente, die Punkte festlegen, an denen die angegebene *datei* zu zerteilen ist.

Beschreibung

Das Kommando **csplit** zerteilt eine Datei in mehrere kleinere Dateien. Die Schnittstellen können dabei über Zeilennummern oder über einen Kontext festgelegt werden. Die Angabe des Kontexts erfolgt dabei über einen regulären Ausdruck.

Die ursprüngliche Datei wird von **csplit** nicht verändert.

Ist die Option –f*präfix* nicht angegeben, so werden die ausgeschnittenen Teilstücke in Dateien mit den Namen *xx00*, *xx01*, usw.[11] abgelegt.

Im Unterschied zu **split** ist es bei **csplit** möglich, Teile der Originaldatei zu überspringen und somit nicht herauszuschneiden.

Optionen

–s   **csplit** gibt normalerweise die Zeichenzahl jeder neu erzeugten "Stück-Datei" aus. Mit der Angabe dieser Option kann diese Ausgabe unterdrückt werden.

–k   Normalerweise löscht **csplit** alle seine zuvor kreierten "Stück-Dateien", wenn während seiner Ausführung ein Fehler auftritt, wie z. B., daß eine angegebene Schnittstelle nicht existiert. Mit der Angabe dieser Option kann dies unterbunden werden.

–f*präfix*   Bei den Namen für die "Stück-Dateien" wird anstelle von **xx** das hier angegebene *präfix* den Ziffernpaaren **00**, **01**, usw. vorangestellt.

Festlegen der Schnittstellen

Es gibt mehrere Möglichkeiten, die Schnittstellen für eine Datei festzulegen. Allgemein gilt aber, daß die erste erzeugte "Stück-Datei" alles vom Anfang der Originaldatei bis zum ersten Schnittpunkt enthält. Der Schnittpunkt selbst ist dabei nicht mehr in der "Stück-Datei" enthalten.

---

[11] es sind maximal 100 neue kleinere Dateien möglich

csplit

Die Zeile des ersten Schnittpunktes wird dann die aktuelle Zeile. Die zweite erzeugte "Stück-Datei" enthält dann alles von dieser aktuellen Zeile bis ausschließlich dem nächsten Schnittpunkt, usw.

Für die Argumente *schnittstelle(n)* kann folgendes angegeben werden[12]:

Argument	Funktion
/RA/	erzeugt eine "Stück-Datei", in die alles von der aktuellen Zeile bis ausschließlich der nächsten Zeile, die den angegebenen RA enthält, kopiert wird. Hinter /RA/ kann auch –*n* oder +*n* (*n* muß eine ganze Zahl sein) angegeben werden; diese Angabe verschiebt dann den Schnittpunkt um *n* Zeilen vor bzw. nach die durch RA abgedeckte Zeile.
%RA%	wirkt wie /RA/ mit dem wichtigen Unterschied, daß der dadurch ausgewählte Bereich der Originaldatei nicht in eine "Stück-Datei" kopiert, sondern übersprungen wird.
zeilennr[13]	erzeugt eine "Stück-Datei", in die alles von der aktuellen Zeile bis zur Zeile mit der Zeilennummer zeilennr kopiert wird.
{*zahl*}	kann nach einer der 3 zuvor angegebenen Formen angegeben werden und wiederholt dann diese *zahl* mal: • wird es nach /RA/ oder %RA% angegeben, so wird dieses Argument *zahl* mal angewendet, z. B. würde die Angabe **/PROCEDURE/{7}** bedeuten: Verwende die nächsten 7 Zeilen, in denen PROCEDURE vorkommt, als Schnittpunkte • wird es nach *zeilennr* angegeben, so wird die Datei alle *zeilennr* Zeilen (*zahl* mal) zerteilt, z. B. würde die Angabe **100{5}** bedeuten: Verwende die 100., 200., 300., 400. und 500. Zeilen als Schnittpunkte.

csplit brief /Seite 2/ /Seite 3/

zerteilt die Datei *brief* in 3 Teile:

- Der Text vom Anfang bis ausschließlich der ersten Zeile, die den String "Seite 2" enthält, wird in die "Stück-Datei" xx00 kopiert.

---

[12] RA steht dabei für einen *regulären Ausdruck*. **csplit** kennt alle bei **ed** vorgestellten Formen von regulären Ausdrücken.

[13] muß eine ganze Zahl sein

- Dann wird der Text von dieser Zeile bis ausschließlich der nächsten Zeile, die "Seite 3" enthält, in die "Stück-Datei" xx01 kopiert.

- Der Rest wird in die "Stück-Datei" xx02 kopiert.

`csplit -fteil lernen.ed 11 25 40`

zerteilt die Datei *lernen.ed* in 4 Teile:

1. Der Text vom Anfang bis ausschließlich der 11.Zeile wird in die "Stück-Datei" `teil00` kopiert.

2. Der Text von der 11.Zeile bis einschließlich der 24.Zeile wird in die "Stück-Datei" `teil01` kopiert.

3. Der Text von der 25.Zeile bis einschließlich der 39.Zeile wird in die "Stück-Datei" `teil02` kopiert.

4. Der Rest wird in die "Stück-Datei" `teil03` kopiert.

`csplit -k brief /Seite/+3 {100}`

zerteilt Datei `brief`; als Schnittpunkte werden dabei immer die 3.Zeilen nach jedem Vorkommen des Strings "Seite" verwendet.

Option **-k** bewirkt, daß die "Stück-Dateien" auch dann angelegt werden, wenn in `brief` "Seite" weniger als 100 mal vorkommt

`cat *.c | csplit -k -ffunk - '/^}/+1' {100}`

Mit dem **cat**-Kommando würden alle C-Programmdateien des working directory hintereinander in die Pipe geschrieben. **csplit** würde diesen zusammenhängenden Text dann aus der Pipe lesen und jede C-Funktion herausschneiden[14] und in die "Stück-Dateien" `funk00`, `funk01`, usw. kopieren; dazu ist allerdings anzumerken, daß für die erste Funktion jeder C-Programmdatei nicht nur die Funktion allein, sondern alles vom Dateianfang bis zur }, die diese Funktion abschließt, kopiert würde.

`csplit -k /home/egon/mbox "%^From %" "/^From /" {100}`

zerteilt die sekundäre Mailbox *mbox* im home directory von *egon* in einzelne Briefe, welche in die Dateien *brief00*, *brief01*,..., *brief99* geschrieben werden. Jeder Brief in einer Mailbox beginnt immer mit "From ". Da die erste *From*-Angabe zwischen Prozentzeichen (%) steht, wird keine eigene Stückdatei bis zur ersten "*From* "-Zeile erstellt. Würde diese erste Angabe fehlen, so würde als erste Stückdatei eine leere Datei erzeugt, da die erste "*From* "-Zeile bereits ganz am Anfang der Mailbox steht.

---

[14] hierbei wird angenommen, daß die C-Funktionen - nach einer C-Codier-Konvention - immer mit } am Anfang einer Zeile enden.

ct

ct — Remote-Callback eines Terminals

Syntax ct [-s *speed*] [-w *minuten*] [-hv] [-x*n*] *telnr*....

Beschreibung Mit dem Kommando **ct** (*call terminal*) kann man sich zurückrufen lassen, z.B. um ein Terminal mit dem Rechner in der Firma zu verbinden, die die Telefonkosten für die Verbindung übernehmen soll.

In einer Telefonnummer *telnr* sind neben den Ziffern noch folgende Angaben erlaubt:

= bedeutet *"Warten auf einen zweiten Wählton"*

- bedeutet *"4 Sekunden warten, bevor weiter zu wählen ist"*

Wenn mehrere Telefonnummern angegeben sind, probiert **ct** diese der Reihe nach durch, bis eine Verbindung zustandekommt.

Optionen Folgende Optionen kennt **ct**:

Option	Beschreibung
-s *speed*	*speed* legt die zu verwendende Baudrate fest; Voreinstellung ist 1200 Baud.
-w *minuten*	(wait) Wenn alle Leitungen belegt sind, fragt **ct**, ob es warten soll, bis eine frei ist, und wenn ja, wie lange maximal gewartet werden soll. Diese Abfrage wird mit **-w** *minuten* unterdrückt, und die maximale Wartezeit wird bereits beim Aufruf auf *minuten* festgelegt.
-h	kein sofortiger Verbindungsabbruch nach einem erfolgreichen Verbindungsaufbau. Voreinstellung ist, daß die Verbindung, über die **ct** gestartet wurde, wieder freigegeben wird, um einen Rückruf auf dieser Leitung zu ermöglichen.
-v	(verbose) ausführliche Informationen während des Verbindungsaufbaus ausgeben.
-x*n*	wird fürs Debuggen benötigt. *n* kann dabei ein Nummer zwischen 0 und 9 sein. Je größer die Nummer ist, umso mehr Debugging-Information wird ausgegeben.

ctags	Automatische Generierung einer tags-Datei für vi bzw. ex

Syntax `ctags [-aBFtuvwx] [-f` *tagsdatei*`]` *datei(en)*

Beschreibung

ctags erzeugt aus den vorgegebenen *datei(en)*, welche C-, Pascal-, Fortran-, lex- oder yacc-Programmdateien sein können, eine *tags*-Datei, die beim Arbeiten mit den Editoren **vi** oder **ex** zum Positionieren in bestimmten Dateien verwendet werden kann. Eine *tags*-Datei gibt pro Zeile folgendes (mit Tabulatorzeichen getrennt) an:

`name    datei    adresse`

name ist dabei der Name einer Funktion oder eines sonstigen Datenobjekts. *datei* ist der Name der Datei, in dem sich das betreffende Objekt *name* befindet. *adresse* legt die Position fest, an dem sich das betreffende Objekt *name* in Datei *datei* befindet. Für *adresse* wird entweder ein **vi**-Suchkommando (*/reg.ausdruck*) oder eine Zeilennummer angegeben.

Normalerweise schreibt **ctags** diese *tags*-Information in eine Datei mit dem Namen *tags* im working directory. Ist ein anderer Name erwünscht, so muß die Option **-f** benutzt werden.

Dateien, deren Name mit **.c** oder **.h** endet, werden von **ctags** als C-Dateien betrachtet, und werden nach C-Funktions- und Makro-Definitionen durchsucht. Dateinamen mit Suffix **.y** werden als yacc-Programme und Dateinamen mit Suffix **.l** als lex-Programme betrachtet. Für alle anderen Dateinamen prüft **ctags** zunächst, ob es sich um Pascal-oder Fortran-Programme handelt. Falls dies nicht zutrifft, betrachtet sie **ctags** als C-Programme und durchsucht sie nach C-Definitionen.

Für die Funktion *main* in C-Programmen gilt die Besonderheit, daß vor dem Dateinamen in der *tags*-Datei der Buchstabe **M** angegeben und das Suffix **.c** am Ende entfernt wird. In diesem Fall werden auch alle führenden Pfadangaben beim Dateinamen entfernt. So ist es möglich, daß man sich nur eine *tags*-Datei für mehrere Programme in einem Directory hält.

Optionen Die folgenden Optionen stehen zur Verfügung:

Option	Beschreibung
-a	(append) Ausgabe am Ende einer existierenden *tags*-Datei anhängen.

ctags

Option	Beschreibung
−B	(Backward) Bei der Adreßangabe in der *tags*-Datei wird die Rückwärtssuche (?...?) verwendet; Voreinstellung ist die Vorwärtssuche.
−f *tagsdatei*	(file) Normalerweise schreibt **ctags** die *tags*-Information in eine Datei mit dem Namen *tags* im working directory. Ist ein anderer Name erwünscht, so ist dies mit **-f** *tagsdatei* möglich.
−F	(Forward) Bei der Adreßangabe in der *tags*-Datei wird die Vorwärtssuche (/.../) verwendet; ist die Voreinstellung.
−t	(typedefs) auch Einträge für **typedef**s generieren.
−u	(update) für die angegebenen *datei(en)* wird nicht eine neue *tags*-Datei erstellt, sondern nur die Einträge in der bereits bestehenden *tags*-Datei aktualisiert. Diese Option bewirkt eine sehr langsame Bearbeitung; es ist normalerweise schneller, eine *tags*-Datei völlig neu erstellen zu lassen.
−v	Auf der Standardausgabe wird ein Inhaltsverzeichnis für alle Funktionen mit Dateiname und Seitennummer (64 Zeilen pro Zeile angenommen) ausgegeben. Die Ausgabe ist dabei lexikographisch sortiert; eventuell sollte man diese noch über eine Pipe an **sort -f** weiterreichen.
−w	(warning off) keine Ausgabe von Warnungen.
−x	(xref) wie bei **-v** wird auf der Standardausgabe ein Inhaltsverzeichnis für alle Funktionen mit Dateiname und Seitennummer (64 Zeilen pro Zeile angenommen) ausgegeben. Jedoch wird dabei nicht nur der Funktionsname, sondern auch der ganze Text der betreffenden Zeile ausgegeben.

```
ctags *.c
```

Zu allen C-Programmen des working directorys eine *tags*-Datei *tags* (im working directory) erstellen.

cu	Kopplung eines lokalen Rechners mit einem anderen Rechner (call another UNIX system)

Syntax cu [*option(en)*] *telefonnummer*

cu [*option(en)*] *–lleitung*

cu [*option(en)*] *knotenname*

Beschreibung Das Kommando **cu** stellt eine Verbindung zwischen einem lokalen Rechner und einem "entfernten" Rechner her; es ermöglicht somit, daß ein Benutzer gleichzeitig an beiden Rechnersystemen angemeldet ist. Das bedeutet, daß er zwischen beiden Rechnersystemen hin- und herschalten kann und so auf beiden Rechnern Kommandos ausführen oder aber Dateien zwischen diesen beiden austauschen kann.

cu stellt entweder über die angegebene *telefonnummer*, *leitung* oder über den *knotenname* eine Verbindung zum "entfernten" System her.

Für *telefonnummer* können neben Ziffern noch die Zeichen = und – angegeben werden:

= bedeutet "*Warten auf einen zweiten Wählton*"

– bedeutet "*4 Sekunden warten, bevor weiter zu wählen ist*"

Ist *leitung* angegeben, so verbindet **cu** zu dem System, das über diese Leitung angeschlossen ist.

Ist *knotenname* angegeben, so wählt **cu** die Telefonnummer, die für dieses System in der Datei */etc/uucp/Systems* eingetragen ist.

Nach der Herstellung einer Verbindung, wird dies gemeldet und die login-Aufforderung des "entfernten" Systems erscheint auf dem Bildschirm. Nachdem der Benutzer seine Login-Kennung und sein Paßwort eingegeben hat, ist er am anderen System angemeldet; zugleich bleibt er auch am lokalen System angemeldet.

Optionen **cu** arbeitet in zwei Phasen:

Verbindungsaufbau

Zunächst versucht **cu**, eine Verbindung zu einem anderen System aufzubauen. Falls keine Verbindung zu einem System hergestellt werden kann, meldet dies **cu** mit

```
Connect failed: SYSTEM NOT IN Systems FILE
```

Mit dem Aufruf **uuname -c** kann man im übrigen die Knotennamen aller direkt erreichbaren Systeme erfragen.

Terminalemulation

Nach einem erfolgreichen Verbindungsaufbau wechselt **cu** in die zweite Phase und führt nun eine Terminalemulation durch, was heißt, daß alle eingegebenen Zeichen an das entfernte System gesendet werden und alle Ausgaben der dortigen Programme am lokalen Bildschirm angezeigt werden.

Die Optionen für **cu** haben bis auf die Option **-d** immer nur Auswirkung auf eine der beiden Phasen Verbindungsaufbau (*VA*) oder Terminalemulation (*TE*).

Folgende Optionen kennt **cu**:

Option	Phase	Bedeutung
–b*n*	TE	(*bit*) stellt die Übertragungsart auf der Leitung auf *n* Bits ein. *n* sollte entweder 7 oder 8 sein. Mit dieser Option ist es möglich, Verbindungen zwischen Systemen aufzubauen, die mit unterschiedlichen Zeichengrößen (*character size*) arbeiten. Voreinstellung ist, daß die Zeichengröße auf der Leitung durch die am lokalen System verwendete Zeichengröße festgelegt wird.
–c*typ*	VA	definiert die zu verwendende Verbindungsart. Für *typ* kann dabei **Direct** (direkte Verbindung), **ACU** (Automatische Wählverbindung) oder eine *LAN-Kennung* (lokales Netz) angegeben sein, wobei *LAN-Kennung* eine vom Systemadministrator festgelegte Bezeichnung (z.B. **goahead**). Bei Angabe dieser Option wird das erste verfügbare Gerät benutzt, das diese Verbindungsart unterstützt. Option **-c** wird ignoriert, wenn beim **cu**-Aufruf ein *knotenname* angegeben ist.
–d	VA/TE	(*debug*) schaltet Debug-Kontrollausgaben ein.
–e	TE	(*even parity*) beim Senden zum entfernten System wird gerade Parität eingeschaltet; nur bei Systemen notwendig, die mit einem Paritätsbit arbeiten. Bei UNIX-Systemen ist dies normalerweise nicht der Fall.

Option	Phase	Bedeutung
–h	TE	(*half-duplex*) stellt Halbduplex-Übertragung ein, wodurch ein lokales Zeichenecho erfolgt. Die Voreinstellung ist, daß das Echo vom entfernten System durchgeführt wird. **-h** wird benötigt bei Verbindungen zu Systemen, die die Terminals im Halbduplex-Modus ansteuern.
–l*leitung*	VA	(*line*) legt die für die Kommunikation zu verwendende Leitung fest. Ist eine *telefonnumer* beim **cu**-Aufruf angegeben, kann die zu benutzende Wählleitung über die Optionen **-l**, **-s** und **-c** ausgewählt werden. Fehlt diese Angabe, so wird die erste freie Leitung benutzt. Ist die Option **-l** angegeben, wie z.B. bei **cu -l/dev/term/07**, so wird ein Verbindungsaufbau über das Gerät versucht, das an die Schnittstelle */dev/term/07* angeschlossen ist. In diesem Fall ist keine Angabe einer *telefonnummer* erforderlich. Option **-l** wird ignoriert, wenn beim **cu**-Aufruf ein *knotenname* angegeben ist.
–n	VA	(*number*) Benutzer wird interaktiv nach der zu wählenden Telefonnummer gefragt, so daß diese nicht beim **cu**-Aufruf anzugeben ist; wird bei der Wahl von geheimen Nummern verwendet, um zu verhindern, daß andere Benutzer die Telefonnumer über die Ausgabe des Kommandos **ps** erfahren können.
–o	TE	(*odd parity*) beim Senden zum entfernten System wird ungerade Parität eingeschaltet; nur bei Systemen notwendig, die mit einem Paritätsbit arbeiten. Bei UNIX-Systemen ist dies normalerweise nicht der Fall.
–s*baud*	VA	(*speed*) legt die zu verwendende Baudrate fest. Mögliche Angaben für *baud* sind: 300, 1200, 2400, 4800, 9600 oder sogar 19200 oder 38400. Ist nicht die Option **-l***leitung* angegeben, so benutzt **cu** die erste verfügbare Leitung, die diese Baudrate unterstützt.

Option	Phase	Bedeutung
–t	VA	wählt ein Terminal an, das auf automatische Antwort (Remote-Callback; siehe auch Kommando **ct**) eingestellt ist; hierbei wird carriage-return in carriage-return/line feed umgewandelt.

Mit ~ beginnende cu-Kommandos

Für **cu** ist eines der Systeme immer der Sender, der die Eingabe von der Standardeingabe liest und zum anderen System (Empfänger) schickt, das diese liest und auf die Standardausgabe schreibt. Ausnahmen dabei sind Zeilen, die mit ~ beginnen; diese werden nicht an das Fremdsystem weitergeleitet, sondern auf dem lokalen System ausgewertet.

Folgende mit ~ beginnende Kommandos kennt **cu**:

Befehl	Wirkung
~.	Verbindung zum Fremdsystem abbrechen.
~!	Vorübergehend nur auf dem lokalen System arbeiten; in die Verbindung zum Fremdsystem kann mit Ctrl-D wieder zurückgekehrt werden.
~!*unix_kdo*	*unix_kdo* auf dem lokalen System ausführen.
~$*unix_kdo*	*unix_kdo* auf dem lokalen System ausführen, dessen Ausgabe aber an das andere System schicken.
~+*unix_kdo*	*unix_kdo* auf dem lokalen System ausführen, dessen Ein- und Ausgabe aber auf das andere System einstellen.
~%cd	**cd**-Kommando auf dem lokalen System ausführen.
~%take *von* [*nach*]	kopiert die Datei *von* auf dem Fremdsystem in die Datei *nach* auf dem lokalen System. Fehlt die Angabe von *nach*, so wird für *nach* der Pfadname von *von* genommen.
~%put *von* [*nach*]	kopiert die Datei *von* des lokalen Systems in die Datei *nach* auf dem Fremdsystem. Fehlt die Angabe von *nach*, so wird für *nach* der Pfadname von *von* genommen.

Befehl	Wirkung
~~*kdo_zeile*	sendet ~*kdo_zeile* an das Fremdsystem, so daß dort der Aufruf ~*kdo_zeile* ausgeführt wird. Dies wird verwendet, wenn auf drei Systemen gleichzeitig gearbeitet wird: Von System A wurde z. B. zunächst eine Verbindung zu System B aufgebaut, und von dort dann eine Verbindung zu System C. Kommandos, die nun auf System A auszuführen sind, wird ~ und Kommandos, die auf System B auszuführen sind, wird ~~ vorangestellt.
~%break ~%b	schickt ein BREAK-Signal ans Fremdsystem; ein normales BREAK würde sich auf das lokale System beziehen.
~%debug ~%d	schaltet den debug-Modus für **cu** ein bzw. aus.
~t	gibt die Werte der Terminaleinstellung auf dem lokalen System aus.
~l	gibt die Werte der Terminaleinstellung auf dem Fremdsystem aus.
~%ifc ~%nostop	schaltet - bezogen auf das lokale System - die Datenflußkontrolle über Stop- und Start-Zeichen (*Ctrl-S* und *Ctrl-Q*) in Eingaberichtung ein bzw. wieder aus.
~%ofc ~%noostop	schaltet die Datenflußkontrolle in Ausgaberichtung ein bzw. wieder aus.
~%old	In System V.4 wurde das Protokoll für Dateiübertragungen geändert. Wenn man mit einem älteren System verbunden ist, muß man zunächst mit %~**old** das alte Protokoll einschalten, um Dateien mit %~**take** oder ~%**put** übertragen zu können.

Das Kommando ~%**put** benutzt die Kommandos **stty** und **cat** auf dem "entfernten" System. Somit erfordert es unter anderem, daß beide Systeme die gleichen **erase**- und **kill**-Zeichen verwenden.

Das Kommando ~%**take** benutzt die Kommandos **echo** und **cat** auf dem "entfernten" System. Falls Tabulatorzeichen auf das "entfernte" System kopiert werden, so sollten dort mit dem Kommando **stty** die Tab-Positionen entsprechend gesetzt sein.

cut

| cut | Nur bestimmte Spalten oder Felder einer Datei ausgeben (cut out selected fields of a file) |

Syntax   cut −c*spalten* [*datei(en)*]

cut −f*felder* [−d*zeichen*] [−s] [*datei(en)*]

Beschreibung   Wenn keine *datei(en)* angegeben sind, so wird der Eingabetext von der Standardeingabe gelesen. Dasselbe gilt, wenn anstelle von *datei(en)* ein Querstrich (-) angegeben ist.

Optionen

−c*spalten*   Die dabei angegebenen *spalten* legen die herauszuschneidenden Spalten fest. Für *spalten* können dabei mit Komma getrennte ganze Zahlen oder Zahlenbereiche angegeben werden (z. B. würde **-c-3,7,25-** festlegen, daß die 1. bis 3.Spalte, die 7. Spalte und alle Spalten ab der 25. herauszuschneiden sind)

−f*felder*   Die dabei angegebenen *felder* geben die Nummern der herauszuschneidenden Felder an. Für *felder* können dabei mit Komma getrennte ganze Zahlen oder Zahlenbereiche angegeben werden (z. B. würde **-f1,3,5-7** festlegen, daß das 1.Feld, das 3.Feld und die Felder 5 bis 7 herauszuschneiden sind). Als Trennzeichen für die einzelnen Felder wird dabei - wenn nicht anders mit der Option −d*zeichen* angegeben - das Tabulatorzeichen verwendet.

−d*zeichen*   Das hier angegebene *zeichen* wird als Trennzeichen für die einzelnen Felder verwendet. Ist diese Option nicht angegeben, so wird als Trennzeichen das Tabulatorzeichen verwendet.

−s   Alle Zeilen, in denen das Trennzeichen nicht vorkommt, werden nicht ausgegeben; normalerweise werden solche Zeilen vollständig ausgegeben.

| date | Erfragen (bzw. Setzen) des heutigen Datums und der momentanen Uhrzeit (print and set date) |

Syntax   date [−u] [+*format*]

date [a[ ]*sss.fff*] [u] *mmttHHMM[cc]jj* (nur für Superuser erlaubt)

Beschreibung   Die erste Aufrufform gibt aktuelles Datum und Uhrzeit aus. Mit *format* kann die gewünschte Form der Ausgabe festgelegt werden.

Die zweite Aufrufform ist dem Superuser vorbehalten und ermöglicht das Setzen des Datums und der Uhrzeit.

Wird **date** ohne Angabe von Argumenten aufgerufen, so wird das heutige Datum und die momentane Uhrzeit ausgegeben, wie z. B.

Thu Aug 2 12:03:34 GMT 1990

Optionen Folgende Option ist bei beiden Aufrufformen erlaubt:

–u	Datum als GMT (Greenwich Mean Time) und nicht als lokale Zeit anzeigen bzw. setzen

Die restlichen Optionen sind nur bei der zweiten Aufrufform erlaubt, und somit auch nur für einen Superuser von Interesse.

Option	Beschreibung
–a[–]*sss.fff*	Zeit langsam in *sss.fff* Sekunden anpassen (*fff* sind dabei Sekundenbruchteile). Diese Anpassung kann dabei positiv oder negativ (-) vorgegeben werden. Die Systemuhr wird dann beschleunigt oder verlangsamt, bis sie mit der vorgegebenen Schrittweite (Zeitspanne) arbeitet.
mm	2-ziffrige Monatsnummer (01-12)
tt	2-ziffrige Tagesnummer (01-31)
HH	2-ziffrige Stundenangabe (00-23)
MM	2-ziffrige Minutenangabe (00-59)
jj	2-ziffrige Jahresangabe (für dieses Jahrhundert)
ccjj	4-ziffrige Jahresangabe, wie z.B. 1998

Anstelle der vollen Angabe *mmttHHMM[cc]jj* dürfen auch folgende kurze Angaben gemacht werden: *mmtt* oder *HHMM*; in diesem Fall wird für die weggelassenen Teile das momentane Datum bzw. die momentane Zeit eingesetzt.

+format

Das *format* ist üblicherweise ein String, der mit '..' geklammert ist. Die Klammerung bewirkt dabei, daß die ganze *format*-Angabe als ein String aufgefaßt wird. Alle Zeichen, außer die, denen ein % vorangestellt ist, werden unverändert ausgegeben; so steht z. B. **%j** für die Tagesnummer des laufenden Jahres und die Angabe

date

```
date '+Heute ist der %j.Tag des Jahres'
```

würde z. B. folgende Ausgabe liefern:

```
Heute ist der 214.Tag des Jahres
```

Folgende spezielle *format*-Angaben sind erlaubt:

Angabe	Funktion
%a	Abgekürzter Name des Tages (Sun-Sat)
%A	Ausgeschriebener Name des Tages (Sunday-Saturday)
%b	Abgekürzter Monatsname (Jan-Dec); entspricht %h
%B	Ausgeschriebener Monatsname (January-December)
%c	Länderspezifisches Datums- und Zeitformat
%d	Nummer des Tages (01-31)
%D	Datum im Format %m/%d/%y
%e	Tag des Monats (1-31); bei 1 bis 9 wird ein Leerzeichen vorangestellt
%h	Abgekürzter Monatsname (Jan-Dec); entspricht %b
%H	Stunde (00-23)
%I	Stunde (01-12)
%j	Tag im Jahr (001-366)
%m	Monat im Jahr (01-12)
%M	Minute (00-59)
%n	Neuezeile-Zeichen
%p	Ausgabe von AM bzw. PM
%r	Zeit im Format %I:%M:%S %p
%R	Zeit im Format %H:%M
%S	Sekunden (00-61)
%t	Tabulatorzeichen
%T	Zeit im Format %H:%M:%S
%U	Nummer der Woche im Jahr (00-53); Sonntag gilt als erster Wochentag
%w	Tag der Woche (0-6); 0 ist Sonntag
%W	Nummer der Woche im Jahr (00-53); Montag gilt als erster Wochentag
%x	Länderspezifisches Datums-Format
%X	Länderspezifisches Zeit-Format
%y	Jahr im Jahrhundert (00-99)
%Y	Volle Jahresangabe (4 Ziffern)
%Z	Name der Zeitzone
%%	Prozentzeichen
Ctrl-G	Akustisches Signal

Die Kommandozeile

```
date '+Datum: %d.%m.%y%n Zeit: %H:%M.%S'
```

könnte z. B. folgende Ausgabe liefern:

```
Datum: 03.08.93
 Zeit: 12:31.56
```

dd	Konvertieren und Kopieren von Dateien (convert and copy a File)

Syntax   dd [*option=wert*] ....

Beschreibung   Das Kommando **dd** kopiert die angegebene Eingabedatei (if=*datei*) auf die angegebene Ausgabe-Datei[15] (of=*datei*). Beim Kopieren führt **dd** abhängig von den angegebenen Optionen entsprechende Konvertierungen (wie z. B. von ASCII nach EBCDIC) durch. Die Voreinstellung von **dd** ist, daß es von der Standardeingabe liest und auf die Standardausgabe ausgibt.

Optionen

Option	Beschreibung
if=*datei*	Verwendet *datei* als Eingabedatei; kann auch eine Gerätedatei sein.
of=*datei*	Verwendet *datei* als Ausgabedatei; kann auch eine Gerätedatei sein.
ibs=*n*	liest die Eingabe in Blöcken von *n* Bytes; Voreinstellung ist 512.
obs=*n*	schreibt die Ausgabe in Blöcken von *n* Bytes; Voreinstellung ist 512.
bs=*n*	setzt sowohl die Eingabe wie die Ausgabe auf Blöcke von *n* Bytes; schaltet die Option ibs und obs aus.
cbs=*n*	legt die Größe des Konvertierungspuffers auf *n* Bytes fest.
skip=*n*	überspringt *n* Eingabeblöcke, bevor es mit dem Kopieren beginnt.
seek=*n*	überspringt *n* Blöcke in der Ausgabedatei, bevor es mit dem Kopieren beginnt.

---

[15] kann natürlich auch eine Garätedatei sein

dd

Option	Beschreibung
count=*n*	kopiert nur *n* Eingabeblöcke.
conv=ascii	konvertiert EBCDIC -> ASCII
conv=ebcdic	konvertiert ASCII -> EBCDIC
conv=ibm	konvertiert ASCII -> EBCDIC (verwendet dabei eine andere Abbildung)
conv=lcase	konvertiert Großschreibung in Kleinschreibung
conv=ucase	konvertiert Kleinschreibung in Großschreibung
conv=swap	vertauscht die Bytes jedes Byte-Paares; manche Maschinen speichern 2-Byte-Wörter mit dem höheren Byte zuerst und andere mit dem niedrigeren Byte zuerst.
conv=noerror	Bearbeitung wird beim Auftreten von Fehlern nicht beendet.
conv=sync	Alle Eingabeblöcke werden mit ibs-Zeichen aufgefüllt.

Ein Komma kann verwendet werden, wenn mehr als eine Konvertierung erwünscht ist, z. B.

conv=ascii,ucase.

Die Option cbs wirkt nur auf ascii und ebcdic Konvertierungen. Wenn nach ASCII konvertiert wird, so wird die mit cbs festgelegte Anzahl von Bytes in den Konvertierungspuffer gelesen; Leerzeichen am Ende des Blocks werden dabei entfernt und ein Neuezeile-Zeichen wird hinzugefügt. Die daraus resultierende Zeile wird dann in die Ausgabedatei kopiert. Wenn nach EBCDIC konvertiert wird, so wird eine ASCII-Zeile in den Puffer abgelegt; das Neuezeile-Zeichen wird entfernt und der Block wird am Ende mit Leerzeichen aufgefüllt, so daß er die mit cbs festgelegte Größe erreicht.

---

df	Erfragen des noch freien Speicherplatzes in einem Dateisystem (disk free)

Syntax df [*option(en)*] [*directory* | *gerätedatei* | *dateisystem* ...]

Beschreibung Mit dem Kommando **df** kann man sich den freien Speicherplatz auf allen montierten und auch unmontierten Dateisystemen oder - wenn ein *directory* angegeben ist - von einem bestimmten Dateisystem anzeigen lassen. Ist eine *gerätedatei* angegeben, so gibt **df** Speicherplatz-Information zu diesem Gerät aus.

Ist kein *directory*, *gerätedatei* oder *dateisystem* angegeben, so wird der freie Speicherplatz zu allen vorhandenen Dateisystemen ausgegeben.

df gibt die Anzahl der freien Blöcke (Block = 512 Bytes) und der Dateien (inodes) aus, die in einem Dateisystem noch frei sind.

Bei der Ausgabe von **df** steht in der ersten Spalte der Name des Montierpunktes, zwischen den runden Klammern der Gerätename des Dateisystems und in den folgenden Spalten die Anzahl der freien Blöcke (in Einheiten zu je 512 Byte) und die Anzahl der noch freien Dateien (inodes).

Die Anzahl der freien Dateien ist nur für das lokale Dateisystem korrekt; bei verteilten Dateisystemen steht hier immer der Wert -1. Die Angaben für die Dateisysteme */dev/fd*, */stand* und */proc* sind bedeutungslos, da es sich hierbei nicht um "echte" Dateisysteme handelt.

Optionen **df** kennt die folgenden Optionen:

Option	Beschreibung
–F *fstyp*	legt den Dateisystem-Typ auf *fstyp* fest.
–b	nur die Anzahl von freien KBytes ausgeben.
–e	nur die Anzahl der freien Dateien (inodes) ausgeben.
–g	alle verfügbare Information ausgeben; kann nur für montierte Dateisystem verwendet werden. Diese Option darf nicht mit der Option **-o** verwendet werden und schaltet die eventuell gleichzeitig angegebenen Optionen **-b**, **-e**, **-k**, **-n** und **-t** aus.
–i	die gesamte Anzahl von inodes, die Anzahl von freien und belegten inodes ausgeben; zusätzlich wird noch in Prozent ausgegeben, wieviele inodes belegt sind.
–k	der gesamte, der belegte und der freie Speicherplatz wird in Kilobyte sowie der belegte Platz in Prozent ausgegeben.
–l	nur für das lokale Dateisystem Speicherplatz-Information ausgeben; diese Option darf nur für montierte Dateisysteme verwendet und nicht mit der Option **-o** kombiniert werden.
–n	nur Dateisystemtypen ausgeben; darf nicht mit der Option **-o** kombiniert werden.
–t	zusätzlich zum freien Speicherplatz wird noch der gesamte verfügbare Speicherplatz (frei und belegt) ausgegeben.

df

Option	Beschreibung
–o *option(en)*	Dateisystem-spezifische *option(en)* angeben.
–V	ganze Kommandozeile nochmals anzeigen, aber nicht ausführen.
–v	Ausgabe erfolgt im Stil von **dfspace**.

Beispiele

```
$ df -k ⏎
Filesystem            kbytes    used   avail capacity  Mounted on
/dev/dsk/c0t0d0s0      23631    9128   12143    43%    /
/dev/dsk/c0t0d0s6     184879  137250   29149    82%    /usr
/proc                      0       0       0     0%    /proc
fd                         0       0       0     0%    /dev/fd
/dev/dsk/c0t0d0s7      18511    3505   13156    21%    /var
swap                   32168       8   32160     0%    /tmp
/dev/dsk/c0t0d0s5      30799   22633    5096    82%    /opt
/dev/fd0                1423     458     965    32%    /pcfs/a
$ df -n ⏎
/                     : ufs
/usr                  : ufs
/proc                 : proc
/dev/fd               : fd
/var                  : ufs
/tmp                  : tmpfs
/opt                  : ufs
/pcfs/a               : pcfs
$
```

Daneben ist im BSD Compatibility Package im Directory */usr/ucb* das Kommando **df** aus BSD UNIX enthalten, das eine ähnliche Ausgabe wie **df -k** produziert.

Es ist noch wichtig zu wissen, daß **df** bei **ufs**-Dateisystemen gewöhnlich 10% weniger freien Platz anzeigt, als tatsächlich vorhanden. **ufs**-Dateisysteme sind so angelegt, daß sie über eine Reserve verfügen müssen, die gegebenenfalls nur vom Systemadministrator voll ausgenutzt werden kann. Normale Benutzer erhalten eine Fehlermeldung, wenn sie versuchen, Dateien auf einem zu 90% vollen Dateisystem anzulegen.

df space	Erfragen des noch freien Speicherplatzes in allen Dateisystemen (disk free space)

Syntax `dfspace [-F `*fstyp*`]`

Beschreibung **dfspace** ist ein Shell-Skript, das das **df**-Kommando verwendet. **dfspace** gibt für alle montierten "echten" Dateisystemen (Ausnahme ist z. B. /*proc*) den noch freien Speicherplatz in MBytes und Prozent aus.

Optionen `-F `*fstyp*   nur für *fstyp*-Dateisysteme ausgeben.

diff	Vergleichen zweier (un)sortierter Textdateien (differential file compare)

Syntax
```
diff [-bitw] [-c|-e|-f|-h|-n]  datei1  datei2
diff [-bitw] [-C n]  datei1 datei2
diff [-bitw] [-D string]  datei1 datei2
diff [-bitw] [-c|-e|-f|-h|-n|-l|-r|-s] [-S name]  directory1  directory2
```

Beschreibung Das Kommando **diff** erlaubt den Vergleich von zwei Textdateien, welche nicht unbedingt sortiert sein müssen, und gibt die Änderungen am Bildschirm aus, welche mit dem UNIX-Editor **ed** vorgenommen werden müssten, um *datei1* identisch zu *datei2* zu machen. Es ist zu beachten, daß dieses Kommando nur auf Textdateien erfolgreich angewendet werden kann.

Wenn für *datei1* oder *datei2* das Minuszeichen (-) angegeben wird, so wird hierfür (anstelle aus einer Datei) von der Standardeingabe gelesen.

Wenn *datei1* ein Directory und *datei2* eine einfache Datei ist, dann wird *datei2* mit einer Datei gleichen Namens im Directory *datei1*, also mit *datei1*/*datei2*, verglichen. Das gleiche gilt, wenn *datei2* ein Directory ist.

Ausgabeformat **diff** verwendet folgendes Ausgabeformat, um anzuzeigen, daß entsprechende Zeilen einzufügen, zu löschen oder zu ändern sind. Im nachfolgenden steht *n* für eine Zeilennummer und *zeile* für eine Zeile von Text.

Einfügen

n11an21,n22 >zeile n21 ..... >zeile n22	Füge die Zeilen n21 bis n22 von *datei2* nach Zeile n11 in *datei1* ein. Die einzufügenden Zeilen aus *datei2* werden immer mit einem vorangestellten > gekennzeichnet.

Löschen

n11,n12dn21 <zeile n11 ..... <zeile n12	Lösche die Zeilen n11 bis n12 von *datei1*. Die Zeile n21 aus *datei2* zeigt hierbei an, daß nach diesem Löschen die beiden Dateien bis zu dieser Zeile (nicht eingeschlossen) identisch sind. Die vom Löschvorgang betroffenen Zeile werden mit einem vorangestellten < ausgegeben.

Ändern

n11,n12cn21,n22 <zeile n11 ..... <zeile n12 --- >zeile n21 ..... >zeile n22	Ersetze die Zeilen n11 bis n12 aus *datei1* durch die Zeilen n21 bis n22 aus *datei2*.

Optionen   Die Optionen bedeuten im einzelnen:

Option	Beschreibung
−b	Leerzeichen am Ende werden ignoriert und mehrere direkt aufeinanderfolgende Leerzeichen werden zusammengezogen, so daß sich zwei Zeilen nicht unterscheiden, wenn ihr Text bis auf zusätzliche Leerzeichen zwischen den Worten identisch ist, wie z. B. bei Hallo Egon Hallo Egon
−i	Groß- und Kleinschreibung ignorieren.

Option	Beschreibung
-t	Tabulatorzeichen bei der Ausgabe so anpassen wie in entsprechender Datei vorgegeben; ist notwendig, um bedingt durch das Voranstellen der Zeichen < bzw. > nicht eine verfälschte Ausgabe zu erhalten.
-w	Alle Leerzeichen werden ignoriert. Dadurch sind alle Wörter identisch, selbst wenn in ihnen Leerzeichen enthalten sind, wie z. B. bei Hallo Egon H a l l o E g o n
-c	Bei Ausgabe werden der einzelnen Änderungen mit *********** voneinander getrennt. Die in *datei1* zu löschenden Zeilen werden mit '-' und die in *datei2* hinzuzufügenden Zeilen werden mit '+' markiert. Zeilen, die geändert werden müssen, werden für beide Dateien mit '!' markiert.
-C *n*	Ausgabe wie bei **-c**, nur daß immer *n* Zeilen aus dem Kontext mitausgegeben werden.
-e	Die erforderlichen Änderungen, die an *datei1* vorzunehmen sind, um sie mit *datei2* identisch zu machen, werden in einer dem Editor **ed** verständlichen Form (ed-Skript genannt) ausgegeben.
-f	gibt ein zu **-e** ähnliches Skript aus, aber in umgekehrter Reihenfolge. Dieses Skript ist jedoch nicht für **ed** geeignet.
-h	arbeitet schnell, aber nur "halbherzig"; kann nur für Dateien mit kleinen Unterschieden verwendet werden. Diese Option darf nicht mit **-e** oder **-f** kombiniert werden.
-n	gibt ein zu **-e** ähnliches Skript aus, aber in umgekehrter Reihenfolge und mit einem Zähler für geänderte Zeilen bei jedem Einfüge- oder Lösch-Kommando.
-D *string*	mischt den Inhalt der beiden Dateien *datei1* und *datei2* zusammen. Dabei werden C-Präprozessor-Anweisungen so eingefügt, daß eine Kompilierung der gemischten Datei ohne die Definition von *string* einer Kompilierung von *datei1* und mit der Definition von *string* einer Kompilierung von *datei2* gleichkommt.

Zum Vergleichen von Directories stehen die auf der folgenden Seite genannten Optionen zur Verfügung.

Option	Beschreibung
-l	Ausgabe der Unterschiede erfolgt im Langformat.
-r	gemeinsame Subdirectories werden rekursiv verglichen.
-s	Gleiche Dateien werden auch angezeigt; normalerweise werden diese nicht ausgegeben.
-S *name*	Directory-Vergleich beginnt erst mit der Datei namens *name*.

Die Existenz dieses Kommandos hat den Vorteil, daß bei unterschiedlichen Textdateien nicht die vollständigen Dateien zu speichern sind, sondern es ausreicht, nur die Unterschiede (auch *deltas* genannt) einer Datei zu einer anderen zu sichern. Eine Anwendung hiervon liegt bei unterschiedlichen Versionen von Programmen: z. B. wird nur die 1.Version eines Programms vollständig gespeichert und von allen späteren Versionen werden lediglich die *deltas* zu dieser 1.Version gespeichert. Eine solche Vorgehensweise bringt erhebliche Speicherplatzeinsparungen mit sich. Genauso geht auch das in einem späteren Buch vorgestellte Werkzeug SCCS (*source code control systems*) vor, welches zur Versions-Verwaltung bei größeren Software-Projekten eingesetzt wird.

Zu **diff** existieren noch drei weitere verwandte Kommandos:

Kommando	Beschreibung
bdiff	(**big diff**) arbeitet ähnlich wie **diff**, allerdings kann dieses Kommando wesentlich größere Dateien vergleichen als **diff**.
diff3	(3-way **diff**erential file comparison) ermöglicht den Vergleich von 3 Dateien.
sdiff	(side-by-side **diff**erence program) gibt die Inhalte der beiden zu vergleichenden Dateien nebeneinander aus[16]; dabei zeigen die den jeweiligen Zeilen vorangestellten Zeichen folgendes an:

	<	ist nur in *datei1* vorhanden
	>	ist nur in *datei2* vorhanden
	|	Zeilen sind verschieden
	kein Zeichen:	Zeilen sind identisch

---

[16] Diese Ausgabe bewirkt allerdings bei einem 80-Zeichen breiten Terminal einen Bruch der Zeilen aus der 2.Datei.

Es existieren zwei weitere Vergleichs-Kommandos: **comm** und **cmp**. Bei **comm** müssen allerdings die zu vergleichenden Textdateien sortiert sein. **cmp** wird verwendet, wenn festzustellen ist, ob zwei Dateien wirklich den gleichen Inhalt haben. **cmp** ist sehr schnell und erlaubt auch den Vergleich zweier Nicht-Textdateien; so wird **cmp** z. B. sehr oft verwendet, um zu prüfen, ob zwei Objektdateien den gleichen Inhalt besitzen: wenn ja, so kann eine davon gelöscht werden.

diff liefert folgenden Exit-Status:

0   wenn die beiden Dateien identisch sind

1   wenn die beiden Dateien verschieden sind

2   wenn bei der Ausführung von **diff** Fehler auftraten.

dircmp	Vergleichen zweier Directories	(directory comparison)

Syntax   `dircmp [-d] [-s] [-wn] dir1 dir2`

Beschrei- Das Kommando **dircmp** vergleicht den Inhalt der beiden Directories
bung *dir1* und *dir2*. Dazu vergleicht es zuerst die Dateinamen der beiden Directories, bevor es die Inhalte von Dateien mit gleichen Namen vergleicht.

dircmp gibt Dateinamen, die nur in einem Directory vorkommen, auf der ersten Ausgabeseite aus. Dateinamen, die in beiden Directories vorkommen, aber unterschiedliche Inhalte haben, werden auf der zweiten Seite angezeigt. Auf der dritten Seite werden gleiche Dateinamen mit gleichem Inhalt ausgegeben.

dircmp gibt immer die Dateinamen aus, die nur in einem Directory vorkommen; die Ausgabe von identischen Dateien kann unterdrückt werden.

Optionen   –d   gibt ein ed-Skript aus, das aus gleichnamigen Dateien identische Dateien kreiert (siehe auch **diff**).

–s   unterdrückt die Ausgabe der Namen von identischen Dateien

–w*n*   ändert die Länge der Ausgabezeilen von 72 Zeichen auf *n* Zeichen.

dirname

dirname	Extrahieren des Directory-Pfads aus einem Pfadnamen (directory name)

Syntax dirname *string*

Beschrei- Das Kommando **dirname** ist das Gegenstück zum Kommando **ba-**
bung **sename**: Es gibt zu dem angegebenen *string* (Pfadname) nur den Directory-Pfad ohne den Basisnamen aus.

dirname wird sehr oft in Shell-Skripts im Zusammenhang mit Kommandosubstitution[17] verwendet, um eine neu anzulegende Datei im gleichen Directory abzulegen wie eine andere Datei, von der der Pfadname zu diesem Zeitpunkt bekannt ist.

dirname /home/egon/uebung1/laender   liefert: /home/egon/uebung1

dirname add1.c   liefert: . (Punkt)

du	Erfragen des Speicherplatzes, der von bestimmten Dateien bzw. Directories belegt wird (disk usage)

Syntax du [-ars] [*datei(en)*]   Die angegebenen *dateiname(n)* können dabei Directories oder einfache Dateien sein.

Beschrei- Das Kommando **du** meldet die Anzahl von Speicherblöcken, die von
bung den angegebenen *dateiname(n)* belegt sind. Handelt es sich bei einem angegebenen *dateiname* um ein Directory, so wird die Anzahl der Speicherblöcke gemeldet, die vom gesamten Directorybaum belegt wird.

Sind keine *dateiname(n)* angegeben, so nimmt **du** das working directory an; d. h. es meldet die Anzahl der Speicherblöcke, die vom Directorybaum des working directory belegt werden.

Dateien mit zwei oder mehr Links werden dabei nur einmal gezählt und Dateien, die für den Aufrufer von **du** keine Leserechte gewähren, werden nicht mitgezählt.

Optionen -a   Es wird für jede einzelne Datei die Blockanzahl ausgegeben; ist die Voreinstellung.
-r   Dateien, die kein Leserecht gewähren, werden gemeldet; Voreinstellung ist, daß dies nicht gemeldet wird.

---

[17] wird im nächsten Buch "Die UNIX-Shell" behandelt

-s	Es wird nur die Gesamtanzahl der belegten Speicherblöcke für jeden der angegebenen *dateiname(n)* ausgegeben.

> **du** wird oft verwendet, um festzustellen, welche Directories den meisten Speicherplatz benötigen. Dies ist v.a.D. dann notwendig, wenn das Dateisystem schon fast voll ist und der Systemverwalter die einzelnen Benutzer zum Bereinigen ihrer Directories aufforderte.

---

echo	Ausgeben von Text (echo arguments)

Syntax echo [*argument(e)*]

Beschreibung Das Kommando **echo** gibt die angegebenen *argument(e)* auf die Standardausgabe aus. Jedes der angegebenen *Argument(e)* wird dabei bei der Ausgabe mit einem Leerzeichen vom nächsten getrennt und nach der gesamten Ausgabe wird ein Zeilenvorschub durchgeführt. Das **echo**-Kommando läßt bestimmte C-ähnliche Notationen zu (siehe unten).

Spezielle Notationen

Das **echo**-Kommando erkennt folgende spezielle Notationen:

Notation	Beschreibung
\b	Backspace
\c	gibt die angegebenen *argument(e)* bis zu diesem Punkt aus, und macht keinen Zeilenvorschub
\f	Seitenvorschub (*form feed*)
\n	Neuezeile-Zeichen; auf Anfang der nächsten Zeile positionieren
\r	Carriage-Return; auf Anfang der momentanen Zeile positionieren
\t	Tabulatorzeichen
\v	vertikales Tabulatorzeichen
\\	Backslash
\0*n*	für *n* ist eine ein-, zwei- oder drei-ziffrige Oktalzahl anzugeben; das dieser Zahl entsprechende ASCII-Zeichen wird dann ausgegeben

```
           echo Guten           Morgen          Hans
```
würde ausgeben:
```
Guten Morgen Hans
```

```
           echo 'Guten          Morgen          Hans'
```
würde ausgeben:
```
Guten           Morgen          Hans
```

ed	Editieren von Textdateien (text editor)

Syntax ed [–s] [–p*promptzeichen*] [–x] [*datei*]

Beschreibung ed ist der Standard-Editor von UNIX und damit auf jedem UNIX-System verfügbar. Er arbeitet zeilenorientiert und ist vom jeweiligen Terminal unabhängig, da er keine spezifischen Terminalfunktionen benutzt.

Weitere Vorteile von **ed** sind seine sehr flexiblen und mächtigen Such- und Ersetzungskommandos und auch seine Schnelligkeit. Ein Nachteil von **ed** liegt in seiner mangelnden Benutzerfreundlichkeit, da er eben zeilenorientiert ist und somit keinen größeren Ausschnitt aus der gerade bearbeiteten Datei zeigt; zudem ist der momentane Arbeitspunkt in einer Datei nicht immer offensichtlich.

ed arbeitet grundsätzlich im Hauptspeicher. Dazu kopiert er die zu ändernde Datei in einen Arbeitspuffer, dessen Inhalt erst mit dem Editier-Kommando **w** (*write*) auf das externe Speichermedium (Festplatte, Diskette, usw.) zurückgeschrieben wird. Wird eine neue Datei erstellt, so wird der eingegebene Text ebenfalls im Arbeitspuffer gehalten, und muß genauso mit **w** auf das externe Speichermedium gesichert werden.

Falls die angegebene *datei* bereits existiert, so kopiert **ed** diese in seinen Arbeitspuffer. Existiert *datei* noch nicht, so wird beim späteren Zurückschreiben des Arbeitspuffers mit **w** eine Datei mit den Namen *datei* auf dem externen Speichermedium angelegt.

Wird **ed** ohne Angabe einer *datei* aufgerufen, so wird ein leerer Arbeitspuffer angelegt, der noch keiner Datei zugeordnet ist. In diesen Puffer kann nun Text eingegeben und editiert werden. Erst mit dem Editier-Kommando

w *datei*

wird dann eine Datei mit Namen *datei* auf dem externen Speichermedium mit dem Pufferinhalt beschrieben.

Da **ed** zeilenorientiert ist, muß während des Editierens immer eine Zeile die aktuelle Zeile sein. Das heißt, daß ein **ed**-interner Zeilenzeiger auf diese Zeile gesetzt ist und Editier-Kommandos, die nicht explizit andere Zeilen adressieren, immer auf die gerade aktuelle Zeile ausgeführt werden.

Nach dem Aufruf gibt **ed** eine der folgenden Meldungen aus:

eine Zahl

ist die Anzahl der Zeichen, die in Arbeitspuffer gelesen wurden und gibt somit die Größe der eingelesenen Datei in Bytes an.

?datei

falls die Datei *datei* noch nicht existiert. In diesem Fall wurde von **ed** ein leerer Arbeitspuffer angelegt. In diesen Puffer kann nun Text eingegeben werden und editiert werden. Mit dem Editor-Kommando **w** wird dann die Datei *datei* angelegt und in ihr der Pufferinhalt gespeichert.

Optionen

–s unterdrückt das Melden der Anzahl der mit den Editier-Kommandos **e**, **r** und **w** in den Arbeitspuffer gelesenen bzw. aus ihm zurückgeschriebenen Zeichen.

–p*promptzeichen* bewirkt, daß **ed** während des Editierens immer das angegebene *promptzeichen* angibt, wenn er den Benutzer mitteilen möchte, daß er für die Eingabe eines weiteren Editier-Kommandos bereit ist. Ist diese Option nicht angegeben, so gibt **ed** kein Promptzeichen aus.

–x bewirkt, daß der Pufferinhalt beim Zurückschreiben auf eine Datei verschlüsselt wird (siehe Kommando **crypt**); seit System V Release 3 ist diese Option nur innerhalb der USA verfügbar.

Arbeitszustände des ed

ed kennt zwei Arbeitszustände:

- Kommandomodus
- Eingabemodus

Nach dem Aufruf befindet sich **ed** immer im Kommandomodus, was eventuell durch ein entsprechendes Promptzeichen angezeigt wird. Im Kommandomodus erwartet **ed** die Eingabe von Editier-Kommandos.

Befindet **ed** sich im Eingabemodus, so werden alle Eingaben als einfacher Text aufgefaßt, der im Arbeitspuffer zu speichern ist.

Vom Kommandomodus in den Eingabemodus kann mit einem der folgenden Editier-Kommandos umgeschaltet werden:

i Einfügen (*insert*)

a Anfügen (*append*)

c Ändern (*change*)

Wird **ed** ein falsches Kommando gegeben, welches er nicht ausführen kann, so meldet er dies mit der Ausgabe eines Fragezeichens ?.

Vom Eingabemodus kann mit der Eingabe eines . (Punkt) als erstes und einziges Zeichen einer Zeile zum Kommandomodus zurückgeschaltet werden.

Eingabemodus

Im Eingabemodus kann beliebiger Text eingegeben werden. **ed** liest dabei immer zeilenweise vom Terminal. Dies bedeutet, daß während einer Eingabe nur Eingabefehler in einer noch nicht mit Carriage-Return abgeschlossenen Zeile korrigiert werden können.

Als Korrekturen sind dabei

- Zeile löschen (**kill**) und

- Zeichen löschen (**erase**)

möglich.

Der Eingabemodus wird beendet, wenn **ed** eine Zeile übergeben wird, die als einziges und erstes Zeichen einen . (Punkt) enthält.

Kommandomodus

ed kann nur dann Editier-Kommandos ausführen, wenn er sich im Kommandomodus befindet. Die allgemeine Form eines **ed**-Kommandos ist:

[*adresse1* [*,adresse2*]]   [*editier-kommando*   [*parameter*]]

Durch die Adressen *adresse1* und *adresse2* wird ein bestimmter Bereich aufeinanderfolgender Zeilen ausgewählt. Auf diese so ausgewählten Zeilen wird dann das *editier-kommando*, welches immer aus einem Zeichen besteht, ausgeführt. Diesem können eventuell weitere *parameter* folgen. *parameter* zu einem Editier-Kommando können z. B. der zu ändernde Text oder ein Dateiname oder eine weitere Adresse sein.

Wird weder eine Adresse noch ein *editier-kommando* angegeben (nur Carriage Return alleine), so wird die nächste Zeile die aktuelle Zeile. Wird nur eine Adresse und kein *editier-kommando* angegeben, so wird die adressierte Zeile die aktuelle Zeile.

Die nachfolgende Tabelle zeigt alle Adressierungs-Möglichkeiten und die dadurch ausgewählten Zeilen:

keine Adresse angegeben: aktuelle Zeile[18]
eine Adresse angegeben: Zeile, die diese Adresse besitzt
beide Adressen angegeben: Bereich (von,bis)[19] von Zeilen

Adressen Die Adreßangaben *adresse1* und *adresse2* wählen bestimmte Zeilen aus. Die Angaben für *adresse1* und *adresse2* können dabei auf unterschiedliche Weise erfolgen:

Angabe	Wirkung
.	adressiert die aktuelle Zeile
$	adressiert die letzte Zeile
n[20]	adressiert die n.te Zeile
'x	adressiert die Zeile, die mit der Marke x markiert wurde[21]
/regulärer Ausdruck/	adressiert die erste Zeile (von *aktueller Zeile zum Dateiende hin*),[22] welche einen String beinhaltet, der durch den vorgegebenen regulären Ausdruck abgedeckt ist. Wird bis zum Dateiende keine solche Zeile gefunden, so wird vom Dateianfang bis einschließlich der aktuellen Zeile nach einer solche Zeile gesucht.
?regulärer Ausdruck?	adressiert die erste Zeile (von *aktueller Zeile zum Dateianfang hin*),[23] welche einen String beinhaltet, der durch den vorgegebenen regulären Ausdruck abgedeckt ist. Wird zum Dateianfang hin keine solche Zeile gefunden, so wird vom Dateiende rückwärts bis einschließlich der aktuellen Zeile nach einer solche Zeile gesucht.

Weitere Regeln sind:

1. Wenn eine Adresse mit +n oder -n (für n ist eine Zahl anzugeben) endet, so adressiert dies die Zeile

---

[18] Nach dem Aufruf von **ed** ist immer die letzte Zeile des Puffers die aktuelle Zeile.
[19] erste Zeile (adresse1) und letzte Zeile (adresse2) sind Bestandteil dieses Bereichs
[20] n steht dabei für eine Zahl
[21] x muß dabei ein Kleinbuchstabe sein
[22] aktuelle Zeile zählt nicht dazu
[23] aktuelle Zeile zählt nicht dazu

adresse ± n

2. Wenn eine Adresse mit *+n* oder *-n* (für *n* ist eine Zahl anzugeben) beginnt, so adressiert dies die Zeile *aktuelle-zeile ± n*; z. B. wird +6 als .+6 interpretiert.

3. Wenn eine Adresse mit + oder - endet, so adressiert dies die Zeile *adresse ± 1*; die alleinige Adreßangabe + bzw. - adressiert die der aktuellen Zeile unmittelbar folgende bzw. voranstehende Zeile. Wenn eine Adresse mit mehr als einem + oder - endet, so adressiert dies die Zeile *aktuelle-zeile ± anzahl-von±*; z. B. adressiert --- die Zeile aktuelle-zeile - 3

4. Wird als gesamte Adreßangabe nur ein Komma gegeben, so entspricht dies der Angabe 1,$ (alle Zeilen). Wird als gesamte Adreßangabe nur ein Semikolon gegeben, so entspricht dies der Angabe .,$ (von aktueller Zeile bis Dateiende).

5. Werden zwei Adressen durch Semikolon getrennt (z. B. 5;7), so legt die 1.Adresse die aktuelle Zeile fest (z. B. 5), was bei Angabe von Komma als Adressen-Trennungszeichen nicht der Fall ist.

In ed zugelassene reguläre Ausdrücke:

Ein *regulärer Ausdruck* ist ein Ausdruck, welcher Strings spezifiziert und/oder über Vorschriften beschreibt, welche Strings durch ihn abgedeckt sind.

Bei **ed** gelten die folgenden Regeln für reguläre Ausdrücke:

1. Die Metazeichen von regulären Ausdrücken sind: . * [ ] \ ^ $ Metazeichen haben eine Sonderbedeutung.

2. Ein einfacher regulärer Ausdruck ist einer der folgenden:
   - *Einfaches Zeichen*, aber kein Metazeichen
   - Das *Metazeichen* \, um Sonderbedeutung eines Metazeichens auszuschalten (z.B *)
   - ^ steht für Anfang einer Zeile, wenn es als erstes Zeichen angegeben ist.
   - $ steht für Ende einer Zeile, wenn es als letztes Zeichen angegeben ist.
   - . steht für jedes beliebige Zeichen, außer Neuezeile-Zeichen.
   - Eine *Klasse von Zeichen*:   z. B. [ABC] deckt eines der Zeichen A, B oder C ab.
   - Eine *Klasse von Zeichen mit Abkürzungen*: .B. deckt [a-zA-Z] alle Buchstaben ab (nicht Umlaute).
   - Eine *Komplement-Klasse von Zeichen*: z. B. deckt [^0-9] alle Zeichen außer die Ziffern und das Neuezeile-Zeichen ab.

3. Operatoren, um reguläre Ausdrücke zu größeren zusammenzufassen
- *Konkatenation*: AB: B folgt unmittelbar auf A
- *null-oder-beliebig-viele*: A* deckt kein, ein oder mehr A ab
- *runde Klammern*: \(r\) deckt gleiche Strings wie der ungeklammerte reguläre Ausdruck r ab
- *Wiederholungen* [24]:
  (=m): z\{m\} deckt genau *m* Vorkommen von *z* ab
  (>=m): z\{m,\} deckt mindestens *m* Vorkommen von *z* ab
  (>=m und <=n): z\{m,n\} deckt eine beliebige Anzahl zwischen *m* und *n* Vorkommen von *z* ab
- *n-ter Teilausdruck*: \n deckt den gleichen String ab, wie ein im selben regulären Ausdruck zuvor angegebener \(*Ausdruck*\). *n* muß eine Ziffer sein und spezifiziert den *n*.ten \(*Ausdruck*\); z. B. deckt ^\(.*\)\1$ eine Zeile ab, welche sich aus zwei gleichen Strings zusammensetzt.

Ein regulärer Ausdruck deckt einen String nach der "longest leftmost"-Regel ab.

Die Angabe von // (Vorwärts-Adressierung) bzw. ?? (Rückwärts-Adressierung) ist äquivalent zum zuletzt angegebenen /*regulärer Ausdruck*/ bzw. ?*regulärer Ausdruck*?, je nachdem, welche dieser beiden Angaben als letzte erfolgte.

ed-Kommandos

Die einzelnen Editier-Kommandos können eventuell keine, eine oder zwei Adressen erfordern. Wird bei Kommandos, die keine Adreßangabe erlauben, eine Adresse angegeben, so wertet **ed** dies als Fehler und führt das Kommando nicht aus. Wenn Kommandos, die eine oder zwei Adressen erlauben, ohne Angabe von Adressen aufgerufen werden, so werden dafür sogenannte *default*-Adressen (voreingestellte Adressen) verwendet. Werden bei Kommandos, die eine Adresse erlauben, zwei Adressen angegeben, so wird die zuletzt angegebene Adresse verwendet.

In einer Zeile darf immer nur ein Editier-Kommando angegeben werden, allerdings darf am Ende fast aller Kommandos (außer **e**, **f**, **r** und **w**) eines der folgenden Kommandos angehängt werden:

---

[24] Im folgenden steht
  z für reguläre Ausdrücke, welche ein Zeichen abdecken
  m und *n* für nichtnegative ganze Zahlen kleiner als 256

Kommando	Funktion
l	(*list*) Listen der adressierten Zeilen
n	(*number*) Ausgabe der adressierten Zeilen mit Zeilennummern
p	(*print*) Ausgabe der adressierten Zeilen ohne Zeilennummern

In der folgenden Liste der **ed**-Kommandos werden die *default*-Adressen in Klammern [25] davor angegeben. Aus dieser Angabe ist zugleich auch erkennbar, wieviele Adressen die einzelnen Kommandos erlauben. Zudem werden folgende Abkürzungen dort verwendet:

Abkürzung	Bedeutung
ra	für Regulärer Ausdruck
edkdos	für **ed**-Kommandos
ers	für Ersetzungstext

ed-Kommandos im Überblick

Kommando	Funktion
(.)a	Text anfügen; bis zur Eingabe von . (append)
(.,.)c	Zeilen durch neue Zeilen ersetzen; Ende wie a (change)
(.,.)d	Zeilen löschen (delete)
e *dateiname*	Puffer mit Inhalt von *dateiname* laden (edit)
E *dateiname*	wie e ohne Warnung über Änderungen (Edit)
f *dateiname*	*dateiname* merken; kein *dateiname* --> Ausgabe des gerade gemerkten Dateinamens (file)
(1,$)g/*ra*/ *edkdos*	für alle Zeilen mit *ra* ausführen (global) mehrere *edkdos* Kommandos sind mit \CR voneinander zu trennen
(1,$)G/*ra*/	interaktive Version zum g-Kommando (Global)
h	zur letzten ?-Warnung Erklärung ausgeben (help)
H	statt ? richtige Fehlermeldung ausgeben (Help)
(.)i	Text vor Zeile einfügen; Ende wie a (insert)
(.,.+1)j	Zeilen aneinanderhängen (join)
(.)kx	Zeile mit Kleinbuchstaben x markieren (mark)

---

[25] die Klammern sind dabei nicht Bestandteil der Adreßangabe

Kommando	Funktion
(.,.)l	Zeilen ausgeben; alle Zeichen sichtbar machen und überlange Zeilen in mehrere teilen (list)
(.,.)m*adr*	Zeilen hinter Zeile *adr* verlagern (move)
(.,.)n	Zeilen mit Zeilennummer ausgeben (number)
(.,.)p	Zeilen ausgeben (print)
P	ed-Promptzeichen ein-/ausschalten (Prompt)
q	ed verlassen (quit)
Q	wie q ohne Warnung über Änderungen (Quit)
($)r *dateiname*	Inhalt der Datei *dateiname* hinter adressierte Zeile kopieren (read)
(.,.)s/*ra*/*ers*/	Von *ra* abgedeckten Text durch *ers* ersetzen (substitute)
(.,.)t*adr*	Zeilen hinter Zeile *adr* kopieren (transfer)
u	letzte Änderung rückgängig machen (undo)
(1,$)v/*ra*/ edkdos	wie g-Kommando, aber nicht für Zeilen mit *ra* (veto)
(1,$)V/*ra*/	interaktive Version zum v-Kommando (Veto)
(1,$)w *datei*	Zeilen in Datei *datei* schreiben (write)
(1,$)W *datei*	Zeilen an *datei* anhängen
X	Verschlüsselung einschalten; nur in USA möglich
($)=	Zeilennummer ausgeben
!*unix-kdo*	*unix-kdo* ausführen
(.+1)CR	Zeile . ausgeben

ed-Limits

- Maximale Zeilenlänge: 512 Zeichen

- Maximale Zeichenzahl für die Kommandolisten beim **g**- oder **v**-Kommando: 256 Zeichen

- Maximale Länge von Dateinamen: 256 Zeichen

- Maximale Zeichenzahl im Arbeitspuffer: von jeweiliger Hauptspeichergröße abhängig

ed kann nur Textdateien editieren, die Zeichen aus dem ASCII-Code enthalten (8.Bit darf dabei nicht verwendet werden)

Wenn eine Datei nicht mit Carriage Return abgeschlossen ist, so fügt **ed** ein Neuezeile-Zeichen an und meldet dies. Wenn das Begrenzungszeichen eines regulären Ausdrucks oder Ersetzungstextes das letzte Zeichen einer Zeile ist, so kann dies auch weggelassen werden.

ed 645

ed-Skripts

ed liest normalerweise die Editier-Kommandos und die einzufügenden Texte von der Standardeingabe. Deswegen ist es möglich, die Eingabe an **ed** umzulenken. Mit der Kommandozeile

ed *dateiname* **<edscript**

würde die Datei *dateiname* editiert. Die **ed**-Kommandos werden hierbei allerdings nicht von der Dialogstation, sondern aus der Datei *edscript* gelesen. Solche Kommandodateien, die **ed**-Kommandos enthalten, werden auch *ed-Skripts* genannt.

Das Arbeiten mit **ed**-Skripts hat den Vorteil, daß die darin enthaltenen **ed**-Kommandos mehrfach verwendet werden können. Dies ist immer dann nützlich, wenn entweder mehrere Dateien in gleicher Weise zu editieren sind oder bestimmte immer wiederkehrende Umformungen (wie z. B. alle Leerzeilen entfernen) an Dateien vorzunehmen sind. Für solche nicht interaktive Dateiumformungen existiert jedoch ein eigenes UNIX-Tool: **sed** (stream **ed**itor). Dieser nicht interaktive Editor wird ausführlich im 3. Band dieser Buchreihe "awk und sed" behandelt.

egrep	Suchen in Dateien: (extended grep)

Syntax   egrep [*option(en)*]   *regulärer-Ausdruck* [*datei(en)*]

Beschreibung   Das Kommando **egrep** gibt alle Zeilen aus den angegebenen *datei(en)* aus, die durch den angegebenen *regulären-Ausdruck* abgedeckt werden. Wenn mehr als eine *datei* angegeben ist, so wird zu jeder Zeile noch der Name der Datei ausgegeben, aus der diese Zeile stammt.

Wird **egrep** ohne Angabe von *datei(en)* aufgerufen, so liest es von der Standardeingabe; dies ist sinnvoll für Pipes oder Eingabeumlenkung.

egrep schreibt die gefundenen Zeile auf die Standardausgabe. Um seine Ausgabe also ein anderes Kommando weiterzuleiten oder aber in eine Datei zu schreiben, muß eine Pipe oder Ausgabeumlenkung verwendet werden.

Optionen

Option	Beschreibung
–b	Vor jeder Zeile wird die Nummer des Blocks, in dem sie gefunden wurde, ausgegeben; Nummer des ersten Blocks ist 0.

Option	Beschreibung
-c	Es wird für jede Datei nur die Anzahl von Zeilen ausgegeben, die durch den *regulären-Ausdruck* abgedeckt sind.
-h	Dateiname wird nicht vor den Zeilen ausgegeben, in denen ein gesuchter String gefunden wurde.
-i	Groß- und Kleinschreibung ist nicht zu unterscheiden.
-l	Nur die Namen der Dateien ausgeben, in denen Zeilen gefunden wurden.
-n	Vor jeder gefundenen Zeile wird die zugehörige Zeilennummer ausgegeben.
-v	Alle Zeilen ausgeben, die nicht durch den angegebenen *regulären-Ausdruck* abgedeckt werden.
-e *regulärer-Ausdruck*	Es ist nach einem speziellen *regulären-Ausdruck*, der mit einem - beginnt, zu suchen.
-f *datei*	Die *regulären-Ausdrücke*, nach den zu suchen ist, sind in der Datei *datei* angegeben.

Bei egrep zugelassene reguläre Ausdrücke

Ein *regulärer Ausdruck* ist ein Ausdruck, welcher Strings spezifiziert und/oder über Vorschriften beschreibt, welche Strings durch ihn abgedeckt sind. Bei **egrep** gelten die folgenden Regeln für reguläre Ausdrücke:

1. Die Metazeichen von regulären Ausdrücken sind:
   . * + ? | ( ) [ ] \ ^ $
   Metazeichen haben eine Sonderbedeutung.

2. Ein einfacher regulärer Ausdruck ist einer der folgenden:

   - *Einfaches Zeichen*, aber kein Metazeichen
   - Das *Metazeichen* \, um Sonderbedeutung eines Metazeichens auszuschalten (z.B *)
   - ^ steht für Anfang einer Zeile, wenn es als erstes Zeichen angegeben ist.
   - $ steht für Ende einer Zeile, wenn es als letztes Zeichen angegeben ist.
   - . steht für jedes beliebige Zeichen, außer Neuezeile-Zeichen
   - Eine *Klasse von Zeichen*: z. B. [ABC] deckt eines der Zeichen A, B oder C ab

egrep

- Eine *Klasse von Zeichen mit Abkürzungen*: z. B. deckt [a-zA-Z] alle Buchstaben ab (nicht Umlaute)
- Eine *Komplement-Klasse von Zeichen*: z. B. deckt [^0-9] alle Zeichen außer die Ziffern und das Neuezeile-Zeichen ab

3. Operatoren, um reguläre Ausdrücke zu größeren zusammenzufassen
   - *Alternation*: A | B deckt A oder B ab
   - *Konkatenation*: AB deckt A unmittelbar gefolgt von B ab
   - *null-oder-beliebig-viele*: A* deckt kein, ein oder mehr A ab
   - *ein-oder-beliebig-viele*: A+ deckt ein oder mehr A ab (entspricht AA*)
   - *null-oder-eins*: A? deckt ein oder kein A ab
   - *runde Klammern*: (r) deckt den gleichen String wie r ab; um vorgegebene Prioritäten aufzuheben

   Die Priorität der Operatoren (in aufsteigender Folge):

   |
   Konkatenation
   *+?[26]
   ()[27]

Die Operatoren *, + und ? beziehen sich immer auf das vorhergehende Zeichen; sollen sie sich auf einen längeren Ausdruck beziehen, so ist dieser mit (..) zu klammern. Um runde Klammern in einem Text abzudecken, ist deren Sonderbedeutung mit \ auszuschalten: \(bzw. \). Die Alternation kann auch durch ein Neuezeile-Zeichen (Carriage-Return) angegeben werden.

Ein regulärer Ausdruck deckt einen String nach der "longest leftmost"-Regel ab.

```
egrep Mueller namliste
```

gibt alle Zeilen aus der Datei *namliste* aus, in denen der String Mueller vorkommt.

```
egrep 'M[ea][iy]er|M(ue|i)ller' namliste
```

gibt alle Zeilen aus Datei *namliste* aus, in denen einer der folgenden Strings vorkommt: Meier Maier Meyer Mayer Mueller Miller.

---

[26] besitzen untereinander gleiche Priorität
[27] besitzen untereinander gleiche Priorität

Verwandte Kommandos zu **egrep** sind **grep** und **fgrep**. **grep** ist eine abgeschwächte Form von **egrep**. **grep** bietet nicht alle Möglichkeiten der regulären Ausdrücke von **egrep** und läßt auch nicht die Angabe von regulären Ausdrücken in Dateien zu. **fgrep** läßt nur die Suche nach einfachen Strings zu, ist aber das schnellste dieser drei Suchkommandos. **egrep** dagegen ist das langsamste, aber dafür das mächtigste dieser Suchkommandos.

ex	Editieren von Dateien

Syntax

ex [–s] [–v] [–t *marke*] [–r*datei*] [–L] [–R] [–x] [–c *kdo*] [*datei(en)*]

Beschreibung

ex ist ein zeilenorientierter Editor, der die Basis zum Bildschirmeditor **vi** bildet. **ex** kann auch in den **vi**-Modus umgeschaltet werden, so daß er dann bildschirmorientiert arbeitet.

Bezüglich der Kommandomenge und den Such- und Ersetzungs-Möglichkeiten ist **ex** eine Erweiterung des Editors **ed**, dem er in vieler Hinsicht sehr ähnlich ist.

Falls die erste der angegebenen *datei(en)* bereits existiert, so wird diese in den Arbeitspuffer gelesen. Existiert diese noch nicht, so wird sie erst beim späteren Zurückschreiben des Arbeispuffers mit **:w** (ohne Verlassen von **ex**) auf dem externen Speichermedium angelegt.

Waren beim **ex**-Aufruf mehrere *dateien* angegeben, so kann mit der Eingabe des Kommandos **:n** die jeweils nächste der angegebenen *dateien* in den Arbeitspuffer gelesen werden. Da dies zum Überschreiben des alten Pufferinhalts führt, sollte dieser - wenn gewünscht - zuvor mit **:w** zurückgeschrieben werden.

Fehlte beim Aufruf die Angabe von *datei(en)*, so wird ein leerer Arbeitspuffer angelegt, der noch keiner Datei zugeordnet ist. In diesen Puffer kann nun Text eingegeben und editiert werden. Erst mit dem Editor-Kommando

:w *datei*

wird dann eine Datei mit Namen *datei* auf dem externen Speichermedium mit dem Pufferinhalt beschrieben.

ex

Optionen

Option	Beschreibung
–s	unterdrückt alle interaktiven Editor-Meldungen, die für den Benutzer bestimmt sind; nützlich beim Arbeiten mit **ex**-Skripts.
–v	bewirkt, daß **ex** sofort in den **vi**-Modus umgeschaltet wird.
–t *marke*	(*tag*) bewirkt das Editieren der Datei, deren Name in der Datei *tags* mit der angegebenen *marke* gekennzeichnet ist und positioniert den Cursor sofort auf der in *tags* dazu eingetragenen Position. In diesem Fall entfällt die Angabe von *datei(en)*.
–r*datei*	(*recover*) bewirkt, daß nach einem Editor- oder Systemzusammenbruch das Editieren der angegebenen *datei* wieder ermöglicht wird. In der Regel sind dabei nur die letzten Änderungen verloren.
–R	(*Read only*) bewirkt, daß die zu editierenden *datei(en)* nur zum Lesen eröffnet werden und ihr Inhalt bei dieser Editiersitzung nicht geändert werden kann.
–L	alle bei einem Editor- oder Systemzusammenbruch geretteten Dateien auflisten. Die hier aufgelisteten Dateien können dann unter Verwendung der Option **-r** editiert werden.
–x	bewirkt, daß der Pufferinhalt beim Zurückschreiben auf eine Datei verschlüsselt wird (siehe Kommando **crypt**); seit System V.3 ist diese Option nur auf Systemen innerhalb der USA verfügbar.
–c *kdo*	bewirkt, daß das hier angegebene **ex**-Kommando *kdo* ausgeführt wird, bevor das eigentliche Editieren beginnt; für *kdo* wird meist ein Positionierungs- oder Suchkommando angegeben.

Arbeitszustände des ex

ex kennt zwei Arbeitszustände:

- Kommandomodus
- Eingabemodus

Nach dem Aufruf befindet sich **ex** immmer im Kommandomodus, was eventuell durch das Promptzeichen : (Doppelpunkt) angezeigt wird. Im Kommandomodus erwartet **ex** die Eingabe von Editor-Kommandos. Befindet **ex** sich im Eingabemodus, so werden alle Eingaben als einfacher Text aufgefaßt, der im Arbeitspuffer zu speichern ist.

Vom Kommandomodus kann mit einem der folgenden **ex**-Kommandos in den Eingabemodus umgeschaltet werden:

insert	Einfügen
append	Anfügen
change	Ändern

Vom Eingabemodus kann wie bei **ed** mit der Eingabe eines . (Punkt) als erstes und einziges Zeichen einer Zeile zum Kommandomodus zurückgeschaltet werden.

Darstellungsmodi des ex:

ex kann wie **vi** in zwei unterschiedlichen Darstellungs-Modi (siehe auch **vi**-Beschreibung) arbeiten:

- **vi**-Modus (bildschirmorientiert)

- **ex**-Modus (zeilenorientiert)

Das Umschalten vom **ex**-Modus in den **vi**-Modus kann durch das **ex**-Kommando **visual** erreicht werden. Vom **vi**-Modus in den **ex**-Modus kann dann mit der Eingabe von **Q** wieder zurückgeschaltet werden.

Eingabemodus:

Im Eingabemodus verhält sich **ex** wie der Editor **ed**. In diesem Modus kann beliebiger Text eingegeben werden. **ex** liest dabei immer zeilenweise vom Terminal. Dies bedeutet, daß während einer Eingabe nur Eingabefehler in einer noch nicht mit ⏎ abgeschlossenen Zeile korrigiert werden können.

Als Korrekturen sind dabei möglich:

- Zeile löschen (**kill**) und

- Zeichen löschen (**erase**)

Der Eingabemodus wird beendet, wenn **ex** eine Zeile übergeben wird, die als einziges und erstes Zeichen einen . (Punkt) enthält.

ex

Kommandomodus:

ex kann nur dann Editor-Kommandos ausführen, wenn er sich im Kommandomodus befindet. Die allgemeine Form eines **ex**-Kommandos ist:

[*adresse1* [,*adresse2*]]   *editier-kommando*   [*optionen*]   [*anhaengsel*]

Durch die Adressen *adresse1* und *adresse2* wird ein bestimmter Bereich hintereinander stehender Zeilen ausgewählt. Auf diese so ausgewählten Zeilen wird dann das *editier-kommando*, welches anders als bei **ed** nicht unbedingt aus einem Zeichen besteht, ausgeführt. Als *editier-kommando* kann bei **ex** eine abgekürzte Form des Kommandonamens oder auch der volle Kommandoname angegeben werden. So ist zum Numerieren von Zeilen z. B. sowohl die Angabe von **nu** (kleinstmögliche Abkürzung) als auch von **num**, **numb**, **numbe** oder **number** (voller Kommandoname) möglich.

Als *optionen* sind möglich:

Option	Beschreibung
!*unix_kdo*	Ausführung des entsprechenden Unix-Kommandos *unix_kdo*
parameter	zusätzliche Informationen für ein Kommando, wie z. B. ein Dateiname
n	eine Zahl *n* gibt an, wieoft das *editier-kommando* auszuführen ist

Als *anhaengsel* ist möglich:

anhaengsel	Beschreibung
#	den adressierten Zeilen wird eine Zeilennummer bei der Ausgabe vorangestellt
p	steht für **print** und bewirkt, daß die (neue) aktuelle Zeile nach Ausführung von *editier-kommando* ausgegeben wird
l	wie **p**; allerdings erfolgt hier die Ausgabe im Format des **list**-Kommandos

Wird weder eine Adresse noch ein *editier-kommando* angegeben (nur ⏎ alleine), so wird die nächste Zeile die aktuelle Zeile. Wird nur eine

Adresse und kein *editier-kommando* angegeben, so wird die adressierte Zeile die aktuelle Zeile.

Die nachfolgende Tabelle zeigt alle Adressierungs-Möglichkeiten und die dadurch ausgewählten Zeilen:

keine Adresse angegeben: aktuelle Zeile[28]
eine Adresse angegeben: Zeile, die diese Adresse besitzt
beide Adressen angegeben: Bereich (von,bis)[29] von Zeilen

Adressen Die Adreßangaben *adresse1* und *adresse2* wählen bestimmte Zeilen aus. Die Angaben für *adresse1* und *adresse2* sind dabei sehr ähnlich zu **ed**:

Angabe	Beschreibung
.	adressiert die aktuelle Zeile
$	adressiert die letzte Zeile
n[30]	adressiert die *n*.te Zeile
%	Kurzform für **1,$** (alle Zeilen)
'*x*	adressiert die Zeile, die mit der Marke *x* markiert wurde[31]
/*regulärer Ausdruck*/	adressiert die erste Zeile (von *aktueller Zeile zum Dateiende hin*),[32] welche einen String beinhaltet, der durch den vorgegebenen *regulären Ausdruck* abgedeckt ist. Wird bis zum Dateiende keine solche Zeile gefunden, so wird vom Dateianfang bis einschließlich der aktuellen Zeile nach einer solchen Zeile gesucht.
?*regulärer Ausdruck*?	adressiert die erste Zeile (von *aktueller Zeile zum Dateianfang hin*[33]), welche einen String beinhaltet, der durch den vorgegebenen *regulären Ausdruck* abgedeckt ist. Wird zum Dateianfang hin keine solche Zeile gefunden, so wird vom Dateiende rückwärts bis einschließlich der aktuellen Zeile nach einer solchen Zeile gesucht.

Weitere Regeln sind:

1. Wenn eine Adresse mit *+n* oder *-n* (für *n* ist eine Zahl anzugeben) endet, so adressiert dies die Zeile
   adresse ± *n*

---

[28] Nach dem Aufruf von **ex** ist immer die letzte Zeile des Puffers die aktuelle Zeile.
[29] erste Zeile (adresse1) und letzte Zeile (adresse2) sind Bestandteil dieses Bereichs statt Komma darf auch Semikolon als Trennzeichen angegeben werden.
[30] *n* steht dabei für eine Zahl
[31] *x* muß dabei ein Kleinbuchstabe sein
[32] aktuelle Zeile zählt nicht dazu
[33] aktuelle Zeile zählt nicht dazu

2. Wenn eine Adresse mit +n oder -n (für n ist eine Zahl anzugeben) beginnt, so adressiert dies die Zeile
   `aktuelle-zeile ± n`;
   z. B. wird +6 als .+6 interpretiert.

3. Wenn eine Adresse mit + oder - endet, so adressiert dies die Zeile
   adresse ± 1;
   die alleinige Adreßangabe + bzw. - adressiert die der aktuellen Zeile unmittelbar folgende bzw. voranstehende Zeile.
   Wenn eine Adresse mit mehr als einem + oder - endet, so adressiert dies die Zeile
   `aktuelle-zeile ± anzahl-von±`; z. B. adressiert --- die Zeile `aktuelle-zeile-3`

4. Wird als gesamte Adreßangabe nur ein Komma gegeben, so entspricht dies der Angabe: `.,.` (aktuelle Zeile).

5. Werden zwei Adressen durch Semikolon getrennt (z. B. 5;+2), so legt die 1.Adresse die aktuelle Zeile fest (z. B. 5), was bei Angabe von Komma als Adressen-Trennungszeichen nicht der Fall ist.

Anders als in **vi** wird der Wiederholungsfaktor für ein Kommando nicht vor dem *editier-kommando* angegeben, da dies bei **ex**-Kommandos die Adresse darstellt, z. B.

`4d` löscht die 4.Zeile

`d4` löscht ab der aktuellen Zeile 4 Zeilen

Bei einer Bereichs-Adreßangabe schaltet der Wiederholungsfaktor die Bereichs-Adreßangabe aus; in diesem Fall legt die Bereichsende-Angabe die Ausgangszeile für die Wiederholung fest, z. B.

`3,6d3`

würde die Zeilen 6,7 und 8 löschen; die Bereichsanfangs-Zahl 3 wird in diesem Fall ignoriert.

Die vollständige Eingabe eines **ex**-Kommandos erfolgt in der sogenannten Statuszeile (letzte Bildschirmzeile) und muß immer mit Carriage-Return abgeschlossen werden.

In ex zugelassene reguläre Ausdrücke

Ein *regulärer Ausdruck* ist ein Ausdruck, welcher Strings spezifiziert und/oder über Vorschriften beschreibt, welche Strings durch ihn abgedeckt sind.

Bei **ex** gelten die folgenden Regeln für reguläre Ausdrücke:

1. Die Metazeichen von regulären Ausdrücken sind:
   . * [ ] \ ^ $
   Metazeichen haben eine Sonderbedeutung.

2. Ein einfacher regulärer Ausdruck ist einer der folgenden:
   - *Einfaches Zeichen*, aber kein Metazeichen
   - Das *Metazeichen* \, um Sonderbedeutung eines Metazeichens auszuschalten(z.B *)
   - ^ steht für Anfang einer Zeile, wenn es als erstes Zeichen angegeben ist.
   - $ steht für Ende einer Zeile, wenn es als letztes Zeichen angegeben ist.
   - . steht für jedes beliebige Zeichen, außer Neuezeile-Zeichen
   - \< steht für Anfang eines Wortes
   - \> steht für Ende eines Wortes
   - Eine *Klasse von Zeichen*: z. B. [ABC] deckt eines der Zeichen A, B oder C ab
   - Eine *Klasse von Zeichen mit Abkürzungen*: z. B. deckt [a-zA-Z] alle Buchstaben ab (nicht Umlaute)
   - Eine *Komplement-Klasse von Zeichen*: z. B. deckt [^0-9] alle Zeichen außer die Ziffern und das Neuezeile-Zeichen ab

3. Operatoren, um reguläre Ausdrücke zu größeren zusammenzufassen
   - *Konkatenation*: AB deckt A unmittelbar gefolgt von B ab
   - *null-oder-beliebig-viele*: A* deckt kein, ein oder mehr A ab
   - *\runde Klammern*: \(r\) deckt gleiche Strings wie der ungeklammerte reguläre Ausdruck r ab
   - *n-ter Teilausdruck*: \n deckt den gleichen String ab, wie ein im selben regulären Ausdruck zuvor angegebener \(*Ausdruck*\). *n* muß eine Ziffer sein und spezifiziert den *n*.ten \(*Ausdruck*\); z. B. deckt ^\(.*\)\1$ eine Zeile ab, welche sich aus zwei gleichen Strings zusammensetzt.

Ein regulärer Ausdruck deckt einen String nach der "*longest leftmost*"-Regel ab.

Die Angabe von // (Vorwärts-Adressierung) bzw. ?? (Rückwärts-Adressierung) ist äquivalent zum zuletzt angegebenen /*regulärer Ausdruck*/ bzw. ?*regulärer Ausdruck*?, je nachdem, welche dieser beiden Angaben als letzte erfolgte.

ex-Kommandos

Die einzelnen **ex**-Kommandos können eventuell keine, eine oder zwei Adressen erfordern. Wird bei Kommandos, die keine Adreßangabe erlauben, eine Adresse angegeben, so wertet **ex** dies als Fehler und führt das Kommando nicht aus. Wenn Kommandos, die eine oder zwei Adressen erlauben, ohne Angabe von Adressen aufgerufen werden, so werden dafür sogenannte *default*-Adressen (voreingestellte Adressen) verwendet. Werden bei Kommandos, die eine Adresse erlauben, zwei Adressen angegeben, so wird die zuletzt angegebene Adresse verwendet.

In der folgenden Liste der **ex**-Kommandos werden die *default*-Adressen in eckigen Klammern[34] davor angegeben. Aus dieser Angabe ist zugleich auch erkennbar, wieviele Adressen die einzelnen Kommandos erlauben. Zudem werden folgende Abkürzungen dort verwendet:

Abkürzung	Bedeutung
RA	für Regulärer Ausdruck
kdos	für **ex**-Kommandos
ers	für Ersetzungstext

In runden Klammern wird dabei die erlaubte Abkürzung und in geschweiften Klammern die aktuelle Zeile nach Ausführung dieses Kommandos gegeben.

---

abbrev *abk text*   (**ab**)   {unverändert}

---

definiert die Abkürzung *abk* für den angegebenen *text*. Wird im Eingabemodus *abk* als eigenes Wort eingegeben, so wird es durch *text* ersetzt; dies gilt allerdings nur im **vi**-Modus (nicht im **ex**-Modus). Wird **ab** ohne die Argumente *abk* und *text* aufgerufen, so werden alle momentan aktiven Abkürzungen ausgegeben.

---

[34] die eckigen Klammern sind nicht Bestandteil der Adreßangabe

[.]append[!]
text
.   (**a**)   {zuletzt eingegebene Zeile}

> fügt den eingegebenen *text* nach der adressierten Zeile ein.
>
> Der Abschluß der *text*-Eingabe erfolgt mit . (Punkt) als einziges Zeichen einer Zeile.
>
> **0a** ist für dieses Kommando erlaubt und bedeutet: Einfügen ganz am Anfang des Arbeitspuffers.
>
> Wird **!** angegeben, so wird für die Dauer der *text*-Eingabe die Option **autoindent** eingeschaltet.

args   (**ar**)   {unverändert}

> gibt die Argumentenliste des **ex**-Aufrufs aus; der Name der aktuell bearbeiteten Datei wird dabei mit [..] geklammert.

[.,.]change[*n*!]
text
.   (**c**)   {zuletzt eingegebene Zeile}

> ersetzt den adressierten Zeilenbereich durch den eingegebenen *text*. Der Abschluß der *text*-Eingabe erfolgt mit . (Punkt) als einziges Zeichen einer Zeile.
>
> Wird nach **change** eine Zahl *n* angegeben, so sind ab der adressierten Zeile *n* Zeilen zu ersetzen.
>
> Wird **!** angegeben, so wird für die Dauer der *text*-Eingabe die Option **autoindent** eingeschaltet.

[.,.]copy*adresse*   (**co**)   {letzte der kopierten Zeilen}

> kopiert die adressierten Zeilen hinter die Zeile, die mit *adresse* adressiert wird; ist keine *adresse* angegeben, so werden die adressierten Zeilen hinter die aktuelle Zeile kopiert.
>
> Die Angabe von **0** für *adresse* ist möglich und bewirkt, daß die adressierten Zeilen an den Pufferanfang kopiert werden.
>
> Das Kommando **transfer** ist identisch zu **copy**.

ex-kommandos

[.,.]**delete**[*n*][*puffername*] **(d)**		{den gelöschten Zeilen folgende Zeile}

löscht den adressierten Zeilenbereich.

Wird nach **delete** eine Zahl *n* angegeben, so sind ab der adressierten Zeile *n* Zeilen zu löschen. Wird ein *puffername* angegeben, so wird der gelöschte Text dorthin kopiert, ansonsten wird er in den allgemeinen Puffer kopiert.

edit[!][+*n*]*dateiname* **(e)**		{letzte Zeile der neuen Datei}

liest den Inhalt der Datei *dateiname* in den Arbeitspuffer.

Der alte Inhalt des Arbeitspuffers wird dabei überschrieben.

Wenn der Pufferinhalt seit der letzten Änderung nicht gesichert wurde, so wird eine Warnung ausgegeben und das **edit**-Kommando nicht ausgeführt.

Wird ! angegeben, so wird der jetzige Pufferinhalt ohne Warnung mit dem Inhalt der Datei *dateiname* überschrieben. Wird +*n* angegeben, so wird *n*.te Zeile die aktuelle Zeile.

file [*dateiname*] **(f)**		{unverändert}

ex merkt sich den angegebenen *dateiname* (Dies wird der neue Dateiname, der dem Arbeitspuffer zugeordnet ist).

Wird **file** ohne Angabe eines *dateiname* aufgerufen, so wird der momentan gemerkte Dateiname ausgegeben.

[1,$]**global**[!]/*RA*/*kdos* **(g)**		{wird immer die Zeile, die der reguläre Ausdruck *RA* gerade abdeckt (bzw. bei ! nicht abdeckt)}

führt die angegebenen *kdos* für alle Zeilen aus, die der reguläre Ausdruck *RA* adressiert. Wird mehr als ein *kdo* angegeben, so muß jedes einzelne *kdo* in einer eigenen Zeile stehen, die mit dem Fortsetzungszeichen \ (außer letzte *kdo*-Zeile) abzuschließen ist. Die Kommandos **g** und **v** sind hierbei nicht erlaubt. Werden keinerlei *kdos* angegeben, so wird das **ex**-Kommando **print** angenommen.

Wird **!** angegeben, so werden die *kdos* für alle Zeilen ausgeführt, die *RA* nicht adressiert.

[.]insert[!]
text
.
 (i) {zuletzt eingegebene Zeile}

fügt den eingegebenen *text* vor der adressierten Zeile ein.

Der Abschluß der *text*-Eingabe erfolgt mit . (Punkt) als einziges Zeichen einer Zeile

Die Adresse **0** ist für dieses Kommando nicht erlaubt.

Wird **!** angegeben, so wird für die Dauer der *text*-Eingabe die Option **autoindent** eingeschaltet.

[.,.+1]join[*n***]** (j) {zusammengefügte Zeile}

macht aus den adressierten Zeilen eine Zeile, indem es die abschließenden Neuezeile-Zeichen in allen adressierten Zeilen (außer der letzten) entfernt

Wird nach **join** eine Zahl *n* angegeben, so sind ab der adressierten Zeile *n* Zeilen zu einer zusammenzufügen.

[.,.]list[*n***]** (l) {zuletzt ausgegebene Zeile}

gibt die adressierten Zeilen aus; dabei werden einige nicht druckbare Zeichen (wie Backspace, Tabulatorzeichen) in mnemotechnischer Darstellung und alle anderen nicht druckbaren Zeichen als Oktalwerte ausgegeben. Zusätzlich werden überlange Zeilen in mehreren Zeilen ausgegeben.

l kann an die meisten **ex**-Kommandos angehängt werden.

[.]mark*x* (**ma** oder **k**) {unverändert}

markiert die adressierte Zeile mit *x* (muß ein Kleinbuchstabe sein). Die Adreßangabe '*x* adressiert dann diese Zeile.

ex-kommandos

map *abk text*   (**map**)   {unverändert}

definiert ein Kommando-Makro mit Namen *abk* für die angegebene Kommandofolge in *text*. *abk* muß dabei ein einzelnes Zeichen oder #*n* (*n*=0,1,..,9) sein. Letztere Angabe bewirkt die Belegung einer Funktionstaste (0=F1, 1=F2, .. 9=F10) oder (1=F1, ..., 9=F9, 0=F10). Wird dann später im **vi**-Modus *abk* eingegeben, so werden die in *text* angegebenen Kommandos ausgeführt.

[.,.]**move***adresse*   (**m**)   {letzte der verlagerten Zeilen}

kopiert die adressierten Zeilen hinter die Zeile, die mit *adresse* adressiert wird; ist keine *adresse* angegeben, so werden die adressierten Zeilen hinter die aktuelle Zeile kopiert. Immer werden die ursprünglichen Zeilen gelöscht.

Die Angabe von **0** für *adresse* ist möglich und bewirkt, daß die adressierten Zeilen an den Pufferanfang verlagert werden.

next[!][[+*kdo*] *dateiliste*]   (**n**)   {letzte Zeile der neuen Datei}

kopiert die nächste Datei aus der **vi**- bzw. **ex**-Aufrufzeile in den Arbeitspuffer; der alte Pufferinhalt geht dabei verloren. Wenn die letzten Änderungen noch nicht gesichert wurden, so erfolgt eine Fehlermeldung und das Kommando wird nicht ausgeführt.

Wird ! angegeben, so wird der jetzige Pufferinhalt ohne Warnung mit dem Inhalt der neuen Datei überschrieben.

Wird eine *dateiliste* angegeben, so wird die Argumentliste des **ex**- bzw. **vi**-Aufrufs durch diese ersetzt.

Wird +*kdo* angegeben, so wird das **kdo** sofort nach dem Laden der ersten Datei aus *dateiliste* ausgeführt.

[.,.]**number**[*n*]   (**nu** oder **#**)   {zuletzt ausgegebene Zeile}

gibt die adressierten Zeilen mit Zeilennummern (am linken Rand gefolgt von einem Tabulatorzeichen) aus.

Wird nach **number** eine Zahl *n* angegeben, so sind ab der adressierten Zeile *n* Zeilen auszugeben.

kann an die meisten **ex**-Kommandos angehängt werden.

[.]**open**/*RA*/	(**o**)	{letzte aktuelle Zeile im **open**-Modus}

schaltet in **open**-Modus um; aktuelle Zeile wird die auf die mit der Adreßangabe oder mit dem *RA* adressierte Zeile folgende Zeile. Der **open**-Modus entspricht weitgehend dem **vi**-Modus mit dem Unterschied, daß nicht eine ganze Bildschirmseite, sondern nur die aktuelle Zeile angezeigt wird. Der **open**-Modus kann genau wie der **vi**-Modus mit **Q** wieder verlassen werden.

preserve	(**pre**)	{unverändert}

der aktuelle Pufferinhalt wird so abgespeichert, als ob ein Systemabsturz aufgetreten wäre.

[.,.]**print**[*n*]	(**p**)	{zuletzt ausgegebene Zeile}

gibt die adressierten Zeilen aus (nicht druckbare Zeichen werden dabei als Kontrollzeichen ausgegeben).

Eingabe von ⏎ ist äquivalent zu .+1p⏎.

p kann an die meisten **ex**-Kommandos angehängt werden.

[.]**put**[*puffername*]	(**pu**)	{zuletzt kopierte Zeile}

kopiert den Inhalt des Puffers *puffername* hinter die adressierte Zeile. Wird kein *puffername* angegeben, so wird der Inhalt des allgemeinen Puffers hinter die adressierte Zeile kopiert.

quit[!]	(**q**)	{unverändert}

bewirkt das Verlassen von **ex**. Zuvor wird allerdings geprüft, ob der Pufferinhalt seit der letzten Änderung in eine Datei gesichert wurde. Ist

ex-kommandos

dies nicht der Fall, so wird eine Warnung ausgegeben und **ex** nicht verlassen.

Wird **!** angegeben, so wird **ex** auf jeden Fall verlassen und eventuell nicht gesicherte Änderungen gehen verloren.

[.]**read**[!][*dateiname*] (**re**) {zuletzt kopierte Zeile}

---

liest die Datei *dateiname* und schreibt deren Inhalt hinter die adressierte Zeile. Wenn kein *dateiname* angegeben ist, so wird hierfür der momentan gemerkte Dateiname (siehe Kommando **file**) verwendet. Die Angabe von **0re** *dateiname* ist erlaubt und bewirkt, daß die Datei *dateiname* an den Pufferanfang kopiert wird.

Für *dateiname* kann auch **!unix_kdo** angegeben werden; es wird dann die Ausgabe des **unix_kdo** hinter die adressierte Zeile kopiert, z. B. würde **re !ls -a** alle Dateinamen des working directory hinter die aktuelle Zeile kopieren.

---

recover *dateiname* (**rec**) {letzte Zeile}

---

ermöglicht die Wiederaufnahme einer **ex**-Sitzung nach einem Editor-Abbruch oder einem Systemzusammenbruch. *dateiname* sollte dabei der Name der beim Abbruch bearbeiteten Datei sein.

---

rewind[!] (**rew**) {letzte Zeile der neuen Datei}

---

setzt die Argumentenliste des Editor-Aufrufs zurück. Die erste Datei der Aufrufzeile wird dann in den Arbeitspuffer geladen. Wenn die letzten Änderungen im Arbeitspuffer noch nicht gesichert wurden, erfolgt eine Fehlermeldung und das Kommando wird nicht ausgeführt.

Wird **!** angegeben, so wird der jetzige Pufferinhalt ohne Warnung mit dem Inhalt der neuen Datei überschrieben.

---

set ... (**se**) {unverändert}

---

setzt die **ex**- bzw. **vi**-Optionen oder fragt deren Belegung ab:

Befehl	Beschreibung
set *option*	Einschalten der *option*
set *nooption*	Ausschalten der *option*
set *option=wert*	Zuweisen von *wert* an *option*
set	Anzeigen geänderter Optionen
set all	Anzeigen aller Optionen
set *option*?	Belegung von *option* anzeigen

shell (**sh**) {unverändert}

schaltet auf die UNIX-Kommandoebene um:[35] Hier können nun beliebig UNIX-Kommandos eingegeben werden. Mit Ctrl-D oder **exit** ⏎ wird die Editor-Sitzung an der abgebrochenen Stelle wieder aufgenommen.

source *dateiname* (**so**) {von ausgeführten **ex**-Kommandos abhängig}

liest die in der Datei *dateiname* angegebenen **ex**-Kommandos und führt diese aus.

substitute
[.,.]s/*RA*/*ers*/[*n*]
[.,.]s/*RA*/*ers*/**g**[*n*]   {letzte Zeile, in der eine Ersetzung
[.,.]s/*RA*/*ers*/**c**[*n*]   (**s**)   stattfand}

ersetzt in den adressierten Zeilen die Texte, die durch den regulären Ausdruck *RA* abgedeckt werden, durch den Ersetzungstext *ers*.

Normalerweise wird dabei nur der erste durch den *RA* abgedeckte Text in jeder Zeile ersetzt. Sollen in den Zeilen alle Text-Vorkommen ersetzt werden, die durch *RA* abgedeckt werden, so ist am Kommandoende **g** (**global**) anzugeben.

Wird am Kommandoende **c** angegeben, so wird vor jeder Ersetzung abgefragt, ob wirklich zu ersetzen ist; bei **y** als Antwort wird die Ersetzung durchgeführt, bei allen anderen Eingaben nicht.

---

[35] Hier wird eine Subshell gestartet.

ex-kommandos

Wird in den adressierten Zeilen kein Text gefunden, der durch *RA* abgedeckt ist, so meldet **ex** einen Fehler. Für das Begrenzungs-Zeichen / kann jedes beliebige Zeichen (außer Leer- oder Neuezeile-Zeichen) verwendet werden, solange es nicht in *RA* oder *ers* vorkommt.

g und **c** dürfen auch gemeinsam angegeben werden.

Wird in *ers* das Zeichen **&** angegeben, so wird beim Ersetzungsvorgang hierfür der Text eingesetzt, der durch *RA* abgedeckt wurde; z. B. würde **1,$s/^.*$/|&|/** alle Zeilen im Arbeitspuffer mit | .. | einrahmen. Soll diese Sonderbedeutung von **&** in *ers* ausgeschaltet werden, so ist **&** das Zeichen \ voranzustellen (\&).

Wenn in *ers* \n (*n* steht für eine Ziffer) angegeben ist, so wird beim Ersetzungsvorgang hierfür der Text eingesetzt, der durch den *n*.ten mit \(.. \) geklammerten Teilausdruck in **RA** abgedeckt wurde; z. B. würde

1,$s/\(a\)/\1\1/g

alle vorkommenden Zeichen **a** im Arbeitspuffer doppeln.

Wenn als einziges Zeichen in *ers* **%** angegeben ist, so wird hierfür der Ersetzungstext *ers* aus dem zuletzt angegebenen **substitute**-Kommando eingesetzt. Die Sonderbedeutung von **%** wird ausgeschaltet, wenn entweder noch weitere Zeichen in *ers* angegeben sind oder ein \ vorangestellt wird.

Ein **substitute**-Kommando darf sich auch über mehrerere Zeilen erstrecken; in diesem Fall ist dem abschließenden ⏎ ein \ voranzustellen. Eine solche Aufteilung über mehrere Zeilen ist jedoch nicht in den angehängten Kommandolisten der Kommandos **global** oder **v** erlaubt.

Wird am Ende des **substitute**-Kommandos eine Zahl *n* angegeben, so wirkt dieses Kommando auf die nächsten *n* Zeilen ab der adressierten Zeile.

---

tag *markenname*   **(ta)**   {in der Tag-Datei festgelegte Zeile}

---

bewirkt das Editieren der Datei, deren Name in der Tag-Datei mit dem angegebenen *markenname* gekennzeichnet ist und positioniert den Cursor auf der dazu angegebenen Position. *Ctrl*-] hat die gleiche Wirkung wie **:tag**, benutzt jedoch als *markenname* das Wort an der aktuellen Cursorposition.

[.,.]**transfer***adresse*   (**t**)   {letzte der kopierten Zeilen}

kopiert die adressierten Zeilen hinter die Zeile, die mit *adresse* adressiert wird; ist keine *adresse* angegeben, so werden die adressierten Zeilen hinter die aktuelle Zeile kopiert.

Die Angabe von **0** für *adresse* ist erlaubt und bewirkt, daß die adressierten Zeilen an den Pufferanfang kopiert werden.

Das Kommando **transfer** ist identisch zu **copy**.

unabbrev *abk*   (**una**)   {unverändert}

löscht das Text-Makro *abk*

undo   (**u**)   {vorherige aktuelle Zeile}

macht die durch das letzte Editor-Kommando bewirkte Änderung wieder rückgängig.

unmap *abk*   (**unm**)   {unverändert}

löscht das Kommando-Makro *abk*

[1,$]**v**/*RA*/*kdos*   (**v**)   {wird immer die Zeile, die *RA* gerade nicht abdeckt}

ist die Umkehrung zum **global**-Kommando: **v** führt die angegebenen *kdos* für alle Zeilen aus, die der reguläre Ausdruck *RA* nicht adressiert. **v** entspricht somit dem Kommando **g!**.

version   (**ve**)   {unverändert}

gibt die Versionsnummer des Editors aus.

ex-kommandos 665

[.]visual[*position*][*n*]　　　　**(vi)**　　　　{adressierte Zeile}

schaltet den Editor von **ex**-Modus in den **vi**-Modus um. Mit **Q** kann dann wieder in den **ex**-Modus zurückgeschaltet werden. Für *position* kann dabei wie beim Kommando **z** folgendes angegeben werden:

- \+ adressierte Zeile wird 1.Zeile des Bildschirmfensters
- \- adressierte Zeile wird letzte Zeile des Bildschirmfensters
- . adressierte Zeile wird mittlere Zeile des Bildschirmfensters

Wird zusätzlich noch eine Zahl *n* angegeben, so legt diese die Größe des Bildschirmfensters in Zeilen fest.

visual [+*n*]*dateiname*　　　**(vi)**　　　{erste Zeile bzw. *n*.te Zeile der Datei *dateiname*}

bewirkt das Editieren der Datei *dateiname*. Wird +*n* angegeben, so wird der Cursor in dieser Datei sofort auf die *n*.te Zeile positioniert.

[1,$]**write**[!][[>>]*dateiname*]　　**(w)**　　{unverändert}

schreibt die adressierten Zeilen aus dem Arbeitspuffer in die Datei *dateiname*.

Wenn *dateiname* nicht angegeben ist, so wird der momentan gemerkte Dateiname hierfür eingesetzt (entweder beim **ex**-Aufruf angegeben oder mit den Kommandos **edit** oder **file** gesetzt).

Wird >>*dateiname* angegeben, so wird der Pufferinhalt an das Ende von *dateiname* geschrieben.

Die Angabe von **!** erzwingt das Überschreiben des aktuellen Inhalts von *dateiname*

Wenn für *dateiname* **!unix-kommando** angegeben wird, so wird dieses unix-kommando gestartet und an die Standardeingabe dieses Kommandos werden die adressierten Zeilen übergeben.

wq wirkt wie **write** mit nachfolgendem **quit**.

xit [*dateiname*]   (**x**)

sichert den Pufferinhalt in der momentan gemerkten Datei und bewirkt dann das Verlassen des Editors. Ist *dateiname* angegeben, so wird der Pufferinhalt in der Datei *dateiname* gesichert, bevor der Editor verlassen wird.

[.,.]**yank**[*puffername*][*n*]   (**ya**)   {unverändert}

kopiert die adressierten Zeilen in den Puffer *puffername*.

Wird *puffername* (ein Kleinbuchstabe) nicht angegeben, so werden die adressierten Zeilen in den allgemeinen Puffer kopiert.

Wird *n* angegeben, so werden ab der adressierten Zeile *n* Zeilen in den entsprechenden Puffer kopiert.

Der Pufferinhalt kann dann später mit dem Kommando **put** wieder in den Arbeitspuffer kopiert werden.

[.+1]**z**[*position*][*n*]   (**z**)   {letzte der ausgegebenen Zeilen bzw. bei = die mittlere Bildschirmzeile}

gibt ab der adressierten Zeile eine Bildschirmseite aus. Für *position* kann dabei folgendes angegeben werden:

+   adressierte Zeile wird 1.Zeile des Bildschirmfensters

-   adressierte Zeile wird letzte Zeile des Bildschirmfensters

.   adressierte Zeile wird mittlere Zeile des Bildschirmfensters

=   adressierte Zeile wird mittlere Zeile des Bildschirmfensters und zugleich auch die aktuelle Zeile

Wird zusätzlich noch eine Zahl *n* angegeben, so legt diese die Anzahl der auszugebenden Zeilen fest.

[$]=   (=)   {unverändert}

gibt die Zeilennummer der adressierten Zeile aus. Um die Nummer der aktuellen Zeile zu erhalten, wäre .= anzugeben.

ex-kommandos

!*unix_kdo*	(!)	{unverändert}

bewirkt die Ausführung des angegebenen Unix-Kommandos (*unix_kdo*). Wird innerhalb von *unix_kdo* das Zeichen % angegeben, so wird hierfür der gerade gemerkte Dateiname eingesetzt.

Die Angabe von !! bewirkt, daß das zuletzt gegebene *unix_kdo* nochmals ausgeführt wird.

adresse!*unix_kdo*	(!)	{letzte der von *unix_kdo* geschriebenen Zeilen}

bewirkt die Ausführung des angegebenen Unix-Kommandos (*unix_kdo*); dabei werden die mit *adresse* adressierten Zeilen an die Standardeingabe dieses Kommandos übergeben. Die Ausgabe von *unix_kdo* ersetzt dann die mit *adresse* adressierten Zeilen im Arbeitspuffer, z. B. **1,$!sort** sortiert die Zeilen des Arbeitspuffers alphabetisch aufsteigend.

[.,.]<[*n*]	(<)	{letzte der verschobenen Zeilen}

verschiebt die adressierten Zeilen nach links. Die Option **shiftwidth** legt die Anzahl der Zeichen fest, um die nach links verschoben wird.

Durch dieses Kommando können nur Leerzeichen und Tabulatorzeichen "gelöscht" werden.

Wird *n* angegeben, so sind ab der adressierten Zeile *n* Zeilen zu verschieben.

[.,.]>[*n*]	(>)	{letzte der verschobenen Zeilen}

verschiebt die adressierten Zeilen nach rechts. Die Option **shiftwidth** legt dabei die Anzahl der Zeichen fest, um die nach rechts verschoben wird.

Wird *n* angegeben, so sind ab der adressierten Zeile *n* Zeilen zu verschieben.

[.+1]⏎   {adressierte Zeile}

Die alleinige Eingabe einer Adresse (ohne ein **ex**-Kommando) bewirkt die Ausgabe der adressierten Zeile.

Die Eingabe von ⏎ ohne Adreßangabe entspricht dem Kommando **.+1p**⏎.

[Ctrl]-[D]   {Zeile, die eine halbe Bildschirmseite von aktueller Zeile (zum Dateiende hin) entfernt ist}

entspricht dem **vi**-Kommando [Ctrl]-[D] (Weiterblättern um eine halbe Bildschirmseite)

[.,.]&[n]
[.,.]&g[n]
[.,.]&c[n]   (&)   {letzte Zeile, in der eine Ersetzung stattfand}

wiederholt das letzte **substitute**-Kommando.

ex-Optionen

Mit Hilfe der angebotenen Optionen können die Eigenschaften der Ein- und Ausgabeoperationen der Editoren **vi** und **ex** eingestellt werden. Wird eine gewisse Einstellung immer beim Arbeiten mit diesen Editoren gewünscht, so ist es ratsam, im home directory eine Datei mit Namen **.exrc**[36] zu erstellen, in der die entsprechenden Optionen angegeben sind. Wird eine gewisse Einstellung nur für eine **vi**- und **ex**-Sitzung benötigt, so können die gewünschten Optionen während der Sitzung mit dem **ex**-Kommando **set** festgelegt werden:

Option	Beschreibung
set *option*⏎	Einschalten einer *option*
set **no***option*⏎	Ausschalten einer *option*
set *option=wert*⏎	Zuweisen von *wert* an eine *option*

---

[36] Abkürzung für *ex runtime commands*

ex-Optionen

Option	Beschreibung
set ⏎	Anzeigen der Belegung aller geänderter Optionen
set all ⏎	Anzeigen der Belegung aller Optionen
set *option*? ⏎	Anzeigen der Belegung der *option*

In der folgenden Aufzählung ist nach dem Optionsnamen in runden Klammern eine mögliche Abkürzung und in geschweiften Klammern die Voreinstellung angegeben. Folgende Optionen existieren:

autoindent (ai) {noai}

Automatisches Einrücken: Bei der Eingabe von ⏎ im Eingabemodus wird automatisch auf die Spalte der vorherigen Zeile eingerückt. Dies ist sehr nützlich bei der Eingabe von Programmen, in denen üblicherweise innerhalb von Programmblöcken eingerückt wird. Eine Einrückung für eine Zeile kann während der Eingabe mit Ctrl-D rückgängig gemacht werden. Soll noch weiter eingerückt werden, so ist dies mit Ctrl-T möglich. Soll eine Einrückung für alle nachfolgenden Zeilen aufgehoben werden, so kann dies mit 0 Ctrl-D erreicht werden.

autoprint (ap) {ap}

Beim Arbeiten im **ex**-Modus wird die neue aktuelle Zeile nach Abgabe eines der Kommandos **copy**, **delete**, **join**, **move**, **substitute**, &, ~, **undo**, < oder > automatisch angezeigt.

autowrite (aw) {noaw}

Der Arbeitspuffer wird vor dem Verlassen des Editors oder vor einem Wechsel in eine andere Datei (**ex**-Kommandos: **next**, **rewind** und **tag**) in der gerade bearbeiteten Datei gesichert. Wird hinter diesen drei **ex**-Kommandos ! angegeben, so findet keine automatische Sicherung des Pufferinhalts statt.

beautify **(bf)** {nobf}

Alle Steuerzeichen (außer Ctrl-V und Ctrl-I) werden im Eingabemodus ausgeschaltet und als Text bewertet; das Einschalten einzelner Steuerzeichen kann hierbei durch Eingabe von Ctrl-V vor dem entsprechenden Steuerzeichen erreicht werden.

directory= **(dir=)** {dir=/tmp}

ex und **vi** benutzen temporäre Dateien; diese werden im hier angegebenen Directory angelegt.

edcompatible {noedcompatible}

alle **ed**-Funktionen werden bereitgestellt.

errorbells **(eb)** {noeb}

Fehler werden mit einem akustischen Signal angezeigt.

exrc **(ex)** {noexrc}

ermöglicht es **vi** bzw. **ex** die Konfigurationsdatei *.exrc* im working directory beim Start zu lesen. Diese Option muß in der Variablen **EXINIT** oder in der Datei *.exrc* im home directory gesetzt werden.

hardtabs **(ht)** {ht=8}

legt die Abstände der Hardware-Tabulatoren des Terminals fest.

ex-Optionen

ignorecase (ic) {noic}

Groß- und Kleinschreibung wird bei Such-Vorgängen nicht unterschieden.

lisp {nolisp}

Automatisches Einrücken (*autoindent*) ist entsprechend den Konventionen der Programmiersprache LISP eingestellt; die **vi**-Kommandos (,), {, }, [[und]] werden in diesem Fall entsprechend den LISP-Konventionen interpretiert.

list {nolist}

Tabulator-Zeichen werden als ^I und Neuezeile-Zeichen als $ am Bildschirm angezeigt.

magic {magic}

schaltet die Bedeutung von Metazeichen für reguläre Ausdrücke ein. Ist **nomagic** gesetzt, so werden nur noch ^ und $ als Metazeichen interpretiert. Die Sonderbedeutung der anderen Metazeichen kann hierbei durch Voranstellen eines \ (Backslash) kurzzeitig wieder eingeschaltet werden.

mesg {mesg}

Während der Editor-Sitzung wird das Einblenden von Mitteilungen (messages) anderer Benutzer am Bildschirm zugelassen.

number (nu) {nonu}

Zeilen werden mit einer vorangestellten Zeilennummer am Bildschirm angezeigt.

| novice | | {nonovice} |

legt fest, daß der Benutzer ein **vi**-Anfänger ist; es wird zusätzliche Unterstützung während der Editor-Sitzung gegeben.

| **paragraphs=** | **(para=)** | {para=IPLPPPQPP LIpplpipnpb} |

definiert die Absatz-Grenzen für die Kommandos { und }: Zeilen, die mit einem Punkt beginnen, dem ein Zeichenpaar aus der obigen Liste folgt. Solche Zeilen sind typische Kommandos für die UNIX-Textformatierer **nroff** und **troff**.

| **prompt** | | {prompt} |

im **ex**-Modus den Kommandomodus mit : (Doppelpunkt) anzeigen.

| **readonly** | **(ro)** | {noro} |

Zurückschreiben des Arbeitspuffers in eine Datei nur noch unter Angabe von ! hinter dem entsprechenden Kommando möglich.

| **redraw** | **(re)** | {nore} |

Beim Einfügen von Text wird die entsprechende Zeile bei jeden eingegebenen Zeichen neu aufgebaut. Der Editor simuliert in diesem Fall ein intelligentes Terminal. Mit *Ctrl*-L (oder *Ctrl*-R) kann der Bildschirminhalt jederzeit neu aufgebaut werden, wenn er z. B. durch eine Meldung eines anderen Benutzers korrumpiert wurde.

ex-Optionen 673

remap {remap}

Makros werden rekursiv abgearbeitet

Beispiel:

Makro ⎡Ctrl⎤-⎡x⎤ enthalte: A
Makro A enthalte: w

Beim Aufruf von Makro ⎡Ctrl⎤-⎡x⎤ wird dann das Kommando w (auf nächstes Wort springen) und nicht das Kommando A (*Append*) ausgeführt.

report= {report=5}

Bei Änderungskommandos, die einen größeren Bereich als die bei **report=** angegebene Zeilenzahl betreffen, wird die Anzahl der geänderten Zeilen gemeldet.

scroll= (**scr=**) {scr=11}

legt die Größe einer halben Bildschirmseite fest: Zeilenzahl, um die bei den Kommandos ⎡Ctrl⎤-⎡D⎤ und ⎡Ctrl⎤-⎡U⎤ weiterzublättern ist.

sections= (**sect=**) {sect=NHSHH HUuhsh+c}

definiert die Abschnitts-Grenzen für die Kommandos [[und]]: Zeilen, die mit einem Punkt beginnen, dem ein Zeichenpaar aus der obigen Liste folgt. Solche Zeilen sind typische Kommandos für die UNIX-Textformatierer **nroff** und **troff**.

shell= (**sh=**) {sh=$SHELL; meist: sh=/bin/sh}

gibt den Pfadnamen des Kommandointerpreters an, der bei Eingabe von **:!unix_kdo**⎣↵⎦ bzw. **:!sh**⎣↵⎦ gestartet wird.

shiftwidth=	(sw=)	{sw=8}

legt den Abstand für Software-Tabulatoren fest: um wie viele Stellen bei <<, >> oder Ctrl-T im Eingabemodus und bei **autoindent** zu verschieben ist.

showmatch	(sm)	{nosm}

Wird im Eingabemodus eine der schließenden Klammern) bzw. } eingegeben, so wird der Cursor kurzzeitig (etwa 1 Sekunde) auf die zugehörige öffenende Klammer positioniert, wenn diese sich noch auf der momentanen Bildschirmseite befindet; kann sehr hilfreich beim Erstellen von C-Programmen sein.

showmode	(smd)	{nosmd}

Text "INSERT MODE" wird angezeigt, wenn der Eingabemodus aktiv ist.

tabstop=	(ts=)	{ts=8}

legt die Tabulator-Positionen fest: Bei Eingabe von Ctrl-I wird immer auf die nächste festgelegte Tabulator-Position gesprungen.

tags=		{tags= ./tags /usr/lib/tags}

legt die Tag-Dateien fest die bei Angabe des **ex**-Kommandos **tag** oder des **vi**-Kommandos Ctrl-] zu verwenden sind.

term=		{term= $TERM}

legt den Namen des benutzten Terminaltyps fest.

ex-Optionen

terse {noterse}

Fehlermeldungen werden in einer Kurzform ausgegeben.

timeout {timeout}

"Timeout" für Makros nach einer Sekunde.

warn {warn}

Vor Ausführung jedes

!unix_kdo ⏎

wird die Warnung "No write since last change" ausgegeben, wenn der Pufferinhalt nicht gesichert wurde.

window= {window=24}

legt die Größe des Editor-Fensters fest.

wrapmargin= (**wm=**) {wm=0}

legt eine rechte Randbegrenzung fest. Das Setzen dieser Option mit **wm**=n bedeutet, daß bei der Eingabe von Text n Zeichen vor Zeilenende automatisch an einer Wortgrenze zu trennen und eine neue Zeile zu beginnen ist; sehr hilfreich bei der Eingabe von Texten für den Textformatierer **nroff**.

wrapscan (**ws**) {ws}

legt fest, daß bei den Kommandos / und ? die Vorwärts- bzw. Rückwärtssuche am Dateianfang bzw. am Dateiende Richtung Cursorposition fortzusetzen ist.

writeany	(wa)	{nowa}

erlaubt das Zurückschreiben auf alle Dateien; bei *nowa* wird nur geschrieben, wenn wirklich eine Änderung am Pufferinhalt vorgenommen wurde.

Wenn eine bestimmte Editor-Konfiguration immer erwünscht ist, so können die entsprechenden Optionen mit set in der Datei *.exrc*, die sich im home directory befinden muß, angegeben werden.

Eine andere Möglichkeit, die Standardeinstellung der Editoren **vi** und **ex** zu verändern, ist, die entsprechenden Optionen in die Variable EXINIT einzutragen. Mit dem folgenden Eintrag in die Datei *.profile*:

```
EXINIT="set smd nu aw"
export EXINIT
```

würde dann die Variable EXINIT bei jedem neuen Anmelden entsprechend gesetzt. Wenn diese Variable gesetzt ist, so wird bei jedem **vi**- bzw. **ex**-Aufruf ihr Inhalt als erstes Editor-Kommando ausgeführt; in diesem Fall würden also bei jedem **vi**- bzw. **ex**-Aufruf folgende Optionen gesetzt:

```
showmode
number
autowrite
```

factor — Durchführen einer Primfaktorzelegung

Syntax factor [*n*]   Für *n* ist eine ganze Zahl anzugeben

Beschreibung Das Kommando **factor** zerlegt ganze Zahlen in ihre Primfaktoren. Wird beim Aufruf von **factor** eine ganze Zahl *n* angegeben, so wird die Primfaktor-Zerlegung zu dieser Zahl ausgegeben.

Wird **factor** ohne das Argument *n* aufgerufen, so wartet es auf die Eingabe einer ganzen Zahl. Nach der Eingabe einer ganzen Zahl, gibt es dann die Primfaktor-Zerlegung zu dieser Zahl aus und wartet auf die Eingabe der nächsten ganzen Zahl, zu der eine Primfaktor-Zerlegung durchzuführen ist. **factor** kann hierbei beendet werden, wenn entweder 0 oder ein anderes Zeichen als eine Ziffer eingegeben wird.

factor

factor ist nur für Zahlen $\leq 10^{14}$ ausgelegt.

Bei falschen Zahlenangaben oder zu großen Zahlen gibt **factor** die Fehlermeldung "Ouch!" aus.

fgrep

Suchen in Dateien   (fast grep oder fixed string grep)

Syntax

fgrep [*option(en)*]   *string(s)*   [*datei(en)*]

Beschreibung

Das Kommando **fgrep** gibt alle Zeilen aus den angegebenen *datei(en)* aus, die einen der angegebenen *string(s)* enthalten. Wenn mehr als eine *datei* angegeben ist, so wird zu jeder Zeile noch der Name der Datei ausgegeben, aus der diese Zeile stammt.

Wird **fgrep** ohne Angabe von *datei(en)* aufgerufen, so liest es von der Standardeingabe; dies ist sinnvoll für Pipes oder Eingabeumlenkung.

fgrep schreibt die gefundenen Zeile auf die Standardausgabe. Um seine Ausgabe also an ein anderes Kommando weiterzuleiten oder aber in eine Datei zu schreiben, muß eine Pipe oder Ausgabeumlenkung verwendet werden.

Wenn **fgrep** nach mehr als einen *string* suchen soll, so sind die einzelnen *strings* mit einem Neuzeile-Zeichen (Carriage-Return) getrennt anzugeben; in diesem Fall sind alle angegebenen *strings* mit ' .. ' zu klammern oder vor jedem Neuezeile-Zeichen ist das Fortsetzungs-Zeichen \ anzugeben.

Optionen

Option	Beschreibung
-b	Vor jeder Zeile wird die Nummer des Blocks, in dem sie gefunden wurde, ausgegeben; die Nummer des ersten Blocks ist dabei 0
-c	Es wird für jede Datei nur die Anzahl von Zeilen ausgegeben, die einen der ausgegebenen String(s) enthalten.
-h	Dateiname wird nicht vor den Zeilen ausgegeben, in denen ein gesuchter String gefunden wurde.
-i	Groß- und Kleinschreibung ist nicht zu unterscheiden.
-l	Nur die Namen der Dateien ausgeben, in denen Zeilen gefunden wurden.
-n	Vor jeder gefundenen Zeile wird die zugehörige Zeilennummer ausgegeben.

Option	Beschreibung
–v	Alle Zeilen ausgeben, die keinen der angegebenen *String(s)* enthalten.
–e *string*	Es ist nach einem speziellen *string*, der mit einem - beginnt, zu suchen.
–f *datei*	Die *string*(s), nach den zu suchen ist, sind in der Datei *datei* angegeben.
-x	Nur Zeilen ausgeben, die exakt einen der angegebenen *string*(s) und sonst nichts enthalten.

```
fgrep Mueller namliste
```

gibt alle Zeilen aus der Datei *namliste* aus, in denen der String `Mueller` vorkommt.

```
fgrep 'Meier
       Maier
       Meyer
       Mayer
       Mueller
       Miller' namliste
```

gibt alle Zeilen aus der Datei *namliste* aus, in denen einer der folgenden Strings vorkommt:

`Meier Maier Meyer Mayer Mueller Miller`.

Verwandte Kommandos zu **fgrep** sind **egrep** und **grep**. **grep** ist eine abgeschwächte Form von **egrep**. **grep** bietet nicht alle Möglichkeiten der regulären Ausdrücke von **egrep** und läßt auch nicht die Angabe von regulären Ausdrücken in Dateien zu. **fgrep** läßt nur die Suche nach einfachen Strings zu, ist aber das schnellste dieser drei Suchkommandos. **egrep** dagegen ist das langsamste, aber dafür das mächtigste dieser Suchkommandos.

---

file	Analysieren des Inhalts von Dateien (determine file type)

Syntax
```
file [–h] [–m mdatei] [–f fdatei] datei(en)
file [–h] [–m mdatei] –f fdatei
file –c [–m mdatei]
```

file

Beschrei- Das Kommando **file** kann dazu verwendet werden, um die angegebe-
bung nen *datei(en)* auf ihren Inhalt hin überprüfen zu lassen. So gibt dieses
Kommando an, ob die einzelnen *datei(en)* z. B. ein C-Programm, einen
ASCII-Text, ein ausführbares Programm, usw. enthalten. Um den Inhalt
einer Datei zu identifizieren, verwendet **file** die Datei */etc/magic*, die angibt, welche Bytes einer Datei zu untersuchen sind, und welche Bytemuster dann auf den Inhalt dieser Datei schließen lassen.

Optionen
-**f** *fdatei*   Die nach –f angegebene *fdatei* enthält in diesem Fall die Namen der zu untersuchenden Dateien.
-**m** *mdatei*   es wird die nach –m angegebene *mdatei* (anstelle von */etc/magic*) als Magic-Datei verwendet.
-**c**   überprüft die angegebenen *datei(en)* auf Format-Fehler; hierbei wird keine Klassifizierung ausgegeben.
-**h**   bei symbolischen Links eine Information über den Link selbst, nicht über die Zieldatei ausgeben.

---

find	Directories nach bestimmten Dateien durchsuchen (find files)

Syntax   find *pfadname(n)* *bedingung(en)*

Beschrei- Das Kommando **find** durchsucht alle angegebenen *pfadname(n)* nach
bung Dateien, für welche die angegebenen *bedingung(en)* erfüllt sind. Dabei
wird für jeden der angegebenen *pfadname(n)* der vollständige Directorybaum durchsucht, der unter diesem "hängt", d. h. es werden alle zugehörigen Subdirectories, Sub-Subdirectories, usw. zu diesen *pfadname(n)*
nach Dateien durchsucht, auf die die angegebenen *bedingung(en)* zutreffen.

Bedingungen

Bei den nachfolgend vorgestellten *bedingungen* steht *n* für eine ganze Zahl; für *n* kann dabei angegeben werden:

n   (bedeutet: genau *n*)

+*n*   (bedeutet: mehr als *n*)

–*n*   (bedeutet: weniger als *n*)

Bedingung	Beschreibung
-name *dateiname*	erfüllt, wenn eine Datei mit dem Namen *dateiname* gefunden wird.
-perm [-]*oktalzahl*	erfüllt, wenn eine Datei gefunden wird, deren Zugriffsrechte der angegebenen *oktalzahl* entsprechen; wenn vor *oktalzahl* ein - (Minuszeichen) angegeben ist, so werden nur die mit *oktalzahl* spezifizierten Zugriffsrechte überprüft und die restlichen sind dabei nicht von Bedeutung.
-type *c*	erfüllt, wenn eine Datei gefunden wird, deren Dateiart *c* ist; für *c* kann dabei b (blockorientierte Gerätedatei), c (zeichenorientierte Gerätedatei), d (directory), l (symbolischer Link), p (named pipe) oder f (einfache Datei) angegeben werden.
-links *n*	erfüllt, wenn eine Datei gefunden wird, die *n* Links besitzt.
-user *login-kennung*	erfüllt, wenn eine Datei gefunden wird, die dem Benutzer mit der angegebenen *login-kennung* gehört; für *login-kennung* kann dabei entweder der Login-Name oder die **UID** eines Benutzers angegeben werden.
-group *gruppen-kennung*	erfüllt, wenn eine Datei gefunden wird, die der Gruppe mit der angegebenen *gruppen-kennung* gehört; für *gruppen-kennung* kann dabei entweder der Login-Name oder die **GID** einer Gruppe angegeben werden.
-inum *n*	erfüllt, wenn eine Datei die inode-Nummer *n* hat. Nützlich, um alle Links zu einer Datei zu finden. Links haben immer die gleiche inode-Nummer.
-size *n*[*c*]	erfüllt, wenn eine Datei gefunden wird, deren Größe *n* Blöcke bzw. *n* Bytes (bei der Angabe *nc*) ist.
-atime *n*	erfüllt, wenn eine Datei gefunden wird, auf die vor *n* Tagen das letztemal zugegriffen wurde; ein Durchsuchen mit **find** wird auch als Zugriff gewertet, allerdings erst nachdem die vorherige Zugriffszeit ausgewertet wurde.
-mtime *n*	erfüllt, wenn eine Datei gefunden wird, die vor *n* Tagen das letztemal modifiziert wurde.
-ctime *n*	erfüllt, wenn eine Datei gefunden wird, deren i-node vor *n* Tagen das letztemal geändert wurde.

find

Bedingung	Beschreibung
-exec *kdo*	erfüllt, wenn das Kommando *kdo*, welches zunächst ausgeführt wird, erfolgreich ablief (Exit-Status 0). Wird {} in der Kommandozeile *kdo* angegeben, so wird hierfür immer der aktuelle Pfadnamen eingesetzt. Das Ende von *kdo* muß immer mit \; angezeigt werden; z. B. würde -exec rm {} \; bedeuten "Lösche alle gefundenen Dateien". Falls am Ende von *kdo* ein Pluszeichen (+) angegeben ist, sammelt es zunächst alle betroffenen Dateinamen, bevor es *kdo* aufruft.
-ok *kdo*	wie -exec, außer daß die entsprechende Kommandozeile immer zuerst mit einem Fragezeichen ausgegeben wird, und nur dann ausgeführt wird, wenn der Benutzer auf diese Frage mit y antwortet.
-print	immer erfüllt; gibt zu allen gefundenen Dateien die Namen auf die Standardausgabe aus.
-cpio *gerätedatei*	immer erfüllt; schreibt die momentane Datei im cpio-Format (5120-Byte Blöcke) auf die angegebene *gerätedatei*.
-newer *dateiname*	erfüllt, wenn eine Datei gefunden wird, deren Modifikationsdatum jünger als das von der Datei *dateiname* ist.
-depth	immer erfüllt; bewirkt, daß im Directorybaum immer zuerst zu den Blättern "abgestiegen" wird. Dies hat zur Folge, daß alle Einträge in einem Directory bearbeitet werden, bevor auf das Directory selbst zugegriffen wird. Dies kann nützlich bei der Kombination mit dem Kommando **cpio** eingesetzt werden, wenn es erforderlich ist, Dateien zu übertragen, die sich in Directories ohne Schreiberlaubnis befinden.
-mount	immer erfüllt; begrenzt die Suche auf das Dateisystem, das das angegebene Directory enthält. Wenn kein Directory angegeben ist, so wird das working directory angenommen.
-local	erfüllt, wenn eine gefundene Datei sich auf dem lokalen System befindet.
-follow	verfolgt symbolische Links; **-follow** sollte nicht zusammen mit **-type l** benutzt werden.

Bedingung	Beschreibung
-prune	Hiermit lassen sich Subdirectories von der Suche ausschließen, die durch einen dem **-prune** vorangehenden Ausdruck näher bestimmt werden. So würde z. B. mit folgendem Aufruf nach allen Dateien im Directorybaum */home/egon* gesucht, die größer als 100000 Bytes sind, außer im Subdirectory *uebung1*: **find /home/egon -size +100000b -print -name uebung1 -prune**
-nouser	erfüllt, wenn eine Datei einem Benutzer gehört, der nicht in */etc/passwd* vorhanden ist.
-nogroup	erfüllt, wenn eine Datei einer Gruppe gehört, die nicht in */etc/group* vorhanden ist.
-fstype *typ*	erfüllt, wenn eine Datei sich in einem Dateisystem vom Typ *typ* befindet.

Die *bedingungen* können auch noch mit *Boole'schen Operatoren*[37] verknüpft werden:

Bedingung	Beschreibung
!	entspricht NOT `! -name '*.[ch]'` bedeutet: "Alle Dateinamen, die nicht mit .c oder .h enden"
keine Angabe	entspricht AND `-size +1000c -name '*.txt'` bedeutet: "Alle Dateinamen, die mit .txt enden *und* mehr als 1000 Bytes belegen"
-o	entspricht OR `-size +2000c -o -name '*.bak'` bedeutet: "Alle Dateien, die entweder mehr als 2000 Bytes belegen *oder* deren Name mit .bak endet"

```
find /usr -name dir.h -print
```

Suche im Directorybaum */usr* alle Vorkommen der Datei *dir.h*

```
find / -user egon -print
```

Suche im Directorybaum unter / alle Dateien, die egon gehören.

---

[37] Reihenfolge der Angabe entspricht abnehmender Priorität

find

```
find .. -type d -print
```
Suche alle Directories, die sich im Directoybaum zum parent directory befinden.

```
find . -print -name add1.c
```
Gib alle Namen von Dateien aus, die sich im Directorybaum unter dem working directory befinden. Druckt alle Dateien des working directorys und dessen Subdirectories, da die Bedingungen von links nach rechts ausgewertet werden, und -print ist immer erfüllt.

```
find . -name add1.c -print
```
Suche alle Vorkommen von *add1.c* im Directorybaum zum working directory.

```
find /usr -links +10 -type d -print
```
Suche im Directorybaum zu */usr* alle Directories mit mehr als 10 Links.

```
find / -size +200000c -print
```
Suche im Directorybaum zum root directory alle Dateien, die mehr als 200000 Bytes enthalten.

```
find /usr -type f -newer add2.c -print
```
Suche im Directorybaum zu */usr* alle einfachen Dateien, deren Modifikationsdatum jünger als das von Datei add2.c ist.

```
find / \( -name a.out -o -name '*.o' \) -atime +7 -exec rm {} \;
```
Lösche alle Dateien, deren Name *a.out* ist oder aber mit *.o* endet, wenn auf diese seit einer Woche nicht mehr zugegriffen wurde.

finger	Abfragen von Informationen zu anderen Benutzern

Syntax

```
finger [-bfhilmpqsw] benutzername(n)
finger [-l] benutzername@hostname ....
```

Beschreibung

Wird **finger** alleine ohne Argumente aufgerufen, so gibt es zu allen momentan angemeldeten Benutzern eine Informationszeile aus, die folgendes enthält:

```
Login   Name   TTY   Idle   When   Where
```

Login ist dabei der Login-Name, *Name* der wirkliche Name, TTY der Terminalname (* vorangestellt, wenn schreibgeschützt), *Idle* die Zeit in Minuten, seit der Benutzer nichts mehr eingegeben hat, *When* enthält die Zeit der Anmeldung und *Where* zeigt eventuell den Namen des Systems an, von dem aus sich der Benutzer am lokalen System angemeldet hat.

Wenn *benutzername(n)* angegeben sind, so wird zu diesen Benutzern eine detailliertere Information ausgegeben. Für *benutzername* kann dabei der Login-Name, der Vor- oder Zuname des entsprechenden Benutzers angegeben werden. Wird **finger** für einen Benutzer auf einem entfernten System aufgerufen, so muß *benutzername@hostname* angegeben werden.

Bei der Ausgabe von detaillierter Information im Langformat werden pro Benutzer zusätzlich zu obiger Information noch folgende Informationen ausgegeben:

- Home Directory und Login-Shell

- Zeit, die Benutzer schon angemeldet ist, oder wenn er nicht angemeldet ist, wann er das letzte Mal angemeldet war.

- Zeit, wann der Benutzer das letzte Mal Mail empfing und wann er das letzte Mal Mail gelesen hat.

- Inhalt der Datei *.plan* (im home directory des betreffenden Benutzers); *.plan* enthält meist irgendwelche lustigen Sätze, die das sich selbst gesteckte Ziel des Benutzers beschreiben.

- Inhalt der Datei *.project* (im home directory des betreffenden Benutzers); *.project* enthält eine kurze Beschreibung des Projekts, an dem der Benutzer gerade arbeitet.

Optionen finger kennt die folgenden Optionen:

–b	Keine Ausgabe des home directorys und der Login-Shell bei Langformat-Ausgabe.
–f	Keine Ausgabe einer Kopfzeile bei Kurzformat-Ausgabe.
–h	Keine Ausgabe von *.project* bei Langformat-Ausgabe.
–i	nur Login-Name, Terminal, Login-Zeit und Idle ausgeben.
–l	Langformat-Ausgabe.
–m	*benutzername(n)* nur auf Login-Namen (nicht auf Vor- und Zunamen) anwenden.
–p	Keine Ausgabe von *.plan* bei Langformat-Ausgabe.
–q	(*quick*) nur Login-Name, Terminal, und Login-Zeit ausgeben.
–s	(*short*) Kurzformat-Ausgabe.
–w	Kurzformat-Ausgabe ohne wirklichen Namen.

fmt

fmt	Einfaches Formatieren von Text

Syntax fmt [-cs] [-w *länge*] [*datei(en)*]

Beschreibung **fmt** ist ein einfacher Textformatierer, mit dem sich beliebige ASCII-Texte formatieren lassen. **fmt** füllt Zeilen auf oder bricht sie um (*Blocksatz*). Den zu formatierenden Text liest **fmt** aus den angegebenen *datei(en)* und schreibt die formatierten Zeilen auf die Standardausgabe. Wenn keine *datei(en)* angegeben sind, liest **fmt** den zu formatierenden Text aus der Standardeingabe.

Leerzeilen bleiben beim Formatieren ebenso erhalten wie Leerzeichen zwischen den Wörtern. Zeilen, die mit Punkt (.) oder mit "*From:*" beginnen, füllt **fmt** nicht auf. Einrückungen im Originaltext werden beibehalten.

fmt kann auch im **vi** benutzt werden. Um z. B. den Text zwischen der Cursorposition und dem Ende eines Absatzes zu formatieren, muß das **vi**-Kommando !}**fmt** eingegeben werden.

Optionen **fmt** kennt die folgenden Optionen:

-c damit lassen sich sogenannte *tagged paragraphs* formatieren. Dabei werden die einem Absatz folgenden Zeilen um dieselbe Stellenzahl eingerückt wie die zweite Zeile des Absatzes.

-s (*split lines only*) es werden zwar "überlange" Zeilen umbrochen, kürzere Zeilen aber nicht zu einer längeren Zeile zusammengefügt (*Flattersatz*); kann für Programmlistings verwendet werden.

-w *länge* Zeilen auf *länge* Zeichen auffüllen; Voreinstellung ist **-w 72**; diese Option wird in zukünftigen Releases möglicherweise verschwinden.

format	Formatieren von Floppy-Disks

Syntax /bin/format [-qvVE] [-f *first*] [-l *last*] [-i *interleave*] gerätedatei[t]

Beschreibung **format** ermöglicht das Formatieren von Floppy-Disks. Wenn nicht anders festgelegt, so wird ab Spur 0 formatiert.

Für *gerätedatei* muß der Pfadname der Gerätedatei für das entsprechende Floppy-Laufwerk (*/dev/rdsk/..*) angegeben werden. Das Anhängen von **t** bedeutet, daß die ganze Diskette zu formatieren ist. Wird die Angabe von **t** weggelassen, so bedeutet dies, daß auf die erste Spur nicht zugegriffen werden kann.

Optionen **format** kennt die folgenden Optionen:

–q	(*quiet*) keine Diagnosemeldungen.
–v	(*verbose*) Diagnosemeldungen; voreingestellt.
–V	(*Verify*) Formatierung einfach verifizieren.
–E	(*Exhaustive verify*) Formatierung vollständig verifizieren.
–f *first*	erste zu formatierende Spur ist *first*.
–l *last*	letzte zu formatierende Spur ist *last*.
–i *interleave*	Interleave-Faktor auf *interleave* festlegen; Voreinstellung ist **-i 2**.

---

ftp	Übertragung von Dateien auf andere Systeme (file transfer program)

Syntax `ftp [-dgintv]  [`*host*`]`

Beschreibung Mit dem Kommando **ftp** kann man sich auf einen anderen vernetzten Rechner begeben, dort im Directorybaum herumwandern und Dateien zwischen den beiden Systemen hin und her kopieren. Das Programm **ftp** kommuniziert mit dem Server über das auf dem TELNET-Protokoll basierenden FTP-Protokoll, das von vielen verschiedenen Betriebssystemen unterstützt wird, so daß Datenübertragungen über **ftp** auch mit Nicht-UNIX-Systemen möglich sind.

Wenn für *host* ein Rechnername oder eine Internet-Adresse angegeben ist, versucht **ftp** eine Verbindung zu diesem System aufzubauen. Anschließend meldet sich dann **ftp** im Kommandomodus mit dem Prompt *ftp>* und erwartet die Eingabe eines ftp-Kommandos. Wird kein *host* angegeben, so meldet sich **ftp** ohne Verbindungsaufbau sofort im Kommandomodus.

Nach einem erfolgreichen Verbindungsaufbau meldet sich noch der FTP-Server, bevor die Aufforderung zur Anmeldung erscheint. Dabei wird der Login-Name des Aufrufers als Voreinstellung angeboten. Nur wenn der Benutzer diesem System unter einem anderem Login-Namen bekannt ist, muß er diesen hier nun eintippen, ansonsten reicht die alleinige Eingabe eines RETURN-Zeichens.

ftp

Nachdem man sich angemeldet hat, arbeitet man dann nicht wie üblich mit einer Shell, sondern mit dem FTP-Server, der nun alle Kommandos entgegennimmt, interpretiert und zur Ausführung bringt.

Optionen ftp verfügt über folgende Optionen:

−d	(*debug*) Debugging-Modus einschalten.
−g	(*globbing*) Sonderzeichen für Dateinamen-Expandierung bei den **ftp**-Kommandos **mget**, **mput** und **mdelete** ausschalten (siehe auch **ftp**-Kommando **glob**).
−i	Interaktive Abfrage nach zu kopierenden Dateien bei den **ftp**-Kommandos **mget** und **mput** ausschalten.
−n	(*no auto-login*) Automatisches Login nach Verbindungsaufbau ausschalten. Wenn auto-login eingeschaltet ist, so sucht **ftp** in der Datei *.netrc* (im home directory des betreffenden Benutzers) nach einem Eintrag, der eine Anmeldung am entfernten System ermöglicht. Findet es keinen solchen Eintrag, so fragt **ftp** nach einen Login-Namen (und eventuell Paßwort) für das entfernte System.
−t	(*tracing*) Kontrollausgaben für übertragene Datenpakete einschalten.
−v	(*verbose*) Ausgabe von Informationsmeldungen des FTP-Servers auf dem entfernten System einschalten; Voreinstellung bei interaktiven **ftp**-Prozessen.

ftp-Kommandos ftp kennt die folgenden Kommandos:

! [*kdo*]

Das Shell-Kommando *kdo* auf der lokalen Maschine ausführen. Ist kein *kdo* angegeben, so wird eine interaktive Shell am lokalen System aufgerufen.

$*makro* [*argument(e)*]

Makro *makro*, welches mit **macdef** definiert wurde, mit den angegebenen *argument(e)* aufrufen.

account [*string*]

definiert *string* als zusätzliches Paßwort. Dieses wird nur benötigt, wenn das entfernte System ein solches zusätzliches Paßwort für bestimmte Dienste voraussetzt.

append *lokale-datei* [*entfernte-datei*]

Inhalt von *lokale-datei* an einer Datei am entfernten System anhängen. Falls *entfernte-datei* nicht angegeben ist, wird auch auf dem entfernten System der Name *lokale-datei* benutzt.

ascii

Übertragungsart von Daten auf ASCII-Format einstellen; dies ist die Voreinstellung.

bell

Akustisches Signal nach jeder Durchführung eines File-Transfer-Kommandos ausgeben.

binary

Übertragungsart von Daten auf binäres Format einstellen.

bye

ftp beenden; auch mit *Ctrl-D* möglich.

case

Ein- bzw Ausschalten, daß bei Übertragung mit **(m)get** oder **(m)put** die Dateinamen automatisch von Klein- in Großschreibung umgewandelt werden. Per Voreinstellung ist diese Umwandlung ausgeschaltet.

cd *dir*

Wechseln in das Directory *dir* auf dem entfernten System.

cdup

Wechseln in das parent directory auf dem entfernten System; entspricht **cd ..** auf UNIX-Systemen.

close

ftp-Verbindung abbauen und in den ftp-Kommandomodus zurückschalten.

cr

Bei der Übertragung von ASCII-Dateien werden Neuezeile-Zeichen durch **CR/NL** (*Carriage-Return/Newline*) dargestellt. Wenn **cr** eingeschaltet ist (Voreinstellung), werden alle **CR** (*Carriage-Return*) entfernt, um so die unter UNIX verwendende Darstellung zu haben. Wenn nun eine Übertragung einer ASCII-Datei zu/von Nicht-UNIX-Systemen stattfindet, so mag diese Datei **NL**-Zeichen enthalten, welche keine Zeilenbegrenzung darstellen. In diesem Fall muß **cr** aufgerufen werden.

delete *entfernte-datei*

Datei *entfernte-datei* auf dem entfernten System löschen.

debug

Debugging-Modus ein- bzw. wieder ausschalten. Wenn der Debugging-Modus eingeschaltet ist, so zeigt **ftp** jedes Kommando mit vorangestelltem "-->" an, das es zum entfernten System schickt.

dir [*entferntes-dir*] [*lokale-datei*]

Inhalt des Directorys *entferntes-dir* auf dem entfernten System auflisten. Ist kein *entferntes-dir* angegeben, so wird der Inhalt des working directory aufgelistet. Ist *lokale-datei* angegeben, so erfolgt die Ausgabe in diese Datei auf dem lokalen System. Fehlt die Angabe von *lokale-datei*, so erfolgt die Ausgabe am Terminal.

disconnect

entspricht **close**: ftp-Verbindung abbauen und in den ftp-Kommandomodus zurückschalten.

get *entfernte-datei* [*lokale-datei*]

Die Datei *entfernte-datei* vom entfernten System auf das lokale System kopieren. Wenn keine *lokale-datei* angegeben ist, so wird auf dem lokalen System der gleiche Name (eventuell entsprechend den Vorgaben durch **case**, **ntrans** und **nmap** manipuliert) wie auf dem entfernten System verwendet.

glob

Bedeutung der Sonderzeichen für Dateinamen-Expandierung bei den Kommandos **mdelete**, **mget** und **mput** aus- bzw. einschalten; per Voreinstellung ist Dateinamen-Expandierung eingeschaltet.

hash

Automatische #-Anzeige bei einer Dateiübertragung ein- bzw. wieder ausschalten. Ist diese Anzeige eingeschaltet, so wird für jeden übertragenen Datenblock (8192 Bytes) das Nummernzeichen # ausgegeben. Dies kann sehr hilfreich sein, wenn man die Übertragung mitverfolgen möchte.

help [*ftp-kommando*]

Help-Information zu *ftp-kommando* ausgeben. Ist *ftp-kommando* nicht angegeben, so wird eine Kurzübersicht über alle ftp-Kommandos ausgegeben.

lcd [*dir*]

Wechseln in das Directory *dir* auf dem lokalen System. Ist *dir* nicht angegeben, so wird in das home directory gewechselt.

ls [*entferntes-dir*] [*lokale-datei*]

Inhalt des Directorys *entferntes-dir* auf dem entfernten System in Kurzform auflisten. Ist kein *entferntes-dir* angegeben, so wird der Inhalt des working directory aufgelistet. Ist *lokale-datei* angegeben, so erfolgt die Ausgabe in diese Datei auf dem lokalen System. Fehlt die Angabe von *lokale-datei*, so erfolgt die Ausgabe am Terminal.

macdef *makroname*

ftp-Kommandoaufrufe, die man häufiger braucht, kann man mit **macdef** *makroname* als Makros definieren. Alle folgenden Zeilen bis zur ersten Leerzeile werden in diesem Makro hinterlegt. Ein Aufruf dieses Makros kann dann mit $*makroname* erfolgen. Es können maximal 16 Makros definiert werden. Einmal definierte Makros bleiben bis zum Verbindungsabbau erhalten. Innerhalb von Makros kann auf bis zu 9 Argumente zugegriffen werden (**$1**, **$2**, ..., **$9**). Der Platzhalter **$1** wird durch das erste, **$2** durch das zweite Argument, usw. beim Aufruf des Makros ersetzt. Der Platzhalter **$i** bewirkt eine wiederholte Ausführung des Makros für alle beim Aufruf angegebenen Argumente; bei der ersten Ausführung wird dabei **$i** mit **$1** besetzt, bei der zweiten Ausführung mit **$2**, usw.

mdelete *entfernte-datei(en)*

Die Dateien mit den Namen *entfernte-datei(en)* auf dem entfernten System löschen.

mdir *entfernte-dateien* [*lokale-datei*]

Wie **dir**, nur daß mehrere *entfernte-datei*en angegeben werden können.

mget *entfernte-dateien*

Die Dateien mit den Namen *entfernte-datei*en vom entfernten System in das working directory auf dem lokalen System kopieren.

mkdir *entfernte-dir*

Anlegen eines Directorys *entfernte-dir* auf dem entfernten System.

mls *entfernte-directory*... [*lokale-datei*]

Wie **ls**, nur daß mehrere *entfernte-directories* angegeben werden können.

mode [*modus*]

Übertragungsmodus auf *modus* einstellen. Für *modus* darf dabei nur **stream** angegeben werden.

mput *lokale-datei*en

Die Dateien mit den Namen *lokale-datei*en vom lokalen System in das working directory auf dem entfernten System kopieren.

nmap [*inpattern outpattern*]

Mit **nmap** lassen sich Dateinamen nach vorgegebenen Regeln automatisch umbenennen. **nmap** muß mit zwei Argumenten oder aber ohne Argumente aufgerufen werden. Wenn zwei Argumente angegeben sind, so legt das erste Argument (*inpattern*) ein Muster für jeden zu kopierenden Dateinamen fest. In diesem Muster dürfen bis zu 9 Platzhalter (**$1, $2, ..., $9**) angegeben sein. Jeder zu kopierende Dateiname wird nun mit diesem Muster verglichen und entsprechend der Mustervorgabe in Einzelteile zerlegt, welche in den Platzhaltern **$1,...,$9** festgehalten werden. Das zweite Argument (*outpattern*) definiert dann über die Platzhalter **$1,...,$9** wie diese Einzelteile wieder zusammenzusetzen sind, und legt so eine Regel fest, wie die zu kopierenden Dateinamen auf dem Zielsystem umzubenennen sind, wie z.B.: **nmap $1 $1.rem** (Bei allen kopierten Dateien würde auf dem Zielsystem der Name um das Suffix *.rem* erweitert) oder **nmap $1.$2 $2.$1** (Bei allen kopierten Dateien würde auf dem Zielsystem der Name dadurch gebildet, daß Suffix und Hauptname vertauscht würden, so würde z.B. aus *add.c* der Name *c.add*).

Wenn bestimmte Teile eines Dateinamens nicht zu einem Muster passen, so sind die entsprechenden Platzhalter leer. Für diesen Fall kann im zweiten Argument die Konstruktion **[***str1*,*str2***]** angegeben werden. Diese Angabe bedeutet: Wenn *str1* nicht leer ist, wird für diese ganze Konstruktion *str1*, andernfalls *str2* eingesetzt. Der Aufruf

nmap $1.$2 $1.[$2,TXT]

bewirkt, daß bei Dateinamen ohne Suffix das Suffix *TXT* angehängt wird. Dateinamen, die bereits ein Suffix besitzen, werden unverändert übernommen.

Wird **nmap** ohne jegliche Argumente aufgerufen, so schaltet es die momentan eingestellten Umwandlungsregeln aus. Mit dem Voranstellen eines Backslash kann die Sonderbedeutung von **$** ausgeschaltet werden.

ntrans [*inchars* [*outchars*]]

Mit dem ftp-Kommando **ntrans** kann eine Zeichen-Umformungstabelle aufgestellt werden. **ntrans** kann mit zwei Argumenten aufgerufen werden. Beim Kopieren werden dann in den Ziel-Dateinamen alle Zeichen des ersten Arguments (*inchars*) in die entsprechenden Zeichen des zweiten Arguments (*outchars*) umgeformt. Beispielsweise bewirkt ntrans \+– /..

die Ersetzung eines Backslashes in Dateinamen durch einen Slash sowie eines Plus- oder Minuszeichens in Dateinamen durch Punkte. Falls *inchars* länger als *outchars* ist, werden die "überhängenden" Zeichen in den Namen der kopierten Dateien gelöscht. Wird **ntrans** ohne jegliche Argumente aufgerufen, so wird die zuvor mit **ntrans** aufgestellte Zeichen-Umformungstabelle wieder gelöscht.

open *host* [*port*]

Verbindung zum Rechner mit dem Namen *host* aufbauen. Falls noch *port* angegeben ist, so versucht **ftp** eine Verbindung über dieses Port.

prompt

Interaktive Abfrage von **mget** und **mput**, ob eine Datei zu kopieren ist, aus- bzw. wieder einschalten; per Voreinstellung ist diese interaktive Abfrage eingeschaltet.

put *lokale-datei* [*entfernte-datei*]

Die Datei *lokale-datei* vom lokalen System auf das entfernte System kopieren. Wenn keine *entfernte-datei* angegeben ist, so wird auf dem entfernten System der gleiche Name (eventuell entsprechend den Vorgaben durch **ntrans** und **nmap** manipuliert) wie auf dem lokalen System verwendet.

pwd

Momentanes working directory auf dem entfernten System ausgeben.

quit

ftp beenden; auch mit **bye** und *Ctrl-D* möglich.

recv *entfernte-datei* [*lokale-datei*]

Entspricht **get**: Die Datei *entfernte-datei* vom entfernten System auf das lokale System kopieren. Wenn keine *lokale-datei* angegeben ist, so wird auf dem lokalen System der gleiche Name (eventuell entsprechend den Vorgaben durch **case**, **ntrans** und **nmap** manipuliert) wie auf dem entfernten System verwendet.

remotehelp [*kdo-name*]

Help-Information von dem entfernten FTP-Server abfragen. Falls ein *kdo-name* angegeben ist, so wird Information zu diesem ausgegeben.

rename *alt neu*

Datei *alt* auf dem entfernten System in *neu* umbenennen.

rmdir *entferntes-dir*

Das Directory *entferntes-dir* auf dem entfernten System löschen.

runique

(*receive unique*) Hiermit kann die Vergabe von eindeutigen Dateinamen auf dem lokalen System ein- bzw. bei erneutem Aufruf wieder ausgeschaltet werden. **ftp** geht dabei nach folgendem Verfahren vor. Wenn der Name einer Zieldatei bereits existiert, hängt **ftp** eine fortlaufende Nummer von **1** bis **99** als Suffix an.

send *lokale-datei* [*entfernte-datei*]

Entspricht **put**: Die Datei *lokale-datei* vom lokalen System auf das entfernte System kopieren. Wenn keine *entfernte-datei* angegeben ist, so wird auf dem entfernten System der gleiche Name (eventuell entsprechend den Vorgaben durch **ntrans** und **nmap** manipuliert) wie auf dem lokalen System verwendet.

status

Momentane Einstellung des FTP-Servers ausgeben.

sunique

(*send unique*) Hiermit kann die Vergabe von eindeutigen Dateinamen auf dem entfernten System ein- bzw. bei erneutem Aufruf wieder ausgeschaltet werden. **ftp** geht dabei nach folgendem Verfahren vor. Wenn der Name einer Zieldatei bereits existiert, hängt **ftp** eine fortlaufende Nummer von **1** bis **99** als Suffix an.

type [*typ-name*]

Die Datendarstellung auf *typ-name* einstellen. Für *typ-name* darf dabei **ascii** (ASCII-Format) oder **binary** oder **image** (binäres Format) angegeben werden. Voreinstellung ist **ascii**. Fall kein *typ-name* angegeben ist, wird der momentan gesetzte *typ-name* ausgegeben.

user *benutzer-name* [*paßwort*]

Sich selbst dem entfernten FTP-Server bekanntmachen. Falls kein *paßwort* angegeben ist, aber der FTP-Server verlangt eines, so wird man interaktiv nach dem Paßwort gefragt.

verbose

Um mehr Informationen vom FTP-Server zu erhalten, wie z.B. Informationen über die Übertragungsgeschwindigkeit nach einem Dateitransfer, muß man das ftp-Kommando **verbose** aufrufen. Ein erneuter Aufruf schaltet diese zusätzlichen Informationen des FTP-Servers wieder aus.

? [*ftp-kommando*]

Entspricht **help**: Help-Information zu *ftp-kommando* ausgeben. Ist *ftp-kommando* nicht angegeben, so wird eine Kurzübersicht über alle ftp-Kommandos ausgegeben.

Falls Argumente, die nicht optional sind, bei einem ftp-Kommando weggelassen werden, erfragt **ftp** diese interaktiv.

Argumente zu den ftp-Kommandos, die Leerzeichen beinhalten, müssen mit Anführungszeichen geklammert werden, wie z. B.

ls -CF "| lp -n5 -c"

Soll der Inhalt einer zu kopierenden Datei von der Standardeingabe gelesen oder auf die Standardausgabe geschrieben werden, so muß anstelle eines Dateinamens ein Minuszeichen - angegeben werden. So bewirkt z. B. der Aufruf **get marketing** - die Ausgabe der Datei *marketing* auf dem Bildschirm.

Ist das erste Zeichen eines Namens ein Pipe-Zeichen (Senkrechtstrich |), so muß der Rest ein UNIX-Kommando sein, an dessen Standardeingabe die Standardausgabe des ftp-Kommandos über die Pipe weitergeleitet wird. So könnte man z. B. mit **dir . |pg** die Dateien des working directorys auf dem entfernten System seitenweise im Langformat auflisten.

Übertragungsabbruch

Mit dem Interrupt-Zeichen (*Ctrl-C*) kann man eine Datenübertragung abbrechen. Beim Senden von Dateien wird die Verbindung sofort abgebrochen, beim Empfang sendet **ftp** eine Abbruchsequenz an den Server, welcher daraufhin die Übertragung abbricht, was bei einer hohen Auslastung des Netzes einige Zeit dauern kann.

Konfigurieren des ftp

Über die Datei *.netrc* (im home directory) ist es möglich, **ftp** für die verschiedenen entfernten Systeme entsprechend zu konfigurieren.

Die auf ein bestimmtes System bezogenen Einträge in *.netrc* beginnen immer mit dem Schlüsselwort **machine** *host*. Mit dem Schlüsselwort **default** kann zusätzlich noch ein Eintrag für alle Systeme angegeben werden, für die kein eigener **machine**-Eintrag existiert. Die nach **machine** *host* oder **default** angegebenen Schlüsselwörter müssen immer mit Leer-, Tabulator- oder Neuezeile-Zeichen voneinander getrennt sein.

Dabei sind folgende Schlüsselwörter für die Einstellungen über *.netrc* erlaubt.

machine *host*

Leitet einen Eintrag für das System *host* ein. *host* muß dabei der für den Verbindungsaufbau zu benutzende Name sein.

default

Voreinstellung für alle Systeme, für die kein eigener **machine**-Eintrag existiert. Dieser Eintrag muß als letzter in *.netrc* angegeben sein.

login *login-name*

definiert den für die Anmeldung zu verwendenden *login-name*.

password *string*

definiert *string* als das zugehörige Paßwort.

macdef *makroname*

definiert das Makro *makroname*. Der Makroinhalt muß in der folgenden Zeile beginnen und wird durch eine Leerzeile beendet. Bei Beendigung einer Verbindung werden alle Makrodefinitionen gelöscht.

init

Falls ein Makro mit dem Namen *init* existiert, ruft **ftp** dieses Makro als erstes auf, nachdem es eine automatische Anmeldung durchgeführt hat.

Und so könnte die Datei *.netrc* aussehen:

```
$ cat .netrc ⏎
machine chemie login egon
machine birke.klug.de
macdef ll
    dir |pg

macdef msdos
    nmap $1.$2 $1.[$2,TXT]
    ntrans /%!- \...

default
    login anonymous
    password egon@ahorn.de
$
```

Diese Einträge bewirken, daß bei Verbindungen zum System *chemie* der Loginname *egon* verwendet wird, wobei das Paßwort dann interaktiv einzugeben ist. Bei Verbindungen zum System *birke.klug.de* werden automatisch die beiden Makros *ll* und *msdos* definiert. Bei Verbindungen zu allen anderen Rechnern (**default**) wird der Loginname *anonymous* und die Mail-Adresse als Paßwort verwendet.

Taucht bei einem Eintrag das Schlüsselwort **password** auf, dann muß *.netrc* die Zugriffsrechte **600** besitzen, so daß also nur der Eigentümer Lese- und Schreibrechte für diese Datei hat, ansonsten wird *.netrc* von **ftp** ignoriert. Allerdings sollte man aus Sicherheitsgründen auf die Angabe von Paßwörtern in *.netrc* verzichten.

Bei dem **default**-Eintrag handelt es sich um einen öffentlichen Loginnamen (*anonymous*), weshalb die Paßwort-Angabe hier unbedenklich ist.

anonymous ftp

Auf den weltweiten Netzen wie Internet, an dem viele Universitäten, Behörden und Firmen angeschlossen sind, stellen viele Rechner freie Software in Archiven zur Verfügung. Jeder Benutzer, der Zugang zum Internet hat, kann per *anonymous FTP* auf diese Archive zugreifen. Der Systemadministrator richtet dabei auf dem Archiv-Rechner ein Login **anonymous** ein. Es ist Konvention, daß jeder Gastbenutzer dann als Paßwort seine Mail-Adresse eingibt.

Nach einer Anmeldung befindet man sich dann im home directory von *anonymous*, in dem üblicherweise weitere Subdirectories enthalten sind, die Kommandos, Protokolldateien und die frei verfügbare Software (meist im Subdirectory **pub**) enthalten. In diese Subdirectories kann man dann mit dem ftp-Kommando **cd** wechseln.

Meist ist im **pub**-Directory ein Inhaltsverzeichnis der verfügbaren Software enthalten, welches komprimiert ist. Um ein solches Inhaltsverzeichnis auf den lokalen Rechner zu kopieren, müßte man zunächst das ftp-Kommando **binary** aufrufen, dann mit **get** die entsprechende Datei auf den lokalen Rechner kopieren, wo diese Datei dann noch dekomprimiert werden muß (mit **unpack** bzw. **uncompress** oder mit **pcat** bzw. **zcat**).

---

grep	Suchen in Dateien	(g/regular expression/p)[38]

Syntax grep [*option(en)*] *regulärer-Ausdruck* [*datei(en)*]

Beschreibung Das Kommando **grep** gibt alle Zeilen aus den angegebenen *datei(en)* aus, die durch den angegebenen *regulären-Ausdruck* abgedeckt werden.

---

[38] Der Name von **grep** ist von diesem **ed**-Kommando hergeleitet.
Eine andere Herleitung dieses Namens ist: "Get REgular exPression"

grep

Wenn mehr als eine *datei* angegeben ist, so wird zu jeder Zeile noch der Name der Datei ausgegeben, aus der diese Zeile stammt.

Wird **grep** ohne Angabe von *datei(en)* aufgerufen, so liest es von der Standardeingabe; dies ist sinnvoll für Pipes oder Eingabeumlenkung.

grep schreibt die gefundenen Zeile auf die Standardausgabe. Um seine Ausgabe also an ein anderes Kommando weiterzuleiten oder aber in eine Datei zu schreiben, muß eine Pipe oder Ausgabeumlenkung verwendet werden.

Optionen

	–b	Vor jeder Zeile wird die Nummer des Blocks, in dem sie gefunden wurde, ausgegeben; die Nummer des ersten Blocks ist dabei 0
	–c	Es wird für jede Datei nur die Anzahl von Zeilen ausgegeben, die durch den *regulären-Ausdruck* abgedeckt sind.
	-h	Dateiname wird nicht vor den Zeilen ausgegeben, in denen ein gesuchter String gefunden wurde.
	–i	Groß- und Kleinschreibung ist nicht zu unterscheiden.
	–l	Nur die Namen der Dateien ausgeben, in denen Zeilen gefunden wurden.
	–n	Vor jeder gefundenen Zeile wird die zugehörige Zeilennummer ausgegeben.
	–s	Fehlermeldungen über nicht existierende *datei(en)* werden nicht ausgegeben.
	–v	Alle Zeilen ausgeben, die nicht durch den angegebenen *regulären-Ausdruck* abgedeckt werden.
	–e *regulärer Ausdruck*	Es ist nach einem speziellen regulären Ausdruck zu suchen, der mit - beginnt.
	–f *datei*	der zu suchende reguläre Ausdruck befindet sich in der Datei *datei*.

Bei grep zugelassene reguläre Ausdrücke:

Ein *regulärer Ausdruck* ist ein Ausdruck, welcher Strings spezifiziert und/oder über Vorschriften beschreibt, welche Strings durch ihn abgedeckt sind. Bei **grep** gelten die folgenden Regeln für reguläre Ausdrücke:

1. Die Metazeichen von regulären Ausdrücken sind:
   . * [ ] \ ^ $
   Metazeichen haben eine Sonderbedeutung.

2. Ein einfacher regulärer Ausdruck ist einer der folgenden:
   - *Einfaches Zeichen*, aber kein Metazeichen

- Das *Metazeichen* \, um Sonderbedeutung eines Metazeichens auszuschalten (z.B *)
- ^ steht für Anfang einer Zeile, wenn es als erstes Zeichen angegeben ist.
- $ steht für Ende einer Zeile, wenn es als letztes Zeichen angegeben ist.
- . steht für jedes beliebige Zeichen, außer Neuezeile-Zeichen
- Eine *Klasse von Zeichen*: z. B. [ABC] deckt eines der Zeichen A, B oder C ab
- Eine *Klasse von Zeichen mit Abkürzungen*: z. B. deckt [a-zA-Z] alle Buchstaben ab (nicht Umlaute)
- Eine *Komplement-Klasse von Zeichen*: z. B. deckt [^0-9] alle Zeichen außer die Ziffern und das Neuezeile-Zeichen ab

3. Operatoren, um reguläre Ausdrücke zu größeren zusammenzufassen
   - *Konkatenation*: AB deckt A unmittelbar gefolgt von B ab
   - *null-oder-beliebig-viele*: A* deckt kein, ein oder mehr A ab
   - *\runde Klammern*: \(r\) deckt gleiche Strings wie der ungeklammerte reguläre Ausdruck r ab
   - *Wiederholungen*[39]:
     (=m): z\{m\} deckt genau *m* Vorkommen von *z* ab
     (>=m): z\{m,\} deckt mindestens *m* Vorkommen von *z* ab
     (>=m und <=n): z\{m,n\} deckt eine beliebige Anzahl zwischen *m* und *n* Vorkommen von *z* ab
   - *n-ter Teilausdruck*: \n deckt den gleichen String ab, wie ein im selben regulären Ausdruck zuvor angegebener \(*Ausdruck*\). *n* muß eine Ziffer sein und spezifiziert den *n*.ten \(*Ausdruck*\); z. B. deckt ^\(.*\)\1$ eine Zeile ab, welche sich aus zwei gleichen Strings zusammensetzt.

Ein regulärer Ausdruck deckt einen String nach der "longest leftmost"-Regel ab.

```
grep Mueller namliste
```

gibt alle Zeilen aus der Datei *namliste* aus, in denen der String `Mueller` vorkommt.

---

[39] Im folgenden steht
z für reguläre Ausdrücke, welche ein Zeichen abdecken
m und n für nichtnegative ganze Zahlen kleiner als 256

grep

```
grep 'M[ea][iy]er' namliste
```

gibt alle Zeilen aus der Datei *namliste* aus, in denen einer der folgenden Strings vorkommt:

```
Meier  Maier  Meyer  Mayer.
```

> Verwandte Kommandos zu **grep** sind **egrep** und **fgrep**. **grep** ist eine abgeschwächte Form von **egrep**. **grep** bietet nicht alle Möglichkeiten der regulären Ausdrücke von **egrep** und läßt auch nicht die Angabe von regulären Ausdrücken in Dateien zu. **fgrep** läßt nur die Suche nach einfachen Strings zu, ist aber das schnellste dieser drei Suchkommandos. **egrep** dagegen ist das langsamste, aber dafür das mächtigste dieser Suchkommandos.

---

groups	Gruppenzugehörigkeiten eines Benutzers ausgeben

Syntax   groups [*benutzername(n)*]

Beschreibung   Das Kommando **groups** gibt alle Gruppen auf der Standardausgabe aus, zu denen der oder die Benutzer *benutzername(n)* gehören. Jeder Benutzer gehört zu einer Gruppe, die in */etc/passwd* angegeben ist. Falls ein Benutzer zu mehreren Gruppen gehört, so sind diese weiteren Zugehörigkeiten in der Datei */etc/group* angegeben.

---

hd	Hexadezimale Ausgabe einer Datei (hex dump)

Syntax   hd [*–format*] [*–s offset*] [*–n zahl*] [*datei*]

Beschreibung   Das Kommando **hd** gibt den Inhalt der *datei* in hexadezimaler, oktaler, dezimaler und Zeichen-Form aus. Falls keine *datei* angegeben ist, liest **hd** die auszugebenden Zeichen von der Standardeingabe. Falls keine *format*-Angabe festgelegt wird, so entspricht dies der Angabe "**-abx -A**", was bedeutet, daß Adressen und Bytes in hexadezimaler Form und zusätzlich auch die zugehörigen ASCII-Zeichen auszugeben sind (siehe auch unten).

Optionen   **hd** kennt die auf der folgenden Seite genannten Optionen.

−s *offset*	legt das *offset* für *datei* fest, ab dem mit der Ausgabe zu beginnen ist. Für *offset* darf dabei eine dezimale Zahl, eine hexadezimale Zahl (muß mit **0x** beginnen) oder eine oktale Zahl (muß mit **0** beginnen) angegeben sein. Nach dieser Zahl darf dabei einer der folgenden Buchstaben angegeben sein: **w** (für words; 2 Bytes), **l** (für long words; 4 Bytes), **b** (für blocks) oder **k** (für Kilobytes). Um bei einer hexadezimalen Angabe das Anhängsel b von der Hexaziffer b unterscheiden zu können, darf immer zwischen der Zahl und dem angehängten Buchstaben ein Stern (*) angegeben werden.
−n *zahl*	*zahl* legt die Anzahl von Bytes fest, die von **hd** auszugeben sind. Für *zahl* darf dabei das gleiche Format verwendet werden wie für *offset* bei der Option **-s**.

format Über *format* kann sowohl die Ausgabeform (Adressen, Zeichen, Bytes, Words, Long Words) als auch die Zahlenbasis festgelegt werden. Die Zahlenbasis gibt dabei an, wie die gewählte Ausgabeform darzustellen ist, wie z. B., daß die Bytes in hexadezimaler oder die Long Words in oktaler Form auszugeben sind. Es gibt zwei spezielle Ausgabeformen: **t** (Testausgabe) und **A** (ASCII). Ausgabeform- und Zahlenbasis-Buchstaben können dabei beliebig kombiniert und wiederholt werden, um unterschiedliche Zahlenbasen für verschiedene Ausgabeformen festzulegen.

Ausgabeform:

a	(*address*) für Adresse; wird immer in der ersten Zeile ausgegeben.
c	(*character*) für Zeichen; druckbare Zeichen werden unverändert und nicht druckbare entweder in C-Notation oder als Zahlenwert ausgegeben.
b	(*byte*) für Byte
w	(*word*) für 2 Bytes
l	(*long word*) für 4 Bytes
A	(*Ascii*) druckbare Zeichen werden unverändert und nicht druckbare als Punkt (.) ausgegeben. Falls noch zusätzlich ein Buchstabe für die Zahlenbasis angegeben ist, so hat dieser hierbei keine Auswirkung.

t	(Testausgabe) vor jeder Zeile wird eine Adresse ausgegeben. Ctrl-Zeichen (0x00 bis 0x1f) werden durch ^@ bis ^_ dargestellt. Bytes, bei denen das erste Bit gesetzt ist, werden so ausgegeben, als ob das erste Bit nicht gesetzt ist, wobei aber eine Tilde (~) vorangestellt wird. Den Zeichen ^, ~ und \ wird ein Backslash (\) vorangestellt.

Zahlenbasis bei der Ausgabe

x	Hexadezimale Ausgabe
d	dezimale Ausgabe
o	oktale Ausgabe

Falls keine Zahlenbasis vereinbart wird, so entspricht dies der Angabe **xdo**.

Zur oktalen Ausgabe einer Datei steht das Kommando **od** (*oktal dump*) zur Verfügung.

head

Ersten Zeilen einer Datei ausgeben

Syntax head [*–n*] [*datei(en)*]

Beschreibung Das Kommando **head** gibt die ersten *n* Zeilen der *datei(en)* auf der Standardausgabe aus. Sind keine *datei(en)* angegeben, so liest **head** die auszugebenden Zeilen von der Standardeingabe. Die Voreinstellung für *n* ist 10 Zeilen.

Sind mehr als eine *datei* angegeben, so wird vor jeder einzelner Datei der Text

==>*dateiname*<==

ausgegeben. Es ist z. B. übliche Praxis, daß man sich eine Reihe von kurzen Dateien mit

head –9999 *datei1 datei2* ...

auf einmal ausgeben läßt.

Zur Ausgabe der letzten Zeilen einer Datei steht das Kommando **tail** zur Verfügung.

iconv	Internationale Zeichensätze konvertieren

Syntax `iconv -f von -t nach [datei]`

Beschreibung

Mit dem in System V.4 neuen Kommando **iconv** können Zeichensätze konvertiert werden. Mit den Optionen **-f** *von* und **-t** *nach* läßt sich die Konvertierung festlegen.

Ist eine *datei* angegeben, so liest **iconv** den Inhalt dieser *datei* und schreibt die konvertierten Daten auf die Standardausgabe. Ist keine *datei* angegeben, so liest **iconv** von der Standardeingabe.

Lassen sich bestimmte Sonderzeichen nicht konvertieren, weil sie im gewünschten Ziel-Zeichensatz nicht vorhanden sind, werden sie durch Unterstrich (_) dargestellt.

Optionen

Für *von* (bei **-f** *von*) und *nach* (bei **-t** *nach*) lassen sich folgende Angaben machen:

Quell-Zeichensatz	von	Ziel-Zeichensatz	nach
ISO 646	646	ISO 8859-1	8859
ISO 646de	646de	ISO 8859-1	8859
ISO 646da	646da	ISO 8859-1	8859
ISO 646en	646en	ISO 8859-1	8859
ISO 646es	646es	ISO 8859-1	8859
ISO 646fr	646fr	ISO 8859-1	8859
ISO 646it	646it	ISO 8859-1	8859
ISO 646sv	646sv	ISO 8859-1	8859
ISO 8859-1	8859	ISO 646	646
ISO 8859-1	8859	ISO 646de	646de
ISO 8859-1	8859	ISO 646da	646da
ISO 8859-1	8859	ISO 646en	646en
ISO 8859-1	8859	ISO 646es	646es
ISO 8859-1	8859	ISO 646fr	646fr
ISO 8859-1	8859	ISO 646it	646it
ISO 8859-1	8859	ISO 646sv	646sv

iconv

Die Anhängsel sind dabei immer eine Abkürzung für den Zeichensatz des betreffenden Landes: **de** (Deutschland), **da** (Dänemark), **en** (England), **es** (Spanien), **fr** (Frankreich), **it** (Italien) und **sv** (Schweden).

Im deutschsprachigen Raum werden meist die Zeichensätze ISO 626 (US-ASCII, 7 Bit), ISO 646de (deutsche ASCII-Variante, 7 Bit) und ISO 8859-1 (8 Bit, nationalen Zeichen aller europäischen Länder in der oberen Hälfte des 8-Bit-Zeichensatzes) verwendet.

iconv -f 8859 -t 646de *datei >zieldatei*	ISO 8859-1 nach ISO 646de
iconv -f 8859 -t 646 *datei >zieldatei*	ISO 8859-1 nach ISO 646 (US-ASCII)
iconv -f 646de -t 8859 *datei >zieldatei*	ISO 646de nach ISO 8859-1

---

id — Erfragen der eigenen Benutzer-(UID) und Gruppenkennung (GID)

Syntax id [-a]

Beschreibung Das Kommando **id** gibt die UID und GID mit den entsprechenden Log-in-Namen in Klammern dahinter aus. Falls für ein Programm, welches das Kommando **id** aufruft, das *set-user-id* Bit gesetzt ist, so meldet **id** sowohl die reale wie auch die effektive UID, wenn diese verschieden sind. Ist das *set-group-id* Bit gesetzt, so gibt **id** die reale und effektive GID aus, wenn diese verschieden sind.

Ist die Option **-a** angegeben, so gibt **id** alle Gruppen aus, zu denen der aufrufende Benutzer gehört.

Bei öfterem Aufruf des Kommandos **su**, welches den Wechsel einer Benutzerkennung - ohne Abmelden - am gleichen Terminal zuläßt, kann es vorkommen, daß ein Benutzer leicht den Überblick verliert, unter welcher Kennung er momentan arbeitet. In solchen Fällen kann er sich mit dem Kommando **id** weiterhelfen.
id wird öfters aus Programmen heraus aufgerufen, um mitzuprotokollieren, wer dieses Programm benutzt.

Ein **id** verwandtes Kommando ist **logname**, welches den login-Namen des betreffenden Benutzers ausgibt.

join	Mischen: von zwei Dateien

Syntax   `join [optionen] datei1 datei2`

Beschrei- Das Kommando **join** faßt diejenigen Zeilen aus den Dateien *datei1* und
bung *datei2* zusammen, deren Schlüsselfelder identisch sind. Wird für *datei1*
ein Querstrich (-) angegeben, so wird hierfür die Standardeingabe verwendet. Die beiden Dateien müssen dabei bezüglich des Schlüsselfelds sortiert sein. Als Schlüsselfeld kann dabei jedes Feld innerhalb der Zeilen verwendet werden. Wenn durch die Optionen nicht anders festgelegt, so wird das 1.Feld in beiden Dateien als Schlüsselfeld verwendet.

Als Feld-Trennzeichen werden, wenn nicht anders durch die Optionen festgelegt, Leer-, Tabulator- und Neuezeile-Zeichen verwendet.

Die gemischten Zeilen aus den beiden Dateien werden auf die Standardausgabe ausgegeben.

Optionen

–j *m*	Das *m*.Feld wird in beiden Dateien als Schlüsselfeld verwendet
–j1 *m*	Das *m*.Feld wird in *datei1* als Schlüsselfeld verwendet
–j2 *m*	Das *m*.Feld wird in *datei2* als Schlüsselfeld verwendet
–a1	Zeilen aus *datei1* ausgeben, für die keine Zeile mit gleichem Schlüsselfeld-Inhalt in *datei2* existiert.
–a2	Zeilen aus *datei2* ausgeben, für die keine Zeile mit gleichem Schlüsselfeld-Inhalt in *datei1* existiert.
–o *n.m* ...	Legt die Felder fest, welche auszugeben sind: Aus *n*.Datei das *m*.Feld; wobei für *n* entweder 1 (*datei1*) oder 2 (*datei2*) angegeben werden kann. So würde z. B. die Angabe –o 1.2 2.4 festlegen, daß immer das zweite Feld aus *datei1* und das 4.Feld aus *datei2* auszugeben sind
–t*c*	Legt das Zeichen *c* als Trennzeichen für die Felder fest; gilt dann sowohl für die Eingabe- wie auch für die Ausgabefelder.
–e *string*	Legt fest, daß leere Ausgabefelder durch *string* zu ersetzen sind.

`join -a1 obst2 obstpreise`

Mische die beiden Dateien *obst2* und *obstpreise*; dabei sind auch die Zeilen aus *obst2* auszugeben, die kein gemeinsames Schlüsselfeld mit *obstpreise* haben.

`join -t: -j1 1 -j2 2 laender2 sprache`

Mische die beiden Dateien *laender2* (1.Feld=Schlüsselfeld) und *sprache* (2.Feld=Schlüsselfeld).

kill

```
join -t: -j1 1 -j2 2 -e "——" laender2 sprache
```

Mische die beiden Dateien *laender2* (1.Feld=Schlüsselfeld) und *sprache* (2.Feld=Schlüsselfeld); leere Felder sind mit —— anzugeben

```
join -t: -j1 2 -j2 1 -o 1.2 1.1 2.2 sprache laender2
```

Mische die beiden Dateien *sprache* (2.Feld=Schlüsselfeld) und *laender2* (1.Feld=Schlüsselfeld); bei der Ausgabe des Mischergebnisses ist zuerst das 2.Feld und dann das 1.Feld von *sprache* auszugeben und dann das 2.Feld von laender2

kill	Beenden von Prozessen

Syntax kill [*–signalnr*] *prozeßnr(n)*

Beschreibung Mit dem Kommando **kill** kann ein Benutzer eigenen Prozessen ein Signal schicken. Dieses geschickte Signal kann von den entsprechenden Prozessen entweder ignoriert oder aber mit einer Signal-Verarbeitungsroutine behandelt werden. Fängt der entsprechende Prozeß ein so gesendetes Signal nicht ab, so wird er beim Eintreffen dieses Signals beendet.

Über *prozeßnr(n)* werden die Prozeßnummern der zu beendenden Prozesse angegeben. Wird 0 für *prozeßnr* angegeben, so bedeutet dies, daß alle Prozesse des entsprechenden Benutzers zu beenden sind.

Signalnummern Beispiele für Signalnummern sind:

2 SIGINT (intr)

3 SIGQUIT (quit)

9 SIGKILL (kann niemals abgefangen werden und beendet immer den Prozeß, an den es gesendet wird[40]).

15 SIGTERM (voreingestellte Signalnummer: beendet den entsprechenden Prozeß, wenn dieser dieses Signal nicht explizit abfängt)

---

[40] Dieser Prozeß wird natürlich nur dann beendet, wenn der Signal-Sender dazu die Berechtigung besitzt.

```
$ find / -name komplex.c -print >komplex.wo 2>komplex.err &⏎
947
$ ps⏎
  PID TTY      TIME COMMAND
   92 ttyic    0:02 sh
  947 ttyic    0:04 find
  988 ttyic    0:02 ps
$ kill -9 947⏎
947 Killed
$ ps⏎
  PID TTY      TIME COMMAND
   92 ttyic    0:03 sh
  765 ttyic    0:02 ps
$
```

last	An- und Abmeldezeiten von Benutzern erfragen

Syntax

last [-[n] *zahl*] [-f *datei*] [*name(n)*]

Beschreibung

In der Datei */var/adm/wtmpx* werden alle An- und Abmeldezeiten der einzelnen Benutzer und Terminals gespeichert. **last** liest aus dieser Datei die benötigten Informationen und gibt diese aus.

Für *name* kann entweder ein Benutzer oder ein Terminal (wie z. B. *term/tty08*) angegeben sein. **last** gibt dann die dazugehörige Information aus. Wird z.B. **last egon console** aufgerufen, so werden alle An- und Abmeldezeiten des Benutzers *egon* ebenso ausgegeben wie die Zeiten, in denen an der Konsole gearbeitet wurde.

last gibt immer zuerst die letzte Sitzung, dann die vorletzte Sitzung usw. aus. Die Information zu einer Sitzung umfaßt dabei den Anmeldezeitpunkt, die Dauer der Sitzung und den Namen des Terminals, an dem die Sitzung stattfand. Wird **last** ohne jegliche Argumente aufgerufen, so gibt es alle in der Datei */var/adm/wtmpx* vermerkten An- und Abmeldezeiten in umgekehrter Reihenfolge aus.

Optionen

last bietet die auf der folgenden Seite genannten Optionen.

-[n]*zahl*   nur *zahl* An- und Abmeldezeiten ausgeben
-f *datei*   An- und Abmeldezeiten werden aus der Datei *datei* und nicht aus */var/adm/wtmpx* gelesen.

last

| **line** | Lesen einer Zeile von der Standardeingabe (read one line) |

Syntax line

Beschrei- Das Kommando **line** liest von der Standardeingabe nur eine Zeile und
bung gibt diese auf die Standardausgabe aus. **line** besitzt weder Optionen noch andere Argumente.

Bessere Anwendungen für **line** werden sich im nächsten Buch bei der Beschreibung der UNIX-Shells ergeben.

| **ln** | Erzeugen neuer Verweise (Links) auf Dateien (link files) |

Syntax Hard-Links

ln [-f] [-n] *datei1 datei2*
ln [-f] [-n] *datei(en) directory*

Soft-Links

ln [-s] *datei1 datei2*
ln [-s] *datei(en) directory*
ln [-s] *dir1 dir2*

Beschrei- Die erste Aufrufform (bei Hard- und Softlinks) erzeugt einen Link zur
bung Datei *datei1*. Als Name für diesen Link wird *datei2* verwendet.

Die zweite Aufrufform (bei Hard- und Softlinks) erzeugt einen oder mehrere Links zu den angegebenen *datei(en)* im Directory *directory*. Für diese Links wird der Name *datei* bzw. die Namen der *datei(en)*[41] in das Directory *directory* eingetragen.

Optionen **ln** kennt die folgenden Optionen:

–f	nicht nachfragen, selbst wenn der Name einer schreibgeschützten Datei verwendet wird.
–n	wenn eine Zieldatei bereits existiert, wird erst nachgefragt, ob diese Zieldatei zu überschreiben ist; **-f** schaltet diese Option aus.
–s	erzeugt einen symbolischen Link (siehe unten).

---

[41] die letzten Komponenten der Pfadnamen zu den *datei(en)* (Basisnamen).

Symbolische Links

In System V.4 wurden sogenannte *symbolische Links* (Option **-s**) eingeführt, mit denen sich ebenfalls zusätzliche Namen an Dateien vergeben lassen. Anders als bei den oben beschriebenen normalen Links (*Hard-Links*) wird bei den symbolischen Links (*Soft-Links*) eine Spezialdatei erzeugt, die den Namen der Zieldatei enthält. Im Gegensatz zu den normalen Links erlauben symbolische Links auch Verweise auf Directories und Verweise über Dateisystemgrenzen hinweg.

Zum Anlegen von symbolischen Links (Soft-Links) steht die Option **-s** zur Verfügung:

(1) ln –s *datei1 datei2*
(2) ln –s *datei(en) directory*
(3) ln –s *dir1 dir2*

Die einzelnen Aufrufe bewirken im einzelnen das folgende:

(1) *datei2* wird als zusätzlicher Name für *datei1* angelegt, mit folgenden Ausnahmen:

Wenn die Zieldatei *datei2* bereits existiert, gibt **ln** immer einen Fehler aus; die Option **-n** ist hier nicht erforderlich.

Wenn beide Dateien nicht existieren, wird eine *datei2* angelegt, deren Inhalt der Name *datei1* ist. Bei Zugriffen auf *datei2* erscheint dann solange eine Fehlermeldung, bis *datei1* angelegt ist.

(2) verhält sich weitgehend wie (1) mit dem Unterschied, daß im *directory* die Basisnamen der *datei(en)* als symbolische Links eingetragen werden.

(3) verhält sich ebenfalls weitgehend wie (1), nur daß hier ein symbolischer Link *dir2* auf ein Directory *dir1* angelegt wird.

Löscht man die Zieldatei, auf die ein Soft-Link verweist, führt ein Zugriff auf die Datei über den Soft-Link zu einer Fehlermeldung. Richtet man später wieder eine Datei mit entsprechenden Namen ein, funktioniert alles wie zuvor.

Symbolische Links werden bei der Ausgabe mit **ls -l** durch die Angabe von **l** als erstes Zeichen gekennzeichnet. Zusätzlich wird dabei noch

–> *name*

ausgegeben. *name* ist dabei die Datei, auf die dieser symbolische Link verweist.

Eine Hauptanwendung von symbolischen Links sind Verweise über Dateisystemgrenzen hinweg oder Verweise auf Directories, welche mit Hard-Links nicht möglich sind.

Ebenso werden symbolische Links in System V.4 verwendet, um eine zu System V.3 kompatible Directory-Struktur zu erhalten. So existieren z. B. Links für die Directories */bin* auf */usr/bin* und */lib* auf */usr/lib*.

Symbolische Links sind eine wichtige und nützliche Neuerung in System V.4. Trotzdem ist von einem übermäßigen Gebrauch dieser Soft-Links abzuraten, da die Gefahr besteht, daß man sehr schnell den Überblick verliert. Deswegen sollten Sie, wenn möglich, bevorzugt mit Hard-Links arbeiten.

Links haben einige Vorteile: So erlauben sie Zugriff auf eine gemeinsame Datei, ohne diese kopieren zu müssen und tragen so dazu bei, Platz zu sparen, da ja nicht der Inhalt dieser gemeinsamen Datei kopiert wird, sondern eben nur ein neuer Name für diese angelegt wird. Zudem ist bei einer solchen Vorgehensweise sichergestellt, daß immer nur eine aktuelle Version einer Datei vorhanden ist; dies würde bei einem Kopieren nicht der Fall sein.

Wenn **ln** feststellt, daß die Zugriffsrechte des entsprechenden Benutzers (*user*-Rechte) ein Anlegen eines Links verbieten, wenn der Name bereits vorhanden ist, so meldet es den Namen der zu überschreibenden Zieldatei mit den entsprechenden Zugriffsrechten und fragt nach, ob diese Datei wirklich zu überschreiben ist. In allen anderen Fällen überschreibt **ln** bereits vorhandene Dateien ohne Rückfrage.

logname	Erfragen des eigenen Login-Namens (get login name)

Syntax logname

Beschrei- Das Kommando **logname** gibt den Login-Namen des Benutzers aus, der
bung sich am entsprechenden Terminal angemeldet hat.

logname wird öfters (wie **id**) aus Programmen heraus aufgerufen, um mit zu protokollieren, wer dieses Programm benutzt.

Während das Kommando **id** immer die aktuelle Benutzerkennung ausgibt, liefert **logname** immer den Login-Namen, unter dem sich der entsprechende Benutzer angemeldet hat, selbst wenn er in der gleichen UNIX-Sitzung mit **su** zu einer anderen Benutzerkennung wechselte.

| **lp** | Inhalt einer Datei am Drucker ausgeben (line printer) |

Syntax lp [*option(en)*] [*datei(en)*]

Beschreibung Das Kommando **lp** veranlaßt die Ausgabe der angegebenen *datei(en)* am Drucker; dazu reicht **lp** den entsprechenden Druckauftrag an den Druckerspooler weiter, welcher alle Druckaufträge entgegen nimmt und die einzelnen Druckaufträge koordiniert.

Wenn keine *datei(en)* angegeben sind, so liest **lp** den zu druckenden Text von der Standardeingabe. Es kann auch – für eine *datei* angegeben werden, was ebenfalls für die Standardeingabe steht.

Bei jedem Aufruf von **lp** wird diesem Druckauftrag eine eindeutige Kennung (eine Art Auftragsnummer) zugeteilt, welche unmittelbar nach der Abgabe des Kommandos **lp** am Bildschirm mitgeteilt (request id is *auftragsnr*) wird. Wenn an späterer Stelle ein solcher Druckauftrag annulliert werden soll, dann kann dies unter Angabe dieser *auftragsnr* mit dem Kommando **cancel** erreicht werden. Wurde die entsprechende *auftragsnr* in der Zwischenzeit vergessen, so kann sie mit dem Kommando **lpstat** wieder erfragt werden.

Optionen

Option	Beschreibung
–n*n*	Es werden *n* Kopien ausgedruckt; normalerweise wird nur eine Kopie ausgegeben.
–c	Es werden temporäre Kopien der angegebenen Dateien erstellt und dann die Kopien am Drucker ausgegeben. Normalerweise wird von der zu druckenden Datei keine Kopie erstellt, sondern die wirkliche Datei gedruckt, was zur Folge hat, daß eventuelle Änderungen, welche nach dem Druckauftrag an einer Datei vorgenommen werden, mit ausgedruckt würden. Die Option **-c** ist nützlich, wenn die entsprechende Datei anschließend editiert oder sogar gelöscht wird.
–w	Die Beendigung des abgegebenen Druckauftrags wird an dem Bildschirm gemeldet, an dem der **lp**-Auftrag abgegeben wurde. Hat der Auftraggeber sich zwischenzeitlich vom System abgemeldet, so wird ihm elektronische Post (mail) geschickt.

lp

Option	Beschreibung
–d*drucker*	erlaubt die explizite Angabe eines Druckers oder einer Klasse von Druckern, auf den(en) die angebenen *datei(en)* auszudrucken sind. Die Voreinstellung für den *drucker* kann auch mit dem Setzen der Variablen LPDEST (z. B. mit LPDEST=drucker in *.profile*) erfolgen.
–m	Die Beendigung des abgegebenen Druckauftrags wird dem Auftraggeber mit elektronischer Post (mail) gemeldet.
–o*option*	ermöglicht es, drucker- bzw. druckerklassenspezifische Optionen anzugeben; wenn mehrere solche Optionen erwünscht sind, so muß –o*option* wiederholt angegeben werden.

Die druckerspezifischen Optionen, die man mit **-o** *optionen* angeben kann, werden vom Systemadministrator definiert. Bei System V.4 sollten mindestens die folgenden Optionen vorhanden sind:

Option	Beschreibung
nobanner	unterdrückt den Ausdruck einer Titelseite
length=*n*	legt Seitenlänge fest. Ohne Suffix hinter *n* wird die Anzahl der Zeilen pro Seite, mit Suffix **i** hinter *n* kann die Seitenlänge in Zoll (*inches*) und mit Suffix **c** in Zentimetern festgelegt werden
width=*n*	legt Zeilenlänge fest. Suffix-Angabe wie bei **length** möglich
lpi=*n*	Anzahl der Zeilen pro Zoll (ohne Suffix oder mit **i**), bzw. pro Zentimeter (Suffix **c**)
cpi=*n*	Zeichenbreite pro Zoll (ohne Suffix oder mit **i**), bzw. pro Zentimeter (Suffix **c**)

Wenn man mit **-o** mehrere druckerspezifische Optionen angeben möchte, dann muß man diese in Anführungszeichen angeben, wie z. B.

```
lp -o "nobanner lpi=8 cpi=12" laender
```

Option	Beschreibung
−s	Die Ausgabe der Auftragsnummer durch **lp** wird unterdrückt.
−t*titel*	Der Text *titel* wird auf der Kopfseite des Ausdrucks ausgegeben.
−P *nr(n)*	Nur die Seiten mit den Nummern *nr(n)* ausgeben. Für *nr(n)* können dabei einzelne Nummern, Zahlenbereiche oder beide kombiniert angegeben werden; diese Option kann nur dann benutzt werden, wenn ein entsprechender Filter vorhanden ist, andernfalls schlägt der ganze **lp**-Aufruf fehl.
−q *pri*	Teilt dem Druckauftrag die Priorität pri zu (0 höchste, 39 niedrigste Priorität).
−y *modus-liste*	*modus-liste* legt dabei Ausgabeform fest; diese Option kann nur dann benutzt werden, wenn ein entsprechender Filter vorhanden ist, andernfalls schlägt der ganze **lp**-Aufruf fehl. Folgende Angaben sind dabei in *modus-liste* möglich: "−y reverse" Seiten in umgekehrter Reihenfolge ausgeb. "−y landscape" im Querformat ausgeben. "−y x=m,y=n" log. Seiten auf physik. Seite verschieben. "−y group=n" log. Seiten auf eine physik. Seite ausgeb. "−y magnify=n" Größe für Seiten verändern. "−o length=n" Seitenlänge festlegen. "−P *nr(n)*" nur Seiten mit Nummern *nr(n)* ausgeben. "−n n" n Kopien ausgeben.

lpstat   Abfragen von Statusinformation zu Druckaufträgen
(print lp status)

Syntax   lpstat [*option(en)*] [*druckauftragsnr(n)*]

Beschreibung   Das Kommando **lpstat** gibt Statusinformationen zu abgegebenen Druckaufträgen aus.

Wird dieses Kommando ohne eine Angabe von *druckauftragsnr(n)* aufgerufen, dann wird der Status aller Druckaufträge angezeigt, welche sich in der Warteschlange befinden, ansonsten wird nur Information über die Druckaufträge mit den angegebenen *druckauftragsnr(n)* ausgegeben.

lpstat

Im allgemeinen hat jeder Drucker einen Namen und gehört zu einer sogenannten Druckerklasse. Eine Klasseneinteilung von Druckern wird dabei oft nach dem Ort, an dem sie sich befinden, oder nach dem Typ der Drucker vorgenommen.

Optionen Einige der hier angegebenen Optionen haben eine optionale *liste*, welche verwendet werden kann, um sich Statusinformation nur zu bestimmten Druckaufträgen ausgeben zu lassen. Eine *liste* ist dabei eine mit Komma getrennte Liste von Namen. Wird bei einer Option, die eine *liste*-Angabe zuläßt, keine *liste* oder **all** angegeben, so wird zu allen durch diese Option angewählten Druckaufträgen Statusinformation ausgegeben.

Wird keine *liste* angegeben, so werden alle relevanten Informationen zu dieser Option ausgegeben. So gibt z. B.

    lpstat -o

Statusinformationen zu allen Druckern aus.

Option	Bedeutung
−a[*liste*]	gibt für die in der *liste* angegebenen Drucker- und/oder Druckerklassen-Namen an, ob sie momentan für Druckaufträge zur Verfügung stehen.
−c[*liste*]	gibt alle in den mit *liste* angegebenen Druckerklassen enthaltenen Druckernamen aus.
−d	gibt den Namen des Druckers aus, der für **lp** voreingestellt ist.
−o[*liste*]	gibt für die in *liste* angegebenen Drucker- und/oder Druckerklassen-Namen Statusinformationen aus.
−p[*liste*]	gibt Status zu den in *liste* angegebenen Druckern aus.
−r	gibt Status des **lp**-Schedulers aus. Der Scheduler ist ein Programm, das die mit **lp** gegebenen Druckaufträge entgegennimmt und koordiniert.
−s	gibt eine Zusammenfassung von Statusinformationen, die mit den Optionen -c, -d und -v abgefragt werden können.
−t	gibt die gesamte verfügbare Statusinformation aus.
−u[*liste*]	gibt Statusinformation zu allen Druckaufträgen aus, die die in *liste* angegebenen Benutzer (Login-Namen) abgegeben haben.
−v[*liste*]	gibt zu den in *liste* angegebenen Druckern den Druckernamen und Pfadnamen des entsprechenden Geräts aus.

| ls | Auflisten von Dateinamen (list contents of directory) |

Syntax ls [*option(en)*] [*datei(en)*][42]

Beschrei- Das Kommando **ls** gibt die Dateinamen des working directory aus,
bung wenn keine *datei(en)* angegeben sind. Sind *datei(en)* angegeben, so werden deren Namen ausgegeben, wenn sie als einfache Dateien existieren. Wenn bei den *datei(en)* Namen von Directories angegeben sind, so werden alle Namen der Dateien ausgegeben, die in diesem Directory vorhanden sind.

Die Namen werden von **ls** dabei immer alphabetisch sortiert ausgegeben.

Namen, die mit . (Punkt) beginnen werden normalerweise nicht aufgelistet; nur wenn die Option –a angegeben ist.

Optionen Die hier vorgestellten Optionen können entweder zusammenhängend (wie z. B. ls –CF) oder aber einzeln (wie z. B. ls –C –F) angegeben werden.

Option	Bedeutung
–a	Liste alle Einträge in einem Directory, auch Namen, die mit . (Punkt) beginnen.
–b	Nicht-druckbare Zeichen in den Dateinamen werden in der Form *ddd* (als Oktalzahl) ausgegeben.
–c	Datum des letzten letzten Änderung des i-nodes (bei Kombination mit –l) ausgeben bzw. dieses Datum zum Sortieren verwenden (bei Kombination mit –t).
–C	Dateinamen nicht untereinander, sondern nebeneinander ausgeben; ist die Voreinstellung seit System V.4
–d	Bei Directories nur deren Namen und nicht deren Inhalt listen (meist mit –l kombiniert, um Zugriffsrechte eines Directory auszugeben).

---

[42] Für *datei(en)* können auch Directorynamen angegeben werden.

ls

Option	Bedeutung
-f	Jede der angegebenen *datei(en)* wird als Directory interpretiert und dann wird der Name jeder in diesem Directory enthaltenen Datei ausgegeben. Diese Option schaltet die Optionen -1, -t, -s und -r aus und die Option -a ein. Die bei der Ausgabe verwendete Reihenfolge entspricht der Eintragungs-Reihenfolge der einzelnen Dateien in der Directory-Datei. Wenn eine der angegebenen *datei(en)* kein Directory ist, so kann dies zu seltsamen Ausgaben führen, da der Inhalt dieser Datei dann im Directory-Format (i-node und Name) interpretiert wird.
-F	Hinter jedem Directorynamen einen Slash /, hinter jeder ausführbaren Datei einen Stern * und hinter jedem symbolischen Link einen Klammeraffen @ angeben.
-g	wie -1, nur daß der Eigentümer nicht ausgegeben wird.
-i	vor jedem Dateinamen dessen i-node Nummer ausgeben.
-1	Datei-Informationen in "Langform" (siehe Beispiele) ausgeben
-L	Bei symbolischen Links nicht den Link selbst, sondern die Datei bzw. das Directory ausgeben, auf das der Link zeigt.
-m	Dateinamen in einer Zeile (mit Komma getrennt) ausgeben.
-n	wie -1, nur daß anstelle des Login-Namens des Eigentümers dessen **UID** und **GID** ausgegeben wird.
-o	wie -1, nur daß die Gruppe nicht ausgegeben wird.
-p	hinter jedem Directorynamen einen / angeben.
-q	Nicht-druckbare Zeichen in den Dateinamen werden mit ? ausgegeben.
-r	Reihenfolge der Ausgabe umkehren.
-R	Alle Subdirectories und Dateien ab der angegebenen Directory-Ebene rekursiv auflisten
-s	Dateigröße nicht in Bytes, sondern in Blöcken angeben.
-t	Bei der Ausgabe nach Zeitpunkt der letzten Änderung (zuletzt modifizierte zuerst) und nicht alphabetisch sortieren.
-u	Datum des letzten Zugriffs anstelle der letzten Änderung (bei Kombination mit -1) ausgeben bzw. dieses Datum zum Sortieren verwenden (bei Kombination mit -t).

Option	Bedeutung
-x	Dateinamen nicht untereinander, sondern nebeneinander ausgeben; dabei sind sie horizontal und nicht vertikal sortiert.
-1	Dateien nicht nebeneinander, sondern untereinander ausgeben; Voreinstellung in System V.3

Eine der am häufigsten verwendeten Optionen ist -l (long format), welche bewirkt, daß neben dem Namen einer Datei noch eine Vielzahl weiterer Informationen zu jeder einzelnen Datei angegeben werden:

```
ls  -l  ⏎
total 2
-rw-r--r--   1 egon     graph      222 Mar 21 11:19  laender
-rw-r--r--   1 egon     graph       79 Mar 21 11:23  obst
```

Die Ausgabe bedeutet hierbei im einzelnen:

`total 2`

gibt an, daß die hier angezeigten Dateien 2 Blöcke auf der Platte belegen; ein Block enthält normalerweise 512 oder 1024 Bytes.

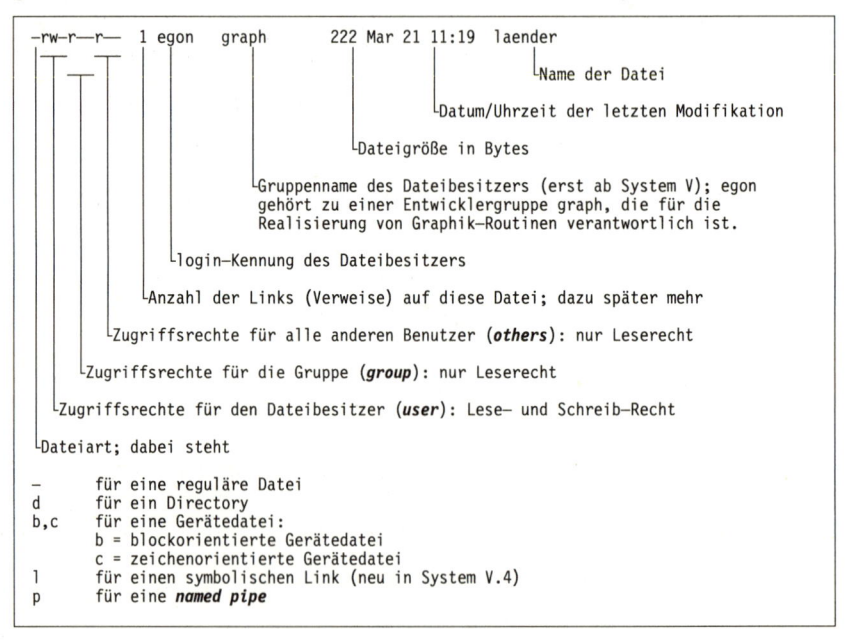

```
-rw-r--r--   1 egon     graph      222 Mar 21 11:19  laender
                                                     └Name der Datei
                                        └Datum/Uhrzeit der letzten Modifikation
                               └Dateigröße in Bytes
                   └Gruppenname des Dateibesitzers (erst ab System V); egon
                    gehört zu einer Entwicklergruppe graph, die für die
                    Realisierung von Graphik-Routinen verantwortlich ist.
          └login-Kennung des Dateibesitzers
       └Anzahl der Links (Verweise) auf diese Datei; dazu später mehr
    └Zugriffsrechte für alle anderen Benutzer (others): nur Leserecht
  └Zugriffsrechte für die Gruppe (group): nur Leserecht
 └Zugriffsrechte für den Dateibesitzer (user): Lese- und Schreib-Recht
└Dateiart; dabei steht
     -      für eine reguläre Datei
     d      für ein Directory
     b,c    für eine Gerätedatei:
            b = blockorientierte Gerätedatei
            c = zeichenorientierte Gerätedatei
     l      für einen symbolischen Link (neu in System V.4)
     p      für eine named pipe
```

ls

Die einzelnen Optionen können auch miteinander kombiniert werden:

```
ls -lt ⏎
total 2
-rw-r--r--   1 egon     graph         79 Mar 21 11:23 obst
-rw-r--r--   1 egon     graph        222 Mar 21 11:19 laender
ls -t -l ⏎
total 2
-rw-r--r--   1 egon     graph         79 Mar 21 11:23 obst
-rw-r--r--   1 egon     graph        222 Mar 21 11:19 laender
```

mail	Senden und Empfangen elektronischer Post[43]

Syntax   mail [-wt] *login-name(n)*   Senden von Post
mail [-ehpqr] [-f*datei*] [-F*login-name(n)*]   Lesen von angekommener Post

Beschrei- Das Kommando **mail** ermöglicht das Senden und Lesen elektronischer
bung   Post.

Ist *login-name(n)* angegeben, so bedeutet dies "Senden eines Briefs". Für *login-name* ist der Login-Name des Brief-Empfängers anzugeben. Soll ein Brief an mehrere Empfänger versandt werden, so wird dies mit der Angabe mehrerer *login-namen* erreicht; die einzelnen Login-Namen sind dabei mit Leer- bzw. Tabulatorzeichen voneinander zu trennen.

Sind keine *login-name(n)* angegeben, so bedeutet dies "Lesen von angekommenen Briefen".

Optionen Die folgenden Optionen können beim *Senden eines Briefes* angegeben werden:

Option	Bedeutung
-w	Brief an einen Benutzer auf einem anderem System schicken, ohne auf die Beendigung der Übertragung zu warten.
-t	fügt zum Brieftext eine Adressaten-Liste (To: ...) hinzu.

---

[43] Auf manchen Systemen wird dieses alte **mail**-System schon nicht mehr angeboten. Auf diesen Systemen entspricht das **mail**-Kommando dann vollständig dem neuen **mailx** (siehe auch **mailx**).

Die folgenden Optionen können beim *"Lesen von angekommenen Briefen"* angegeben werden:

Option	Bedeutung
-e	keine Briefinhalte anzeigen; nur prüfen, ob Post angekommen ist:mail -e liefert 0, wenn Post angekommen ist und sonst 1.
-h	Numerierte Liste von Briefköpfen zu angekommenen Briefen ausgeben. In den Briefköpfen ist dabei der Absender, Datum und Größe des Brieftextes angegeben. Danach wird der mail-Prompt ? ausgegeben.
-p	alle Briefe ohne mögliche Interaktion des Benutzers ausgeben.
-q	bewirkt, daß **mail** bei Eingabe einer Abbruchtaste (wie **intr**) abgebrochen wird; normalerweise würde eine solche Eingabe nur die Ausgabe eines bestimmten Briefes abbrechen und nicht zum Abbruch von mail führen.
-r	Briefe in der Reihenfolge ihres Eintreffens (FIFO) ausgeben; normalerweise wird der zuletzt eingetroffene Brief zuerst ausgegeben (LIFO).
-f*datei*	veranlaßt **mail**, die Datei *datei* (z. B. *mbox*) als mailbox und nicht die voreingestellte mailbox zu verwenden.
-F*login-name(n)*	bewirkt für eine leere mail-Datei, daß alle ankommenden Briefe an die Benutzer *login-name(n)* weitergeleitet werden.

Schreiben und Senden von Briefen

Nach der Abgabe des Kommandos

mail   *login-name(n)*

liest **mail** von der Standardeingabe den zu übermittelnden Brieftext. Der Brieftext gilt als beendet, wenn in einer neuen Zeile entweder . ⏎ oder Ctrl-D eingegeben wird.

Danach wird der gerade geschriebene Brief am Ende der Datei

/var/mail/*login-name*   (seit System V.4)

/usr/mail/*login-name*   oder /usr/spool/mail/*login-name*   (vor System V.4)

angehängt.

Dem Adressaten *login-name* wird die Ankunft des Briefes mit der Meldung

mail

```
you have mail
```

oder

```
you have new mail
```

angezeigt.

Wenn ein beim **mail**-Aufruf angegebener *login-name* nicht existiert, so kann der Brief nicht zugestellt werden. Dies wird dem Sender mitgeteilt. Dazu wird der nicht zustellbare Brief dem Sender zurückgeschickt. Der zurückgekommene Brief enthält dabei nicht nur den Brieftext, sondern auch noch Zusatzinformation, warum er nicht zugestellt werden konnte.

mail wird häufig auch verwendet, um sich selbst an etwas zu erinnern, indem man einen Brief an sich selbst schickt.

Ein Brief kann zugleich an mehrere Benutzer verschickt werden; dazu müssen lediglich alle Empfänger in der Kommandozeile des **mail**-Aufrufs angegeben werden.

Lesen von angekommenen Briefen

Die Ankunft eines Briefs wird mit

```
you have mail
```

oder

```
you have new mail
```

gemeldet. Dies bedeutet, daß der Brief in einem Briefkasten (engl.: *mailbox*) hinterlegt wurde. Die mailbox ist dabei eine Datei im Directory */var/mail*, */usr/mail* oder */usr/spool/mail*; der Dateiname ist der Login-Name des Briefempfängers.

Die in der mailbox hinterlegten Briefe können nun mit dem Aufruf

```
mail     (ohne Angabe von Login-Namen)
```

gelesen werden.

Die ersten Zeilen eines Briefes sind die sogenannten Kopfzeilen; diese geben den Absender und das Absendedatum des Briefes an.

Die nachfolgenden Zeilen (bis zum abschließenden ?) sind der eigentliche Brieftext. Bei einem Brief, der mehr Zeilen als eine Bildschirmseite umfasst, kann die Ausgabe des Briefes mit Ctrl-S angehalten und mit Ctrl-Q wieder fortgesetzt werden.

Das **?** ist das **mail**-Promptzeichen, d. h. daß an dieser Stelle die Eingabe eines **mail**-Kommandos erwartet wird.

Mögliche **mail**-Kommandos sind:

Kommando	Beschreibung
# ⏎ +	Nummer des aktuellen Briefs ausgeben
n	(*n*ext) Nächsten Brief lesen; wenn kein weiterer Brief vorhanden ist, so wird **mail** verlassen.
d dp	(*d*elete *p*rint) aktuellen Brief löschen und nächsten Brief lesen; wenn kein weiterer Brief vorhanden ist, so wird **mail** verlassen. Der aktuelle Brief wird dabei noch nicht wirklich gelöscht, sondern nur als "gelöscht" markiert; eine solche Markierung kann mit dem **mail**-Kommando **u** wieder rückgängig gemacht werden. Die als "gelöscht" markierten Briefe werden immer erst beim Verlassen von **mail** wirklich aus der mailbox entfernt.
d*n*	(*d*elete) Brief mit der Nummer *n* als "gelöscht" markieren; der nächste Brief wird in diesem Fall noch nicht gelesen. Die Nummern der einzelnen Briefe können mit dem **mail**-Kommando **h** abgefragt werden.
dq	(*d*elete *q*uit) aktuellen Brief als "gelöscht" markieren und danach **mail** verlassen.
h	(*h*eader) Kopfzeilen der Briefe anzeigen, die sich vor und nach dem aktuellen Brief in der mailbox befinden. Dabei wird der aktuelle Brief mit > und als "gelöscht" markierte Briefe werden mit **d** gekennzeichnet.
h a	(*h*eader *a*ll) Kopfzeilen aller in der mailbox vorhandender Briefe anzeigen. Dabei wird der aktuelle Brief mit > und als "gelöscht" markierte Briefe werden mit **d** gekennzeichnet.
h *n*	(*h*eader) Kopfzeile des Briefs mit der Nummer *n* anzeigen. Handelt es sich beim Brief mit der Nummer *n* um den aktuellen Brief, so wird dies mit > angezeigt. Ist der Brief *n* als "gelöscht" markiert, so wird dies mit **d** angezeigt.
h d	(*h*eader *d*eleted) Kopfzeilen aller Briefe anzeigen, die als "gelöscht" markiert sind.
p	(*p*rint) aktuellen Brief nochmals ausgeben.

mail

Kommando	Beschreibung
–	vorherigen Brief nochmals ausgeben.
a	(*arrived*) einen eventuell während der **mail**-Sitzung neu angekommenen Brief ausgeben und diesen zum aktuellen Brief machen.
n	Brief mit Nummer *n* ausgeben und diesen zum aktuellen Brief machen.
r [*login -name*(*n*)]	(**reply**) auf aktuellen Brief antworten. Werden *login-name*(*n*) angegeben, so wird nicht nur dem Absender dieses Briefs, sondern auch den Benutzern mit *login-name*(*n*) der Antwortbrief zugeschickt. Der aktuelle Brief wird nach dem Absenden des Anwortbriefs als "gelöscht" markiert.
s [*dateiname*(*n*)]	(**save**) wenn keine *dateiname*(*n*) angegeben sind, so wird der aktuelle Brief in der Datei *mbox* gesichert; sind *dateiname*(*n*) angegeben, so wird der aktuelle Brief nicht in *mbox*, sondern in diesen Dateien gesichert. Danach wird der aktuelle Brief als gelöscht" markiert.
u	(**undelete**) falls aktueller Brief als "gelöscht" markiert ist, so wird diese Markierung wieder entfernt.
u *n*	(**undelete**) falls Brief mit Nummer *n* als "gelöscht" markiert ist, so wird diese Markierung wieder entfernt.
w [*dateiname*(*n*)]	(**write**) wenn keine *dateiname*(*n*) angegeben sind, so wird der aktuelle Brief in der Datei *mbox* gesichert; sind *dateiname*(*n*) angegeben, so wird der aktuelle Brief nicht in *mbox*, sondern in diesen Dateien gesichert. Danach wird der aktuelle Brief als "gelöscht" markiert. Anders als beim **mail**-Kommando **s** werden hier die Kopfzeilen nicht mitgesichert.
m *login-name*(*n*)	(**mail**) aktuellen Brief an die Benutzer *login-name*(*n*) weiterleiten; danach wird der aktuelle Brief als "gelöscht" markiert.
q [Ctrl]-[D]	(**quit**) **mail** verlassen, wobei alle als "gelöscht" markierten Briefe aus der mailbox entfernt werden.
x	(**exit**) **mail** verlassen, wobei alle, auch die als "gelöscht" markierten Briefe in der mailbox verbleiben.
!*unix_kdo*	UNIX-Kommando *unix_kdo* ausführen.
?	Kurzbeschreibung (meist in englisch) zu allen möglichen **mail** Kommandos ausgeben.

mailx	Senden und Empfangen elektronischer Post

Syntax `mailx` [*option(en)*] [*login–name(n)*][44]

Beschreibung

Das ab System V verfügbare Kommando **mailx** ist eine wesentlich verbesserte Version des Kommandos **mail**.

mailx arbeitet sehr ähnlich zu **mail**:

- Ankommende Briefe werden in der mailbox-Datei */var/mail/login-name* (System V.4) oder */usr/mail/login-name* oder */usr/spool/mail/login-name* hinterlegt; *login-name* ist dabei der Login-Name des Briefempfängers.

- Wird **mailx** ohne weitere Argumente aufgerufen, so ermöglicht es das Lesen der Briefe, die sich in der mailbox befinden.

Anders als bei **mail** ist z. B. folgendes:

- Jeder gelesene Brief wird automatisch aus der mailbox entfernt und in einer sogenannten Sekundär-mailbox (Datei *mbox*, die sich normalerweise im home directory befindet) befindet.

- **mailx** kennt zwei Arbeitszustände:

Eingabemodus

Hier kann der Brieftext eingegeben werden. Im Eingabemodus können allerdings auch **mailx**-Kommandos eingegeben werden, wenn vor dem Kommando als erstes Zeichen der Zeile ~ (engl.: *tilde*) angegeben ist.

Kommandomodus

Hier können **mailx**-Kommandos eingegeben werden.

- **mailx** bietet dem Benutzer eine Vielzahl von Möglichkeiten, um sein Postverwaltungs-System seinen Bedürfnissen anzupassen:

- die Angabe von Optionen

- Kommandos und Definitionen in der Datei *.mailrc*, die sich im home directory befinden muß; der Inhalt von *.mailrc* wird bei jedem **mailx**-Aufruf gelesen und ausgeführt.

---

[44] müssen nicht unbedingt *login-name(n)* sein, sondern können auch andere Namen sein, die als Überbegriff für spezielle Login-Name(n) mit den mailx-Kommandos **alias** und **group** definiert wurden.

mailx

- die Angabe von **mailx**-Kommandos im Eingabemodus; den **mailx**-Kommandos muß dabei das Zeichen ~ vorangestellt werden.
- die Angabe von Kommandos im Kommandomodus.

Ist *login-name(n)* angegeben, so bedeutet dies "Senden eines Briefs". Für *login-name* ist der Login-Name des Brief-Empfängers anzugeben. Soll ein Brief an mehrere Empfänger versandt werden, so wird dies mit der Angabe mehrerer *login-namen* erreicht; die einzelnen Login-Namen sind dabei mit Leer- bzw. Tabulatorzeichen voneinander zu trennen.

Sind keine *login-name(n)* angegeben, so bedeutet dies "Lesen von angekommenen Briefen".

Optionen

Option	Beschreibung
–e	überprüft, ob Post vorhanden ist. Dabei werden keine Briefe ausgegeben, sondern nur ein Exit-Wert zurückgegeben: 0, wenn erfolgreich.

–f [*dateiname*]	bewirkt, daß **mailx** Briefe aus der mailbox *dateiname* und nicht aus der voreingestellten mailbox */var/mail/login-name* oder */usr/mail/login-name* oder */usr/spool/mail/login-name* liest. Wird üblicherweise verwendet, um Briefe aus der Sekundär-Mailbox *mbox* (im home directory) zu lesen. Wird *dateiname* nicht angegeben, so wird die Datei *mbox* aus dem home directory als mailbox verwendet.
	`mailx -f /home/egon/fehler/testgruppe`
	Anstelle der voreingestellten mailbox wird die Datei */home/egon/fehler/testgruppe* als mailbox verwendet.
	`mailx -f`
	Anstelle der voreingestellten mailbox wird die Datei *mbox* im home directory als mailbox verwendet.

–F	bewirkt, daß ein abgeschickter Brief immer in einer Datei gesichert wird. Als Name für diese Datei wird dabei der zuerst angegebene Login-Name der Empfänger verwendet; diese Option hat höhere Priorität wie die eventuell gesetzte mailx-Variable *record*.
–h *zahl*	*zahl* gibt die Anzahl von "Netzwerk-Sprünge" an. Diese Option wird für Netzwerk-Software angeboten und ist nicht für den normalen Benutzer gedacht.
–H	gibt nur ein Inhaltsverzeichnis zu den angekommenen Briefen aus.
–i	ignoriert Interrupts.

Option	Beschreibung
–n	Üblicherweise liest **mailx** zuerst die Definitionen und Kommandos aus der vom System bereitgestellten Datei *mailx.rc* und wertet diese aus. Soll **mailx** den Inhalt dieser Datei unberücksichtigt lassen und nur die vom Benutzer selbst erstellte Datei *.mailrc* in dessen home directory auswerten, so wird dies mit der Angabe dieser Option erreicht.
–N	keine Ausgabe von Briefköpfen nach dem **mailx**-Aufruf.
–r*adresse*	reicht die *adresse* an die Netzwerk-Software weiter und schaltet alle ~-Kommandos aus. Diese Option wird für Netzwerk-Software angeboten und ist nicht für den normalen Benutzer gedacht.
–s"*Thema des Briefes*"	Das hier angegebene *Thema des Briefes* entspricht der deutschen *Betrifft:*-Angabe und wird dem Empfänger als `Subject:` *Thema des Briefes* vor dem eigentlichen Brieftext übermittelt.
–u*login-name*	liest die mailbox des Benutzer *login-name*; ist nur möglich, wenn die Zugriffsrechte dessen mailbox-Datei dies zulassen.
–U	konvertiert Adressen, die dem **uucp**-Stil entsprechen, in Netz-Standardadressen um.
–t	**mailx** liest die **To:**, **Cc:** und **Bcc:**-Zeilen aus der Standardeingabe und bestimmt dann daraus selbst die Adressaten, an die der Brief zu schicken ist.
–T *datei*	Nach dem Lesen von Artikeln oder Mail aus dem USENET speichert **mailx** die Kopfzeile **Message-ID:** in der Datei *datei* ab; diese Option setzt automatisch auch die Option **-I**.
–I	Beim Lesen von Artikeln oder Mail aus dem USENET wird zusätzlich die Kopfzeile **Newsgroups:** angezeigt.
–V	nur Versionsnummer von **mailx** ausgeben.
–~	~-Kommandos auch dann zulassen, wenn Standardeingabe nicht auf ein Terminal eingestellt ist.
–B	Keine Pufferung bei der Ein- und Ausgabe.
–d	Debugging-Modus einschalten.

Senden von Briefen

Nach dem Aufruf

mailx *login-name(n)*

liest **mailx** den zu übermittelnden Brieftext von der Standardeingabe. Anders als **mail** fragt **mailx** mit der Ausgabe

`Subject:`[45]

nach dem Thema des Briefes, das nun hier einzugeben ist. Möchte der Benutzer kein Thema angeben, so muß er hier nur ⏎ eingeben.

Nach Eingabe der *Subject*-Zeile (eventuell leer) befindet sich **mailx** im Eingabemodus und der eigentliche Brieftext kann eingegeben werden. Die Eingabe des Brieftextes kann mit **~.** als einzige Zeichen einer Zeile beendet werden. Danach wird der Brieftext (einschließlich der *Subject*-Zeile) abgeschickt, d. h. er wird an das Ende der Datei */usr/mail/login-name* kopiert. Dem Empfänger wird die Ankunft des Briefes dann mit der Meldung

`you have mail`

oder

`you have new mail`

angezeigt.

Wenn ein beim **mailx**-Aufruf angegebener *login-name* nicht existiert, so kann der Brief nicht zugestellt werden. Dies wird dem Absender mitgeteilt.

Im Eingabemodus können - anders als bei **mail** - auch **mailx**-Kommandos aufgerufen werden. Jedes der **mailx**-Kommandos besteht aus einem Buchstaben. Diesem ist dabei ein ~ voranzustellen (gilt nur im Eingabemodus); zudem muß dieses Zeichenpaar (*~buchstabe*) am Anfang einer Zeile angegeben sein.

mailx-Kommandos mit vorangestellten ~

Die folgenden Kommandos können nur im Eingabemodus eingegeben werden; das Zeichen ~ ist dabei als erstes Zeichen einer Zeile anzugeben.

---

[45] entspricht der deutschen Betrifft:-Zeile und wird nur dann erfragt, wenn diese nicht bereits beim Aufruf mit der Option **-s** angegeben wurde.

Kommando	Funktion
~!*kdo*	das angegebene UNIX-Kommando *kdo* wird ausgeführt und danach wird wieder in den Eingabemodus zurückgekehrt.
~.	bewirkt das Verlassen des Eingabemodus und führt zum Abschicken des eingegebenen Briefes. Falls der Eingabemodus direkt mit dem **mailx**-Aufruf (**mailx** *login-name(n)*) eingeleitet wurde, wird nach der Eingabe von ~. zur UNIX-Kommandoebene zurückgekehrt. Wurde jedoch erst während der **mailx**-Sitzung (**mailx**-Aufruf ohne Angabe von *login-name(n)*) in den Eingabemodus umgeschaltet, so wird nach der Eingabe von ~. in den Kommandomodus von **mailx** zurückgeschaltet.
~:*mkdo* oder ~_*mkdo*	das angegebene mailx-Kommando *mkdo* wird ausgeführt; kann nur benutzt werden, wenn **mailx** zum Lesen von Post aufgerufen wurde.
~?	gibt eine Zusammenfassung der möglichen ~-**mailx**-Kommandos aus.

~a und ~A	Unter der Vielzahl von **mailx**-Variablen existieren unter anderem die beiden Variablen *sign* und *Sign*. Werden diese Variablen in *.mailrc* z. B. mit
	`set sign='Gruss —egon'`
	`set Sign='MfG    — Egon Mueller, Dipl.–Inf., (login: egon)'`
	gesetzt, so würde die Eingabe der **mailx**-Kommandos ~a bzw. ~A den in den Variablen *sign* (~a) bzw. *Sign* (~A) abgelegten Text nach der aktuellen Briefzeile einfügen.

~b *login-name(n)*	ermöglicht es, neue Adressaten zur **Bcc:**-Liste (siehe ~h) hinzuzufügen.
~c *login-name(n)*	ermöglicht es, neue Adressaten zur **Cc:**-Liste (siehe ~h) hinzuzufügen.
~d	liest den Inhalt der Datei *dead.letter* (bei der **mailx**-Variablen **DEAD** beschrieben) ein.
~e	bewirkt den Aufruf eines Editors zum Editieren eines eingegebenen Brieftextes. Normalerweise wird der Editor **ed** aufgerufen.

Kommando	Funktion

	Mit Einträgen in die Datei *.profile*, wie z. B.
	`EDITOR=/bin/ed` bzw.
	`EDITOR=/usr/bin/vi`
	oder in die Datei *.mailrc*
	`set EDITOR='/bin/ed'` bzw.
	`set EDITOR='/usr/bin/vi'`
	kann explizit festgelegt werden, welcher Editor bei Angabe des **mailx**-Kommandos ~e zu verwenden ist.

~f [*briefliste*]	kopiert die mit *briefliste*[46] ausgewählten Briefe in den Brieftext. Empfangene Briefe können nur dann einkopiert werden, wenn mail zum Lesen von Briefen aufgerufen wurde; deswegen sollte in diesem Fall **mailx** ohne Empfänger-Namen aufgerufen und dann mit dem **mailx**-Kommando `m` *login-name(n)* auf Senden eines Briefes umgeschaltet werden. Dies bewirkt, daß man sich dann im Eingabemodus befindet. Hier können nun zunächst einleitende Worte zu den einzukopierenden Briefen eingegeben werden, bevor diese mit ~f dann einkopiert werden.
~F [*briefliste*]	wie ~f, nur daß alle Kopfzeilen der betroffenen Briefe mit einkopiert werden.
~h	zeigt nacheinander alle Komponenten eines Briefkopfes mit ihrem bisherigem Inhalt an: `To: ....` Thema des Briefes `Subject: ....` Liste der Haupt-Adressaten `Cc: ....` Liste von Adressaten, denen eine Kopie des Briefes zuzustellen ist (*carbon copy*) `Bcc:....` Liste von Adressaten, die zwar auch eine Kopie dieses Briefes erhalten sollen, aber nirgends im Briefkopf zu erwähnen sind (*Blind carbon copy*). Bei jeder einzelnen Komponente kann nun deren Inhalt geändert oder neuer Text hinzugefügt werden. Soll der bisherige Inhalt unverändert bleiben, so ist lediglich ⏎ einzugeben.

---

[46] siehe Beschreibung "Lesen von angekommenen Briefen"

Kommando	Funktion
~i *variable*	Fügt den Wert der Variablen *variable* in den Brieftext ein. *variable* kann dabei eine **mailx**-Variable oder eine Shell-Variable sein; so ist z. B. ~a äquivalent zu ~i sign.
~m [*briefliste*]	kopiert die mit *briefliste*[47] ausgewählten Briefe in den Brieftext, wobei jede Zeile mit einem vorangestellten Tabulatorzeichen nach rechts geschoben wird. Empfangene Brief können allerdings nur dann einkopiert werden, wenn mail zum Lesen von Briefen aufgerufen wurde; deswegen sollte in diesem Fall **mailx** ohne Empfänger-Namen aufgerufen und dann mit dem **mailx**-Kommando m *login-name(n)* auf Senden eines Briefes umgeschaltet werden. Dies bewirkt, daß man sich dann im Eingabemodus befindet. Hier können nun zunächst einleitende Worte zu den einzukopierenden Briefen eingegeben werden, bevor diese mit ~m dann einkopiert werden.
~M [*briefliste*]	wie ~m, nur daß alle Kopfzeilen der betroffenen Briefe mit einkopiert werden.
~p	gibt den bisher eingegebenen Brieftext nochmals von Beginn an am Bildschirm aus.
~q ~Q	bewirkt den sofortigen Abbruch von **mailx**. Ein bereits eingegebener Brieftext wird nicht verschickt, sondern lediglich in der Datei *dead.letter*[48] im home directory gesichert.
~r *dateiname* oder ~<*dateiname*	kopiert die Datei *dateiname* in den Brieftext ein. Nach Ausführung dieses Kommandos wird der Dateiname und die Anzahl der einkopierten Zeilen und Zeichen ausgegeben.
~< !*unix-kdo*	führt das UNIX-Kommando *unix-kdo* aus und kopiert dessen Ausgabe in den Brieftext. Nach Ausführung dieses Kommandos wird die Anzahl der einkopierten Zeilen und Zeichen ausgegeben.
~s *string*	besetzt das Subject:-Feld mit den angegebenen *string*.
~t *login-name(n)*	ermöglicht es, neue Adressaten zur To:-Liste hinzuzufügen.

---

[47] siehe Beschreibung "Lesen von angekommenen Briefen"
[48] ohne Briefkopf

mailx

Kommando	Funktion
~v	ruft den Editor auf, der in der **mailx**-Variablen VISUAL angegeben ist; meist der vi.
~w *dateiname*	sichert den Brieftext in der Datei *dateiname*. Während bei ~w der Briefkopf nicht mit gespeichert wird, geschieht dies bei der Angabe der Option –F. Bei der Option –F wird als Name für diese Datei der erste der beim **mailx**-Aufruf angegebenen *login-name(n)* verwendet.
~x	bewirkt den sofortigen Abbruch von **mailx**. Ein bereits eingegebener Brieftext wird weder verschickt noch gesichert.
~| *kdo*	leitet den Brieftext über eine Pipe in die Standardeingabe des UNIX-Kommandos *kdo*. Wenn *kdo* erfolgreich abläuft, so wird der Brieftext durch dessen Ausgabe ersetzt.

Lesen von angekommenen Briefen

Zum Umgang mit angekommenen Briefen bietet **mailx** eine Vielzahl von Kommandos an.

Die allgemeine Syntax der Kommandos im Kommandomodus ist:

[*kommando*] [*briefliste*]

Wird kein *kommando* angegeben, so wird hierfür das Kommando **next** angenommen. Bei den Kommandonamen ist der hier kursive Teil die kürzest mögliche Form der Angabe; allerdings kann dabei auch jede mögliche Zwischenform angegeben werden. So ist z. B. für das Kommando *n*ext die kürzest mögliche Form **n**; dieses Kommando kann also mit **n**, **ne**, **nex** oder **next** aufgerufen werden.

Die *briefliste* legt dabei fest, für welche Briefe das angegebene Kommando auszuführen ist. Wenn ein Kommando eine *briefliste* zuläßt und es wird keine angegeben, so wird das Kommando für den aktuellen Brief ausgeführt. Bei der Ausgabe der Briefköpfe kennzeichnet **mailx** den aktuellen Brief immer mit >.

Eine *briefliste* ist eine Liste von einzelnen mit Leerzeichen getrennten Angaben; jede einzelne Angabe spezifiziert dabei bestimmte Briefe.

Als Angabe ist dabei möglich:

Angabe	Beschreibung
n	Brief mit der Nummer *n*
.	aktueller Brief
^	erster nicht als "gelöscht" markierter Brief
$	letzter Brief
*	alle Briefe
n-m	Briefe mit den Nummern *n* bis *m*
login-name	alle Briefe des Benutzers *login-name*
/*text*	alle Briefe, bei denen *text* in der *Subject:*-Zeile vorkommt[49]
:*c*	alle Briefe vom Typ *c*, wobei für *c* folgendes angegeben werden darf:
	d als "gelöscht" markierte Briefe (*d*eleted)
	n alle neuen Briefe (*n*ew)
	o alle alten Briefe (*o*ld)
	r alle bereits gelesenen Briefe (*r*ead)
	s alle gesicherten Briefe (*s*aved)
	u alle noch nicht gelesenen Briefe (*u*nread)

Hier werden bereits die später noch genauer beschriebenen Kommandos **delete** (als "gelöscht" markieren) und **save** (auf Datei sichern) verwendet:

d 2-5 ⏎

Briefe mit den Nummern 2, 3, 4 und 5 als "gelöscht" markieren

s :u ungelesen ⏎

noch nicht gelesene Briefe in Datei *ungelesen* (mit Briefkopf) sichern

p toni ⏎

alle Briefe von **toni** ausgeben

2 ⏎

Brief mit der Nummer 2 ausgeben

d :r ⏎

alle bereits gelesenen Briefe als "gelöscht" markieren

---

[49] bei *text* wird dabei keine Unterscheidung zwischen Klein- und Großbuchstaben vorgenommen

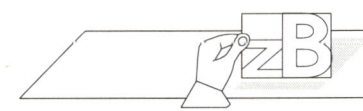

mailx

Wenn neue Post ankommt, so wird dies dem entsprechenden Benutzer mit

```
you have mail
```

oder

```
you have new mail
```

mitgeteilt. Dieser Hinweis erfolgt entweder sofort, wenn der Benutzer gerade angemeldet ist, oder aber beim nächsten Anmelden.

Um die neu angekommene Post zu lesen, muß dieser Benutzer **mailx** ohne Angabe von *login-name(n)* aufrufen; die einfachste Form ist dabei **mailx**. Nach diesem Aufruf wird eine Liste von Kopfzeilen[50] zu den in der mailbox vorhandenen Briefen ausgegeben, wie z. B.

```
$ mailx ⏎
mailx version 4.0   Type ? for help.
"/var/mail/egon":  3 messages   1 new   3 unread
   U  1 miller                  Fri Jul  6 09:10    9/247   Jubilaeum von Schorsch
   U  2 marketing               Fri Jul  6 09:14   11/437   Marketing-Termine
  >N  3 molly                   Fri Jul  6 09:18    7/137
?
```

Die erste Zeile zeigt dabei die Versionsnummer des mailx-Programms und gibt einen Hinweis, daß mit ? eine Kurzbeschreibung von mailx-Kommandos angefordert werden kann.

Die zweite Zeile zeigt den Pfadnamen der Datei, die als mailbox verwendet wird; zusätzlich wird in dieser Zeile angezeigt, wieviele Briefe in dieser mailbox vorhanden sind und wieviele davon neu und wieviele davon ungelesen sind.

Die restlichen Zeilen geben zu den in der mailbox vorhandenen Briefen die Überschriften an. Die einzelnen Briefe sind dabei nach **FIFO** (engl.: *first in first out*) numeriert: der zuerst angekommene Brief hat somit die Nummer 1 und ist zunächst der aktuelle Brief.

---

[50] wenn mehr als 20 Briefe in der mailbox vorhanden sind, so werden nur die Kopfzeilen zu den ersten 20 Briefen ausgegeben.

Links von den Nummern kann dabei Statusinformation angegeben sein:

N	(*new*) ist seit dem letzten **mailx**-Aufruf neu eingetroffen
R	(*read*) ist neu eingetroffen und bereits gelesen
U	(*unread*) ist schon älter, aber noch nicht gelesen
O	(*old*) ist schon älter und gelesen
S	(*saved*) wurde in einer Datei gesichert
M	(*mbox*) wird bei Verlassen von **mailx** in *mbox* aufgehoben
H	(*hold*) verbleibt in der primären Mailbox

Das Zeichen > steht dabei immer vor dem aktuellen Brief. Desweiteren wird zu jedem einzelnen Brief der Login-Name des Absenders, das Datum und die Uhrzeit der Zustellung, die Anzahl der Zeilen und Zeichen des Briefes und die *Subject:*-Zeile angegeben.

Am Ende dieser Ausgabe erscheint dann das **mailx**-Promptzeichen ? oder &, um dem Benutzer anzuzeigen, daß er nun **mailx**-Kommandos eingeben kann.

mailx-Kommandos

In der nachfolgenden Aufstellung ist die jeweils kürzest mögliche Aufrufform der Kommandos mit der Schriftart **fett** ausgezeichnet.

! *unix-kdo*

führt das angegebene UNIX-Kommando *unix-kdo* aus.

*kommentar*

der Rest der Zeile nach # wird als Kommentar interpretiert; wird meist in der Datei *.mailrc* verwendet.

=

gibt die Nummer des aktuellen Briefes aus.

?

gibt eine Zusammenfassung der **mailx**-Kommandos am Bildschirm aus.

alias *alias-name name1* [[*name2*] ...]
group *alias-name name1* [[*name2*] ...]

Mit den Kommandos **alias** und **group** ist es möglich, an wenig aussagekräftige Login-Namen neue Namen zu vergeben, die zum einen leichter zu merken sind und zum anderen eine bessere Identifizierung des entsprechenden Benutzers zulassen. Wird dann beim **mailx**-Aufruf als

mailx

login-name ein *alias-name* angegeben, so setzt **mailx** hierfür die entsprechenden Login-Namen *name1 name2...* ein. Bei den Kommandos **alias** und **group** kann für *name1 name2 ...* auch ein zuvor mit **alias** bzw. **group** definierter *alias-name* angegeben werden. Für diesen *alias-name* werden dann die im vorherigen **alias**- bzw. **group**-Kommando angegebenen *name1 name2 ...* eingesetzt. Obwohl die beiden Kommandos **alias** und **group** die gleiche Funktionalität besitzen, verwendet man üblicherweise **alias** um damit *für einen Login-Namen* einen neuen leichter identifizierbaren Namen einzuführen und **group** um *an eine gesamte Gruppe von Login-Namen* einen neuen Namen zu vergeben.

alternates [*name1* [*name2*] ...]

deklariert eine Liste von alternativen Namen zu einem eigenen Login-Namen. Dieses Kommando ist für Benutzer, die Login-Kennungen auf mehreren Systemen besitzen. Wenn auf einen Brief geantwortet wird, so werden diese Namen aus der Liste der Adressaten entfernt. Wird **alternates** ohne die Angabe von *name(n)* aufgerufen, so wird die momentane Liste von alternativen Namen ausgegeben.

cd [*directory*]
chdir [*directory*]

zum angegebenen *directory* wechseln; ist kein *directory* angegeben, so wird zum home directory gewechselt.

copy [*dateiname*]
copy [*briefliste*] *dateiname*

entspricht weitgehend dem **save**-Kommando; allerdings werden hierbei die gesicherten Briefe nicht als "gesichert" markiert.

Copy [*briefliste*]

entspricht weitgehend dem **Save**-Kommando; allerdings werden hierbei die gesicherten Briefe nicht als "gesichert" markiert.

delete [*briefliste*]

bewirkt, daß die mit *briefliste* ausgewählten Briefe als "gelöscht" markiert werden. Ist keine *briefliste* angegeben, so wird der aktuelle Brief als "gelöscht" markiert. Die als "gelöscht" markierten Briefe werden erst beim Verlassen von **mailx** (mit Kommando **q**) bzw. beim Wechseln in eine andere mailbox wirklich aus der mailbox entfernt. Falls die **mailx**-Variable *autoprint* gesetzt ist, so wird der nächste Brief nach dem zuletzt gelöschten ausgegeben.

discard [*kopfzeilen-felder*]

unterdrückt die Ausgabe der entsprechenden *kopfzeilen-felder*, wenn ein Brief am Bildschirm angezeigt wird. So würde z. B. **discard cc** die Ausgabe des **Cc:**-Felds unterdrücken.

dp [*briefliste*]
dt [*briefliste*]

ist eine Kombination der Kommandos **delete** und **print** bzw. **type** und bewirkt, daß die mit *briefliste* ausgewählten Briefen als "gelöscht" markiert werden und dann sofort der darauffolgende Brief ausgegeben wird. Ist keine *briefliste* angegeben, so wird der aktuelle Brief als "gelöscht" markiert und dann der darauffolgende Brief ausgegeben.

echo *string*

gibt den angegebenen *string* auf die Standardausgabe aus; kann im *.mailrc* verwendet werden.

edit [*briefliste*]

bewirkt das Editieren der mit *briefliste* ausgewählten Briefe. Als Editor wird dabei der in der **mailx**-Variablen *EDITOR* angegebene Editor verwendet; Voreinstellung ist **ed**.

exit

bewirkt, daß **mailx** unmittelbar verlassen wird und keine Briefe in *mbox* gesichert werden. Die Abgabe dieses Kommandos führt dazu, daß nahezu der gleiche Zustand der mailbox wieder hergestellt wird, der vor dem **mailx**-Aufruf vorlag; allerdings gibt es dabei eine Ausnahme: Briefe, die explizit während der **mailx**-Sitzung gesichert wurden, sind bereits entfernt und werden somit nicht mehr in der mailbox aufgehoben.

file [*dateiname*]
folder [*dateiname*]

bewirkt, daß die momentane mailbox verlassen und *dateiname* die neue mailbox wird. Für *dateiname* kann dabei auch folgendes angegeben werden:

Angabe	Bedeutung
%	eigene voreingestellte mailbox
%*login-name*	mailbox des Benutzers *login-name*; ist nur möglich, wenn die Zugriffsrechte dieser mailbox dieses zulassen
#	vorhergehende mailbox, von der aus in die momentane umgeschaltet wurde
&	Datei *mbox* im home directory

Ist kein *dateiname* angegeben, so wird in die eigene voreingestellte mailbox umgeschaltet.

mailx

folders

gibt die Namen aller Dateien aus, die im mail-Directory des Benutzers (festgelegt über die **mailx**-Variable *folder*) vorhanden sind.

followup [*brief*]

bewirkt, daß dem Absender eines mit *brief* ausgewählten Briefes ein Antwortschreiben geschickt wird, wobei dieses Schreiben in einer Datei mit dem Login-Namen des Absenders gesichert wird. Wenn die **mailx**-Variable *record* gesetzt ist, so wird sie hierdurch kurzzeitig ausgeschaltet.

Followup [*briefliste*]

bewirkt, daß dem Absender des ersten Briefes aus der *briefliste* ein Antwortschreiben geschickt wird, wobei eine Kopie dieses Schreibens zusätzlich allen Absendern der mit *briefliste* ausgewählten Briefe zugestellt wird. Das Antwortschreiben wird dabei in einer Datei (Dateiname ist der Login-Name des Absenders des ersten Briefes aus der *briefliste*) gesichert.

forward [*briefliste*] *login-name*
FORward [*briefliste*] *login-name(n)*

Die mit *briefliste* ausgewählten Briefe an den Benutzer *login-name* bzw. an die Benutzer *login-name(n)* weiterleiten.

from [*briefliste*]

bewirkt, daß zu den mit *briefliste* ausgewählten Briefen die Kopfzeilen ausgegeben werden. Ist keine *briefliste* angegeben, so wird die Kopfzeile des aktuellen Briefs ausgegeben.

group alias-name   *name1* [[*name2*] ...]

dasselbe wie alias.

headers [*briefliste*]

bewirkt, daß zu den mit *briefliste* ausgewählten Briefen die Kopfzeilen ausgegeben werden; anders als bei **from** wird hierbei die Ausgabe nach einer ganzen Bildschirmseite beendet. Ist keine *briefliste* angegeben, so wird ab dem aktuellen Brief eine Bildschirmseite von Brief-Kopfzeilen ausgegeben.

help

gibt eine Zusammenfassung der **mailx**-Kommandos am Bildschirm aus.

hold [*briefliste*]

bewirkt, daß die mit *briefliste* ausgewählten Briefe in der mailbox verbleiben, obwohl sie z. B. bereits gelesen wurden.

```
if s | r                                    (entweder s oder r)
    mailx-Kommandos
[else
    mailx-Kommandos]
endif
```

Eine bedingte Ausführung von **mailx**-Kommandos ist mit dem Kommando **if-endif** möglich. **s** steht dabei für **send** (Senden) und **r** für **receive** (Empfangen). Somit kann die Ausführung bestimmter Kommandos davon abhängig gemacht werden, ob **mailx** zum Senden oder zum Empfangen von Briefen aufgerufen wird; wird meist in der Datei *.mailrc* verwendet.

ignore [*kopfzeilen-felder*]

dasselbe wie **discard**.

list

gibt alle verfügbaren **mailx**-Kommandos ohne sonstige Erklärungen am Bildschirm aus.

mail *login-name(n)*

ermöglicht das Schreiben eines Briefes an die Benutzer *login-name(n)*; dazu wird hierbei in den Eingabemodus umgeschaltet, um die Eingabe des Brieftextes zuzulassen.

Mail *login-name*

schaltet zum Schreiben eines Briefes an den Benutzer *login-name* in den Eingabemodus um. Der abgeschickte Brief wird dabei in einer Datei mit dem Namen *login-name* gespeichert.

mbox [*briefliste*]

bewirkt, daß die mit *briefliste* ausgewählten Briefe nach einer normalen Beendigung von **mailx** in der Datei *mbox* gesichert werden.

New [*briefliste*]

Die mit *briefliste* ausgewählten Briefe bzw. den aktuellen Brief als "ungelesen" markieren.

next [*angabe*]

bewirkt, daß zum nächsten Brief gesprungen wird, auf den die *angabe* (siehe vorher: "Lesen von angekommenen Briefen) passt; dies ist nützlich wenn für *angabe* entweder *login-name* oder */text* angegeben wird.

pipe [*briefliste*] [*unix-kdo*]

leitet die mit *briefliste* ausgewählten Briefe über eine Pipe in die Standardeingabe des Kommandos *unix-kdo*. So würde z. B. `pipe 5 wc -l` die Zeilen des Briefes mit der Nummer 5 zählen. Sind keine Argumente an-

mailx

gegeben, so wird der aktuelle Brief in die Standardeingabe des Kommandos geleitet, das in der **mailx**-Variablen *cmd* angegeben ist.

| [*briefliste*] [*unix-kdo*]

dasselbe wie **pipe**.

preserve [*briefliste*]

dasselbe wie **hold**

print [*briefliste*]

bewirkt die Ausgabe der mit *briefliste* ausgewählten Briefe. Ist keine *briefliste* angegeben, so wird der aktuelle Brief ausgegeben.

Print [*briefliste*]

dasselbe wie **print**, nur daß die Kopfzeilen-Felder selbst dann angezeigt werden, wenn mit dem **mailx**-Kommando **ignore** dies anders festgelegt wurde.

quit

bewirkt, daß vor dem Verlassen von **mailx** alle gelesenen Briefe in *mbox* gesichert werden und nur die ungelesenen Briefe in der mailbox verbleiben. Briefe, die explizit in einer Datei gesichert oder als "gelöscht" markiert wurden, werden in keiner dieser beiden Dateien aufgehoben. Wie viele Briefe in *mbox* gesichert wurden und wie viele in der mailbox verbleiben, wird dabei gemeldet.

reply [*brief*]

bewirkt, daß nicht nur dem Absender des mit *brief* ausgewählten Briefes, sondern auch allen anderen Adressaten eine Antwort geschickt wird. Nach der Abgabe dieses Kommandos werden die **To:**- und *Subject:*-Zeilen eingeblendet, bevor in den Eingabemodus umgeschaltet wird. Im Eingabemodus kann nun das Antwortschreiben eingegeben werden. Nach dem Verlassen des Eingabemodus mit ~. wird der gerade geschriebene Antwortbrief an alle Adressaten geschickt, die in der zuvor eingeblendeten **To:**-Zeile erwähnt wurden. Ist kein *brief* angegeben, so wird auf den aktuellen Brief geantwortet.

Reply [*briefliste*]

bewirkt, daß *nur* den Absendern der mit *briefliste* ausgewählten Briefe eine Antwort auf deren Brief geschickt wird. Nach der Abgabe dieses Kommandos werden die **To:**- und *Subject:*-Zeilen eingeblendet, bevor in den Eingabemodus umgeschaltet wird. Im Eingabemodus kann nun das Antwortschreiben eingegeben werden. Nach dem Verlassen des Eingabemodus mit ~. wird der gerade geschriebene Antwortbrief dem Absender des ursprünglichen Briefes zugestellt. Ist keine *briefliste* angegeben, so wird auf den aktuellen Brief geantwortet.

respond [*brief*]

dasselbe wie **reply**

Respond [*briefliste*]

dasselbe wie **Reply**

retain [*kopfzeilen-felder*]

Die *kopfzeilen-felder* in der *retained-liste* aufnehmen. Bei der Ausgabe eines Briefes werden nur die Kopfzeilen ausgegeben, die in der retained-list vorhanden sind. Beispiele für *kopfzeilen-felder* sind **from**, **to**, **cc**, **bcc** und **subject**. Um einen Brief vollständig auszugeben, müssen die Kommandos **Type** oder **Print** verwendet werden. Sind keine *Kopfzeilen-felder* angegeben, so gibt **retain** den momentanen Inhalt der retained-list aus.

save [*dateiname*]
save [*briefliste*] *dateiname*

sichert die mit *briefliste* ausgewählten Briefe in der Datei *dateiname*. Ist keine *briefliste* angegeben, so wird der aktuelle Brief in der Datei *dateiname* gesichert. Wird weder ein *dateiname* noch eine *briefliste* angegeben, so wird der aktuelle Brief in der Datei *mbox* im home directory gesichert. Die so gesicherten Briefe werden als "gesichert" markiert, d. h. daß sie beim Verlassen von **mailx** normalerweise[51] aus der mailbox entfernt und nicht in *mbox* gesichert werden.

Save [*briefliste*]

sichert die mit *briefliste* ausgewählten Briefe in einer Datei[52], deren Name der Login-Name des Absenders des ersten Briefes (aus den mit *briefliste* ausgewählten Briefe) ist. Ist keine *briefliste* angegeben, so wird der aktuelle Brief gesichert; als Dateiname wird dabei der Login-Name des Brief-Absenders genommen.

Die so gesicherten Briefe werden als "gesichert" markiert, d. h. daß sie beim Verlassen von **mailx** normalerweise[53] aus der mailbox entfernt und nicht in *mbox* gesichert werden.

set

Ausgabe aller definierten **mailx**-Variablen und deren Werte

---

[51] über die **mailx**-Variable keepsave steuerbar
[52] im working directory
[53] über die **mailx**-Variable keepsave steuerbar

mailx

set *variable1* [[*variable2*] ...]

setzt die Variablen *variable1*, *variable2*, .. Wird vor dem Variablen-Namen **no** angegeben, so wird die entsprechende Variable ausgeschaltet[54] und sonst eben eingeschaltet.

set *variable=wert*

weist der Variablen *variable* den Wert *wert* zu. *wert* kann dabei - abhängig vom jeweiligen Variablentyp - entweder ein String (muß mit '..'geklammert sein) oder eine Zahl sein.

shell

Durchschalten auf die UNIX-Kommandoebene (auch mit **!** möglich); Rückkehr nach **mailx** ist mit der Eingabe von **exit** oder Ctrl-D (am Anfang einer Zeile) möglich.

size [*briefliste*]

gibt die Größe (Zeichen-Anzahl) der mit *briefliste* ausgewählten Briefe aus.

source *dateiname*

liest die mailx-Kommandos aus der Datei *dateiname* und führt diese aus; dies ist nützlich, wenn z. B. während einer **mailx**-Sitzung der Inhalt der Datei *.mailrc* geändert wurde und diese nun nochmals auszuwerten ist.

top [*briefliste*]

bewirkt die Ausgabe der 5 ersten Zeilen der mit *briefliste* ausgewählten Briefe; die Voreinstellung von 5 Zeilen kann mit der **mailx**-Variablen *toplines* verstellt werden. Ist keine *briefliste* angegeben, so werden die ersten 5 Zeilen des aktuellen Briefs ausgegeben.

touch [*briefliste*]

bewirkt, daß die mit *briefliste* ausgewählten Briefe, falls sie nicht explizit gesichert wurden, in der Datei *mbox* gesichert werden.

type [*briefliste*]

dasselbe wie **print**.

Type [*briefliste*]

dasselbe wie **Print**.

unalias *alias-name(n)*

Die Definition von *alias-name(n)* wieder aufheben.

---

[54] Eine Variable kann allerdings nur dann mit einem vorangestellten no ausgeschaltet werden, wenn sie zu diesem Zeitpunkt eingeschaltet ist.

undelete [*briefliste*]

bewirkt, daß bei den mit *briefliste* ausgewählten Briefen die Markierung "gelöscht" wieder aufgehoben wird. Ist keine *briefliste* angegeben, so bezieht sich dieses Kommando auf den aktuellen Brief.

undiscard *kopfzeilen-felder*
unignore *kopfzeilen-felder*

Die *kopfzeilen-felder* ab sofort wieder anzeigen (siehe auch **discard**).

unread [*briefliste*]
Unread [*briefliste*]

Die mit *briefliste* ausgewählten Briefe bzw. den aktuellen Brief als "ungelesen" markieren; dasselbe wie **New**.

unretain [*kopfzeilen-felder*]

kopfzeilen-felder aus der *retained-liste* entfernen (siehe auch **retain**).

unset *variable1* [[*variable2*] ...]

löscht die Variablen *variable1* [[*variable2*] ...]

version

gibt die Versionsnummer des **mailx**-Kommandos aus.

visual [*briefliste*]

bewirkt das Editieren der mit *briefliste* ausgewählten Briefe. Als Editor wird dabei der in der **mailx**-Variablen *VISUAL* angegebene Editor verwendet; Voreinstellung ist **vi**.

write [*briefliste*] *dateiname*

entspricht weitgehend dem **save**-Kommando; jedoch werden hierbei die Brief-Kopfzeilen nicht mit in die entsprechende Datei geschrieben.

xit

dasselbe wie **exit**.

z[+]

Vorwärtsblättern in der Kopfzeilen-Liste (Inhaltsverzeichnis); + ist optional

z–

Zurückblättern in der Kopfzeilen-Liste (Inhaltsverzeichnis)

mailx-Variablen

Mit dem **set**-Kommando ist es möglich, **mailx**-Variablen zu setzen:

set

Ausgabe aller definierten Variablen und deren Werte

set *variable1* [[*variable2*] ...]

setzt die Variablen *variable1*, *variable2*, .. Wird vor dem Variablen-Namen no angegeben, so wird die entsprechende Variable ausgeschaltet[55] und sonst eben eingeschaltet.

unset *variable1* [[*variable2*] ...]

entspricht der Angabe set **no***variable1* [[**no***variable2*] ...]

set *variable=wert*

weist der Variablen *variable* den Wert *wert* zu. *wert* kann dabei - abhängig vom jeweiligen Variablentyp - entweder ein String (muß mit '..' geklammert sein) oder eine Zahl sein.

Die **mailx**-Variablen können dabei entweder während einer **mailx**-Sitzung oder aber in der Datei *.mailrc* (im home directory) gesetzt werden.

allnet

alle Netzwerk-Namen mit den gleichen Login-Namen werden als identisch betrachtet; so würde z. B. hamburg2!egon und munich4!egon als die gleiche Person betrachtet; dies bewirkt, daß wenn *egon* als Teil von [*briefliste*] angegeben ist, alle Briefe von *hamburg2!* und *munich4!* ausgewählt werden. Voreinstellung ist: noallnet

append

bewirkt, daß nach Beendigung von **mailx** die gelesenen Briefe am Ende der *mbox*-Datei angehängt werden. Voreinstellung ist: noappend (Einfügen der gelesenen Briefe am Anfang der *mbox*-Datei)

askatend

Nach den **Cc:** und **Bcc:**-Empfängern wird erst nach dem Schreiben des Briefes und nicht bereits nach der **Subject:**-Zeile gefragt.

askcc

bewirkt, daß nach einer **Cc:**-Verteilerliste gefragt wird, nachdem ein Brieftext eingegeben wurde. Voreinstellung ist: noaskcc

askbcc

bewirkt, daß nach einer **Bcc:**-Verteilerliste gefragt wird, nachdem der Brieftext eingegeben wurde. Voreinstellung ist: noaskbcc

---

[55] Eine Variable kann allerdings nur dann mit einem vorangestellten **no** ausgeschaltet werden, wenn sie zu diesem Zeitpunkt eingeschaltet ist.

asksub

bewirkt, daß nach einer *Subject:*-Zeile gefragt wird, wenn ein Brief gesendet wird; gilt nur, wenn nicht die Option –s beim Aufruf angegeben wurde. Voreinstellung ist: asksub

autoedit

Briefeingabe erfolgt mit einem Editor, so als ob ~e aufgerufen wurde. Voreinstellung ist: noautoedit

autoprint

nach der Verwendung eines **delete**- oder **undelete**-Kommandos wird automatisch ein Briefinhalt ausgegeben. Voreinstellung ist: noautoprint

autosign=*string*

string wird automatisch als Unterschrift an jeden geschriebenen Brief angehängt (siehe auch Kommando ~i). Keine Voreinstellung.

autoSign=*string*

string wird automatisch als Unterschrift an jeden geschriebenen Brief angehängt, wie wenn das Kommando ~A explizit angegeben würde (siehe auch Kommando ~i). Keine Voreinstellung.

autovedit

Briefeingabe erfolgt mit einem Editor, so als ob ~v aufgerufen wurde. Diese Variable hat höhere Priorität als **autoedit**. Voreinstellung ist: noautovedit.

bang

interpretiert Ausrufezeichen bei der Angabe von UNIX-Kommandos in der gleichen Weise wie **vi**. Voreinstellung ist: nobang

cmd=*unix-kdo*

unix-kdo ist das voreingestellte Kommando für das **pipe**-Kommando. keine Voreinstellung.

conv=*konvertierung*

konvertiert Adressen, die dem **uucp**-Stil (munich4!egon) entsprechen, in einen Stil, der mit *konvertierung* angegeben wird. Die einzige zur Zeit mögliche Konvertierung ist *internet*.
Voreinstellung ist: keine Konvertierung.

crt=*zeilenzahl*

leitet Brieftexte, die mehr als *zeilenzahl* Zeilen haben, über eine Pipe in die Standardeingabe des Kommandos, das in der **mailx**-Variablen *PAGER* angegeben ist (**pg** ist das voreingestellte Kommando). Voreinstellung ist: nicht gesetzt.

mailx

DEAD=*dateiname*

nicht zustellbare Briefe oder Briefe, deren Eingabe abgebrochen wurde, werden in der Datei *dateiname* gesichert. Voreinstellung ist: DEAD=$HOME/dead.letter

debug

wenn gesetzt, so werden zu Debug-Zwecken Diagnose-Meldungen ausgegeben; in diesem Fall wird keine Post verschickt. Diese Variable ist nicht für die normale Anwendung gedacht. Voreinstellung ist: nodebug

dot

wenn gesetzt, so beendet die Eingabe eines Punktes als einziges Zeichen einer Zeile den Eingabemodus. Voreinstellung ist: nodot

EDITOR=*pfadname*

legt den Pfadnamen des Editors fest, der bei Eingabe der Kommandos **edit** oder **~e** aufzurufen ist. Voreinstellung ist: EDITOR='ed'

escape=*c*

legt fest, daß anstelle von ~ das Zeichen *c* zu verwenden ist; wenn z. B. escape=* gesetzt wäre, so müßte anstelle von ~e z. B. *e angegeben werden. Voreinstellung ist: escape=~

flipf

Bedeutung von **Followup** und **followup** vertauschen.

flipm

Bedeutung von **Mail** und **mail** vertauschen.

flipr

Bedeutung von **Reply** (**Respond**) und **reply** (**respond**) vertauschen.

folder=*directory*

legt das Directory fest, in dem explizit gesicherte Briefe zu speichern sind. Wenn *directory* nicht als absoluter Pfadname angegeben ist, so wird es als relativ zum home directory interpretiert. Dateinamen, die mit einem Pluszeichen (+) beginnen (bei **save**, **copy**, **write** und **followup**), werden in diesem *directory* gesichert. Voreinstellung ist: keine

forwardbegin=*string*

string oberhalb des Textes von weitergeleiteten Briefe angeben (siehe auch die Kommandos **forward** und **Forward**). Voreinstellung ist: forwardbegin='——— begin forwarded message ———'

`forwardbracket=`

Die über **forwardbegin**, **forwardprefix** und **forwardend** gesetzten Strings (bzw. deren Voreinstellung) bei der Weiterleitung von Briefen mit den Kommandos ~f, ~F, **forward** und **Forward** in den Text einfügen.

`forwardend=`*string*

string nach den Texten von weitergeleiteten Briefe angeben (siehe auch die Kommandos **forward** und **Forward**). Voreinstellung ist: `forwardend='—— end of forwarded message ——'`

`forwardprefix=`*string*

string bei der Weiterleitung von Briefen als Präfix verwenden (siehe auch die Kommandos **forward** und **Forward**). Voreinstellung ist: `forwardprefix='> '`

`from`

Eine **FROM:**-Kopfzeile wird bei allen geschickten Briefen eingefügt. Voreinstellung: `from`.

`header`

wenn gesetzt, dann werden die Brief-Kopfzeilen beim Aufruf von **mailx** zum Lesen von Briefen angezeigt. Voreinstellung ist: `header`

`hold`

bewirkt, daß die gelesenen Briefe in der mailbox verbleiben. Voreinstellung ist: `nohold` (Gelesene Briefe aus der mailbox entfernen und in der *mbox*-Datei sichern)

`ignore`

wenn gesetzt, dann werden Interrupts im Eingabemodus ignoriert. Voreinstellung ist: `noignore`

`ignoreeof`

wenn gesetzt, dann werden EOF-Signale im Eingabemodus ignoriert; Abbruch des Eingabemodus ist in diesem Fall nur mit ~. oder . (wenn dot gesetzt) möglich. Voreinstellung ist: `noignoreeof`

`indentprefix=`*string*

string anstelle eines Tabulatorzeichens verwenden, wenn andere Texte in einem Brief eingefügt werden (siehe auch ~m).

`iprompt=`*string*

Im Eingabemodus *string* als Promptzeichen für jede Eingabezeile verwenden.

mailx

keep

bewirkt, daß eine leere mailbox-Datei nicht gelöscht wird, sondern als leere Datei erhalten bleibt. Voreinstellung ist: nokeep (Leere mailbox-Datei löschen)

keepsave

bewirkt, daß explizit gesicherte Briefe nicht gelöscht werden. Voreinstellung ist: nokeepsave

LISTER=*unix-kdo*

Das UNIX-Kommando *unix-kdo* (einschließlich der angegebenen Optionen) wird verwendet, um die Dateien im folder-Directory aufzulisten, wenn das **mailx**-Kommando folders aufgerufen wird. Voreinstellung ist: LISTER=ls

MAILX_HEAD=*string*

string am Anfang jedes geschickten Briefs angeben.

MAILX_TAIL=*string*

string am Ende jedes geschickten Briefs angeben.

MBOX=*dateiname*

In der Datei *dateiname* werden gelesenen Briefe gesichert. Voreinstellung ist: MBOX=$HOME/*mbox*

metoo

nur wenn nicht gesetzt, so wird der eigene Login-Name bei Verwendung des **mailx**-Kommanods reply, aus der Adressaten-Liste entfernt. Voreinstellung ist: nometoo

mprefix=*string*

string anstelle eines Tabulatorzeichens verwenden, wenn andere Texte in einem Brief eingefügt werden; hat niedrigere Priorität als die Variable **indentprefix**.

newmail

Vor jeder Prompt-Ausgabe prüfen, ob neue Briefe angekommen sind. Voreinstellung: newmail.

onehop

wenn gesetzt, so wird die Effizienz des **mailx**-Kommandos **reply** in einigen Netzwerken verbessert. Die übliche Vorgehensweise ist folgende: Wenn z. B. hamburg2!egon Post an munich4!anton und koeln3!maria sendet, und maria antwortet auf diesen Brief mit **reply**, so wird deren Antwort an hamburg2!egon und an hamburg2!munich4!anton geschickt. Wenn *onehop* dagegen gesetzt wäre, so würde die Antwort an `hamburg2!egon` und an `munich4!anton` geschickt. Voreinstellung ist: `noonehop`

`outfolder`

bewirkt, daß die bei *record=* angegebene Datei im *folder*-Directory angenommen wird; dies gilt allerdings nur, wenn bei *record=* kein absoluter Pfadname angegeben ist. Voreinstellung ist: `nooutfolder` (bei record= angegebene Datei wird das working directory angenommen[56])

`page`

wenn gesetzt, so wird nach jedem Brieftext, der an das **mailx**-Kommando **pipe** übergeben wird, ein Seitenvorschub (*form feed*) angehängt wird. Voreinstellung ist: `nopage`

`PAGER=`*kdo*

Jede Ausgabe eines Briefes über eine Pipe an das UNIX-Kommando *kdo* weiterleiten. Die Angabe **PAGER=** entspricht **PAGER=cat**. Voreinstellung: `PAGER='pg -e'`.

`prompt=`*string*

legt den Prompt fest, der im Kommandomodus zu verwenden ist. Voreinstellung ist: `prompt='? '`

`quiet`

wenn gesetzt, dann werden die **mailx**-Kopfzeilen (Versionsnummer, Datum, usw.) beim Aufruf von **mailx** zum Lesen von Briefen nicht angezeigt. Voreinstellung ist: `noquiet`

`record=`*dateiname*

alle abgeschickten Briefe werden in der Datei *dateiname* gesichert. Voreinstellung ist: abgeschickte Briefe nicht sichern

`save`

bewirkt, daß Briefe, die durch ein Interrupt-Signal bei der Eingabe abgebrochen werden, oder nicht zustellbare Briefe in der Datei, die mit der **mailx**-Variablen *DEAD* spezifiziert ist, gesichert werden. Voreinstellung ist: `save`

`screen=`*zeilenzahl*

setzt die Anzahl der mit dem Kommando **headers** anzuzeigenden Brief-Kopfzeilen auf *zeilenzahl*.

---

[56] wenn diese nicht vorhanden ist, so wird diese neu angelegt, ansonsten wird der geschriebene Brief am Ende dieser Datei angehängt.

mailx

sendmail=*mail-kdo*

legt ein alternatives **mail**-Programm mail-*kdo* fest. Voreinstellung ist: sendmail='/usr/bin/rmail'

sendwait

Normalerweise läuft **mailx** im Hintergrund, so daß sofort im Vordergrund weiter gearbeitet werden kann. Ist *sendwait* gesetzt, so wird auf die Beendigung der Postzustellung gewartet.
Voreinstellung ist: nosendwait

SHELL=*kdo*

legt den Kommandointerpreter fest, der bei Eingabe der **mailx**-Kommandos !, ~!, **shell** und **pipe** zu verwenden ist. Voreinstellung ist: SHELL='sh'

showto

wenn gesetzt, so wird der Empfängername anstelle des Sendernamens in den Brief-Kopfzeilen angezeigt, wenn ein Brief von einem Benutzer selbst stammt. Voreinstellung ist: noshowto

sign=*string*

der hier angegebene *string* wird bei der Angabe des Kommandos ~a (im Eingabemodus) nach der aktuellen Briefzeile eingefügt. Voreinstellung ist: keine

Sign=*string*

der hier angegebene *string* wird bei der Angabe des Kommandos ~A (im Eingabemodus) nach der aktuellen Briefzeile eingefügt. Voreinstellung ist: keine

toplines=*zahl*

legt die *zahl* der Zeilen fest, die bei Angabe des top-Kommandos vom Briefanfang auszugeben sind. Voreinstellung ist: toplines=5

VISUAL=*pfadname*

legt den Pfadnamen des Editors fest, der bei Eingabe der Kommandos **visual** oder ~v aufzurufen ist. Voreinstellung ist: VISUAL='vi'

Die mailx-Konfigurationsdatei .mailrc

Bei jedem Aufruf von **mailx** werden zuerst die in der Datei *.mailrc*[57] angegebenen **mailx**-Kommandos ausgeführt. Diese Datei muß der je-

---

[57] dieser Name kann auch mit der System-Variablen (Shell-Variablen) MAILRC= *dateiname* verändert werden; ist diese Variable nicht gesetzt, so wird der Name .mailrc im home directory angenommen.

weilige Benutzer selbst erstellen. Daneben gibt es meist noch eine systemweit benutzte Konfigurationsdatei /etc/mail/mailx.rc, welche vom Systemadministrator erstellt wurde. Die darin enthaltenen Kommandos werden noch vor denen aus .mailrc ausgeführt. Somit haben die in .mailrc angegebenen Kommandos höhere Priorität, da sie eventuell zuvor in mailx.rc gesetzte **mailx**-Variablen wieder neu setzen und damit überschreiben.

Nahezu alle **mailx**-Kommandos dürfen in der Datei .mailrc verwendet werden. Die nachfolgende Liste zeigt die Kommandos, die dort *nicht* angegeben werden dürfen:

!
shell
edit
visual
followup
Followup
hold
preserve
mail
copy
reply
Reply

man	Online Help-Information print manual pages

Syntax   man [–] [–t] [–M *pfad*] [–T *makro-paket*] [*kapitel*] *titel* ..
man [–M *pfad*] –k *schlüsselwort* ...
man [–M *pfad*] –f *datei* ...

Beschreibung   Mit dem Kommando **man** können während des Arbeitens mit dem System Informationen[58] aus dem Online-Manual abgerufen werden. Die UNIX *Reference Manuals* sind auf den meisten Systemen auch in Form von Dateien, dem sogenannten *Online-Manual* vorhanden. Das bedeutet, daß man sich jederzeit während des Arbeitens mit dem System Beschreibungen von Kommandos ansehen kann, ohne daß man diese erst mühevoll im entsprechenden Handbuch nachschlagen muß. Die Online-Dokumentation basiert auf den Textquellen der gedruckten Handbücher.

Mit dem Kommando **man** kann der Benutzer Hilfsinformationen zum angegebenen *titel* (meist Kommando) abfragen. Wird noch *kapitel* angegeben, so wird nur in dem entsprechenden *kapitel* nach dem *titel* ge-

---

[58] meist nur in Englisch

man

sucht. Für *kapitel* ist dabei die Kapitelnummer oder eines der Schlüsselwörter **new**, **old**, **local** oder **public** anzugeben.

Das Kommando **man** gibt die Informationen seitenweise am Bildschirm aus. Mit Return kann man zeilenweise und mit dem Leerzeichen seitenweise vorwärts blättern. Mit der Eingabe von **q** oder durch das Blättern bis zum Ende der Beschreibung wird **man** beendet.

Die Beschreibung eines Kommandos im gedruckten Handbuch oder im Online-Manual nennt man *Manpage*.

Optionen   **man** kennt die folgenden Optionen:

Option	Beschreibung
–	die Ausgabe von **man** über eine Pipe an das Kommando **cat** (und nicht **more**) weiterleiten.
–t	(*troff*) Manpages durch den Textformatierer **troff** aufbereiten lassen.
–M *pfad*	(*Manpages*) den Suchpfad für Manpages auf *pfad* festlegen. Mehrere Pfade in *pfad* müssen dabei mit **:** getrennt sein.
–T *makro-paket*	**man** soll anstelle der Standard-Makros **-man** (in */usr/ucblib/doctools/tmac/man*) das *makro-paket* zum Formatieren der Manpages verwenden.
–k *schlüsselwort* ..	Es kommt des öfteren vor, daß man sich nicht mehr man an den genauen Kommandonamen erinnern kann. In diesem Fall kann man sich von **man** eine einzeilige Kurzbeschreibung zu einem bestimmten *schlüsselwort* (oder auch mehreren) passenden Beschreibungen ausgeben lassen.
–f *datei* ...	Informationen zu einer bestimmten *datei* abfragen.

Die Manpages befinden sich üblicherweise in den Directories */usr/share/man/man?*.

Die Manpages sind wie folgt gegliedert:

NAME	Name und Kurzbeschreibung des Kommandos
SYNOPSIS	Syntaxbeschreibung des Kommandos
DESCRIPTION	ausführliche Beschreibung des Kommandos
OPTIONS	Bedeutung der Optionen und Argumente
FILES	Dateien, die das Kommando benutzt

EXAMPLES	Anwendungsbeispiele zum Kommando
NOTES	allgemeine Hinweise
EXIT CODES	Rückgabewerte des Kommandos
SEE ALSO	Hinweise auf verwandte Kommandos
DIAGNOSTICS	Fehlermeldungen des Kommandos
WARNINGS	Einschränkungen oder andere Hinweise
AUTHOR	Autor des Programms
BUGS	bekannte Fehler

Statt **man** kann man auch das Kommando **apropos** verwenden, das die gleiche Wirkungsweise wie **man -k** hat.

Will man sich die Manualpage zu **man** selbst ausgeben lassen, so muß man nur **man man** aufrufen.

---

mesg

Sperren des eigenen Terminals für Ausgaben durch fremde Benutzer

Syntax   `mesg [-n] [-y]`

Beschreibung   Das Kommando **mesg** ermöglicht es einen Benutzer, seinen Terminal für das Schreiben durch andere Benutzer (z. B. mit dem Befehl **write**) sperren oder aber ein solches "fremdes" Schreiben wieder zu zulassen.

Wird **mesg** ohne Angabe einer Option aufgerufen, so meldet es lediglich das momentane Zugriffsrecht dieses Terminals für "fremde" Benutzer.

Optionen

Option	Beschreibung
-n	Schreiben durch "fremde" Benutzer (außer Superuser) am eigenen Terminal verbieten.
-y	Schreiben durch "fremde" Benutzer wieder zulassen.

---

mkdir

Einrichten von Directories   (make directory)

Syntax   `mkdir [-mp]` *directory-name(n)*

mkdir

Beschreibung Mit dem Kommando **mkdir** werden die als Argumente angegebenen Directories *directory-name(n)* neu eingerichtet[59]. Beim Anlegen eines neuen Directory werden immer automatisch die zwei Subdirectories . und .. dort eingerichtet.

Optionen

Option	Beschreibung
−m *absolut-modus*	Setzt die Zugriffsrechte der neu angelegten Directories auf *absolut-modus* (siehe Kommando **chmod**)
−p	legt im *directory-name(n)* erwähnte, aber nicht vorhandene Zwischen-Directories (parent directories) an.

mknod

Anlegen von Gerätedateien

Syntax
```
mknod name b major-nr minor-nr    (blockorientierte Gerätedatei)
mknod name c major-nr minor-nr    (zeichenorientierte Gerätedatei)
mknod name p                      (Named Pipe)
```

Beschreibung Zum Anlegen einer Gerätedatei steht das Kommando **mknod** zur Verfügung, das allerdings nur ein privilegierter Benutzer wie der Superuser oder der Systemadministrator aufrufen darf.

Gerätedateien werden in *zeichenorientierte* und *blockorientierte Geräte* unterteilt. Zeichenorientierte Geräte - wie z. B. Terminals - werden mit einem **c**, blockorientierte Geräte - wie Festplatten oder Floppy-Disks - werden mit einem **b** bei der Ausgabe mit **ls -l** gekennzeichnet.

Bei den ersten beiden Aufrufformen legt die erste Zahl (*major-nr*) den Gerätetyp fest, während die zweite Zahl (*minor-nr*) immer dem Gerätetreiber übergeben wird, der sie nach Belieben interpretieren kann, z. B. zur Unterscheidung von verschiedenen Geräten des gleichen Typs. Beispielsweise haben **term/01** und **term/02** die gleiche *major device number*, da alle Terminals vom selben Controller (Steuereinheit) bedient werden, aber unterschiedliche *minor device numbers*, die den entsprechenden Anschluß auswählen.

Die *major-nr* und *minor-nr* dürfen dabei als Dezimal- oder Oktalzahl (muß mit 0 beginnen) angegeben werden und sind systemspezifisch.

---

[59] Um ein neues Directory einrichten zu können, muß man Schreibrechte im parent directory besitzen.

Hinsichtlich der Zugriffsrechte gelten bei Gerätedateien die gleichen Regeln wie bei normalen Dateien mit der Ausnahme, daß das Ausführrecht keine Bedeutung hat.

Gerätedateien werden üblicherweise im Directory **/dev** angelegt.

Neben Gerätedateien enthält das Directory **/dev** auch noch andere Spezialdateien, die besondere Zwecke erfüllen:

/dev/tty	ist immer das aktuelle Terminal, an dem man gerade arbeitet.
/dev/null	ist eine Art Mülleimer. Alle Daten, die nach **/dev/null** kopiert werden, werden einfach weggeworfen. Wenn Programme aus dieser Datei lesen, erhalten sie sofort das Dateiende-Zeichen (EOF).

Gebraucht werden diese beiden Dateien vor allen Dingen bei der Shell-Programmierung (siehe zweites Buch dieser Reihe "UNIX-Shells").

Die folgende Tabelle enthält eine Übersicht über einige Gerätedateien in System V.4:

/dev/cdrom	CD-ROM-Laufwerk
/dev/console	Systemkonsole
/dev/cram	RAM-Disk (montierbares Dateisystem)
/dev/dsk/c0t0d0s0	erste Festplatte
/dev/dsk/c0t1d0s0	zweite Festplatte
/dev/dsk/f05d9t	5 1/4" Floppy-Disk (360 KB)
/dev/dsk/f05qt	5 1/4" Floppy-Disk (720 KB)
/dev/dsk/f05ht	5 1/4" Floppy-Disk (1,2 MB)
/dev/dsk/f03dt	3 1/2" Floppy-Disk (720 KB)
/dev/dsk/f03ht	3 1/2" Floppy-Disk (1,4 MB)
/dev/lp	Parallelschnittstelle für Drucker
/dev/mem	Hauptspeicher des Systems
/dev/tape	Magnetbandgerät (mit Rewind)
/dev/tapen	Magnetbandgerät (ohne Rewind)
/dev/term/00	Terminal-Schnittstelle 1
/dev/term/01	Terminal-Schnittstelle 2

Für die wichtigsten Geräte (Festplatten, Floppy-Disks und Magnetbandgeräte) sind in System V.4 Dateinamen gemäß den Konventionen von XENIX und System V.3 vorhanden. Diese Namen sind in folgender Tabelle aufgeführt:

mknod

System V.4	System V.3	XENIX
/dev/dsk/c0t0d0s0	/dev/dsk/0s0	/dev/hd00
/dev/dsk/c0t1d0s0	/dev/dsk/1s0	/dev/hd10
/dev/dsk/f05d9t	/dev/dsk/f0d9dt	/dev/fd048ds9
/dev/dsk/f05qt	-	/dev/fd096ds9
/dev/dsk/f05ht	/dev/dsk/f0q15dt	/dev/fd096ds15
/dev/dsk/f03dt	/dev/dsk/f0q9dt	/dev/fd0135ds9
/dev/dsk/f03ht	/dev/dsk/f0q18dt	/dev/fd0135ds18
/dev/dsk/tape	/dev/rct0	/dev/rct0
/dev/dsk/ntape	/dev/nrct0	/dev/nrct0

---

more — Inhalt von Dateien seitenweise ausgeben

Syntax

more [*option(en)*] [*–zeilen*] [*+zeilennr*] [*+/reg–ausdr*] [*datei(en)*]

Beschreibung

Das Kommando **more** gibt - wie das Kommando **cat** - den Inhalt der angegebenen *datei(en)* nacheinander am Bildschirm aus. Im Unterschied zu **cat** wird hier allerdings nach jeder Ausgabe einer Bildschirmseite angehalten, um dem Benutzer das "ruhige" Lesen dieser Seite zu erlauben. Bei einem solchen Ausgabestop wird in der letzten Zeile der Prompt **--More--** (einschließlich der Prozentzahl des bisherigen Texts) ausgegeben und **more** befindet sich dann im interaktiven Modus, d. h. es erwartet nach jeder neuen Bildschirm-Seite eine Eingabe des Benutzers (siehe more-Kommandos).

Wenn keine *datei(en)* angegeben sind, so liest **more** von der Standardeingabe. Dies ermöglicht den Einsatz von **more** auf der rechten Seite einer Pipe.

Optionen

more bietet die folgenden Optionen an:

Option	Beschreibung
–c	(*clear*) Bildschirm vor der Ausgabe löschen; bewirkt eine schnellere Ausgabe als das voreingestellte Scrolling.
–d	(*display*) Bei falschen Eingaben anstelle eines akustischen Signals eine entsprechende Fehlermeldung ausgeben; nützlich für noch unerfahrene Benutzer.
–f	(*no fold*) Zeilen nicht abschneiden, wenn sie länger als eine Bildschirmzeile sind.

Option	Beschreibung
−l	Formfeed-Zeichen (*Ctrl-d*) nicht als Seitenvorschub interpretieren; per Voreinstellung hält **more** die Ausgabe nach jeder Zeile an, in der ein Formfeed-Zeichen vorkommt.
−r	*Control-Zeichen* nicht ignorieren, sondern als ^C (C = Control-Zeichen) ausgeben.
−s	(*squeeze*) Für aufeinanderfolgende Leerzeilen nur eine Leerzeile ausgeben.
−u	(*no underlining*) Unterstreichung von Zeichen bei der Ausgabe ausschalten.
−w	(*wait*) bewirkt, daß **more** beim Erreichen des Dateiendes auf eine Benutzereingabe wartet; normalerweise beendet sich **more** immer beim Erreichen des Dateiendes.
−zeilen	Für *zeilen* ist eine ganze Zahl anzugeben, die die Größe einer auszugebenden Bildschirmseite festlegt.
+zeilennr	Für *zeilennr* ist eine ganze Zahl anzugeben, die die Nummer der Zeile festlegt, ab der die Ausgabe der entsprechenden *datei(en)* am Bildschirm erfolgen soll.
+/reg-ausdr	die Ausgabe ist zwei Zeilen vor der Zeile zu starten, in der das erstemal ein String vorkommt, der durch den angegebenen regulären-Ausdruck *reg-ausdr* abgedeckt ist; **more** läßt die gleichen regulären Ausdrücke wie **ed** zu.

more-Kommandos

more-Kommandos müssen immer am unteren Bildschirmrand eingegeben und nicht mit Return abgeschlossen werden. In der nachfolgenden Liste steht *n* für die optionale Angabe einer Zahl. Voreinstellung ist dabei immer 1. SPACE steht dabei für die Leertaste.

Kommando	Erläuterung
*n*SPACE	nächste Bildschirmseite bzw. nächsten *n* Zeilen anzeigen.
n↵	eine Zeile bzw. *n* Zeilen weiterblättern.
*n*d oder *n*Ctrl-d	11 Zeilen bzw. *n* Zeilen weiterblättern.
*n*z	wie **SPACE**, nur daß *n*, falls angegeben, die Anzahl der von nun an zu verwendenden Bildschirmzeilen festlegt.
*n*s	*n* Zeilen nach vorne überspringen.
*n*f	*n* Bildschirmseiten nach vorne überspringen.

more

Kommando	Erläuterung
*n*b oder *n*Ctrl-b	*n* Bildschirmseiten nach hinten überspringen.
q oder Q	**more** beenden.
=	aktuelle Zeilennummer ausgeben.
v	Editor (über Variable *EDITOR* festgelegt) aufrufen; Voreinstellung ist **ed**.
h oder ?	Kurzübersicht der Kommandos ausgeben.
n/*text*	nach *n*-tem Auftreten von *text* suchen.
*n*n	letzte Suche wiederholen.
'	zurück zum Punkt gehen, von dem die letzte Suche gestartet wurde. Falls zuvor keine Suche stattfand, dann zum Anfang der Datei gehen.
!*kdo*	UNIX-Kommando *kdo* ausführen. Wird innerhalb von *kdo* % angegeben, so wird hierfür der aktuelle Dateiname eingesetzt. !! wiederholt das zuletzt aufgerufene *kdo*.
n:n	zur *n*-ten Datei weiterspringen.
n:p	zur *n*-ten Datei zurückspringen.
:f	aktuellen Dateiname und aktuelle Zeilennummer ausgeben.
.	letztes more-Kommando wiederholen.
Ctrl-l	Bildschirminhalt neu aufbauen.

> Zu **more** existiert ein nahezu identisches Kommando **page**.
>
> Ein anderes häufig verwendetes Kommando zum seitenweisen Blättern in Dateien ist **pg**.

mount

Dateisysteme montieren oder anzeigen lassen

Syntax

```
mount   [-v] [-p]                              (Anzeigen aller montierten Dateisysteme)
mount   [-F fstyp] [-V] [option(en)] [mount-punkt]   (Montieren eines Dateisystems)
umount  [-V] [-o spez-option(en)] [mount-punkt]      (Demontieren eines Dateisystems)
```

Beschreibung

Das Dateisystem von UNIX ist nicht eine Einheit, sondern setzt sich aus mehreren Teilen zusammen, die sich auf verschiedenen Speichermedien - wie z. B. Festplatten, CD-ROMs, Floppy-Disks oder über ein Netz erreichbaren Systemen - befinden können.

Die Möglichkeit, Dateisysteme in den vorhandenen Directorybaum einzuhängen, ermöglicht bei Bedarf einen Ausbau der vorhandenen Speicherkapazität.

Um sich alle montierte Dateisysteme anzeigen zu lassen, muß man **mount** (bzw. **/etc/mount**) ohne jegliche Argumente aufrufen.

```
$ /etc/mount ⏎
/ on /dev/dsk/c0t0d0s0 read/write on Tue Oct 26 17:59:28 1993
/usr on /dev/dsk/c0t0d0s6 read/write on Tue Oct 26 17:59:28 1993
/proc on /proc read/write on Tue Oct 26 17:59:28 1993
/dev/fd on fd read/write on Tue Oct 26 17:59:28 1993
/var on /dev/dsk/c0t0d0s7 read/write on Tue Oct 26 17:59:28 1993
/tmp on swap read/write on Tue Oct 26 17:59:32 1993
/opt on /dev/dsk/c0t0d0s5 setuid on Tue Oct 26 17:59:33 1993
/pcfs/a on /dev/fd0 read/write on Tue Oct 26 18:22:00 1993
$
```

Bei dieser Ausgabe wird immer die folgende Reihenfolge eingehalten. Als erstes erscheint der Montierpunkt (z. B. **/usr**) gefolgt von dem Gerätenamen des Speichermediums (**/dev/dsk/c0t0d0s6**), dann den Attributen des Dateisystems (**read/write/setuid/remote**) und abschließend dem Datum, an dem das Dateisystem montiert wurde.

Optionen Einige wichtige Optionen, die **mount** kennt, sind nachfolgend aufgezählt. Für die unterschiedlichen Dateisysteme werden meist aber noch weitere Optionen angeboten.

Option	Beschreibung
−v	neue Ausgabeform verwenden, bei der zusätzlich noch der Dateisystemtyp angezeigt wird; auch ist der Montierpunkt und der Gerätenamen vertauscht.
−p	Liste der montierten Dateisystem im */etc/vfstab*-Format ausgeben.
−F *fstyp*	Dateisystemtyp auf *fstyp* festlegen.
−V	vollständige Kommandozeile nochmals anzeigen, aber nicht ausführen. Die dabei angezeigte Kommandozeile enthält neben den Benutzer-Optionen noch Angaben, welche **mount** automatisch aus der Datei */etc/vfstab* liest.
−o *spez-option(en)*	Für das jeweilige Dateisystem dateisystemspezifische Optionen festlegen.

mount

Beispiele mount /dev/dsk/f03ht /home/egon/a

Montiert das Diskettenlaufwerk (3 1/2" Floppy-Disk; 1,4 MB) auf das Directory */home/egon/a*. Alle Zugriffe (Kopieren, Listen, usw.) auf das Directory */home/egon/a* würden sich dann auf diese Diskette beziehen.

mount -F pcfs /dev/fd0 /pcfs/a (in SOLARIS)

Montiert das Diskettenlaufwerk als MS-DOS-Dateisystem an das Directory */pcfs/a*. Ein Aufruf wie **ls /pcfs/a** würde dann alle Dateien des Disketten-Laufwerk *a* (MS-DOS-Dateien) auflisten. Genauso würde **cp *.c /pcfs/a** alle C-Dateien des working directory auf die unter MS-DOS formatierte Diskette in Laufwerk *a* kopieren. Diese Diskette könnte dann unter MS-DOS wieder eingelesen werden.

---

mv	Umbenennen von Dateien (move files)

Syntax
mv [-f] [-i] *datei1 datei2*
mv [-f] [-i] *datei(en) directory*
mv [-f] [-i] *directory directory*

Beschreibung Das Kommando **mv** vergibt an Dateien neue Namen. Die Dateien sind dann nur noch über ihre neuen Namen und nicht mehr über ihre ursprünglichen Namen ansprechbar. Es kann auf drei verschiedene Arten aufgerufen werden:

- Die erste Aufrufform benennt die Datei *datei1* in *datei2* um. Falls die Datei *datei2* bereits existiert, so wird sie überschrieben, wenn dies die Zugriffsrechte dieser Datei zulassen. Eigentümer dieser neuen Datei wird der Benutzer, der dieses Kommando angab. Zwar werden die Zugriffsrechte übernommen, aber wenn sich der Eigentümer und vielleicht sogar die Gruppe dieser Datei ändert, dann sind diese Zugriffsrechte auf den neuen Eigentümer und Gruppe anzuwenden; wenn z. B. die *datei1* die Zugriffsrechte **rwxr--r--** besitzt, dann kann der Eigentümer von Datei *datei1* - nach dem Umbenennen - die neue *datei2* nicht beschreiben.

- Die zweite Aufrufform trägt die *datei(en)* in das Directory *directory* ein, wobei die dort neu angelegten Dateien die Namen der ursprünglichen Dateien erhalten[60]. Danach existieren die ursprünglichen Dateien nicht mehr. Auch hier bleiben die Zugriffsrechte der Original-

---

[60] Als Name wird in das neue Directory die letzte Komponenente des Pfadnamens der alten Dateien eingetragen; wenn z. B. */home/egon/uebung1/obst* nach */home/egon/uebung2* kopiert wird, so würde in */home/egon/uebung2* der Name *obst* (letzte Komponente des Pfadnamens der ursprünglichen Datei) eingetragen.

dateien erhalten und beziehen sich dann auf den neuen Eigentümer der umbenannten Dateien.

- Die dritte Aufrufform ist ein Spezialfall der zweiten; sie ermöglicht das Umbenennen eines ganzen Directory. Dies ist in System V.3 allerdings nur dann möglich, wenn die beiden hier als Argumente angegebenen Directories das gleiche parent directory besitzen.

Option

Option	Beschreibung
-i	bei bereits existierenden Dateien wird nachgefragt, ob diese zu überschreiben sind.
-f	wenn eine Zieldatei schreibgeschützt ist, dann wird normalerweise das Zugriffsrechte-Muster ausgegeben, und nachgefragt, ob diese Datei zu überschreiben ist. Wenn die Option -f gesetzt ist, wird die Zieldatei ohne Rückfrage überschrieben.

Vorsicht: **mv** überschreibt - ohne Meldung - bereits vorhandene Dateien, die einen gleichen Namen besitzen, wenn es nicht durch die Zugriffsrechte für solche Dateien daran gehindert wird.

Wenn beim Aufruf

`mv   dir1 dir2`

das Zieldirectory *dir2* bereits existiert, so gibt System V.3 eine Fehlermeldung aus. Bei System V.4 verhält sich **mv** dagegen wie **cp** und legt *dir1* als Subdirectory von *dir2* an.

Weitere verwandte Kommandos sind **cp** und **ln**: Während **cp** eine neue Kopie der Originaldatei erstellt, ändert **mv** den Namen einer existierenden Datei und **ln** vergibt einen weiteren Namen an eine Datei.

newgrp

Kurzzeitiges Wechseln der Gruppenzugehörigkeit
(log in to a new group)

Syntax

`newgrp  [-]  [gruppenname]`

Für *gruppenname* ist der Name (nicht die GID) anzugeben, wie er in der Datei */etc/group* aufgeführt ist.

newgrp

Beschreibung Jeder Benutzer ist vom Systemverwalter einer bestimmten Gruppe zugeteilt. Die Datei */etc/group* enthält eine Liste aller Gruppennamen, die GID und die Mitglieder jeder Gruppe. Dabei ist es möglich, daß ein Benutzer mehr als einer Gruppe angehört. Die Datei */etc/passwd* legt dann fest, welcher Gruppe ein solcher Benutzer beim Anmelden zugeordnet wird. Mit dem Kommando **newgrp** ist es nun einem solchen Benutzer möglich während einer UNIX-Sitzung in eine andere Gruppe, in der ebenfalls Mitglied ist, überzuwechseln. Wird **newgrp** ohne die Angabe eines Arguments aufgerufen, so wechselt der entsprechende Benutzer in die Gruppe, der in der Datei */etc/passwd* zugeordnet ist.

Option – alle Systemvariablen behalten die Werte, die ihnen beim Anmelden zugewiesen werden.

---

news	Lesen von Neuigkeiten

Syntax news [–a] [–n] [–s] [*neuigkeitsdatei(en)*]   *neuigkeitsdatei(en)* sind dabei Namen von Dateien im "news"-Directory.

Beschreibung Es existiert ein eigenes "news"-Directory, welches normalerweise */var/news* ist; in dieses Directory können sogenannte "news"-Dateien abgelegt werden. Dies sind Dateien, die neueste Informationen zu allen möglichen Sachgebieten enthalten.

Wird **news** ohne jede Angabe von Argumenten aufgerufen, so gibt es den Inhalt aller "news"-Dateien mit einer Kopfzeile[61] aus, die seit dem letzten **news**-Aufruf neu eingetroffen sind. Bei der Ausgabe dieser "news"-Dateien wird die neueste Datei zuerst ausgegeben.

Wird während der Ausgabe einer "news"-Datei die DEL-Taste (oder Ctrl–C) gedrückt, so wird diese Ausgabe abgebrochen und mit dem Ausgeben der nächsten "news"-Datei fortgefahren.

Um das **news**-Kommando vollständig abzubrechen, muß innerhalb einer Sekunde zweimal die DEL-Taste (oder Ctrl–C) gedrückt werden.

Das Kommando **news** legt bei seinem allerersten Aufruf im home directory des entsprechenden Benutzers eine leere Datei mit den Namen *.news_time* an. Jedesmal wenn dann **news** erneut aufgerufen wird, so setzt es den Zugriffs-Zeitstempel (engl.: *access time*) dieser Datei *.news_time* auf den Zeitpunkt des **news**-Aufrufs. So kann **news** bei jedem neuen Aufruf feststellen, welche "news"-Dateien bereits gelesen

---

[61] Name der "news"-Datei und ihr Erstellungsdatum

wurden (älter als Zugriffszeit von *.news_time*) und welche neu sind (jünger als Zugriffszeit von *.news_time*).

Optionen Ist eine der nachfolgenden Optionen angegeben, so wird der Zugriffs-Zeitstempel für die Datei *.news_time* durch den entsprechenden **news**-Aufruf nicht neu gesetzt.

Option	Beschreibung
–a	Alle "news"-Dateien anzeigen (alte und neue)
–n	Namen (nicht Inhalt) aller neuen "news"-Dateien ausgeben
–s	Anzahl aller neuen "news"-Dateien ausgeben

news wird häufig als eine Art "elektronisches schwarzes Brett" verwendet.

Das Kommando **news** wird üblicherweise in der Datei *.profile* angegeben, so daß es bei jedem Anmelden automatisch aufgerufen wird. Es gibt dann die noch nicht gelesenen Neuigkeiten beim Anmelden aus.

---

nice — Prozesse mit einer niedrigeren Priorität ablaufen lassen

Syntax nice [*–increment*] *kommando* [*argumente*]

Beschreibung Öfters fallen beim Arbeiten an einem System Aufgaben an, die nicht zeitkritisch sind. In solchen Fällen ist es ratsam, die Priorität des auszuführenden Kommandos (Prozesses) freiwillig herunterzusetzen, um dem System mitzuteilen, daß die Ausführung des gegebenen Auftrags nicht so dringlich ist. Dazu steht das Kommando **nice** zur Verfügung. Falls ein *increment* (1, 2, .., 19) angegeben ist, so wird dieses benutzt, andernfalls wird hierfür 10 eingesetzt.

Der Superuser kann als einziger **nice** aufrufen, um ein Kommando mit höherer Priorität (negatives *increment*) ablaufen zu lassen, wie z. B. **--8**.

---

nl — Numerieren der Zeilen bei der Ausgabe eines Textes (numbering line filter)

Syntax nl [*option(en)*] [*datei*]

nl

Beschreibung

Das Filter-Kommando **nl** eignet sich zur Zeilennumerierung eines Eingabetextes.

nl liest Zeilen von der angegebenen *datei* oder von der Standardeingabe, falls keine *datei* angegeben ist, und gibt diese Zeilen mit einer Zeilennumerierung (am linken Rand) wieder auf die Standardausgabe aus.

nl teilt den Eingabetext in sogenannte logische Seiten ein, wobei die Zeilennumerierung am Anfang jeder logischen Seite wieder neu beginnt.

Logische Seite

Eine logische Seite setzt sich dabei aus einem Seitenkopf (*header*), einem Seiteninhalt (*body*) und einem Seitenfuß (*footer*) zusammen, wobei diese einzelnen Seiten-Teile auch leer sein, d. h. weggelassen werden können. Für diese 3 Seiten-Teile sind unterschiedliche Zeilennumerierungen möglich, wie z. B. keine Zeilennumerierung für Kopf- und Fußzeilen, aber eine Zeilennumerierung für den Seiteninhalt.

Der Beginn der einzelnen Teile einer logischen Seite kann dabei mit folgenden Angaben im Eingabetext angezeigt werden:

\:\:\:   für Seitenkopf

\:\:   für Seiteninhalt

\:   für Seitenfuß

Fehlen solche Angaben im Eingabetext, so betrachtet **nl** den Eingabetext immer als Seiteninhalt einer logischen Seite (kein Seitenkopf und kein Seitenfuß).

Optionen

Option	Beschreibung

–b*typ*	(*body*) legt fest, welche Zeilen des Seiteninhalts einer logischen Seite zu numerieren sind. Für *typ* kann dabei angegeben werden:
	  a alle Zeilen numerieren
	  t nur die Zeilen numerieren, die einen druckbaren Text enthalten
	  n keine Zeilen numerieren
	  p*string* nur die Zeilen numerieren, die den angegebenen *string* enthalten
	Voreinstellung ist: –bt

–h*typ*	(*header*) legt fest, welche Zeilen des Seitenkopfs einer logischen Seite zu numerieren sind. Die möglichen Angaben für *typ* sind bei –b*typ* bereits beschrieben. Voreinstellung ist: –hn

Option	Beschreibung
−f*typ*	(*footer*) legt fest, welche Zeilen des Seitenfusses einer logischen Seite zu numerieren sind. Die möglichen Angaben für *typ* sind bei −b*typ* bereits beschrieben. Voreinstellung ist: −fn
−v*startnr*	*startnr* legt den Startwert der Zeilennumerierung für eine logische Seite fest. Voreinstellung ist: −v1
−i*schrittweite*	*schrittweite* legt die Schrittweite für die Zeilennumerierung für eine logische Seite fest. Voreinstellung ist: −i1
−p	bewirkt, daß die Zeilennumerierung nicht auf jeder logischen Seite neu gestartet, sondern weitergezählt wird.
−l*zahl*	*zahl* legt die Anzahl von leeren Zeilen fest, die als eine einzige Zeile interpretiert werden sollen. z. B. −l2 bewirkt, daß nur jede zweite Leerzeile numeriert wird (wenn entsprechend −ha, −ba und/oder −fa gesetzt ist) Voreinstellung ist: −l1
−s*string*	Der hier angegebene *string* wird verwendet, um die Zeilennummern von der eigentlichen Textzeile zu trennen. Voreinstellung ist: Tabulatorzeichen
−w*weite*	Die hier für *weite* angegebene Zahl legt die Anzahl der Stellen fest, die für die Zeilennummern bei der Ausgabe zu verwenden sind. Voreinstellung ist: −w6

−n*format*	*format* legt hierbei das Format für die Ausgabe der Zeilennummern fest.
	Für *format* kann dabei folgendes angegeben werden:
	  ln links justieren (führende Nullen nicht ausgeben)
	  rn rechts justieren (führende Nullen nicht ausgeben)
	  rz rechts justieren (führende Nullen ausgeben)
	Voreinstellung ist: −nrn

−d*xx*	Die voreingestellten Trennzeichen für die logischen Seitenteile \: können hiermit auf *xx* geändert werden. Wenn bei *xx* nur ein Zeichen angegeben wird, so bleibt das zweite Zeichen : bestehen. Zwischen −d und *xx* darf kann Leerzeichen angegeben werden.

> Das Kommando **pr** –n erlaubt auch eine Zeilennumerierung, allerdings ist dort keine Unterscheidung von Seitenkopf, Seiteninhalt und Seitenfuß möglich.

nohup

Prozesse nach dem Abmelden vom System weiterlaufen lassen
(no hang up)

Syntax nohup *kommandoname* [*argumente*]

Beschreibung Soll ein Prozeß, wie z. B. eine umfangreiche Kompilierung, nach der Beendigung einer UNIX-Sitzung weiterlaufen, so ist dies mit dem Kommando **nohup** möglich.

Wenn bei **nohup** die Ausgabe nicht explizit umgelenkt wurde, so wird sowohl die Standardausgabe als auch die Standardfehlerausgabe in die Datei *nohup.out* des working directory geschrieben. Ist dies wegen der Zugriffsrechte nicht möglich, so werden die Ausgaben in die Datei *nohup.out* des home directory geschrieben.

notify

Sofortige Meldung neu angekommener Mail

Syntax notify [-y] [-n]

Beschreibung Das Kommando **notify** wird seit System V.4 angeboten.

Gib man die Option **-y** an, so wird jede neu angekommene Mail nicht nur sofort dem betreffenden Benutzer gemeldet, wenn er noch angemeldet ist und sein Terminal nicht mit **mesg -n** gesperrt wurde, sondern es werden zusätzlich noch die ersten Zeilen dieser Mail am Bildschirm ausgegeben.

Mit **notify -n** kann die sofortige Benachrichtigung wieder abgeschaltet werden.

Ruft man nur **notify** ohne Angabe von **-n** oder **-y** auf, so meldet es, ob momentan sofortige Benachrichtigung ein- oder ausgeschaltet ist.

od

Durchführen eines Oktal-Dumps für Dateien
(octal dump)

Syntax od [-bcDdFfOoSsvXx] [*datei*] [[+]*offset*] [.|b|x]

Beschrei- Um auch den Inhalt von Dateien, die nicht-druckbare Zeichen enthalten
bung (wie z. B. Binärdateien) betrachten zu können, steht das Kommando **od**
zur Verfügung, welches die Bytes einer Datei nicht als ASCII-Zeichen,
sondern - abhängig von den Optionen - als Oktal-, Dezimal- oder Hexadezimalwerte ausgibt.

Sind keine Optionen angegeben, so ist –o die Voreinstellung.

Ist keine *datei* angegeben, so liest **od** von der Standardeingabe.

Im nachfolgenden Text steht Wort für eine 16-Bit-Einheit, Langwort für
eine 32-Bit-Einheit und Doppelt-Langwort für eine 64-Bit-Einheit.

Optionen

Option	Beschreibung
–b	(*bytes*) Ausgabe der Bytes als Oktalzahlen
–c	(*character*) Ausgabe der Bytes als ASCII-Zeichen, aller- dings werden nicht druckbare Zeichen als 3-stellige Oktalzahlen oder in einer C-Notation:
	\0 für 0
	\b für Backspace
	\f für Seitenvorschub (form feed)
	\n für Neuezeile-Zeichen
	\r für Return
	\t für Tabulatorzeichen ausgegeben.
–D	(*Decimal*) Ausgabe der Langworte (nicht Bytes) als vor- zeichenlose Dezimalzahlen.
–d	(*decimal*) Ausgabe der Worte (nicht Bytes) als vorzei- chenlose Dezimalzahlen.
–F	(*Floating point*) Ausgabe der Doppelt-Langworte in Gleitpunkt-Format (**double**).
–f	(*floating point*) Ausgabe der Langworte in Gleitpunkt- Format (**float**).
–O	(*Octal*) Ausgabe der Langworte als vorzeichenlose Oktalzahlen.
–o	(*octal*) Ausgabe der Worte als Oktalzahlen.
–S	(*Signed decimal*) Ausgabe der Langworte als vorzeichen- behaftete Dezimalzahlen.
–s	(*signed decimal*) Ausgabe der Worte als vorzeichenbe- haftete Dezimalzahlen.

od

Option	Beschreibung
–v	(*verbose*) Ausgabe aller Datenbytes. Normalerweise werden gleiche Datenbytes zusammengefaßt, d. h. wenn ein Bereich mit Nullbytes auftritt, wird nicht der gesamte Bereich, sondern nur ein Hinweis ausgegeben, daß hier ein Bereich von Nullbytes vorliegt.
–X	(*heXadecimal*) Ausgabe der Langworte als vorzeichenlose Hexadezimalzahlen.
–x	(*hexadecimal*) Ausgabe der Worte als Hexadezimalzahlen.

offset   Ein eventuell angegebenes *offset* legt das Byte-Offset in der *datei* fest, ab dem **od** mit der Ausgabe beginnen soll. Normalerweise wird *offset* als Oktalzahl interpretiert. Wenn Punkt (.) an diese Zahl angehängt ist, so wird *offset* als Dezimalzahl interpretiert. Wenn x an diese Zahl angehängt ist, so wird *offset* als Hexadezimalzahl interpretiert. Wenn nach *offset* **b** angegeben ist, so legt die als *offset* angegebene Zahl ein Offset von 512-Byte langen Blöcken fest. Das Pluszeichen (+) ist nur dann vor *offset* anzugeben, wenn keine *datei* angegeben ist.

Die bei der Ausgabe von **od** im linken Rand stehenden siebenstelligen Zahlen zeigen die Bytenummern in der Datei sind normalerweise Oktalzahlen. Da das Format der Bytenummern über das *offset* festgelegt wird, ist es möglich sich die Bytenummern nicht nur oktal, sondern auch dezimal oder hexadezimal ausgeben zu lassen. Wenn eine ganze Datei auszugeben ist, muß als Offset nur 0 verwendet werden, wie z. B.:

od –c *datei* 0x   (hexadezimale Ausgabe der Bytenummern)
od –c *datei* 0.   (dezimale Ausgabe der Bytenummern)

pack	Komprimieren von Dateien (compress files)

Syntax   pack [–] [–f] [*datei(en)*]

Beschreibung   **pack** komprimiert den Inhalt der angegebenen *datei(en)*; dabei werden die ursprünglichen *datei(en)* gelöscht und der komprimierte Inhalt jeder Datei wird in eine Datei mit Namen *datei.z* geschrieben.

Optionen   –   schaltet die Ausgabe von Diagnosemeldungen zum Komprimierungs-Algorithmus ein und aus.

–f es wird auch dann komprimiert, wenn daraus keine Platzeinsparung resultiert.

Die Komprimierung von Dateien kann zu erheblichen Speicherplatzeinsparungen führen. Zur Komprimierung wird ein Huffman-Code verwendet. Die resultierende Einsparung hängt von der Größe der Dateien und den Zeichenhäufigkeiten im Text ab. Typische Platzeinsparungen für Textdateien sind 60-75%; für binäre Dateien können Einsparungen bis zu 90% erreicht werden. Für Dateien, die kleiner als 3 Blöcke sind, wird meist keine nennenswerte Einsparung erreicht. Wenn die Dateien zu klein sind, so komprimiert **pack** diese schon gar nicht.

Eine Komprimierung findet *nicht* statt, wenn

- die angegebene Datei schon komprimiert ist
- auf die angegebene Datei Links eingetragen sind
- die angegebene Datei ein Directory ist
- die angegebene Datei nicht eröffnet werden kann
- durch das Komprimieren keine Platzeinsparung erzielt wird
- eine entsprechende Datei mit der Endung .z bereits existiert oder nicht kreiert werden kann.
- ein Fehler beim Komprimieren auftritt.

Das Kommando **pcat** kann verwendet werden, um den Inhalt von komprimierten Dateien anzuschauen. Mit dem Kommando **unpack** kann eine komprimierte Datei wieder dekomprimiert werden.

passwd	Ändern bzw. Vergeben eines Paßworts (change login password)

Syntax
```
passwd  [login-name]
passwd  [-l|-d] [-f] [-x max] [-n min] [-w warn] login-name
passwd  -s [-a]
passwd  -s [login-name]
```

Beschreibung

passwd ermöglicht es einem Benutzer, ein Paßwort zu vergeben oder aber ein bereits vorhandenes Paßwort zu ändern. Auch kann ein Benutzer sich alle Attribute auflisten lassen, die für sein Paßwort gelten.

Ein Paßwort für einen Benutzer wird normalerweise vom Systemadministrator beim Einrichten einer Login-Kennung vergeben. Später kann der Benutzer das Paßwort ändern, indem er **passwd** aufruft. Danach wird er zunächst nach das alte Paßwort gefragt. Daraufhin muß das neue Paßwort eingegeben werden, und zwar zweimal. Alle drei Einga-

passwd

ben (altes Paßwort und die beiden Eingaben des neuen Paßworts) werden nicht am Bildschirm angezeigt.

Ein Benutzer kann auch direkt beim Anmelden festlegen, daß er sein Paßwort ändern möchte. Dazu muß er beim **login:**-Prompt nur **-p** *loginname* eingeben, dann wird das **passwd** direkt nach dem Anmelden aufgerufen.

Optionen Jeder Benutzer darf die in System V.4 neu hinzugekommene Option **-s** benutzen, die Informationen über den Zustand und die Gültigkeit des Paßworts liefert, wie z. B.

```
$ passwd -s
egon    PS  07/23/93  0  168  7
$
```

Die Ausgabe der Informationen erfolgt im Format

name status date min max warn

Dabei bedeutet:

name	Login-Name
status	Zustand des Paßworts:
	PS steht für *Paßwort vorhanden* (*PaSsworded*)
	LK steht für *Zugang gesperrt* (*LocKed*)
	NP steht für *kein Paßwort vorhanden* (*No Password*)
date	Datum der letzten Änderung des Paßworts im Format Monat/Tag/Jahr
min	der Zeitraum, nach dem ein Paßwort frühestens wieder geändert werden darf, in Tagen (Bezugspunkt ist *date*); die Voreinstellung 0 bedeutet, daß es jederzeit geändert werden kann
max	der Zeitraum, nach dem das Paßwort unbedingt geändert werden muß, in Tagen (Bezugspunkt ist *date*); die Voreinstellung 168 entspricht in etwa 5,5 Monate.
warn	legt die Tage vor dem Ablaufdatum des Paßworts fest, an dem der Benutzer gewarnt wird, daß sein Paßwort bald veraltet ist; Voreinstellung ist 7 Tage

Die restlichen Optionen dürfen nur von privilegierten Benutzern verwendet werden.

Bedingungen für Paßwörter

Das Kommando **passwd** von System V.4 akzeptiert nur Paßwörter, die folgende Bedingungen erfüllen:

- 6 oder mehr Zeichen lang sind; signifikant sind jedoch nur die ersten 8 Zeichen.

- mindestens 2 Klein- oder Großbuchstaben und eine Ziffer bzw. ein Sonderzeichen enthalten.

- keine Abwandlung des login-Namens sind, wie z. B. rückwärts geschriebene login-Namen oder sonstige zirkulare Verschiebungen des login-Namens.

- sich in mindestens 3 Zeichen vom alten Paßwort unterscheiden; Klein- und Großschreibung wird dabei nicht unterschieden.

Nur der Systemverwalter kann Paßwörter anderer Benutzer ändern; dazu braucht er das alte Paßwort nicht zu kennen.

Sie sollten bei der Wahl von Paßwörter folgendes berücksichtigen:

- Keine zusammenhängenden Wörter wie *computer*, *herold*, *susanne*, *spueli*, usw. Sie sollten immer ein Sonderzeichen wie eine Zahl in das Paßwort einmischen, wie z.B. *2fast4me*, *an2tom*, *wal3her*, usw. Dies erschwert das "Knacken eines Paßworts" ganz erheblich. Allerdings sollten sie auch keine Geburtsdaten als Paßwort verwenden, da dies das Auffinden eines Paßworts durch einen Fremden ganz erheblich erleichtert.

- Keine Paßwörter verwenden, die Sie sich sowieso nicht merken können und deshalb irgendwo aufschreiben und dann unter die Tastatur kleben. Ein Auffinden eines solchen Paßworts ist für einen "Bösewicht" natürlich ein Leichtes. Gute Paßwörter sind kompliziert und man kann sie sich trotzdem merken, wie z. B. *imseh123g* (**i**n **m**ünchen **s**teht **e**in **h**ofbräuhaus, **1 2 3 g**suffa).

Vergessen des Paßworts

Wenn Sie Ihr Paßwort einmal vergessen sollten, so kann es Ihnen niemand mehr mitteilen, auch nicht der Systemadministrator. Allerdings kann er Ihr altes Paßwort löschen, so daß Sie sich ein neues einrichten können.

Sollte der Systemadministrator sein Paßwort vergessen, so kann dies im schlimmsten Fall eine erneute Systeminstallation mit allen damit verbundenen Unannehmlichkeiten bedeuten. Deswegen sollte der Systemadministrator unbedingt Vorkehrungen treffen, um niemals in eine solche Situation zu geraten, wie z. B. Hinterlegen des Paßworts in einem verschlossenen Briefumschlag an einem sicheren Platz.

passwd

Paßwort-Aging Seit System V.3 ist das sogenannte Paßwort-Aging vorhanden. Bei diesem Verfahren werden die Paßwörter nach Ablauf einer vorgegebenen Zeitspanne ungültig. Nach Ablauf dieser Zeitspanne wird der Benutzer bei seiner nächsten Anmeldung automatisch dazu aufgefordert, ein neues Paßwort zu wählen.

---

paste	Mehrere Dateien nebeneinander ausgeben (paste lines of files)

Syntax

paste *datei(en)*[62]

paste –d"*string*" *datei(en)*

paste –s [–d"*string*"] *datei(en)*

Beschreibung Während das Kommando **cat** Dateien untereinander ausgibt, ermöglicht **paste** die parallele Ausgabe von Dateien.

Wird anstelle einer *datei* ein – angegeben, so steht dieser für eine Zeile aus Standardeingabe.

paste kennt drei verschiedene Aufrufarten:

- Bei der ersten Aufrufform werden die angegebenen *datei(en)* nebeneinander ausgegeben. Bei dieser parallelen Ausgabe werden die Zeilen der einzelnen Dateien durch ein Tabulatorzeichen voneinander getrennt. Ist ein anderes Trennzeichen für die einzelnen Zeilen erwünscht, so müßte die zweite Aufrufform verwendet werden.

- Bei der zweiten Aufrufform werden die nebeneinander ausgegebenen Zeilen der einzelnen Dateien mit den in *string* angegebenen Zeichen voneinander getrennt. Als 1.Trennzeichen wird das 1.Zeichen in *string* verwendet, als zweites Trennzeichen das zweite, usw. Wenn alle Zeichen aus *string* als Trennzeichen verwendet wurden, wird wieder mit dem 1.Zeichen angefangen und danach wieder alle Zeichen in *string* durchlaufen. Als Zeichen können dabei auch folgende Konstrukte angegeben werden:

    \n   für Neuezeile-Zeichen
    \t   für Tabulatorzeichen
    \0   für leeres Zeichen
    \\   für das Zeichen \

- Bei der dritten Aufrufform werden nicht die einzelnen Zeilen der angegebenen *datei(en)* nebeneinander ausgegeben, sondern der In-

---

[62] Ist nur eine *datei* angegeben, so wird deren Inhalt - wie bei **cat** - am Bildschirm ausgegeben

halt jeder Datei parallel ausgegeben. Wenn die Option –d nicht angegeben ist, so wird als Trennzeichen für die einzelnen Zeilen das Tabulatorzeichen verwendet.

Ist die Option –d angegeben, so werden wie bei der vorherigen Aufrufform die im *string* angegebenen Zeichen zum Trennen der parallel auszugebenden Zeilen verwendet.

Beispiel:

ls | paste - - - -

Dateien des working directory in 4 Spalten auflisten

| pcat | Ausgeben des Inhalts von komprimierten Dateien |

Syntax   pcat   *datei(en)*

oder

pcat   *datei(en)*.z

Beschreibung   Der Inhalt der mit **pack** komprimierten *datei(en).z* wird zum Zwecke der Ausgabe auf dem Bildschirm kurzzeitig dekomprimiert; **pcat** verhält sich bei komprimierten Dateien, welche ja nicht mehr in lesbarer Form vorliegen, wie **cat** bei einfachen Dateien.

Mit dem Kommando **pack** kann eine Datei komprimiert und mit dem Kommando **unpack** wieder dekomprimiert werden.

Eine mit **pack** komprimierte Datei könnte somit auf zwei verschiedene Arten wieder dekomprimiert werden:

unpack   *dateiname*.z

oder

pcat   *dateiname*.z   >*dateiname*
rm   *dateiname*.z

| pg | Inhalt einer Datei seitenweise ausgeben   (page) |

Syntax   pg   [*option(en)*]   [*datei(en)*]

pg

Beschreibung

Das Kommando **pg** gibt -wie das **cat**-Kommando- den Inhalt der angegebenen *datei(en)* nacheinander am Bildschirm aus. Im Unterschied zu **cat** wird hier allerdings nach jeder Ausgabe einer Bildschirmseite angehalten, um dem Benutzer das "ruhige" Lesen dieser Seite zu erlauben. Bei einem solchen Ausgabestop begibt sich das **pg**-Kommando allerdings auch in einen interaktiven Modus, d. h. es erwartet nach jeder neuen Bildschirm-Seite eine Eingabe des Benutzers (siehe **pg**-Kommandos).

Wenn keine *datei(en)* angegeben sind, so liest **pg** von der Standardeingabe.

pg-Kommandos

pg-Kommandos müssen immer am unteren Bildschirmrand eingegeben und mit ⏎ abgeschlossen werden:

Kommando	Beschreibung
⏎ [63]	Eine Bildschirmseite weiterblättern
d	Halbe Bildschirmseite weiterblättern
Ctrl-D	Halbe Bildschirmseite weiterblättern
−1d	Halbe Bildschirmseite zurückblättern
−1 Ctrl-D	Halbe Bildschirmseite zurückblättern
+n ⏎	n Bildschirmseiten weiterblättern (für n ist eine ganze Zahl anzugeben)
−n ⏎	n Bildschirmseiten zurückblättern (für n ist eine ganze Zahl anzugeben)
l	Eine Zeile weiterblättern
+nl	n Zeilen weiterblättern (für n ist eine ganze Zahl anzugeben)
-nl	n Zeilen zurückblättern (für n ist eine ganze Zahl anzugeben)
h	Help-Information (Liste der verfügbaren **pg**-Kommandos) einblenden
. oder Ctrl-L	Gleiche Bildschirmseite nochmals neu einblenden (um z. B. Help-Information wieder auszublenden)
$	Zur letzten Bildschirmseite blättern

---

[63] Ist natürlich nicht mit ⏎ abzuschließen

Kommando	Beschreibung
/text/	Bildschirmseite einblenden, in der *text* gefunden wird (*Vorwärts*-Suche zum Dateiende hin)
n/text/	Bildschirmseite einblenden, in der *text* zum *n*.ten mal gefunden wird (*Vorwärts*-Suche zum Dateiende hin)
?text?	Bildschirmseite einblenden, in der *text* gefunden wird (*Rückwärts*-Suche zum Dateianfang hin)
n?text?	Bildschirmseite einblenden, in der *text* zum *n*.ten mal gefunden wird (*Rückwärts*-Suche zum Dateianfang hin)
^text^	Bildschirmseite einblenden, in der *text* gefunden wird (*Rückwärts*-Suche zum Dateianfang hin)
n^text^	Bildschirmseite einblenden, in der *text* zum *n*.ten mal gefunden wird (*Rückwärts*-Suche zum Dateianfang hin)
in	mit der Ausgabe der *i*.ten nächsten Datei fortfahren; Voreinstellung für *i* ist 1.
ip	mit der Ausgabe der *i*.ten vorherigen Datei fortfahren; Voreinstellung für *i* ist 1.
iw	mit der Ausgabe der nächsten Bildschirmseite fortfahren; wenn *i* angegeben ist, so wird die Größe dieser Bildschirmseite auf *i* Zeilen festgelegt.
s *dateiname*	sichert die momentane Datei in der Datei *dateiname*
!unix-kdo	Ausführen des UNIX-Kommandos *unix-kdo*
[Ctrl]–[\] oder [Del]	Befindet sich **pg** gerade bei der Ausgabe, so stoppt es diese und meldet sich mit dem Promptzeichen, um ein **pg**-Kommando entgegen zu nehmen. Wartet dagegen **pg** gerade auf eine Eingabe eine **pg**-Kommandos, so wird es unverzüglich abgebrochen.
q oder Q	**pg** verlassen

Bei den Suchkommandos wird die Zeile, in der *text* gefunden wurde, normalerweise in der obersten Bildschirmzeile angezeigt. Wird ein m bzw. ein b angehängt, so wird diese Zeile in der Bildschirmmitte bzw. am Bildschirmende angezeigt. Zur Anzeige der entsprechenden Zeilen am Bildschirmanfang kann durch Anhängen von t zurückgeschaltet werden.

Für *text* kann bei den Suchkommandos jeder bei **ed** erlaubter regulärer Ausdruck angegeben werden.

pg

Optionen

Option	Beschreibung
−n	Für *n* ist eine ganze Zahl anzugeben, welche die Größe einer auszugebenden Bildschirmseite festlegt. An einem Terminal mit 24 Zeilen ist die Voreinstellung 23 (letzte Zeile ist für die Eingabe der "Zwischenbefehle" reserviert).
−p"*string*"	Der hier angegebene *string* wird anstelle des voreingestellten : (Doppelpunkt) als Promptzeichen verwendet, um den Benutzer zu einer Eingabe aufzufordern. Kommt in diesem *string* ein %d vor, so wird hierfür jeweils die aktuelle Seitenummer ausgegeben.
−c	bewirkt, daß der Bildschirm immer zuerst gelöscht wird, bevor die nächste Bildschirmseite angezeigt wird.
−f	Zeilen nicht abschneiden, wenn sie länger als eine Bildschirmzeile sind.
−e	bewirkt, daß beim Erreichen des Dateiendes nicht auf eine Benutzereingabe gewartet wird, sondern **pg** unmittelbar verlassen wird.
−n	Normalerweise müssen **pg**-Kommandos immer mit ⏎ abgeschlossen werden. Wenn diese Option gesetzt ist, so führt **pg** ein **pg**-Kommando sofort aus, wenn der dieses Kommando kennzeichnende Buchstabe eingegeben wird.
−s	veranlaßt **pg**, alle Meldungen und den Prompt in "standout"-Modus (normalerweise inverse Darstellung) auszugeben.
+*n*	Für *n* ist eine ganze Zahl einzugeben, welche die Nummer der Zeile festlegt, ab der die Ausgabe der entsprechenden *datei(en)* am Bildschirm erfolgen soll.
+/*regulärer-Ausdruck*/	die Ausgabe ist ab der Zeile zu starten, in der das erstemal ein String vorkommt, der durch den angegebenen *regulären-Ausdruck* abgedeckt ist; **pg** läßt die gleichen regulären Ausdrücke wie **ed** zu.

Ein dem Kommando **pg** verwandtes Kommando ist **more**.

ping	Verbindung zu einem System testen

Syntax ping [-s] *host* [*timeout*]

Beschreibung Mit dem Kommando **ping** kann man feststellen, ob ein System momentan erreichbar ist. Für *host* muß der Name des zu testenden Rechners angegeben werden.

```
$ ping kiefer
kiefer is alive
$ ping erle
no answer from erle
$
```

Wenn *host* antwortet, gibt **ping** die Meldung "*host* is alive" aus und beendet sich. Ansonsten gibt es nach *timeout* Sekunden die Meldung "no answer from *host*" aus. Die Voreinstellung für *timeout* ist 20.

Bei Angabe der Option -s sendet **ping** ständig Datenpakete an das entfernte System und mißt die Zeit, bis diese wieder zurückgeschickt werden (*round-trip*). Wenn die Ausführung eines Kommandos auf einem anderen System unerwartet lange dauert, kann man mit **ping** testen, ob das betreffende System abgestürzt oder aber nur das Netz momentan stark belastet ist. In diesem Fall muß man **ping** mit der *intr*-Taste (*Ctrl-C* oder *Del*) abbrechen.

```
$ ping -s weide
PING weide: 56 data bytes
64 bytes from (152.11.144.6): icmp_seq=0. time=10. ms
64 bytes from (152.11.144.6): icmp_seq=0. time=10. ms
64 bytes from (152.11.144.6): icmp_seq=0. time=10. ms
64 bytes from (152.11.144.6): icmp_seq=0. time=10. ms
64 bytes from (152.11.144.6): icmp_seq=0. time=10. ms
```
Ctrl-C
```
----weide PING Statistics----
5 packets transmitted, 5 packets received, 0% packet loss
round-trip (ms)  min/avg/max = 10/10/10
$
```

Aus der abschließend ausgegebenen Statistik ist unter anderem ablesbar, daß die fünf gesendeten Pakete korrekt wieder empfangen wurden. Wenn der Rechner nicht erreichbar wäre, würde nach dem Abbruch von **ping** dies Ausgabe *100% packet loss* erscheinen.

pr

pr	Inhalt einer Datei formatiert ausgeben (print files)

Syntax   `pr [option(en)] [datei(en)]`

Beschrei- Ähnlich dem Kommando **cat** gibt das Kommando **pr** den Inhalt von
bung Dateien auf der Standardausgabe aus, aber so aufbereitet, daß sich die
Ausgabe für einen Drucker eignet: Für eine Seite werden dabei 66 Zeilen (amerikan. Format) angenommen und für jede einzelne Seite wird oben ein 5-zeiliger Kopf (zwei Leerzeilen, Datum und Uhrzeit der letzten an dieser Datei vorgenommenen Änderung sowie eine Seitennummer und der Dateiname, und nochmals zwei Leerzeilen) und unten ein 5-zeiliger Fuß (5 Leerzeilen) ausgegeben. Wenn die letzte Seite keine 66 Zeilen umfasst, so wird sie bei der Ausgabe mit Leerzeilen aufgefüllt.

Wenn keine *datei(en)* angegeben sind oder - für *datei(en)* angegeben ist, so liest **pr** von der Standardeingabe.

Optionen

Option	Beschreibung
+*n*	Ausgabe beginnt mit der Seite *n* (muß ganze Zahl sein); Voreinstellung für *n* ist 1
–*n*	bewirkt, daß die Ausgabe der angegebenen *datei(en)* in *n* Spalten erfolgt; Voreinstellung für *n* ist 1. Hierbei werden die Zeilen aus der Eingabe zuerst alle in der ersten Spalte, dann in der zweiten Spalte, usw. ausgegeben, bis eine Seite voll ist. Dies wird dann für jede Seite wiederholt. Diese Option bewirkt eine Ausgabe, die den Optionen –e und –i entspricht; darf nicht mit Option –s benutzt werden.
–a	bewirkt eine mehrspaltige Ausgabe über eine Seite hinaus; das bedeutet, daß die erste Zeile aus der Eingabe in der ersten , die zweite Zeile in der zweiten Spalte, usw. ausgegeben wird; sollte nur in Verbindung mit –n benutzt werden.
–m	bewirkt, daß die angegebenen *datei(en)* nebeneinander ausgegeben werden: jede Datei in einer eigenen Spalte; darf nicht mit –n verwendet werden.
–d	bewirkt eine doppelten Zeilenvorschub für jede Zeile; dadurch entstehende Leerzeilen am Anfang einer Seite werden allerdings wieder entfernt.

Option	Beschreibung
−ecn	setzt Tabulatorpositionen für die Eingabezeilen. c muß dabei ein Zeichen und n eine ganze Zahl sein, wobei entweder eines von beiden oder sogar beide weggelassen werden können. Ein Tabulatorzeichen in der Eingabe wird bei der Ausgabe durch eine ausreichende Zahl von Leerzeichen ersetzt, um den Cursor zur nächsten Tabulatorposition zu bewegen. Wenn n 0 ist oder aber nicht angegeben ist, so werden die Tabulatorpositionen auf 1, 9, 17, usw. festgelegt, ansonsten werden sie auf n+1, 2*n+1, 3*n+1, usw gesetzt. Wenn für c ein Zeichen angegeben ist, so wird das Zeichen c in den Eingabezeilen als Tabulatorzeichen interpretiert.
−icn	ersetzt Tabulatorzeichen aus der Eingabe durch Leerzeichen bei der Ausgabe.c muß dabei ein Zeichen und n eine ganze Zahl sein, wobei entweder eines von beiden oder sogar beide weggelassen werden können. Ein Tabulatorzeichen in der Eingabe wird bei der Ausgabe durch eine ausreichendeZahl von Leerzeichen ersetzt, um den Cursor zur nächsten Tabulatorposition zu bewegen. Wenn n 0 ist oder aber nicht angegeben ist, so werden die Tabulatorpositionen auf 1, 9, 17, usw. festgelegt, ansonsten werden sie auf n+1, 2*n+1, 3*n+1, usw gesetzt. Wenn für c keine Ziffer angegeben ist, so wird das Zeichen c in den Eingabezeilen als Tabulatorzeichen interpretiert.
−ncn	bewirkt, daß die Ausgabe numeriert werden. c muß dabei ein Zeichen und n eine ganze Zahl sein, wobei entweder eines von beiden oder sogar beide weggelassen werden können. Ist n angegeben, so werden entsprechend viele Ziffern für die Zeilennummern verwendet (Voreinstellung ist 5). Wenn für c keine Ziffer angegeben ist, so wird das Zeichen c als Trennzeichen zwischen den Zeilennummern und der eigentlichen Zeile verwendet (Voreinstellung ist das Tabulatorzeichen). Die ersten n+1 Zeichen für jede ausgegebene Spalte werden dabei für die Zeilnummer verwendet, wenn nicht −m angegeben ist, da in diesem Fall jede Ausgabezeile als ganzes numeriert wird.
−wn	setzt für eine mehrspaltige Ausgabe die Zeilenlänge auf n Zeichen; Voreinstellung ist 72.
−on	rückt jede Zeile um n Zeichen ein; Voreinstellung ist 0.

Option	Beschreibung
−l*n*	Bei der in Deutschland üblichen Seitenlänge von 30,5 cm ergeben sich in der Regel 72 Zeilen pro Seite. Dies kann **pr** über die Option −l (−l72) mitgeteilt werden; Voreinstellung ist 66.
−h *string*	ersetzt den Dateinamen im Kopf durch den angegebenen *string*.
−p	bei der Ausgabe auf dem Bildschirm wird nach jeder Seite angehalten. Mit der Eingabe von ⏎ kann dann die Ausgabe der nächsten Seite erreicht werden.
−f	verwendet ein Zeilenvorschub-Zeichen (form feed), um eine neue Seite zu erzeugen. Normalerweise wird mit Leerzeichen aufgefüllt.
−r	für Dateien, die nicht geöffnet werden können, wird keine Fehlermeldung ausgegeben.
−t	unterdrückt die Ausgabe des 5-zeiligen Kopfes und des 5-zeiligen Fußes; auch wird bei der letzten Seite nicht mit Leerzeilen aufgefüllt, um eine Seite zu vervollständigen.
−s*c*	verwendet als Trennzeichen für die einzelnen Spalten das Zeichen *c*; Voreinstellung ist das Tabulatorzeichen.

Trotz der Optionen −m und −n ist **pr** kein Textformatierer, der Texte wesentlich intelligenter aufbereiten würde. Dazu bietet UNIX eigene Programme wie **nroff** und **troff** an.

Um Dateien wirklich auf einen Drucker auszugeben, steht das Kommando **lp** zur Verfügung. Für die Druckaufbereitung wie z. B. Seiten- und Zeilennumerierung kann dagegen **pr** verwendet werden:

pr | lp

Die Kommandos **join** und **paste** sind eine Alternative zur Option −a (Mischen von Dateien bei der Ausgabe). **join** erlaubt es dabei, bestimmte Zeilen aus unterschiedlichen Dateien auszuwählen, während **paste** die Möglichkeit anbietet, Zeilen mit einem Tabulatorzeichen oder einem sonstigen Trennzeichen nebeneinander auszugeben, wobei diese Ausgabe nicht in gleichlangen Spalten erfolgt.

| **ps** | Informationen über aktive Prozesse ausgeben (report process status) |

Syntax   ps [*option(en)*]

Beschrei- Werden keine *option(en)* angegeben, so gibt **ps** nur Informationen zu
bung den vom jeweiligen Terminal aus gestarteten Prozessen und deren Sohnprozesse aus. Zu jedem entsprechenden Prozeß wird dabei eine Zeile ausgegeben, die folgende Informationen enthält:

- Prozeßnummer (PID)
- Terminalname (TTY)
- verbrauchte Rechenzeit (TIME)
- Kommandoname (COMMAND)

Optionen   Mit der Angabe von *option(en)* kann der Umfang der auszugebenden Prozeßinformationen gesteuert werden:

Option	Beschreibung
–a	(*all*) Information über alle Prozesse ausgeben. Ausgenommen hiervon sind Prozesse, die keinem Terminal zugeordnet sind, und Vaterprozesse einer Prozeßgruppe. Unter einer Prozeßgruppe versteht man alle Prozesse, die einem bestimmten Terminal[64] zugeordnet sind.
–d	Information über alle Prozesse ausgeben. Ausgenommen hiervon sind die Vaterprozesse einer Prozeßgruppe.
–e	(*every*) Information über alle Prozesse ausgeben.
–f	(*full*) vollständige Informationen zu den entsprechenden Prozessen ausgeben; so wird z. B. nicht nur der Kommandoname, sondern die vollständige Aufrufzeile ausgegeben, die zur Kreierung eines Prozesses führte.

---

[64] auch Kontrollterminal genannt. Als Kontrollterminal eines Prozesses wird das Terminal bezeichnet, das als erstes von dem entsprechenden Prozeß zum Lesen und/oder Schreiben eröffnet wurde. Nur von diesem Terminal aus kann der entsprechende Prozeß mit der **intr**- oder **quit**-Taste abgebrochen werden.

ps

Option	Beschreibung
-l	(long) viele Informationen zu den einzelnen Prozessen ausgeben.
-p *prozeßnr(n)*	Information zu allen Prozessen mit den Prozeßnummern (PIDs) *prozeßnr(n)* ausgeben. Die einzelnen *prozeßnrn* müssen entweder durch Komma getrennt oder innerhalb von "..." angegeben werden. Innerhalb von "..." sind sie entweder mit Komma oder Leerzeichen zu trennen.
-t *terminalname(n)*	Information zu allen Prozessen ausgeben, die den Terminals terminalname(n) zugeordnet sind. Die einzelnen *terminalnamen* müssen entweder durch Komma getrennt angegeben werden oder innerhalb von "...", wobei sie dann entweder durch Komma oder Leerzeichen zu trennen sind.
-u *benutzer(n)*	Information zu allen Prozessen der Benutzer benutzer(n) ausgeben. Für benutzer(n) kann dabei entweder die UID oder der Login-Name angegeben werden. Bei der Ausgabe der Prozeßinformationen wird normalerweise der numerische Wert UID ausgegeben; nur wenn die Option -f angegeben ist, wird stattdessen der Login-Name ausgegeben. Die einzelnen *benutzer* sind dabei in folgender Form anzugeben: *benutzer1,benutzer2,...,benutzerx* oder "*benutzer1,benutzer2,...,benutzerx*" bzw. "*benutzer1 benutzer2 ... benutzerx*".
-g *gruppe(n)*	Information zu allen angegebenen Prozeßgruppen *gruppe(n)* ausgeben. Für *gruppe(n)* ist dabei die UID des Prozeßgruppen-Leiters anzugeben. (Ein Gruppenleiter ist ein ein Prozeß dessen PID identisch zu seiner Prozeßgruppen-ID ist. Die Login-Shell ist ein typisches Beispiel für einen Prozeßgruppen-Leiter). Die einzelnen Gruppen sind dabei in gleicher Form anzugeben wie die benutzer bei **-u**.

Nur die beiden Optionen –f und –l legen fest, wieviel Information zu den einzelnen Prozessen auszugeben ist. Alle anderen Optionen bestimmen, zu welchen Prozessen Informationen auszugeben sind.

```
$ ps ⏎
PID TTY      TIME COMMAND
 92 ttyic   0:02 sh
144 ttyic   0:03 ps
$ ps -efl ⏎ [65]
 F S    UID    PID PPID  C PRI NI   ADDR    SZ  WCHAN    STIME   TTY     TIME COMD
19 S   root      0    0  0   0 20  154061    2 c013d2b0  Jun  5  ?       0:00 sched
10 S   root      1    0  0  39 20   76065   15 e0000000  Jun  5  ?       0:01 /etc/init
19 S   root      2    0  0   0 20    7a065   0 c0031284  Jun  5  ?       0:00 vhand
19 S   root      3    0  0  20 20    7e065   0 c002c6a4  Jun  5  ?       0:00 bdflush
10 S   root     86    1  0  28 20   18d065  24 c01000e8  06:46:49 console 0:02 -sh
10 S   root     88    1  0  28 20   1ba065  14 c0100140  06:46:51 vt01    0:01 /etc/getty /dev/vt01 vt01
10 S   root     89    1  0  28 20   1df065  14 c0100198  06:46:51 vt02    0:01 /etc/getty /dev/vt02 vt02
10 S   root     74    1  0  26 20   1da065  19 c014c21a  06:46:43 ?       0:00 /etc/cron
10 S   root     77    1  0  39 20   22a065  12 e0000000  06:46:44 ?       0:00 /etc/icc/dload ....
10 S   lp       83    1  0  26 20   24c065  16 c014ada6  06:46:47 ?       0:00 /usr/lib/lpsched
10 S   root     90    1  0  28 20   251065  14 c01003a8  06:46:51 ttyia   0:00 /etc/getty ttyia 9600
10 S   root     91    1  0  28 20   252065  14 c0100400  06:46:51 ttyib   0:00 /etc/getty ttyib 9600
10 S   egon     92    1  1  30 20   263065  24 c013a6b0  06:46:51 ttyic   0:02 -sh
10 S   root     93    1  0  28 20   265065  14 c01004b0  06:46:52 ttyid   0:00 /etc/getty ttyid 9600
10 S   root     94    1  0  28 20   276065  14 c0100508  06:46:52 ttyie   0:00 /etc/getty ttyie 9600
10 S   root     95    1  0  28 20   25b065  14 c0100560  06:46:53 ttyif   0:00 /etc/getty ttyif 9600
18 0   egon    106   92 27  73 20   235065  19           06:47:33 ttyic   0:00 ps -efl
                                                                               └ expandierter
                                                                                 Kommandoaufruf
                                                                    └ bisher verbrauchte CPU-Zeit
                                                           └ Name des zugeh. Kontrollterminals
                                                   └ (-f) Startzeit des Prozesses
                                         └ (-1) Ereignis (event), auf das der Prozeß wartet
                                  └ (-1) Größe des Prozesses in pages [66]
                          └ (-1) Speicheradresse des Prozesses
                     └ (-1) Nice-Wert zur Bestimmung der Prozeßpriorität
              └ (-1) Priorität des Prozesses (große Zahl bedeutet dabei geringe Priorität)
           └ (-f,-1) Scheduling-Parameter
       └ (-f,-1) Prozeßnummer des Vaterprozesses
    └ Prozeßnummer (z. B. wichtig für das nachfolgende kill-Kommando)
  └ (-f,-1) effektive Login-Kennung bzw. Login-Name des Prozesses
└ (-1) Prozeßzustand:  O  aktiv; besitzt gerade die CPU
                       S  blockiert; wartet auf ein Ereignis (sleeping)
                       R  bereit (runnable)
                       I  wird gerade kreiert (idle)
                       Z  gerade beendet und Vaterprozess wartet nicht auf dessen Beendigung (zombie)
                       T  wurde durch ein Signal angehalten (traced)
                       X  wartet auf mehr Hauptspeicher
└ (-1) Prozeßzustand: 00  beendet
                      01  Systemprozeß; immer im Hauptspeicher
                          (auf VAX: im Hauptspeicher)
                      02  durch Vaterprozeß gesteuert
                          (auf VAX: Systemprozeß; immer im Hauptspeicher)
                      04  durch Signal des Vaterprozesses gestoppt; Vater wartet
                          (auf VAX: im Hauptspeicher; wartet auf Beendigung eines Ereignisses)
                      08  im Hauptspeicher (auf VAX: nicht vorhanden)
                      10  im Hauptspeicher; wartet auf Beendigung eines Ereignisses
                          (auf VAX: durch Vaterprozeß gesteuert)
                      20  nur auf VAX: durch Signal des Vaterprozesses gestoppt; Vater wartet
```

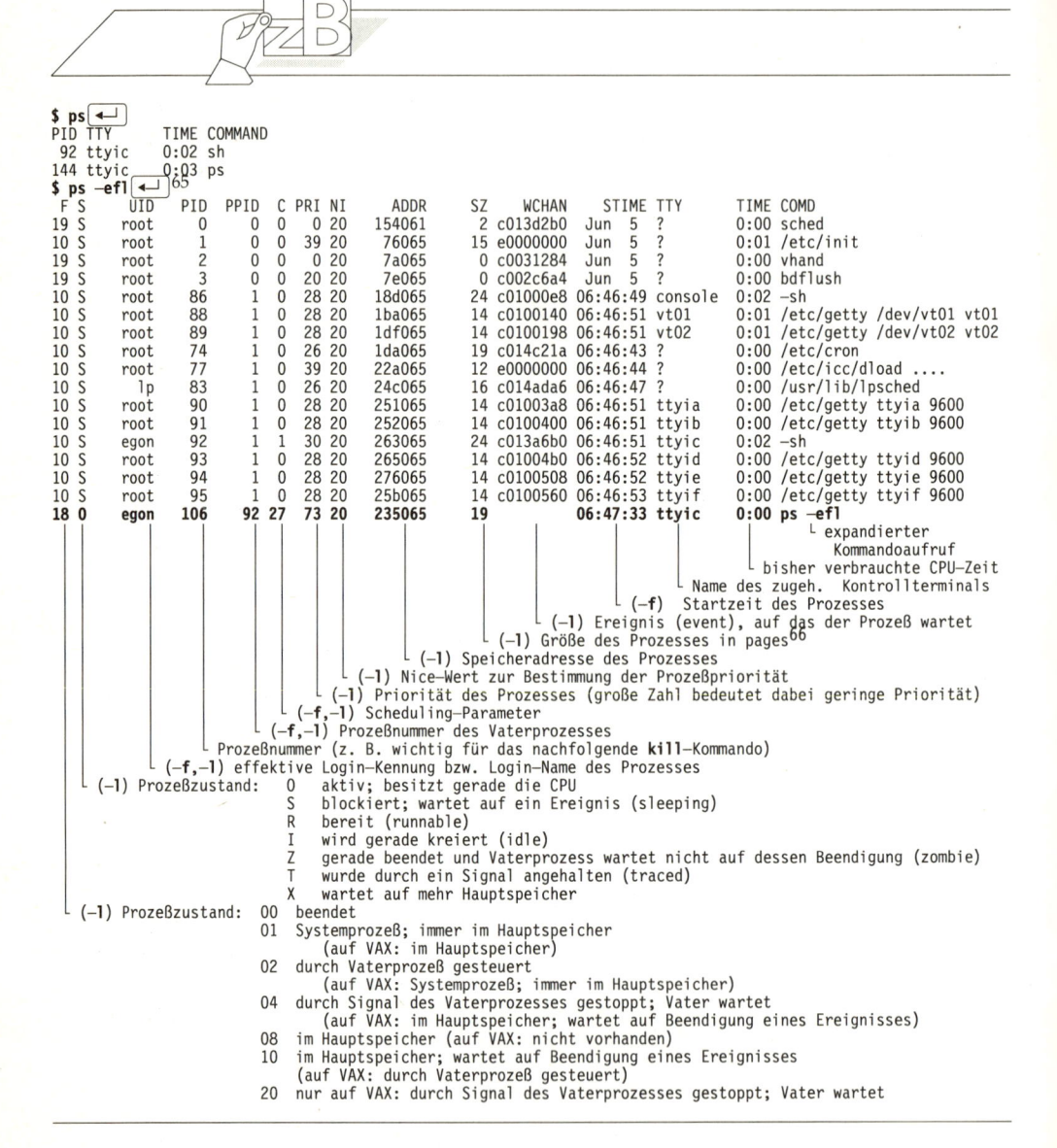

[65] Die zur Ausgabe der jeweiligen Information erforderliche Option wird vor der Beschreibung in Klammern angegeben.

[66] Die Größe einer *page* (zu deutsch: Seite) ist rechnerabhängig; z. B. 512 Bytes oder 4 Kbyte.

Die Bedeutung der *F*- und *S*-Spalten ist rechnerabhängig. Aus der Addition der möglichen hexadezimalen Bitmuster bei *F* ergibt sich der wirkliche Prozeßzustand; so bedeutet z. B. der Wert

```
19 = 01 + 08 + 10,
```

daß es sich um einen im Hauptspeicher befindlichen Systemprozeß handelt, der auf das Eintreten eines bestimmten Ereignisses wartet.

Wird in der TTY-Spalte ein ? ausgegeben, dann ist der entsprechende Prozeß keinem Kontrollterminal zugeordnet. Solche Prozesse heißen auch Dämon-Prozesse (engl.: *daemons*), die zu gewissen Zeitpunkten automatisch ablaufen.

---

pwd | Ausgeben des working directory (print working directory)

Syntax   pwd

Beschreibung   Das Kommando **pwd** gibt den Namen des working directory aus.

---

rcp | Remote File Copy

Syntax
```
rcp [-p]  datei1  datei2                    (1)
rcp [-pr] datei(en) directory               (2)
```

Beschreibung   Mit dem Kommando **rcp** (*remote copy*) kann man Dateien oder ganze Directory-Teilbäume über ein Netz kopieren.

Für **rcp** existieren zwei Möglichkeiten des Aufrufs. Bei der Aufrufform (1) wird *datei1* nach *datei2* kopiert. Bei der Aufrufform (2) werden die *datei(en)* in das Zieldirectory *directory* kopiert. Als Argumente können die Namen lokaler Dateien oder die Namen auf entfernten Systemen angegeben werden. Im letzten Fall steht vor dem Dateinamen noch der Systemname, abgetrennt durch einen Doppelpunkt (:). So kopiert z. B. der folgende Aufruf

```
rcp add.c weide:/home/egon/add.c
```

die Datei *add.c* vom lokalen Rechner in das Directory */home/egon* auf dem Rechner *weide*. Man braucht nicht unbedingt den absoluten Pfadnamen der Zieldatei anzugeben. Fehlt diese Angabe, so wird die Datei ins home directory des Aufrufers auf dem jeweiligen System kopiert. Falls auch noch der gleiche Dateiname bei der Kopie zu verwenden ist, so kann auch noch der Zieldateiname weggelassen werden. Für obigen Aufruf hätte man z. B. auch folgenden Aufruf angeben können:

```
rcp add.c weide:
```

Die Quell- und Zieldateien dürfen sich bei **rcp** auf unterschiedlichen Systemen befinden. So würde z. B. der folgende Aufruf

```
rcp eiche:add.c kiefer:add2.c
```

die Datei *add.c* auf dem System *eiche* in die Datei *add2.c* auf dem System *kiefer* kopieren.

Normalerweise benutzt **rcp** auf dem entfernten System die Benutzerkennung, unter der es am lokalen System aufgerufen wurde. Ist aber bei den Argumenten vor dem Rechnernamen mit @ abgetrennt ein Login-Name angegeben, so findet der Kopiervorgang unter der Kennung dieses Login-Namens statt. Voraussetzung dafür ist, daß die lokale Kennung in der Datei *.rhosts* des entsprechenden Benutzers enthalten ist.

Optionen   **rcp** bietet die beiden folgenden Optionen an:

-p	Für jeder kopierte Datei werden die gleichen Zugriffsrechte, die gleiche Zugriffs- und Modifikationszeit eingetragen, die für die Originaldatei gelten.
-r	Sollen ganze Directorybäume kopiert werden, so muß die Option **-r** beim Aufruf von **rcp** angegeben werden.

```
rcp egon@tanne:add.c addiere.c
```

kopiert die Datei *add.c* vom home directory des Benutzers *egon* auf dem System *tanne* in das working directory auf dem lokalen System unter dem Namen *addiere.c*.

```
rcp egon@*.c buche:src
```

kopiert alle C-Programme des working directorys in das Directory */home/egon/src* auf den Rechner *buche* unter der Kennung *egon*.

```
rcp -r uebung1/src kiefer:sources
```

kopiert den ganzen Directorybaum *src* in das Directory *sources* (unter dem home directory des Aufrufers auf Rechner *kiefer*). Dabei wird das angegebene Zieldirectory *sources* automatisch erstellt, wenn es noch nicht existiert. Falls *sources* bereits existiert, so wird das zu kopierende Directory *src* dort als Subdirectory angelegt.

rlogin

rlogin	Remote Login

Syntax rlogin [-L] [-8] [-ex] [-l *login-name*] *host*

Beschrei- Möchte ein Benutzer sich auf einem entfernten Rechner im Netz anmel-
bung den, muß er **rlogin** aufrufen. Beim Verbindungsaufbau zum Rechner
host überträgt **rlogin** den für die Anmeldung zu verwendenden Login-
Namen sowie den Inhalt der *TERM*-Variablen. Als Login-Name wird
normalerweise der Login-Name des aufrufenden Benutzers verwendet,
außer es wurde die Option **-l** *login-name* angegeben.

Als *host* sind dabei die in */etc/hosts* aufgezählten Rechner-Namen erlaubt.

Der Systemadministrator legt fest, auf welchen Rechnern im Netz er
eine Login-Kennung für die einzelnen Benutzer einrichtet. Hat ein Benutzer auf einem anderem Rechner im Netz eine Kennung, so kann er
sich dort anmelden (eventuell mit eigenem Paßwort).

Jeder lokale Rechner im Netz kann eine Datei */etc/hosts.equiv* enthalten,
die eine Liste von Rechnernamen enthält. Die Benutzer auf diesen darin
erwähnten Rechnern gelten als sogenannte "trusted" Benutzer
(Vertrauenspersonen), die sich mit ihrem Login-Namen an diesem lokalen Rechner anmelden können, ohne daß von Ihnen ein Paßwort verlangt wird. Wenn in */etc/hosts.equiv* nur eine einzige Zeile mit einem
Pluszeichen (+) beginnt, gelten alle Benutzer der im Netz vorhandenen
Rechner als "Vertrauenspersonen", denen ohne Paßwort Zugang zum
lokalen System gestattet ist.

Daneben kann aber auch noch jeder einzelne Benutzer festlegen, wer
sich von entfernten Rechnern am lokalen Rechner unter seiner Login-
Kennung anmelden darf. Dazu muß der entsprechende Benutzer in seinem Home Directory eine Datei *.rhosts* anlegen, in der er alle seine
"Vertrauenspersonen" aufzählt. Eine Zeile in *.rhosts* muß zwei oder
mehr mit Leerzeichen getrennte Einträge enthalten: den *hostname* und
login-name(n). Ein solcher Eintrag in *.rhosts* bedeutet dann, daß sich der
Benutzer *login-name* vom entfernten Rechner *hostname* am lokalen Rechner ohne Eingabe eines Paßwortes anmelden darf. Wenn z. B. **egon** auf
seinem System *ahorn* folgende Datei *.rhosts* in seinem home directory
hat:

```
birke.klug.de egon
eiche.klug.de eg eh
kiefer.klug.de mueller
```

dann wird der Zugang unter der Kennung *egon* für das System *birke* gestattet. Anmeldungen vom Rechner *eiche* aus müssen unter *eg* oder *eh*, und Anmeldungen vom Rechner *kiefer* aus unter *mueller* erfolgen.

Die Datei *.rhosts* wird nur dann ausgewertet, wenn nicht bereits in */etc/hosts.equiv* ein passender Eintrag für den Rechner gefunden wurde. Der Eigentümer von *.rhosts* muß entweder der Benutzer selbst oder der Systemadministrator sein, andernfalls wird der Inhalt von *.rhosts* ignoriert.

Ist einem Benutzer kein Zugang als "Vertrauensperson" gestattet, so wird von ihm ein Paßwort verlangt, wie dies auch bei einer gewöhnlichen Benutzeranmeldung an einem System der Fall ist.

Die Sitzung mit **rlogin** wird beendet, wenn man sich auf dem entfernten System mit **exit** oder *Ctrl-D* abmeldet.

Falls eine solche normale Abmeldung aus irgendwelchen Gründen nicht mehr möglich sein sollte, kann man die Sitzung auch durch die Eingabe der Zeichenfolge ~. beenden. Ist man an einem System über mehrere Rechner hinweg angemeldet, werden bei der Eingabe von ~. alle **rlogin**-Prozesse beendet und man befindet sich anschließend wieder auf dem lokalen System. Soll nur die letzte Verbindung abgebrochen werden, muß man ~~. eingeben.

Optionen   **rlogin** kennt die folgenden Optionen:

Option	Beschreibung
–8	Daten im Netz mit 8 statt 7 Bits übertragen.
–e*x*	*x* als Escape-Zeichen zum Verbindungsabbruch verwenden.
–l *login-name*	Unter *login-name* am entfernten System anmelden.
–L	(*Litout*) Login-Sitzung im *litout*-Modus durchführen.

---

red   Eingeschränkte Version des Editors ed (restricted editor)

Syntax   red [–] [–p*string*] [*datei(en)*]

Beschreibung   Das Kommando **red** ist ein restriktierte Version des Editors **ed**. **red** hat zwei Beschränkungen:

1. Mit **red** können nur Dateien im working directory editiert werden.

red

2. Es ist nicht der Aufruf !*unix-kdo* erlaubt, um UNIX-Kommandos aus dem Editor heraus aufzurufen.

Sonst arbeitet **red** genauso wie **ed**.

Ist für bestimmte Benutzer gedacht, denen nicht der vollständige Zugang zu System erlaubt sein soll.

| **rm** | Löschen von Dateien (remove files) |

Syntax rm [-fri] *datei(en)*

Beschreibung Das Kommando **rm** löscht die angegebenen *datei(en)*, wobei für *datei(en)* einfache Dateien oder auch Directories angegeben werden können.

Eine Datei kann mehrere Namen (Links) besitzen. Wenn eine angegebene *datei* ein Link ist, so löscht **rm** nur den Link und nicht die wirkliche Datei. Wenn der letzte Link auf eine Datei gelöscht wird, dann wird zugleich auch die Datei selbst gelöscht.

Man muß Schreibrechte im entsprechenden Directory besitzen, um eine Datei darin löschen zu können; für die Datei selbst werden weder Lese- noch Schreibrechte benötigt. Wenn allerdings die Schreibrechte für diese Datei fehlen, dann wird der Benutzer gefragt, ob er diese Datei wirklich löschen möchte.

Directories können nur gelöscht werden, wenn die Option –r angegeben ist.

Optionen

Option	Beschreibung
–f	löscht Dateien ohne Rückfrage, sogar wenn die entsprechenden Schreibrechte fehlen.
–r	erlaubt es, Directories zu löschen. Diese Option bewirkt, daß zuerst alle Inhalte eines Directory und dann das Directory selbst gelöscht werden. Diese Option arbeitet dabei rekursiv, was bedeutet, daß alle Subdirectories, Sub- Subdirectories, usw... ebenso zuerst geleert und dann gelöscht werden.
–i	für jede zu löschende Datei wird nachgefragt, ob sie wirklich gelöscht werden soll. Nur wenn auf diese Frage mit der Eingabe y geantwortet wird, wird diese Datei dann gelöscht.

⚠ Die Angabe rm –r .. ist nicht erlaubt.

Um eine Datei mit dem Namen -f oder -r oder -i zu löschen, muß die spezielle Option -- benutzt werden, z. B.

rm -- –f

---

rmdir | Löschen von Directories (remove directory)

Syntax rmdir [-ps] *directory-name(n)*

Beschrei- Das Kommando **rmdir** löscht die als Argumente angegebenen Directo-
bung ries, falls diese leer sind. Wenn eines der angegebenen Directories noch Dateien oder Sub-Directories (. und .. ausgenommen) enthält, dann wird dies gemeldet und das entsprechende Directory wird nicht entfernt.

Möchte man aber ein solches Directory und damit auch die darin enthaltenen Dateien und Subdirectories auf jeden Fall löschen, muß man das Kommando

rm –r *directory-name(n)*

angeben.

Optionen Folgende Optionen sind möglich:

–p löscht die angegebenen Directories und deren parent directories, falls diese durch das Löschen leer geworden sind, dabei wird eine Meldung über die gelöschten Directories ausgegeben.

–s unterdrückt die Ausgabe der mit **-p** erzwungenen Meldung.

---

rsh | Remote Shell

Syntax rsh [*optionen*] *hostname* [*kommando*] [67]

Beschrei- Möchte man nur ein Kommando auf einem entfernten System ausfüh-
bung ren lassen, muß das Kommando **rsh** verwendet werden. Die Ausführung von **rsh** muß dabei jedoch auf dem entfernten Rechner entweder über */etc/hosts.equiv* oder *.hosts* (im home directory) gestattet sein.

---

[67] *hostname* darf dabei auch vor den Optionen angegeben sein.

rsh

Bei Angabe eines *kommando* wird dieses auf dem System *hostname* ausgeführt. Wenn kein *kommando* angegeben ist, verhält sich **rsh** wie **rlogin**. Mit **-l** *login-name* kann ein anderer *login-name* gewählt werden, wenn nicht die eigene Kennung zur Anmeldung am entfernten System *hostname* verwendet werden soll.

Das Kommando **rsh** wird ausgeführt, als ob man sich gerade am System angemeldet hätte und dort dann die entsprechende Kommandozeile aufgerufen hätte. Das working directory ist also das home directory.

Die Standard-Ein-/Ausgabekanäle von **rsh** bleiben bei dem auszuführenden Kommando erhalten. Das heißt, daß weiter vom aufrufenden Terminal gelesen und auf dieses geschrieben wird. Allerdings wird anders als bei **rlogin** der Inhalt der **TERM**-Variablen nicht übertragen, was bedeutet, daß bildschirmorientierte Kommandos wie **pg** oder **vi** nicht aufgerufen werden können.

Metazeichen der Shell müssen ausgeschaltet werden, wenn sie nicht durch das lokale System, sondern erst durch das entfernte System ausgewertet werden sollen. Dies ist auf zwei verschiedene Arten möglich, entweder man schließt das ganze *kommando* in Anführungszeichen ein ("*kommando*") oder man stellt den entsprechenden Metazeichen einen Backslash \ voran. Um z. B. auf dem System *kiefer* den Inhalt einer Datei *namen* sortiert und numeriert in eine Datei *namen.sort* zu schreiben, könnte man einen der beiden folgenden Aufrufe am lokalen System abgeben:

```
rsh   kiefer   "sort namen | nl -ba >namen.sort"
rsh   kiefer   sort namen \| nl -ba \>namen.sort
```

Optionen   Folgende Optionen sind möglich:

–l *login-name*   anstelle des eigenen lokalen Login-Namens wird *login-name* auf dem entfernten System verwendet.

–n   Standardeingabe in */dev/null* umlenken; z.B. nützlich, wenn **rsh** im Hintergrund gestartet wird.

---

ruptime | Momentan aktiven Systeme im Netz auflisten

Syntax   `ruptime [optionen]`

Beschreibung   Mit dem Kommando **ruptime** kann man feststellen, welche Systeme seit wann im Netz angeschlossen sind, wie z.B.

```
$ ruptime
kiefer      up  22+08:34,     5 users,    load 0.00, 0.05, 0.15
ahorn       up  22+07:59,     2 users,    load 0.35, 0.15, 0.08
buche       up  17+12:23,     3 users,    load 0.09, 0.04, 0.03
tanne       down 1+07:25
$
```

Die Informationen bedeuten z. B. für das System *ahorn*, daß es seit 22 Tagen, 7 Stunden und 59 Minuten am Netz ist und momentan 2 Benutzer angemeldet sind. Die mittlere Auslastung (*load average*) besagt, daß das System in der letzten Minute durchschnittlich mit 0,35 Prozessen, in den letzten fünf Minuten mit 0,15 Prozessen und in der letzten Viertelstunde mit 0,08 Prozessen belastet war.

Optionen   **ruptime** kennt die folgenden Optionen:

Option	Beschreibung
–a	auch die Benutzer mitzählen, die seit mehr als eine Stunde keine Eingaben mehr getätigt haben.
–l	nach *load average* sortieren.
–r	umgekehrt sortieren.
–t	nach Laufzeit (uptime) sortieren.
–u	nach Anzahl der Benutzer sortieren.

---

rwho — Momentan aktiven Benutzer im Netz auflisten

Syntax   rwho [–a]

Beschreibung   Das Kommando **rwho** liefert Informationen über alle Benutzer, die momentan an einem der im Netz verbundenen Systeme angemeldet sind. Namen von Benutzern, die seit mehr als einer Stunde keine Eingaben mehr getätigt haben, werden in der Ausgabe von **rwho** nicht angezeigt, außer es wurde die Option **-a** angegeben.

rwho

```
$ rwho↵
egon    ahorn:term/01  Dec  4 13:44
fritz   ahorn:term/04  Dec  4 09:34
micha   eiche:term/02  Dec  4 07:53
emil    kiefer:term/02 Dec  4 08:32
..........
..........
$
```

sleep	Kurzzeitiges Stillegen von Prozessen

Syntax sleep *zeit* Die zeit ist dabei in Sekunden anzugeben.

Beschrei-bung

Das Kommando **sleep** bewirkt, daß *zeit* Sekunden vergehen müssen, bevor der entsprechende Prozeß fortgesetzt wird.

Der Benutzer **emil** hat **egon** versprochen, ihm eine Datei mit Namen *automake.c* in das Directory */tmp* zu kopieren, damit **egon** sie dort "abholen" kann. In diesem Fall wäre ein von **egon** getarteter Hintergrundprozeß nützlich, der ständig "nachschaut", ob die versprochene Datei bereits in */tmp* angekommen ist. Da die Shell über eine **while**-Schleife und **if**-Anweisung verfügt, könnte dies wie folgt realisiert werden:[68]

```
$ while true↵
> do↵
>    if [ -f /tmp/automake.c ]↵
>    then↵
>       echo "Datei /tmp/automake.c ist angekommen"↵
>       break↵
>    fi↵
>    sleep 20↵
> done &↵
821
$
```

true bedeutet in diesem Fall, daß die **while**-Bedingung immer erfüllt ist; es handelt sich hier also um eine "Endlosschleife", die erst mit **break** verlassen wird, wenn die Datei */tmp/automake.c* existiert. Die Überprüfung, ob diese Datei vorhanden ist, erfolgt mit

```
if [ -f /tmp/automake.c ]
```

---

[68] Das Einrücken der einzelnen Konstrukte ist dabei nicht notwendig, wurde hier aber der Lesbarkeit wegen vollzogen.

Existiert /tmp/automake.c, so wird

```
Datei /tmp/automake.c ist angekommen
```

am Bildschirm ausgegeben und mit **break** die **while**-Schleife verlassen. Da nach der **while**-Schleife keine weiteren Anweisungen angegeben sind, wird danach auch dieser Hintergrundprozeß beendet.

Existiert dagegen diese Datei /tmp/automake.c (noch) nicht, so wird als nächstes Kommando **sleep 20** aufgerufen, was bewirkt, daß die Ausführung für 20 Sekunden angehalten wird, bevor sie mit der Überprüfung auf die Existenz der Datei /tmp/automake.c (**if [..]**) wieder fortgesetzt wird. Ist diese Datei immer noch nicht vorhanden, so wird mit **sleep 20** die Ausführung wieder für 20 Sekunden angehalten, usw.

sort	Sortieren von Dateien (sort and/or merge files)

Syntax sort [*option(en)*] [*datei(en)*]

Beschreibung Das Kommando **sort** gibt die Zeilen der angegebenen *datei(en)* sortiert am Bildschirm aus. Werden mehrere *datei(en)* angegeben, so werden diese als Ganzes sortiert und dabei die Zeilen aus unterschiedlichen Dateien gemischt.

Wenn keine *datei(en)* angegeben sind, dann liest **sort** von der Standardeingabe. Die Ausgabe der sortierten Daten erfolgt auf die Standardausgabe.

Optionen

Option	Beschreibung
–c	(**c**heck) überprüft, ob die angegebenen *datei(en)* bereits sortiert sind. Bei dieser Option wird nichts ausgegeben, außer die eventuelle Meldung, daß eine angegebene Datei nicht sortiert ist.
–m	(**m**erge) gibt die angegebenen *datei(en)*, welche für sich bereits sortiert sein müssen, als ganzes sortiert aus. Diese Option ermöglicht ein wesentliches schnelleres Sortieren.
–u	(**u**nique) gibt für alle Zeilen mit einem gleichen Sortierschlüssel nur jeweils eine Fundstelle aus.
–o *ausgabedatei*	(**o**utput) schreibt die sortierte Ausgabe in die Datei *ausgabedatei*; als *ausgabedatei* kann dabei eine der angegebenen *datei(en)* angegeben werden.

sort

Option	Beschreibung
−y*kbytes*	legt die Größe des zu verwendenden Hauptspeichers für das Sortieren auf *kbytes* fest. **-y0** verwendet den minimal möglichen und **-y** den maximal möglichen Speicher.
−d	(**d**ictionary) Lexikographisch sortieren: nur Buchstaben, Ziffern und Leer-/Tabulator-Zeichen werden beim Sortieren berücksichtigt; Voreinstellung ist: nach allen ASCII-Werten sortieren
−f	Groß- und Kleinschreibung nicht berücksichtigen: alle Buchstaben in Großschreibung vergleichen; Voreinstellung ist: Groß- und Kleinschreibung wird unterschieden
−i	(**i**gnore) Nicht druckbare Zeichen ignorieren; Voreinstellung ist: nach allen ASCII-Werten (auch nicht druckbaren Zeichen) sortieren
−M	(**M**onths) nach Monaten sortieren; die ersten drei Nicht-Zwischenraum-Zeichen eines jeden Feldes werden in Großbuchstaben umgewandelt, bevor sie mit den Monatsnamen JAN, FEB, MAR, APR, MAY, JUN, JUL, AUG, SEP, OCT, NOV, DEC (legt auch die Sortierreihenfolge fest) verglichen werden. Enthalten Felder keinen gültigen Monatsnamen, so werden sie vor JAN eingeordnet. Diese Option impliziert die Option −b.
−n	(**n**umeric) Numerisch sortieren; Voreinstellung ist: nach ASCII-Werten sortieren. Diese Option impliziert die Option −b.
−r	(**r**everse) Absteigend sortieren; Voreinstellung ist: aufsteigend sortieren

Werden diese Optionen vor den Sortierschlüsseln (siehe folgendes) angegeben, so gelten sie global für alle Sortierschlüssel. Sind sie nur zu einzelnen Sortierschlüsseln angegeben, so beziehen sie sich nur auf diese, und schalten eventuell anderslautende globale Optionen für diesen Sortierschlüssel aus.

Sortierschlüssel

Beim Aufruf von **sort** können sogenannte Sortierschlüssel angegeben werden. Sortierschlüssel legen fest, welches Feld in den angegebenen *datei(en)* als Sortierkriterium zu verwenden ist. Dabei ist es möglich, mehrere Sortierschlüssel anzugeben. Wenn die entsprechenden mit dem ersten Sortierschlüssel ausgewählten Felder gleich sind, so werden die über den zweiten Sortierschlüssel festgelegten Felder verglichen; sollten auch die gleich sein, so wird der dritte Sortierschlüssel verwendet, usw.

Die Voreinstellung ist ein Sortierschlüssel, nämlich die ganze Zeile.

Sortierschlüssel legen die Sortierfelder fest und werden in der folgenden Form angegeben:

Sortier-schlüssel	Funktion
+*m*[.*n*]	Beginn des Sortierfelds: n+1.Zeichen im m+1.Feld (*m* Felder und *n* Zeichen im m+1.Feld überspringen) Voreinstellung für .*n* ist .0: 1.Zeichen im m+1.Feld. Falls Option **-b** angegeben ist, so wird die Zählung für *n* ab dem ersten Nicht-Zwischenraum-Zeichen im *m*+1. Feld begonnen.
–*k*[.*l*]	Ende des Sortierfelds: *l*.Zeichen (einschließlich Trennzeichen) nach Ende des *k*.Feld (Dieses letzte Zeichen gehört nicht mehr zum Sortierfeld) Voreinstellung für .*l* ist .0: Letztes Zeichen im *k*.Feld. Falls Option **-b** angegeben ist, so wird die Zählung für *l* beim letzten führenden Zwischenraum-Zeichen im *m*+1. Feld begonnen.

Falls kein Ende für einen Sortierschlüssel angegeben ist, so wird das Zeilenende dafür angenommen.

sort +2   Das Wetter **ist heute nicht besonders.**

           Überspringe zwei Felder und verwende Rest der Zeile als Sortierschlüssel

sort +3.2   Das Wetter ist he**ute nicht besonders.**

           Überspringe drei Felder und zwei Zeichen; Rest der Zeile ist Sortierschlüssel

sort +2 -3 Das Wetter **ist** heute nicht besonders.

           Überspringe 2 Felder; Sortierschlüssel erstreckt sich von da bis zum Ende des 3.Felds

Hinter jedem Sortierschlüssel können die Optionen bdfinr angegeben werden; in diesem Fall würde sich die Option nur auf das entsprechende Sortierfeld und nicht auf alle Sortierfelder beziehen; eine solche

sort

lokale Option schaltet dann für dieses Feld eine eventuell anders lautende globale Option aus.

Die Festlegung von Trennzeichen für die Felder der Eingabe kann durch folgende Optionen geändert werden:

Option	Beschreibung
–b	Führende Leerzeichen beim Festlegen des Starts und Endes eines Sortierschlüssels nicht berücksichtigen
–tz	Verwende Zeichen z als Trennzeichen für die einzelnen Felder; Voreinstellung für das Feld-Trennzeichen sind: Leerzeichen

split   Dateien in mehrere kleinere zerteilen (split a file into pieces)

Syntax   `split [-n] [datei [name]]`

Beschreibung   Das Kommando **split** liest die angegebene *datei* und zerteilt sie in einzelne Stücke mit je *n* Zeilen.

Ist *–n* nicht angegeben, so werden Einzelstücke mit 1000 Zeilen gebildet.

Ist *datei* nicht angegeben oder ist für *datei* - angegeben, so liest **split** von der Standardeingabe.

name legt dabei ein Präfix fest, aus dem dann die Namen der Dateien gebildet werden, in welche die einzelnen Stücke abgelegt werden; die Namensgebung für diese einzelnen Dateien erfolgt durch Anhängen von aa, ab, ac, ..., zz an das Präfix *name*. Ist *name* nicht angegeben, so wird als Präfix x verwendet und die Namen für die "Stück-Dateien" wären dann xaa, xab, xac, usw. Mit dieser Art der Namensgebung ist es möglich, maximal 676 "Stück-Dateien" zu erzeugen.

Die "Stück-Dateien" werden immer im working directory angelegt.

Option   –n   die angegebene Zahl *n* legt die Größe der zu erzeugenden "Stück-Dateien" auf *n* Zeilen fest.

Das Zerteilen einer Datei kann z. B. dann erforderlich sein, wenn diese für die Bearbeitung mit einem Editor zu groß ist oder wenn sie größer als die Kapazität einer Diskette ist, auf die sie kopiert werden soll.

Neben **split** existiert noch ein wesentlich intelligenteres Kommando mit Namen **csplit** (*context split*). Dieses Kommando ist nicht nur auf das

Zerschneiden einer Datei in Teilstücke mit fester Länge begrenzt, sondern ermöglicht ein Zerteilen auch in variabel lange Teilstücke. Zudem können mit diesem Kommando die Schnittstellen auch vom Inhalt der Datei abhängig gemacht werden. Dies kann z. B. nützlich sein, wenn es gilt, eine große C-Programmdatei in einzelne Dateien aufzuteilen, die jeweils nur eine C-Funktion dieses umfangreichen Programms enthalten.

stty	Setzen und Abfragen von Terminal-Einstellungen

Syntax   stty [–a] [–g] [*terminal–flag*(s)]

Beschreibung   Wird **stty** ohne Argumente aufgerufen, so gibt es eine bestimmte Gruppe von Einstellungen aus. Werden *terminal-flag(s)* angegeben, so werden die damit spezifizierten Einstellungen für das entsprechende Terminal vorgenommen.

Optionen
–a   alle Terminal-Einstellungen ausgeben

–g   gibt eine Liste von Terminal-Einstellungen in einer solchen Form aus, daß diese Liste bei einem späteren **stty** Aufruf wieder verwendet werden kann. Wird eine solche Liste mit Ausgabeumlenkung in einer Datei gesichert, so kann die momentane Terminal-Einstellung später wieder hergestellt werden, wenn diese Datei beim **stty**-Aufruf (unter Verwendung von Kommandosubstitution[69]) angegeben wird.

Terminal-Flag(s)   Die Liste der möglichen Terminal-Flags kann in 6 Gruppen unterteilt werden. Die meisten der Flags werden dabei durch Angabe des Flag-Namens eingeschaltet und durch Voranstellen eines Minuszeichens (-) vor dem Flag-Namen ausgeschaltet. In der folgenden Beschreibung, die die wichtigsten Terminal-Flags angibt, wird das Ausschalten in runden Klammern angegeben:

Steuer-Modi

parenb (–parenb)

Einschalten (Ausschalten) von Paritätserkennung und -erzeugung

parodd (–parodd)

Ungerade (Gerade) Parität setzen

---

[69] siehe Beispiele und nächstes Buch "UNIX-Shells"

stty

cs5 cs6 cs7 cs8

Bitanzahl setzen, die für ein Zeichen zu verwenden ist: 5,6, 7 oder 8 (*character size*). Diese Bitanzahl schließt dabei nicht das Parity-Bit mit ein

0

Telefon-Verbindung sofort abbrechen

110 300 600 1200 1800 2400 4800 9600 19200 38400

setzt die Baudrate des Terminals auf die angegebene Zahl.

hupcl (-hupcl)

Telefon-Verbindung (nicht) abbrechen, wenn letzter Prozeß, der diese Verbindung benutzt, sich beendet oder explizit diese Leitung schließt

hup (-hup)

dasselbe wie hupcl (-hupcl)

cstopb (-cstopb)

Zwei (ein) Stop-Bits pro Zeichen verwenden; Stop-Bits markieren das Ende eines Zeichen-Bytes.

cread (-cread)

Aktivieren (Deaktivieren) des Empfängers.

clocal (-clocal)

Ausschalten (Einschalten) der Modem-Steuerung.

loblk (-loblk)

(Nicht) Blockieren der Ausgabe eines Layers.[70]

Eingabe-Modi

Mit Eingabe ist hier die Tastatur gemeint. Viele der hier angegebenen Flags müssen miteinander kombiniert werden.

ignbrk (-ignbrk)

(Nicht) Ignorieren einer BREAK-Taste bei der Eingabe

brkint (-brkint)

Beim Auftreten eines BREAK, soll (nicht) ein **intr**-Signal gesendet werden; hierfür darf BREAK nicht ignoriert werden.

ignpar (-ignpar)

(Nicht) Ignorieren von Paritäts-Fehlern

---

[70] siehe Kommando shl (nächstes Buch "UNIX-Shells")

parmrk (-parmrk)

(Nicht) Markieren von Paritäts-Fehlern durch Voranstellen eines 2-Zeichens Code vor dem fehlerhaften Zeichen

inpck (-inpck)

Einschalten (Ausschalten) der Eingabeparitäts-Prüfung

istrip (-istrip)

(Nicht) Verkürzen von Eingabezeichen auf 7 Bits. (der ASCII-Code verwendet nur die letzten 7 Bits eines Bytes; das 8.Bit wird nur bei Verwendung von Nicht-ASCII-Zeichen benötigt)

inlcr (-inlcr)

(Nicht) Ersetzen jedes Neuezeile-Zeichens (**NL**) aus der Eingabe mit Carriage-Return (**CR**)

igncr (-igncr)

(Nicht) Ignorieren von Carriage-Return (**CR**) in der Eingabe

icrnl (-icrnl)

(Nicht) Ersetzen jedes Carriage-Return (**CR**) aus der Eingabe mit Neuezeile-Zeichen (**NL**). (Umkehrung zu inlcr)

iuclc (-iuclc)

(Keine) Umwandlung von Großbuchstaben aus der Eingabe in Kleinbuchstaben

ixon (-ixon)

Einschalten (Ausschalten) des START/STOP-Ausgabeprotokolls. Ein STOP-Zeichen suspendiert die Ausgabe und ein START-Zeichen bewirkt die Fortsetzung der Ausgabe. Das STOP-Zeichen ist Ctrl-s und das START-Zeichen ist Ctrl-q

ixany (-ixany)

Einschalten (Ausschalten) eines beliebigen Zeichens (nicht nur das START-Zeichen Ctrl-q), um eine gestoppte Ausgabe fortzusetzen

ixoff (-ixoff)

Einschalten (Ausschalten) des START/STOP-Eingabeprotokolls. Wenn gesetzt, so generiert das System ein START-Zeichen, wenn die Eingabe-Warteschlange nahezu leer ist, und ein STOP Zeichen, wenn sie nahezu voll ist.

stty

Ausgabe-Modi

opost (-opost)

(Nicht) Nachbehandeln (Post-Processing) der Ausgabe. Wenn nicht gesetzt, so werden die Zeichen unverändert übertragen; ansonsten werden sie entsprechend den nachfolgenden Ausgabe-Modi nachbehandelt.

olcuc (-olcuc)

(Keine) Umwandlung von Klein- in Großbuchstaben bei der Ausgabe

onlcr (-onlcr)

(Nicht) Ersetzen jedes Neuezeile-Zeichens (**NL**) durch **CR-NL** (**CR**=Carriage-Return) bei der Ausgabe

ocrnl (-ocrnl)

(Nicht) Ersetzen jedes Carriage-Return (**CR**) durch Neuezeile-Zeichen (**NL**) bei der Ausgabe

onocr (-onocr)

Keine Ausgabe (Ausgabe) von Carriage Return (**CR**), wenn es das erste Zeichen einer Zeile ist

onlret (-onlret)

Stellt (nicht) Neuezeile-Zeichen (**NL**) durch **CR-NL** (**CR**=Carriage-Return) auf dem Bildschirm dar. Ist onlret gesetzt, so bewirkt jedes **NL**-Zeichen, daß der Cursor auf den Anfang der nächsten Zeile positioniert wird; ist -onlret gesetzt, so wird der Cursor bei einem **NL** nur in die nächste Zeile auf die gleiche Spalte positioniert.

ofill (-ofill)

(keine) Verwendung von "Auffüllzeichen" (definiert durch ofdel) anstelle einer zeitlichen Verzögerung

ofdel (-ofdel)

Als "Auffüllzeichen" **DEL** (**NULL**) verwenden

Verzögerung der Ausgabe

Die nächsten Flags beziehen sich auf Verzögerungen bei der Ausgabe. Verzögerungen sind insbesondere dann notwendig, wenn mechanische Bewegungen (wie z. B. von Druckerköpfen) bei der Ausgabe berücksichtigt werden müssen.

cr0 cr1 cr2 cr3

legt die Verzögerungs-Art für Carriage-Return fest. cr0 bedeutet dabei "keine Verzögerung zwischen der Ausgabe eines **CR** und dem nächsten Zeichen". Die anderen drei legen dabei aufsteigend eine längere Verzögerung fest; nützlich für langsame Terminals.

nl0 nl1

legt die Verzögerungs-Art für Neuzeile-Zeichen fest. nl0 bedeutet dabei "keine Verzögerung zwischen der Ausgabe eines **NL** und dem nächsten Zeichen" und nl1 legt eine Verzögerung fest.

tab0 tab1 tab2 tab3

legt die Verzögerungs-Art für horizontale Tabulator-Zeichen fest. tab0 bedeutet dabei "keine Verzögerung zwischen der Ausgabe eines Tabulator-Zeichens und dem nächsten Zeichen". tab1 und tab2 legen aufsteigend eine längere Verzögerung fest; tab3 bewirkt, daß anstelle von Tabulator-Zeichen eine entsprechende Anzahl von Leerzeichen ausgegeben wird.

bs0 bs1

legt die Verzögerungs-Art für Backspace-Zeichen fest. bs0 bedeutet dabei "keine Verzögerung zwischen der Ausgabe eines Backspace-Zeichens und dem nächsten Zeichen" und bs1 legt eine Verzögerung fest.

ff0 ff1

legt die Verzögerungs-Art für Seitenvorschub-Zeichen (*form feed*) fest. ff0 bedeutet dabei "keine Verzögerung zwischen einem Seitenvorschub und dem nächsten Zeichen" und ff1 legt eine Verzögerung fest.

vt0 vt1

legt die Verzögerungs-Art für vertikale Tabulator-Zeichen fest. vt0 bedeutet dabei "keine Verzögerung zwischen der Ausgabe eines Vertiaklen Tabulator-Zeichens und dem nächsten Zeichen" und vt1 legt eine Verzögerung fest.

Lokale Modi

isig (-isig)

Einschalten (Auschalten) der Prüfung für jedes Eingabe-Zeichen, ob es sich dabei um eines der Steuerzeichen **intr** oder **quit** handelt.

icanon (-icanon)

Einschalten (Ausschalten) der kanonischen Eingabe. Die kanonische Eingabe ist eine Standardmethode zur Verarbeitung der Eingabe. Dabei sind die zeilenorientierten Editierfunktionen **erase** und **kill** eingeschaltet. Die Eingabe wird dabei in Zeilen aufgeteilt wird, die durch **EOF**, **EOL** oder **NL** getrennt werden. Wenn icanon gesetzt ist, dann wird die Eingabe in einer Eingabe-Warteschlange gesammelt, welche übertragen wird, wenn eine vollständige Zeile erkannt ist. Dies ist der Grund, warum eine Zeile vor der Übertragung editiert werden kann. Wenn

stty

−icanon gesetzt ist, dann wird bei einer Lese-Forderung (wie z. B. von einem Programm) nicht auf das Ende einer Zeile gewartet, sondern wird diese durch die Werte der Variablen *min* und *time* gesteuert. Dabei existieren 4 Möglichkeiten für die Belegungen von *min* und *time*:

1. min>0 und time>0: Die eingegebenen Zeichen werden entweder nach time Zeit oder aber nach min Zeichen übertragen, je nachdem was zuerst zutrifft.

2. min>0 und time=0: Die eingegebenen Zeichen immer nach min Zeichen übertragen.

3. min=0 und time>0: Jedes eingegebene Zeichen wird immer sofort übertragen; Wird in der Zeitspanne time einmal kein Zeichen eingegeben, so wird ein leeres Zeichen übertragen.

4. min=0 und time=0. Jedes eingegebene Zeichen wird immer sofort übertragen.

xcase (−xcase)

Verarbeitet (nicht) Klein- und Großbuchstaben nach der kanonischen Eingabe; nützlich für Tastaturen, die entweder nur Groß- oder Kleinbuchstaben kennen.

echo (−echo)

Einschalten (Ausschalten) der Echo-Funktion. Echo-Funktion bedeutet, daß jedes eingegebene Zeichen nicht nur übertragen, sondern zugleich auch auf dem Terminal angezeigt werden.

echoe (−echoe)

(Keine) Wirkung des **erase**-Zeichens als backspace-Leerzeichen-backspace Sequenz. Ist echoe gesetzt, so wird das mit backspace bearbeitete Zeichen gelöscht (mit einem Leerzeichen überschrieben). Ist -echoe gesetzt, so wirkt erase nur als backspace. Das Flag icanon muß gesetzt sein, wenn das Flag **echoe** benutzt wird.

echok (−echok)

(Keine) Ausgabe von **NL** nach jedem **kill**-Zeichen. Das Flag **icanon** muß gesetzt sein, wenn das Flag **echok** benutzt wird.

lfkc (−lfkc)

dasselbe wie **echok**

echonl (−echonl)

(Keine) Ausgabe von **NL**, sogar wenn **echo** nicht gesetzt ist. Das Flag **icanon** muß gesetzt sein, wenn das Flag **echonl** benutzt wird.

noflsh (-noflsh)

Ausschalten (Einschalten) der automatischen Übertragung (flush) der Eingabe beim Auftreten eines **intr**- oder **quit**-Signals.

stwrap (-stwrap)

Ausschalten (Einschalten) des Abschneidens von Zeilen, die länger als 79 Zeichen sind, bei synchronen Verbindungen.

stflush (-stflush)

Ausschalten (Einschalten) der automatischen Übertragung (flush) der Eingabe nach jedem **write**-Systemaufruf

Spezielle Steuerzeichen

UNIX hat einige Funktionen, die ausgeführt werden, wenn bestimmte Tasten eingegeben werden. Das Kommando **stty** ermöglicht es nun, bestimmte Tasten diesen Funktionen zu zuzuweisen. Eine Zuweisung hat dabei folgende Form:

funktions-name Zeichen

Die [Ctrl]-Taste ist dabei mit ^ anzugeben. Eine [Ctrl]-Tastenkombination kann entweder mit '..' geklammert oder mit einem vorangestellten \ angegeben werden; so könnte z. B. für [Ctrl]-[C] entweder '^c' oder \^c angegeben werden. ^? steht immer für die [Del]-Taste und ^- für "undefiniert"

intr

erzeugt ein INTERRUPT-Signal, das allen Prozessen gesendet wird, zu denen das jeweilige Terminal das Kontrollterminal ist. Wenn diese Prozesse dieses Signal nicht abfangen, so werden sie abgebrochen. Meist ist dieser Funkion die DEL-Taste zugeordnet. Wenn das Flag **brkint** gesetzt ist, so ist diese Funktion zusätzlich noch der BREAK-Taste zugeordnet.

quit

erzeugt ein QUIT-Signal. Dies ist ähnlich zu einem INTERRUPT-Signal, außer daß ein Speicherabzug (core image) der abgebrochenen Prozesse in einer Datei gesichert wird. Normalerweise ist dieser Funktion die Taste [Ctrl]-[\] zugeordnet.

erase

löscht das vorherige Zeichen in einer Eingabezeile. Normalerweise ist dieser Funktion die Taste # oder die [←]-Taste zugeordnet.

stty

kill

löscht eine ganze Zeile. Normalerweise ist dieser Funktion die Taste @ oder [Ctrl]-[u] zugeordnet.

eof

erzeugt ein EOF-Signal. Normalerweise ist dieser Funktion die Taste [Ctrl]-[d] (als einziges Zeichen einer Zeile) zugeordnet.

eol

zum Neuezeile-Zeichen **NL**, welches das Ende einer Zeile kennzeichnet, ein zusätzliche Zeilenende-Zeichen.

swtch

Dieses Zeichen wird vom Programm sh1[71] benutzt, um einen Layer zu suspendieren und zu shl zurück zu kehren. Normalerweise ist dieser Funktion die Taste [Ctrl]-[z] zugeordnet.

min

Die minimale Anzahl von Zeichen, die in einem Eingabepuffer vorhanden sein müssen, bevor dieser übertragen wird, wenn –icanon gesetzt ist.

time

legt eine Zeit in Einheiten von 0.1 Sekunden fest; wird ausgewertet, wenn –icanon gesetzt ist.

discard

Ausgabe wegwerfen.

dsusp

Job-Control; um Vordergrund-Jobs zu suspendieren.

lnext

Sonderbedeutung des folgenden Steuerzeichens ausschalten.

reprint

Aktuelle Zeile nochmals neu aufbauen; sinnvoll bei Eingabe von Sonderzeichen wie \).

stop

Ausgabe anhalten.

start

Ausgabe fortsetzen.

---

[71] siehe Kommando shl (nächstes Buch "Die UNIX-Shell")

werase
Letztes Wort löschen.

susp
Job-Control.

Kombination-Modi

evenp oder parity
schaltet parenb und cs7 ein.

oddp
schaltet parenb, parodd und cs7 ein.

-parity oder -evenp
schaltet parenb aus und setzt cs8.

-oddp
schaltet parenb und parodd aus sowie cs8 ein.

raw (-raw oder cooked)
Einschalten (Ausschalten) des "rohen" Eingabe- und Ausgabemodus. "Roh" bedeutet dabei, daß kein erase, kill, intr, quit, swtch erkannt wird, und auch keine Nachbehandlung (post processing) stattfindet.

nl
schaltet icrnl und onlcr aus.

-nl
schaltet icrnl und onlcr ein und schaltet inlcr, igncr, ocrnl und onlret aus.

lcase (-lcase)
Einschalten (Ausschalten) von xcase, iuclc und olcuc.

LCASE (-LCASE)
dasselbe wie lcase (-lcase).

tabs (-tabs oder tab3)
gibt Tabulatorzeichen als solche beim Drucken aus (Tabulatorzeichen werden beim Drucken durch die entsprechende Anzahl von Leerzeichen ersetzt)

ek
Setzt erase und kill auf # (Ctrl - h) und @.

stty

sane

setzt alle Modi auf vernünftige Werte für den entsprechenden Terminal; es existiert kein –sane.

Häufig fallen Aufgabenstellungen an, bei denen man die Terminaleinstellungen nur kurzzeitig verstellen muß. In solchen Fällen empfiehlt es sich, die momentanen Terminaleinstellungen zunächst in einer Datei *datei* zu sichern, bevor man die Einstellungen verändert. Mit Kommandosubstitution (`` `cat datei` ``) kann dann später das Terminal wieder in den vorherigen Zustand gebracht werden. Ein Beispiel wäre folgender Ausschnitt aus einem Shellskript, bei dem kurzzeitig die echo-Funktion ausgeschaltet wird, um eine verdeckte Eingabe eines Paßworts zu ermöglichen:

```
   :
   :
echo "Passwort: \c"                    [Ausgabe von "Passwort: "]
stty –g >/tmp/alt                      [Einstellungen in temporären Datei sichern]
stty –echo                             [echo-Funktion ausschalten]
read pwort                             [Verdecktes Einlesen des Paßworts]
stty `cat /tmp/alt`                    [Ursprüngl. Einstellungen wieder herstellen]
rm /tmp/alt                            [Temporäre Datei wieder löschen]
   :
   :
```

| **su** | Ändern der Benutzerkennung, ohne sich abzumelden (switch user) |

Syntax su [–] [*login-name*]

Beschreibung Das Kommando **su** ermöglicht es einem Benutzer, von der momentanen UNIX-Sitzung aus, auf eine andere Benutzerkennung umzuschalten, ohne daß er sich dazu abmelden muß.

Wird beim Aufruf von **su** kein *login-name* angegeben, so wird hierfür der Login-Name *root* angenommen und nach dem Paßwort von *root* gefragt. Ist ein *login-name* angegeben, so wird nach dem Paßwort zu diesem Login-Namen gefragt.

Wird das richtige Paßwort eingegeben, so wird eine neue Shell aufgerufen, ohne daß hierbei die aktuelle Umgebung (wie z. B. das working directory) geändert wird. Danach kann der entsprechende Benutzer unter der neuen Benutzerkennung arbeiten.

Mit der Eingabe von [Ctrl]-[D] oder **exit** verläßt er wieder die "Fremdbenutzer-Sitzung" und wird wieder der alte Benutzer.

Option Wird die Option - angegeben, so wird nicht nur eine neue Shell unter der neuen Benutzerkennung aufgerufen, sondern die volle Login-Prozedur (wie Ausführen der Datei *.profile* im home directory des neuen Benutzers) durchlaufen. In diesem Fall wird die aktuelle Umgebung durch eine neue ersetzt; so würde z. B. nach einem solchen Aufruf das working directory zum home directory des anderen Benutzers.[72]

Manche Benutzer verfügen über mehrere Login-Namen, da sie für jede auszuübende Funktion eine eigene Login-Kennung besitzen, wie z. B.: eine Login-Kennung für das normale Arbeiten am System und eine für die Projektleitung. Mit dem Kommando **su** ist es ihnen nun möglich, auf eine andere Login-Kennung umzuschalten, ohne daß sie sich dazu explizit abmelden müssen.

In der Software-Entwicklungs-Praxis kommt öfters der Fall vor, daß ein Entwickler einem anderen Hilfestellung beim Analysieren oder Lokalisieren von Fehlern leistet. Nun kann der Fall auftreten, daß der Beisitzer z. B. Dateien oder Programme aus seinen gegen fremden Zugriff geschützten Directories benötigt. Um hierauf zugreifen zu können, müßte er nun zu seinem Terminal laufen, um sich dort anzumelden oder aber die UNIX-Sitzung am momentanen Terminal müßte beendet werden, um ein neues Anmelden unter Login-Kennung des Beisitzers zu ermöglichen. Mit dem Kommando **su** können diese Umstände umgangen werden.

Alle Versuche, sich mit **su** unter einer anderen Benutzerkennung anzumelden, werden in der Datei */usr/adm/sulog* mitprotokolliert. So ist es z. B. dem Systemverwalter ein Leichtes, alle Benutzer festzustellen, die versuchten, sich als Superuser (*root*) anzumelden.

```
$ id⏎
uid=120(egon) gid=135(graphik)
$ pwd⏎
/home/egon
$ su sascha⏎
Password: <Eingabe des sascha-Paßworts>⏎
$ id⏎
uid=126(sascha) gid=178(compiler)
$ logname⏎
egon
$ pwd⏎
```

---

[72] wenn nicht explizit andere Direktiven im .profile des anderen Benutzers angegeben sind

su

```
/home/egon
$ exit⏎
$ id⏎
uid=120(egon) gid=135(graphik)
$ su - sascha⏎
Password: <Eingabe des sascha-Paßworts>⏎
$ id⏎
uid=126(sascha) gid=178(compiler)
$ logname⏎
egon
$ pwd⏎
/home/sascha
$ exit⏎
$ pwd⏎
/home/egon
$
```

sum	Berechnen und Ausgeben der Prüfsumme zu einer Datei

Syntax   sum [-r] *datei*

Beschreibung   Eine Möglichkeit zu prüfen, ob eine Datei verändert wurde, ist alle Bytewerte des Dateiinhalts aufzuaddieren und festzustellen, ob die berechnete Summe gleich der früher berechneten Summe ist. Eine solche Summe wird auch Prüfsumme (engl. *check sum*) genannt.

Das Kommando **sum** berechnet eine solche Prüfsumme (mit einem eigenen Algorithmus) für die angegebene *datei* und gibt diese Prüfsumme zusammen mit der Anzahl der Blöcke, die von dieser Datei belegt werden, aus.

Alle UNIX Systeme V verwenden einen einheitlichen Algorithmus zur Berechnung der Prüfsumme, so daß deren Wert nur von der Datei und nicht von den Hardware-Eigenschaften abhängt.

Option   -r   bewirkt, daß ein anderer (alternativer) Algorithmus zur Berechnung der Prüfsumme verwendet wird.

sum wird oft verwendet, um festzustellen, ob eine Datei fehlerfrei von einem UNIX System V auf ein anderes übertragen wurde.

Der Systemverwalter kann **sum** verwenden, um festzustellen, ob sich jemand an den Systemdateien zu schaffen machte.

```
$ sum add2.c ⏎
17366 1 add2.c
$ sum add2.c ⏎
17366 1 add2.c
$ cat >>add2.c ⏎
/* Ende */ ⏎
Ctrl - D
$ sum add2.c ⏎
17998 1 add2.c
$
```

tabs	Setzen der Tabulatorpositionen eines Terminals

Syntax tabs [*tabpos*] [–T*typ*] [+m*n*]

Beschrei-bung Die Tabulatorpositionen sind normalerweise auf 8er-Schritte eingestellt: Spalten 9, 17, 25, usw. Mit **tabs** können nun andere Tabulatorpositionen gesetzt werden.

Dieses Setzen kann über *tabpos* auf vier verschiedene Arten erfolgen:

1 Setzen von beliebigen Positionen (bis zu 40)

2. Setzen von gleichlangen Zwischenräumen zwischen den einzelnen Tabulatorpositionen.

3. Setzen von bereits fertigen Tabulator-Einstellungen, die den Standard-Formatierungen für bestimmten Programmiersprachen entsprechen.

4. Über eine Formatspezifikation in der ersten Zeile einer Datei.

Wird keine dieser vier Arten beim Aufruf von **tabs** gewählt, so wird die Standard-Einstellung 9, 17, 25, usw. vorgenommen.

tabs

Optionen

Setzen von beliebigen Positionen

n1,*n2*,...   Hierbei legen *n1*,*n2*,... die Tabulatorpositionen fest. Es können hierbei bis zu 40 verschiedene Tabulatorpositionen angegeben werden. Die erste Tabulatorposition ist dabei immer 1. Wird vor einer der Zahlen *n2*,*n3*,... ein + angegeben[73], so bedeutet dies ein relatives Setzen bezogen auf die vorherige Tabulatorposition. So würden die beiden Aufrufe:
tabs 5,13,25,36
tabs 5,+7,+12,+11
beide die Tabulatorpositionen auf die Spalten 5, 13, 25 und 36 setzen.

Setzen von gleichlangen Zwischenräumen zwischen den einzelnen Tabulatorpositionen

−*n*   Setzt alle *n* Spalten eine Tabulatorposition, wobei die erste auf 1+*n* festgelegt wird. Die allgemeine Formel lautet: Alle 1+x*n* Spalten eine Tabulatorposition setzen (x=1,2,3..). So würde z.B **tabs -6** die Tabulatorpositionen 1, 7, 13, 19, usw. setzen. Die Voreinstellung ist hierfür **-8**. Die Angabe **-0** würde alle Tabulatorpositionen löschen.

Setzen von bereits fertigen Tabulator-Einstellungen

−a   setzt die Tabulatorpositionen 1, 10, 16, 36 und 72; wird verwendet für Assembler, IBM System/370, erstes Format

−a2   setzt die Tabulatorpositionen 1, 10, 16, 40 und 72; wird verwendet für Assembler, IBM System/370, zweites Format

−c   setzt die Tabulatorpostionen 1, 8, 12, 16, 20 und 55; wird verwendet für COBOL, normales Format

−c2   setzt die Tabulatorpositionen 1, 6, 10, 14 und 49; wird verwendet für COBOL, kompaktes Format

---

[73] vor n1 ist kein + erlaubt.

Setzen von bereits fertigen Tabulator-Einstellungen

−c3	setzt die Tabulatorpositionen 1, 6, 10, 14, 18, 22, 26, 30, 34, 38, 42, 46, 50, 54, 58, 62 und 67; wird verwendet für COBOL, kompaktes Format mit zusätzlichen Tabulatorpositionen
−f	setzt die Tabulatorpositionen 1, 7, 11, 15, 19 und 23; wird verwendet für FORTRAN
−p	setzt die Tabulatorpositionen 1, 5, 9, 13, 17, 21, 25, 29, 33, 37, 41, 45, 49, 53, 57 und 61; wird verwendet für PL/1
−s	setzt die Tabulatorpositionen 1, 10 und 55; wird verwendet für SNOBOL
−u	setzt die Tabulatorpositionen 1, 12, 20 und 44; wird verwendet für UNIVAC 1100 Assembler
−−*datei*	setzt die Tabulatorpositionen entsprechend der Formatspezifikation in der ersten Zeile von *datei*. Ein Beispiel für das Aussehen einer Formatspezifikation in der ersten Zeile ist: *<:t6,20,25:>* Diese Angabe legt Tabulatorpositionen auf die Spalten 6, 20 und 25 fest. Wird keine gültige Formatangabe in der ersten Zeile von *datei* gefunden, so ist die Voreinstellung -8.

Setzen eines Rands

Einige Terminals erlauben die folgende Option:

+m*n*	Linken Rand auf Spalte *n*+1 festlegen. Wird *n* nicht angegeben, so wird hierfür Spalte 10 angenommen. Bei der Angabe von +m0 wird der linke Rand auf die erste mögliche Spalte festgelegt.

Terminaltyp

−T*typ*	Für *typ* ist der Systemname des Terminals anzugeben. Ist diese Option nicht angegeben, so wird der Terminaltyp mit der Systemvariablen *TERM* festgelegt. Sollte *TERM* undefiniert sein, so nimmt **tabs** eine Einstellung vor, die auf vielen Terminals funktioniert.

tabs

Während **tabs** das Setzen von Tabulatorpositionen für das Terminal ermöglicht, können Tabulatoren einer Ein- oder Ausgabe vor dem Drucken bzw. vor dem Weiterleiten über eine Pipe zu einem anderen Programm mit dem Kommando **pr** entsprechend umgesetzt werden.

tail

Inhalt einer Datei ab einer bestimmten Stelle ausgeben

Syntax   `tail [±[n] [lbc[f|r]] [datei]`

Beschreibung

Das Kommando **tail** ermöglicht die Ausgabe einer *datei* ab einer bestimmten Stelle.

Ist keine *datei* angegeben, so liest **tail** den Eingabetext von der Standardeingabe.

Optionen

Option	Beschreibung
+n oder +nl	Ab der n.Zeile ausgeben
–n oder –nl	Die letzten n Zeilen ausgeben
+nb	Ab dem n.Block ausgeben
–nb	Die letzten n Blöcke ausgeben
+nc	Ab dem n.Zeichen ausgeben
–nc	Die letzten n Zeichen ausgeben
–r	Zeilen in umgekehrter Reihenfolge ausgeben: letzte Zeile zuerst, dann vorletzte Zeile usw.; darf nicht mit **b**, **c** oder **f** kombiniert werden.
–f	bewirkt, daß **tail** in einer Endlosschleife läuft: Nachdem **tail** die geforderte Ausgabe geliefert hat, wartet es eine Sekunde und prüft dann, ob mehr Zeilen zu einer Datei hinzugefügt wurde. Wenn ja, so gibt es diese aus. Dies setzt sich fort, bis **tail** mit einem INTERRUPT-Signal abgebrochen wird. Die Option –f kann nur im Zusammenhang mit einfachen Dateien, nicht beim Lesen aus einer Pipe verwendet werden.

Sind keine Optionen angegeben, so gibt **tail** die letzten 10 Zeilen[74] der angegebenen *datei* aus.

---

[74] wenn soviele Zeilen vorhanden sind, ansonsten eben die ganze Datei

| **talk** | Komfortable Kommunikation mit anderen Benutzern |

Syntax talk *login-name* [*terminal-name*]

Beschreibung

In System V.4 ist das unter BSD Unix entwickelte Kommando **talk** übernommen wurden. Bei **talk** handelt es sich um ein wesentlich komfortableres Kommando als bei **write**. Die Aufrufsyntax von **talk** ist identisch zu **write**.

Anders als bei **write** können mit **talk** auch Benutzer auf anderen Systemen in einem lokalen Netz erreicht werden. Dazu muß zusätzlich zum Benutzernamen noch der Systemname angegeben werden, wobei die beiden Namen mit @ voneinander zu trennen sind, wie z. B. **micha@rosenrot** für den Benutzer *micha* auf dem System *rosenrot*.

Falls @ die Voreinstellung für das *Kill*-Zeichen ist, dann müßte entweder mit **stty** ein anderes Zeichen für *Kill* eingestellt werden, oder es müßte die Sonderbedeutung von @ durch Voranstellen eines Backslashes \ ausgeschaltet werden (**micha\@rosenrot**).

talk meldet sich beim Gesprächspartner eventuell mehrmals mit

```
Message from Talk_Daemon@rosenrot at 15:52 .....
talk: connection requested by egon@wiesengruen.
talk: respond with:   talk egon@wiesengruen
```

und erwartet die Annahme des Gesprächs. Während des Verbindungsaufbaus erscheinen auf dem Terminal des Senders nacheinander die beiden folgenden Meldungen.

```
[No connection yet]
[Waiting for your party to respond]
```

Meldet sich der Gesprächspartner nicht, erscheint immer wieder die Meldung

```
[Ringing your party again]
```

bis eine Verbindung aufgebaut werden konnte oder der Sender mit *Ctrl-C* **talk** abbricht.

Bei einem erfolgreichen Verbindungsaufbau teilt **talk** den Bildschirm in zwei Hälften, in denen unabhängig voneinander jeweils die Eingaben und die Antworten des Gesprächspartners angezeigt werden.

talk wird auf beiden Seiten beendet, wenn einer der beiden Gesprächspartner das Kommando **talk** mit *Ctrl-C* abbricht.

tar

| tar | Sichern von Dateien auf Magnetband oder Diskette (tape file archiver) |

Syntax   tar [*funktion*[*zusatz*]]   [*datei(en)*]

Beschreibung   Das Kommando **tar** (evtl.: **/etc/tar**) ermöglicht es, Dateien in einem sogenannten Archiv zu sichern oder aus einem zuvor erstellten Archiv wieder einzukopieren. Ein Archiv faßt mehrere Dateien zu einer zusammen und enthält zusätzliche Verwaltungsinformation darüber, wo sich die einzelnen Dateien innerhalb des Archivs befinden. Es können sowohl Dateien aus einem Archiv entfernt als auch neue hinzugefügt werden. Auch können Dateien aus einem Archiv extrahiert und in ein Directory kopiert werden. Das Kommando **tar** ist nun für das Anlegen und Verwalten solcher Archive zuständig.

Wird kein Archiv-Name (über Zusatz **f**) angegeben, so wird hierfür ein voreingestellter Name verwendet, was normalerweise ein Magnetband oder ein Disketten-Laufwerk ist. Der entsprechende default-Name (Gerätename) muß in der Datei */etc/default/tar* eingetragen sein.

Mit *datei(en)* werden die von **tar** zu bearbeitenden Dateien angegeben. Ist eine der angegebenen *datei(en)* ein Directory, so bezieht sich diese Angabe auf den ganzen Directorybaum.

Optionen   Eine **tar**-Option setzt sich aus zwei Teilen zusammen:

1. *funktion* legt die auszuführende Aktion fest
2. *zusatz* läßt Zusatzangaben zu der auszuführenden Aktion zu

funktion	Beschreibung
r	(*replace*) fügt die angegebenen *datei(en)* am Ende des Archivs an.
x	(*extract*) extrahiert (kopiert) die angegebene *datei(en)* aus dem Archiv. Falls eine der angegebenen *datei(en)* ein im Archiv abgelegtes Directory ist, so wird der ganze zugehörige Directorybaum extrahiert. Wenn ein Dateiname im Archiv, aber nicht im Dateisystem existiert, so wird die entsprechende Datei mit den gleichen Zugriffsrechten wie die im Archiv enthaltenen Dateien kreiert, außer daß eventuell gesetzte *set-user-id* oder *set-group-id* Bits ausgeschaltet werden.

funktion	Beschreibung
x (Forts.)	Existiert eine Datei aus dem Archiv bereits auch im Dateisystem, so wird die Datei des Dateisystems mit der aus dem Archiv überschrieben, wobei allerdings die Zugriffsrechte unverändert bleiben. Sind keine *datei(en)* angegeben, so wird der vollständige Inhalt des Archivs extrahiert. Wenn das Archiv mehr als eine Version einer Datei enthält, so werden die einzelnen Versionen nacheinander extrahiert, wobei die zuletzt extrahierte Datei alle vorhergehenden überschreibt.
t	(*table*) Alle Namen der im Archiv enthaltenen Dateien auflisten.
u	(*update*) Die angegebenen *datei(en)* werden nur dann im Archiv (am Archivende) abgelegt, wenn sie entweder noch nicht im Archiv vorhanden sind oder aber seit der letzten Archivierung verändert wurden; ältere Versionen werden im zweiten Fall aus dem Archiv gelöscht.
c	(*create*) Es wird ein neues Archiv angelegt und die Sicherung der entsprechenden Dateien erfolgt am Archivanfang und nicht - wie sonst - am Archivende.

Die wichtigsten *zusatz*-Angaben sind:

zusatz	Beschreibung
v	(*verbose*) Normalerweise gibt **tar** keine speziellen Fehlermeldungen aus. Diese Option bewirkt, daß der Name jeder übertragenen Datei ausgegeben wird. Wird v mit der *funktion* c angegeben, so wird noch umfangreichere Information ausgegeben.
w	(*what*) veranlaßt **tar**, vor jeder Aktion mit der Ausgabe des Dateinamens und der Art der Aktion den Benutzer zu fragen, ob er dies wünscht. Bei der Eingabe von y wird die entsprechende Aktion ausgeführt; bei jeder anderen Eingabe wird Aktion nicht ausgeführt; darf nicht mit der *funktion* t angegeben werden.
f *datei*	(*file*) *datei* wird als Archiv verwendet. Ist dieser *zusatz* nicht angegeben, so wird eine voreingestellte Datei (üblicherweise Gerätedatei eines Magnetbands oder Disketten-Laufwerks, die in */etc/default/tar* angegeben

tar

zusatz	Beschreibung
f *datei* (Forts.)	ist) als Archiv verwendet. Wird für *datei* der Bindestrich – angegeben, so wird abhängig davon, ob **tar** schreibt oder extrahiert entweder die Standardeingabe oder Standardausgabe als Archiv benutzt; dies ermöglicht es, **tar** auf der rechten oder linken Seite einer Pipe anzugeben.
l	(*link*) veranlaßt **tar** zu melden, wenn es nicht alle geforderten Links zu den archivierten Dateien herstellen kann. Dieser *zusatz* macht nur Sinn mit den *funktionen* c, r und u.
m	(*modify*) veranlaßt **tar** nicht den Modifikations-Zeitstempel einer Datei zu verwenden, sondern als Modifikations-Zeit für eine Datei den Zeitpunkt des Extrahierens einzutragen.
o	(*ownership*) Für die aus dem Archiv extrahierten Dateien ist die Benutzer- und Gruppenkennung des Aufrufers von **tar** und nicht die aus dem Archiv einzutragen. Dieser *zusatz* ist nur bei der *funktion* x erlaubt.
#s	legt die Laufwerknummer und Geschwindigkeit eines Magnetbands fest. Für # ist dabei die Laufwerksnummer und für s die Geschwindigkeit (1 für *low*, m für *medium* oder h für *high*) anzugeben. Wenn z. B. die voreingestellte Gerätedatei */dev/mt/1m* wäre, so würde **tar** mit der Angabe 5h die Gerätedatei */dev/mt/5h* benutzen.
b*n*	(*blocking factor*) gibt den zu verwendenden Blockungsfaktor an. Der voreingestellte Wert ist 1, und der maximal mögliche Wert für *n* ist 20. Dieser *zusatz* sollte nur beim Schreiben auf "raw-Magnetbänder" benutzt werden. Beim Lesen von Magnetbändern (*funktion* x und t) wird diese Größe automatisch ermittelt.
L	Symbolische Links auflösen. Voreinstellung ist, daß symbolische Links nicht aufgelöst werden.

Das **tar**-Kommando wird verwendet, um Dateien auf Magnetband oder Diskette zu sichern oder von dort wieder ins Dateisystem einzukopieren.

tar wird auch häufig verwendet, um ganze Directorybäume zu kopieren, was auch mit **cpio** möglich ist.

Die Funktionalität von **tar** ist der von **cpio** ähnlich. **tar** verwendet allerdings nicht das gleiche Archiv-Format wie **cpio**.

```
tar r evening.c
```

Die Datei *evening.c* wird an das Ende des voreingestellten Archivs (meist Magnetband oder Diskette) kopiert.

```
tar add*.c
```

Alle Dateien, deren Name mit *add* beginnt und mit *.c* endet, werden an das Ende des voreingestellten Archivs (meist Magnetband oder Diskette) kopiert.

```
cd /home/egon/bin; tar cf – . | (cd /home/gruppe/util; tar xf –)
```

Umkopieren des gesamten Directorybaums */home/egon/bin* nach */home/gruppe/util/bin*.

```
tar cf /dev/fd0 briefe
```

Ganzes Directory *briefe* wird auf Diskette kopiert. Der Name des Disketten-Laufwerks ist hier /dev/fd0.

```
tar xvf /dev/fd0 briefe/hans
```

Datei *briefe/hans* von der Diskette /dev/fd0 mit Meldung einkopieren

tee	Sichern der Daten, die durch eine Pipe geleitet werden (T-Stück)

Syntax   tee [–i] [–a] [*datei(en)*]

Beschreibung   Das Kommando **tee** leitet die Standardeingabe an die Standardausgabe weiter, wobei es eine Kopie der weitergeleiteten Daten in den eventuell angegebenen *datei(en)* sichert. Das heißt also: Wenn *datei(en)* angegeben sind, so wird das Zwischenergebnis aus der Pipe in diese *datei(en)* kopiert. Sind keine *datei(en)* angegeben, so hat **tee** keine Auswirkung.

Bei dem Aufruf

```
ls | wc –w
```

würde nur die Anzahl der Dateien ausgegeben, aber nicht die Dateinamen selbst, da die Ausgabe von **ls** vom **wc**-Kommando "geschluckt" wird. Dagegen würde z. B. der Aufruf

```
ls | tee dliste | wc –w
```

tee 815

zwar auch die Ausgabe des **ls**-Kommandos an das Kommando **wc** weiterleiten, allerdings würde er zusätzlich noch die Ausgabe des ls-Kommandos in die Datei *dliste* schreiben:

Optionen
- −i   Interrupts (wie z. B. Unterbrechungs-Tasten) ignorieren
- −a   Zwischenergebnisse an den alten Inhalt der *datei(en)* anhängen; die Voreinstellung ist: alten Inhalt überschreiben.

telnet	Remote Login mit telnet

Syntax   `telnet` [*host* [*port*]]

Beschreibung

Mit dem Kommando **telnet** (*teletype network*) kann man sich ähnlich wie mit **rlogin** auf einem anderen System anmelden. **telnet** wird üblicherweise für Verbindungen zu Nicht-UNIX-Systemen benutzt.

host muß der Name des betreffenden Rechners oder seine Internet-Adresse aus */etc/hosts* sein. Die *port*-Angabe ermöglicht einen Verbindungsaufbau zu einem bestimmten Dienst, dessen Name oder Nummer hierbei anzugeben ist.

Nach einem erfolgreichen Verbindungsaufbau befindet sich **telnet** im Eingabemodus, was bedeutet, daß alle eingegebenen Zeichen an das entfernte System übertragen und von diesem verarbeitet werden. Ausgaben von Kommandos auf dem entfernten System erscheinen dagegen auf dem lokalen Bildschirm.

Wird **telnet** alleine (ohne ein Argument) aufgerufen, so befindet man sich im telnet-Kommandomodus, was durch die Ausgabe des Prompts *telnet>* angezeigt wird. Man kann jederzeit mit der Eingabe von *Ctrl-]* vom Eingabe- in den Kommandomodus wechseln. Um sich eine Kurzübersicht der möglichen **telnet**-Kommandos anzeigen zu lassen, muß man nur ? eingeben.

```
$ telnet↵
telnet> ?↵
Commands may be abbreviated.  Commands are:

   close        close current connection
   display      display operating parameters
   mode         try to enter line-by-line or character-at-a-time mode
   open         connect to a site
   quit         exit telnet
```

```
send        transmit special characters ('send ?' for more)
set         set operating parameters ('set ?' for more)
status      print status information
toggle      toggle operating parameters ('toggle ?' for more)
z           suspend telnet
?           print help information
telnet>
```

Von hier aus kann man nun mit **open** eine Verbindung zum entsprechenden entfernten System aufbauen.

Nach einer erfolgreichen Anmeldung kann man auf dem entfernten System arbeiten. Mit der Abmeldung von diesem System wird normalerweise auch die Verbindung abgebrochen. Sollte dies nicht der Fall sein, so kann man die Verbindung durch die Eingabe der telnet-Kommandos **close** oder **quit** abbrechen. Dadurch werden alle telnet-Verbindungen abgebrochen, wenn man sich über mehrere Systeme hinweg mit einem bestimmten Rechner verbunden hatte. Man befindet sich danach wieder auf dem lokalen System.

telnet-Kommandos

Im telnet-Kommandomodus können die folgenden telnet-Kommandos eingegeben werden:

open [*host* [*port*]]

eine Verbindung zu einem entfernten System aufbauen. *host* muß der Name des entfernten Rechners oder seine Internet-Adresse aus */etc/hosts* sein. Die *port*-Angabe ermöglicht einen Verbindungsaufbau zu einem bestimmten Dienst, dessen Name oder Nummer hierbei anzugeben ist.

close

quit

alle telnet-Verbindungen abbrechen. Man befindet sich danach wieder auf dem lokalen System. Eine Abmeldung mit EOF (*Ctrl-D*) ist auch möglich.

z

telnet suspendieren; nur möglich, wenn der Benutzer eine Shell benutzt, die Job-Kontrolle unterstützt.

mode *typ*

Nach einem Verbindungsaufbau befindet sich **telnet** im Eingabemodus. Es arbeitet dabei entweder mit Einzelzeichen- (*character-at-a-time*) oder mit Zeilen-Übertragung (*line-by-line-modus*), je nachdem, welchen Modus das entfernte System beim Verbindungsaufbau angefordert hat. Mit

telnet

mode *typ* läßt sich dieser Übertragungsmodus ändern. Für *typ* kann dabei entweder **character** oder **line** angegeben werden. Bei der Einzelzeichen-Übertragung (**character**) wird jede gedrückte Taste sofort an das entfernte System gesendet. Bei der Zeilen-Übertragung (**line**) werden immer nur ganze Zeilen, nachdem sie mit RETURN abgeschlossen wurden, an das entfernte System gesendet. Für diesen Fall ist immer die Echo-Funktion am Terminal eingeschaltet, was bedeutet, daß jedes eingegebene Zeichen auch am Bildschirm angezeigt wird. Diese Echo-Funktion kann man mit *Ctrl-E* ausgeschaltet werden, um z. B. Paßwort-Eingaben zu tätigen.

status

gibt den momentan eingestellten Übertragungsmodus aus.

display [*argument(e)*]

gibt alle aktuellen Einstellungen oder die Einstellungen zu *argument(e)* (siehe **toggle**) aus.

```
telnet> display↵
will flush output when sending interrupt characters.
won't send interrupt characters in urgent mode.
.......
.......
[^E]     echo.
[^]]     escape.
[^H]     erase.
[^O]     flushoutput.
[^C]     interrupt.
[^U]     kill.
[^\]     quit.
[^D]     eof.
telnet>
```

? [*telnet-kommando*]

gibt Kurzbeschreibung zu *telnet-kommando* aus. Ist kein *telnet-kommando* angegeben, so wird eine Kurzübersicht zu allen telnet-Kommandos ausgegeben.

send *name(n)*

sendet TELNET-Sequenzen an das entfernte System, so als seien sie durch Steuerzeichen veranlaßt wurden. Die möglichen Angaben für *name(n)* und ihre Bedeutung sind in der Tabelle auf der nächsten Seite angegeben.

Name	Bedeutung
brk	(*break*) Unterbrechungssignal (*quit*)
ec	(*erase character*) letztes Zeichen löschen
el	(*erase line*) ganze Zeile wieder löschen
ip	(*interrupt process*) Prozeß abbrechen
escape	Escape-Zeichen; voreingestellt auf *Ctrl-]*
ao	(*abort output*) Ausgabe beenden
synch	(*synch operation*) Eingabe beenden
ayt	(*are you there*) Verbindung prüfen
ga	(*go ahead*) Fortsetzung
nop	(*no operation*) Leeres Kommando
?	Kurzbeschreibung zu send ausgeben

Um mehr über die Aufrufsyntax von **send** zu erfahren, muß man nur **send ?** aufrufen; man erhält dann eine Kurzbeschreibung.

set *name wert*

Steuerzeichen ändern, wie z. B.

set erase ^x

Die möglichen Angaben für *name* und ihre Bedeutung sind in der folgenden Tabelle angegeben; die Voreinstellung ist dabei in Klammern angegeben.

Name	Bedeutung
echo	(*Ctrl-E*) Echo-Funktion
escape	(*Ctrl-]*) in telnet-Kommandomodus umschalten
interrupt	(**intr**) Interrupt; TELNET-Sequenz **IP** schicken
quit	(**quit**) Interrupt; TELNET-Sequenz **BRK** schicken
flushoutput	(**flush**) TELNET-Sequenz **AO** schicken
erase	(**erase**) letztes Zeichen löschen; TELNET-Sequenz **EC** schicken
kill	(**kill**) ganze Zeile löschen; TELNET-Sequenz **EL** schikken
eof	(**eof**) Dateiende-Zeichen

Um mehr über die Aufrufsyntax von **set** zu erfahren, muß man nur **set ?** aufrufen; man erhält dann eine Kurzbeschreibung.

telnet

toggle *name(n)*

telnet-Einstellungen ändern, was abhängig vom momentanen Zustand entweder ein- oder ausschalten bedeutet. Die möglichen Angaben für *name(n)* sind nachfolgend angegeben; dabei wird ihre Wirkungsweise im an- und ausgeschalteten Zustand ebenso beschrieben wie ihre Voreinstellung.

Name	Bedeutung
autosynch	wenn **autosynch** und **localchars** beide angeschaltet sind, wird bei einem Interrupt- oder Quit-Signal die TELNET-Sequenz *SYNCH* an das entfernte System gesendet, das dann alle bereits gelesenen, aber noch unverarbeiteten Eingaben verwerfen soll. Voreinstellung: aus.
autoflush	wenn **autoflush** und **localchars** beide angeschaltet sind, und es wird ein Flush-, Interrupt- oder Quit-Signal erkannt, dann erfolgen am lokalen Terminal solange keine Ausgaben des entfernten Systems mehr, bis das entfernte System das betreffende Steuerzeichen bestätigt hat. Ansonsten: keine Auswirkung. Voreinstellung: an, wenn nicht vor dem Aufruf von **telnet** mit **stty** die Einstellung **noflsh** im Gerätetreiber vorgenommen wurde.
crmod	Wenn **crmod** angeschaltet ist, werden vom entfernten System empfangene RETURN-Zeichen in RETURN/NEWLINE-Sequenzen umgewandelt; hat keine Auswirkung auf Eingaben am lokalen System. Voreinstellung: aus.
debug	Wenn angeschaltet, dann werden Debug-Informationen bei Socket-Operationen ausgegeben. Voreinstellung: aus.
localchars	Wenn angeschaltet, werden lokal die Steuerzeichen *erase*, *flushoutput*, *interrupt*, *kill* und *quit* abgefangen, in TELNET-Sequenzen umgewandelt und an das entfernte System geschickt. Wenn **localchars** ausgeschaltet ist, werden Steuerzeichen wie gewöhnliche Zeichen bei der Datenübertragung mitgesendet. Voreinstellung: Bei Einzelzeichen-Übertragung aus- und bei Zeilenübertragung eingeschaltet.

Name	Bedeutung
localflow	Wenn eingeschaltet, dann werden Stop-/Start-Zeichen *Ctrl-S* und *Ctrl-Q* lokal interpretiert. Wenn ausgeschaltet, dann werden Stop-/Start-Zeichen als normale Zeichen an das entfernte System gesendet. Voreinstellung: aus.
netdata	Wenn angeschaltet, dann erfolgen Kontrollausgaben der Datenpakete in hexadezimaler Darstellung. Voreinstellung: aus.
options	Wenn angeschaltet, dann erfolgen Kontrollausgaben über interne TELNET-Absprachen. An dieser Ausgabe ist erkennbar, auf welche Einstellungen sich **telnet** und der aufgerufene TELNET-Server einigen. Voreinstellung: aus.
?	alle erlaubten toggle-Kommandos anzeigen.

Um mehr über die Aufrufsyntax von **toggle** zu erfahren, muß man nur **toggle ?** aufrufen; man erhält dann eine Kurzbeschreibung.

tftp — Einfache Übertragung von Dateien auf andere Systeme (trivial file transfer program)

Syntax tftp [*host*]

Beschreibung Mit dem Kommando **tftp** können Dateien zwischen verschiedenen Systemen hin und her kopiert werden. Das Programm **tftp** kommuniziert mit dem Server über das auf dem TELNET-Protokoll basierenden TFTP-Protokoll.

Anders als **ftp** baut **tftp** keine feste Verbindung zu einem entfernten System auf, sondern stellt immer wieder neu bei Kopier-Anforderungen eine Verbindung zum betreffenden System her. Zu welchem System dabei eine Verbindung herzustellen ist, kann entweder beim Aufruf durch die Angabe von *host* oder danach mit **connect** festgelegt werden.

Nach dem Aufruf meldet sich **tftp** im Kommandomodus mit dem Prompt *tftp>* und erwartet die Eingabe eines tftp-Kommandos.

tftp

tftp-Kommandos

tftp kennt die folgenden Kommandos:

connect *host* [*port*]

Für zukünftige Dateiübertragungen den Rechner mit dem Namen *host* (und eventuell noch *port*) festlegen.

mode *transfer-modus*

Übertragungsmodus auf *transfer-modus* einstellen. Für *transfer-modus* darf dabei **ascii** oder **binary** angegeben werden. Voreinstellung ist: **ascii**.

put *lokale-datei*
put *lokale-datei entfernte-datei*
put *lokale-datei(en) entferntes-directory*

lokale-datei bzw. *lokale-datei(en)* vom lokalen System auf das entfernte System kopieren. Für *entfernte-datei* oder *entferntes-directory* kann entweder nur ein einfacher Name angegeben werden, wenn der Zielrechner *host* bereits zuvor festgelegt wurde, oder aber *host:dateiname*, um zugleich den *host* und den Dateinamen festzulegen. Im letzteren Fall wird auch zugleich *host* als Zielrechner für zukünftige Dateitransfers festgelegt.

get *entfernte-datei*
get *entfernte-datei lokale-datei*
get *entfernte-datei1 entfernte-datei2 entfernte-datei3 ...*

entfernte-datei bzw. *entfernte-datei(en)* vom entfernten System auf das lokale System kopieren. Für *entfernte-datei* kann entweder nur ein einfacher Name angegeben werden, wenn der Zielrechner *host* bereits zuvor festgelegt wurde, oder aber *host:dateiname*, um zugleich den *host* und den Dateinamen festzulegen. Im letzteren Fall wird auch zugleich *host* als Zielrechner für zukünftige Dateitransfers festgelegt.

quit

tftp beenden; auch mit *Ctrl-D* möglich.

ascii

Übertragungsart von Daten auf ASCII-Format einstellen (entspricht **mode ascii**); dies ist die Voreinstellung.

binary

Übertragungsart von Daten auf ASCII-Format einstellen (entspricht **mode binary**).

verbose

Um mehr Informationen über Transfers zu erhalten, wie z. B. Informationen über die Übertragungsgeschwindigkeit nach einem Dateitransfer, muß man das tftp-Kommando **verbose** aufrufen. Ein erneuter Aufruf schaltet diese zusätzlichen Informationen wieder aus.

trace

Packet-Tracing ein- bzw. wieder ausschalten.

status

Information über den momentanen Status ausgeben.

rexmt *retransmission-timeout*

Rückübertragungs-Timeout pro Paket in Sekunden festlegen.

timeout *total-transmission-timeout*

Gesamtübertragungs-Timeout pro Paket in Sekunden festlegen.

? [*ftp-kommando(s)*]

Help-Information zu *tftp-kommando(s)* ausgeben. Ist kein *tftp-kommando* angegeben, so wird eine Kurzübersicht über alle tftp-Kommandos ausgegeben.

time	Zeitmessungen für Programme durchführen

Syntax   time *kommando*

Beschreibung   Das Kommando **time** bewirkt, daß das angegebene *kommando* ausgeführt und danach die für die Ausführung benötigte Zeit auf der Standardfehlerausgabe ausgegeben wird. Dabei werden drei Zeiten ausgegeben:

Ausgabe	Beschreibung
real	vergangene Zeit zwischen Kommandostart und seiner Beendigung (engl. *elapsed time*)
user	gebrauchte CPU-Zeit im Benutzermodus
sys	gebrauchte CPU-Zeit im Systemmodus (z. B. bei der Ausführung von Systemroutinen)

time wird verwendet, um die Dauer für die Ausführung bestimmter Programme zu ermitteln, um z. B. erreichte Laufzeitverbesserungen durch vorgenommene Programmoptimierungen zu messen.

touch

touch	Ändern des Zugriffs- und Modifikations-Zeitstempels für Dateien.

Syntax   touch [-amc] [*mmtthhmm*[*jj*]]   *datei(en)*

Beschrei- Mit dem Kommando **touch** können die im inode eingetragenen Zu-
bung griffs- und Modifikations-Zeitstempel für Dateien direkt geändert werden.

Wenn eine der angegebenen *datei(en)* nicht existiert, so wird sie von
touch angelegt, allerdings nur, wenn nicht die Option **-c** angegeben ist.

Optionen
-a   Ändern des Zugriffs-Zeitstempel
-m   Ändern des Modifikations-Zeitstempel
-c   Wenn eine der angegebenen *datei(en)* nicht existiert, so wird sie nicht angelegt; Voreinstellung ist: Anlegen einer nicht existierenden *datei*.

Ist keine Option angegeben, so werden beide Zeitstempel geändert. Die Zeitangabe [*mmtthhmm*[*jj*]] legt die einzutragende Zeit fest: zuerst Monatszahl (*mm*), dann Tag (*tt*), dann Stunde (*hh*) und schließlich Minute (*mm*); Jahresangabe (*jj*) ist auch noch möglich, allerdings nicht gefordert. Fehlt die Zeitangabe, so wird die momentane Uhrzeit und das heutige Datum verwendet.

tr	Bestimmte Zeichen eines Textes durch andere ersetzen (translate characters)

Syntax   tr [-cds]   [*string1*   [*string2*]]

Beschrei- Das Kommando **tr** kopiert den Eingabetext, den es von der Standard-
bung eingabe liest, auf die Standardausgabe. Dabei können die gelesenen Zeichen durch andere - auch nicht druckbare - Zeichen ersetzt werden.

Wird im Eingabetext ein Zeichen gefunden, das in *string1* vorkommt, so wird es durch das entsprechende Zeichen aus *string2* ersetzt.

Innerhalb der *strings* können auch Abkürzungen verwendet werden, um ganze Bereiche von ASCII-Zeichen festzulegen, wie z. B.

Abkürzung	Beschreibung
[A-Z]	alle Großbuchstaben
[0-9]	alle Ziffern
[a*n]	steht für *n* Wiederholungen von a. Fehlt die Angabe von *n* oder ist dafür der Wert 0 angegeben, so wird dafür ein riesengroßer Wert angenommen.

Auch kann der ASCII-Wert eines Zeichens innerhalb von *strings* oktal angegeben werden:

\012	(für Neuezeile-Zeichen)
[\001-\014]	(alle Zeichen mit den oktalen ASCII-Codes von 1 bis 14; dezimal: von 1 bis 12)

Optionen

Option	Beschreibung
–c	Die Zeichen, die in *string1* vorkommen, werden bezüglich des ASCII-Codes (oktal: 001 bis 377) komplementiert.
–d	Eingabezeichen, die in *string1* vorkommen, werden gelöscht.
–s	Für gleiche hintereinander stehende Ausgabezeichen, die in *string2* vorkommen, wird nur ein Zeichen ausgegeben.

```
$ tr "[a-z]" "[A-Z]" <laender ⏎
GROSSBRITANNIEN:LONDON:56 MIO:244000
SCHWEIZ:BERN:6,5 MIO:41000
ITALIEN:ROM:57,3 MIO:294000
FRANKREICH:PARIS:53,6 MIO:547000
INDIEN:NEU DELHI:644 MIO:3288000
USA:WASHINGTON:220,7 MIO:9363000
OESTERREICH:WIEN:7,5 MIO:83000
$ tr -dc "[A-Z]" <laender ⏎
GLMSBMIRMFPMINDMUSAWMOWM$ ⏎
```

Gib Inhalt von laender aus, wobei alle Kleinbuchstaben durch Großbuchstaben zu ersetzen sind

Ausgabe der Datei laender in Großschreibung

Gib von Datei laender nur die Großbuchstaben aus
Ausgabe aller in laender enthalt. Großbuchstaben

tr

```
$ tr -cs  "[a-z][A-Z][0-9]"  "[\012*]" <laender ⏎
Grossbritannien
London
56
Mio
244000
Schweiz
Bern
6
:
:
:
```

Gib Datei laender aus, wobei alle Nicht-Buchstaben und Nicht-Ziffern durch ein Neuezeile-Zeichen zu ersetzen sind. Datei laender wird so ausgegeben, daß pro Zeile eine Wort steht. Ein Wort bedeutet dabei eine Zeichenfolge aus Ziffern und Buchstaben

tty — Erfragen des Terminalnamens

Syntax tty [-ls]

Beschreibung In UNIX werden Geräte wie Dateien behandelt. Zu jeden Gerät existiert eine Gerätedatei. So gibt es z. B. zu jedes angeschlossene Terminal im Directory /dev eine Gerätedatei. Das Kommando **tty** gibt nun den Pfadnamen der Gerätedatei des Terminals aus, an dem **tty** aufgerufen wird.

Optionen

Option	Beschreibung
-l	(list) Leitungsnummer des Terminals ausgeben; nur möglich für synchrone Leitungen.
-s	(silent) unterdrückt die Ausgabe des Pfadnamens der Terminal-Gerätedatei. In diesem Fall wird von **tty** nur ein Exit-Statuswert geliefert. Mögliche Exit-Statuswerte sind: 0 Standardeingabe ist der Terminal 2 es wurden ungültige Optionen angegeben 1 in allen anderen Fällen

tty wird oft aus Programmen heraus aufgerufen, um festzustellen, ob die Standardeingabe momentan auf das Terminal eingestellt ist.

| **umask** | Setzen der Dateikreierungsmaske (set user file-creation mode mask) |

Syntax   umask [*3-stellige-oktalzahl*]

Beschreibung

Um die Sicherheit unter UNIX etwas zu verbessern, wurde die sogenannte Dateikreierungsmaske eingeführt: dies ist ein 9-Bit-Wert, welcher die Rechte festlegt, die auf keinen Fall beim Anlegen neuer Dateien zu gewähren sind. Diese Dateikreierungsmaske gibt also mittels ihres Bitmusters an, welche Zugriffsrechte beim Anlegen neuer Dateien oder Directories immer zu entziehen sind.

Der Wert der Dateikreierungsmaske kann mit dem Kommando **umask** gesetzt werden.

Das Kommando **umask** setzt die Dateikreierungsmaske mit dem Wert der *3-stellige-oktalzahl*; wenn **umask** ohne Angabe eines Arguments aufgerufen wird, dann gibt es lediglich den Wert der momentanen Kreierungsmaske aus.

Die Dateikreierungsmaske hat allerdings nur Auswirkungen auf die Zugriffsrechte neu anzulegender Dateien; die Zugriffsrechte bereits bestehender Dateien bleiben vom Verändern der Dateikreierungsmaske unbeeinflußt.

umask 022

häufig vergebene Dateikreierungsmaske: der Gruppe und der Welt werden für alle neuen Dateien Schreibrechte verweigert

umask 077

Für Benutzer, welche mit sehr geheimen Daten umgehen; der Gruppe und der Welt werden beim Neuanlegen von Dateien überhaupt keine Zugriffsrechte gewährt.

Die Dateikreierungsmaske hat keine Auswirkung auf Kommandos wie **cp** oder **mv**, welche immer die Zugriffsrechte der Originaldatei mitkopieren.

Üblicherweise wird dieses Kommando **umask** in der Datei *.profile* aufgerufen. Die Datei *.profile* wird bei jedem Anmeldevorgang gelesen und die darin angebenen Kommandos ausgeführt. Somit legt man bereits vom Beginn einer UNIX-Sitzung an fest, welche Zugriffsrechte niemals beim Neuanlegen einer Datei zu vergeben sind.

uname

| **uname** | Namen des eigenen (lokalen) UNIX-Systems erfragen |

Syntax uname [-snrvma]

Beschreibung **uname** gibt den Namen des lokalen UNIX-Systems auf der Standardausgabe aus.

Optionen

Option	Beschreibung
-s	(*system name*) Name des lokalen Systems; ist die Voreinstellung, wenn **uname** ohne Angabe von Optionen aufgerufen wird.
-n	(*node name*) Knotenname des lokalen Systems im Netzwerk.
-r	(*release*) Freigabe-Nummer des lokalen Systems (z. B. V 4.2)
-v	(*version*) Versions-Nummer des lokalen Systems
-m	(*machine*) Hardware des lokalen Systems
-p	(*processor type*) Prozessortyp des lokalen Systems
-a	(*all*) alle obigen Informationen

| **uniq** | Aufeinanderfolgende identische Zeilen nur einmal ausgeben |

Syntax uniq [-udc [+n] [-m]] [*eingabedatei* [*ausgabedatei*]]

Beschreibung Wenn keine *ausgabedatei* angegeben ist, so erfolgt die Ausgabe auf die Standardausgabe; ist weder eine *ausgabedatei* noch eine *eingabedatei* angegeben, so wird der Eingabetext von der Standardeingabe gelesen und das Ergebnis auf die Standardausgabe geschrieben.

uniq liest den Eingabetext und vergleicht aufeinanderfolgende Zeilen miteinander. Wenn zwei oder mehrere aufeinanderfolgende Zeilen identisch sind, so wird von diesen Zeilen nur eine ausgegeben; alle anderen Zeilen, auf die das nicht zutrifft, werden unverändert ausgegeben. Für *eingabedatei* und *ausgabedatei* sollten zwei verschiedene Dateien angegeben werden.

Optionen

Option	Beschreibung
-u	Nur die Zeilen ausgeben, die nicht mehrfach hintereinander vorkommen.
-d	Nur von den mehrfach hintereinander vorkommenden Zeilen je eine ausgeben.
-c	Zu jeder Zeile angeben, wie oft sie hintereinander vorkommt
+n	Die ersten *n* Zeichen werden beim Vergleich aufeinanderfolgender Zeilen ignoriert
-m	Die ersten *m* Felder werden beim Vergleich aufeinanderfolgender Zeilen ignoriert; als Trennzeichen für die Felder werden Leer- und Tabulatorzeichen verwendet.

Wird auf die Angabe von Optionen verzichtet, so entspricht dies der Angabe -ud.

Um von allen mehrfach vorkommenden Zeilen wirklich nur eine ausgeben zu lassen, ist eventuell eine vorherige Sortierung einer Datei notwendig, da **uniq** ja nur aufeinanderfolgende Zeilen auf Gleichheit hin überprüft.

---

unpack | Dekomprimieren von komprimierten Dateien

Syntax

unpack *dateiname(n)*

oder

unpack *dateiname(n)*.z

Beschreibung

Der Inhalt der *dateiname(n)*.z wird dekomprimiert, wenn es sich dabei um komprimierte Dateien handelt; dabei werden die *dateiname(n)*.z mit ihrem komprimierten Inhalt gelöscht und der dekomprimierte Inhalt wird in eine Datei mit Namen *dateiname* geschrieben.

unpack

Die Komprimierung von Dateien kann zu erheblichen Speicherplatzeinsparungen führen. Zur Komprimierung wird ein Huffman-Code verwendet. Die resultierende Einsparung hängt von der Größe der Dateien und den Zeichenhäufigkeiten im Text ab. Typische Platzeinsparungen für Textdateien sind 60-75%; für binäre Dateien können Einsparungen bis zu 90% erreicht werden. Für Dateien, die kleiner als 3 Blöcke sind, wird meist keine nennenswerte Einsparung erreicht. Wenn die Dateien zu klein sind, so komprimiert **pack** diese schon gar nicht.

Eine Dekomprimierung findet *nicht* statt, wenn

- die angegebene Datei nicht eröffnet werden kann
- die angegebene Datei nicht mit **pack** komprimiert wurde
- eine entsprechende Datei ohne die Endung .z bereits existiert oder nicht kreiert werden kann.

Das Kommando **pcat** kann verwendet werden, um den Inhalt von komprimierten Dateien anzuschauen, ohne daß die entsprechende Datei danach dekomprimiert vorliegt. Mit dem Kommando **pack** kann eine Datei komprimiert werden.

| **uucp** | Kopieren von Dateien von einem UNIX-System auf ein anderes (UNIX-to-UNIX system copy) |

Syntax uucp [*option(en)*] *quell–datei(en)* *ziel-datei*

Beschreibung **uucp** kopiert die angegebenen *quell–datei(en)* in die Datei bzw. das Directory *ziel-datei*; falls *ziel-datei* ein Directory ist, so werden für die dort angelegten neuen Dateien die Namen der *quell-datei(en)*[75] verwendet.

Für eine *quell-datei* oder *ziel-datei* kann dabei folgendes angegeben werden:

- ein Pfadname auf dem lokalen System
- *knotenname!pfadname* [76]   (*pfadname* auf dem System mit dem Namen *knotenname*)

---

[75] als Name wird - wie bei **cp** - die letzte Komponente des Pfadnamens der *quell-datei(en)* in das Directory eingetragen.
[76] bei der Angabe von *knotenname!knotenname!...!knotenname!pfadname* versucht **uucp** die zu kopierende Datei über den hierbei vorgegebenen Weg im Netz zu schicken.

Für *pfadname* kann dabei folgendes ausgegeben werden:

1. ein absoluter Pfadname

2. ~*login-name*[*pfadname*]

   login-name muß dabei der Login-Name eines Benutzers auf dem entsprechenden System sein. Für ~*login-name* setzt dann **uucp** das home directory des Benutzers *login-name* ein. Ein eventuell hier angegebener *pfadname* wird dann an dieses home directory angehängt.

3. ~/*pfadname*

   (entspricht dem Pfad /var/spool/uucppublic/pfadname)

   Wenn mehr als eine Datei zu übertragen ist oder es sich aber bei der obigen Angabe um ein bereits vorhandenes Directory auf dem Zielsystem handelt, dann nimmt **uucp** die obige Angabe als Pfadnamen eines Directory; in allen anderen Fällen interpretiert **uucp** die obige Angabe als Pfadname einer Datei.

   Um sicherzustellen, daß **uucp** auf jeden Fall ein Directory annimmt, ist es üblich am Ende von *pfadname* einen Slash / anzugeben.

   Um Kollisionen mit anderen Benutzern des Netzwerks zu vermeiden, wird gewöhnlich der Login-Name des Empfängers als erste Komponente bei *pfadname* angegeben, wie z. B. die folgende Angabe für *ziel-datei*:

   ~/eric/

   (entspricht der Angabe

   ```
   /var/spool/uucppublic/eric/
   ```

   Falls das Subdirectory *eric* noch nicht existiert, wird diese von **uucp** angelegt, und dann werden alle angegebenen *quell-datei(en)* dorthin übertragen.

4. jeder anderen Angabe wird der Pfadname des working directory vorangestellt.

Bei der Angabe der Pfadnamen können die Metazeichen * ? \ [..] und [!..] zur Expandierung von Dateinamen verwendet werden. Die bei den *quell-datei(en)* gewährten *execute*-Rechte bleiben beim Kopieren mit **uucp** erhalten; zusätzlich werden bei den Kopien alle Lese- und Schreib-Rechte vergeben.

uucp

Optionen

Option	Beschreibung
–c	vor dem Kopieren werden *keine* Kopien der zu übertragenden Dateien im Spool-Directory angelegt; ist die Voreinstellung.
–C	vor dem Kopieren werden Kopien der zu übertragenden Dateien im Spool-Directory angelegt.
–d	beim Kopiervorgang werden evtuell nicht vorhandene Directories automatisch angelegt; ist die Voreinstellung.
–f	beim Kopiervorgang werden evtuell nicht vorhandene Directories *nicht* automatisch angelegt; falls ein benötigtes Directory nicht existiert, wird die entsprechende Datei nicht kopiert.
–g*grad*	legt die Priorität für den entsprechenden Auftrag fest. Für *grad* ist ein einzelner Buchstabe oder aber eine Ziffer anzugeben; je niedriger der dazugehörige ASCII-Wert ist, desto früher wird mit dem Übertragungsauftrag begonnen.
–j	gibt eine Auftragskennung (*job identification*) auf der Standardausgabe aus. Diese Auftragskennung kann beimKommando **uustat** verwendet werden, um den Status eines gegebenen Auftrags zu erfragen oder aber um einen Auftrag zu beenden.
–m	sendet mail an den **uucp**-Aufrufer, in dem ihm mitgeteilt wird, ob der Kopierauftrag erfolgreich ausgeführt werden konnte oder nicht.
–n*login-name*	benachrichtigt den Empfänger *login-name*, daß eine Datei für ihn mit **uucp** übertragen wurde.
–r	Kopiervorgang wird noch nicht gestartet, sondern die entsprechenden Dateien werden nur in Übertragungs-Warteschlange eingereiht; Übertragung beginnt, wenn das nächste mal **uucico** abläuft.
–s*dateiname*	schreibt die Status-Information des Kopierauftrags in die Datei *dateiname*.
–x*debug-level*	bewirkt, daß Debug-Information auf die Standardausgabe ausgegeben wird. Für *debug-level* ist eine Ziffer zwischen 0 und 9 anzugeben; je höher die Ziffer ist, umso mehr Debug-Information wird ausgegeben.

Option	Beschreibung
-w	wenn im Zieldirectory bereits eine Datei *datei* mit dem gleichen Namen wie die zu kopierende Datei existiert, so wird sie nicht überschrieben. Stattdessen wird dort ein neuer Name *dateixx* gewählt, wobei für *xx* die erste der folgenden passenden Ziffernkombinationen 00, 01, ..., 99 angehängt wird.

z.B. Der Benutzer mit dem Login-Namen **egon** habe folgende Daten:

home directory: */home/egon*
working directory: */home/egon/uebung1*
Knotenname: *hamburg2*

und der Benutzer mit dem Login-Namen **xfei** habe folgenden Daten:

home directory: */usr/xfei*
Knotenname: *munich4*

Wenn **egon** nun **xfei** die Datei */home/egon/uebung1/add2.c* schicken möchte, so kann er dies mit verschiedenen Kommandozeilen erreichen:

Aufruf	Wirkung
`uucp add2.c munich4!/usr/xfei/add_egon.c`	Angabe der Zieldatei als absoluter Pfadname
`uucp add2.c munich4!~xfei/add_egon.c`	entspricht dem vorherigen Aufruf
`uucp add2.c munich4!~xfei`	*add2.c* wird ins Directory */usr/xfei* (auf System *munich4*) kopiert und behält dort seinen Namen *add2.c*
`uucp add2.c munich4!~/xfei`	*add2.c* wird ins Directory */usr/spool/uucppublic/xfei* (auf dem System *munich4*) kopiert und behält dort seinen Namen.

Und der Aufruf

`uucp -j -m -nxfei add2.c munich4!~xfei/von_egon/`

schließlich bewirkt, daß zunächst eine Auftragskennung (z. B. *munich4m2f23*) ausgegeben wird. Nach der Ausführung des Kopierauftrags

uucp   833

wird mail sowohl an den Sender **egon** (Information, ob Auftrag erfolgreich ausgeführt wurde) als auch an den Empfänger **xfei** (Information, daß eine Datei für ihn angekommen ist und wo sie sich befindet) geschickt.Die Datei *add2.c* wird dabei (bei erfolgreichem Kopiervorgang) nach */usr/xfei/von_egon/add2.c* (auf Rechner mit dem Knotennamen *munich4*) kopiert.

uu-encode	Binärdateien für Übertragung in ASCII-Dateien umwandeln

Syntax   uuencode [*quelldatei*]   *zieldatei*

Beschreibung   Normalerweise dürfen über Mail keine Binärdateien verschickt werden, da sie auf manchen Übertragungsstrecken, wenn z. B. eine maximale Zeilenlänge von 80 Zeichen festgelegt ist, nicht befördert werden können.

Zwar existiert im **mail**-Programm von System V.4 die Option **-m binary**, so daß die für die Mail-Zustellung zuständigen Programme erkennen, daß hier binäre Dateien verschickt werden, und sich somit auf die Verarbeitung binärer Dateien einstellen können; doch funktioniert das ganze nur, wenn keine Übertragungswege über ältere Systeme benutzt werden.

Um aber auch auf älteren Systemen oder über ein externes Netz binäre Dateien verschicken zu können, stehen die beiden Kommandos **uuencode** und **uudecode** zur Verfügung.

uuencode konvertiert den binären Inhalt der Datei *quelldatei* in ASCII-Zeichen und schreibt diese auf die Standardausgabe. Falls keine *quelldatei* angegeben ist, liest **uuencode** die umzuwandelnden Zeichen von der Standardeingabe. *zieldatei* muß immer angegeben sein. Dieses Argument und die Zugriffsrechte der Datei werden in einer Kopfzeile (**begin**) vor dem generierten ASCII-Text auf die Standardausgabe ausgegeben. Lenkt man die Ausgabe von **uuencode** in eine Datei um, wie z. B.

uuencode   add   add   >add.enc

dann kann man diese Datei (*add.enc*) problemlos mit **mail** verschicken.

Der Empfänger muß dann nur noch **uudecode** aufrufen (siehe unten).

Durch die Konvertierung mit **uuencode** wird eine Datei um ca. 35% größer. Falls man große Textdateien zu übertragen hat, kann es eventuell angebracht sein, diese zunächst mit **compress** zu komprimieren und die so erhaltene Binärdatei dann mit **uuencode** für die Übertragung wieder in ASCII-Format umzuwandeln.

uudecode

Geschickte ASCII-Dateien wieder in Binärdateien zurückverwandeln

Syntax   uudecode   [*ascii-datei*]

Beschreibung   **uudecode** ist für die Rückumwandlung von ASCII-Dateien, die mit **uuencode** erzeugt wurden, in Binärdateien zuständig. Bei dieser Rückumwandlung entnimmt **uudecode** der *begin*-Kopfzeile die Zugriffsrechte und den Namen für die zu erzeugende Ausgabedatei. Falls *ascii-datei* nicht angegeben ist, liest **uudecode** von der Standardeingabe.

uuglist

Verfügbare UUCP-Grades (Prioritäten) auflisten

Syntax   uuglist   [-u]   [-x *debug-level*]

Beschreibung   Bei System V.4 wurden sogenannte *Grades* eingeführt, mit denen Kopierjobs eine Priorität zugeteilt werden kann. Ein Grade ist dabei entweder eine symbolische Bezeichnung (vom Systemadministrator festgelegt) oder ein Buchstabe (**A** bis **Z** und **a** bis **z**). Dabei steht der Buchstabe **A** für die höchste und **z** für die niedrigste Priorität.

Die Voreinstellung ist, daß alle Kopieraufträge die Priorität **Z** haben. Elektronische Mail, die mit UUCP übertragen wird, hat meist eine höhere Priorität (z. B. **D**).

Mit dem Kommando **uuglist** kann man sich die am System verfügbaren Grades anzeigen lassen.

Optionen   **uuglist** bietet die folgenden Optionen an:

Option	Beschreibung
-u	alle Grades ausgeben, die der aufrufende Benutzer selbst benutzen darf; die hier ausgegebenen Grades darf der Benutzer bei **uucp** und **uux** mit Option **-g** *grade* angeben.

uuglist

Option	Beschreibung
-x *debuglevel*	Debugging-Information ausgeben. *debuglevel* muß eine Zahl zwischen 0 und 9 sein; je höher die Zahl, um so mehr Debug-Information wird ausgegeben.

Folgende Grades sind z. B. voreingestellt.

```
$ uuglist -u↵
high
low
medium
$
```

Sollten keine symbolischen Bezeichnungen existieren (wie **low**, **medium** und **high**), dann muß ein Buchstabe verwendet werden. In diesem Fall erscheint beim **uuglist**-Aufruf ein entsprechender Hinweis.

```
$ uuglist↵
No administrator defined service grades available on this machine,
use single letter/number only
$
```

uulog

Prüfen der Log-Dateien für Übertragungen, die mit den Kommandos **uucp** oder **uux** vorgenommen wurden

Syntax

uulog [-s*system-name*]

uulog [*option(en)*] -s*system-name*

uulog [*option(en)*] *system-name*

uulog [*option(en)*] -f*system-name*

Für *system-name* ist hierbei der Name des Systems anzugeben, wie er von **uuname** ausgegeben wird.

Beschreibung

Wenn das Kommando **uucp** Dateien zwischen UNIX-Systemen überträgt, so schreibt es alle anfallenden Aktionen in eine sogenannte Log-Datei (*/var/spool/uucp/.Log/uucico*); dasselbe gilt für das Kommando **uux** (*/var/spool/uucp/.Log/uuxqt*). Mit dem Kommado **uulog** kann nun der Inhalt solcher Log-Dateien abgefragt werden.

Optionen	–s*system-name*	nur über Aktionen berichten, die das System *system-name* involvieren.
	–f*system-name*	entspricht einem `tail -f` zu allen Aktionen, die das System *system-name* involvieren.
	–x	Log-Datei *uuxqt* anstelle von *uucico* lesen.
	–n	Letzten *n* Zeilen der Log-Datei (Kommando **tail**) ausgeben.

uuname	Erfragen der Systemnamen, die mit einem lokalen System gekoppelt sind

Syntax uuname [–c] [–l]

Beschreibung Die Namen aller Systeme, die mit dem lokalen System über ein Netzwerk gekoppelt sind, können mit dem Kommando **uuname** erfragt werden. Dabei gibt **uuname** die Namen aller UNIX-Systeme aus, die über das **uucp**-Packet (schließt **uux** und das Senden von mail an "fremde" Systeme mit **mail** und **mailx** ein) angeschlossen sind.

Optionen	–c	gibt die Namen der System aus, die das Kommando **cu** kennt; Voreinstellung ist: Systemnamen, die **uucp** kennt.
	–l	gibt den Namen des lokalen Systems aus.

uupick	Abholen von Dateien, die mit uuto geschickt wurden

Syntax uupick [–s *systemname*]

Beschreibung Das Kommando **uuto** kopiert die an einen Benutzer gesendeten Dateien in Subdirectories des Directory */var/spool/uucppublic*. Nachdem der Empfänger mail erhalten hat, kann er sich die übertragenen Dateien mit dem Kommando **uupick** abholen.

uupick durchsucht das *PUBDIR*-Directory (*/var/spool/uucppublic*) nach Dateien, die für den jeweiligen Benutzer bestimmt sind. Für jeden gefundenen Eintrag (Datei oder Directory) gibt **uupick** folgende Meldung am Bildschirm aus:

- `from system` *knotenname*`: file` *dateiname* ? (im Falle einer Datei)

oder

- `from system` *knotenname*`: dir` *dateiname* ? (im Falle eines Directory)

uupick

Nun erwartet **uupick** eine Antwort des Benutzers, was weiterhin zu tun ist. Als Antworten sind dabei die nachfolgenden uupick-Kommandos möglich.

uupick-Kommandos

Die folgenden **uupick**-Kommandos sind mögliche Antworten auf das Promptzeichen ?:

Befehl	Beschreibung
⏎	zum nächsten Eintrag weiterschalten
d	(*delete*) Eintrag löschen
m [*directory*]	(*move*) diesen Eintrag (Datei oder ganzen Directorybaum) in das angegebene *directory* verlagern; falls *directory* als relativer Pfadname angegeben ist, so wird diese Angabe als relativ zum working directory interpretiert. Wird kein *directory* angegeben, so wird die entsprechende Datei bzw. das Directory in das working directory verlagert.
a [*directory*]	(*all*) wie m, außer daß *alle* Einträge verlagert werden
p	(*print*) Inhalt der entsprechenden Datei ausgeben
q oder Ctrl-D	(*quit*) **uupick** verlassen
!*unix_kdo*	*unix_kdo* ausführen
*	Zusammenfassung aller möglichen Antworten ausgeben
?	

Option   −s*systemname*   **uupick** sucht im *PUBDIR*-Directory nur nach Einträgen, die vom System *systemname* gesendet wurden.

---

uustat   Abfragen von Statusinformationen zu uucp- oder uuto-Aufträgen

Syntax   uustat [*optionen*]

Beschreibung   Mit dem Kommando **uustat** ist es möglich, den Status von abgegebenen **uucp**- oder **uuto**-Aufträgen zu erfragen oder sogar solche Aufträge abzubrechen.

Optionen Viele dieser Optionen schließen sich gegenseitig aus. Im besonderen: Die Optionen –q, –k und –r dürfen nur alleine angegeben sein.

Option	Beschreibung
–q	(**q**ueue) gibt die wartenden Aufträge zu allen Systemen aus
–k*auftragsnr*	(**k**ill) Auftrag mit der Auftragsnummer *auftragsnr* abbrechen; *auftragsnr* kann entweder durch die Option **-j** bei **uucp** bekannt sein oder mit den Optionen –q, –s oder –u bei **uustat** erfragt werden.
–r*auftragsnr*	(**r**ejuvenate) Alle Modifikations-Zeitstempel der Dateien, die mit dem Auftrag *auftragsnr* zu tun haben, werden auf die momentane Zeit gesetzt, so daß dieser Auftrag als vollkommen neu erscheint.
–s*systemname*	(**s**ystem) Statusinformationen zu allen Aufträgen ausgeben, die Dateien auf das System *systemname* kopieren sollen.
–u*login-name*	(**u**ser) Statusinformationen zu allen Aufträgen ausgeben, die der Benutzer *login-name* gab.
–a	(**a**ll) Alle Aufträge (nicht nur eigene) ausgeben, die noch auf ihre Abarbeitung in einer Warteschlange warten
–m	(**m**achine) Verfügbarkeit aller am Netz angeschlossenen Rechnern anzeigen
–j	die Gesamtzahl von Aufträgen ausgeben; kann nur in Verbindung mit **-a** oder **-s** benutzt werden.
–n	Ausgabe auf Standardausgabe, aber nicht auf Standardfehlerausgabe ausschalten.
–p	Kommando **ps -flp** für Aufträge ausführen, die sich in den *lock files* befinden.
–S*welch*	(neu in System V.4) nur bestimmte Aufträge auflisten. Für *welch* kann dabei einer der folgenden Buchstaben angegeben werden:
q	nur Aufträge, die sich noch in der Warteschlange befinden (Übertragung hat noch nicht begonnen).
r	nur Aufträge, die gerade bearbeitet werden (Übertragung läuft).
i	nur Aufträge, die abgebrochen wurden (Dateien wurden nicht vollständig übertragen).
c	nur Aufträge, die vollständig bearbeitet wurden.

uustat

Option	Beschreibung
–t *knotenname*	(neu in System V.4) bewirkt, daß **uustat** die durchschnittliche Übertragungsgeschwindigkeit ausgibt.

Wird nur **uustat** (ohne Optionen) aufgerufen, so gibt es Informationen über alle unerledigten Aufträge des aufrufenden Benutzers aus.

```
$ uustat
ahornN3407   11/14-13:15 S ahorn   egon 536   /home/egon/add2.c
             11/14-13:15 S ahorn   egon 6536  /home/egon/stunden.txt
ahornN3408   11/14-13:18 S ahorn   egon 34536 /home/egon/kosten.txt
             11/14-13:18 S ahorn   egon uucp add3.c munich5!~/
$
```

Im ersten Feld der Ausgabe steht die Auftragsnummer (*Job-ID*), mit der man sich auf diesen Auftrag beziehen kann, z. B. um ihn abzubrechen. Im zweiten Feld steht das Datum, an dem der Auftrag abgesetzt wurde, danach folgt ein **S** (Datei gesendet) oder **R** (Datei wird empfangen). Im nächsten Feld steht der Systemname, gefolgt vom Namen des Benutzers, der diesen Auftrag gegeben hat. Das folgende Feld enthält entweder den Namen eines auszuführenden Kommandos oder die Größe (in Bytes) und den Namen der zu kopierenden Datei.

Bei Angabe der Option **-m** gibt **uustat** den Zustand aller erreichbaren Systeme aus.

```
$ uustat -m
birke     3C(4)      11/13-09-43 SUCCESSFUL
eiche                11/12-17:05 SUCCESSFUL
feige     1C(2)      11/14-10:23 CALLER SCRIPT FAILED Retry: 0:20
kiefer    2C         11/14-15:36 WRONG TIME TO CALL
kirsche              Locked TALKING
melone    4C         11/14-07:02 SUCCESSFUL
$
```

Die Angabe *x*C bedeutet dabei, daß *x* Aufträge (*Commands*) für dieses System anliegen. Eine Zahl in runden Klammern gibt an, seit wieviel Tagen sich der Auftrag in der Warteschlange befindet. Im dritten Feld steht entweder das Datum und das Ergebnis des letzten Verbindungsversuchs oder **Locked**, wenn zu diesem System momentan keine Verbindung besteht. Wenn der letzte Verbindungsaufbau fehlschlug, dann wird auch noch eine **Retry**-Zeit in Stunden und Minuten angezeigt, vor deren Ablauf kein erneuter Verbindungsversuch unternommen werden kann.

Wenn ein Auftrag sich als "Ladenhüter" in der Warteschlange entpuppt, d. h. längere Zeit (vom Systemadministrator einstellbar) in der Warteschlange unbearbeitet hängen bleibt, sendet das UUCP-System zunächst eine Warnung an den Auftraggeber, daß das Zielsystem nicht erreicht werden kann und der Auftrag bald gelöscht wird. Möchte der Auftraggeber dieses automatische Löschen des Auftrags durch das UUCP-System unterbinden, so kann er den entsprechenden Auftrag mit der Option **-r** *job-id* "verjüngen". In diesem Fall wird das Auftragsdatum auf das aktuelle Datum gesetzt, so daß der Auftrag vorläufig noch nicht gelöscht wird.

uuto	Kopieren von Dateien auf andere UNIX-Systeme

Syntax   uuto [-pm] *quell–datei(en) ziel*

Beschreibung   **uuto** kopiert die *quell-datei(en)* an das angegebene *ziel*. Für *quell-datei(en)* ist dabei ein Pfadname auf dem lokalen System anzugeben. Das *ziel* muß dabei in der folgenden Form angegeben werden:

knotenname!*login-name*

login-name ist dabei der Login-Name des Empfängers am anderen System (*knotenname*).

Die Systemvariable *PUBDIR* legt dabei immer den ersten Teil des Pfadnamens fest, wohin die *quell-datei(en)* zu kopieren sind:

$PUBDIR/receive/*login-name*/*knotenname*[77]

Die Voreinstellung für *PUBDIR* ist üblicherweise */var/spool/uucppublic*.

Wenn diese Voreinstellung nicht geändert wurde, so werden also die *quell-datei(en)* in das Directory */var/spool/uucppublic/receive/loginname/knotenname* auf dem Zielsystem kopiert.

Wenn eine der angegebenen *quell-datei(en)* ein Directory ist, so wird der vollständige darunterliegende Directorybaum kopiert.

Die Ankunft der geschickten Dateien wird dem Empfänger mit mail gemeldet.

---

[77] $PUBDIR steht dabei für den Wert (Inhalt) der Variablen PUBDIR und für *knotenname* wird der Knotenname des Sender-Systems verwendet.

uuto

Optionen

Option	Beschreibung
-p	die zu kopierenden Dateien werden vor der Übertragung über das Netz in das Spool-Directory des lokalen Systems kopiert.
-m	dem Sender der Dateien wird mail geschickt, wenn der Kopiervorgang abgeschlossen ist.
-w	wenn im Zieldirectory bereits eine Datei *datei* mit dem gleichen Namen wie die zu kopierende Datei existiert, so wird sie nicht überschrieben. Stattdessen wird dort ein neuer Name *dateixx* gewählt, wobei für *xx* die erste der folgenden passenden Ziffernkombinationen *00, 01, ..., 99* angehängt wird.

---

uux   Ausführen eines Kommandos auf einem Fremdsystem (UNIX-to-UNIX system command execution)

Syntax   uux [*option(en)*] "*kommandozeile*"

Beschreibung   Das Kommando **uux** ermöglicht es, UNIX-Kommandos auf einem Fremdsystem ausführen zu lassen. **uux** ist in der Lage, Dateien auf verschiedenen Systemen zu lesen, das entsprechende Kommando auf dem gewählten Fremdsystem auszuführen und die Standardausgabe dieses Kommandos wiederum in eine Datei auf einem Fremdsystem zu schreiben.

Falls die geforderte Kommandoausführung dabei nicht realisiert werden kann, so meldet dies **uux** mit mail.

Für *kommandozeile* kann dabei eine übliche UNIX-Kommandozeile angegeben werden, außer daß dem entsprechendem Kommando oder den angegebenen Dateien

knotenname!

vorangestellt werden darf; wird vor einem Kommando oder einem Dateinamen nicht *knotenname* angegeben, so bezieht sich diese Angabe auf das lokale System.

Bei Dateinamen muß immer angegeben sein, auf welchem System sie sich befinden. Ein Ausrufezeichen ohne Systemnamen bezeichnet dabei das lokale System. Die Angabe ~*login-name* wird dabei durch das Home Directory des Benutzer *login-name* auf dem entsprechenden System ersetzt.

Bevor das Kommando ausgeführt wird, überträgt das UUCP-System erst alle benötigten Dateien auf das Zielsystem. Zum Beispiel bewirkt der Aufruf

```
uux "munich3!diff hamburg1!~petersen/hexd.c !hdump.c >!vergl"
```

die Übertragung der Datei *hdump.c* (im working directory des lokalen Systems) auf den Rechner *munich3*; zusätzlich wird noch die Datei */home/petersen/hexd.c* vom Rechner *hamburg1* auf den Rechner *munich3* übertragen. Anschließend wird das Kommando **diff** auf dem Rechner *munich3* gestartet, um diese beiden so eben dorthin kopierten Dateien zu vergleichen. Die Ausgabe dieses Kommandos wird dann in die Datei *vergl* auf dem lokalen System geschrieben.

Während Pipes (|) und die beiden Umlenkungszeichen (> und <) bei **uux** erlaubt sind, sind die Umlenkungszeichen >> und << nicht erlaubt.

Für in *kommandozeile* verwendete Dateinamen kann eine der folgenden Konstruktionen angegeben werden:

1. absoluter Pfadname

2. ~*login-name*[*pfadname*]

   login-name muß der Login-Name eines Benutzers auf dem entsprechendem System sein. Für ~*login-name* setzt **uux** dann das home directory des Benutzer *login-name* ein. Ein eventuell angegebener *pfadname* verlängert dann den Pfadnamen des home directory.

3. jeder anderen Angabe wird der Pfadname des working directory vorangestellt.

Optionen

Option	Beschreibung
–	Die Standardeingabe von **uux** wird zugleich auch die Standardeingabe der angegebenen Kommandozeile; nützlich bei Verwendung von **uux** auf der rechten Seite einer Pipe.
–a*login-name*	verwende *login-name* als Benutzerkennung anstelle der UID des Aufrufers.
–b	Wenn der Exit-Status von **uux** verschieden von 0 ist, so ist die ursprüngliche Standardeingabe für das Kommando zu verwenden.
–c	vor dem Kopieren werden *keine* Kopien der zu übertragenden Dateien im Spool-Directory angelegt; ist die Voreinstellung.

uux

Option	Beschreibung
−c	vor dem Kopieren werden Kopien der zu übertragenden Dateien im Spool-Directory angelegt.
−g*grad*	legt ein Priorität für den entsprechenden Auftrag fest. Für *grad* ist ein einzelner Buchstabe oder aber eine Ziffer anzugeben; je niedriger der dazugehörige ASCII-Wert ist, desto früher wird mit dem Übertragungsauftrag begonnen.
−j	gibt eine Auftragskennung (*job identification*) auf der Standardausgabe aus. Diese Auftragskennung kann beim Kommando **uustat** verwendet werden, um den Status eines gegebenen Auftrags zu erfragen oder aber um einen Auftrag zu beenden.
−n	den Benutzer *nicht* benachrichtigen, wenn das Kommando nicht erfolgreich abläuft.
−p	dasselbe wie −: Die Standardeingabe von **uux** wird zugleich auch die Standardeingabe der angegebenen Kommandozeile; nützlich bei Verwendung von **uux** auf der rechten Seite einer Pipe.
−r	Übertragung wird noch nicht gestartet, sondern die entsprechenden Dateien werden nur in Übertragungs-Warteschlange eingereiht; Übertragung beginnt, wenn das nächste mal **uucico** abläuft.
−s*dateiname*	schreibt die Status-Information des Auftrags in die Datei *dateiname*.
−x*debug-level*	bewirkt, daß Debug-Information auf die Standardausgabe ausgegeben wird. Für *debug-level* ist eine Ziffer zwischen 0 und 9 anzugeben; je höher die Ziffer ist, umso mehr Debug-Information wird ausgegeben.
−z	wenn Kommando erfolgreich abläuft, dann wird der Benutzer benachrichtigt.

uux "!diff munich3!~alfons/hexd.c hamburg1!/user3/petersen/hdump.c >!vergleich"

vergleicht die beiden Dateien *hexd.c* (im home directory von *alfons* auf dem Knoten *munich3*) und *hdump.c* (im Directory */user3/petersen* auf Knoten *hamburg1*) und schreibt das Vergleichsergebnis in die Datei *vergleich* (home directory des Aufrufers). Das Vergleichskommando **diff** wird dabei auf dem lokalen System ausgeführt.

```
cat namliste | sort | nl | uux -p frankfurt3!lp
```

gibt den Inhalt der Datei *namliste* sortiert und mit vorangestellten Zeilennummern auf einem Drucker des Knotens *frankfurt3* aus.

Üblicherweise sind aus Sicherheitsgründen nicht alle Kommandos eines Systems für eine Ausführung durch **uux** freigegeben. Die Namen der für ein System freigegebenen Kommandos stehen alle in der Konfigurationsdatei */etc/uucp/Permissions*. Diese Datei ist für die Allgemeinheit nicht lesbar.

Wenn ein Kommando für die Ausführung mit **uux** nicht freigegeben oder bei der Ausführung ein Fehler aufgetreten ist, wird dem Aufrufer eine entsprechende Fehlermeldung über Mail zugestellt.

vacation	Anrufbeantworter einrichten

Syntax `vacation [option(en)]`

Beschrei- Seit System V.4 wird (für **rmail** als MTA) das Kommando **vacation** an-
bung geboten, mit dem sich eine Art Anrufbeantworter für elektronische Mail einrichten läßt. Neu eintreffende Mail wird dazu über den Forwarding-Mechanismus an ein Programm weitergeleitet, das den Eingang der Mail bestätigt und die Mail in der Mailbox des Benutzers ablegt. Zusätzlich schreibt das Programm den Namen des Absenders in die Datei **$HOME/.maillog**, so daß der gleiche Absender die automatische Antwort auf seine Mail nur einmal erhält.

Optionen **vacation** kennt folgende Optionen:

Option	Beschreibung
–l *logfile*	Datei *logfile* und nicht *$HOME/.maillog* zur Protokollierung der Namen verwenden.
–M *antwortdatei*	Der Standardtext des Anrufbeantworters ist in der Datei */usr/share/lib/mail/std_vac_msg* enthalten. Mit dieser Option kann ein Name einer anderen Datei (*antwortdatei*) festgelegt werden, in dem ein eigener Text steht.
–m *datei*	Normalerweise wird die ankommende Post in der Mailbox des betreffenden Benutzers abgelegt. Mit dieser Option kann eine andere *datei* festgelegt werden, in der ankommende Post aufzuheben ist.

vacation

Option	Beschreibung
–f *forward-id*	ankommende Post nicht nur in der Mailbox des Benutzers speichern, sondern auch an den Benutzer mit der Kennung *forward-id* weiterleiten.
–i *forward-id*	ankommende Post nicht in der Mailbox des Benutzers speichern, sondern sofort an den Benutzer mit der Kennung *forward-id* weiterleiten.
–d	Tagesdatum am Ende der *datei* schreiben, die bei **-m** angegeben ist.
–n	automatische Beantwortung wieder aufheben, auch mit **mail -F ""** möglich.

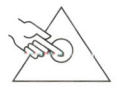

Bei Verwendung von **sendmail** als MTA kann eine automatische Beantwortung auch mit dem Programm **vacation** aus dem BSD Compatibility Package eingerichtet werden. Dazu erstellt man im Home-Directory eine Datei **.forward** z. B. mit folgenden Inhalt:

\egon,"|/usr/ucb/vacation egon"

Danach muß man noch mit dem Aufruf

/usr/ucb/vacation -I

eine Protokolldatei initialisieren, in der **vacation** die Namen von bereits benachrichtigten Benutzern festhält. Der Antworttext kann in der Datei *$HOME/.vacation.msg* angegeben werden.

Die automatische Beantwortung läßt sich durch das Entfernen der Datei **.forward** (im Home-Directory) wieder aufheben.

vi	Textdateien editieren (visual display editor based on ex)

Syntax vi [–t *marke*] [–r*datei*] [–w*n*] [–LR] [–x] [–c *kdo*] [*datei(en)*]

Beschreibung **vi** ist ein bildschirmorientierter, interaktiver Editor für das Erstellen und Ändern von Textdateien. Der Benutzer gibt im Dialog Editier-Kommandos ein und sieht das Ergebnis sofort auf dem Bildschirm. Die Vielzahl von Editor-Kommandos macht **vi** zu einem mächtigen Editier-Werkzeug. Da **vi** inzwischen auf beinahe allen UNIX-Systemen angeboten wird, kann man ihm schon fast - wie **ed** - das Etikett "UNIX-Standardeditor" anheften.

vi basiert auf den Editor **ex**, welcher eine verbesserte und erweiterte Version des Editors **ed** ist.

Falls die erste der angegebenen *datei(en)* bereits existiert, so wird diese in den Arbeitspuffer gelesen. Existiert diese noch nicht, so wird sie erst beim späteren Zurückschreiben des Arbeispuffers mit **:w** (ohne Verlassen von **vi**) bzw. **ZZ** (mit Verlassen des **vi**) auf dem externen Speichermedium angelegt.

Waren beim **vi**-Aufruf mehrere *dateien* angegeben, so kann mit der Eingabe des Kommandos **:n** die jeweils nächste der angegebenen *dateien* in den Arbeitspuffer gelesen werden. Da dies zum Überschreiben des alten Pufferinhalts führt, sollte dieser - wenn gewünscht - zuvor mit **:w** zurückgeschrieben werden.

Fehlte beim Aufruf die Angabe von *datei(en)*, so wird ein leerer Arbeitspuffer angelegt, der noch keiner Datei zugeordnet ist. In diesen Puffer kann nun Text eingegeben und editiert werden. Erst mit dem Editor-Kommando

:w *datei*

wird dann eine Datei mit Namen *datei* auf dem externen Speichermedium mit dem Pufferinhalt beschrieben.

vi arbeitet in einem Puffer

vi legt - wie **ed** - eine Kopie der zu editierenden Datei in einem Arbeitspuffer ab. Auf dem Bildschirm wird ein Ausschnitt (Fenster) des Puffers angezeigt. Dieses Fenster kann beliebig verschoben werden.

Alle Editor-Kommandos werden - wie bei **ed** - nur auf den Pufferinhalt und nicht auf die Originaldatei angewendet. Die Originaldatei wird erst beim Zurückschreiben des Puffers überschrieben; dies kann entweder beim Verlassen des Editors oder durch explizites Sichern auf das externe Speichermedium erfolgen. Natürlich kann der Editor auch ohne Zurückschreiben des Puffers verlassen werden. Dies hat zur Folge, daß die Originaldatei nicht überschrieben und der editierte Pufferinhalt verloren geht.

vi ist terminalabhängig

Wie alle bildschirmorientierten Editoren ist **vi** vom Terminaltyp und dessen Fähigkeiten abhängig. **vi** benutzt eine interne Datenbank[78], in der eine Beschreibung zu allen verfügbaren Terminals am System existieren sollte. Über die System-Variable *TERM* (enthält den Namen des Terminaltyps) greift **vi** auf diese Datenbank zu. Vor dem Aufruf von **vi** muß also sichergestellt sein, daß zum einen der benutzte Terminaltyp in der Datenbank *terminfo* (bzw. *.COREterm*) vorhanden ist und zum anderen die Variable *TERM* den Namen des gerade benutzten Terminaltyps enthält. Die Variable *TERM* wird normalerweise vom System mit dem Namen eines voreingestellten Terminaltyps besetzt.

Welcher Name in der Variable *TERM* gespeichert ist, kann mit der Eingabe der Kommandozeile

```
echo $TERM
```

erfragt werden.

Um zu erfragen, ob ein Eintrag für den gerade benutzten Terminaltyp in der Datenbank vorhanden ist und was die volle Bezeichnung des Systems für diesen Terminaltyp ist, steht der Kommandoaufruf

```
tput -Tterminal_name longname
```

zur Verfügung.

Wenn das jeweilige System den angegebenen *terminal_name* kennt, so antwortet es mit dem vollständigen Namen für diesen Terminal, ansonsten mit einer Fehlermeldung.

Eine andere Möglichkeit, den vom System verwendeten Namen für einen Terminaltyp zu finden, ist, zu einem der Directories */usr/lib/terminfo* oder */usr/lib/.COREterm* (systemabhängig) zu wechseln. Die dort enthaltenen Subdirectories haben als Namen den Anfangsbuchstaben bzw. die Anfangsziffer der darin enthaltenen Terminalnamen.

Nachdem der Name des Terminaltyps bekannt ist, kann dieser Name in der Systemvariablen *TERM* eingetragen werden. Dazu müßten die folgenden 3 Kommandozeilen eingegeben werden:

```
TERM=terminalname
export TERM
tput init
```

Üblicherweise werden diese drei Zeilen in der Datei *.profile* eingetragen, um sie bei jedem neuem Anmelden automatisch ausführen zu lassen.

---

[78] Diese Datenbank befindet sich - abhängig vom jeweiligen System - im Directory /usr/lib/terminfo oder /usr/lib/.COREterm

vi verfügt über unterschiedliche Darstellungsmodi

vi kann in zwei unterschiedlichen Darstellungsmodi arbeiten:

- **vi**-Modus (bildschirmorientiert)
- **ex**-Modus[79] (zeilenorientiert)

Das Umschalten vom **vi**-Modus in den **ex**-Modus kann durch das **vi**-Kommando Q erreicht werden. Vom **ex**-Modus in den **vi**-Modus kann mit der Eingabe von vi wieder zurückgeschaltet werden.

Soll nur ein **ex**-Kommando ausgeführt werden, ohne daß der **vi**-Modus verlassen wird, so ist vor der Eingabe des eigentlichen **ex**-Kommandos ein : (Doppelpunkt) einzugeben, um dem **vi** mitzuteilen, daß es sich hierbei um ein **ex**-Kommando handelt.

Optionen

Option	Beschreibung
–t *marke*	(*tag*) bewirkt das Editieren der Datei, deren Name in der Datei *tags* mit der angegebenen marke gekennzeichnet ist und positioniert den Cursor sofort auf der in tags dazu eingetragenen Position. In diesem Fall entfällt die Angabe von *datei(en)*.
–r*datei*	(*recover*) bewirkt, daß nach einem Editor- oder Systemzusammenbruch das Editieren der angegebenen datei wieder ermöglicht wird. In der Regel sind dabei nur die letzten Änderungen verloren. Wenn keine datei angegeben ist, so wird eine Liste von geretteten Dateien ausgegeben, die im Zusammenhang mit der Option –r angegeben werden können.
–w*n*	(*window size*) legt die Größe des **vi**-Fensters auf *n* Zeilen fest
–R	(*Read only*) bewirkt, daß die zu editierenden *datei(en)* nur zum Lesen eröffnet werden und ihr Inhalt bei dieser Editiersitzung nicht geändert werden kann.
–x	bewirkt, daß der Pufferinhalt beim Zurückschreiben auf eine Datei verschlüsselt wird (siehe Kommando **crypt**); seit System V.3 ist diese Option nur auf Systemen innerhalb der USA verfügbar.
–c *kdo*	bewirkt, daß das hier angegebene **ex**-Kommando *kdo* ausgeführt wird, bevor das eigentliche Editieren beginnt; z. B. würde die Angabe +50 den Cursor sofort auf

---

[79] Der **ex**-Modus stellt eine Obermenge der **ed**-Kommandos zur Verfügung

Option	Beschreibung
	die 50.Zeile der zu editierenden Datei positionieren. Diese Option löst die alte Option *+kdo* ab.
–L	listet die Namen aller Dateien auf, die nach einem Editor- oder Systemabsturz gerettet wurden und mit der Option **-r** restauriert werden können. Die Option **-L** ersetzt **-r** ohne Argument aus älteren **vi**-Versionen.

Arbeitszustände des vi

Der Editor **vi** kennt 3 Arbeitszustände[80]:

1. direkter Kommandomodus
2. Eingabemodus
3. Zeilen-Kommandomodus

Nach dem Aufruf befindet sich **vi** im *direkten Kommandomodus*. In ihm werden eingegebene **vi**-Kommandos nicht angezeigt und sofort interpretiert, ohne daß sie mit ⏎ abzuschließen sind. Handelt es sich dabei um ein erlaubtes Kommando, so wird es ausgeführt und das Ergebnis dieser Ausführung sofort am Bildschirm sichtbar gemacht. Ist das Kommando nicht erlaubt, so ertönt bei einfacheren Fehlern ein akustisches Signal und bei schwereren Fehlern wird in der letzten Bildschirmzeile eine Fehlermeldung ausgegeben.

Durch eines der folgenden **vi**-Kommandos kann vom direkten Kommandomodus in den Eingabemodus umgeschaltet werden:

Befehl	Wirkung
i	Einfügen vor dem Cursor (*insert*)
I	Einfügen am Zeilenanfang (*Insert*)
a	Einfügen nach dem Cursor (*append*)
A	Einfügen am Zeilenende (*Append*)
o	Einfügen nach aktueller Zeile (*open*)
O	Einfügen vor aktueller Zeile (*Open*)
c	Ersetzen eines bestimmten Textobjekts (*change*); z. B. cw für Ersetzen des nächsten Worts
C	Ersetzen des Rest der Zeile (*Change*)

---

[80] gilt nur, wenn sich **vi** im **vi**-Modus (und nicht im **ex**-Modus) befindet

Befehl	Wirkung
s	Ersetzen des Zeichens, auf dem Cursor steht (*substitute*)
S	Ersetzen der ganzen Zeile (*Substitute*)
R	Überschreiben einschalten (*Replace*)

Nach Eingabe eines dieser Kommandos befindet sich **vi** im *Eingabemodus*. Im Eingabemodus kann beliebiger Text eingegeben werden und Korrekturen am eingegebenen Text können durch folgende Tasten vorgenommen werden:

Kommando	Wirkung
erase	zuletzt eingegebenes Zeichen löschen
kill	Zeile löschen
Ctrl - W	zuletzt eingegebenes Wort löschen

Mit Esc (Drücken der ESC-Taste) wird die Texteingabe beendet und vom Eingabemodus zurück in den direkten Kommandomodus geschaltet.

Vom direkten Kommandomodus in den *Zeilen-Kommandomodus* kann umgeschaltet werden, wenn eines der folgenden Kommandos eingegeben wird:

Kommando	Beschreibung
:	bewirkt, daß der nachfolgende Text (bis zum abschließenden ⏎)[81] im **ex**-Modus ausgeführt wird. Nach dem : können alle Kommandos des zeilenorientierten Editors **ex**, der ähnlich zu **ed** ist, aufgerufen werden. Somit verfügt **vi** also auch über das gesamte Kommandoangebot dieses Editors.
/	Vorwärtssuche
?	Rückwärtssuche

Bei Eingabe eines dieser Kommandos springt der Cursor in die unterste Bildschirmzeile (Kommunikationszeile) und zeigt dort den danach eingegebenen Text an. Korrekturen können dabei wie im Eingabemodus vorgenommen werden. Das vollständige Kommando muß dann - an-

---

[81] Die Eingabe von Esc bewirkt dabei den sofortigen Abbruch des Kommandos und Rückkehr in den **vi**-Modus

ders als im direkten Kommandomodus - immer mit ⏎ abgeschlossen werden.

Mit der Angabe :!*kdo* kann das UNIX-Kommando *kdo* ausgeführt werden, ohne daß **vi** verlassen werden muß.

Das nachfolgende Bild zeigt nochmals im Überblick die Möglichkeiten des Hin- und Herschaltens zwischen den unterschiedlichen Darstellungs-Modi und Arbeitszuständen des **vi**:

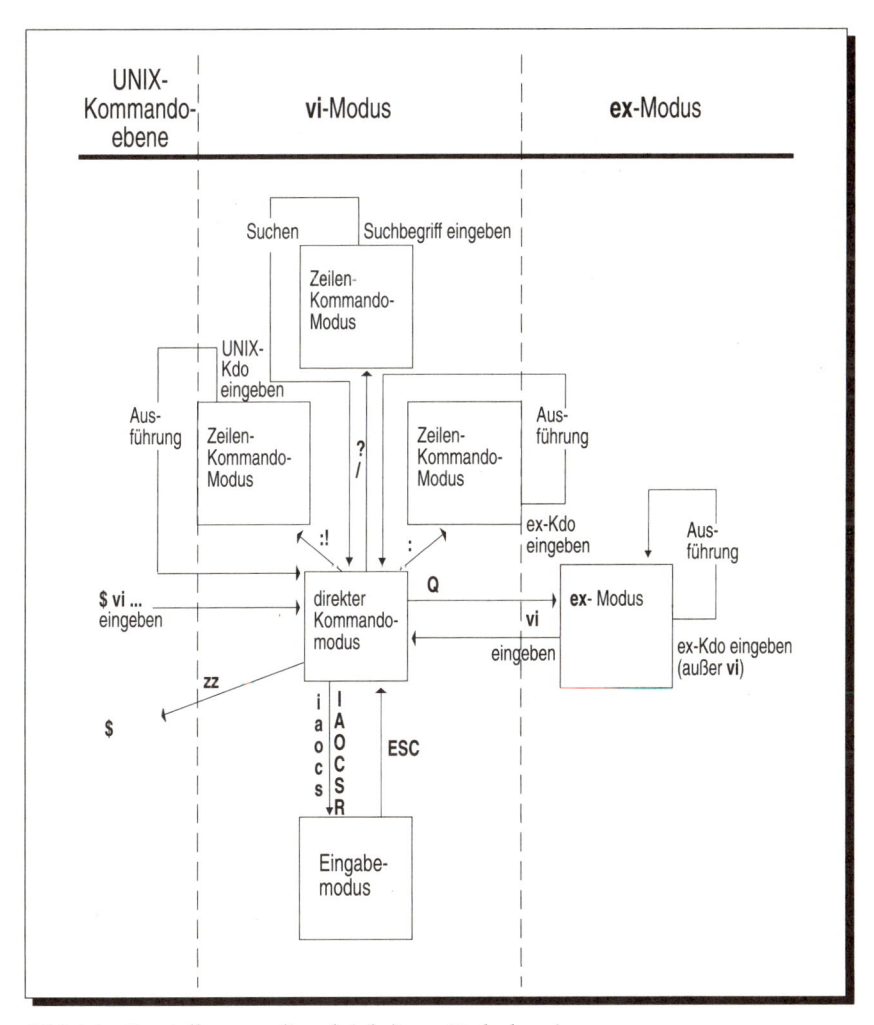

Bild A.2 - Darstellungsmodi und Arbeitszustände des vi

Mit der Eingabe von ZZ (entspricht der Eingabe :wq) im direkten Kommandomodus ist es möglich, den Pufferinhalt auf Datei zurückzuschreiben und **vi** zu verlassen.

Wichtige vi-Tasten

Bestimmte Tasten haben für den **vi** eine Sonderbedeutung:

Taste	Funktion
`Esc`	besitzt mehrere Funktionen: • beendet den Eingabemodus • bricht nicht vollständig eingegebene Kommandos ab. Wird diese Taste zu einem Zeitpunkt betätigt, wo dies nicht erlaubt ist, so erzeugt **vi** ein akustisches Signal.
`↵`	hat ebenfalls mehrere Funktionen: • schließt die Kommandos des Zeilen-Kommandomodus (beginnen mit **:**, **/** oder **?**) ab • schließt alle Kommandos des **ex**-Modus ab • erzeugt eine neue Zeile im Eingabemodus • positioniert im direkten Kommandomodus den Cursor auf den Anfang der nächsten Zeile
`Intr`	veranlaßt **vi** dazu, die gerade laufende Aktion "ohne Rücksicht auf Verluste" abzubrechen.

Interne vi-Puffer

vi stellt neben dem Arbeitspuffer noch 27 weitere interne Puffer zum Zwischenspeichern von Text zur Verfügung:

- 26 benannte Puffer (haben als Namen die Buchstaben a, b, c, .. , z). Wird anstelle eines Kleinbuchstabens ein Großbuchstabe als Puffername angegeben, dann wird der Pufferinhalt nicht überschrieben, sondern der entsprechende Text am bereits existierenden Pufferinhalt angehängt.
- einen allgemeinen Puffer ohne Namen, in dem immer die letzte Textänderung festgehalten wird.

Zusätzlich werden die 9 zuletzt gelöschten Texte in Puffern mit den Namen 1, 2, ..,9 aufgehoben (in 1 steht dabei der zuletzt gelöschte Text, in 2 der davor gelöschte Text, usw.).

Die einzelnen Puffer (außer allgemeiner Puffer) können mit "x (für x ist entsprechender Kleinbuchstabe bzw. Ziffer anzugeben) angesprochen werden.

Die 26 Puffer a, b, c, .. , z behalten auch bei Dateiwechsel ihren Inhalt, wenn **vi** dabei nicht verlassen wird. Somit können sie zum Kopieren von Texten in andere Dateien verwendet werden. Der allgemeine Puffer und die 9 "Ziffern-Puffer" werden dagegen von manchen **vi**-Versionen bei einem Dateiwechsel gelöscht.

Definitionen zu vi-Textobjekten

Für **vi** sind die Begriffe *Wort*, *Satz*, *Absatz* und *Abschnitt* wie folgt definiert:[82]

Wort ist eine Folge von Buchstaben, Ziffern und Unterstriche ohne Zwischenraum-Zeichen.[83]

Wird bei einer Wort-Operation ein Kleinbuchstabe verwendet, so werden nur Buchstaben, Ziffern und Unterstriche als zu einem Wort gehörig betrachtet. Interpunktionszeichen (wie z. B. . , oder !) werden dann als eigene Wörter interpretiert.

Wird bei einer Wort-Operation ein Großbuchstabe als **vi**-Kommando verwendet, so werden Interpunktionszeichen nicht als eigene Wörter, sondern als Bestandteil eines Worts interpretiert.

Folgende **vi**-Kommandos legen Wort-Positionen fest:

Kommando	Position
w	Wort ab Cursorposition nach rechts (Interpunktionszeichen ausgeschlossen)
W	Wort ab Cursorposition nach rechts (Interpunktionszeichen eingeschlossen)
b	Wort ab Cursorposition nach links (Interpunktionszeichen ausgeschlossen)
B	Wort ab Cursorposition nach links (Interpunktionszeichen eingeschlossen)
e	Ende eines Worts ab Cursorposition nach rechts hin (Interpunktionszeichen ausgeschlossen)
E	Ende eines Worts ab Cursorposition nach rechts hin (Interpunktionszeichen eingeschlossen)

---

[82] Die Begriffe Satz, Absatz und Abschnitt können mit der :set-Anweisung umdefiniert werden
[83] Leer-, Tabulator- oder Neuezeile-Zeichen

Satz ist eine Folge von Wörtern, wobei das letzte Wort dieser Folge mit . ! oder ? endet; diesem Zeichen müssen entweder ein Neuezeile-Zeichen oder zwei Leerzeichen folgen.

Folgende **vi**-Kommandos legen Satz-Positionen fest:

(Anfang des momentanen bzw. des vorhergehenden Satzes

) Ende des momentanen bzw. Anfang des nachfolgenden Satzes

Werden diese Kommandos alleine (ohne Kombination mit einem anderen **vi**-Kommando, wie z. B. ()) gegeben, so bewirken sie die Positionierung des Cursors an der entsprechenden Stelle.

Absatz Ein Absatz erstreckt sich bis zur nächsten Leerzeile oder bis zu einer Zeichenfolge, die mit :set paragraphs= definiert wurde.

Folgende **vi**-Kommandos legen Absatz-Positionen fest:

{ Anfang des momentanen bzw. des vorhergehenden Absatzes

} Ende des momentanen bzw. Anfang des nachfolgenden Absatzes

Werden diese Kommandos alleine (ohne Kombination mit einem anderen **vi**-Kommando, wie z. B. }) gegeben, so bewirken sie die Positionierung des Cursors an der entsprechenden Stelle.

Abschnitt Ein Absatz erstreckt sich bis zur nächsten Zeichenfolge, die mit :set sections= definiert wurde.

Folgende **vi**-Kommandos legen Abschnitt-Positionen fest:

[[vorhergehender Abschnitt

[[nächster Abschnitt

Werden diese Kommandos alleine (ohne Kombination mit einem anderen **vi**-Kommando, wie z. B. [[) gegeben, so bewirken sie die Positionierung des Cursors an der entsprechenden Stelle.

Hinter den folgenden **vi**-Kommandos muß das Objekt angegeben werden, auf das sich das jeweilige Kommando bezieht:

Kommando	Funktion
c	Ändern
d	Löschen
y	Sichern
>	Nach rechts schieben (Voreinstellung sind 8 Zeichen)
<	Nach links schieben (Voreinstellung sind 8 Zeichen)

Als Objekt kann dabei z. B. angegeben werden:

Objekt	Beschreibung
w	für *"Wort ohne Interpunktionszeichen"*
W	für *"Wort einschließlich Interpunktionszeichen"*
b	für *"vorhergehendes Wort ohne Interpunktionszeichen"*
B	für *"vorhergehendes Wort einschließlich Interpunktionszeichen"*
e	für *"bis zum Ende eines Worts ohne Interpunktionszeichen"*
E	für *"bis zum Ende eines Worts einschließlich Interpunktionszeichen"*
^	für *"bis zum Anfang der aktuellen Cursorzeile"*
$	für *"bis zum Ende der aktuellen Cursorzeile"*
G	für *"bis zum Dateiende"*
nG	für *"bis zur n.ten Zeile"*
(	für *"bis zum Satzanfang"*
)	für *"bis zum Satzende"*
{	für *"bis zum Anfang des Absatzes"*
}	für *"bis zum Ende des Absatzes"*
[[	für *"bis zum Anfang des Abschnitts"*
]]	für *"bis zum Ende des Abschnitts"*
Leerzeichen	für *"einzelnes Zeichen"*
%	für entsprechende schließende bzw. öffnende Klammer

Steht der Cursor bereits innerhalb eines Objekts (wie z. B. eines Worts), so wird die Editieraktion von der aktuellen Cursorposition bis zum Ende bzw. Anfang des jeweiligen Objekts durchgeführt. Werden die obigen **vi**-Kommandos zweimal hintereinander eingegeben, so beziehen sie sich immer auf die aktuelle Cursorzeile:

Kommando	Beschreibung
cc	ganze Zeile ändern
dd	ganze Zeile löschen
yy	ganze Zeile sichern
>>	ganze Zeile nach rechts schieben
<<	ganze Zeile nach links schieben

Zusammenfassung der vi-Kommandos

In der folgenden Beschreibung werden die folgenden Kürzel verwendet:

Abkürzung	Bedeutung
–	entsprechendes Kommando wirkt nur auf die aktuelle Cursorzeile und beläßt den Cursor auch in dieser Zeile.
■	entsprechendes Kommando wirkt nur auf die aktuelle Bildschirmseite.
n	entsprechendem Kommando kann eine Zahl vorangestellt werden, die angibt, wie oft dieses Kommando auszuführen ist.

Cursor-Positionierungen

Zeichen-Positionierung

^	–	zum Zeilenanfang (auf erstes sichtbares Zeichen)
0	–	zum Zeilenanfang (erstes Zeichen)
$	–	zum Zeilenende
1 [→] Leerz.	– n	eine Position nach rechts

Zusammenfassung der vi-Kommandos

h [←] [Ctrl]–[H]	– n	eine Position nach links
f*x*	– n	Auf Zeichen *x* in der aktuellen Zeile vorrücken
F*x*	– n	Cursor zurück auf das Zeichen *x* in der aktuellen Zeile bewegen
t*x*	- n	Cursor vor das Zeichen *x* in der aktuellen Zeile bewegen.
T*x*	– n	Cursor zurück hinter das Zeichen *x* in der aktuellen Zeile bewegen
;	– n	letztes f-, F-, t- oder T- Kommando wiederholen
,	– n	letztes f-, F-, t- oder T- Kommando wiederholen, allerdings mit umgekehrter Suchrichtung
n|	– n	zur *n*.ten Spalte (| entspricht 0|)

Wort-Positionierung

b	n	Ein Wort oder Interpunktionszeichen zurück
B	n	Ein Wort zurück (Interpunktionszeichen gehören zu einem Wort)
e	n	zum Ende eines Worts oder zum nächsten Interpunktionszeichen
E	n	zum Ende eines Worts (Interpunktionszeichen gehören zu einem Wort)
w	n	zum Anfang des nächsten Worts bzw. zum nächsten Interpunktionszeichen

W	n	zum Anfang des nächsten Worts (Interpunktionszeichen gehören zu einem Wort)

Zeilen-Positionierung

j ↓ Ctrl-N	n	Eine Zeile nach unten (gleiche Spalte oder Zeilenende)
k ↑ Ctrl-P	n	Eine Zeile nach oben (gleiche Spalte oder Zeilenende)
+ ↵ Ctrl-M	n	Eine Zeile nach unten zum ersten sichtbaren Zeichen
−	n	Eine Zeile nach oben zum ersten sichtbaren Zeichen
H	■ n	(Home) Zur ersten Bildschirmzeile (n**H** positioniert auf die n.te Bildschirmzeile)
M	■	(Middle) Zur mittleren Bildschirmzeile
L	■ n	(Last) Zur letzten Bildschirmzeile (n**L** positioniert auf die n.te letzte Bildschirmzeile)
G	n	Zur letzten Pufferzeile (n**G** positioniert auf die n.te Pufferzeile)

Satz- und Absatz-Positionierung

)	n	zum Ende des momentanen bzw. zum Anfang des nächsten Satzes
(	n	zum Anfang des momentanen bzw. des vorhergehenden Satzes

Zusammenfassung der vi-Kommandos

}	n	zum Ende des momentanen bzw. zum Anfang des nächsten Absatzes
{	n	zum Anfang des momentanen bzw. des vorhergehenden Absatzes

Weitere Positionierungsmöglichkeiten

Ctrl-F PgDn↓	n	(forward) eine Bildschirmseite vorblättern
Ctrl-B PgUp↑	n	(backwards) eine Bildschirmseite zurückblättern
Ctrl-D	n	(down) eine halbe Bildschirmseite vorblättern. n Ctrl-D bedeutet n Zeilen weiterblättern
Ctrl-U	n	(up) eine halbe Bildschirmseite zurückblättern. n Ctrl-U bedeutet n Zeilen zurückblättern
Ctrl-E	n	eine Bildschirmzeile vorblättern
Ctrl-Y	n	eine Bildschirmzeile zurückblättern
[[	n	zum Anfang des momentanen bzw. des vorhergehenden Abschnitts
]]	n	zum Anfang des nächsten Abschnitts
``		Cursor zur vorherigen Position zurücksetzen
''		Cursor auf erstes sichtbares Zeichen der vorherigen Cursorzeile positionieren
%		Steht Cursor auf [, (, oder {, so wird vorwärts die entsprechende schließende Klammer gesucht und Cursor dort positioniert. Steht Cursor auf],), oder }, so wird rückwärts die entsprechende öffnende Klammer gesucht und Cursor dort positioniert.

Eingeben, Ändern und Löschen von Text

Umschalten in den Eingabemodus

a	n	(append) Nach dem Cursor einfügen
A	n	(Append) Am Ende der aktuellen Cursorzeile einfügen (entspricht $a)
i	n	(insert) Vor dem Cursor einfügen
I	n	(Insert) Am Anfang der aktuellen Cursorzeile (vor ersten sichtbaren Zeichen) einfügen
o		(open) In neuer Zeile nach der aktuellen Cursorzeile einfügen
O		(Open) In neuer Zeile vor der aktuellen Cursorzeile einfügen
s	– n	(substitute) Zeichen an Cursorposition ersetzen (entspricht cl); ns die nächsten n Zeichen ab Cursorposition ersetzen
S	n	(Substitute) Ganze Cursorzeile ersetzen (entspricht cc); nS die nächsten n Zeilen ab Cursorzeile ersetzen
R	n	(Replace) Überschreiben einschalten
co	n	(change) nachfolgendes Textobjekt vom Typ o ersetzen; z.B: cc ganze Zeile ersetzen cL Text ab Cursorposition bis zur letzten Bildschirmzeile ersetzen
C	–	(Change) Rest der Zeile ab Cursorposition ersetzen (entspricht c$);

Die Angabe einer Zahl *n* vor einem der Kommandos **a**, **A**, **i**, **I** oder **R** bewirkt, daß der danach eingegebene Text (bis ⏎) n mal dupliziert wird.

Zusammenfassung der vi-Kommandos

Korrekturmöglichkeiten im Eingabemodus

`Ctrl`-`H` **erase** `←`-Taste	–	Letztes Zeichen löschen
`Ctrl`-`W`	–	Letztes Wort löschen
kill	–	eingegebenen Text einer Zeile löschen
\	–	schaltet die Löschfunktion des nachfolgenden `Ctrl`-`H`-, `Ctrl`-`W`-, erase- oder kill-Zeichens aus
`Esc`-Taste		beendet den Eingabemodus und schaltet zurück in den direkten Kommandomodus

Tasten mit Sonderbedeutung im Eingabemodus

`Ctrl`-`I`	–	Tabulator-Zeichen einfügen
`Ctrl`-`T`	–	Cursor auf der nächsten Tabulator-Marke positionieren
`Ctrl`-`V`	–	Nächstes Zeichen nicht als Kommando interpretieren

Text ändern und löschen (kein Umschalten in den Eingabemodus)

r*z*	– *n*	(replace) Zeichen an Cursorposition durch *z* ersetzen. Mit *n*r*z* die nächsten *n* Zeichen durch *z* ersetzen (*n*-mal wird ersetzt)
~	– *n*	Zeichen an Cursorposition von Klein- in Großbuchstaben umwandeln bzw. umgekehrt. Mit *n*~ werden die nächsten *n* Zeichen von Klein- in Großbuchstaben umwandeln bzw. umgekehrt

J	n	(Join) Zeilen zusammenfügen: Nachfolgende Zeilen an aktuelle Zeile anhängen. *n*J *n* Zeilen zusammenfügen, d. h. nächsten n–1 Zeilen an aktuelle Zeile anhängen
d*o*	n	(delete) Nachfolgendes Textobjekt vom Typ *o* löschen **dd** ganze aktuelle Zeile löschen **d/was** Text ab Cursorposition bis zum nächsten Vorkommen von was löschen
D	–	(Delete) Text der aktuellen Zeile ab Cursorposition löschen (entspricht **d$**)
<*o*	n	Textobjekt vom Typ *o* nach links schieben (Voreinst.: 8 Zeichen) << aktuelle Zeile nach links schieben
>*o*	n	Textobjekt vom Typ *o* nach rechts schieben (Voreinst.: 8 Zeichen) >> aktuelle Zeile nach rechts schieben
x	– n	Zeichen an Cursorposition löschen (entspricht dl) *n*x die nächsten *n* Zeichen ab Cursorposition löschen
X	– n	Zeichen vor Cursorposition löschen (entspricht dh) *n*X *n* Zeichen vor der Cursorposition löschen
.		Letztes Änderungskommando wiederholen

Zusammenfassung der vi-Kommandos

Suchen

Soll nicht nur ein Zeichen gesucht oder ein Suchvorgang nicht auf die aktuelle Zeile beschränkt werden, so reichen die **vi**-Kommandos **f**, **F**, **t** und **T** nicht aus. In der nachfolgenden Tabelle wird die Abkürzung *RA* für regulärer Ausdruck verwendet.

Einfache Suchkommandos

/*RA*⏎	*n*	Vorwärtssuche (zum Dateiende hin) nach einem Text, der durch *RA* abgedeckt wird. Cursor wird auf den Anfang des gefundenen Textes positioniert. Wird kein durch *RA* abgedeckter Text gefunden, so wird vom Dateianfang bis zur Cursorposition weiter nach einem solchen Text gesucht. Wird kein entsprechender Text gefunden, so verbleibt der Cursor an der Ausgangsposition[84].
	/*RA*/*n*	sucht (vorwärts) *n*.te Vorkommen eines Textes, der durch *RA* abgedeckt ist
?*RA*⏎	*n*	Rückwärtssuche (zum Dateianfang hin) nach einem Text, der durch *RA* abgedeckt wird. Cursor wird auf den Anfang des gefundenen Textes positioniert. Wird kein durch *RA* abgedeckter Text gefunden, so wird vom Dateiende zur Cursorposition hin weiter nach einem solchen Text gesucht. Wird kein entsprechender Text gefunden, so verbleibt der Cursor an der Ausgangsposition[85].
	?*RA*?*n*	sucht (rückwärts) *n*.te Vorkommen eines Textes, der durch *RA* abgedeckt ist

---

[84] *"Pattern not found"* wird in der Kommunikationszeile gemeldet
[85] *"Pattern not found"* wird in der Kommunikationszeile gemeldet

/RA/+n⏎	n	wie /RA, außer, daß Cursor auf die n.te Zeile nach dem gefundenen Text positioniert wird, z. B.
		/**das**/2+3 sucht ab der Cursorposition das 2.Vorkommen von *das* und positioniert den Cursor dann auf die 3.Zeile hinter dieser Zeile
		/RA/-n positioniert den Cursor auf n.te Zeile vor dem gefundenen Text
?RA?+n⏎	n	wie ?RA, außer, daß Cursor auf die n.te Zeile nach dem gefundenen Text positioniert wird, z. B.
		?**ist**?+4 sucht ab der Cursorposition rückwärts nach *ist* und positioniert den Cursor dann auf die 4.Zeile hinter dieser Zeile
		?RA?-n positioniert den Cursor auf n.te Zeile vor dem gefundenen Text
n		letzten Suchvorgang (entweder /RA oder ?RA) wiederholen
N		letzten Suchvorgang (entweder /RA oder ?RA) in umgekehrter Richtung wiederholen
%		Steht Cursor auf [, (oder {, so wird vorwärts die entsprechende schließende Klammer gesucht und Cursor dort positioniert.
		Steht Cursor auf],) oder }, so wird rückwärts die entsprechende öffnende Klammer gesucht und Cursor dort positioniert

Für *RA* (*regulärer Ausdruck*) gelten bei diesen Kommandos die auf der folgenden Seite aufgeführten Regeln.

Zusammenfassung der vi-Kommandos

1. Die Metazeichen von regulären Ausdrücken sind:
   . * [ ] \ ^ $
   Metazeichen haben eine Sonderbedeutung.

2. Ein einfacher regulärer Ausdruck ist einer der folgenden:
   - *Einfaches Zeichen*, aber kein Metazeichen
   - Das *Metazeichen* \, um Sonderbedeutung eines Metazeichens auszuschalten(z.B *)
   - ^ steht für Anfang einer Zeile, wenn es als erstes Zeichen angegeben ist.
   - $ steht für Ende einer Zeile, wenn es als letztes Zeichen angegeben ist.
   - . steht für jedes beliebige Zeichen, außer Neuezeile-Zeichen
   - \< steht für Anfang eines Worts
   - \> steht für Ende eines Worts
   - Eine *Klasse von Zeichen*: z. B. [ABC] deckt eines der Zeichen A, B oder C ab
   - Eine *Klasse von Zeichen mit Abkürzungen*: z. B. deckt [a-zA-Z] alle Buchstaben ab (nicht Umlaute)
   - Eine *Komplement-Klasse von Zeichen*: z. B. deckt [^0-9] alle Zeichen außer die Ziffern und das Neuezeile-Zeichen ab

3. Operatoren, um reguläre Ausdrücke zu größeren zusammenzufassen
   - *Konkatenation*: AB deckt A unmittelbar gefolgt von B ab
   - *null-oder-beliebig-viele*: A* deckt kein, ein oder mehr A ab
   - *runde Klammern*: \(r\) deckt gleiche Strings wie der ungeklammerte reguläre Ausdruck r ab
   - *n-ter Teilausdruck*: \n deckt den gleichen String ab, wie ein zuvor angegebener \(Ausdruck\). n muß eine Ziffer sein und spezifiziert den *n*.ten \(Ausdruck\); z. B. würde das ex-Kommando
   :1,$s/^\(.*\) $/==\1/⏎ am Anfang aller Zeilen des Arbeitspuffers "==" einfügen.

Suchen und gleichzeitiges Editieren

Um die häufig benötigte Editierfunktion *"Suchen eines Textes mit gleichzeitigem Ersetzen"* zu erreichen, muß im Zeilen-Kommandomodus das **ex**-Kommando

:s/alt/neu/⏎

aufgerufen werden.

Kommando	Wirkung
`:s/alt/neu/`⏎	ersetzt in der aktuellen Zeile das erste Auftreten von *alt* durch *neu*.
`:s/alt/neu/g`⏎	ersetzt in der aktuellen Zeile alle Vorkommen von *alt* durch *neu*.
`:1,$s/alt/neu/g`⏎	ersetzt im gesamten Arbeitspuffer alle Vorkommen von *alt* durch *neu*.
`:1,10s/alt/neu/gc`⏎	würde nacheinander alle Vorkommen von *alt* in den ersten 10 Zeilen anzeigen und nachfragen, ob das jeweilige *alt* wirklich durch *neu* zu ersetzen ist. Wenn ja, so ist **y**⏎ einzugeben; bei jeder anderen Eingabe findet keine Ersetzung statt.

Suchen unter Verwendung einer Tag-Datei

vi und **ex** erlauben das Suchen bestimmter Texte über eine Tag-Datei *tags*. In dieser Datei werden je Zeile angegeben:

- eine Marke (ein Begriff)
- der Name einer Datei, auf die sich die angegebene Marke bezieht
- ein regulärer Ausdruck, nach dem zu suchen ist, oder die Nummer einer Zeile, in der Cursor zu positionieren ist.

Diese Angaben sind jeweils durch ein Tabulator-Zeichen voneinander getrennt anzugeben. Die einzelnen Zeilen müssen dabei nach dem Marken-Namen sortiert sein.

Wird nun **vi** bzw. **ex** mit der Option **-t** *marke* aufgerufen, so sucht der jeweilige Editor nach der angegebenen marke (1.Feld) in der Datei tags, welche sich entweder im working directory oder im Directory /usr/lib befinden muß, und positioniert den Cursor auf die entsprechende Position, die durch das dritte Feld (regulärer Ausdruck oder Zeilennummer) festgelegt ist.

Mit dem Editor-Kommandos

`:tag` *marke*⏎

kann dann auf eine neue *marke* positioniert werden.

Das Editor-Kommando

`:set tag=`*datei(en)*⏎

ermöglicht es die voreingestellten Pfadnamen für Tag-Dateien (./tags /usr/lib/tags) umzudefinieren.

Zusammenfassung der vi-Kommandos

Häufige Anwendung findet dieser Tag-Mechanismus beim Arbeiten mit mehreren Moduln: Es läßt sich hiermit sehr schnell in die Programmdatei umschalten, welche die Definition einer bestimmten Funktion enthält. Die Tag-Datei, in der zu jedem Funktionsnamen der Name des C-Moduls (mit regulären Ausdruck) angegeben ist, in dem diese Funktion definiert ist, läßt sich dabei mit dem BSD-UNIX-Kommando **ctags** automatisch erstellen; **ctags** wird inzwischen auf den meisten UNIX-Systemen angeboten:

ctags [c–*programmdateien*]

Kopieren und Verschieben von Text

y*o*	*n*	(*y*ank) kopiert das angegebene Textobjekt vom Typ *o* in den allgemeinen Puffer; z. B.
		yy kopiert die aktuelle Cursorzeile in den allgemeinen Puffer
		*n***y***o* nächsten *n* Textobjekte vom Typ *o* in allgemeinen Puffer kopieren
Y	*n*	(Yank) kopiert aktuelle Zeile in den allgemeinen Puffer (wie **yy**)
"*x***y***o*	*n*	kopiert das angegebene Textobjekt vom Typ *o* in den Puffer *x*; z. B.
		"ayy kopiert die aktuelle Cursorzeile in den Puffer a
		"*xn***y***o* die nächsten *n* Textobjekte vom Typ *o* in Puffer *x* kopieren
"*x*Y	*n*	kopiert aktuelle Zeile in den Puffer *x* (entspricht **"***x***yy**)
d*o*	*n*	(*d*elete) löscht das angegebene Textobjekt vom Typ *o* und kopiert dieses in den allgemeinen Puffer; z. B.
		dd löscht die aktuelle Cursorzeile und kopiert diese in den allgemeinen Puffer
		*n***d***o* nächsten *n* Textobjekte vom Typ *o* löschen und in allgemeinen Puffer kopieren

"xdo	n	löscht das angegebene Textobjekt vom Typ *o* und kopiert es in den Puffer *x*; z. B.
		"add löscht die aktuelle Cursorzeile und kopiert sie in den Puffer a
		"x*n*do die nächsten *n* Textobjekte vom Typ *o* löschen und in den Puffer *x* kopieren
p		(*p*ut) Inhalt des allgemeinen Puffers hinter aktuelle Cursorposition kopieren; z. B. xp vertauscht zwei Zeichen
P		(*P*ut) Inhalt des allgemeinen Puffers vor aktuelle Cursorposition kopieren
"xp		Inhalt des Puffers *x* hinter aktuelle Cursorposition kopieren
"xP		Inhalt des Puffers *x* vor aktuelle Cursorposition kopieren
"*n*p		*n*.te letzte Löschung hinter aktuelle Cursorposition kopieren (für *n* ist eine Ziffer 1 bis 9 anzugeben)
"*n*P		*n*.te letzte Löschung vor aktuelle Cursorposition kopieren (für *n* ist eine Ziffer 1 bis 9 anzugeben)

Markieren und Positionieren anhand von Markierungen

m*x*	–	aktuelle Cursorposition mit *x* markieren; *x* muß ein Kleinbuchstabe sein
`*x*		Cursor auf die mit *x* markierte Stelle positionieren
'*x*		Cursor auf erstes sichtbares Zeichen der Zeile positionieren, in der sich die mit *x* markierte Stelle befindet

Zusammenfassung der vi-Kommandos

Sichern und Beenden

ZZ	Inhalt des Arbeitspuffers sichern und **vi** beenden (entspricht **:wq**⏎)
:wq⏎	Inhalt des Arbeitspuffers sichern und **vi** beenden (entspricht **ZZ**)
:q⏎	**vi** ohne Sicherung des Arbeitspuffers verlassen; wurde der Arbeitspuffer seit der letzten Änderung nicht gesichert, so wird eine Fehlermeldung ausgegeben und **vi** nicht verlassen
:q!⏎	**vi** ohne Sicherung des Arbeitspuffers verlassen, auch wenn der Arbeitspuffer seit der letzten Änderung nicht gesichert wurde (diese Änderungen gehen verloren)
:w⏎	Inhalt des Arbeitspuffers sichern (**vi** wird nicht verlassen)
:w *datei*⏎	Inhalt des Arbeitspuffers in *datei* sichern. Falls *datei* bereits existiert, wird dieses Kommando nicht ausgeführt
:w! *datei*⏎	Inhalt des Arbeitspuffers in *datei* sichern. Existiert *datei* bereits, so so wird ihr alter Inhalt überschrieben
n,m:w *datei*⏎	die Zeilen *n* bis *m* des Arbeitspuffers in *datei* sichern. Falls *datei* bereits existiert, so wird dieses Kommando nicht ausgeführt
n:w *datei*⏎	die *n*.te Zeile des Arbeitspuffers in *datei* sichern. Falls *datei* bereits existiert, so wird dieses Kommando nicht ausgeführt
n,m:w! *datei*⏎	die Zeilen *n* bis *m* des Arbeitspuffers in *datei* sichern. Existiert *datei* bereits, so wird ihr alter Inhalt überschrieben
n:w! *datei*⏎	die *n*.te Zeile des Arbeitspuffers in *datei* sichern. Existiert *datei* bereits, so wird ihr alter Inhalt überschrieben
:f *datei*⏎	den derzeitig gemerkten Dateinamen[86] in *datei* umändern. Wird der Name *datei* nicht angegeben, so wird der momentan gemerkte Dateiname und die Nummer der aktuellen Cursorzeile angezeigt (auch mit Ctrl–G möglich)

---

[86] ist der Dateiname, der momentan mit dem Arbeitspuffer gekoppelt ist. Wird z. B. das Editier-Kommando **:w**⏎ eingegeben, so wird der Arbeitspuffer in der Datei gesichert, deren Name sich **vi** momentan gemerkt hat.

Gleichzeitiges Editieren mehrerer Dateien

:e *datei*⏎
(*e*dit) Inhalt der Datei *datei* in den Arbeitspuffer kopieren; der alte Pufferinhalt wird dabei überschrieben. Falls die letzten Änderungen noch nicht gesichert wurden, erfolgt eine Fehlermeldung und das Kommando wird nicht ausgeführt. Derzeitige Datei bleibt als sogenannte Sekundärdatei erhalten (siehe **:e#**)

:e!⏎
(*e*dit) Zuletzt gesicherte Version der gerade bearbeiteten Datei in den Arbeitspuffer kopieren; alle Änderungen, die seit dieser letzten Sicherung vorgenommen wurden, gehen dabei verloren.

:e +*datei*⏎
(*e*dit) Inhalt der Datei *datei* in den Arbeitspuffer kopieren und Cursor ans Pufferende positionieren; der alte Pufferinhalt wird dabei überschrieben. Falls die letzten Änderungen noch nicht gesichert wurden, erfolgt eine Fehlermeldung und das Kommando wird nicht ausgeführt. Derzeitige Datei bleibt als sogenannte Sekundärdatei erhalten (siehe **:e#**)

:e +n *datei*⏎
(*e*dit) Inhalt der Datei *datei* in den Arbeitspuffer kopieren und Cursor auf die *n*.te Zeile positionieren; der alte Pufferinhalt wird dabei überschrieben. Falls die letzten Änderungen noch nicht gesichert wurden, erfolgt eine Fehlermeldung und das Kommando wird nicht ausgeführt. Derzeitige Datei bleibt als sogenannte Sekundärdatei erhalten (siehe **:e#**)

:e#⏎
Ctrl-^
(*e*dit) Inhalt der Sekundärdatei in den Arbeitspuffer kopieren; der alte Pufferinhalt wird dabei überschrieben. Falls die letzten Änderungen noch nicht gesichert wurden, erfolgt eine Fehlermeldung und das Kommando wird nicht ausgeführt.

:n⏎
(*n*ext) Nächste Datei aus der **vi**-Aufrufzeile in den Arbeitspuffer kopieren; der alte Pufferinhalt wird dabei überschrieben. Wenn die letzten Änderungen noch nicht gesichert wurden, erfolgt eine Fehlermeldung und das Kommando wird nicht ausgeführt.

:n!⏎
(*n*ext) Nächste Datei aus der **vi**-Aufrufzeile in den Arbeitspuffer kopieren; der alte Pufferinhalt wird dabei auf jeden Fall überschrieben, selbst wenn die letzten Änderungen noch nicht gesichert wurden.

:n *argument(e)*⏎
ersetzt die ursprünglichen Argumente aus der **vi**-Aufrufzeile durch die hier angegebenen *argument(e)*.

Zusammenfassung der vi-Kommandos

Neuaufbauen einer Bildschirmseite

Ctrl-L	Bildschirm löschen und Bildschirmseite wieder neu anzeigen; nützlich, wenn z. B. Bildschirminhalt durch Meldungen (messages) von anderen Benutzern zerstört wurde.
Ctrl-R	ähnlich zu Ctrl-L: Bildschirminhalt aktualisieren. Auf älteren Dialogstationen werden z. B. gelöschte Zeilen mit @ markiert und nicht wirklich auf dem Bildschirm entfernt. Mit diesem Kommando würden sie dann wirklich aus der Anzeige entfernt.
z⏎	Bildschirmseite (Fenster) so verschieben, daß aktuelle Cursorzeile die oberste Bildschirmzeile wird.
z–	Bildschirmseite (Fenster) so verschieben, daß aktuelle Cursorzeile die unterste Bildschirmzeile wird.
z.	Bildschirmseite (Fenster) so verschieben, daß aktuelle Cursorzeile die mittlere Bildschirmzeile wird.
/RA/z–1⏎	Zeile, in der ein Text gefunden wird, der durch RA abgedeckt ist, wird die unterste Bildschirmzeile.
zn.	legt die Größe einer Bildschirmseite (Fenster) auf n Zeilen fest

Vorgenommene Änderungen rückgängig machen

u	(*u*ndo) macht die zuletzt im Arbeitspuffer vorgenommene Änderung wieder ungeschehen
U	(*U*ndo) macht die zuletzt an der aktuellen Cursorzeile vorgenommenen Änderungen wieder rückgängig

Ausführen von UNIX-Kommandos ohne Verlassen des vi

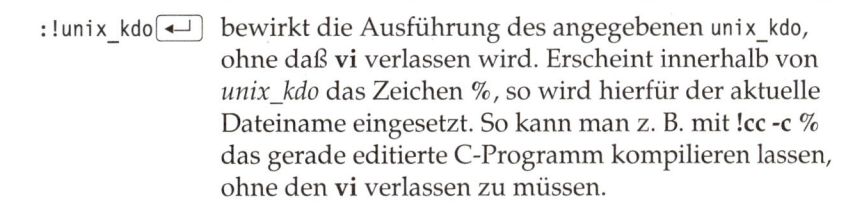

:!unix_kdo⏎	bewirkt die Ausführung des angegebenen *unix_kdo*, ohne daß **vi** verlassen wird. Erscheint innerhalb von *unix_kdo* das Zeichen %, so wird hierfür der aktuelle Dateiname eingesetzt. So kann man z. B. mit **!cc -c %** das gerade editierte C-Programm kompilieren lassen, ohne den **vi** verlassen zu müssen.

:!sh⏎   schaltet auf die UNIX-Kommandoebene[87] durch: dort können dann beliebig viele UNIX-Kommandos eingegeben werden; in den **vi** kann mit der Eingabe von Ctrl-D wieder zurückgekehrt werden.

Makros

Makros dienen dazu, Sequenzen von Kommandos unter einem Namen abzuspeichern, die dann später zusammen unter diesem Namen wieder abgerufen und ausgeführt werden können. Wenn der Name einer solchen "Befehlssequenz" z. B. **f** wäre, dann könnte dieses Makro mit

@f

aufgerufen werden.

Um eine Kommandosequenz abzuspeichern, ist es üblich, die entsprechenden Kommandos als einzelne Zeilen im Arbeitspuffer einzufügen und diese dann durch Löschen in den entsprechenden Puffer zu kopieren, wie z. B.

"f3dd

Da Kommandos oft durch Steuerzeichen realisiert sind (z. B. Ctrl-M), muß man diese Zeichen während der Eingabe ausschalten; das geschieht durch Eingabe von Ctrl-V vor dem jeweiligen Steuerzeichen.

Weitere Kommandos, die das Definieren und Löschen von Makros ermöglichen, sind:

:**ab** abk text⏎

definiert für den angegebenen *text* ein Text-Makro mit Namen *abk*. Wird dann später im Eingabemodus oder Zeilen-Kommandomodus der Name *abk* eingegeben, so setzt **vi** hierfür *text* ein; vor und nach dem Namen *abk* darf hierbei kein Buchstabe oder Ziffer angegeben sein

:**ab**⏎

zeigt alle definierten Text-Makros am Bildschirm an.

:**unab** abk⏎

löscht das Text-Makro *abk* wieder.

---

[87] Es wird hier eine neue Subshell gestartet. Die Begriffe "Shell" und "Subshell" werden im nächsten Band "UNIX-Shells" ausführlich behandelt.

Zusammenfassung der vi-Kommandos

:**map** abk kdos ⏎

definiert für die angegebenen Kommandos (kdos) ein Kommando-Makro mit Namen *abk*; *abk* muß dabei ein einzelnes Zeichen oder *#n* (für *n* ist eine Ziffer 0 bis 9 anzugeben) sein.

Wird dann später im direkten Kommandomodus der Name *abk* eingegeben, so werden die in *kdos* angegebenen Kommandos ausgeführt.

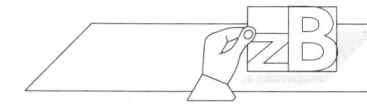

1. Mit der Makro-Definition[88]

   :map #9 i   <Ctrl-V><ESC><Ctrl-V> ⏎ ⏎

   wird die Funktions-Taste F9 [89] mit den folgenden **vi**-Kommandos belegt:

   i   Esc   (5 Leerzeichen vor Cursor einfügen)
   ⏎   (Cursor auf erstes sichtbares Zeichen der nächsten Zeile

   Nach dieser Definition würde jedes Drücken der Funktions-Taste F10 diese beiden Kommandos ausführen.

2. Mit der Makro-Definition

   :map <Ctrl-V><Ctrl-A>   A<Ctrl-V> ⏎ ————<Ctrl-V><ESC><Ctrl-V> ⏎ ⏎

   wird die Taste Ctrl - A mit den folgenden **vi**-Kommandos belegt:

   A ⏎ ————Esc   (nach aktueller Cursorzeile "----" einfügen)
   ⏎   (Cursor auf erstes sichtbares Zeichen in nächster Zeile positionieren)

   Nach dieser Definition würde also jede Eingabe von Ctrl - A (im direkten Kommandomodus) hinter der aktuellen Cursorzeile "----" einfügen und den Cursor auf den Anfang der nächsten Zeile positionieren.

:**map** ⏎

zeigt alle definierten Kommando-Makros am Bildschirm an.

---

[88] Ctrl - und Esc -Tasten sind hier mit < .. > geklammert, um sie von anderem Text unterscheiden zu können
[89] #i meist die i.te Funktions-Taste; z. B. steht #1 für F1. Bei manchen **vi**-Versionen steht #i jedoch auch für die i+1.te Funktionstaste.

:unmap abk⏎

löscht das Kommando-Makro *abk* wieder.

:map! abk text⏎

definiert für den angegebenen *text* ein Text-Makro mit Namen *abk*; wie **:ab**). Wird dann später im Eingabemodus oder Zeilen-Kommandomodus der Name *abk* eingegeben, so setzt **vi** hierfür *text* ein; anders als bei **:ab** gilt hier nicht die Einschränkung, daß vor und nach dem Namen *abk* kein Buchstabe oder Ziffer angegeben sein darf.

:unmap! abk⏎

löscht das Text-Makro *abk* wieder.

vi- und ex-Optionen

Mit Hilfe der angebotenen Optionen können die Eigenschaften der Ein- und Ausgabeoperationen dieser beiden Editoren eingestellt werden. Wird eine gewisse Einstellung immer beim Arbeiten mit diesen Editoren gewünscht, so ist es ratsam, im home directory eine Datei mit Namen *.exrc*[90] zu erstellen, in der die entsprechenden Optionen angegeben sind. Wird eine gewisse Einstellung nur für eine **vi**- und **ex**-Sitzung benötigt, so können die gewünschten Optionen während der Sitzung mit dem **ex**-Kommando **set** festgelegt werden:

Option	Beschreibung
:set *option*⏎	Einschalten einer *option*
:set *nooption*⏎	Ausschalten einer *option*
:set *option=wert*⏎	Zuweisen von *wert* an eine *option*
:set⏎	Anzeigen der Belegung aller geänderter Optionen
:set all⏎	Anzeigen der Belegung aller Optionen
:set *option?*⏎	Anzeigen der Belegung der *option*

Werden Optionen in der Datei *.exrc* angegeben, so darf vor **set** kein Doppelpunkt angegeben werden.

Die möglichen Optionen sind in diesem Anhang beim Kommando **ex** beschrieben.

---

[90] Abkürzung für *ex runtime commands*

Zusammenfassung der vi-Kommandos

Alphabetische Übersicht der vi-Buchstaben-Kommandos

Befehl	Wirkung
a	Nach Cursorposition einfügen
A	Am Ende der aktuellen Cursorzeile einfügen
[Ctrl]-[A]	Nicht belegt
b	Cursor ein Wort oder Interpunktionszeichen zurückbewegen
B	Cursor ein Wort (einschließlich Interpunktionszeichen) zurückbewegen
[Ctrl]-[B]	Eine Bildschirmseite zurückblättern
c	Ändern
C	Text ab Cursorposition bis zum Zeilenende ändern
[Ctrl]-[C]	Nicht belegt
d	Löschen
D	Text ab Cursorposition bis zum Zeilenende löschen
[Ctrl]-[D]	Halbe Bildschirmseite vorblättern; im Eingabemodus: Einrückungen aufheben
e	Cursor zum Ende eines Worts oder zum nächsten Interpunktionszeichen bewegen
E	Cursor zum Ende eines Worts (einschließlich Interpunktionszeichen) bewegen
[Ctrl]-[E]	Eine Bildschirmzeile zurückblättern
f	Cursor auf das angegebene Zeichen in der aktuellen Cursorzeile vorbewegen
F	Cursor auf das angegebene Zeichen in der aktuellen Cursorzeile zurückbewegen
[Ctrl]-[F]	Eine Bildschirmseite weiterblättern
g	Nicht belegt
G	Cursor auf letzte Zeile positionieren
[Ctrl]-[G]	Statusinformationen in der Kommunikationszeile ausgeben

h		Cursor ein Zeichen nach links bewegen
H		Cursor auf Anfang der ersten Bildschirmzeile positionieren
Ctrl - H		letztes Zeichen löschen (im Eingabemodus)
i		Vor Cursorposition einfügen
I		Am Anfang der aktuellen Cursorzeile einfügen
Ctrl - I		im Kommandomodus nicht belegt; im Eingabemodus das Tabulatorzeichen
j		Cursor eine Zeile nach unten bewegen (gleiche Spalte oder Zeilenende)
J		Zeilen zusammenfügen
Ctrl - J		Cursor eine Zeile nach unten bewegen (gleiche Spalte oder Zeilenende)
k		Cursor eine Zeile nach oben bewegen (gleiche Spalte oder Zeilenende)
K		Nicht belegt
Ctrl - K		Nicht belegt
l		Cursor ein Zeichen nach rechts bewegen
L		Cursor auf Anfang der letzten Bildschirmzeile positionieren
Ctrl - L		Bildschirm löschen und Bildschirmseite wieder neu anzeigen
m		Momentane Cursorposition mit a,b,c, ..oder z markieren
M		Cursor auf Anfang der mittleren Bildschirmzeile positionieren
Ctrl - M		Cursor eine Zeile nach unten auf das erste sichtbare Zeichen bewegen
n		Letztes Such-Kommando wiederholen
N		Letztes Such-Kommando in umgekehrter Richtung wiederholen
Ctrl - N		Cursor eine Zeile nach unten bewegen (gleiche Spalte oder Zeilenende)
o		Neue Zeile nach aktueller Cursorzeile einfügen
O		Neue Zeile vor aktueller Cursorzeile einfügen
Ctrl - O		Nicht belegt

Zusammenfassung der vi-Kommandos

p	Pufferinhalt hinter der aktuellen Cursorzeile einfügen
P	Pufferinhalt vor der aktuellen Cursorzeile einfügen
`Ctrl`-`P`	Cursor eine Zeile nach oben bewegen (gleiche Spalte oder Zeilenende)
q	Nicht belegt
Q	Vom vi-Modus in den ex-Modus umschalten
`Ctrl`-`Q`	Im Kommandomodus nicht belegt; im Eingabemodus wird das folgende Zeichen nicht als Kommando interpretiert
r	Zeichen ab Cursorposition ersetzen
R	Schaltet Überschreiben ein
`Ctrl`-`R`	Bildschirm löschen und Bildschirmseite wieder neu anzeigen
s	Zeichen ab Cursorposition durch danach eingegebenen Text ersetzen
S	Gesamte aktuelle Cursorzeile ändern
`Ctrl`-`S`	Nicht belegt
t	Cursor vor das angegebene Zeichen in der aktuellen Cursorzeile vorbewegen
T	Cursor hinter das angegebene Zeichen in der aktuellen Cursorzeile zurückbewegen
`Ctrl`-`T`	Im Kommandomodus nicht belegt; im Eingabemodus: auf nächste Einrückposition vorrücken
u	Letzte Änderung rückgängig machen
U	Aktuelle Cursorzeile nach einer Änderung wieder in den vorherigen Zustand bringen
`Ctrl`-`U`	Halbe Bildschirmseite zurückblättern
v	Nicht belegt
V	Nicht belegt
`Ctrl`-`V`	Im Kommandomodus nicht belegt; im Eingabemodus wird das folgende Zeichen nicht als Kommando interpretiert

w	Cursor auf Anfang des nächsten Worts bzw. Interpunktionzeichen positionieren
W	Cursor auf Anfang des nächsten Worts (einschließlich Interpunktionszeichen) positionieren
Ctrl-W	Im Kommandomodus nicht belegt; im Eingabemodus das zuletzt eingegebene Wort löschen
x	Zeichen an Cursorposition löschen
X	Zeichen vor Cursorposition löschen
Ctrl-X	Nicht belegt
y	In einen Puffer kopieren
Y	Aktuelle Cursorzeile in einen Puffer kopieren
Ctrl-Y	Eine Bildschirmzeile weiterblättern
z	Blättern: Ist das folgende Zeichen ⏎, so wird die aktuelle Cursorzeile die oberste Bildschirmzeile. Ist das folgende Zeichen ein . (Punkt), so wird die aktuelle Cursorzeile die mittlere Bildschirmzeile. Ist das folgende Zeichen ein -, so wird die aktuelle Cursorzeile die unterste Bildschirmzeile
ZZ	Editor mit Sicherung der Änderungen beenden
Ctrl-Z	Nicht belegt

Zeichen, die im Kommandomodus nicht verwendet werden

Folgende Zeichen werden im Kommandomodus nicht verwendet und können vom Benutzer selbst definiert werden (siehe Teilkapitel über Makros):

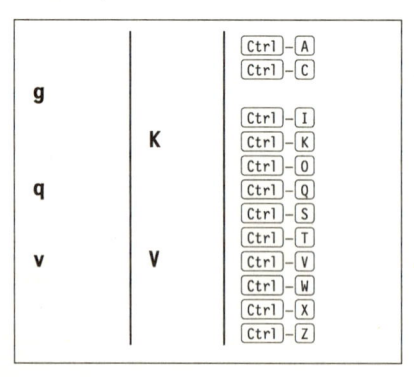

g		Ctrl-A
		Ctrl-C
	K	Ctrl-I
		Ctrl-K
		Ctrl-O
q		Ctrl-Q
		Ctrl-S
		Ctrl-T
v	V	Ctrl-V
		Ctrl-W
		Ctrl-X
		Ctrl-Z

Zusammenfassung der vi-Kommandos

Weitere Aufrufmöglichkeiten des Editors vi

vi kann auch noch mit einem der folgenden Kommandos aufgerufen werden:[91]

view .... Option **readonly** ist hier während der Editor-Sitzung gesetzt.

vedit .... Dieser Aufruf ist für **vi**-Anfänger gedacht: Von Beginn der Editor-Sitzung an sind folgende Optionen gesetzt:

report=1
showmode
novice

wall	Nachrichten an alle Benutzer schicken (write to all users)

Syntax /etc/wall

Beschreibung Das Kommando **wall** liest den zu übermittelnden Text von der Standardeingabe (bis zur Eingabe von **EOF**) und schreibt dann den gelesenen Text auf alle Terminals der momentan angemeldeten Benutzer. Hiermit informiert üblicherweise der Superuser alle angemeldeten Benutzer über bevorstehende Änderungen des Systemzustands (wie z. B. Abschalten des Systems oder Veränderung des Laufzeitverhaltens für Benutzerprogramme wegen notwendiger Tests).

wall kann allerdings nicht nur der Superuser, sondern jeder Benutzer aufrufen; jedoch ist nur der Superuser in der Lage, die Zugriffsrechte anderer Benutzer-Terminals zu durchbrechen, wenn diese mit dem Kommando **mesg -n** für das Schreiben durch "fremde" Benutzer gesperrt wurden. Ist ein Terminal für "fremdes" Schreiben gesperrt ist, so kann die entsprechende Botschaft dort nicht ausgegeben werden und **wall** meldet dies mit

"Cannot send to ...".

---

[91] dabei sind alle Optionen und Argumente des früher gezeigten **vi**-Aufrufs verfügbar

| **wc** | Zählen der Zeilen, Wörter und Zeichen eines Textes (word count) |

Syntax   wc [-lwc] [*datei(en)*]

Beschrei-   Mit dem Kommando **wc** können Zeilen, Wörter und Zeichen eines
bung   Textes gezählt werden.

Voreinstellung für das Kommando **wc** ist:

- keine Optionen angegeben: es wird alles (Zeilen, Wörter und Zeichen) gezählt.

- eine Dateinamen angegeben: Es wird der Text von der Standardeingabe (bis zur Eingabe von Ctrl-D) ausgewertet.

Wenn mehrere *datei(en)* angegeben sind, so werden alle einzeln ausgewertet und abschließend wird ein Gesamtergebnis über die Anzahl aller Zeilen, Wörter und Zeichen ausgegeben.

Optionen   -l es werden nur die Zeilen (engl.: *lines*) gezählt

-w es werden nur die Wörter (engl.: *words*) gezählt

-c es werden nur die Zeichen (engl.: *characters*) gezählt

Diese Optionen können beliebig kombiniert werden.

| **who** | Ausgeben der momentan angemeldeten Benutzer (who is on the system) |

Syntax   who [*option(en)*] [*datei*]

who am i

who am I

Beschrei-   Das Kommando **who** gibt per Voreinstellung alle Login-Namen, Termi-
bung   nalnamen und Anmeldezeiten zu allen Benutzern aus, die momentan am System angemeldet sind. Über die Angabe von Optionen ist es möglich, sich andere Information ausgeben zu lassen. Normalerweise besorgt sich das Kommando **who** seine Informationen aus der Datei */var/adm/utmp*; wird dagegen beim Aufruf von **who** eine *datei* angegeben, so liest es seine Informationen aus dieser *datei*.

Bei den Aufrufen

who am i

who

und

who am I   (beide bedeuten zu deutsch: *Wer bin ich ?*)

wird der Login-Name des Aufrufers ausgegeben.

Ausgabe-
format

Das Format der **who**-Ausgabe hängt von den angegebenen Optionen ab. Dabei können bis zu 8 verschiedene Informationen ausgegeben werden:

name [*zustand*] *leitung zeit* [*aktivität*] [*pid*] [*kommentar*] [*exit*]

Die einzelnen Felder bedeuten dabei:

Feld	Bedeutung
name	Login-Name
zustand	zeigt an, ob "fremde" Benutzer auf diesen Terminal (z. B. mit **write**) schreiben dürfen. Dabei bedeutet: + Schreiberlaubnis – keine Schreiberlaubnis ? gestörte Verbindung
leitung	Name (wie in */dev*) des benutzten Terminals bzw. der benutzten Leitung.
zeit	Anmeldezeit
aktivität	Zeit, die seit der letzten Aktivität am entsprechenden Terminal bzw. Leitung vergangen sind. Dabei bedeutet: . War in der letzten Minute aktiv old seit über 24 Stunden oder seit letzten Systemstart nicht mehr benutzt Stunden:Minuten sonst
pid	PID der Login-Shell
kommentar	Inhalt des Kommentar-Feldes in der Datei */etc/inittab*. Ein solcher Kommentar kann z. B. Information geben, wo sich das entsprechende Terminal befindet.
exit	Beendigungszeitpunkte und Exit-Werte von toten Prozessen.

Optionen

Wenn nicht anders angegeben, so zeigen die auf der folgenden Seite angegebenen Optionen die Informations-Felder *name*, *leitung*, *zeit*, *aktivität*, *pid*, und *kommentar* an.

Option	Beschreibung
−u	(**u**sed) nur die Benutzer auflisten, die momentan angemeldet sind.
−T	(**T**erminal state) zusätzlich noch das Feld *zustand* ausgeben. Wenn dies die einzige Option ist, dann werden (bis auf *zustand*) dieselben Felder wie bei der Option −s ausgegeben.
−l	(**l**ines) nur die Leitungen auflisten, bei denen das System auf ein Anmelden wartet. Dabei wird *LOGIN* im Feld *name* ausgegeben, und das Feld *zustand* wird nicht angezeigt.
−H	(**H**eader) zu jeder Spalte werden Überschriften ausgegeben.
−q	(**q**uick) nur die Namen und die Zahl der momentan angemeldeten Benutzer wird ausgegeben.
−p	(**p**rocess) andere Prozesse, die vom Systemprogramm *init* gestartet wurden, werden ausgegeben.
−d	(**d**ead) alle toten Prozesse, die noch nicht von *init* entfernt wurden, werden ausgegeben. Dabei wird das Feld *exit* angezeigt.
−b	(**b**oot) Zeit und Datum des letzten Systemstarts wird ausgegeben.
−r	(**r**un level) der sogenannte *Run-Level* des *init*-Prozesses wird ausgegeben. Der *Run-Level* s zeigt an, daß das System sich gerade im Einbenutzer-Modus befindet, und der *Run-Level* 2 informiert, daß das System sich im Mehrbenutzer-Modus befindet.
−t	(**t**ime) Zeit und Datum der letzten Systemuhr-Einstellung wird ausgegeben.
−a	(**a**ll) schaltet alle Optionen außer −q und −s an.
−s	es werden nur die Felder *name*, *leitung* und *zeit* ausgegeben.
−n *x*	*x* muß eine ganze Zahl größer 0 sein. *x* legt dabei fest, wie viele Benutzer pro Zeile auszugeben sind; **-n** wird ignoriert, wenn zugleich die Option **-q** angegeben ist.

Werden keine Optionen angegeben, so entspricht dies der Angabe der Option −s.

| write | Nachrichten an andere Benutzer senden |

Syntax write *login-name* [*terminal-name*]

Beschreibung

Mit dem Kommando **write** ist es möglich, daß ein Benutzer Mitteilungen an die Terminals anderer Benutzer sendet. **write** kann dabei benutzt werden, um entweder Informationen einkanalig zu verschicken oder aber *zwei* Benutzern einen Dialog miteinander führen zu lassen.

Nach dem **write**-Aufruf wird die Meldung

Message from *absender* on *rechner-name* (*tty..*) [*datum*] ...

auf dem Terminal von *login-name* ausgegeben, falls dorthin eine Verbindung hergestellt werden konnte.

Dem Sender wird ein erfolgreicher Verbindungsaufbau mit dem zweimaligen Klingeln der Terminalglocke angezeigt. Nun kann der Sender beliebigen Text eingeben; jede mit ⏎ abgeschlossene Zeile wird am Empfängerterminal ausgegeben. Das Ende der Nachricht zeigt der Sender mit der Eingabe von Ctrl-D (**EOF**) an; dies wird am Empfänger-Teminal mit <EOT>[92] oder (*end of message*) angezeigt und danach wird die Verbindung abgebrochen.

Der zu übermittelnde Text kann natürlich auch in eine Datei geschrieben werden und mit Eingabeumlenkung beim Aufruf gesendet werden.

Ist ein Dialog zwischen *zwei* Benutzern erwünscht, so müßte der Empfänger der Nachricht

Message from *absender-login-name* on *rechner-name* (*tty..*) [*datum*] ...

seinerseits den Befehl

write *absender-login-name*

abgeben, um eine zusätzliche "Schreibleitung" zum Absender aufzubauen. Es ist dabei ratsam, die ersten übermittelten Zeilen des Senders abzuwarten. An diesen ist meist erkennbar, ob der Sender lediglich eine Information übermitteln möchte oder aber einen Dialog wünscht.

Wenn ein **write** an einen Benutzer abgegeben wird, der an mehr als an einem Terminal arbeitet, so muß zusätzlich zum *login-name* noch der *terminal-name* (z. B. ttyic) angegeben werden, zu dem eine "Schreibleitung" herzustellen ist. Ist in diesem Fall kein *terminal-name* angegeben, so wird eine "Schreibleitung" zum ersten in der Datei */etc/utmp* gefundenen Terminal-Namen aufgebaut, der vom entsprechenden Benutzer

---

[92] engl.: *end of transmission*

verwendet wird und der Schreiben erlaubt. Der Sender erhält dann folgende Meldung:

```
login-name is logged on more than one place
You are connected to "terminal-name"
Other locations are:
```
terminal-name1
terminal-name2
...

Bei einem Dialog zwischen *zwei* Benutzern sollte ein gewisses Protokoll eingehalten werden, um ein Durcheinander von gesendeten und empfangenen Daten zu vermeiden:

- Nach der Abgabe des **write**-Kommandos (eventuell mit einer Zeile zur Dialog-Aufforderung) sollte der Sender warten, bis der adressierte Empfänger ihn mit einem **write**-Befehl seine Dialogbereitschaft anzeigt.

- Der jeweils sendende Benutzer sollte seine Nachricht mit einer bestimmten Zeichenkombination (wie z. B. –o für *over*) abschließen, um dem anderen Benutzer so mitzuteilen, daß er nun seinerseits auf dessen Antwort wartet.

- Die endgültige Beendigung eines Dialogs sollte der jeweilige Sender ebenfalls mit einer bestimmten Zeichenkombination (wie z. B. –oo für *over and out*) anzeigen.

Wird bei der Eingabe der zu übermittelnden Nachricht als erstes Zeichen ein ! in einer Zeile angegeben, so wird der Rest der Zeile als ein UNIX-Kommando interpretiert, das ausgeführt wird.

Ein Benutzer kann sein Terminal für das Schreiben durch einen **write**-Befehl eines anderen Benutzers sperren. Dazu steht das Kommando **mesg**

Mögliche Fehlermeldungen des **write**-Kommandos sind:

```
user is not logged on
```
adressierter Benutzer ist momentan nicht im System angemeldet.

```
Permission denied
```
adressierter Benutzer hat sein Terminal mit **mesg -n** gesperrt.

```
Warning: cannot respond, set mesg -y
```
Terminal des Senders ist mit **mesg -n** für Antworten des adressierten Benutzers gesperrt.

```
Can no longer write to user
```
Empfänger einer Nachricht hat sein Terminal während der Eingabe der zu übermittelnden Nachricht nachträglich mit **mesg -n** gesperrt.

Index

`Ctrl`-`\` 46
`Ctrl`-`C` 46
`Ctrl`-`D` 41
`Ctrl`-`H` 39
`Ctrl`-`I` 42
`Ctrl`-`M` 41
`Ctrl`-`Q` (Fortsetzen) 43
`Ctrl`-`U` 40
`Ctrl`-`X` 40
:set paragraphs= 329
:set sections= 330
39
.exrc 668
.profile 161, 303
/bin 57
/bin/login 484
/bin/sh 484, 486
/dev 57
/dev/console 57
/dev/lp 57
/dev/null 57
/dev/tty 57
/etc 57
/etc/cron.d/at.allow (1) 582
/etc/cron.d/at.deny (2) 582
/etc/getty 484
/etc/init 483
/etc/inittab 881
/etc/magic 108, 137
/etc/mail/mailx.rc 748
/etc/passwd 135
/etc/shadow 489
/etc/wall 370
/lib 57
/tmp 57
/unix 58, 483
/usr 58
/usr/adm/sulog 804
/usr/cron.d/cron.allow 610
/usr/cron.d/cron.deny 610
/usr/include/sys/signal.h 553
/usr/lib/.COREterm 301
/usr/lib/mailx/mailx.rc 411
/usr/lib/terminfo 301
/usr/mail 381
/usr/sbin/cron 608
/var/news 759
/var/adm/utmp 880
/var/spool/uucppublic 433
@ 40

A

Abbrechen von Druckaufträgen 114
Abbruch eines Kommandos oder eines
   Programms 46
Abfangen von Signalen 554
Abholen von Dateien 433

absolut-modus 99, 591, 751
Absoluter Pfadname 63
Adressen 246
Adreßraum 487
aktive Prozesse
   Informationen ausgeben 778
aktuelle Priorität 489
aktueller Katalog 61
aktuelles Verzeichnis 61
alarm 563
alias 416
alle anderen Benutzer (others) 66
allnet 741
An- und Abmelden am UNIX-System 23
Analyse
   Dateien 678
Analysieren des Dateiinhalts 137, 678
Ändern
   Benutzerkennung 803
   Dateieigentümer 594
   Dateiinhalt 823
Ändern bzw. Vergeben eines Paßworts 766
Ändern einer Datei-Gruppenzugehörigkeit 159
Ändern einer Directory-Gruppenzugehörigkeit 159
Ändern eines Datei-Eigentümers 159
Ändern eines Directory-Eigentümers 159
Anmeldekatalog 61
Anmelden von Benutzern 483
Anmeldeverzeichnis 61
Annullieren von Druckaufträgen 114, 587
Anrufbeantworter 420, 844
Anzeigen des aktuellen Datums und der aktuellen Uhrzeit 30
append 414, 741
apropos 237
ar 575
Arbeiten im Hintergrund 495
Arbeitskatalog 61
Arbeitspuffer 319
Arbeitszustände
   ed 638
   ex 649
   vi 849
Arbeitszustände des vi 305
Arbeitszustände von ed 244
Archive anlegen 223, 603, 811
askatend 741
askbcc 741
askcc 414, 741
asksub 742
at 580

Aufeinanderfolgende identische Zeilen nur einmal ausgeben 144
Auflisten aller momentan angemeldeten Benutzer 30
Auflisten von Dateinamen 76
Aufruf
   ed 637
   mailx 387, 722
   vi 845
Aufruf des C-Compilers 499
Aufruf von ed 243
Aufruf von ex 648
Aufruf von vi 304
Ausführ-Recht 99, 591
Ausführen eines Befehls auf Fremdsystem 841
Ausgabe
   Binärdateien 764
   Dateinamen 714
   formatierten Dateien 775
   GID 703
   Login-Name 709, 880
   Name aller angeschlossenen Systeme 836
   Name des lokalen UNIX-Systems 827
   seitenweise 771
   Statusinformation zu Druckaufträgen 712
   Terminalnamen 825
   UID 703
   working-directory 781
Ausgabe des freien Speicherplatzes 627
Ausgabe des Inhalts einer Datei am Bildschirm 34
Ausgabe eines Datums bzw. einer Uhrzeit in bestimmtem Format 36
Ausgabe von Zeichenketten (Strings) in Spruchbandform 34
Ausgabe von Informationen zu aktiven Prozessen 778
Ausgabeumlenkung 123, 193
Ausgeben
   Datum 623
   Uhrzeit 623
   eines Textes 132
   Binärdateien 171
   Dateien 85
   Dateinamen 76
   Text 636
autoedit 742
autoprint 669, 742
autosign 742

Index

autovedit 742
autowrite 357, 669
awk 242

B

Backspace-Taste ⬅ 39
bang 742
banner 34, 583
base-name 583
batch 584
bc 42
bdiff 128, 633
beautify 670
belegten Speicherplatz angeben 635
benamte Datenröhren 55
benutzereigener Startkatalog 61
Benutzerkennung
    ändern 803
Benutzerklassen 66
Benutzerkommunikation 369
Bestimmte Zeichen eines Textes durch
    andere ersetzen 146
Bildschirmausgabe anhalten und wieder
    fortsetzen 43
Bildschirmeditor vi 299
Binärdateien
    Inhalt lesbar ausgeben 171, 764
blockorientierte Geräte 55
Blockzahl ausgeben 805
Briefe
    lesen 381, 402, 719, 729
    nicht zustellbar 379
    schreiben und senden 378, 718
    schreiben/senden 389
Briefkasten 381
builtin-Kommando 486

C

C-Compileraufruf 499
cal 43, 585
calendar 586
cancel 114, 587
cat 34, 85, 587
cc 499, 588
cd 61, 82, 589
chgrp 159, 590
child process 479
chmod 99, 591
chown 159, 594
clear 595
close 536
cmd=unix-kdo 742

cmp 595
col 597
comm 129, 599
Compilieren
    siehe Kompilieren 588
compress 600
conv 742
cp 86, 601
cpio 223, 603
cron 608
crontab 608
Crontab-Datei 609
crt 742
crypt 67, 163, 611
csplit 159, 611
ct 615
ctags 346, 616, 867
cu 439, 618
cu-Kommandos 621
current directory 61
cut 38, 140, 623

D

Darstellungsmodi des ex 650
date 30, 36, 623
Datei
    NEWS 759
    Suchen in 677
Datei .news_time 759
Dateiarten 54
Dateiblöcke 54
Dateien
    »crontab« 609
    ab bestimmter Position ausgeben 138, 809
    Abholen von mit uuto kopierten
       Dateien 433, 836
    analysieren 137, 678
    Archive anlegen 223, 603, 811
    auf Diskette kopieren 223, 603, 811
    auf Magnetband kopieren 223, 603, 811
    aus Archiven kopieren 223, 603, 811
    Ausgabe des belegten
       Speicherplatzes 635
    ausgeben 85, 587
    bestimmte Felder ausgeben 140
    Blockzahl ausgeben 805
    Datenbankoperationen 149, 704
    dekomprimieren 162, 828
    Directorybaum durchsuchen 152
    drucken 113, 710
    editieren 69, 637
    Eigentümer ändern 159, 594

Dateien (*Fortsetzung*)
   einfache 54
   entschlüsseln 163, 611
   Felder ausgeben 623
   formatiert ausgeben 110, 775
   Gerätedatei 54
   gewöhnliche 54
   Gruppenzugehörigkeit ändern 159
   Hex-dump 764
   Hexa-Dump durchführen 171
   identische Zeilen nur einmal
      ausgeben 144, 827
   in Archive kopieren 223, 603, 811
   indexsequentiell 54
   Inhalt manipulieren 823
   Inhalt verändern 823
   Intelligentes Zerteilen von 611
   klassifizieren 137, 678
   komprimieren 162, 765
   komprimiert ausgeben 162, 770
   konvertieren 626
   kopieren 86, 601, 626
   kopieren auf andere UNIX-Systeme 426
   kopieren auf Fremdsysteme 427, 431,
      829, 840
   Kreierungsmaske 826
   Länge 54
   Links 92
   löschen 97, 785
   Manipulation des Inhalts 146
   mischen 149, 704
   Name ausgeben 714
   nebeneinander ausgeben 142, 769
   Oktal-Dump durchführen 171
   Oktaldump 764
   Prozeßkommunikation 489
   Prüfsumme ausgeben 805
   reguläre 54
   seitenweise Ausgeben 106, 771
   sequentiell 54
   Setzen der Dateikreierungsmaske 160
   side-by-side-Vergleich 128
   sortieren 116, 790
   sortierte vergleichen 599
   Spalten ausgeben 140, 623
   spezielle 54
   Suche 152
   Suchen in 134, 645, 696
   Suchen nach 679
   umbenennen 90, 757
   umformen 146, 823
   Verändern des Inhalts 146
   Vergleich sortierter Dateien 129

Dateien (*Fortsetzung*)
   Vergleich von 3 Dateien 128
   vergleichen 122, 630
   verlagern 90, 757
   verschlüsseln 163, 611
   Verweisstruktur 167
   Wörter zählen 115, 880
   Zeichen zählen 115, 880
   Zeilen numerieren 761
   Zeilen zählen 115, 880
   zerteilen 157, 611, 793
   Zugriffsrechte ändern 99, 591
   Zugriffsrechte hinzufügen 101, 593
   Zugriffsrechte entziehen 101, 593
   zusätzliche Namen vergeben 92
Dateien in mehrere kleinere zerteilen 157
Dateiende-Zeichen (EOF-Zeichen) 41
Dateikatalog 55
Dateikopf 66
Dateikreierungsmaske 160, 826
Dateiname 66
   aus Pfadname extrahiert 583
Dateinamen 56
   auflisten 76
   ausgeben 76, 714
   Expandierung 199
Dateiverzeichnis 55
Datenbankoperation auf Dateien 149, 704
Datum
   ausgeben 623
   einstellen 623
Datum der letzten Änderung des
   Dateiinhalts 165
Datum der letzten inode-Änderung 165
Datum des letzten Zugriffs 166
dd 626
DEAD 743
debug 743
Definitionen zu vi-Textobjekten 328
Dekomprimieren
   Dateien 162, 828
deltas 123
df 186, 627
diff 122, 630
diff3 128, 633
dircmp 634
Directories
   durchsuchen 152, 679
   Eigentümer ändern 159, 594
   Gruppenzugehörigkeit ändern 159
   inode-Nummern 169
   kopieren 223, 603

Index

Directories (*Fortsetzung*)
  nach bestimmten Dateien
    durchsuchen 152
  Vergleichen 634
  Zugriffsrechte ändern 99
Directories und inode-Nummern 169
Directory 55
  einrichten 83, 751
  kopieren 811
  löschen 83, 786
  Name 56
  Pfad aus Pfadnamen extrahieren 635
  wechseln 589
directory= 670
Directorybäume
Directorybäume kopieren 223, 603
direkter Kommandomodus 305
dirname 635
dot 743
Dreifach-Indirektionsblock 166
Druckauftrag annulliert 114
Druckaufträge
  auflisten 114
  Annullieren von 587
  Statusinformation 712
Drucken
  Datei 113, 710
du 635
dup 544
Durchführen eines Oktal-Dumps für
  Dateien 763
Durchsuchen
  Directorybaum 679

E

echo 132, 636
ed 69, 242, 637
  Adressen 246, 640
  Arbeitszustände 244, 638
  Aufruf 243, 637
  Eingabemodus 245, 639
  Kommandomodus 246, 639
  Kommandos 262, 642
  red - eingeschränkte Version 784
  reguläre Ausdrücke 251
  zugelassene Ausdrücke 641
ed-Limits 292, 644
ed-Skripts 645
cdcompatible 357, 670
Editieren von Dateien 69, 637
EDITOR 743
  vi 845
Editor ed 69, 242

Editor ex 365
EDITOR= 415
effektive GID 488
effektive login-Kennung 103
effektive UID 488
egrep 137, 645
  reguläre Ausdrücke 646
Eigentümer 66, 159
einfache Dateien 54
Eingabemodus 245, 305
  ed 639
  ex 650
Eingabeumlenkung 123, 193
Einrichten von Directories 83, 750
Einstellen
  Uhrzeit 623
elektronische Post 725
  empfangen 376
  Kommandos 384
  lesen 381, 402, 719, 729
  nicht zustellbar 379
  senden 376, 389, 717, 718
  senden an andere UNIX-Systeme 421
  senden/schreiben von Briefen 378
Erinnerungs-Service 586
errorbells 670
Erzeugen neuer Verweise (Links) auf
  Dateien 92
escape 743
ex 242, 365, 648
  Adressen 652
  Arbeitszustände 649
  Aufruf von 648
  Darstellungsmodi 650
  Eingabemodus 650
  Kommandomodus 651
  Kommandos 655
  Optionen 356, 668, 874
  reguläre Ausdrücke 653
  Variablen 356, 668, 874
ex-Modus 303, 848
exec-Systemaufrufe 501
execl 502
execle 502
execlp 502, 505
execv 502
execve 502
execvp 502
exexvp 505
EXINIT 360, 676
exit 25, 515
exit-Status 132, 596
exrc 357, 670

F

factor 676
fdopen 543
Felder einer Datei ausgeben 140
fgrep 137, 677
file 137, 678
Filter 216
find 152, 679
finger 683
flipf 743
flipm 743
flipr 743
fmt 685
folder 743
folder= 415
folders 735
followup [brief] 735
Followup [briefliste] 735
fork 506
format 685
Format einer "crontab"-Datei 609
Formateinstellungen
    abfragen 794
    neu setzen 794
formatierte Ausgabe 775
formatierte Ausgabe von Dateien 110
Fortsetzungszeichen 38
forward [briefliste] 735
forwardbegin 743
forwardbracket 744
forwardend 744
forwardprefix 744
freien Speicherplatz ausgeben 627
Fremdsystem
    Kommandos ausführen 841
    Kopieren von Dateien 427, 431
    Kopplung eines lokalen Systems 618
from 744
from [briefliste] 735
ftp 457, 686

G

Geräte 177
    blockorientiert 55
Gerätedateien 54, 177
getpid 525
getppid 525
gewöhnliche Dateien 54
GID 160, 488, 703
    ausgeben 703
    erfragen 703
grep 134, 696

group 416
group alias-name name1 [[name2] ...] 735
groups 699
Gruppe 66
Gruppe einer Datei oder eines
    Directory ändern 159
Gruppen-Kennung 160
Gruppenzugehörigkeit
    kurzzeitig wechseln 759

H

hardtabs 670
hd 699
head 701
header 744
headers [briefliste] 735
help 735
Help-Information 229, 748
Herausschneiden bestimmter Spalten
    aus einem Eingabetext 38
Hexa-Dump 764
    Dateien 171
Hintergrundprozeße 495
hold 414, 744
hold [briefliste] 735
HOME 61
home directory 61
Huffman-Code 162

I

i-node number 164
iconv 702
id 703
if kommando 132
if-Konstruktion 132
ignore 744
ignorecase 357, 671
ignoreeof 744
In anderes Directory wechseln 82
indentprefix 744
indexsequentielle Dateien 54
Inhalt einer Datei ab einer bestimmten
    Stelle ausgeben 138
Inhalt einer Datei am Drucker
    ausgeben 112
Inhalt einer Datei formatiert ausgeben 110
Inhalt einer Datei seitenweise
    ausgeben 106
Inhalt eines i-node 164
Inhalt von Dateien am Bildschirm
    ausgeben 85

Index

893

inode 66
    Inhalt 164
interne Puffer 319
    vi 852
Interprozeß-Kommunikation 489
intr 46
IPC 489
iprompt 744

J

join 704

K

Kalender ausgeben 43
Kalenderangabe 585
Katalog 55
keep 414, 745
keepsave 414, 745
Kernel-Prozeß 483
kill 40, 496, 563, 705
Knotennummer einer Datei 164
Kommando
    UNIX-Kommando ausführen 500
Kommandoeingabe abschließen 41
Kommandomodus 246
    ed 639
    ex 651
Kommandos und ihre Argumente 33
Kommunikation 369
Kompilieren
    von C-Programmen 588
Komprimieren
    Dekomprimieren 828
    von Dateien 162
Komprimierte Ausgabe
    Dateien 770
Kopieren
    Dateien 86, 601, 757
    Dateien auf Fremdsysteme 427, 431, 829, 840
    Directory 811
Kopplung eines lokalen Systems mit Fremdsystem 618

L

Länge von Dateien 54
last 706
Lese-Recht 99, 591
Lesen von Neuigkeiten 759
line 217, 707

Link 95, 708
    Symbolischer 95, 708
lisp 671
list 358, 671
LISTER 745
ln 92, 707
Log-Datei
    zu uucp und uux 835
login 24, 25
login directory 61
Login incorrect 25
Login-Kennung 24, 160
Login-Name 24
    ausgeben 709, 880
logische Seite 217, 761
    Seitenfuß 217, 761
    Seiteninhalt 217, 761
    Seitenkopf 217, 761
logname 709
longest leftmost-Regel 252
Löschen
    Dateien 97, 785
    Directory 83, 786
Löschen der gesamten eingegebenen
    Kommandozeile 40
Löschen des jeweils letzten Zeichens in der
    Kommandozeile 39
lp 112, 710
lpstat 114, 712
ls 76, 714

M

magic 358, 671
mail 369, 377, 717
    Anrufbeantworter 420, 844
    Briefe senden/schreiben 378
    empfangen 376, 717
    forwarding 417
    Kommandos 384, 720
    lesen 381, 719
    nicht zustellbar 379
    Promptzeichen 381
    senden 376, 717
    senden an andere UNIX-Systeme 421
    weiterleiten 417
mailbox 381
mailrc 411
mailx 369, 387, 722
    Antwortkommandos 409
    Aufruf 387, 388, 722
    Aufruf von Help 411

mailx (*Fortsetzung*)
  Ausgabe von Brieftext 392
  Bcc-Zeile 398
  Blättern in Kopfzeilen-Liste 406
  Briefe schreiben/senden 389
  briefliste 729
  Brieftext editieren 391
  Cc:-Zeile 398
  Eingabemodus 387, 722
  Einkopieren einer Datei 393
  Einkopieren eines empfangenen
    Briefes 395
  Einkopieren von Text in Briefe 393
  if-endif 416
  Kommandomodus 387, 722
  Kommandos 732
  Konfigurationsdatei 411
  Kopfzeilen 397
  Lesekommandos 405
  lesen 729
  Lesen von Briefen 402
  Löschkommandos 405
  mailrc 411
  sichern 399
  Sichern von Briefen 408
  Sicherungskommandos 408
  Subject-Zeile 390
  Subject:-Zeile 398
  To:-Zeile 398
  Umschaltkommandos (mailbox) 407
  UNIX-Ausgabe einkopieren 396
  Unterschrift einfügen 398
  Variablen 413, 740
  verlassen 401, 411
mailx-
  Kommandos mit vorangestellten ~ 725
mailx-Konfigurationsdatei 747
MAILX_HEAD 745
MAILX_TAIL 745
major device number 168
Makros 353, 872
man 229, 748
Manualpage 229, 748
MBOX 745
Mehrere Dateien nebeneinander
  ausgeben 142
mesg 180, 358, 374, 671, 750
message Queues 492
Metazeichen
  * 199, 200
  ? 200, 204
  [!..] 200, 204
  [..] 200, 204

Metazeichen (*Fortsetzung*)
  \ 200, 205
metoo 745
minor device number 168
Mischen
  von zwei Dateien 149, 704
mkdir 74, 83, 750
mknod 178, 751
Modifikations-Zeitstempel 168
more 753
mount 185, 755
mprefix 745
mv 90, 757

N

Nachrichten an andere Benutzer senden
  369, 883
Nachrichten des Superusers 369, 879
Named Pipes 55
Netze 443
Neuigkeiten
  lesen 759
newgrp 758
newmail 745
news 759
nice 498, 760
nice-Priorität 489
nl 217, 760
nohup 498, 763
normale Argumente 33
notify 419, 763
novice 358, 672
number 358, 671
Nur bestimmte Spalten oder Felder
  einer Datei ausgeben 140

O

od 171, 763
Oktal-Dump 764
  für Dateien 171
onehop 745
Online-Manual 229, 748
Optionen 34
  ex 356, 668, 874
  vi 356, 668, 874
Ordinary Files 54
outfolder 415, 746

P

pack 162, 765
page 746

Index

PAGER 746
paragraphs= 672
Parameter 33
parent directory 62
parent process 479
passwd 31, 104, 489, 766
Password 24
paste 142, 210, 769
Paßwortdatei 135
Paßwort 24, 25, 31
    ändern 31
pause 564
pcat 162, 770
Peripheriegeräte 177
Pfadname 62
    absolut 63
    Dateinamen extrahieren 583
    Directory-Pfad aus Pfadnamen
        extrahieren 635
    relativ 64
    voll 63
Pfadname . 64
Pfadname .. 64
pg 106, 770
PID 478, 488
ping 452, 774
pipe 535
    T-Stück 814
    Zwischenergebnis 814
Pipes
    Named Pipes 491
    Prozeßkommunikation 490
    T-Stück 214
    Zwischenergebnis sichern 215
PPID 488
pr 110, 775
Primfaktorzelegung 676
print manual pages 748
Priorität
    niedrig 760
process identification 478
prompt 672, 746
prompt= 415
Promptzeichen 24
Protokoll 372
    beim Dialog mit Write 884
Prozesse
    Informationen ausgeben 778
    kurzzeitig unterbrechen 789
    mit niedriger Priorität starten 760
    nach Abmelden weiterlaufen lassen 763
    unter UNIX 483

Prozeß 476
    Adreßraum 487
    Ändern der Priorität 481
    Arbeit im Hintergrund 495
    beenden 496, 705
    Begriffsklärung 476
    Datensegment 488
    Definition 476
    Eigentümer-UID/GID 488
    erzeugen 480
    freiwillig beenden 515
    Info zu aktivem Prozeß ausgeben 492
    Kenndaten 487
    Kommunikation 489
    kreieren 480
    Kreieren neuer Prozesse 506
    kurzzeitig anhalten 514
    kurzzeitiges Stillegen 497
    löschen 480
    mit niedrigerer Priorität starten 498
    nach Abmelden weiterlaufen lassen 498
    Operationen 480
    PID/PPID ermitteln 525
    Prioritäten 489
    Prozeßnummer 488
    Stacksegment 488
    suspendieren 481
    suspendieren und wiederbeleben 481
    Textsegment 488
    UID/GID 488
    UNIX-Prozeßhierarchie 483
    unter UNIX 483
    warten auf Beendigung 516
    Wiederbeleben suspendierter
        Prozesse 481
    Zustände 476
Prozeßhierarchie 479
Prozeßkenndaten 487
Prozeßkennung 478
Prozeßkommunikation 489, 527
    Dateien 489, 527
    einfache Pipes 533
    exit-Status 527
    Message Queues 492
    Named Pipes 491
    Pipes 490
    Semaphore 492
    Shared Memory 492
    Signale 490, 552
    Streams 492
Prozeßkontrollblock 478
Prozeßkonzept 475
Prozeßpriorität 489

Prozeßverwaltung 492
    Kommandos 492
    Systemfunktionen 499
Prüfsumme ausgeben 805
ps 492, 778
PUBDIR 431, 840
pwd 61, 82, 781

Q

quiet 746
quit 46

R

rcp 450, 781
read 536
readonly 672
reale GID 488
reale login-Kennung 103
reale UID 488
Rechner mit unbegr. Genauigkeit 42
Rechte hinzufügen 101, 593
Rechte entziehen 101, 593
record 746
record= 415
red 784
redirection 123
redraw 672
reguläre Ausdrücke
    ed 251
    egrep 646
    ex 653
    longest leftmost 252
    vi 344
Reguläre Dateien 54
Regulärer Ausdruck 251
Relativer Pfadname 64
remap 673
report= 673
rlogin 447, 783
rm 97, 785
rmdir 83, 786
root-Directory 56, 61
rsh 448, 786
ruptime 451, 787
rwho 451, 788

S

save 746
SCCS 123
Schreib-Recht 99, 591
Schreiben und Senden von Briefen 718

screen 746
scroll= 673
sdiff 128, 633
sections= 673
sed 242
seitenweise Ausgabe von Dateien 106
Sekundär-Promptzeichen 39
Semaphore 492
Senden und Empfangen elektronischer
    Post 376, 722
Senden von Briefen 725
Senden von Signalen 563
sendmail 747
sendwait 747
sequentielle Dateien 54
set 741
set-group-id 100, 488, 592
set-user-id 100, 488, 591
setgid-Bits 160
setuid-Bits 160
Setzen der Dateikreierungsmaske 160
Shared Memory 492
Shell 486, 747
shell= 358, 673
shiftwidth= 359, 674
showmatch 359, 674
showmode 359, 674
showto 747
side-by-side-Vergleich von Dateien 128
SIG_DFL 555
SIG_ERR 555
SIG_IGN 555
SIGABRT* 553
SIGALRM 554
SIGBUS* 554
SIGCLD 554
SIGEMT* 554
SIGFPE* 554
SIGHUP.i. 553
SIGILL* 553
SIGINT 553
SIGIOT* 553
SIGKILL 554
sign 747
sign= 415
signal 555
Signal
    abfangen 554
    ignorieren 553
    senden 563
Signal-Behandlung 553
signal.h 553
Signale (Prozeßkommunikation) 552

Index

Signalnummer 496, 553
   SIGABRT 553
   SIGALRM 554
   SIGBUS 554
   SIGCLD 554
   SIGEMT 554
   SIGFPE 554
   SIGILL 553
   SIGINT 553
   SIGIOT 553
   SIGKILL 554
   SIGPIPE 554
   SIGPWR 554
   SIGQUIT 553
   SIGSEGV 554
   SIGSYS 554
   SIGTERM 554
   SIGTRAP 553
   SIGUSR1 554
   SIGUSR2 554
SIGPIPE 554
SIGPWR 554
SIGQUIT* 553
SIGSEGV* 554
SIGSYS* 554
SIGTERM 554
SIGTRAP* 553
SIGUSR1 554
SIGUSR2 554
sleep 497, 514, 564, 789
Sohnprozeß 479
sort 38, 116, 790
Sortieren
   Dateien 116, 790
Sortierfelder 118
Sortierschlüssel 117, 791
sortierte Dateien vergleichen 129
sortierte Textdateien
  vergleichen 122, 599, 630
Spalten
   ausgeben 623
   einer Datei ausgeben 140
Special Files 54
Speicherplatz
   Ausgabe des freien 627
   Belegung 635
Sperren des eigenen Terminals 750
spezielle Dateien 54
split 157, 793
Stammverzeichnis 61
Standardausgabe 123, 193
   umlenken 123
Standarddateien 194

Standardeingabe 123, 193
   umlenken 123
   Zeile lesen 707
Standardfehlerausgabe 193
start 43
Starten eines UNIX-Systems 483
Statusinformation
   Druckaufträge 712
   uucp 837
   uuto 837
Statusinformation abfragen
   (uucp/uuto) 435
sticky bit 100, 592
stop 43
Stream-Editor sed 242
Streams 492
Struktur und Größe von UNIX-Dateien 53
stty 46, 794
su 803
Subdirectories 55
Suchen 342, 863
   Dateien 152, 679
   in Dateien 134, 677
sum 805
Superuser
   Nachrichten schicken 879
Symbolischer Link 95, 708
symbolischer-modus 591
system 500
Systemboot 25
Systemconsole 57
Systemfunktion
   alarm 563
   close 536
   dup 544
   execl 502
   execlp 505
   execv 502
   exexvp 505
   exit 515
   fdopen 543
   getpid 525
   getppid 525
   kill 563
   pause 564
   pclose 534
   pipe 535
   popen 534
   read 536
   signal 555
   sleep 514, 564
   wait 516
   write 536

Systemfunktionen zur
　Prozeßsteuerung 506

T

T-Stück 214
tabs 806
tabstop= 674
Tabulator-Zeichen 42
Tabulatorposition setzen 806
tags= 674
tail 138, 809
talk 370, 810
tar 811
Taste ⏎ 41
Taste BREAK 46
Taste Del 46
Taste →| 42
tee 215, 814
telnet 453, 815
TERM 301, 847
term= 674
Terminal
　Name ausgeben 825
Terminalbedienung 39
Terminaleinstellungen mit
　dem Kommando stty 46
terminfo 301
terse 359, 675
Textdateien vergleichen 122, 630
Texteditor
　vi 845
tftp 820
time 822
toplines 747
toplines= 415
touch 168, 823
tput 301, 847
tr 146, 823
tty 179, 825

U

übergeordneter Katalog 62
übergeordnetes Verzeichnis 62
Uhrzeit
　ausgeben 623
　einstellen 623
UID 135, 160, 488, 703
　ausgeben 703
　erfragen 703
umask 160, 826
Umbenennen von Dateien 90, 757

Umlenkung 123
　Standardausgabe 193
　Standardeingabe 193
umount 755
uname 421, 827
uncompress 600
uniq 827
UNIX
　Prozeßhierarchie 483
Unix-Dateien
　Größe 53
　Struktur 53
UNIX-Dateihierarchie 56
UNIX-Dateisystem 53
UNIX-Editoren 241
Unix-Kernel 58
UNIX-Kommando
　aufrufen aus C-Programm 500
UNIX-Kommandointerpreter 486
UNIX-Netz
　Datenaustausch 421
　Name ausgeben 421
UNIX-Netze
　Namen ausgeben 422
UNIX-Prozeßkonzept 475
UNIX-Shell 486
UNIX-Systeme
　Benutzer anmelden 483
　starten 483
unpack 162, 828
unsortierte Textdateien
　vergleichen 122, 630
Urprozeß 483
USENET 466
user identification 135
uucp 427, 829
　Log-Datei ausgeben 835
　Statusinformation abfragen 435, 837
UUCP-System 425
uudecode 442, 834
uuencode 442, 833
uuglist 430, 834
uulog 835
uuname 422, 836
uupick 433, 836
uupick-Kommandos 837
uustat 435, 837
uuto 431, 840
　Statusinformation abfragen 435
uux 841
　Log-Datei ausgeben 835

Index

V

vacation 844
Vaterprozeß 480
vedit 365, 879
Vergleichen
    Dateien 630
    Directories 634
    sortierte Dateien 129
    sortierte Textdateien 599
    von drei Dateien 128
    zweier (un)sortierter Textdateien 122
Verlagern von Dateien 90, 757
Verschlüsseln/Entschlüsseln von Texten 163, 611
Verweisstruktur für eine Datei 167
Verzeichnis 55
vi 242, 299, 845
    :set 356, 874
    :set all 356, 874
    :set nooption 356, 874
    :set option 356, 874
    :set option=wert 356, 874
    :set option? 356, 874
    Abhängigkeit vom Terminal 847
    Absatz 328, 854
    Abschnitt 328, 854
    alpabetische Befehlsübersicht 875
    Änderungen rückgängig 352, 871
    Arbeitspuffer 319
    Arbeitszustände 305, 849
    Aufruf 304, 845
    beenden 349, 869
    Buchstaben-Kommandos 360, 875
    Buchstabenkommandos 875
    Cursor-Positionierungen 856
    Darstellungsmodi 848
    direkter Kommandomodus 305, 849
    Editor 845
    Eingabemodus 305, 849
    Eingeben, Ändern und Löschen von Text 860
    gleichzeitiges Editieren 350, 870
    gleichzeitiges Editieren mehrerer Dateien 350, 870
    interne Puffer 319, 852
    Kommandos 309
    kopieren 347
    Kopieren und Verschieben von Text 867
    Korrekturmöglichkeiten im Eingabemodus 340, 861
    Makros 353, 872
    Markieren und Positionieren anhand von Markierungen 868

vi (Fortsetzung)
    Neuaufbauen einer Bildschirmseite 352, 871
    Neuaufbauen von Bildschirmseiten 352, 871
    Optionen 356, 668, 874
    reguläre Ausdrücke 344
    Satz 328, 854
    Satz- und Absatz-Positionierung 338, 858
    set all⏎ 669
    set nooption 668
    set option 668
    set option=wert 668
    set option?⏎ 669
    set⏎ 669
    sichern 349, 869
    Sichern und Beenden 869
    suchen 342, 863
    Suchen und gleichzeitiges Editieren 345, 865
    Suchen unter Verwendung einer Tag-Datei 345, 866
    Tasten mit Sonderbedeutung im Eingabemodus 340, 861
    Textobjekte 328, 853
    Umschalten in den Eingabemodus 339, 860
    UNIX-Kommandos ausführen 353, 871
    Variable 668
    Variablen 356, 874
    Verschieben von Text 347
    Vorgenommene Änderungen rückgängig machen 352, 871
    weitere Aufrufmöglichkeiten 365, 879
    Wort 328, 853
    Zeilen-Kommandomodus 305, 849
    Zeilen-Positionierung 337, 858
vi-Kommandos 309, 335, 856
vi-Modus 303, 848
vi-Tasten 852
view 365, 879
VISUAL 747
voller Pfadname 63

W

wait 516
wall 369, 879
warn 675
wc 36, 115, 880
who 30, 880
window= 675

working directory 61
    anzeigen 82
    Ausgabe 781
    ausgeben 82
    wechseln 82, 589
wrapmargin= 359, 675
wrapscan 675
write 369, 370, 536, 883
writeany 676

Z

Zahl
    Primfaktor ermitteln 676
Zählen der Zeichen, Wörter und Zeilen einer Datei 115
Zählen der Zeilen, Wörter und Zeichen eines Textes 36
zcat 600
zeichenorientierte Geräte 55
Zeile
    von der Standardeingabe lesen 707
Zeilen
    ausgeben 623
    numerieren 761
Zeilen-Kommandomodus 305
Zeilennumerierung eines Textes 217
zeilenorientierter Editor ed 242
Zeilenweiser Vergleich zweier sortierter Textdateien 129, 599
Zeitmessungen für Programme 822
Zerkleinern von Dateien 157
Zerteilen von Dateien 157, 611, 793
zugelassene Ausdrücke
    ed 641
Zugriffszeitstempel 168
Zugriffsrechte 66
    ändern 99, 591
    entziehen 101, 593
    hinzufügen 101, 593
    von Dateien ändern 99
Zweifach-Indirektionsblock 166

EDV-Management

Computertechnologie und Managementpraxis
Datenbanken und Objekte
Wolf Dietrich Nagl
316 S., 1992, 79,90 DM, geb., ISBN 3-89319-453-3

Unternehmenserfolg und Informationsmanagement
Wettbewerbsvorteile durch Interaktionsfähigkeit und Prozeßgestaltung
Michael Peltzer (Hrsg.)
326 S., 1992, 79,90 DM, geb., ISBN 3-89319-420-7

Objektorientierte Softwaretechnologien
Ein Leitfaden für Manager
David A. Taylor
183 S., 1992, 59,90 DM, geb., ISBN 3-89319-436-3

Fachliche Modellierung von Informationssystemen
Methoden, Vorgehen, Werkzeuge
Gunter Müller-Ettrich (Hrsg.)
352 S., 1993, 79,90 DM, geb., ISBN 3-89319-487-8

Integration Engineering
Konzeption, Entwicklung und Einsatz integrierter Software-Systeme
Claus Rautenstrauch
312 S., 1993, 79,90 DM, geb., ISBN 3-89319-517-3

Client-Server-Architektur
Grundlagen und Herstellerkonzepte für Downsizing und Rightsizing
Wolf-Rüdiger Hansen (Hrsg.)
240 S., 1993, 79,90 DM, geb., ISBN 3-89319-611-0

Unternehmensprinzip Offenheit
Erfolgsfaktor der modernen Wirtschaft
Bernhard Dorn (Hrsg.)
304 S., 1993, 79,90 DM, geb., ISBN 3-89319-595-5

ADDISON-WESLEY

Sachbuch

Virtuelle Gemeinschaft
Soziale Beziehungen im Zeitalter des Computers
Howard Rheingold

Wie wird die Zukunft dieser vielfältigen Gemeinschaft aussehen, besonders heute, im Zeitalter der zunehmenden Kommerzialisierung der „elektronischen Daten-Highways"?

Aus der Sicht des Insiders schildert Rheingold die Intensität menschlicher Beziehungen, die Stärke elektronischer Demokratie und die Bildungschancen, die ein vielfältig verknüpftes Kommunikationsnetz eröffnet. Doch er warnt auch vor den dunkleren Seiten. Sind wir erst einmal alle im Netz verkabelt, können all unsere Aktivitäten elektronisch übermittelt und aufgezeichnet werden.

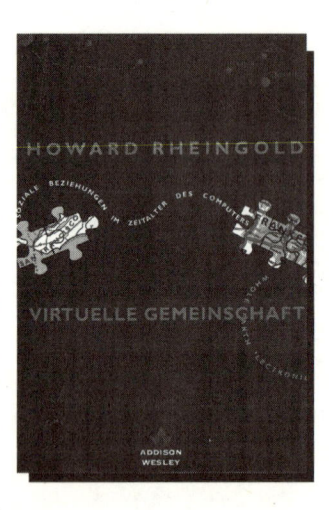

Virtuelle Gemeinschaft ist ein Muß für jeden, der die nächste Welle menschlicher Kulturentwicklung, die sich online abspielen wird, verstehen möchte.
350 Seiten, 1994, 48,– DM, geb., ISBN 3-89319-671-4

ADDISON-WESLEY

UNIX-Quickreferenz - 1
(Alphabet. Kommando-Übersicht)

ar	Archiv-Bibliotheken erstellen/unterhalten
at	Kommandos erst später ausführen lassen
banner	Spruchbandform-Ausgabe von Strings
basename	Basisnamen von Pfadnamen ausgeben
batch	Kommandos später ausführen lassen
cal	Kalender ausgeben
calendar	Automatisches Erinnern an Termine
cancel	Druckaufträge abbrechen
cat	Dateien ausgeben
cc	Kompilieren (Linken) von C-Programmen
cd	working directory wechseln
chgrp	Gruppenzugehörigk. von Dateien ändern
chmod	Zugriffsrechte von Dateien ändern
chown	Eigentümer von Dateien ändern
cmp	Vergleichen von zwei Dateien (auch Nicht-Textdateien)
clear	Löschen des ganzen Bildschirms
col	Entfernen von Zeilenrückläufen aus drucker-formatierten Texten
comm	Vergleichen zweier sortierter Textdateien
compress	Komprimieren von Dateien
cp	Kopieren von Dateien
cpio	Kopieren von Dateien in bzw. aus Archiv-Datei; Kopieren ganzer Directorybäume
crontab	Kommandos in Zeitintervallen ausführen lassen
crypt	Ver-und Entschlüsseln von Texten
csplit	Kontextabhängiges Zerteilen einer Datei
ct	Remote Callback eines Terminals
ctags	Automatische Generierung einer tags-Datei für vi bzw. ex
cu	Kopplung eines lokalen Rechners mit einem entfernten Rechner
cut	Spalten oder Felder einer Datei ausgeben
date	Datum u. Uhrzeit erfragen (bzw. setzen)
dd	Konvertieren und Kopieren von Dateien
df	Freien Speicherplatz auf einem Dateisystem ausgeben
dfspace	Freien Speicherplatz auf allen Dateisystemen ausgeben
diff	Vergleichen zweier (un)sortierter Textdateien
dircmp	Vergleichen zweier Directories
dirname	Directory-Pfad eines Pfadnamen ausgeben
du	Belegten Speicherplatz ausgeben
echo	Text ausgeben
ed	Editieren von Textdateien
egrep	Suchen in Dateien
ex	Editieren von Textdateien
factor	Primfaktorzerlegung durchführen
fgrep	Suchen in Dateien
file	Analysieren des Inhalts von Dateien
find	Suchen nach Dateien
finger	Informationen zu anderen Benutzer ausgeben
fmt	Formatieren von Dateien
format	Formatieren von Floppy-Disks
ftp	Kopieren von Dateien auf entfernte Systeme
grep	Suchen in Dateien
groups	Gruppenzugehörigkeit eines Benutzers ausgeben
hd	Hexadezimale Ausgabe von Dateien
head	Anfangszeilen von Dateien ausgeben
iconv	Konvertieren von internationalen Zeichensätzen
id	Eigene UID und GID ausgeben
join	Mischen von zwei Dateien
kill	Beenden von Prozessen
last	An- und Abmeldezeiten von Benutzern ausgeben
line	Eine Zeile von Standardeingabe lesen
ln	Links auf Dateien erzeugen
logname	Eigenen Loginnamen ausgeben
lp	Drucken von Dateien
lpstat	Drucker-Statusinformation ausgeben
ls	Auflisten von Dateinamen
mail	Mail schicken und empfangen
mailx	Mail schicken und empfangen (neuere Version)
man	Help-Information anfordern
mesg	Eigenes Terminal für fremde Benutzer sperren bzw. freigeben
mkdir	Directories anlegen
mknod	Gerätedateien anlegen
more	Seitenweises Ausgeben von Dateien
mount	Montieren von Dateisystemen
mv	Umbenennen von Dateien
newgrp	Gruppenzugehörigkeit wechseln
news	Neuigkeiten lesen
nice	Priorität von Prozessen herabsetzen
nl	Numerieren der Zeilen in Dateien
nohup	Prozesse nach Abmelden weiterlaufen lassen
notify	Ankunft neuer Mail sofort melden
od	Oktale Ausgabe von Dateien
pack	Komprimieren von Dateien
passwd	Paßwort vergeben oder ändern
paste	Dateien nebeneinander ausgeben

pcat	Mit pack komprimierte Dateien ausgeben	uupick	Abholen von Dateien, die mit uuto kopiert wurden
pg	Seitenweises Ausgeben von Dateien	uustat	Statusinformationen zu uucp- und uuto-Aufträgen ausgeben
ping	Verbindung zu entfernten System testen	uuto	Kopieren von Dateien zwischen vernetzten UNIX-Systemen
pr	Datei druckerformatiert ausgeben	uux	Kommando auf entfernten System ausführen lassen
ps	Prozesse auflisten	vacation	Anrufbeantworter für Mail einrichten
pwd	working directory ausgeben	vi	Editieren von Textdateien
rcp	Kopieren von Dateien auf entfernte Systeme	wall	Nachricht an alle Benutzer schicken
rlogin	Anmelden auf entfernten Rechner	wc	Zeilen, Wörter und Zeichen einer Datei zählen
rm	Löschen von Dateien	who	Aktive Benutzer auflisten
rmdir	Löschen von Directories	write	Nachricht an anderen Benutzer senden
rsh	Shell auf entfernten System starten	zcat	mit compress komprimierte Dateien ausgeben
ruptime	Im Netz aktive Systeme auflisten		
rwho	Im Netz aktive Benutzer auflisten		
sleep	Stillegen von Prozessen		
sort	Sortieren von Dateien		
split	Zerteilen von Dateien		
stty	Terminal-Einstellungen setzen/ausgeben		
su	Login wechseln		
sum	Prüfsumme für Datei berechnen		
tabs	Tabulatorpositionen eines Terminal setzen		
tail	Letzten Zeilen einer Datei bzw. Datei ab einer bestimmten Stelle ausgeben		
talk	Kommunizieren mit anderen Benutzer		
tar	Kopieren von Dateien oder Directorybäumen auf Diskette		
tee	T-Stück für eine Pipe		
telnet	Remote Login auf anderen Rechnern		
tftp	Vereinfachtes ftp		
time	Zeitmessungen für Programme durchführen		
touch	Zeitstempel von Dateien ändern		
tr	Ändern von Zeichen in einem Text		
tty	Terminalnamen ausgeben		
umask	Dateikreierungsmaske setzen/ausgeben		
uname	Systemname ausgeben		
uncompress	Dekomprimieren von mit compress komprimierten Dateien		
uniq	Identische Zeilen nur einmal ausgeben		
unpack	Dekomprimieren von mit pack komprimierten Dateien		
uucp	Kopieren von Dateien zwischen vernetzten UNIX-Systemen		
uuencode	Binärdateien für Übertragung im Netz in ASCII-Dateien umwandeln		
uudecode	Empfangene ASCII-Dateien wieder in Binärdateien zurückwandeln		
uuglist	UUCP-Prioritäten auflisten		
uulog	UUCP-Logdateien ausgeben		
uuname	Über Netz direkt angeschlossene Systeme auflisten		

Systemfunktionen zur Prozeßverwaltung

int system(char *kdozeile)
Aufruf von UNIX-*kdozeile* aus einem C-Programm heraus.

int execl(char *pfad, char *arg0, ..., char*argn, 0)
pfad als neues Programm mit den Argumenten *arg0,...,argn* ausführen. Code- und Datensegment des aufrufenden Prozesses wird durch dieses neue Programm *pfad* ersetzt.

int execv(char *pfad, char *argv[])
pfad als neues Programm mit den Argumenten aus *argv* ausführen. Code- und Datensegment des aufrufenden Prozesses wird durch dieses neue Programm *pfad* ersetzt.

int execlp(char *prog, char *arg0, ..., char*argn, 0)
int execvp(char *prog, char *argv[])
wie **execl** und **execv**, nur daß anstelle eines absoluten Pfads nur der Programmname *prog* angegeben werden kann.

int fork()
neuen Prozeß kreieren.

unsigned sleep(int sekunden)
Prozeß für *sekunden* anhalten.

void exit(int status)
Prozeß mit Exit-Status status beenden.

int wait(int *status)
auf Beendigung eines Sohnprozesses warten.

FILE *popen(kdo, typ)
zwischen Prozeß und *kdo* eine Pipe einrichten; *typ* entweder **r** (Lesen) oder **w** (Schreiben).

int pipe(int fd[2])
Pipe zwischen Prozessen einrichten.

void (*signal(int nr,funkz))()
Signalhandler installieren.

UNIX-Quickreferenz - 2
(Ausgeben, Drucken, Auflisten, Kopieren, Suchen, Vergleichen, Löschen, Sortieren, Analysieren, Mischen)

Ausgeben

cat [*optionen*] [*datei(en)*]
  datei(en) nacheinander ausgeben (**cat**enate)

pg [*optionen*] [*datei(en)*]
  datei(en) seitenweise ausgeben (**pg**age)

more [*optionen*] [*datei(en)*]
  datei(en) seitenweise ausgeben

nl [*optionen*] [*datei*]
  datei mit Zeilennrn. ausgeben (**n**umber **l**ine)

tail [*optionen*] [*datei*]
  datei ab bestimmter Stelle ausgeben
  -*n*   Letzten *n* Zeilen ausgeben (Voreinst. -10)

head [*optionen*] [*datei*]
  Anfangszeilen von *datei* ausgeben
  -*n*   Ersten *n* Zeilen ausgeben (Voreinst. -10)

od [*optionen*] [*datei*]
  Bytes/Worte von *datei* in Oktal-,Hexa- oder Dezimaldarst. ausgeben (**o**ctal **d**ump)
  -b   (**b**ytes) Bytes oktal ausgeben
  -c   (**c**haracter) Bytes als ASCII, wenn möglich
  -x   (he**x**adecimal) Worte hexadez. ausgeben

hd [*optionen*] [*datei*]
  Bytes/Worte/Langworte von *datei* in Hexadezimal-Darst. ausgeben (**h**exa **d**ump)

paste [*optionen*] *datei(en)*
  datei(en) nebeneinander ausgeben;
  ls | paste - - - -   Dateien vierspaltig auflisten

Drucken

lp [*optionen*] [*datei(en)*]
  datei(en) drucken (**l**ine **p**rinter)
  -n*x* *datei(en)* *x*-mal drucken
  -c   *datei(en)* kopieren und Kopien drucken
  -m   mail schicken, wenn Druck beendet

lpstat [*optionen*] [*druck-id(s)*]
  Statusinformationen zu Druckern ausgeben
  -t   alle verfügbare Statusinfos ausgeben

cancel [*druck-id(s)*] [*drucker-name(n)*]
  Druckaufträge (*druck-id(s)*) bzw. alle gerade bearbeiteten Aufträge an Druckern *drucker-name(n)* abbrechen

pr [*optionen*] [*datei(en)*]
  Dateien für Drucken aufbereiten (**pr**int)
  -n   *datei(en)* mit Zeilennummern ausgeben
  -l*n* Seitenlänge auf *n* Zeilen festlegen
  -w*n* Zeilenlänge auf *n* Zeichen festlegen
  -*n*   *datei(en)* in *n* Spalten ausgeben
  -m   *datei(en)* nebeneinand. in Spalten

Auflisten

ls [*optionen*] [*datei(en)*]
  -l   (**l**ong) ausführliche Information
  -a   (**a**ll) auch mit Pkt beginnende Dateinamen
  -1   untereinander listen
  -F   Directories mit angehängten / markieren
  -i   inode-Nummer mit ausgeben
  -d   nur directory (nicht Inhalt) listen
  -R   Rekursiv alle Subdirectories listen
  -r   (**r**everse) Reihenfolge der Ausg. umkehren

Kopieren

cp *datei1* [*datei2* ...] *ziel*
  Dateien kopieren (**c**o**p**y)
  -i   Vor Überschreiben einer Datei nachfragen
  cp laender staaten
    Datei *laender* nach *staaten* kopieren
  cp laender staaten /home/egon
    Dateien *laender* und *staaten* ins Directory */home/egon* kopieren
  cp /home/emil/*.c .
    Alle C-Dateien aus Directory */home/emil* ins working directory kopieren

mv [*optionen*] *datei1* [*datei2* ...] *ziel*
  Dateien oder Directories umbenennen (**m**o**v**e)
  auch möglich: **mv** *alt_directory neu_directory*
  -f   Schreibgeschützte Dateien ohne Rückfrage umbennen
  -i   Vor Überschreiben einer Datei nachfragen

ln [*optionen*] *datei1* [*datei2* ...] *ziel*
  Weitere Namen an Dateien vergeben (**l**i**n**k)
  -f   Schreibgeschützte Dateien ohne Rückfrage überschreiben
  -s   Symbolischen Link anlegen

Kopieren von Directorybäumen
  (siehe **Archivieren**)

Suchen in Dateien

grep [*optionen*] *regulärer-Ausdruck* [*datei(en)*]
  Suchen nach Begriffen (*regulärer-Ausdruck*; siehe letzte Quick-Referenzkarte) in *datei(en)*
  -c   Anzahl der Zeilen, die Begriff enthalten
  -i   Groß-/Kleinbuchst. nicht unterscheiden
  -l   Dateinamen melden, die Begriff enthalten
  -n   Zeilennummer mit ausgeben
  -v   Zeilen ausgeb., die Begriff nicht enthalten

egrep [*optionen*] *regulärer-Ausdruck* [*datei(en)*]
  (**e**xtended **grep**) Erweiterte **grep**-Version; läßt mächtigere *reguläre-Ausdrücke* zu (siehe letzte Quick-Referenzkarte); *optionen* (siehe **grep**)

fgrep [*optionen*] *string(s)* [*datei(en)*]
  (**f**ast **grep**) läßt nur *string(s)* und keine *reguläre-Ausdrücke* als Suchbegriff zu. *optionen* (siehe **grep**). Zusätzliche Option:
  -x   Nur Zeilen ausgeben, die exakt einem der angegebenen *strings* entsprechen.

Suchen nach Dateien

find *pfadname(n) bedingung(en)*
In Directorybäumen *pfadname(n)* nach Dateien suchen, die *bedingung(en)* erfüllen. Mögliche *bedingung(en)* sind erfüllt, wenn:

- **-name** *datei* — Datei mit Name *datei* gefunden
- **type** *c* — Datei vom Typ *c* gefund.; *c* ist:
  f (einfache Datei), **d** (Directory),
  l (symbolischer Link),
  c,b(zeichen-/blockorient. Gerät)
  p (named pipe)
- **-perm** *oooo* — Datei Zugriffsrechte besitzt, die gleich Oktalzahl *oooo* sind
- **-user** *name* — Datei Benutzer *name* gehört
- **-size** *n*[c] — Datei *n* Blöcke/*n* Bytes (*n*c) hat
- **-atime** n — letzter Zugriff vor *n* Tagen war
- **-depth** — immer erfüllt; zuerst zu Bättern des Directorys; nützlich bei **cpio**
- **-exec** *kdo* \; — *kdo* erfolgreich; für {} in *kdo* wird aktueller Pfadname eingesetzt
- **-ok** *kdo* \; — wie **exec**; *kdo* jedoch erst nach Rückfrage ausführen
- **-print** — immer erfüllt; Pfad ausgeben
- **-prune** — bestimmte Dateien/Directories, die zuvor anzugeben sind, von Suche ausklammern.

find -name "*.c" -print
Alle C-Programme ab work. dir. ausgeben
find / -size +200000c -print
Alle Dateien mit mehr als 200000 Bytes ausgeben
find / \(-name a.out -o -name '*.o' \) -atime +7 -ok rm {} \;
Alle a.out oder mit .o endende Namen, auf die seit 1 Woche nicht mehr zugegriffen wurde, mit Rückfrage löschen

Vergleichen von Dateien

diff [*option(en)*] *datei1 datei2*
Zwei (un)sortierte Textdateien vergleichen; Unterschiede in ed-ähnlicher Form ausgeb.
- **-w** Alle Leerzeichen ignorieren
- **-e** Änderungen, um *datei1* mit *datei2* identisch zu machen, werden als ed-Kommandos (ed-Skript) ausgegeben

comm [-123] *datei1 datei2*
Zwei sortierte Textdateien vergleichen und für Zeilen eine 3-spaltige Liste ausgeben:
nur in *datei1*   nur in *datei2*   in beiden Dateien
- **-n** Spalte *n* nicht ausgeben

cmp [*option(en)*] *datei1 datei2*
Zwei Dateien (auch Binärdateien) byteweise vergleichen
- **-l** Ausgabe aller unterschiedl. Bytes (sonst nur 1. verschied. Bytes ausgeben)

Löschen

rm [-fri] *datei(en)*...
Dateien / Directorybäume löschen (**rem**ove)
- **-f** Keine Frage bei schreibgeschützt. Datei
- **-r** ganzen Directorybaum löschen
- **-i** vor jedem Löschen nochmals nachfragen

rmdir [*optionen*] *directory(s)*
(**rem**ove **dir**ectory) Leere *directory(s)* löschen
- **-p** löscht auch parent directories zu leer gewordenen *directory(s)*
Nichtleere Directories mit **rm -r** löschen

Sortieren

sort [*option(en)*] [*datei(en)*]
datei(en) sortieren
- **-m** (**m**erge) sortierte *datei(en)* mischen
- **-o** *datei* Ausgabe nach *datei* (nicht stdout); *datei* kann eine von *datei(en)* sein
- **-d** (**d**ictionary) lexikographisch sortieren
- **-f** Klein-/Großbuchstab. nicht unterscheid
- **-i** nicht druckbare Zeichen ignorieren
- **-n** (**n**umeric) Numerisch sortieren
- **-r** (**r**everse) absteigend sortieren
- **-t***z* Feldtrennzeichen auf *z* festlegen (nicht Leer-/Tabzeichen)
- **-b** (**b**lank) führende Leerzeichen ignorier.
- **+***m*[.*n*] ab *n*+1.Zeichen im *m*+1.Feld sortieren (Voreinst.: .*n*=.0)
- **-***m*[.*n*] bis *n*.Zeichen nach Ende des *m*.Felds sortieren (Voreinst.: .*n*=.0)

sort -t: +3d -4 +0n -1 namliste
namliste sortiert ausgeben; Feldtrennzeichen ist :; 1.Sortierschlüssel ist 4.Feld (lexikogr. sortieren); 2.Sortierschlüssel ist 1.Feld (numerisch sortieren)

Analysieren

file [*option(en)*] *datei(en)*
Inhalt der *datei(en)* analysieren (*c program text, ascii text, commands text, ...executable,* usw.)

wc [-lwc] [*datei(en)*]
(**w**ord **c**ount) Zeilen (**-l**), Wörter (**-w**), Zeichen (**-c**) in *datei(en)* zählen (Voreinst.: **-lwc**)
ls -a | wc -l Alle Dateien im work. dir. zählen

sum [-r] *datei* — Prüfsumme zu *datei* ausgeben
- **-r** anderen Algorithmus verwenden

Mischen

join [*option(en)*] *datei1 datei2*
Mischen von Zeilen aus sortierten *datei1* und *datei2* mit gleichem Schlüsselfeld
- **-j** *m* Schlüsself. ist *m*.Feld in beiden Dateien
- **-j1** *m* Schlüsselfeld ist *m*.Feld in *datei1*
- **-j2** *m* Schlüsselfeld ist *m*.Feld in *datei2*
- **-o** *n.m*... auszugebende Felder festlegen (Dateinr *n*=1,2; *m*=Feldnr.)
- **-t***z* Feldtrennzeichen ist *z*

UNIX-Quickreferenz - 3
(Ersetzen, Umformen, Herausschneiden, Zerteilen, Komprimieren, Montieren, Zugriffsrechte, Dateikreierungsmaske, Eigentümer/Gruppe ändern, Archivieren/Directories kopieren)

Ersetzen/Umformen

tr [-cds] [*string1* [*string2*]]
    (**tr**anslate) Jedes Zeichen aus *string1* durch entspr. Zeichen aus *string2* im Eingabetext ersetzen; alles andere unverändert ausgeb.
    -c (**c**omplement) alle ASCII-Zeichen, die nicht in *string1* sind, anstelle von *string1* verwenden; *string2* hier nicht sinnvoll
    -d (**d**elete) alle Zeichen aus *string1* löschen; *string2* hier nicht sinnvoll
    -s für gleiche hintereinand. vorkommende Zeichen (aus *string2*) nur eins ausgeben
  tr "[a-z]" "[A-Z]" <klein >gross
    Datei klein nach gross kopieren; dabei Klein- durch Großbuchstaben ersetzen
  tr -cs "[a-z][A-Z]" "[\012*]" <bibel | sort | uniq -c
    Wortstatisitk zur Datei *bibel* ausgeben

uniq [-udc [+*n*] [-*m*]] [*eindatei* [*ausdatei*]]
    Aufeindanderfolg. gleiche Zeilen nur einmal ausgeben; Voreinstellung: **-ud**
    -u nur Zeilen ausgeben, die nicht mehrfach hintereinander vorkommen
    -d von mehrfach hintereinander stehenden Zeilen nur eine ausgeben
    -c zu jeder Zeile angeben, wieoft sie sich wiederholt
    +*n* ersten *n* Zeichen in Zeilen ignorieren
    -*m* ersten *m* Felder in Zeilen ignorieren (Trennzeichen: Leer-/Tabzeichen)

Herausschneiden

cut -c*spalten* [*datei(en)*]
cut -f*spalten* [-d*zeichen*] [-s] [*datei(en)*]
    Nur *spalten* bzw. *felder* aus *datei(en)* ausgeb.
    -c*spalten* auszugebende *spalten*;
        -c-3,10,12-20,25- von jeder Zeile nur die ersten 3 Zeichen, 10.Zeichen, 12. bis 20.Zeichen und ab 25.Zeichen Rest der Zeile ausgeben
    -f*felder* auszugebende *felder*; Angabe von *felder* wie bei bei *spalten*
    -d*z* Feldtrennzeichen ist *z*, nicht Tabzeichen
    -s Zeilen ohne Feldtrennz. nicht ausgeben
  cut -d: -f1,3,5 /etc/passwd
    Zu allen Benutzern Login-Name, UID und home directory ausgeben

Zerteilen

split [-*n*] [*datei* [*name*]]
    datei in mehrere kleinere Dateien mit *n* Zeilen zerlegen; Voreinst. für -*n* ist **-1000**
    name legt Präfix für die Namen der kleineren Dateien fest (*name***aa**, *name***ab**, ..., *name***zz**); Voreinst. für *name* ist **x** (**xaa**, **xab**,..)

csplit [-sk] [-f*präfix*] *datei schnittstelle(n)*
    (**c**ontext **split**) *datei* entspr. *schnittstelle(n)* in mehrere kleinere Dateien zerlegen
    -s keine Ausgabe der Zeichenzahl
    -k bereits erzeugte Stückdateien bei Fehler nicht löschen
    -f*präfix* legt *präfix* für Namen der Stückdateien fest (*präfix***00**, *präfix***01**,...); Voreinst. für *präfix* ist **xx**: **xx00**, **xx01**,...
    Für *schnittstelle(n)* kann angegeben werden:
    /*RA*/ bis Zeilen, in denen *RA* vorkommt
    %*RA*% wie /*RA*/, jedoch überspringen
    zeilennr bis *zeilennr*
    {*zahl*} *zahl* ist Wiederholungsfaktor für obige Angaben
    Für *RA* sind alle bei ed mögl. regulären Ausdrücke (siehe Quicky I (3)) erlaubt
  csplit -k -ffunk modul.c '/^}/+1' {100}
    Aus modul.c jede C-Funktion herausschneiden und in die Dateien funk00, funk01,... kopieren

Komprimieren

pack [-] [-f] [*datei(en)*]
    datei(en) komprimieren (nach *datei*.z)
    - keine Meldung ausgeben
    -f auch komprimieren, wenn kein Platz eingespart wird

unpack *datei(en)*
    datei(en).z wieder dekomprimieren

pcat *datei(en)*
    Komprimierte *datei(en)*.z lesen

compress [*optionen*] *datei*
    datei komprimieren (nach *datei*.Z)
    -f auch komprimieren, wenn kein Platz eingespart wird oder komprimierte Datei bereits existiert

uncompress [*optionen*] *datei*
    datei(en).Z wieder dekomprimieren

zcat [*optionen*] *datei(en)*
    Komprimierte *datei(en)*.Z lesen

Montieren

mount [*optionen*] [*mountpunkt*]
    Dateisysteme montieren oder anzeigen
  mount /dev/dsk/f03ht /home/egon/a
    Diskettenlaufwerk (3 ½; 1.4 MB) auf Dir. /home/egon/a montieren.

Zugriffsrechte

chmod *modus datei(en)*
(change mode) Zugriffsrechte der *datei(en)* (auch Directories mögl.) ändern; chmod ist nur für Superuser oder Eigentümer der Datei erlaubt. *modus* kann *symb.-modus* oder *oktal-zahl* sein:

symb.-modus: [**ugoa**] [**+-=**] [**rwx**]
- **u** Eigentümer (user)
- **g** Gruppe (group)
- **o** Alle anderen (others)
- **a** Alle 3 Benutzergruppen (all)
- **+** hinzufügen
- **-** wegnehmen
- **=** gleich nachfolgenden Muster setzen
- **r** Leserecht (read); Bit-Wert 4
- **w** Schreibrecht (write); Bit-Wert 2
- **x** Ausführrecht (execute): Bit-Wert 1

oktal-zahl:
legt über Bit-Werte fest, welche Zugriffrechte zu setzen sind

```
|    user    |   group    |   others   |
| r  w  x    | r  w  x    | r  w  x    |
| 4  2  1    | 4  2  1    | 4  2  1    |
```

chmod u+x skript
Ausführrecht für Eigentümer von Datei *skript* hinzufügen

chmod 751 add
Datei *add*: Alle Rechte für Eigentümer; Lese- und Ausführrecht für Gruppe; für others nur Ausführrecht

chmod u=rwx,g=rx,o=r add
identisch zu vorher

Dateikreierungsmaske

umask [*ooo*]
(user mask) Dateikreierungs-Maske anzeigen oder setzen (bei *ooo*-Angabe) Oktalzahl *ooo* legt dabei die Rechte fest, die beim Anlegen neuer Dateien/Directories nicht automatisch zu vergeben sind

umask 022
kein Schreibrecht für group und others beim Anlegen neuer Dateien

Eigentümer/Gruppe ändern

chown [*neuer_eigentümer*] *datei(en)*
(change owner) Eigentümer der *datei(en)* ändern. Dateibesitzer "verkauft" seine *datei(en)* an *neuer_eigentümer*

chgrp [*neue_gruppe*] *datei(en)*
(change group) Gruppenzugehörigkeit der *datei(en)* ändern; kann wie chown nur Eigentümer oder Superuser aufrufen

Archivieren/Directories kopieren

cpio -o[**acBv**]   (copy out)
cpio -i[**BcdmrtuvI**] [*datei(en)*]   (copy in)
cpio -p[**adlmruv**] *directory*   (copy pass)
Archive ein-/auskopieren bzw. Directorybäume umkopieren (copy in/out)
- **a** (access) Zugriffszeit nach Kopieren zurücksetzen auf Zeit vor Kopieren
- **B** (Block) Mit 5120-Byte-Blöcke kopieren
- **d** Directories anlegen, wenn notwendig
- **c** Datei-Info. lesen oder ausgeben
- **r** interaktives Datei-Umbenennen möglich
- **t** (table) Inhaltsverzeichnis ausgeben
- **u** neuere Versionen durch ältere ersetzen
- **v** (verbose) Bearbeitete Dateien melden
- **l** (link) Links erzeugen, wenn möglich
- **m** (modification) Modifikationszeit belassen
- **f** Alle Dateien außer *datei(en)* kopieren

ls -a | cpio -o >/dev/fd0
Alle Dateien des working directory auf Diskette (/dev/fd0) kopieren

cpio -i *.c </dev/fd0
C-Programme von Diskette einkopieren

find . -depth -print | cpio -pdv /user2/emil
Kompletten Directorybaum des working directory nach /user2/emil kopieren

tar [*funktion*[*zusatz*]] [*datei(en)*]
Sichern von Dateien/Directories auf Magnetband oder Diskette (tape file archiver)
funktion legt die auszuführende Aktion fest:
- **r** (replace) *datei(en)* an Archivende einfügen
- **x** (extract) *datei(en)* aus Archiv einkopieren
- **t** (table) Inh.verzeichnis des Archivs zeigen
- **u** (update) nur neuere Dateien aufnehmen
- **c** (create) Archiv neu anlegen

zusatz macht Zusatzangaben zu dieser Aktion
- **v** (verbose) tar-Aktivitäten melden
- **w** (what) vor jeder Aktion nachfragen
- **f** *ar* (file) *ar* als Archiv verwenden

tar cvf /dev/fd0 csrc
Neues Archiv auf Diskette (/dev/fd0) anlegen und dort gesamtes Directory csrc einkopieren. Kopierten Dateien melden

tar xvf /dev/rfd0135ds18 briefe/hans
Datei briefe/hans aus Archiv auf Diskette (/dev/rfd0135ds18) mit Meldg. einkopieren

ar [**-V**] [*funktion*[*zusatz*]] [*posname*] *archiv* [*datei(en)*]
datei(en) im *archiv* unterbringen
-V Versionsnummer von **ar** ausgeben
posname ist Name einer Datei aus *archiv* und legt die Position im Archiv fest
funktion legt die auszuführende Aktion fest:
- **d** (delete) *datei(en)* aus *archiv* löschen
- **r** (replace) *datei(en)* im *archiv* ersetzen
- **x** (extract) *datei(en)* aus Archiv einkopieren
- **t** (table) Inh.verzeichnis des Archivs zeigen

zusatz macht Zusatzangaben zu dieser Aktion

UNIX-Quickreferenz - 4
(Directoryorientierte Kommandos,
Zeitstempel ändern, Konvertieren,
Speicherplatz erfragen,
Benutzerumgebungen,
Terminaleinstellungen,
Benutzerkommunikation

Directoryorientierte Kommandos

pwd
(**p**rint **w**orking **d**irectory) Pfadname des working directory ausgeben

cd [*directory*]
(**c**hange **d**irectory) Wechseln zum *directory*
Ist kein *directory* angegeben, dann wird zum home directory gewechselt

mkdir [-mp] *directory(s)*
(**m**ake **dir**ectory) *directory(s)* neu anlegen
- **-m** *ooo* Zugriffsrechte der neuen *directory(s)* entspr. der Oktalzahl *ooo* setzen
- **-p** in *directory(s)* erwähnte, aber nicht vorhand. Zwischen-Directories anlegen

rmdir [-p] *directory(s)*
(**r**emove **dir**ectory) Leere *directory(s)* löschen
- **-p** löscht auch die parent directories zu leer gewordenen *directory(s)*
Nichtleere Directories mit **rm -r ...** löschen

dircmp [*option(en)*] *dir1 dir2*
(**dir**ectory **c**o**mp**arison) Inhalt der Directories *dir1* und *dir2* vergleichen

dirname *string*
Directory-Pfad des Pfades *string* ausgeben
dirname /home/egon/briefe/hans
gibt */home/egon/briefe* aus

basename *string* [*suffix*]
Basisnamen des Pfadnamens *string* ausgeben. Ist *suffix* angegeben, so wird dieses, wenn es am Ende des Basisnamens vorhanden ist, auch noch abgeschnitten
basename /home/egon/src/add.c .c
gibt *add* aus

Zeitstempel ändern

touch [-amc] [*mmtthhmm*[*jj*]] *datei(en)*
Zugriffs- und Modifikations-Zeitstempel der *datei(en)* auf *mmtthhmm*[*jj*] setzen; fehlt *mmtthhmm*[*jj*], so wird momentanes Datum und Uhrzeit verwendet
- **-a** (**a**ccess) Zugriffs-Zeitstempel ändern
- **-m** (**m**odification) Modifikations-Zeit ändern
- **-c** nicht existierende *datei(en)* nicht anlegen (Voreinst. ist anlegen)
keine Optionen: beide Zeitstempel ändern

Konvertieren

dd [*option=wert*] ....
Konvertieren und Kopieren von Dateien (**d**evice/**d**evice copy)
- **if=***datei*   *datei* ist Eingabedatei
- **of=***datei*   *datei* ist Ausgabedatei
- **conv=ascii**   EBCDIC --> ASCII konvertieren
- **conv=ebcdic** ASCII --> EBCDIC konvertieren
- **conv=lcase**   Groß- --> Kleinbuchst. konvert.
- **conv=ucase**   Klein- --> Großbuchst. konvert.
- **dd if=/dev/rct0 of=liste.txt conv=ascii**
EBCDIC-Datei vom Gerät */dev/rct0* lesen, in ASCII konvertieren und in Datei liste.txt abspeichern

iconv -f *von* **-t** *nach* [*datei*].
Internationale Zeichensätze konvertieren. Ist *datei* angegeb., so wird deren Inhalt konvertiert und auf stdout ausgegeben, ansonsten wird von stdin gelesen.
- **iconv -f 8859 -t 646de** *datei* **>***zieldatei*
8-Bit (europäisch) ---> 7 Bit (deutsch)
- **iconv -f 8859 -t 646** *datei* **>***zieldatei*
8-Bit (europäisch) ---> 7 Bit (USA)
- **iconv -f 646de -t 8859** *datei* **>***zieldatei*
7-Bit (deutsch) ---> 7 Bit (europäisch)

Speicherplatz erfragen

du [-ars] [*datei(en)*]
(**d**isk **u**sage) den von *datei(en)* (auch Directories erlaubt) belegten Speicherplatz in Blöcken ausgeben
- **-a** Speicherplatz für jede einzelne der *datei(en)* anzeigen (Voreinst.)
- **-r** Dateien mit fehlenden Rechten melden
- **-s** nur Gesamtzahl der belegten Speicherblöcke ausgeben

du
belegter Speicherplatz von allen Dateien des working directory melden

du -s /bin
Ausgeben, wieviel Speicherplatz das Directory */bin* insgesamt belegt

df [-t] [*dateisystem(e)*]
(**d**isk **f**ree) freien Speicherplatz auf *dateisystem(e)* (in Blöcken) ausgeben. Sind keine *dateisystem(e)* angegeben, so wird der freie Speicherplatz zu allen vorhandenen Dateisystemen gemeldet
- **-t** (**t**otal) Zusätzlich Gesamtspeicherplatz je Dateisystem melden

df -t /dev/fd0
freien und gesamten Speicherplatz auf Diskette (*/dev/fd0*) ausgeben

dfspace
Gesamten freien Speicherplatz auf allen montierten Dateisystemen ausgeben

Benutzerumgebungen

passwd [*login-name*]
: eigenes Paßwort vergeben bzw. ändern

who [*option(en)*] [*datei*]
: momentan angemeldeten Benutzer ausgeb.

who -aH
: Alle Infos (**a**ll) mit Überschrift (**H**eader)

who am i
: Login-Name des Benutzers ausgeben

finger [*optionen*] *benutzername(n)*
: Information zu den *benutzername(n)* ausgeben. Für *benutzername* kann Login-Name, Vor- oder Zuname angegeben sein

last [-[**n**]*zahl*] [*name(n)*]
: An- und Abmeldezeiten von den Benutzern oder Terminals *name(n)* ausgeben
: -[**n**]*zahl*   nur *zahl* Zeiten ausgeben

groups *benutzername(n)*
: Gruppenzugehörigkeiten der *benutzername(n)* ausgeben

su [-] [*loginname*]
: (**s**witch **u**ser) Auf andere Benutzerkennung (*loginname*) umschalten; Paßwort muß danach eingegeben werden; Zurück mit *Ctrl-D* bzw. **exit**. Fehlt *loginname*, dann wird Loginname des Superusers verwendet
: -   volle Login-Prozedur (Ausführen von .profile, usw.) durchführen

logname
: Login-Name des Benutzers ausgeben

id
: Benutzer-(UID) und Gruppenkennung (GID) mit zugehörigen Namen ausgeben

newgrp [-] [*neue-gruppe*]
: Gruppenzugehörigkeit wechseln
: -   alle Systemvariablen behalten Werte

Terminaleinstellungen

stty [-**a**] [-**g**] [*terminal-flag(s)*]
: Setzen/Ausgeb. der Terminaleinstellungen
: -**a**   alle Terminaleinstellungen anzeigen
: -**g**   momentane Terminaleinstellungen im stty-Eingabeformat ausgeben; nützlich, um aktuellen Einstellungen in *datei* zu sichern (**stty -g >***datei*), um später mit **stty `cat** *datei`* wieder herzustellen

tty [*option(en)*]
: (**te**le**ty**pe) Pfadname der Gerätedatei ausgeben, die eigener Terminal zugeordnet

mesg [-**n**][-**y**]
: Terminal für Nachrichten durch andere Benutzer sperren (-**n**) bzw. freigeben (-**y**)
: **mesg**   Aktuelle Einstellung anzeigen (y=freigegeben; n=gesperrt)

Benutzerkommunikation

news [-**a**] [-**n**] [-**s**] [*datei(en)*]
: Lesen von Neuigkeiten. News (Neuigkeiten) sind Dateien in /var/news
: -**a**   alle news-Dateien anzeigen (alt u. neu)
: -**n**   Namen neuer news-Dateien ausgeb.
: -**s**   Anzahl neuer news-Dateien ausgeben

mail [*option(en)*] [*login-name(n)*]
: (altes mail-System)
: Senden und Empfangen elektronischer Post
: *login-name(n)* angegeben:
: Senden von Post an *login-name(n)*; Briefende mit **.**<CR> bzw. *Ctrl-D*
: keine *login-name(n)* angegeben:
: Lesen von angekommener Post; mit <CR> nächsten Brief lesen

mailx [*option(en)*] [*login-name(n)*]
: (extended **mail**; neues mail-System)
: Senden und Empfangen elektronischer Post
: *login-name(n)* angegeben:
: Senden von Post an *login-name(n)*; Briefende mit **~.**<CR> anzeigen.
: keine *login-name(n)* angegeben:
: Lesen von angekommener Post; mit <CR> nächsten Brief lesen

notify [-**y**] [-**n**]
: Neu angekommene Mail sofort melden und die ersten Zeilen der Post einblenden (-**y**) bzw. nicht melden (-**n**).
: **notify**   Aktuelle Einstellung anzeigen (y=melden; n=nicht melden)

vacation [*option(en)*]
: Anrufbeantworter einrichten
: -**M** *datei*   Nicht vorgegeb. Text als Antwort, sondern den aus *datei* verwenden
: -**n**   Anrufbeantwortung ausschalten

write *login-name* [*terminal-name*]
: Nachricht an Benutzer *login-name* schicken Die Nachricht ist danach einzugeben; Nachrichtenende mit *Ctrl-D* (EOF) Ist Benutzer an mehreren Terminals angemeldet, so kann auch noch *terminalname* angegeben werden

talk *login-name* [*terminal-name*]
: wie **write**, nur daß der Bildschirm in zwei Fenster unterteilt wird, in einem schreibt der Sender und im anderen empfängt er die Nachrichten seines Gesprächspartners. Verbindungsabbruch mit *Ctrl-C*

wall
: (**w**rite **all**) Nachricht an alle Benutzer schicken (/etc/wall). Nachricht ist (von Tastatur) einzugeben; Nachrichtenende ist mit *Ctrl-D* anzuzeigen

UNIX-Quickreferenz - 5
(Netz-Kommandos von UUCP, telnet, r-Netz-Kommandos, File Transfer Program (ftp), Netz-Verbindungen testen, Prozeßverwaltung, C-Compiler)

Netz-Kommandos von UUCP

uname [*option(en)*]
Name des lokalen Systems ausgeben
-a (**all**) alle verfügbaren Infos ausgeben

uuname [*option(en)*]
Namen aller Systeme ausgeben, die mit lokalen System gekoppelt sind

uucp [*option(en)*] *datei(en) ziel*
(UNIX-to-UNIX copy) *datei(en)* auf ein anderes UNIX-System kopieren
uucp *.c frankfurt2!~emil
Alle C-Dateien ins home directory von *emil* (auf System mit Knotenname *frankfurt2*) kopieren

uuto [*option(en)*] *datei(en) ziel*
datei(en) auf anderes UNIX-System kopieren
uuto -m * hh3!emil
Alle Dateien des working directory (einschließl. aller Directorybäume dort) auf den Rechner mit Knotenname *hh3* kopieren; dort werden sie ins Directory */var/spool/uucppublic/receive/emil/datei(en)* kopiert; dem Sender wird am Ende des Kopiervorgangs mail geschickt (**-m**)

uupick [**-s** *knotenname*]
Abholen von mit **uuto** kopierten Dateien
-s *knotenname* im Directory */var/spool/uucppublic/receive/...* nur nach Dateien suchen, die vom System *knotenname* gesendet wurden

uustat [*option(en)*]
Statusinformationen zu **uucp**- und **uuto**-Aufträgen ausgeben

uux [*option(en)*] *"kdozeile"*
(UNIX-to-UNIX command execution) *kdozeile* auf Fremdsystem ausführen lassen
uux "!diff rom2!~hans&hexd.c hh2!/home/per/hdump.c >!vergl"
hexd.c (im home dir. von *hans* auf *rom2*) und *hdump.c* (in */home/per* auf *hh2*) vergleichen und Ergebnis in Datei *vergl* auf lokalem System schreiben. **diff** wird dabei auf lokalem System ausgeführt
cat liste | sort | nl | uux -p berlin3!lp
Inhalt von *liste* sortiert und mit Zeilennrn auf Drucker bei *berlin3* ausgeben

uulog [*option(en)*]
Log-Dateien für die mit **uucp** und **uux** durchgeführten Aktionen prüfen

uuencode [*quelle*] *ziel*
Binärdateien für Übertragung in ASCII-Dateien umwandeln
uuencode addprog addprog >addprog.ascii
Binäre Datei *addprog* in ASCII-Datei *addprog.ascii* umwandeln. *addprog.ascii* kann nun problemlos übertragen werden. Beim Rückverwandeln mit **uudecode** wird dann auf entfernten System wieder der Originalname *addprog* verwendet.

uudecode [*ascii-datei*]
Mit **uuencode** erzeugte ASCII-Datei wieder in eine Binärdatei zurückverwandeln

uuglist [**-u**]
Alle verfügbaren Grades (Prioritäten) für UUCP ausgeben.
-u nur Grades ausgeben, die man selber bei **uucp** und **uux** mit **-g** angeben darf

cu [*option(en)*] *telnr | knotenname*
(**c**all another **U**NIX system) Lokalen Rechner mit anderen Rechner (*telnr* oder *knotenname*) koppeln
ermöglicht das gleichzeitige Arbeiten auf 2 verschiedenen Rechnern, zwischen den hin und her geschaltet werden kann:
~. Verbindung abbrechen
~! vorübergehend zum lokalen System zurückkehren; zurück zum Fremdsystem mit Ctrl-D
~!kdo *kdo* auf lokalen System ausführen
~%take *q z q* (auf Fremdsystem) nach *z* (auf lokalem System) kopieren
~%put *q z q* (auf lokalem System) nach *z* (auf Fremdsystem) kopieren

ct [*optionen*] *telnr...*
(**c**all **t**erminal) Sich zurückrufen lassen, um dem Partner die Telefonkosten übernehmen zu lassen. In *telnr* sind neben Ziffern noch erlaubt
= Auf zweiten Wählton warten
- 4 Sekunden vor Weiterwahl warten
Sind mehrere Telefonnummern angegeben, probiert **ct** diese der Reihe nach durch.

telnet

telnet [*host* [*port*]]
Auf einem entfernten System anmelden; wird üblicherweise bei Verbindungen zu Nicht-UNIX-Systemen benutzt.
Im telnet-Kommandomodus kann man sich eine Kurzübersicht zu allen telnet-Kommandos mit **?** ausgeben lassen.

r-Netz-Kommandos

rcp [-p] *datei1 datei2*
rcp [-pr] *datei(en) directory*
  arbeitet wie **cp**, nur daß für die Dateien und Directories auch Namen auf entfernten Systemen angegeben werden können.
  -p Zugriffsrechte und Modifikationszeit soll beim Kopieren erhalten bleiben
  -r ganze Directorybäume kopieren.
  rcp add.c weide:/home/egon/add.c
    lokales *add.c* auf den Rechner *weide* ins home directory von *egon* kopieren
  rcp add.c weide:
    bewirkt gleiche wie vorheriger Aufruf
  rcp fichte:add.c weide:add.c
    add.c vom Rechner *fichte* auf den Rechner *weide* kopieren

rlogin [*optionen*] *host*
  Remote-Login auf Rechner *host* durchführ.
  -l *login* unter Login-Namen *login* am entfernten Rechner anmelden

rsh [*optionen*] *host* [*kommando*]
  kommando auf dem entfernten Rechner *host* ausführen lassen. Ist kein *kommando* angegeben, so verhält sich **rsh** wie **rlogin**
  -l *login* unter Login-Namen *login* am entfernten Rechner arbeiten

ruptime [*optionen*]
  Aktive Systeme im Netz auflisten

rwho [*optionen*]
  Aktive Benutzer im Netz auflisten

File Transfer Program (ftp)

ftp [*optionen*] [*host*]
  überträgt Dateien auf entfernte Systeme. Im ftp-Kommandomodus kann man sich eine Kurzübersicht zu allen ftp-Kommandos mit **help** ausgeben lassen.

tftp [*host*]
  ist der "kleine Bruder" zu **ftp**. Anders als **ftp** baut **tftp** keine stehende Verbindung zu einem entfernten System auf, sondern stellt bei den einzelnen Kopieraufträgen immer wieder eine neue Verbindung her. Im tftp-Kommandomodus kann man sich eine Kurzübersicht zu allen tftp-Kommandos mit **?** ausgeben lassen.

Netz-Verbindungen testen

ping [-s] *host* [*timeout*]
  gibt aus, ob das System *host* momentan erreichbar ist.
  -s ständig Datenpakete an *host* schicken und Zeit ausgeben, bis diese wieder angekommen sind; Abbruch mit *Ctrl-C*

Prozeßverwaltung

ps [*option(en)*]
  (**p**rocess **s**tatus) Informationen über Prozesse ausgeben
  -a (**a**ll) zu allen Prozessen (außer Vaterprozesse einer Prozeßgruppe und Prozesse ohne Kontrollterminal)
  -e (**e**very) zu wirklich allen Prozessen
  -f (**f**ull) vollständige Info mit kompletter Aufrufzeile
  -u *benutzer(n)* (**u**ser) zu allen Prozessen von den *benutzer(n)* (UID oder Loginname)

kill [-*signalnr*] *pid(s)*
  Signal *signalnr* an die Prozesse *pid(s)* schicken. Fängt einer der Prozesse *pid(s)* dieses Signal nicht ab, so wird er beendet. Übliche *signalnr* sind:
    2 (intr)
    3 (quit)
    9 kann von keinem Prozeß abgefangen werden; bewirkt sicheres Beenden der Prozesse *pid(s)*
    15 (voreingestellte *signalnr*)
  kill -9 2348
    Prozeß mit PID 2348 beenden

nice [-*increment*] *kommandozeile*
  (be **nice**) *kommandozeile* mit niedrigerer Priorität (*increment*: 1-19) ablaufen lassen
  nice -19 find / -name "*.o" -print >oname &
    find-Kommando mit niedrigster Priorität ausführen

nohup *kdozeile*
  (**no** **h**angup) Ausführung von *kdozeile* nicht beenden, wenn Benutzer sich abmeldet. Ist keine Ausgabeumlenkung bei *kdozeile* angegeben, so werden alle Ausgaben von *kdozeile* nach **nohup.out** (im working directory) geschrieben

sleep *sek*
  Ausführung für *sek* Sekunden anhalten

time *kdozeile*
  Die für Ausführung von *kdozeile* benötigten 3 Zeiten melden:
  real wirklich benötigte (Uhr-)Zeit
  user benötig. CPU-Zeit im Benutzermodus
  sys   benötigte CPU-Zeit im Systemmodus

C-Compiler

cc [*option(en)*] *c-programm(e)*
  Kompilieren (und Linken) der *c-programm(e)*
  -c nur kompilieren und nicht linken
  -o *prog* (**o**utput) kompiliertes und gelinktes Programm nicht nach *a.out*, sondern nach *prog* schreiben

UNIX-Quickreferenz - 6
(Hintergrund- und periodische Prozesse, Help-Information, Gerätedateien anlegen, Termin-Erinnerungsservice, Kalender- und Zeitangaben, Formatieren, Sonstiges)

Hintergrund- und periodische Prozesse

kdozeile **&**
: *kdozeile* im Hintergrund ausführen; d.h. nicht auf Ende der Ausführung von *kdozeile* warten, sondern es wird sofort der Prompt $ ausgegeben und es können weitere Kommandos eingegeben werden

cc -o add add.c 2>fehler &
: *add.c* im Hintergrund kompilieren; Fehler in Datei fehler schreiben

batch
: *kdo1*
kdo2
....
Ctrl-D
Kommandos *kdo1*, *kdo2*,... nicht sofort ausführ, sondern wenn Systemlast es zuläßt

batch <sichere
: Die Kommandos in *sichere* immer dann ausführen, wenn System Zeit dafür hat

at *zeit* [*datum*] [+*increment*]
: *kdo1*
kdo2
....
Ctrl-D
Kommandos *kdo1*, *kdo2*,... zu einem mit *zeit*, *datum* und +*increment* festgelegten Zeitpunkt ausführen. Angaben für
zeit z.B. **17**=17:00; **06**=6:00; **1230** oder **12:30** = 12:30; **0853pm**=20:53; **noon**=Mittag; **midnight**=Mitternacht; **now**=jetzt; **next**=nächste(n)
datum z.B. **Mar 23**; **Apr 30,1993**; **sun**; **mon**; **Wednesday**; **today**; **tomorrow**
+*increment* relative Angabe, z.B.
+3 minutes; **+10 hours**; **+4 weeks**; **+1 week**; **+2 years**; **+7 days**; **+ 2 months**

at 1700 May 12 <kdos
: *kdos* am 12.Mai um 17:00 ausführen

at midnight Sun <kdos
: *kdos* nächsten Sonntag um Mitternacht ausführen

at 530am tomorrow <kdos
: *kdos* morgen früh um 5:30 ausführen

at now +3 hours <kdos
: *kdos* in 3 Stunden ausführen

at 17 Fri +1 week <kdos
: *kdos* am Freitag in 1Woche ausführen

at -l [*job(s)*]
: Auflisten aller at-Jobs bzw. nur der angegebenen *job(s)* (Auftragnrn.)

at -r *job(s)*
: Die at-Jobs *jobs(s)* löschen

at -d *job*
: Inhalt des Jobs *job* auflisten

crontab [*datei*]
: Kommandos periodisch ausführen lassen. Zu den in der crontab-*datei* festgelegten Zeitpunkten wird die zugehörige Kommandozeile ausgeführt.
Format einer crontab-Datei:
Min Std Monatstag Monat Wochentag kdozeile
Beispiele:
0 0 * * * *kdo*
: *kdo* jeden Tag um 0 Uhr ausführen
0 6 * * 1 *kdo*
: *kdo* jeden Montag um 6:00 ausführen
0 8 1 * * *kdo*
: jeden 1. eines Monats um 8:00 ausführ.
0,15,30,45 8-17 * * * *kdo*
: *kdo* jeden Tag alle 15 Minuten zwischen 8:00 und 17:00 ausführen
30 10 15 * 3 *kdo*
: *kdo* jeden 15.ten eines Monats und jeden Mittwoch um 10:30 ausführen

crontab -l
: Inh. der moment. crontab-Datei ausgeb.

crontab -r
: Momentane crontab-Datei löschen

crontab -e
: Aktuelle crontab-Datei editieren.

Help-Information

man [*option(en)*] [*kapitel*] *titel*...
: Manual-Seite zu *titel* (meist Kommandoname) ausgeben.

-k *schlüsselwort(e)*
: Infos zu *schlüsselwort(e)* ausgeben

-f *datei* Infos zu einer bestimmt. *datei* ausgeben

Gerätedateien anlegen

mknod *name* **b** *major-nr minor-nr*
: Blockorientierte Gerätedatei anlegen

mknod *name* **c** *major-nr minor-nr*
: Zeichenorientierte Gerätedatei anlegen

mknod *name* **p**
: Named Pipe anlegen

Termin-Erinnerungsservice

calendar
durchsucht Datei *calendar* (im work. dir.) nach ein heutiges oder morgiges Datum (an Wochenenden bis Montags-Datum). Für jeden Treffer wird die entsprechende vollständige Zeile ausgegeben; calendar wird üblicherweise in *.profile* aufgerufen

Kalender- und Zeitangaben

cal [[*monat*] *jahr*]
Kalender ausgeben
cal   Kalender für laufendes Jahr ausgeben
cal 1994 | lp   Kalender für 1994 drucken
cal 56   Kalender für 56 (nicht 1956) ausgeb.
cal 5 1772   Kalender für Mai 1772 ausgeb.

date [+*format*]
Datum und Uhrzeit entspr. *format* ausgeben
date '+Datum: %d.%m.%y%n Zeit: %H:%M.%S'
  gibt z.B. aus:: Datum: 04.09.1993
                  Zeit: 13:43.26
In *format* können neben normalen Text, der unverändert ausgegeben wird, noch folgende Angaben gemacht werden:

%a Abgekürzter Name des Tages (Sun-Sat)
%A Voller Name des Tages (Sunday-Saturday)
%b Abgekürzter Monatsname (Jan-Dec); wie %h
%B Voller Monatsname (January-December)
%c Länderspezifisches Datums- und Zeitformat
%d Nummer des Tages (01-31)
%D Datum im Format %m/%d/%y
%e Monatstag (1-31); bei 1..9 ein Leerzeich. davor
%h Abgekürzter Monatsname (Jan-Dec); wie %b
%H Stunde (00-23)
%I Stunde (01-12)
%j Tag im Jahr (001-366)
%m Monat im Jahr (01-12)
%M Minute (00-59)
%n Neuezeile-Zeichen
%p Ausgabe von AM bzw. PM
%r Zeit im Format %I:%M:%S %p
%R Zeit im Format %H:%M
%S Sekunden (00-61)
%t Tabulatorzeichen
%T Zeit im Format %H:%M:%S
%U Wochennr. (00-53); Sonntag ist 1.Wochentag
%w Tag der Woche (0-6); 0 ist Sonntag
%W Wochenr. (00-53); Montag ist 1.Wochentag
%x Länderspezifisches Datums-Format
%X Länderspezifisches Zeit-Format
%y Jahr im Jahrhundert (00-99)
%Y Volle Jahresangabe (4 Ziffern)
%Z Name der Zeitzone
%% Prozentzeichen
Ctrl-G Akustisches Signal

Formatieren

/bin/format [*optionen*] *gerätedatei*
Formatieren von Floppy-Disks. Für *gerätedatei* muß der Pfadname der Gerätedatei für das entsprechende Floppy-Laufwerk (*/dev/rdsk/...*) angegeben werden. Wird noch **t** an diesen Namen angehängt, so wird die ganze Diskette formatiert. Wenn nicht anders festgelegt, wird ab Spur 0 formatiert.
-q (*quiet*) keine Diagnosemeldungen
-v (*verbose*) Diagnoseausgabe, voreingestellt
-V (*Verify*) Formatierung einfach verifizieren
-E (*Exhaustive verify*) Formatierung vollständig verifizieren
-f n (*first*) erste zu formatierende Spur ist *n*
-l m (*last*) letzte zu formatierende Spur ist *m*
-i n (*interleave*) Interleave-Faktor auf *n* festlegen; Voreinstellung ist **-i 2**

fmt [*optionen*] [*datei(en)*]
Einfaches Formatieren von Texten. Leerzeilen und Leerzeichen zwischen den Wörtern bleiben beim Formatieren der *datei(en)* erhalten

Sonstiges

banner *strings(s)*
string(s) in Spruchbandform ausgeben; Maximal 10 Zeichen für die einzelnen *string(s)* bei 80-spaltigen Terminals
banner "Happy" "Birthday" "Dear Emil" | lp
  Happy
  Birthday
  Dear Emil
in Spruchbandform am Drucker ausgeben

echo [*argument(e)*]
argument(e) durch Blanks getrennt ausgeben

clear oder **tput clear**
Bildschirm löschen

tee [*option(en)*] [*datei(en)*]
("T"-Stück) Sichern der durch eine Pipe geleiteten Daten in *datei(en)*
-a Ausgabe am Ende der *datei(en)* anhängen; Voreinst. ist Überschreiben

factor [*n*]
Primfaktoren für *n* ermitteln und ausgeben. Ist *n* nicht angegeben, so sind Zahlen, für die Primfaktorzerlegung durchzuführen ist, einzugeben (Ende mit 0)

col [*option(en)*]
Entfernen von Zeilen-Rückläufen in Texten, die mit Textformatier-Programmen wie **nroff** erstellt wurden. Notwendig, um solche Texte als einfache ASCII-Texte auszugeben.

UNIX-Quickreferenz - 7
(Editor vi)

vi [*option(en)*] [**-c** *kdo*] [*datei(en)*]
- **-t** *marke* (tag) Editieren der in *tags* mit *marke* festgelegte Datei
- **-r***datei* (recover) Editieren von *datei* nach Editor- bzw. Systemcrash.
- **-L** alle geretteten Dateien nach System- bzw-.Editorcrash melden
- **-w***n* (window) **vi**-Fenster sei *n* Zeilen
- **-R** (Read only) *datei(en)* zum Lesen editier.
- **-c** *kdo* **ex**-*kdo* vor Editieren ausführen

3 Arbeitszustände des vi
direkter Kommandomodus
Nach **vi**-Aufruf immer in diesem Modus.
Umschalten in Eingabemodus mögl. mit:

i, I, a, A	insert bzw. append
c, C, o, O	change bzw. open
s, S	substitute
R	Replace

Eingabemodus
Im Eingabemodus ist Texteingabe möglich.
Ende der Texteingabe und zurück zum direkten Kommandomodus mit *ESC*

Zeilen-Kommandomodus
Umschalt. von dir. Kommandomodus in diesen Modus möglich mit:
- **:***exkdo*↵ *exkdo* (ed-ähnlich) ausführen
- **/***RA*↵ Vorwärtssuche nach *RA*
- **?***RA*↵ Rückwärtssuche nach *RA*
- **:!***kdo*↵ UNIX-*kdo* ohne vi-Verlassen ausführen

Wichtige vi-Tasten
- *ESC* - Eingabemodus beenden
  - im Zeilen-Modus: *exkdos* abbrechen
- ↵ - im Zeilen-Modus: *exkdos* ausführen
  - im Eingabemodus: neue Zeile
  - im Kommandomodus: in nächste Zeile
- *intr* Aktion abbrechen.

Sondertasten in Eingabemodus
- *Ctrl-I* Tabulator-Zeichen einfügen
- *Ctrl-T* auf nächste Tabulat.-Marke positionieren
- *Ctrl-V* Nächstes Zeichen nicht als Kdo. interpret.
- *Ctrl-W* Letztes Wort löschen
- *Ctrl-H*, *Backspace* Letztes Zeichen löschen

Interne vi-Puffer
Neben Arbeitspuffer gibt es noch 36 weitere Puffer:
- 1 allg. Puffer, der letzte Textänderung enthält.
- 26 benamte Puffer (**a, b, c,** .. , **z**); Großbuchstabe bedeutet Anhängen am jeweiligen Puffer
- 9 Zifferpuffer (**1, 2,** ..., **9**), in denen die 9 zuletzt gelöschten Texte liegen (in **1** zuletzt gelöschter, in **2** der davor gelöschte Text, usw.).

Die Puffer (außer allg. Puffer) können mit "*x* (*x* = Kleinbuchstabe bzw. Ziffer) angesprochen werden.

Sichern und Beenden
- **ZZ** Sichern und **vi** beenden
- **:wq**↵ Sichern und **vi** beenden (wie **ZZ**)
- **:q**↵ **vi** beenden, wenn Puffer nicht geändert
- **:q!**↵ **vi** ohne Puffer-Sicherung beenden
- **:w**↵ Puffer sichern (**vi** nicht verlassen)
- **:w** *datei*↵ Puffer in *datei* sichern (**vi** nicht verlass.)
- **:w!** *datei*↵ Puffer in (evtl. existierende) *datei* sichern (**vi** nicht verlassen)
- **:***n*,*m***w** *datei*↵ Zeilen *n* bis *m* in *datei* sichern (**vi** nicht verlassen)

Cursor-Positionierungen
Zeichen-Positionierung
- **l**, →, *Blank* ein Zeichen nach rechts
- **h**, ←, *Ctrl-H* ein Zeichen nach links
- **j**, ↓, *Ctrl-N* nach unten (gleiche Spalte/Zeilende)
- **k**, ↑, *Ctrl-P* nach oben (gleiche Spalte/Zeilende)
- **+**, ↵, *Ctrl-M* nach unten (zum 1.sichtbaren Zeich.)
- **-** nach oben (zum 1.sichtbaren Zeich.)
- **^** Zeilenanfang (1.sichtbares Zeichen)
- **0** Zeilenanfang (1.Zeichen)
- **$** Zeilenende
- *n***|** zur *n*.ten Spalte

Wort-Positionierung
- **w** zum nächsten Wort
- *n***w** zum *n*.ten nächsten Wort
- **b** Ein Wort zurück
- **e** zum Wortende

Zeilen-Positionierung
- **H** (Home) 1.Bildschirmzeile
- **M** (Middle) mittlere Bildschirmzeile
- **L** (Last) letzte Bildschirmzeile
- **G** letzte Zeile
- *n***G** *n*.te Zeile (**1G** 1.Zeile)

Weitere Positionierungsmöglichkeiten
- *PgDn*, *Ctrl-***f** 1 Seite vorblättern
- *PgUp*, *Ctrl-***b** 1 Seite zurückblättern
- **z**↵ akt. Zeile zur obersten Bildzeile machen
- **z-** akt. Zeile zur untersten Bildzeile machen
- **z.** akt. Zeile zur mittleren Bildposition machen
- `` ` `` zur vorherigen Position zurück
- **%** auf korrespondierende Klammer

Eingeben/Ändern im Eingabemodus
- **a** (append) Rechts vom Cursor einfügen
- **A** (Append) Am Zeilenende anhängen
- **i** (insert) Links vom Cursor einfügen
- **I** (Insert) Am Zeilenanfang einfügen
- **o** (open) In neuer Zeile danach einfügen
- **O** (Open) In neuer Zeile davor einfügen
- **s** (substitute) Cursorzeichen ersetzen
- **S** (Substitute) Ganze Cursorzeile ersetzen
- **R** (Replace) Überschreiben einschalten
- **cw** (change) nächstes Wort ersetzen
- *n***cw** nächsten *n* Worte ersetzen
- **cc** ganze Zeile ersetzen
- **C** (Change) Rest der Zeile ersetzen

Ändern (nicht im Eingabemodus)

- **r**z (replace) Zeichen durch *z* ersetzen
- *n***r**z nächsten *n* Zeichen durch *z* ersetzen
- **~**   Zeichen von Klein- in Großbuchstaben umwandeln bzw. umgekehrt
- *n***~** nächsten *n* Zeichen von Klein- in Großbuchst. umwand. bzw. umgekehrt
- **J**   (Join) Zeilen zusammenfügen:
- *n***J** *n* Zeilen zusammenfügen
- **.**   Letztes Änderungskommando wiederholen

Löschen, Kopieren und Verschieben

- **dw**   (delete) nächstes Wort löschen
- *n***dw**   nächsten *n* Worte löschen
- **dd**   ganze aktuelle Zeile löschen
- *n***dd**   nächsten *n* Zeilen löschen
- **d/**was Text bis zum nächsten *was* löschen
- **dG**   ab Cursor bis Dateiende alles löschen
- **D**   Zeilenrest löschen (entspricht **d$**)
- **x**   Zeichen an Cursorposition löschen
- *n***x**   nächsten *n* Zeichen löschen
- **X**   Zeichen vor Cursor löschen
- **yy**   kopiert aktuelle Zeile in allgemeinen Puffer
- *n***yy**   kopiert nächsten *n* Zeilen in allgem. Puffer
- **y$**   kopiert ab Cursor Zeilenrest in allg. Puffer
- **>%**   Text bis korrespond. Klammer einrücken
- **"***x***yw** kopiert nächstes Wort in Puffer *x*
- **"ayy**   kopiert aktuelle Zeile in Puffer **a**
- **"***x***n**yy kopiert nächsten *n* Zeilen in Puffer *x*
- **"add**   löscht akt. Zeile u. kopiert sie in Puffer **a**
- **"***x***n**dw *n* Worte löschen und in Puffer *x* kopieren
- **p**   (put) allg. Puffer hinter Cursor kopieren
- **xp**   vertauscht 2 Zeichen
- **P**   (Put) allg. Puffer vor Cursor kopieren
- **"***x***p**   Puffer *x* hinter Cursor kopieren
- **"***x***P**   Puffer *x* vor Cursor kopieren
- **"***n***p**   *n*.te letzte Löschung hinter Cursor kopieren (für *n* ist eine Ziffer 1 bis 9 anzugeben)
- **:r** *datei* *datei* hinter aktuelle Zeile kopieren

Änderungen rückgängig

- **u**   (undo) macht die letzte Änderung rückgängig
- **U**   (Undo) Änderung in akt. Zeile zurücknehmen
- **:e!** alle Änderungen seit letzt. Sichern wegwerfen
- **:q!** vi ohne Sichern verlassen

Markieren und Positionieren

- **m***x* Cursorposition mit *x* (Kleinbuchst.) markieren
- **`***x* Cursor auf *x* markierte Stelle positionieren
- **'***x* Cursor auf 1.Zeichen der Zeile mit Marke *x*

Editieren mehrerer Dateien

- **:e** *datei*↵ (edit) *datei* in Arbeitspuffer kopieren; alt. Puffer überschreiben, wenn bereits gesichert.
- **:e#**↵ zurück zur vorherigen Datei (wie *Ctrl-^*)
- **:n**↵ (next) Nächste Datei (aus **vi**-Aufruf) editieren
- **:n!**↵ wie **:n**↵, jedoch Puffer "blind" überschreiben
- **:f** *datei*↵ Dateinamen in *datei* ändern. *datei* nicht angegeben: gerade gemerkt. Dateiname und Nummer der akt. Zeile anzeigen (wie*Ctrl-G*)

Suchen

Suchen in aktueller Zeile

- **f***x* Auf Zeichen *x* in aktueller Zeile
- **F***x* zurück auf Zeichen *x* in akt. Zeile
- **t***x* vor Zeichen *x* in akt. Zeile positionieren
- **T***x* zurück hinter Zeichen *x* in akt. Zeile
- **;**   letzt. f-,F-, t- oder T-Kdo wiederholen
- **,**   letzt. f-,F-, t- oder T-Kdo wiederholen (mit umgekehrter Suchrichtung)

Suchen im Arbeitspuffer

- **/***RA*↵   Vorwärtssuche nach *RA*
- **/***RA***/***n*↵ sucht (vorwärts) *n*.ten *RA*
- **?***RA*↵   Rückwärtssuche nach *RA*
- **?***RA***?***n* sucht (rückwärts) *n*.ten *RA*
- **/***RA***/+***n*↵ Cursor auf *n*.te Zeile nach gefund. *RA*
- **/***RA***/-***n*↵ Cursor auf *n*.te Zeile vor gefund. *RA*
- **n**   letzt. Suchvorgang (**/***RA* oder **?***RA*) wiederhol.
- **N**   letzt. Suchvorgang umgekehrt wiederholen

Für *RA* (*regulärer Ausdruck*): siehe erste Seite

Suchen und gleichzeitiges Ersetzen

- **:s/***alt***/***neu***/**↵ in akt. Zeile 1.*alt* durch *neu* ersetz.
- **:s/***alt***/***neu***/g**↵ in Zeile alle *alt* durch *neu* ersetz.
- **:***n***,***m***s/***alt***/***neu***/g**↵ in der *n*. bis zur *m*.Zeile alle *alt* durch *neu* ersetzen.
- **:1,$s/***alt***/***neu***/g**↵ im gesamten Arbeitspuffer alle *alt* durch *neu* ersetzen.
- **:1,$s/***alt***/***neu***/gc**↵ im gesamten Arbeitspuffer alle *alt* durch *neu* ersetzen, jedoch mit Rückfrage: Wenn zu ersetzen ist, muß **y**↵ eingegeb. werden, sonst keine Ersetzung

Neuaufbauen einer Bildschirmseite

- *Ctrl-***L**, *Ctrl-***R**   Bildschirmseite neu aufbauen
- **z***n*.   Bildschirm-Größe auf *n* Zeilen festlegen

Makros

Bei Definition von Makros sind Steuerzeichen durch vorangestelltes *Ctrl-***V** auszuschalten.

- **@***x*   Makro aus Puffer *x* aufrufen
- **:ab** *abk text*↵ Textmakro *abk* für *text* definier.
- **:ab**↵   alle definierten Textmakros anzeigen
- **:map** x *kdos*↵ Kdo-Makro *x* für *kdos* definier.; *x* muß 1 Zeichen oder #*n* (n=0,..,9) sein;
- **:map #1 :set number<***Ctrl-***V>**↵↵ Zeilennumerierung mit F1 einschalten
- **:map**↵ alle definierten Kdo-Makros anzeigen

vi konfigurieren

Konfigurierung mit **set** in *.exrc* (home dir.) oder mit **:set** während vi-Sitzung möglich:

- **:set** *option*↵   Einschalten von *option*
- **:set no***option*↵ Ausschalten einer *option*
- **:set** *option*=*wert*↵ Zuweisen von *wert* an *option*
- **:set**↵   Alle geänderten Optionen anzeigen
- **:set all**↵ Belegung aller Optionen anzeigen
- **:set** *option***?**↵ Belegung von *option* anzeigen<
  - **:set showmatch**   korrspond. Klammer zeigen
  - **:set showmode**   Modus immer anzeigen
  - **:set number**   Zeilennummierg einschalten

UNIX-Quickreferenz - 7
(Editor vi)

vi [*option(en)*] [**-c** *kdo*] [*datei(en)*]
- **-t** *marke*   (**t**ag) Editieren der in *tags* mit *marke* festgelegte Datei
- **-r***datei*   (**r**ecover) Editieren von *datei* nach Editor- bzw. Systemcrash.
- **-L**   alle geretteten Dateien nach System- bzw.-.Editorcrash melden
- **-w***n*   (**w**indow) **vi**-Fenster sei *n* Zeilen
- **-R**   (**R**ead only) *datei(en)* zum Lesen editier.
- **-c** *kdo*   **ex**-*kdo* vor Editieren ausführen

3 Arbeitszustände des vi
direkter Kommandomodus
Nach **vi**-Aufruf immer in diesem Modus.
Umschalten in Eingabemodus mögl. mit:
i, I, a, A	insert bzw. append
c, C, o, O	change bzw. open
s, S	substitute
R	Replace

Eingabemodus
Im Eingabemodus ist Texteingabe möglich.
Ende der Texteingabe und zurück zum direkten Kommandomodus mit *ESC*

Zeilen-Kommandomodus
Umschalt. von dir. Kommandomodus in diesen Modus möglich mit:
- **:***exkdo*↵   *exkdo* (ed-ähnlich) ausführen
- **/***RA*↵   Vorwärtssuche nach *RA*
- **?***RA*↵   Rückwärtssuche nach *RA*
- **:!***kdo*↵   UNIX-*kdo* ohne vi-Verlassen ausführen

Wichtige vi-Tasten
- *ESC*   - Eingabemodus beenden
         - im Zeilen-Modus: *exkdos* abbrechen
- ↵   - im Zeilen-Modus: *exkdos* ausführen
      - im Eingabemodus: neue Zeile
      - im Kommandomodus: in nächste Zeile
- *intr*   Aktion abbrechen.

Sondertasten in Eingabemodus
- **Ctrl-I**   Tabulator-Zeichen einfügen
- **Ctrl-T**   auf nächste Tabulat.-Marke positionieren
- **Ctrl-V**   Nächstes Zeichen nicht als Kdo. interpret.
- **Ctrl-W**   Letztes Wort löschen
- **Ctrl-H**, *Backspace*   Letztes Zeichen löschen

Interne vi-Puffer
Neben Arbeitspuffer gibt es noch 36 weitere Puffer:
- 1 allg. Puffer, der letzte Textänderung enthält.
- 26 benamte Puffer (**a**, **b**, **c**, .. , **z**); Großbuchstabe bedeutet Anhängen am jeweiligen Puffer
- 9 Zifferpuffer (**1**, **2**, ..., **9**), in denen die 9 zuletzt gelöschten Texte liegen (in **1** zuletzt gelöschter, in **2** der davor gelöschte Text, usw.).

Die Puffer (außer allg. Puffer) können mit "*x* (*x* = Kleinbuchstabe bzw. Ziffer) angesprochen werden.

Sichern und Beenden
- **ZZ**   Sichern und **vi** beenden
- **:wq**↵   Sichern und **vi** beenden (wie **ZZ**)
- **:q**↵   **vi** beenden, wenn Puffer nicht geändert
- **:q!**↵   **vi** ohne Puffer-Sicherung beenden
- **:w**↵   Puffer sichern (**vi** nicht verlassen)
- **:w** *datei*↵   Puffer in *datei* sichern (**vi** nicht verlass.)
- **:w!** *datei*↵   Puffer in (evtl. existierende) *datei* sichern (**vi** nicht verlassen)
- **:***n*,*m***w** *datei*↵   Zeilen *n* bis *m* in *datei* sichern (**vi** nicht verlassen)

Cursor-Positionierungen
Zeichen-Positionierung
- **l**, →, *Blank*   ein Zeichen nach rechts
- **h**, ←, *Ctrl-H*   ein Zeichen nach links
- **j**, ↓, *Ctrl-N*   nach unten (gleiche Spalte/Zeilende)
- **k**, ↑, *Ctrl-P*   nach oben (gleiche Spalte/Zeilende)
- **+**, ↵, *Ctrl-M* nach unten (zum 1.sichtbaren Zeich.)
- **-**   nach oben (zum 1.sichtbaren Zeich.)
- **^**   Zeilenanfang (1.sichtbares Zeichen)
- **0**   Zeilenanfang (1.Zeichen)
- **$**   Zeilenende
- *n***|**   zur *n*.ten Spalte

Wort-Positionierung
- **w**   zum nächsten Wort
- *n***w**   zum *n*.ten nächsten Wort
- **b**   Ein Wort zurück
- **e**   zum Wortende

Zeilen-Positionierung
- **H**   (**H**ome) 1.Bildschirmzeile
- **M**   (**M**iddle) mittlere Bildschirmzeile
- **L**   (**L**ast) letzte Bildschirmzeile
- **G**   letzte Zeile
- *n***G**   *n*.te Zeile (1G 1.Zeile)

Weitere Positionierungsmöglichkeiten
- *PgDn*, *Ctrl*-**f**   1 Seite vorblättern
- *PgUp*, *Ctrl*-**b**   1 Seite zurückblättern
- **z**↵   akt. Zeile zur obersten Bildzeile machen
- **z-**   akt. Zeile zur untersten Bildzeile machen
- **z.**   akt. Zeile zur mittleren Bildzeile machen
- **``**   zur vorherigen Position zurück
- **%**   auf korrespondierende Klammer

Eingeben/Ändern im Eingabemodus
- **a**   (**a**ppend) Rechts vom Cursor einfügen
- **A**   (**A**ppend) Am Zeilenende anhängen
- **i**   (**i**nsert) Links vom Cursor einfügen
- **I**   (**I**nsert) Am Zeilenanfang einfügen
- **o**   (**o**pen) In neuer Zeile danach einfügen
- **O**   (**O**pen) In neuer Zeile davor einfügen
- **s**   (**s**ubstitute) Cursorzeichen ersetzen
- **S**   (**S**ubstitute) Ganze Cursorzeile ersetzen
- **R**   (**R**eplace) Überschreiben einschalten
- **cw**   (**c**hange) nächstes Wort ersetzen
- *n***cw**   nächsten *n* Worte ersetzen
- **cc**   ganze Zeile ersetzen
- **C**   (**C**hange) Rest der Zeile ersetzen

Ändern (nicht im Eingabemodus)
- r*z*   (replace) Zeichen durch *z* ersetzen
- *n*r*z* nächsten *n* Zeichen durch *z* ersetzen
- ~   Zeichen von Klein- in Großbuchstaben umwandeln bzw. umgekehrt
- *n*~ nächsten *n* Zeichen von Klein- in Großbuchst. umwand. bzw. umgekehrt
- J   (Join) Zeilen zusammenfügen:
- *n*J *n* Zeilen zusammenfügen
- .   Letztes Änderungskommando wiederholen

Löschen, Kopieren und Verschieben
- dw   (delete) nächstes Wort löschen
- *n*dw nächsten *n* Worte löschen
- dd   ganze aktuelle Zeile löschen
- *n*dd nächsten *n* Zeilen löschen
- d/was Text bis zum nächsten *was* löschen
- dG   ab Cursor bis Dateiende alles löschen
- D   Zeilenrest löschen (entspricht d$)
- x   Zeichen an Cursorposition löschen
- *n*x nächsten *n* Zeichen löschen
- X   Zeichen vor Cursor löschen
- yy   kopiert aktuelle Zeile in allgemeinen Puffer
- *n*yy kopiert nächsten *n* Zeilen in allgem. Puffer
- y$ kopiert ab Cursor Zeilenrest in allg. Puffer
- >%   Text bis korrespond. Klammer einrücken
- "*x*yw kopiert nächstes Wort in Puffer *x*
- "ayy kopiert aktuelle Zeile in Puffer a
- "*xn*yy kopiert nächsten *n* Zeilen in Puffer *x*
- "add löscht akt. Zeile u. kopiert sie in Puffer a
- "*xn*dw *n* Worte löschen und in Puffer *x* kopieren
- p   (put) allg. Puffer hinter Cursor kopieren
- xp   vertauscht 2 Zeichen
- P   (Put) allg. Puffer vor Cursor kopieren
- "*x*p Puffer *x* hinter Cursor kopieren
- "*x*P Puffer *x* vor Cursor kopieren
- "*n*p *n*.te letzte Löschung hinter Cursor kopieren (für *n* ist eine Ziffer 1 bis 9 anzugeben)
- :r *datei* *datei* hinter aktuelle Zeile kopieren

Änderungen rückgängig
- u   (undo) macht die letzte Änderung rückgängig
- U   (Undo) Änderung in akt. Zeile zurücknehmen
- :e!   alle Änderungen seit letzt. Sichern wegwerfen
- :q!   vi ohne Sichern verlassen

Markieren und Positionieren
- m*x*   Cursorposition mit *x* (Kleinbuchst.) markieren
- `*x*   Cursor auf *x* markierte Stelle positionieren
- '*x*   Cursor auf 1.Zeichen der Zeile mit Marke *x*

Editieren mehrerer Dateien
- :e *datei*↵ (edit) *datei* in Arbeitspuffer kopieren; alt. Puffer überschreiben, wenn bereits gesichert.
- :e#↵ zurück zur vorherigen Datei (wie Ctrl-^)
- :n↵   (next) Nächste Datei (aus vi-Aufruf) editieren
- :n!↵ wie :n↵, jedoch Puffer "blind" überschreiben
- :f *datei*↵ Dateinamen in *datei* ändern. *datei* nicht angegeben: gerade gemerkt. Dateiname und Nummer der akt. Zeile anzeigen (wie Ctrl-G)

Suchen
Suchen in aktueller Zeile
- f*x*   Auf Zeichen *x* in aktueller Zeile
- F*x*   zurück auf Zeichen *x* in akt. Zeile
- t*x*   vor Zeichen *x* in akt. Zeile positionieren
- T*x*   zurück hinter Zeichen *x* in akt. Zeile
- ;   letzt. f-,F-, t- oder T-Kdo wiederholen
- ,   letzt. f-,F-, t- oder T-Kdo wiederholen (mit umgekehrter Suchrichtung)

Suchen im Arbeitspuffer
- /*RA*↵   Vorwärtssuche nach *RA*
- /*RA*/*n*↵ sucht (vorwärts) *n*.ten *RA*
- ?*RA*↵   Rückwärtssuche nach *RA*
- ?*RA*?*n*↵ sucht (rückwärts) *n*.ten *RA*
- /*RA*/+*n*↵ Cursor auf *n*.te Zeile nach gefund. *RA*
- /*RA*/-*n*↵ Cursor auf *n*.te Zeile vor gefund. *RA*
- n   letzt. Suchvorgang (/*RA* oder ?*RA*) wiederhol.
- N   letzt. Suchvorgang umgekehrt wiederholen
- Für *RA* (*regulärer Ausdruck*): siehe erste Seite

Suchen und gleichzeitiges Ersetzen
- :s/*alt*/*neu*/↵ in akt. Zeile 1.*alt* durch *neu* ersetz.
- :s/*alt*/*neu*/g↵ in Zeile alle *alt* durch *neu* ersetz.
- :*n*,*m*s/*alt*/*neu*/g↵ in der *n*. bis zur *m*.Zeile alle *alt* durch *neu* ersetzen.
- :1,$s/*alt*/*neu*/g↵ im gesamten Arbeitspuffer alle *alt* durch *neu* ersetzen.
- :1,$s/alt/neu/gc↵ im gesamten Arbeitspuffer alle *alt* durch *neu* ersetzen, jedoch mit Rückfrage: Wenn zu ersetzen ist, muß y↵ eingegeb. werden, sonst keine Ersetzung

Neuaufbauen einer Bildschirmseite
- Ctrl-L, Ctrl-R   Bildschirmseite neu aufbauen
- z*n*.   Bildschirm-Größe auf *n* Zeilen festlegen

Makros
Bei Definition von Makros sind Steuerzeichen durch vorangestelltes Ctrl-V auszuschalten.
- @*x*   Makro aus Puffer *x* aufrufen
- :ab *abk text*↵ Textmakro *abk* für *text* definier.
- :ab↵   alle definierten Textmakros anzeigen
- :map x *kdos*↵ Kdo-Makro *x* für *kdos* definier.; *x* muß 1 Zeichen oder #*n* (n=0,..,9) sein;
- :map #1 :set number<Ctrl-V>↵↵ Zeilennumerierung mit F1 einschalten
- :map↵ alle definierten Kdo-Makros anzeigen

vi konfigurieren
Konfigurierung mit set in .exrc (home dir.) oder mit :set während vi-Sitzung möglich:
- :set *option*↵ Einschalten von *option*
- :set no*option*↵ Ausschalten einer *option*
- :set *option*=*wert*↵ Zuweisen von *wert* an *option*
- :set↵   Alle geänderten Optionen anzeigen
- :set all↵ Belegung aller Optionen anzeigen
- :set *option*?↵ Belegung von *option* anzeigen<
- :set showmatch   korrspond. Klammer zeigen
- :set showmode   Modus immer anzeigen
- :set number   Zeilennummerierg einschalten

UNIX-Quickreferenz - 8
(Reguläre Ausdrücke und Editor ed)

Übersicht über die regulären Ausdrücke

deckt ab / bewirkt	Dateinamen-Expandierung	egrep	ed, grep, csplit, pg	ex, vi
ein beliebiges Zeichen	?	.	.	.
beliebige Zeichenkette	*	.*	.*	.*
keine, eine oder mehrmalige Wiederholung	--	*	*	*
eine oder mehrmalige Wiederholung	--	+	\{1,\}	--
keine oder eine Wiederholung	--	?	\{0,1\}	--
n-malige Wiederholung	--	--	\{n\}	--
n- bis m-malige Wiederholung	--	--	\{n,m\}	--
mindestens n-malige Wiederholung	--	--	\{n,\}	--
Klasse von Zeichen	[...]	[...]	[...]	[...]
Komplement-Klasse von Zeichen	[!...]	[^...]	[^...]	[^...]
Zeilenanfang	--	^RA	^RA	^RA
Zeilenende	--	RA$	RA$	RA$
Wortanfang	wort*	--	--	\<RA
Wortende	*wort	--	--	RA\>
a oder b (Alternation)	--	$RA_1 \mid RA_2$	--	--
\runde Klammern	--	--	\(RA\)	\(RA\)
n-ter Teilausdruck	--	--	\n	\n

RA, RA_1, RA_2 stehen für reguläre Ausdrücke

Zu **egrep** sei noch folgendes angemerkt:
- runde Klammern:
  (r) deckt den gleichen String wie r ab; um vorgegebene Prioritäten aufzuheben

- Die Priorität der Operatoren (in aufsteigender Folge):
  |
  Konkatenation
  * + ? (besitzen untereinander gleiche Priorität)
  ( )   (besitzen untereinander gleiche Priorität)

- Die Operatoren *, + und ? beziehen sich immer auf das vorhergehende Zeichen; sollen sie sich auf einen längeren Ausdruck beziehen, so ist dieser mit (..) zu klammern. Um runde Klammern in einem Text abzudecken, ist deren Sonderbedeutung mit \ auszuschalten: \(bzw. \). Die Alternation kann auch durch ein Neuezeile-Zeichen (Carriage-Return) angegeben werden.

Editor ed

ed [*option(en)*] [*datei*]
    -s   keine Meldung über gelesene bzw. geschriebene Zeichenzahl
    -p*prompt* *prompt* als Promptzeichen im Kommandomodus verwenden (Voreinst.: kein Prompt)
2 Arbeitszustände:
    - Kommandomodus (Verlassen mit **a, i, c**)
    - Eingabemodus (Verlassen mit .↵ (Punkt, Return))
Form eines ed-Kommandos:
    [*adresse1*[,*adresse2*]] [**editier-kommando** [*parameter*]]
        keine Adresse angegeben: aktuelle Zeile
        eine Adresse angegeben: Zeile, die Adresse besitzt
        beide Adressen angegeben: Bereich (von,bis) von Zeilen
    Adressen: Mögliche Angaben für *adresse1* und *adresse2* sind:
    .   adressiert die aktuelle Zeile
    $ adressiert die letzte Zeile
    n   adressiert die *n*.te Zeile
    '*x*   adressiert die Zeile mit Marke *x* (*x* muß dabei ein Kleinbuchstabe sein)
    /*RA*/   adressiert erste Zeile (von *aktueller Zeile zum Dateiende hin*), welche String beinhaltet, der durch den reg. Ausdr. *RA* abgedeckt ist. Wird bis Dateiende keine solche Zeile gefunden, so wird vom Dateianfang bis einschließl. aktueller Zeile nach solcher Zeile gesucht.
    ?*RA*?   wie /*RA*/, nur in umgekehrter Richtung
ed-Kommandos:
    In folgender Liste der **ed**-Kommandos werden *default*-Adressen in Klammern davor angegeben. Daraus ist zugleich auch erkennbar, wieviele Adressen jeweils erlaubt sind.
    Verwendete Abk. sind: *ra* (Regulärer Ausdruck), *kdos* (**ed**-Kommandos), *ers* (Ersetzungstext)

(.)**a**	Text anfügen; bis zur Eingabe von . (**a**ppend)
(.,.)**c**	Zeilen durch neue Zeilen ersetzen; Ende wie a (**c**hange)
(.,.)**d**	Zeilen löschen (**d**elete)
e *datei*	Puffer mit Inhalt von *datei* laden (**e**dit)
E *datei*	wie e ohne Warnung über Änderungen (**E**dit)
f *dateinam*	*dateinam* merken; kein *dateinam*: Ausgabe des gerade gemerkt. Dateinamens (**f**ile)
(1,$)**g**/*ra*/*kdos*	*kdos* für alle Zeilen mit *ra* ausführen (**g**lobal); mehrere *kdos* mit \↵ trennen
(1,$)**G**/*ra*/	interaktive Version zum **g**-Kommando (**G**lobal)
h	zur letzten ?-Warnung Erklärung ausgeben (**h**elp)
H	statt ? richtige Fehlermeldung ausgeben (**H**elp)
(.)**i**	Text vor Zeile einfügen; Ende wie a (**i**nsert)
(.)**k***x*	Zeile mit Kleinbuchstaben *x* markieren (**m**ark)
(.,.+1)**j**	Zeilen aneinanderhängen (**j**oin)
(.,.)**l**	Zeilen ausgeben; alle Zeichen sichtbar machen u. überlange Zeilen zerteilen (**l**ist)
(.,.)**m***adr*	Zeilen hinter Zeile *adr* verlagern (**m**ove)
(.,.)**n**	Zeilen mit Zeilennummern ausgeben (**n**umber)
(.,.)**p**	Zeilen ausgeben (**p**rint)
P	ed-Promptzeichen ein-/ausschalten (**P**rompt)
q	ed verlassen (**q**uit)
Q	wie q ohne Warnung über Änderungen (**Q**uit)
($)**r** *datei*	Inhalt der Datei *datei* hinter adressierte Zeile kopieren (**r**ead)
(.,.)**s**/*ra*/*ers*/	Von *ra* abgedeckten Text durch *ers* ersetzen (**s**ubstitute)
(.,.)**t***adr*	Zeilen hinter Zeile *adr* kopieren (**t**ransfer)
u	letzte Änderung rückgängig machen (**u**ndo)
(1,$)**v**/*ra*/*kdos*	wie g-Kommando, aber nicht für Zeilen mit *ra* (**v**eto)
(1,$)**V**/*ra*/	interaktive Version zum v-Kommando (**V**eto)
(1,$)**w** *datei*	Zeilen in Datei *datei* schreiben (**w**rite)
(1,$)**W** *datei*	Zeilen an Datei *datei* anhängen (**W**rite)
($)=	Zeilennummer ausgeben
!*unix-kdo*	*unix-kdo* ausführen
(.+1)↵	Zeile .+1 ausgeben